Der Teufel in Berlin

Ursula E. Koch

Der Teufel in Berlin

Von der Märzrevolution bis zu Bismarcks Entlassung

Illustrierte politische Witzblätter einer Metropole 1848-1890

informationspresse — c. w. leske verlag, Köln

Reihe ›iLv leske republik‹. Satire und Macht
Herausgeber Rolf Schloesser

Editorischer Hinweis:

Bei wörtlichen Zitaten wurde der Originaltext beibehalten. Um eine Verwechslung mit Satzfehlern zu vermeiden, wurde in einigen Fällen ein in eckige Klammern gesetztes Ausrufezeichen hinzugefügt. Eckige Klammern wurden ebenfalls im Fall von Auslassungen, zumeist biographischen und bibliographischen Ergänzungen, Übersetzungen innerhalb von Zitaten sowie bei wechselnder Schreibweise von Personen oder Titeln verwendet. Die in runde Klammern gesetzten Anmerkungen im wissenschaftlichen Apparat verweisen pro Kapitel auf den jeweiligen Erstbeleg. Titel und/oder Untertitel wurden nur im Text sowie im Quellen- und Literaturverzeichnis, nicht aber in den Anmerkungen durch besondere Schrift beziehungsweise durch Anführungsstriche hervorgehoben. Bei den zwischen 1949 und 1990 erschienenen Veröffentlichungen sowie bei Hinweisen auf benutzte Forschungsstätten wurde in der Regel zwischen Berlin (West) und Berlin (früher DDR) unterschieden.

Originalausgabe

Für die hilfreiche Unterstützung dankt der Verlag dem Institut für Zeitungsforschung der Stadt Dortmund, Dr. Hans Bohrmann

Lithographische Arbeiten RGD-ReproGruppeDreieich, Langen
Satz Dörlemann-Satz, Lemförde
Schrift Walbaum Standard
Druck Color- und Werkoffsetdruckerei Richard Wenzel, Goldbach
Bindearbeit Großbuchbinderei Monheim (R. Oldenbourg), Monheim
Printed in Germany 1991. ISBN 3-921490-38-3

Inhalt

Erster Teil

Wandernd zwischen beiden Welten

meinen deutschen und französischen Freunden gewidmet!

Vorwort

»Rechter Dank
Wird nicht kranck,
Pflegt im Dancken
Nie zu wancken.«

(Deutsches Sinn-Gedicht, 1654)

Das vorliegende Buch entstand in mehreren Etappen. Begonnen wurde es zu einem Zeitpunkt, als die Autorin an der Universität Paris X-Nanterre als Dozentin, Generalsekretärin und schließlich Leiterin des mit der Historischen Kommission zu Berlin vertraglich verbundenen »Centre de recherches sur Berlin« tätig war, bevor sie 1986 den Sprung an die Ludwig-Maximilians-Universität (München) wagte. Allein die großzügige Finanzierung mehrerer Berlin-Aufenthalte und Archivreisen durch die Fritz-Thyssen-Stiftung und durch die Historische Kommission haben die aufwendige Materialsuche ermöglicht. Beiden Institutionen sei hier aufrichtig gedankt.

Gedankt sei in diesem Zusammenhang für die Hilfsbereitschaft folgender in- und ausländischer Forschungsstätten: Amerika-Gedenkbibliothek, Geheimes Staatsarchiv Preußischer Kulturbesitz, Institut für Publizistik (Freie Universität), Kunstbibliothek Berlin, Landesarchiv Berlin, Berliner Senatsbibliothek, Staatsbibliothek Preußischer Kulturbesitz, Bibliothek des Vereins für die Geschichte Berlins (ehemals West-Berlin), Deutsche Staatsbibliothek und Berliner Stadtbibliothek (ehemals DDR), ferner Internationales Zeitungsmuseum der Stadt Aachen, Bayerische Staatsbibliothek (München), Universitätsbibliothek Bonn, The British Library (London), Deutsche Presseforschung (Bremen), Institut für Kommunikationswissenschaft/Zeitungswissenschaft (München), Institut für Zeitungsforschung der Stadt Dortmund, Bibliothek Erzabtei St. Martin (Beuron), Fontane Archiv (Potsdam), Niedersächsische Staats- und Universitätsbibliothek (Göttingen), Internationaal Instituut voor Sociale Geschiedenis (Amsterdam) und Staatsarchiv Potsdam (Orangerie).

Besonders verbunden bin ich Herrn Professor Dr. Pierre-Paul Sagave (Universität Paris X) und Herrn Dr. Heinz Starkulla sen. (Universität München). Beide haben die Studie über Jahre hinweg mit Rat und Tat begleitet, nicht zuletzt nach dem Motto: »Der Teufel liegt im Detail«. Den Historikern, Professor Dr. Otto Büsch und Professor Dr. Dr. h. c. Wilhelm Treue, sowie den engeren Fachkollegen Pierre Albert (Paris), Wilmont Haacke (Göttingen) und Kurt Koszyk (Dortmund), der das Geleitwort schrieb, sei für ihre stets willkommenen Anregungen gedankt. Dieser Dank erstreckt sich auf die Berliner und Pariser Experten auf dem Gebiet von Scherz, Satire und Iro-

nie, Jule Hammer (†), Raymond Bachollet und Jean Watelet, Conservateur an der Bibliothèque Nationale.
Mein Dank gilt ferner dem Leiter des Instituts für Zeitungsforschung, Herrn Dr. Hans Bohrmann, und seiner inzwischen ausgeschiedenen Stellvertreterin, Frau Dr. Margot Lindemann, für die sorgfältige Durchsicht des Manuskripts.
Technisch erstellt wurde dieses von Frau Annemarie Born; Frau Christiane Hackl M. A. überprüfte Zahlen und Fakten. Außerdem übernahm sie die Verantwortung für das Register. Beiden unermüdlichen Mitstreiterinnen danke ich herzlich. Großen Dank schuldet die Autorin schließlich Herrn Rolf Schloesser, der den »Teufel in Berlin« (auch ohne Druckkostenzuschuß!) in das Programm seines Verlags aufgenommen hat, und Herrn Karl-Ernst Sakobielski, dessen »Autorenpflege« so manche schwierige Phase des langen Produktionsprozesses überwinden half.

München, im März 1991 — Ursula E. Koch

Geleitwort

Der Teufel in Berlin, das ist, wie Ursula E. Koch Goethes *Faust* entnimmt, der Schalk, dem Menschen als Geselle zugegeben, damit er nicht erschlafft. Von den teuflischen oder satanischen Künsten der Satire und der Karikatur handelt dieses Buch. Sie sind von den Obrigkeiten zumeist als störend empfunden, vom stets neugierigen Publikum als Stachel gegen Absolutismus, Bürokratie und Ämtermißbrauch geliebt worden.

Die Epoche zwischen 1815 und 1890 war durch tiefgehende soziale, politische und ökonomische Wandlungsprozesse und Konflikte gekennzeichnet. Berlin wurde aus einer verschlafenen Residenz und Garnison zum Stadtmoloch mit 1,6 Millionen Einwohnern und zum Zentrum einer national verbreiteten Presse. Die Strukturveränderungen erfaßten alle Volksschichten und infolgedessen auch die Printmedien, die sich auf die Konsequenzen von Urbanisierung und Industrialisierung einzustellen hatten. Solange ihm die parlamentarische Repräsentanz fehlte, suchte das Bürgertum – nicht zuletzt durch die Presse – aus wirtschaftlichen oder intellektuellen Gründen seinen Einfluß in allen öffentlichen Angelegenheiten durchzusetzen. Sein durch Erfolge in Technik und Wissenschaften gestärktes Selbstbewußtsein sah in Demokratie und nationaler Einheit die Ziele, deren Verwirklichung wirtschaftliches Wachstum und geistige Freiheit dauerhaft garantieren sollten. Die Industriearbeiterschaft organisierte sich zum Kampf um den gerechten Anteil an Herrschaft, Fortschritt und Lebensqualität.

Die Reichsgründung wurde von vielen als Einlösung alter Versprechen und Hoffnungen empfunden. Aber die unmittelbar folgenden Maßnahmen gegen den Katholizismus und die Sozialdemokratie sowie die negativen Folgen der durch französische Kontributionsleistungen angeheizten Konjunktur und Spekulation ernüchterten den Rausch nationalen Überschwangs allzu bald. Wie gewonnen, so zerronnen, mochten viele denken.

Dem ironisch-satirischen Kommentar zu den Zeitläuften sollte der Stoff nicht ausgehen. Das zentrale Thema von Ursula E. Kochs Studie ist der Erfolg des *Kladderadatsch* und anderer Witzblätter jener Jahrzehnte.

Volkscharakter spiegelt sich in Witz und Humor als Faktoren der Zeitkommunikation besonders deutlich. Den Berlinern wird trockener Mutterwitz nachgesagt. Im Gegensatz zu des Münchners Blödeleien, die der von Wilhelm Hausenstein gefeierte Karl Valentin zu höchster Reife kultivierte, verschwendet der Berliner nie Zeit aufs absichtliche Mißverstehen. Sein Witz kommt prompt und treffend. Forsch spricht er aus, was andere sich nicht zu sagen getrauen. Eben wie ihm der Schnabel gewachsen ist.

Berlin erwies sich bei den Witzblättern als Metropole, lange bevor es Reichshauptstadt wurde: *Kladderadatsch* (seit 1848), *Berliner Wespen* (seit 1868), *Ulk* (seit 1872) und *Lustige Blätter* (seit 1886) bildeten die Phalanx, um nur die langlebigsten Titel zu nennen. Ganz zu schweigen von der 35 Titel umfassenden Witzblattflut der Revolutionsjahre 1848/49. München hatte dagegen eigentlich nur die *Fliegenden Blätter* aufzubieten, die sich politisch kaum hervortaten. Der *Simplicissimus* war ja quasi erst der Aprilscherz des Jahres 1896.

Das wichtigste Element des Witzblattes ist die Karikatur. Wie bei der Pressefreiheit hinkten die Deutschen darin den Engländern und den Franzosen nach. Aber nicht erst im Berliner März von 1848 entstand die deutsche Karikatur. Was den Engländern Gillray, Rowlandson, Cruikshank und Phiz, den Franzosen Philipon, Grandville, Gavarni und Daumier, das bedeuteten hierzulande Theodor Hosemann, Wilhelm Scholz, Adalbert Müller, Gustav Bartsch, Gustav Heil, Gustav Brandt, Hermann Scherenberg, Otto Marcus, Gustav Guthknecht und viele andere minderer Größe.

Ein wichtiger Aspekt in der Geschichte des Berliner Witzblatts waren seine häufig jüdischen Verleger und Redakteure. Im Zeichen der Emanzipation gingen volkstümliche Schnoddrigkeit und boshafte Ironie des israelitischen Intellektuellen eine wirkungsvolle, erst Ende des 19. Jahrhunderts umstrittene Symbiose ein. Der Ungar Moritz Gottlieb Saphir pflanzte als erster bedeutender Witzbold an der Spree mit seiner *Berliner Schnellpost* und seinem *Berliner Courier* einen sich rasch verzweigenden Stammbaum. Die Triebe ließ sein Nachfolger Adolf Glaßbrenner kräftig sprießen. Sein Wahlspruch: »Der Ernst ist Partei, der Humor steht über den Parteien.« Nach 1848 zogen die »jüdischen Gelehrten« des *Kladderadatsch* die preußische Hauptstadt in ihren Bann.

Der Gegenschlag blieb nicht aus. Schon Mitte der 60er Jahre des 19. Jahrhunderts taucht in Berlin judenfeindliche Polemik auf. Später kämpfte Wilhelm Marr, der Erfinder des Ausdrucks Antisemitismus, im Einvernehmen mit Universitätsprofessoren wie Heinrich von Treitschke und den Gefolgsleuten des berüchtigten Hofpredigers Adolf Stoecker, gegen den »jüdischen Humor-Cerberus«. Sie richteten sich gegen Liberalismus, Materialismus und jüdischen Geist. Letzterem vor allem sollte mit »antisemitischem« Mittagstisch, Lesesalon und Sekt der Garaus gemacht werden. Aber die Berliner Leser blieben, damals, offensichtlich lieber ihren liberalen Grundsätzen treu. Die judenfeindlichen Periodika führten ein Schattendasein.

Dennoch: Geradezu seismographisch ist schon die Gründung des *Berliner Charivari* Ende 1847 zu werten, als dessen Redakteur »Se. infernalische Majestät der Satan« genannt wurde:

> »Den Teufel spürt das Völkchen nie,
> Und wenn er sie beim Kragen hätte.«

Die Genese dieser Art Periodika aus – im Zeichen der Zensurbestimmungen – nichtperiodischen kritisch-ironischen Flugschriften zum Witzblatt und zur satirischen Zeitschrift nach 1871 rechtfertigt die Hypothese, daß sich Publizisten immer das Genre wählen, das ihnen die Obrigkeit gestattet und vom Publikum am ehesten akzeptiert wird.

Das Witzblatt war schon im ersten Stadium demokratischer Ansätze »Ausdruck einer in verschiedene Lager aufgespaltenen Öffentlichkeit«, als die Zeitungen sich noch weitgehend auf »Nachrichten« beschränkten. Seine Wirkung verlief mehrstufig über Multiplikatoren, die sich an den verschiedensten Treffpunkten der preußischen Hauptstadt austauschten, durch öffentliche Verbreitung des Inhalts auf Straßen und Plätzen sowie, nicht zuletzt, auf Bühnen durch Couplets, deren Botschaft sich rasch bis in die Unterschichten verbreitete.

Am Berliner Witzblatt und seiner Rezeption läßt sich die Bewußtseinsbildung von Generationen und Schichten ablesen. Ursula E. Koch führt dazu ihre Leser in Lese-Clubs und -Conditoreien (Spargnapani und Josty), in eine schon 1846 bis 23 Uhr geöffnete Lesehalle und in die Handwerkervereine, wo der Strukturwandel der Öffentlichkeit stattfand. Hunderte von in- und ausländischen Blättern lieferten den Stoff, aus dem politische Träume reifen. In diesem Zeitgespräch bildeten die Witzblätter die Würze.

Oberflächlich besehen, gab sich ihr Inhalt harmlos lustig, spießte er scheinbar belanglose Eigenheiten von Volksgruppen oder Individuen auf. Genauer betrachtet, führte er ein subversives Doppelleben, das heute nur schwer zu deuten ist, aber vom Zeitgenossen sofort verstanden worden sein muß. Die konservativen Gegner wußten, wovon sie sprachen, wenn sie diese Witzblätter »als Bildungsstätte für heranwachsende Revolutionäre aller Berliner Gesellschaftskreise« denunzierten.

Ursula E. Koch ist im Schwäbischen aufgewachsen, der Heimat des bedeutenden Karikaturensammlers Eduard Fuchs. Sie lebte lange in Paris, aber sie ist gebürtige Berlinerin. Über ein Jahrzehnt einschlägiger Forschung haben ihr ein sicheres Gefühl für die sozialgeschichtliche Dimension der Presse und des Witzblattes vermittelt.

Während Karikatur bisher meistens als Kunstprodukt, abgehoben von dem ideologischen und publizistischen Hintergrund des ihr dienenden Periodikums, dargestellt worden ist, geht Koch dem komplexen Umfeld des Printmediums und seines satirischen Inhalts auf den Grund. 1984 hat sie (gemeinsam mit Pierre-Paul Sagave) ihre Methode am Pariser *Charivari* (1832–1882) entwickelt und das Karikaturenblatt aus einer esoterisch-ästhetischen in seine politische Wirklichkeit gehoben. 1978 ist ihr eine akribische Studie der Berliner Presse vor dem Hintergrund des europäischen Geschehens im ersten Halbjahr 1871 gelungen.

Mit ihrem neuen Buch versucht sie, dem Leser Einblick in Wirkungsprozesse der Massenkommunikation während einer historischen Epoche zu geben. Ihr geht es dabei nicht zuletzt um die historiographische Reflexion empirischer Theorieansätze. Naturgemäß stehen ihr die Instrumente der Befragung nicht zur Verfügung. Aber die Inhaltsanalyse wird in ihrer qualitativen Form systematisch angewendet. Darüber hinaus sind umfangreiche andere Materialien, wie Akten, Autobiographien, Briefwechsel, Nachlässe etc. umfassend herangezogen worden.

Im Vergleich mit der zeitgenössischen Presse entwickelt Ursula E. Koch am Beispiel des Witzblattes, methodisch solide und vorsichtig in der Interpretation, ein farbiges Zeitbild. Die frühen Gestalten eines engagierten Wort- und Bildjournalismus werden aus den verborgenen Quellen zu neuem Leben erweckt.

Das wechselhafte Schicksal des *Kladderadatsch* und seiner Brüder kann über das Jahr 1890 hinaus als symptomatisch gelten für die gesellschaftlichen Kräfte, die das 19. und das frühe 20. Jahrhundert beherrschten. Der *Kladderadatsch* endete mit dem größten Debakel in der deutschen Geschichte. Aber sein Geist spukt weiter und, wie sich immer wieder erweist, wirkungsvoller denn eh und je.

Kommunikationshistoriographie hat es mit der unendlichen Geschichte des menschlichen Bewußtseins zu tun, das sich nur mittelbar erschließen läßt. Die Presse und vor allem Witzblätter eröffnen den Weg dorthin.

Kurt Koszyk

Einleitung

»Se. politisch-humoristische Hoheit«, Adolf Glaßbrenner, der Vater des am Berliner Internationalen Congress-Center in Form einer steinernen Statue verewigten Eckenstehers Nante, sprach einst folgende Worte gelassen aus: »Der Witz und Sarkasmus der Berliner entspringt aus einer großen, unvergeßlichen Quelle preußischen Ruhmes: aus dem Kopfe Friedrichs des Großen!«[1]

1759, also mitten im Siebenjährigen Krieg, wäre dieser Preußenkönig beinahe Berlins erster »Witzblatt-Autor« geworden, doch der Plan seines französischen Kammerherrn, zur Bekämpfung gegnerischer Propaganda eine zweisprachige satirische Monatsschrift ins Leben zu rufen, scheiterte. Schiffbruch erlitt auch die erste Gründung einer »komisch-periodischen Schrift« von »unten« (1781), welche das im Zeitalter des Absolutismus utopische Ziel anstrebte, gegen die »zügellosen Leidenschaften« der »Großen der Erde« einen Damm zu errichten.[2]

Bis zur Geburt des modernen Berliner Witzblattes vergingen noch fast sieben Jahrzehnte. In dieser Zeit schliffen sich die Einwohner der preußischen Haupt- und Residenzstadt, »ein wunderbares Gemisch von verschiedenen Elementen, von germanischem, romanischem, slavischem und – semitischem Blut«,[3] aus dem Wort »eine treffsichere Waffe eigenster Erfindung, den kritischen Witz«.[4] Dieser kritische Witz, »der angreift, um unschädlich zu machen, was sonst imponieren könnte«,[5] war der Humus für ein neues Medium, dessen steile Karriere im Revolutionsjahr 1848 begann.

Als unmittelbare Folge vorübergehender staatsbürgerlicher Freiheiten und einer neuen volkstümlichen Öffentlichkeit trugen nicht weniger als 35 – allerdings meist kurzlebige – Titel der Neigung der Berliner Rechnung, »an allem Höhern und Tiefern zu mäkeln« *(Meyers Konversations-Lexikon)*.[6] Die Branchenführer des demokratischen Lagers – *Die ewige Lampe*, *Berliner Gross[ß]maul*, *Berliner Krakehler* und *Kladderadatsch* – gaben dem Berlinischen die »literarische Prägung, die es bei der Entwicklung zur Weltstadtsprache brauchte«[7] und schufen – so Theodor Fontane – das moderne Berlinertum.

In der Reaktionszeit entwickelte sich der *Kladderadatsch*, der aufgrund mehrerer günstiger Umstände als einziger das große Zeitungssterben überstand, binnen kurzem von einem lokalen zu einem Weltwitzblatt. Auflagenmäßig überrundete er nicht nur seine beiden ausländischen Vorbilder, die Pariser satirische Tageszeitung *Le Charivari* und den Londoner *Punch*, sondern zeitweise auch die deutsche Tagespresse.

Der *Kladderadatsch* – das Wort lebt übrigens heute im Sinn von Zusammenbruch fort – befaßte sich fast ausschließlich mit den innen- und außenpolitischen Ereignissen der jeweils vergangenen Woche. Seine selbst gestellte Aufgabe erblickte das »Humoristisch-satirische Wochenblatt« – so lautete der Untertitel – nicht darin, den Leser zu informieren, sondern mit allen Mitteln der Bild- und Textsatire dessen Lach- und Denkvermögen[8] anzuregen. Für das »Lachen« sorgten vor allem die zahlreichen »stehenden Figuren«: Man erinnere sich nur an die so typischen Berliner Schnauzen Schultze und Müller oder an die beiden korrespondierenden Junker Strudelwitz und Prudelwitz. Mit Hilfe dieser und anderer Repräsentanten einer bestimmten sozialen Gruppe versuchte der *Kladderadatsch* mit Erfolg, je nach Bedarf ein breit gefächertes Meinungsspektrum oder aber »die« öffentliche Meinung widerzuspiegeln. An das »Denkvermögen« appellierten das wöchentliche, nicht selten tief ernste, zornige oder pathetische Leitgedicht, ein bisher vernachlässigter Aspekt der deutschen politischen Lyrik, und natürlich die Karikatur. Sie zu dechiffrieren, war selbst für die informierten Zeitgenossen nicht immer einfach und setzte zunächst einmal eine solide Schulbildung voraus.

Kein Wunder, daß dieser »satirische Reichsverweser« von in- wie ausländischen Bibliotheken eifrig gesammelt und später zum Gegenstand mehrerer Anthologien und Dissertationen wurde.[9] Auch in dem vorliegenden Buch nimmt der *Kladderadatsch* als »politisch-literarisches Inventarstück der bürgerlichen Kultur Deutschlands« (Thomas Mann) die ihm gebührende Stellung ein. Um ihn herum gruppieren sich, meist in sehr ähnlicher Aufmachung, Freund und Feind. Zu den politischen Mitstreitern gehörten, manchen Differenzen zum Trotz, die vielen Vertreter des Liberalismus, allen voran die *Berliner Wespen* und die Gratisbeilage des 1872 gegründeten *Berliner Tageblatts: Ulk*. Beide Neuankömmlinge auf dem Berliner Witzblattmarkt kreierten ihre eigenen stehenden Figuren. Die jeweilige Nr. 1 in der Beliebtheitsskala war der kalauernde, später von Sigmund Freud analysierte »Kriegskorrespondent« Wippchen aus Bernau bei Berlin und die mit der damaligen »Nomenklatura« korrespondierende »Konfektionsdame« Paula Erbswurst.

Die drei überregional verbreiteten, dem Wertsystem des politischen und ökonomischen Liberalismus verpflichteten Witzblätter *Kladderadatsch*, *Berliner Wespen* und *Ulk*, deren Autoren (David Kalisch, Ernst Dohm, Rudolf Löwenstein, Johannes Trojan, Julius Stettenheim, Alexander Moszkowski und Siegmund Haber) in der Mehrzahl gesellschaftlich anerkannte Nicht-Berliner israelitischer Herkunft waren, begleiteten die Tagesgeschichte »wie ein Chor gesinnungsvoller Kritiker«.[10] Sie waren somit ohne Zweifel wichtige Mittler der »Sozialen Zeit-Kommunikation« des vorigen Jahrhunderts.

Allerdings trifft im Fall der in Rede stehenden Presseprodukte der Begriff Witzblatt, wie er heute gebraucht wird, nur bedingt zu. Demnach wäre ein Witzblatt eine »Zeitung oder Zeitschrift lustigen Inhalts, mit Witzen, witzigen Zeichnungen und Karikaturen« (Wahrig: *Deutsches Wörterbuch*).

Vielmehr versteht sich Witz hier auch in seiner urspünglichen Bedeutung von »Verstand« und »Geist«. Wie sonst hätte der Literaturhistoriker Josef Nadler unter ausdrücklicher Bezugnahme auf eine zeitgenössische Quelle (von vielen) im Jahr 1938 schreiben können: »Durch Witz und Witzblatt wurde der jüdische Geist dem deutschen Wesen am wirksamsten eingeimpft.«[11]
Zu den Gegnern des *Kladderadatsch* und seiner Genossen zählten die sozialdemokratischen »Wahlzeitungen« *Rothe Laterne* (1874) und *Der rothe Aujust* (1877), von denen nur wenige Nummern erschienen sind, ferner die katholische *Humoristische Zeitung* (1877/79) und natürlich die konservativen Partei-Witzblätter *Juchheirasasa! Die Preußen sind da!* (1849) sowie *Der kleine Reac[k]tionär* mit seinen Nachfolgeorganen [*Sturmblatt*] *Düppel* und *Berliner Punsch* (1862 bis 1867). Sie konnten sich freilich in der liberalen Berliner Luft nicht halten und wurden selbst von ihrer Zielgruppe wegen ihrer zu einseitigen Stoßrichtung »gewogen und zu leicht befunden«.
Einer besonderen Erwähnung bedarf das humoristisch-satirische Sprachrohr der Antisemiten-Liga *Die Wahrheit* (1880 bis 1886). Von ihm führt ein direkter Weg ins Dritte Reich.
Insgesamt gelang es, über hundert Witzblatt-Titel der Vergessenheit zu entreißen. Ihre bunte Vielfalt wird im ersten Teil dieses Buchs beschrieben, nicht in Form starrer Zeitschriften-Porträts, sondern, sofern es die Quellen erlauben, »in ihrem Haß und ihrer Liebe, das heißt in ihren Leidenschaften« (Eduard Fuchs).[12] Konnte ein Standort ermittelt werden, so wurde das betreffende Blatt selbstverständlich eingesehen.[13] Nicht alle aufgefundenen Titel waren rein politisch, vielmehr gab es ernst-heitere *(Buddelmeyer-Zeitung)* oder politisch-unpolitische Mischtypen *(Lustige Blätter)*. Eine publizistische Mischform eigener Art war die linksliberale *Berliner Montags-Zeitung*. Am in Berlin »zeitungslosen« Tag, dem Montag, vermittelte sie ihren Lesern »über dem Strich« die neuesten Nachrichten aus aller Welt; »unter dem Strich«, in der Rubrik »Die Wahrheit«, verfuhren Adolf Glaßbrenner sowie sein Mitredakteur und Nachfolger Richard Schmidt-Cabanis nach dem 1848 in den *Freien Blättern* aufgestellten Motto: »Die Satire ist ein Messer, ist's geschliffen, schneidet's besser!«
In den achtziger Jahren trat mehr und mehr das ausschließlich unterhaltende Witzblatt in den Vordergrund, so daß auch die traditionellen Tendenzwitzblätter gezwungen waren, dem »harmlosen, gemüthlichen Humor« ihren Tribut zu zollen. Nach Bismarcks Entlassung verlor die preußisch-deutsche Metropole für längere Zeit die dominierende Stellung, die sie auf dem Gebiet der politisch-satirischen Publizistik seit 1848 innegehabt hatte.[14] Führend wurden nunmehr Stuttgart, der Verlagsort des sozialdemokratischen *Wahren Jacobs*, »ein frischer und lustiger Bursch, der auf seinem mächtigen Rücken auch ein gut Stück ernster Parteiarbeit trug« (Franz Mehring),[15] und vor allem München, das seit 1896 ganz im Zeichen der »roten Bulldogge«, das heißt des *Simplicissimus* stand. Erst 1918/19, nach einer zwei-

ten Revolution, eroberte Berlin seinen Spitzenplatz zurück und behauptete ihn bis 1933.

Der zweite Teil des Buchs, eine Langzeitstudie, versteht sich als eine illustrierte humoristisch-satirische Chronik Europas. Aus einem »Korpus« von rund sechstausend Nummern wurden knapp zweihundert Bild- und zahlreiche Textbeispiele ausgewählt in der Absicht, den »Zeitgeist« am Zipfel zu fassen.

Von herausragender Bedeutung war die oft nur andeutungsweise verfremdete oder verzerrte politische Porträtkarikatur. Je nachdem, ob sie ihren Gegenstand grundsätzlich bejahte oder verneinte, bewegte sie sich in der Gefühlslage des Humors beziehungsweise der Satire.[16] In einer Zeit, in der es weder Pressefotos, geschweige denn audiovisuelle Medien gab, erfüllte sie eine doppelte Funktion. Durch sie stand der Betrachter auf vertrautem Fuß mit »Otto«, dessen drei Haare zum Erkennungszeichen des »eisernen Kanzlers« wurden, und anderen europäischen Staatsmännern, Ministern oder Abgeordneten. Darüber hinaus wurde die Porträtkarikatur – weit mehr als heute – eine schlagende Waffe in einer an publizistischen Fehden reichen Zeit.

Mit Absicht beschränkt sich der zweite Teil nicht auf die Bildsatire, denn bis zum Aufkommen der *Lustigen Blätter* (1886) waren Bild und Text eine politische Einheit. Für den Betrachter der untersuchten Politwitzblätter war die Karikatur nur *ein* Aspekt des wöchentlichen ironisch-humoristisch-satirischen Allerleis. Erst Bild *und* Text, die sich ergänzten, verstärkten und manchmal sogar, durch ständige Wiederholung, zum Klischee verdichteten, schufen die Voraussetzung für die Volkstümlichkeit des Deutsch-Französischen Kriegs (1870/71). Die seit 1851 durch den *Kladderadatsch* betriebene Demaskierung und Degradierung Napoleons III. als »Neffe« beziehungsweise »Affe« seines Onkels (Napoleon I.) ist nur vergleichbar mit dem letztlich erfolgreichen Kampf des Pariser *Charivari* gegen den als »Birne« verspotteten Bürgerkönig Louis Philippe.

Erst Bild *und* Text, unter Berücksichtigung aller Jahrgänge, lassen die Strömungen der Zeit, Veränderungen der Mentalitäten oder wichtige Leitmotive sichtbar werden, welche sich wie ein roter Faden durch die vergilbten Bände ziehen. Zu nennen wären hier der Ruf nach dem starken Mann, das heißt das Aufkommen des Nationalismus, der Umschlag des anfangs nur latent vorhandenen Antiklerikalismus in offenen Haß, die Krisenerscheinungen des Liberalismus oder das in einem veränderten Umfeld (Industrialisierung) konstant gebliebene Unverständnis der liberalen Witzblätter für die »soziale Frage«.

Zunächst allein im Text aufspürbar sind gewisse Nebenthemen, wie die 1848 begonnene sorgfältige Registrierung antijüdischer Strömungen durch die »Gelehrten« des *Kladderadatsch*. Schon lange vor dem »Berliner Antisemitismusstreit« (1879/80), dessen publizistische Komponente noch einer genaueren Untersuchung bedarf, schon lange, bevor der von dieser weltanschaulichen Auseinandersetzung nicht unberührt gebliebene Theodor Fontane die Feststellung traf: »Die europäische Presse ist eine große Judenmacht«,[17] ironisierte die Redaktion des *Kladderadatsch* (Nr. 57 vom 14. Dezember 1856): »Die Presse ist grundschlecht . . . Die schlechteste Presse in Deutschland aber ist die Preußische! Und in Preußen ist die schlechteste Presse die Berlinische, in welcher nur Juden und verdorbene Genies das Wort führen!«

»Große Ereignisse« warfen mehr als einmal in den Spalten der Berliner Politwitzblätter »ihre Schatten voraus«. Als »Prophet der Zukunft« weissagte der *Kladderadatsch* den Untergang des französischen Kaiserreichs und den Sturz des ersten Präsidenten der Dritten Republik, Adolphe Thiers. Auch das von Bismarck so gefürchtete russisch-französische Bündnis, ja selbst eine Teilung des Deutschen Reichs wurde von dem Zeichner dieses Wochenblattes als Menetekel an die Wand gemalt. Unbequeme Mahner angesichts des europäischen Wettrüstens waren keineswegs nur die satirischen Sprachrohre der Sozialdemokratie, sondern auch die des Liberalismus.

Schließlich sei hier auf das humoristisch-satirische Wochenblatt als Vermittler und Produzent politischer Schlagworte hingewiesen. Zu endlosen Witzeleien, die oft Schlagwortcharakter annahmen, gab nicht nur die Berliner, sondern auch die Frankfurter Nationalversammlung Anlaß. So mancher kernige Politikerausspruch, wie etwa »Wir Deutsche fürchten Gott, aber sonst Nichts in der Welt« (Bismarck), wurde durch die Witzpresse zum »geflügelten Wort«, so manche Charakterisierung einer fremden Nation (la grande nation; der schreckliche Iwan) zu einem latent gespeicherten Stereotyp.[18]

Was nun die »Wirkung« der untersuchten Politwitzblätter im allgemeinen anbelangt, so ist der Kommunikationshistoriker auf mehr oder weniger zuverlässige schriftliche Quellen (Tageszeitungen, Zeit- und Streitschriften, Polizeiberichte, Memoiren, Biographien, Briefsammlungen, Konversationslexika, Nekrologe etc.) angewiesen. Hat er diese – ähnlich einem Detektiv – ausfindig gemacht, führt er gewissermaßen »Gespräche In Dem Reiche derer Todten«.[19] Als Ergebnis dieser »Umfrage« steht eindeutig fest: Das mit den Stilmitteln der Wort- und Bildsatire arbeitende bürgerlich-liberale Wochenblatt, welches seinen Stoff zum großen Teil der europäischen Tagespresse und den Parlamentsberichten entnahm, beeinflußte Freund und Gegner im Kreis der unmittelbaren Rezipienten und über ihn hinaus. Um seine Botschaft zu entschlüsseln, bedarf es bester Vertrautheit mit dem historischen und gesellschaftlichen Umfeld. Ist diese Voraussetzung erfüllt, so erweist sich das bisher in seiner Bedeutung nicht hinreichend gewürdigte politische Witzblatt des 19. Jahrhunderts als »ein in Ernst und Scherz, in Wort und Bild gefaßtes, ebenso lehrreiches als anregend unterhaltendes Compendium« *(Kladderadatsch)* nicht allein des politischen, sondern darüber hinaus des sozialen und kulturellen Lebens, wie es sich im – vordergründig witzigen – Gespräch der Zeitgenossen darstellt.

Ursula E. Koch

Erster Teil Der Teufel in Berlin:

Die Geschichte des politischen Witzblattes bis 1890 – *Presseorgane, Journalisten, Zeichner und Verleger*

»Von allen Geistern, die verneinen,
Ist mir der Schalk am wenigsten zur Last.
Des Menschen Tätigkeit kann allzu leicht erschlaffen,
Er liebt sich bald die unbedingte Ruh;
Drum geb' ich gern ihm den Gesellen zu,
Der reizt und wirkt und muß als Teufel schaffen . . .«

(Johann Wolfgang von Goethe, *Faust I*)[1]

Erstes Kapitel Humor, Satire und Ironie unter vier preußischen Königen (1740–1848): Die Vorläufer des politischen Witzblattes

»Frei sei das Wort! Allein strafwürdig wär' der Herr,
Ließ' er den bösen Knecht aufwiegeln rings umher.«

(Der junge Deutsch-Michel)[2]

Espritvoller Witz der Potsdamer Hofkreise, märkischer Volkswitz, erste bürgerliche Witzblattversuche

Betrachtet man das als vergifteter Pfeil auf den Gegner zielende satirische Pamphlet als eine Vorform des periodisch erscheinenden politischen Witzblattes, so waren bedeutende Protagonisten dieser Presse-Gattung in Berlin keine Geringeren als der aufgeklärte preußische König Friedrich II. und dessen französischer Gast François Marie Arouet, genannt Voltaire. Der Schriftsteller und Philosoph verfaßte während seines fast dreijährigen Aufenthalts in Potsdam (Juli 1750 bis März 1753) mehrere in ganz Europa verbreitete, von »jedermann« gelesene antiklerikale und politische Flugschriften, die unter dem Namen »petits pâtés chauds de Berlin« (heiße Pastetchen aus Berlin) in die französische Literaturgeschichte eingegangen sind.[3]
Wenige Jahre später, im Siebenjährigen Krieg (1756 bis 1763), erinnerte sich der seit 1742 von Voltaire als »Frédéric Le Grand« bezeichnete Feldherr dieses Mediums, das bereits im Zeitalter der Reformation eine große Rolle gespielt hatte.
So setzte er schon bei Kriegsbeginn die Satire neben dem Schwert als Waffe ein, um die öffentliche Meinung für Preußen zu gewinnen. Insgesamt erschienen elf anonyme Flugschriften von seiner Hand, die unter falschem Namen verbreitet wurden, zum Beispiel eine Botschaft vom Geist des längst verstorbenen Kardinals Richelieu oder, aus der Aktualität gegriffen, ein offizielles Breve Seiner Heiligkeit des Papstes Klemens XIII. und ein »Handschreiben« der Marquise de Pompadour.[4]
Im Mai 1759 entwarf Friedrichs in Potsdam zurückgebliebener langjähriger Vertrauter und Kammerherr, der aus Aix-en-Provence stammende Marquis d'Argens, den Plan einer satirischen Monatsschrift unter dem Titel *Le Mercure de Harbourg*, worin

er »ohne Bitterkeit und ohne Schmähungen alle Unverschämtheiten, welche die Feinde veröffentlichen, ins Lächerliche ziehen« wollte. Diese Zeitschrift sollte zugleich auf deutsch und französisch erscheinen, um weit verbreitet zu werden, und satirische Texte aus der Feder des Königs bringen. Friedrich war damit einverstanden: »Bravo, bravo, mein lieber Marquis, Ihre Feder ist das schneidende Schwert, das meine Feinde zerschlitzt und durchbohrt.«[5]

Infolge der damals für Preußen katastrophalen Kriegslage konnte das Vorhaben nicht ausgeführt werden. Am 28. Mai 1759 schrieb der König aus dem Felde: »Mein lieber Marquis, ich bin hier dermaßen mit unseren heldenhaften Torheiten beschäftigt, daß ich leider befürchten muß, Ihnen zu Ihrem lobenswerten Projekt keine Hilfe leisten zu können.«[6]

Dabei hätte ein solches Unterfangen durchaus glücken können; bereits in den »Tabakskollegien«[7] des »Soldatenkönigs« Friedrich Wilhelm I. (1713 bis 1740) hatten sich die noch heute für das Berlinertum so typische Schlagfertigkeit und Geistesgegenwart herausgebildet, die dann unter seinem Nachfolger, dem »Philosophen von Sanssouci«, zum »feinen, pointierten französischen Witz«, das heißt zum gekonnten Spiel mit der Pointe und der Antithese weiterentwickelt worden waren.

Parallel zu diesem »espritvollen Witz der Hofkreise« hatte der »märkische Volkswitz«, nicht zuletzt dank des Schmelztiegels der friderizianischen Armee, »den berlinischen Räsoniercharakter und vor allem auch den alsbald von alt und jung begierig angenommenen Ausdruck für dies Räsonnement« geschaffen (Theodor Fontane).[8]

Ein zeitgenössischer Beobachter schildert die Residenzstadt, die sich damals – als Mittelpunkt der preußischen Aufklärung – in einer »beständigen fruchtbaren geistigen Gärung« befand, wie folgt:

»Besonders sticht bei den Berlinern immer die Sucht, witzeln zu wollen, hervor, und es ist lustig mitanzusehen, wie die sogenannten Schöngeister und guten Gesellschafter ihren Geist auf die Folter spannen, um etwas Witziges zu sagen . . . Es ist ein Jagen nach Bonmots, Wortspielen und Zweideutigkeiten.«[9]

Der frühe Berliner Witz, an dem nun auch das Bürgertum teilhatte, zirkulierte in Form von zahllosen überlieferten Anekdoten und einer üppigen Bulletin-Publizistik, ein eigenes Kommunikationsmittel schuf er sich nicht. Von einer aus dem Jahr 1781 bekannten »komisch-periodischen Schrift« erschien nur das erste Stück im Selbstverlag des »Verfassers der Gallerie der Teufel« (das ist August Friedrich Cranz; 1737 bis 1801). Sie nannte sich nach jenem ältesten, stets betrunkenen Satyr, der als Erzieher den Dionysos begleitete, *Silen und sein Esel* und enthielt unter anderem ein »rechtliches Gutachten« sowie »erbauliche Anmerkungen über die Satire«[10] *(Abbildung 1)*.

Nach politischen Seitenhieben sucht allerdings auch der aufmerksamste Leser vergeblich, denn längst hatte Friedrich der Große die kurz nach seiner Thronbesteigung (31. Mai 1740) geäußerte Ansicht, daß »Gazetten wenn sie interreßant seyn solten

1907. 12043

Silen und sein Esel.

Eine
komisch-periodische Schrift
Erstes Stück.
Vom Verfasser der Gallerie der Teufel.

Berlin, 1781.
Im Selbstverlage des Verfassers und in Kommission bei C. F. Hesse in der breiten Straße.

1 *Silen und sein Esel*, Berlin, 1781
Titelblatt mit Kupfer der ersten und letzten Ausgabe des vermutlich ältesten Vorläufers der 1848 aus dem Boden sprießenden Berliner »Witzblätter«. Der »wohlbestalte Censor« hatte den »launigten satirischen Kopf« August Friedrich Cranz mit Erfolg daran gehindert, in Silens »Wandrungs-Journal« weiterhin »lachend Wahrheiten« zu sagen.

nicht geniret werden müsten«, revidiert.[11] In den nachfolgenden Jahren war die ohnehin nur relative Freiheit der Berliner Zeitungsschreiber durch mehrere Dekrete soweit eingeschränkt worden, daß diese seit 1755 auf »raisonnements über die publiquen affairen und jetzigen Conjunkturen von Europa« verzichteten.[12]

Gotthold Ephraim Lessing fällte über die friderizianischen Zensurmaßnahmen ein hartes Urteil. Am 25. August 1769 schrieb er aus Hamburg an den Berliner Verleger, Publizisten und Geschichtsschreiber Friedrich Nicolai: »Sonst sagen Sie mir von Ihrer Berlinischen Freiheit zu denken und zu schreiben ja nichts. Sie reduziert sich einzig und allein auf die Freiheit, gegen die Religion so viel Sottisen zu Markte zu bringen, als man will. Und dieser Freiheit muß sich der rechtliche Mann nun bald zu bedienen schämen.«[13]

Friedrichs des Großen Nachfolger, sein Neffe, König Friedrich Wilhelm II., ließ die Zügel der Zensur in den ersten beiden Jahren seiner Regierung wieder lockerer. Am 3. Juli 1788 aber wurde Johann Christoph Wöllner Chef des geistlichen Departements, und mit ihm kam in Preußen »der Fanfarenstoß gegen das Zeitalter der Vernunft«.[14] Nach einem Religionsedikt erließ er am 19. Dezember 1788 ein Zensuredikt, das nicht nur die politischen Zeitungen und Flugschriften, sondern auch die literarischen Zeitschriften und die Buchproduktion schärfster Kontrolle unterwarf. Von nun an hatte der preußische Zensor, ohne dessen Erlaubnis keine Schrift gedruckt oder verkauft werden durfte, die Aufgabe, demjenigen zu steuern, »was wider die allgemeinen Grundsätze der Religion, wider den Staat und sowohl moralischer als bürgerlicher Ordnung entgegen ist oder zur Kränkung der persönlichen Ehre und des guten Namens anderer abzielt«.[15]

Was die Strafbarkeit wegen eines Pressevergehens anbelangt, so wurde sie bis 1851 durch das unter Friedrich II. ausgearbeitete, aber erst 1794 in Kraft gesetzte *Allgemeine Landrecht* (20. Titel des Zweiten Teils) geregelt.

Nach dem Regierungsantritt Friedrich Wilhelms III. (16. 11. 1797) wurde das Wöllnersche Religionsedikt aufgehoben und die Zensur etwas großzügiger gehandhabt.

Es entstanden nunmehr in Berlin mehrere Unterhaltungszeitschriften, die dem humoristischen Genre zuzurechnen sind. Zu nennen ist hier als erstes die *Chronic von Berlin oder Berlinsche Merkwürdigkeiten*, die von 1789 bis 1792 einmal wöchentlich im Verlag Petit und Schöne erschienen ist. Die etwa dreißig Oktavseiten (Satzspiegel 6,9 × 13,1 cm) der »periodischen Volksschrift« waren dem Lokal- und Theaterleben gewidmet *(Abbildung 2)*. Das Blatt enthielt zwei L. S. signierte Kupferstiche, welche der Herausgeber »Tlantlaquatlapatli« (das ist Heinrich Wilhelm Seyfried; 1755 bis 1800) als sein und seiner Frau Bildnis bezeichnete.

Auch als Gründer des »Bürgerblatts zur erbaulichen Unterhaltung« *Meine Berliner Peitsche (1795/96)*, dessen Probenummer gratis ausgegeben worden war, nahm Seyfried einen falschen Namen an: Hans von Strippeknall. Die *Peitsche* brachte jede Woche Pikantes aus dem Berliner Wirtshausleben *(Abbildung 3)* und stellte dem »Zweiten Gebund« (=Band) folgende Verse voran:

»Ich peitsche meine lieben Herrn
Und schönen Damen gar so gern,
Bald in der Näh', bald in der Fern'!
Drum Leutchen handelt nicht so leicht:
Gewiß sonst meine Peitsch' euch reicht!«

Die wiederholt auftretende Figur der häßlichen keifenden Haushälterin Ursula suchte die Leser zu belustigen. »Schwächlich« und »albern« nannte ein Zeitungsforscher die Satire dieser entfernten Witzblattvorläufer, wobei ihm nur zuzustimmen ist.[16] Aus dem ersten Jahrzehnt des 19. Jahrhunderts sind zwei weitere Gründungen bekannt. 1804 riefen der schriftstellernde Kriegsrat Karl Müchler und der Lustspieldichter Julius von Voß eine »humoristische Zeitung für gebildete Leser«, *Sphinx* genannt, ins Leben. Im Juli 1806 gründete derselbe Karl Müchler (Pseudonym Komus F. Müchler) gemeinsam mit dem Privatgelehrten und späteren Zensor August Ernst Friedrich Langbein das an den Begleiter des Dionysos erinnernde, bei E. J. G. Litfas verlegte Unterhaltungsblatt *Komus oder der Freund des Scherzes und der Laune*.[17]

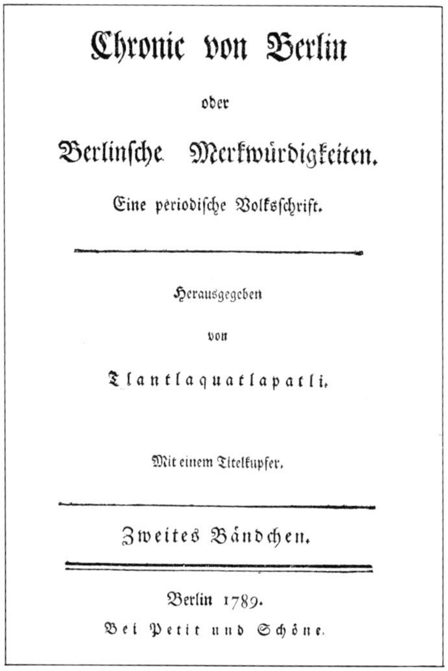

Chronic von Berlin

oder

Berlinsche Merkwürdigkeiten.

Eine periodische Volksschrift.

Herausgegeben

von

Tlantlaquatlapatli.

Mit einem Titelkupfer.

Zweites Bändchen.

Berlin 1789.

Bei Petit und Schöne.

2 *Chronic von Berlin oder Berlinsche Merkwürdigkeiten,* Band 2, Berlin, 1789 Umschlagtitel einer von dem Schauspieler und Theaterdichter Heinrich Wilhelm Seyfried pseudonym verfaßten humoristischen Wochenschrift. Im 25./26. Stück (4. April 1789) stellte sie ihrem teils zufriedenen, teils unzufriedenen Publikum »größte Mannichfaltigkeit« und »Abwechselung« in Aussicht.

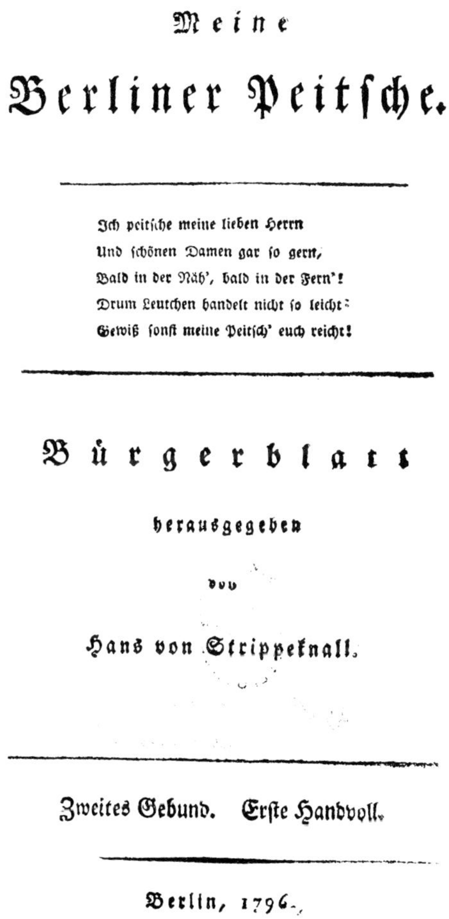

Meine

Berliner Peitsche.

Ich peitsche meine lieben Herrn
Und schönen Damen gar so gern,
Bald in der Näh', bald in der Fern'!
Drum Leutchen handelt nicht so leicht:
Gewiß sonst meine Peitsch' euch reicht!

Bürgerblatt

herausgegeben

von

Hans von Strippeknall.

Zweites Gebund. Erste Handvoll.

Berlin, 1796.

3 *Meine Berliner Peitsche,* Nr. 48 v. 15. 10. 1796 Innentitel des von Heinrich Wilhelm Seyfried unter einem neuen Pseudonym seit 1795 herausgegebenen Nachfolgeorgans der *Chronic von Berlin.*

Bereits Ende Dezember, das heißt zwei Monate nach der französischen Besetzung Berlins, stellte es sein Erscheinen ein. Auch der neuen Folge – nach einer einjährigen Unterbrechung – war nur ein kurzes Dasein beschieden (Januar bis März 1808).
Nach dem Sieg der vereinigten preußischen, österreichischen und russischen Truppen über Napoleon I. erfolgte die restaurative Neuordnung Europas auf dem Wiener Kongreß (18. September 1814 bis 9. Juni 1815). Das Ergebnis für Deutschland war ein loser Staatenbund ohne Oberhaupt. Die in Frankfurt am Main tagende deutsche Bundesversammlung, das einzige gesamtdeutsche Organ, war keine Volksvertretung, sondern ein Gesandtenkongreß der 34 (zeitweise 37) »Souveränen Fürsten« und vier »Freien Städte« unter dem Vorsitz Österreichs.
Die Bundesakte vom 8. Juni 1815, eine Art Kongreß-Schlußprotokoll, enthielt in ihrem Artikel 13 das Versprechen einer »Landesständischen Verfassung« für alle Bundesstaaten, also auch für Preußen. Das bereits 1808 in Aussicht gestellte »repräsentative System« sowie das wiederholte Verfassungsversprechen des preußischen Königs scheiterten jedoch am Widerstand des Adels.
Laut Artikel 18, 2d der Bundesakte von 1815 sollte die Bundesversammlung gleich »bei ihrer ersten Zusammenkunft« mit der Abfassung gleichförmiger Verfügungen über die Pressefreiheit beginnen. Doch über drei Jahre vergingen, bis Friedrich Wilhelm III. am 10. Januar 1819 das preußische Staatsministerium anwies, gesetzliche Bestimmungen über die Pressefreiheit auszuarbeiten. Ein entsprechender Gesetzentwurf wurde stillschweigend zu den Akten gelegt, nachdem der Jenenser Burschenschaftler Karl Sand am 23. März in Mannheim den allen Liberalen verhaßten Dramatiker und Zeitschriftenherausgeber August von Kotzebue niedergestochen hatte.[18]
Statt zu dem erhofften königlichen Dekret über die Pressefreiheit kam es zu den Karlsbader Beschlüssen und damit »zum ausgedehntesten und wirksamsten Unterdrückungssystem in der deutschen Pressegeschichte überhaupt – von den Maßnahmen des modernen Totalitarismus freilich abgesehen«.[19]
Das auf Veranlassung des damaligen Außenministers der Donaumonarchie, Klemens Fürst von Metternich (1773 bis 1859), zustande gekommene Pressegesetz vom 20. September 1819 führte gemäß § 1 für alle Zeitungen, Zeitschriften und sonstigen Werke mit einem Umfang von weniger als zwanzig Bogen, also 320 Druckseiten in Oktav, nach dem Präventivprinzip die Vorzensur ein. Ferner, um eventuelle Verfolgungsmaßnahmen zu erleichtern, mußten alle Zeitungen und Zeitschriften von nun an den Namen des Verlegers *und* des Redakteurs angeben (§ 9). § 7 schrieb vor, daß der Redakteur und der Herausgeber einer durch einen Ausspruch des Bundestags – so nannte man die Bundesversammlung – unterdrückten Zeitung oder Zeitschrift einem fünfjährigen Berufsverbot unterlagen. Da das mehrmals verlängerte Rahmengesetz keine Durchführungsbestimmungen enthielt, blieb seine Handhabe den Einzelstaaten überlassen.[20]

In Preußen wurde daraufhin am 18. Oktober 1819 ein neues Zensuredikt verkündet, das im großen und ganzen eine Erneuerung der Wöllnerschen Verordnung von 1788 darstellte und die völlige Vogelfreiheit der periodischen Presse verfügte. Eine neu geschaffene Behörde, das aus Staatsbeamten und Gelehrten zusammengesetzte Ober-Censur-Collegium, hatte die Durchführung des Zensurgesetzes zu überwachen, die Zensurinstruktionen der Minister weiterzureichen und einlaufende Beschwerden zu bearbeiten.

Für die in die Kategorie »Unterhaltung« fallende »humoristische« Publizistik einschließlich der Karikaturen war bis 1848 das preußische Innenministerium zuständig.[21]

Angesichts dieser obrigkeitlichen Verhältnisse verzeichnet die Berliner Zeitungschronik nur wenig neue und verständlicherweise äußerst harmlose humoristische Periodika. Zu ihnen gehört das zwischen 1822 und 1824 von dem Verleger Heinrich Philipp Petri viermal jährlich herausgegebene, mit einigen Karikatur-Kupfern ausgeschmückte *Neue Museum des Witzes, der Laune und der Satyre*. Es war bald 88, bald 90 Oktavseiten stark und wurde von W. Schmidt gedruckt *(Abbildung 4)*.

Im Vorwort wird als Zielsetzung genannt, »eine finstere Stirn zu entrunzeln« beziehungsweise einen »milzsüchtigen Grillenfänger auf andere Gedanken zu bringen«. Wie? Durch »arglosen Scherz« in Form von Rätseln, Stegreifgedichten, Anekdoten, Miszellen und Glossen. Die Neckereien des »von hämischer Gallsucht freien« Biedermeier-Journals schienen gefallen zu haben, denn 1825, unter Karl Müchler, ging es mit dem leicht abgeänderten Titel *Museum des Witzes, der Laune, des Scherzes und der Satyre* nicht nur zu einem vergrößerten Format über – der Satzspiegel der acht Seiten betrug 16 × 8,5 cm statt 13 × 7,5 cm –, sondern auch zu einer zweimal wöchentlichen Erscheinungsweise. Das *Museum*, dessen jährlicher Abonnementspreis sich auf fünf Taler belief, bestand bis 1827.

Im selben Jahr (1827) gründete der Roman- und Lustspieldichter Freiherr Ferdinand von Biedenfeld den *Hinkenden Teufel zu Berlin*. Der Name erinnert an das Pariser literarisch-satirische Oppositionsblatt *Le diable boîteux*. Der Titel geht zurück auf den berühmten Sittenroman des französischen Schriftstellers Alain Lesage (1668 bis 1747). Biedenfelds Blatt (6,5 × 11 cm) kam von 1827 bis 1828 im Verlag Cosmar und Krause in zwangloser Folge heraus und wurde bei Leopold Krause gedruckt *(Abbildung 5)*.

Der Autor diente dem in Berlin zu Besuch weilenden »Teufel« als fiktiver Fremdenführer und beschrieb in Form satirischer Dialoge, unter stetigen Hinweisen auf Wien, London und Paris »alle Gegenstände und Erscheinungen des Berliner bürgerlichen Lebens, in bunter Reihe wie ein Maskenzug im Karneval«.[22]

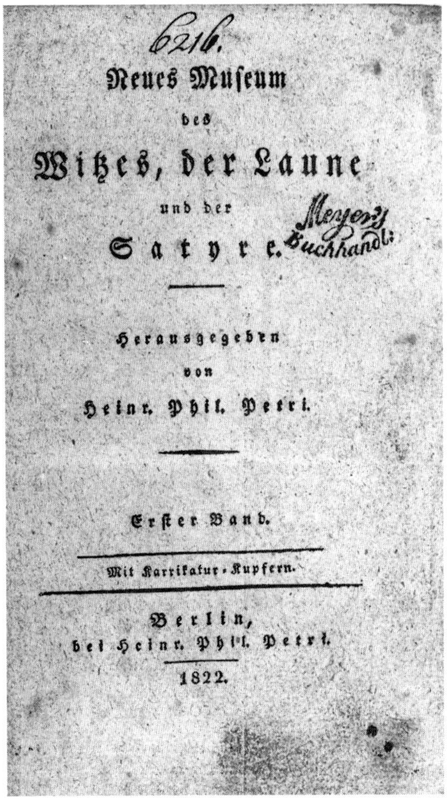

6216.

Neues Museum des Witzes, der Laune und der Satyre.

Meyer's Buchhandl.

Herausgegeben von Heinr. Phil. Petri.

Erster Band.

Mit Karrikatur-Kupfern.

Berlin, bei Heinr. Phil. Petri.

1822.

Der hinkende Teufel zu Berlin.

In zwanglosen Heften herausgegeben vom Freiherrn v. Biedenfeld.

Zweites Heft.

Berlin.

Bei Cosmar und Krause.

Schloßplatz- und Breite-Straßen-Ecke Nr. 1.

1827.

5 *Der hinkende Teufel zu Berlin*, Heft 2, Berlin, 1827
Umschlagtitel
Der Schwerpunkt dieser »Journalistennachrichten« lag in der satirischen Lokalreportage.

4 *Neues Museum des Witzes, der Laune und der Satyre*, Band 1, Berlin, 1822
Umschlagtitel.

Jüdischer Wortwitz in Berliner Stadtzeitungen

Wesentlich enger verbunden mit der Vorgeschichte des Berliner Witzblattes als die oben genannten Presseorgane sind die beiden von Leopold Krause verlegten, teils in Leipzig, teils in Berlin gedruckten literarisch-satirischen Unterhaltungsblätter *Berliner Schnellpost für Literatur, Theater und Geselligkeit* (2. Januar 1826 bis 29. Dezember 1829) und *Der Berliner Courier, ein Morgenblatt für Theater, Mode, Eleganz, Stadtleben und Localität* (1. Februar 1827 bis 1830). Erst durch sie wurde in der preußischen Hauptstadt der Witz in seiner Funktion als Sicherheitsventil nicht nur eine Institution, sondern auch eine einträgliche Handelsware.[23]

Die *Berliner Schnellpost* erschien, unter dem von Goethe stammenden Motto »nur frisch, holpert es gleich, über Stock und Stein den Trott rasch in's Leben hinein«, drei- bis viermal in der Woche zum vierteljährlichen Pränumerationspreis von zwei Talern. Sie umfaßte im Durchschnitt vier Seiten zu je zwei Spalten (bedruckter Raum: 14,5 × 20 cm). Die Titelvignette war illustriert: Zwei Dichterrosse ziehen die Postkutsche mit der Aufschrift »Vorwärts«; der die Peitsche schwingende Postillon trägt eine Narrenkappe; eine wöchentliche Beilage nannte sich *Beiwagen für Kritik und Antikritik*.

Die *Berliner Schnellpost*, die es bereits im ersten Quartal auf 1 300 Abonnenten brachte und »sogleich nicht nur in Berlin selbst, vielmehr in ganz Deutschland erhebliches Aufsehen erregte«, enthielt humoristische Erzählungen und Gedichte, Anekdoten, in denen stadtbekannte Vorgänge bewitzelt wurden, sowie Fabeln und Possen. Die wichtigste Rubrik war die beliebte und wegen ihres bissigen Spottes gefürchtete »Remise für Theater und Novellistik«.[24]

Der kleine Bruder der *Schnellpost*, der *Berliner Courier* (Satzspiegel 8 × 14,5 cm, vier einspaltige Seiten), erschien als Morgenblatt täglich mit Ausnahme des Sonntags zum Preis von 25 Silbergroschen pro Quartal *(Abbildung 6)*. Binnen weniger Monate betrug die Abonnentenzahl 2 500.

Wie die *Schnellpost*, so verzichtete auch der *Berliner Courier* bewußt auf Politik und beschränkte sich auf die »Kronik der Berliner Novitäten«, das »Repertoire« der Bühnen und auf »Theater-Sarkasmen«. Die Rubrik »Spiegel für Mode und Eleganz« und die Rätsel aller Art enthaltende Serie »Damen-Sphynx« wandten sich mit Erfolg an das vom Lesen »ganz wie behexte schöne Geschlecht«.[25]

Gründer, Herausgeber und Hauptredakteur der *Schnellpost* und des *Couriers* war der in der Nähe von Pest (Ungarn) zur Welt gekommene Theaterkritiker Moritz Gottlieb Saphir (1795 bis 1858), der 1825 von Wien nach Berlin übergesiedelt war.[26]

Saphir erwies sich für den Berliner Journalismus als ein Neuerer. Er schuf das mehrmals wöchentlich herausgegebene Lokal- und Theater-»Schnell-Journal«, das freilich wegen seines begrenzten Inhalts der Kategorie Zeitschrift zuzurechnen ist, und er verfaßte, als Erster, bereits über Nacht die Kritik über die Theaterereignisse des vorangegangenen Abends. Darüber hinaus begründete Saphir in Berlin die lange Tradition des auf dem Gebiet der Satire arbeitenden Berufsjournalisten jüdischer Herkunft sowie den »jüdischen Wortwitz«.

Nach seinem Übertritt zum Protestantismus (1832) versuchte er, den »Judenwitz« wie folgt zu erklären: »In dem hochtragischen Schicksal dieser Nation liegt die Essigmutter ihres Witzes . . . Das Christentum hat seinen alten greisen Vater: das Judentum . . . in ein finsteres Loch gesperrt, Luft und Licht geraubt und reicht ihm elende Kost. Es bleibt diesem alten mißhandelten Vater nichts übrig, als in herzzerreißender Resignation, in der tollen Lustigkeit der Ohnmacht aus seinem Kerker herauszulachen. Kla-

1826. **№ 155.**

Berliner Schnellpost

für

Literatur, Theater und Geselligkeit.

Nur frisch, holpert es gleich, über Stock und Stein den Trott rasch in's Leben hinein.
Göthe.

Sonnabend, den 30. Dezember.

Die frühere Ankündigung eines neuen Tageblattes:

Der

Berliner Courier.

Ein Morgenblatt

für

Theater, Mode, Eleganz, Stadtleben und Lokalität.

Herausgegeben von

M. G Saphir,

wird auf Folgendes berichtigt und die Rubrik: „Lügenzeitung" fällt ganz aus.

Noch fehlt es Berlin an einem Blatte, das sich durchaus nur mit Berlin beschäftigt und das nach dem Beispiele von London, Paris, Amsterdam u. s. w. täglich Morgens erscheint, und das Leben des gestrigen Tages, mit Ausnahme aller politischen Ereignisse, darstellt; ein solches Blatt soll dieser Courier sein. Er verbindet die Kronik der gestrigen Theater, Redouten Concerte, Bälle u. s. w., mit einem „Spiegel für Mode und Eleganz". Der „Rathgeber für lesende Damen" soll dem schönen Geschlechte alles neue Lesenswerthe und Interessante aus dem Gebiete des Schöngeistigen mittheilen. Der „Allbemerker" beschäftigt sich mit allem, vom Aushängeschild bis zur Thurmspitze, auf eine anständige scherzhafte Weise. Im „Damen-Sphinx" werden interessante Räthsel, Charaden u. s. w. und im „Anekdotenschatz" launige und witzige Einfälle mitgetheilt und zuletzt erfolgt ein „Repertoir aller Theater". Der außerordentlich billige Preis (2 Thlr. 15 Sgr. jährlich, 1 Thlr. 15 Sgr. halbjährlich und 25 Sgr. vierteljährlich) läßt hoffen, daß der Courier sich einer außerordentlichen Verbreitung zu erfreuen haben wird. Alle Tage, mit Ausnahme des Sonntags, erscheint Vormittags ein Viertelbogen. Wegen unvorhergesehener Verzögerung wird das erste Blatt am 7. Januar 1827 erscheinen, und ich werde im Laufe des ersten Vierteljahres die fehlenden sechs Blätter durch Beilagen complettiren. Man pränumerirt bei dem

Redakteur (M. G. Saphir),
Friedrichs- und Behren-Straßen-Ecke Nr. 164,
2 Treppen hoch, Vermittags von 10 bis 12 Uhr.

6 *Berliner Schnellpost für Literatur, Theater und Geselligkeit*, Nr. 155 v. 30. 12. 1826
Titelseite
Die seit Januar 1826 von Moritz Gottlieb Saphir mehrmals wöchentlich herausgegebene satirische Stadtzeitung wandte sich – ihrem Titel entsprechend – an das »große Heer der jetzigen Schnell-Leser«. Der hier angekündigte, nicht weniger erfolgreiche *Berliner Courier* diente Adolf Glaßbrenner und Eduard Maria Oettinger als journalistisches Sprungbrett.

gen und Worte kann man ersticken, aber lachen, fürchterlich lachen, gräßlich lachen kann auch der Geknebelte.«[27]
Saphirs Spiel mit Worten und Silben umfaßt die gesamte Witzskala vom geistvollen Bonmot bis hin zum effekthaschenden oder platten Calembour.[28] Hier ein Beispiel der Saphirschen Witzspiele, eine »Probe aus einem neuen Wörterbuch«: »*Bratspieß*, beleckt der Autor; *Braten*, ißt der Verleger.«[29]
Der nach der Devise »Der Witz für den Witz« zusammengestellte Inhalt der Saphirschen Stadt-Klatsch-Zeitungen, die nicht nur am preußischen Hof und vom Bildungsbürgertum, sondern auch von Kellerbudikern, Hökerfrauen und Droschkenkutschern gelesen wurden, führte dazu, »daß die eine Hälfte von Berlin aus der Haut fuhr, während die andre sich königlich amüsierte«.[30] Im eigentlichen Sinn des Worts »königlich« amüsierte sich Friedrich Wilhelm III., der dem strengen Zensor Johann Bogislaw Grano wiederholt in bezug auf Saphirs Blätter »mehr Milde« empfahl.
Als der zugewanderte Journalist jedoch das Gebiet der literarischen Satire verließ und am 14. November 1829 im *Berliner Courier* (Nr. 836), obgleich nur als Zitat, die Pressefreiheit »anpries«, wurde er von seinem bisherigen Gönner aus Berlin und Preußen ausgewiesen. Der *Berliner Courier* bestand noch einige Monate weiter, vermutlich bis Juni 1830.
Saphirs Schriftstellerkollegen, selbst wenn sie nicht unter seinem Spott zu leiden hatten, beurteilten dessen Wortwitzeleien überwiegend skeptisch. Heinrich Heine (1795 bis 1856) bemängelte den Witz in seiner Isolierung, Karl Gutzkow (1811 bis 1878), dessen Roman *Wally, die Zweiflerin* (1835) das Verbot der jungdeutschen Schriften auslösen sollte, vermißte bei den »Saphiriaden« den gutmütigen Humor.[31]
Eine der ablehnendsten Äußerungen stammte 1836 aus der Feder Adolf Glaßbrenners (1810 bis 1876), der als siebzehnjähriger Kaufmannslehrling bei Saphirs *Berliner Courier* mit Rätseln und Charaden die ersten journalistischen Sporen verdient hatte: »Seine Nichtigkeit blickt uns wie ein hohles Gespenst aus jeder Zeile seiner Tagesschreiberei an, niemals hat er ein edleres Streben, niemals hat er das Gottesblut in sich gefühlt. Es war ihm von jeher nur um Aufsehen zu tun. Er leugnet und besudelt das Heiligste, um einen Witz anzubringen (und was ist leichter?) . . .«[32] Freilich hinderte dieses harte Urteil Glaßbrenner nicht daran, nach Saphirs Tod dessen mehrbändiges *Conversationslexikon für Geist, Witz und Humor* (1852) neu herauszugeben (1860).
Ein weiterer Mitarbeiter an Saphirs *Courier* und *Schnellpost* war der gebürtige Breslauer Privatgelehrte und Journalist Eduard Meyer (1808 bis 1872), der sich nach seiner Taufe Eduard Maria Oettinger nannte und der im Dezember 1828 von Wien nach Berlin gekommen war.[33] Doch bereits am 1. April 1829 gründete er unter dem Titel *Der Berliner Eulenspiegel, Zeitschrift von und für Narren* ein Konkurrenzorgan.
Verleger war wiederum Leopold Krause, bei dem auch Saphirs Blätter herausgekom-

men sind. Der *Berliner Eulenspiegel* erschien in Oktav täglich außer samstags und kostete im vierteljährlichen Abonnement einen Taler und fünfzehn Silbergroschen, im Jahresabonnement 4 Taler. Er war – nach Saphirs Vorbild – dem gesellschaftlichen Leben Berlins gewidmet, hatte aber darüber hinaus durchaus politische Ambitionen. Dies geht bereits aus der Titelvignette hervor, die Oettinger am 22. April (Nr. 17) wie folgt beschreibt: »Der Mund [Eulenspiegels] hat die Form eines türkischen Säbels, mit dem pflegt er einzuhauen. In der linken Hand hält er ein neumodisches Fratzenbild, das etwas hinter den Ohren hat . . . Die Guirlande besteht aus geflochtenen Kantschus,[34] Knuten, Korbatschen, Peitschen usw., viele werden es für Blätter halten. Sind nicht viele Blätter auch Geißeln für Manche?« *(Abbildung 7)*.
Oettinger war es auch, der durch die Koppelung der Epitheta »humoristisch« und »satirisch« einen Medienbegriff schuf, der sich nach 1848 im Sprachgebrauch einbürgern sollte. Sein *Eulenspiegel* kam nämlich mittwochs ausdrücklich als »Humoristisch-sati[y]risches Unterhaltungsblatt« heraus.[35]
Schon nach einem halben Jahr bekam der zwanzigjährige Journalist, der Schläge austeilte, »um die Menschen zu bessern, wie der Vater seine Kinder züchtigt«, Schwierigkeiten mit der Obrigkeit. Nach Verbüßung einer Gefängnisstrafe verließ er Berlin am 19. November 1829.[36] Nach Oettingers Weggang wurde das Blatt noch bis März 1830 von E. Bicoja weitergeführt.
Im September 1830 kehrte Oettinger zurück, und bereits am 15. Oktober veröffentlichte er als neue Folge im Selbstverlag – Drucker war L. W. Krause – den nunmehr täglich außer sonntags in Großquart (16 × 20 cm) erscheinenden *Till Eulenspiegel*. Das »Abendblatt für die schöne und häßliche Welt« wurde alsbald von 1 100 Berlinern, vor allem aber Berlinerinnen für einen Taler pro Quartal bezogen. Am 3. Januar 1831 nahm das Blatt den Titel *Till Eulenspiegel, oder: Berliner Wiener Hamburger Courier* an, da es an allen drei Orten »pikante, interessante Correspondenten« gewonnen hatte *(Abbildung 8)*. Die gleichzeitig vorgenommene Formatänderung (17 × 33,5 cm) und Preiserhöhung (auf 2 ½ Taler) mußte allerdings schon vier Tage später (Nr. 5 vom 7. Januar) wieder rückgängig gemacht werden. Denn: »Alle fanden das Folio-Blatt sehr schön, sehr gut, aber auch sehr teuer.«
Am 4. Juni 1831 (Nr. 126) gab Oettinger in dem nunmehr 1 800 Abonnenten zählenden Presseorgan folgende Erklärung ab: »Gottlob! Der Plan ist geglückt. Das Blatt ist ein Freistaat jugendlicher Gesinnung, ein Tummelplatz großer Ideen geworden . . .« In der Rubrik »Vexier- und Lügendose« fand sich nun wiederholt als Metapher für den absolutistischen Staat der aus zwei verschiedenen französischen Ausrufen »A bas . . .!« (Nieder mit . . .!) und »Fi donc!« (Pfui Teufel!) zusammengesetzte Kunstausdruck »A-bas-fi-donc«.
»A-bas-fi-donc« ist eine Anspielung auf die »drei ruhmreichen Tage« von Paris (27. bis 29. Juli 1830), die von allzu begeisterten Zeitgenossen den sechs Tagen der Welt-

1829. Mittwoch, den 22. April. **№ 17.**

Der

Berliner Eulenspiegel,

Zeitschrift von und für Narren.

Herausgegeben von

Eduard Oettinger.

Humoristisch-satyrisches Unterhaltungsblatt.

Erklärung der Vignette.

Wenn Du, lieber, herzensguter Leser, nicht den Staar hast, so wirst Du bemerken, daß heute zum ersten Male eine Vignette auf unserer Zeitschrift ist. Ich weiß nicht, ob Du ohne mich auf den Kopf gefallen bist. Bisher erschien' der Berliner Eulenspiegel ohne Kopf, vielleicht hatte er deßhalb keinen, weil er zu oft mit ihm an die Mauer gerannt. Jetzt aber hat er sich einen Kopf aufgesetzt und ich glaube, es wird Dir recht sein.

Die Vignette stellt also das wohlgetroffene Conterfei des Wittenberggebornen Till Eulenspiegels, unsers allerschalkhaftesten Schutzpatrons, vor. Er macht ein Gesicht, als ob er das Melodram „Die Rache wartet" gesehen oder ein Blatt der Berliner Staffette gelesen. In den gelockten Haaren liegen ihm kleine Schauspielerchens, Dichterchens und Uebersetzerchens. Wenn ich ein Freund von Processen wäre, so möchte ich den Zeichner in gerichtlichen Anspruch nehmen, für's erste ist auf der Vignette der Eulenspiegel ein Naseweis, für's zweite hat er lange Finger. Herr

7 *Der Berliner Eulenspiegel*, Nr. 17 v. 22. 4. 1829
Titelseite mit Vignette.

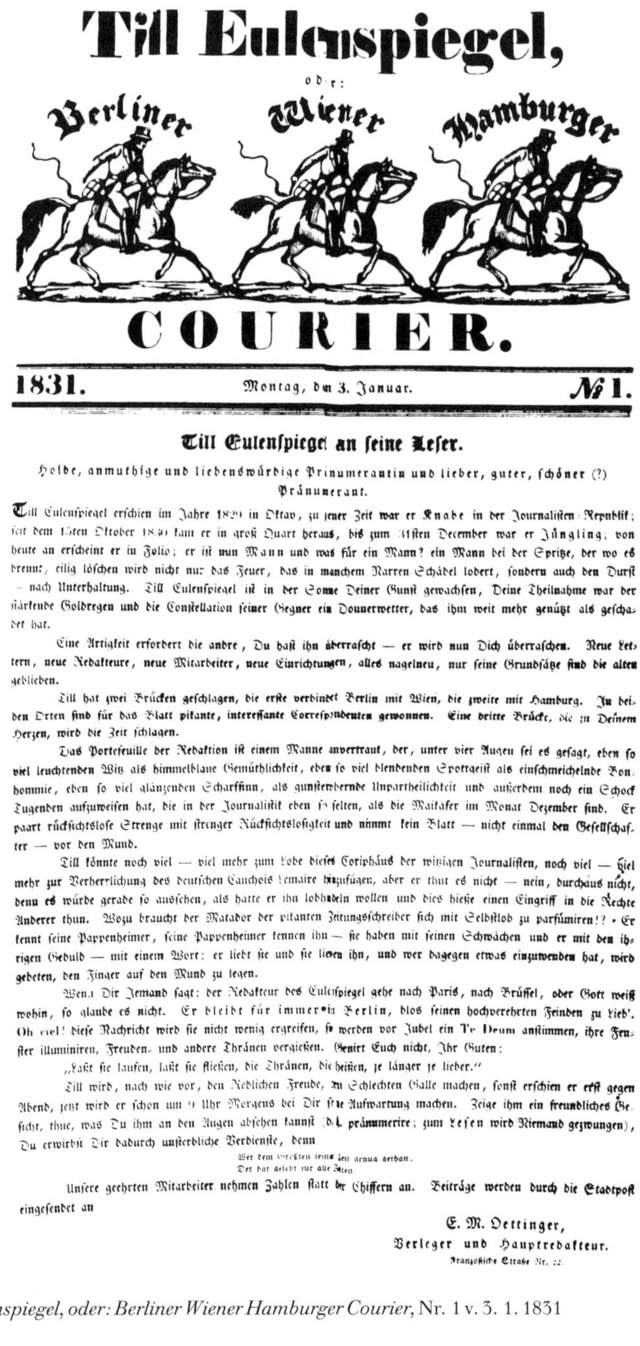

Till Eulenspiegel,

oder:

Berliner Wiener Hamburger

COURIER.

1831. Montag, den 3. Januar. **№ 1.**

Till Eulenspiegel an seine Leser.

Holde, anmuthige und liebenswürdige Prinumerantin und lieber, guter, schöner (?) Pränumerant.

Till Eulenspiegel erschien im Jahre 1829 in Oktav, zu jener Zeit war er Knabe in der Journalisten-Republik; seit dem 15ten Oktober 1830 kam er in groß Quart heraus, bis zum 31sten December war er Jüngling; von heute an erscheint er in Folio; er ist nun Mann und was für ein Mann? ein Mann bei der Spritze, der wo es brennt, eilig löschen wird nicht nur das Feuer, das in manchem Narren-Schädel lodert, sondern auch den Durst – nach Unterhaltung. Till Eulenspiegel ist in der Sonne Deiner Gunst gewachsen, Deine Theilnahme war der stärkende Goldregen und die Constellation seiner Gegner ein Donnerwetter, das ihm weit mehr genützt als geschadet hat.

Eine Artigkeit erfordert die andre, Du hast ihn überrascht — er wird nun Dich überraschen. Neue Lettern, neue Redakteure, neue Mitarbeiter, neue Einrichtungen, alles nagelneu, nur seine Grundsätze sind die alten geblieben.

Till hat zwei Brücken geschlagen, die erste verbindet Berlin mit Wien, die zweite mit Hamburg. In beiden Orten sind für das Blatt pikante, interessante Correspondenten gewonnen. Eine dritte Brücke, die zu Deinem Herzen, wird die Zeit schlagen.

Das Portefeuille der Redaktion ist einem Manne anvertraut, der, unter vier Augen sei es gesagt, eben so viel leuchtenden Witz als himmelblaue Gemüthlichkeit, eben so viel blendenden Spottgeist als einschmeichelnde Bonhommie, eben so viel glänzenden Scharfsinn, als gunstwerbende Unpartheilichkeit und außerdem noch ein Schock Tugenden aufzuweisen hat, die in der Journalistik eben so selten, als die Maikäfer im Monat Dezember sind. Er paart rücksichtslose Strenge mit strenger Rücksichtslosigkeit und nimmt kein Blatt — nicht einmal den Gesellschafter — vor den Mund.

Till könnte noch viel — viel mehr zum Lobe dieses Coriphäus der witzigen Journalisten, noch viel — viel mehr zur Verherrlichung des deutschen Cauchois-Lemaire hinzufügen, aber er thut es nicht — nein, durchaus nicht, denn es würde gerade so aussehen, als hatte er ihn lobhudeln wollen und dies hieße einen Eingriff in die Rechte Anderer thun. Wozu braucht der Matador der pikanten Zeitungsschreiber sich mit Selbstlob zu parfümiren!? Er kennt seine Pappenheimer, seine Pappenheimer kennen ihn — sie haben mit seinen Schwächen und er mit den ihrigen Geduld — mit einem Wort: er liebt sie und sie lieben ihn, und wer dagegen etwas einzuwenden hat, wird gebeten, den Finger auf den Mund zu legen.

Wenn Dir Jemand sagt: der Redakteur des Eulenspiegel gehe nach Paris, nach Brüssel, oder Gott weiß wohin, so glaube es nicht. Er bleibt für immer in Berlin, blos seinen hochverehrten Feinden zu Lieb'. Oh viel! diese Nachricht wird sie nicht wenig ergreifen, sie werden vor Jubel ein Te Deum anstimmen, ihre Fenster illuminiren, Freuden- und andere Thränen vergießen. Genirt Euch nicht, Ihr Guten:

„Laßt sie laufen, laßt sie fließen, die Thränen, die heißen, je länger je lieber."

Till wird, nach wie vor, den Redlichen Freude, den Schlechten Galle machen, sonst erschien er erst gegen Abend, jetzt wird er schon um 9 Uhr Morgens bei Dir seine Aufwartung machen. Zeige ihm ein freundliches Gesicht, thue, was Du ihm an den Augen absehen kannst (d. h. pränumerire; zum Lesen wird Niemand gezwungen), Du erwirbst Dir dadurch unsterbliche Verdienste, denn

Wer dem Größten seiner Zeit genug gethan,
Der hat gelebt für alle Zeiten.

Unsere geehrten Mitarbeiter nehmen Zahlen statt der Chiffern an. Beiträge werden durch die Stadtpost eingesendet an

E. M. Oettinger,
Verleger und Hauptredakteur.
Französische Straße Nr. 22.

8 *Till Eulenspiegel, oder: Berliner Wiener Hamburger Courier*, Nr. 1 v. 3. 1. 1831
Titelseite
Die neue Folge des *Berliner Eulenspiegels*, *Till Eulenspiegel*, erschien vorübergehend in Folio. Nach einer weiteren Titeländerung wurde das Blatt wegen seines Ideenschmuggels am 31. Oktober 1831 verboten.

schöpfung gleichgestellt wurden[37] und an denen der Bourbonenkönig Karl X. seinen Thron verloren hatte. Allerdings war an seine Stelle nicht die von vielen Barrikadenkämpfern herbeigesehnte Republik getreten, sondern der »Bürgerkönig« Louis Philippe als Verkörperung der »richtigen Mitte« zwischen Radikalismus und Reaktion.[38]

Die von Pariser Journalisten hervorgerufene Julirevolution, die auch in Berlin zu Unruhen führte und Forderungen wie »Konstitution« und »Preßfreiheit« lautwerden ließ, hatte den preußischen König Friedrich Wilhelm III. bereits am 6. Oktober 1830 veranlaßt, durch eine Kabinettsorder der von Paris ausgehenden »planmäßigen Vergiftung des Zeitgeistes« entgegenzutreten.[39] Am 10. November 1831 rief dann der an chronischer Revolutionsfurcht leidende Haus-, Hof- und Staatskanzler Metternich den deutschen Regierungen die Karlsbader Beschlüsse in Erinnerung und forderte ihre strikte Befolgung.

Als Reaktion auf das Hambacher Fest (27. Mai 1832), jener ersten politischen Massenversammlung der neueren deutschen Geschichte (rund 30 000 Teilnehmer, darunter auch Ludwig Börne), wurde das Bundespressegesetz am 28. Juni nochmals verschärft, um der »über ganz Deutschland ergossenen Flut revolutionärer Zeit- und sonstiger Schriften« sowie dem »krankhaften Zustand der öffentlichen Meinung« zu begegnen.[40] Am 29. Juni desselben Jahrs dehnten sich die Zensurvorschriften auch auf Kupferstiche, Lithographien und andere bildliche Darstellungen aus, die in hunderten, ja tausenden von Exemplaren offen zirkulierten oder von gewitzten Buch- und Bilderhändlern unter dem Tisch gehandelt wurden *(Abbildung 9)*.

Eines der ersten Opfer wurde Oettingers *Berliner Eulenspiegel-Courier* – so hieß das Blatt seit dem 8. August 1831 –; er wurde unter dem Vorwand, seine sozialkritische Satire habe die »Grenzen der Sitte und Schicklichkeit« überschritten, am 31. Oktober 1831 (Nr. 253) auf Befehl des Polizeiministeriums unterdrückt.[41]

Jedoch schon am 12. Dezember 1831 erschien sein Nachfolger auf dem Berliner Zeitungsmarkt. Er bezog seinen Namen von dem 1826 in Paris entstandenen Witzblatt *Figaro*, eine Anspielung auf Beaumarchais' vorrevolutionäre Komödien *Der Barbier von Sevilla* und *Figaros Hochzeit*. Daher der Titel *Berliner Figaro*, der mit Ausgabe 254 die Nummernzählung des *Eulenspiegels* fortsetzte.

Das wie sein Vorgänger täglich außer sonntags die Leser belustigende neue Presseorgan führte zeitweise im Titelkopf das Konterfei Figaros mit den Parolen »Figaro hier! Figaro dort!« und »Ich bin das Fac-totum der schönen Welt« *(Abbildung 10)*. Der *Berliner Figaro* (bedruckter Raum 22,5 × 15 cm; zwei Spalten) war vorsichtiger als der *Eulenspiegel*. Er beschränkte sich auf kleine skizzierende Aufsätze, Biographien, Rezensionen, Gedichte, Rätsel und – in der Rubrik »Figaronaden« – auf vermischte Kuriosa aus aller Welt. Offiziell wurde er von dem unermüdlichen Verleger Krause (1846 von dem langjährigen Mitarbeiter Carl Otto Hoffmann, 1850 von Ludwig Kossarski)[42] redigiert; inoffiziell schrieb Oettinger – auch unter dem Pseudonym Guido Dettarnère – den *Berliner Figaro* bis Oktober 1835 überwiegend selbst, bis er kurz darauf der preußischen Hauptstadt für immer den Rücken kehrte.

9 *Wunsch aller Fürsten*, anonyme Karikatur (1832)
Eine der zahlreichen Vormärz-Karikaturen, die nach der Pariser Julirevolution in ganz Deutschland verbreitet wurden. Nach der Entdeckung und Beschlagnahme dieses »Schandbilds« wurde dem Berliner Händler Gotthilf Eduard Müller für zwei Jahre die Konzession entzogen.

Berliner Figaro.

Figaro hier! Figaro dort!

No 1.

Achter Jahrgang

Ich bin das Fac-totum der schönen Welt.

Dienstag, den 2. Januar 1838.

Sylvester = Lied.

Mel. Bekränzt mit Laub den lieben vollen Becher.

Hört, Freunde, hört zwölf dumpfe Klänge schallen
Durch diese Jubelnacht!
Hört betend sie im Todeskampf verhallen:
Ein Jahr hat ausgemacht!

Ein Jahr ist wieder nun hinabgeflossen
In's Meer der Ewigkeit;
Wir haben es in Lust und Schmerz genossen,
Wie Alle alle Zeit.

Preist ihn, den Vater, der uns liebend leitet,
Der uns noch immer liebt!
Der so viel Wonne, so viel Glück verbreitet,
Der uns den Frühling giebt!

Ja, preiset ihn mit frohbewegter Stimme,
Lobt unsern ew'gen Gott!
Den einz'gen Trost bei allem Menschengrimme,
Den alten, guten Gott!

Was er uns raubte in dem Tanz der Horen,
Es schläft nur, ist nicht todt!
Verloren ist nicht, was wir hier verloren,
Dort strahlt das Morgenroth!

Denkt nicht daran, denkt nicht an Noth und Kummer,
An Thränen und an Schmerz!
Erwachen muß bei eines Jahres Schlummer
Ein jedes Menschenherz.

Erwachen, auf zu Lust und neuem Hoffen,
Zu Liebe und Geduld;
Wir schließen ab, die neue Brust ist offen,
Vergessen jede-Schuld!

In dieser Stunde feiern alle Herzen
Den schönsten Liebesbund;
Kein Zorn ist jetzt, nur Trost für alle Schmerzen
Im ganzen Erdenrund!

Es wird an uns von Millionen Seelen
In Liebe jetzt gedacht;
Wer möchte wohl im schönsten Jubel fehlen,
Da, wo man Thränen lacht?

Nein, stimmt mit ein: es leben alle Brüder,
Und alle Schwestern hoch!
Sie leben hoch, und hoch, und immer wieder!
Wie unser Gott so hoch!

Glaßbrenner.

10 *Berliner Figaro*, Nr. 1 v. 2. 1. 1838
Titelseite
Am 12. Dezember 1831 wurde der unterdrückte *Eulenspiegel* durch den *Berliner Figaro* ersetzt. Bald wurde das Blatt zu einem literarischen Sammelbecken der damaligen Zeit mit Beiträgen von Börne, Heine, Fontane und vielen anderen, darunter die humoristisch-satirischen Publizisten und Witzblattautoren Adalbert Cohnfeld, Adolf Glaßbrenner, Carl Otto Hoffmann, Albert Hopf, David Kalisch, Ernst Kossak, Ludwig Kossarski, Eduard Maria Oettinger und Saphir.

Literarische und politische Emanzipation des Berliner Witzes: Groschenhefte, Kalender, Flugschriften

Einer der eifrigsten Mitstreiter des *Till Eulenspiegels* und des *Berliner Figaros* war der »kämpferische Vormärzler« und »witzige Urberliner« Adolf Glaßbrenner (Pseudonym Ad. Brennglas).[43] Durch die gute Aufnahme seiner ersten Veröffentlichungen ermutigt, hatte er 1830 »dem Merkur« den Rücken gekehrt, »um in die Arme Apoll's zu eilen«.[44] Im *Till Eulenspiegel* personifizierte er nach bewährten Mustern Naturerscheinungen, Pflanzen, Tiere und Gegenstände, um gesellschaftliche Mißstände aufzudecken. Besonders abgesehen hatte er es auf Adlige, Jesuiten und pietistische »Mucker«.

Nach dem Verbot des *Eulenspiegels* bat der nunmehr 21jährige Journalist am 3. November 1831 das Berliner Polizeipräsidium um die Genehmigung zur Herausgabe einer eigenen Zeitschrift. Da er versicherte, »das Journal« würde »nie etwas Politisches enthalten«, wurde ihm die Erlaubnis am 21. November erteilt.[45] Glaßbrenner nannte seine Zeitschrift nach dem 1799 von Ludwig Tieck ins Deutsche übersetzten Cervantes-Roman *Leben und Treiben des scharfsinnigen Edlen Don Quijote de la Mancha: Berliner Don Quixote.* Entsprechend dem Titel trugen die Rubriken Über-

Berliner Don Quixote.

Ein Unterhaltungsblatt für gebildete Leser.

№ 90. Donnerstag, den 6ten September. 1832.

Anzeige.

Mit dem 1sten Oktober wird der „Berliner Don Quixote" in Raum und Tendenz erweitert, die Ausstattung verschönert, und der innere Werth durch die Mitwirkung vieler geachteten Literaten Berlins erhöht werden. Die Unterzeichneten sehen sich daher genöthigt, des theuern Honorars und der bedeutenden Druck- und Papierkosten wegen, den Preis des Don Quixote auf 1 Thlr. vierteljährlich, für Berlin, festzustellen, versprechen dagegen aber Alles aufzubieten, um diese Zeitschrift immer mehr und mehr in der Gunst des Publikums steigen zu lassen.

Ad. Glaßbrenner, Redakteur.
Bechtold und Hartje, Verleger.

Der Traum*).

Mir träumte, ich sollte angestellt werden, und wie es in jedem Traume sehr rasch geht, so auch in dem meinigen; genug, ich träumte kaum zwei Minuten, so war ich Thorschreiber und hatte die Nachtwache. Die Stadt, ein berühmter Badeort, lag an der Grenze, und ich bekam den Befehl, Keinen herein und hinaus zu lassen, der nicht einen Paß vorzeigen konnte. Der Steuerrath, mein Vorgesetzter, schärfte mir dies noch einmal ein und ging weg. Ich bedauerte den Mann, daß er nur ein Auge habe; das andere hatte er in seinem Dienste verloren. Er pflegte dies immer zuzudrucken, und als es einmal ganz zublieb, wurde er Rath und bekam die Aufsicht über das Zollwesen. Also dieser Steuerrath wiederholte die Ordre noch einmal, ging fort und überließ mich mir selber und seiner alten Haushälterin, der Pflicht.

Kaum war er verschwunden, so klopfte es leise ans Thor und bat in kläglichem Tone,

*) Aus dem dritten Bande der „Rosetten und Arabesken" der so eben bei Bechtold und Hartje erschienen ist und den wir allen unsern Lesern empfehlen.

Die Red.

11 *Berliner Don Quixote*, Nr. 90 v. 6. 9. 1832
Titelseite
Mit der von Januar 1832 bis Dezember 1833 erschienenen Zeitschrift *Berliner Don Quixote* begann Adolf Glaßbrenners steile Karriere als humoristisch-satirischer Publizist.

schriften wie »Don Quixotiaden«, »Sancho Pansa's Taschenbuch«, »Hufeisen der Rozinante« (= das Pferd Don Quixotes) sowie »Zügel und Sporen« (Theater-Sparte).
Der Untertitel des *Don Quixote*, der seit Januar 1832 bei Bechtold und Hartje verlegt und bei J. G. Brüschke gedruckt wurde,[46] sollte die mißtrauischen Behörden von der Harmlosigkeit des Inhalts überzeugen. Er lautete bis Nr. 17 »Ein Unterhaltungsblatt für Männer, Frauen und Kinder«, anschließend »Ein Unterhaltungsblatt für gebildete Leser«.
Der *Berliner Don Quixote*, der erst zwei-, dann viermal wöchentlich herauskam und mit einem anfänglichen Abonnementspreis von 20 Silbergroschen vierteljährlich »beispiellos billig« war, fand eine so »große Ausbreitung«, daß er bereits am 2. Oktober 1832 (Nr. 105) den Satzspiegel erweitern und die Ausstattung verschönern konnte *(Abbildung 11)*. Allerdings mußte nunmehr infolge der »bedeutenden Druck- und Papierkosten« der Preis um zehn Silbergroschen auf einen Taler heraufgesetzt werden.
Glaßbrenner und seine Mitarbeiter – »viele geachtete Literaten Berlins« – boten den Lesern, die sich aus dem literarisch und politisch interessierten Bürgertum zusammensetzten,[47] Unterhaltung in Form von humoristischen Abhandlungen (zum Beispiel über »Lachen und Weinen«), Sittengemälden, Novellen, Gedichten, Anekdoten, Rätseln, Rezensionen sowie – nach Oettingers Beispiel – eine »Heerschau der Journale«.[48]
Unter dem Deckmantel der Unterhaltung enthielt das Blatt jedoch auch satirische Sozialkritik und Ausfälle »in boshafter Weise« gegen den österreichischen Kaiser Franz I. und den russischen Zaren Nikolaus I. Da Glaßbrenner trotz einer ausdrücklichen Verwarnung durch den Oberpräsidenten der Provinz Brandenburg, Magnus Friedrich von Bassewitz, weiterhin »injuriöse Artikel« veröffentlichte, verfügte der Polizeiminister auf Antrag des Ober-Censur-Collegiums am 24. Oktober 1833 das Verbot des *Don Quixote*. Nach Ablehnung mehrerer Eingaben wurde dasselbe zum Jahresende rechtskräftig.[49]
In der letzten, schwarz umrandeten Nummer verabschiedete Glaßbrenner sich von seinen Lesern: »Mein *Don Quixote* kämpfte vergebens – und starb . . .«
Glaßbrenners Verlag Bechtold und Hartje versuchte 1833, an Stelle des unterdrückten *Don Quixote* ein neues humoristisches Unterhaltungsblatt ins Leben zu rufen. Großer Erfolg war ihm nicht beschieden, denn das *Magazin für Witz und Laune* kam über das erste Heft nicht hinaus. Ein weiterer fehlgeschlagener Versuch war das um 1836/37 gegründete, nach der germanischen Göttin der ewigen Jugend *Iduna* benannte »Journal für Humor und Satire«.
Da Glaßbrenner – nach dem Bundespressegesetz – fünf Jahre lang in Preußen keine neue Zeitschrift herausgeben und leiten durfte, arbeitete er an verschiedenen auswärtigen Blättern mit und übernahm literarische Gelegenheitsaufträge. Freilich stand

der verfolgte Publizist zur Zeit seines Berufsverbots bereits im Begriff, sich unter seinem Pseudonym Ad. Brennglas als »Schöpfer der Berliner Lokalliteratur«, der eine »allergenaueste Kenntnis des berlinischen Wesens und Dialektes« besaß (Theodor Fontane), einen Namen zu machen.[50]

Von 1832 bis 1850 und von 1837 bis 1853 veröffentlichte er die beiden jeweils in unregelmäßigen Abständen in Berlin und/oder Leipzig erschienenen, unter einem gemeinsamen Obertitel zusammengefaßten Broschürenreihen *Berlin wie es ist und – trinkt* (Heft I–XXX) und *Buntes Berlin* (15 Hefte)[51] *(Abbildung 12).*

Mit diesen wohlfeilen Sechs- beziehungsweise Fünf-Groschen-Heften, die auch von »fliegenden Händlern« an der Straßenecke oder von Kolporteuren in den Wohnungen angeboten wurden, schrieb Glaßbrenner ganz bewußt nicht mehr nur für ein bildungsbürgerliches, sondern auch für ein volkstümliches Publikum, das in Berlin die Kunst des Lesens in zunehmendem Maß beherrschte.[52]

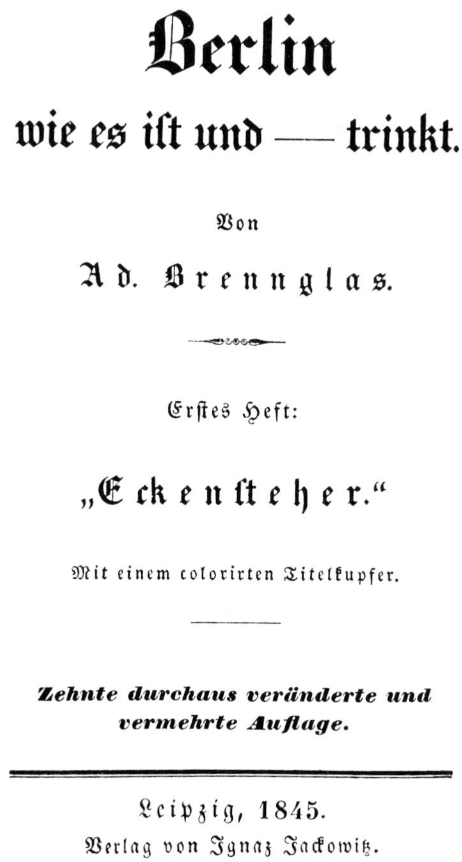
Berlin
wie es ist und — trinkt.
Von
Ad. Brennglas.
Erstes Heft:
„Eckensteher."
Mit einem colorirten Titelkupfer.
Zehnte durchaus veränderte und vermehrte Auflage.
Leipzig, 1845.
Verlag von Ignaz Jackowitz.

12 *Berlin wie es ist und – trinkt*, Heft 1, 10. durchaus veränderte und vermehrte Auflage, Leipzig, 1845
Titelblatt
Die von 1832 bis 1850 erschienenen, 1987 nachgedruckten 30 Groschenhefte begründeten die Berliner Volksliteratur. Durch ihre Schreibart (Berlinisch) und Wohlfeilheit (im Vergleich zu Zeitungen/Zeitschriften/Büchern) waren sie geeignet, »in aller Welt Hand« zu gelangen und »die darin enthaltenen Redensarten in aller Welt Mund zu bringen«.

Nicht umsonst erblickte selbst der einst liberale, später konservative preußische Historiker Heinrich von Treitschke (1834 bis 1896) in diesem Publizisten den »Liebling und Erzieher des zungenfertigen demokratischen Berliner Kleinbürgertums«.[53]
Der »Tatort« dieser im Berliner Dialekt abgefaßten sehr realistischen Genrebilder ist die Straße, die Werkstatt, der Gerichtssaal, die Küche oder – in Anspielung auf die in den unteren Bevölkerungsschichten verbreitete Trunksucht[54] – der Schnapsladen.
Die Hauptpersonen sind Handwerker und kleine Gewerbetreibende wie Wurst- und Zigarrenhändler, Hausknechte, Köchinnen sowie »Plebejer«, das heißt Vertreter »aller niederen Volksklassen« der 1831 248 000 Einwohner zählenden preußischen Residenz.
Glaßbrenners Billighefte schilderten das Berliner Volk »mit seinen natürlichen Neigungen und Fähigkeiten«; sie waren von Theodor Hosemann (1807 bis 1875)[55] und Franz Burchard Dörbeck (1799 bis 1835)[56] mit Titelkupfern oder Federzeichnungen ausgestattet und erregten so viel Aufsehen, daß sie nicht allein zu je 1 000 (2 000) Exemplaren neu aufgelegt wurden, sondern auch gegen zweihundert Nachahmungen fanden. Zwei seien hier zitiert: *München wie es trinkt und ist, wie es lacht und küßt* (1835) sowie die vierteilige Serie *Paris wie es wirklich ist, daß heißt: wie es lebt, liebt, ißt, trinkt, schwelgt, darbt, handelt, spielt, intriguirt, cabalisirt, wacht, schläft, träumt, phantasirt etc.* (um 1845).
Während sich die Polizeibehörden bitter über dieses »Massenmedium« beklagten, vermerkte ihr mit dem Zensor auf Kriegsfuß stehender, aber nicht schlecht verdienender Autor im Jahr 1838 voller Stolz:
»Vor ungefähr sechs Jahren begann die Berliner Volksliteratur . . ., selbst die pedantisch-wissenschaftlichen Kritiker Deutschlands machten auf diesen neuen Zweig der Literatur als auf einen sehr beachtenswerthen aufmerksam, und der Witz und Sarkasmus des Berliner Volkes, von dem man früher im Auslande keine Ahnung hatte, ja, der in Berlin selbst wenig oder gar nicht beachtet wurde, verbreitete sich und ergötzte die Leute in allen Ländern, wo die deutsche Sprache gesprochen wird.«[57]
Bedeutung für die mit dem Revolutionsjahr 1848 in Berlin aufkommenden politischen Flug- und Witzblätter, insbesondere für die von ihnen gewissermaßen als Idealtypen konstruierten und popularisierten »stehenden Figuren« erlangten vor allem drei Glaßbrennersche Gestalten, deren reale Vorbilder jedem damaligen Leser vertraut waren: der von den Zinsen seines Kapitals lebende kleinbürgerliche »Rentier« als Repräsentant des zu politischer Urteilsfähigkeit heranreifenden »Berliner Michels«, ferner der räsonierende »Guckkästner«,[58] der in seinem Schaukasten für einen Sechser (das ist ein halber Silbergroschen) jeweils zwei bis drei Zuschauern mittels vergrößerungsverglaster Gucklöcher in rascher Folge – »Rrrrr – ein anderes Bild« – plastisch wirkende Kupferstiche vorführte, endlich der politisierende »Eckensteher«.[59]

Gemeinsam ist allen drei Gestalten, die sprechen, »wie ihnen der Schnabel gewachsen ist«, ihr gesunder Menschenverstand, ihre beispielhafte »List beim Sagen der Wahrheit« und ihr handfester Witz.

Die steilste Karriere als Kunstfigur machte freilich der in beiden Hälften Berlins bis heute unvergessene Eckensteher Nante (das ist Ferdinand). Die Gestalt des mit einem Nummernschild versehenen, auf Gelegenheitsarbeiten wartenden und polizeilich überwachten Dienstmanns *(Abbildung 13)* wurde von Glaßbrenner fast gleichzeitig in zwei verschiedenen Medien eingeführt: am 15. September 1832 in der Zeitschrift *Berliner Don Quixote* (Nr. 95) und im November in dem *Eckensteher* betitelten Einstiegsband der Reihe *Berlin wie es ist und – trinkt.*

Der Durchbruch zum Massenerfolg beruhte interessanterweise auf einem Plagiat. Während Glaßbrenner den stets durstigen, faulen, »grenzenlos gleichgültigen«, aber politisch aufgeweckten Eckensteher als Prototyp »der untersten Volksklassen Berlins« schuf,[60] wurde dieser noch im Dezember desselben Jahrs von dem Schauspieler Friedrich Beckmann (1803 bis 1874) in einen »durch und durch unwahren« Possenreißer (Adolf Glaßbrenner) umfunktioniert. Beckmanns »Komische Szene« *Der Eckensteher Nante im Verhör* erlebte bis 1838 vierundzwanzig Auflagen; das in dem von nahezu allen gesellschaftlichen Schichten besuchten Königstädtischen Theater aufgeführte Bühnenstück wurde ein Kassenschlager.[61]

Beckmanns falscher »Nante Strumpf«, dessen Name Carl von Holteis »bürgerlichem Drama« *»Ein Trauerspiel in Berlin«* (Dezember 1832) entlehnt war, und Glaßbrenners »ächter Eckensteher Nante« lebten nebeneinander her und lösten eine wahre Eckensteher-Influenza aus.[62]

Mit zahlreichen Imitationen war es nicht getan. Nante wurde auch ein einträgliches Handelsobjekt in Form von Statuetten, Pfeifenköpfen, Aschenbechern und ähnlichen

13 *Der klassische Eckensteher*
Kolorierte Lithographie
Der Lithograph Franz Burchard Dörbeck schuf um 1832/33 mit seinem die Kontrollnummer 213 tragenden »Eckensteher« das berühmteste Konterfei dieses Alt-Berliner Originals.
Obwohl ein Arbeiter damals bei einer täglichen Beschäftigung von mindestens zwölf Stunden nur 45 bis 90 Silbergroschen pro Woche verdiente, lehnte der arbeitsscheue Dienstmann es ab, für acht Silbergroschen zwei Stunden lang auf einer Wäschemangel »zu rollen«. Der dank Adolf Glaßbrenner, Friedrich Beckmann, Albert Hopf oder Theodor Fontane in die Literatur und Publizistik eingegangene politisierende Eckensteher Nante ist heute am Berliner Internationalen Congreß-Center in Form einer steinernen Statue verewigt.

Scherzartikeln, die in verschiedenen Berliner Museen sorgfältig aufbewahrt werden.

Sogar in Pariser Dichterstuben und in die näher gelegenen königlichen Paläste fand Nante als Vertreter des Berliner Witzes Eingang. Bei Heinrich Heine, der von Ende Februar 1821 bis Mai 1823 in Berlin gelebt hatte, finden sich folgende Verse:

»Borussenhauptstadt, Berlin, was machst du?
Ob welchem Eckensteher lachst du?
Zu meiner Zeit gab's noch keinen Nante.«[63]

Ein Zeitgenosse schildert, wie König Friedrich Wilhelm IV. »nach der Tafel, die Kaffeetasse in der Hand . . . oft ganze Stellen aus seiner (= Nantes) klassischen Spottchronik hersagte, ohne seine Quelle zu nennen«.[64]

Als ein dritter Zeuge der Zeit sei hier »der unter Glaßbrenner und Beckmann und unter beständiger Lektüre schrecklicher Wortwitze herangewachsene Spreeathener« Theodor Fontane erwähnt. Noch als Siebzigjähriger bezeichnete er Nante als »den vollendetsten Ausdruck des Berlinertums«, und selbst in seinem großen politischen Altersroman *Der Stechlin* (1899) finden sich Glaßbrenner-Beckmann-Reminiszenzen.[65]

Am 7. Juni 1840 starb Friedrich Wilhelm III. Der neue preußische König, der damals fünfundvierzigjährige Friedrich Wilhelm IV., amnestierte am 10. August die gemaßregelten »Demagogen« – darunter den Bonner Geschichtsprofessor und Publizisten Ernst Moritz Arndt – und »Turnvater« Friedrich Ludwig Jahn. Gemäß einer Zensurinstruktion vom 24. Dezember 1841 gestattete er auch der Presse »eine ernsthafte und bescheidene Untersuchung der Wahrheit«. Die Zensur sollte lediglich verhüten, daß »wider die Moral und Religion, wider die Würde und Sicherheit Preußens und der übrigen Bundesstaaten gesündigt« würde.[66]

Am 28. Mai 1842 kam der Urgroßneffe Friedrichs II. auch den »Bildjournalisten« entgegen. Ab sofort durften Zeichnungen und Zerrbilder ungehindert erscheinen. Wie der Metternich-Konfident Wilhelm Fischer berichtete, riefen diese Maßnahmen in ganz Deutschland »stürmischen Jubel« und »Bewunderung« hervor.[67]

Desto größer war die Enttäuschung, als Friedrich Wilhelm IV. bereits dreizehn Monate später, am 31. Januar 1843, die Zensur für das geschriebene Wort aufs neue straffte[68] und als Reaktion auf eine regelrechte Flut von nicht immer schmeichelhaften Königs-Karikaturen *(Abbildung 14)* durch eine Kabinettsorder vom 4. Februar auch die präventive Bildzensur wieder einführen ließ.

1843 wurde das kaum noch wirksame Ober-Censur-Collegium aufgelöst und durch ein Ober-Censur-Gericht ersetzt. Die neue Institution huldigte nicht dem Müßiggang: Allein im Jahr 1844 trafen die preußischen Zeitungen und Zeitschriften fünfundfünfzig Verbote.

Der junge Journalist Theodor Fontane, der inzwischen Mitglied des Leipziger Her-

14 *Anonyme Karikatur* (1842)
Friedrich Wilhelm IV. versucht vergeblich, mit der Champagnerflasche und einem überschäumenden Glas in der Hand, in die Fußstapfen seines berühmten Urgroßonkels Friedrich II. zu treten.
Im Hintergrund der Mittelteil der Gartenfassade von Schloß Sanssouci. Diese Karikatur wurde für den preußischen König, der auch auf anderen Spottbildern als Trinker dargestellt wurde, der unmittelbare Anlaß zur Wiedereinführung der Bildzensur (1843).
Der Londoner *Punch* verspottete Friedrich Wilhelm IV. in Anspielung auf die berühmte Champagnermarke (Veuve Cliquot) des öfteren als »King Cliquot«.

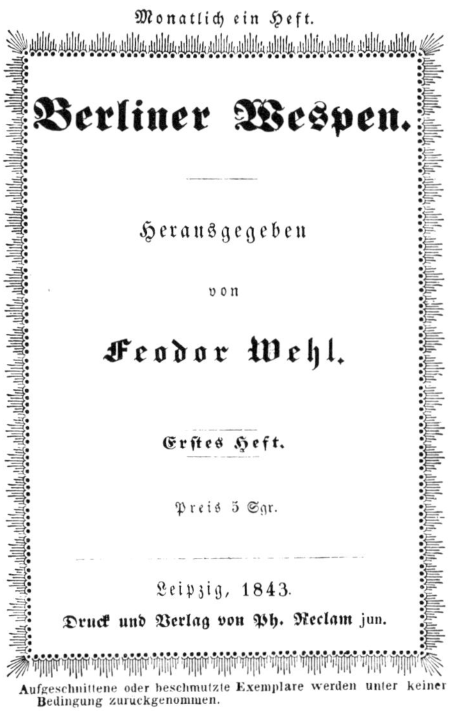

Monatlich ein Heft.

Berliner Wespen.

Herausgegeben

von

Feodor Wehl.

Erstes Heft.

Preis 5 Sgr.

Leipzig, 1843.

Druck und Verlag von Ph. Reclam jun.

Aufgeschnittene oder beschmutzte Exemplare werden unter keiner Bedingung zurückgenommen.

15 *Berliner Wespen*, Heft 1, Leipzig, 1843
Umschlagtitel
Um den preußischen Zensurbehörden zu entgehen, gab der Publizist und Dramaturg Feodor Wehl die monatlich erscheinenden Hefte *Berliner Wespen* zunächst in Leipzig heraus. Auf indirektem Weg (wörtliche Zitate, fiktive Gespräche) machte er sich über die Kritiker »einer scham- und zügellosen Presse« lustig.

wegh-Clubs geworden war, ironisierte die rückläufige Entwicklung, die dem Probejahr der freieren Bewegung der Presse in Preußen gefolgt war, in einem Gedicht:

»In Preußen Freiheit! An des Königs Bahre
Hat jüngst das ganze Volk darauf gehofft;
Es war umsonst und bleibt's noch viele Jahre,
Und wer da hofft, der täuschet sich noch oft.«[69]

Getäuscht hatte sich auch der demokratische Publizist und Glaßbrennerfreund Feodor Wehl (1821 bis 1890). Seine zuerst in Leipzig bei Philipp Reclam jun. »gegen die Mittelmäßigkeit« ankämpfenden *Berliner Wespen* (1843), die 1844 in Berlin als *Berliner Stecknadeln* und schließlich im darauffolgenden Jahr unter ihrem ursprünglichen Titel *Berliner Wespen* weitererschienen sind, brachten es alles in allem nur auf neun Oktavhefte *(Abbildung 15* und *16)*.[70]

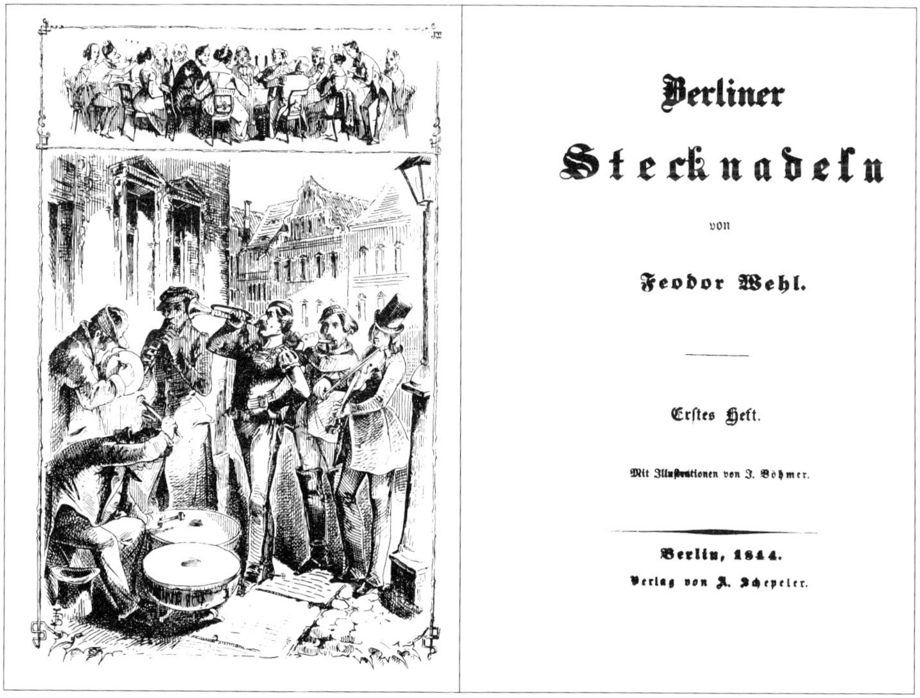

16 *Berliner Stecknadeln*, Heft 1, Berlin, 1844
Innentitel der von J. Böhmer illustrierten Fortsetzung der *Berliner Wespen*, *Berliner Stecknadeln*. Der sich den Tafelfreuden hingebenden Hofgesellschaft wird mit Pauken und Trompeten ein Ständchen dargebracht. Feodor Wehls scharf zensurierte Zeitschrift, die sich 1845 wieder *Berliner Wespen* nennt, ist ein Beispiel für die im Vormärz üblichen Änderungen von Titeln, Verlags- und/oder Druckorten.

Feodor Wehl eröffnete seine Monatsschrift mit einer scharfen Kritik an »Berlin und seiner jetzigen Stellung«: »Berlin ist eine große Stadt, aber sie hat noch kein Bewußtsein ihrer Größe, und weil sie dieses bis jetzt nicht hat, ist sie auch weder das Haupt, noch das Herz des preußischen Staates, sondern nur der Magen. Das Haupt ist bis jetzt immer noch Königsberg . . . Das Herz dagegen schlägt und pocht draußen am preußischen Rhein . . . Berlin ist der Schlemmer, der Dickwanst, der prahlerische Falstaff, die Memme aus Instinkt. Er hat eine lackirte Zunge und ein ledernes Herz, er trinkt Weißbier und reißt Witze. . . . Berlin nimmt alle Charaktere an, aber keinen Charakter, alle Gesinnungen, aber keine Gesinnung. Berlin hat keine Öffentlichkeit wie London und Paris, wo die Politik ihre Stimmen erheben und ihre geheimsten Tiefen offenbaren kann. Weil Berlin aber keine Stimmen hat, hat es auch keine Stimmung.«

Eine weitere Eintagsfliege ist aus dem Jahr 1846 bekannt. Im Juli erschien im Verlag E.[ugen] Mecklenburg unter dem Motto »Das Lachen ist die beste Arznei« eine in mehreren tausend Exemplaren bei Humblot & Comp. gedruckte, vierundvierzig Seiten starke Probenummer der »Zeitschrift für Freunde des Humors« (Satzspiegel 6,2 × 14,8 cm).

Sie nannte sich *Raketen (Abbildung 17)* und wollte »die neuen Erscheinungen der Künste und Wissenschaften, des sozialen und politischen Lebens »satyrisch« beleuchten. Ferner versprach sie den künftigen Abonnenten »Guckkastenbilder« des Glaßbrenner-Imitators A. Bierglas – Autor des »Berliner Puppenspiels« *Der ewige Jude* (1844)[71] –, Federzeichnungen des Wehl-Mitarbeiters J. Böhmer sowie »hübsche und wertvolle Prämien« für die richtige Auflösung eines Preisrätsels.

In der Rubrik »Lügen-Chronik« brachte diese erste und letzte Nummer der *Raketen* die nachstehend zitierte beißende Sozial-Satire: »In Ipswich in England hat ein mechanisches Genie einen Magen erfunden, dessen außerordentlich zweckmäßige Konstruktion bewunderungswerth ist. Dieser künstliche Magen ist für die dortigen Fabrikarbeiter bestimmt und so eingerichtet, daß er durch drei Linsen oder Erbsen vollkommen gesättigt ist; eine Kartoffel genügt für eine ganze Woche.«

Das Blatt gab zu verstehen, daß sich bereits mehrere Delegationen aus Deutschland in Ipswich eingefunden hätten, um zu untersuchen, ob sich dieser Magen auch für deutsche Arbeiter eignen würde . . .

Die *Raketen* hatten ein Thema aufgegriffen, das in den Mittelpunkt des öffentlichen Interesses gerückt war, nicht nur seit dem blutig niedergeschlagenen Aufstand der schlesischen Leineweber (Juni 1844), sondern schon seit dem Erscheinen der legendären Anklageschrift Bettina von Arnims *Dies Buch gehört dem König* (1843), welche die menschenunwürdigen Zustände im »Voigtland«, einem vor den Toren der Stadt gelegenen Armenviertel aufzeigt, sowie seit dem explosiven *Berlin*-Buch des frühsozialistischen Schriftstellers Ernst Dronke (1846).[72]

Durchschlagender als satirisches Kommunikationsmittel bei der Behandlung des in der Handwerker- und werdenden Fabrikstadt Berlin um sich greifenden »Pauperismus« waren die immer politischer werdenden Groschenhefte Adolf Glaßbrenners. In dem 1847 unter dem Titel *Verein der Habenichtse für sittliche Bildung der höhern Stände* erschienenen 26. Band der Reihe *Berlin wie es ist und – trinkt* legte der seit 1841 in der mecklenburgischen Hauptstadt Neu-Strelitz lebende Erfolgsautor in der Gestalt des »Mitmenschen Frischer« ein politisches Glaubensbekenntnis ab. »Ja, uns Menschen gehört die Welt, und darum ist derjenige ein Michel, eine Nachtmütze und ein Schafskopf, der sich nicht um seine Welt bekümmert, der nicht volles Interesse dafür hat, was in ihr vorgeht. Darum ist der Herr v. Göthe ein Philister, wenn er sagt: ein garstig Lied, pfui, ein politisch Lied! Denn das politische Lied ist das eigentliche Lied der Menschheit . . .«[73] Daß Goethe im *Faust* diesen Ausspruch einem typischen Philister in den Mund legt, ist Glaßbrenner offenbar entgangen.
Zu nennen ist in diesem Zusammenhang auch sein Konkurrent und Imitator Albert

July. 1846.

Raketen.

Eine Zeitschrift
für
Freunde des Humors.

Motto: Das Lachen ist die beste Arznei.
Ich.

Nr. 1. Verlag von E. Mecklenburg. Berlin.
Kleine Jägerstraße Nr. 5.

Monatlich erscheint 1 Nummer à 2½ Sgr., für Auswärtige vierteljährlich 10 Sgr. In der dritten Nummer jedes Quartals wird ein Preisräthsel gegeben, für dessen richtige Auflösung die Abonnenten werthvolle Bücher und Kupfer erhalten. Geeignete Beiträge, Humoristisches und Satyrisches aus dem Leben und der Zeit, werden portofrei mit Vergnügen an- und aufgenommen, auch, wenn es durchaus nicht anders sein kann, anständig honorirt.

Um einem wahrhaft schmerzlich gefühlten Bedürfniß abzuhelfen, einem Bedürfniß, dessen bisherige Nichtbefriedigung jedes fühlende Herz tief, sehr tief gekränkt haben muß, hat sich die Redaktion entschlossen, diese neue Zeitschrift ins Leben treten zu lassen, und wir halten Niemand für so boshaft, daran zu zweifeln, daß wir im Stande sind, diesem Bedürfniß auf die entsprechendste Weise zu genügen. Was wir liefern werden? Zuerst heitre aber kurze Novellen, humoristische Genre- und Guckkastenbilder, satyrische Beleuchtungen aller neuen Erscheinungen der Künste und Wissenschaften, des sozialen und politischen Lebens, pikante Korrespondenzen aus bekannten und unbekannten Städten, eine Lügenchronik und schließlich neue aber witzige Anekdoten. Was die Tendenz unseres Blattes ist? Den Lesern zu zeigen, wie man Alles von der heitern Seite

17 *Raketen*, Nr. 1, Berlin, Juli 1846
Innentitel
Der harmlose Untertitel trügt. Wegen ihrer scharfen Sozialkritik wurde die Zeitschrift am weiteren Erscheinen gehindert.

Hopf (1813 bis 1885), der in seinem Verleger Egbert Bauer, einem Bruder der bekannten Junghegelianer Bruno und Edgar Bauer, einen wichtigen Verbindungsmann zur politischen Opposition besaß. Seine Groschenheft-Helden, der Flickschuster Spickaal und der ehemalige Leineweber Knurrmagen, unterhalten sich über die von England eingeschleppte Kartoffelkrankheit, über die horrende Verteuerung der Grundnahrungsmittel und über Hungerlöhne.[74]

1847 vermittelte Albert Hopf, der sich in diesem Jahr endgültig von der Tapetenmalerei ab- und der Schriftstellerei zuwenden sollte, dieselbe Thematik in der dreißig Seiten umfassenden Flugschrift *Der kleine Landtag und sein Schluss, oder Nante und Brenneke als Abgeordnete (Abbildung 18).*

Der von Hopf geschaffene arbeitswillige, aber nicht immer Arbeit findende Tagelöhner Brenne[c]ke, ein »pauperantistischer Proletarier«, und die auf Glaßbrenner zurückgehende Symbolfigur Nante erscheinen als Abgeordnete der untersten Klasse auf einem »Landtag im Kleenen«, das heißt in einer Weißbierstube, wo Berliner Wohltätigkeitsapostel sich »im parlamentarischen Stegreifreden« üben, anstatt ernsthafte Beschlüsse zu fassen. Nantes und Brennekes Forderung dagegen lautet kurz und bündig: »Arbeit und angemessener Lohn.« Denn, so fügen sie warnend hinzu: »Een hungriger Proletarier issen doller Hund, der blind in't Feuer geht; een gesättigter issen geduldiget Schaaf, des merken se sich.«

Dieser umfangreichen vorrevolutionären Flugschrift folgte kurz darauf im Verlag Egbert Bauer die aus acht durchgezählten Flugblättern und einem doppelseitigen Titelblatt bestehende Reihe *Nante's Landtags-Album.* In diesen »interessanten Un-

Der kleine Landtag
und sein Schluss,
oder
Nante und Brenneke
als Abgeordnete.
Von
A. Hopf.
Preis: 2½ Sgr.
Berlin.
Verlag von Leopold Schlesinger.
1847.

18 *Der kleine Landtag und sein Schluss, oder Nante und Brenneke als Abgeordnete,* Berlin, 1847 Innentitel einer von Albert Hopf herausgegebenen Flugschrift. Parallel zu dem von Friedrich Wilhelm IV. einberufenen »großen« (= Vereinigten) Landtag vertreten die stehenden Figuren und Wirtshauspolitiker Nante und Brenneke die Rechte des niederen Volkes.

terhaltungen zwischen Nante und Brenneke« wurden neben der nach der Berliner »Kartoffelrevolution« (April 1847)[75] noch akuter gewordenen »sozialen Frage« auch andere politische Streitfragen wie das vom Vereinigten Landtag beschlossene neue Judengesetz[76] mit gepfeffertem Witz behandelt. Kritik am absolutistischen Regierungssystem in Preußen blieb allerdings aus Zensurgründen ausgespart.

Der sich aus den acht Provinziallandtagen Preußens zusammensetzende, in ganz Deutschland und auch im Ausland beachtete Erste Vereinigte Landtag war am 11. April 1847 von Friedrich Wilhelm IV. in einer fünfunddreißig Minuten dauernden Thronrede im Weißen Saal des Königlichen Stadtschlosses eröffnet worden. In dieser Ansprache an seine »Edlen Herren und getreuen Stände« hatte der preußische König unumwunden erklärt, »daß es keiner Macht der Erde je gelingen soll, Mich zu bewegen, das natürliche, gerade bei uns durch seine innere Wahrheit so mächtig machende *Verhältnis zwischen Fürst und Volk* in ein *conventionelles, constitutionelles* zu *wandeln*, und daß Ich es nun und nimmermehr zugeben werde, daß sich *zwischen unseren Herr Gott* im Himmel *und dieses Land ein beschriebenes Blatt gleichsam als eine zweite Vorsehung eindränge*, um uns mit *seinen Paragraphen* zu regieren . . .«[77]

Auf dem Vereinigten Landtag begann unter dem Motto »ohne Erweiterung der konstitutionellen Rechte kein Geld für Steuern und Staatsanleihen« der erste parlamentarische Kampf in der preußischen Geschichte. Er endete – unentschieden – am 26. Juni mit der Auflösung des Landtags durch den König.

Immerhin hatte die liberale bürgerliche Opposition »ein Forum erobert, dem König einen Beweis ihrer Macht gegeben und das Land in Aufregung versetzt« (Friedrich Engels).[78]

Die vom »Stand der Städte« ausgegangene Forderung nach Abschaffung der Zensur hatte am 21. Juni zu folgender, noch viele Jahre von den Witzblättern und nicht nur von diesen zitierten Entgegnung des pommerschen Landadligen Adolf von Thadden-Trieglaff geführt: »Mein Antrag lautet: Preßfreiheit – wirkliches öffentliches Verfahren mit den Herren Literaten und ganz dicht dabei den Galgen! Und ich bitte nur noch die Herren Stenographen, die Worte ›wirklich‹ und ›Galgen‹ ganz gehörig zu unterstreichen.«[79]

Der Jugendfreund Bismarcks war zweifellos das Vorbild für den gegen »die schlechte Presse« wetternden, in der »preußischen Gegend Hundetürkei« beheimateten erzkonservativen Abgeordneten »Stippelschütz von Schippelstitz«, der von dem Kritiker Ernst Kossak (1814 bis 1880) und dem Zeichner Wilhelm Scholz (1824–1893) für die Flugschrift *Ein Deputirter. Fliegendes Blatt für Das Landtags-Album* (1847) *(Abbildung 19)* erfunden worden war.[80]

Die politisch-satirischen Groschenhefte und Flugschriften verschiedener Autoren sowie der seit 1846 von Adolf Glaßbrenner herausgegebene illustrierte, in zehntausend Exemplaren aufgelegte *Komische Volkskalender*,[81] die als frühe Massenkommunika-

tionsmittel bezeichnet werden können, dürften in den letzten Jahren vor der Revolution die von einem zeitgenössischen Beobachter und auch von Metternich-Geheimagenten in Berlin festgestellte »tiefe Gährung« mit hervorgerufen haben.[82]
Hinzu kam, daß es in der dank einer stetigen Zuwanderung auf 397 000 Einwohner angewachsenen preußischen Hauptstadt inzwischen zwar noch keine ganze, wohl aber eine halbe Öffentlichkeit gab. So stand Wissensdurstigen, zu denen auch der Apothekerlehrling Theodor Fontane gehörte, in Leseclubs und in den um 1820 entstandenen Lese-Conditoreien Spargnapani (Unter den Linden) und Josty (gegenüber dem Schloß, das 1945 ausbrennen und fünf Jahre später gesprengt werden sollte) eine ausgewählte Journal-Sammlung, die auch Pariser Presseorgane umfaßte, zur Verfügung. Besonders in dem besuchtesten dieser rund fünfzig Cafés – Stehely (am Gen[s]darmenmarkt; heute Platz der Akademie) – förderten bereits seit der Juli-Revolution »Baisers, Pasteten, Spritzkuchen und Journale« den »Geist der Neuerung«.[83]
Seit Oktober 1844 entwickelte sich dann der Berliner Handwerkerverein, der 1846 mehr als 1 300 Mitglieder besaß, trotz permanenter polizeilicher Kontrolle zu einer regelrechten »Bildungsstätte für heranwachsende Revolutionäre, nicht bloß des Arbeiterstandes, sondern aller Berliner Gesellschaftskreise«.[84]

Ein
Deputirter.
Fliegendes Blatt
für
Das Landtags-Album
von
Ernst Kossak.
Mit Illustrationen von Scholz.
Potsdam.
Verlag von Otto Janke.
1847.

19 *Ein Deputirter. Fliegendes Blatt für Das Landtags-Album*, Potsdam, 1847
Umschlagtitel
Die von Ernst Kossak redigierte Flugschrift wendet sich besonders gegen die preußischen Junker und ihre der Lächerlichkeit preisgegebenen Angriffe auf eine freie Presse.

1847 erhielt Berlin überdies eine im Stadtzentrum gelegene, täglich von 8 ½ morgens bis 11 Uhr abends geöffnete »Zeitungshalle«. Diese einzigartige, eintrittspflichtige Präsenzbibliothek – sie hieß nach der von dem ehemaligen Junghegelianer Gustav Julius (1810 bis 1851) im September 1846 gegründeten Abendzeitung *Berliner Zeitungs-Halle* – führte ungefähr sechshundert Zeitungen und Zeitschriften in vierzehn verschiedenen Sprachen, ferner wichtige Enzyklopädien und wissenschaftliche Hilfswerke. »Geschmackvoll eingerichtete Gesellschaftszimmer« (auch für Damen), Rauchzimmer und eine Konditorei sorgten »für jede Gemächlichkeit« und boten Benutzern aus allen Ständen, darunter auch zahlreichen »oppositionellen Geistern« Gelegenheit zum Kennenlernen, zum Diskutieren und zum Redenhalten.[85]
Angesichts der für politische Satiren immer empfänglicher werdenden Gemüter wagten sich Ende 1847 auch zwei illustrierte Periodika hervor. Während der von Gustav von Szczepanski im Verlag Simion herausgegebene *Eulenspiegel* »schon nach dem ersten Lebenszeichen verendete«,[86] konnte sich die von Louis Hirschfeld verlegte, bei Harth und Schultze gedruckte Monatsschrift *Berliner Charivari (Abbildung 20)* in das »tolle Jahr« 1848 hinüberretten.[87] Obwohl die von »Se. infernalischen Majestät dem Satan« redigierte, von Theodor Hosemann, Wilhelm Scholz und Rudolph Genée (1824 bis 1914) mit Holzschnitten ausgeschmückte Zeitschrift (acht Seiten, Satzspiegel 13 × 19 cm) behauptete, »vor nichts Respect« zu haben, reichte sie in keiner Weise an ihr berühmtes Vorbild, die 1832 in Paris gegründete satirische Tageszeitung *Le Charivari* (= Katzenmusik), heran, die Künstler wie Honoré Daumier, Grandville und Paul Gavarni zu ihren Mitarbeitern zählte.[88]
Aber auch mit bedeutenden deutschen, außerhalb der preußischen Residenz entstandenen humoristischen Periodika, zum Beispiel den 1844 beziehungsweise 1847 gegründeten *Fliegenden Blättern* in München oder den *Düsseldorfer Monatsheften* konnte das Berliner Blatt den Wettbewerb nicht aufnehmen.[89]
Gewiß, grundlegende Veränderungen waren nur noch eine Frage der Zeit, denn wie es in der Goethes *Faust* entnommenen Devise des *Berliner Charivari* sehr richtig hieß:

»Den Teufel spürt das Völkchen nie,
Und wenn er sie beim Kragen hätte.«[90]

№ 1. Preis: 2½ sgr. 1847.

BERLINER CHARIVARI.

Redigirt von **Satan.**

Bestellungen nehmen alle Buchhandlungen sowie Postämter an; in Berlin die Haupt-Expedition, Spandauerstraße 76.

Den Teufel spürt das Völkchen nie,
Und wenn er sie beim Kragen hätte.

Monatlich erscheinen 2 Bogen hoch 4. Preis: 2½ Sgr. oder 9 kr. Rh., oder 8 kr. C. M. Das Redactionsbureau ist in Berlin Krausenstraße 74.

Verlag von LOUIS HIRSCHFELD.

Eingang in **Dur.**

Alle Buch-, Kunsthandlungen und Postämter nehmen Subscription auf diese Zeitschrift an.

Es erscheint vom heutigen Tage vorläufig monatlich nur ein Heft — Concessionsangelegenheiten wegen — 2 Bogen stark in hoch Quart, in eleganter Ausstattung, mit Illustrationen von Hosemann, W. Scholz, Teichel, Ulke und andern berühmten Künstlern. (Je illustrirter die Subscriptionsliste — desto illustrirter das Blatt!) Preis: 2½ Sgr., oder 9 kr. Rh., oder 8 kr. C. M. für das einzelne Heft.

Probehefte liegen zur Ansicht in jeder Buch- und Kunsthandlung bereit und können aufgeschnitten werden.

Verlagsbuchhandlung von **Louis Hirschfeld** in Berlin.

20 *Berliner Charivari*, Nr. 1, Berlin, [Ende] 1847
Titelblatt
Die »von Satan«, das heißt anonym herausgegebene vorrevolutionäre Monatsschrift ist eine der vielen Nachahmungen des Pariser *Charivari*. Die von Wilhelm Scholz und Rudolph Genée hergestellte Titelvignette illustriert ein Faustzitat.

Zweites Kapitel Revolution und Konterrevolution 1848/49:

Das Geburtsjahr des Berliner politischen Witzblattes

»Die Presse frei! Die Glocke laßt ertönen,
Und läutet Jubel überall!
Und rufts hinaus zu Deutschlands fernsten Söhnen:
Die Presse frei! Erstürmt der Freiheit Wall!«

(Friedrich Gerhard)[1]

Von der Pariser Februar-Revolution zu den Berliner März-Errungenschaften

Das Zeichen für den Beginn großer Ereignisse war die Pariser Revolution vom 24. Februar 1848, »welche so wunderbar plötzlich . . . den Thron Ludwig Philipps stürzte«,[2] die Zweite Republik ins Leben rief und die 1835 erlassenen »höllischen Pressegesetze« für ungültig erklärte.

Mittelbare Nutznießerin der Pariser Ereignisse war die deutsche Presse. Nachdem das Großherzogtum Baden – als liberaler Vorreiter – am 1. März die Pressefreiheit eingeführt hatte, stellte es der Bundestag zwei Tage später den einzelnen Regierungen anheim, dem badischen Beispiel zu folgen oder nicht.[3] Daraufhin wurde in mehreren Klein- und Mittelstaaten der verhaßte Zensor, um den sich in den vierziger Jahren »eine ganze Literatur gebildet hatte«,[4] abgeschafft und in Preußen immerhin eine »Reform der Preßgesetzgebung« in Aussicht gestellt (Kabinettsorder vom 8. März 1848).

In Berlin wurden die »außerordentlichen Neuigkeiten aus Paris« in den überfüllten Lokalen und Lesekabinetten laut vorgelesen und von »polizeiwidrigen Exclamationen« begleitet.[5]

Seit dem 6. März 1848 versammelten sich fast täglich abends »in den Zelten«, einem beliebten Vergnügungsort im Tiergarten, unmittelbar hinter dem Brandenburger Tor, erst Hunderte, dann Tausende von jungen Studenten, Künstlern, Gelehrten, Kaufleuten, Handwerkern und Arbeitern. Die zweite dieser Versammlungen (7. März) beschloß die Annahme einer Adresse. An der Spitze der Wunschliste stand das Begehren nach »unbedingter Preßfreiheit«. Rede-, Versammlungs- und Vereinigungsfreiheit, Amnestie aller wegen politischer und Pressevergehen Verfolgter und Verurteilter, politische Gleichberechtigung, Schwurgerichte, Volksbewaffnung, Einberufung des Vereinigten Landtags und Schaffung einer allgemeinen deutschen Volksvertretung waren weitere Forderungen.[6]

Während der König den Empfang der Volks-Delegation strikt abgelehnt hatte, nahm er am 14. März 1848 eine ähnlich lautende Petition der städtischen Behörden entgegen. Der entscheidende Umschwung am preußischen Hof erfolgte freilich erst nach dem Wiener Aufstand, der am 13. und 14. März den allmächtig erschienenen Staatskanzler Metternich zum Abschied und zur Flucht gezwungen hatte.

Nachdem sich auch in Berlin die Lage in bedrohlicher Weise zugespitzt hatte – seit dem 13. März kam es auf den Straßen zu Zusammenstößen zwischen dem herangezogenen Militär und der Bevölkerung –, unterschrieb Friedrich Wilhelm IV. am 17. März ein »Gesetz über die Presse«, das gemäß § 1 für Druckschriften und mechanisch vervielfältigte Bildwerke ab sofort die Zensur aufhob. Freilich handelte es sich lediglich um die Abschaffung der Vorzensur. Die Beschlagnahme von publizistischen Erzeugnissen sowie gegebenenfalls die Beantragung gerichtlicher Verfolgungsmaßnahmen, insbesondere wegen Majestätsbeleidigung (§ 199 des Allgemeinen Landrechts) oder Beleidigung der Verwaltung, waren laut § 7 ausdrücklich vorgesehen.

Ferner war die Meinungsfreiheit schon deshalb nicht vollständig gewährleistet, weil das Gesetz (§ 4b) für neu gegründete politische Periodika eine nach Ortsklassen gestaffelte Kautionsklippe einführte. In Berlin mußten die Tageszeitungen viertausend Taler bei der Regierungshauptkasse in Preußischen Staatsschuldscheinen zum Nennwert hinterlegen; für weniger als sechsmal wöchentlich erscheinende Blätter betrug die Kautionssumme die Hälfte. Erst eine spätere Verordnung (6. April) hob »in Erweiterung der Unserem Volke verliehenen Freiheit der Presse« die Kaution auf.

Große Plakate des Magistrats und ein Extrablatt der offiziösen *Allgemeinen Preußischen Zeitung (Abbildung 21)* machten die Berliner am Samstag, dem 18. März, um die Mittagszeit, mit dem neuen Pressegesetz bekannt sowie mit einem »Patent«, das den Vereinigten Landtag zum 2. April einberief und die Behandlung aller Reformwünsche versprach.

Jedoch »in der nämlichen Stunde«, in der das »herrliche Recht« der Pressefreiheit gewährt worden war,[7] fielen durch »ein Mißverständnis« zwei ohne Befehl abgegebene Schüsse auf die vor dem Schloß versammelte Menschenmenge, die vergeblich den Abzug des Militärs gefordert hatte.[8] Sie wurden zum Signal für den Ausbruch der Revolution *(Abbildung 22)*. Innerhalb weniger Stunden erhoben sich in der Berliner Innenstadt mit Hilfe von umgeworfenen Omnibuswagen, Balken, Brettern und Pflastersteinen an die zweihundert Straßenbarrikaden. In der nun beginnenden, die ganze Nacht bei »dunkelrotem Flammenschein, Trommelwirbel . . . Knattern, Rollen, Rasseln, Brüllen . . .«[9] andauernden Straßenschlacht standen der zum größten Teil waffenlosen und unorganisierten aufständischen Bevölkerung Truppen von über 14 000 Mann gegenüber *(Abbildung 23* und *24)*.

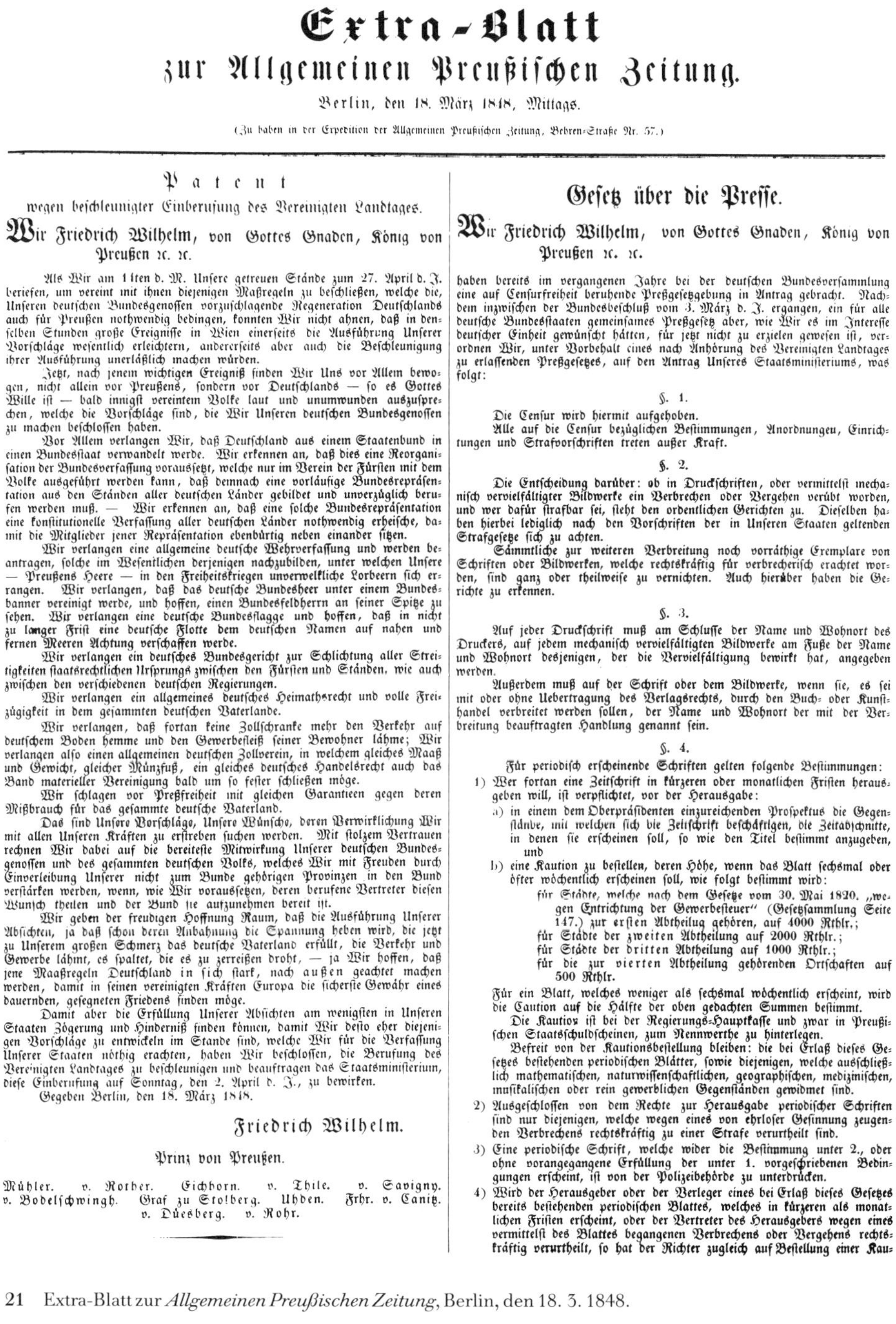

Extra-Blatt
zur Allgemeinen Preußischen Zeitung.

Berlin, den 18. März 1848, Mittags.

(Zu haben in der Expedition der Allgemeinen Preußischen Zeitung, Behren-Straße Nr. 57.)

Patent
wegen beschleunigter Einberufung des Vereinigten Landtages.

Wir Friedrich Wilhelm, von Gottes Gnaden, König von Preußen rc. rc.

Als Wir am 14ten d. M. Unsere getreuen Stände zum 27. April d. J. beriefen, um vereint mit ihnen diejenigen Maßregeln zu beschließen, welche die, Unseren deutschen Bundesgenossen vorzuschlagende Regeneration Deutschlands auch für Preußen nothwendig bedingen, konnten Wir nicht ahnen, daß in denselben Stunden große Ereignisse in Wien einerseits die Ausführung Unserer Vorschläge wesentlich erleichtern, andererseits aber auch die Beschleunigung ihrer Ausführung unerläßlich machen würden.

Jetzt, nach jenem wichtigen Ereigniß finden Wir Uns vor Allem bewogen, nicht allein vor Preußens, sondern vor Deutschlands — so es Gottes Wille ist — bald innigst vereintem Volke laut und unumwunden auszusprechen, welche die Vorschläge sind, die Wir Unseren deutschen Bundesgenossen zu machen beschlossen haben.

Vor Allem verlangen Wir, daß Deutschland aus einem Staatenbund in einen Bundesstaat verwandelt werde. Wir erkennen an, daß dies eine Reorganisation der Bundesverfassung voraussetzt, welche nur im Verein der Fürsten mit dem Volke ausgeführt werden kann, daß demnach eine vorläufige Bundesrepräsentation aus den Ständen aller deutschen Länder gebildet und unverzüglich berufen werden muß. — Wir erkennen an, daß eine solche Bundesrepräsentation eine konstitutionelle Verfassung aller deutschen Länder nothwendig erheische, damit die Mitglieder jener Repräsentation ebenbürtig neben einander sitzen.

Wir verlangen eine allgemeine deutsche Wehrverfassung und werden beantragen, solche im Wesentlichen derjenigen nachzubilden, unter welchen Unsere — Preußens Heere — in den Freiheitskriegen unverwelkliche Lorbeern sich errangen. Wir verlangen, daß das deutsche Bundesheer unter einem Bundesbanner vereinigt werde, und hoffen, einen Bundesfeldherrn an seiner Spitze zu sehen. Wir verlangen eine deutsche Bundesflagge und hoffen, daß in nicht zu langer Frist eine deutsche Flotte dem deutschen Namen auf nahen und fernen Meeren Achtung verschaffen werde.

Wir verlangen ein deutsches Bundesgericht zur Schlichtung aller Streitigkeiten staatsrechtlichen Ursprungs zwischen den Fürsten und Ständen, wie auch zwischen den verschiedenen deutschen Regierungen.

Wir verlangen ein allgemeines deutsches Heimathsrecht und volle Freizügigkeit in dem gesammten deutschen Vaterlande.

Wir verlangen, daß fortan keine Zollschranke mehr den Verkehr auf deutschem Boden hemme und den Gewerbefleiß seiner Bewohner lähme; Wir verlangen also einen allgemeinen deutschen Zollverein, in welchem gleiches Maaß und Gewicht, gleicher Münzfuß, ein gleiches deutsches Handelsrecht auch das Band materieller Vereinigung bald um so fester schließen möge.

Wir schlagen vor Preßfreiheit mit gleichen Garantieen gegen deren Mißbrauch für das gesammte deutsche Vaterland.

Das sind Unsere Vorschläge, Unsere Wünsche, deren Verwirklichung Wir mit allen Unseren Kräften zu erstreben suchen werden. Mit stolzem Vertrauen rechnen Wir dabei auf die bereiteste Mitwirkung Unserer deutschen Bundesgenossen und des gesammten deutschen Volks, welches Wir mit Freuden durch Einverleibung Unserer nicht zum Bunde gehörigen Provinzen in den Bund verstärken werden, wenn, wie Wir voraussetzen, deren berufene Vertreter diesen Wunsch theilen und der Bund sie aufzunehmen bereit ist.

Wir geben der freudigen Hoffnung Raum, daß die Ausführung Unserer Absichten, ja daß schon deren Anbahnung die Spannung heben wird, die jetzt zu Unserem großen Schmerz das deutsche Vaterland erfüllt, die Verkehr und Gewerbe lähmt, es spaltet, die es zu zerreißen droht, — ja Wir hoffen, daß jene Maaßregeln Deutschland in sich stark, nach außen geachtet machen werden, damit in seinen vereinigten Kräften Europa die sicherste Gewähr eines dauernden, gesegneten Friedens finden möge.

Damit aber die Erfüllung Unserer Absichten am wenigsten in Unseren Staaten Zögerung und Hinderniß finden können, damit Wir desto eher diejenigen Vorschläge zu entwickeln im Stande sind, welche Wir für die Verfassung Unserer Staaten nöthig erachten, haben Wir beschlossen, die Berufung des Vereinigten Landtages zu beschleunigen und beauftragen das Staatsministerium, diese Einberufung auf Sonntag, den 2. April d. J., zu bewirken.

Gegeben Berlin, den 18. März 1848.

Friedrich Wilhelm.

Prinz von Preußen.

Mühler. v. Rother. Eichhorn. v. Thile. v. Savigny. v. Bodelschwingh. Graf zu Stolberg. Uhden. Frhr. v. Canitz. v. Düesberg. v. Rohr.

Gesetz über die Presse.

Wir Friedrich Wilhelm, von Gottes Gnaden, König von Preußen rc. rc.

haben bereits im vergangenen Jahre bei der deutschen Bundesversammlung eine auf Censurfreiheit beruhende Preßgesetzgebung in Antrag gebracht. Nachdem inzwischen der Bundesbeschluß vom 3. März d. J. ergangen, ein für alle deutsche Bundesstaaten gemeinsames Preßgesetz aber, wie Wir es im Interesse deutscher Einheit gewünscht hätten, für jetzt nicht zu erzielen gewesen ist, verordnen Wir, unter Vorbehalt eines nach Anhörung des Vereinigten Landtages zu erlassenden Preßgesetzes, auf den Antrag Unseres Staatsministeriums, was folgt:

§. 1.

Die Censur wird hiermit aufgehoben.

Alle auf die Censur bezüglichen Bestimmungen, Anordnungeu, Einrichtungen und Strafvorschriften treten außer Kraft.

§. 2.

Die Entscheidung darüber: ob in Druckschriften, oder vermittelst mechanisch vervielfältigter Bildwerke ein Verbrechen oder Vergehen verübt worden, und wer dafür strafbar sei, steht den ordentlichen Gerichten zu. Dieselben haben hierbei lediglich nach den Vorschriften der in Unseren Staaten geltenden Strafgesetze sich zu achten.

Sämmtliche zur weiteren Verbreitung noch vorräthige Exemplare von Schriften oder Bildwerken, welche rechtskräftig für verbrecherisch erachtet worden, sind ganz oder theilweise zu vernichten. Auch hierüber haben die Gerichte zu erkennen.

§. 3.

Auf jeder Druckschrift muß am Schlusse der Name und Wohnort des Druckers, auf jedem mechanisch vervielfältigten Bildwerke am Fuße der Name und Wohnort desjenigen, der die Vervielfältigung bewirkt hat, angegeben werden.

Außerdem muß auf der Schrift oder dem Bildwerke, wenn sie, es sei mit oder ohne Uebertragung des Verlagsrechts, durch den Buch- oder Kunsthandel verbreitet werden sollen, der Name und Wohnort der mit der Verbreitung beauftragten Handlung genannt sein.

§. 4.

Für periodisch erscheinende Schriften gelten folgende Bestimmungen:

1) Wer fortan eine Zeitschrift in kürzeren oder monatlichen Fristen herausgeben will, ist verpflichtet, vor der Herausgabe:
   a) in einem dem Oberpräsidenten einzureichenden Prospektus die Gegenstände, mit welchen sich die Zeitschrift beschäftigen, die Zeitabschnitte, in denen sie erscheinen soll, so wie den Titel bestimmt anzugeben, und
   b) eine Kaution zu bestellen, deren Höhe, wenn das Blatt sechsmal oder öfter wöchentlich erscheinen soll, wie folgt bestimmt wird:
      für Städte, welche nach dem Gesetze vom 30. Mai 1820. „wegen Entrichtung der Gewerbesteuer" (Gesetzsammlung Seite 147.) zur ersten Abtheilug gehören, auf 4000 Rthlr.;
      für Städte der zweiten Abtheilung auf 2000 Rthlr.;
      für Städte der dritten Abtheilung auf 1000 Rthlr.;
      für die zur vierten Abtheilung gehörenden Ortschaften auf 500 Rthlr.

   Für ein Blatt, welches weniger als sechsmal wöchentlich erscheint, wird die Caution auf die Hälfte der oben gedachten Summen bestimmt.

   Die Kaution ist bei der Regierungs-Hauptkasse und zwar in Preußischen Staatsschuldscheinen, zum Nennwerthe zu hinterlegen.

   Befreit von der Kautionsbestellung bleiben: die bei Erlaß dieses Gesetzes bestehenden periodischen Blätter, sowie diejenigen, welche ausschließlich mathematischen, naturwissenschaftlichen, geographischen, medizinischen, musikalischen oder rein gewerblichen Gegenständen gewidmet sind.
2) Ausgeschlossen von dem Rechte zur Herausgabe periodischer Schriften sind nur diejenigen, welche wegen eines von ehrloser Gesinnung zeugenden Verbrechens rechtskräftig zu einer Strafe verurtheilt sind.
3) Eine periodische Schrift, welche wider die Bestimmung unter 2., oder ohne vorangegangene Erfüllung der unter 1. vorgeschriebenen Bedingungen erscheint, ist von der Polizeibehörde zu unterdrücken.
4) Wird der Herausgeber oder der Verleger eines bei Erlaß dieses Gesetzes bereits bestehenden periodischen Blattes, welches in kürzeren als monatlichen Fristen erscheint, oder der Vertreter des Herausgebers wegen eines vermittelst des Blattes begangenen Verbrechens oder Vergehens rechtskräftig verurtheilt, so hat der Richter zugleich auf Bestellung einer Kau-

21 Extra-Blatt zur *Allgemeinen Preußischen Zeitung*, Berlin, den 18. 3. 1848.

Illustrirte Zeitung.

№ 249.] — Erscheint jeden Sonnabend. — Leipzig, den 8. April 1848. — Vierteljährlicher Preis 2 Thlr. — [X. Band.

Inhalt.

Die deutsche Bundesfrage.

In den beiden Namen Welcker und von Mohl dürften sich gegenwärtig die beiden Ideen verkörpern, die sich über den wiederzugebährenden Bundesstaat am Entschiedensten gegenüberstehen, obwol auch in ihren wie in allen bis jetzt erschienenen Vorschlägen sich eine große Uebereinstimmung zu Tage legt. Sie beweist, daß die volle Zeit dieser Wiedergeburt gekommen ist, denn wo so viel Einverständniß unter den entgegengesetztesten Parteien herrscht, da läßt sich ein reifes Kind der Zeit erwarten, und jedenfalls hält es nicht schwer dem Spruche Folge zu geben, der seine Anwendung in weltlichen Dingen so gut als in geistlichen finden muß: im Nothwendigen Einheit, im Gleichgültigen Billigkeit, unter allen Umständen Verträglichkeit.

Fast gleichzeitig erscheint Welcker's Bericht über den Bassermann'schen Antrag in der badischen Kammer und ein Vorschlag von Mohl's in der deutschen Zeitung; jener höchst wahrscheinlich die Richtschnur für den neuen Bundestagsgesandten, dieser die Meinung eines Mannes, der sein Vaterland liebt; beide in Vielem zusammentreffend, im Wesentlichen sich scheidend. Welcker nimmt, wie wir glauben, mit richtigem Erfassen des augenblicklichen Bedürfnisses, völlig Umgang von dem Dagewesenen und läßt nur das Bestehende gelten, indem er sich im Uebrigen an die ursprünglichen deutschen Formen anschließt, die in Nordamerika seit 50 Jahren ihre Brauchbarkeit und ihre Dehnbarkeit bewiesen haben. Diese aber gehört unstreitig zu den wesentlichsten Erfordernissen staatlicher Einrichtungen, die so wenig schlaff als zerbrechlich sein dürfen. Wir haben uns schon früher und mit wachsender Entschiedenheit für die Annahme dieser Formen erklärt und freuen uns, dieser Ansicht in Welcker's Arbeit wieder zu begegnen, während auch der heidelberger Siebnerausschuß mit wenigen Beschränkungen zu gleichen Ergebnissen gelangt ist. Nach Welcker's Meinung soll nun zuerst der deutsche Bund, geschlossen von den Regierungen und Bürgern aller deutschen Länder, — wir würden gesagt haben von den deutschen Fürsten und Völkern, — alle bisherigen Bundesländer, einschließlich jedoch aller preußischen Länder und Schleswigs, umfassen, und wenn wir zweifeln, ob sich Posen werde anschließen wollen, so theilen wir um so mehr die Meinung, wie es eine unerläßliche Pflicht des deutschen

22 *Illustrirte Zeitung*, Nr. 249 v. 8. 4. 1848
Erster Angriff der Cavallerie auf das unbewaffnete Volk vor dem königl. Schlosse in Berlin (18. 3. 1848)
Holzstich nach einer Zeichnung von J. Kirchhoff.

Illustrirte Zeitung.

№ 250] — Erscheint jeden Sonnabend. — Leipzig, den 15. April 1848. — Vierteljährlicher Preis 2 Thlr. — [X. Band.

Inhalt.

Polens Erhebung.
Tagesgeschichte: Wochenschau. — Die Märztage in Berlin. I. Der Beginn. II. Die Nacht des Freiheitskampfes. III. Frieden. IV. Das Leichenbegängniß. — Kirchen- und Schulnachrichten. — Personalnachrichten. — Wochenkalender. — Briefwechsel. — Eisenbahnnachrichten: Eisenbahnchronik. — Mannigfaltigkeiten: Witterung des März 1848 in Karlsruhe. — Witterung im Monat März zu Leipzig 1848. — Schach. — Anzeigen. Dampfschifffahrtscurse: Oestr. Lloyd.

Polens Erhebung.

Seit dem Jahre 1772 lastet die Theilung Polens als ein schweres öffentliches Unrecht auf Deutschlands Zuständen, obschon Deutschlands Volk sich daran nicht betheiligt und es in diesem Fall nur die Schuld seiner Fürsten mitzutragen gehabt hat. Denn so oft auch schon bis dahin verbrecherische Angriffe auf Völker und Fürstengeschlechter die Blätter der deutschen Geschichte, so viele Frevel die Schilder der deutschen Fürstenhäupter besudelten: eine so schamlose Misachtung der geheiligten Grundsätze des Völkerrechtes, eine so offene Verletzung selbst des Scheines der Gerechtigkeit war noch niemals vorgekommen, und mit vollem Rechte bekannte Maria Theresia, welcher diese Theilung von Joseph und Kaunitz aufgenöthigt und durch die jesuitische Vorspiegelung eines großen Verdienstes um die katholische Kirche in einem mildern Lichte gezeigt worden war, sich doch zugleich der großen Sünde und ewiger Schande schuldig. Die Frevelthat wurde durch die zweite und dritte Theilung im Jahre 1795 unter gleich nichtigen, gleich entehrenden Vorwändes vollendet, und deutsche Fürsten boten die Hand, ein edlen Volk aus der Reihe der Nationen auszustreichen und die Schutzmauer niederzureißen, welche die westliche Bildung von den räuberischen Horden des Osten schied. Deutschlands eigne tiefste Erniedrigung knüpfte sich unmittelbar an diese Theilung, und Oestreich und Preußen erfuhren die Hand des gewaltigen Gottes, welcher sie an den Rand des Verderbens führte; wehe ihnen, daß sie dem Bekenntniß ihrer Uebelthat hartnäckig widerstrebten. ob er sie gleich noch einmal erhob und noch eine letzte Frist der Sühne einräumte, die sie nur zur planmäßigen Unterdrückung des beleidigten Volkes benutzten. Beide ließen auch im Jahr 1815 die Verheißung der Achtung und Wiederherstellung der polnischen Nationalität unerfüllt; sie boten im Jahr 1830, wo Polen noch einmal

23 *Illustrirte Zeitung*, Nr. 250 v. 15. 4. 1848
Die Barrikade vor dem köllnischen Rathhause in Berlin am Abend des 18. März
Holzstich nach einer Zeichnung von R. Kretschmer.

Das Ergebnis dieses kurzen, aber erbitterten Bürgerkriegs waren eine nicht genau feststellbare Zahl von Gefallenen auf seiten des Militärs sowie 256 unmittelbar oder mittelbar getötete Barrikadenkämpfer. Unter ihnen befanden sich zahlreiche Handwerksgesellen, Arbeiter, sieben »Arbeitsfrauen« und ein Kind.[10]

Der Aufstand endete mit einem vorläufigen Sieg des Volkes. Zu den »März-Errungenschaften« gehörten die Ablösung des reaktionären Vormärzministeriums sowie Presse-, Versammlungs- und Vereinigungsfreiheit. Als begleitende Maßnahme erließ der König am 20. März eine allgemeine Amnestie *(Abbildung 25)*.

Am selben Tag veröffentlichte die Ahnfrau der Berliner Presse, die über 230jährige *Königlich privilegirte Berlinische Zeitung von Staats- und gelehrten Sachen*, genannt *Vossische Zeitung* (Nr. 67), ein »Extrablatt der Freude«, dessen 12 000 Exemplare binnen fünf Stunden vergriffen waren. Darin hieß es unter anderem: »Die Presse ist frei! . . . Unter allen Rechten, deren Erfüllung uns geworden, und die wir hoffen, ist der befreite Gedanke das edelste, denn in ihm liegt das Unterpfand für alles Künftige. Er ist die Sonne für die Früchte, die uns reifen sollen! . . .« *(Abbildung 26)*.

24 *Illustrirte Zeitung*, Nr. 250 v. 15. 4. 1848
Angriff auf die Barrikade am Alexanderplatz zu Berlin am Nachmittag des 18. März
Holzstich nach einer Zeichnung von J. Kirchhoff
Unter der Überschrift »Tagesgeschichte: Wochenschau« berichtete die seit 1843 in Leipzig erscheinende *Illustrirte Zeitung* über »die Märztage in Berlin«.

Gestern habe Ich bereits ausgesprochen, daß Ich in meinem Herzen vergeben und vergessen habe.

Damit aber kein Zweifel darüber bleibe, daß Ich mein ganzes Volk mit diesem Vergeben umfaßt, und weil Ich die neu anbrechende große Zukunft Unseres Vaterlandes nicht durch schmerzliche Rückblicke getrübt wissen will, verkünde Ich hiermit:

Vergebung allen denen die wegen politischer- oder durch die Presse verübten Vergehen u. Verbrechen angeklagt oder verurtheilt worden sind.

Mein Justiz-Minister Uhden ist beauftragt, diese meine Amnestie sofort in Ausführung zu bringen.

Berlin, den 20. März 1848.

Friedrich Wilhelm.

Gedruckt in der Deckerschen Geheimen Ober-Hofbuchdruckerei.

25 *Königliche Amnestie*
Am Mittag des 20. März wurde die eine allgemeine Amnestie verkündende Proklamation Friedrich Wilhelms IV. an allen Straßenecken Berlins angeschlagen und in »unzähligen Exemplaren in den Straßen verteilt«.

Königlich privilegirte Berlinische Zeitung
von Staats- und gelehrten Sachen.

№ 67
Montag

den 20 März
1848.

Im Verlage Vossischer Erben. (Redakteur C. F. Lessing.)

Vossische Zeitungs-Expedition in der breiten Straße No. 8.

Extrablatt der Freude.

Die Umwandlung, die freudige Umgestaltung der Dinge, die von gestern auf heut stattgefunden, macht es uns zur Pflicht auch darüber eine außerordentliche Mittheilung ins Publikum zu senden. Es kann nicht früh genug erfahren, was für Thaten des höchsten Muths geschehen sind, die diese Umwandlung herbeiführten. Voran stellen wir jedoch die Ansicht, die künftig unser Blatt leiten soll. Für die spätern Mittheilungen, mag die Eil mit der wir sie zusammentragen, die Entschuldigung ihrer Verwirrung sein. Wir fühlen uns aber um so mehr verpflichtet mit allen Mittheilungen auf das schleunigste ins Publikum zu gehen, als der erste Bericht in unserm heutigen Blatt, welcher mit den Worten beginnt: „In dem Augenblicke“ u. s. w. eine Anzahl von Irrthümern enthält, die wir, von den Bestrebungen beseelt, nur die Wahrheit und die ganze volle Wahrheit zu geben, mit Freuden zu berichtigen bereit sind, und daher um alle dahin einschlagenden zuverlässigen Notizen dringend bitten.

Die Presse ist frei! In der nämlichen Stunde wo uns dieses herrliche Recht erfüllt wurde, wollten wir die Stimme des Frohlockens darüber erheben — da dröhnte der entsetzende Donnerschlag der unsere Stadt traf, und der Kampf begann. — Das war nicht mehr die Zeit, dem Gefühle der Beglückung Luft zu machen! — Jetzt theilt der Friedens- und Freudenruf wie ein goldenes Licht die schwarzen Wolken, so schnell fast, als der zündende Strahl sie gesammelt. — Der Himmel ist wieder heiter! Möge nun der befruchtende Segen, der dem Ungewitter, der selbst dem Ausbruche des Vulkans folgt, unserm theuern, geliebten Vaterlande in fort und fort wachsender Entwickelung zu Theil werden. — Unter allen Rechten, deren Erfüllung uns geworden, und die wir hoffen, ist der befreite Gedanke das edelste, denn in ihm liegt das Unterpfand für alles Künftige. Er ist die Sonne für die Früchte, die uns reifen sollen! — —

Von nun an ist diesen Blättern eine größere Aufgabe gestellt. Wie sie dieselbe lösen werden, darüber müssen sie ihre Kräfte selbst erst prüfen. Wie sie aber dieselbe aufzufassen haben, darüber waltet ihnen kein Zweifel ob, und wir dürfen hoffen, daß auch die Leser, welche unsern Bestrebungen und Richtungen, so weit die Verhältnisse den Ausdruck derselben möglich machten, gefolgt sind, darüber keinen Zweifel hegen werden. Unser Banner ist der Fortschritt! Nicht der allmählige, denn es giebt Zeiten, wo der Sturmschritt nothwendig ist, aber der besonnene, denn sein Gegentheil ist stets verderblich. Der besonnene Fortschritt wird nie verzögern, wo er beschleunigen muß; es giebt Augenblicke wo der entschlossene Sprung nöthig ist, andere, wo der Lauf gemäßigt, wo vielleicht ein Schritt zurückgethan werden muß, wenn man nur dadurch wieder auf die richtige Bahn gelangen kann. In allen diesen Fällen aber leitet nur der Zügel der Besonnenheit den feurigen Sporn des Fortschritts richtig. So also wollen wir unsere Aufgabe fassen und auf Einsicht, Kraft und Vereinigung Gleichgesinnter mit uns hoffen, um sie, dieser Bestrebung würdig, zu lösen.

Berlin, den 20sten März.

Am Abend des 19ten bot die ganze Stadt ein Bild der Freude dar. Alle Häuser waren beleuchtet, die Barrikaden verschwunden, das Volk, das durch seine beharrliche Tapferkeit den Sieg erfochten, wogte durch die Straßen. An allen Barrikaden beharrte der kühne Bürgermuth im heftigsten Kugelregen! Auf der Friedrichsstadt war der Kampf an der Kronen- und Friedrichsstraßen-Ecke der heroischste, der sich denken läßt. Er erstreckte sich in alle Viertel der Stadt, überall wurde mit einer Ausdauer, einem Muth gefochten, der die höchsten Spitzen erreichte. In der Frankfurter Straße, in den Gärten der Gegend, war jeder Bewohner in Waffen. Ueberall fielen die Schüsse, und vom Dach herab die Steine auf die Angreifer. — Das d'Heureuse'sche Haus, dessen wir schon gestern Erwähnung thaten, ist mit einem unbeschreiblichen Muthe vertheidigt worden. — Freudig eilten die Bürger am Nachmittage zum Empfang der Waffen, um sich als Bürger-Corps zur Beschützung der Ordnung und des Eigenthums zu organisiren. — Wie viele Opfer im Kampfe gefallen sind, darüber ist uns die traurige Gewißheit noch nicht geworden.

Morgen wird die Bestattung derselben geordnet werden. Es wird eine Trauerfeier für die gesammte Bürgerschaft sein. Alles wird sich dem großen Zuge, der die Tapfern, Gebliebenen, zur Ruhestätte begleitet, anschließen, und jegliche Ehren die den kämpfend Fallenden gebühren, werden ihnen zu Theil werden.

Den Versprechungen und Gewährungen, um die es sich zunächst handelt, hat dieser Kampf die festesten Wurzeln gegeben, und er wird uns die Bürgschaft darbieten, daß in der Zukunft sich der Baum der Völkerfreiheit immer reicher entwickeln werde.

Heut Mittag durchwanderten wir Berlin nach allen Richtungen, wie es im Glanz der Frühlings-Sonne, die uns von goldner Vorbedeutung sein mag, und in dem der Freude, des gerechten Stolzes, der sich in den Tausenden zeigte, die die Straßen durchwallten, hellleuchtete. Vor vielen Häusern waren Becken oder Teller ausgestellt in denen für die Verwundeten und die Angehörigen der Gefallenen gesammelt wurde. Kein Vorübergehender, der nicht seine Gabe darbrächte. An allen Thoren sind gleiche Samm-

26 *Königlich privilegirte Berlinische Zeitung von Staats- und gelehrten Sachen*, genannt *Vossische Zeitung*, Nr. 67 v. 20. 3. 1848
Extrablatt der Freude.
Die Redaktion der 1617 gegründeten, ältesten Berliner Zeitung hielt es für ihre Pflicht, das Publikum in einer »außerordentlichen Mittheilung« über die künftige Tendenz des Blattes zu informieren: den besonnenen Fortschritt.

Die Revolution des Berliner Pressewesens: Zeitung, Zeitschrift, Flugschrift

Nach dem 18. März mauserten sich die beiden ältesten Zeitungen Berlins, die biedere, vom Besitz- und Bildungsbürgertum gelesene *Vossische Zeitung* (1617 bis 1934), und die konservativen, in Hof-, Landadels- und Pfarrerskreisen verbreiteten *Berlinischen Nachrichten von Staats- und gelehrten Sachen*, genannt *Spenersche Zeitung* (1740 bis 1874), zu politischen Meinungsträgern.[11] Wesentlich radikaler als diese beiden gebärdete sich die erst anderthalbjährige *Berliner Zeitungs-Halle*. Sie nahm am 24. März die Devise an: »Alles für das Volk – Alles durch das Volk«.[12]
Berlin erlebte nun, was in Paris bereits dreimal der Fall gewesen war (nach den Revolutionen von 1789, 1830 und nach dem Februar 1848): eine regelrechte Explosion von Druckerzeugnissen. Neuesten Berechnungen zufolge entstanden in der preußischen Hauptstadt von März 1848 bis Ende 1849 neben- und nacheinander etwa 135, darunter rund 100 *politische* Zeitungen und Zeitschriften.[13]
Die Titel der damals gegründeten, meist sehr kurzlebigen Presseorgane sind ein Spiegelbild der Revolution und Konterrevolution, die eine Vielfalt von publizistischen Typen[14] und Meinungen hervorgebracht haben: *Die Barrikaden, Berliner Straßen-Zeitung, Bürger-Wache, Club-Blatt, Constitutionelle Zeitung, Die Reform, Gott mit uns! Organ für Preußens Frauen und Jungfrauen, Königs-Zeitung, Locomotive, Die Republik, Der Socialist, Das Volk. Organ des Central-Komites für Arbeiter.*[15]
Von den politischen Tageszeitungen konnten sich nur drei auf die Dauer durchsetzen: die *National-Zeitung* (1. April 1848 bis 1938), das Blatt des »politisch und religiös freisinnigen, allgemein gebildeten Bürgertums«,[16] ferner die am 29. März 1849 gegründete demokratische *Urwähler-Zeitung*, die als *Berliner Volks-Zeitung* bis 1944 weiterbestand, endlich die von Bismarcks Freunden, dem Magdeburger Oberlandesgerichtsrat, Ernst Ludwig von Gerlach, und dem zum Chefredakteur ausersehenen Hermann Wagener ins Leben gerufene *Neue Preußische Zeitung* (4. Juli 1848 bis 1939). Das Organ der »kleinen, aber mächtigen« konservativen Partei, das nach dem eisernen Kreuz in seinem Zeitungskopf (Devise: »Vorwärts mit Gott für König und Vaterland!«) allgemein *Kreuz-Zeitung* genannt wurde, betrachtete es als seine oberste Pflicht, den »entfesselten Geistern der Empörung mit Kraft und Nachdruck« entgegenzutreten.[17]
Regelrecht überschwemmt wurde die Stadt mit Flugschriften und Plakaten, die oft »in riesigem Formate« (bis zu einem bedruckten Raum von 44 × 75 cm) von der Erde übereinander emporstiegen und die Eckhäuser »in aufgeschlagene Folianten« verwandelten.[18] Öffentliche Bekanntmachungen klebten neben Maueranschlägen der nach dem 18. März wie Pilze aus dem Boden geschossenen Vereine – als »Organe der direkten Demokratie« – und der Clubs – als »Vorform der Parteien«[19] – beziehungsweise neben den literarischen Erzeugnissen einzelner Volksführer. Diese »Straßen-

ecken-Literatur« fing die »Berliner Stimmung auf Löschpapier« ein, »registrierte die unaufhörlichen Schwankungen am politischen Barometer« und lieferte »Instructionen« sowie »Belehrungen« über den Zustand der Hauptstadt.[20]

Die etwa zweitausend verschiedenen, zum Teil illustrierten Flugschriften, deren massenweise Herstellung durch die seit den zwanziger Jahren in Betrieb genommenen Schnellpressen, die neue Technik der Lithographie[21] und die durch Friedrich Wilhelm Gubitz (1786 bis 1870) wiederbelebte alte Technik des Holzschnitts ermöglicht worden war, wurde zu Recht als Kommunikationsform einer neuen, volkstümlichen Öffentlichkeit bezeichnet, welche die Grenzen der bürgerlichen Öffentlichkeit sprengte.[22]

Ein auffallendes Merkmal zumal der zahlreichen, zum Preis von einem Silbergroschen verkauften oder auch gratis verteilten versöhnlich-humoristischen, ironisch-kritischen oder angreifend-satirischen Flugschriften, deren Autoren aus den unterschiedlichsten Berufszweigen kamen, war die Verwendung des »scharfgeschliffenen« Berliner Idioms, in dem sich das »dreiste, vormäulige [= vorlaute] . . . Wesen des Berliner Stadtkindes . . .« aussprach.[23]

Einer der fruchtbarsten, das Revolutions- und Konterrevolutionsgeschehen »ins Plakatsche« übersetzenden Flugblattproduzenten war der als Narr und Philosoph zugleich auftretende »Dages-Schriftsteller mit'n jroßen Bart Aujust Buddelmey[i]er«, das heißt der Arzt Adalbert Cohnfeld (1809 bis 1868). Seine von Juli bis Frühjahr 1849 im Selbstverlag herausgegebenen, zugleich belehrenden und unterhaltenden »Buddelmey[i]er«-Blätter, die nicht selten Auflagen bis zu zehntausend Exemplaren erreichten *(Abbildung 27* und *28)*, darunter seine Serien »Gardinenpredigt ihrem G[J]atten Ludewig[ch] . . . gehalten von Madame Bullrichen« und »Briefe an seine Muhme Suse« fanden viele Nachahmer.[24]

Zu ihnen gehörte Albert Hopf, der unter dem Pseudonym »Ullo Bohmhammel, Vice-G[J]efreiter bei [von] de Bö[ü]rg[j]erwehr« von Ende September bis November 1848 die beliebte Reihe der »Bohmhammel«-Blätter veröffentlichte. Freilich hatte Hopf bereits im April seine im Vorjahr begonnene Tätigkeit als Verfasser von Flugschriften aufgenommen. Von Mitte Mai bis November erschien seine in mehreren Auflagen verbreitete und sogar als Theaterstück aufgeführte Serie *Nante als National-Versammelter (Abbildung 29)*, die als Fortsetzung von *Nante's Landtags-Album* (1847) anzusehen ist. Ab November, bis zu seiner Verurteilung zu einer achtmonatigen Gefängnisstrafe (Februar 1849), publizierte Hopf auch unter dem zeitgemäßen Pseudonym »Anastasius Schnüffler«.[25]

Erwähnenswert sind in diesem Zusammenhang ebenfalls die »Offenen Briefe« des Isaak Moses Hersch (das ist vermutlich der Verleger Samuel Löwenherz), die zwischen Mai und Juli 1848, sei es auch nur wegen ihres jüdisch-deutschen Jargons, Furore machten. Der engagierte Verleger versuchte mittels verschiedener Gattungen

Die drei pollitschen Jrazien

Karbe, Held u. Linden-Müller,

die müssen Ministers werren.

Det sag ick

Aujust Buddelmeier, Dages-Schriftsteller mit'n jroßen Bart.

(Preis 1 Sgr.)

Ne, nu hab ick det ewige Ministerkrieseln satt, et is, hol mir der Deibel wahr! Nu schon viermal anjesetzt un immer widder abjeprotzt! Weeßt Ihr, wie mich det vorkommt? Als wenn Eener jehörig enen über'n Durscht genossen hat un hat'n andern Dag den Katzenjammer un will jern wat essen un kann nich. Nen Happen rin, wutsch, muß er widder bei Kotzebu'n un ihm von sich jeben. Wir sind nu schonst vier mal bei Kotzebun jewesen. Erscht den Jrafen Arnim ausjebrochen, denn det Kamphäuseken ausjebrochen, hernachens det Auerswaldsche Mengemuß ausjebrochen, un nu widder den ollen Pful mit det Eichhörnken, wollt ick sagen Eichmänneken ausjebrochen. — un bei Eichmänneken war'n harter Kloß, der uns wie'ne Kanonenkugel innen Magen jelegen hat, — Donnerwetter noch'n mal, det is jo ne wahre Pferdekur! Immer brechen un immer brechen, un dabei och noch Freiheiten ablariren, un zu juter Letzt laaßen sie Eenen och wohl noch zu Ader — na, wer daderbei nich uf'n Hund kommt, der muß ne Natur haben wie'n Ochse!

Et jeht wirklich komsch zu uf de Welt. Erscht waren wir jiftig uf'n ollen Pful, weil wir trübe Ansichten von ihm hadden; un nu der Pful sich ufklärt un wir ihm uf'n Jrund sehen können, nu fließt er ab wie ne volle Josse nach'n Rejen. Et is schad' um ihm, det is wahr, — aber jut is et doch, deß er bei seinen Abfluß och jleich die Jründlinge mit wechspült, die er uns zujeführt hat. Aber wat soll nu werren? Pful jeht flöten, nanu soll uns Onkel Brannenburg Eens uffspielen. Na denn jeht der Danz jewiß los, deß steht feste. Eenje sagen dadrum och, Herr Jrabo wird als Leiddragender Minister-Präsident unse Zustände zu Jrabo dragen, weil Onkel Brannenburg doch nich jern den Musekanten bei de neue Polka machen möchte; un widder Andre behaupten, Meester Milde soll uns den neuen Dag ankrähen, weil Herr Jrabo den Doddenjräber-Posten nich annehmen will. Aber des sind lauter faule Jerüchte un weiter nischt. Ick weeß et besser un will et Euch sagen, wer Minister wird, aber'n Hundsfott, wer't weiter sagen duht.

Kennt Ihr die drei pollitschen Jrazien in Berlin?

Kennt Ihr den Held mit'n jroßen Bart? Kennt Ihr ihm, der, jrade eben so wie die langbärtjen Paterjarchen aus de Bibel, unter Zelten hauste un von da das Volk väterlich beherrschen daht? Kennt Ihr den ollen Jungen, der'n Kamphausen mit 20,000 Mann vor de Bude rückte, deß der Prinz von Preußen nich widderkommen sollte, un der hernachers von diesen selbigen Prinzen eine ochsige Idee jekricht hat? Kennt Ihr ihm, der die Mächens mit'n reaktionäres Kunststück vor de Kinddose beschützen duht, un wie doll in de Klubs rinstürmt, wo sie ihm rausschmeißen? Mit een Wort: kennt Ihr Held'n?

Na, seht mal,

Held wird Kriegsminister!

un denn weh Euch, wenn noch een Mächen en Kind kricht!

Kennt Ihr Vater Karben, der mit'n lieben Jott uf Du un Du is, der Bonbon's machen kann, un sich alle Woche zweemal vor't Vaterland heesch schreit un des Volk wat hust't? Kennt Ihr den Mann, der mit seine kleene Nase nen Jesewiten uf zwee hundert Schritt riecht, der alle Woche zweemal die pollitischen Jefangnen befreit, un den sie eenmal selbsten injespunnt haben, aber als'n janz unschuldiget Indifidufum widder haben loofen laaßen? Mit een Wort: kennt Ihr Vater Karbeken, den kleenen Jubeljreis?

Na, seht mal,

Karbeken wird Kultusminister!

un denn heeßt et: liebe Deinen Nächsten wie Dir selber un lutsche Bonbons, wenn Du'n Schnuppen hast!

Kennt Ihr den Minden-Lüller? Ne, wollt' ick sagen, kennt Ihr den Linden-Müller? Den Mann mit de jroße Kunkarde, den Präsidenten vonnen souvränen Lindenklub, den 18karrätjen Eisenhändleer von ächtet demokratschet Dukatenjold? Kennt Ihr ihm, der reden kann wie'n König; dem das Volk lieben duht, wie all nischt Jut's un der des Volk bei Dag un Nacht immerzu bejlückt un och manchmal Plakaters schreibt? Mit een Wort: kennt Ihr den Mindenlüller, ·, wollt ick sagen den Linden-Müller?

Na, seht mal,

der Minden-Lüller wird Minister des Innern!

Un denn weh Euch, wenn Eener nich sein jutet Auskommen hat! Jeden Sonntag Schweinebraten, oder der Deibel soll den Rebeller fricassiren.

Nu wißt Ihr't!

Der jroße Held, der kleene Karbe un der mittelmäßige Minden-Lüller, die werden Minister,

und des nennt man

des Drei-Jrazien-Ministerium!

Wollt Ihr des nich jloben? Na, denn laaßt et bleiben, Ihr olle unjläubge Thomasse! Denkt ihr, deß Buddelmeyer Euch wat vorschwindelt? Ick sage euch, et is so, und denn is et so! Wat versteht ihr von Polletik! Ick sag Euch so ville, bei'n lieben Jott ist Allens möglich.

Is'n Ministerjum Branneburg nicht unmöglich, denn is och des drei-Jrazien-Ministerjum möglich!

Ihr seid man blos Klugschmußers, die allens besser wissen wollen, un wenn't zum Klappen kommt, denn habt ihr jar nischt nich jewußt.

Wenn Ihr't besser versteht, denn macht doch die Mäuler uf un sagt et!

Bahh, da stehen se, wie die Maulaffen! Macht mir nich erscht bockig, denn is nich jut Kirschen-Essen mit mich! Verstandewu? Wer soll denn nach Eure Meinung Minister werren? Na?

Etwa Herr Waldeck?

der sich als Jeheimrath nich mal schämt, sich mit's Volk zu befassen und seinen vornehmen Stand janz verjeßt?

Oder Herr Jacoby?

der reden thut, wo't ihm jar Keener nich befehlt, un der Allens jrade raus sagt, wat'n Menschen man bloß ärjern muß?

Oder Herr Temme?

der nich mal'n nen Hochverräther inspunnen laaßen will, wenn die Revlution schonst vorbei is, un die Bürjerwehr Allens beschützen thut?

Na, des wären mich jrade die rechten Ministers. Ne, Kinder, laaßt Euch belehren!

Entweder'n Ministerjum Brannenburg

oder

das Drei-Jrazien-Ministerjum!

Denn jeht der Schwindel seinen richtigen Jang! Und dadermit Punktum, streu Sand um.

Zu haben: Mauerstraße 17, 2 Treppen hoch.

Gedruckt bei Julius Sittenfeld in Berlin.

27 *»Buddelmeyer«-Flugblatt* [Frühsommer 1848]
Der eher gemäßigte Demokrat und erfolgreiche Berliner Flugblattautor Adalbert Cohnfeld (Pseudonym Aujust Buddelmei[y]er) macht sich über die radikalen Volksredner A. F. Karbe (genannt Vater Karbe), Friedrich Wilhelm Held und C. W. G. Müller (genannt Lindenmüller) lustig.

Ihr sollt Euch nich butzkoppen!

Ruhig im Saal! Der Herr will danzen!

Ene Strafpredigt vor die Demokraten,

von dem Demokraten

Aujust Buddelmeyer, Dages=Schriftsteller mit'n jroßen Bart.

(Preis 1 Sgr.)

Sagt mal, Demokraten, pickt et bei Euch? Habt Ihr nen Sonnenstich wechjekrigt? Es kann jar nich anders sind, — et muß bei Euch rappeln, denn sonst wüßt ick mir Euer jrunddämlichet Bedragen nich zu erklären! Schaafsköppe, sitzen sie Euch denn noch nich jenug uf die Pelle, deß Ihr sie Euch och noch durch dumme Excesser uf'n Hals hetzen müßt? Ne, bei Jott, vor so dumm hätte ick Euch nich jehalten, objleich Ihr schonst manche Dummheet uf'n Marcht jebracht habt. — Also Dühren inbrechen, Rampen anzwee machen, Laternenpfähle umknicken und Jranitblöcke rauspolken, dadermit denkt Ihr die Polletik uf'n demokratischen Stiebel zu bringen? Deß Du die Kollera kriegst, so dumm is nich mal en Hinterpommer **aus Hannover!** **Wer hat Euch denn den** faulen Schwindel weiß jemacht? Nennt mich mal die Schaafsköppe, die Euch daderzu ufjeputscht haben! Oder nennt sie mich lieber nich, denn des Misterium lest meine sämmtliche Werke un wenn es denn die Namens lesen duht, denn laaßt et die arme Deibels inspunnen, un daderzu sind se mich doch zu jut. Aber weeßt Ihr wat, nehmt Euch die hitzköppigen Jroßmäuler janz in Stillen vor, jebt jeden nen derben Katzenkopp un laaßt sie loofen. Sie werren sich des schonst merken un werren sich in Stillen ochsig schämen, deß sie so rindviehmäßig dumm jewesen sind.

Ne, is mich so was all mein Lebdage vorjekommen! Wenn sich sojar die Demokraten so dumm beweisen un et die Reakzionärs un Jesewiten mit die Anarchie jleich duhn wollen, na denn hört Allens uf, des muß ich sagen. So kommt mich jo nich wieder, sonst sag ick mir von Euch los, erkläre Euch vor

unreife Windbeutel

un unterschreibe mir künftig **als der letzte Demokrate in Berlin.** — Ick bejreife man nich, wie Ihr so verbohrt un vernagelt sind könnt, deß Ihr jloben duht, **pollitsche Ideen** laaßen sich mit **viehsische Jewalt** fortflanzen oder ufproppen. Vor die massenhafte Demonstrationen is die Zeit vorbei; mit den faulen Schwindel habt Ihr schonst bei die jrößte Hitze innen März nischt mehr ausjericht, un nu wollt ihr ihm innen Aujust bei kühl Wetter anwenden? O Jott, wie dumm is Deine Menschheit! Ne, Kinderkens, des is faul, oberfaul un obermittelfaul. Wahnsinn is et! Wenn Ihr Euch selbst ene Laus innen Pelz setzt, denn is det Unjeziefer freilich nich von Euch abzuhalten! Ihr blinde Hessen Ihr, seht Ihr denn nich, deß dadruf man jelauert werd?

Hat Euch der Zeughaus=Sturm noch nich Kühlung jenuch zujeweht?

Haben sie noch nich jenuch jute Freunde von Euch in't Loch jespunnt, müßt Ihr die paar letzten och noch an't Wasser liefern? Ne, meiner Seele, ick bin so boßhaft, ick könnte mir mit'n Deibel prüjeln. Ihr Jrützköppe un keen jut Ende,

is dazu die Presse freijejeben, deß Ihr Eure Wünsche mit Eisenstangen durchfechten sollt?

Verdrägt sich so was mit die Ehre von nen ächten Demokraten? Fuj, schämt Euch wat! Wo kann en jroßer Mensch so unjezogen sind! Des is woll en Bedragen vorren knechtischen Pöbel, oder vorren jetreuen Charlottenburjer, aber nich vor freie Bürger, vor Mitjlieder von's souveräne Volk. Sonne Souveränschaft, die ihren Willen mit Drinschlagen durchsetzen will, die haben wir dicke jekrigt! Un desselbige Prinzip, wojejen Ihr Euch uf die Barrikaden habt die Knochen anzweeschießen laaßen, des wollt Ihr nu selber probiren? Kerls, Euch muß der Deibel reiten, andersch kann et jar nich sind. Kommt mich des noch eenmal vor, denn verstoß ick Euch von meinen väterlichen Busen un laaß Euch loofen. Ja, meiner Seelen, des duh ich. I seht mal, ick muß mir ja bei meine Bekännte vor Euch schämen. Die sagen mich jeradezu: „Buddelmeyerken," sagen sie, „loof loof, mit Deine janze Demokraten is et och faul!

Die Kerls haben och nischt verjessen un nischt jelernt! Jrade wie die Bubonen!"

Des sagen sie zu mich un des muß ick um Euch Jrützköppe mich jefallen laaßen! Is des der Dank, deß ick Euch bei jede Jelegenheit raussersireiche, un deß ick immer sage:

Laaßt man jut sind! des demokratische Prinzip is von Jott! des beißt sich durch, un wenn der Deibel noch so sehr dajejen is!

Un nu kommt Ihr mit viehsische Eisenstangen anjewackelt un macht mir zum Lügner! I, Euch soll ja det Donnerwetter ....

Ick will nich fluchen, aber krepiren duht et mich niederträchtig. Ne, sonne Ochsen! Jeben die Konstableers Jelejenheit ihre Käsemesser blank zu ziehen un verführte Demokraten=Köppe vonnander zu spalten! Putschen des Minsterium mit ihre Fensterinschmeißerei zu jrausame Jesetzentwürfe uf! Stärken mit ihre Dollheiten die rechte Nationalseite noch förmlich mit Hoffmanns=Droppen vor ihre Ohnmacht, un haben vor sich nischt weiter dadervon als Schande un frei Quatier vor unjefähr zehn Mann! Ne, waraftgen Jott, wenn Ihr nich mit'n Dämelsack jeschlagen seid, denn is et Keener nich!

Sagt mal, Dusselfriedens, müßt Ihr denn abslut mit de Köppe zusammenbutzen? Seht Ihr denn jar nich, deß die Bürjerschaft schonst ängstlich werd und mit jefalte Hände ruft:

„Ach Du mein Jott! Ach Du mein Jott! Es jeht schonst widder loß!"

un sich zusammentuten läßt un blaue Bohnen in die Tasche steckt un der Deibel weeß wat noch? Un deß des Milletär mit sein janz Hopeichen uf'n Puckel in die Kasernen uf'n Sprung steht un sein Fett och zujeben will? Sagt mal, wollt Ihr't uf Menschenblut ankommen laaßen? Ne, des kann Buddelmeyer von seine demokratsche Brüder nich jlooben!

Besinnt Euch mal, Menschenkinder, wie sie annen 18. März mit die viehsische Jewalt uf uns losjejangen sind, da haben wir ihr dieselbe Jewalt entjejenjestellt un des war recht von uns. Wenn Ihr nu wiet liebe Vieh wirthschaft un uf sie mit Eisenstangen losjeht un sie Euch denn blaue Bohnen uf'n Pelz brennen,

denn haben sie och widder Recht, siehste!

Ick bin von die Ansicht, deß een Demokrat seine Ehre ville zu hoch anschlagen muß, als deß er wie'n Stück Vieh mit die Hörner druf jehen sollde! Statt die Hörner jebraucht den Kopp, un statt die Knüppels jebraucht die Feder, denn seid Ihr tüchtje Kerls! Des Dausendweise=vorn=Haus=loofen un widder abziehn is vor jar nischt. Des is'n Puppenspiel, weeßt Ihr des? Des is wat vor Bummler, die nischt Bessers zu duhn haben, aber nich vor en reifet Volk. So is et!

Ick will Euch sagen, wat Ihr duhn müßt! Hört mich mal zu!

1) Vor allen Dingen bedragt Euch wie Männer, die wissen wat sie wollen, un die Ehre innen Leibe haben. Zeigt deß Ihr Männer un keene Lumpenkerls nich seid, deß Ihr ne ächte demokratische Jesinung habt un Euch schonst deshalb jut bedragt, weil Euch die Ehre des Volks an Herzen liegt. Habt Ihr mir verstanden?

2) Vors zweete, zeigt des Minsterjum, deß die Konstablers (ach Jott, wie wird mich!) überflüssig sind. Zeigt Euch selbsten als die beste Pollezei, die nich mit's Käsemesser, sondern mit's Ehrjefühl wirkt. Habt Ihr mir bejriffen?

Deß Ihr Euch nich so weit verjessen werdt, mit demokratsche Jesinnung selbsten unter die Constablers zu jehn, des trau ick Euch schonst zu. Uebrijens würren sie Euch doch balle widder wegjagen, denn sonne Männer können sie nich mang sich jebrauchen.

3) Vors dritte — paßt aber och uf! — verjeßt keene Minute nich, deß es noch sehr ville Schaafsköppe jiebt, die'n Demokraten vorn ††† Jott sei bei uns halten, un deß diese dumme Dorfdeibels von Euch belehrt werren müssen. Nu bejreift mir aber richtig. Ihr braucht nich jrade die Schulmeesters von diese Schaafsköppe zu sind, sondern ick meene des so, versteht mir mal, deß Ihr durch Euer Bedragen, Euer Wirken, Eure Schriften, Eure Reden, Euer Allens des demokratsche Prinzip in alljemeene Achtung bringen duht, so deß selbst die Dämlichsten zu juter Letzt sagen:

Schwerenoth ja, en Demokrat is doch'n proppRer Kerl!

Seht Ihr woll, so müßt Ihr't machen.

4) Vor's Vierte, seht Eure Anführers een Bisken uf die Finger, deß sie mehr vernünftiget Zeug vor die alljemeine Belehrung un von die Polletik im Jroßen schreiben un des Misterium zeigen, deß sie och Männer bei die Spritze sind.

Seht mal, des is janz richtig:

Wenn man uns fürcht't, denn haßt man uns! Aber wenn man Respekt vor uns hat, denn sind wir dicke durch!

Un nu zuletzt noch een sehr ernstes Wörtken in Vertrauen: Jebt die Republik=Jedanken uf! Seid nich so verrückt, deß Ihr denkt, Ihr könnt innen Februar in Euren Jarten Kirschen flücken. Die Weltjeschichte jeht ihren Jang. Die Könige halten ihr nich uf, die Jroßmäuler setzen ihr nich in Drab. Der liebe Jott werd Republik machen, wenn Zeit davon is, un wenn er ihr haben will; eher nich, versteht Ihr mir?

Ihr könnt man bloß mit die Köppe zusammenbutzen!

Un des verbitt ick mir!

Ick will Euer Jlück, unser Aller Jlück, aber nich Schweinerei! Merkt Euch des!

Zu haben: Mauerstraße 17, 1 Treppe hoch.

Druck von Marquardt & Steinthal, Mauerstraße 53.

28 *»Buddelmeyer«-Flugblatt* [Oktober 1848]
Nach wortreichen Auseinandersetzungen im demokratischen Lager und wiederholten Tumulten vor der preußischen Nationalversammlung war für Adalbert Cohnfeld die Zeit für eine öffentliche Strafpredigt gekommen. Seine Botschaft lautete: »Jebt die Republik-Jedanken uf!«

☞ Zweite Auflage. ☜

Nante als National-Versammelter.

Erste Sitzung. Preis: 1 Sgr.

Nante. Bürger Brenneke sei mir willkommen in der Freiheit! Fief la Constitution uf die allerbreitste Unterlage! Ick habe Dir ja seit den Vinkeschen Rechtsboden-Schwabbel-Landtag nich gesehn. Wat dreibst Du'n jetzt? —

Brenneke. Ick? — Nischt. Wir haben ja Freiheit; wer wird denn da arbeeten? Vor de Langeweile dreib' ick een Bisken Buchhandel. Setz mir in Nahrung. Hier: Kladderadatsch sechs Dreier, die Berliner Krakeler eenen Groschen, den Prinzen von Preußen zu bedeutend heruntergesetzten Preisen sechs Pfennge, da kriegst Du noch die vorjährige Thronrede zu; die liest sich jetzt recht heiter.

Nante. Ick drücke Dir mein Bedauern aus, Proletarier. Bei den Verdienst kannste doch nich leben, un Miethe zahlen, un Schulden haste ooch.

Brenneke. Du erweckst in mir ein homerisches Gelächter, wenn Du von Miethe red'st, un den Antrag meine Schulden zu bezahlen, lehn' ick Einstimmig ab. Ick gebe der Hoffnung Raum, daß die National-Versammlung mit die Staatsschulden ooch gleich meine bezahlen wird; denn bei 150 Millionen „wohlgeordneten Finanz-Ausfall" kommt et uffen Paar Groschen mehr oder weniger nich an.

Nante. Ick wer' darüber 'ne Motion bei'n Landtag stellen. Der Altar des Vaterlands is groß, da kann eene ganze Menge Blut geopfert wer'n. Nu muß ick aber erst die Frage stellen, ob du zu keenen Clubb gehörst.

Brenneke. Diese Frage muß ick in verneinendem Sinne beantworten. Des Abends geh ick nach die Zelten und lasse mir politisch bilden, ick helfe Comité-Mitglieder ernennen vor die Adressen, hebe bei Abstimmungen eene Hand hoch un helfe demonstriren. Daruf beschränkt sich meine politische Wirksamkeit. Genährt werd' ick uf Staatskosten; denn meine Frau is in die glorreiche März-Nacht vor Schreck über'n ersten Kartätschenschuß aus Mißverständniß gestorben, mithin bin ick een Hinterbliebener, un habe Ansprüche uff Nationalbelohnung.

Nante. Ick halte diesen Jögenstand für erledigt, un trage daruf an, zur wirklichen Diskussion überzugehen. Zuerst werd' ick mir Deine Ansicht ausbitten, ob Du zwee Kammern willst oder blos eene.

Brenneke. J Menschenskind zwee, da brauchste gar nich zu fragen. Eene vor den Hausgebrauch un eene Rumpelkammer, wo die alten Scharteken drin ufbewahrt wer'n. Man kann später Alles wieder brauchen.

Nante. Du verstehst mir miß; ick meene Landtagskammern.

Brenneke. Ach so. Ja wenn ick Dir da meine unmaßgebliche Meinung sagen soll, so halt' ick vor't Beste: so ville Kammern wie Abgeordnete; denn zwee in eene Kammer det dhut keen Gut's, oder man müßte immer eenen Pommer un eenen Berliner zusammen sperren; die sind sich zum Fressen gut. Apropos, die Pommern haben ja woll Schlöffeln vor Berlin gewahlt!

Nante. Ick globe; aber der hat sich vor Magdeburg entschieden.

Brenneke. Issen da ooch een Landtag?

Nante. Ne, blos een geschlossener Clubb. — Aber nu muß ick nach de Singakademie gehn, un sehn ob die breitspurige Partitur aus Sanszuzie noch nich angekommen is. Neugierig bin ick wat unser Kapellmeester komponirt haben wird. Gewiß is et een neuet Lied nach die alte Melodie „Immer langsam voran!" Aber denn interpellir' ick des Ministerium, un laff' et stürzen. Uff Wiedersehn Bürger Brenneke, in No. 2. —

Brenneke. Adje, Bürger Depentirter. Un seid hübsch uffen Posten, damit die National-Versammlung nich von'n alten Landtag ausgelacht wird. (Für sich:) Det wäre eene Hauptblamage.

A. Hopf.

Berlin, 1848.

Verlag von Louis Hirschfeld, Charlottenstraße No. 15.

Expedition: Unter den Linden No. 30 bei Jähns und Adlerstraße No. 3 bei Lindner.

Druck von F. Nietack in Berlin.

29 *Nante als National-Versammelter*,
Nr. 1 [Mai 1848]
Einstiegsnummer einer von Albert Hopf herausgegebenen Flugblattserie mit den stehenden Figuren Nante und Brenneke. Während Nante als Volksvertreter Karriere macht, betätigt sich der Proletarier Brenneke als »fliegender Buchhändler«.

(Strafpredigten, Klageliedern, Reden, Arien, Sendschreiben, Herzensergießungen) beratend, warnend, mahnend, drohend die »Wahrheit« über den Revolutionsverlauf »auf die Straße zu tragen«.[26]
Die in zwangloser Folge herausgegebenen, die Tagesereignisse ironisch-distanziert kommentierenden oder in dieselben eingreifenden Flugschriften wurden von etwa fünfhundert »fliegenden Buchhändlern«, den »Trabanten der Berliner Revolution«,[27] auf der Straße, in Lokalen und auf Versammlungen feilgeboten oder kostenlos verteilt, so daß sie einer größtmöglichen Zahl von Rezipienten zugänglich waren.[28] Die oft noch schulpflichtigen oder arbeitslosen Kolporteure gehörten mehrere Monate zum gewohnten Straßenbild Berlins. Geschickte Literaten machten sich ihre Popularität zunutze, so Albert Hopf, dessen Proletarier Brenneke »een Bisken Buchhandel« trieb, wovon er allerdings, wie sein Gesprächspartner Nante hervorhob, »nich leben« konnte. Nur sehr geschickten Kolporteuren gelang es, an einem Tag Spitzeneinnahmen von 20 bis 30 Silbergroschen zu erzielen.

Das Berliner Witzblatt – ein neues Medium

1848 entstand als Ausdruck einer in verschiedene Lager aufgespaltenen Öffentlichkeit[29] das Berliner politische Witzblatt.[30] Das »neue Medium« war in bezug auf seine zugleich informierende, belehrende und unterhaltende Funktion sowie auf die verwendeten literarischen Mittel eng verwandt mit dem »alten Medium«, der ironisch-kritischen oder humoristisch-satirischen Flugschrift.
Dies ist nicht weiter verwunderlich, wenn man bedenkt, daß in mehreren Fällen die Herausgeber zugleich als Flug- und Witzblattautoren aufgetreten sind und vorzugsweise mit bestimmten Druckereien oder Verlagen zusammengearbeitet haben.[31] Der Vertrieb der meist einen Silbergroschen kostenden Einzelnummer erfolgte – wie bei den Flugschriften – durch den Herausgeber, den Verleger oder eine Kommissionsbuchhandlung, vor allem aber durch die ohne Gewerbeschein umherziehenden »fliegenden Buchhändler«. Die ein- oder zweimal wöchentlich, nur in Ausnahmefällen zwanglos erscheinenden Witzblätter konnten auch vierteljährlich abonniert werden. Wie populäre Flug-, so hatten auch beliebte Witzblätter erheblich mehr Leser als Käufer. Beide Medien, die sich im übrigen häufig aufeinander bezogen, lagen in den Lesekabinetten, Cafés, Eckkneipen und an anderen Treffpunkten aus; sie wurden auf den Straßen vorgelesen, auf der Bühne in »Couplets«, das heißt in witzig-satirischen Kehrreimliedern erwähnt und von Berliner sowie auswärtigen Konkurrenten mit oder ohne Quellenangabe zitiert. Plakate, satirische Flug- und Wochenblätter bildeten 1848 »die unentbehrliche Tageskost für jedermann, für jede Frau und jedes Kind«.[32]

Die wesentlichen Unterschiede zwischen dem Flug- und Witzblatt lagen daher in der zwanglosen beziehungsweise periodischen Erscheinungsweise. Letztere machte es dem Witzblatt unmöglich, punktuell in das Tagesgeschehen einzugreifen und – wie das Flugblatt – absolut aktuell zu sein.

Berücksichtigt man den bereits 1847 gegründeten *Berliner Charivari* und den *Berliner Figaro*, so gab es in Berlin von 1848 bis Ende 1849 fünfunddreißig ironisch-kritische oder humoristisch-satirische Titel. Nur sieben kamen allerdings über die Probenummer oder einige wenige Ausgaben hinaus. Andere verstanden sich als Neue Folge. Während *Die spanische Fliege* nur aufgrund von Sammlungsverzeichnissen oder Sekundärliteratur erwähnt werden kann, sind die übrigen Blätter zumindest lückenweise erhalten.[33]

Die Geschichte der in den Monaten nach der Revolution entstandenen politischen Witzblätter oder Witzblatt-Versuche gleicht einem Drama in drei Akten, wie anschließend gezeigt werden soll.

1. Das »goldene Zeitalter« der »Republik des Humors« (April/Mai 1848)

Die Ende 1847 gegründete Monatsschrift *Berliner Charivari*, die im Februar 1848 (Nr. 3) wegen einer »Mißvergnügen« erregenden, die Potsdamer Gesellschaft kompromittierenden Skandalgeschichte (»Der Matratzenball in Potsdam«) in Konflikt mit dem Ober-Censur-Gericht geraten war, erschien ab Nr. 4, das heißt nach dem 18. März, unter dem Titel *Satan. Berliner Charivari* und wurde nunmehr von J. Draeger gedruckt. Der ungenannte Redakteur war Albert Hopf. Mit Nr. 6 (Mai) änderten sich die Titelvignette, die Erscheinungsweise, die Aufmachung und der Preis. Die Zeitschrift enthielt statt langer Prosatexte kürzere satirische Notizen und übernahm die um dieselbe Zeit von Hopf wiederbelebten Flugblatt-Figuren Nante und Brenne[c]ke. Die Redaktion zeigte an, daß *Satan* künftig »ein- bis zweimal« wöchentlich erscheinen werde, und zwar zum Preis von 1 ½ Silbergroschen pro Nummer *(Abbildung 30)*.

Eine Nummer sieben des *Satans* gab es freilich nicht. Statt seiner erschien im selben Verlag (Louis Hirschfeld) und beim selben Drucker (J. Draeger) Mitte Juni *Der Teufel in Berlin*. Die Gl gezeichnete Holzstichvignette,[34] die schon die letzte Nummer des *Satans* geschmückt hatte, zeigt den Teufel, als Mephisto eingekleidet, die »Hahnenfeder auf dem Hut«,[35] wie er die Peitsche über die im Tiergarten spazierenden Berliner schwingt. Ein Polizist in Uniform und zwei Bürgerwehrmänner, die Kokarde (= Abzeichen) am Hut, machen Jagd auf fliehende Gestalten *(Abbildung 31)*.

Der Vermerk »Aber nicht auf dem Molkenmarkt« ist ein Hinweis auf das im Polizeipräsidium untergebrachte Untersuchungs- und Polizeigefängnis, die berüchtigte Berliner Stadtvogtei.

№ 6. 1848.

Satan.

Berliner Charivari.

Diese Zeitschrift erscheint wöchentlich ein= bis zweimal. Jede Nummer kostet 1½ Sgr. Franko einzusendende Beiträge und Karikaturen werden willkommen sein und im Fall der Annahme anständig honorirt. — Für anonyme Beiträge ist ein Briefkasten in der Verlagshandlung Charlottenstraße 15 aufgestellt. Bei Angriffen auf Persönlichkeiten muß sich dagegen der Verfasser nennen, wogegen ihm allen Privatleuten gegenüber die strengste Discretion zugesichert wird.

Die Redaction.

Berlin,
Verlag von Louis Hirschfeld.

30 *Satan*, Nr. 6 [Mai 1848]
Titelblatt
Nr. 4 bis 6 des *Berliner Charivari*, nunmehr *Satan* genannt, wurde von Albert Hopf redigiert.

Der Teufel in Berlin.

№ 1. (Aber nicht auf dem Molkenmarkt.) 1848.

Der Teufel gehet umher wie ein brüllender Löwe und suchet welchen er verschlinge.

Schriftsteller Lucas.

Dieser Teufel wird alle Woche einmal brüllen und zwar an jedem Sonnabend Morgen zum Frühstück. Für jedesmal verlangt er nur

1½ Sgr.

Die Leser werden zugeben, daß der Teufel weit genügsamer ist als Jenny Lind, die für jedesmal Brüllen 1000 Thaler und darüber verlangt.

Abonnements für **13 Nummern vierteljährlich** werden mit **15 Sgr.** in allen Buchhandlungen und bei den Königl. Postämtern angenommen.

Die Expedition ist Unter den Linden No. 30 bei Jähns.

Offener Brief

des alten Fritzen an die Berliner Barrikadenmänner.

Elysium, am Tage des Einzuges der 20 Gardemänner und der zwei Kähne voll Commisbrode.

Berliner! Muß ich so was noch nach meinem Tode an Euch erleben! Ihr habt Euch erfrecht alle gesetzliche Ordnung über den Haufen zu stoßen. Anstatt die Ruthe, die Euch von Gottes Gnaden, nur zu Eurem Heile, stets zu züchtigen bereit war, zu küssen, wie es artigen Kindern geziemt, habt ihr sie zerbrochen, und sie der liebenden Mutter, der Staatsgewalt, die Euch so lange am Gängelbande führte, vor die Füße geworfen. Hallunken! hinderte mich nicht die Gicht, so würde ich mit meinem Krückstock unter Euch fahren, wie Ziethen aus dem Busch; ich wollte Euch damit auf der breitesten Unterlage eine Verfassung besorgen, daß nicht blos die deutsche, sondern alle Regenbogenfarben darauf erscheinen sollten. Sacre nom de Dieu! Mein höchst seliger Vater, hat bei der Nachricht einen Wuthanfall gekriegt, und die 20 Gardemänner sowie die 1100 Commisbrode der Reihe nach durchgeprügelt, weil sie sich haben todt schmeißen lassen. Ihr Schufte, wollt mit Eurem beschränkten Unterthanen Verstande wissen, was Euch gut und heilsam ist! Ihr, die Ihr mit dem 40sten Jahre, und da noch viel zu früh, der Vormundschaft enthoben werdet, während wir von Gottes Gnaden schon von 18 Jahren die höchste Potenz der Weisheit in uns gesogen haben? Ach! wo ist sie hin, die schöne Zeit der glorwürdigen Regierung meines hochseligen Vaters! Die schöne Zeit, wo die Unterthanen nur nach Zahlen gerechnet wurden, wo man mißliebige Subjecte vor ihren eigenen Häusern aufhängen ließ, wo man den Soldaten die Ohren und Nasen abschnitt, und sie auf die Festung schickte, wenn sie ihren Corporal nur eine schiefe Miene machten; wo man unnütze Gelehrte, weil sie nicht Schuster werden wollten, in die Karre spannen, und sechs Wochen Schutt karren ließ: wo man die, sich über ihre Gutsherren beklagenden Bauern, so lange bei Wasser und Brod einsteckte, bis sie ihre volle Zufriedenheit mit dem Regiment ihrer Edelleute zu erkennen gaben! Ja die Weisheit meines hochseligen Vaters ging so weit, daß er einen Juden rädern ließ, den sämmtliche Richter frei gesprochen hatten. Das war das schöne Vorrecht, der uns von Gott verliehenen Krone, daß wir uns an die Gesetze niemals zu binden brauchten. Eure Geschichtschreiber haben diese Regierung eine glorwürdige genannt, und Ihr wollt das nicht anerkennen? Wartet nur, Ihr Hundsfötter! Eure Vorfahren sind zwar todt, aber die nächsten Nachkommen werden Euch schon wieder zur Raison bringen. Das sage ich, der

alte Fritze.

Post-Scriptum: Blücher läßt grüßen, und Ihr sollt seinem Standbilde am Opernhause den verfluchten Jammerlappen, was Ihr eine deutsche Fahne nennt, was in Wirklichkeit aber einer Kinderpeitsche weit ähnlicher sieht, vom Säbel losbinden. Ihr seht ja, daß er sich darüber schon ganz grün geärgert hat, und sein Gesicht ist kupferroth vor Schaam, über die Schmach, die Ihr Eurem größten Helden dadurch anthut, daß Ihr ihm einen solchen verschossenen Fetzen, in die Hand steckt.

31 *Der Teufel in Berlin*, Nr. 1 [Mitte Juni 1848]
Titelblatt
Der Teufel in Berlin war das unmittelbare Nachfolgeorgan *Satans* und damit des vormärzlichen *Berliner Charivari*. Der »Offene Brief des alten Fritzen« ist eine Parodie auf den preußischen Absolutismus unter dem »Soldatenkönig« Friedrich Wilhelm I.

Schöne Worte
des
Königs von Preußen!

Motto:
Zwischen uns sei Wahrheit! —

So sprachest Du vor fünfthalb hundert Tagen;
Erlaub' die Wahrheit mir auch heut zu sagen. —
Zeugt es von Muth, daß Du Dich scheu versteckst?
Ist das vielleicht „Erbweisheit ohne Gleichen",
Daß Du im Volke Mißtrau'n selbst erweckst,
Statt zur Versöhnung ihm die Hand zu reichen?!
Dem Bürger wird es, Dich zu seh'n, erschwert;
Die Söldner halten Dich verschanzt, umgittert;
Den Armen wird der Zutritt streng verwehrt,
Weil man in Jedem einen Mörder wittert.
So wird das Mißtrau'n zwischen Fürst und Volk genährt,
Und die Gemüther immer mehr erbittert.
O laß Dich von der lügenhaften Brut,
Von Deinen Schranzen nicht zu eng umgarnen!
Sie meinen es mit Dir und uns nicht gut,
Wenn sie vor Deinem eigenen Volk Dich warnen.
Gedenke jenes schönen Tags im März,
Wo Dir entgegen flog ein jedes Herz,
Und Jubel Dich empfing an jedem Orte!
Da sprachest Du mit Stolz die schönen Worte:
„Nicht bin ich stark durch meinen wohlgefüllten (!!!) Schatz,
Nicht durch die Waffen meines tapfern Heeres.
In meiner Bürger Mitte ist mein Platz;
Nur Volkesliebe schützt mich! — Ja, ich schwör' es:
Ich werde selbst, das Dunkel aufzuhellen,
Mich an die Spitze der Bewegung stellen." —!
Das, König, hast Du Deinem Volk **geschworen!**
Es waren doch nicht „schöne Worte" nur??
Drei Monden haben nutzlos wir verloren.
Ein deutscher Mann hält redlich seinen Schwur.
D'rum laß Dich endlich an der Spitze sehen,
Wir werden kräftig Dir zur Seite stehen.
Deutschland ist in Gefahr; — doch sie wird nicht besiegt,
Von dem, der feig davor in einen Winkel kriecht!

Berlin, 1848.

Zu haben: Unter den Linden No. 30, bei Jähns.

Schnellpressen-Druck von Ferd. Reichardt & Co. Spandauer Straße 49.

32 *Schöne Worte des Königs von Preußen!*
Anonymes Flugblatt [Juli 1848]
Der von Friedrich Wilhelm IV. enttäuschte Demokrat Albert Hopf wurde nach Aufdeckung seines Anonymats zu einer Gefängnisstrafe verurteilt.

Nr. 2 und 3 hatten ein verkleinertes Format (Satzspiegel 15,5 × 22,5 cm statt 15,7 × 28 cm) und wurden für einen Silbergroschen, das heißt zum Preis eines Flugblatts vertrieben. *Der Teufel in Berlin*, der zuerst ein-, dann zwei-, schließlich ein- bis zweimal wöchentlich herauskommen wollte, enthielt Auszüge aus den von Hopf veröffentlichten Flugblättern und vertrat im übrigen den bekannten radikal-demokratischen Standpunkt seines Redakteurs.

Dieser wurde wegen des anonym erschienenen, aber von der Polizei identifizierten Flugblatts *Schöne Worte des Königs von Preußen! (Abbildung 32)* am 24. Juli wegen Majestätsbeleidigung verhaftet und siebzehn Tage in der Stadtvogtei »hinter eisernen Gardinen« gehalten.[36] Während Hopf auch zur Zeit einer zweiten Inhaftierung im August an seiner *Nante*-Serie weiterarbeitete, schien er den *Teufel in Berlin* nach der dritten Nummer aufgegeben zu haben.[37]

Die erste echte Neuerscheinung auf dem Witzblattsektor war die vom 15. April bis zum 28. Juni in »zwanglosen Blättern«, dann, ab Nr. 17 (4. Juli), jeden Dienstag- und Freitagabend zum Preis von einem Silbergroschen je Einzelnummer (20 Silbergroschen pro Quartal) herausgegebene *Ewige Lampe.*[38]

Das im Selbstverlag hergestellte Blatt, das mehrmals die Druckerei gewechselt hat,[39] verdankte seinen Namen einem in der Neumannsgasse gelegenen »dunklen, räucherigen Lokal«, in dem Carl Siechen, der Begründer einer bekannten Bierschankdynastie, bei künstlicher Beleuchtung eine »geistreiche Gesellschaft« zu bewirten pflegte.[40] Die innere Zusammengehörigkeit, die sich zwischen dem Kneipenwirt und seinen der äußersten Linken zuzurechnenden Wahlverwandten herausgebildet hatte, wurde im Zeitungskopf verdeutlicht: Verantwortlicher Redakteur beziehungsweise verantwortlicher Herausgeber war »Dr. Carl Siechen nebst Familie« *(Abbildung 33* und *34).*

Die ewige Lampe setzte sich zum Ziel, »schonungslose Kritik« zu üben. Folgerichtig lautete ihr Untertitel ab Nr. 17 vom 4. Juli »Politisch-satyrisches Oppositions-Blatt« und ab Nr. 19 vom 11. Juli »Ein Oppositions-Blatt«.

Die Einteilung der Zeitschrift (acht Seiten zu je einer Spalte; bedruckter Raum 9,5 × 17,5 cm) war eine Nachahmung der »ernsten« Nachrichtenblätter. Dem »Amtlichen Teil«, dem hin und wieder ein Gedicht voranging, folgten der »Leitende Artikel«, das Feuilleton, die Rubrik »Correspondenz-Nachricht« sowie kostenlos aufgenommene Leserbeiträge.

Während der in einer bildhaften Sprache geschriebene, eine Fülle kühner bis grotesker Wortschöpfungen enthaltende Leitartikel die radikale Grundhaltung des Blattes vertrat, bestand der übrige Inhalt vorwiegend aus kritisch-ironischen Tagesglossen für »Insider« und aus satirischen Porträts, in denen die Redaktion heute längst vergessene Lokal- und Nationalgrößen hochlobte oder an den Pranger stellte. Einzigartig in ihrer Art war die am 14. Juli (Nr. 20) eingeführte, gefürchtete »Gallerie der Preußischen National-Versammelten«, die wegen ihrer Unverfrorenheit »wohlbegründetes Ärgernis« erregte.[41]

Die ewige Lampe.

№ 1.

Verantwortlicher Redakteur:
Dr. Carl Siechen nebst Familie.

Programm.

Das empfundene Bedürfniß, dem souverainen Geist der ewigen Lampe auch nach auswärts Anerkennung zu verschaffen, hat zur Begründung dieses nach ihr benannten volksthümlichen Organs geführt.

Die ewige Lampe erscheint in zwangslosen Blättern. Sie wird eine schonungslose Kritik üben. Ihr Grundsatz ist die Wahrheit.

Sie wird außer ihrem amtlichen Theil leitende Artikel, Feuilletons, Eingesandts und Inserate enthalten.

Sollte Jemand einen Injurienprozeß gegen sie versuchen, so wird ihm der Dr. Stieber als Vertheidiger empfohlen.

Die Colportirung dieses Organs erfolgt durch die Nachtwächter Berlins, welchen aus Rücksichten einer höhern Politik vor den arbeitslosen pietistischen Predigern der Vorzug gegeben werden mußte.

33 *Die ewige Lampe*, Nr. 1
Die seit dem 15. April 1848 erscheinende *Ewige Lampe* zeichnete sich in zunehmendem Maß durch eine radikale Sprache aus und ist untrennbar mit der Berliner Revolutions- und Kulturgeschichte verbunden.
Mit »Dr. Stieber« ist der Kriminalpolizeibeamte Wilhelm Stieber (1818 bis 1882) gemeint, der damals noch am Anfang seiner Laufbahn stand.

Dritte Auflage.

Die ewige Lampe.

№ 1.

Verantwortlicher Redakteur:
Dr. Carl Siechen nebst Familie.

Programm.

Das empfundene Bedürfniß, dem souverainen Geist der ewigen Lampe auch nach auswärts Anerkennung zu verschaffen, hat zur Begründung dieses nach ihr benannten volksthümlichen Organs geführt.

Die ewige Lampe erscheint in zwangslosen Blättern. Sie wird eine schonungslose Kritik üben. Ihr Grundsatz ist die Wahrheit.

Sie wird außer ihrem amtlichen Theil leitende Artikel, Feuilletons, Eingesandts und Inserate enthalten.

Sollte Jemand einen Injurienprozeß gegen sie versuchen, so wird ihm der Dr. Stieber als Vertheidiger empfohlen.

Die Colportirung dieses Organs erfolgt durch die Nachtwächter Berlins, welchen aus Rücksichten einer höhern Politik vor den arbeitslosen pietistischen Predigern der Vorzug gegeben werden mußte.

34 *Die ewige Lampe*, Nr. 1, 3. Auflage
Das Programm hat sich nicht verändert, wohl aber die für den Titel verwendete Schrift.

Hier ein Beispiel. Am 28. Juli 1848 (Nr. 24) wird der Geheime Revisionsrat Bauer in der »Gallerie« wie folgt charakterisiert: »Rumormeister der ganz gehorsamst beantragten Phraseologie . . . Ehrenmitglied der ruminanten Ordnung, fulminanter Zungendrescher . . . mit geräumigen Backentaschen . . . und krebsartiger Construction der Hinterfüße . . . geprüfter Fuß- und Lungenvirtuose im ersten Aufgebot der schwarz-weißen Leibgarde.«

Hauptmitarbeiter des Kollektivs war der geborene Polemiker Arthur Mueller, der am 25. Oktober (Nr. 46) auch offiziell die Redaktion übernahm. Ihm war die Schärfe und Rücksichtslosigkeit zu verdanken, die dem Blatt den Ruf eintrug, »mit Keulen um sich zu schlagen«.[42]

Zahlreiche Zeitgenossen berichten in ihren Lebenserinnerungen über dieses einflußreiche, dabei nicht einmal illustrierte satirische Organ. Ein Besucher der preußischen Hauptstadt war so beeindruckt, daß er in einem nach dem Muster Heinrich Heines gereimten »Reisebild« folgende Verse schmiedete:

» ›Die Lampe‹ ist ein geschichtlicher Ort
Von ganz besond'rer Bedeutung:
Hier fand die Revolution
Die gründlichste Verbreitung . . .

Viele neue vortreffliche Schimpfwörter hat
Der Lampenmüller erfunden,
So manche Sträuße hat er daraus
Den ›großen Herren‹ gebunden.«[43]

Der Erfolg der *Ewigen Lampe*, deren Ausgaben oft zwei- bis dreimal aufgelegt werden mußten, veranlaßte die Redaktion, im April und Mai zusätzlich für einen Silbergroschen Extra-Blätter auf den Markt zu bringen. Ihr Anklang verführte aber auch zum Plagiat. So erschien Mitte Juni 1848 im Verlag von Brandes & Schultze ein Organ gleicher Aufmachung (acht Seiten; Satzspiegel 9,5 × 17,5 cm). Es nannte sich nach der Tierfabel *Der ewige Lampe, oder Lampe, der Hase*. Die von der fingierten Redaktionsgemeinschaft »Evangelist Hengstenberger und dessen Jünger«[44] herausgegebene Nachahmung trug den Vermerk: »Nr. 21 (Die ersten 20 Nummern haben das Imprimatur nicht erhalten und fallen daher aus)« *(Abbildung 35)*.

Die ewige Lampe reagierte prompt. In Nr. 12 warnte sie ihre Leser vor dem Doppelgänger und ließ wissen, sie habe Schritte unternommen, um diesem auf gesetzlichem Wege die »betrügerische Tarnkappe abzuziehen«, was ihr offenbar gelungen ist.

Im darauffolgenden Monat herrschte in Berlin ein regelrechtes, für manches Witzblatt allerdings tödliches Gründungsfieber.

Am 1. Mai, einem wegen der Wahlen zur preußischen und Frankfurter Nationalversammlung nahezu zeitungslosen Tag, präsentierte sich *Der Satyr*. Das vier Seiten starke »Blatt für offene Meinung und freies Wort« (bedruckter Raum 15,8 × 22 cm) wurde bei A. Bartz gedruckt und kündigte in seiner Titelvignette zum Preis von einem Silbergroschen je Einzelnummer (fünf Silbergroschen monatlich; 15 Silbergroschen vierteljährlich) ein zweimal wöchentliches Erscheinen an *(Abbildung 36)*.

Die verantwortlichen Redakteure und Selbstverleger waren der Ladengehilfe Max Cohnheim und der Assessor Adolph Reich, ein führendes Mitglied des am 22. März im Hotel de Russie gegründeten »Politischen Clubs«, der als »eine Zusammenfassung aller derjenigen« gedacht war, »die sich zum Sieg des Volkes in dem Barrikadenkampf am 18. März bekannten«.[45]

Beide Autoren traten in Volksversammlungen auf und publizierten nach dem Schillerschen Vers »Das Alte stürzt, es ändert sich die Zeit«[46] einen »den Männern aus dem Volk« gewidmeten, ebenfalls bei Bartz gedruckten *Konstitutionellen Katechismus (Abbildung 37)*.[47]

Der Satyr ist das Bindeglied zwischen dem *Konstitutionellen* und dem im Sommer veröffentlichten, von den Behörden scharf verfolgten *Republikanischen Katechismus*

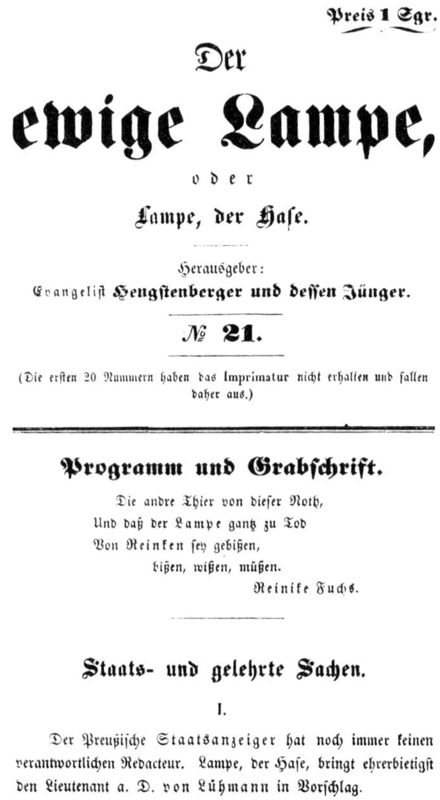

Preis 1 Sgr.

Der

ewige Lampe,

oder

Lampe, der Hase.

Herausgeber:

Evangelist Hengstenberger und dessen Jünger.

№ 21.

(Die ersten 20 Nummern haben das Imprimatur nicht erhalten und fallen daher aus.)

Programm und Grabschrift.

Die andre Thier von dieser Noth,
Und daß der Lampe gantz zu Tod
Von Reinken sey gebißen,
bißen, wißen, müßen.
Reinike Fuchs.

Staats- und gelehrte Sachen.

I.

Der Preußische Staatsanzeiger hat noch immer keinen verantwortlichen Redacteur. Lampe, der Hase, bringt ehrerbietigst den Lieutenant a. D. von Lühmann in Vorschlag.

35 *Der ewige Lampe, oder Lampe, der Hase,*
Nr. 21 [= Nr. 1; Mitte Juni 1848]
Titelblatt
Von dieser nicht sehr witzigen Imitation der *Ewigen Lampe* erschien nur eine Nummer.

Erscheint:
Montag u. Donnerstag.
Preis:
Viertelj. 15 sgr., monatl. 5 sgr. mit Botenlohn. Einzelne Nummern 1 sgr.

Inserate:
Für die Zeile 1 sgr.
Man abonnirt
in der Expedition, Große Präsidentenstr. Nr. 10 u. Neue Kirchgasse Nr. 2.

Der Satyr.

Blatt für offene Meinung und freies Wort

redigirt

von

Max Cohnheim und Adolph Reich.

Verfasser des konstitutionellen Katechismus.

№ 1. Montag, den 1. Mai. **1848.**

Der Satyr präsentirt sich.

Wie heißt das neue Blatt? Der Satyr? In Deutschland ein Satyr? Ja, werthester Herr oder verehrteste Dame. Es hat mir auch Mühe genug gemacht, ehe mir die Franzosen und Engländer meine Pässe hierher visiren wollten. Bin aber doch hergekommen. Mit einer großen schönen Dame, der Freiheit, die aus Paris mit Extra-Post herreiste, bin ich als blinder Passagier mitgekommen, und habe so nebenbei den Teufel um das Postporto geprellt. Nun vergleichen Sie einmal die Portraits die man Ihnen von mir geschickt hat, mit mir selbst, und Sie werden eben keine besondere Aehnlichkeit finden, denn die Satyre will gefühlt und nicht geschildert sein. Nun bin ich aber da, und wir wollen schnelle und doch dauerhafte Bekanntschaft schließen. Sie müssen sich meine Mißgestalt schon gefallen lassen, denn die Wahrheit ist einmal in keinem andern Kleide zu haben. An meinen Hörnern müssen Sie keinen Anstoß nehmen, um meinen Bart sich nicht streiten, und meine Bocksfüße mit Stillschweigen übergehen. Und wenn ich Ihnen manchmal uneingeladen in die Karten gucke, und den spitzen oft vergifteten Pfeil des Spotts, nicht auf Sie, sondern auf Ihre Fehler und Mißbräuche abschieße, so sein Sie nicht ungehalten, sondern zeigen Sie durch ruhige Fassung und Beherzigung meines Spotts, daß Sie sich lieber indirekt vom spöttischen Satyr als direkt vom kalten trocknen Moralisten leiten lassen wollen, und so wird Alles gut gehen. Wer einen satyrischen Hieb oder Stich vertragen und dabei lächeln kann, der ist reif den „Satyr" zu lesen, und ich will mich hiermit seiner Freundschaft und Gönnerschaft bestens empfohlen haben!

Erste politische Predigt

gehalten von

Adolph Reich.

Text: „Und da der Teufel war ausgetrieben, redeten die Stummen!" Mathäi 9, 33.

Meine andächtigen Zuhörer! Welchen würdigern Gegenstand könnte ich wohl zu Eurer heutigen Erbauung besprechen, als eben die Historia von dem Teufel — der da ausgetrieben wurde aus Eurer Mitte, allwo er sein warmes behagliches Nest nebst Ehren-Bürgerrecht seit 33 Jahren hatte, und von wannen er ausgetrieben ward durch die Kraft des Geistes der über Euch gekommen, insonderheit aber durch die Kraft Eurer Fäuste die über ihn gekommen! Und werden wir daran knüpfen die schöne Nutzanwendung von dem großen Wunder, so sich dergestalt ereignet, daß nämlich wir Stummen die wir von dem Teufel besessen waren — für welchen Besitz wir uns in der Folge gehorsamst und schönstens bedanken — daß nämlich wir Stummen auf einmal vernünftig und frei zu reden angefangen, und noch reden; was sich sehr schön und erbaulich anhören soll.

Es lautet aber die Historia folgendermaßen:

Und es begab sich im Jahre des Heils: „ein Tausend, acht Hundert und Dreizehn," da Michel die Schlafmütze vom Kopfe warf, und den Helm aufsetzte, und darauf los drosch auf die Franzosen, wie auf kaltes Eisen, da ward es denenselbigen Franzmännern gar enge in der deutschen Welt, und sie sprachen zu einander auf Französisch: „lasset uns fliehen, denn der Herr kämpfet für Israel!" und hielten auch Wort, und machten sich davon und verloren die Schuhe und Stiefel mit sammt den Strümpfen benebst den Socken. — Und das war Alles so weit recht schön und gut und brav, aber jetzt kommt's. — Da nämlich Michel fertig war, fiel es ihm ein, er möchte doch auch einmal wissen, warum und für wen er das Stück Blut- und Schlächterarbeit verrichtet hätte. Und er erkühnte sich, und zog seinen Bratenrock an, und ging hin zu den Fürsten, und machte einen tiefen Kratzfuß und sprach: „Liebe Herren! ich bin der Mi-

36 *Der Satyr*, Nr. 1 v. 1. 5. 1848
Titelblatt
Von der im Selbstverlag erschienenen radikalen Zeitschrift ist eine Ausgabe bekannt.

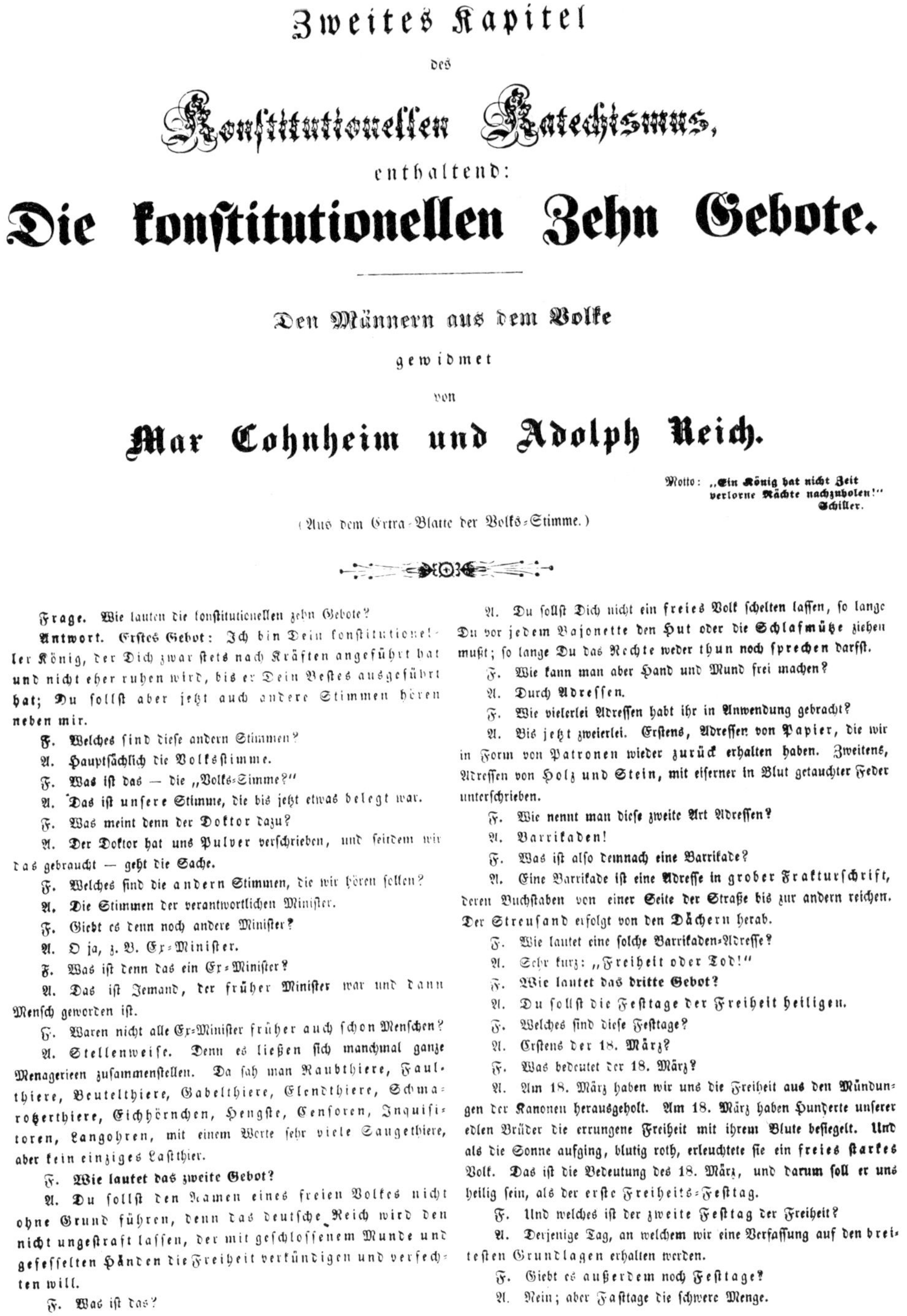

Zweites Kapitel

des

Konstitutionellen Katechismus,

enthaltend:

Die konstitutionellen Zehn Gebote.

Den Männern aus dem Volke

gewidmet

von

Max Cohnheim und Adolph Reich.

Motto: „Ein König hat nicht Zeit
verlorne Nächte nachzuholen!"
Schiller.

(Aus dem Extra-Blatte der Volks-Stimme.)

Frage. Wie lauten die konstitutionellen zehn Gebote?

Antwort. Erstes Gebot: Ich bin Dein konstitutioneller König, der Dich zwar stets nach Kräften angeführt hat und nicht eher ruhen wird, bis er Dein Bestes ausgeführt hat; Du sollst aber jetzt auch andere Stimmen hören neben mir.

F. Welches sind diese andern Stimmen?

A. Hauptsächlich die Volksstimme.

F. Was ist das — die „Volks-Simme?"

A. Das ist unsere Stimme, die bis jetzt etwas belegt war.

F. Was meint denn der Doktor dazu?

A. Der Doktor hat uns Pulver verschrieben, und seitdem wir das gebraucht — geht die Sache.

F. Welches sind die andern Stimmen, die wir hören sollen?

A. Die Stimmen der verantwortlichen Minister.

F. Giebt es denn noch andere Minister?

A. O ja, z. B. Ex-Minister.

F. Was ist denn das ein Ex-Minister?

A. Das ist Jemand, der früher Minister war und dann Mensch geworden ist.

F. Waren nicht alle Ex-Minister früher auch schon Menschen?

A. Stellenweise. Denn es ließen sich manchmal ganze Menagerieen zusammenstellen. Da sah man Raubthiere, Faulthiere, Beutelthiere, Gabelthiere, Elendthiere, Schmarotzerthiere, Eichhörnchen, Hengste, Censoren, Inquisitoren, Langohren, mit einem Worte sehr viele Saugethiere, aber kein einziges Lastthier.

F. **Wie lautet das zweite Gebot?**

A. Du sollst den Namen eines freien Volkes nicht ohne Grund führen, denn das deutsche Reich wird den nicht ungestraft lassen, der mit geschlossenem Munde und gefesselten Händen die Freiheit verkündigen und verfechten will.

F. Was ist das?

A. Du sollst Dich nicht ein freies Volk schelten lassen, so lange Du vor jedem Bajonette den Hut oder die Schlafmütze ziehen mußt; so lange Du das Rechte weder thun noch sprechen darfst.

F. Wie kann man aber Hand und Mund frei machen?

A. Durch Adressen.

F. Wie vielerlei Adressen habt ihr in Anwendung gebracht?

A. Bis jetzt zweierlei. Erstens, Adressen von Papier, die wir in Form von Patronen wieder zurück erhalten haben. Zweitens, Adressen von Holz und Stein, mit eiserner in Blut getauchter Feder unterschrieben.

F. Wie nennt man diese zweite Art Adressen?

A. Barrikaden!

F. Was ist also demnach eine Barrikade?

A. Eine Barrikade ist eine Adresse in grober Frakturschrift, deren Buchstaben von einer Seite der Straße bis zur andern reichen. Der Streusand erfolgt von den Dächern herab.

F. Wie lautet eine solche Barrikaden-Adresse?

A. Sehr kurz: „Freiheit oder Tod!"

F. **Wie lautet das dritte Gebot?**

A. Du sollst die Festtage der Freiheit heiligen.

F. Welches sind diese Festtage?

A. Erstens der 18. März?

F. Was bedeutet der 18. März?

A. Am 18. März haben wir uns die Freiheit aus den Mündungen der Kanonen herausgeholt. Am 18. März haben Hunderte unserer edlen Brüder die errungene Freiheit mit ihrem Blute besiegelt. Und als die Sonne aufging, blutig roth, erleuchtete sie ein freies starkes Volk. Das ist die Bedeutung des 18. März, und darum soll er uns heilig sein, als der erste Freiheits-Festtag.

F. Und welches ist der zweite Festtag der Freiheit?

A. Derjenige Tag, an welchem wir eine Verfassung auf den breitesten Grundlagen erhalten werden.

F. Giebt es außerdem noch Festtage?

A. Nein; aber Fasttage die schwere Menge.

37 *Konstitutioneller Katechismus, Zweites Kapitel*, Flugschrift [Frühjahr 1848] Titelblatt
Vor und nach der Herausgabe des *Satyrs* traten Max Cohnheim und Adolph Reich als Flugblattautoren hervor.

für das deutsche Volk, in dem der von der konstitutionellen Monarchie enttäuschte Cohnheim die Fürsten für »überflüssig« erklärte und die »deutsche demokratische Republik« hochleben ließ. Kein Wunder, daß das Blatt über die erste Nummer nicht hinausgekommen ist.[48]

Am 6. Mai erschien dann unter dem schlichten Titel *Freie Blätter* die Probenummer einer von Adolf Glaßbrenner einmal in der Woche herausgegebenen, seit März geplanten »illustrirten politisch-humoristischen Zeitung«.[49] Gedruckt wurde sie bei Gustav Schade; Verleger war der Vorsitzende des am 18. April gebildeten »Bürgerwehr-Clubs«, M. Simion, der bereits an Gustav von Szczepanskis *Eulenspiegel* Interesse gezeigt hatte und an Glaßbrenners *Komischem Volkskalender* beteiligt war.

Die Freien Blätter (bedruckter Raum 16,7 × 23,5 cm) enthielten Karikaturen von Theodor Hosemann, Rudolph Genée und Wilhelm Scholz.

An der Spitze des Blattes standen grundlegende satirische oder auch ernste politische Erörterungen. Es folgten scherzhafte Gedichte, Gespräche, Genre-Szenen und – im Feuilleton – allerlei boshafte Miszellen. Der Preis der *Freien Blätter* war unzeitgemäß hoch: drei Silbergroschen für die Einzelnummer, ein Taler für das vierteljährliche Abonnement.

In der ersten Nummer *(Abbildung 38)* versprach Glaßbrenner, immer »die Fahne der Freiheit und des einigen Deutschlands« zu schwingen. Wie? Indem er »beiden Feinden«, der »Reaction« und der »Anarchie«, mit der »Waffe des freien Wortes« entgegentreten wollte. Abstrakt wie dieses Programm war auch der Wahlspruch der *Freien Blätter*: »Der Ernst ist Parthei, der Humor steht über den Partheien, das Schöne allein ist wahr, der Staat sind Wir.«

Glaßbrenner war nach dem Ausbruch der Revolution mit der ersten Postkutsche von seinem »Exil« – Neustrelitz – nach Berlin geeilt, wo »alles, alles im Morgenrot der Freiheit« jubelte.[50] Am 7. April, das heißt nach den ersten Arbeiterunruhen, trat der »politische Erzieher der Berliner Bevölkerung«[51] in der *Spenerschen Zeitung* (Nr. 84) in einem auch als Flugblatt verbreiteten und von anderen Presseorganen nachgedruckten »Zuruf« an »die armen Arbeiter, Landleute und Bürger Deutschlands« in das Licht der Öffentlichkeit, um ihnen »unverhohlen die Wahrheit« zu sagen. »Ich will Euch«, hieß es dort, »im Namen Gottes und der ganzen Menschheit bitten, die Unruhigen unter Euch zu besänftigen. Wir haben die Freiheit errungen. Die Freiheit aber ist die größte Tyrannei, wenn sie ohne Ordnung und Gesetz ist . . . Das aber, was die Unruhigen thun, ist Aufruhr, Haß, Verbrechen.«

In derselben *Spenerschen Zeitung* (Nr. 96 vom 21. April) stellte Glaßbrenner sich den Lesern »in der Bluse der Menschenliebe« als unabhängiger Kandidat für das am 1. Mai zu wählende Frankfurter Parlament vor. Er wollte nicht nur mittelbar – als Publizist –, sondern unmittelbar, als Vertreter des Volks, für das er »seit langen Jahren unermüdlich gekämpft, gedichtet und getrachtet« hatte, das politische Leben beein-

Freie Blätter,

herausgegeben von

Adolf Glaßbrenner.

Illustrirte politisch-humoristische Zeitung.

Motto: Der Staat sind Wir.

Diese illustrirte Zeitung erscheint wöchentlich. Preis für das Vierteljahr: 1 Thlr. Einzelne Nummern: 3 Sgr. Alle Postämter und Buchhandlungen nehmen Bestellungen an.

Beiträge werden frankirt unter der Adresse der Verlagshandlung, M. Simion in Berlin, erbeten. Inserate werden mit 2 Sgr. für die Petit-Zeile od. deren Raum berechnet.

№ 1. Berlin, 6. Mai. **1848.**

Deutsche Brüder und Schwestern!

Ihr habt meine Schilderungen des Berliner Volkslebens, meine „Bilder und Träume aus Wien", meine „Verbotene Lieder eines norddeutschen Poeten", meinen „Neuen Reineke Fuchs" und meinen „Komischen Volkskalender" freundlich aufgenommen; ich hege deshalb die Hoffnung, Euch auch als Redacteur dieser politisch-humoristischen Zeitung nicht unwillkommen zu sein. Tüchtige Schriftsteller haben mir ihre Mitwirkung zugesagt, Künstler, wie Th. Hosemann, Scholz &c. werden Illustrationen liefern; dem Publikum bleibt Nichts übrig als: zu pränumeriren. Ich habe keine Einwendung dagegen, daß Ihr die „Freien Blätter" zum National-Eigenthum" macht; ich habe keine Furcht, bei dieser Gelegenheit zum Vaterlande hinausgejagt zu werden. Denn wenn ich auch den Herren Metternich und Eichhorn und andern Priestern der gestürzten Welt ein Freiexemplar zuschicken werde: mitarbeiten sollen sie nie an meinen „Freien Blättern", und gebe ich auch unablässig den Befehl zum Schießen und Einhauen: Du, mein braves, tapfres Volk, Ihr, meine Brüder und Schwestern, habt Nichts zu befürchten, keine Barrikaden zu bauen. Die Feinde meiner Stahlfeder sind die Euren.

Tendenz? Inhalt? Welcher Minister eines papiernen Staates möchte gegenwärtig für das specielle Programm seiner Politik verantwortlich sein? Ich werde immer die Fahne der Freiheit und des einigen Deutschlands schwingen; aber ob das Licht der Freiheit in dem Schwarz, Roth, Gold Deutschlands aufgehen, ob das Schwarz sittlichen Ernst oder Trauer, das Roth Blut oder Liebe, das Gold Glänz und Macht oder den Krieg der Armuth bedeuten wird, wer will es entscheiden? Die Räder der Zeit gehen schnell, aber nicht im Geleise; die Begebenheiten überstürzen sich; die Weltgeschichte hat königlich geruht; plötzlich ist sie ein unruhiger Arbeiter geworden. Stilles Denken und Dichten ist unmöglich in diesem Trachten, in diesem Schlachten. Wir rufen nicht mehr mit Posa: „Sire, geben Sie uns Gedankenfreiheit!"; wir haben uns von den Siren die Freiheit genommen und rufen nun den Himmel an: gieb uns Gedanken! Was wir heut gedacht, ist morgen ohne Interesse; was wir gestern gewollt, ist heut unmöglich; was uns ehegestern als Fabel, als Schwärmerei galt, ist übermorgen Wirklichkeit, und wozu wir in der nächsten Woche anregen wollten, war schon vor drei Tagen geschehen. Wer und Was steht fest in dieser Zeit? Nichts. Alles steht in Frage, in Zweifel. Wer kann noch mit irgend einem Rechte sagen: ich bin, ich habe, ich glaube, ich will? Die Konjugation Europa's hat uns unsern Indicativ genommen, und wir werden ihn nicht eher wieder gewinnen, als bis Alle rufen: Wir lieben!

Ist es darum eine trostlose Welt? Nur für den Schwachen und Feigen, für den Philister. Alles Große und Herrliche muß errungen werden; jedes Recht correspondirt mit einer Pflicht; jeder Genuß mit einem Opfer. Also auch die göttliche Freiheit. Könnte sie Euch im Lutschbeutel gereicht werden, so wäre sie Brei für Kinder; aber sie ist Wein für Männer, und darum will sie ihren Gährungsprozeß. Wir müssen ihr Alle die Kirchhofsruhe des Polizeistaates, ja wir müssen ihr einstweilen die behagliche Familienruhe opfern, und im Staate leben, fühlen, denken, arbeiten. Von den höchsten und reichsten Ständen verlangt sie das Opfer des Ueberflusses, der Vorrechte; von unsern armen Brüdern der Arbeit, welche in der Despotie wie Paria's verstoßen und verachtet waren, das Opfer ihres gerechten Zornes, also Liebe für die neuen Zustände, in welchen wir uns, durch Beseitigung ihrer unverdienten Noth und Schmach, ihrer würdig machen wollen; also Heilighaltung der Person, des Eigenthums, der Sitte und des Gesetzes. Bringen wir diese Opfer, so wird der goldne Baum der Freiheit blühen und Früchte tragen; so haben wir weder Reaction noch Anarchie zu fürchten. Wir treten beiden Feinden mit der Waffe des freien Wortes entgegen, überall, und wahrlich auch in den „Freien Blättern". Die Spieß-

38 *Freie Blätter*, Nr. 1 v. 6. 5. 1848
Titelblatt
Mit der »Illustrirten politisch-humoristischen Zeitung« *Freie Blätter* beteiligte sich der »durch ganz Deutschland« (Verlagsanzeige) gefeierte Schriftsteller Adolf Glaßbrenner, der sechzehn Jahre zuvor den *Berliner Don Quixote* gegründet hatte, aktiv am publizistischen Geschehen der Revolution.

flussen. Sein etwas naives und daher wirkungsloses Wahlprogramm gipfelte in der Feststellung: »Im Kaiser und in den Fürsten ehren wir uns und unsre Souveränität. Die Reaction führt nur über unsre Leichen.«[52]

Auch mit seinen *Freien Blättern* traf Glaßbrenner nicht so recht den Ton der neuen Zeit. In einem programmatischen Appell an seine »deutschen Brüder und Schwestern« schrieb der vor 1848 »gelesenste, gesuchteste und bekannteste Humorist des sonst so uneinigen Deutschlands«[53] am 6. Mai: »Ihr habt meine Schilderungen des Berliner Volkslebens ... meinen [gegen Muckerei und Jesuitismus gerichteten] ›Neuen Reineke Fuchs‹[54] und meinen ›Komischen Volkskalender‹ freundlich aufgenommen; ich hege deshalb die Hoffnung, Euch auch als Redacteur dieser politisch-humoristischen Zeitung nicht unwillkommen zu sein.« Unwillkommen war »Se. politisch-humoristische Hoheit, Adolf Glaßbrenner der Erste«, wie er sich selbst nannte, den Berlinern nicht. Allerdings geriet er mit seiner auf Gesinnung und Sittlichkeit Wert legenden Zeitschrift gegenüber der billigeren, aktuelleren[55] und eine schärfere, bissigere Geisteskost bietenden Konkurrenz zusehends ins Hintertreffen.

Daher erfolgte am 1. Juli (Nr. 9) ein »ungnädiger Erlaß an die deutsche Nation«, die »thöricht genug« sei, »nach einem fremdartigen oder einheimisch-unartigen Blatte zu fassen« *(Abbildung 39)*. Mit folgenden Veränderungen wollte Glaßbrenner als Vertreter des »fröhlichen und versöhnenden Humors« die Gunst der Leser zurückerobern: Als Mitredakteur signierte ab sofort der dem gemäßigten »Constitutionellen Club«,[56] einer Gegengründung zum »Politischen Club«, angehörende Ernst Kossak; die nunmehr vierseitigen *Freien Blätter* erschienen, zum selben vierteljährlichen Pränumerationspreis, wöchentlich zweimal, mittwochs und sonnabends; dagegen wurde der Preis für die Einzelnummer um die Hälfte herabgesetzt. Jedoch bereits am 15. Juli (Nr. 13) klagte Glaßbrenner in einem »Kabinetsschreiben« an Ernst Kossak erneut darüber, daß »fremde Journale von den neuen Preß-Bengeln angepriesen« würden ... Diese fanden nicht nur eine weit größere Verbreitung, sondern machten sich obendrein über das »witzfreie« Glaßbrennersche Organ lustig.

Glaßbrenners wiederholte Klagen über ihm unwillkommene Konkurrenten waren in der Tat nicht unbegründet. So war bereits im April, in der Hippelschen Weinstube in der Friedrichstraße, dem »Mekka der geistreichen Räsonnöre Berlins«,[57] das künftige Weltwitzblatt *Kladderadatsch* aus der Taufe gehoben worden. Paten waren der ehemalige Kaufmann David Kalisch (1820 bis 1872), ein Mitglied des Redaktions-Komitees der *National-Zeitung* und Autor der heute noch aufgeführten Lokalposse *Einmalhunderttausend Thaler*, der Verleger Albert Hofmann (1818 bis 1880) sowie der Theaterdichter Julius Schweitzer. Dank einer »gütigen Vorsehung« wurde das Kind auf den zugkräftigen und symbolträchtigen Namen *Kladderadatsch* getauft. Denn: »Kladderadatsch« rief David Kalisch, als der ungebärdige Jagdhund eines

Freie Blätter.

Diese illustrirte Zeitung erscheint wöchentlich zwei Mal, Mittwochs und Sonnabends. Preis vierteljährlich: 1 Thlr. Einzelne Nummern: 1½ Sgr. Alle Postämter u. Buchandl. nehmen Bestellungen an.

Illustrirte politisch-humoristische Zeitung.

Redacteur: **Adolf Glaßbrenner.**

Motto: Der Staat sind Wir.

Beiträge werden frankirt unter der Adresse der Verlagshandlung, M. Simion in Berlin, erbeten. — Inserate werden mit 2 Sgr. für die Petit-Zeile oder deren Raum berechnet.

№ 9. Berlin, 1. Juli. **1848.**

Ungnädiger Erlaß an die deutsche Nation.

Es haben sich noch über 39 Millionen Deutsche der Pränumeration auf diese vorliegenden „Freien Blätter" eigenmächtig entzogen! Ist diese Thatsache schon der Beanstrebung deutscher Einigkeit und Einheit gegenüber betrübend, wie viel mehr für Mich, von Gottes Gnaden Red'-acteur der Erste, König von Pressen, Selbstbeherrscher aller Typen, Kurfürst von Federn, Herzog zu Styl und Reim u. s. w. u. s. w. u. s. w., da Ich dadurch Meine Macht und Autorität und, was Mein erhabnes Herz am tiefsten ergreift, Meine Civilliste gefährdet sehe! Indem ich die literar-historische Treue der lieben Tausende meiner Völker anerkenne, welche bereits pränumerirt haben, und die Ritterlichkeit ihres Charakters zum allgemeinen Vorbild gebe, richte ich ein ernstes und strenges Wort an euch, die ihr in unbegreiflicher Selbstüberschätzung euren Thaler vierteljährlich zurückhaltet und mit eurem beschränkten Unterthanenverstande fern bleibet den löblichen Postämtern und Buchhandlungen, welche zur Pränumerations-Annahme bereit sind. 39 Millionen! ihr wißt es, daß in dieser verhängnißvollen Zeit Alles auf die Haltung eines Blattes ankommt, und dennoch haltet ihr es nicht. Das ist unfromm. Dies Blatt **soll** zwischen Mir und Meinem deutschen Volke existiren! — Es ist mein unerschütterlicher, fester Wille, und ich habe als Literat einen mächtigen Einfluß auf Deutschland; ich sage es ungern, aber ich sage es doch! — Daß diese „Freien Blätter", die ich in Jugendkraft und Altersweisheit und mit der Siegesgewißheit ihres hohen Werthes führe und regiere, von irgend einem andern Blatte übertroffen werden könnten: das globe ich schwerlich. Wenn ihr thöricht genug seid, nach einem fremdartigen oder einheimisch-unartigen Blatte zu fassen, so ist das eine Verfassung, die ich nun und nimmermehr gestatten darf. Wie, ihr trotzt in eurer bekannten deutschen Lesewuth und verbarrikadirt euch hinter euer Recht, Andres zu nehmen und mehr zu halten als ich — euch gebe? Einige meinen sogar, sie hätten schon seit vielen Hundert Jahren vergebens auf Alles pränumerirt, was ihnen jetzt umsonst werden müßte? Unseliges Mißverständniß! Ich gebe euch ja freie Blätter für euer Geld; ich stelle ja meinen Namen an die Spitze dieser Zeitschrift; ich gerathe ja alle Tage in die Tinte mit Meinen Plänen; ich bin ja euer Verfasser und will auf der breiten Grundlage des weißen Papiers für Druck sorgen; ich will mich mit meinen Mitarbeitern vereinbaren, euch zufrieden zu stellen durch schöne Worte und Schriften, durch Humor, ernsten Scherz, scherzhaften Ernst und poetische Phantasien, und wenn ihr mehr verlangt, als ich euch geben darf, so könnt ihr euch durch meine illustrirenden Minister Th. Hosemann, W. Scholz ꝛc. Etwas malen lassen. — Wenn ihr ferner es wünschen solltet, so will ich euch auch einen Entwurf alles Dessen vorlegen, wodurch ich den Adel eurer Achtung und das Gold eurer Treue an mich zu ziehen gedenke, allein ich glaube, ihr werdet in richtiger Beurtheilung andrer euch vorgelegten Probeblätter darauf verzichten.

So erwarte ich denn von euch, ihr 39 Millionen Deutsche, daß ihr euch euren andern deutschen, auf die „Freien Blätter" pränumerirten, Brüdern auf das Innigste anschließen und ermessen werdet, daß, je ernster die Zeit, um so nothwendiger der fröhliche und versöhnende Humor, je dreister Reaction, Anarchie und Thorheit, je schärfer die Satyre auftreten muß.

Um gänzlich damit zu räumen, soll jeder Pränumerant dieser in jeder Hinsicht illustrirten Zeitung am Schlusse des bevorstehenden Quartals einen Geheimerathstitel und einen Orden erhalten. Alle Diejenigen aber, welche es trotz dieses Erlasses noch wagen sollten, sich der sofortigen Pränumeration zu entziehen, männiglich und weiblich, verfallen der gesetzlichen Strafe und kriegen Fünf Jahr Rellstab.

Berlin, den 26. Juni 1848.

(gez.) **Der Redacteur.**

(contr.) Ernst Kossak, Minister-Präsident der „Freien Blätter".

39 *Freie Blätter*, Nr. 9 v. 1. 7. 1848
Titelblatt
Adolf Glaßbrenner hält mit seiner Enttäuschung über den ausbleibenden Erfolg seiner von den Konkurrenten als »witzfrei« bezeichneten Zeitschrift nicht hinter dem Berge.

Gastes den Tisch der Zechgenossen umwarf, so daß die Gläser und Flaschen mit lautem Geklirr zu Boden fielen.[58]

Laut Kluges *Etymologischem Wörterbuch der deutschen Sprache* ist »Kladderadatsch« ein niederdeutscher aus »klatsch« über »kladatsch« erweiterter lautmalender Ausruf, der einen klirrenden Sturz begleitet. Figürlich bedeutete der originelle Witzblatt-Titel Zusammenbruch des Alten. Im übertragenen Sinn von »Zusammenbruch« ist das Wort seither gebräuchlich.[59]

Wie der Titel so war auch das Titelbild einem Zufall zu verdanken. Hofmann hatte kurz zuvor, auf der Leipziger Ostermesse, das Cliché eines Holzschnitts erworben, der den Umschlag der von dem Leipziger Buchhändler Bartholt Senff herausgegebenen »Zeitschrift für das lustige Deutschland« *Der Anekdotenjäger* (Jahrgang 1847) geziert hatte.[60] Sogar der Hund, der den ungewöhnlichen Taufakt ausgelöst hatte, war in der rechten Pausbacke des nunmehrigen *Kladderadatsch*-Kopfes als eine Art Vexierbild vorhanden.

Die am 7. Mai von den »fliegenden Buchhändlern« ausgetragene erste Nummer des *Kladderadatsch* fand einen so reißenden Absatz, daß bereits am Abend viertausend Exemplare vergriffen waren und immer neue Auflagen nachgedruckt werden mußten.[61] Diese erste Nummer war von Kalisch, der auch die Kosten übernommen hatte, allein gestaltet worden. Der grammatikalisch nicht einwandfreie Nebentitel »Organ für und von Bummler«, der am 12. August 1849 (Nr. 33) in »Humoristisch-satyrisches Wochenblatt«[62] umbenannt wurde, geht auf den Untertitel »Zeitschrift von und für Narren« zurück, den Eduard Maria Oettinger 1829 für seinen *Berliner Eulenspiegel* ersonnen hatte (vgl. *Abbildung 7*). Die »Bummler« werden von dem Achtundvierziger und Publizisten Robert Springer wie folgt beschrieben: ». . . sie gehören der Neuzeit, sie huldigen dem verwegenen Fortschritt, dem vorwitzigen Jugendmuth . . . Die Gasse und die Klassiker haben diese Generation gebildet; die Journale gaben ihnen Freitisch, die Revolution war ihre Wiege . . .«[63]

Die Redaktionsmitteilung »Dieses Blatt erscheint täglich mit Ausnahme der Wochentage« ist einem Scherz Glaßbrenners zu verdanken.

Der am Sonntag erscheinende *Kladderadatsch* (vier Seiten, Satzspiegel 22 × 28 cm) konnte bereits am Samstag ab fünf Uhr aus sämtlichen Buchhandlungen abgeholt werden. Für die Einzelnummer wurden 1 ½ Silbergroschen, für das vierteljährliche Abonnement (13 Nummern) 17 ½ Silbergroschen in Rechnung gestellt.

Der erste, die »umgefallene Zeit« schildernde »Leitartikel« vermengte Dichtung und Wahrheit *(Abbildung 40)*. Nur zwei der genannten Berliner Presseorgane hatten »zu erscheinen aufgehört«, wohl aber fanden am ersten Mai Urwahlen für die deutsche und für die preußische Nationalversammlung statt. Was die in Nummer Eins angezeigte Mitarbeiter-Wunschliste anbelangt, so erweist sie sich als höherer Blödsinn mit tieferer Bedeutung. Mit »Junius« ist der anonyme Verfasser der von 1768 bis 1772

№ 1. Sonntag, den 7. Mai 1848.

Kladderadatsch.

Wochenkalender.

Montag den 8. Mai.
Von 1187 Wählern geben 1473 den Herren **Thadden, Krausnick, Meding** und **Möllendorf** ihre Stimme für Frankfurt.

Dienstag den 9. Mai.
Man entdeckt auf dem Altar des Vaterlandes mehrere galvanoplastische Schmucksachen.

Mittwoch den 10. Mai.
Die Stumme von Portici wird **ohne** Dekorationen aufgeführt.

Wochenkalender.

Donnerstag den 11. Mai.
Demonstration der Berliner Säuglinge für **direkte** Mutterbrust gegen **indirekte** Lutschbeutelernährung.

Freitag den 12. Mai.
Wegen anhaltendem Regenwetter keine Weltgeschichte.

Sonnabend den 13. Mai.
Den Tag über ruhig. Gegen Abend erscheint plötzlich Kladderadatsch Nr. 2 mit der Biographie des Dr. Eilert. Große Aufregung!

Organ für und von Bummler.

Dieses Blatt erscheint täglich mit Ausnahme der Wochentage für den Preis von 1¼ Sgr. Es kann jeden Sonnabend von fünf Uhr ab aus sämmtlichen Buchhandlungen abgeholt werden, und wird dem richtigen Bürger, dem fleißigen Künstler, dem tapfern Krieger Sonntags früh, überall, bis in die tiefsten Kellerwohnungen hinab, colportirt werden.

Die Redaktion.

Zweite Auflage.

Berlin, am ersten Mai.

Im wunderschönen Monat Mai
Wo alle Blüthen sprangen: —
Da sind auch meiner Bummelei
Die Augen aufgegangen!

Die Zeit ist umgefallen! Der Geist hat der Form ein Bein gestellt! Der Zorn Jehovahs brauset durch die Weltgeschichte! Die Preußische Allgemeine, die Vossische, die Spenersche, — Gesellschafter, Figaro und Fremdenblatt haben zu erscheinen aufgehört — Urwahlen haben begonnen, — Fürsten sind gestürzt — Throne gefallen — Schlösser geschleift, — Weiber verheert — Länder gemißbraucht — Juden geschändet — Jungfrauen geplündert — Priester zerstört — Barrikaden verhöhnt — Kladderadatsch!

Wer dürfte hiernach die Farbe, — die Tendenz — den Charakter unseres Blattes in Zweifel ziehen. Der klare Ausdruck unseres Bewußtseins wird uns Männer wie

Junius, Julius, Curtius, Gervinus, Ruppius und Nebenius; — Löwisohn, Löwenfeld, Löwenberg, Löwenthal, Löwenheim, Löwenstein, Löwenherz, Ledru-Rollin, D. A. Benda, Louis Blanc, von Bülow, Eylert und Lamartine, Thiele, Hecker, Eichhorn, Struve, Meding und Herwegh, Jacoby und Aegidi,

zu Mitarbeitern

gewinnen. Berliner! Räumt die Hindernisse weg, die dem Erscheinen dieses Journals im Wege stehen. — Entsendet Männer voll des ächten Berliner Geistes, die auf Kladderadatsch subscribiren!

Eure liebreiche Freundin, die Redaktion dieser Blätter, vereinigt ihre äußersten Bitten um baldiges Abonnement mit denen ihrer Mitarbeiter. —

40 *Kladderadatsch*, Nr. 1 v. 7. 5. 1848
Titelblatt
Geburtstag des künftigen Weltwitzblattes *Kladderadatsch*, dessen Auflage zeitweise die aller politischen Tageszeitungen überstieg.

im Londoner *Public Advertiser* erschienenen »Juniusbriefe« gemeint. (Rudolf) Löwenstein wurde fester, (Georg) Herwegh (1817 bis 1875) freier Mitarbeiter. Der verhaßte Ex-Kultusminister Johann Albrecht Friedrich Eichhorn verkörperte den vom *Kladderadatsch*[64] bekämpften Absolutismus. »Farbe«, »Tendenz« und »Charakter« des Blattes wurden angedeutet durch die Bezugnahme auf deutsche (Friedrich Hekker, Gustav von Struve, Gustav Julius) und französische (Louis Blanc, Alphonse de Lamartine, Alexandre Auguste Ledru-Rollin) bürgerliche Republikaner oder Liberale (Georg Gottfried Gervinus).[65] Der spätere Mitarbeiter Bismarcks, Ludwig Karl Aegidi, war der Autor eines »Farben- und Parlamentslieds« zum Besten eines Denkmals im Universitätsgarten für die gefallenen Studenten, Friedrich Eylert hatte eine »deutsche Marseillaise«, der Arzt Mori[t]z Löwisohn (auch Löwinsohn oder Loevinson) einen »Berliner Demokratenmarsch« verfaßt, dessen dritte Strophe lautete:

»Freiheit, Brüderschaft und Gleichheit,
Strahlen hell in unserm Schild,
Keiner zag' in banger Feigheit,
Sie zu wahren, wo es gilt.
So zum Leben, wie zum Sterben
Wolln wir gehen Hand in Hand,
Leben oder Tod erwerben
:,: Für ein freies Vaterland.:,:
Vorwärts! Vorwärts! Mit Gott fürs Vaterland.«[66]

Bereits die erste Nummer des *Kladderadatsch* enthielt die Einrichtung des »Wochenkalenders« auf beiden Seiten des pfiffigen Philistergesichts. Später machte er manchmal einem »Wochengesang« Platz, der sich vom »Wochenkalender« nur durch die Form, nicht durch den Inhalt unterschied. Beides waren Glossen zu unmittelbaren Tagesfragen, die anschließend in einem Leitartikel oder Leitgedicht (seit 1855) näher erörtert wurden.

Die zweite Ausgabe brachte den ersten Beitrag des begabten ehemaligen Schülers der Kunstakademie Wilhelm Scholz, der 1848/49 auch mehrere andere Witzblätter illustrierte. Vier Jahrzehnte lang blieb dieser Urberliner zwar nicht der einzige, wohl aber der wichtigste Zeichner des *Kladderadatsch*. Viele seiner Entwürfe wurden von dem späteren Lustspieldichter, Shakespeareforscher und Publizisten Rudolph Genée (1824 bis 1914), der seine Laufbahn als Holzschneider im Atelier von Friedrich Wilhelm Gubitz begonnen hatte, auf Holz übertragen. Hinter der Signatur A. M. verbirgt sich der Illustrator und Holzschneider Adalbert Müller (1820 bis 1881), hinter G. B. Gustav Bartsch (geboren 1821).

Mit Nummer 3 traten am 21. Mai Kalischs Vettern Ernst Dohm (1819 bis 1883), der von der Theologie zur Schriftstellerei übergewechselt war, und der Doktor der Philosophie Rudolf Löwenstein (1819 bis 1891) in die Redaktion ein. Durch ihre Mitgliedschaft im Volks-Club, der sich für ein konstitutionelles Königtum auf den breitesten Grundlagen der Volksfreiheit einsetzte, nahmen sie aktiv an der neuen unmittelbaren Öffentlichkeit teil.[67]

Kalisch, Dohm und Löwenstein stammten – wie übrigens schon Eduard Maria Oettinger – aus Breslau und hatten, obwohl sie sich früher oder später taufen ließen, an der Ausprägung des jüdisch-berlinischen Witzes einen hervorragenden Anteil.[68] Fast fünfundzwanzig Jahre, bis zu Kalischs frühem Tod (1872), dauerte die Zusammenarbeit der drei Vettern mit Wilhelm Scholz. Ein Team, das sich nach dem Beispiel des Pariser *Charivari*[69] »die Gelehrten des Kladderadatsch« zu nennen pflegte.

Als verantwortlich für die Redaktion zeichnete anfangs der Verlag. Von Nr. 3 an bis zum 20. Mai 1849 (Nr. 20) übernahm Rudolf Löwenstein die Verantwortung, anschließend, abgesehen von einigen unfreiwilligen Unterbrechungen, Ernst Dohm.

1848/49 bildeten in der Lebensgeschichte des *Kladderadatsch* gewissermaßen die Lehr- und Wanderjahre. Langsam, aber sicher entwickelte er sich, trotz eines überaus starken Konkurrenzdrucks, zum Prototyp des modernen Berliner Witzblattes.

Ein Schritt auf diesem Weg war die Erschaffung *neuer* stehender Figuren. Den Anfang dieser bald sehr beliebten, durch verbale Satire übersteigerten »Idealtypen« machten am 21. Mai (Nr. 3) die von Rudolf Löwenstein gestalteten, miteinander korrespondierenden Barone von Strudelwitz, ein Berliner Gardeoffizier, und von Prudelwitz, ein pommerscher Gutsbesitzer. Hier ein Beispiel aus einem ihrer mit barokken Fremdwörtern, Phrasen und übertriebenen Ausrufen gespickten Briefe: »Kamrad! Terrible! Schreckensnachricht! Mein janzer Humor weg, auf Ehre! Corps-Befehl, Kranzlers Ecke verboten! . . . Wo sollen wir jetzt unsre Beine zum Himmel strecken? O, es ist écrasant, détestable! . . .«[70]

Die Familiennamen Strudelwitz und Prudelwitz dienten alsbald zur Kennzeichnung einer ganzen sozialen Klasse. »Bei Kranzler unter den Linden treten die Offiziere und jungen Fashionables ein . . . Bei Kranzler . . . sieht man die Strudel- und Prudelwitze . . .«, schreibt der Berlin-Historiker Bogdan Krieger[71] *(Abbildung 41)*. Mit Nummer 3 begann auch die plakative Aufteilung der Titelseite. Durch fette, gesperrte oder besonders groß gedruckte Buchstaben sollte das Augenmerk des Lesers auf einzelne der Redaktion besonders wichtig erscheinende Sätze oder Satzteile gelenkt werden.

Am 25. Juni (Nr. 8) gaben – im Feuilleton – die politisierenden Berliner Schnauzen Schultze und Müller ihr Debüt. Schultze eröffnete das sich über viele Jahrzehnte erstreckende Zwiegespräch mit folgenden Worten: »Na wat sagen Se nu, Müller, se [die Russen] sollen wirklich kommen –«, worauf ihm die Antwort zuteil wurde: »Na det wäre, Schultze, wenn se wirklich kämen!« Sowohl die Briefe der beiden preußischen Junker als auch die Gespräche der sich durch Witz und gesunden Menschenverstand auszeichnenden, die verbreitetsten Berliner Familiennamen tragenden Repräsentanten des Kleinbürgertums nahmen ihren Stoff aus der Aktualität der jeweils vergangenen Woche. Durch diese unterschiedlichen Gesellschaftsschichten angehörenden Typen gelang es dem Blatt, eine künstliche Meinungsvielfalt zu schaffen, wobei das »Meinungsspektrum« im Lauf der Jahre durch die Einführung weiterer stehender Figuren ständig erweitert wurde.

Selbstverständlich vertrat die eine oder andere stehende Figur auch manchmal die Meinung des *Kladderadatsch*, was aufmerksamen Polizeibeamten keineswegs entgangen ist.

Nach diesem Aufsteiger und Dauerbrenner vermerkt die Zeitungschronik für den Monat Mai zwei Eintagsfliegen. Von der »in Commission der Friedländerschen Buchdruckerei« zum Preis von einem Silbergroschen erschienenen *Politischen Bier-Zeitung* (vier Seiten; Satzspiegel 21 × 25 cm) sind nur zwei Nummern bekannt. Verantwortlicher Redakteur dieser zwanglosen Blätter, einer Art Weißbier-Kannegießerei, war ein gewisser Buchocki *(Abbildung 42)*.

41 *Fashionable Eisesser bei Kranzler, Unter den Linden, Ecke Friedrichstraße*
Kolorierte Federlithographie von Baron von Knaller (Pseudonym für H. von Helmhof), 1842
In der 1825 eröffneten, heute am Kurfürstendamm gelegenen Konditorei Kranzler trafen sich die hier karikierten Gardeleutnants und Offiziere, um Eis, Kuchen oder Schokolade zu verzehren. Oft sah man aber auch »die jungen Herren sich zwecklos auf den kleinen Sesseln vor der Thür niederlassen, die Beine auf das Gitter des eisernen Geländers strecken und die Vorübergehenden mit vornehmer Ungezogenheit lorgnettiren« (Ernst Dronke). Im Berliner Volksmund wurden sie nach 1848 mit zwei heute noch komisch wirkenden *Kladderadatsch*-Figuren, den Baronen von Strudelwitz und von Prudelwitz identifiziert.

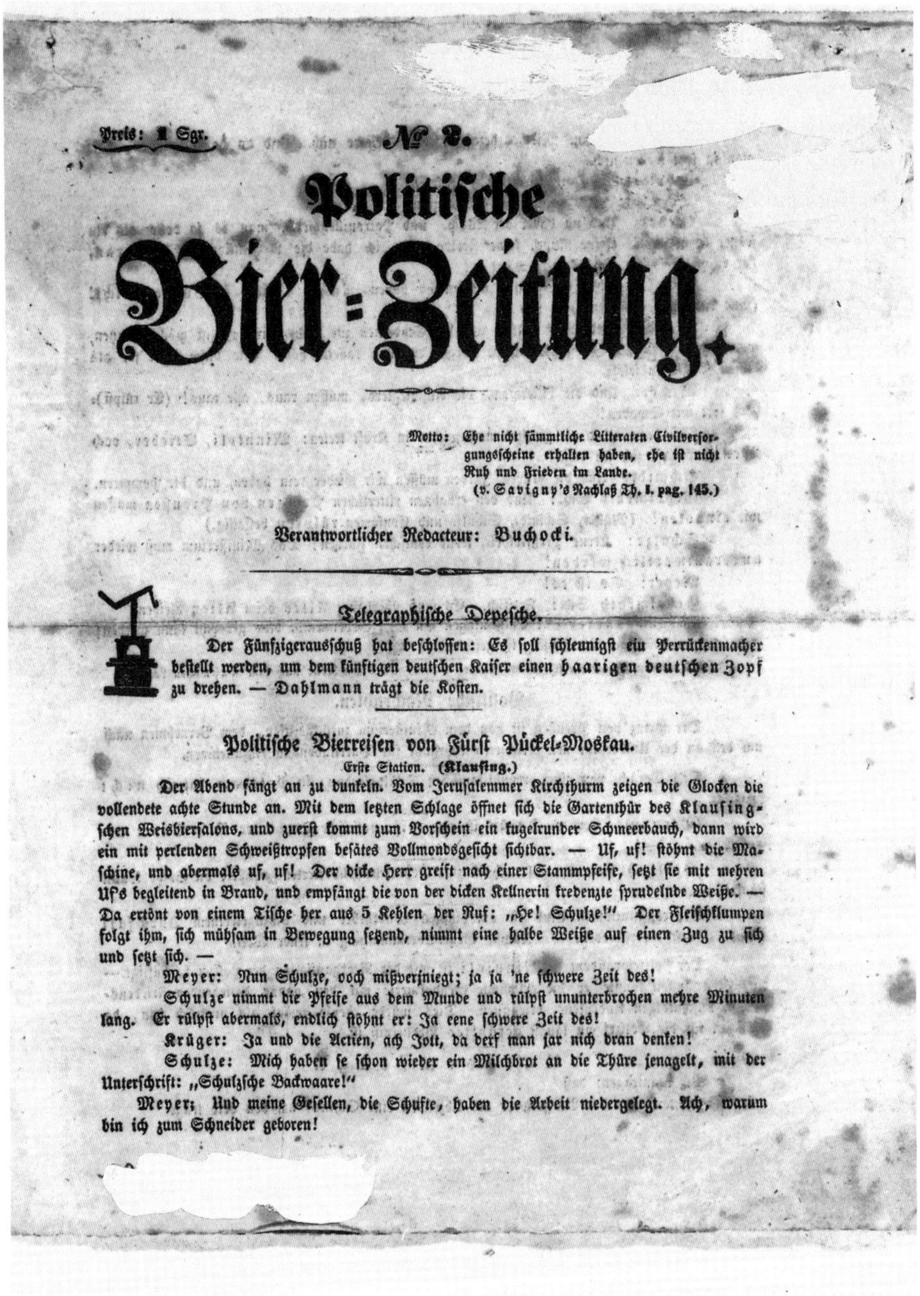

Preis: 1 Sgr. № 2.

Politische Bier-Zeitung.

Motto: Ehe nicht sämmtliche Litteraten Civilversorgungsscheine erhalten haben, ehe ist nicht Ruh und Frieden im Lande.
(v. Savigny's Nachlaß Th. I. pag. 145.)

Verantwortlicher Redacteur: Buchocki.

Telegraphische Depesche.

Der Fünfzigerausschuß hat beschlossen: Es soll schleunigst ein Perrückenmacher bestellt werden, um dem künftigen deutschen Kaiser einen haarigen deutschen Zopf zu drehen. — Dahlmann trägt die Kosten.

Politische Bierreisen von Fürst Pückel-Moskau.

Erste Station. **(Klausing.)**

Der Abend fängt an zu dunkeln. Vom Jerusalemmer Kirchthurm zeigen die Glocken die vollendete achte Stunde an. Mit dem letzten Schlage öffnet sich die Gartenthür des Klausingschen Weisbiersalons, und zuerst kommt zum Vorschein ein kugelrunder Schmeerbauch, dann wird ein mit perlenden Schweißtropfen besätes Vollmondsgesicht sichtbar. — Uf, uf! stöhnt die Maschine, und abermals uf, uf! Der dicke Herr greift nach einer Stammpfeife, setzt sie mit mehren Uf's begleitend in Brand, und empfängt die von der dicken Kellnerin kredenzte sprudelnde Weiße. — Da ertönt von einem Tische her aus 5 Kehlen der Ruf: „He! Schulze!" Der Fleischklumpen folgt ihm, sich mühsam in Bewegung setzend, nimmt eine halbe Weiße auf einen Zug zu sich und setzt sich. —

Meyer: Nun Schulze,ooch mißverjniegt; ja ja 'ne schwere Zeit des!

Schulze nimmt die Pfeife aus dem Munde und rülpst ununterbrochen mehre Minuten lang. Er rülpst abermals, endlich stöhnt er: Ja eene schwere Zeit des!

Krüger: Ja und die Actien, ach Jott, da derf man jar nich dran denken!

Schulze: Mich haben se schon wieder ein Milchbrot an die Thüre jenagelt, mit der Unterschrift: „Schulzsche Backwaare!"

Meyer: Und meine Gesellen, die Schufte, haben die Arbeit niedergelegt. Ach, warum bin ich zum Schneider geboren!

42 *Politische Bier-Zeitung* [Mai 1848]
Titelblatt
Mit Fürst Pückel-Moskau ist der damals viel gelesene Reiseschriftsteller und Gartenkünstler Hermann Fürst von Pückler-Muskau (1785 bis 1871) gemeint.

Am 16. Mai gründete ein anonymer Taufpate der *Ewigen Lampe* die Zeitschrift *Feuerbrände von L. Börne's Schatten (Abbildung 43)*. Die beiden erhaltenen Nummern vom 16. und 22. Mai hatten je vier Seiten (Satzspiegel 13 × 19 cm) Prosatext und waren nicht illustriert. Sie konnten – zum Quasi-Einheitspreis von einem Silbergroschen – im Kommissions-Verlag von F. L. Schneider & Co. und in der Buchdruckerei C. A. Schiementz & Co. abgeholt werden.

Die in der Beamtenstadt Berlin angezündeten *Feuerbrände* machten sich zum Anwalt der seit 1840 immer stärker gewordenen Kritik an der Bürokratie. Sie richteten den Stachel ihrer Satire gegen die als Druckmittel einsetzbaren »Conduitenlisten«, das heißt Wohlverhaltenslisten, in denen der möglicherweise aus Erfahrung sprechende anonyme Redakteur »ein gefährliches Werkzeug in den Händen der Bosheit, Rachsucht und Hinterlist« erblickte.[72]

Vorbild bei der Namensgebung waren die 1807/08 von dem Kriegsrat Friedrich von Cölln (1766 bis 1820) herausgegebenen zwanglosen Hefte *Neue Feuerbrände*, in denen die adlige Militärhierarchie einer unbarmherzigen Kritik unterzogen worden war.[73] Der Titelzusatz »von Börne's Schatten« versteht sich als eine Ehrung des »ersten Vorkämpfers« der deutschen Pressefreiheit, der durch den »Kugelregen« seiner *Briefe aus Paris* (1832 bis 1834) »das vom Alp gedrückte Volk aus seinem Murmelthierschlafe« aufzurütteln versucht hatte.[74]

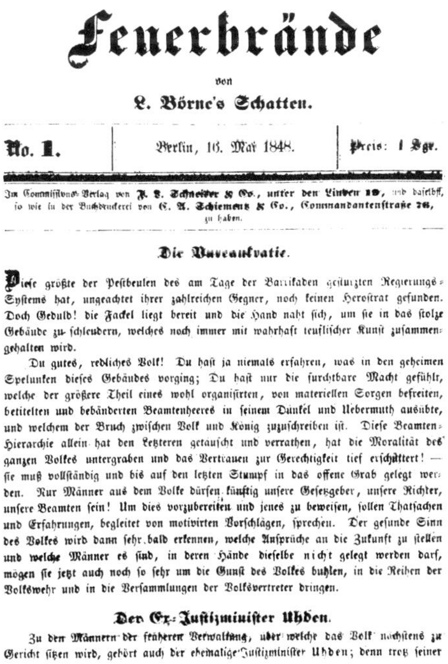

Feuerbrände

von

L. Börne's Schatten.

No. 1.	Berlin, 16. Mai 1848.	Preis: 1 Sgr.

Im Commissions-Verlag von **F. L. Schneider & Co., unter den Linden 19,** und daselbst, so wie in der Buchdruckerei von **C. A. Schiementz & Co., Commandantenstraße 26,** zu haben.

Die Bureaukratie.

Diese größte der Pestbeulen des am Tage der Barrikaden gestürzten Regierungs-Systems hat, ungeachtet ihrer zahlreichen Gegner, noch keinen Herostrat gefunden. Doch Geduld! die Fackel liegt bereit und die Hand naht sich, um sie in das stolze Gebäude zu schleudern, welches noch immer mit wahrhaft teuflischer Kunst zusammengehalten wird.

Du gutes, redliches Volk! Du hast ja niemals erfahren, was in den geheimen Spelunken dieses Gebäudes vorging; Du hast nur die furchtbare Macht gefühlt, welche der größere Theil eines wohl organisirten, von materiellen Sorgen befreiten, betitelten und bebänderten Beamtenheeres in seinem Dünkel und Uebermuth ausübte, und welchem der Bruch zwischen Volk und König zuzuschreiben ist. Diese Beamten-Hierarchie allein hat den Letzteren getäuscht und verrathen, hat die Moralität des ganzen Volkes untergraben und das Vertrauen zur Gerechtigkeit tief erschüttert! — sie muß vollständig und bis auf den letzten Stumpf in das offene Grab gelegt werden. Nur Männer aus dem Volke dürfen künftig unsere Gesetzgeber, unsere Richter, unsere Beamten sein! Um dies vorzubereiten und jenes zu beweisen, sollen Thatsachen und Erfahrungen, begleitet von motivirten Vorschlägen, sprechen. Der gesunde Sinn des Volkes wird dann sehr bald erkennen, welche Ansprüche an die Zukunft zu stellen und welche Männer es sind, in deren Hände dieselbe nicht gelegt werden darf, mögen sie jetzt auch noch so sehr um die Gunst des Volkes buhlen, in die Reihen der Volkswehr und in die Versammlungen der Volksvertreter dringen.

Der Ex-Justizminister Uhden.

Zu den Männern der früheren Verwaltung, über welche das Volk nächstens zu Gericht sitzen wird, gehört auch der ehemalige Justizminister Uhden; denn trotz seiner

43 *Feuerbrände von L. Börne's Schatten*, Nr. 1 v. 16. 5. 1848
Titelblatt
Ein Berliner Witzblatt, das sich der bis heute beliebten Beamtenschelte widmete.

Am 18. Mai 1848 ertönte der erste Schrei des *Berliner Krakehlers*. Schon die Einstiegsnummer des von Ernst Litfaß verlegten und gedruckten, zum Preis von einem Silbergroschen verkauften Blatts mußte neunmal aufgelegt werden. Der vierseitige *Krakehler* zeichnete sich bis Nr. 9 vom 22. Juni durch ein außergewöhnliches Format aus: Er war doppelt so hoch wie breit (bedruckter Raum 14 × 28,5 cm).
Ab Nr. 10 vom 29. Juni glich sich das Format den üblichen Normen an (17,5 × 25,5 cm) an. Verantwortlich zeichnete ab Nr. 5 der Redakteur des *Berliner Figaros* Carl Otto Hoffmann, danach Adalbert Cohnfeld (Nr. 19 bis 23), ferner Ludwig Koßarski (auch Kossarski) und schließlich der Schriftsteller Beta (ab Nr. 25 vom 16. September 1848).[75]
Illustriert wurde der Neuankömmling von Gustav Bartsch, Adalbert Müller und Wilhelm Scholz. Scholz zeichnete auch die nur wenige Nummern (Nr. 5 bis 8) schmükkende Titelvignette. Sie zeigte einen »uniformierten«, das heißt in eine karierte Hose und einen Rock eingezwängten Bürgerwehrmann mit schwarzem Samthut und Kokarde sowie dem unentbehrlichen Kuhfuß (= Gewehrkolben). Aus Raummangel fiel diese Karikatur wieder fort; statt dessen war der Titel des öfteren bunt: schwarz-rot-gold, grün, blau oder rot, was 1848 im Berliner Blätterwald eine Ausnahme darstellte. Das Motto des *Berliner Krakehlers* stellt mit dem Mittel der satirischen Umkehrung eine Verbindung her zwischen der verlorenen Schlacht von Jena (1806) und den bereits gefährdeten Märzerrungenschaften, die auf die Zeitgenossen sehr komisch wirken mußte: »Ruhe ist die letzte Bürgerpflicht, die erste aber: immer mit dem Kuhfuß« *(Abbildung 44)*.[76]
Zu den Besonderheiten des Blattes gehörte, daß es sein jeweiliges Erscheinungsdatum zu einem vergangenen oder vorausgesagten künftigen Ereignis in Beziehung setzte. So erschien zum Beispiel Nummer 1 »am 60sten Tage nach dem ersten Mißverständnis«, nämlich am 60. Tag nach jenen beiden Schüssen vom 18. März. Die Tendenz des *Krakehlers* war, wie er in seiner ersten Ausgabe verkündete, »einzig und allein der Krakehl«, das heißt – etymologisch gesprochen – Lärm und Streit. Aus der »ächt demokratischen« Sicht der Redaktion bedeutete »Krakehl« jedoch – in Anspielung auf die versprochene Verfassung »auf den breitesten Grundlagen« – »Witz und Satyre auf den breitesten Grundlagen«.
Die Rubriken nannten sich »Amtlicher« und »Nicht amtlicher«, ferner »Leitender«, »Auswärtiger«, »Berliner«, »Illustrirter«, »Eingesandter« Krakehl. Mit Nummer 9 vom 22. Juni änderte sich das äußere Bild der Titelseite. Die graphische Einteilung ähnelte in verblüffender Weise den »Buddelmeyer«-Blättern, so daß Cohnfelds Eintritt in die Redaktion um diese Zeit stattgefunden haben mag. Der *Berliner Krakehler*, der ursprünglich jeden Donnerstag erscheinen sollte, wurde rasch so populär, daß er monatlich sechsmal »ein wohlthätiges Sturzbad satyrischen Humors« über seine Leser ausgießen konnte.[77] Einzelne Nummern mußten nach eigenen Angaben in 20 000 Exemplaren aufgelegt und bis zu zwanzigmal nachgedruckt werden.[78]

Zwölfte Auflage.

Berliner Krakehler.

Verlag von **Ernst Litfaß**, Adlerstr. Nr. 6.

Preis: 1 Sgr.

Motto: Ruhe ist die letzte Bürgerpflicht, die erste aber: immer mit dem Kuhfuß.

№ 1. Donnerstag am 18. Mai, am 60sten Tage nach dem ersten Mißverständniß. **1848.**

Gestern, am Bußtage, wird kein Krakehler ausgegeben.

Der **Berliner Krakehler** erscheint gar nicht, sondern ist immer vergriffen und **vergreift** sich **wöchentlich** ein- bis zweimal.

Da das Manuscript aus allen Enden der Stadt uns sehr reichlich zugegangen, so wird Nr. 2 des **Krakehlers** bereits am nächsten Montag, den 22. Mai 1848, ausgegeben.

Programm des Krakehlers.

Die **Tendenz** des Krakehlers ist einzig und allein **Krakehl**.

Amtlicher Krakehl.

Das bürgerfreundliche Polizei-Präsidium hat sich gehorsamst erlaubt den jugendlichen Buchhändlern, welche die Flugschriften in den Straßen feilbieten, das Handwerk zu legen. Der Krakehler benachrichtigt das bürgerfreundliche Polizei-Präsidium, daß er mit dieser unzeitgemäßen, reactionären und nichtsnutzenden Maaßregel nicht einverstanden ist. Vielmehr beschließt der Krakehler:

1) Das Polizei-Präsidium hat einzusehen, daß die Flugschriften zur Zeit ein unabweisliches Bedürfniß für's Publikum sind;
2) das Polizei-Präsidium hat Gott zu danken, daß die Herren Straßenjungen, welche nach allgemeiner Meinung zur ärmeren, in der Regel bedeutend hungernden Volksklasse gehören, ein paar Groschen verdienen;
3) selbiges Polizei-Präsidium hat sich gegen den Verdacht zu rechtfertigen, als habe es mit diesem Verbot das Vertreiben freisinniger Flugschriften hintertreiben und somit dem zur Hölle gefahrenen Censur-Kobold eine Eselsbrücke in unsere schwarz-roth-goldne Freiheit hineinbauen wollen;
4) das Polizei-Präsidium hat sich fortan aller und jeder Maßnahme zu enthalten, welche das **unfreiwillige** Einherwandern in Civilkleidern etwa wieder zur Folge haben könnte.

Wonach zu achten!

Der polizeiwidrige Eifer unserer Colporteure hat dem Krakehler eine solche Verbreitung zu verschaffen gewußt, daß heute bereits das Erscheinen einer **zwölften Auflage** nöthig geworden ist. Die Redaction.

44 *Berliner Krakehler*, Nr. 1 v. 18. 5. 1848, 12. Auflage
Titelblatt
Sowohl der Titel als auch das ungewöhnliche Format und das Vermögen der Redaktion, mit den Schlagworten der Revolution wie mit Bällen zu spielen, führten dazu, daß der *Berliner Krakehler* tatsächlich »immer vergriffen« war.

Daß sein Ruhm über Berlin hinausreichte, geht daraus hervor, daß auch in Breslau, Danzig, Oppeln und Wien *Krakehler* gegründet worden sind.
Die ewige Lampe, der *Kladderadatsch* und der *Berliner Krakehler* nahmen regelmäßig aufeinander Bezug. Sie betrieben eine Art Werbung auf Gegenseitigkeit und waren daher nicht nur den eigenen Lesern vertraut. An diesen »dreiköpfigen Großmogul der Journalistik« (*Berliner Krakehler*, Nr. 17 vom 2. August 1848) dürfte Theodor Fontane vor allem gedacht haben, als er in seinem kulturhistorischen Essay *Die Märker und die Berliner* rückblickend schrieb: »Die mit 48 ins Leben tretenden Witzblätter, dazu die das Berliner Leben schildernden Stücke (David Kalisch voran) und schließlich das wohl oder übel immer mehr in Mode kommende, sich aller Tagesereignisse bemächtigende Coupletwesen schufen das, was wir das moderne Berlinertum nennen, ein eigentümliches Etwas, darin sich Übermut und Selbstironie, Charakter und Schwankendheit, Spottsucht und Gutmütigkeit, vor allem aber Kritik und Sentimentalität die Hand reichen, jenes Etwas, das, wie zur Zeit Friedrich Wilhelms III. (nur witzig-geschulter und geschmackvoller geworden), auch heute wieder alle Kreise durchdringt, bei hoch und niedrig gleichmäßig zu finden ist und bereits weit über den unmittelbaren Stadtkreis hinaus seine Wirkung äußert.«[79]

2. *Das politische Witzblatt zwischen Revolution und Reaktion (Juni bis November)*

Bereits Anfang April mehrten sich in den in der *Spenerschen* und in der *Vossischen Zeitung* abgedruckten Inseraten die Erörterungen über die »Grenzen der Preßfreiheit«.[80] Der erste Prozeß wegen Mißbrauchs derselben fand am 11. Mai statt. Am gleichen Tag erließ der Berliner Polizeipräsident Julius Freiherr von Minutoli eine Bekanntmachung, in der er durch ein Verbot des »fliegenden Buchhandels« den Lebensnerv der Revolution zu treffen suchte. Massive Proteste zwangen ihn jedoch dazu, die Maßnahme verbal rückgängig zu machen und das gewachsene Informationsbedürfnis zu respektieren.[81]
Seit der zweiten Maihälfte schritten dann die verschreckten »ächten Patrioten«, die bis dahin nur durch Einzelaktionen gewirkt hatten, zu konservativen Vereinsgründungen. Den Anfang machte der »Preußen-Verein für constitutionelles Königthum«, dessen Mitglieder sowohl Handwerker als auch Beamte und Aristokraten waren. Die erklärte Absicht des Preußen-Vereins war, durch »wahrhaft patriotische Reden, Schriften, Anschläge und Handlungen« die »Anarchie« und den »republikanischen Unfug« zu bekämpfen.[82]
Parallel zu den genannten konservativen Zusammenschlüssen lief eine umfassende Diffamierungskampagne gegen die Berliner »Literaten«. Am 24. Mai hielt der Generalmajor der Berliner Landwehrbrigade Karl Emil von Webern folgende, in der

Presse zitierte Soldatenrede: »Kameraden, wem haben wir eigentlich die Revolution zu verdanken? Doch niemand anders als den französischen und polnischen Emissären und den verdorbenen Literaten, die wert wären, daß sie alle aufgehängt würden . . .«[83]

Nach diesem Vorgefecht blies die *Neue Preußische [Kreuz-]Zeitung* (Nr. 6 vom 7. Juli) zum Generalangriff auf die »pöbelhafte« Berliner »Straßenlitteratur«. Der Leitartikler (Hermann Wagener) polemisierte nicht nur gegen den aus der Vergangenheit übernommenen »bald plumpen, bald hämischen« Nante, der jetzt ein »leidenschaftlicher Politiker« geworden sei, sondern auch gegen die »das Heilige besudelnden« Plakate und die »schmutzigen Witze« der neuen Zeitschriften.

Die grammatikalisch nicht fehlerfreie konservative Brandrede endete wie folgt: »Ihr wollt die politischen Lehrer spielen, und beseitigt die schwierigsten Probleme der Politik, an denen Jahrhunderte gearbeitet haben, mit einem jener Witze, der nur dazu dient Eure politische Impotenz an den Tag zu bringen . . . Ihr habt . . . Euern Berliner Krakehler . . . und vor Allem Euer [!] Kladderadatsch. Fristet denn Euere Existenz bei dem jämmerlichen Scheine Eurer ewigen Lampe, die ihrem prahlerischen Titel zum Trotz dennoch erlöschen wird; dem Volke werden die Augen auch über Euch und Euer Treiben aufgehen, es wird den Giftstoff, den Ihr ihm einimpfen möchtet ausstoßen, und Euch samt Euerm Straßenwitze der verdienten Vergessenheit übergeben.«[84]

Die Reaktion wechselte nicht nur »Worte«, sondern ließ »Taten« sehen. Seit Juli häuften sich die Verhaftungen und Verurteilungen demokratischer Publizisten und Volksredner. Zu den Betroffenen gehörten auch die beiden Flug- und Witzblattschreiber Albert Hopf und Adalbert Cohnfeld. Der *Kladderadatsch* gab den immer mutiger werdenden Konterrevolutionären folgenden Rat:

»Wollt Ihr, daß endlich Ruhe sei –
Sperrt ganz Berlin in die Stadtvogtei. –«
(Abbildung 45) [85]

In der Stadtvoigtey.

45 *Kladderadatsch*, Nr. 43 v. 21. 10. 1849
In der Stadtvoigtey
Holzschnitt
Wie Paris, so hatte auch Berlin ein berüchtigtes Polizeigefängnis, die im Hof des Polizeipräsidiums am Molkenmarkt gelegene Stadtvogtei.
Einer der berühmtesten Inhaftierten war Fritz Reuter (1810 bis 1874), der in der Stadtvo[i]gtei[y] vom 31. 10. bis 31. 12. 1833 und vom 18. 6. bis 20. 6. 1839 eine Strafe wegen angeblicher Majestätsbeleidigung absitzen mußte. Er schrieb darüber in seinem Roman *Ut mine Festungstid* (1862).

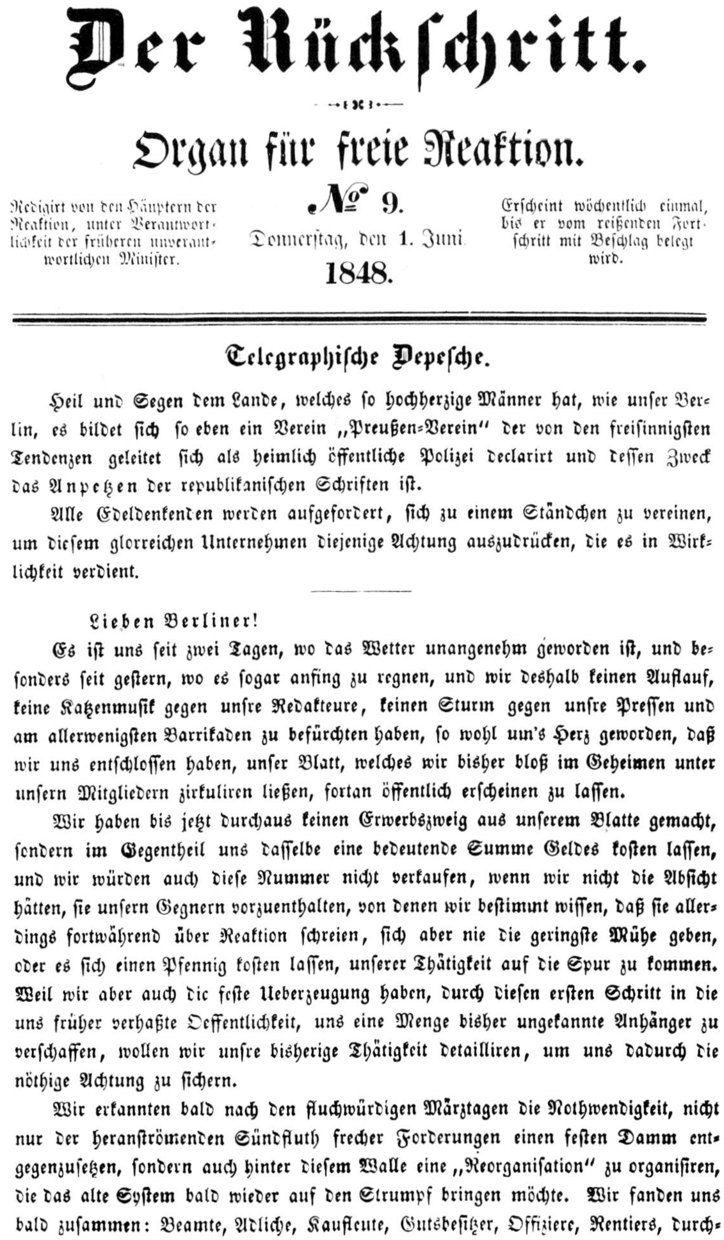

Der Rückschritt.

Organ für freie Reaktion.

Redigirt von den Häuptern der Reaktion, unter Verantwortlichkeit der früheren unverantwortlichen Minister.

№ 9.
Donnerstag, den 1. Juni
1848.

Erscheint wöchentlich einmal, bis er vom reißenden Fortschritt mit Beschlag belegt wird.

Telegraphische Depesche.

Heil und Segen dem Lande, welches so hochherzige Männer hat, wie unser Berlin, es bildet sich so eben ein Verein „Preußen-Verein" der von den freisinnigsten Tendenzen geleitet sich als heimlich öffentliche Polizei declarirt und dessen Zweck das Anpetzen der republikanischen Schriften ist.

Alle Edeldenkenden werden aufgefordert, sich zu einem Ständchen zu vereinen, um diesem glorreichen Unternehmen diejenige Achtung auszudrücken, die es in Wirklichkeit verdient.

Lieben Berliner!

Es ist uns seit zwei Tagen, wo das Wetter unangenehm geworden ist, und besonders seit gestern, wo es sogar anfing zu regnen, und wir deshalb keinen Auflauf, keine Katzenmusik gegen unsre Redakteure, keinen Sturm gegen unsre Pressen und am allerwenigsten Barrikaden zu befürchten haben, so wohl um's Herz geworden, daß wir uns entschlossen haben, unser Blatt, welches wir bisher bloß im Geheimen unter unsern Mitgliedern zirkuliren ließen, fortan öffentlich erscheinen zu lassen.

Wir haben bis jetzt durchaus keinen Erwerbszweig aus unserem Blatte gemacht, sondern im Gegentheil uns dasselbe eine bedeutende Summe Geldes kosten lassen, und wir würden auch diese Nummer nicht verkaufen, wenn wir nicht die Absicht hätten, sie unsern Gegnern vorzuenthalten, von denen wir bestimmt wissen, daß sie allerdings fortwährend über Reaktion schreien, sich aber nie die geringste Mühe geben, oder es sich einen Pfennig kosten lassen, unserer Thätigkeit auf die Spur zu kommen. Weil wir aber auch die feste Ueberzeugung haben, durch diesen ersten Schritt in die uns früher verhaßte Oeffentlichkeit, uns eine Menge bisher ungekannte Anhänger zu verschaffen, wollen wir unsre bisherige Thätigkeit detailliren, um uns dadurch die nöthige Achtung zu sichern.

Wir erkannten bald nach den fluchwürdigen Märztagen die Nothwendigkeit, nicht nur der heranströmenden Sündfluth frecher Forderungen einen festen Damm entgegenzusetzen, sondern auch hinter diesem Walle eine „Reorganisation" zu organisiren, die das alte System bald wieder auf den Strumpf bringen möchte. Wir fanden uns bald zusammen: Beamte, Adliche, Kaufleute, Gutsbesitzer, Offiziere, Rentiers, durch-

46 *Der Rückschritt*, Nr. 9 v. 1. 6. 1848
Titelblatt
Wenige Wochen nach dem 18. März versuchten die preußischen Konservativen, die sich in mehrere Tendenzen aufspaltenden Demokraten mit ihren eigenen Waffen zu schlagen (Clubs, Flugblätter, Zeitungen). Angesichts der lautstarken demokratischen Witzpresse stand *Der Rückschritt* auf verlorenem Posten.

Die wütenden Angriffe der *Kreuz-Zeitung* gegen die demokratischen Berliner Witzblätter mögen auch damit zusammenhängen, daß inzwischen ein konservativer Versuch dieser Art fehlgeschlagen war. Am 1. Juni hatte das »Organ für freie Reaktion«, *Der Rückschritt*, von dem bis dahin acht Nummern »bloß im Geheimen« verbreitet worden waren, den ersten Schritt »in die uns früher verhaßte Öffentlichkeit« gewagt. Das nicht illustrierte Blatt (Nr. 9) hatte einen Umfang von vier Seiten (Satzspiegel 11,2 × 19,5 cm) und wurde »von den Häuptern der Reaktion, unter Verantwortlichkeit der früheren unverantwortlichen Minister« redigiert. Als Druckerei und Verkaufsort (ohne Preisangabe) wurde »Neue Kirchgasse Nr. 2« genannt. Der mit dem Mittel der literarischen Ironie operierende *Rückschritt* betrachtete sich als Sprachrohr der antirevolutionären Opposition. Er wollte nicht nur der »herausströmenden Sündfluth frecher Forderungen einen festen Damm« entgegensetzen, sondern darüber hinaus »hinter diesem Walle den Widerstand organisieren« *(Abbildung 46)*.

In diesem Sinn jubelte er dem Preußen-Verein zu. Dieser hatte sich inzwischen »als heimlich öffentliche Polizei declarirt« und in einem Inserat verkündet, daß er »mißliebige Schriften sofort zur Kenntnis des Staats-Anwalts bringen und eine gerichtliche Verfolgung solcher Verbrechen beantragen« würde (*Vossische Zeitung*, Nr. 125 vom 31. Mai 1848). *Der Rückschritt* gab vor, wöchentlich einmal zu erscheinen, eine öffentlich ausgegebene Nummer 10 liegt allerdings nicht vor.

Statt dessen entstanden in den kommenden Wochen und Monaten weitere oppositionelle Witzblätter, welche die Produktivität und Vielgestaltigkeit des demokratischen Lagers anschaulich unter Beweis stellen.

In der ersten Junihälfte trat unter dem »Symbolum« »Wachet auf! Es ist nie zu früh!« der *Kickeriki* ins Leben *(Abbildung 47)*. Das unter der Verantwortlichkeit des Verlags Rudolph Liebermann redigierte, von B. Schlesinger gedruckte Blatt (vier Seiten, Satzspiegel 16,7 × 23 cm) – Preis ein Silbergroschen – kündigte ein »mäßiges, unregelmäßiges« Erscheinen ein- bis zweimal in der Woche an, dürfte jedoch nach einer Nummer aus Mangel an Käufern eingegangen sein. In der Tat verzichtete der *Kickeriki* auf unterhaltsame Karikaturen, auf eine wirkungsästhetische Aufmachung und auf neue Figuren. Vielmehr griff er auf den von der *Kreuz-Zeitung* als Vertreter des »verneinenden Witzes« verketzerten Nante zurück, dem er als Gesprächspartner einen »fliegenden Buchhändler« namens Lude beigab. Dies genügte nicht, um das Interesse eines inzwischen verwöhnten, ja übersättigten Publikums zu erwecken.

Als weitere Eintagsfliege (Nr. 50 = Nr. 1) sei die von den Gebrüdern Schlesinger gedruckte und Ende Juni/Anfang Juli kostenlos verteilte *Staats-Zeitung der Hölle* (vier Seiten; Satzspiegel 21 × 14 cm) genannt, die anzunehmenderweise sofort ein Opfer ihres Zynismus geworden ist *(Abbildung 48)*.

Wenig Lebenskraft zeigte auch das nur zweiseitige, zwang- und kostenlos erschie-

nene Juni-Produkt *In Berlin is immer noch der Deibel los.* Das bei Bäse gedruckte und verlegte Erzeugnis stellte eine Mischform zwischen Zeit- und Flugschrift dar.[86]
Eine ausgesprochene Kuriosität war dagegen die als Gegenpol zu Berlins ehrwürdiger »Tante Voß« (die im weiteren Verlauf der Revolution zur »Mistpfütze« aller reaktionären Adressen und Annoncen« geworden war)[87] gegründete Zeitschrift *Tante Voss mit dem Besen.* Das illustrierte »Missionsblatt zur Bekehrung der politischen Heiden« wurde von dem engagierten Flugschriftenverleger und -schreiber Samuel Löwenherz herausgegeben und bei Brandes & Schultze gedruckt. Die Einzelnummer kostete 1 ½, das vierteljährliche Abonnement 17 ½ Silbergroschen. Die erste (undatierte) Nummer erschien am Sonntag, dem 18. Juni, die letzte (Nr. 6) am Freitag, dem 28. Juli. Die Titelvignette zeigt eine mit Harnisch, Schild und Besen ausgerüstete streitbare Matrone; als äußeres Zeichen ihres respektablen Alters trägt sie eine flatternde Haube. In dieser Aufmachung schreitet sie siegreich über einen am Boden liegenden, bebrillten Geheimrat hinweg, dessen Zopf sich vor Schreck emporsträubt und dessen Ordenskreuz auf die Erde baumelt.
Der Titelillustration entsprach die in der ersten Nummer und in dem eine Woche später ausgegebenen Prospekt *(Abbildung 49)* enthaltene Ankündigung: »Hussa! Tante Voß ist da! Nicht aber etwa die bekannte alte Runkunkel . . ., sondern Tante Voß mit dem Besen, die den Geheimen-Unrath der Reaction auf das Genick tritt und aus dem Tempel der Menschheit alles unsaubre alte Gerümpel ausfegen wird!«[88]

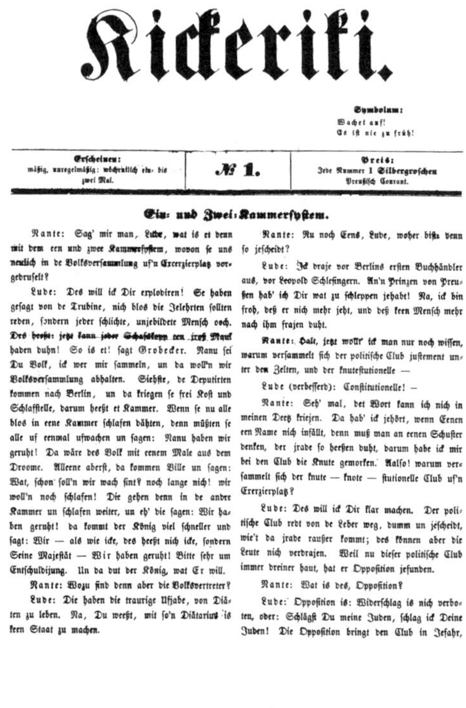

Kickeriki.

Symbolum:
Wachet auf!
Es ist nie zu früh!

Erscheinen: mäßig, unregelmäßig: wöchentlich ein- bis zwei Mal.	№ 1.	Preis: Jede Nummer 1 Silbergroschen Preußisch Courant.

Ein- und Zwei-Kammersystem.

Nante: Sag' mir man, Lude, wat is et denn mit dem een und zwee Kammersystem, wovon se uns neulich in de Volksversammlung uf'n Exerzierplatz vorgedruselt?

Lude: Des will ick Dir explodiren! Se haben gesagt von de Trubine, nich blos die Jelehrten sollten reden, sondern jeder schlichte, unjebildete Mensch ooch. Des heeßt: jetzt kann jeder Schafskopp een jroß Maul haben duhn! So is et! sagt Grobecker. Nanu sei Du Volk, ick wer mir sammeln, un da woll'n wir Volksversammlung abhalten. Siehste, de Deputirten kommen nach Berlin, un da kriegen se frei Kost und Schlafstelle, darum heeßt et Kammer. Wenn se nu alle blos in eene Kammer schlafen dähten, denn müßten se alle uf eenmal ufwachen un sagen: Nanu haben wir geruht! Da wäre des Volk mit eenem Male aus dem Droome. Alleene aberst, da kommen Bille un sagen: Wat, schon soll'n wir wach sint? noch lange nich! wir woll'n noch schlafen! Die gehen denn in de andre Kammer un schlafen weiter, un eh' die sagen: Wir haben geruht! da kommt der König viel schneller und sagt: Wir — als wie icke, des heeßt nich icke, sondern Seine Majestät — Wir haben geruht! Bitte sehr um Entschuldijung. Un da dut der König, wat Er will.

Nante: Wozu sind denn aber die Volksvertreter?

Lude: Die haben die traurige Ufjabe, von Diäten zu leben. Na, Du weeßt, mit so'n Diätarius is keen Staat zu machen.

Nante: Nu noch Eens, Lude, woher bist denn so jescheidt?

Lude: Ick traje vor Berlins ersten Buchhändler aus, vor Leopold Schlesingern. An'n Prinzen von Preußen hab' ich Dir wat zu schleppen jehabt! Na, ick bin froh, deß er nich mehr jeht, und deß keen Mensch mehr nach ihm frajen duht.

Nante: Halt, jetzt woll't ick man nur noch wissen, warum versammelt sich der politische Club justement unter den Zelten, und der knutestutionelle —

Lude (verbesserd): Constitutionelle! —

Nante: Seh' mal, det Wort kann ich nich in meinen Deetz kriejen. Da hab' ick jehört, wenn Eenen een Name nich infällt, denn muß man an eenen Schuster denken, der jrade so heeßen duht, darum habe ick mir bei den Club die Knute gemorken. Aalso! warum versammelt sich der knute — knote — stutionelle Club uf'n Exerzierplatz?

Lude: Des will ick Dir klar machen. Der politische Club redt von de Leber weg, dumm un jescheidt, wie't da jrade raußer kommt; des können aber die Leute nich verdrajen. Weil nu dieser politische Club immer dreiner haut, hat er Opposition jefunden.

Nante: Wat is des, Opposition?

Lude: Opposition is: Widerschlag is nich verboten, oder: Schlägst Du meine Juden, schlag ick Deine Juden! Die Opposition bringt den Club in Jefahr,

47 *Kickeriki* [Juni 1848]
Titelblatt
Eine Eintagsfliege, die sich angesichts des humoristisch-ironisch-satirischen Überangebots nicht halten konnte.

No. 50.

STAATS-ZEITUNG

der

Hölle.

Flammenpfuhl, Ende Juni.

Seine Majestät, der Fürst der Hölle, haben Allergnädigst geruht:

dem von seiner geheimen Mission nach Neapel heimgekehrten Kammerherrn von Schwarzhirn den glühenden Eulenorden dritter Klasse mit Tannennadeln zu verleihen.

Gestern sind behufs des in nächster Zeit allhier abzuhaltenden Congresses angekommen:

der ehemalige österreichische Minister Metternich, in Begleitung seiner russischen Pension,

die weiland preußischen Minister Eichhorn und Thiele mit christlich-germanischem Bewußtsein prima Sorte. —

Morgen erwartet man den französischen Exminister Guizot. —

Die Staatszeitung der Hölle wird pünktlich die Auszüge der Congreßverhandlungen mittheilen. —

Amtlicher Theil.

Gestern Abend hat ein fluchwürdiges Attentat gegen die bestehende Einrichtung stattgefunden. In einem Gasthause hat es nämlich ein Nichtswürdiger gewagt, nachdem er vorher verschiedene Seidel bairischen Bieres getrunken, das Wort „Republik" auszusprechen. Die meisten Zuhörer waren bei diesem Verbrechen wie vom Donner gerührt, und konnten sich kaum von ihrem Entsetzen erholen. Endlich gelang es dem Gensd'armen Kausemeyer zu sich zu kommen und den Attentäter den Gesetzen zu überantworten. Da das Vergehen zu augenscheinlich war, bedurfte es weiter keines Verhöres, und besagtes Individuum ist heute Morgen durch das Schwert vom Leben zum Tode gebracht werden. Alle, die beim Attentate gegenwärtig waren, sind in der strengsten Untersuchung, und es möchte wohl ihre gelindeste Strafe eine Haft von zehn Jahren mit Zwangsarbeit sein. —

48 *Staats-Zeitung der Hölle*, Nr. 50 [= Nr. 1, Ende Juni/Anfang Juli 1848]
Wie *Der ewige Lampe* und möglicherweise *Der Rückschritt*, so gibt auch die *Staats-Zeitung der Hölle* eine fiktive Nummer an. Aufgrund ihrer republikanischen Tendenz dürfte sie ein Opfer der von ihr verhöhnten Behörden geworden sein.

Prospect.

Sonntag. **25. Juni.**

Diese Zeitschrift erscheint wöchentl. mindestens einmal, und zwar jeden Sonntag, nach Umständen jedoch öfter, einen halben Bogen mit satyrischen Illustrationen.

Abonnement bei allen Königl. Postämtern und Buchhandlungen auf je 13 Nummern $17\frac{1}{2}$ Sgr. Preis der einzelnen Nummern $1\frac{1}{2}$ Sgr.

TANTE VOSS

mit dem Besen.

No. 1. Missionsblatt zur Bekehrung der politischen Heiden. **1848.**

Hussa! Tante Voß ist da! Nicht aber etwa die bekannte alte Runkunkel, die das Waschweib der politischen Zöllner und Pharisäer geworden ist, sondern **Tante Voß mit dem Besen**, die den Geheimen-Unrath der Reaction auf das Genick tritt und aus dem Tempel der Menschheit alles unsaubre alte Gerümpel ausfegen wird! — Wer ein kräftiges freies Wort, gesinnungsvollen Ernst im Gewande des Humors, scharfen Witz und beißende Satyre als heilkräftige Geißel für alles Entartete gern hat, der halte sich zur **Tante Voß mit dem Besen!** Sie wird wöchentlich mindestens einmal, nach Umständen auch öfter, erscheinen und jedesmal außer den Hauptartikeln auch lustige Zwischenstücke und eine wohlgefüllte Mausefalle (gepfeffertes Feuilleton) nebst satyrischen Holzschnitten mitbringen. Umstehend geben wir eine kleine, durch den Raum freilich sehr beschränkte, Inhalts-Probe. — Der Abonnements-Preis für je 13 Nummern ist $17\frac{1}{2}$ Sgr. pränumerando. — Einzelne Nummern kosten $1\frac{1}{2}$ Sgr.

Berlin, im Juni 1848.
Charlottenstraße 27.

Die Verlags-Buchhandlung von
S. Löwenherz.

Mein Glaubensbekenntniß:

Ich glaube an den Geist der Freiheit, den geoffenbarten irdischen Gott; ich glaube an die Wunder der Nacht vom 18. zum 19. März, an die Sterne, welche in ihrem Dunkel geleuchtet haben, und an die Sonne, welche nach ihr aufgehen wird. Ich glaube an die Macht des Volks, an die Gerechtigkeit seines Willens, an die Heiligkeit seiner Rechte und an die Nutzlosigkeit der Kardätschen. Ich glaube an keine absolute Gewalt, als an die des Gesetzes, und an kein Gesetz, als welches vom Volk ausgegangen ist. Ich glaube an die Macht der Todesangst, an die Halsstarrigkeit der Selbstsucht und an das dicke Fell des Rhinoceros. Ich glaube, daß es noch Aristokraten, Büreaukraten, Teufelsbraten, Republikaner, Spießbürger und andere Ruhestörer giebt. Ich glaube an das Dasein der Freiheitsmütze und der Schlafmützen. Ich glaube, daß alle Menschen Brüder sind und daß Viele verhungern. Ich glaube an den guten Willen und an den Brunnen in der breiten Straße. Ich glaube an den Teufel des Absolutismus und an die höllischen Heer-

49 *Tante Voss mit dem Besen*, Nr. 1 (Prospect) v. 25. 6. 1848
In Wirklichkeit erschien die erste Nummer dieser Parodie auf die *Vossische Zeitung*, welche die Zeitgenossen durch ihre »Besonnenheit« in Harnisch brachte, bereits am 18. Juni. *Tante Voss mit dem Besen* vertrat das extrem-linke Spektrum der Demokratie.

Ab Nr. 4 (11. Juli) erweiterte das Blatt das Feuilleton »Mausefalle« und trug der »leichten Kavallerie des Humors« in Form von Gesetzestexten, Fabeln und Novelletten in erhöhtem Maß Rechnung. Außerdem brachte es fortan nicht nur anonyme Holzschnitte, sondern druckte auch Illustrationen des berühmten französischen Künstlers J. J. Grandville (eigentlich Jean Ignace Isidore Gérard; 1803 bis 1847) nach, die von der Redaktion mit neuen, passenden Textlegenden versehen wurden.

In diesem Kontext ist auch die von Theodor Hosemann angefertigte Federlithographie »Das Heer der Reaktion« zu erwähnen, die der Zeitschrift als Flugblatt beigelegt worden war.[89]

Am 6. Juli hielt *Tante Voss mit dem Besen*, das heißt der geschäftstüchtige Verleger Samuel Löwenherz,[90] erstmals eine schon mehrfach angekündigte »öffentliche Sitzung« ab, auf der unter dem »Allerhöchsten Präsidium des Humors« die Tagesereignisse im »Sinne des Besens und der Mausefalle« verhandelt werden sollten. Inwieweit diese Leser-Versammlungen Anklang fanden, kann nicht nachgeprüft werden, denn wenige Wochen darauf stellte das Blatt, anzunehmenderweise unfreiwillig, sein Erscheinen ein.

Etwa um die gleiche Zeit, am 26. Juli, trat, im üblichen Gewand (vier Seiten, bedruckter Raum: 18,7 × 23,7 cm), die erste Nummer der »dem souveränen Volk« gewidmeten *Zeltengedanken ohne Mißverständnisse* ins Leben. Die *Zeltengedanken* gehörten zu den wenigen Periodika, die in ihrem Titelkopf keinen Preis angaben, also keinen Warencharakter besaßen *(Abbildung 50)*. Das Blatt erschien im Selbstverlag des etwa dreißigjährigen gescheiterten Eisenhändlers C. W. G. Müller, der 1848 als Straßenpolitiker unter dem Namen »Lindenmüller« eine stadtbekannte Persönlichkeit geworden war. Seine spritzigen politischen Kommentare »in den Zelten« (daher der Titel der Zeitschrift) und »Unter den Linden«, an der Kranzlerecke (daher sein Spitzname), waren »populär wie Knoblauchwürste« und »berauschend wie feiner Kümmelschnaps«. »Lindenmüller« reichte den Berlinern »die Politik in verdaulichen Brocken, nachdem er sie in die kräftige Berliner Witzbrühe getaucht hatte«[91] *(Abbildung 51)*.

Drucker des Blatts war der ehemalige Weinhändler Wilhelm Fähndrich, der im Demokratischen Club eine große Rolle spielte und für seine politische Überzeugung auch das Risiko einer Verurteilung auf sich nahm.[92]

Vorgesehen war, die *Zeltengedanken*, die Szenen, Parabeln, Gedichte, Glossen und komische Anzeigen als satirische Mittel verwendeten, jeden Sonntag und Mittwoch wie Flugblätter auf den Volksversammlungen feilzubieten. Freiwillige Spenden sollten das Unternehmen finanzieren und die Familie eines »unbemittelten in Haft befindlichen Demokraten« (Albert Hopf?) unterstützen. Soweit ist es jedoch nicht gekommen. Am 31. Juli unterdrückte die Polizei den »Lindenclub« und ergriff Maßregeln, »die trotz dem Verbote Versammelten aus einander zu sprengen«; Lin-

№ 1. Mittwoch, den 26. Juli. **1848.**

Zeltengedanken ohne Mißverständnisse.

Dem souverainen Volk von Berlin, Pommern und Schermeisel weiht jeden Sonntag und Mittwoch ein Blatt, und ist von dem Ertrage desselben ein nahmhafter Theil der Familie eines unbemittelten in Haft befindlichen Demokraten zugewiesen von dem verantwortlichen Verweser der Zeltengedanken **C. W. G. Müller**, Marienstraße 1a.

Zeltengedanken links auf der Tribüne.

Volksversammlung.

Principien.

Der Redner.

Meine Freunde, in diesen Angelegenheiten dreht es sich lediglich um das Princip. Es ist im Grunde gleich, ob die 2 Battaillone in oder vor Berlin stehen, aber unverantwortlich bleibt es vom Magistrat, ich möchte es fast taktlos nennen, das er nicht wenigstens scheinbar die Bürgerschaft und das Volk darüber zu Rathe gezogen, oder doch dem Commando der Bürgerwehr ein Wort mitreden ließ.

Ich bin der ohnmaßgeblichen Meinung diesmal ist was dahinter, und wenn es nur der Kriegsminister ist; bisher konnte man nur immer vom Magistrat sagen: es ist nichts dahinter.

Erster Zuhörer, den Redner unterbrechend.

Mein Herr, ich bin vom Magistrat und verbitte mir solche Sticheleien, warauf ich nichts entgegnen kann.

Ein Nebenstehender den vorigen entgegnend.

Wollen Sie wohl schweigen; oder denken Sie vielleicht, Sie sind in die National-Versammlung, wo die parlementarische Unterhaltung noch auf so geringer Stufe steht, das Alles durcheinander schreien kann.

Ein Dritter zu Beiden.

Ja in der National-Versammlung können auch immer Mehrere sprechen, weil dabei so viele Nichtssagende sind, daß es schon oft vorgekommen ist, das sechs Personen mit einem Male den Mund aufthaten und doch nichts herauskam, man nennt dies indirecte Wahl.

Redner.

Die Versammlung ist geschlossen, aber ehe wir auseinander gehen, lassen Sie uns unser gewöhnliches Schlußgebet beten. (Er und die ganze Versammlung nehmen die Kopfbedeckung ab.)

Sehr weiser und hochedler Magistrat, Wohlgeboren. Im Namen des souverainen hier versammelten Volkes ersuche ich Dich, mache uns eine Freude, Du hast es zwar noch nie gethan, aber dies einemal thue etwas recht Gescheites nämlich: —
danke hochgeneigst recht bald ab. Amen.

Alle Zuhörer schreiend.

Danke hochgencigst recht bald ab.

Ende.

Zeltengedanken rechts in den Caffee's.

Stadtrath Schnurks und Geheimerath Jammer im Gespräch.

Stadtrath Schnurks eine Weiße in der Hand.

Sehen Sie, mein sehr hochverehrtester Herr Geheimerath, in dieser Angelegenheit war es uns lediglich um das Princip zu thun; ob die beiden Battallione in oder vor der Stadt stehen, ist gleich, aber Herr v. Schröckenberger meinte, wir müßten Haare auf den Zähnen bekommen.

Ein Zuhörer heimlich zu seinem Nachbar.

Sehr merkwürdige Zumuthung von dem Schröckenberger! Wachsen denn die so schnell?

Entgegnung des Anderen.

Ja wenn sich die Bärte von Held oder Eichler draufkleben ließen, und selbst die würden auf so unfruchtbaren Boden nicht gedeihen.

Geheimerath Jammer.

Sehr weise das von Ihnen, mein aller vortrefflichster Herr Stadtrath, wir haben morgen im Club eine ähnliche Principienfrage, sie stand zwar schon gestern auf Tagesordnung, es waren jedoch nur fünf Personen da, und von denen konnte Niemand darüber sprechen. Appropos wollen Sie sich nicht auch bei uns aufnehmen lassen im Preußencl—.

Stadtrath Schnurks ihn ängstlich unterbrechend.

Bitte, bitte, ich gehöre schon zum Patriarchischen. Bei uns war es gestern sehr voll, wohl an 40 Menschen das heißt, es hatten auch Nichtmitglieder Zutritt, und denken Sie den Eklat; außer einen Referenten der Zeitungshalle kam ein Mensch und wollte für eine arme Familie sammeln; so etwas kommt bei uns schon an und für sich nicht vor, aber rathen Sie Bester, für wessen Familie der Mensch sammeln wollte?

Geheimerath Jammer.

Für Henich, Sattzrow oder für den da in der Wilhelmsstraße 122a, oder für Brennöhl?

Stadtrath Schnurks mit Resignation das Tuch vor die Augen.

Nein, für — Siegerist! – –

Geheimerath Jammer erbleichend.

F— ü r Sieg — e — rist? fällt ohnmächtig nieder, stößt dabei an einen Tisch, der schlägt um, und drei volle Weißen, die darauf standen, ergießen sich über ihn.

Ein Junge mit Flugschriften tritt ein.

Meine Herren, Fortschritte der Reaction Enen Groschen;
Der Magistrat muß abdanken Enen Sechser.

Ende.

50 *Zeltengedanken ohne Mißverständnisse*, Nr. 1 v. 26. 7. 1848
Kostenlos ausgegebenes Sprachrohr des in den »Buddelmeyer«-Blättern verspotteten Eisenhändlers und Volksredners C. W. G. Müller (= Lindenmüller).

denmüller wurde fortan »immer nur auf kurze Zeit« aus der Haft entlassen. Die von konservativer Seite als »Stänkerclub« bezeichneten Zusammenkünfte hatten – aus der Sicht eines Beteiligten – die »überströmenden Herzen« erleichtert und »das Volk politisch und geistig zu einer höheren Staffel« erhoben *(Abbildung 52)*.[93]

Am 12. August erschien unter dem knalligen Titel *Berliner Grossmaul* (ab Nr. 5: *Berliner Großmaul*), zum Preis von einem Silbergroschen, erstmals wieder ein Renner auf dem Berliner Witzblatt-Markt. Vorbild war der zwei Monate früher gegründete *Berliner Krakehler*. Wie dieser hatte das Blatt ein ungewöhnliches Format (bedruckter Raum 15,5 × 30,5 cm). Wie dieser stellte es zwischen seinem Erscheinungsdatum und jüngst vorgefallenen beziehungsweise seiner Phantasie entsprungenen Ereignissen eine Verbindung her. Wie der *Berliner Krakehler* schließlich, so gab auch das *Berliner Großmaul* anfangs – bis Nr. 8 vom 9. Oktober – Auflagenzahlen an, die am 23. August (Nr. 3) mit 25 202 Exemplaren einen Spitzenwert erreichten.

Das *Berliner Grossmaul (Großmaul)* wurde im August von der Verlagsdruckerei Ferdinand Reichardt ein- bis zweimal wöchentlich, anschließend zwei- bis dreimal im Monat auf den Markt gebracht.

51 *Versammlung des Politischen Clubs »Unter den Zelten«* (20. 4. 1848)
Holzstich aus der *Illustrirten Zeitung* (Leipzig).

Illustrirte Zeitung.

№. 284.] — Erscheint jeden Sonnabend. — Leipzig, den 9. December 1848. — Vierteljährlicher Preis 2 Thlr. — [XI. Band.

Die deutsche Reichsversammlung und die preußische Landesversammlung.

Es ist der deutschen Reichsversammlung, seitdem sie durch ihren unglückseligen Beschluß über die Paragraphen 2 und 3 des Verfassungsentwurfs über die Reichsge-

Der souveraine Lindenclub in Berlin — vor dem Belagerungszustande.

Dr. Lövinsohn. Linden-Müller. Dr. Eichler. Graf Reichenbach.

52 *Illustrirte Zeitung*, Nr. 284 v. 9. 12. 1848
Der souveraine Lindenclub in Berlin – vor dem Belagerungszustande
Holzstich
Ein wichtiges Kommunikationszentrum der Straßendemokratie war die Kranzlerecke Unter den Linden. Der Ende Juli 1848 aufgelöste, nichtsdestoweniger weiterhin zusammentretende Lindenclub bildete auch für die Berliner Flug- und Witzblätter ein gerne erörtertes Thema.

Nach einer fast zweimonatigen Unterbrechung übernahm Reichardt, der als Mitglied des »Vereins der Freimütigen« das demokratische Lager unterstützte, am 4. Dezember (Nr. 9) auch die Redaktion.[94]

Das reich bebilderte *Berliner Gro[ss]ßmaul* brachte Beiträge von Gl., Wilhelm Scholz und Adalbert Müller. Von letzterem stammt auch der gelungene Holzschnitt im Zeitungskopf. Er zeigt links einen Geheimen Rat mit Brille und Stehkragen, rechts einen Spießbürger mit »Kuhfuß« und Weißbierglas. Hinter beiden gestikuliert ein Demagoge mit Demokratenbart. Seine gezückte Feder läßt unschwer auf den Beruf des »Literaten« schließen *(Abbildung 53)*.

In jeder Nummer überprüfte die Redaktion, in wieweit das »Wort« dieser drei Typen von ihren geheimen Gedanken abwich. Hier und im übrigen Inhalt des Blatts wechseln Ironie und Selbstironie, Kritik am Gegner und am eigenen Lager miteinander ab. So findet sich zum Beispiel in der vierten Ausgabe vom 26. August folgender Dialog zwischen dem »Barbier Till« und dem »Volksbeglücker Wühler«: »Till: ›Ach hätten wir nur erst die Republik.‹ Wühler: ›Geduld, wird schon noch kommen. Wir lassen nicht eher nach. Für's Erste halten wir Berlin in ewiger Aufregung, alle Augenblick machen wir einen Tumult.‹ Till: ›Sie sind ein ganzer Mann, Sie meinen es aufrichtig mit dem Volke.‹ Wühler: ›Larifari, was liegt mir am Volke, wenn ich nur steige . . .‹«

In der Zwischenzeit hat das »Organ für und von Bummler« *Kladderadatsch* seine Stellung gefestigt. Bis Juni war die Zahl der Abonnenten, »die sich genannt und bezahlt haben«, auf 4 800 gestiegen.[95] Fast jede Nummer wurde, wie die Redaktion wiederholt mißbilligend feststellte, von »litterarischen Gaunern« geplündert. Auch von »Drohbriefen« blieb die Redaktion nicht verschont.[96]

Der *Kladderadatsch* war für »Wahrheit, Öffentlichkeit, Freizügigkeit«, kurz für den »unbesonnenen Fortschritt«. Angesichts der heraufziehenden Konterrevolution gab er allerdings den Lesern zu verstehen, daß er sich eine gewisse Selbstbeschränkung auferlegen müsse. In den von David Kalisch verfaßten »Sprüchen Salomo's«, die zum erstenmal am 18. Juni (Nr. 7) erschienen sind, hieß es unter anderem: »Mein Sohn, liebe Gott und die Menschen, fürchte aber den Polizeipräsident von Minutoli, denn er hat überall sein Leute.«

Der sich abzeichnende Erfolg des *Kladderadatsch* brachte den Flugblatt- und Witzblatt-Verleger Albert Hofmann auf den Gedanken, besonders gelungene Illustrationen für Nebenprodukte zu verwerten. Als Ergebnis dieser Überlegungen erschien in der zweiten Julihälfte – ohne nähere Angaben über Periodizität und Preis – Nummer 1 der Druckschrift *Der neue Berliner Struwwelpeter. Ein politisches Bilderbuch für Reactionaire und Revolutionaire und solche, die es werden wollen.* Das Modell dieser bei J. Draeger gedruckten Zeit- oder Flugschrift, die wohl in zwangloser Folge herauskommen sollte, war das bereits 1845 entstandene illustrierte Kinderbuch des

No. 8. **Zweite verbesserte Auflage!** 1848.
Die ersten 200 Expl. waren in 2 Tagen vergriffen.

Berliner Großmaul.

So reden sie!

Geh. Rath: Endlich treten die Regierungen kräftig auf. Die Befehle des Reichsverwesers werden Wunder thun. Anarchie hört auf und Ordnung gewinnt die Oberhand.

Demagoge: Bewaffnete Reaction, absolute Armeebefehle, Belagerungszustand der Städte und Säbelregiment, Aufhebung der freien Presse! So erfüllt man Versprechungen!

Spießbürger: Ick habe wol warten gelernt, aber auf die Verfassung zu warten, det geht nich länger. Liebers will ich gar keene Verfassung haben! —

Preis 1 Sgr.
Unter Verantwortlichkeit der Verlagshandlung.

So denken sie!

Geh. Rath: Alle große Städte müssen in Belagerungszustand erklärt werden. Der Reichsverweser wird es befehlen, denn er hat so eben den Befehl dazu von den gesammten Regierungen erhalten.

Demagoge: Jetzt wird mir die Sache zu bunt. Ich sehe keinen Ausweg mehr. Die Freiheit wird von der Reichs-Armee geshrapnelt.

Spießbürger: Sein täglich Brod haben ist mehr werth als alle Verfassung. Ick were een Reactionär, da laßt die ganze rechte Seite bei mich arbeeten.

Montag, den 9. October,

Vierzehn Tage vor der Erklärung Berlins in den Belagerungszustand, acht Tage nach der berühmten Rede des Herrn Pfuel, mehrere Tage nach dem Stumpfwerden des Wrangelschen Degens, zu derselben Zeit, als die Mühle bei Sans-souci sich nach dem Winde drehte und scharf mahlte.

Sitzung des demokratischen Frauen-Vereins,

abgehalten im Gasthofe zur wildgewordenen Ente an jenem denkwürdigen Tage, an welchem die Männer der demokratischen Frauen hungrig zu Bette gingen.

Der Saal ist ansehnlich gefüllt. Die anwesenden Damen haben sich in einzelne Gruppen gesondert, welche sich lebhaft unterhalten, die meisten Damen rauchen Cigarren. Unter dem allgemeinen Schnattern vernimmt man häufig die Worte: Emancipation, bisherige Sclaverei, Zerbrechung lästiger Fesseln, Pariser Mode, Selbstständigkeit des weiblichen Geschlechts, Leipziger Messe, Vorurtheile, Erlangung der Mündigkeit, Einbildung der Männer, neue Garnirung u. s. w.

Endlich besteigt die Präsidentin das Redner-Sopha und erklärt die Sitzung für eröffnet. Nach siebenmaligem Schellen mit der Glocke tritt einigermaaßen Stille ein, die durch Zischeln, Flüstern und Wispern jedoch häufig unterbrochen wird.

Die Präsidentin (Fräulein Kringeldanz). Meine Damen, die Sitzung ist eröffnet. Mit Unrecht hat man uns bisher das schwache Geschlecht genannt. Ich bitte um Ruhe! (Schellt mit der Glocke.) Die meisten von Ihnen, meine Damen, wissen, welche Gewalt und Macht wir über die Männer haben. Der große Augenblick ist gekommen, wo die Freiheit sich auch auf das weibliche Geschlecht erstrecken soll.

Madame Zumpel (leise) Fräulein Kringeldanz hat sich immer frei genommen, kein Wunder, daß sie jetzt so für die Freiheit ist.

53 *Berliner Großmaul*, Nr. 8 v. 9. 10. 1848, 2. Auflage
Titelblatt
Das seit dem 12. August 1848 erscheinende, durch sein ungewöhnliches Format auffallende *Berliner Großmaul* war neben dem *Berliner Krakehler* das auflagenstärkste Witzblatt der preußischen Hauptstadt. Nr. 8 war dem Demokratischen Frauen-Verein gewidmet, der den Spott aller Berliner Witzblätter hervorrufen sollte.

Frankfurter Sanitätsrats und späteren Nervenarztes Dr. Heinrich Hoffmann *Der Struwwelpeter*.

Der neue Berliner Struwwelpeter (Abbildung 54) enthielt ausschließlich Zeichnungen und Figuren (Schultze und Müller) aus dem *Kladderadatsch*, die von den »Gelehrten« mit abgeänderten erklärenden Bildlegenden in Versform versehen worden waren. Die Druckschrift kann nicht als ein »Blatt für jede politische Meinung« angesehen werden,[97] sondern vielmehr als ein kritisch-ironischer Bericht über den gegenwärtigen Stand der Auseinandersetzungen zwischen den Nutznießern der Revolutionserrungenschaften und ihren sich immer lautstärker gebärdenden Gegnern. Gezielt warb der *Neue Berliner Struwwelpeter* für den *Kladderadatsch* und ihm nahestehende Witzblätter, die nicht nur auf dem Titelblatt von einem »fliegenden Buchhändler« ausgerufen, sondern auch als Lieblingslektüre der Berliner Notstandsarbeiter angepriesen wurden. Im »Lied« der Rehberger, die so genannt wurden, weil sie die nördlich vom Wedding gelegenen »Rehberge«, eine Reihe von Sanddünen, einebnen sollten, hieß es:

»Un sind wir von de Arbeet matsch,
Denn wird zum Spaß jelesen:
Wir bilden uns janz demokrat'sch,
Wir halten bloß den *Kladderadatsch*
un *Tante Voß mit'n Besen*.«[98]

Am 20. August zog der *Kladderadatsch* (Nr. 16) unter namentlicher Aufzählung seiner weniger glücklichen Kollegen und in gelinder Übertreibung folgende Zwischenbilanz: »Von dem was seit März ward angefangen, ist leider das Meiste schon eingegangen. Die Schriften und Blätter, sie grünten im Mai, – jetzt herbstliches Wetter und Alles vorbei.«

Nr. 1. Der neue
Berliner Struwwelpeter.
Ein politisches Bilderbuch
für Reactionaire und Revolutionaire.
und solche, die es werden wollen.

54 *Der neue Berliner Struwwelpeter*, Nr. 1 [zweite Julihälfte 1848]
Titelkopf
Mit dem *Neuen Berliner Struwwelpeter* (eine Ausgabe) unterstützte der Verleger Albert Hofmann das »Organ für und von Bummler« *Kladderadatsch*.

Nr. 1. **1848.**

Diese Zeitschrift erscheint wöchentlich zweimal in halben Bogen. Abonnement für Berlin vierteljährlich 20 Sgr. Für auswärts kömmt der Postaufschlag hinzu. Alle Postämterr und Buchhandlungen nehmen Bestellungen darauf an.

Der Volks-Tribun.

Redigirt unter Verantwortlichkeit der Verlagshandlung.

Verlag von S. Löwenherz in Berlin, Mohrenstrasse Nr. 39.

Dienstag. **5. September.**

An die Nation.

Das Ministerium hat in der gestrigen Sitzung der National-Versammlung die schriftliche, von jedem seiner Mitglieder unterzeichnete Erklärung abgegeben:

daß es den Beschluß der Versammlung vom 9. August c.

„der Kriegsminister möge in einem Erlasse an die „Armee sich dahin aussprechen, daß die Offiziere „allen reactionairen Bestrebungen fern bleiben, „nicht nur Conflikte jeder Art mit dem Civil vermeiden, sondern auch durch Annäherung an die „Bürger und Vereinigung mit denselben zeigen, „daß sie mit Aufrichtigkeit und Hingebung an der „Verwirklichung eines constitutionellen Rechtszustandes mitarbeiten wollen, und der Herr Kriegsminister möge es denjenigen Offizieren, mit deren politischer Ueberzeugung dies nicht vereinbar „ist, zur Ehrenpflicht machen, aus der Armee auszutreten."

gar nicht ausführen werde. —

Sind das die Früchte der Revolution? Sind das die Errungenschaften der Nacht vom 18. zum 19. März? — Glaubt etwa das Ministerium, jetzt, — nachdem es Militair genug nach Berlin und seiner Umgebung gezogen, — die Freiheiten des Volkes spielend mit sicherer Hand, zertrümmern zu können?

Es möchte das Ministerium sich wohl täuschen, denn das Sprüchwort sagt:

Allzuviel ist ungesund, und **wo das Maaß voll ist, da läuft es über.** Darum geht noch Einmal die warnende Stimme an die unverantwortlichen Männer der Nation: fordert nicht leichtsinnig das Volk zum Kampfe heraus. —

Volk von Berlin! Jetzt naht der Augenblick, wo Du zeigen sollst, daß Du dem Vaterlande die Freiheit gebracht, daß unsere Revolution kein bloßer gewaltsamer Zusammenstoß, kein eitles Puppenspiel war. Und wer dies vielleicht dennoch glauben sollte, — und wären es selbst unsre Minister — der meint es nicht ehrlich mit dem Volke. — Wir wissen sehr wohl, was unser König uns versprochen, wir wissen sehr wohl, daß er uns als Ehrenmann das gegebene Versprechen zu halten gesonnen ist, daß er es uns halten wird, und darum eben bezeichnen wir die gestrige Handlungsweise des Ministeriums als eine **unverantwortliche**, als eine mit der Gesinnung des Königs im strikten Widerspruch stehende; sie trägt gewissermaßen den Verrath am Könige und am Volke auf der Stirn.

Pocht das Ministerium etwa auf die ihm zu Gebote stehende Gewalt? Es täusche sich nicht. Das Volk möchte sonst leicht das Ministerium und seine Schergen auf den 19. März zurückführen.

Schmachvoll wäre es, wollte das Volk sich eine solche Behandlung seiner Vertreter gefallen lassen, und zwar von einem Ministerio, das zeither nur durch unser Vertrauen Bestand hatte. Auch hier zeigt sich wiederum die Wahrheit des Ausspruchs: wem man den Finger bietet, der nimmt gewöhnlich die ganze Hand. Man fordert das Volk förmlich zum Kampfe heraus. Will das Ministerium einen Kampf?

55 *Der Volks-Tribun*, Nr. 1 v. 5. 9. 1848
Titelblatt
Der Volks-Tribun versuchte vergeblich, die nach sechs Ausgaben eingegangene *Tante Voss mit dem Besen* zu ersetzen.

Noch war freilich nicht »Alles vorbei«. Alte Bekannte wie *Die ewige Lampe*, *Freie Blätter*, *Berliner Krakehler* und *Berliner Großmaul* wirkten weiter; neue Gründungen standen bevor.

Am 5. September startete der Verlag Samuel Löwenherz einen neuen Witzblatt-Versuch. Der vier Quartseiten (17,3 × 22,3 cm) enthaltende *Volks-Tribun (Abbildung 55)* unterschied sich zwar in der Aufmachung, jedoch nicht in der radikal-demokratischen Tendenz von *Tante Voss mit dem Besen*. Seine Lebensdauer war freilich noch kürzer. Obwohl als zweimal wöchentlich erscheinende Zeitschrift geplant (Abonnement für Berlin vierteljährlich 20 Silbergroschen), brachte er es vermutlich nur zu einer einzigen Nummer. Ebenfalls im September gelobte *Der Berliner Kobold* in seiner vierseitigen Probenummer (17 × 24,5 cm), »mit lustiger Würze und Kürze . . . aus klarem Kopfe und warmem Herzen immer frisch von der Leber weg zu sprechen« *(Abbildung 56)*. Das Blatt wurde von der Firma Marquardt und Steinthal gedruckt; ein Verleger oder Redakteur wurden nicht genannt.

Die Einzelnummer des *Berliner Kobolds* kostete einen Silbergroschen. Ausgesprochen preiswert war das Monatsabonnement für zwölf Nummern: Es sollte fünf Silbergroschen betragen. Geschäftsanzeigen von Abonnenten waren bis zu vier Zeilen frei. Eine weitere Ausgabe des *Berliner Kobolds* liegt freilich nicht vor, sei es, daß die erhofften »Paar Tausend gesunder Leser« ausgeblieben sind, sei es, daß die regierungsfeindliche Tendenz des Blattes zu seinem Verbot geführt hat.

Am 1. November 1848 erschien endlich auch eine Frau als Herausgeberin einer politisch-satirischen Zeitschrift auf dem Plan: die von ihren Zeitgenossen oft und gern mit der emanzipierten französischen Schriftstellerin George Sand (1804 bis 1876)[99] verglichene Louise Aston (1814 bis 1871).

Im April 1848 hatte sie als freiwillige Krankenschwester an dem deutsch-dänischen Krieg um die »up ewig ungedeelten« Herzogtümer Schleswig und Holstein teilgenommen.[100] Der Titel ihrer Wochenschrift *Der Freischärler* dürfte mit dieser Lebenserfahrung zusammenhängen, aber auch mit dem mißgluckten badischen September-Aufstand. An beiden Expeditionen hatten »Freischaren«, das heißt freiwillige Truppen teilgenommen. Harmloser wirkte der Untertitel »Für Kunst und sociales Leben«, der angesichts der fortschreitenden Reaktion den eminent politischen Inhalt verschleiern sollte *(Abbildung 57)*.

Ungenannter Mitherausgeber war der freie Schriftsteller Carl Fren[t]zel (1827 bis 1914), der später als Feuilleton-Redakteur der *National-Zeitung* sowie als Literaturkritiker der *Deutschen Rundschau* großen Einfluß auf das Berliner Bürgertum ausüben sollte.

Der vierseitige, nicht illustrierte *Freischärler* (Satzspiegel 16,5 × 21,5 cm) wurde von Leopold Lassar verlegt und von J. C. Fuchs gedruckt; das Monatsabonnement belief sich auf fünf Silbergroschen. Das Blatt enthielt satirische, ja sarkastische Prosabei-

Der Berliner Kobold.

Preis 1 Silbergroschen.

Was will der Kobold?

Dieser Kobold soll erstens alle Zeitungen kurz und bündig ersetzen. Wer kann denn alle die großen Zeitungen und die ellenlangen Artikel darin lesen? Zweitens soll er lustig sein, weil er an Gott und an den Sieg der guten Sache des Volks glaubt, so schlecht es uns allen auch jetzt gerade geht. Drittens will er mit lustiger Würze und Kürze möglichst verständigen und aus klarem Kopfe und warmen Herzen immer frisch von der Leber weg sprechen. Solche Sprache versteht Jeder und hat seinen Profit und Spaß davon, wenn er auch für jede Nummer 1 oder besser monatlich für 12 Nummern 5 Sgr. giebt. Man kann den lustigen Zeitungs-Kobold durch jede Post und Buchhandlung in jeder Himmelsgegend kriegen. Wem bei den schauderhaft klammen Zeiten monatlich 5 Sgr. für 12 Nummern zu schwer fallen, der kann ja mit seinen Vettern, Gevattern und getreuen Nachbarn zusammenschießen und lesen. Da kann Jeder für monatlich 1 Sgr. oder noch weniger alle Wochen dreimal auf die kürzeste, lustigste Weise erfahren, was in den großen, langen Zeitungen steht und in der Welt passirt bis hinten in die Türkei und noch weiter, wo der Pfeffer wächst. Eine alte, verhaßte Welt geht unter, eine neue, schönere auf. Da muß Jeder aufpassen und sich um die Geschichten, die alle Tage passiren, bekümmern wie um's liebe Brod. Der Mensch lebt nicht vom Brod allein, er muß auch Butter darauf und eine Zeitung dazu haben. Nehmt mal diese hier. Es müßte mit dem Teufel oder 99000 Constablern zugehen, wenn sie nicht unter 40 Millionen, die Deutsch verstehen, ein Paar Tausend gesunde Leser finden sollte, die gern kurz, klar, lustig, vollständig und wohlfeil erfahren wollen, wie's in der Welt aussieht. Wer von den Lesern etwas über sein Geschäft und dergleichen bekannt machen will, hat monatlich 4 Zeilen frei. Und wer über Geschichten, die bei ihm passiren, uns Berichte schickt, ist uns auch willkommen und findet sie und sich gedrückt, uns aber stets lustig und guter Dinge. –

Oeffentliche Anklage des Ministeriums Auerswald.

Die Minister Auerswald, Hansemann, von Schreckenstein, Milde, Märker, Gierke und Kühlwetter übernahmen die Verpflichtung, die vom Volke errungenen und vom Könige bewilligten Rechte mit den Vertretern des Volks in eine Verfassung zu bringen und zu heiligen. Das Ministerium der That that durchaus das Gegentheil:

1) Die Volksbewaffnung ward mit Hülfe der Rechten unserer National-Versammlung, der ledernen, nickenden Gliederpuppen der Minister, durch Annahme des Bürgerwehrgesetzes zur Lüge, zu einem Polizei-Institute der Regierung.

2) Das freie Versammlungs-Recht ward von dem Belieben der Polizei abhängig gemacht, d. h. nichts Anderes als aufgehoben, zur Lüge gemacht.

3) Die freie Presse ließ man durch Richter und Gesetze des alten, gestürzten, absoluten Zwangs-Systems behandeln und ebenfalls zur Lüge machen, statt durch provisorische Gesetze der Freiheit zu zeigen, daß man die theuer erkauften Rechte des Volks ehre und respectire.

4) Die Unfreiheit und Unerträglichkeit der Zustände bis zum 18. März bestand in allseitiger Polizei-Bevormundung. Statt dieses Polizei-Unwesen abzuschaffen, verwandelte das Ministerium Alles in Polizei, und besetzte unsere Häuser und Straßen mit öffentlichen Polizeispionen, die noch durch geheime unterstützt werden. Auch die Bürgerwehr soll nur eine andere Sorte von Constablern werden.

5) Die Sicherheit der Person und des Eigenthums ward durch willkürliche Verhaftungen durch nächtliche Einbrüche und öffentlichen Ueberfall (der Freischärler bei Spandau) verhöhnt.

6) Durch die Weigerung, den Beschluß der National-Versammlung vom 9. August auszuführen, ward der constitutionelle Grund und Boden verleugnet, die ganze National-Versammlung und damit das ganze Volk offen geohrfeigt, und deutlich zu verstehen gegeben, daß man das verhaßte, alte Militär-Institut in seiner blinden Brutalität des Gehorsams um der bewaffneten Feindseligkeit gegen das Volk erhalten wolle.

7) Dadurch haben die Minister Unruhe, Unordnung, allseitiges Volks-Elend befördert, statt diese Uebel zu lindern. Die Minister sind dem Volke verantwortlich. Die Vertreter des Volks müssen sie dafür, daß sie die Volksrechte immer entschiedener verleugnet, die Verfassung gebrochen und die Rückkehr von Ruhe, Ordnung, Arbeit, Verdienst und Zufriedenheit verhindert und aufgehalten haben, zur Verantwortung ziehen.

Aber die Minister sind von der Majorität der Rechten in dieser sauberen Thätigkeit unterstützt und bestärkt worden! Diese Majorität kann nicht in eigener Sache richten. Wer denn?

---

56 *Der Berliner Kobold* [September 1848]
Titelblatt
Von dieser Zeitschrift ist nur eine Nummer nachgewiesen.

träge, als deren Autor C. F. (Carl Frentzel) zeichnete, ferner unsignierte witzige Dialoge, Gedichte, Berichte, Kommentare, endlich – aus der Feder Louise Astons und eines gewissen C. G. (Carl Gutzkow?)[101] – mehrstrophige Dichtwerke, deren abstraktes Pathos an die politische Lyrik des Vormärz anknüpfte. *Der Freischärler* verzichtete auf das beliebte Berliner Idiom und repräsentierte als »elitär-räsonierendes Organ« die Meinung »eines relativ isolierten Zirkels innerhalb des demokratischen Lagers«.[102]

DER FREISCHÄRLER.

Für Kunst und sociales Leben.

Jeden Mittwoch erscheint eine Nummer. — Alle Postämter und Buchhandlungen des In- und Auslandes nehmen Bestellungen an. — Hauptexpedition in Berlin: Charlottenstr. Nr. 42 (Voßische Buchhandlung).

Redigirt von Louise Aston.

Preis für die Monate November und December 10 Sgr. incl. Bringerlohn; auswärts nach Verhältniß des bestehenden Postaufschlags. — Inserate die gespaltene Petitzeile 1 Sgr. 3 Pf.

Nr. 1. Mittwoch, den 1. November. 1848.

Im Oktober.

Trübe Bilder ziehn vorüber,
Und es bluten alte Wunden!
Völker schüttelt rings das Fieber:
Kann ein krankes Herz gesunden?

Seit der heil'gen Nacht des Märzen
Ging manch' schöne Hoffnung unter
Und der jungen Freiheit Kerzen
Brannten matt und tief herunter!

Und wir steh'n mit dumpfem Schweigen
Bei dem früh erlosch'nen Glanze;
Der Begeist'rung wilder Reigen
Ward zu früh zum Todtentanze.

Trübe Bilder ziehn vorüber,
Und es bluten alte Wunden!
Völker schüttelt rings das Fieber:
Kann ein krankes Herz gesunden?

Louise Aston.

Reactionäre Freiheitsphantasien.

Als der alte ehrwürdige Claudius, der liebenswürdige Wandsbecker Bote, sein männiglich bekanntes, tausendmal gesungenes und wiedergeklungenes Lied: „Am Rhein, am Rhein, da wachsen unsre Reben“ zum ersten Male angestimmt und in das deutsche Land hinaus hatte tönen lassen, da schickte ihm Einer, in dessen Brust es Anklang gefunden, zum freundlichen Dank ein Fäßchen alten Johannisberger. Als man nun dem guten ehrlichen Alten das erste Glas davon eingeschenkt und er davon gekostet hatte, da wandte er sich ruhig um und sagte blos: „So, so — also das ist Rheinwein!“ Bewährte Psychologen wollen aus dieser Aeußerung den Schluß ziehen: hätte der alte Claudius schon früher einmal Rheinwein getrunken, so wäre unser deutscher Liederschatz um eine seiner kostbarsten Perlen ärmer geblieben. Ich mag mich auf diese Untersuchung nicht einlassen; ich meine aber, man könnte aus der Geschichte noch eine andere Moral ziehen, nämlich die, daß man sehr gut über Dinge reden kann, die man nicht kennt und versteht. — Ich bin reactionär; ich stehe auf dem historischen Standpunkt, auf dem Boden der Geschichte, und auch hier finde ich durch die Erfahrung meine Moral gerechtfertigt. Wie viele Recensenten zum Beispiel lesen die Bücher, die sie zu kritisiren haben, gar nicht? Natürlich nur um nicht in ihrem Urtheil captivirt zu werden und sich desto unparteiischer verhalten zu können. Und ich habe gefunden, daß die Kritiken über solche Werke und Gegenstände, von denen die Kritiker nichts kannten und verstanden, immer die besten und gediegensten waren. Und unsere Kammern und Parlamente — werden nicht gerade die geistreichsten Reden über Dinge gehalten, von denen die Redner am wenigsten verstehen?

Ich habe oft an die Geschichte mit dem alten Claudius gedacht, nie aber mehr als jetzt. Wie jenem mit dem Rheinwein, so geht es uns mit der Freiheit. Ha-

57 *Der Freischärler*, Nr. 1 v. 1. 11. 1848
Titelblatt
Mit großer zeitlicher Verzögerung gesellte sich eine emanzipierte Frau zu den Revolutionspublizisten.

3. Gegen Demokraten helfen nur Soldaten: Der Tod der satirischen Revolutionspresse

Am 10. November 1848 rückte der zwei Monate zuvor zum Oberbefehlshaber sämtlicher in den Marken (Kurmark, Altmark, Uckermark, Neumark) stehender Truppen ernannte General der Kavallerie Friedrich Heinrich Ernst von Wrangel (1784 bis 1877) mit 13 000 Soldaten und 60 Geschützen in Berlin ein, ohne auf aktiven Widerstand zu stoßen. Am 11. November wurde die preußische Nationalversammlung vertagt und am 12. standen die Stadt und ihr Umkreis von zwei Meilen (= 15 Kilometer) im Verfolg eines Erlasses des Königlichen Staats-Ministeriums unter dem Belagerungszustand. Noch am selben Tag verordnete Wrangel die Schließung aller zu politischen Zwecken gegründeten Clubs und Vereine und schränkte die Versammlungsfreiheit drastisch ein.[103] Am 13. November suspendierte er »während der Dauer des Belagerungs-Zustandes« acht demokratische Blätter, darunter das »Triumvirat in der Republik des Humors«: *Die ewige Lampe*, *Berliner Krakehler* und *Kladderadatsch (Abbildung 58)*.[104] Eine zweite, ebenfalls vom 13. datierte Bekanntmachung verbot die Veröffentlichung und Verbreitung von politischen Plakaten und Flugschriften. Durch diese Maßnahmen wurde einer der wichtigsten März-Errungenschaften, der neuen, volkstümlichen Öffentlichkeit, für viele Jahrzehnte der Garaus gemacht.

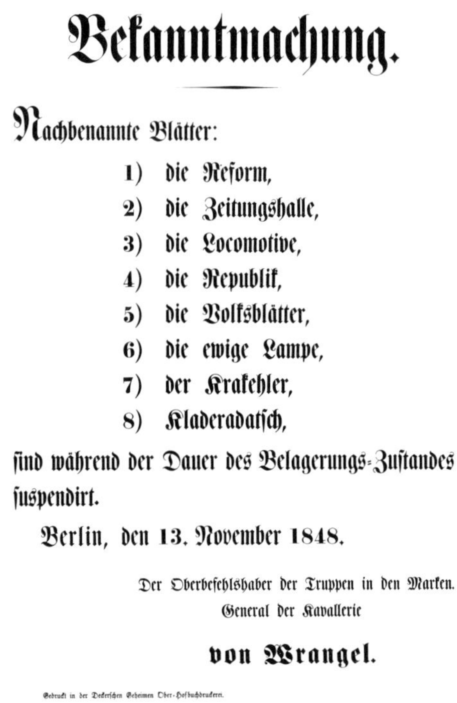

Bekanntmachung.

Nachbenannte Blätter:

1) die Reform,
2) die Zeitungshalle,
3) die Locomotive,
4) die Republik,
5) die Volksblätter,
6) die ewige Lampe,
7) der Krakehler,
8) Kladderadatsch,

sind während der Dauer des Belagerungs-Zustandes suspendirt.

Berlin, den 13. November 1848.

Der Oberbefehlshaber der Truppen in den Marken.
General der Kavallerie

von Wrangel.

Gedruckt in der Deckerschen Geheimen Ober-Hofbuchdruckerei.

58 *Bekanntmachung des Oberbefehlshabers der Truppen in den Marken, General der Kavallerie von Wrangel* (13. 11. 1848)
Nach der Verhängung eines (fast neunmonatigen) Belagerungszustands über Berlin wird der Opposition der Mund verboten. Die meisten Witzblätter stellen ihr Erscheinen ein.

Der Freischärler legte daraufhin am 29. November (Nr. 5) dem die Macht der Presse fürchtenden Wrangel folgende Worte in den Mund:

»Barrikaden? – Meinetwegen!
Mögen sie sie tausendfach
In und um die Straßen legen:
Will sie halten schon in Schach!
Aber Blätter?
Donnerwetter!
Keine Feder soll sich regen!
Sprach's und schlug sich an den Degen.«

Angesichts der drastischen Beschränkung der Publizität erscheint es als ein Witz der Geschichte, daß die am 5. Dezember 1848 von Friedrich Wilhelm IV. oktroyierte, das heißt als Gnade gewährte Verfassung in Artikel 24 die Pressefreiheit als ein »Recht der Preußen« verkündigte:

»Jeder Preuße hat das Recht, durch Wort, Schrift, Druck und bildliche Darstellung seine Gedanken frei zu äußern.

Die Preßfreiheit darf unter keinen Umständen und in keiner Weise, namentlich weder durch Censur, noch durch Konzessionen und Sicherheitsbestellungen, weder durch Staatsauflagen noch durch Beschränkungen der Druckereien und des Buchhandels, noch endlich durch Postverbote und ungleichmäßigen Postsatz oder durch andere Hemmungen des freien Verkehrs beschränkt, suspendirt oder aufgehoben werden.«[105]

Mehrere Witzblätter stellten nunmehr in rascher Folge ihr Erscheinen ein. Die letzte Nummer des *Freischärlers* (Nr. 7) erschien am 16. Dezember; inzwischen hatte Louise Aston ihren Ausweisungsbefehl erhalten. Neun Tage später wurde das *Berliner Großmaul* (Nr. 11), obwohl es »immer nur das Ober-Lächerliche« mit »Spott und Satyre« angegriffen hatte, zum Schweigen verurteilt.[106]

In der zweiten Dezemberhälfte wurden die *Freien Blätter*, die nach der Verhängung des Belagerungszustands und einer dreiwöchigen Unterbrechung nach Leipzig ausgewichen waren,[107] als »aufrührerische Schrift«, die »der Erregung von Mißvergnügen Vorschub« leiste, verboten. In der undatierten Abschiedsnummer (Nr. 56) rechnete Glaßbrenner in Form eines drei Seiten langen fiktiven Dialogs mit »Vater Wrangel« ab. Das Gespräch wird mit einer Schiller-Parodie (*Wallensteins Tod*, Akt I) eröffnet:

»v. Wrangel. Guten Morgen!
Glaßbrenner. Gute Nacht! Nacht muß es sein,
wo Wrangels Sterne strahlen.«

Im weiteren Verlauf der Unterhaltung wiederholte Glaßbrenner in anderen Worten sein bereits in der ersten Nummer abgelegtes politisches Glaubensbekenntnis: »Ich bin entschieden Demokrat, ohne je zu jener zwei Ecken langen, wilden Straßendemokratie gehört zu haben. Denn diese war häßlich und mein Grundsatz ist: nur das Freie ist schön und nur das Schöne ist wahr.«

Dem *Berliner Krakehler* gelang am 25. Dezember ein kurzes Comeback. Die letzte Nummer erschien am 23. Januar 1849, und zwar nicht mehr im Verlag von Ernst Litfaß, sondern bei Leopold Lassar.

Die vom *Kladderadatsch* liebevoll »laterna magica des Humors«[108] genannte *Ewige Lampe* reagierte am 15. November mit einem äußerst scharfen »Oppositionsflugblatt«, das ihr Redakteur, Arthur Mueller, unter dem Titel *Die Gasflamme, ein Kind der ewigen Lampe* kostenlos unter die Leute brachte *(Abbildung 59)*. Am 20. Dezember folgte *Die Knute*, ein weiteres Extrablatt gegen die »Greifklauen der Belagerungsknute«.

Mueller versuchte nun, indem er auf das bewährte Mittel der Titeländerung zurückgriff, die *Ewige Lampe* zu retten. So erschien am 1. Januar 1849 »mit allerhöchster, obrigkeitlicher Erlaubniß«, also unter ausdrücklicher Bezugnahme auf das Gesetz über die Presse vom 17. März 1848 und Artikel 24 der Verfassungsurkunde für den preußischen Staat, das »politisch-satyrische Oppositions-Blatt« *Die ewige Leuchte (Abbildung 60)*. Das vorsichtshalber bei Wiede in Leipzig gedruckte Organ wurde – wie die beiden oben genannten Flugblätter – sofort unterdrückt. Dasselbe Schicksal erlitt das unmittelbar darauf gegründete »Oppositionsblatt« *Die ewige Fackel* (Preis 1 ½ Silbergroschen). Aber damit nicht genug. Der auf der ersten Seite erschienene Leitartikel »Hol' sie der Teufel!«, in dem der eigenwillige Redakteur gegen die »willigen Knechte«, welche die »verfassungslügnerisch« gewährleistete Pressefreiheit »der brutalen Gewalt« überantwortet hatten, ins Feld gezogen war, trug ihm sechs Monate Gefängnis ein *(Abbildung 61)*.

Bevor er seine Strafe antrat, gelang es Mueller, zum Jahrestag der allerersten Nummer – am 15. April 1849 – die *Ewige Lampe*, die nun wieder ihren ursprünglichen Namen trug, aufs neue anzuzünden.[109] Der in Leipzig verlegte und gedruckte zweite Jahrgang bestand allerdings nur aus zwei Nummern, die noch durch drei Flugblätter ergänzt werden konnten.

Der *Kladderadatsch* hatte sich – nach der Ausweisung des Verlegers Hofmann und der »Gelehrten« (bis auf Ernst Dohm, der das Bürgerrecht besaß) – ebenfalls nach Leipzig geflüchtet. Er erschien vom 19. November (Nr. 29) bis zum 10. Dezember 1848 (Nr. 32) bei Ernst Keil, dem späteren Herausgeber und Verleger der auflagenstarken liberalen Familienzeitschrift *Die Gartenlaube*.[110]

Dem Verhandlungsgeschick Hofmanns war es jedoch zu verdanken, daß das »Organ für und von Bummler« in die preußische Hauptstadt zurückkehren durfte. In einem »Extrablatt der Freude« verkündete die Redaktion, daß sie sich auf dem Gebiet der Satire »so viel erlauben würde wie möglich« und parodierte das von Theodor

Berlin, den 15. November 1848.

Die Gasflamme,

ein Kind der

ewigen Lampe.

Ein Oppositionsflugblatt

von **Dr. Arthur Mueller.**

Dieses Blatt erscheint:

unter dem Ministerio der Hochverräther,
im Belagerungszustande Berlins, und
ohne Erlaubniß des Generals Wrangel.

Die National-Versammlung hat in ihrer Abendsitzung vom 12. November den Beschluß gefaßt:

Daß die durch das Staatsministerium Brandenburg erfolgte Erklärung des Belagerungszustandes der Stadt Berlin eine ungesetzliche Handlung und demnach nicht als rechtsgültig zu betrachten.

Die National-Versammlung hat in ihrer Morgensitzung vom 13. November beschlossen:

Die über die hochverrätherischen Schritte des Ministeriums Brandenburg von einer Kommission entworfene Denkschrift anzunehmen und zu veröffentlichen, demnächst aber diese

59 *Die Gasflamme, ein Kind der ewigen Lampe*
Flugblatt, Berlin, den 15. 11. 1848
Titelseite
Auf die repressiven Regierungsmaßnahmen reagierte vor allem die *Ewige Lampe* mit heftigem Widerspruch.

Nr. 1. Mit allerhöchster, obrigkeitlicher Erlaubniß.*)

Die

ewige Leuchte.

Politisch-satyrisches Oppositions-Blatt.

Redakteur und Herausgeber: **Dr. Arthur Mueller.**

Berlin, den 1. Januar 1849.

An den Leser.

In Folge der von dem Camarillissima-Ministerium über Berlin allergnädigst verhängten Belagerungs-Anarchie hat es dem General Wrangel beliebt, die von mir herausgegebene Zeitschrift: „Die ewige Lampe“, wahrscheinlich wegen ihres gemüthlichen Inhalts, zu verbieten. Gestützt auf mein gutes Recht habe ich freilich von diesem Verbote, das die bewaffnete Reaktion erlassen und die Polizei-Willkür in knechtischer Hast zu verwirklichen strebte, keine Notiz genommen, ich habe mich nicht der brutalen Gewalt unterworfen, mich nicht ihren Wünschen in gesinnungsloser Windwachtelei accomodirt, und mit der Faust in der Tasche den federlahmen, harlekinirten Witzkitzler gespielt, sondern meine Meinung frei und offen gesagt, bald ruhig und ernst, bald bitter und heftig, wie es der Dinge Zustand gebot und die

*) Gesetz über die Presse vom 17. März 1848, und Art. 24. der Verfassungs-Urkunde für den preußischen Staat.

60 *Die ewige Leuchte*, Berlin, Nr. 1 v. 1. 1. 1849
Titelblatt
Mit dem in der Nähe von Leipzig gedruckten Oppositionsblatt *Die ewige Leuchte* leistete der Redakteur Arthur Mueller gegen die »Polizei-Willkür« offenen Widerstand.

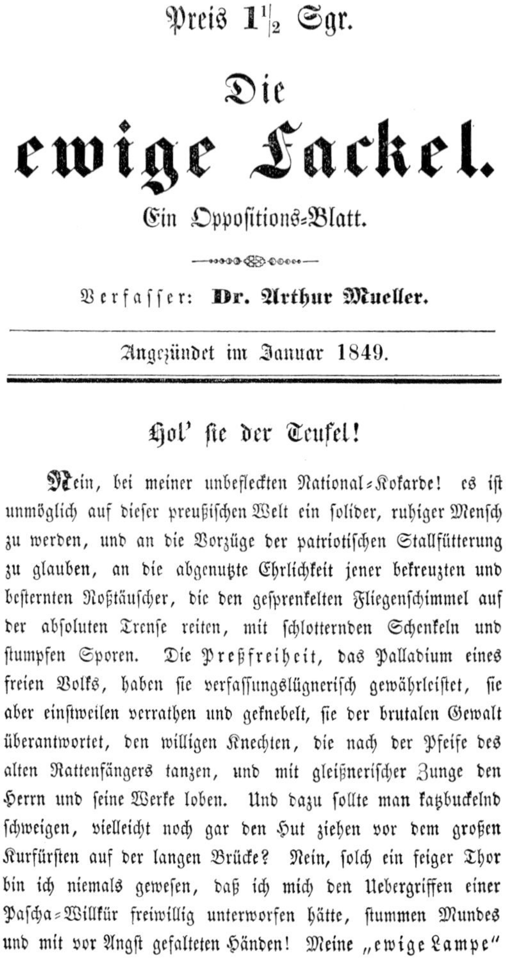

Preis 1½ Sgr.

Die ewige Fackel.

Ein Oppositions-Blatt.

Verfasser: **Dr. Arthur Mueller.**

Angezündet im Januar 1849.

Hol' sie der Teufel!

Nein, bei meiner unbefleckten National-Kokarde! es ist unmöglich auf dieser preußischen Welt ein solider, ruhiger Mensch zu werden, und an die Vorzüge der patriotischen Stallfütterung zu glauben, an die abgenutzte Ehrlichkeit jener bekreuzten und besternten Roßtäuscher, die den gesprenkelten Fliegenschimmel auf der absoluten Trense reiten, mit schlotternden Schenkeln und stumpfen Sporen. Die Preßfreiheit, das Palladium eines freien Volks, haben sie verfassungslügnerisch gewährleistet, sie aber einstweilen verrathen und geknebelt, sie der brutalen Gewalt überantwortet, den willigen Knechten, die nach der Pfeife des alten Rattenfängers tanzen, und mit gleißnerischer Zunge den Herrn und seine Werke loben. Und dazu sollte man katzbuckelnd schweigen, vielleicht noch gar den Hut ziehen vor dem großen Kurfürsten auf der langen Brücke? Nein, solch ein feiger Thor bin ich niemals gewesen, daß ich mich den Uebergriffen einer Pascha-Willkür freiwillig unterworfen hätte, stummen Mundes und mit vor Angst gefalteten Händen! Meine „ewige Lampe"

61 *Die ewige Fackel*, Leipzig, Januar 1849
Titelblatt
An die Stelle der *Ewigen Leuchte* trat die *Ewige Fackel* und schließlich am ersten Jahrestag, dem 15. April 1849, ein weiteres Mal die *Ewige Lampe*. Nach Verbüßung einer Gefängnisstrafe unternahm Arthur Mueller im Februar 1850 einen letzten Versuch. Später setzte er seine publizistische Tätigkeit in gemäßigter Form fort.

Fontanes konservativem Freund, dem Kammergerichtsrat Wilhelm von Merckel (1803 bis 1861), verfaßte Flugblattgedicht *Die fünfte Zunft*, dessen siebente und letzte Strophe lautete:

»Also hausen durch das Land
Die unsaubern Geister,
Bis das Kreuz mit fester Hand
Drüber schlägt der Meister;
Bei dem ersten Trommelklang
Fahren sie davon mit Stank.
Gegen Demokraten
Helfen nur Soldaten!«[111]

Am 25. Dezember unternahm Albert Hofmann sogar den Versuch, ein neues Blatt zu lancieren. Allerdings hat die geplante Wochenschrift (Preis 1 ½ Silbergroschen pro Nummer) *Der blaue Montag* noch vor der gänzlichen Vollendung ihrer Geburt ihr Todesurteil erhalten. Der Untertitel »Organ des passiven Widerstandes« ironisierte die von der inzwischen aufgelösten preußischen Nationalversammlung und vom Magistrat ausgegebene Parole: »Es soll nur passiver Widerstand geleistet werden.«[112]

Aber auch den *Kladderadatsch* selbst traf – nach nur drei Berliner Nummern – am 9. Januar 1849 ein zweites Verbot. Hofmann und Rudolf Löwenstein wurden ein weiteres Mal ausgewiesen. Wrangel warf dem Witzblatt vor, »eine der Staatsregierung feindliche Tendenz« zu verfolgen sowie zu versuchen, »durch Entstellung der Wahrheit« und »Schmähungen« auf die von der Regierung angeordneten Maßregeln »Unzufriedenheit und Mißstimmung« zu erregen und zu verbreiten. Aus diesem Grund unterdrückte er auch sofort die von Hofmann am 14. Januar 1849 ersatzweise »für Berlin und Umkreis von 2 Meilen« herausgegebene *Carnevals-Zeitung (Abbildung 62)*.

Die wenig glaubwürdige Versicherung der Redaktion, »daß eine Zeitschrift, welche sich zum Organ des Witzes und des Humors« gemacht habe, »niemals einer Tendenz huldigen dürfe«, stieß, wie nicht anders zu erwarten, auf taube Ohren.[113] Im Gegenteil: Die unerlaubte Herausgabe einer *Fastnachts-Zeitung in der Art des Kladderadatsch* (15. Februar 1849) mit 40 Zeichnungen führte zur Schließung der Draegerschen Druckerei *(Abbildung 63)*.

Der mit neuen Rubriken (Briefkasten, Parlaments-Kladderadatsch) angereicherte *Kladderadatsch* überlebte bis zur Aufhebung des Belagerungszustands, das heißt vom 21. Januar bis 29. Juli 1849 (Nr. 3 bis 31), in dem etwa 40 km nordöstlich von Berlin gelegenen Badeort Neustadt-Eberswalde. Die Verbannung aus der Hauptstadt hatte für den Verlag schwerwiegende wirtschaftliche Folgen. Obwohl Albert Hofmann und der Drucker C. Müller ihr Möglichstes taten, um das Blatt »heimlich und verstohlen« nach Berlin hineinzuschmuggeln,[114] sank die Abonnentenzahl von 6 833 (Anfang

№ 1. Sonntag, den 14. Januar **1849.**

Carnevals-Zeitung

Carnevalistische Reime

Wenn ein Flüchtling vor den Schergen —
Der Gewalt sich will verbergen,
Wandelt er — sei's auch umständlich —
Nam' und Kleider, Haar und Bärte;
Merkt kein Feind dann seine Fährte,
Doch den Freunden bleibt er kenntlich.

für den Leser.

Auch der Witz läßt sich nicht bangen,
Glaubt drum nicht, er sei gefangen,
Laßt die Sorgen, die enormen!
Feinden darf ich mich nicht nennen,
Doch der Freund wird gleich erkennen
Alten Freund in neuen Formen.

Für Berlin und Umkreis von 2 Meilen.

Da unsere Zeitschrift „Kladderadatsch" für Berlin während des Belagerungszustandes verboten ist, so erlauben wir uns unsern geehrten Abonnenten obige Zeitschrift, für die Dauer des Verbots, wöchentlich zu übersenden.

Die Redaktion.

Kladderadatsch ist wieder einmal verboten!!

Handel und Gewerbe sollen **in keiner Weise** gestört werden! — Ein Wrangel hat noch nie sein Wort gebrochen! — Und doch ist

Kladderadatsch wieder einmal verboten?!?

Und warnm ist Kladderadatsch verboten? Wer fragt nach Gründen? Es ist Belagerungszustand — voilà tout. Belagerungszustand! Ein lustiger Carnevalsscherz! Maskenspiel, Mummenschanz, Tändelei in allen Formen und Gestalten. In dem Geruder begegnen sich zwei komische Figuren. Die eine ist Kladderadatsch, und die andere — — — Rathet einmal! — Kladderadatsch, gestützt auf das historische Recht der Maskenfreiheit, erlaubt sich einige Späße, die gar nicht bitter sind — die andere komische Figur versetzt ihm Eins mit der Hanswurstpritsche und

Kladderadatsch ist verboten!

Kladderadatsch ist ein guter Bürger. Den allerpassivsten Widerstand im Herzen, weicht er nur der ebenso unausstehlichen als unwiderstehlichen Gewalt der haarscharf geschliffenen Säbel und der Kugeln im Lauf und zieht sich für die Zeit des Belagerungszustandes (den Gott und die Stadtverordneten uns noch lange erhalten mögen!) auf seine Besitzungen außerhalb des zweimäuligen Umkreises der Residenz zurück. Damit aber sein gesegnetes Wirken für die lieben Berliner selbst auch in dieser Zeit ihrer Thränen und Noth nicht einen Augenblick nnterbrochen werde, hat er darauf angetragen, vorläufig seinen Stellvertreter einzuberufen; und als solcher präsentirt sich einem hohen Adel und dem gebildeten Publikum

☞ Die Carnevals-Zeitung. ☜

Sie ist **nicht** der Kladderadatsch. Sie hat sich von jenem nur die lachende Maske, das Gesicht des Jean qui rit, geborgt, — und auch das nur für die Zeit des Carneval, denn spätestens mit diesem wird die ganze Komödie des Belagerungszustandes zu Ende gehen — Kladderadatsch selbst hat für jetzt sein Lächeln verlernt — sein Antlitz trägt die Züge verhaltenen Grimmes — er ist jetzt der Jean qui pleure — er ist die „klagenden Juden," welche an Wasserflüssen

62 *Carnevals-Zeitung*, Leipzig, Nr. 1 v. 14. 1. 1849
Titelblatt
Der vorübergehend nach Leipzig ausgewichene *Kladderadatsch* wurde im Januar 1849 erneut verboten. Auch die von fliegenden Buchhändlern nach Berlin hineingeschmuggelte *Carnevals-Zeitung* (eine Nummer), ein »alter Freund in neuen Formen«, wurde ein Opfer der Polizei. Die Empörung der Redaktion äußerte sich in Form (Typographie) und Inhalt (Ironie).

Fastnachts-Zeitung

in Art des

Kladderadatsch.

Diese Zeitung, episch, dramatisch und lyrisch,
Doch weder politisch noch satyrisch,
Erschien zu Berlin in diesem Jahr
Im Fastnachtsmonat Februar!
Kaum hat sie das Licht der Welt erblickt,
Gleich wurden Constabler abgeschickt,
Dem Verleger wurde der Laden versiegelt,
Dem Drucker wurden die Pressen versiegelt,
Ganz Berlin war drüber aufgewiegelt —
Doch Herr Hinkeldei ist noch nicht —
Man hat sie außerhalb Berlin,
Bei **Nagel**, bei **Müller** in **Stettin**
Und auch bei **Saunier** — Eine große Meng'
Erhielten in **Danzig** Herr **Devrient**
In **Posen** die Gebrüder Scherk,
Mangelsdorff und **Klähr** in **Königsberg**.

Preis: 5 Sgr.

Auch Stechert in **Potsdam** hat sie schon.
Und **Trewendt** in **Breslau** und auch **Cohn**
Bekommen sie mit der Eisenbahn.
Auch **Harnecker** in **Frankfurt a. O.**
Und **Kosky und Compagnie** eben do.
Auch **Louis Rocca** darunen macht
In **Leipzig**, wo ist gewesen die Schlacht.
Es findet sie jeder vernünftige Mensch
Bei **Quednow** in **Magdeburg** und bei **Gaensch** —
Kurz, bei allen Buchhändlern kann man sie kriegen,
Die in gebildeten Ländern liegen.
In **Rußland** allein sie Keiner liest,
Weil's da nicht Fast-, nein ganz Nacht ist.
Doch wohnt selbst dort in **Astrachan**,
Ein kleiner jüdischer Handelsmann,
Der soll einen jeden von seinen Artikeln
Den Kunden in Fastnachtszeitungen wickeln!

Preis: 5 Sgr.

Genre-Bilder aus den Reisen eines Hofnarren im Jahre 1848.

Arrangirt von Louis.

Ich war von allen Komödianten
Der größte — Landwehrlieutenant;
Und unter den Landwehrlieutenanten
War ich der größte — Komödiant.

Ich war wie zum Hanswurst gemacht,
Kaum hat's 'nen bessern je gegeben;
Die bunte Jacke meine Tracht
So auf der Bühne wie im Leben.

Ich war ein Narr in allen Rollen,
Als Mime, Dichter, Literat;
Nur Eins hat mir nicht glücken wollen,
Ich war niemals ein — Demokrat.

In allen Ländern gab ich Proben,
Und überall galt meine Kunst;
Von Unten fand ich und von Oben
Bei allen Narren hohe Gunst.

Und Bändchen flogen mir und Orden
Von allen Seiten reichlich zu! —
So war es, und wie ist 's geworden!
Du schöne Zeit, wohin bist du!

Die Weisen sonst, sind jetzt die Dümmsten,
Vergessen jetzt, wer sonst in Gunst;
Von allen aber wohl am schlimmsten
Ergeht es mir und meiner Kunst.

Mit den Komödien ist's 'ne tolle,
Verdammte Zucht jetzt hier zu Land;
Und ausgespielt hat seine Rolle
So mancher große Komödiant.

So mancher Vorhang ward zerrissen,
Durchstöbert manch' Repertoir;
Man schaute hinter die Coulissen,
Und sah, daß alles — Schwindel war.

Auch mich Unsel'gen traf ein Strahl
Aus jener unheilschwangern Wolke:
Gekatzenmusicirt zwei Mal
Ward ich vom souveränen Volke.

Verjagt vom Volke von Berlin
Mit Weib und Kind, so mußt' ich wandern,
Und ruhelos die Welt durchziehn,
Von einem Ende bis zum andern.

Zunächst als wir Berlin verließen,
Ging's über **Eis'nach** unverdrossen,
Dort hat man uns den Ort gewiesen,
Wo Herr von Vinck sich — nicht geschossen.

Vom Schicksal ward ich dann verschlagen
Nach **Frankfurt**, grad' in's Parlament,
Wo immer noch Philister tagen,
Und Simson ist noch Präsident.

Sie waren damals sehr en rage
Und zankten sich, so viel ich sah,
Um Kaisers Bart und — Appanage;
Doch war noch gar kein Kaiser da.

Paris! da dacht' ich was zu holen —
Man wies mich aus mit Sack und Pack;
Der dort'ge Wrangel hatt's befohlen,
Nur hieß er damals Cavaignac.

Ich schickt' ihm höflichst meine Karte,
Und dachte: 's ist ganz einerlei,
Ob Cavaignac, ob Bonaparte,
Ob Wrangel oder Hinkeldey.

Dann ging es durch die Pyrenäen
In's Land der Räuber und Romanzen,
Wo man ein ganzes Volk kann sehen
Nach eines Kindes Pfeife tanzen.

Dort wo des Tajo laue Welle
Hispaniens glüh'nde Felder netzt,
Und wo mit Puppen Isabelle
Und mit Soldaten sich ergötzt.

Auch ihre dicke Nachbarin
Besuchten wir, Marie da Gloria,
Dann schifften wir nach **England** hin,
Zum guten Mütterchen Victoria.

Die ist noch immer ganz passabel;
Sie saß auf ihrem Canapee,
Und präsentirte ganz aimabel
Herrn Louis Philipp russ'schen Thee.

Auch Guizot sah ich, meiner Treue —
Der Guizot, der ist gar nicht dumm:
Er band sich eben seine neue
Civil-Verdienst-Medaille um.

Er bot mir freundliche Begleitung
Und fuhr mit mir zu Metternich.
Der las die Neue Preuß'sche Zeitung;
Ne bess're, meint er, hätt' er nicht.

Dann in das Land der **Hottentotten**
Ging's über'n ganzen Ocean,
Wo man vor lauter deutschen Flotten
Jetzt kaum noch ruhig fahren kann.

Dann zu den **Antipoden** drüben,
Wo's Tag ist, wann's in Deutschland Nacht,
Und zu den holden **Karaïben**,
Wo man aus Menschen — Beefsteak macht.

Man hatte eben dort vertrieben
Den letzten König, Schau-Thee-King;
Er ging davon mit seinem lieben
Getreuen Diener Bod-Elsch-Winkh.

Dann wurden wir von einem zorn'gen
Geschick auf rauhen, harten Pfaden
Verschlagen auch nach **Californien**,
Zu **San Francisco's** Goldgestaden.

Wo sich durch steile Felsengassen
Der Sacramento brausend windet,
Und wo man Gold in solchen Massen,
Wie in Berlin Constabler findet.

Denkt! Gläubiger kennt man dort keine,
Und Schulden, unbezahlte Miethe,
[illegible] —
Das alles ist dort reine Mythe.

Da saß ich nun mit trock'ner Lippe,
Wenn auch in Gold ganz eingehüllt;
Denn tausend Dollars dort 'ne Schrippe,
Zehntausend eine Weiße gilt!!!

Da zog's mich heim zum Vaterlande;
Und wieviel Gold ich immer sah,
Ich sehnte mich nach **märk'schem Sande**,
Ich kehrte heim, und — **me voilà**.

Und kann ich in der Bühne Schimmer
Nicht stillen mehr des Ruhmes Durst,
Was stets ich war, das bleib' ich immer:
Ich leb' und sterb' als ein — Hanswurst!

63 *Fastnachts-Zeitung in der Art des Kladderadatsch*, Neustadt-Eberswalde [15. 2. 1849] Illustriertes Titelblatt der zweiten Ersatznummer des *Kladderadatsch*, der während der Dauer des Belagerungszustands im Exil (Neustadt-Eberswalde) mehr schlecht als recht sein Leben fristete.

Probe einer nächstens erscheinenden illustrirten Zeitschrift.

Preußen's Deutsch-Demokratie.

Lied für Wähler,

von

einem Deutschen Demagogen.

Motto: Vorwärts!
Blücher.

(Die Hälfte des Rein-Ertrags ist für einen wohlthätigen Zweck bestimmt.)

Berlin, 1849.

Im Selbstverlage des Verfassers. — Zu haben in allen soliden Buchhandlungen.

64 *Preußen's Deutsch-Demokratie*, Probenummer, Berlin, [Januar] 1849
Titelblatt
Der anonyme Autor dieses Wahlwitzblattes, von dem nur eine Ausgabe bekannt ist, schreckt nicht davor zurück, sich mit fremden Federn, das heißt Zeichnungen aus dem *Kladderadatsch* zu schmücken.

November) auf nur mehr achthundert. Innerhalb Preußens rieten Postbeamte von einem Abonnement auf den *Kladderadatsch* ab; außerhalb Preußens, zum Beispiel in Bayern, weigerten sich die Postämter, das Blatt zu verbreiten.
Zu alledem wurde das ausgewiesene satirische Presseorgan schamlos geplündert. Das krasseste Beispiel ist die von dem »Demagogen« Rauh im Januar 1849, kurz vor den Wahlen zu den beiden preußischen Kammern herausgegebene, bei Ernst Litfaß gedruckte Probenummer der »nächstens erscheinenden illustrirten Zeitschrift« *Preußen's Deutsch-Demokratie.* Sie enthielt nicht weniger als dreizehn, sechs verschiedenen *Kladderadatsch*-Nummern entnommene Karikaturen. Der Untertitel des vierseitigen Folioblatts (18,7 × 29 cm) lautete »Lied für Wähler«; das Motto übernahm den von Ludwig Uhland (1787 bis 1862) und Justinus Kerner (1786 bis 1862) verherrlichten Schlachtengesang des preußischen Feldmarschalls Blücher: »Vorwärts!« *(Abbildung 64).*[115]
Auch neue Konkurrenten tauchten auf.
Am 2. April 1849 leitete der beliebte Flugschriftenautor und Arzt Adalbert Cohnfeld seine ebenfalls als »Prachtband« erschienenen »Buddelmeyer-Blätter«, die er infolge des Belagerungszustands aufgegeben hatte, in die periodische Form einer Zeitschrift über. Die *Buddelmeyer-Zeitung* erschien montags und donnerstags in der Verlagsdruckerei Carl Schultze; den »Verkauf für Wiederverkäufer« hatte Samuel Löwenherz übernommen. Die *Buddelmeyer-Zeitung* war vier Seiten stark (bedruckter Raum 17,5 × 25 cm); das vierteljährliche Abonnement belief sich auf zwanzig Silbergroschen.
Die von Adalbert Müller und Gustav Bartsch angefertigte Titelvignette zeigt »Aujust Buddelmeyer« als »Dages-Schriftsteller mit'n jroßen Bart«.
Die *Buddelmeyer-Zeitung* war »aus einer Misch-Heirath des Vaters Humor mit der Mutter Ernst hervorgegangen«, wobei »die Frau den Mann oft sichtbar unter dem Pantoffel« hatte.[116] Der Untertitel lautete dementsprechend »Zur Belehrung und Erheiterung für Stadt und Land«.
Der »Belehrung« im Zeichen von »Wahrheit und gesunder Vernunft« dienten vor allem die ein bis zwei Seiten langen Leitartikel oder Leitartikelserien, in denen Dr. C. (C = Cohnfeld) zu Tagesthemen und Grundsatzfragen wie »Was ist Opposition?« Stellung nahm *(Abbildung 65).*[117]
Im Jahr 1849 betrachtete Cohnfeld sich als einen »Königlich Preußischen ausjedienten Revolutionär«;[118] als solcher plädierte er für »das wahre Centrum« und führte in zahlreichen Beiträgen einen regelrechten Zweifrontenkrieg gegen den »reaktionären Wahnsinn« einerseits und gegen die »Narren der Zeit«, das heißt die Republikaner und Anarchisten andererseits. In seinen politischen Moralpredigten rief er auch wiederholt seine Witzblattkollegen, allen voran den »wie ein betrunkener Bauernknecht in der Schenke um sich schlagenden« Arthur Mueller *(Die ewige Lampe)* zur Ord-

Buddelmeyer-Zeitung.

Erscheint Mont. u. Donnerst.
Abonnementspreis:
vierteljährlich 20 Sgr. incl. Botenlohn (außerhalb derselbe Preis incl. Porto-Aufschlag).
Insertionsgebühren:
f. d. Raum einer Petitz. $1\frac{1}{2}$ Sg.

Alle Buchhandlungen, sowie **alle Post-Anstalten** des In- und Auslandes nehmen Bestellungen auf dieses Blatt an.
Für Berlin:
die Expedition der Buddelmeyer-Zeitung, Breitestr. 30.

Zur Belehrung und Erheiterung für Stadt und Land.

Redigirt von **Dr. Cohnfeld** (Aujust Buddelmeyer).

Montag. № **1.** 2. April 1849.

Grüß Euch Gott, liebe Leser!

Da wären wir ja glücklich beisammen und können frisch und froh beginnen. Viele Worte sind zu nichts nutz, darum kurz und gut:

Willkommen von Herzen!

und nun ohne Säumen ans Werk. Zuerst ein ernstes Wörtchen aus der leidigen Politica, und dann ein lustiges Wort zur Kurzweil. Aber thut mir den Gefallen und lest nicht das Ende zuerst. Das Sprichwort sagt, wie Ihr wißt:

Wer zuletzt lacht, der lacht am besten.

Was ist Opposition?

Die gelehrten Politiker bringen so manchen schmucken Unsinn zu Markte, man kann ihnen das aber nicht verargen, denn darum sind sie ja eben gelehrt. Das Ueble dabei ist nur, daß andre Leute den Unsinn glauben. Wenn man das verhindern könnte, dann möchten meinetwegen die gelahrten Herren schwatzen, was sie wollen; zu ihrem eignen Vergnügen wollt ich's ihnen schon gönnen.

Aber was müssen wir thun, damit sie uns nicht über's Ohr hauen? Das Beste wäre schon, wenn wir das, was sie uns vorschwatzen, genau prüften, ob's Wahrheit oder obs Flunkerei ist. Um das aber zu können, müßten wir was von der Sache verstehn, so viel steht fest. Hätten wirs in der Schule gelernt, dann verständen wir auch was davon, — allein als wir noch in die Schule gingen, da kriegten wir Eins auf den Mund, wenn wir uns um die liebe Politik bekümmerten. Was heute Weisheit ist, war damals Naseweisheit.

Da wird uns denn nichts Anderes übrig bleiben, als daß wir das Versäumte so rasch als möglich nachholen. Das wird schon gehen, denn auf den Kopf gefallen sind wir grade auch nicht. Also frisch ans Werk.

Wir wollen mal gleich einige Sprüche Salomonis unserer heutigen Politik unter die Brille nehmen. Finden wir sie wurmfraßig, so sollen die Herrn Politiker was von uns zu hören bekommen!

Da giebt's z. B. einen Spruch, der lautet:

In einem constitutionellen Staat muß es eine Opposition geben.

Wenn der Spruch wahr ist, dann geh ich noch heute unter die Absolutisten. Was heißt denn das: es muß eine Opposition geben? Wenn also die Regierung sagt: 2 mal

65 *Buddelmeyer-Zeitung*, Nr. 1 v. 2. 4. 1849
Titelblatt
Um weiterhin belehren und erheitern zu können, wechselte der Flugblattautor Cohnfeld alias Aujust Buddelmeyer das Medium. In der *Buddelmeyer-Zeitung*, die trotz mehrfacher Zusammenstöße mit der Staatsgewalt bis Mitte März 1853 erscheinen konnte, verfolgte er eine Politik der goldenen Mitte.

nung: »Die Zeit des boshaften Spottes ist vorüber. Geißelt das Schlechte, weil es schlecht ist, aber seid nicht wie rohe Büttel, welche geißeln aus Lust am Geißeln. Lehret statt zu spotten; scherzt, wenn ihr wollt, aber höhnt nicht.«[119]

Seite 3 dieses originellen publizistischen Mischtyps brachte hauptsächlich im Berliner Dialekt geschriebene Prosabeiträge, die sich durch eine plastische Bildhaftigkeit auszeichneten.

Es handelte sich um Gespräche, »Buddelwitze« und »Buddelfabeln«, vor allem aber um »Offene Briefe«, zum Beispiel an den Präsidenten der französischen Republik »Louis« (= Louis Napoleon)[120] oder »an den lieben Jott«, worin die konservative *Kreuz-Zeitung* eine empörende Gotteslästerung erblickte. Die Epistel Nr. 1 (*Buddelmeyer-Zeitung*, Nr. 78 vom 31. Dezember 1849) begann mit folgenden Worten: »Lieber Jott! Die Verhältnisse zwingen mir dazu, deß ich mit Verjnügen die Feder erjreife, um an Dir zu schreiben . . ., denn Eenen muß der Mensch doch die Wahrheit sagen, un wenn ihr Keener nich verdragen kann, denn wirst Du ihr wohl verdragen können.« Die Unterschrift lautete: »Dein hoffnungsvoller Demokrate Aujust Buddelmeyer«. Es folgte der Nachsatz: »Wie jefallen sich denn die dodtjeschossenen Demokraten bei Dich innen Himmel? Jut? Ja, des freut mir.«

Von allen 1848/49 entstandenen »Witzblättern« hat die *Buddelmeyer-Zeitung* der Berliner Volkssprache den größten Platz eingeräumt.

Die letzte Seite enthielt von Adalbert Müller, Gustav Bartsch, Wilhelm Scholz und Raymond de Baux gezeichnete politische »Sinnsprüche«, »Zeitungsphrasen«, »Zeitbilder« und »Guckkastenbilder«, ferner ein aus ernst-heiteren Miszellen bestehendes »Feuilleton«. Dieses wurde am 20. August 1849 (Nr. 40) formal durch die »Fliejenden Blätter aus Buddelmeyers Dagebuch« ersetzt; der Inhalt blieb derselbe.

Die bekannteste »stehende Figur« der *Buddelmeyer-Zeitung* war die den Lesern aus Cohnfelds Flugblättern bekannte »Muhme Suse«. Sie war die Empfängerin zahlreicher »Kammer«- oder »Familien-Briefe«. Ihre Geschlechts- und Altersgenossinnen,

66 *Buddelmeyer-Zeitung*, Nr. 1 v. 2. 4. 1849
Eines der hervorstechenden Merkmale der neuen Zeitung waren ihre weiblichen stehenden Figuren.

Probe-

Das Asyl erscheint an jedem Sonnabend in einem ganzen Bogen. Abonnements-Preis 15 Sgr. pro Quartal.

Nummer.

Alle Postanstalten und Buchhandlungen führen Bestellungen auf das Asyl ohne Preiserhöhung aus.

Asyl für Humor und Satyre

mit

einer kleinen Hinterthür für Kritik und lyrische Poesie.

Verantwortlicher Redakteur: **H. Hildebrandt.**

№ 1. *) **Berlin.** Sonnabend, den 14. April. 1849.

Bestellungen auf das Asyl werden in Berlin ferner angenommen bei:

Hrn. **Gleich,** Friedrichsstr. 47; Hrn. **Falkson,** Friedrichsstr. 58; Hrn. **Murmann,** Friedrichs- und Dorotheenstraßen-Ecke; Hrn. **Schmidt,** Leipzigerstr. 21; Hrn. **Poppe,** Spittelbrücke 15; Hrn. **Devrient,** Alte Jakobsstr. 71; Hrn. **Seefeldt,** Alexandrinenstr. 42; Hrn. **A. Hirschberg,** Neue Friedrichsstr. 57.; Hrn. **Lindow,** Königs-Colonaden; Hrn. **Dolfuß,** Rosengasse 1.

Die **Haupt-Expeditionen** sind: Mohrenstr. 29 und Mauerstr. 24.

Nur ein Paar Worte zur Verständigung.

Wenn wir in unserm Prospekte sagten, daß wir nicht die Farbe einer politischen Partei tragen wollen, so hatten wir dabei im Sinne uns in so fern über alle Parteiung zu stellen, als wir gewiß waren die Blößen, Mißgriffe und Schwächen der einen wie der andern Partei würden uns Stoff und Veranlassung geben zur Geißelung, bald in die Form der Allegorie gekleidet, bald in satyrischen Briefen Gesprächen, Erzählungen und Versen. Wir erkennen die Nothwendigkeit der Parteien in einem politisch gebildeten Staate, in dem das Volk reges Interesse an dem öffentlichen Leben nehmen soll; aber das Wohl des Staates wird um so besser berathen sein, je aufrichtiger und redlicher diese Parteien einander bekämpfen, je reiner und uneigennütziger ihr Wille.

So soll denn — nach unserem Willen — die Satyre nur durch das läuternde Feuer einer „wohlmeinenden Kritik" sie führen und durch die Hammerschläge eines sarkastischen Witzes das edle Metall von der Schlacke reinigen.

Vorzugsweise jedoch werden wir den socialen Verhältnissen unsere Aufmerksamkeit zuwenden. Was die Satyre selbst anbetrifft, so beklagen wir ihren Mißbrauch oder richtiger vielleicht, ihren Verfall. Auf der einen Seite ist sie oft zur Blasphemie, zum Pasquill, zur Zote herabgesunken; auf der andern von gelehrten Pedanten aufgesteift zu einer altfränkischen, lateinisch und griechisch

*) Geeignete Aufsätze werden franko oder per Briefkasten erbeten und werden gelungene Arbeiten angemessen honorirt.

67 *Asyl für Humor und Satyre*, Nr. 1 v. 14. 4. 1849
Titelblatt
Die überparteiliche Haltung und Ausgewogenheit der Zeitschrift traf nicht den Ton der Zeit.

die »Muhmen« Hanne, Grete, Jule und Jette führten politisch-satirische Zeitgespräche, nicht bei Weißbier, sondern bei einer Tasse dampfenden Kaffees *(Abbildung 66)*. Ein Beispiel unter vielen ist das nachstehende, die Konterrevolution geißelnde Gespräch (*Buddelmeyer-Zeitung*, Nr. 11 vom 7. Mai 1849): »Jette: ›Na, Muhmeken, wie sieht et denn in de Welt aus? Jut oder eklig?‹ – Jule: ›Jut? Deß du die Motten krigst! Det seht aus, dat mich nich blos meine Haare, sondern och meine falsche Tour uf'n Kopp zu Berge steht. Eklig is jar nischt jesagt, schauderöse muß Ener sagen, un denn hat er et och man erscht halb jesagt.‹«

Am 14. April 1849 stellte sich die im Selbstverlag des Herausgebers H. Hildebrandt erschienene, bei Marquardt & Steinthal gedruckte Wochenschrift *Asyl für Humor und Satyre mit einer kleinen Hinterthür für Kritik und lyrische Poesie* den Lesern vor. Das erst acht-, dann vierseitige Blatt (Satzspiegel 16,8 × 21,7 cm; Preis pro Quartal: 15 Silbergroschen), das freien Mitarbeitern »gute Honorare« in Aussicht stellte, betrachtete sich als »überparteilich«. »Zum Wohle des Staates« wollte es die »Blößen, Mißgriffe und Schwächen« *aller* Parteien an den Pranger stellen *(Abbildung 67)*.

Wie die *Buddelmeyer-Zeitung* so bedauerte auch das *Asyl* den »Verfall« der Satire, die oft »zur Blasphemie, zum Pasquill, zur Zote« herabgesunken sei. Statt dessen plädierte es für eine in die Form der Allegorie oder der humoristischen Erzählung gekleidete »wohlmeinende Kritik«.

Das in Art und Aufmachung eher an die Tradition der humoristischen Unterhaltungsblätter des Vormärz als an die im Revolutionsjahr entstandenen Witzblätter anknüpfende *Asyl* stellte nach nur vier Nummern am 5. Mai 1849 sein Erscheinen ein.

Bis Jahresende sind dann noch zwei, von der Tendenz her diametral entgegengesetzte Periodika gegründet worden.

Die seit Anfang Mai in Frankfurt am Main verlegte, aber in Berlin, bei Ferdinand Reichardt, gedruckte *Neueste Preußische Zeitung* karikierte, auch äußerlich, die konservative *Neue Preußische Zeitung*. Der Kopf des vierseitigen Montagsblatts (Satzspiegel 27,5 × 38 cm) zeigt einen G. Bartsch und Gl. signierten, blutrünstigen, mit Dolch und Gänsekiel bewaffneten Literaten *(Abbildung 68)*. Auf dem erhobenen Schild erscheint – in satirischer Umkehrung – die Devise der *Kreuz-Zeitung*: »Rückwärts mit Gott für König und Vaterland!« Der Untertitel »Für Unsinn und Lüge« ist eine Anspielung auf die lügenhaften Denunziationen von Demokraten in der von dem Schlesier Hermann Gödsche (1815 bis 1878) zusammengestellten *Kreuz-Zeitungs*-Chronik »Berliner Zuschauer«. In dieser »unter dem Strich« angesiedelten Rubrik zog Gödsche (auch Goedsche), der außerdem unter dem Pseudonym Sir John Retcliffe längst vergessene Sensationsromane schrieb, das ganze Register von harmloser Ironie bis zum bittersten Hohn und Spott für seine Gegner. So soll namentlich die Verhaftung des Obertribunalrats Franz Leo Benedikt Waldeck, eines führenden Mitglieds der Linken in der preußischen Nationalversammlung,

Das Abonnement beträgt:
18 Sgr. für ¼ Jahr in Berlin, incl.
Postzuschlag in allen Theilen der
Monarchie.
Einzelne Nummern werden mit
1½ Sgr. berechnet.
Dies Blatt erscheint wöchentlich ein
Mal.

(Montags-Blatt.)

Neueste

Preußische Zeitung.

für Unsinn und Lüge.

Alle Postanstalten nehmen Bestellung
auf dieses Blatt an, für Berlin die
Expedition der Neuesten Preußischen
Zeitung: Brüder-Straße Nr. 3, bei
Leopold Lassar.
Insertions-Gebühr für den Raum
einer dreigespaltenen Petitzeile
1½ Sgr.

№ 1. Frankfurt a/M. 1849.

Bestellungen auf die Neueste Preußische Zeitung werden recht zeitig erbeten.

Das vierteljährliche Abonnement auf die Neueste Preußische Zeitung zu dem Preise von 18 Sgr. (mit Botenlohn 20 Sgr.) wird, außer bei der Expedition, noch bei folgenden Herren angenommen:

Spediteur Neumann, Niederwallstr. 21.
" Lindow, Königs-Colonaden.
" Schmidt, Mauerstr. 60.
Kaufm. Budée, Behrenstr. 49.
" Risleben, Oranienburgerstr. 73.
" Gust. Hohlfeld, Marrkgrafenstr.- u. Behrenstr.-Ecke.
" G. A. Tuchnitz, Friedrichs- u. Mohrenstr.-Ecke.
" C. F. Kühl, Wilhelmsstr. 39.
" C. Techen Alexandrinenstr. 18.
" H. Dolfuß, Alte Jacobsstr. 61.
" F. W. Stößel, Rosenthalerstr. 61.
" J. Lüders, Landsbergerstr. 79 a.
" Heinemann, Louisenstr. 41.
" Martini, Leipziger- u. Mauerstr.-Ecke.
" Neumann, Zimmerstr. 42. (Ecke der Jerusal.-Str.)
" Schulze, Potsdamerstr. 1.
" Grabow, Anhaltstr. 2.
" F. W. A. Vollmar, Dresdnerstr. 45.
" J. Lorentz, Große Frankfurter Straße 84.
" C. G. Richter, Leipzigerstr. 115 u. 116.
" Schmidt, Orangenstr. 65.
Buchhändler Schneider, Unt. d. Linden 19.
" G. Walter, Mohrenstraße 30.
" Leopold Lassar, Brüderstraße 3.
Buchbindermeister Griese, Klosterstraße 69.
Tabakshändler Poppe, Spittelbrücke 15.
Herrn Niquet, Jägerstraße 41.
" Busse, Mittelstr. 20.

In Potsdam: in der Horvath'schen Buchhandlung (Otto Janke.)

Einzelne Nummern unserer Zeitung sind, außer bei der Expedition, noch bei dem Hrn. Kaufmann Buddée, Behrenstraße Nr. 49., zu dem Preise von 2 Sgr. zu haben.

Die Expedition
der Neuesten Preußischen Zeitung.

Amtliche Nachrichten.

Sr. Majestät der Kaiser von Deutschland haben nach anhaltender Unruhe geruht:

Dem Geheimen Ober-Tribunals-Rath Waldeck zu Berlin mit der Bildung eines neuen Cabinets zu beauftragen; den Oberlandes-Gerichtspräsidenten v. Kirchmann zum Justizminister zu ernennen, und dem durch die Märzrevolution in Ruhestand gejagten Minister v. Bodelschwingh für seine unbestreitbaren Verdienste um Anerkennung der Revolution die Auszeichnung einer Bürgerkrone zu verleihen.

Der um die innere Ruhe und Einheit Deutschlands hochverdiente Herr Dunker ist in den Adelstand erhoben worden. Er wird künftig den Namen führen: „Dunker von Springinsfeld." Das ihm verliehene Wappen führt im Hauptfelde „zwei geknickte Eisbeine."

Dem Abgeordneten zur preußischen zweiten Kammer Freiherrn v. Bismark-Schönhausen ist in Anerkennung seiner trefflichen antediluvianischen Rede, welche er in der Sizzung vom 21. April über die deutsche Frage gehalten hat, das Prädicat „Allerunterthänigster Unterthan" beigelegt worden.

Sr. Wohlgeboren der Herr Volksredner Linden-Müller sind aus der Berliner Stadtvoigtei nach dem Sitze der deutschen Reichsversammlung abgereis't.

Angekommen und ausgewiesen: Sr. Exellenz der Staatsminister a. D. Hr. v. Rodbertus.

Bei der heut in Gemäßheit des Reichsgesetzes über das Verbot des Hazardspiels angefangenen Ziehung der 1sten Klasse I. Kaiserlicher Klassen-Lotterie fiel der Hauptgewinn von 100,000 Kronenthalern auf Nr. 1815, welches Loos indeß nicht abgesetzt war, so daß der Gewinn den Lotterie-Entrepreneurs zu gute kommt.

Kaiserliche General-Lotterie-Direction.

Bekanntmachung.

Des Kaisers Majestät haben zu bestimmen geruht, daß die Straßen, Plätze und Brücken auf dem Köpnicker Felde zu Berlin die nachstehenden Namen erhalten sollen:

1. Das linkseitige Kanal-Ufer:
   a) von dem großen mittleren Bassin bis zum Ende von Bethanien: Betschwestern-Ufer, und
   b) von dem Ende von Bethanien bis zur Schillingsbrücke: Louise-Aston-Ufer.
2. Das rechtseitige Kanal-Ufer von der Schillingsbrücke bis zum großen mittleren Bassin: Satans-Ufer.
3. Die Verbindungsstraße zwischen dem Schlesischen und Köpenicker Thore: Demokraten-Communication.
4. Die Verbindungsstraße zwischen dem Köpenicker und Kottbuser Thore: Communisten-Communication.
5. Die von der Köpenicker-Straße neben dem königl. Traindepot (in der Richtung nach der Demokraten-Communication) nach der unter 8 gedachten Straße führende Straße: Barrikaden-Straße.
6. Die zwischen der Barrikaden-Straße und dem Aston-Ufer belegene Straße: Hohe Gras-Straße.
7. Der am Köpenicker Thore befindliche Platz: Revolutions-Platz.
8. Die Straße zwischen dem Revolutions-Platz und der Köpenicker-Straße: Bürgerwehr-Straße.

Berliner Zuschauer.

— So eben erhalten wir von Freund Bem die Nachricht: daß die Ungarn in Wien eingezogen sind!!

Eljen Kossuth!! Es lebe die Freiheit!
Wie wird Ihnen Herr Hinckeldey?

— Die Neue Preußische Zeitung möchte gern wissen, ob „Berliner Klopps" wohl zu „Naumburger Ausbruch" passe.

— Was hat denn der Hr. Assessor Wagner am 30. April Abends zwischen 10 und 11 Uhr in der Nähe des Bullenwinkels mit einer Dame in weißem Hut und schwarzem Schleier so angelegentlich zu verhandeln gehabt? Wenn wir recht unterrichtet sind, drehte sich die Unterhaltung um Schleswig Holstein mehr umschlungen und gedieh bis zur gegenseitigen Stimulation der Friedens-Präliminarien.

— Die rothe Reaktion, welche besonders unter dem Militair Propaganda macht, treibt ihre Unverschämtheit so weit, die blutrothen Abzeichen ihres scheußlichen Strebens ganz offen zur Schau zu tragen und so die Verordnung des Obercomando's der Berliner Belagerungs-Armee wegen des Tragens rother Abzeichen zu verhöhnen. Am 29. April Vormittags um 11 Uhr zog eine Batterie Fußartillerie die Charlottenstraße mit Musik entlang und ließ sich ein seltsam gestaltetes, mit Schellen versehenes Instrument voran tragen, an welchem neben einem weißen auch ein bluthrother Roßschweif hing.

— In einer Sitzung der zweiten Kammern hat sich neulich folgender bemerkenswerther Vorfall ereignet: der Minister des Innern, welcher zu gleicher Zeit Volksvertreter für die zweite Kammer ist, hat bekanntlich einen Gesetzentwurf eingebracht, durch welchen das durch die Verfassung garantirte Versammlungsrecht nicht nur unter polizeiliche Aufsicht gestellt, sondern auch in seiner Ausübung von der Weisheit unsrer so gebildeten Constabler abhängig gemacht werden sollte. Während der Discussion vertheidigte der Minister das Gesetz sehr warm in Unterstützung seines Assistenten, des überaus talentvollen Hrn v. Schleinitz Hochwohlgeboren. Bei der Abstimmung aber stimmte der Minister gegen seinen Gesetzentwurf. Als man ihn wegen dieses scheinbaren Widerspruchs befragte, antwortete er: „Als Vertreter der Krone, in welcher Eigenschaft ich in der Kammer nur zu sprechen, nicht aber zu stimmen habe, mußte ich das Gesetz vertheidigen, weil es der Krone vortheilhaft ist; als Vertreter des Volks aber, in welcher Eigenschaft ich stimme, mußte ich das Gesetz verwerfen, weil es der Freiheit des Volkes nachtheilig ist. Nur in solcher Weise kann ich die Interessen meiner beiden Committenten wahren, wenn diese beiderseitigen Interessen, wie es ja oft geschehen muß, collidiren." —

— Die Neue Preußische Zeitung bezahlt für jede Adresse, die ihr im Sinne ihrer Tendenz zur Insertion angeboten wird, pro Unterschrift 5 Silbergroschen.

— Bei einer namentlichen Abstimmung der zweiten Kammer antwortete in Abwesenheit des Hrn. v. Kleist-Reetzow ein aristokratisches blondes Mitglied der Rechten mit „Ja!" Es entfernte sich hierauf, trat aber bei der Recapitulation der Buchstaben beim Aufruf des Buchstabens K wieder herein und stimmte für sich selbst auch mit Ja. Durch dieses Falsum hat Preußen das Gesetz erhalten, welches den Verkauf von Schriften auf öffentlicher Straße von der polizeilichen Willkühr abhängig macht. —

— Hr. Ulrichs hat neulich in der Kammer ein ganz eigenthümliches Votum abgegeben. Er unterhielt sich nämlich während des Aufrufs zur namentlichen Abstimmung mit Hrn. Grafen v. Schwerin sehr angelegentlich, welche Art des Diätenverdienstes bei den Herren von der Rechten übrigens etwas sehr Gewöhnliches ist. Den Gegenstand des Gesprächs konnten wir nicht recht vernehmen; er betraf aber — wenn wir nicht irren — eine sehr vermischte Theegesellschaft, welche Tags zuvor in einem bekannten Hause der Behrenstraße (wir wissen auch die Nummer sehr wohl!) auf die allergeheimste Weise bei verschloss'nen Thüren und sorgfältig verhängten Fenstern abgehalten worden war. Als die beiden würdigen Volksvertreter in ihrer Unterhaltung grade bei einem sehr interessanten Vorfalle angekommen waren, dessen Erzählung Hrn. Ulrichs das Wasser im Munde zusammen laufen ließ, während dessen rief der Schriftführer den Namen Ulrichs. — Der Inhaber dieses beneidenswerthen Namens schrie Ja! ohne sich in der Unterhaltung stören zu lassen. Da er aber zu gleicher Zeit von seinem Nachbar einen Rippenstoß erhielt, so verbesserte er sein Ja, indem er laut rief; „Nein, nicht Ja, sondern Nein!" alsdann aber sein anziehendes Gespräch weiter fortführte. Als endlich der namentliche Aufruf beendigt war, und die Recapitulation des Alphabets erfolgte, war auch das anziehende Gespräch des Hrn. Ulrichs mit seinem Nachbar zu Ende. Er erinnerte sich nun, daß inzwischen eine Abstimmung statt gefunden habe, und begab sich an das Bureau, um sich zu erkundigen: worüber überhaupt abgestimmt worden war, und wie er selber gestimmt habe. Als ihm Auskunft geworden war, erklärte er, daß er in dieser Frage weder mit Ja, noch mit Nein stimmen könne, sondern daß er sich vielmehr der Abstimmung enthalte. — Auf eine solche Weise werden also von den Reactionären für Preußen Gesetze gemacht, Gesetze mit einer Majorität von einer Stimme, durch welche die Errungenschaften der Revolution, die Freiheiten des Volkes vernichtet werden! — O, diese Schmach ist größer, als die des Hrn v. Bodelschwingh, indem er sich von einigen krawallirenden Bummlern am 18. März 1848 sein niet- und nagelfestes Portefeuille abnehmen ließ.

— Was war denn in dem kleinen Fäßchen, welches Hr. Harkort vor drei Tagen durch die Post aus Petersburg empfing? Für Caviar war das Fäßchen viel zu schwer. Sollte vielleicht Gold darin gewesen sein? —

— Es verlautet das Gerücht, daß der Blödsinn eines hiesigen Zeitungs-Redacteurs durch einen Schlag, welchen Letzterer kürzlich auf dem

68 *Neueste Preußische Zeitung*, Frankfurt/Berlin, Nr. 1, [Mai] 1849
Titelblatt
Was *Tante Voss mit dem Besen* für die *Vossische Zeitung* war die *Neueste Preußische Zeitung* für die von allen demokratischen Witzblättern verhöhnte konservative *Neue Preußische Zeitung*, genannt *Kreuz-Zeitung*. Trotz ihres sofortigen Verbots lebte sie noch mehrere Wochen im Untergrund weiter.

auf die »Mord- und Tod-predigenden Notizen« des »Zuschauers« zurückgegangen sein.[121]

Bereits die erste Nummer der *Neuesten Preußischen Zeitung*, die sich für eine neue Gesellschaftsordnung ohne Staatsgewalt einsetzte, wurde konfisziert und verboten. Dennoch ist es dem Selbstverleger und Redakteur E. Koch und dem Buchdrucker Reichardt gelungen, noch fünf weitere Nummern dieses radikalen Witz- und Spottblattes unter die Leute zu bringen.[122]

Inzwischen wurden die in Dresden und Baden ausgebrochenen Volksaufstände mit Hilfe preußischer Truppen niedergeschlagen. Die Siege der Konterrevolution blieben nicht ohne Rückwirkungen auf die preußische Pressegesetzgebung. Die Verordnung vom 30. Juni 1849 betreffs »die Vervielfältigung und Verbreitung von Schriften und verschiedene durch Wort, Schrift, Druck, Zeichen, bildliche und andere Darstellung begangene strafbare Handlungen« führte faktisch die Polizeiaufsicht über die Presse ein. Künftig mußte jeder Herausgeber einer Zeitung oder Zeitschrift ein mit seiner Unterschrift versehenes Exemplar gegen eine ihm zu erteilende Bescheinigung bei der Ortspolizeibehörde hinterlegen, sobald mit der Versendung begonnen wurde. Ein Verstoß gegen die Gesetze, die Störung des öffentlichen Friedens, die Behauptung erdichteter Tatsachen, die Verächtlichmachung von Religions-Gesellschaften sowie die Verleumdung eines öffentlichen Beamten in Ausübung seines Berufs wurden mit Gefängnisstrafen bis zu zwei, Majestätsbeleidigung bis zu fünf Jahren bestraft (§§ 16 bis 21).

Am 18. Juli 1849 gab sich die Konterrevolution dann unter dem sinnigen Titel *Juchheirasasa! Die Preußen sind da!* auch ein eigenes illustriertes »humoristisch-satyrisches Organ«. Das neue Montagsblatt erschien im Selbstverlag des gebürtigen Sachsen H. Eichenhauer; Drucker war G. Bernstein. Der ungenannte Redakteur war anfangs der Possenautor und Theaterkritiker der konservativen *Neuen Preußischen [Kreuz-]Zeitung* Friedrich Wilhelm Adami (1816 bis 1893), der wenig später durch preußische Festspiele und Prologe einen zweifelhaften vaterländischen Ruhm erwerben sollte.

Das Titelblatt der vierseitigen Zeitschrift (bedruckter Raum 15,7 × 21,5 cm), die zum Preis von 1 ½ (Einzelnummer) beziehungsweise vierteljährlich 17 ½ Silbergroschen angeboten wurde, zeigt auf der rechten Seite im Pulverdampf vorrückende, bewaffnete preußische »Pickelhauben«. Auf der linken Seite sieht man die an ihren Bärten sowie an ihren mit Hahnenfedern geschmückten Hüten erkennbaren flüchtigen Freischärler. Als »Sensenmänner« werden sie der Lächerlichkeit preisgegeben *(Abbildung 69)*.

Das publizistische Ziel des angriffslustigen *Juchheirasasa!* bestand in dem »inhaltsschweren«, den Sprüchen Salomonis entlehnten Prinzip: »Wie Du mir, so ich Dir.«[123] Es handelte sich um einen ausgesprochenen »Anti-Kladderadatsch«, den ersten einer

№ 1. **Mittwoch, den 18. Juli.** **1849.**

Juchheirasasa!

Die Preußen sind da!

Diese humoristisch-satyrische Wochenschrift erscheint jeden Montag früh zu dem Preis von $1^1/_2$ Sgr. für einzelne Nummern. Abonnements für 13 Nummern vierteljährlich werden mit $17^1/_2$ Sgr. in allen Buchhandlungen und bei den Königl. Postämtern angenommen.

Prospectus.

Mitbürge — r r r r r r r r r r r!!! *)

Seid Ihr bei Kasse? — Wo nicht, so proclamirt die Republik, die rothe Republik; setzt Euch als provisorische Regierung ein; nehmt das Beste des Landes — die Regierungs-Kassen permanent in die Hand, überhaupt alle Kassen ohne Ansehen der Person und nur mit dem Unterschiede: ob sie voll sind oder leer; verschmäht selbst nicht einen kühnen Griff in die Sparkasse der Armuth und legt das sauer verdiente Geld für den Fall der Noth sicher an, indem Ihr pränumerirt auf unser:

Juchheirasasa!

Ein Abonnent ist da!

Ja, wenn nur erst Einer da ist, die Uebrigen finden sich, und wer sich nicht gutwillig stellt zum Contingent, das heißt zum Abonnement des Juchheirasasa, der wird mit executiver Gewalt dazu gepreßt — gepreßt! wie die Freiwilligen der Baden-Pfälzischen Volkswehr. Preßfreiheit nennt man das!

Was unser Blatt will? -- Nichts Anderes, als was jedes neu erscheinende Blatt will. Abonnenten will's, und einem längst gefühlten Bedürfnisse abhelfen will's.

Und da es nun, wie schon Se. Excellenz der Generalissimus Wallenstein sehr richtig bemerkte, im Menschenleben Augenblicke giebt, wo man eine Frage (nicht vier Fragen, Herr Jacoby!) frei hat an das Schicksal, so frag' ich Euch, Ihr Constitutionellen, Ihr Conservativen, Ihr — demokratisch gesagt — Reactionäre, Ihr Schwarzweißen, Ihr Treubündler, mit einem Worte Ihr — wär' mein Rohrsperling ein Demokrat: Stunden lang könnt' er so fortschimpfen — so frag ich Euch:

Hat nicht Jeder von Euch schon längst eine gewisse Sehnsucht gefühlt nach einem — kein Blatt vor den Mund nehmenden — Blatte, welches sich die zeitgemäße Freiheit nimmt, sich die „glänzenden

*) Nächstens mehr.

Anmerkung des Setzers.

69 *Juchheirasasa! Die Preußen sind da!* Nr. 1 v. 18. 7. 1849
Titelblatt
Berlins erstes konservatives Witzblatt, das sich nach dem Sieg der Reaktion mehrere Monate halten konnte.

langen Reihe. *Juchheirasasa!* forderte witzige Köpfe »unserer Partei«, also Mitglieder oder Sympathisanten der verschiedenen konservativen Vereine, »unter Zusicherung« der »strengsten Diskretion« zur Mitarbeit an einem Blatt auf, »welches die Demokraten eben so regelmäßig abtrumpft, wie deren Humor . . . uns abtrumpft.« Worin bestand dieses »Abtrumpfen der Demokraten«? In der systematischen Verulkung der politischen Schlagworte der Revolutionszeit sowie der ach so vergänglichen »Errungenschaften«.

Das Blatt ersparte sich die Mühe, eigene stehende Figuren zu erschaffen, sondern bediente sich beim Gegner. Im ungewohnten schwarzweißen Gewand trat Nante als Stockpreuße auf.

Im Gegensatz zu den demokratischen Zeitschriften verzichtete der *Juchheirasasa!* auf jegliche ironische Kritik am eigenen Lager. Zu bemerken sind schließlich wiederholte satirische Ausfälle gegen die Juden.

Am 27. August (Nr. 7) änderten sich die Redaktion, die Titelvignette und der Untertitel. Künftig schwang in dem »Organ für alle, die Lesen und Schreiben können« der »Halbgott Satyr« die Geißel gegen die »Universal-Lumpokratie« der über einen Kamm gescherten Demokraten, Republikaner, Sozialisten und Kommunisten. Die darauffolgende Nummer vom 3. September nannte eine neue Druckerei (C. Sander). Jedoch am 10. September (Nr. 9) gab der von der *Buddelmeyer-Zeitung* (Nr. 64 vom 8. November) als »kranker Bankert« bezeichnete *Juchheirasasa!* seinen Kampf gegen die »ausgedehntesten Witzköpfe des witzigen Berlins« auf.[124] Gemeint waren natürlich in erster Linie die nach der Aufhebung des Belagerungszustands (28. Juli) aus Neustadt-Eberswalde »in Zions Königliche Mauern« zurückgekehrten »trauernden Juden des Kladderadatsch«. In einem letzten Rundumschlag verhöhnte der *Juchheirasasa!* Artikel IV der am 21. Dezember 1848 proklamierten Deutschen Grundrechte (Meinungsfreiheit). Artikel IV von »Schildburgs Grundrechten« lautete:

»Jeder Bürger darf die Minister,
Soldaten, Beamten und andere Philister
Durch Schrift aushunzen und Karikatur;
Ein Preßgesetz gilt nach Umständen nur.«

In der Sylvesternacht 1849/50 gedachte *Kladderadatsch* in einer berühmt gewordenen Karikatur auf den Berliner Zeitungsfriedhof »seiner bereits verstorbenen oder doch nächstens versterbenden Zeitgenossen« *(Abbildung 70)*. Allerdings schien ihm einzig und allein die *Ewige Lampe* ebenbürtig zu sein. Und so lauteten die Schlußverse des Begleitgedichts:

»Streiten in dem Reich der Geister,
Ich von unten, Du von oben –
Satanas, der alte Meister,
Soll schon seine Diener loben!«

208

Kladderadatsch in der Sylvesternacht

am Grabe seiner bereits verstorbenen oder doch nächstens versterbenden Zeitgenossen.

Also ist im Strom der Zeiten
Wiederum ein Jahr verflossen,
Und ich steh' an den beschnei'ten
Gräbern meiner Zeitgenossen.
Alle fast, die hier verwittern,
's war nicht viel an euch verloren;
Denn ihr war't von faulen Müttern
Schon von Anfang todt geboren.
Doch dort hinten seh' ich eine
Neue Schaar von frischen Grüften,
Und die neuen Leichensteine
Schon geschmückt mit frischen Schriften.

Auch um Euch und Euresgleichen
Wird man Thränen nicht vergießen,
Wenn sich über euren Leichen
Erst des Grabes Pforten schließen.
Aechte Constitutionelle,
Dumme Schwaben, blinde Hessen,
Die bandjüdisch nach der Elle
Nur das Schön' und Große messen!
Oder hergelauf'ne Schweizer —
Aemtergeile Apostaten —
Die Nation, für ein Paar Kreuzer
Ist sie feil zu allen Thaten!

Wenn ihr Beide nun auch nächstens
Untergeht, so ist's kein Schade —
Traf man euch im Leben höchstens
Doch nur — auf der Retirade! —
Aber weiter dort ruht Einer,
Der im Leben gut gerungen;
Denn er starb im Kampf, von seiner
Feinde Uebermacht bezwungen.
Auch im Jenseits noch wird seines
Ruhmes Ewige Lampe flackern,
Und wird beißend hellen Scheines
Leuchten den verdammten Rackern —

Hundsgemeinen Wuchers Söhne-
Die vom Blut des Volkes saugen,
Daß vom Salz der heißen Thränen
Uebergehn die trief'gen Augen.
Mußtest Du im Tod verbluten,
So will ich Dir sein ein Rächer;
Will, wenn auch mit andern Ruthen
Geißeln die verdammten Schächer!
Nun wohlauf nd meine Seiten
Mit dem Racheschwert umgürt' ich,
Laß uns für einander streiten —
Denn ich bin Dir ebenbürtig. —

Streiten in dem Reich der Geister,
Ich von unten, Du von oben —
Satanas, der alte Meister,
Soll schon seine Diener loben!

Verantwortlicher Redakteur: E. Dohm. — Verlag von A. Hofmann & Comp. in Berlin, Unterwasserstraße 1. — Druck von J. Draeger in Berlin.

70 *Kladderadatsch*, Nr. 52 v. 23. 12. 1849
Kladderadatsch in der Sylvesternacht
Holzschnitt von Wilhelm Scholz
Der einzige Überlebende der Zeitungsexplosion der Revolutionszeit war *Kladderadatsch*. Wilhelm Scholz stellt hier das von Eduard Maria Oettinger und Adolf Glaßbrenner verwendete Vormärzmotiv des »Zeitungsfriedhofs« bildlich dar. Der alte Friedhof mußte durch eine »neue Auflage« erweitert werden. Bereits verstorben waren – neben vielen anderen – die Witzblatt-Kollegen *Freie Blätter*, *Berliner Großmaul*, *Berliner Krakehler* und *Tante Voss mit dem Besen*. Zu den »nächstens versterbenden Zeitgenossen« gehörten *Die ewige Lampe* und die hier nicht genannte *Buddelmeyer-Zeitung*, ferner die gemäßigte *Deutsche Reform* und die *Constitutionelle Zeitung*.

Drittes Kapitel Von der Konterrevolution zur Neuen Ära (1858/59): Der unaufhaltsame Aufstieg des Kladderadatsch

»Witz und Wahrheit – nur verstopfen
Könnt Ihr sie mit engem Pfropfen,
Aber könnt' sie binden nicht. –
Denn der Pfropf dient nur zur Klärung,
Und es wirft der Most in Gärung
Euch die Pfropfen ins Gesicht!«

(Rudolf Löwenstein)[1]

Gesetzliche Rahmenbedingungen

Die zwischen der Krone und den Kammern ausgehandelte, im konservativen Sinn revidierte Verfassungsurkunde für den Preußischen Staat vom 31. Januar 1850 behandelte in Artikel 27, Absatz 1 die Presse ganz im Geist der oktroyierten Verfassung vom 5. Dezember 1848. Jeder Preuße hatte das Recht, »durch Wort, Schrift, Druck und bildliche Darstellung« seine Meinung frei zu äußern.

Artikel 27, Absatz 2 der oktroyierten Verfassung, dem zufolge die Pressefreiheit »unter keinen Umständen und in keiner Weise« beschränkt, suspendiert oder aufgehoben werden durfte, war dagegen erheblich abgeschwächt worden. Er lautete nunmehr: »Die Censur darf nicht eingeführt werden, jede andere Beschränkung der Preßfreiheit nur im Wege der Gesetzgebung.«[2]

Eine dem Zeitgeist entsprechende restriktive Gesetzgebung ließ nicht lange auf sich warten. Als sich Friedrich Wilhelm IV., der am 22. Mai 1850 bei einem Attentat leicht verwundet worden war,[3] über die »völlige Unerträglichkeit der Preßzustände« beklagte, »die sich in den letzten Tagen bis zum offenen Hochverrat« gesteigert hätten,[4] wurde die Presseverordnung vom 30. Juni 1849 erheblich verschärft. Die sogar von der regierungsfreundlichen *Kreuz-Zeitung* bemängelte Ergänzungs-Verordnung vom 5. Juni 1850 verfügte aufs neue die Erstellung einer Kaution für eventuelle Geldstrafen und Untersuchungskosten.[5] Betroffen waren ab 1. Juli sämtliche Presseorgane, die sich nicht der Erörterung »aller politischen Fragen« enthielten. Die für die weniger als dreimal wöchentlich herausgegebenen politischen Witzblätter zu hinterlegende Summe betrug 2 500 Taler.[6] Darüberhinaus war es dem Berliner Post-Zeitungsamt gestattet, »nach Umständen« die Annahme und Ausführung von Bestellungen auf Zeitungen und Zeitschriften abzulehnen. Unmittelbar vom Debitverbot betroffen waren die drei im Zuge der Revolution entstandenen »ausländischen« Witzblätter *Deutsche Reichsbremse* (Leipzig), *Leipziger Reibeisen* und *Die Hornisse. Zeitung für hessische Biedermänner* (Kassel).[7]

Die *Buddelmeyer-Zeitung* brachte am 20. Juni 1850 (Nr. 49) eine zeitgemäße Betrachtung in Versen, die mit dem Refrain endete »Und Preußen hat ein Preßgesetz! Hallelujah!« Auch David Kalisch reagierte auf die neuesten Maßnahmen. Er verfaßte für den *Humoristisch-satyrischen Volks-Kalender des Kladderadatsch für das Jahr 1851* folgendes Gedicht:

»In dieser Zeit der Cautionen
Und der Chikanen hin und her,
Der Strafen und Denunciationen
Denkt man am besten – gar nichts mehr.«[8]

Das an die Stelle der beiden genannten Verordnungen getretene preußische Pressegesetz vom 12. Mai 1851, das – mit Änderungen vom 6. März 1854 und vom 21. Mai 1860 – bis 1874 gültig blieb, versuchte dann, durch 56 ausgeklügelte Paragraphen den Fortfall der Vorzensur auszugleichen.[9] Es behielt die Konzessions- und Kautionspflicht bei sowie das Verbot des fliegenden Straßenhandels.[10] Zwecks einer perfekten Meinungskontrolle mußte ein mit der Unterschrift des verantwortlichen Redakteurs versehenes Exemplar der Zeitung oder Zeitschrift gegen eine zu erteilende Bescheinigung bei der zuständigen Polizeibehörde hinterlegt werden (§ 5). Widersprach eine Druckschrift den Formvorschriften oder schien ihr Inhalt den Tatbestand einer strafbaren Handlung zu begründen, waren die Staatsanwaltschaft und ihre Organe berechtigt, das Presseerzeugnis selbst sowie die zur Vervielfältigung desselben bestimmten Platten und Formen vorläufig mit Beschlag zu belegen (§ 29). Im Gegensatz zu dieser Bestimmung nahm die Berliner Polizei eigene Beschlagnahmerechte in Anspruch.

Anfangs stand es im Ermessen der Staatsanwaltschaften, die Konfiskation wieder aufzuheben oder nicht. Wiederholte Differenzen zwischen den beiden Behörden veranlaßten jedoch den preußischen Justizminister Ludwig Simons, durch Reskript vom 25. November 1851 die Staatsanwaltschaften anzuweisen, in *jedem* Fall eine gerichtliche Entscheidung herbeiführen zu lassen, »weil immer einiges für die Strafbarkeit der beschlagnahmten Druckschriften spreche«.[11]

Bestraft wurde der dem französischen Pressegesetz von 16. Juli 1850 entlehnte »verantwortliche Redakteur«. Dieser haftete als Schuldiger, wenn seine Täterschaft erwiesen war. Ließ sich diese nicht nachweisen, wurde er dennoch zur Verantwortung gezogen, und zwar wegen »Fahrlässigkeit«, das heißt wegen Nichtverhinderung des inkriminierten Pressedelikts. Das preußische System der »Fahrlässigkeitsstrafen« wurde durch Bundesbeschluß vom 6. Juli 1854 allen deutschen Staaten empfohlen und von der Mehrzahl auch eingeführt *(Abbildung 71)*.[12]

Das neue Preßgesetz, oder: Der Eiertanz, oder: Nur nicht ängstlich!

71 *Kladderadatsch*, Nr. 23 v. 8. 6. 1851
Das neue Preßgesetz, oder: Der Eiertanz, oder: Nur nicht ängstlich!
Holzschnitt von H. Link
Das bis 1874 in Kraft bleibende preußische Pressegesetz vom 12. Mai 1851 bedeutete eine Verschärfung der vorhergehenden Bestimmungen. Die verantwortlichen Redakteure der Berliner Zeitungen – »Onkel Spener« *(Spenersche Zeitung)*, *National-Zeitung*, »Tante Voss« *(Vossische Zeitung)*, *Urwähler-Zeitung*, *Der Hahn* und *Constitutionelle Zeitung* – führen einen regelrechten Eiertanz auf, um die verfänglichen Paragraphen des Gesetzes (Genehmigungspflicht für das Erscheinen und den Verkauf eines Blattes, Kaution, Haftung des verantwortlichen Redakteurs, »wahrheitsgemäße« Parlamentsberichterstattung, Vernichtung von »gesetzwidrigen« Zeitungsexemplaren) zu umgehen. Der auf hohen Stelzen daherkommende *Kladderadatsch* betrachtet die komisch wirkende Szene von oben; die Polizisten sehen grinsend zu.
Oben links flattern der Text einer Rede des als ultra-konservativ bekannten Abgeordneten und früheren Ministers Adolf Heinrich Graf von Arnim-Boitzenburg, der berühmte »Bürger- und Bauernbrief« (1851) des westfälischen Großindustriellen und Parlamentariers Friedrich Wilhelm Harkort sowie ein Exemplar der *Neuen Preußischen [Kreuz-]Zeitung*.

1852 folgten »im Wege der Gesetzgebung« drei weitere tiefgreifende Beschränkungen der Pressefreiheit.

1. Im Mai 1852 entzog ein Gesetz den Schwurgerichten die Entscheidung über die Schuld des Angeklagten bei politischen und Pressevergehen.
2. Am 2. Juni wurde der erst am 8. Dezember 1848 aufgehobene Zeitungsstempel für alle politischen Tageszeitungen und alle öfter als einmal monatlich herausgegebenen politischen Zeitschriften wieder eingeführt. Die Besteuerung erfolgte ab 1. Juli nach der Bogenzahl je Quartal. Für den *Kladderadatsch*, der weniger als 12 Bogen im Vierteljahr umfaßte, bedeutete die neue Steuer eine jährliche Mehrausgabe von vier Silbergroschen pro Exemplar, das heißt 6 ¼ Prozent vom Nettoeinkaufspreis.[13]

   Das Witzbatt kommentierte den Zeitungsstempel am 25. Juli 1852 (Nr. 30) wie folgt: »Wir tragen den Stempel der Wahrheit an unsrer Stirn; denn wir leben in einer Zeit, so lustig und so lächerlich, daß in ihr die Wahrheit zum Spott, und der Spott die einzige Wahrheit geworden ist« *(Abbildung 72)*. Wie sein Kollege *Le Charivari* in Frankreich, wo etwa zur gleichen Zeit die Stempelsteuer erneuert worden war, erhöhte auch der *Kladderadatsch* nolens volens seinen Preis. Das vierteljährliche Abonnement betrug nunmehr, statt 17 ½, 21 Silbergroschen. Als Trostpreis erhielten die Abonnenten zwei zusätzliche Nummern (15 statt 13).
3. Am 5. Juni 1852 schließlich führte das preußische Postgesetz für kautions- und stempelsteuerpflichtige Zeitungen und Zeitschriften den Postzwang ein. Diese konnten künftig nicht mehr außerhalb der Post vertrieben werden, so daß die Polizei mißliebige Presseorgane leichter als bisher beschlagnahmen konnte. Der Verkauf von Einzelnummern wurde zwar 1862 wieder gestattet, aber nur in den Buchläden, nicht auf der Straße. Man versteht daher leicht, wie sehr die Pariser um eine Einrichtung beneidet wurden, die in Berlin erst im Herbst 1886 aufkam: der Zeitungskiosk.[14]

Der Kautionszwang, ferner das Damoklesschwert des Konzessions- und Postdebitentzugs bildeten bis 1874 den Alltag der Verleger, Redakteure und Zeichner. Hinzu kam die extensive Auslegung der Presse- und Strafgesetzgebung durch den Berliner Polizeipräsidenten von Hinckeldey und den preußischen, ausgerechnet mit Karl Marx verschwägerten Innenminister Ferdinand Otto Wilhelm von Westphalen. Das *Strafgesetzbuch für die Preußischen Staaten*, das 1851 an die Stelle des *Allgemeinen Landrechts* getreten war, sah beispielsweise für Majestätsbeleidigung durch »Wort, Schrift, Druck, Zeichen, bildliche oder andere Darstellung« Gefängnisstrafen von zwei Monaten bis zu fünf Jahren vor sowie die zeitweilige Aberkennung der bürgerlichen Ehrenrechte (§ 75). Weitere, mit Gefängnisstrafen oder Geldbußen in unterschiedlicher Höhe geahndete Beleidigungsdelikte bezogen sich auf die Mitglieder der Königlichen Familie (§ 77), ferner die deutschen und ausländischen Staatsoberhäupter, die beim Königlichen Hofe beglaubigten Gesandten oder Geschäftsträger (§ 79 und 80), endlich das Parlament und seine Mitglieder (§ 102). In diesen Zusammenhang gehörte auch die strikte Anweisung an die Polizeibehörden, darauf zu achten, daß weder der König noch die Königliche Familie »in den Bereich des Witzes gezogen wird«.[15]

Als besonderer Journalistenschreck erwiesen sich die beiden dehnbaren »Haß- und Verachtungsparagraphen« 100 und 101. Letzterer hatte folgenden Wortlaut: »Wer durch öffentliche Behauptung oder Verbreitung erdichteter oder entstellter Thatsachen, oder durch öffentliche Schmähungen oder Verhöhnungen die Einrichtungen des Staates oder die Anordnungen der Obrigkeit dem Hasse oder der Verachtung aussetzt, wird mit Geldbuße bis zu 200 Thalern oder mit Gefängniß bis zu zwei Jahren bestraft.«[16]

№ 30 Sonntag, den 25. Juli 1852. V. Jahrgang.

Kladderadatsch.

Wochenkalender.

Montag, den 26. Juli.

Die Sängerfeste werden in Deutschland verboten.

Dienstag, den 27. Juli.

Der Gesang wird als „Störung der öffentlichen Ruhe" in Deutschland untersagt.

Mittwoch, den 28. Juli.

Die Oper wird abgeschafft, Roger ausgewiesen, die Wagner gehängt.

Wochenkalender.

Donnerstag, den 29. Juli.

Sämmtliche Leierkasten werden verbrannt, nur eine alte Leier darf weiter spielen.

Freitag, den 30. Juli.

Ludwig Uhland wird auf Grund seines Liedes: „Singe, wem Gesang gegeben" — vor ein Kriegsgericht gestellt und wegen „Aufforderung zum Ungehorsam" hingerichtet.

Sonnabend, den 31. Juli.

Warum das Alles? — „Car tel est notre plaisir?" — sagt der Staatshämorrhoidarius. Er lebe!!!

Kladderadatsch.

Humoristisch-satyrisches Wochenblatt.

Wir tragen den Stempel

der Wahrheit an unsrer Stirn; denn wir leben in einer Zeit, so lustig und so lächerlich, daß in ihr die Wahrheit zum Spott, und der Spott die einzige Wahrheit geworden ist.

№ 31 erscheint Mittwoch, den 28. Juli.

72 *Kladderadatsch*, Nr. 30 v. 25. 7. 1852
Titelseite
Protest der Redaktion gegen die Wiedereinführung der Zeitungssteuer in Preußen.

Bei der drohenden Nähe eines Bundes-Preßgesetzes erlaubt sich Kladderadatsch, seine gehorsamste Vorstellung bei Herrn von Bismark-Schönhausen zu machen.

„Ein Federzug von dieser Hand, und neu Erschaffen wird die Erde. — Geben Sie Gedankenfreiheit! — !!! —

73 *Kladderadatsch*, Nr. 24 v. 22. 5. 1853
Bei der drohenden Nähe eines Bundes-Preßgesetzes erlaubt sich Kladderadatsch, seine gehorsamste Vorstellung bei Herrn von Bismark-Schönhausen zu machen
Holzschnitt von Wilhelm Scholz
Kladderadatsch überreicht dem hier zum letzten Mal mit Vollbart gezeichneten preußischen Gesandten am Frankfurter Bundestag eine Bittschrift, um ein zweites Bundes-Presse-Rahmengesetz in der Art der Karlsbader Beschlüsse (1819) zu verhindern.
Das Zitat ist dem 3. Akt des Schillerschen Trauerspiels *Don Carlos* entnommen.
Der bereits unter der preußischen Gesetzgebung leidende *Kladderadatsch* wird von den Mitgliedern der Redaktion begleitet: *ganz vorne* David Kalisch, den behinderten Gänsekiel tragend, dann Ernst Dohm und Rudolf Löwenstein, *dahinter* der über die Höhe der Kaution und die häufigen Verwarnungen besorgte Verleger Albert Hofmann, *neben* ihm der hünenhafte Karikaturist Wilhelm Scholz, dessen Zeichenstift abgebrochen ist.
Den »Gelehrten des Kladderadatsch« folgen die »stehenden Figuren« Schultze und Müller *(rechts)*, der »ewige Quartaner« Karlchen Mießnick und der jüdische Bankier Zwickauer. Ein Schloß vor dem Mund verurteilt sie zum Schweigen.

Die preußische Gesetzgebung wurde durch die am 6. Juli 1854 erlassenen allgemeinen Bundesbestimmungen, »die Verhältnisse des Mißbrauchs der Presse betreffend«, dahingehend ergänzt, daß künftig die »Angriffe auf die Grundlagen des Staates . . ., der Regierungen und des Oberhauptes eines fremden Staates« im gesamten Bundesgebiet verfolgt und bestraft werden konnten.[17] Die »Audienz« des *Kladderadatsch* (Nr. 24 vom 22. Mai 1853) bei dem preußischen Bundestagsgesandten Otto von Bismark-Schönhausen in Frankfurt am Main war somit erfolglos verlaufen *(Abbildung 73)*.[18]

Englisch heißt's »Punch«, französisch »Charivari«, deutsch »Kladderadatsch«[19]

Die Geschichte des Berliner Witzblattes in der antiliberalen Ära des preußischen Ministerpräsidenten Otto Freiherr von Manteuffel (1850 bis 1858) steht mit den oben skizzierten Rahmenbedingungen im engsten Zusammenhang.

1. Die Opfer der Reaktion

Die vom *Kladderadatsch* in der Neujahrsnacht 1849/50 beweinte *Ewige Lampe*[20] wurde von Arthur Mueller im Februar 1850 zum fünften und letzten Mal angezündet. Ihr Untertitel lautete »Politisch-satyrisches Oppositionsblatt«. *Die ewige Lampe* erschien im gewohnten Umfang von acht Oktavseiten und zum gewohnten Preis (20 Silbergroschen pro Quartal) im Selbstverlag des Redakteurs. Nach Verbüßung seiner sechsmonatigen Haftstrafe gebärdete sich Arthur Mueller radikaler denn je. Der erste, wie üblich zahlreiche Wortschöpfungen enthaltende Leitartikel trug die Überschrift »Die Schmach der Zeit«. Er begann mit den Sätzen: »Wie sie schandlächeln und sich hohnfreuen, die Frevler an der mit dem Blute des Volks erkämpften Freiheit! Die That ist ihnen gelungen; und Junker und Pfaffen, feile Knechte und listige Heuchler, der fettgesalbte Spießbürger, der hartherzige Reiche brüllen Beifall, daß die Luft erzittert, und der Hahn auf seinem Misthaufen krähend und flügelschlagend einstimmt in den Jubel der Reaktions-Gethiere.«[21]
In Nummer sieben (April) schlug *Die ewige Lampe* dann offen revolutionäre Töne an. Unter Berufung auf die amtliche Devise der französischen Republik (»Freiheit, Gleichheit, Brüderlichkeit«) schrieb das Blatt: »Die Zeit naht, wo wir den andern Nationen zeigen werden, daß wir Deutsche kein feiges, entnervtes Geschlecht, daß wir würdig sind, in die neue Bahn zu treten, welche unsere Brüder in Paris den Völkern Europa's eröffnen werden. Haltet Euch bereit!« Wiederholte Beschlagnahmen durch die Polizei (Nr. 3, 9, 11 und 12) und mehrere Presseprozesse wegen »Störung des öf-

fentlichen Friedens«, »Majestätsbeleidigung« beziehungsweise »Verleumdung eines öffentlichen Beamten in Ausübung seines Berufs« (§ 16, 20 und 21 der Presseverordnung vom 30. Juni 1849) waren die Folgen dieser aufreizenden Sprache. Im Juni 1850 (*Die ewige Lampe*, Nr. 13) gab Arthur Mueller schließlich den Kampf gegen die »plumpe, schamlose Willkür in unserm glücklichen Vaterlande« auf. Der 1848 siegreiche deutsche Michel hatte sich – wie der auf verlorenem Posten stehende Publizist in einem seiner gleichzeitig erschienenen Flugblätter allegorisch darzustellen versuchte – als ein Schwächling entpuppt und war nur noch »ein Spott der Leute«.

Das zweite Organ, welches das große Zeitungssterben von 1849 überlebt hatte, war die *Buddelmeyer-Zeitung*. Das für eine demokratische Monarchie eintretende Organ verabscheute den »Parthei-Despotismus« und damit seine fanatische Kollegin *Die ewige Lampe* (Nr. 20 vom 11. März 1850). In wesentlich günstigerem Licht erschien dem Herausgeber und Hauptredakteur Adalbert Cohnfeld der *Kladderadatsch*, der in der *Buddelmeyer-Zeitung* wiederholt zitiert und abkonterfeit wurde. Dies ist nicht weiter verwunderlich, da das Konkurrenzblatt öfters anonyme Beiträge aus seiner Feder aufgenommen hatte.

1850 knüpfte Cohnfeld an zwei bewährte Flugblattserien aus der Revolutionszeit an. Am 21. Januar (Nr. 6) erschien unter der Überschrift »Mein Jott, allwieder?« die »Siebente Jardinen-Predigt«, die »Madam[e] Bullerich[en]« nach dem Vorbild der »Curton lectures« im Londoner *Punch* ihrem »Jatten Ludewich« als stummer Bezugsperson vor dem »Schlafenjehen« zu halten beliebte.[22] Am 11. Februar (Nr. 11 und 12) trat dann der Flugblattschreiber »Isaak Moses Hersch« in der *Buddelmeyer-Zeitung* erstmals als Verfasser von »Offenen Briefen« auf. Ohne Zweifel handelte es sich um den demokratischen Verleger Samuel Löwenherz, der auch den Vertrieb der *Buddelmeyer-Zeitung* für »Wiederverkäufer« übernommen hatte.

Obwohl die *Buddelmeyer-Zeitung* »keene Fliege nich was zu Leide« tat, sondern nur »kitzelte«, blieb auch sie von Beschlagnahmen wegen »Aufreizung zu Haß und Verachtung der Einrichtungen des Staates« nicht verschont.[23] Mitte März 1853 stellte das von konservativer Seite als »schamlos«, »gemein« und »gottlos« verunglimpfte »humoristisch-satyrische Volksblatt«, dessen Auflage 1 200 bis 1 600 Exemplare erreichte, sein Erscheinen ein.[24]

Nach den alten seien die jungen Witzblätter der fünfziger Jahre kurz erwähnt.

Am 9. Februar 1850 übersandte E. Koch dem königlichen Polizeipräsidium die Probenummer der selbstverlegten satirischen Wochenschrift *Deutscher Michel*. Das auf den Schnellpressen von Ferdinand Reichardt gedruckte Abendblatt war vier Seiten stark (Satzspiegel 20 × 29 cm) und kostete 1 ½ Silbergroschen. Der vierteljährliche Abonnementspreis für 13 Nummern sollte 20 Silbergroschen betragen. Der *Deutsche Michel* stand unter dem Motto:

»Verschlaf die Zeit, vergiß das Denken, veränd're nie
Dein Schafsgesicht,
Laß Dich von jedem Ochsen lenken, und wenn er stößt,
so muckse nicht!«

Die illustrierte Titelvignette zeigt den deutschen Michel mit seiner unvermeidlichen Zipfelmütze, diesmal als Allegorie der »in der Finsterniß 1850« politisch zweigeteilten Nation. »Camarilla«, das heißt die konservativen Ratgeber des Königs, »Reaction«, »Absolutismus« und »Bürokratie« haben der »Constitution«, »Demokratie« und »Republik« sowie, ganz allgemein, den »Volks-Rechten« den Krieg erklärt *(Abbildung 74)*. Der Schrei des *Deutschen Michels*: »Gott schütze mich vor der Polizei!« verhallte freilich im Leeren. Eine weitere Nummer dieser Zeitschrift, die in einem »chi-

Der Deutsche Michel erscheint wöchentlich, als Abendblatt, in der Finsterniß 1850,
nach dem bekannten Motto:
Verschlaf die Zeit, vergiß das Denken, veränd're nie Dein Schafsgesicht,
Laß Dich von jedem Ochsen lenken, und wenn er stößt, so muckse nicht!

Preis 1½ Silbergroschen für Berlin. Zu haben in allen Buchhandlungen und bei den Colporteuren. Auf den Königlichen Post-Aemtern werden Quartal-Abonnements, für 13 Nummern mit 20 Sgr. angenommen, und die für dies Quartal fehlenden Nummern im Laufe des Februar und März nachgeliefert werden.

74 *Deutscher Michel*, Probenummer (=Nr. 1), Berlin [Februar] 1850
Titelkopf
Dem Herausgeber, der bereits die *Neueste Preußische Zeitung* (vgl. *Abbildung 68*) redigiert hatte, wurde die Konzession verweigert.

nesischen Orgellied« den Berliner Polizeipräsidenten Hinckeldey in höchst respektloser Weise als »Fürst Pinkel-Bay« verspottet hatte und Nante als Steuerverweigerer[25] auftreten ließ, ist nicht bekannt.

Äußerst kurzlebige Erscheinungen waren ferner die von einem gewissen Geißler bei Ferdinand Reichardt gedruckten politischen Liederhefte *Berliner Bremsen* (1850 bis 1851)[26] sowie das im Verlag Landsberger unter dem Titel *Das Füllhorn* im Quartformat herausgekommene »Unterhaltungsblatt für Geist und Herz, für Ernst und Scherz« (ein Heft, 1852).[27]

Etwas mehr Lebenskraft zeigte die illustrierte Wochenschrift *Neuer Berliner gemüthlicher Krakehler*, das heißt die wesentlich zahmere neue Serie des *Berliner Krakehlers* seligen Angedenkens (1848/49).[28] Sie erschien ab Oktober 1854 jeden Samstag im Verlag von A. Fandel und wurde bei A[dolf] Bahn & Co. gedruckt. Die verantwortliche Redaktion führte Carl Guthschmidt, »Haupt-Mitarbeiter« war der Schriftsteller Albert Hopf, alias Bohmhammel beziehungsweise Anastasius Schnüffler. In den Jahren 1848 bis 1852 hatte der »Vollblut-Demokrat«, wie Hopf sich selbst nannte,[29] nicht nur mehrere Gefängnisstrafen abgebüßt, sondern auch – infolge immer neuer Ausweisungsbefehle aus Berlin und den umliegenden Ortschaften – wie ein heimatloser Landstreicher gelebt.[30]

1851 waren bereits mehrere seiner Brenne[c]ke-Schriften, darunter auch der *Humoristisch-gemuethliche Brennecke-Kalender auf das Schaltjahr 1852* beschlagnahmt worden.[31] Dasselbe Schicksal traf den darauffolgenden Jahrgang. Dieses bald wieder freigegebene Werk enthielt folgende Anspielungen auf die erlittene Unbill und die daraus gezogenen »weisen Lehren«:

»Die Freiheit – liebes Publikum! der Presse,
Ist noch nicht sehr erstarkt.
Wenn der Kalender zahm ist, so ermesse
Die Zeitumstände reiflich, und vergesse
Nur nicht den Molkenmarkt.«[32]

Die gratis verteilte, zwölf Seiten starke Probenummer des *Neuen Berliner gemüthlichen Krakehlers* (bedruckter Raum 19,5 × 51 cm) faßte in Bild und Text »pointiert die Wirkungs-, Werbe- und Geschäftsinteressen zusammen, die sich in der humoristisch-satirischen Flugschriftenliteratur der Revolutionszeit allmählich herausgebildet hatten«.[33] Im Mittelpunkt der von Raymond de Baux entworfenen Titelvignette steht die von Hopf erfundene Kunstfigur Brenne[c]ke mit Zylinderhut, Spazierstock und brennender Zigarre. Sie gab die dreifache Parole aus: Krakehl, Witz, Geld *(Abbildung 75)*.

Machte das Blatt zu viel »Krakehl«, hatte es »zu wenig Witz« oder brachte es seinem Verleger »zu wenig Geld«, kann heute nicht mehr festgestellt werden. Nach neun Monaten, im Juni 1855, hörte es auf zu erscheinen.

Probenummer gratis.

Zu Bestellungen empfiehlt sich Buchalsky's Nachfolger, Fischerstraße 22.

Parole: Krakehl. Feldgeschrei: Witz. Losung: Geld.

Rundschauerlicher Krakehl.

Es ist jetzt, auf Ehre, eine stoffarme Zeit,
Das Einz'ge womit uns die Presse erfreut,
Sind Siegesdepeschen, von Schlffern gebracht,
Wonach man den Russen den Garaus gemacht.
Bald zeigt's sich als Ente — das ist sehr fatal.
Nun was kümmert's **uns** denn? Wir bleiben **neutral!**

Hochmüthige Leut' sind die fränkischen Herrn,
Die Karte Europa's zerschnitten sie gern.
Sie wollen die preußischen Häfen blokir'n,
Und Dän'mark und Schweden durch Zwang „alliir'n"
Sie zeigen nach'm Rheine mit spitzigem Stahl —
Nun was kümmert's **uns** denn? Wir bleiben **neutral!**

Auch Aberdeen macht uns ein sauer Gesicht,
Er schüttelt den Kopf, als gefiel'n wir ihm nicht.
Er warnt uns mit Worten, und rüstet sehr klug
'Ne Flotte, wie niemals das Weltmeer sie trug.
Auch hat er Soldaten, ne furchtbare Zahl —
Nun was kümmert's **uns** denn? Wir bleiben **neutral!**

Von Oestreich da werden uns Noten geschickt,
Wie man im „Alberti" sie schwerlich erblickt.
Herr Buol erklärt: er verstehe nit Spaß,
Und laß sich von Keinem nit führ'n bei der Nas'.
Entweder nun oder — jetzt treffet's die Wahl! —
Nun was kümmert's **uns** denn? Wir bleiben **neutral!**

Und blicken wir unten herab nach der Krimm,
Da schlägt sich der Ost mit dem Westen voll Grimm.
Dort haben's dem Russen ein Bein unterstellt,
Es handelt sich dort um die Herrschaft der Welt.
Ich frage: was macht denn das uns hier für Quaal? —
Laßt kriegen, wem's Spaß macht — wir bleiben **neutral!**

Wir Deutsche, wir sind doch recht friedliche Leut'!
Eh' wir einmal bös' werden, da hat's lange Zeit.
Doch setzen wir einmal die Pickelhaub' auf,
Da geh'n wir, wie Pommern, mit Kolben gleich d'rauf.
Dann ist uns, wie Schneppe sagt, „Allen's ejal!"
Doch werdet nicht ängstlich — **noch sind wir neutral!**

Die gemüthlichen Krakehler.

75 *Neuer Berliner gemüthlicher Krakehler*, Probenummer [September 1854] Titelblatt.

2. Die Monopolstellung des Kladderadatsch

Im Gegensatz zu den oben genannten humoristisch-satirischen Periodika, die über kurz oder lang der Reaktion zum Opfer fielen, entwickelte der *Kladderadatsch* eine geschickte Überlebensstrategie. Er folgte dem Rat, den David Kalisch seinem »jungen Sohn« erteilte: »Darum hülle ein, mein Sohn, Deine Gedanken in die Schale der Thorheit. So werden die Thoren an der Schale sich die Zähne zerbeißen; die Weisen aber werden erkennen was dahinter ist, und ihr Herz wird sich freuen an dem bittern und zugleich süßen Kern des – *Kladderadatsch*.«[34]

Freilich hätte eine noch so geschickte Methode der Gedankenverschleierung allein nicht ausgereicht, um das Blatt am Leben zu erhalten. Hinzu kamen neue Rubriken wie die vierteljährlichen »Illustrirten Rückblicke« nach dem Beispiel des *Punch*, ferner die Bemühungen der Redaktion, die Popularität der stehenden Figuren zu erhöhen *(Abbildung 76)* und dank immer neuer »Repräsentanten« die Vielgestal-

Wie Schultze und Müller

76 Fotomontage aus verschiedenen Jahrgängen des *Kladderadatsch*
Die seit Juni 1848 in jeder *Kladderadatsch*-Ausgabe auftretenden Kleinbürger Schultze und Müller, deren Kommentare des politischen Lebens die Leser über Jahrzehnte hinweg erheiterten, paßten sich auch durch ihre Kostümierung und Gestik der jeweiligen Situation an.

tigkeit beziehungsweise Einmütigkeit der »öffentlichen Meinung« unter Beweis zu stellen.

Zu nennen ist hier der 1851 von David Kalisch erfundene, noch heute im *Büchmann* erwähnte »ewige Quartaner« K[C]arlchen Mießni[c]k, dessen fingierte Briefe und Klassenarbeiten mit politischen Anspielungen gespickt waren.[35]

Zu nennen ist ferner der Vertreter der jüdischen Hochfinanz Zwickauer. Das Vorbild der erstmals in der Erfolgsposse *Einmalhunderttausend Thaler«* (1847) aufgetretenen Kunstfigur soll – der Überlieferung zufolge – ein ehemaliger »Prinzipal« Kalischs gewesen sein. Es besteht jedoch Grund zur Annahme, daß der Pariskenner Kalisch, zumindest was den karikierten jüdischen Dialekt Zwickauers anbelangt, den Pariser Bankier Jacob (James) Rothschild vor Augen hatte, der als »Baron de Nucingen« in Balzacs *Menschlicher Komödie* eine zentrale Rolle spielt. Der politisierende Bankier Zwickauer, dem – ebenso wie Schultze und Müller – eine »Gemahlin« beigegeben wurde, trat erstmals am 21. Januar 1849 (Nr. 3) auf, allerdings noch ohne sein hervorstechendes Merkmal, die pseudo-jüdische Sprechweise. In seinen auf Deutsch, Englisch, Französisch und sogar Lateinisch abgefaßten Monologen, Dialogen und Briefen werden systematisch die Vokale e(ä) und i(ie) durch ö und ü ersetzt. Dasselbe betrifft den Diphthong ei, aus dem ein eu wird. Hier ein Beispiel seiner Sentenzen: »Dör Börlüner Wütz üst ün dör Lüteratur, was dü Pückelflöte üm Orchöster üst.«[36] Wie bei den Erzjunkern Strudelwitz und Prudelwitz oder bei Schultze und Müller so verfehlten auch bei dieser stehenden Figur Wortkomik und Charakterkomik selten ihre Wirkung.

Schließlich und endlich muß der auch heute noch kulturhistorisch interessante »Briefkasten« erwähnt werden. Dort antworteten die »Redakteure« auf echte oder fingierte Fragen, dort führten sie gewissermaßen Buch über das Echo des *Kladderadatsch* in den in- und ausländischen Tageszeitungen oder Konkurrenzorganen.

Der Aufstieg des *Kladderadatsch* ist aber auch dem Geschick und, nicht zu vergessen, der Investitionsbereitschaft des mit den »Gelehrten« befreundeten und später mit Rudolf Löwenstein verschwägerten Verlegers Albert Hofmann zu verdanken. Bereits im Revolutionsjahr 1848 hatte er es verstanden, die Popularität des *Kladderadatsch* zu kommerzialisieren.

Mit den seit 1849 regelmäßig erschienenen, meist bunten Sylvester- und Neujahrsbeziehungsweise Carnevals-Nummern setzte Hofmann diese Politik konsequent fort. Diese führten 1857 zu einer von G. A. Hoevel verlegten, bei F. Hoffschläger gedruckten Imitation im Kleinformat (11,7 × 16 cm). Das »Organ für närrische Leute« *Neujahrs-Pladderadatsch* (Preis 2 ½ Silbergroschen) brachte im Titelkopf statt eines »Wochen«- einen »Monats-Kalender«. Statt Schultze und Müller traten Lehmann und Fischer als Gesprächspartner auf. Der *Neujahrs-Pladderadatsch (Abbildung 77)* erschien freilich, seiner Titelleiste zum Trotz, nicht »alle Jahre« einmal, sondern einmal und nicht wieder.

NEUJAHRS-

Monats-Kalender für das neue Jahr.

Jan. Der Pelz wird sehr im Preise steigen,
Febr. Es werden sich viel Narren zeigen;
März. Der Märzschnee thut den Saaten weh,
April. Die Wässer fließen von der Höh'.
Mai. Es werden ein'ge Knospen springen.
Juni. Der Juni wird uns Rosen bringen.
Juli. Heiß wird es, geht nicht schwer befilzt,
August. August das Gold im Kasten schmilzt;
Septbr. Man fängt an Holz u. Coaks zu kaufen,
Octbr. Weinhändler ihren Wein zu taufen;
Novbr. Die Luft wird schon benebelt sein,
Decbr. Man schläft am warmen Ofen ein.

Organ für närrische Leute.

Erscheint alle Jahr einmal, am Neujahrstage, zu dem Abonnementspreise von $2^1/_2$ Sgr.

Weise Sprüche zum Neuen Jahre.

Mein Sohn, thu' die Augen auf und halt' den Beutel zu; denn die Blinden werden nicht sehen den Pleitegeyer, und wo sich eine Börse aufthut, wird er sie holen.

Halte Dich fern von schlimmer Gesellschaft, so da weiter keine Verwandte hat, als meine Tante und Deine Tante!

Blicke nicht nach den schönen Frauen, denn jeder Blick der Erwiderung von ihnen wird Dich kosten Hüte, Shawls und Crinolinen.

Sorge dafür, daß Du immer hast Moses und die Propheten, damit, wenn der Moses auch zum Teufel geht, Du doch die Propheten behaltest.

Im ganzen Jahre thue recht und scheue Niemand — als die Dich wollen versuchen quer zu schreiben, denn Wechsel reiten ist aller Laster Anfang. Sela.

Pladderadatsch.

77 *Neujahrs-Pladderadatsch* [1857]
Titelvignette
Nachahmung der beliebten *Sylvester- und Neujahrsnummern des Kladderadatsch.*

Der von David Kalisch zusammengestellte *Humoristisch-satyrische Volkskalender des Kladderadatsch für das Jahr 1850 (Abbildung 78)* eröffnete dann nach englischem und französischem Vorbild[37] eine eindrucksvolle Serie von Nebenprodukten. Sie ließen das Unternehmen, das keineswegs nur humoristische, sondern auch klassische Literatur herausbrachte, im Verständnis der Zeitgenossen rasch zum *Kladderadatsch-Verlag* werden.[38] Der *Volks-Kalender* wurde von 1851 bis 1863 ergänzt durch ein zweites periodisches Nebenprodukt, den unter Dohms Leitung stehenden illustrierten *Almanach zum Lachen.*

Es folgten die 1851 in acht Lieferungen erschienenen »Humoristischen Schilderungen« der ersten Internationalen Industrieausstellung: *Kladderadatsch in London (Abbildung 79).* In der britischen Hauptstadt besuchten Schultze, Müller und Zwickauer das im Hyde Park gelegene prächtige Ausstellungsgebäude, einen Tempel des modernen Kapitalismus, aus dessen Materialien (Glas und Eisen) der Architekt Joseph Paxton den weltberühmten Kristall-Palast errichtet hatte.

Ein weiterer Bestandteil der sozialen Zeitkommunikation à la *Kladderadatsch* war die 1852 von Albert Hofmann lancierte illustrierte *Humoristische Eisenbahn- und Reise-Bibliothek.* In dieser Reihe konnte der Leser für nur 10 Pfennige Schultzes und Müller an den Rhein (Nr. 1, 1852), in den Harz, in die Messestadt Leipzig, in die Metropolen Wien, London und Paris, auf europäische Kriegsschauplätze und selbst zu den »Zulu-Kaffern« begleiten *(Abbildung 80).*[39]

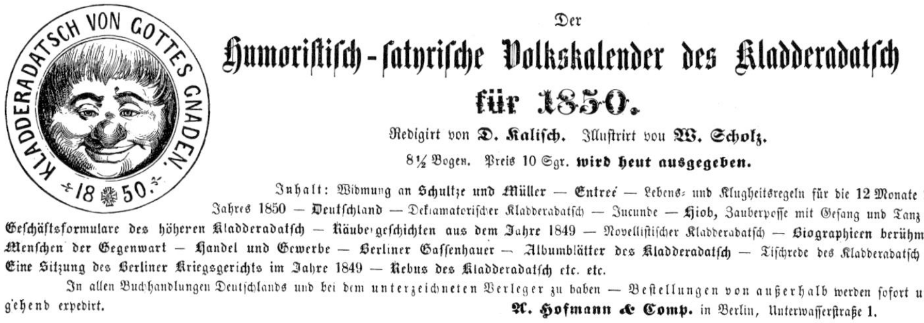

Der

Humoristisch-satyrische Volkskalender des Kladderadatsch

für 1850.

Redigirt von **D. Kalisch.** Illustrirt von **W. Scholz.**

8½ Bogen. Preis 10 Sgr. **wird heut ausgegeben.**

Inhalt: Widmung an **Schultze und Müller** — **Entreé** — Lebens- und Klugheitsregeln für die 12 Monate des Jahres 1850 — **Deutschland** — Deklamatorischer Kladderadatsch — Jucunde — **Hiob,** Zauberposse mit Gesang und Tanz — **Geschäftsformulare des höheren Kladderadatsch** — **Räubergeschichten aus dem Jahre 1849** — Novellistischer Kladderadatsch — **Biographieen berühmter Menschen der Gegenwart** — **Handel und Gewerbe** — **Berliner Gassenhauer** — **Albumblätter des Kladderadatsch** — Tischrede des Kladderadatsch — **Eine Sitzung des Berliner Kriegsgerichts im Jahre 1849** — **Rebus des Kladderadatsch** etc. etc.

In allen Buchhandlungen Deutschlands und bei dem unterzeichneten Verleger zu haben — Bestellungen von außerhalb werden sofort umgehend expedirt.

A. Hofmann & Comp. in Berlin, Unterwasserstraße 1.

78 *Humoristisch-satyrischer Volks-Kalender des Kladderadatsch für 1850*
Anzeige des Verlags Albert Hofmann & Comp. im *Kladderadatsch*, Nr. 45 vom 4. 11. 1849.

Kladderadatsch in London

Humoristische Schilderungen der Industrie-Ausstellung.

I. HEFT.

Inhalt:

Entrée.

—

Schultze und Müller besuchen die italienischen Fluchtlinge. (Besuch bei Mazzini)

—

Statuen berühmter Männer mit Biographieen.

—

Drei Thiergruppen als Briefbeschwerer.

—

I. HEFT.

Inhalt:

Zwickauer's Abentheuer auf der Reise nach London.

—

Müller's Briefwechsel mit seiner Gattin.

—

Feuilleton.

—

Berliner Fabrikate auf der Londoner Industrie-Ausstellung.

—

Dies Werk erscheint in 8 Lieferungen à 2½ Sgr. — Jede Liefer. wird einzeln verkauft. Die Verlagshandlung.

Auf nach London!

Letzte Worte **Schultze's** und **Müller's** vor ihrer Abreise.

Wem noch ein Herz im Busen schlägt
Beschleun'ge seine Schritte —
Wer noch ein Oberhemde trägt —
Reise mit Gott **und Köpp und Schütte!**

Und wenn er der Kaiser von Hayty wär'
Und es fehlt' ihm an Groschen und Schätzen —
Nach London! Nach London! und sollt er auch —
Seine Krone uf's Leihhaus versetzen!

Drum sein Sie so gut, Herr Comßarius! —
Und lassen Sie uns lange nicht warten, —
Ich heiße: Müller und dieser Mann
Heißt Schultze — wir wünschen Paßkarten!

79 *Kladderadatsch in London* [1851]
Titelblatt
Kladderadatsch befindet sich – in Begleitung des Bankiers Zwickauer *(hinten links)* sowie der beiden fröhlichen Kumpane Schultze und Müller – auf dem Weg zur ersten internationalen Industrie-Ausstellung im Londoner Hyde Park. Die Kutsche wird von einem Pegasus gezogen. Die Ankündigung »Schultze und Müller besuchen die italienischen Flüchtlinge« *(links oben)* machte die mißtrauischen Polizeibehörden auf das Heft aufmerksam. Nichtsdestoweniger konnten sieben weitere Lieferungen folgen.

Die vom Verleger und von den »Gelehrten« mit vereinten Kräften unternommene Ausweitung des *Kladderadatsch*-Bereichs trug ihre Früchte. Nach der in der Verbannung (1849) erlittenen Einbuße (800 Exemplare) stieg die Auflage von 14 000 (Mitte Juni 1850) bis Ende 1852 auf stolze 20 250 Exemplare.[40]

Dieser Erfolg veranlaßte Albert Hofmann einerseits, das Format des *Kladderadatsch* zu vergrößern – der Satzspiegel betrug nunmehr 23 × 32 cm –, andererseits eine zweite illustrierte Wochenschrift herauszugeben. Am 3. Januar 1853 erschien in seinem Verlag, zum Preis von 22 ¼ Silbergroschen pro Quartal (2 ½ Silbergroschen je Einzelnummer), die bei Eduard Krause gedruckte »politisch-belletristische«, von Carl August Reinhardt (1818 bis 1877) und Ludwig Löffler (1819 bis 1876) illustrierte Montags-Zeitung *Berliner Feuerspritze. Löschblatt für brennende Fragen*. Das vier Seiten starke Blatt unterschied sich vom *Kladderadatsch* sowohl durch sein Folioformat (Satzspiegel 28,8 × 42 cm; 3 Spalten) als auch durch seinen bunt gemischten Inhalt. Dieser bestand aus den neuesten politischen, Gerichts- und Börsen-Nachrich-

Als Unterhaltungs-Lectüre für die beginnende Bade- und Reise-Saison
empfehlen wir die in unserm Verlage bis jetzt in 11 Bänden à 10 Sgr. erschienene illustrirte
Humoristische Eisenbahn- und Reise-Bibliothek.

Inhalt:

Schultze und Müller im Harz à 10 Sgr.
Schultze und Müller im Riesengebirge à 10 Sgr.
Schultze und Müller auf der Leipziger Messe à 10 Sgr.
Schultze und Müller am Rhein à 10 Sgr.
Schultze und Müller in Paris à 10 Sgr.
Aus dem Tagebuche eines Arztes à 10 Sgr.
Aus dem Soldatenleben à 10 Sgr.
Berliner Polizeigeschichten à 10 Sgr.
Berliner Witz in Wort und Bild à 10 Sgr.
Erfrischungen von Ad. Glaßbrenner à 10 Sgr.
Hinter den Coulissen à 10 Sgr.

Ferner:

Humoristische Albumblätter.
Erstes Heft.
Preis 5 Sgr.

Inhalt:

Der kleine Bologneser,
oder:
Die Leiden des jungen Mortara.
Ein Abschnitt
aus der neuesten Italiänischen Geschichte.
Mit 12 Illustrationen von W. Scholz.

Mikroskopische Studien.
Ein Versuch
die Wissenschaft humoristisch zu behandeln.
Mit 20 Illustrationen und Text von W. Scholz.

Humoristische Albumblätter.
Zweites Heft.

Inhalt:

Lohengrin.
Humoreske in 3 Gesängen.
Von Julius Stettenheim.
Preis 5 Sgr.

Tannhäuser,
oder:
Der Sängerkrieg auf der Wartburg.
Komisches Intermezzo von D. Kalisch.
Hoch-Quart mit einer colorirten Titelzeichnung von L. Löffler.
Musik arrangirt von Conradi. — Preis 10 Sgr.
Von Humor sprudelnd wird diese Parodie, welche durch Conradi's Musik (unter dem Text gedruckt) treffend unterstützt wird, überall die heiterste Laune erregen.

Berliner Bilder.
36 komische Originalzeichnungen.
Erfunden und gezeichnet von W. Scholz.
Inhalt: Berliner Zeitungs-Anzeigen. — Oeffentliche Danksagungen. — Schlechte Zeiten. — Für Hypochonder und Solche, die es werden wollen. — Unmaßgebliche Steuervorschläge. — Musikalisches Potpourri.
Hoch-Quart. Elegant in Umschlag geh. mit colorirter Titel-Vignette. Preis 6 Sgr.

Komische Geschichten.
aus dem jüdischen Volksleben.
Von Michael Klapp.
7 Bogen 8. In eleg. Umschlag geh. Preis 12 Sgr.
Inhalt: I. Aus dem Leben des silbernen David. — II. Das Stempile. — III. Ein Antik. — IV. Er und Sie oder ein zehnjähriger Brautstand. — V. Privenettel. — VI. Ein jüdischer Tell.

Obige Werke sind durch alle Buchhandlungen Deutschlands zu beziehen.
Die Verlagshandlung. A. Hofmann & Comp. in Berlin, Hausvoigtei-Platz Nr. 1.

80 *Kladderadatsch*, Nr. 21/22 v. 8. 5. 1859
Anzeige des sich in Humoristika aller Art spezialisierenden Berliner Verlags Albert Hofmann & Comp.

ten, ferner aus einer politischen Wochenschau und schließlich aus einem »pikanten und reichhaltigen« Feuilleton, das sich aus humoristischen Novellen, Skizzen, Gedichten und Aphorismen aus dem Berliner Leben sowie aus Besprechungen sämtlicher Berliner Theater-, Opern- und Zirkus-Aufführungen zusammensetzte.

Im ersten, in der Probenummer abgedruckten Feuilleton, brachte eine Befragung der Berliner über das neue Presseprodukt folgendes Ergebnis:

»Berliner Feuerspritze?! Nannu?«
»Schon wieder was Neues zum Lesen?«
»Löschblatt! is jut! nicht janz ohne Jout –« [= goût: Geschmack]
»Un ooch noch nich dagewesen!«

»»Berliner Feuerspritze! Verflucht!««
»»Jewiß wieder faule Witze!««
»»Der Titel schonst is mich jar zu gesucht –««
»»Warum jrade Feuerspritze?««

»»»Des tritt ja uf mit sehr festem Tritt!«««
»»»Ick kenne genau die Verfasser,«««
»»»Sie werden eklich spritzen!«««
»»»Na nich mit Kölnischen Wasser!«««

Die ungewöhnlich hohe (16,5 cm) und überladene Titelvignette *(Abbildung 81)* aus dem Atelier von C. Laufer wurde am 29. März (Nr. 13) von H. Link, der auch am *Kladderadatsch* mitarbeitete, vereinfacht. Die unter der Verantwortung des zugleich beliebten und gefürchteten Kritikers Ernst Kossak redigierte *Berliner Feuerspritze* hatte 1854 2 020 Abonnenten. Da Kossak am 1. Januar 1855 in der Verlagsdruckerei Ernst Kühn das bis Ende 1868 bestehende Konkurrenzunternehmen *Berliner Montags-Post. Zeitung für Politik, Gesellschaft, Literatur und Kunst* ins Leben rief, übernahm Rudolf Löwenstein ab 27. November 1854 die Leitung (Nr. 48).[41] Ende 1855 gab Löwenstein diese auf, als er, gemeinsam mit einem anderen Jugendschriftsteller, die illustrierte Monatsschrift *Puck. Ernst, Scherz und sinnige Spiele der Jugend* begründete, die von 1856 bis Ende 1859 erschienen ist.[42]

Von Anfang an bestand zwischen dem *Kladderadatsch* und der *Berliner Feuerspritze* eine enge Verbindung. Drei der »Gelehrten« waren regelmäßige Mitarbeiter: Rudolf Löwenstein, Ernst Dohm und der Illustrator Wilhelm Scholz. Letzterer wurde unterstützt durch die gelegentlich auch für den *Kladderadatsch* arbeitenden Künstler Herbert König (1820 bis 1876) und Ludwig Löffler. Der am Samstagabend ausgegebene *Kladderadatsch* brachte überdies in jeder Nummer eine Inhaltsangabe der zwei Tage später herauskommenden *Feuerspritze* und trat »gute, aber zu lange« Beiträge an dieselbe ab. Vom 14. Januar 1856 (Nr. 2) erschien die *Berliner Feuerspritze* unter der Verantwortlichkeit der Verlagshandlung. Am 1. Oktober desselben Jahrs wurde der Titel in *Berlin. Illustrirte Montags-Zeitung* umgewandelt. Die neue Titelvignette stammte von Herbert König *(Abbildung 82)*. Redakteur war nunmehr der weitgereiste Schriftsteller Hans Wachenhusen (1822 bis 1898), der als einer der ersten deutschen Kriegskorrespondenten die Türken im Krim-Krieg begleitet hatte.[43] 1857 gründete er jedoch sein eigenes Organ, die illustrierte Familienzeitschrift *Der Hausfreund*, so daß die verantwortliche Redaktion des Blattes erst Ernst Dohm, dann, ab Nr. 40 vom 5. Oktober, Carl M. Oldenberg (1824 bis 1914), dem zukünftigen Herausgeber einer beliebten Parlaments-Korrespondenz, übertragen wurde. Die zum Teil auf der Titelseite veröffentlichten Illustrationen stammten von Herbert König und Ludwig Löffler. Die emsige Nebenbeschäftigung der »Gelehrten«, die ihren Bekanntheitsgrad erhöhte, konnte den unaufhaltsamen Aufstieg des *Kladderadatsch* nur beschleunigen. Seit den fünfziger Jahren war er – innerhalb der Kategorie »politische Zeitschrift« – für mehrere Jahrzehnte der Prototyp des ausschließlich politischen Witzblattes. Als ein solcher Prototyp diente er unzähligen Nachahmern als Modell. Umgekehrt war der *Kladderadatsch*, wie er selbst eingestand, am nächsten dem Londoner *Punch* verwandt, den er liebevoll als »seinen Freund und Bruder« (»his friend and brother«) bezeichnete.[44]

81 *Berliner Feuerspritze*, Probeblatt [Ende 1852]
Titelvignette von C. Laufer.

Als der *Punch* nach einem fast fünfjährigen Verbot im November 1859 in Preußen wieder zugelassen wurde, jubelte der *Kladderadatsch:*

»An mein Herz! Und ohne Wanken,
Eng verbrüdert in Gedanken,
Lach' und spott' und steh mit mir!
Mein Jahrhundert in die Schranken
Fordr' ich, Arm in Arm mit Dir!«[45]

No. 13. Montag, den 30. März 1857. 2. Jahrgang.

BERLIN

Verantwortlicher Redacteur: E. Dohm.

Abonnementspreis
vierteljährlich für Berlin 22½ Sgr. Für außerhalb 25 Sgr. — Bestellungen nehmen die K. Postämter des In- u. Auslandes, sowie alle Buchhandlungen an. Die einzelne Nummer 5 Sgr.

Illustrirte Montags-Zeitung.

Verlag von A. Hofmann & Co. in Berlin, Hausvoigtei-Platz No. 1.

Inserate
werden bis Sonntag Vormittag 11 Uhr erbeten. Preis für den Raum der viergespaltenen Petitzeile 1½ Sgr. Inserate nimmt außer der Verlagshandlung die Exped. der Vossischen Zeitung entgegen.

Abonnements-Einladung.

Mit der nächsten Nummer beginnt ein neues Abonnement unserer Zeitschrift. Indem wir bitten, die Bestellungen darauf recht zeitig bei den betreffenden Postämtern zu machen, bemerken wir, dass wir während der Sommer-Monate bei der geringeren Anzahl von Nachrichten und Inseraten die Beilagen nicht regelmässig, sondern nur je nach Bedürfniss geben werden. Durch eine andere Oekonomie des Raumes werden wir im Stande sein, das bisherige Material unseres Blattes den Lesern auch ohne Beilage unverkürzt zu geben.

Die Verlagshandlung.

82 *Berlin*, Nr. 13 v. 30. 3. 1857
Titelvignette von Herbert König
Hinter dem Wort BERLIN erscheinen alle Berliner Turmspitzen und eine Frauengestalt mit Opernglas *(oben)*, das Königliche Schloß, das Königliche Schauspielhaus, das Brandenburger Tor, im Vordergrund »die Linden« *(Mitte)*, *links* und *rechts* sitzen Autor und Zeichner, *vorne* wird der Inhalt des Blattes – Börsen-, Gerichts-, Theater-Nachrichten – sinnbildlich dargestellt.

Nicht Information war das Hauptanliegen des *Kladderadatsch* – diese setzte er bei seinen politisch interessierten und die Tagespresse lesenden Rezipienten voraus –, sondern Meinungsbildung und Erziehung zu Kritik auf dem Weg der Unterhaltung. Zu diesem Zweck zog er alle Register des Humors, der Satire und der Ironie. Nicht zu vergessen ist auch das »Kladderadatsch-Gelüste, jüdische Schwächen zu persifliren« (Adalbert Cohnfeld),[46] was bei heutigen Lesern leicht zu Mißverständnissen führen kann.[47]

Die »Gelehrten« verfügten über eine breite Palette satirischer Stilmittel (Monologe, Dialoge, Predigten, Fabeln, Balladen, Parodien, Stegreifdichtungen, Volks- und Trinklieder »in neuer Weise«, illustrierte Sprichwörter, Bilderrätsel usw.). Sie stellten nicht selten hohe Ansprüche an den Bildungsstand der Leser. So machte die Wortsatire vor der griechischen, lateinischen und französischen Sprache nicht halt. Sie pflegte ferner das »kulturelle Erbe«. Anspielungen auf die *Bibel* und den *Talmud*, auf Homer *(Ilias, Odyssee)*, die *Nibelungen*, Dante, Goethe *(Faust, Wilhelm Meister, Westöstlicher Divan, Erlkönig)*, Schiller *(Wilhelm Tell, Wallenstein, Die Braut von Messina, Kabale und Liebe, Die Räuber)*, Heine *(Zeitgedichte)*, Grimms *Märchen*, ferner Shakespeare *(Julius Cäsar, Hamlet, Macbeth)*, Molière *(Der Geizige, Der Menschenfeind)* und Mozart *(Die Zauberflöte, Don Juan, Figaros Hochzeit)* waren sowohl für den eigentlichen Text als auch für die Bilderklärungen oft und gern benutzte Vorlagen. Was die Illustrationen der Seite vier anbelangt, so bedienten sich die Zeichner zweifellos so praktischer Hilfsmittel wie des von Karl Wilhelm Ramler zusammengestellten Werkes *Allegorische Personen zum Gebrauch der bildenden Künstler*.[48] In der Tat spielte in der deutschen Karikatur – ganz im Gegensatz zur französischen – die Mythologie bis in die achtziger Jahre hinein eine ausschlaggebende Rolle.

Selbstverständlich schuf Wilhelm Scholz, dessen Karikaturen weniger für die Kunstgeschichte – Scholz war kein Daumier – als für die politische Geschichte heute noch von Wert sind, auch durchaus eigenständige Figuren. Eine der bekanntesten war ER (LUI), das heißt der französische Prinz-Präsident Louis Bonaparte, der genau ein Jahr nach seinem blutigen Staatsstreich (2. Dezember 1851) als Kaiser Napoleon III. den französischen Thron bestieg. ER, das hieß: schwerer Kopf, lange Nase, spitzgedrehter Schnurrbart, dicker Bauch, getragen von dünnen Beinen, die oft in großen Reiterstiefeln steckten *(Abbildung 83)*. Zwanzig Jahre lang bildete ER für die »Gelehrten des Kladderadatsch« eine Hauptzielscheibe ihres Spottes.[49]

Über die Wirkung dieser durch die Verformung der menschlichen Figur zustandegekommenen Porträtkarikatur in den Köpfen der Zeitgenossen machte der Humorist Julius Stettenheim (1831 bis 1916) im Stil von Heines *Wintermärchen* folgende komische Verse:

»Einst sah ich reiten in Paris
Den Kaiser, den großen und stolzen.
Und sieh, ER hat sich gebildet ganz
nach Bildern von Wilhelm Scholzen.«[50]

Moi et Lui.

Moi. Sire, Sie haben die Gränzen Ihres Reiches dem Import ausländischer Stoffe geöffnet. Dürfte ich wagen, den Segen Ihrer großherzigen Handelspolitik auch für meine Artikel in Anspruch zu nehmen?

Lui. Vorläufig erstreckt sich die von MIR angebahnte Befreiung nur auf rohe Stoffe.

Moi. Ach so! Na denn **nich,** lieber Mann!

83 *Kladderadatsch*, Nr. 6 v. 5. 2. 1860
Moi et Lui (ich und Er)
Holzschnitt von Wilhelm Scholz
Am 22. Januar 1860 hatte »ER« (Napoleon III.) einen Handelsvertrag mit England unterzeichnet, der die bisher beschränkte Einfuhr englischer Woll- und Baumwollstoffe nach Frankreich freigab, allerdings mit einem Zollsatz von 30 Prozent. *Kladderadatsch* benutzt die Gelegenheit, um ehrerbietig bei einer ihm gewährten Audienz um die Einfuhr auch seiner »Artikel« zu bitten. Dem Gesuch wird nicht stattgegeben. Der *Kladderadatsch* blieb nach wie vor in Frankreich verboten. Dies ist nicht weiter verwunderlich, wenn man bedenkt, daß die »Gelehrten« allen Ermahnungen der Polizeibehörden zum Trotz den französischen Kaiser mit ihrem Spott verfolgten.
Man bemerke den Thronsessel in karikiertem Empire-Stil.

Den Überlebenskampf unwahrscheinlich erleichtert hat natürlich die Tatsche, daß der *Kladderadatsch* – im Gegensatz zu seinen Konkurrenten – ein Redaktionsteam besaß, das in guten wie bösen Zeiten zusammenhielt. Dies brachte das Blatt in seiner »Sylvester- und Neujahrszeitung« 1852/53 in Gedichtform zum Ausdruck:

»Mancher, der mit uns zugleich begann,
Hat ein Ende genommen höchst kläglich;
Wir aber standen wie ein Mann,
Einträchtig und einträglich.
Und wenn Alles umher zusammenfällt:
Dem Muthigen gehört die Welt!«

Neben dem bereits bekannten festen Redaktionsstab hatte das Blatt eine größere Anzahl freier Mitarbeiter. Zu ihnen gehörten Adalbert Cohnfeld, Albert Hopf, Ernst Kossak und Albert Wolff, der später beim Pariser *Figaro* Karriere machte. Folgende Künstler unterstützten den Hauptillustrator Wilhelm Scholz: der bereits genannte Rudolph Genée, Constantin von Grimm (1845 bis 1898), Herbert König, H. Link, Ludwig Löffler, Carl August Reinhardt und H. Steinitz.[51]

In dem »stillen« Jahrzehnt der Reaktionszeit mauserte sich das »Organ des höheren Blödsinns«, wie es sich selbst gerne nannte,[52] von einem lokalen über ein nationales zu einem Weltwitzblatt und Opinion leader. 1854 wurden von den 24 550 aufgelegten Exemplaren 14 450 nach auswärts mit der Post verschickt.[53] Die Stellung des *Kladderadatsch* zu den Tagesfragen wurde jahrzehntelang für weite Kreise entscheidend: »Was die große Glocke des ›Kladderadatsch‹ an jedem Sonnabend läutete«, berichtete der Feuilletonist Carl Frenzel, »das klang stärker und schwächer, in volleren oder gebrocheneren Tönen im ganzen Deutschland und bald genug weit über seine Grenzen hinaus, nach.«[54]

Das Blatt war, wie Thomas Mann rückblickend feststellte, zum »politisch-literarischen Inventarstück der bürgerlichen Kultur Deutschlands« geworden.[55] Freilich zählte der *Kladderadatsch* keineswegs nur »Bürger« aus allen Schichten zu seinen Lesern, sondern auch so manchen »Junker« und »Mann aus dem Volk«.[56] Aus den Quellen ergibt sich ferner, daß deutsche und ausländische Staatsoberhäupter, Politiker sowie Journalisten aller Parteirichtungen das Witzblatt regelmäßig bezogen oder es in Hotels, Restaurants, Cafés, Billardstuben und Barbiersalons eingesehen haben. Daß es oft die stehenden Figuren waren, die ihre besondere Aufmerksamkeit erweckten, sei durch folgende Stelle aus einem Brief Bismarcks an den verantwortlichen Redakteur Ernst Dohm belegt: »Erst vor einigen Tagen sind mir von der hiesigen Post die mir bisher fehlenden Nummern Ihres geschätzten Blattes aus dem vorigen Quartal zugegangen. Nach Einsicht von Nr. 14–15 erlaube ich mir an Ew. Wohlgeboren die ergebenste Bitte, Müller darüber aufklären zu wollen, daß er sich von Schultze etwas hat aufbinden lassen. Die Angaben beider sind aus der Luft gegriffen, oder nach dem

technischen Ausdruck »verfrüht« . . . Diese Berichtigung hat nicht den Zweck, Sie zur Rehabilitirung eines in seinem Patriotismus und seiner Nüchternheit verkannten Staatsbeamten zu bewegen, sondern ist lediglich bestimmt, mich vor dem Forum eines Institutes, dem ich so viele angenehme Momente verdanke wie dem Ihrigen, von dem Verdachte einer . . . groben Geschmacklosigkeit zu reinigen . . .«[57]
Seine zunehmende Popularität brachte dem Blatt zwar viel »Ehr«, aber auch viel »Feind«. Wiederholte, oft erst nach Wochen wieder aufgehobene Beschlagnahmen *(Abbildung 84)*,[58] etwa zehn offizielle schriftliche Verwarnungen oder vertrauliche mündliche »Vorhaltungen« durch das Polizeipräsidium,[59] ferner die vorübergehende Ausweisung David Kalischs und Rudolf Löwensteins nach Spandau während des Besuchs des russischen Zaren Nikolaus I. (Mai 1852),[60] endlich die Verurteilung des verantwortlichen Redakteurs Ernst Dohm zu einer viertägigen Gefängnisstrafe (4. März 1858) wegen öffentlicher Beleidigung einer Behörde und das Verbot des Blattes in mehreren absolutistischen Staaten, zum Beispiel in Rußland (Mitte 1851 bis Mai 1858) und Österreich (Mai 1852 bis April 1856), ja verständlicherweise sogar in Frankreich (Juni 1852 bis April 1870), waren die Kehrseite der Medaille.[61]
Wenn dem *Kladderadatsch* schließlich in Preußen trotz mehrfacher Anregungen seitens des Polizeipräsidiums und des Innenministeriums weder der Postdebit noch die

84 *Kladderadatsch*, Nr. 21 v. 23. 5. 1852
Ein welthistorisches Ereigniß
Holzschnitt von Wilhelm Scholz
Kladderadatsch – hier in vierfacher Ausführung – überlegt, ob er wohl zu einer durch die Kaution gedeckten Geldstrafe verurteilt wird.
Er macht seine Leser auf die konfiszierte Nummer 20 aufmerksam. Er bittet gewissermaßen um Geduld, denn oft wurde eine solche Nummer erst nach längerer Zeit zurückgegeben.

gewerbliche Konzession auf dem Verwaltungsweg entzogen worden sind,[62] so dürfte dies nicht zuletzt Friedrich Wilhelm IV. zu verdanken gewesen sein. Der preußische Monarch, über dessen literarischen Geschmack man heute gut informiert ist,[63] ließ sich nicht nur Glaßbrenners »treffliche Berliniaden« regelmäßig vortragen, sondern gehörte auch zu den »eifrigsten Lesern« des *Kladderadatsch*.[64]

Das in *Abbildung 84* gezeigte Beispiel der Presseverfolgung soll hier näher geschildert werden. Am 15. Mai 1852 wurde Ernst Dohm zwecks einer Verwarnung vom Königlichen Polizeipräsidium vorgeladen *(Abbildung 85)*. Dem verantwortlichen Redakteur lastete man in ein- und derselben Ausgabe gleich zwei Verfehlungen an: die öffentliche Verhöhnung des damals konservativen Parlaments im »Wochenkalender« sowie die »indirekte Beleidigung« der Kaiserin von Rußland durch »Schultze und Müller«. Am 22. Mai wurde die Beschlagnahmung zwar wieder aufgehoben, aber

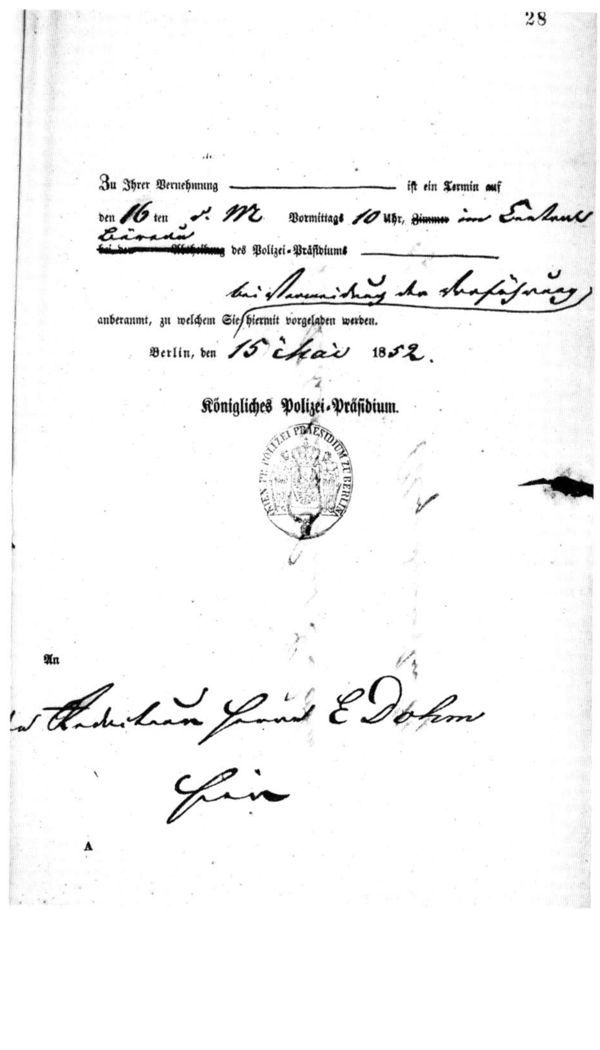

28

Zu Ihrer Vernehmung ———— ist ein Termin ~~auf~~ den 16ten d. M. Vormittags 10 Uhr, ~~Zimmer~~ im Central Büreau ~~bei der Abtheilung~~ des Polizei-Präsidiums ———— bei Vermeidung der [illegible] anberaumt, zu welchem Sie hiermit vorgeladen werden.

Berlin, den 15 Mai 1852.

Königliches Polizei-Präsidium.

An den Redakteur Herrn E Dohm Hier

A

85 Polizeiliche Vorladung des verantwortlichen *Kladderadatsch*-Redakteurs Ernst Dohm (15. Mai 1852).

erst am 4. Juni erhielt der Verleger Hofmann die rund 4 700 konfiszierten Exemplare zurück.[65]

Aus den *Kladderadatsch*-Akten des Berliner Polizeipräsidiums und des preußischen Innenministeriums[66] geht hervor, daß das Blatt in den fünfziger Jahren wegen seiner Tendenz und seiner Wirkung aufs schärfste überwacht worden ist. So wurden der »schädliche« oder »erhebliche« Einfluß beziehungsweise die »tief verderbliche Einwirkung auf die allgemeine Gesinnung« hervorgehoben.«[67] Besonders betont wurde, daß die »frivole« und »demoralisierende« Richtung des *Kladderadatsch* »vermöge seines Wesens« (Witzblatt) »eine leicht eindringliche« sei.[68]

Angelastet wurden dem Witzblatt eben jene Pressevergehen, die vor 1848 dazu herhalten mußten, die Vorzensur zu rechtfertigen: »handgreifliche Verhöhnung« von Gesetzen, Behörden oder Privatpersonen und damit »Untergrabung des Bestehenden« sowie »Nichtachtung der politischen Interessen des Staats gegenüber einer mit Preußen in friedlichem Vernehmen stehenden auswärtigen Regierung«.[69]

Erwähnt sei, daß der *Kladderadatsch* besonders häufig wegen »beleidigender Angriffe« auf die französische und russische Regierung verwarnt worden ist, wie übrigens auch die »ernsten« Berliner Tageszeitungen.[70]

Die erste Verurteilung zu einem viertägigen Aufenthalt in der »Stadtvoigtei« traf den verantwortlichen Redakteur Ernst Dohm allerdings nicht wegen »Nichtachtung der politischen Interessen des Staats«, sondern wegen einer heute äußerst harmlos wirkenden Ehrenkränkung des Magistrats der schlesischen Stadt Liegnitz.[71]

Der *Kladderadatsch* wurde zwar für viele Zeitgenossen »der Inbegriff des modernen Bewußtseins«,[72] aber keineswegs für alle. So äußerte sich namentlich der seit Ende Juli 1850 im Hamburger Exil lebende »Schöpfer des Berliner Witzes«, Adolf Glaßbrenner, immer skeptischer über seine erfolgreichen Schüler. Er betrachtete sie in zunehmendem Maß als Eindringlinge, welche ihn von seiner Domäne verdrängten und seinem Eckensteher Nante oder seinem Rentier Buffey den Raum streitig machten.[73]

Am 27. September 1855 distanzierte sich Glaßbrenner in einem Brief an seinen Schulfreund Karl Gutzkow von dem »Berliner Witze«, dessen »jetzigen Umschlag in frivolen Blödsinn und Nihilismus« er »nicht verschuldet« habe.[74] In einem anderen Brief hieß es: »Dieser kladderadatschige Nihilismus, diese Blasirtheit, die für Nichts wahres Interesse, keine Ideale hat und Alles für ihren jüdischen Witz benutzt, ist mir zuwider, am zuwidersten in seiner verderblichen Wirkung auf das Volk, dem sie alles Herz aussaugt, ihm alle Begeisterung und Tugend lächerlich macht.«[75]

Ein Jahr später, am 1. Oktober 1856, rief der Berliner Publizist in Hamburg die »Deutsche Sonntagszeitung« *Ernst Heiter* ins Leben. Ihr illustrierter Teil »Der Tartar – Zeitung für Freunde der Wahrheit« knüpfte an die Tradition der *Freien Blätter* (1848) an. Der Herausgeber und Redakteur Glaßbrenner setzte sich als publizistisches Ziel, durch »Humor höherer Art« und »muthwillige Laune« dem »jetzigen Berliner Blödsinn« gegenüberzutreten.[76] Der *Ernst Heiter* sollte »gegen den Kladderadatsch ankämpfen oder sich doch neben ihm ein Lager bauen«,[77] zum Beispiel durch die Einführung des Zwickauer-Imitators Fölüx Meier. Dies gelang ihm nicht. Da das Blatt die zur Kostendeckung notwendigen dreitausend Exemplare offensichtlich nicht erreichte, stellte es sein Erscheinen am 28. Juni 1857 (Nr. 39) ein. Zu dem Mißerfolg mag beigetragen haben, daß *Ernst Heiter* bereits nach der neunten Nummer im Dezember 1856 in Preußen verboten worden war.[78]

Am 5. Juli 1857 erschien – wiederum in Hamburg – das Nachfolgeorgan *Phosphor.* Es wurde jeden Donnerstagabend für 15 Silbergroschen pro Quartal mit der Post versandt, so daß es am Freitagmorgen in Berlin eintraf. Zur gleichen Zeit kam die »Humoristische Wochenschrift« in Hamburg zur Auslieferung.[79] Vom 3. Januar 1858 (Nr. 1) an wurde *Phosphor* in Dresden gedruckt und verlegt.[80] Der neue Untertitel des von nun an jeden Sonntag herausgegebenen Blattes lautete »Humoristische illustrirte Original-Wochenschrift«. Am 27. April verließ auch ihr Herausgeber und

Briefkasten.

J. K. in Mannheim: Etwas gesucht! — R. v. B.: Freundlichen Dank für die gütige, aber leider zu allgemein gehaltene Mittheilung. — A. M. in Itzehoe: Was ist größer: die Dummheit oder die Unverschämtheit des Dänischen Lehrers zu Schleswig? — P. in Berlin: Nicht verstanden. — X. C. X. in Danzig: Paßt nicht auf Canrobert. — S. O. aus W. z. Z. in Breslau: Wir stehen der Sache zu fern, um ein Urtheil darüber zu haben. — C. M. in Frankfurt a. M.: Nicht recht geeignet. — N. N. in Stettin: Die „Vorsteher der Kaufmannschaft" haben ihren Styl hoffentlich nicht in der Deutschen Classe der „Handels-Lehr-Anstalt" gebildet. —

Abonnements-Einladung.

Adolph Glassbrenner

übernimmt vom 1. October d. J. ab die Redaction der

Illustrirten Montagszeitung BERLIN.

Dieses Journal erscheint jeden Montag früh in 1 Bogen gr. Folio und bringt regelmäßig aus der Feder des Redacteurs eine **humoristisch gehaltene Wochenschau des Neuesten und Interessantesten aus der Berliner Gesellschaft,** — kleine scharf pointirte Geschichten aus dem modernen und bürgerlichen Leben, — Local-Skizzen, — Genrebilder 2c., — kurze und treffende Besprechung der Literatur- und Kunsterscheinungen, — die neuesten bis Sonntag Abend eingetroffenen politischen Nachrichten,

und ein reichhaltiges Berliner Feuilleton.

Jede Nummer enthält außerdem 4—6 Originalzeichnungen von Wilhelm Scholz (dem Illustrator des Kladderadatsch).

Die Königlichen Postämter des In- und Auslandes nehmen Abonnements mit 25 Sgr. vierteljährlich für 13 Nummern an. — In Berlin mit 22½ Sgr. sämmtliche Zeitungsspediteure und

Die Verlagshandlung. **A. Hofmann & Comp. in Berlin.**
Hausvoigteiplatz 1.

So eben erschien in unserm Verlage und ist in allen Buchhandlungen zu haben:

Berthold Auerbach's Volkskalender für 1859.

Preis 12½ Sgr.

Inhalt: Die 12 Monate des Jahres mit 20 Zeichnungen von W. v. Kaulbach. — **Friedrich der Große von Schwaben,** eine hundertjährige Erinnerung, mit 20 Zeichnungen von Ludw. Richter. — **Der Bierbrauer von Culmbach,** eine Erzählung mit 20 Bildern von A. v. Ramberg. — **Hutzel und Pochel,** eine Humoreske. — **Der Baum vor meinem Fenster,** ein Stück Naturkalender. — **Der astronomische Kalender.** — **Hundertjähriger Kalender.** — **Jahrmärkte** und **Messen** in den Preuß. Landen. — **Zollgewichtstabelle** 2c.

NB. Sämmtliche Aufsätze aus der Feder Berthold Auerbach's.

A. Hofmann & Comp. in Berlin, Hausvoigteiplatz 1.

86 *Kladderadatsch*, Nr. 45 v. 26. 9. 1858
Verlagsanzeige
Jahrgang 1858 der »Illustrirten Montagszeitung« *Berlin* scheint nicht erhalten zu sein.

Hauptmitarbeiter – Adolf Glaßbrenner – Hamburg, um in seine Heimatstadt Berlin zurückzukehren. Sieht man von dem Revolutionsjahr und von zwei kurzen Aufenthalten (September 1855, Mai 1856) ab, so hatte er nicht weniger als sechzehn Jahre im Exil gelebt.

Mit der Zeitschrift *Phosphor*, die noch bis zum 27. Juni (Nr. 27) weiterbestand, startete Glaßbrenner einen zweiten Angriff auf den *Kladderadatsch*. Die um über 25 Prozent billigere Zeitschrift scheute nicht davor zurück, typische *Kladderadatsch*-Elemente in leicht abgeänderter Form zu übernehmen. Hierzu gehörten die rechts und links von der Titelvignette – ein mit einem Brennglas ausgerüsteter Narr – angeordneten fingierten »Telegr. Depeschen«, die an den »Wochenkalender« erinnerten. Hierzu gehörten die wie Schultze und Müller miteinander dialogisierenden Berliner Schnauzen Jiesecke und Piesecke. Hierzu gehörte schließlich die ganz der Karikatur vorbehaltene, von Raymond de Baux, Herbert König oder Carl August Reinhardt gestaltete Seite vier. Der Unterschied zwischen dem *Kladderadatsch* und *Phosphor* lag im Inhalt. Der »feurige« *Kladderadatsch*[81] vertrat das nachrevolutionäre Berlin, der *Phosphor* versuchte, wie schon *Ernst Heiter*, den »vormärzlichen Humor« wieder an und »in den Tag« zu bringen.[82]

Die Konfrontation mit dem *Kladderadatsch* fand ein vorläufiges Ende, als der Verleger Albert Hofmann Glaßbrenner ab 1. Oktober 1858 die alleinverantwortliche Redaktion[83] der von Wilhelm Scholz illustrierten Montags-Zeitung *Berlin* übertrug *(Abbildung 86)*. Laut eines zweijährigen Vertrags (21. Juni 1858) sollte Glaßbrenner die etwa 1 300 Exemplare betragende Auflage des Blattes – gegen ein entsprechendes Erfolgshonorar – erhöhen. Gleichzeitig mußte er sich verpflichten, keinen Beitrag ohne die Zustimmung Hofmanns zu veröffentlichen, die Zeitschrift *Phosphor* einzustellen und für kein anderes Konkurrenzorgan zu schreiben.[84]

Dem inzwischen achtundvierzigjährigen Glaßbrenner gelang es jedoch nicht, die Auflage und damit sein in Monatsraten ausgezahltes Jahresgehalt von 1 300 Talern zu steigern, was ihn in einem Brief an Feodor Wehl zu der bitteren Äußerung veranlaßte: »Diese Herren vom ›Kladderadatsch‹ verdienen jährlich mit leichter Mühe ihre 3–4 000 Thaler. Kalisch über 8 000 Thaler! Was haben wir?«[85] Noch mehr als die Redakteure des *Kladderadatsch* verdiente freilich dessen Verleger, dem das Witzblatt laut einer vom Polizeipräsidium angelegten Akte im Lauf der Jahre ein »enormes Vermögen« eingebracht haben soll.[86]

Der Vertrag zwischen Albert Hofmann und Glaßbrenner wurde vorzeitig gelöst. Am 17. März 1860 erhielt Glaßbrenner vom Polizeipräsidium die Konzession zur Herausgabe der Montags-Zeitung *Berlin* im Selbstverlag.[87]

Vom 1. Oktober 1860 an wurde *Berlin* bei Otto Janke (1818 bis 1887) verlegt und gedruckt.[88] Einen Monat später trennte sich Glaßbrenner von dem Blatt[89] und schritt zu einer in derselben Verlagsdruckerei herausgegebenen Neugründung, der *Berliner*

Montags-Zeitung. Laut Kontrakt vom 6. November wurde die Kaution von 2 500 Talern je zur Hälfte von Glaßbrenner und Janke aufgebracht.[90]
Glaßbrenners Verurteilung des »jetzigen Berliner Blödsinns« hinderte diesen »Patriarchen der Humoristen« (Rudolf Löwenstein)[91] nicht daran, mit den einzelnen »Gelehrten« freundschaftliche Beziehungen zu pflegen.
Dasselbe gilt für Theodor Fontane, der zu dem Witzblatt und seinen Machern ein gespaltenes Verhältnis hatte. Im März 1853 schrieb er an Theodor Storm (1817 bis 1888): »Die Süddeutschen und wir [Berliner] verhalten uns zueinander wie die ›Fliegenden Blätter‹ zum ›Kladderadatsch‹. Ich glaube, wir sind ihnen eine ganze Pferdelänge vor.«[92] Fontane hatte, wie Storm selbst, 1852 die Berliner Künstlervereinigung »Rytly« [Rütli] mitbegründet, deren Mitglieder sich jeden Samstag von fünf Uhr nachmittags ab »bei Kaffee, beziehungsweise Weißbier, mit obligatem Kuchen- und Rauchstoff« trafen.[93]
1858 bezeichnete der damals in England weilende Fontane dann als »charaktergebende Idee« des »Rytly« die »Bekämpfung der hohlen Phrase« und das »Anti-Kladderadatschtum«.[94] Dreißig Jahre später wird er dieses »Kladderadatschtum« freilich als das anerkennen, was es war: ein Bestandteil des »modernen Berlinertums«.[95]
Während die zitierten Stellungnahmen Glaßbrenners und Fontanes auf Privatbriefe zurückgingen, definierte ein anderer Londoner Kenner und Beobachter des Berliner Geschehens, Karl Marx, den »Berliner Witz« öffentlich, nämlich in der *New-York Daily Tribune*, als eine »seltsame Mischung von einer kleinen Dosis Ironie, einer kleinen Dosis Skepsis und einer großen Dosis Vulgarität«.[96]
Wahre »Haßgesänge« gegen »die Männer des Kladderadatsch«[97] soll die vom 6. Januar bis 31. März 1858 von dem Arzt und Schriftsteller Max Ring (1817 bis 1901) herausgegebene illustrierte Wochenschrift *Schalk* enthalten haben.[98] Sie wurde von Herbert König illustriert, der an den beiden Verlagsprodukten Hofmanns – *Kladderadatsch* und *Berlin* – mitgearbeitet hatte, bevor er im Wiener *Figaro* (1857–1919) antisemitische Zeichnungen veröffentlichte.
Aus der Chronik des Jahres 1858 ist schließlich noch eine weitere kurzlebige Gründung zu nennen: *Der Bajazzo. Illustrirte Blätter für Humor und Satyre.* Er erschien in nur zwei Lieferungen im Preußischen Literatur-Comptoir.[99]
Dem polizeilich verfolgten und von seinen Schriftsteller-Kollegen angefeindeten *Kladderadatsch* eröffnete sich 1858, wie er anläßlich der Hochzeit des Kronprinzen Friedrich Wilhelm, des künftigen Kaisers Friedrich III. (1888), mit der englischen Prinzessin Victoria Adelaide (Viktoria) andeutete, zumindest kurzfristig ein »heiterer Blick auf eine lachende Zukunft« *(Abbildung 87)*.
Gewiß, am 4. März 1858 wurde der verantwortliche Redakteur Ernst Dohm zum ersten Mal zu einem viertägigen Aufenthalt in der gefürchteten Stadtvoigtei verurteilt.[100] Jedoch der wenige Monate später erfolgte Regierungsantritt des Prinzregen-

ten Wilhelm (17. Oktober 1858)[101] schien seinem Optimismus rechtzugeben. Am 5. November wurde das verhaßte Ministerium Manteuffel-Westphalen durch ein liberaleres ersetzt; die »Neue Ära« hatte begonnen.

1859 war die Auflage des *Kladderadatsch* auf 26 200 Exemplare gestiegen. Das größte preußische Tageblatt, die *Vossische Zeitung*, brachte es dagegen nur auf 15 050 Exemplare.[102] Der *Kladderadatsch* betrachtete sich infolgedessen als den »einstweilen alleinigen Verwalter der Massen – des lesenden Publicums« – und verkündete stolz: »L'opinion publique c'est nous!« [Die öffentliche Meinung sind wir!][103]

87 *Kladderadatsch*, Nr. 8 v. 14. 2. 1858
La belle alliance (Die schöne Allianz)
Holzschnitt von Wilhelm Scholz
Die Überschrift ist eine Anspielung auf die Schlacht von Belle Alliance (Waterloo, 1815). Anläßlich der Vermählung des preußischen Kronprinzen mit der englischen Prinzessin Viktoria am 8. Februar 1858 fallen sich der Londoner *Punch* und der Berliner *Kladderadatsch* in die Arme. Schultze und Müller grüßen den englischen Löwen jenseits des Ärmelkanals.

Viertes Kapitel Von der Neuen Ära zur Reichsgründung (1870/71): Angriff auf ein Monopol

»Partei! Partei! Wer sollte sie nicht nehmen,
Die noch die Mutter aller Siege war!«

(Georg Herwegh)[1]

Politische und pressepolitische Hintergründe

In der ersten Zeit der »Neuen Ära« erschien die Gegenwart manchem Zeitgenossen »eine schönere denn jemals«.[2] Zu ihnen gehörte der *Kladderadatsch*, der am 20. März 1859 (Nr. 13) ein »März-Freuden-Lied« dichtete, in dem es unter anderem hieß:

»Welch Leben in den Blättern!
Welch frohe Blüthenpracht!
Verkündet laut, ihr Lettern:
Die Presse ist erwacht!«

Auch Theodor Fontane meinte, man gehe »tollen Zeiten« entgegen, prophezeite jedoch gleichzeitig, daß die neuen Herren »nicht lange am Ruder« bleiben würden.[3]

Die »Neue Ära« brachte nicht nur den »Blättern« neues Leben, sondern auch den politischen Parteien. Am 16. September 1859 entstand in Frankfurt am Main der Deutsche National-Verein, in dem sich Liberale und gemäßigte Demokraten aus den verschiedensten deutschen Staaten zusammenschlossen. Die Führung lag bei dem Hannoveraner Rudolf von Bennigsen. Der Deutsche National-Verein erstrebte die Einheit Deutschlands unter preußischer Führung und den freiheitlichen Rechtsstaat durch Bildung einer Nationalversammlung und einer starken Zentralregierung.[4] Im Juni 1861 konstituierte sich dann als »die Exekutive des National-Vereins in Preußen« die Deutsche Fortschrittspartei.[5] Zu den Gründern dieser ersten festgefügten deutschen Massenpartei gehörten der ostpreußische Gutsbesitzer Leopold Freiherr von Hoverbeck, der spätere Oberbürgermeister von Breslau und Berlin, Max von Forkenbeck, der Vater der deutschen Konsum- und Kreditgenossenschaften, Hermann Schulze-Delitzsch, der ehemalige Präsident der preußischen Nationalversammlung,

Hans Viktor von Unruh, der Chefredakteur der *Vossischen Zeitung*, Otto Lindner, sowie der Professor für pathologische Anatomie Rudolf Virchow und der Historiker Theodor Mommsen.[6]

Bei den Wahlen im Dezember 1861 errang die Deutsche Fortschrittspartei sofort einen großen Sieg. Von den 352 Abgeordnetensitzen fielen ihr 109 zu. Nach der Auflösung des Landtags (11. März), der Entlassung der liberalen Minister (12.–14. März) und den daraufhin erfolgten Neuwahlen am 6. Mai 1862 waren es sogar 141.[7]

An die Stelle der dreijährigen »Neuen Ära« trat nun die fast dreißig Jahre dauernde Ära Bismarck. Vom 24. September 1862 bis zum 5. September 1866, das heißt in der Zeit des preußischen Heeres- und Verfassungskonflikts, regierte das Ministerium Bismarck gegen das Parlament und führte die Geschäfte ohne verfassungsmäßiges Budget.[8] Es regierte aber auch gegen die Presse, die sich laut Bismarck »zum großen Theile in Händen von Juden und unzufriedenen Leuten« befand.[9]

In Berlin standen den vier konservativen Blättern mit einer Gesamtauflage von 11 330 Exemplaren sieben große oppositionelle Zeitungen mit einer Gesamtauflage von 70 783 Exemplaren gegenüber.[10] Kein Wunder, daß der neue Ministerpräsident, der »lieber mit dem Könige untergehen« als Seine Majestät »im Kampfe mit der Parlamentsherrschaft im Stiche lassen« wollte,[11] versuchte, die ihm unbequeme Presse mundtot zu machen *(Abbildung 88)*.

Indem er sich auf Artikel 63 der preußischen Verfassung stützte, der dem König, solange der Landtag nicht zusammentrat, das Notverordnungsrecht zubilligte, erließ er am 1. Juni eine »Preßordonnanz«, die in ihren Grundzügen der Gesetzgebung des französischen Kaiserreichs (Dekret vom 17. Februar 1852) nachgebildet war.

Laut Paragraph 1 waren die Verwaltungsbehörden befugt, das fernere Erscheinen einer inländischen Zeitung oder Zeitschrift »wegen fortdauernder, die öffentliche Wohlfahrt gefährdender Haltung« zeitweise oder dauernd zu verbieten. Eine Gefährdung der öffentlichen Wohlfahrt war als vorhanden anzunehmen, nicht bloß, wenn einzelne Artikel für sich ihres Inhalts wegen zur strafrechtlichen Verfolgung Anlaß gegeben hatten, sondern auch dann, wenn die Gesamthaltung des Blattes das Bestreben erkennen ließ, die Ehrfurcht und die Treue gegen den König zu untergraben, den öffentlichen Frieden durch Aufreizung der Angehörigen des Staates gegeneinander zu gefährden, die Einrichtungen des Staates, die öffentlichen Behörden und deren Anordnungen durch Behauptung entstellter oder gehässig dargestellter Tatsachen oder durch Schmähungen und Verhöhnungen dem Hasse oder der Verachtung auszusetzen, zum Ungehorsam gegen die Gesetze oder gegen die Anordnungen der Obrigkeit anzureizen, ferner die Gottesfurcht und die Sittlichkeit zu untergraben beziehungsweise die Lehren, Einrichtungen oder Gebräuche einer der christlichen Kirchen oder einer anerkannten Religionsgesellschaft durch Spott herabzuziehen.[12]

Laut Paragraph 2 erfolgte das Verbot nach vorheriger zweimaliger Verwarnung des betreffenden Verlegers durch Plenarbeschluß der Regierung. Dem betroffenen Blatt stand lediglich der Rekurs an das Staatsministerium, nicht aber der Rechtsweg offen.[13]

88 *Kladderadatsch*, Nr. 49 v. 26. 10. 1862
Zur Saison
Holzschnitt von Wilhelm Scholz
Häufige Beschlagnahmen waren das Schicksal der oppositionellen Zeitungen seit Bismarcks Regierungsantritt (24. September 1862). Der Zeichner zeigt hier den preußischen Ministerpräsidenten als »Herbststurm«. Ähnlich wie in der Pariser humoristisch-satirischen Tageszeitung *Le Charivari* trägt sein immer kahler werdendes Haupt eine bloße Pickelspitze.
Unter den herabfallenden Blättern erkennt man die liberalen Berliner Tageszeitungen *National-Zeitung*, *Die Tribüne*, *Berliner Reform*, *Volks-Zeitung* und *Berliner Börsen-Zeitung*. Die konservative *Kreuz-Zeitung*, das *Intelligenz-* [= Anzeigen-] *Blatt* sowie die mit großer Vorsicht lavierende *Vossische Zeitung* überstehen das Unwetter. Das durch Zeichenstift, Gänsekiel und *Kladderadatsch*-Kopf symbolisch dargestellte Witzblatt wird von einem Ordnungshüter mißtrauisch beobachtet.

Am 4. Juni erhoben die Berliner Stadtverordneten in einem energischen Resolutionsentwurf gegen diese offensichtliche Rechtsverletzung Einspruch. Am darauffolgenden Tag veröffentlichten sechs Zeitungen – *Berliner Allgemeine Zeitung*, *Berliner Reform*, *National-Zeitung*, *Spenersche Zeitung*, *Volks-Zeitung* und *Vossische Zeitung* – eine gemeinsame scharfe Protesterklärung: »Wir vermögen nicht zu erkennen, daß die vom Staats-Ministerium der Königlichen Genehmigung unterbreitete Verordnung vom 1. Juni d. J. – nach ihrem Inhalte, wie nach der Form, in welcher sie zu Stande gekommen ist, – mit den Vorschriften der Verfassungsurkunde in Einklang zu bringen ist . . .

Angesichts dieses Schrittes der Staatsregierung, für dessen gesetzliche Begründung sie dem Lande den Beweis schuldig geblieben ist, verwahren wir hierdurch feierlich unser Recht . . .«[14]

Die sechs Blätter erhielten prompt ihre erste Verwarnung; gegen ihre mutigen Redakteure wurde Klage erhoben. Am 18. September fand die öffentliche Gerichtsverhandlung vor überfüllten Tribünen statt. Sie endete mit einer Niederlage der Regierung: Sämtliche Angeklagten wurden freigesprochen.

Die »Moral von der Geschicht'« hatte der *Kladderadatsch* bereits am 12. Juli (Nr. 32) in einer Fabel »von dem großen Herrn und dem kleinen Vöglein« vorausgesagt:

»Der Vogel ist – ihr hättet gern
Ihn hinter Schloß und Riegeln –
Der Vogel ist – merkt's euch, ihr Herrn! –
Ist ein Geschöpf mit Flügeln.
Von Baum zu Baum, von Haus zu Haus
Fliegt er und lacht euch singend aus.«

Immerhin, bis Mitte August wurden einundzwanzig Verwarnungen erteilt, davon vierzehn in Berlin.[15]

Am 21. November wurde die Verordnung aufgehoben. Zwei Monate später, am 19. Januar 1864, erklärte sie das Parlament mit 269 gegen 46 Stimmen für verfassungswidrig.[16]

Die vorhandenen Gesetze, vor allem der berüchtigte Haß- und Verachtungsparagraph des preußischen Strafgesetzbuchs von 1851 boten indessen gegen die unbequeme Presse noch genügend Handhabe.[17] Allein im Jahr 1864 wurden in Berlin 175 Prozesse gegen die Presse verhandelt;[18] die Zahl der verbotenen Zeitungen war beachtlich; viele kleinere Organe mußten ihr Erscheinen einstellen. Die liberalen Blätter fügten sich der Gewalt, um ihre Existenz nicht aufs Spiel zu setzen.

Erst nach dem Ende des preußischen Verfassungskonflikts erfreuten sich die Berliner Zeitungen wieder einer größeren Bewegungsfreiheit. Die Spannung zwischen der Regierung und der Opposition ließ nach, zumal Bismarcks außenpolitische Erfolge nicht ohne Eindruck auf die öffentliche Meinung geblieben waren. Freilich waren auch jetzt Beschlagnahmen sowie Geld- und Gefängnisstrafen keineswegs ausgeschlossen.

Die Entwicklung des Meinungsführers Kladderadatsch

Zwischen 1860 und 1870 setzte der *Kladderadatsch*, der von der Tendenz her der neu gegründeten Fortschrittspartei nahestand, seinen interkontinentalen Siegeszug fort.[19] Von Dezember 1860 bis zum Ausbruch des Deutsch-Französischen Krieges im Juli 1870 stieg die Auflage von 24 500 über 37 000 (1866)[20] auf 40 000 Exemplare an. Am 23. Juli 1865 verkündete der *Kladderadatsch*, der inzwischen sogar einem Ozeandampfer seinen Namen gegeben hatte, in einer rot umrandeten Festnummer *(Abbildung 89)*:

> »Tausendmal bin ich erschienen,
> Alles zu mustern mit heiteren Mienen.«

Seit August 1862 waren die »Gelehrten« zu fünft; zu diesem Zeitpunkt war der fünfundzwanzigjährige Johannes Trojan (1837 bis 1915) fest angestellt worden;[21] als weiterer Mitarbeiter ist Julius Lohmeyer (1834 bis 1903) zu nennen; er gehörte von 1867 bis 1872 zur Redaktion. Ein Redakteur des berühmten Witzblattes zu sein, war damals der Ehrgeiz so manches braven Bürgers. Dies deutet zumindest eine von Carl Wexel und Rhingulph Wegener verfaßte »Originalposse mit Gesang in 5 Akten« an, die unter dem Titel *Ein Gelehrter des Kladderadatsch* Ende Mai im Woltersdorff-Theater zur Aufführung gekommen war.[22]

In den sechziger Jahren schuf der *Kladderadatsch* die neuen, in unregelmäßigen Abständen erschienenen Rubriken »Bei der Weißen« und »Unter den Tulpen«, wo Bolle, Knolle, Pichler, Kühleborn und andere Berliner Kannegießer »Politische Bierstuben-Gespräche« führten.[23] »Bei der Weißen« ist eine Anspielung auf das unter dem Großen Kurfürsten eingeführte alkoholarme (3,5 bis 4 %) »Weißbier«; der Titel »Unter den Tulpen« bezieht sich einerseits auf die politischen Debatten in den Gaststätten, die »bayerisches Bier« in den neuen »Tulpengläsern« ausschenkten, andererseits auf Berlins Prachtallee »Unter den Linden«. Das Witzblatt bemühte sich hiermit, neue, die soziale Kommunikation verändernde Gewohnheiten humoristisch-satirisch widerzuspiegeln.

Karl Marx beschrieb Ende 1858 in der *New-York Daily Tribune* den Berliner Bierbankphilister auf höchst ironische Weise wie folgt: »Es ist ein Mann, der von der Idee durchdrungen ist, Berlin sei die erste Stadt der Welt, nirgends außer in Berlin könne man »Geist« finden . . ., und das Weißbier – ein für den Geschmack jedes zugereisten Barbaren abscheulicher Trank – sei ebendasselbe Getränk, das in der Ilias unter dem Namen Nektar und in der Edda unter dem Namen Met erwähnt wird. Außer diesen

Berlin, den 23. Juli 1865.

№ 1000.

XVIII. Jahrgang. Nr. 34.

Kladderadatsch.

Wochenkalender.

Montag, den 24. Juli.
Tausendmal bin ich erschienen,
Alles zu mustern mit heiteren Mienen.

Dienstag, den 25. Juli.
Wenn das Schlimme nicht gut zu machen,
War doch Vieles hinwegzulachen.

Mittwoch, den 26. Juli.
Mögen Minister kommen und wandern:
Mein sind diese, und mein die andern.

Wochenkalender.

Donnerstag, den 27. Juli.
Diesen treff' ich mit schwerer Keule,
Jenen mit leicht beschwingtem Pfeile.

Freitag, den 28. Juli.
Was auch verrückt ward und verschoben:
Wir sind die Alten und bleiben oben.

Sonnabend, den 29. Juli.
Wie die Zukunft sich mag gestalten:
Haltet mich, so will ich euch halten.
Kladderadatsch.

Humoristisch-satyrisches Wochenblatt.

Zum tausendsten Mal!

Die Zeit ist umgefallen! Der Geist hat der Form ein Bein gestellt! Der Zorn Jehovah's brauset durch die Weltgeschichte! Die Preußische Allgemeine, die Vossische, die Spener'sche, Gesellschafter, Figaro und Fremdenblatt haben zu erscheinen aufgehört. — „Urwahlen haben begonnen — Fürsten sind gestürzt — Throne gefallen — Schlösser geschleift — Weiber verheert — Länder gemißbraucht — Juden geschändet — Jungfrauen geplündert — Priester zerstört — Barricaden verhöhnt — **Kladderadatsch!**"

So schrieben wir, als wir vor mehr als siebzehn Jahren zum ersten Mal, herrlich in der Jugend Prangen, wie ein Gebild aus Himmelshöh'n, mit jungfräulich unverschämten Wangen vor die Nation traten, welcher anzugehören wir noch heutigen Tages mehr die Ehre als das Vergnügen haben.

Tausendmal

haben wir seitdem, unseren Anfängen getreu, die Lehren gepredigt und wieder gepredigt, als deren muthige Verfechter wir den kühnen Sprung aus dem blauen Nichts eines verfehlten Berufs in die Bresche alles Bestehenden gewagt. **Tausendmal** haben wir vom Guten ab-, zum Bösen aufgewiegelt, **tausendmal** vor den Warnungen der Geschichte gewarnt, **tausendmal** die Narrheit groß und die Weisheit zum Spott gemacht.

Die Nation hat uns verstanden! Die Zahl unserer Unterthanen übersteigt die der Abonnenten der unverantwortlichen Redaction manches deutschen Fürstenthums. Mit den Schädeln unsrer erlegten Feinde wären wir im Stande eine Straße von Paris bis St. Petersburg zu pflastern, und aus ihren Scalpen könnten wir einen transatlantischen **Kabelzopf** von Wien bis Berlin und von Kurhessen gen Mecklenburg drehen.

Tausend Nummern

sind bei uns herausgekommen. **Tausend Nummern** und keine Niete — welch' ein Gewinn!

Noch tausend Nummern

werden herauskommen und wieder tausend und aber tausend. Und wenn die Milliarde voll ist, wird keine Verfassung und kein Budget, kein Conflict und keine Lücke, keine Stadtmauer an der Spree und am Rhein kein Geiger mehr sein.

Unser Banner aber wird lustig flattern, hoch über den Zinnen des Molkenmarkts im reinen Aether der Freiheit, und in strahlender Flammenschrift wird seine Devise der erleuchteten Welt verkünden, daß —

„Alles was besteht, ist werth daß es zu Grunde geht!"

Kladderadatsch.

89 *Kladderadatsch*, Nr. 34 v. 23. 7. 1865
Nr. 1000
Den mit einem Lorbeerkranz geschmückten Jubilar umringen – *von links nach rechts* – Wilhelm Scholz, Rudolf Löwenstein, David Kalisch, Ernst Dohm und der Verleger Albert Hofmann.

harmlosen Vorurteilen ist unsere Berliner Durchschnittsleuchte ein unverbesserlicher Neunmalkluger mit einer losen Zunge, ein leidenschaftlicher Schwätzer, der sehr dazu neigt, sich mit einer gewissen Sorte niederen Humors abzugeben, in Deutschland als Berliner Witz bekannt . . .«[24] Über den politischen und sozialen Wandel berichtete dann der liberale Journalist und Parlamentarier Alexander Meyer in seinen Erinnerungen: »Es war der Spätsommer 1866, als die Damen es sich nicht nehmen lassen wollten, des Abends ihre Männer zu begleiten, um teilzuhaben an den Unterhaltungen, die über die Umgestaltung Deutschlands gepflogen wurden. Die Glasindustrie schuf damals die neue Kunstform der »Tulpe«, die das Deckelglas verdrängte . . . Zennigs Lokal unter den Linden war damals das Rendezvous aller geistig angeregten Kreise . . .«[25]

Zu bemerken ist an dieser Stelle übrigens, daß im *Kladderadatsch* keineswegs nur Berliner oder Preußen auftraten, sondern auch Bayern, Sachsen, Schwaben und andere, so daß das Witzblatt auf seine Weise, nämlich lachend, zum Integrationsprozeß der Deutschen beigetragen hat.[26]

Schließlich kamen seit der zweiten Hälfte der sechziger Jahre auch die Damen in vermehrtem Maß zu Wort. So korrespondierte Carlchen Mießnicks Schwester, die Pensionärin Clara, mit Aurora von Stint, während in der Rubrik »Damen-Kladderadatsch« die bürgerliche Deputierten-Gattin Hermine Pulverkessel und die Gemahlin eines Rittergutsbesitzers, Corinna von Zackenburg, einen mit politischen und gesellschaftlichen Anspielungen gespickten regen Gedankenaustausch pflegten. Hier ein Bericht der in ihre »einsame Zackenburg« zurückgekehrten Corinna vom 25. Februar 1870: »Unvergeßlich waren die letzten Tage in Berlin, die ich an der Seite meines älteren Freundes – wohl darf ich meinen Gatten so nennen zubrachte. Berlin ist das Norddeutsche Rom geworden, und sein Carnevalsstrudel in der Fastnachtszeit darf seines Gleichen suchen. Die Maskenfreiheit ist derb, aber ehrlich . . . Auffallend wenige Charaktermasken trifft man auf dem Corso unter den Linden. Der Billigkeit des Costüms wegen, stellen die Meisten Juden vor. Der Jude ist eine sehr einfache Maske, die man dadurch erzeugt, daß man den Rockhenkel hinten am Kragen hoch stehen läßt und der Hut etwas nach hinten in den Nacken geschoben wird. Selbstverständlich liegt Alles an der Nase, die in allen Größen getragen wird.«[27] Dieses Musterbeispiel jüdischer Selbstironie wird nur noch durch gewisse Stellen in den Episteln der beiden Junker Strudelwitz und Prudelwitz übertroffen.

Seit Nummer 55 vom 2. Dezember 1866 enthielt der *Kladderadatsch* »versuchsweise« ein zweiseitiges Beiblatt, das im allgemeinen zu 7/8 aus Anzeigen bestand und zu 1/8 aus einem humoristischen Feuilleton. »Auf Wunsch vieler Interessenten« wurde diese an Rudolf Mosse (1843 bis 1920) verpachtete Inseraten-Beilage ab Januar 1867 regelmäßig mitgeliefert.[28]

In den sechziger Jahren, insbesondere in der Zeit des Verfassungskonflikts, focht der

Kladderadatsch harte Sträuße mit der Staatsgewalt aus. Zwischen 1860 und 1870 wurde das Blatt etwa zehnmal beschlagnahmt, darunter wiederholt wegen Ministerbeleidigung und »Schmähung der preußischen Zustände«. Es teilte damit das Schicksal anderer liberaler Presseorgane. Zum Vergleich sei angeführt, daß die täglich erschienene *National-Zeitung* in derselben Zeit vierzehnmal beschlagnahmt worden war.[29]

Am 15. März 1863 (Nr. 12) fühlte sich Bismarck durch eine Karikatur (»Unsere drei Parzen«) persönlich getroffen. Sie zeigt den Ministerpräsidenten, wie er die von seinen Amtsvorgängern »octroyirte«, dann »prolongirte« Verfassung kurzerhand für »amortisirt« erklärt und durchschneidet. Die konfiszierte Nummer wurde erst zwei Jahre später freigegeben, nachdem das Bild auf Kosten des Verlegers mit undurchdringlicher Schwärze übertüncht worden war.[30]

In der Zeit der »Preßordonnanz« ist der *Kladderadatsch* – wie die meisten seiner liberalen Gesinnungsgenossen – auch einmal amtlich verwarnt worden, und zwar am 14. September 1863 *(Abbildung 90;* vgl. *Abbildung 226)*. Beanstandet wurde das satirische Leitgedicht über die Auflösung des liberalen Abgeordnetenhauses. In Wirklichkeit sollte aber ein Exempel statuiert werden, denn dem *Kladderadatsch* wurde vorgeworfen, »fortdauernd eine die öffentliche Wohlfahrt gefährdende Haltung« zu beobachten, indem er durch »Schmähungen« und »Verhöhnungen« die Einrichtungen des Staats, die öffentlichen Behörden und deren Anordnungen dem Hasse und der Verachtung auszusetzen bestrebt sei.[31]

Die Polizeiberichte erwähnen weiterhin zwei Verurteilungen zu Geldbußen und drei Gefängnisstrafen, davon zwei wegen »öffentlicher Verspottung von Einrichtungen

Auch **Er** kann nicht umhin, sich der Bewegung der Zeit und seinen Collegen von der liberalen Presse anzuschließen.

90 *Kladderadatsch*, Nr. 43 v. 20. 9. 1863
Holzschnitt von Wilhelm Scholz
Der Zeichner ironisiert die in Form eines Maulkorbs dargestellte polizeiliche Verwarnung des *Kladderadatsch*.

und Lehren der katholischen Kirche«.[32] Allgemeines Aufsehen erregte im Herbst 1864 die Verurteilung des verantwortlichen Redakteurs zu einer fünfwöchigen Haft in der »Stadtvoigtei«. Angesichts dieses Strafmaßes hätte er, wie es in einem von Kaiser Alexander II. aus dem Kopf zitierten *Kladderadatsch*-Gedicht (Nr. 49/50 vom 23. 10. 1864) hieß, »den schönsten Staatsminister« ärgern können.[33] Dabei handelte es sich lediglich um eine »Kleinigkeit«, nämlich um ein unter dem Titel »Ein patriarchalisches Geschichtchen« erschienenes satirisches Gedicht auf die Herrscherin des thüringischen Duodezfürstentums Reuß Ältere Linie (Hauptstadt: Greiz), Ihre Durchlaucht Fürstin Caroline. Diese hatte – nach französischem Beispiel – ihren Untertanen eine »Prinzessin-Steuer« auferlegt, um ihre Tochter mit einer Mitgift zu versehen. Von den einundzwanzig Vierzeilern aus Johannes Trojans Feder sei hier nur die neunte Strophe zitiert:

»Sprach die fromme Landesmutter:
›Kinder, laßt uns jetzt bedenken,
Was Ihr meiner lieben Tochter
Zur Vermählung werdet schenken!‹«[34]

Durch Bismarcks persönliche Verwendung beim König wurde Dohm eine Woche früher aus der Haft entlassen und zwar dank einer am 4. Dezember im *Kladderadatsch* (Nr. 56) veröffentlichten Illustration, »welche auf die Entschließung nicht ohne Einfluß geblieben« war.[35] *(Abbildung 91)*

Freilich stand der *Kladderadatsch* trotz dieser entgegenkommenden Geste und trotz mancher anerkennenden Beiträge in bezug auf Bismarcks Außenpolitik mit dem »schönsten Staatsminister« weiterhin auf Kriegsfuß. Schließlich ersuchte dieser, unter ausdrücklicher Bezugnahme auf die »aufreizende Tendenz« des Witzblatts,[36] den preußischen Innenminister Fritz Graf zu Eulenburg am 5. Juni 1866, »das Königliche Polizei-Präsidium zu einer strengeren Controlle der Zeitungen und namentlich zur *rechtzeitigen* Beschlagnahme in den geeigneten Fällen geneigtest veranlassen zu wollen«. Gleichzeitig zog Bismarck erneut »außerordentliche Maßregeln« in Erwägung, um zu verhindern, »daß die öffentliche Meinung, durch die sich täglich wiederholende Agitation der Presse fortdauernd aufgeregt und ein falscher Eindruck derselben im Auslande hervorgerufen wird«.[37]

Zu einer neuen »Preßordonnanz« kam es bekanntlich nicht. Statt dessen suchte Bismarck mit Ernst Dohm, an den er seit Dezember 1849 mehrere Briefe gerichtet hatte, das persönliche Gespräch. Nicht ohne Erfolg, denn am 28. August 1866 schrieb der Leiter des *Kladderadatsch* an den Verleger Albert Hofmann: »Soeben (3 Uhr Nachmittags) komme ich von Bismarck, der mich heut' zu sich rufen ließ und mir Mittheilungen über die momentanen Beziehungen Preußens zu Frankreich machte, die mich zwingen, unter allen Umständen das für die nächste Nummer bestimmte Bild vorläufig fortzulassen. Wir nehmen deshalb für die nächste Nummer die für die folgende bestimmten Stöcke, und Scholz wird schon nicht umhin können, unterwegs noch eine Platte zu zeichnen . . .«[38]

Zu diesem Zeitpunkt war der preußische Ministerpräsident schon längst – neben seinem Gegenspieler Napoleon III. – zum wertvollsten »Spaltenfüller« avanciert. In der Karikatur wurde er 1862 – wie im Pariser *Charivari* – mit einer Helmspitze darge-

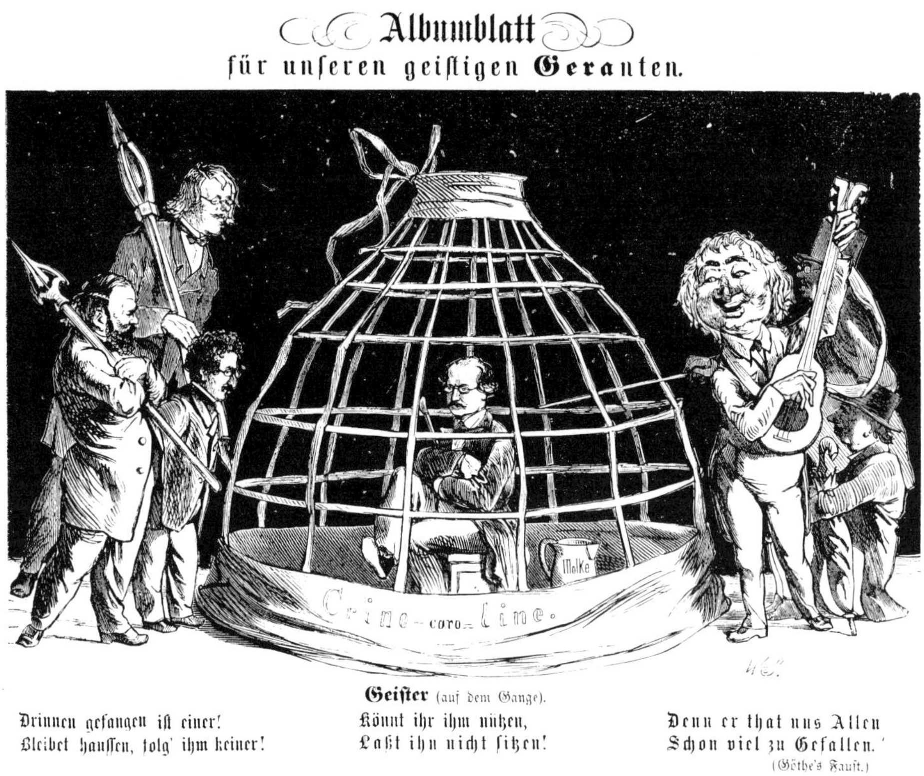

91 *Kladderadatsch*, Nr. 56 v. 4. 12. 1864
Albumblatt für unseren geistigen Geranten
(= verantwortlichen Redakteur)
Holzschnitt von Wilhelm Scholz
Laut § 79 des *Strafgesetzbuchs für die Preußischen Staaten* war der verantwortliche Redakteur Ernst Dohm am 30. September 1864 wegen »Beleidigung gegen das Oberhaupt eines anderen Staates« zu fünf Wochen Gefängnis verurteilt worden. Die Situationskomik dieser Karikatur sollte auf Bismarcks Veranlassung hin zur Ermäßigung der Strafe beitragen. *Kladderadatsch* bringt mit der gesamten Redaktion dem in einem »Krinolinen«-Käfig sitzenden Ernst Dohm ein Ständchen. Die in den 40er Jahren des 19. Jahrhunderts aufgekommene Krinoline (Reifrock) bestand seit 1856 aus einem Stahlschienengerüst, das den modischen Damenrock glockenförmig aufbauschte. »Caro« ist eine Anspielung auf die Fürstin Caroline, Herrscherin des thüringischen Duodezfürstentums Reuß Ältere Linie, die gegen den *Kladderadatsch* Klage erhoben hatte. Die Stelle aus Goethes *Faust* (»Gesang der Geister«) wird leicht gekürzt, doch unverändert übernommen.

stellt. Dann, am 3. Mai 1863 (*Kladderadatsch*, Nr. 20), schmückte der Zeichner Wilhelm Scholz das immer kahler werdende Haupt des Staatsmanns zum erstenmal mit jenen legendären drei Haaren *(Abbildung 92)*, die nach 1866 von den meisten in- und ausländischen Witzblättern übernommen wurden und die Gerhart Hauptmann im Jahr 1911 zu dem Fragment *Bismarck-Haar* inspirieren sollten.[39]
In diesem Zusammenhang muß daran erinnert werden, daß das objektive Pressefoto erst um 1890 aufgekommen war, was der Karikatur, also dem »schärfsten Mittel subjektiv-künstlerischer publizistischer Aktion«,[40] eine besondere Dimension verlieh.
Scharfe Kritik am *Kladderadatsch*, die unter anderem in zwei Streitschriften über die deutsche Presse zum Ausdruck kam, war die Kehrseite seines steilen Aufstiegs. Dem »offenbar« verbreitetsten, aber auch zugleich »am verderblichsten« wirkenden Blatt wurde 1863 vorgeworfen, mit dem ihm eigenen »kaustischen Judenwitz« alles, auch das Erhabenste, »in den Koth« zu ziehen und damit dem Volke »jede conservative Gesinnung« zu rauben.[41] Kurze Zeit darauf spitzte ein anderer konservativer Autor das oben zitierte Urteil weiter zu: »Die Wirkung dieser Blätter ist die corrossivste von allen, sie zerfressen vollends den letzten Rest von sittlichem Ernst und von Pietät im Volke. Die Frivolität wird epidemisch, nichts ist mehr heilig; ein Witz, und Gott und die Welt sind lächerlich.«[42]
Beide Verfasser, die hier ähnliche Ansichten wie Glaßbrenner äußern, sind offensichtlich um das die Kunst des Lesens immer mehr beherrschende »Volk« besorgt, erklären aber ebensowenig wie dieser und andere Gegner des *Kladderadatsch*, was sie unter »Judenwitz« und »Frivolität« verstehen. Ferner bezeichnen die genannten Kritiker ausschließlich als »Judenwitz«, was der Berliner Sozial- und Kulturhistoriker Ernst Dronke schon im Jahr 1846 als »ein Element des Berlinertums« überhaupt erkannt hatte, nämlich »nichts unbespöttelt« zu lassen.[43] Meyers *Konversations-Lexikon* drückte 1874 denselben Tatbestand mit anderen Worten aus: »Berliner Witze, besonders im Wortspiel groß, sind allbekannt, und das bekannte illustrirte Berliner Witzblatt, über das jeder schon tausendmal gescholten und doch schon tausendmal gelacht hat, geht durch alle Welt. Der Berliner hat aber auch die Neigung, an allem Größern und Tiefern, das ihm entgegentritt, zu mäkeln . . .«[44]
Schließlich sei hier noch eine Stimme aus dem benachbarten Frankreich angeführt, wo der *Kladderadatsch* fast zwanzig Jahre (1852 bis April 1870) verboten gewesen war. In seinen 1873 erschienenen *Montags-Erzählungen* berichtet Alphonse Daudet (1840 bis 1897) über das Verhalten der *Kladderadatsch*-Leser in den Münchner Cafés unmittelbar nach dem bayrisch-preußischen Gefecht bei Kissingen (10. Juli 1866): »Seltsam! Diese guten Bayern . . . zeigten nicht die geringste Feindseligkeit gegen die Preußen . . . Man krümmte sich vor Lachen, wenn *Kladderadatsch* seine groben Geschütze auffuhr, die so schwerfällig waren, wie der berühmte 50 000-Kilo-Schmiedehammer der Firma Krupp.«[45]

92 *Kladderadatsch*, Nr. 20 v. 2. 5. 1863
Aus der Kammer
Holzschnitt von Wilhelm Scholz
Der seit Bismarcks Ernennung zum Ministerpräsidenten (24. September 1862) immer mehr sich verschärfende Heeres- und Verfassungskonflikt mit dem liberalen preußischen Abgeordnetenhaus führte zu Debatten, die mit massiven Abstimmungen gegen die Regierung zu enden pflegten. Wie Bismarck, der hier zum erstenmal die für ihn typischen »drei Haare« trug, auf diese Willensäußerungen verbal und non-verbal reagierte, zeigen sechs Karikaturen als illustrierte Kommentare zur *Vossischen Zeitung* vom 10. April. Die Mißachtung der Volksvertretung von seiten eines Machthabers war für Bismarcks Anfänge als Regierungschef kennzeichnend. Sie sollte sich durch die deutsche Geschichte bis gegen Ende der Monarchie fortsetzen.

Die Konstituierung und Aufspaltung der politischen Parteien einerseits, die zunehmende Vorliebe der Berliner für »kritischen Witz« und »komische Literatur« andererseits[46] führten in den sechziger Jahren zu einer Vielfalt der Berliner Witzblätter. Der *Kladderadatsch*, der vom 25. Oktober 1868 (Nr. 49/50) bis zum 26. März 1871 (Nr. 14/15) unter der Verantwortlichkeit von Rudolf Löwenstein erschien, blieb zwar weiterhin Meinungsführer, aber nicht mehr – wie im Jahrzehnt davor – »alleiniger Verwalter« der Massen.

Konkurrenz von links

Adolf Glaßbrenners von Otto Janke verlegte und gedruckte *Berliner Montags-Zeitung (Abbildung 93)* erschien trotz ihrer Auflagenschwäche – 1860 unter 700, 1866 rund 1 000 Exemplare[47] – weiter und gestattete diesem sogar das »behaglichste« Leben.[48] Die *Berliner Montags-Zeitung* war ein Presseorgan, das stets *sein* Publikum, nicht *das* Massenpublikum gehabt hat.[49]
Vom 1. November 1861 bis zum 18. Juni 1866 wurde das Blatt von Joseph Royer [und Frauenstein] verlegt und gedruckt. Glaßbrenner erhielt jetzt ein Fixum von 1 500 Talern jährlich.[50] Vom 25. Juni 1866 (Nr. 26) an übernahm er die *Berliner Montags-Zeitung* im Selbstverlag; für den Druck sorgte bis zum 28. März 1870 Hermann Blanke, dann A. Paul & Co.
Die kaum Illustrationen enthaltende *Berliner Montags-Zeitung* war das Hauptwerk in Glaßbrenners zweiter oder, besser gesagt, später Schaffensperiode. Ihre vornehmste

Erscheint wöchentlich.
Vierteljährlicher Pränumerationspreis
22½ Sgr., bei den Postanstalten 25 Sgr.

BERLINER
Montags-Zeitung.

Zu beziehen durch alle
Buchhandlungen und Post-Anstalten
des In- und Auslandes.

Redacteur: Adolf Glaßbrenner.

Nr. 1. Druck und Verlag von Otto Janke in Berlin, Anhaltstraße Nr. 11. 7. Januar 1861.

93 *Berliner Montags-Zeitung*, Nr. 1 v. 7. 1. 1861
Zeitungskopf.

Aufgabe bestand zunächst einmal darin, den Berliner Zeitungslesern, die an diesem Wochentag fehlenden politischen Tageszeitungen zu ersetzen.[51] Sie war daher sachlich referierende Wochenschrift und Witzblatt in einem. Jede Nummer umfaßte vier Seiten Großfolio (31 × 44 cm) und des öfteren ein Beiblatt (zwei Seiten). Auf Seite eins standen die bis Sonntagabend eingelaufenen »Telegraphischen Depeschen«. Es folgten die »Neuesten Nachrichten« und die »Kleine Zeitung« mit vermischten Nachrichten aller Art. Die Rubrik »Berlin« enthielt Mitteilungen aus dem Leben und Treiben der Hauptstadt sowie Berichte über das Hofleben. Das Blatt enthielt ferner Börsennachrichten, ausführliche Theater- und Buchbesprechungen sowie etwa eine Viertelseite Anzeigen. Die Beilage veröffentlichte belletristische Beiträge, unter anderem von Ernst Kossak, Karl von Holtei, Feodor Wehl und dem Ex-Redakteur der *Ewigen Lampe*, Arthur Mueller. Einer der eifrigsten Mitarbeiter war der Sohn »Aujust Buddelmeyers«, Emil Cohnfeld (1836 bis 1895), der während Glaßbrenners Urlaubsreisen auch verantwortlich zeichnete.[52] Auf Seite zwei und drei, unter dem Strich, hatten Witz und Satire ihren Platz.

In der nur hin und wieder illustrierten Rubrik »Allgemeinen Zeitung für Politik und öffentliches Leben«, »Die Wahrheit«, trat Glaßbrenner in der Gestalt des Lügenbarons »Dr. Münchhausen« am persönlichsten hervor.[53] »Die Wahrheit«, die als Fortsetzung des humoristisch-satirischen Feuilletons »Der Tartar – Zeitung für Freunde der Wahrheit« *(Ernst Heiter)* anzusehen ist,[54] brachte in kunterbunter Reihenfolge Dichterparodien, Couplets, Kehrreime, Reflexionen, Bänkellieder, Quodlibets und Anagramme. Dr. Ernst Heiter und der nach der Art des *Kladderadatsch* jüdelnde Fölüx Meu[y]er, ferner die witzelnden Kleinbürger Bolle, Knolle und Piefke waren die am häufigsten auftretenden stehenden Figuren.

Seit Anfang 1862 lieferte Johannes Trojan für ein festes Monatsgehalt von fünf Talern Beiträge für die »Wahrheit«. Für weitere fünf Taler übernahm er im Sommer vorübergehend die Redaktion des ganzen Blattes. Bei der *Berliner Montags-Zeitung* erhielt der vierundzwanzigjährige Redakteur durch seinen Lehrmeister Glaßbrenner folgende »Journalistenausbildung«: »Sie finden . . . am Sonnabend, wenn Sie zur Redaktion kommen, auf meinem Arbeitstisch ein paar Blätter, die am Morgen dieses Tages erschienen sind, und eine Papierschere. Mit letzterer schneiden Sie dann aus den dazu geeigneten neuesten Nachrichten der Zeitungen so viel heraus, als nötig ist, und kleben es auf einem Bogen Papier für die Druckerei zusammen.« Trojan fährt in seinen Erinnerungen fort: »Das merkte ich mir, tat danach und habe es darin, wie ich glaube, bald zu einem gewissen Geschick gebracht.«[55] Am 23. Dezember 1864 teilte Trojan jedoch dann Adolf Glaßbrenner mit, daß er leider nicht länger an der *Berliner Montags-Zeitung* mitarbeiten könne, da er bereits beim *Kladderadatsch* tätig sei.[56]

Mitte der sechziger Jahre begann Richard Schmidt (1838 bis 1903) – später nannte er sich nach seiner aus einer Hugenottenfamilie stammenden Mutter Schmidt-

Cabanis[57] – für Glaßbrenners *Berliner Montags-Zeitung* »scharf satirische« Gedichte und Humoresken zu schreiben. Im Januar 1870 avancierte Richard Schmidt offiziell zum verantwortlichen Redakteur in Stellvertretung; am 1. Juli desselben Jahres engagierte Glaßbrenner den echten Spree-Athener als »Hauptmitarbeiter« unter gleichzeitiger Übernahme der Verantwortlichkeit.[58]
Die Verspottung der Bismarckschen Pressepolitik brachte der *Berliner Montags-Zeitung* noch vor dem *Kladderadatsch* eine Verwarnung ein: am 13. Juni 1863. Sieht man jedoch von zwei »ohne Angabe von Gründen« beschlagnahmten Nummern (30. Oktober 1864; 10. Januar 1870) ab, so wurde das Blatt zur Überraschung mancher Zeitgenossen nicht weiter behelligt, obwohl es offen für die Deutsche Fortschrittspartei Stellung nahm.[59]
Nicht nur einmal, sondern sogar zweimal verwarnt und damit zum Tode verurteilt wurde das seit Anfang Juli 1862 vom Verlag Abelsdorff herausgegebene »Lustige Wochenblatt mit komischen Illustrationen« *Die heitere Welt*.[60]

Konkurrenz von rechts: Berlins erstes Partei-Witzblatt

Im Januar 1861 plante die Konservative Partei – gewissermaßen als witziges Pendant zur *Neuen Preußischen [Kreuz-]Zeitung* – die Herausgabe eines dem *Kladderadatsch* ähnlichen Blattes. Es sollte auf den Namen *Die Kreuzspinne* getauft werden.[61] Der Ausruf des *Kladderadatsch* »Vivat die Concurrenz!« war freilich verfrüht, denn erst nach der Gründung des Preußischen Volks-Vereins waren die finanziellen Voraussetzungen für ein solches Unternehmen gegeben. Der hochkonservative Preußische Volks-Verein war von den Mitbegründern der *Kreuz-Zeitung*, Hermann Wagener, Hans von Kleist-Retzow und Ludwig von Gerlach am 20. September 1861 als eine Alternative zum Deutschen National-Verein in Berlin ins Leben gerufen worden. Seine Doktrin war föderalistisch (»Einigung unseres deutschen Vaterlandes . . . in der Einigung seiner Fürsten und Völker«), antikonstitutionell (»persönliches Königtum von Gottes Gnaden und nicht von Verfassungs Gnaden«) und antikapitalistisch (»kein Preisgeben des Handwerkes und Grundbesitzes an die Irrlehren und Wucherkünste der Zeit«).[62]
Um das für den Deutschen National-Verein und die Deutsche Fortschrittspartei eintretende Witzblatt *Kladderadatsch* wirksam zu bekämpfen, eröffnete der Preußische Volks-Verein im Sommer 1862 eine Subskriptionsliste. Das Ergebnis konnte sich sehen lassen: 47 Grundbesitzer brachten insgesamt ein Kapital von 40 000 Talern auf.[63]
Noch ehe das kurz darauf unter dem Titel *Der kleine Reactionär* angekündigte konservative Witzblatt das Licht der Öffentlichkeit erblickt hatte, wurde es bereits persifliert. So verfaßte der Berliner Buchhändler und Lustspiel-Autor Eduard Bloch (1831

bis 1895) Anfang September 1862 ein »mit komischen Illustrationen« versehenes »Organ für Kreuzritter«, das denselben, allerdings anders geschriebenen Namen trug: *Der kleine Reactionair* (8 Seiten, bedruckter Raum 14,5 × 21 cm). Die entsprechende Polizeiakte vermerkte jedoch am 15. Dezember: »Bis heute keine neue Nummer erschienen.«[64]

Die Probenummer des schon als Fötus verspotteten konservativen Witzblatts kam genau ein Jahr nach der Gründung des Preußischen Volks-Vereins und vier Tage vor Bismarcks Ernennung zum »Konfliktsminister«[65] heraus, am 20. September 1862. Die Titelvignette zeigt in der Mitte – als Symbol des Rückwärtsgangs – einen Riesenkrebs. Auf ihm sitzt der personifizierte »kleine Reactionär« mit Geißel und Besen. Seine Gegner – der mit einem Blasebalg versehene jüdische Genius der Fortschrittspresse (links) und der in ein Pusterohr blasende Vertreter des Wirtschaftsliberalismus (rechts) – werden von den Krebsscheren eingeklemmt.

Der sich an die Leser wendende, in der Nibelungenstrophe verfaßte Prolog verklärte die christlich-ständische, altpreußische Sozialordnung und geißelte den die Arbeitskraft ausbeutenden »fortschrittlichen« Kapitalismus. Den »Verführern der deutschen Nation«, das heißt der Deutschen Fortschrittspartei, warf das Blatt vor, die »soziale Frage« mit »Judenwitzen« zu »betäuben«. Das konservative Berliner Witzblatt – das erste seit 1849 – betrachtete es daher als sein Hauptanliegen, der »falschen« die »wahre Satyrik«, dem »zuchtlosen Witz« den »echten Humor« gegenüberzustellen.[66] Der Prolog endete mit den zuversichtlichen, auf den heutigen Leser erschreckend wirkenden Worten:

»Doch wie man das Aug' auch verblendet, die Sinne keck verwirrt –
Das deutsche Herz gesundet, wenn auch es lange irrt;
Des Deutschen sinnig Streben – es schmeckt der Fremden Hohn,
Und überwindet das Siechthum in starker Reaktion!«

Zur Bekräftigung des Gesagten erhebt ein gegürteter nackter Schildknappe mit Ritterhelm und geschlossenem Visier sein Schwert. Der rechts neben ihm, an »deutschem Eichenholz« lehnende Schild trägt dasselbe Emblem wie die Titelvignette der *Neuen Preußischen Zeitung*, das 1813 im Kampf gegen Napoleon von König Friedrich Wilhelm III. gestiftete Eiserne Kreuz *(Abbildung 94)*. Seit dem 3. Oktober 1863 schmückte diese Zeichnung auch den Zeitungskopf des *Kleinen Reactionärs*.

Mit deutlicher Spitze gegen die aus Schlesien eingewanderten »Gelehrten« des *Kladderadatsch* betonte *Der kleine Reactionär*, daß er einen »Deutschen zum Vater« und eine »Deutsche zur Mutter« hätte, deren Vorfahren »nicht in den Provinzen herumschnorrten, sondern die Mark Brandenburg urbar machen halfen«.[67]

Vom 4. Oktober 1862 an erschien das Blatt jeden Samstag unter der Verantwortlichkeit des Verlags Martin Berendt und wurde – wie der *Kladderadatsch* – bereits am Vorabend ausgegeben. Gedruckt wurde es von Hermann Müller. In Anbetracht der

Probe-Nummer.

Berlin. No. 1.

Der kleine Reactionär.

20. Septbr. 1862.

Ich habe mich bemüht zu allen Zeiten,
Mit der Zeit gehörig fortzuschreiten;

Doch als die Zeit zur Erbärmlichkeit schritt,
Da blieb ich zu Hause und schritt nicht mit.

Erscheint wöchentlich einmal. Alle Postämter, Buchhandlungen und Zeitungs-Spediteure nehmen Bestellungen darauf an. Preis vierteljährlich 1 Thlr. 2½ Sgr. Die einzelne Nummer kostet 3 Sgr. Die nächste Nummer wird am Sonnabend den 4. October ausgegeben. Die vorliegende Erste Nummer erscheint zum heutigen Jahrestage des Preußischen Volks-Vereins.

Prolog.

Es klingt aus alten Zeiten manch' wunderbarer Sang
Von ihren Herrlichkeiten ein reiner goldner Klang;
Von Gottesfurcht im Herzen, von ächter Königstreu',
Von edler Mannen Dienste, fest, wahr und ohne Scheu.

Vom Bauer auf seinem Erbe, vom Bürger frei und stolz,
Ein Jeglicher er selber, aus deutschem Eichenholz!
Es ist ein Lied von der alten, der deutschen Herrlichkeit
In dämm'rige Ferne weist es zurück — so weit — so weit!

Die Zeit ist fortgeschritten mit Sturmes-Dampfgewalt,
Die Räder knarren und ächzen, der Rauch steigt auf und wallt;
Im Räderwerke stöhnet, vom Rade selbst nur ein Zahn,
Das Menschenkind, jetzt gefesselt, stumm, ohne Rath und Plan.

Sie weiß nur noch von Kräften, — die geknechtete Arbeitskraft
Fühlt selbst sich nicht im Werke, das sie im Frohndienst schafft.
In ihrem Troste nur leiert verlockend die Melodei:
Daß man im Fortschritt begriffen — ein freier Bürger sei!

Und klinget aus alten Zeiten sehnsüchtig ein goldner Ton
Schrei'n „Fortschritt" die Verführer der deutschen Nation.
Und wetterleuchtet von oben des Himmels mahnender Blitz
Betäuben sie die Mahnung mit einem — Judenwitz.

Doch wie man das Aug' auch verblendet, die Sinne keck verwirrt —
Das deutsche Herz gesundet, wenn es auch lange irrt;
Des Deutschen sinnig Streben — es schmeckt der Fremden Hohn,
Und überwindet das Siechthum in starker Reaktion!

94 *Der kleine Reactionär*, Probe-Nummer (=Nr. 1) v. 20. 9. 1862
Titelseite
Seit 1849 erscheint erstmals wieder ein konservatives Witzblatt in Berlin.

Tatsache, daß *Der kleine Reactionär* wohl vor allem in den ländlichen Gebieten der preußischen Provinzen bezogen wurde, war der vierteljährliche Abonnementspreis verhältnismäßig niedrig (1 Taler, 25 Silbergroschen); die Einzelnummer kostete 2 ½ Silbergroschen.

Wie der *Kladderadatsch*, so brachte auch *Der kleine Reactionär* auf jeder Titelseite ein Leitgedicht und auf der letzten eine ganzseitige Karikatur; von den übrigen sechs Seiten waren mindestens vier mit kleineren Holzschnitten versehen, so daß der Bildanteil verhältnismäßig hoch war. *Der kleine Reactionär* übernahm aus dem *Kladderadatsch* das Konterfei des französischen Kaisers Napoleon III., nach den drei so typischen Bismarck-Haaren sucht man freilich vergebens.

Selbstverständlich hatte auch *Der kleine Reactionär* seine stehenden Figuren, zum Beispiel Spilleke und Pilleke. Überhaupt gehörte der Dialog zu den meist verwendeten Stilmitteln. Lehmann und Neumann unterhielten sich auf berlinisch. Zahlreiche Gespräche zwischen Arbeitern beziehungsweise zwischen Arbeitern und Arbeitgebern gehörten zu den Charakteristika des *Kleinen Reactionärs*. Hervorzuheben ist nicht nur die antifortschrittliche, sondern auch die antijüdische Einstellung des Blattes sowie das unheilvolle Amalgam beider Tendenzen. Für die Kommunikatoren des *Kleinen Reactionärs* waren der Deutsche National-Verein und die Deutsche Fortschrittspartei »der große Bund der Juden und Judengenossen«.[68] Diese den Lesern durch ständige Wiederholung eingehämmerte Auffassung sollte fünfzehn Jahre später, im »Berliner Antisemitismusstreit«, ihre Früchte tragen.[69] Es handelte sich um die provozierende Übertreibung des zwischen 1858 und 1867 »beinahe vollkommen« vollzogenen »Anschlusses der jüdischen Politiker und mit ihnen der Mehrheit der jüdischen Gesamtbevölkerung an die bürgerlich-liberalen Organisationen«.[70]

Der kleine Reactionär nahm die seit dem Mittelalter übliche negative Typisierung der Juden in Wort und Bild wieder auf, etwa durch die Erschaffung der jüdelnden Gesprächspartner Jussuf und Levy. Der Porträt-Karikaturist benutzte den bewährten Trick der Verhäßlichung, um die seit Nummer 2 (11. Oktober 1862) in unregelmäßigen Abständen auftretenden Gestalten zugleich lächerlich und widerwärtig erscheinen zu lassen. Der eine wurde als primitiver, aus den östlichen Provinzen stammender »Kaftanjude« dargestellt, der andere als »anglisierter«, durch unsaubere Machenschaften reich gewordener Literat *(Abbildung 95)*.

Auf welche Weise es den jüdischen »Geldsäcken« und »Wucherern« gar gelungen war, adlige Besitztümer zu erwerben, zeigte die am 6. Dezember 1862 (Nr. 10) beginnende, sich über ein Jahr erstreckende Serie »Der Ritter A. J. M. Itzig hat das Rittergut Waldegg gekauft«. In der karikaturalen Verunglimpfung der deutsch-jüdisch-liberalen Weggemeinschaft ging *Der kleine Reactionär* allerdings der Polizei einmal zu weit. Am 28. Februar 1863 wurde die ganze Ausgabe (Nr. 9) konfisziert wegen »Beleidigung des hohen Hauses«. Das Blatt bezog sich auf eine Adresse der Fortschrittspartei an den König und nannte die Unterzeichneten nur mit ihren jeweiligen Anfangsbuchstaben. Dies ergab bei näherem Hinsehen: »Große Schufte, freche Lumpe des preußischen Staates«.[71]

Die liberalen Zeitgenossen sprachen dem »illustrirten humoristisch-satyrischen Wochenblatt für die conservative Partei«[72] wegen seiner einseitigen Stoßrichtung jeden Witz ab, ein Vorwurf, den die Redaktion durch folgende »Zahme Xenie« (Nr. 11 vom 13. Dezember 1862) zu entkräften suchte:

»Sollten wir auch nicht sein witzig,
So sind wir doch ein W dem Itzig.«

Im Mai 1863 kam es sogar zu Tätlichkeiten. Eine besonders haßerfüllte Ausgabe gegen »den Fortschritt« (Nr. 19 vom 9. Mai 1863) wurde in fast sämtlichen Lokalen Berlins gestohlen. Verschiedene Wirte wurden darüber hinaus »durch Drohungen und Einschüchterungsversuche der verschiedensten Art« vor dem Halten des *Kleinen Reactionärs* gewarnt oder gezwungen, ihn wieder abzubestellen.

Er spedirt Menschenfleisch.

Jussuf. Gott, Levy, wie siehste aus?

Levy. Nun, wie soll ich aussehn! Hob ich doch den Handel mit alten Kleidern aufgegeben un mache jetzt in politischen Meinungen un in scheener Literatur.

Jussuf. Und was verdienste dabei?

Levy. Nebenbei handele ich mit geschnitzten Bildhauerarbeiten aus'm Zuchthaus und spedire Menschenfleisch nach Rußland.

Jussuf. Menschenfleisch?! Ich krieg' en Schlag!

Levy. Nu wie heißt?! Ich hab ein reelles Speditionsgeschäft mit deutsche Handwerker un Arbeiter, denen ich nach Rußland Contracte mache, was nicht wird gehalten.

Jussuf. Gott gerechter, hob ich doch immer gesagt, der Levy is ein graußer Fortschrittsmann: **befreit** die Deitschen un **verkooft** se nach Rußland!

95 *Der kleine Reactionär*, Nr. 2 v. 11. 10. 1862
Er spedirt Menschenfleisch
Holzschnitt
In dieser Nummer tauchen die beiden Dialogpartner Jussuf und Levy zum ersten Mal auf. Auch der *Kleine Reactionär* bedient sich der von dem Berliner Witzblatt *Kladderadatsch* (Schultze und Müller) erfolgreich angewendeten Methoden.
Durch ein Wortspiel am Ende des Dialogs wird auf die fortschrittlich-liberale Einstellung der meisten Berliner Juden aufmerksam gemacht. Für den *Kleinen Reactionär* waren sie daher der Feind Nr. 1.

Dieser Zwischenfall mag erklären, daß *Der kleine Reactionär*, der selbst ein Opfer der Nachzensur geworden war, als einziges preußisches Blatt nicht allein Bismarcks »Preßordonnanz« zustimmte, sondern zu alledem auch noch seine Zeitungskollegen verspottete, deren Existenz durch das System der zweimaligen Verwarnung ernsthaft gefährdet war *(Abbildung 96)*. Die liberalen *Deutschen Jahrbücher für Politik und Literatur* kommentierten dieses Verhalten mit folgenden bitteren Worten: »Das heutige Witzblatt dieser [= der konservativen] Partei, zu schmutzig, um hier genannt zu werden, verübt seine höhnischen Späße mit Vorliebe an den in Preßprozessen verurtheilten Schriftstellern. Wir wissen von allen, selbst reaktionären Witzblättern des Auslandes kein einziges, das jemals so tief gesunken wäre und die gemeinsame Grundlage der Preßfreiheit so offen verleugnet hätte.«[73]

96 *Der kleine Reactionär*, Nr. 28 v. 11. 7. 1863
Zur Situation
Holzschnitt
Der konservative *Kleine Reactionär* fühlt sich mit seinen unter Bismarcks Presseordonnanz leidenden liberalen Kollegen nicht solidarisch. Er verspottet ihre seither an den Tag gelegte politische Zurückhaltung, indem er an den »passiven Widerstand« der Berliner in der Zeit der Konterrevolution erinnert. Der »demokratische Zeitungsleser« ist an seiner Kleidung, vor allem an seinem Bart und seinem Hut, an dem eine riesige Kokarde angebracht ist, zu erkennen.

Der *Kladderadatsch* rächte sich, indem er einige Jahre später, in einer humoristischen Rückschau auf seinen eigenen Werdegang, folgende bis heute in der Pressegeschichte herumflatternde »Ente« in die Welt setzte: »1862. Jubeljahr der Concurrenz der Reaction . . . *Der kleine Reactionär* . . . nach neun Monaten ist das Vis-à-Vis der wahren Satyrik und des echten Humors nebst den gesammelten 40 000 Thalern verschwunden und nur der *Kladderadatsch* geblieben.«[74]

In Wirklichkeit bestand *Der kleine Reactionär*, der zeitweise in etwa 3 000 Exemplaren aufgelegt wurde,[75] in Form von zwei neuen Serien bis 1867 fort.

Leider konnten weder die Textautoren identifiziert noch die Sigel der Zeichner, deren Illustrationen an konservative Provinzblätter zum Selbstkostenpreis abgegeben wurden,[76] aufgelöst werden. Aus dem »Briefkasten« geht hervor, daß das Blatt regelmäßig gut honorierte Leserbeiträge brachte und sogar Wettbewerbe für die beste humoristische Erzählung veranstaltete.[77] Seine Kampfhaltung gegen den Gründer der Selbsthilfeorganisationen, Hermann Schulze-Delitzsch, sowie die wiederholte positive Erwähnung des sozialistischen Arbeiterführers Ferdinand Lassalle könnten darauf hindeuten, daß Hermann Wagener, der seit 1852 das »soziale Königtum« anstrebte, seine Feder mit im Spiel hatte.[78]

An seinem ersten Jahrestag änderte *Der kleine Reactionär* seine Titelvignette und vertauschte das altmodische C gegen ein K. Außerdem wechselte er den Verlag. Laut Impressum war der bisherige Drucker Hermann Müller vom 3. Oktober 1863 (Nr. 40) an zugleich stellvertretender verantwortlicher Redakteur, Verleger und Herausgeber. Da das gesamte Redaktions- und Mitarbeiterpersonal unverändert übernommen wurde, blieb auch die Tendenz des Blattes die alte. Der Jährling schien Geldsorgen zu haben, denn nach einer bereits Ende Januar vorgenommenen Preiserhöhung für die Einzelnummer, die nunmehr 3 anstatt 2 ½ Silbergroschen kostete, rief er die »Conservativen des ganzen Landes« zur Abonnierung auf.

Seit dem 2. April 1864 erschien das Blatt (Nr. 14) im Selbstverlag des Hugenotten-Abkömmlings Jean *Conrad* Rodolphe Blan[c]bois, dem rechtmäßigen Erben der C. Feister'schen Buchdruckerei. Der dreißigjährige Redakteur, vermutlich ein Mitglied des Preußischen Volks-Vereins, zeichnete auch verantwortlich und versorgte das Blatt mit Holzschnitten, die in seinem xylographischen Institut angefertigt wurden.[79] Über dem Zeitungstitel standen nunmehr die Worte »In Satira Tragoedia«.

Der plötzliche Redaktionswechsel und die daraufhin schlagartig zurückgehenden Haßtiraden gegen die Juden wurden von einem anonymen Konfidenten mit dem der konservativen Partei angehörenden »Eisenbahnkönig« Bethel Henry Strousberg in Zusammenhang gebracht. Nachdem *Der kleine Reaktionär* (Nr. 13) am 26. März 1864 begonnen hatte, aus Strousbergs Vergangenheit zu plaudern, soll dieser »das Thierchen um schweres Geld« gekauft haben.[80]

Die neue Redaktion wandte sich mit nachstehenden Worten an ihre Leser: »Andere

Blätter haben es übernommen, die Fehler und Schwächen unserer Partei bald begründet, bald unbegründet, bald mit Verständniß, bald ohne dasselbe, im Lichte des Spottes auszustellen. Doch unsere Gegner sind die zahlreicheren, und bunter ist ihre Gliederung; daher dürfte es uns an Fülle des Stoffes zur Vergeltung der feindseligen Spottesthaten wohl schwerlich fehlen. Den Vortheil der reicheren Auswahl und des größeren Feldes haben wir voraus.«

Um den Kampf gegen das »ungeordnete Durcheinander« der liberalen Mehrheit erfolgreich aufnehmen zu können, wurde der Preis binnen weniger Monate zweimal heraufgesetzt.[81] Um den neuen außenpolitischen Gegebenheiten Rechnung zu tragen, nannte sich *Der kleine Reaktionär* vom 24. Dezember 1864 an *Sturmblatt Düppel.* Als Beweis für die Kontinuität wurden die Nummern seit dem 4. Oktober 1862 durchgezählt, das heißt, die erste Ausgabe des Jahres 1865 (7. Januar) trug die Nummer 119.

Das *Sturmblatt Düppel* verherrlichte den Sieg der preußischen Armee über Dänemark (April 1864) mit folgenden überschwenglichen Worten: »Europa's Achtung ist zur Bewunderung gestiegen: ein festes, echt Preussisches Wort ist im politischen Wirrwarr der heutigen Zeiten laut und überall vernehmlich gesprochen worden; der Donner der Kanonen von Missunde und Düppel hat in Europa ein Echo gefunden, das die böswilligen oder schwächlichen Zweifler an Preussens Machtstellung bis zur Verstummung übertönt hat.«

Seine vornehmste Aufgabe erblickte das Blatt vor allem darin, ein »inneres Düppel« herbeizuführen, das heißt die liberale Opposition für die konservative Regierung einzunehmen.[82]

Am 11. Februar 1865 (Nr. 124) erfolgte eine neue Titeländerung. Die Zeitschrift nannte sich fortan *Sturmblatt. Humoristisch-belletristisch-politisches Wochenblatt (Abbildung 97).* In der Titelvignette hält ein mit ausgebreiteten Flügeln dargestellter preußischer Adler eine Gift speiende Schlange (Symbol für die Deutsche Fortschrittspartei) mit seinen Krallen umklammert. Auf Wunsch ihrer Leser schränkte die Redaktion den Bildteil zugunsten des Textteils ein.[83] Der Karikaturist Probus mußte sich künftig mit einer Seite – der letzten – begnügen.

Auch das mit dem ersten Redaktionsstab des *Kleinen Reactionärs* in keiner Verbindung stehende *Sturmblatt* hatte Schwierigkeiten mit dem Vertrieb. In vielen öffent-

97 *Sturmblatt,* Nr. 124 v. 11. 2. 1865
Titelvignette von Probus
Devise: *In Impuros:* Gegen die Unreinen.

lichen Lokalen, »die anerkannt zum großen Theil auch von Conservativen besucht« wurden, schritten liberale Wirte und Kolporteure zum Boykott.[84]

Schließlich gingen Druck, Redaktion und Verlag mit dem 1. April 1865 an den konservativen Buchhändler Gottfried Hickethier über, der die Zeitschrift (Nr. 131) nun wieder ohne Untertitel nur *Sturmblatt* nannte.

Schon die abgeänderte Vignette – der Preußenaar schickte sich an, die unter ihm sich windende Schlange zu erwürgen – deutete auf einen rauheren Ton des Inhalts hin *(Abbildung 98)*. Unter Hickethier orientierte sich die Zeitschrift – wie auch manches andere Berliner und Nicht-Berliner Organ – deutlich an dem Spitzenreiter der Branche: dem *Kladderadatsch*. Bolle und Knolle beziehungsweise Piefke und Jänsch waren die konservativen Ausgaben von Schultze und Müller.

Der »Gymnasial-Quartaner« Adolph Schnebbe erinnert an Carlchen Mießnick, der jüdelnde Bönno Üppölbörgör an Zwickauer, die »Rückblicke« an die gleichnamige *Kladderadatsch*-Rubrik. Speziell für die »Mauschelei« engagiert wurden die »Jüden« Rosenstiel und Feilchenfeld.

Nicht ohne Stolz verkündete der *Kladderadatsch* am 15. April 1866 (Nr. 17): »Alle humoristischen Blätter Deutschlands – mit Ausnahme der Fliegenden – haben sich unserer Formen bemächtigt; manche derselben leben von dem Inhalt unserer älteren Jahrgänge.«

Originell war die Serie »Zu ebener Erde und im ersten Stock, oder: Auf Tribüne B. des Abgeordnetenhauses«. Auf der Besucher-Tribüne wurden Volkstypen – die Barbierfrau Mad. Neumann, der Budiker Nünneke, der Schuster Knötschke, der Bummler Pietsch und der »Handelsmann mit alten Sachen« Cohn – von dem als einzigem hochdeutsch sprechenden Patrioten »Preuße« in die Geheimnisse des parlamentarischen Lebens eingeweiht.[85]

Unter dem Aspekt der Meinungsvielfalt bot ferner der »Briefkasten« wertvolle Hinweise. Hier äußerten sich die Abonnenten zu dem Thema, wie ein Witzblatt sein oder nicht sein sollte. Der eine verlangte »launige Geschichten« und »harmlose Witze«, um sich von seiner täglichen *Kreuz-Zeitungs*-Lektüre zu erholen, der andere »politische, pointirte Sachen«, da er sonst ja die gutmütigen Münchener *Fliegenden Blätter* halten könne. Ein dritter Leser beanstandete die unter Hickethiers Redaktionsführung wiederaufgelebten »Judenangriffe« *(Abbildung 99)*, während ein vierter der An-

98 *Sturmblatt*, Nr. 131 v. 1. 4. 1865
Titelvignette von Probus

sicht war, »denen gegenüber« könne man »gar nicht derb genug auftreten«. Er fügte hinzu: »Sie merken's sonst nicht.«[86]

Im »Briefkasten« beklagte sich aber auch die Redaktion einem Korrespondenten gegenüber, »daß Sie – gleich so vielen Anderen unserer Freunde – die gegnerischen Blätter halten und auf's Eifrigste lesen, während Sie das unsrige sich etwa nur im Café

99 *Sturmblatt*, Nr. 141 v. 10. 6. 1865
Alte Aera – Neue Aera
Holzschnitt
Links sieht man die »Strudelwitze« und »Prudelwitze« auf und vor der Terrasse des berühmten Cafés Kranzler (Unter den Linden/Ecke Friedrichstraße). Das Bild ist eine leicht karikierte Kopie der 1842 entstandenen Zeichnung des Barons von Knaller (Pseudonym für H. v. Helmhof; vgl. *Abbildung 41*).
Rechts erscheint – als ein grobes Zerrbild – die »Neue Aera« als Zeit der Judenherrschaft in Berlin. Quelle dieser Darstellung dürfte ein 1864 in der illustrierten Familienzeitschrift *Der Hausfreund* erschienener Aufsatz gewesen sein, in dem der mit den *Kladderadatsch*-Autoren befreundete Hans Wachenhusen die Judenhasser ironisiert: »Es ist Sommerabend, die Rampe [bei Kranzler] gedrängt voll . . . Was wir um uns her . . . sprechen hören . . . ist abgebrochen und unverständlich; es ist die jüdische Börsensprache, eine Art . . . Rotwelsch. Wir können uns nicht verheimlichen, daß wir hier vorzugsweise von den Bekennern der herrschenden Landesreligion umgeben sind. Es gibt Abende unter den Linden, lieber Leser, an welchen du stundenlang hier auf der Rampe sitzen kannst, ohne daß dir ein christliches Gesicht auffiele . . .«

vorlegen lassen . . .« (Nr. 136 vom 5. Mai 1865). Im Oktober standen daher neue Veränderungen ins Haus. Der Preis wurde von 1 Taler 10 Silbergroschen (= 40 Silbergroschen) auf 26 Silbergroschen herabgesetzt. Gleichzeitig beschwor das Blatt seine Kundschaft in einem als »Rechnung« dargestellten Gedicht:

»Nun auf, reactionäre Knaben,
Und abonnirt, wie man's begehrt!
Und wenn wir Euren Beifall haben,
Das ist für uns Millionen werth!«[87]

Verantwortlicher Redakteur war ab Nr. 158 (7. Oktober) der Sproß einer berühmten Schriftstellerfamilie, Wolfgang Bernhardi (1840 bis 1896). Seine Großmutter war keine Geringere als die Dichterin Sophie Bernhardi (1775 bis 1833), die Schwester Ludwig Tiecks.[88]

Am 6. Januar 1866 wurde das *Sturmblatt* in *Berliner Punsch* umgetauft. Der Titel bot sich geradezu an, da Bernhardi bereits im Jahr 1863 ein »humoristisches Original-Blättchen« namens *Berliner Theater-Punsch* herausgegeben hatte.[89]

Punsch war ursprünglich eine Karnevals- und Kasperlefigur im italienischen Puppenspiel. Vorbild für den *Berliner*[90] – wie übrigens für den *Münchener* (1848 bis 1871, 1875), den *Schwäbischen* (1854) und den *Wiener Punsch* (1867 bis 1917) – war natürlich der qualitativ wesentlich höher stehende Londoner Namensvetter *Punch*.

Die von Probus gezeichnete Titelvignette zeigt links die vertraute Gestalt des Punsch im Karnevals-Kostüm. In der rechten Hand hält er eine Schreibfeder, in der linken ein Porträt des »deutschen Michels«, dem eine Ballctteuse auf der Nase herumtanzt. Rechts werden die liberalen Gegner – die Volksvertreter und ein »jüdischer Geldsack« – bildlich dargestellt. Das ganze steht unter dem Motto »Deutscher Frage Lösung!« *(Abbildung 100)*.

Der nur noch vier Seiten betragende illustrierte *Berliner Punsch* (Satzspiegel 20 × 28 cm) bezeichnete sich selbst als »humoristisch-satyrisches Organ der conservativen Partei«.[91] Als solches verherrlichte der *Punsch* – wie seine Vorgänger – Preußens Gloria und verhöhnte in übrigens nicht schlechten Dichterparodien sowie in Dialogen[92] seinen Erzfeind, den politischen und wirtschaftlichen Liberalismus. Trotz einer zunehmenden Anzahl von »Jüden« – Saul, Cohnchen, Rebeckche, Marcuscohn, Meyerlevy und anderen – war die antijüdische Tendenz relativ gemäßigt. Die neu eingeführte Rubrik »Humoristische Theatralia« setzte in gewisser Weise Bernhardis *Berliner Theater-Punsch* fort.

Der *Berliner Punsch*, über dessen Auflage keine Angaben gefunden werden konnten, lebte nur fünfzehn Monate. Am 3. März 1867 mußte der damals siebenundzwanzigjährige Bernhardi aus »Gesundheitsrücksichten« die Redaktion niederlegen.[93] Bis zum Quartalsende zeichnete Emil Thiele vertretungsweise verantwortlich. Am 30. März (Nr. 13) stellte die Verlagshandlung von Gottfried Hickethier das Erschei-

Nr. 1. Berlin, den 6. Januar 1866.

Der „Berliner Punsch" wird jeden Freitag Nachmittag ausgegeben. Alle Postanstalten, Buchhandlungen, Zeitungsspediteure und Zeitungsboten nehmen Bestellungen darauf an.

Abonnements-Preis vierteljährlich (incl. Bringerlohn) 26 Sgr. Einzelne Nummern 2¼ Sgr. Unregelmäßigen Empfang bittet man umgehend anzuzeigen.

Sylvester-Bleiguss.

Blei goß ich in der Sylvesternacht
Mit heiteren Gesellen,
Um mir daraus der Zukunft Nacht
Ein wenig zu erhellen.

Und über's Feuer ward das Blei
Mit vielem Fleiß gehalten,
Daraus entstanden allerlei
Absonderliche Gestalten.

Und aus des Wassers lauem Naß
Gezogen, erschollen Fragen:
Für wen paßt dies, für wen paßt das —
Wer kann uns Antwort sagen?

'Ne Ente kam zuerst heraus
Mit einem großen Klunker;
Die schicken wir, so rief ich aus,
Schnell für sein Blatt Herrn Duncker.

Ein Thaler war das zweite Stück;
Den wollen wir schnell versenden
Und als des Neujahrs Silberblick
An Oesterreichs Staatsschatz spenden.

Wir würden für Holstein nebenbei
Auch nicht die Kosten sparen,
Denn unser Geld ist just kein Blei,
Das hat man schon erfahren.

Ein Hörrohr und ein spanisches Rohr; —
Kleinstaatlichen Muth zu kühlen,
Predigen sie die Warnung vor:
Wer nicht will hören, muß fühlen!

Dann aber macht ein lebendes Bild
Ein Ende dem Schlamassel:
„Professor Virchow hört lustverfüllt
'Nen Vortrag von Paulus Cassel."

100 *Berliner Punsch*, Nr. 1 v. 6. 1. 1866
Titelseite
In der Vignette wird die 1989/90 wieder hochaktuelle Devise ausgegeben: Deutscher Frage Lösung!

nen des Blattes »bis auf weiteres« ein. Doch erst dreizehn Jahre später entstand in Berlin ein neues konservatives Witzblatt, das in seinem grenzenlosen Judenhaß den *Kleinen Reaktionär* und seine Nachfolger bei weitem übertraf: *Die Wahrheit*.[94]

Berliner Witzblatt-Allerlei

In den sechziger Jahren kamen eine Reihe heute kaum noch auffindbarer Witzblätter heraus, über die nur wenige oder keine Angaben vorliegen.
So erschien vom 1. Oktober 1866 bis 1870 im Verlag Winkelmann & Söhne *Die Lachtaube*. Das »humoristische Wochenblatt« war die Fortsetzung der von Margaretha Lohmeier in Trier herausgegebenen illustrierten Kinder-Zeitung gleichen Namens. Diese war im Sommer »wegen der gegenwärtigen kriegerischen Verhältnisse« (preußisch-österreichischer Krieg) sistiert worden.[95]
Am 26. September 1868 brachte H. Albrecht's Buchhandlung und Zeitungs-Agentur die in 40 000 Exemplaren aufgelegte erste Nummer des »Humoristischen Volksblatts« *Miau* heraus. Interessant ist die symbolträchtige Titelvignette. Auf der abgerundeten Erdkugel steht ein mit drei Bismarck-Haaren geschmückter musizierender Kater mit einem Fuß auf Athen, mit dem anderen auf Berlin (= Spree-Athen). Er trägt einen Gurt mit Griffel und Zeichenstift. An seiner Posaune ist eine Fahne mit dem

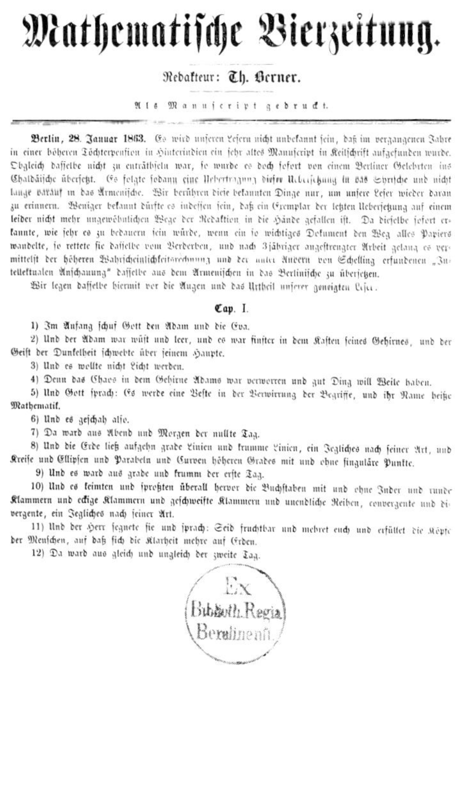

Mathematische Bierzeitung.

Redakteur: Th. Berner.

Als Manuscript gedruckt.

Berlin, 28. Januar 1863. Es wird unseren Lesern nicht unbekannt sein, daß im vergangenen Jahre in einer höheren Töchterpension in Hinterindien ein sehr altes Manuscript in Keilschrift aufgefunden wurde. Obgleich dasselbe nicht zu enträthseln war, so wurde es doch sofort von einem Berliner Gelehrten ins Chaldäische übersetzt. Es folgte sodann eine Uebertragung dieser Uebersetzung in das Syrische und nicht lange darauf in das Armenische. Wir berühren diese bekannten Dinge nur, um unsere Leser wieder daran zu erinnern. Weniger bekannt dürfte es indessen sein, daß ein Exemplar der letzten Uebersetzung auf einem leider nicht mehr ungewöhnlichen Wege der Redaktion in die Hände gefallen ist. Da dieselbe sofort erkannte, wie sehr es zu bedauern sein würde, wenn ein so wichtiges Dokument den Weg alles Papiers wandelte, so rettete sie dasselbe vom Verderben, und nach 3jähriger angestrengter Arbeit gelang es vermittelst der höheren Wahrscheinlichkeitsrechnung und der unter Andern von Schelling erfundenen „Intellektualen Anschauung" dasselbe aus dem Armenischen in das Berlinische zu übersetzen.
Wir legen dasselbe hiermit vor die Augen und das Urtheil unserer geneigten Leser.

Cap. I.

1) Im Anfang schuf Gott den Adam und die Eva.
2) Und der Adam war wüst und leer, und es war finster in dem Kasten seines Gehirnes, und der Geist der Dunkelheit schwebte über seinem Haupte.
3) Und es wollte nicht Licht werden.
4) Denn das Chaos in dem Gehirne Adams war verworren und gut Ding will Weile haben.
5) Und Gott sprach: Es werde eine Veste in der Verwirrung der Begriffe, und ihr Name heiße Mathematik.
6) Und es geschah also.
7) Da ward aus Abend und Morgen der nullte Tag.
8) Und die Erde ließ aufgehn grade Linien und krumme Linien, ein Jegliches nach seiner Art, und Kreise und Ellipsen und Parabeln und Curven höheren Grades mit und ohne singuläre Punkte.
9) Und es ward aus grade und krumm der erste Tag.
10) Und es keimten und sproßten überall hervor die Buchstaben mit und ohne Inder und runde Klammern und eckige Klammern und geschweifte Klammern und unendliche Reihen, convergente und divergente, ein Jegliches nach seiner Art.
11) Und der Herr segnete sie und sprach: Seid fruchtbar und mehret euch und erfüllet die Köpfe der Menschen, auf daß sich die Klarheit mehre auf Erden.
12) Da ward aus gleich und ungleich der zweite Tag.

101 *Mathematische Bierzeitung* v. 28. 1. 1863 Titelseite.

preußischen Adler befestigt.[96] 1868 war ferner das Geburtsjahr der *Berliner Laterne.* 1870 schließlich entstanden die ebenfalls verschollene Zeitschrift *Berliner Blech (= Unsinn)* sowie die *Berliner humoristischen Blätter.*[97]

Wie sehr die Berliner auf humoristisch-unterhaltende Lektüre erpicht waren, zeigt das Aufkommen von berufsspezifischen Witzblättern.

Anläßlich des Ersten Allgemeinen Mathematiker-Festes verlegte Theodor Berner (gestorben im Mai 1866) im Januar und Juni 1863 zwei acht Quartseiten umfassende Nummern einer *Mathematischen Bierzeitung (Abbildung 101)*. Eine dritte Nummer erschien am 18. Februar 1864. Sie nannte sich *Bier-Zeitung. Zur Galileifeier* und enthielt – neben anderen humoristisch-satirischen Beiträgen – folgenden, heute noch oder wieder aktuellen Hinweis: ». . . denn es ist leichter, daß ein Kamel Superintendent wird, als daß du als Privatdozent Beförderung findest.«[98]

Die aus dem Boden sprießenden Vereine im Anschluß an die Verbreitung der Kurzschrift brachten den stenographierenden Journalisten Petri auf den Gedanken, eine humoristische Monatsschrift »für Jedermann, der's lesen kann« ins Leben zu rufen. Sie erschien von 1863 bis 1866 im Verlag A[dolf] Enslin und nannte sich *Stenographische Trinkstube.*[99] Von 1867 bis 1868 wurde das Blatt unter dem Titel *Stenographische Lustfahrt* von Theodor Wendisch herausgegeben *(Abbildung 102)*.[100]

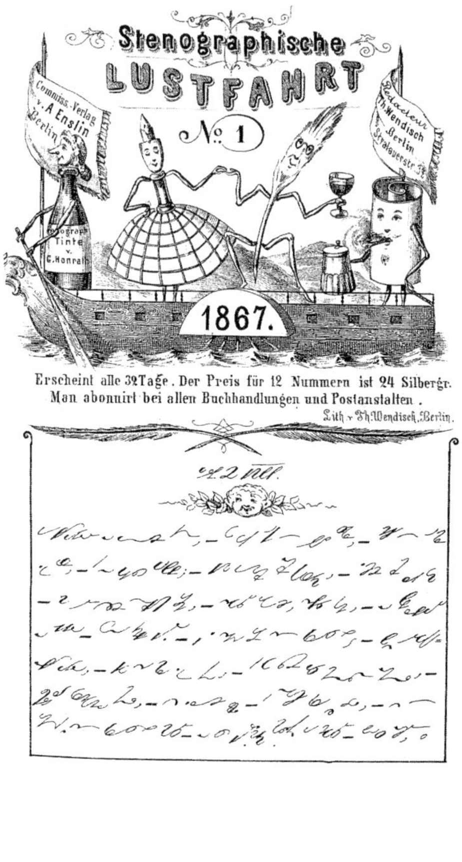

102 *Stenographische Lustfahrt*, Nr. 1, Berlin, 1867
Titelseite.

Eine neue Gattung: Das Witzblatt als Gratisbeilage

Die bahnbrechende Idee, Berliner Witz als Gratisbeilage einer politischen Zeitung zu vermarkten, geht auf den Buchdrucker und Verleger der seit 1862 dreimal wöchentlich herausgegebenen *Tribüne. Organ für öffentliches Leben, Gerichtshalle, Berliner Stadtgeschichten, Novellen-Zeitung*, Rudolf Gensch, zurück.[101]

Er zog zwei alte Achtundvierziger zur Mitarbeit heran, Arthur Mueller *(Die ewige Lampe)* und Albert Hopf. Letzterer redigierte »so ziemlich allein«[102] die der Sonnabend-Nummer beigegebene »Humoristisch-satyrische Beilage« sowie den nach dem Beispiel des *Kladderadatsch*-Almanachs ins Leben gerufenen *Humoristischen Almanach der Tribüne.*

Albert Hopf hatte es inzwischen – wie David Kalisch – als viel gespielter Autor von Possen zu Ansehen und Vermögen gebracht.[103] Tatsächlich hatte sich das dem französischen Chanson nachgebildete »Possencouplet« in den Jahren der preußischen Reaktion und des Verfassungskonflikts »zu einer sehr wirksamen politischen Waffe« entwickelt. Es ergänzte »mit einer für den Staatsanwalt unfaßbaren Schlagsicherheit«, was die politische Presse verschweigen mußte. Der Hauptdarsteller dieser Possen, die »gar nicht selten ein satirisches Nachspiel zum ernsten parlamentarischen Vorgang« bildeten,[104] war der Berliner Komiker Carl Helmerding (1822 bis 1899).

Als Albert Hopf sich im Frühjahr 1864 entschloß, nach dem *Teufel in Berlin* (1848) und dem *Neuen Berliner gemüthlichen Krakehler* (1854/55) zum drittenmal ein Witzblatt zu gründen, nannte er es nach diesem »Menzel der Schauspielkunst«[105] *Helmerding. Helmerding* (vier Seiten, Satzspiegel 19,3 × 28,7 cm) war ursprünglich, das heißt vom 2. April bis zum 12. September 1864, ein unpolitisches »Humoristisch-satyrisches Theaterblatt«. Er erschien im Kommissionsverlag von Uthemann & Müller und wurde bei Ferdinand Reichardt & Co. gedruckt.[106]

Der von Carl Rechlin illustrierte *Helmerding* kostete vierteljährlich 15, in Berlin monatlich 5 Silbergroschen. Auf die Dauer gelang es Hopf freilich nicht, sich mit »pikanten Theaterscherzen« zu begnügen. Bereits im Juli faßte er den Entschluß, wie die »lustige Person« in Goethes *Faust*, »hineinzugreifen ins's volle Menschenleben«[107] und »Politisches, Theatralisches, Sociales und Lokales« in buntestem Durcheinander zu bringen.[108] Nachdem er am 15. September die für ein politisches Blatt zu erstellende Kaution bezahlt hatte, erschien am 17. September die sofort beschlagnahmte, aber bald wieder freigegebene Probenummer der neuen Serie. Die Politisierung des Blattes, das nunmehr zum Preis von 16 Silbergroschen pro Quartal im Verlag von Th. Lemke erschien, kam in der Titelvignette zum Ausdruck. Der personifizierte Helmerding hielt nicht mehr träumerisch ein Album in der Hand, sondern blickte als kritischer Liberaler prüfend auf die Weltkugel *(Abbildung 103* und *104).*

In seiner äußeren Aufmachung glich auch dieses Blatt, das am 1. Oktober 1865 als nicht separat verkäufliche Samstagsbeilage der *Tribüne* einverleibt wurde,[109] dem erfolgreichen *Kladderadatsch*. Dem »Wochen-Kalender« entsprachen die »Privat-Telegramme« oder »Auswärtigen Correspondenzen«; an Stelle von Schultze und Müller berlinerten Groelmeier und Nitschke; aus dem Quartaner Karlchen Mießnick wurde der »Quintaner« Ferdinand Schmincktopf, auf Seite vier ließ der Karikaturist seiner Eingebung freien Lauf.

Am 1. April 1867 taufte Rudolf Gensch die »Humoristisch-satyrische Beilage« seiner *Tribüne*, die zu diesem Zeitpunkt in Preußen 6 250 Abonnenten zählte,[110] nach dem »kleinsten von den 500 000 Teufeln« *Pipifax*. Der »Illustrirte Humoristische Rundschauer« (Untertitel) verkündete in der »Abonnements-Einladung«:

»Ich allein, ja ich alleine, bin ein Teufel, comme il faut! [wie er sein muß!]« *(Abbildung 105)*.

Nr. 1. Berlin, den 2. April 1864. I. Jahrgang.

Helmerding.

In das Stammbuch

des Fräulein Pauline Lucca.
Rosen und Nelken,
Alle Blumen welken,
Deine Lorbeerkron' allein
Möge unverwelklich sein!
(Wann i halt nit mag, fing' i aber justament doch nit.) Capriciosa.

des Fräulein del Rhin:
Du hatt'st Diamanten und Perlen,
Hatt'st Alles, was Damen Begehr,
Du hatt'st einen bildschönen Grafen,
Und von Allem, ach! hast Du nichts mehr.
(Wie, steck ich in dem Kerker noch? Verfluchtes dumpfes Mauerloch!)
Graf Dohna-Schlemiel.

In das Stammbuch

des Fräulein Anna Schramm:
Nimm dies statt eines Anagramm:
Du bist vom echten Künstlerstamm;
Niemand ist wohl der lieben Schramm,
Der „furchtbar netten" Anna gram.
(Is jut!)
Eine leichte Person.

des Herrn Carl Helmerding:
Schau, Carlchen, wir sind jedenfalls
Zwei gleichgestimmte Seelen:
Ich heiße Hopf und Du hast Malz,
Da kann's uns gar nicht fehlen.
(Die Abonnentenliste wird mit der Zahl 50,000 geschlossen.)
Die hoffnungsvolle Redaction.

Humoristisch-satyrisches Theaterblatt.

Dieses Blatt erscheint an jedem Sonnabend früh. Alle Buchhandlungen, sämmtliche Zeitungs-Spediteure und Zeitungsboten nehmen Bestellungen an. Auswärtige wollen bei der Post bestellen.

Abonnements-Preis vierteljährlich 15 Sgr., für Berlin auch monatlich 5 Sgr. Beiträge und sonstige das Blatt betreffende Zuschriften bitten wir an die Redaction, Alte Jacobstraße 1b. zu adressiren.

103 *Helmerding*, Nr. 1 v. 2. 4. 1864
Die Titelvignette zeigt, kaum karikiert, den Berliner Komiker Carl Helmerding.

Pipifax wurde von dem Maler-Dichter Gustav Heil (1826 bis 1897) illustriert und konnte zum Preis von 18 Silbergroschen pro Quartal auch separat bezogen werden. Wilhelm Theodor Hermann Bernhardt (geboren am 31. Januar 1826) zeichnete verantwortlich. Zu den mitwirkenden »renommirtesten Humoristen« (Abonnements-Einladung) gehörte vermutlich auch Albert Hopf. »Pipifax, der kleine Teufel« wollte der erste sein, »der die Mainlinie durchbrechen und den Süden mit dem Norden verbinden wird«. Seine »sprudelnden Witze« und seine »beißende Satire« brachten dem verantwortlichen Redakteur jedoch zunächst einmal eine Geldstrafe von 20 Talern ein.[111]

Laut Kaufvertrag vom 9. Dezember 1867 gingen das Eigentum und Verlagsrecht der *Tribüne* mitsamt ihrem Beiblatt *Pipifax* an den mit Albert Hofmann befreundeten Verleger Bernhard Brigl (1831 bis 1892) über.[112] Ihrer Initiative war es zu verdanken, daß der damals sechsunddreißigjährige Schriftsteller Julius Stettenheim, der in sei-

Probe-Nummer. Berlin, den 17. September 1864. I. Jahrgang.

Helmerding.

Auswärtige Correspondenzen.

Wien.

Ein hoher Regierungs-Beamter aus Berlin soll hier im Theater, während des Cancans der Gallmeier, tiefe Einblicke in die österreichische Politik gethan haben.

Baden-Baden.

Seit der letzten Boxerei werden hier die besten Geschäfte in — Schnupftüchern gemacht, da Niemand mehr ohne ein solches Möbel die Spielsäle betritt, aus denen man seine Knochen im Schnupftuch nach Hause tragen muß.

Insel Nordstrand.

Unter den hier zahlreich herum schwimmenden dänisch bellenden Seehunden ist eine Revolution ausgebrochen, weil man die Felle einiger ihrer erschlagenen Brüder über holsteinische Koffer gespannt hat. Die Civilkommissare sind mit der Untersuchung der Sache eifrig beschäftigt.

Königsberg.

Die Stadt der „reinen Vernunft“ hat dem großen Philosophen Kant eine Statue errichtet. — Von bekannter hoher Hand würden Königsberg gern dazu Kant-Schuhe geliefert werden.

Humoristisch-satyrisches Wochenblatt.

Dieses Blatt erscheint an jedem Sonnabend. — Alle Post-Anstalten, Buchhandlungen, Zeitungs-Spediteure und Zeitungsboten nehmen Bestellungen darauf an.

Abonnements-Preis vierteljährlich (incl. Zeitungsstempel und Bringerlohn) 16 Sgr. In Berlin werden auch Monats-Abonnements zu 6 Sgr. angenommen.

104 *Helmerding*, Probe-Nummer v. 17. 9. 1864
Titelvignette
Aus dem ursprünglich unpolitischen wurde ein politisches Witzblatt.

Abonnements-Einladung.

18 Sgr. pro Quartal.

Illustrirter humoristischer Rundschauer.

Mitten in einer Zeit, welche durch die Dämonen des Unfriedens, der Verwirrung und der Ultimo-Regulirung beunruhigt wird, taucht **„Pipifax"** auf, der kleinste von den 500,000 Teufeln; — **Pipifax**, der seinen Kumpanen zuruft:

„Ich allein, ja ich alleine, bin ein Teufel comme il faut!"

Pipifax, der kleine Teufel, wird einen lustigen Kampf beginnen gegen die großen Teufeleien der Welt und des Lebens; — er wird durch das Perspectiv des Humors und die Lupe der Satyre selbst die verborgensten Falten menschlicher Schwächen und Thorheiten auffinden und aufdecken; — er wird bei IHM und bei IHR sein; — auf der Weltausstellung und im Vatican, im Reichstag und in der Börsen-Ressource, im Westend und im Ostend; — er wird weder den kleinen Lord Derby noch den großen Baron Beust fürchten; — er wird der erste sein, der die Mainlinie durchbrechen und den Süden mit dem Norden verbinden wird, und dies Alles wird er durch

sprudelnde Witze und beißende Satyre

erreichen; — statt durch **Blut** und **Eisen** durch **Wort** und **Bild.**

Und wo sich den satyrischen Zähnen des lustigen Teufels eine Nuß darbietet, da wird er kommen — sehen — und zugreifen, und alle Welt wird lachend ausrufen:

„Hat ihm schon!"

Da aber sämmtliche 500,000 Teufel, wie bekannt, „ohne einen Kreuzer Geld" auf die Welt kamen, so kann auch **Pipifax** diesen Mangel nicht in Abrede stellen. Es ist daher eine streng gebotene Pflicht, den **Pipifax** zu unterstützen und, da er sich nur von Champagner nährt, gewiß kein zu großes Opfer, wenn man für ihn

18 Silbergroschen vierteljährlich

(pro Kopf und Abonnement) bei dem nächsten Postamt oder Buchhändler gegen Quittung niederlegt, um den Fröhlichkeits-Spender **Pipifax** standesgemäß er- und unterhalten zu können.

Die Redaction des „Pipifax" in Berlin.

Der **„Pipifax"** erscheint vom 1. April ab jeden Sonnabend früh, 4 Seiten des vorliegenden Formats, reich illustrirt mit Witzbildern von dem genialen Maler G. Heil und unter Mitwirkung der renommirtesten Humoristen. Jede Postanstalt nimmt für **18** Sgr. Abonnements pro Quartal an, wozu man sich auch des unten angehängten Bestellzettels durch Ausfüllung mit Namen und Wohnung und Abgabe an die nächste Postanstalt bedienen möge.

Zur Beachtung. Die geehrten Abonnenten der in meinem Verlage erscheinenden **„Tribüne"** erhalten vom 1. April ab den **„Pipifax"** statt der bisher der Sonnabend-Nummer beigegebenen „Humoristisch-satyrischen Beilage" und zwar zu dem bisherigen Preis von **22½ Sgr.**; es ist demnach nur nöthig, auf die „Tribüne" zu abonniren, um diese mit dem „Pipifax" zu erhalten. Der „Pipifax" allein kostet, wie angegeben, **18 Sgr.** pro Quartal incl. Postporto.

Die Verlagshandlung (R. Gensch).

105 *Pipifax*, Abonnements-Einladung [1867]
Titelblatt des »kleinsten Teufels in Berlin.«

nen Berliner Studienjahren (1857 bis 1860) an Hofmanns Verlagsprodukten mitgearbeitet hatte, seine Vaterstadt Hamburg endgültig mit der preußischen Metropole vertauschte. Dort machte er sich – wie die aus Breslau stammenden »Gelehrten des Kladderadatsch« – die »humoristischen Möglichkeiten des Berlinischen« oft besser zunutze als mancher Spree-Athener von Geburt.[113]

Seit dem 1. Oktober 1862 hatte Stettenheim die satirische Wochenschrift *Hamburger Wespen* herausgegeben, die wegen ihrer demokratischen Haltung fast überall verboten wurde. Unter dem Ministerium Bismarck, in der Zeit des Verfassungskonflikts, erregten Stettenheims »Wespenstiche« so viel Unwillen, daß ihm in Preußen Gefängnisstrafen von insgesamt fünf Monaten auferlegt worden waren.[114]

Während Glaßbrenners *Berliner Montags-Zeitung* wiederholt Beiträge aus den *Hamburger Wespen* abdruckte, äußerte sich das konservativ-antijüdische Witzblatt *Der kleine Reaktionär* (Nr. 42 vom 17. Oktober 1863) über diese wie folgt: »Sie halten sich vorzugsweise an schmutzigen Stellen und anderen unsauberen Gemeinplätzen auf . . . Ihre Stacheln sind nicht giftig, desto widerwärtiger ihr Geruch; der reine Knoblauch.«

Aus den *Hamburger Wespen* wurden nun die *Berliner Wespen*. Nach zwanzig Jahren erhielt der *Kladderadatsch* zum erstenmal eine ernstzunehmende Konkurrenz. Die *Berliner Wespen* erschienen seit dem 5. Januar 1868 anstelle des *Pipifax* und wurden von Rudolf Gensch gedruckt. Separat kosteten sie anfangs 13, dann, ab Nr. 39 vom 26. September 1869, 15 Silbergroschen pro Quartal (*Kladderdatsch* 21 Silbergroschen); als illustrierte humoristische Sonntags- beziehungsweise Freitagsbeilage (ab 1870) der *Tribüne* war ihr Bezug gratis. Dank der satirischen Verve Stettenheims und der von Gustav Heil »mit einer geradezu erstaunlichen Raschheit angefertigten Zeichnungen«[115] stieg die Auflage des Blattes auf über 20 000 Exemplare.[116]

Die *Berliner Wespen* entschieden sich – wie fast alle bisher erwähnten Witzblätter – für ein vergrößertes Quartformat (Satzspiegel 23 × 31 cm). Das Hauptblatt umfaßte vier, die Beilage mit dem Inseratenteil zwei bis vier Seiten. Jede Nummer begann mit mehreren »Denkzettelchen aus dem Wespennest«, einem Amalgam aus weit zurückliegenden, derzeitigen oder künftigen Daten und Fakten. Diese »Denkzettelchen« befanden sich rechts und links von der Zeichnung der Woche, während die ganzseitige Karikatur beziehungsweise der »Bilderbogen« der traditionellen Seite vier vorbehalten blieb. Eine Spezialität der *Wespen* war das meist auf der ersten Seite beginnende »Parlaments-Feuilleton«, worin die Reden der Minister und Volksvertreter in oft sehr witziger Weise travestiert worden sind *(Abbildung 106)*.

In einer Stadt, in der 1868 mehrere Parlamente (Norddeutscher Reichstag, Zoll-Parlament, preußisches Abgeordneten- und Herrenhaus) gleichzeitig tagten, bot sich für diese Art der politischen Satire natürlich Stoff in Hülle und Fülle. Manche Abgeordneten wiesen Stettenheim regelrecht auf gewisse Stellen in ihren Reden hin, um zu-

Humoristisches Beiblatt zur Tribüne Nr. 130.

Nr. 45. Berlin, Sonntag, 8. November 1868. I. Jahrgang.

Man abonnirt für 13 Sgr. vierteljährlich bei allen Postanstalten, Buchhandlungen und Zeitungsspediteuren.

Einzelnummern: à 1½ Sgr.

Man abonnirt für 13 Sgr. vierteljährlich bei allen Postanstalten, Buchhandlungen und Zeitungsspediteuren.

Einzelnummern: à 1½ Sgr.

Berliner Wespen.

Illustrirtes humoristisches Sonntagsblatt.

Verantwortlicher Redacteur: Julius Stettenheim. — Illustrirt von G. Heil.

Denkzettelchen

Andere Flüggereien.

Ein frommer Wucherer stand auf und betete. Da kam ein armer Mann, dem das Messer an der Kehle stand. Erst lassen Sie mich fertig beten, Sie Störenfreund! rief der fromme Wucherer, und alsdann fragte er verdrießlich: Was wollen Sie denn schon wieder? Ach, klagte der gebeugte Besucher, ich brauche Geld, einen Wechsel zu bezahlen, und habe es nicht. Da lieh ihm der fromme Wucherer Geld zu 20 Prozent Zinsen und gegen gute Bürgschaft. Der Gerettete aber ging ganz betrübt von dannen, denn er sah seinen Ruin vor Augen, wenn er auch heute bezahlen konnte. Er hatte gewiß nicht gebetet, wie der fromme Wucherer!

*

Ein frommer Privatmann vertrieb sich die Zeit mit einer sonderbaren Beschäftigung. Nachdem er aufgestanden war und gebetet hatte, legte er ein Bänkchen. Links warf er eine Karte hin, die war für ihn, und rechts warf er eine hin, die war für den Spieler. Er wußte es aber so einzurichten, daß der Spieler immer verlor. Dann schlug dieser sich vor die Stirn und der fromme Privatmann die Volte. So wurde dieser wohlhabend und betete nach wie vor dreimal täglich. Der Spieler aber jagte sich eine Kugel durch den Kopf. Er hatte gewiß nicht gebetet wie der wackere Privatmann, der ihm alles Geld durch falsches Spiel abgenommen hatte.

*

Und so könnten wir noch viele kleine Geschichten erzählen von guten Menschen, denen es gut geht, weil sie regelmäßig täglich beten.

Zum Schleiermacher-Fest.

Was man jetzt in Berlin unter Schleier-Macher versteht.

aus dem Wespennest.

Parlaments-Feuilleton der Berliner Wespen:

Das Abgeordnetenhaus ist von dem schmerzhaften Zollparlament vollständig hergestellt und hat sein altes Aussehen wiedergewonnen. Nur die Presse ist mehr als früher beschränkt, indem der Journalistenloge sechs Plätze confiscirt und für das Präsidium mit Beschlag belegt worden sind.

Die Mitglieder treten mit einem weißen Saalem-Alek in das Haus und setzen sich an ihre Friedensarbeit.

Die rechte Seite ist zahlreicher vertreten als die der aimables rouges.

Am Ministertisch: Herr v. d. Heydt. Er sieht nicht so wohl und munter wie früher aus. Auf die Frage, was ihm fehle, antwortet er mit defizitternder Stimme: 6 Millionen. Der Glöckner von Notre damnum commune, v. Forckenbeck, klingelt der lebhaften Conversation um 2¼ Uhr ein Ende — auch diese Uhr geht nicht vor — und eröffnet die Sitzung.

Von den Backfischen des Hauses übernehmen die vier Jüngsten das Schriftführeramt.

Präsident (einen Brandbrief öffnend, auf welchem **„deficito! deficitissime!“** deutlich zu lesen ist). Meine Herren! Sie haben bis jetzt Portofreiheit, Briefgleichheit und Packetbrüderlichkeit in vollen Zügen genossen, aber wirklich nicht zu Ihrem Besten. Denn jedes Uebermaaß von Freiheit erzeugt Böses, allzuviel ist Cyankali, und die Regierung muß Ihnen daher den Postboten höher hängen. Es kommt noch dazu, daß auch die Postverwaltungscasse an einer gewissen Beklommenheydt leidet und gradezu Unterfluß an Geld hat. Wenn nun auch Reichthum nicht glücklich macht und Deficit nicht schändet, so hat doch die Post nun einmal einen Aus- und Einfall, welch Letzterer darin besteht, Sie aufzufordern, Ihre Zunge fleißiger als sonst zu gebrauchen, d. h. zum Markenbefeuchten, nicht zum Redenhalten, denn dies braucht sich nicht stärker anzurauchen, als es bereits geschehen ist. (Seufzer im Centrum.) Ferner haben Sie dafür zu sorgen, daß die Briefe, welche Sie erhalten, nicht unfrankirt in den Kasten geworfen werden. Die Post rechnet ganz richtig. Wenn jeder Wähler, der nicht mit

106 *Berliner Wespen*, Nr. 45 v. 8. 11. 1868
Titelblatt mit einem Holzschnitt von Gustav Heil
Anläßlich der Feierlichkeiten zum 100. Geburtstag des protestantischen Theologen und Berliner Universitätsprofessor Friedrich Ernst Daniel Schleiermacher (1768 bis 1834) bringen die *Berliner Wespen* ihre Abneigung gegen die katholische Kirche zum Ausdruck. Es handelt sich um eine der wenigen erhaltenen Nummern des ersten Jahrgangs.

gleich anzudeuten, wie sie »im Parlaments-Feuilleton der Wespen« parodiert werden könnten.[117]

Fest schabloniert waren auch der »Europäische Polizeibericht«, das heißt die Darstellung der Wochenereignisse im Schutzmannsstil, ferner die Rubrik »Aus der Bierbank-Perspektive«, die »Wespen-Post« und das beliebte Bilderrätsel (Rebus). Von Anfang an dabei – als stehende Figur – war der schnoddrige, stets angesäuselte Nante-Nachfahre Muckenich *(Abbildung 107)*,[118] den Stettenheim aus den *Hamburger Wespen* übernommen hatte.

Die *Berliner Wespen* verkörpern die Glanzzeit von Stettenheims publizistischer Tätigkeit. Obwohl sie in ihren Spalten auch die sozialen Zustände Berlins (der viel zitierte Ausdruck »Weltstadt Barackia«[119] stammt von Stettenheim) unter die Lupe nahmen, war ihr eigentliches Wirkungsfeld die hohe Politik: In heiteren und ernsten Leitgedichten, in Parodien bekannter Klassiker des In- und Auslands, in fingierten Monologen, Dialogen und Briefen, vor allem aber in unzähligen Zwei- und Vierzeilern kommentieren sie das politische Tagesgeschehen.

Als funkensprühender Humorist wurde Stettenheim vielfach mit Moritz Gottlieb Saphir verglichen. Allerdings überragte er den Erfinder des »jüdischen Wortwitzes«[120] durch seinen umfassenden Horizont und seine klassische Bildung.

Als die *Berliner Wespen* ihren steilen Aufstieg begannen, befand sich Preußen zwischen zwei Kriegen. Sowohl der Krieg gegen Österreich (1866) als auch der Krieg gegen Frankreich (1870/71) führten auf dem Berliner Witzblatt-Sektor zu einer kuriosen Neugründung. So erschien unter dem Titel *Kriegs-Kladderadatsch (Abbildung 108)* eine bei Alexis Kießling verlegte, von C. F. Weiß gedruckte Imitation des *Kladderadatsch* (vier Seiten; bedruckter Raum 26,5 × 19 cm). Der Nebentitel »Humoristisch-satyrische Zündnadeln, abgefeuert von einem preuss. Reservisten« trug der Tatsache Rechnung, daß das bereits 1827 von Nikolaus Dreyse erfundene Zündnadelgewehr, dessen Feuergeschwindigkeit im Vergleich zu den bisherigen Waffen viermal höher war, 1866 zum erstenmal im großen angewendet wurde.[121]

1870 entstand dann – im Verlag Thiele – die erste und wahrscheinlich letzte Nummer

107 *Berliner Wespen*, Nr. 15 v. 11. 4. 1869
Holzschnitt von Gustav Heil
Der betrunkene Fritz Muckenich rempelt einen Schutzmann an. Im Hintergrund sieht man preußische Grenadiere in Reih' und Glied.

Kriegs-Kladderadatsch.

Humoristisch-satyrische Zündnadeln

Preis: 1½ Sgr.

abgefeuert
von einem
preuss. Reservisten.

Mobile Nr. 1.

Preis: 1½ Sgr.

Neueste Telegramme.

Prag. Sonntag.

Die Preußen rückten heute ein,
Doch das versetzt uns nicht in Bangen:
Denn die Regierung nur allein
Ist bei dem Einzug — durchgegangen!

Frankfurt a/Main. Montag.

Der Bundesrath kennt seine Pflicht,
Er kämpft mit ruhigem Gewissen,
Er wankt in seinem Streben nicht
Und ist — nach Augsburg ausgerissen.

Wiesbaden. Dienstag.

Dem Herzog fehlt es nicht an Muth!
Er wird den Fürst von Hohenzollern sich schon kaufen,
Und deshalb fand er es für gut
'Nen Brief zu schreiben und — davon zu laufen!

München. Mittwoch.

Was wollt Ihr nur von unserm Heer?
Es tritt entgegen Euren Kniffen!
Es ist voll Muth mit dem Gewehr
Im Arm — nach Würzburg ausgekniffen!

Darmstadt. Donnerstag.

Glaubt Preußen nicht, daß wir uns hier
Von Euren Siegen lassen locken!
Es macht der hess'sche Füselier
Sich ehrenvoll nur — auf die Socken.

Dresden. Freitag.

Meint Ihr, wir Sachsen sind nicht mehr?
— Noch kämpfen fest wir gegen Preußen,
Denn noch versteht es unser Heer
Euch gegenüber — auszureißen!

Kassel. Sonnabend.

Denkt nicht, weil unser Kriegsherr fern,
Wir thäten nicht, was er befohlen?
Ihr irrt — das kurfürstliche Heer
Macht sich am liebsten — auf die Sohlen!

108 *Kriegs-Kladderadatsch* [1866]
Titelblatt einer dem *Kladderadatsch* nachempfundenen Flugschrift.

der *Deutschen Kriegs-Laterne.* Sie umfaßte zwölf Oktavseiten und trug – in Anspielung auf den französischen Kaiser Napoleon III. – den Untertitel »Wer Er ist und was Er ist«. Die *Deutsche Kriegs-Laterne* wurde herausgegeben »zu Nutz und Frommen von Jung und Alt von Schlagdrein und Fürchtdichnicht, unverfrorne Laternenanzünder zu Berlin«.[122]

In der Tat, während des Deutsch-Französischen Krieges schossen in Paris und in Berlin Spottschriften und Karikaturen »in unglaublicher Menge, wie die Pilze über Nacht« aus dem Boden.[123] Oft wurden sie von ihren anonymen Verfassern, die sich einen Kasten umhängten, dem preußischen Pressegesetz zum Spott, auf den Straßen zum Verkauf angeboten, wo sie »reißenden Absatz« fanden.[124] Zu den Folgen des Kriegsausbruchs gehörte somit auch die für kurze Zeit zurückgewonnene partielle volkstümliche Öffentlichkeit. Manche dieser patriotischen Machwerke erschienen in unzähligen, zum Teil illustrierten Ausgaben wie das berühmte Lied des »Füsiliers Kutschke«:

»Was kraucht dort in dem Busch herum?
Ich glaub', es ist Napolium«.[125]

Selbstverständlich blieb der Krieg auch für die humoristisch-satirischen Wochenblätter nicht ohne Rückwirkungen. Nicht zufällig erreichten sowohl der *Kladderadatsch* als auch die sein Monopol mit Erfolg angreifenden *Berliner Wespen*, die sich beide über ihr publizistisches Engagement hinaus durch Spendenaktionen an dem Kampf gegen den »Erbfeind« beteiligten, mit 50 000 beziehungsweise 32 000 Exemplaren damals ihre Auflagenspitze.[126] Ja, selbst der *Berliner Montags-Zeitung* gelang es, ihren Absatz von 1 000 auf 2 000 Exemplare zu erhöhen.

Fünftes Kapitel Das politische Witzblatt im Bismarckreich (1871–1890): Der dreiköpfige Humor-Zerberus Kladderadatsch, Berliner Wespen, Ulk und die anderen

»Wartet es nur ab! Wenn Ihr die Decken fortnehmt,
werden die Blätter schon hervorkommen, und
das künstlich zurückgehaltene Wachstum wird beginnen!«

(Kladderadatsch)[1]

Sozioökonomische und medienpolitische Hintergründe

Von 1848, dem Geburtsjahr des Berliner Witzblattes, bis 1871, dem Jahr der Reichsgründung, hatte sich die Bevölkerung der Stadt infolge der 1867 und 1869 auch auf den Norddeutschen Bund ausgedehnten Freizügigkeit und Gewerbefreiheit von 410 000 auf 826 000 Einwohner mehr als verdoppelt; bis 1890 stieg sie um nochmals rund 750 000 auf knapp 1,6 Millionen Köpfe an.[2] Damit war Berlin in eine Epoche stürmischer Entfaltung eingetreten, »deren Schnelligkeit selbst in dieser Zeit zunehmender ›Verstädterung‹ der modernen Welt nur noch in dem Wachstum der großen Städte Nordamerikas nach dem Ende des Bürgerkrieges ihresgleichen hatte.«[3]

Nach der Reichsgründung wurde aus der »großen, mäßig bewegten Provinzialstadt« (Friedrich Meinecke)[4] die von Theodor Fontane, Gerhart Hauptmann, Heinrich Mann und anderen dargestellte problembeladene Metropole, der politische, wirtschaftliche, finanzielle und verkehrstechnische Mittelpunkt des Deutschen Reiches. Darüber hinaus wurde die deutsche Hauptstadt nunmehr – ähnlich wie die englische und französische – das Zentrum einer national verbreiteten Presse. Große, alte Tagesorgane wie die *Vossische Zeitung* oder ehrgeizige, neue, wie das Ende 1871 von dem achtundzwanzigjährigen Rudolf Mosse (1843 bis 1920) gegründete *Berliner Tageblatt*, rivalisierten mit der führenden Weltpresse des Auslands, ohne freilich die internationale Bedeutung der Londoner *Times*, der *New York Times* oder des Pariser Prestigeblatts *Le Temps* völlig zu erreichen.

Dank der Zeitungsverleger Rudolf Mosse, Leopold Ullstein (1826 bis 1899) und August Scherl (1849 bis 1921), ferner dank eines relativ liberalen Reichspressegesetzes wurde Berlin, wo Anfang 1871 bereits sechzehn Tageszeitungen mit einer Gesamtauflage von rund 187 400 Exemplaren erschienen waren, innerhalb von wenigen Jahrzehnten die größte Zeitungsstadt der Welt.[5]

In der Auseinandersetzung um das am 7. Mai 1874 erlassene, am 1. Juli in Kraft getretene Reichspressegesetz, das in seinen wesentlichen Bestimmungen erst durch die heute gültigen Landespressegesetze der sechziger und siebziger Jahre abgelöst worden ist, hatte das »Heer der Mäßiggesinnten« (*Kladderadatsch*, Nr. 18 vom 17. April 1874) den Sieg davongetragen. Der heiß umkämpfte § 1 umriß wie folgt Ausmaß und Grenzen der bewilligten Pressefreiheit: »Die Freiheit der Presse unterliegt nur denjenigen Beschränkungen, welche durch das gegenwärtige Gesetz vorgeschrieben oder zugelassen sind.« Demnach konnte künftig nur gegen bereits begangene und nicht schon gegen vom Staatsanwalt für möglich gehaltene Pressevergehen eingeschritten werden. Die Kautionspflicht wurde aufgehoben, der Zeitungsstempel abgeschafft, das Konzessionswesen, wo es noch bestand, beseitigt. Außerdem wurde das Beschlagnahmerecht begrenzt und die Verjährung aller Pressevergehen nach sechs Monaten verfügt.[6]

Eine besondere Bedeutung kam § 30, Abs. 1 des Reichspressegesetzes zu. Er berechtigte den Kaiser beziehungsweise den Reichstag, in »Zeiten der Kriegsgefahr, des Krieges, des erklärten Kriegs-(Belagerungs-)Zustandes oder innerer Unruhen (Aufruhrs)« auf der Grundlage der Artikel 4 und 68 der Reichsverfassung, gestützt auf die §§ 16 und 27 bis 30 des preußischen Gesetzes über den Belagerungszustand von 1851, Notstandsbestimmungen zu erlassen. Erstaunlicherweise war dieser Paragraph in der zweiten und dritten Lesung im Reichstag »ohne Wortmeldung« angenommen worden. Er wurde wirksam, als am 19. Oktober 1878 Bismarck im Reichstag mit 221 gegen 149 Stimmen das »Gesetz gegen die gemeingefährlichen Bestrebungen der Sozialdemokratie« durchbrachte, das am 21. Oktober in Kraft trat. Es enthielt fünf Paragraphen (§§ 11 bis 15), welche der Regierung – nach mehreren vergeblichen Anläufen, so zum Beispiel 1876 *(Abbildung 109)* – die Waffen in die Hand gaben, zwölf Jahre lang die Freiheit, die das Reichspressegesetz gewährte, erfolgreich abzuwürgen. Dessen 1879 geplante Verschärfung wurde dagegen im Reichstag abgelehnt.[7]

Wie aus den seit Juli 1874 erstellten tabellarischen Übersichten über die polizeilichen Beschlagnahmen beziehungsweise das strafrechtliche Einschreiten gegen die Presse hervorgeht, fanden zwischen dem 15. Juli 1874 und dem 1. November 1880 1 256 Presseprozesse statt, von denen lediglich 251 mit Freispruch endeten. Über ein Drittel wurden zwischen dem 15. Juli 1874 und dem 20. Juli 1875 verzeichnet, das heißt auf der Höhe des Kulturkampfes. Nach der »konservativen Wende« 1879/80 nahm

109 *Ulk*, Nr. 2 v. 13. 1. 1876
Orthographische Lektion
Holzschnitt von
Hermann Scherenberg
Bismarck, als Lehrer mit Augenschirm, Brille und Rute, bringt den Journalisten bei, wie sie zu schreiben haben. Man erkennt – auf der hinteren Bank – Arthur Levysohn, Chefredakteur des liberalen *Berliner Tageblattes*, Hermann Kletke, Chefredakteur der fortschrittlichen *Vossischen Zeitung*, Guido Weiß, Herausgeber des demokratischen »Wochenblattes für Politik und Literatur« *Die Wage*, und schließlich Wilhelm Liebknecht, den Mitbegründer der Sozialdemokratie und Chefredakteur des Parteiorgans *Der Volksstaat* (Leipzig).
Auf der kleinen Vorderbank sitzen die personifizierten Witzblätter: Doktor Ulk, Kladderadatsch (an seiner Knollennase erkenntlich) und Doktor Wespe.

die Zahl der Presseprozesse erheblich ab. Betroffen waren jetzt nicht mehr in erster Linie katholische (allen voran die Berliner Tageszeitung *Germania*) und sozialdemokratische Organe, sondern die von Bismarck als »reichsfeindlich« eingestufte fortschrittliche und freisinnige Presse.[8]

Speziell für die politisch-satirischen Periodika von Belang war ein Erlaß des preußischen Innenministers vom 12. April 1873. Er wies das Polizeipräsidium »ein für allemal auf's bestimmteste« an, jede Nummer eines Witzblattes, die eine Abbildung der Mitglieder des Königlichen Hauses zu bringen wagte, sofort mit Beschlag zu belegen. Erst am 21. August 1888 wurde diese Verfügung teilweise zurückgenommen. Künftig kam es nur in *den* Fällen zu einer Konfiskation, in denen »wegen Verletzung der gebührenden Rücksichten« eine Beleidigung und somit der Tatbestand einer »strafbaren Handlung« gegeben war.[9]

Im neuen Reich fand der Vertrieb der Zeitungen und Zeitschriften in der Regel weiterhin über das im voraus zu bezahlende Abonnement statt. Gewiß, seit 1870/71 gehörten einige hundert Zeitungshändler mit ihrem Austragekasten zum vertrauten Stadtbild, aber der eigentliche Aufschwung des Einzelverkaufs, der sich in London, Paris, Wien und selbst in St. Petersburg (heute Leningrad) schon längst eingebürgert hatte, begann erst mit der Eröffnung der Berliner Stadtbahn (1882) und dem Siegeszug der im Spätherbst 1886 auch außerhalb der S-Bahnhöfe eingeführten Zeitungskioske.[10]

In den Jahren 1871 bis 1890 entstanden in der deutschen Reichshauptstadt an die vierzig neue humoristische und/oder satirische Wochenblätter. Obwohl viele dieser Periodika nur wenige Wochen, Monate oder Jahre erschienen und heute kaum noch auffindbar sind, läßt sich die Geschichte des Berliner Witzblattes in groben Zügen nachvollziehen.

Der aufhaltsame Niedergang des Kladderadatsch

Im Mai 1873 feierte der Veteran des Berliner und Prototyp des deutschen politischen Witzblattes – der *Kladderadatsch* – seinen fünfundzwanzigsten Geburtstag *(Abbildung 110)*. Das von den »Gelehrten« lange vorbereitete »Jubelfest« wurde allerdings überschattet durch den am 21. August 1872 erfolgten Tod des erst zweiundfünfzigjährigen Gründers David Kalisch, bei dem das »Jüdische« am deutlichsten hervorgetreten war.[11]

In der Jubiläumsausgabe (Nr. 20 und 21 vom 4. Mai 1873) ließ der *Kladderadatsch* seine »freiwilligen« (zum Beispiel Karlchen Mießni[c]k oder Zwickauer) und »unfreiwilligen« (zum Beispiel den am 9. Januar 1873 im englischen Exil verstorbenen französischen Ex-Kaiser Napoleon III. und den dreihaarigen Bismarck) Mitarbeiter Revue passieren. Zum Chorus der Gratulanten gehörten die jugendlichen *Berliner Wespen* und der einjährige *Ulk*.

Der mit den »Gelehrten« befreundete Julius Stettenheim brachte dem Jubilar am 2. Mai (Nr. 18) auf der Titelseite ein Geburtstagsständchen. Die erste der vier Strophen sei hier zitiert:

»Denkst Du daran, Du tapf'rer Kampfgenosse,
Wie Du, ein Kind noch, munter zogst in's Feld,
Des achtundvierz'ger Frühlings keckster Sprosse,
Voll Muth, zugleich ein Sänger und ein Held?
Geweckt war Deutschland aus dem tiefen Schlummer,
Da kamst Du kühn heraus zu kühnem Streit
Und schmettertest hinein die erste Nummer
Als ein Posaunenengel jener Zeit.«

In der seit 1872 erscheinenden Beilage des *Berliner Tageblattes – Ulk* – goß der Schlesier Siegmund Haber (1835 bis 1895) seine Anerkennung in folgende Verse:

»Des Kladd'radatsch Geschoß; – ja, Alle,
Die schießend je versucht ihr Glück,
Sie blieben in der Schützen-Halle
Weit, ach weit hinter Dir zurück.«[12]

Ein fünfundzwanzigjähriges Geburtstagskind.

Es wünscht sich selbst der Jubilar:
Wie heut noch fünfundzwanzig Jahr!

110 *Kladderadatsch*, Nr. 20/21 v. 4. 5. 1873
Ein fünfundzwanzigjähriges Geburtstagskind
Holzschnitt von Wilhelm Scholz.

Gelegentlich der fünfundzwanzigjährigen Gründungsfeier überwies der durch Humor und Satire reich gewordene Verleger seinen Mitarbeitern eine ansehnliche Prämie und erneuerte ihre Verträge. Die »Gelehrten« erhielten künftig nicht nur ein wesentlich höheres Gehalt, sondern wurden auch am Gewinn beteiligt. Hinzuzufügen ist allerdings, daß diese großzügige Geste keineswegs freiwillig erfolgt war, sondern erst nach einer im Keim erstickten »Palastrevolution«.[13]
Nach Kalischs Tod sprang Albert Hofmann überdies als Autor in die Bresche. Er verfaßte Zwickauers »Schreubebrüfe« an dessen Pariser »Geschöftsfreund«, die mit der stereotypen Anrede begannen: »Meun lüber mon chör amü!«
Ende 1873 bereicherte das Blatt, wohl angeregt durch den unlängst aufgetauchten *Ulk*, seinen Inhalt um eine weitere stehende Figur. Seit dem 7. Dezember (Nr. 56) sandte Friederike Bohmhammel an »Se. Durchlaucht den Herrn Reichskanzler« in unregelmäßigen Abständen »offene Sendschreiben« oder »Schreibebriefe«, in denen sie die Tagespolitik aus der Sicht einer »Rentiersfrau« kommentierte.[14]
Am 6. April 1876 (Nr. 36) erschienen dann zum erstenmal die von dem Hannoveraner Gymnasiallehrer Wilhelm Polstorff (1843 bis 1906) in Jamben oder homerischen Hexametern gedichteten »Berg-«, »Strand-«, »Herbst-«, »Marienbader« und sonstigen »Episteln«.
Aus der Fülle der Beiträge seien weiterhin die von dem ehemaligen Gymnasialdirektor Carl Schmelzer verfaßten »Novae epistolae obscurorum virorum« hervorgehoben, eine Variante beziehungsweise Fortsetzung der von Dohm seit 1867 sporadisch veröffentlichten »Epistolae obscurorum virorum« (Dunkelmännerbriefe)[15] sowie die 1880 eingeführte fingierte Korrespondenz zwischen Land- oder Reichstagsabgeordneten und ihren Gattinnen in der Provinz. Diese entsprach durchaus einer sozialen Realität. So ist es beispielsweise verbürgt, daß der Reichstagsabgeordnete (und spätere Finanzminister) Johannes Miquel während der Sitzungsperioden seiner Frau tagtäglich schrieb und von ihr auch tagtäglich einen Brief empfing.[16]
Am 26. März 1882 (Nr. 14 und 15) erschien die 2000. Nummer des *Kladderadatsch*. Im »Wochenkalender« verkündete der den Lesern einen Blumenstrauß überreichende Jubilar:

»Und weil wir Alten am Leben noch,
So singen wir ›Gaudeamus‹
Und grüßen das Land in der Jubelwoch'
Mit fröhlichem ›Ergo bibamus‹.«

Zu diesem Zeitpunkt hatte die endgültige Wachablösung der alten durch die junge Garde bereits begonnen. Am 19. August 1880 war Albert Hofmann, der sich seit 1876 auch als Besitzer und Leiter des Friedrich-Wilhelm-Städtischen-Theaters einen Namen gemacht hatte, gestorben. Nachfolger wurde sein Sohn Rudolf (1854 bis 1932), der bereits 1878 in das väterliche Geschäft eingetreten war.[17] Am 5. Februar 1883 wurde Ernst Dohm, der wenige Monate zuvor einen Schlaganfall erlitten hatte, vom Tod ereilt. Der *Kladderadatsch* (Nr. 7 vom 11. Februar 1883) widmete dem »bewährten Veteranen« und »wahrhaft deutschen Patrioten« nachstehende Abschiedsverse:

»Mit finstren Geistern hast gerungen
Du tapfer um den Machtbesitz.
Des Geistes Schwert, das du geschwungen,
War hell und schneidig, wie dein Witz.«

Die Chefredaktion übernahm nun Rudolf Löwenstein, der bereits seit dem 17. September 1882 (Nr. 43) stellvertretend verantwortlich gezeichnet hatte. Ende 1885 schied er jedoch aus, da es bezüglich der politischen Tendenz des *Kladderadatsch* zwischen dem einstigen Achtundvierziger und dem fast zwanzig Jahre jüngeren, Bismarck allzu kritiklos gegenüberstehenden Johannes Trojan zu unüberbrückbaren Gegensätzen gekommen war.[18]

Bereits ein Jahr zuvor hatte Rudolf Hofmann in einer Abonnements-Einladung (*Kladderadatsch*, Nr. 59/60 vom 28. Dezember 1884) die Richtlinien des Witzblattes öffentlich festgelegt: »*Kladderadatsch* steht auf einem patriotischen und nationalen Standpunkt, von dem er die politischen Ereignisse verfolgt und unparteiisch in den Bereich seiner Satire zieht, was sich dazu eignet.« Gleichzeitig teilte der Verleger den Lesern mit, daß das Blatt künftig »seine besondere Aufmerksamkeit« den »gesellschaftlichen Mißständen« zuwenden und in seinen Beilagen »auch den unpolitischen Humor« zu »voller Geltung« kommen lassen wolle.

Angesichts dieser zusätzlichen Aufgaben verstand es sich von selbst, daß die Zahl der literarischen und artistischen Mitarbeiter erhöht werden mußte. Von den nachrükkenden »Kladderadatschern« seien der bereits erwähnte Philologe Wilhelm Polstorff genannt, der 1883 endgültig das Lehrerpult mit dem Journalisten-Schreibtisch vertauscht hatte, und der 1856 geborene Paul Roland. Polstorff wechselte sich mit Trojan in der Abfassung der Leitgedichte ab und vertrat den verantwortlichen Chefredakteur in der Urlaubszeit. Roland lieferte dem *Kladderadatsch* zunächst als freier (ab 1883), dann als fester Mitarbeiter (ab 1890) sowohl Text- als Bildbeiträge.

Die Newcomers schufen ihre eigenen »stehenden Figuren«, welche die alten zwar nicht verdrängten, aber – mit Ausnahme von Schultze und Müller – doch in den Hintergrund treten ließen. Zu ihnen gehörten die harmlosen Strudelwitz- und Prudelwitz-Epigonen Pancratius und Hinrik. Der aus »Dammberg i. Mecklenburg« schreibende Pancratius, ein eingefleischter Junggeselle und »Oekonomiker«, der mit der deutschen Schriftsprache auf dem Kriegsfuß stand, erklärte seinem Brieffreund Hinrik (das ist Heinrich Hamel) am 22. April 1883 (*Kladderadatsch*, Nr. 19), wie er »unter die Politiker« geraten war:

»Wenn wir s'Abends in die Bierstube sitzen thun, un unsere Pfeifen angestochen haben, (denn die Pfeife is un bleibt doch das wahre Zimbolium von die erste ruhige

Bürgersflicht) denn wird natürlimang erschtens die Temperatur von die Witterung verhannelt, denn kömmt Schulte sein Husten an die Reihe . . ., un denn (bei dem zweiten Seidel) kömmt die Politik, un dadran muß ich mir als gebilter Bürger doch auch betheilnehmigen.«

Am 13. April 1884 (*Kladderadatsch*, Nr. 17) erschien dann der erste »Pariser Brief« der Erna Plissé. Er begann mit den vorwurfsvollen Worten an die Redaktion: »Wie schade, daß Sie im Winter meinen Bericht über die Hunde-Moden nicht abgedruckt haben. Wenn Sie, wie ich, hier in der Gesellschaft verkehrten, würden Sie die Wichtigkeit des Gegenstandes begreifen.« Zwischen den »Pariser Briefen« des *Kladderadatsch* und den kurz zuvor in der Pariser Zeitschrift *Nouvelle Revue* veröffentlichten Briefen über die »Berliner Gesellschaft«, die im In- und Ausland beträchtliches Aufsehen erregt hatten, läßt sich unschwer ein Zusammenhang herstellen.[19]

Endlich soll hier die vermutlich von Paul Roland erfundene bivalente Gestalt des Nörgelers (1887) genannt werden. Sie versetzte das »erste politische Witzblatt Deutschlands« (Eigenreklame) in die Lage, einerseits selbst den Kritikaster zu spielen, und andererseits die zunehmende »Reichsverdrossenheit« vieler Bürger – und Leser! – durch das Brennglas der Satire zu betrachten *(Abbildung 111)*.

Wilhelm Scholz blieb bis 1887 der Hauptzeichner des *Kladderadatsch*. Daneben ge-

111 *Kladderadatsch*, Nr. 59/60 v. 29. 12. 1889
Zum 1. Januar 1890
Holzschnitt
Die nicht signierte Karikatur zeigt neben den traditionsreichen (allen voran Schultze und Müller) auch neue stehende Figuren wie den Nörgeler, Friederike Bohmhammel und Erna Plissé.

stattete das Blatt wie eh und je auch anderen Talenten, sich zu profilieren, so zum Beispiel Carl Gehrts (1853 bis 1898) und Constantin von Grimm (1845 bis 1898), die zum Beispiel für den Jahrgang 1875 mehrere Beiträge geliefert haben. Zu den 1884 hinzu gewonnenen »artistischen Mitarbeitern« gehörten Arthur Wanjura und der sehr begabte Hamburger Gustav Brandt (1861 bis 1919). Letzterer zeichnete ab Nr. 46 (5. Oktober) für das Titelblatt der ersten Beilage jede Woche einen ganzseitigen, meist unpolitischen »Bilderbogen«. Seine Gesellschaftsskizzen (Theater-, Circus-, Rennplatz-, Ball- und Jagdszenen) erinnern stark an den Pariser Zeichner Alfred Grévin, dessen Illustrationen damals in der satirischen Tageszeitung *Le Charivari* erschienen sind und Brandt bekannt gewesen sein dürften. Als Scholz sich 1888 nach und nach ins Privatleben zurückzog, trat Gustav Brandt als politischer Karikaturist die Nachfolge an. Er wurde unterstützt von Franz A. Jüttner (1865–1933?) und dem allerdings nicht lange beim *Kladderadatsch* verbliebenen Ernst Retemeyer.[20]

Über die Auflagen des *Kladderadatsch*, der in den siebziger Jahren oft drei Beilagen mit sechs bis acht Anzeigenseiten brachte, geben einerseits die oft übertriebenen Selbst-Aussagen zum Quartalswechsel, andererseits die seit 1878 vom Königlichen Polizeipräsidium angelegten Jahresverzeichnisse, »betreffend die in Berlin erscheinenden Zeitungen und periodischen Zeitschriften politischen Inhalts«, Aufschluß:

Jahr	Auflage	Postvertrieb
1871	50 000	
1872	43 350	
1873	50 000	
1874	50 000	
1875	50 000	
1877	35 000	
1878	35 000	21 844
1879	35 000	
1880	45 000	17 673
1881	35 000	15 696
1882	–	13 984
1883	27 000	12 774
1884	40 000	11 790
1885	40 000	11 041
1886	40 000	10 075
1887	20 000	9 901
1888	40 000	9 749
1889	35 000	9 071
1890	20 000	8 998[21]

Auffallend und für den »über alle Erdteile und über alle civilisirten Länder« verbreiteten *Kladderadatsch* zweifellos beunruhigend war der von Auflagensprüngen unabhängige kontinuierliche Rückgang des Postdebits. Der scharfe Knick des Jahrs 1883 wurde durch den Tod Ernst Dohms verursacht. Der erneute Auflagenrückgang 1887 dürfte mit dem zunehmenden Desinteresse vor allem linksliberaler Abonnenten (und Leser) zusammenhängen. Der 1890 erfolgte, bald wieder wettgemachte Einbruch ist nicht zuletzt auf das Ausscheiden des wichtigsten »passiven« Mitarbeiters – Bismarck – zurückzuführen.

Bismarck selbst las den *Kladderadatsch* auch nach seinem Rücktritt (18. März 1890) mit »besonderem Wohlwollen«. Am 11. Mai 1893 äußerte er sich dem in Friedrichsruh weilenden Chefredakteur Johannes Trojan gegenüber wie folgt: »Dies Blatt hat mich anfangs nicht zum besten behandelt, nachher aber um so besser.«[22] Aus dem Jahr 1895 stammt die etwas widersprüchliche Bemerkung: »Ja, der Kladderadatsch hat immer treu zu mir gehalten; er hat mich auch oft bekämpft, aber ich hatte immer das Gefühl, daß die Waffen nur stumpf waren.«[23]

Allerdings, nach der Weichenstellung von 1866, insbesondere aber nach der Reichsgründung, waren die Waffen des Witzblattes stumpfer geworden. So erklärt sich, daß der *Kladderadatsch* in den siebziger und achtziger Jahren nur dreimal in Konflikt mit der Staatsgewalt geraten war, davon zweimal wegen »Bismarck-Beleidigung«.[24]

Am 25. Januar 1880 erhielten der verantwortliche Redakteur Ernst Dohm und der Zeichner Wilhelm Scholz, der den Kanzler als einen peitschenschwingenden Eselstreiber dargestellt hatte *(Kladderadatsch*, Nr. 36 vom 10. August 1879; vgl. *Abbildung 301)*, eine Geldbuße von je 200 Mark (etwa 2 000 DM) auferlegt, was den Bismarckverehrer Johannes Trojan am 1. Februar zu dem Stoßseufzer veranlaßte: »Nein, Otto, nein, das war nicht hübsch von Dir.« Ein für den Pressehistoriker interessanter Aspekt liegt in der Beweisführung des Staatsanwaltes. In der »Haltung« des Blattes erblickte er einen »mildernden«, in seiner »Verbreitung« einen »erschwerenden« Umstand![25]

Die nachlassende satirische Schlagkraft des *Kladderadatsch* hatte mehrere Gründe:

- Zwei Hauptziele des Witzblattes, der Sturz des französischen Kaisers, und die Verwirklichung der deutschen Einheit, wenn auch »von oben«, waren seit 1870/71 erreicht.
- In der Zeit des Zweckbündnisses, das Bismarck in der zweiten Hälfte der sechziger Jahre mit den Liberalen eingegangen war, erschienen Humor und Satire oft lediglich als begleitende Maßnahmen der Regierungspolitik. Diese Ära, in welcher der *Kladderadatsch* gewissermaßen die Funktion eines Hofnarren ausübte, stand unter dem Motto: »Was sich liebt, das neckt sich.«
- Nach der »Zweiten Reichsgründung« (1878/79) sagte der *Kladderadatsch* immer seltener »lachend die Wahrheit«. Nur im Zusammenhang mit Bismarcks konser-

vativer Wirtschaftspolitik zog er mit den Waffen der angreifenden Satire ins Feld; im übrigen wurde der Befürworter einer »großen, liberalen, patriotischen Partei« (*Kladderadatsch*, Nr. 41 vom 5. September 1880) angesichts der zunehmenden Zersplitterung des eigenen Lagers »griesgrämig« und »morose«.[26]

- Für die sozialen Probleme des Industriezeitalters hatte der *Kladderadatsch* – wie die meisten seiner in- und ausländischen bürgerlichen Kollegen – nur wenig Verständnis.
- Mit dem Tod Dohms (1883) und dem Ausscheiden Löwensteins (Ende 1885) hörte der »alte« *Kladderadatsch*, aus dem manche Leute »ihre ganze politische Weisheit« schöpften (*Norddeutsche Allgemeine Zeitung*, Nr. 294 vom 20. Juli 1879), zu bestehen auf. Der immer konservativer werdende »neue« *Kladderadatsch*, der von linksliberalen Zeitgenossen als ein »pensioniertes Witzblatt« beziehungsweise als ein »Witzblatt a. D.« bezeichnet wurde,[27] läßt auch den heutigen Leser – mancher gelungenen Nummer zum Trotz – bisweilen an die Verse Schillers denken:

  »Zum Teufel ist der Spiritus,
  Das Phlegma ist geblieben.«[28]

»Verzeihen Sie das harte Wort!« – Glanz und Elend der *Berliner Wespen*

Schon nach einem Jahr gemeinsamer Tätigkeit hatten sich der Hamburger Journalist Julius Stettenheim und der Berliner Zeichner Gustav Heil (Heyl) so aufeinander eingespielt, daß sie »eigentlich eine einzige Redaktionskraft« bildeten.[29] Erst 1877 erweiterte sich das Duo in der Person des aus Piliza (Russisch-Polen) stammenden Autodidakten Alexander Moszkowski (1851 bis 1934) zum schlagkräftigen Trio.

Sieben Jahre lang erfüllte der »dritte Mann« seine Aufgabe, »Witze zu machen«, für ein »Minimalgehalt« im Dunkeln, das heißt in der Anonymität.[30] Erst im dritten Quartal 1885 (Nr. 40 vom 2. Oktober) erklärte Stettenheim sich bereit, den Namen seines Mitredakteurs im Titelkopf der *Berliner Wespen* anzugeben. Der Zeitpunkt war schlecht gewählt, denn wenige Monate später machte sich Alexander Moszkowski als Herausgeber eines Konkurrenzorgans selbständig.

Das Redaktionslokal der *Berliner Wespen* war ein »zur Druckerei gehöriges Kämmerchen, ein Verschlag vom Format einer Schiffskajüte, mit dürftigster Schreibgelegenheit in Form eines doppelten Stehpultes, das von einer offenen, schwelenden Gasflamme illuminiert wurde«.[31] Der Hauptzeichner Gustav Heil war »Heimarbeiter«.

Die sechs bis acht Seiten starken *Berliner Wespen* erschienen bis März 1881 weiter als illustrierte Freitagsbeilage der im Juni 1874 in eine Tageszeitung umgewandelten *Tribüne*, für die Julius Stettenheim auch die Rubrik »Weltstädtische Plaudereien« ver-

faßte. Etwa ein Achtel der Gesamtauflage, die 1871 32 000, dann rund 22 000 und von 1877 bis 1880 aufs neue 32 000 Exemplare betragen hat, wurde separat verkauft. Der Postvertrieb lag in den ausgehenden siebziger Jahren bei 11 000.[32]
Als satirisches Protokoll des politischen Tagesgeschehens wurde das »jüdisch-fortschrittliche« Witzblatt von der Staatsanwaltschaft und von den Polizeibehörden scharf überwacht und wiederholt beschlagnahmt, einmal, weil Gustav Heil in einem Bilderrätsel zur Bezeichnung der ersten Silben des Wortes »Wilhelmshaven« das Porträt des Kaisers gebracht hatte! Stettenheims *Erinnerungen* ist zu entnehmen, daß er »häufiger«, als ihm »lieb war«, vor Gericht gezogen und zu Geldstrafen verurteilt worden war.[33]
Zum Erfolg des Blattes trug zweifelsohne die meisterhafte Verulkung der »Reichs-«

112 *Berliner Wespen*, Nr. 48 v. 27. 11. 1874
Marmor-Saal
Holzschnitt von Gustav Heil
Seit 1871 wurden im »Parlaments-Feuilleton« der *Berliner Wespen* die Volksvertreter in allerlei grotesken Verrenkungen auf einem Marmorsockel bildlich dargestellt. Der im Frühjahr 1874 aus der Haft entlassene sozialdemokratische Journalist Wilhelm Liebknecht erscheint hier nach französischer Manier als »Großkopfeter«. Er zerreißt seine Ketten. Die Freiheitsmütze verweist auf die Revolution (1848), die Petroleumflasche auf die Pariser Commune (1871).

und »Landboten« bei, die seit 1871 in der Rubrik »Parlaments-Feuilleton« auf einem Sockel (»Marmor-Saal«) in allerlei grotesken Verrenkungen auch bildlich dargestellt worden sind *(Abbildung 112)*. Ferner erhielt der alkoholsüchtige Nante-Nachfahre Muckenich in der Gestalt von mehreren, der Berliner Medienszene entlehnten stehenden Figuren Gesellschaft. 1874 führte Stettenheim einen Journalistentyp ein, der damals noch am Anfang einer erfolgversprechenden Laufbahn stand, den aufdringlichen »Interviewer« öffentlicher Persönlichkeiten wie Bismarck, Moltke oder Richard Wagner. Ein Jahr darauf, kurz nach der durch einen »offiziösen« Artikel in der Berliner *Post* hervorgerufenen »Krieg-in-Sicht-Krise« (April/Mai 1875), schuf er den als Tier-Mensch dargestellten Dr. Reptilius, der am 9. Juli (Nr. 28) erstmals das Geheimnis seiner »Waschzettel-Mappe« lüftete. Am 9. Februar 1876 bestritt Bismarck in einer berühmten Reichstagsrede die Existenz einer »offiziösen« oder gar subventionierten »Reptilienpresse«, was ihm natürlich nicht *ein* Berliner Witzblatt glaubte.[34]

In Nr. 51 vom 28. Dezember 1881 plauderte erstmals der an seiner Schlafmütze erkenntliche »alte Schlendrian«, der sich den Lesern wie folgt vorstellte: »Aber, wenn auch steinalt, ich bin, Gott sei Dank, noch sehr munter . . .«. Am 24. August 1883 (Nr. 34) begann dann der »Leiermann der Berliner Wespen« seine »nach alter Weise« dargebotenen Vorträge über »Berliner Neuigkeiten«.

Stettenheims großer Wurf war jedoch der bereits im Deutsch-Französischen Krieg (1870/71) konzipierte, aber erst nach dem Ausbruch des Orientkrieges (1877) in Lohn und Brot gesetzte »Kriegskorrespondent« Wippchen aus Bernau bei Berlin.[35] Den Fes auf dem Kopf, schlafrockbekleidet, pfeiferauchend und biertrinkend versorgte er die Redaktion der *Berliner Wespen* und später der *Deutschen Wespen* von seinem Schreibtisch aus jahrzehntelang mit »Originalberichten« über alle blutigen und unblutigen Wirren Europas, Afrikas und Asiens. Die erste dieser »bei schrecklichem Kanonendonner« verfaßten Korrespondenzen erschien am 4. Mai 1877 (*Berliner Wespen*, Nr. 18); zum letzten Mal berichtete »Herr Wippchen« im Jahr 1915 »vom Weltkrieg«.

In dem binnen vier Wochen bekannt gewordenen, stets auf einen »Vorschuß« erpichten »Kriegskorrespondenten«, den viele Verehrer für einen leibhaftigen Menschen hielten und dessen Berichte im Wiener »Verein der Literaturfreunde« von Mitgliedern des Burgtheaters deklamiert worden sind,[36] ist Stettenheim eine doppelte Zeitungssatire gelungen. Einerseits verspottete er sowohl die in der zweiten Hälfte des 19. Jahrhunderts um sich greifende Unsitte völlig aus der Luft gegriffener »Kriegsberichte« als auch das sensationshungrige moderne Pressewesen, andererseits karikierte er in Form eines hinter dem vordergründigen »Unsinn« sichtbar werdenden »Vexierbildes« den unvergänglichen Typus des Journalisten, der durch seine humanistische und sprachliche Halbbildung komisch wirkt.

In Wippchen konzentriert sich die ganze Kapriziosität des von Stettenheim und auch von Moszkowski beherrschten Wort- und Satzwitzes, wobei als besonders beliebte Techniken dieser heute aus der Mode gekommenen Gattung das Wortspiel sowie die Verschmelzung, Umprägung und Parodie bekannter Zitate und Redensarten hervorzuheben sind.

Hier, zur Erläuterung, eine typische »Wippchen-Reportage« aus der Zeit des »Kaffernkrieges« (*Berliner Wespen*, Nr. 20 vom 16. Mai 1879):

». . . Die Wahrheit ist, daß England froh wird sein können, mit blauem Schreck davonzukommen, nachdem es den Fehler gemacht hat, die Katze im Sack anzugreifen . . . Raffen sich die Engländer nicht wieder auf und treiben die Feinde zu möglichst vielen Paaren, so ist das Schlimmste für England zu erwarten: die Belagerung Londons durch Zulus und Boers, ein Gedanke, der geeignet ist, jedes Herz in Gänsehaut zu verwandeln. Man denke sich London, wenn es heißt: Cannibal ante portas!«

Über Wippchens oft kopierte, aber nie erreichte »charmante Scharmützel«, die seit 1878 auch gesammelt als Separatdruck erschienen, haben nicht allein Kaiser Wilhelm I., Bismarck und Moltke gelacht, sondern unzählige »Greise und Jünglinge und sogar Frauen«.[37] Wie einst Glaßbrenners Nante, so wurde auch diese bis heute unvergessene Kunstfigur auf vielfältige Weise vermarktet. Sie trat auf der Bühne und auf Ballfesten auf, wurde in Porzellan, Glas oder Holz porträtiert und von unzähligen Fest- oder Vereinszeitungen übernommen. 1893 gab sie einem eigenen Witzblatt ihren Namen: Von 1893 bis 1902 erschien das von Stettenheim redigierte *Wippchen* als Sonntags-Beilage zu dem damals von seinem Schwiegersohn, Leo[n] Leipziger, herausgegebenen *Kleinen Journal*.[38]

Wippchens stilistische Entgleisungen und falsche Begriffsbilder, die er im voraus durch die immer wiederkehrende Redewendung »Verzeihen Sie das harte Wort!« zu entschuldigen pflegte, beschäftigten Philologen, Lexikographen sowie den Psycho- und Witzanalytiker Sigmund Freud.[39] Dank Fontanes Romanen *Frau Jenny Treibel* (1892) und *Effi Briest* (1895) verschaffte sich Stettenheims schöne Witzblattfigur sogar Eintritt in die hohe Literatur. Während Effi, eine Leserin des *Kladderadatsch* und der *Berliner Wespen*, »Karlchen Mießnick« und »Wippchen von Bernau« zu ihrem »Liebling« erklärt, bestätigt Vetter Dagobert: »Ja, das sind die Besten. Aber Wippchen, der übrigens – Pardon, schöne Cousine – keine Kladderadatschfigur ist, Wippchen hat gegenwärtig nichts zu tun, es ist ja kein Krieg mehr. Leider . . .«[40]

Zum Abschluß seien hier zwei Berliner Publizisten zitiert, die mit ihrem Urteil – jeder auf seine Weise – ins Schwarze trafen. Stettenheims Schüler und Mitverfasser der Wippchen-Berichte, Alexander Moszkowski, bewertete seinen Lehrmeister wie folgt: »Sein Genre war klein, aber er war groß in diesem Kleinen.« Und Maximilian Harden, der Mann der *Zukunft*, sagte 1911 über den dreißig Jahre älteren Mann der »Vergangenheit«: »Was Stettenheim für die Psychologie der Zeitungsmenschheit geleistet hat, wird ganz erst offenbar werden, wenn der Wille entstanden ist, Wippchen *ernst zu nehmen:* nicht das putzige Kind karikierender Laune in ihm zu sehen, sondern eine vor den Zerrspiegel gezwungene Figur unserer Wirklichkeit.«[41]

Ende 1880 entschloß sich der Buchhändler und Verleger Bernhard Brigl, die *Tribüne* zu verkaufen. Da die neuen Eigentümer auf die Übernahme der *Berliner Wespen* verzichteten, veräußerte Brigl die Beilage für einen »ziemlich hohen« Preis an den befreundeten Verlag Albert Hofmann & Comp.[42] Dort erschien das Blatt ab 6. April 1881 (Nr. 13) – neben dem *Kladderadatsch* – als selbständige publizistische Einheit zu einem beträchtlich erhöhten Preis von 2 Mark pro Quartal. Stettenheim, der seit 1874 auch Beiträge für den *Humoristisch-satirischen Volkskalender des Kladderadatsch* geschrieben hatte, blieb gemäß eines lebenslänglichen Vertrages weiterhin Herausgeber.

Die Trennung von der *Tribüne* bekam den *Berliner Wespen* offensichtlich schlecht. Trotz einer breit angelegten Werbekampagne – im September 1881 erhielten 50 000 öffentliche Lokale des Deutschen Reiches an fünf aufeinanderfolgenden Freitagen fünf »Propaganda-Nummern« zugestellt – ging die Auflage zurück. Infolgedessen verkaufte Rudolf Hofmann die Neuerwerbung ein Jahr später »für einen ganz niedrigen Preis« an den Verleger Robert Davidsohn, der sie seinen beiden Tageszeitungen – *Berliner Börsen-Courier* (1884: 15 600 Exemplare) und *Berliner Courier* (1884: 5 000 Exemplare)[43] – vom 5. Mai 1882 bis zum 27. Juni 1884 jeden Freitag gratis beilegen ließ.

Nach einer Periode des Übergangs gab Stettenheim die *Berliner Wespen* ab Nr. 40 vom 2. Oktober 1885 im Selbstverlag heraus.[44] Aufgrund einer Vereinbarung mit dem linksliberalen Parlamentarier und Publizisten Eugen Richter erschien das Witzblatt überdies vom 4. September 1885 (Nr. 36) bis Ende Dezember 1886 als Beilage der neu gegründeten *Freisinnigen Zeitung* (Auflage 1886: circa 16 500 Exemplare).[45]

Doch schon am 1. Januar 1887 erlangten die *Berliner Wespen* ihre Unabhängigkeit zurück, da die Zusammenarbeit mit dem notorischen Bismarckgegner die publizistische Bewegungsfreiheit Stettenheims und seiner Mitarbeiter zu stark eingeschränkt hatte. Im gleichen Jahr wurde der an den Händen gelähmte Zeichner Gustav Heil allmählich durch den zwanzigjährigen Franz A. Jüttner ersetzt, der damals verschiedene illustrierte Zeitschriften mit Karikaturen versorgte.

Am 29. September 1887 (Nr. 39) feierte das zweitälteste Witzblatt Berlins sein fünfundzwanzigjähriges Jubiläum *(Abbildung 113)*. In dem bitter-süßen Festtagsgedicht findet sich eine deutliche Anspielung auf den umgefallenen *Kladderadatsch*:

»Wir seh'n, wie Viele, die in Reih' und Glied
Mit uns gestanden, offen desertiren,
Und hören singen sie der Gegner Lied,
Für deren Brod sie jetzt die Feder führen.
Wir lassen singen sie aus voller Brust
Und schlucken lachend unsern Mißmuth nieder:
Ein solcher Deserteur ist kein Verlust,
Kommt er um Gotteswillen nur nicht wieder.«

Nach zwei wechselvollen Berliner Jahrzehnten gab das nur mehr sechstausend Abonnenten zählende humoristisch-satirische Wochenblatt am 22. März 1888 (Nr. 12) seinen rein politischen Charakter auf. Es erschien von nun an in der neu gegründeten Berliner Verlagsbuchhandlung S. Fischer. Von dem damals knapp dreißigjährigen Samuel Fischer (1859 bis 1934), der später dank seiner Erfolgsautoren (Gerhart Hauptmann, Hugo von Hofmannsthal, Thomas Mann und anderen) »ein bedeutendes Stück deutscher Literatur- und Kulturgeschichte« werden sollte (Peter de Mendelssohn),[46] stammte auch der geänderte Titel *Deutsche Wespen (Abbildung 114)*.

Die acht bis zwölf Seiten betragende, reich illustrierte Wochenschrift (Satzspiegel: 18,3 × 23,5 cm) kostete ebenfalls 2 Mark pro Quartal. Sie behielt zwar die dem Leser vertrauten politisierenden stehenden Figuren bei, entnahm aber ihren Stoff vor allem dem »gesellschaftlichen und öffentlichen Leben«. Mit Hilfe neuer schriftstellerischer Mitarbeiter – unter ihnen befand sich auch der spätere Chefredakteur des *Ulks* – Sigmar Mehring (1856 bis 1915) – und »namhafter Künstler« (auch aus dem Leserkreis) wollten die *Deutschen Wespen* »den eigentlichen Beruf des Witzblattes, zu erheitern, sicherer erfüllen«.[47]

Dies scheint der Zeitschrift, die im Juli 1890 in den Verlag von Hugo Steinitz übergegangen ist, auf die Dauer nicht gelungen zu sein. Gewiß, als Beilage der von dem Druckereibesitzer Rudolf Gensch bis 1890 herausgegebenen »extrem deutsch-freisinnigen« *Berliner Presse* brachte sie es auf stolze 28 000 bis 30 000 Exemplare zuzüglich knapp 4 000 separat verkaufter Nummern.[48] Als selbständiges Unternehmen konnten sich die *Deutschen Wespen* jedoch nicht halten. Ende März 1894 trennte sich Stettenheim von dem Blatt. Eigentümer war nunmehr Gustav Adolph Fuchs (1857 bis 1929), Verleger und verantwortlicher Redakteur der gebürtige Ungar Alfred Weis (Jahrgang 1856), Drucker Wilhelm Ißleib. Am 29. September 1894 (Nr. 39) stellten die *Deutschen Wespen* ihr Erscheinen ein.

113 *Berliner Wespen,*
Nr. 39 v. 29. 9. 1887
Die Berliner Wespen und ihre Leute
Karikatur von Franz Jüttner
Die 1862 in Hamburg gegründeten, Ende 1867 in die preußische Hauptstadt übergesiedelten *Berliner Wespen* stellen anläßlich ihres 25jährigen Jubiläums die von Julius Stettenheim geschaffenen festen Rubriken und »stehenden Figuren« vor. *Im Vordergrund (von links nach rechts)* erkennt man den aufdringlichen »Interviewer« öffentlicher Persönlichkeiten, ferner den Vertreter der »offiziösen«, aus Bismarcks Geheimfonds unterstützten Journalisten, »Dr. Reptilius«, den »Lokalreporter« Leiermann sowie den durch eine Schlafmütze charakterisierten »alten Schlendrian«. *Im Hintergrund* verlangt der bis heute unvergessene »Kriegskorrespondent« Wippchen wie üblich einen Vorschuß *(links)*. Daß der meist angeheiterte Nante-Nachfolger Muckenich *(rechts)* nicht fehlen darf, versteht sich von selbst.

Herausgegeben von Julius Stettenheim.

№ 27.	Man abonnirt auf die Deutschen Wespen für 2 Mk. viertelj. bei allen Post-Anstalten, Buchhandlungen, Zeitungs-Spediteuren und in der Expedition Berlin W., Kronenstraße 4/5. **Erscheint wöchentlich.** Einzel-Nummer 20 Pf.	Der ganzen Folge 28. Jahrgang.

(Die **Deutschen Wespen** bringen nur Original-Artikel. Abdruck, auch solcher mit Angabe der Quelle, wird gerichtlich verfolgt.)

Sentimental.

Vier Sträflinge werden aus ihrer Haft entlassen. Vor dem Thore drehen sie sich um und fangen, gegen das Zuchthaus gewendet, an zu singen:

„So leb' denn wohl, du stilles Haus,
Betrübt zieh'n wir von dir hinaus,
Und finden wir auch's größte Glück,
Wir denken doch an dich zurück."

Die Küsse.

Nach Lessing.

Ein Küßchen auf die Hand gedrückt,
Wobei man sich respektvoll bückt,
Kommt als ein Kuß kaum in Betrachtung,
Denn er beruht auf bloßer Achtung.

Ein Küßchen auf die Stirn gepreßt,
Das ruhig man geschehen läßt,
Das ist wohl einer von den süßen,
Doch mehr ein väterliches Grüßen.

Ein Kuß, den man auf's Lockenhaupt
Verstohlen drückt, unmerklich raubt,
Ist das ein Kuß? Wer sagt es, wer:
Er rührt von stiller Liebe her.

Ein Kuß, den man im Nu erhascht,
Der wie ein Blitzstrahl überrascht
Und weithin schallt, heißt vulgo Schmatz
Und hat schon einen höhern Platz.

Ein Kuß gedrückt auf Lippen weich,
Wo man empfängt und giebt zugleich,
Der Sinne raubt im Hochgenuß,
Ja, so ein Kuß, das ist ein Kuß.

Fr.

114 *Deutsche Wespen*, Nr. 27, Berlin, 1888
Titelseite
Die *Deutschen Wespen*, ein Kind einer sich wandelnden Zeit, vertreten fast ausschließlich den unpolitischen Humor.

»Täglich wird viel Ulk gemacht, Donnerstags wird er gebracht.«

Um den Erfolg seines am 1. Januar 1872 lancierten *Berliner Tageblattes*, das der werdenden Weltstadt »ein vertrauter Begleiter, ein Rathgeber und Mitstrebender« zu sein gedachte, sicherzustellen, hielt der geschäftstüchtige Anzeigenexpediteur und Zeitungsverleger Rudolf Mosse für seine Abonnenten »zum 1. April noch eine ganz besondere, hoffentlich allseitig hübsch befundene Überraschung« bereit.[49]
Die »Überraschung« war Berlins drittes langlebiges »illustriertes Wochenblatt für Humor und Satire« *[Der] Ulk*, das die Bezieher des *Berliner Tageblattes* seit dem 3. April jeden Mittwoch, dann, ab Oktober 1872, jeden Donnerstag und schließlich, vom 5. Dezember 1889 (Nr. 49) an, jeden Freitag »als Rabatt« erhielten.[50]
Der Ulk, der für 22 ½ Silbergroschen (ab 1875: 2 ¼ Mark; Einzelnummer: 1 ½ Silbergroschen beziehungsweise 25 Pfennig) im Vierteljahr auch separat bezogen werden konnte, war keine eigentliche Neugründung. Er ging vielmehr aus der bei besonderen Anlässen gedruckten Vereinszeitschrift der »Gesellschaft Ulk« hervor, einer von 1857 bis Juli 1877 in der westfälischen Gemeinde Haspe (bei Hagen) beheimateten, weit verzweigten Karnevalsvereinigung, die bis Ende 1873 auch bei der Herausgabe des *Ulks* mitgewirkt hat *(Abbildung 115)*. Seit 1874 stand die Zeitschrift, die sich fortan unter Wegfall des Artikels *Ulk* nannte, auf eigenen Füßen. Sie vergrößerte ihr Format mit der Begründung, daß der Leserkreis »bedeutend jrößer jeworden is« (Nr. 1 vom 1. 1. 1874). Der Satzspiegel der vier Seiten betrug nunmehr 22 × 32,5 cm. Im Lauf seines Bestehens veränderte der *Ulk* mehrmals seine Titelvignette. Den Mittelpunkt bildete jedoch stets eine vor einem belaubten Eichenstamm kauernde, bebrillte Eule (aus niederdeutsch ūle; Verkleinerungsform ū) als Symbol von »Mummenschanz« und »lärmendem Spaß«. Seit Januar 1875 leisteten der stolzen Besitzerin eines »Ehrendiploms« für Humor und Satire zwei schaukelnde Narren Gesellschaft, die eine Feder beziehungsweise einen Zeichenstift aufgeschultert hatten.
In den ersten drei Monaten wurde *Der Ulk* von dem ehemaligen Buchhalter August Ferdinand Herzke (geboren am 7. September 1844) redigiert. Am 1. Juli 1872 übertrug Mosse die Leitung des Blattes dem gebürtigen Schlesier Siegmund Haber, der auch die derb-volkstümlichen »Sonntags-Plaudereien« des *Berliner Tageblattes* verfaßte. Hauptillustrator war von Anbeginn der nebenher für die *Illustrirte Zeitung* (Leipzig) arbeitende Maler Hermann Scherenberg (1826 bis 1897), ein Verwandter des mit Theodor Fontane befreundeten Dichters Christian Friedrich Scherenberg. Auch dieser Zeichner war – wie Scholz und Heil – in hohem Maß den Klassikern verpflichtet und entbehrte daher aus heutiger Sicht der künstlerischen Originalität. Nichtsdestoweniger besitzen seine satirischen oder auch pathetischen Illustrationen einen von den Kunsthistorikern naturgemäß unterschätzten politischen Wert.
Siegmund Haber, der – wie Adolf Glaßbrenner und David Kalisch – den Kaufmanns-

mit dem Journalistenberuf vertauscht hatte, zeichnete sich weniger durch »satirische Schärfe« und »blendenden Witz« aus als durch »das harmlos Gemüthliche, einladend Behäbige, liebenswürdig Freundliche«.[51] Haber sprach und schrieb »wie das Volk«. Nicht seine Leitgedichte, die auf Bildungsstoff weitgehend verzichteten, machten ihn bekannt, sondern die von ihm geschaffenen Witzblattfiguren.

Der eulengesichtige Chefredakteur Dr. Ulk vertrat gewissermaßen das Blatt nach außen. Seine Gedanken über Gott und die Welt waren der ernstheiteren Rubrik »Aus

Der ULK

Dieser „Ulk“ erscheint Mittwochs. Sämmtliche Postanstalten des In- u. Auslandes sowie Buchhandlungen und Zeitungsspediteure nehmen Abonnements entgegen.

Der Abonnementspreis beträgt vierteljährlich für In- u. Ausland 22½ Sgr. (1 Fl. 22 Kr.) Einzelne Nummern 1½ Sgr.

Illustrirtes

Wochenblatt für das Gesammtgebiet des Humors und der Satyre.

Herausgegeben unter Mitwirkung der „Gesellschaft Ulk“ von Haspe.

Ulk ist die unvermeidliche Beigabe unserer großen Zeit, **Ulk**, soweit die Unfehlbarkeit ausgebrochen ist, **Ulk** von Mecklenburg bis China, **Ulk** in Cisleithanien und in Versailles, **Ulk** in Moabit und sogar in Berlin, **Ulk** an der Universität und an der Börse, **Ulk** in Papieren und in Geldern, selbst in denen, welche überzeichnet und in einem dreijährigen Pauschquantum im Voraus bewilligt werden. Ueberall **Ulk** und nochmals **Ulk**!

In richtiger Würdigung dieser Verhältnisse (so schreiben alle Gründer) haben wir in uneigennützigster Weise (wie alle Gründer) beschlossen, obiges Papier, welches überall Cours hat, unter den beigedruckten Bedingungen unverzüglich zur Subscription zu stellen. Dasselbe dient namentlich zur Erleichterung des Verkehrs

der Gesellschaft Ulk von Haspe,

welche seit ihrer **Begründung** (1857) sich ein Ansehen zu verschaffen gewußt hat, wie es das unfehlbare Papstthum bis zu dem Ende der Dinge nicht erlangen kann.

Es hieße den Schleier zu sehr lüften, wollten wir den mannichfachen Inhalt des „Ulk“, sintemal derselbe sein Material auch unter den Vertretern und Trägern der

Unfehlbarkeit, Lüge und Kriecherei

sucht, näher bezeichnen.

Nur eins kann verrathen werden: Der „Ulk“ hat die gewiegtesten Vertreter des Humors und der Satyre annectirt, und alldieweil der Dritte hienieden ein Freund des Ulks, so ist auch, Dank der letzten, bekanntlich äußerst zuverlässigen Volkszählung, unser „Ulk“ bereits in der glücklichen Lage, schon jetzt

436,925,718

sage vierhundertsechsunddreißig Millionen, neunhundertfünfundzwanzig, Tausend siebenhundert und achtzehn Verehrer zu zählen, welche ihre wahre Anhänglichkeit nun auch durch fleißiges Abonniren bekräftigen wollen.

Berlin, im März 1872.

Die Verlagshandlung des „Ulk“. (Rudolph Mosse.)

Die Redaction des „Ulk“.

115 *Berliner Gerichts-Zeitung*, Nr. 34 v. 21. 3. 1872
Der Verleger des *Berliner Tageblatts*, Rudolf[ph] Mosse, kündigt für das nächste Quartal eine illustrierte humoristisch-satirische Wochenbeilage an.

Dr. Ulk's Tagebuch«, der »Rundschau des Ulk« oder seinen »Briefen« zu entnehmen. Mit der am 20. November 1873 (Nr. 53/54) zum ersten und am 13. Dezember 1895 zum letzten Mal auftretenden Paula Erbswurst machte endlich auch eine weibliche Witzblattfigur Karriere. Die ihre Toilette und Frisur der neuesten Mode anpassende »Confektionsdame« verkörperte auf humorvolle Weise die Berliner Näherin, die als Typ in der Literatur wie folgt geschildert wird: »Immer propper und adrett, keß, charmant, stets das Herz auf dem rechten Fleck, ›mit Schnauze‹, wie alle Berliner, versteht sich.«[52] Paula Erbswurst begegnet uns als eine mit der deutschen Orthographie und Grammatik schwer kämpfende Korrespondentin, die Ministern, Bürgermeistern, Theater- und Museumsdirektoren und natürlich immer wieder Bismarck und ihrem »liebsten Doktorchen«, das heißt der Redaktion, in unverblümter Weise ihre Meinung sagt.

Hier ein Auszug aus einem Schreiben »an den Herrn Finanzminister« (*Ulk*, Nr. 6 vom 5. Februar 1874), als das in den Berliner Witzblättern häufig beklagte Schicksal der Privatdozenten wieder einmal zur Debatte stand: »Liebes Excellenzchen! Wo Sie soviel Geld haben! ... So ein außerordentlicher Professor, ... nun, was hat er denn? Selbst wenn er schon Privatdocent ist. Fünf Zuhörer, kein Gehalt, dafür die Kollegiengelder stunden, und nie am häufigsten wiederkriegen, doch ich will nicht vorgreifen ... Es ist ja richtig. Gar zu dicke darf es so ein Professor auch nicht haben, namentlich wenn er noch nicht Professor ist. Denn wo zuviel Geld ist, wird Abends ausgegangen ...« Und Paula Erbswurst fuhr in ihrem Plädoyer, das vor allem die betroffenen Leser mit Schmunzeln zur Kenntnis genommen haben dürften, fort: »Aber ein Bischen ginge schon, Lenzchen, Sie könnten es ja wo anders abknapsen. Soll ich Ihnen sagen: wo? Beim Militair ...«

Ihre Auslassungen, in denen immer ein Körnchen Wahrheit steckte, wirkten schon komisch durch die stets wiederkehrenden Redewendungen »Doch ich will nicht vorgreifen«, »ich kann es nicht anders leugnen« und »dies will ich ungelogen sein lassen«. Noch heute werden sie im *Büchmann* als »geflügelte Worte« überliefert. Die neue stehende Figur, die sich lange Zeit hindurch einer »bis in die weitesten Kreise hinreichenden Beliebtheit« erfreute,[53] war ein echtes Kind der Zeit. Ihr Name erinnerte an die 1870 von dem Berliner Koch H. Grüneberg erfundene und in den Handel gebrachte »Deutsche Erbswurst«, ein aus Erbsmehl, gehacktem Speck, Schweinefleisch, Zwiebeln, Pfeffer und einem Festiger (»lupus«) hergestelltes Nahrungspräparat, das bei der Verpflegung der Armee eine ausschlaggebende Rolle gespielt hatte.[54] Ihr Beruf – Confektionsdame – und ihre Adresse – Hausvoigteiplatz links – waren eine Anspielung auf jenes mitten im Herzen Berlins gelegene Stadtviertel, das nach der Niederlage Frankreichs im Begriff stand, das Zentrum der europäischen Bekleidungsindustrie, namentlich der »Mode von der Stange« zu werden.

Der große Bruder der Paula Erbswurst – Nunne – stand, wie Stettenheims Muckenich, in der Nante-Tradition. Seit 1872 begegnet man diesem an seiner Trinkernase erkennbaren Volkstyp in unregelmäßigen, ab 1874 in wöchentlichen Abständen, jeweils auf Seite drei, später auf Seite sechs. Nunnes in der Berliner Volkssprache geführte Räsonnements pflegten mit der Feststellung zu enden: »Ick habe e't aber immer jesagt, die Menschen sind eben zu komische Leute.«

Fontane hat Nunne – wie Glaßbrenners Nante und Stettenheims Wippchen – literarisch verwendet. Im zweiten Kapitel des 1892 erschienenen Romans *Frau Jenny Treibel* heißt es: »In dem mit dem Boudoir korrespondierenden, an der anderen Seite des Frontsaales gelegenen Zimmer saß Kommerzienrat Treibel und las das ›Berliner Tageblatt‹. Es war gerade eine Nummer, der der ›Ulk‹ beilag. Er weidete sich an dem Schlußbild und las dann einige von Nunnes philosophischen Betrachtungen. Ausgezeichnet ... Sehr gut ...«

Wer war dieser Nunne, dessen »philosophische«, das heißt in der Regel politische Betrachtungen den Kommerzienrat entzückten? In einer der ersten Ausgaben des *Ulks* hatte er sich selbst wie folgt vorgestellt: »Die Hörner hab' ick mir zwar abjeloofen, davor habe ick aber ein dickes Fell, eine jroße Schnauze, und schreibe eine furchtbare Klaue ...« Ganz nebenbei erfuhr der Leser außerdem, daß er »niemals Miethe bezahle«.[55]

Paula Erbswurst, die mit Habers Tod (1895) einging, und Nunne, der bis 1913 (Nr. 28 vom 13. Juli) weitergeführt wurde, waren zwar die berühmtesten Kreaturen des langjährigen Chefredakteurs, aber nicht seine einzigen.

Vom 1. Januar 1874 (Nr. 1) datiert die Rubrik »Von Herrn Joseph Tulpenthal eigenhändig erlebt und erzählt im Kreise seiner Bekannten«. Im Gegensatz zum »Börsianer« des *Kladderadatsch* – Zwickauer – bemühte sich Tulpenthal um eine gewählte Ausdrucksweise; sein Jiddisch ist lediglich an der Satzstellung erkennbar. Am 5. März 1874 (Nr. 10) wurde die Rubrik »Wie das Volk spricht« eingeweiht; am 21. Mai desselben Jahrs (Nr. 21) begannen die »Unterhaltungen am wirthshäuslichen Herd«; am 22. Oktober (Nr. 43) eröffnete Fräulein Luitpolde von Seeflauge einen äußerst komisch wirkenden »empfindsamen Briefwechsel« mit ihrer Freundin Hildegard Stoobkübel.

Seit dem 15. März 1877 verfaßte der Sextaner Fritz Tintenklex nach dem Beispiel des Karlchen Mießnick Aufsätze, »künstlerische Versuche« oder »Schreibebriefe«. Am 3. Mai (Nr. 18) desselben Jahres bewarb sich Dr. Entoutcas (aus dem Französischen: »in jedem Fall«) beim *Ulk* mit folgenden überzeugenden Worten um eine Kriegskorrespondentenstelle: »Ich schwöre Ihnen zu, daß ich Alles, was meine Collegen da unten doch nicht zu sehen bekommen, durch meine rege Einbildungskraft vollständig ersetze ...« Seine bis zum 7. Februar 1878 (Nr. 6) abgedruckten »Original-Berichte«, die »mitten im tollsten Kugelregen«, »in einer Regentonne« oder »auf dem Tender der Lokomotive« entstanden, wurden freilich völlig in den Schatten gestellt durch die gleichzeitig in den *Berliner Wespen* veröffentlichten Korrespondenzen des »Herrn Wippchen«.

Vom 12. September 1878 datieren dann die brieflichen Herzensergüsse des Abgeordneten Damian Schwanker aus dem Wahlkreis »Schlapphaide«. Es handelte sich um eine gelungene Persiflage des charakterlosen, nach Anerkennung gierenden, durch Bismarcks Spiel mit den Parteien konsternierten konservativen Volksvertreters. Am 10. Februar 1881 schrieb er an seine Frau: »Nein, wenn man sich die Sache näher überlegt, dann möchte man aus soviel Häuten fahren, als man irgend auftreiben kann. Uns von der Rechten läßt er links liegen, und dem wüsten Fortschrittler [Eugen Richter] wirfte er eine Kußhand zu! Schicke mir jedenfalls sobald als möglich meinen alten Schlapphut hierher; der verleiht mir ein liberaleres Ansehen«.[56]

Endlich verfaßte Siegmund Haber noch die humorvollen »Original-Mitteilungen« über Konzerte, Ausstellungen, Bälle und Wohltätigkeitsveranstaltungen der »Frau Rentier Schladeberg aus der Manteuffelstraße«. Sie erschienen seit dem 4. Dezember 1884 (Nr. 49) und erinnern im Ton (»Weißte, Männe, sag' ich . . . «) an die von Julius Stinde um dieselbe Zeit geschaffene, als Vertreterin des Berliner Kleinbürgertums bald weltberühmte »Wilhelmine Buchholz«.[57]

Selbstverständlich hatte auch der *Ulk* seinen »Briefkasten«, der mit dem Aufkommen des Fernsprechers in »Redaktionstelephon« umbenannt wurde (Nr. 47 vom 22. November 1877).

Am 19. März 1885 überraschte das Blatt (Nr. 12) seine Abonnenten und Leser mit folgender Mitteilung: »Ermuntert durch die uns in so reichem Maße zugehenden Beifalls-Aeußerungen, werden wir von nun an den ›Ulk‹ im vorliegenden, vergrößerten Format erscheinen lassen. Wir sind hierdurch in der Lage, dem unpolitischen Humor einen weiteren Spielraum als bisher einräumen und die Zahl unserer Illustrationen verdoppeln zu können.«

Künftig betrug der Umfang des *Ulks* acht Seiten, allerdings war der Satzspiegel auf das ursprüngliche Format (20 × 28 cm) herabgesetzt worden. Der Preis blieb unverändert.

Seit März 1885 muß der *Ulk* als ein ausgesprochener Witzblatt-Mischtyp bezeichnet werden, bei dem der »unpolitische« Humor (humoristische Gesellschaftsskizzen, Modetorheiten, literarische Fehden[58] etc.) den politischen übertraf. Als große Neuerung ist hervorzuheben, daß jetzt sowohl die Text- als auch die Bildbeiträge gezeichnet waren. Neben Siegmund Haber und Hugo Littauer (Pseudonym Ernst Freimuth; 1841 bis 1887), der schon seit 1874 zur Redaktion gehörte, trat nun auch der Herausgeber der 1884 eingegangenen *Berliner Montags-Zeitung* und spätere Nachfolger Habers: Richard Schmidt-Cabanis. Aus »Ekel gegen faule Eier« wollte er sich anfangs auf »die harmlosesten Themata« beschränken.[59] So schuf er am 5. Februar 1885 (Nr. 6) die später auch in Buchform herausgegebene Rubrik »Aus Jeheimraths-Jette's Selbstschriften-Album«. Die aus einem Berliner Arbeiterviertel stammende Köchin, eine »in der Breite fast mehr als distinguirte Figur«, führte sich mit folgendem Dichtwerk ein:

»Jette, Jott! det Jötter-Jlück!
Wie ick heut aus-t Blatt vernommen,
Sind hier ebend virzehn Stick
Marokkaner anjekommen,
Die bei's zweite Rejement
Mank den Jarde-Fihselieren
(– Weil man des da noch nich kennt –)
Lernen sollen det Ex'ieren. –

Daß mein Herz jetzt jrade frei –
Dir verdank' ick's, falscher Fischer,
Der seit jestern unjetrei
Mir jeworden – dieser Discher!
Racheschnaubend schaur' ick los
Drum auf Töppe heit un Stirzen:
Könnt' ick eenen eenz'gen blos
Man erwischen von die Virzehn!

Haben sollt' er's wie ein Firscht:
Holz – un Wasserdragen – jo nich!
Abends statt die Knoblauchswirscht
Auf die Stulle: Dattelhonig.
Un weil es doch wärmer da,
Würd' ick ihm die Küche hitzen,
Det er wie in Afrika
Sollte mollig dadrin schwitzen!«[60]

Schmidt-Cabanis nahm somit die Tradition seines verstorbenen Freundes Glaßbrenner wieder auf, der in den dreißiger und vierziger Jahren die »dienenden Stände« Berlins literaturfähig gemacht hatte. Die gereimten Schnoddrigkeiten der oft über ihre Herrschaft schimpfenden und diese auch manchmal übervorteilenden Köchin übten »stets eine hochkomische Wirkung« aus.[61]

Seit dem 22. Juli 1886 trat Schmidt-Cabanis in der Gestalt des Harfenspielers als »der blinde Seher« des *Ulks* auf. In seinen »sozial-philiströsen« und politischen »Prophezeiungen«, einer Spielart der in den siebziger Jahren aufgekommenen Tinglingling-Lieder,[62] bewältigte er mit Wort und Reim »die kühnsten Balancierübungen« *(Abbildung 116)*.[63]

Illustrirtes Wochenblatt für Humor und Satire

Wieso und wann das Blatt erscheint.
Täglich wird viel Ulk gemacht,
Donnerstag wird er gebracht.

Familienverhältnisse des Ulk.
Scherenberg der illustrirt,
Siegmund Haber redigirt.

Entre nous.
Abonnent vom Tageblatt
Kriegt ihn gratis, als Rabatt.

Einzelverkauf.
Für fünfundzwanzig Pfennig eine Nummer,
Ob's nicht zu billig, das ist unser Kummer.

Nummer 48 | Berlin, 28. November 1889 | 18. Jahrgang.

An unsere Leser.

Hört, was ich heut zu verkünden hab'
Dem theuern Kreise der Meinen:
Der „Ulk" wird von nächster Nummer ab
Erst Freitags jetzt immer erscheinen!

Und daß ich mir grad erwählt zum Jourfix
Den Freitag, liegt nicht in den Grenzen
Der flüchtigen Laune des Augenblicks,
Noch meiner freien Tendenzen;

Die ries'ge Auflage bot mir den Grund,
Eine längere Frist zu erhalten;
Ich brauche die Zeit, noch kunstreicher und
Sorgfält'ger den Druck zu gestalten.

Bisher ist der Freitag als Unglückstag
Bei uns in Verruf ja gewesen,
Als Glückstag fürder er gelten mag
Für Alle, die gern mich lesen!

Wie bald sind nicht zweimal zwölf Stunden entflohn,
Drum laßt Euch das Ding nicht verdrießen!
Mit Achtung
ergebenst
die Redaktion
(Postscriptum: Die Obigen grüßen!)

116 *Ulk*, Nr. 48 v. 28. 11. 1889
An unsere Leser
Zeichnung von Hermann Scherenberg
Von links nach rechts: die von Richard Schmidt-Cabanis geschaffenen stehenden Figuren Jeheimrats-Jette und der blinde Seher. *In der Mitte* nimmt der Nante-Nachfahre Nunne einen Ehrenplatz ein. Der Reigen wird angeführt von Paula Erbswurst und Dr. Ulk.

Im Juni 1886 (Nr. 23 vom 10. Juni) tauchte im *Ulk* auch zum ersten Mal der Name Sigmar Mehring auf. Dieser war damals noch als freier Journalist für mehrere Berliner Blätter tätig, bevor er 1896 sein Talent fast völlig in den Dienst des Mosseblattes stellte.

Im Zuge der Erweiterung des Inhalts suchte der *Ulk* (Nr. 15 vom 9. April 1885) »tätige Zeichner für humoristische Bilder«. Von den neuen Kollegen Scherenbergs erreichten der Autodidakt Henry Albrecht (1857 bis 1909), der Porträtist Hans Holtzbecher (geboren 1861), ferner der Schöpfer zahlreicher Kaiserdenkmäler, Ludwig Manzel (1858 bis 1936), und der Illustrator Otto Marcus (1863 bis 1952), der zwischen 1892 und 1898 einer der Hauptzeichner des sozialistischen Witzblattes *Der W[w]ahre Jacob* werden sollte, den höchsten Bekanntheitsgrad.[64]

Der *Ulk* wurde – wie die *Berliner Wespen* – vom Königlichen Polizeipräsidium unter der Kategorie »jüdisch-fortschrittlich« eingestuft und aufmerksam geprüft. Zwischen 1872 und 1890 übersandten die eifrigen Beamten der Staatsanwaltschaft sechzehn Nummern »zur gefälligen Kenntnisnahme und eventuellen weiteren Veranlassung«. Aber nur eine von ihnen (Nr. 4 vom 28. Januar 1875) wurde, nicht etwa wegen ihrer politischen, sondern wegen ihrer aus damaliger Sicht erotischen Brisanz, beschlagnahmt *(Abbildung 117)*. Ein anderes Mal ist Haber wegen Beleidigung des Gouverneurs von Berlin, General Ferdinand von Stülpnagel, zu einer Geldstrafe von 150 Mark verurteilt worden.[65]

117 *Ulk*, Nr. 4 v. 28. 1. 1875
Die obligatorische Fleischschau
Holzschnitt von Hermann Scherenberg
Nicht wegen einer politischen Unbotmäßigkeit, sondern wegen eines »unsittlichen« Bildes ist diese Ausgabe des *Ulks* polizeilich beschlagnahmt worden. Es handelt sich um eine der frühesten erotischen Darstellungen in einem Berliner Witzblatt.
Der Titel ist eine Anspielung auf die damals diskutierte »Fleischbeschau«, das heißt Trichinenschau.

Dank der Inseraten-Agitation – manche Gegner sprachen von »marktschreierischer Reklame« – des Hauses Mosse einerseits und der polizeilichen Übersichten andererseits können über die Auflagenentwicklung des *Ulks* folgende Angaben ohne Gewähr gemacht werden:[66]

Jahr	Auflage	Postvertrieb
1872	7 119	
1873 (September)	23 000	
1874 (Oktober)	27 000	
1875	41 800	
1877	55 000	
1878	60 000	26 863 (*Ulk* separat: 215)
1879	65 000	
1880	75 000	31 641
1881	80 000	32 315
1883	60 000	34 775
1884	70 000	33 949
1885	70 000	34 233
1886	70 300	33 719
1887	65 000	36 895
1888	71 000	39 609
1889	68 000	35 359

Der Vertrieb des *Berliner Tageblattes* (und damit des *Ulks*) erstreckte sich über ganz Deutschland, alle größeren europäischen Staaten, Nordamerika und Brasilien. Sein Erfolg hing eng zusammen mit dem 1876 eingetretenen Journalisten Arthur Levysohn (1841 bis 1908), der 1881 an die Spitze der Redaktion trat und aus der Lokalzeitung ein Weltblatt machte.[67]

Liberale Witzblattvielfalt

Die drei Großen – *Kladderadatsch*, *Berliner Wespen* und *Ulk* – beherrschten zwar den Markt, aber es gelang ihnen nicht, den Wettbewerb völlig auszuschalten. In der Tat förderte das geistige Klima Berlins eine diversifizierte liberale Witzpresse im gleichen Maß, wie es das Aufkommen anders gearteter humoristisch-satirischer Periodika behinderte.

So erschien namentlich die der Deutschen Fortschrittspartei treu gebliebene *Berliner Montags-Zeitung* weiter und wurde über den Londoner Agenten Franz Thimm in England, Indien, China, Japan und Südamerika verkauft.[68] Nach wie vor hatte ihr Herausgeber, Adolf Glaßbrenner, eine hohe Meinung von der heute noch viel diskutierten öffentlichen Aufgabe der Presse:

»Bist Du nicht der Wahrheit Spiegel,
Widerhall der Ueberzeugung?
Bist Du nicht des Frevels Zügel,
Sporn jedweder bessern Neigung?
Bist Du Schutzmann nicht und Wächter,
Ziehst zum Lichte, was verborgen?!
Ist für kommende Geschlechter
Nicht Dein Denken, Nicht Dein Sorgen?«[69]

Am 1. Januar 1872 erneuerte Glaßbrenner den Arbeitsvertrag Richard Schmidts – erst ab Nr. 15 vom 8. April 1872 nannte er sich offiziell Schmidt-Cabanis –, der bis zum 10. März (Nr. 10) »stellvertretend«, dann allein verantwortlich zeichnete. Das garantierte Mindesthonorar wurde von 30 auf 40 Taler angehoben und stieg proportional zur Auflage (über 1 500 Exemplare). Außerdem erhielt Schmidt-Cabanis eine von der Auflagenentwicklung abhängige »Extra-Bonifikation« sowie eine »Extra-Renumeration« von vier Talern, wenn er Glaßbrenner bei der Zeitung länger als acht Tage »vollständig« vertrat. Originalbeiträge des »Hauptmitarbeiters« wurden gemäß eines Spalten-Honorar-Satzes von 5 Talern honoriert. Endlich verpflichtete sich Glaßbrenner, respektive dessen Rechtsnachfolger, »sämtliche durch eine eventuelle gerichtliche Verurteilung« über Schmidt-Cabanis verhängten Geldstrafen zu bezahlen, ebenso die Prozeß- und Verteidigungskosten. Im Fall einer Gefängnisstrafe sicherte Glaßbrenner Schmidt-Cabanis eine »Extra-Bonifikation« zu, sofern er die für die *Berliner Montags-Zeitung* anfallenden Arbeiten den Umständen entsprechend weiterführte. Dieser Vertragspunkt war nicht ohne Bedeutung, denn der Redakteur ist zu zwei höheren Geldstrafen (50 und 500 Mark) – davon einmal wegen »Bismarck-Beleidigung« (Januar 1882) – und zu einem siebentägigen Gefängnisaufenthalt in »Plötzensee« wegen »Gotteslästerung und Beschimpfung einer Einrichtung der christlichen Kirche mittels der Presse« (Oktober 1883) verurteilt worden.[70]

Neben seinem »Hauptredakteur« verfügte Glaßbrenner über eine Reihe weiterer, in der damaligen literarischen Szene bekannter Mitarbeiter: Friedrich Bodenstedt, C. Ferdinand Liebetreu, Heinrich Seidel, Max Thiele, Gotthilf Weisstein und Franz Wallner.[71]

Am 25. September 1876 starb der Nestor des Berliner Humors. Der *Kladderadatsch* (Nr. 46 vom 1. Oktober) – wie übrigens auch die *Berliner Wespen* und der *Ulk* – widmete ihm ein Abschiedsgedicht, aus dem die ersten Verse zitiert seien:

»Verstummt jetzt bist du, lust'ger Spötter,
Der nicht nach Tod noch Teufel frug,
Der Pfaffenvolk und Tagesgötter
Und Leid und Kummer siegreich schlug.«[72]

Seine Witwe und Erbin, Adele Glaßbrenner-Peroni, entschloß sich, das Unternehmen weiterzuführen. Am 2. Oktober (*Berliner Montags-Zeitung*, Nr. 40) wandte sich Schmidt-Cabanis als verantwortlicher Redakteur im Namen der Mitarbeiter mit folgenden Worten an die Leser: »Die ›Berliner Montags-Zeitung‹ ist Adolf Glassbrenner's ureigenstes Werk, ihr hat er während mehr als anderthalb Decennien seine volle Schaffenskraft gewidmet, in ihr seinen der Freiheit, der Wahrheit, dem Recht geweihten Ideen Ausdruck gegeben. Mit dem Schöpfer soll nicht auch seine Lieblings-Schöpfung aus dem Leben scheiden. Die Mitarbeiter, sämmtlich durch die Bande langjähriger Freundschaft mit dem Dahingegangenen verknüpft und bezüglich seiner politischen wie socialen Anschauungen mit ihm auf gleichem Boden stehend, erachten es für eine Ehrenpflicht, die ›Berliner Montags-Zeitung‹ im Sinne und Geiste Glassbrenner's weiterzuführen . . . – gleichsam ein geistiges Denkmal für ihn, den heiteren Lieblingsdichter der Deutschen Nation.«

Obwohl Schmidt-Cabanis der *Berliner Montags-Zeitung* »seine ganze Kraft« widmete, ging der Gewinn innerhalb von einem Jahr um siebentausend Mark zurück. Ab 1878 arbeitete das Blatt, das immer weniger Anzeigenkunden hatte, mit Unterbilanz. 1880 war die Auflage auf 1 500, 1883 auf 500 (Postdebit 91) gesunken. Nachdem der Verlust auf rund 24 850 Mark angewachsen war, verkaufte Adele Glaßbrenner-Peroni die *Berliner Montags-Zeitung* Anfang 1884 für einen kümmerlichen Reinerlös von 800 Mark an den Verleger des *Berliner Tagesblattes* und des *Ulks*, Rudolf Mosse.[73]

Am 15. Februar wurde sie von Mosse mit der seit dem 2. Juli 1877 im eigenen Verlag erscheinenden »literarisch-politischen Wochenschrift« *Deutsches Montags Blatt* (Nr. 256) verschmolzen.

Gegenüber diesem unmittelbaren Konkurrenzunternehmen, das es in kurzer Zeit auf sechs- bis siebentausend Abonnenten bringen konnte, hatte die *Berliner Montags-Zeitung* – ohne ihren geistigen Motor Glaßbrenner – auf verlorenem Posten gestanden. Denn das *Deutsche Montags-Blatt*, das sich selbst als das »Lieblingsorgan der geistigen Aristokratie unserer Tage« bezeichnete, zählte neben dem Chefredakteur Arthur Levysohn nachstehende Mitarbeiter zu den seinen: die *Kladderadatsch*-Redakteure Ernst Dohm und Johannes Trojan (Rubrik »Ungereimte Chronik«), Hedwig Dohm (Rubrik »Gesellschaftliche Strafpredigten«), Karl Gutzkow, Heinrich Laube, Ernst Kossak, ferner den Verfasser der berühmten Dichter-Parodien *Nach berühmten Mustern*, Fritz Mauthner, Alexander Moszkowski (Rubrik »Musikalische Glossen«), endlich den Begründer der *Deutschen Rundschau* (1874), Julius Rodenberg, sowie

Friedrich Spielhagen und Julius Stinde, der unter dem Pseudonym »Wilhelmine Buchholz« aus »dem Leben der Hauptstadt« berichtete.[74]

Der Verlag Mosse übernahm auch den Herausgeber der *Berliner Montags-Zeitung*, Richard Schmidt-Cabanis, der nunmehr sein Talent, wie schon gezeigt wurde, in den Dienst des politisch ähnlich ausgerichteten *Ulks* stellte.

Fontane äußerte sich über das *Deutsche Montags-Blatt* am 10. Juni 1884 wie folgt: »In Potsdam kaufte ich mir gestern eine ›*Deutsche Montags-Zeitung*‹, die von denselben Leuten wie das ›Berliner Tageblatt‹ geschrieben wird. Diese *eine* Nummer enthält *elf* selbständige lange Artikel und ein Festgedicht von Schmidt-Cabanis . . . Alle elf Artikel sind von klugen, geist- und talentvollen Leuten geschrieben; ein gewisser Juden-Witz, der mir nicht sehr angenehm ist, herrscht vor, aber auch das mir am wenigsten Angenehme liest sich gut und unterhält und belehrt mich.«[75]

1888 wurde das von Fontane gelobte *Deutsche Montags-Blatt* unter dem Titel *Der Zeitgeist* mit dem *Berliner Tageblatt* vereinigt.

Am 1. Oktober 1871 ging der ehemalige Mitarbeiter der *Berliner Montags-Zeitung*, Emil Cohnfeld, der 1868 mit seinem Bruder Eugen ein Annoncen-Bureau eröffnet hatte, unter die Zeitungsgründer. Er schuf ein am Sonntag, Mittwoch und Freitag erscheinendes »Organ für Local-Nachrichten«, für das er den inzwischen frei gewordenen Titel *Berliner Figaros* wiederaufleben ließ *(Abbildung 118)*. Der »leichtfertige Springinsfeld« (3 000 Bezieher) kostete mitsamt dem Beiblatt *Berliner Börsen-Figaro* und »39 humoristischen Illustrationen« vierteljährlich anfangs 25, dann (1873) 30 Silbergroschen. Der *Berliner Figaro*, der seine »christlichen Abonnenten mit semitischen Witzen einseifte« und sie dann »über den Löffel« barbierte,[76] muß sich durch einen so virulenten Antiklerikalismus ausgezeichnet haben, daß er trotz des Kulturkampfes mit der Staatsgewalt in Konflikt geraten war. 1874 ging das Blatt in den Besitz Eduard Kraemers über und nahm damit »einen ungleich stärker nach der radikalen Richtung hin ausgeprägten« Charakter an. Drei Geld- und zwei Gefängnisstrafen waren die unausbleibliche Folge.[77]

Neben dem *Kladderadatsch* und den beiden oben genannten selbständigen Mischtypen *(Berliner Montags-Zeitung*, *Berliner Figaro)* schien in den siebziger und achtziger Jahren der Humor für viele politische Zeitungen geradezu eine moralische Verpflichtung zu sein. Sowohl Meinungsführer wie die *National-Zeitung*, für die Johannes Trojan schrieb, als auch volkstümliche Publikationen wie die *Berliner Bürger-Zeitung* gingen dazu über, ihre Leser durch »humoristische Artikel« oder wenigstens eine »kleine humoristische Ecke« bei Laune zu halten. Die bisher sporadisch aufgetretenen »Beilagen« für Humor und Satire (*Berliner Wespen*, *Ulk* und andere) wurden nunmehr zu einer regelrechten Institution. So erschien seit Juli 1873 die von dem bekannten Possendichter Hermann Salingré (1833 bis 1879) gegründete und verlegte *Neue Freie Zeitung*[78] mit der auch in Meyers *Konversations-Lexikon* (1874) erwähnten

Berliner Figaro.

Erscheint: Sonntag, Mittwoch, Freitag.

Erscheint: Sonntag, Mittwoch, Freitag.

Organ für Local-Nachrichten.

Vierteljährlich 25 Sgr.

Man abonnirt in Berlin bei sämmtlichen Zeitungs-Spediteuren.

Außerhalb nimmt jede Postanstalt Bestellungen entgegen.

Probebild aus dem Berliner Figaro.

Zukunftstraum.

Inhaltsverzeichniß.

Die Aufgabe des „Berliner Figaro" ist: ein Spiegel der Hauptstadt, ihres äußerlichen wie ihres innersten Lebens und Treibens in allen Schichten der Gesellschaft, von den vornehmsten bis zu den geringsten, zu sein, „die Kaiserstadt Berlin an jedem Tage getreu so wiederzuspiegeln, wie sie „gestern" gewesen ist". Dies thut er in seinen zahlreichen thatsächlichen Mittheilungen aus Berlin und dem Berliner Leben: Hofnachrichten, Ministerialnachrichten, Personalnachrichten, Politik, Gerichtswesen, öffentliche Schäden, Polizei, Bauernfängerei, Unglücksfälle, Vereinsnachrichten, Recensionen, Theaterleben, Börsenleben, Actien-Unternehmungen, Schwindelgeschäfte, Hochstapeleien, Verbrecherwesen, vornehme Welt, Bälle, Festlichkeiten ꝛc.; dazu Romane, Novellen ꝛc. ꝛc.

Die große Beliebtheit und ungeheuere Gelesenheit, welche sich das Blatt seit der kurzen Zeit seines Bestehens durch sein kühnes Auftreten für politische Wahrheit und politisches Recht, durch seine furchtlosen Mittheilungen und Enthüllungen aus allen dunkeln Schichten der Bevölkerung und über alle dunkeln Affairen aller Kreise bereits erworben, bürgen für die Gediegenheit und das hohe Interesse seines Inhalts.

Unsere Ultramontanen, welche gehört haben, daß seit dem großen Bürgerkriege die Schwarzen in Amerika volle Freiheit genießen, was gegenwärtig hier weniger der Fall ist, fassen den vernünftigen Entschluß, dorthin auszuwandern.

Expedition des Berliner Figaro, Berlin, Neue Promenade 7.

J. Cohnfeld's Annoncen-Bureau.

Inserate für den Berliner Figaro pro Zeile 2 Sgr.

118 *Berliner Montags-Zeitung*, Nr. 13 v. 25. 3. 1872
Anzeige der Expedition des heute nicht mehr erhaltenen *Berliner Figaros* mit deutlich antiklerikaler Tendenz. Der »Kulturkämpfer« Bismarck erscheint als Engel, geschmückt mit drei Haaren. Wenige Monate später wurden sämtliche Niederlassungen der Gesellschaft Jesu aufgelöst.

humoristischen Sonntagsbeilage *Rumor* (aus dem Lateinischen »rumor«: »dumpfes Geräusch«, mlat. »Lärm, Tumult«) *(Abbildung 119)*. Chefredakteur der *Neuen Freien Zeitung*, deren Auflage innerhalb von drei Monaten 7 000 Exemplare erreichte, war der Begründer des »Deutschen Vereins für internationale Friedenspropaganda«, Eduard Loewenthal. Am 30. Juli 1874 schrieb der überzeugte Rüstungsgegner in der *Neuen Freien Zeitung* (Nr. 175) die nachstehenden, hochaktuell wirkenden Worte: »Die von den Friedensfreunden so sehr ersehnte Aera der Völkerverbrüderung wird vielleicht erst beginnen, wenn die Zerstörungswerkzeuge eine solche Gewalt besitzen werden, daß man sich derselben nicht mehr wird bedienen können.«

Mit ihrer pazifistischen Tendenz und der vermutlich ähnlich ausgerichteten illustrierten Gratisbeilage *Rumor*, welche sich »in jeder Hinsicht den besten Witzblättern Deutschlands an die Seite stellen kann«,[79] erregte die liberale, aber antikapitalistische *Neue Freie Zeitung* natürlich das Mißtrauen der Behörden. Am 24. Dezember 1874 wurde der *Rumor* (Nr. 52) mit Beschlag belegt. In zwei Presseprozessen zu Gefängnisstrafen bis zu fünf Monaten verurteilt, ging Loewenthal 1875 nach Brüssel, London und Paris. Erst 1888 kehrte dieser Publizist, der als einer der Vordenker des Völkerbundes und der Vereinten Nationen angesehen werden kann, dank der von Kaiser Friedrich III. erlassenen Amnestie nach Berlin zurück.[80]

Die Leitung der *Neuen Freien Zeitung* übernahm nun der oben genannte, der extremliberalen Richtung zuzurechnende Chefredakteur des *Berliner Figaros*, Eduard Kraemer. Im November 1875 veranlaßte er eine der ersten größeren Fusionen in der Berliner Pressegeschichte.[81] Der *Berliner Figaro* und die *Neue Freie Zeitung* wurden unter dem Titel *Berliner Figaro. Neue Freie Zeitung. Organ für Volks- und weltstädtische Interessen* miteinander verschmolzen. Gleichzeitig wurden das *Sonntagsblatt* des *Berliner Figaros* und der *Rumor* zu der neuen, »reich illustrirten« Wochenbeilage *Belletristisches Sonntagsblatt* vereinigt.

119 *Kladderadatsch*, Nr. 59/60 v. 28. 12. 1873
Anzeige der Expedition der radikal-liberalen *Neuen Freien Zeitung* und des *Rumors*. Es war damals üblich, daß die Witzblätter zum Quartalswechsel in ihren Spalten füreinander Reklame machten.

Im Berliner Blätterwald gab es 1875 allerdings nicht nur Konzentrations-, sondern auch die Öffentlichkeit erregende Sezessionserscheinungen. Man bedenke: Auf Betreiben des seit dem 23. April 1873 verantwortlichen Redakteurs Rudolf Menger (1824 bis 1896) und des für die Innenpolitik zuständigen Hugo Steinitz trennten sich fast alle Journalisten von dem »anmaßenden« Verleger des *Berliner Tageblattes*, Rudolf Mosse, und gründeten an der nächsten Straßenecke ein ihren Vorstellungen besser entsprechendes Konkurrenzorgan. Es erschien seit dem 1. Oktober 1875 im Verlag der Gesellschafter des ›Neuen Berliner Tageblattes‹ (Rudolf Menger & Co.) und wurde mit Hilfe der Druckerei Stahl und Aßmann als »Arbeitsgenossenschaft« geführt. In »politischer Beziehung« wollte das *Neue Berliner Tageblatt* den »wahren und wirklichen Rechtsstaat auf breitester, freiheitlicher Grundlage« vertreten, in »sozialer« Hinsicht diejenigen Prinzipien, »welche zwischen dem Einfluß des Großkapitals und den berechtigten Ansprüchen der arbeitenden Klassen den einzig möglichen Ausgleich bieten«, was immer darunter zu verstehen war.[82]

Anfangs liefen die Geschäfte der Rebellen nicht schlecht. Ende Oktober zählte das *Neue Berliner Tageblatt* etwa 10 500 Abonnenten. Ende Dezember waren es über 11 000, im Februar 1876 14 400, im Mai 15 460, davon rund ein Viertel außerhalb Berlins.[83]

Wie das *Berliner Tageblatt*, so bot auch das *Neue Berliner Tageblatt* seinen Lesern für nur 5 Mark pro Quartal mehrere Gratisbeilagen an, darunter die *Berliner Fliegenden Blätter*. Am 19. September 1875 erschien die Probenummer mit einem wahrscheinlich von Rudolf Menger verfaßten Gedicht:

»Ihr fliegenden Blätter Berliner Humors,
Nun geben wir Euch den Winden:
Hinaus in die Lande, um lustigen Chors
Die harrenden Freunde zu finden,
Ihr liebt nicht politischen Eulenschrei,
Ihr seid, wie der Lerche Geschmetter,
So frisch und so fromm, so fröhlich und frei,
Berliner fliegende Blätter«.

Die W. Schäfer signierte Titelvignette zeigt zwei Narren, welche »ein fliegend Blatt den Winden« übergeben (Ludwig Uhland); zwei weitere Narren halten eine Malerpalette beziehungsweise Papier und Feder *(Abbildung 120)*.

Die von Rudolf Menger redigierte humoristische Beilage des *Neuen Berliner Tageblattes*, eine Art »Anti-Ulk«, erschien seit dem 7. Oktober jeden Donnerstag. Hierbei könnte es sich um eine neue Serie der 1873/74 herausgekommenen *Berliner fliegenden Blätter* gehandelt haben, die nach dem Münchner Vorbild »nur das in Journalen bisher wenig bearbeitete Gebiet des harmlosen, gemüthlichen Humors« behandeln wollten.[84] Das neue Witzblatt umfaßte acht Seiten (bedruckter Raum 19,5 × 27 cm),

Probe-Nummer.

19. September 1875.

Berliner Fliegende Blätter.

W. Schäfer.

Insertionspreis
70 Pf. pro 4spaltige Nonpareille-Zeile. Inserate werden angenommen in unsern Expeditionen Jerusalemerstraße 50, Dresdenerstraße 66 und Friedrichstraße 125.

Gratisbeilage
zum
„Neuen Berliner Tageblatt".

Inserate
werden ferner angenommen in den Annoncen-Bureaux von Haasenstein u. Vogler, S. Kornik, A. Pfaff, Daube u. Co., B. Arndt, H. Albrecht, Meßner u. Schneider u. A.

Kann man's nicht in Bücher binden,
Was die Stunden Dir verleih'n,
Gieb ein flieg'end Blatt den Winden!
Uhland.

Ihr fliegenden Blätter Berliner Humors,
Nun geben wir Euch den Winden!
Hinaus in die Lande, um lustigen Chors
Die harrenden Freunde zu finden,
Ihr liebt nicht politischen Eulenschrei,
Ihr seid, wie der Lerche Geschmetter,
So frisch und so fromm, so fröhlich und frei,
Berliner fliegende Blätter.

So flattert Ihr hoch in der blauen Luft
Und seht, was vorgeht auf Erden.
Für's Zuchthaus reif wär' manch ein Schuft,
Doch fährt er mit Racepferden.
Das Leben ist schaal, das Geschäft ist flau
Und nur das Elend wird fetter;
Doch Jedem sein Recht, Ihr erwägt es genau,
Berliner fliegende Blätter.

Die Hofdame drückt ihr Seidenschuh,
Den Handwerksburschen sein Ranzel,
Der Bösewicht hat keine Ruh,
Und säße er selbst auf der Kanzel.
Wohl Mancher gehörte in's Narrenhaus
Und rühmt sich als Welterretter,
Doch Jedem sein Recht, Ihr bringt es heraus,
Berliner fliegende Blätter.

Die hohen Backen, das falsche Roth
Und die künstlich gewölbten Watten,
Die Wollenzöpfe, du liebe Noth,
Was bleibt Euch, Verlobte und Gatten.
Der Schönheitsschwindel beherrscht nicht bloß
Die weltbedeutenden Bretter,
Doch Jedem sein Recht und frisch drauf los,
Berliner fliegende Blätter.

So sollt Ihr geißeln mit leichtem Humor
Die Narrheit, wo sie sich brüstet,
Doch rufen Euch Ehre und Pflicht empor,
So seid Ihr nicht minder gerüstet.
Dann tönt aus Euch in die Lande weit
Ein Lied wie brausende Wetter,
Doch besser, Ihr bleibt nur scherzbereit,
Berliner fliegende Blätter.

120 *Berliner Fliegende Blätter*, Probe-Nummer v. 19. 9. 1875
Titelseite mit einer Vignette von W[ilhelm] Schäfer.

davon etwa 1 ½ Seiten Anzeigen. Die *Berliner Fliegenden Blätter* wurden von den Gesellschaftern des *Neuen Berliner Tageblattes* verlegt und bis zum 2. März 1876 (Nr. 9) von C. Ihring Nachf. (A. Berein), dann C. Stahl & Aßmann gedruckt; sie enthielten keine Preisangaben, konnten also nicht – wie der *Ulk* – »apart« bezogen werden.
Von den Autoren seien Emil Cohnfeld (Pseudonym Michel Folden) sowie A. H. (wahrscheinlich Albert Hopf) genannt; zu den Zeichnern, die nicht alle identifiziert werden konnten, gehörten H. Baudouin, Otto Belowi, Wilhelm Schäfer (geboren 1839) und – seit 1876 – der ehemalige Schüler des Berliner Kunstgewerbemuseums Gustav Guthknecht (geboren 1843).
Guthknecht skizzierte auch die obligatorischen stehenden Figuren, den »fidelen Einsiedler«, die »Selektanerin«[85] Fräulein Selma Goldschein und die Nante-Version der *Berliner Fliegenden Blätter* – Cöhnchen. Wie Nunnes, so endeten auch Cöhnchens tiefsinnige Betrachtungen mit einem stereotypen Satz: »Jeder blamiert sich, so gut er kann.« Am 30. März 1876 (Nr. 13) tauchte schließlich der »Sprecher am Stammtisch« auf; seine politischen Ausführungen wurden immer wieder unterbrochen durch den durstigen Ausruf: »Kellner, ein Seidel!«
Der übrige Inhalt der *Berliner Fliegenden Blätter* bestand einerseits aus satirischen Zeitgedichten, wobei die Verfasser oftmals das Pseudonym H. Heine verwendeten, andererseits aus humoristischen Skizzen, zum Beispiel »pikanten Ehebruchsgeschichten«, Charaden und zum Teil doppelseitigen Bilderbögen sowie dem eher leeren als vollen Briefkasten. Amüsante Sittenbilder wie »Hirsch in der Tanzstunde« oder [der Polizeipräsident] »Madai in Paris« können durchaus als Vorläufer der Comic strips angesehen werden. Nicht wegen eines politischen, sondern wegen eines »Vergehens gegen die Sittlichkeit« ist der verantwortliche Redakteur Rudolf Menger 1876 einmal zu einer Geldstrafe von 50 Mark verurteilt worden.[86]
Während das *Berliner Tageblatt* nach 1875 zur vorläufig auflagenstärksten deutschen Zeitung emporstieg, wirkte sich die verlegerische Unfähigkeit der Gesellschafter des *Neuen Berliner Tageblattes* verhängnisvoll aus. Am 1. Januar 1877 trat an die Stelle der *Berliner Fliegenden Blätter* das heute verschollene Witzblatt *Eulenspiegel (Abbildung 121)*, für das nicht mehr Rudolf Menger, sondern der Redakteur Brockhoff ver-

NEUES Berliner Tageblatt
mit **Gartenlaube** und **Eulenspiegel**, illustr. Wochenblätter **Preis** für alle **drei** Blätter pro Quartal nur **5 Mark.** **Bestellungen** nehmen die Reichs-Postanstalten, die Zeitungs-Spediteure und die Expedition Zimmerstr. 94 entgegen. Die letzteren auch Monats-Abonnements à **1,70 M. Probe-Nummern stehen auf Verlangen gratis und franco zu Diensten.** Der soeben begonnene Roman von **Rud. Gottschall: „Welke Blätter“** wird neu hinzutretenden Abonnenten gratis und franco nachgeliefert. 712

121 *Berliner Montags-Zeitung*, Nr. 12 v. 19. 3. 1877
Verlagsanzeige des *Neuen Berliner Tageblattes* mit Hinweis auf das Nachfolgeorgan der *Berliner Fliegenden Blätter*, *Eulenspiegel*.

antwortlich zeichnete. Auch der *Eulenspiegel* konnte den Schiffbruch nicht mehr aufhalten. Am 14. Juli 1877 übertrug die Firma Stahl und Aßmann durch Kaufvertrag die ihr gehörige Druckerei sowie das ganze Druckerei- und Verlagsgeschäft, insbesondere das von den Gesellschaftern übernommene *Neue Berliner Tageblatt* zum Preis von 60 000 Mark an den Kaufmann Leopold Ullstein. Das gestrandete *Neue Berliner Tageblatt*, das unter Aufgabe des Witzblattes *Eulenspiegel* (30. September 1877) am 2. Oktober in *Deutsche Union* umgetauft und nach kurzer Zeit eingestellt wurde, legte somit den Grundstein zum späterhin (1930) größten Zeitungsunternehmen des Deutschen Reichs.[87]

In den siebziger und achtziger Jahren entstanden dann noch folgende, wahrscheinlich dem breit gefächerten liberalen Lager zuzurechnende humoristisch-satirische Publikationen: das im März 1875 von W. Gellrich gegründete, von Weichelt verlegte »sozial-satirische Flugblatt« *Mephisto* (Nr. 1 und 2), das von A. Hoenig redigierte, im

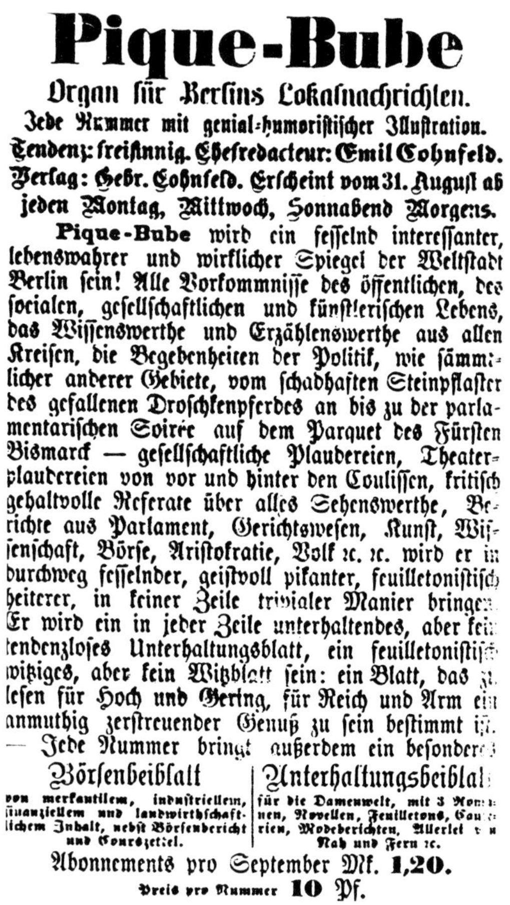

Pique-Bube

Organ für Berlins Lokalnachrichten.

Jede Nummer mit genial-humoristischer Illustration.

Tendenz: freisinnig. Chefredacteur: Emil Cohnfeld.

Verlag: Gebr. Cohnfeld. Erscheint vom 31. August ab jeden Montag, Mittwoch, Sonnabend Morgens.

Pique-Bube wird ein fesselnd interessanter, lebenswahrer und wirklicher Spiegel der Weltstadt Berlin sein! Alle Vorkommnisse des öffentlichen, des socialen, gesellschaftlichen und künstlerischen Lebens, das Wissenswerthe und Erzählenswerthe aus allen Kreisen, die Begebenheiten der Politik, wie sämmtlicher anderer Gebiete, vom schadhaften Steinpflaster des gefallenen Droschkenpferdes an bis zu der parlamentarischen Soirée auf dem Parquet des Fürsten Bismarck — gesellschaftliche Plaudereien, Theaterplaudereien von vor und hinter den Coulissen, kritisch gehaltvolle Referate über alles Sehenswerthe, Berichte aus Parlament, Gerichtswesen, Kunst, Wissenschaft, Börse, Aristokratie, Volk rc. rc. wird er in durchweg fesselnder, geistvoll pikanter, feuilletonistisch heiterer, in keiner Zeile trivialer Manier bringen. Er wird ein in jeder Zeile unterhaltendes, aber kein tendenzloses Unterhaltungsblatt, ein feuilletonistisch witziges, aber kein Witzblatt sein: ein Blatt, das zu lesen für Hoch und Gering, für Reich und Arm ein anmuthig zerstreuender Genuß zu sein bestimmt ist. — Jede Nummer bringt außerdem ein besonderes

Börsenbeiblatt	Unterhaltungsbeiblatt
von merkantilem, industriellem, finanziellem und landwirthschaftlichem Inhalt, nebst Börsenbericht und Courszettel.	für die Damenwelt, mit 3 Romanen, Novellen, Feuilletons, Causerien, Modeberichten, Allerlei von Nah und Fern rc.

Abonnements pro September Mk. **1,20.**

Preis pro Nummer **10** Pf.

122 *Berliner Montags-Zeitung*, Nr. 35 v. 29. 8. 1881
Reklame für das verschollene witzige Lokalblatt *Pique-Bube*, in dem man eine Fortsetzung des *Berliner Figaros* (vgl. *Abbildung 118*) erblicken kann.

Verlag H. Eyßler von 1877 bis zum 24. März 1878 erschienene »antisocial-demokratische« Wochenblatt *Der Wedepuhl*,[88] ferner der im März 1877 aus der Zeitschrift *Argus* hervorgegangene, bis zum 30. September 1880 im Verlag von Geißler & Comp. herausgekommene *Puck* (Auflage 2 500), der 1881 von den Brüdern Emil und Eugen Cohnfeld verlegte *Pique-Bube (Abbildung 122)* und der 1881 in Konflikt mit Bismarck geratene *Kobold*.[89]

Im September 1880 beschloß die Charlottenburger Vorortszeitung *Neue Zeit* (18 000 Exemplare), ihren Abonnenten unter dem neutralen Titel *Lesehalle* eine illustrierte humoristische Sonntagsbeilage anzubieten. Das der Fortschrittspartei nahestehende, von Rudolf Isaak verlegte Blatt hat mehrere Jahre bestanden. Es enthielt »in der Manier des Nunne« *(Ulk)* eine stehende Figur namens Schwips. Einer Zeitungsnotiz zufolge steckten die Beine des kleinen Körpers in »riesigen mit Sporen gezierten Kanonenstiefeln«; der »ungewöhnlich große Kopf« trug eine Schellenkappe.[90]

Der Aufstand gegen den dreiköpfigen Humor-Zerberus *Kladderadatsch*, *Berliner Wespen*, *Ulk*

Über die Wirkung der oben genannten kurzlebigen humoristisch-satirischen Periodika ist nur wenig oder nichts bekannt. Ganz anders verhält es sich in den siebziger Jahren in bezug auf das erfolgreiche Trio *Kladderadatsch*, *Berliner Wespen* und *Ulk*. Die drei illustrierten politisch-satirischen Zeitschriften erfaßten und beeinflußten die Strömungen der Zeit entsprechend ihren liberalen Überzeugungen; sie bilden nicht nur eine wichtige Quelle für die Presse-, sondern auch für die politische, die Mentalitäts-, Literatur- und Kunstgeschichte. Diese auflagenstarken Berliner Witzblätter sollten daher nicht länger als »die Narren im Gefolge der erzieherischen Volksliteratur« unterbewertet werden.[91]

Der *Kladderadatsch*, die *Berliner Wespen* und der *Ulk* waren sowohl im In- als auch im Ausland verbreitet und gaben zu zahlreichen Nachahmungen Anlaß. Wie aus den überprüfbaren Briefkastennotizen hervorgeht, wurden sie von der deutschen und internationalen Presse wiederholt zitiert.

Namentlich amerikanische Emigrationsblätter (*Illinois Staatszeitung*, Chicago, *Freie Presse*, Cincinnati) und Pariser Presseorgane *(La France, Le Figaro, Le Temps, L'Illustration)* brachten hin und wieder Beiträge aus dem *Kladderadatsch*, den *Berliner Wespen* oder dem *Ulk*. In Frankreich dürften die Titel der drei Berliner Witzblätter schon deshalb einem größeren Publikum bekannt gewesen sein, weil sie in der 1875 erschienenen, bis 1890 etwa fünfzigmal neuaufgelegten »Schmähschrift« Victor Tissots – *Voyage au pays des milliards (Reise in das Milliardenreich)* – erwähnt worden sind. Selbstverständlich gehörten zu den »Plünderern« auch die engeren Kollegen

wie *Le Grelot* (Paris), *Puck* (St. Louis), *San Francisco Journalist and Humorist* und die *Spanischen Fliegen* (Zürich).[92]
Gezielte Angriffe gegen das »Kladderadatschtum« gab es faktisch, wie gezeigt wurde, seit der Entstehung dieses Berliner Politwitzblattes. In den siebziger und achtziger Jahren kam es dann zu einem konzentrischen Feuer nicht allein auf den *Kladderadatsch*, sondern auch auf die *Berliner Wespen* und den *Ulk*.

1. Die Satire als Waffe gegen die »Anti-Sozialisten«

Im Januar 1874, anläßlich der bevorstehenden Wahlen zum Zweiten Deutschen Reichstag, gab der populäre Maurergeselle und Mitredakteur der *Berliner Freien Presse*, Paul Grottkau (gestorben 1898), unter dem Titel *Die rothe Laterne. Humoristisches Organ zur Beleuchtung politischer und sozialer Schattenseiten* drei dem Inhalt nach weitgehend identische Nummern heraus, die den »Anti-Sozialisten« gehörig »heimleuchten« sollten. Sie trugen den Vermerk »1. Jahrgang«, No. 00 (in roter Schrift), No. 0 und No. 00 (in schwarzer Schrift). *Die rothe Laterne* sollte »alle drei Jahre während der Wahl-Campagne« erscheinen und verzichtete auf konkrete Angaben bezüglich des Datums und der Bezugsbedingungen *(Abbildung 123)*; sie war vier Seiten stark (Satzspiegel: 19,7 × 32,3 cm) und wurde von der Firma Schoenfeld u. Baumgarten gedruckt.[93]
Grottkau und seine auf den Wahlversammlungen des Allgemeinen Deutschen Arbeiter-Vereins verteilte *Rothe Laterne* gehörten zu den ersten Opfern des neuen Berliner Staatsanwalts Hermann Tessendorff. Er sah nach dem damals noch gültigen preußischen Pressegesetz in der *Rothen Laterne* kein Flugblatt, wie Grottkau, sondern eine Zeitschrift. Infolgedessen erhob er Ende Januar Anklage wegen nicht erfolgter Einreichung eines Pflichtexemplars, Unterlassung der Kautionsstellung und Hinterziehung der Stempelsteuer.
Bevor der sozialdemokratische Redakteur vom Berliner Stadtgericht am 21. März 1874 zu einer sechsmonatigen, im September vom Kammergericht bestätigten Gefängnisstrafe verurteilt worden war, hatte er noch Zeit, im Februar als Nachfolgerin der *Rothen* die *Neue Laterne* (1. Jahrgang, »No. Abschied«) unter seinen Gesinnungsgenossen zu verteilen *(Abbildung 124)*.[94]
Die *Rothe Laterne* lebte ganz von den Methoden der bürgerlichen Konkurrenz, namentlich des *Kladderadatsch*. No. 00 bezeichnete in satirischer Umkehrung als »anonyme Mitarbeiter« unter anderen den ehemaligen Lassalleaner und Mitbegründer der damals vom ADAV noch heftig befehdeten Sozialdemokratischen Arbeiterpartei, Wilhelm Bracke, den »unfehlbaren« Papst Pius IX. sowie den Führer des linken Flügels der Nationalliberalen Partei, Eduard Lasker (= Lasker-Leben). Es folgte eine Art

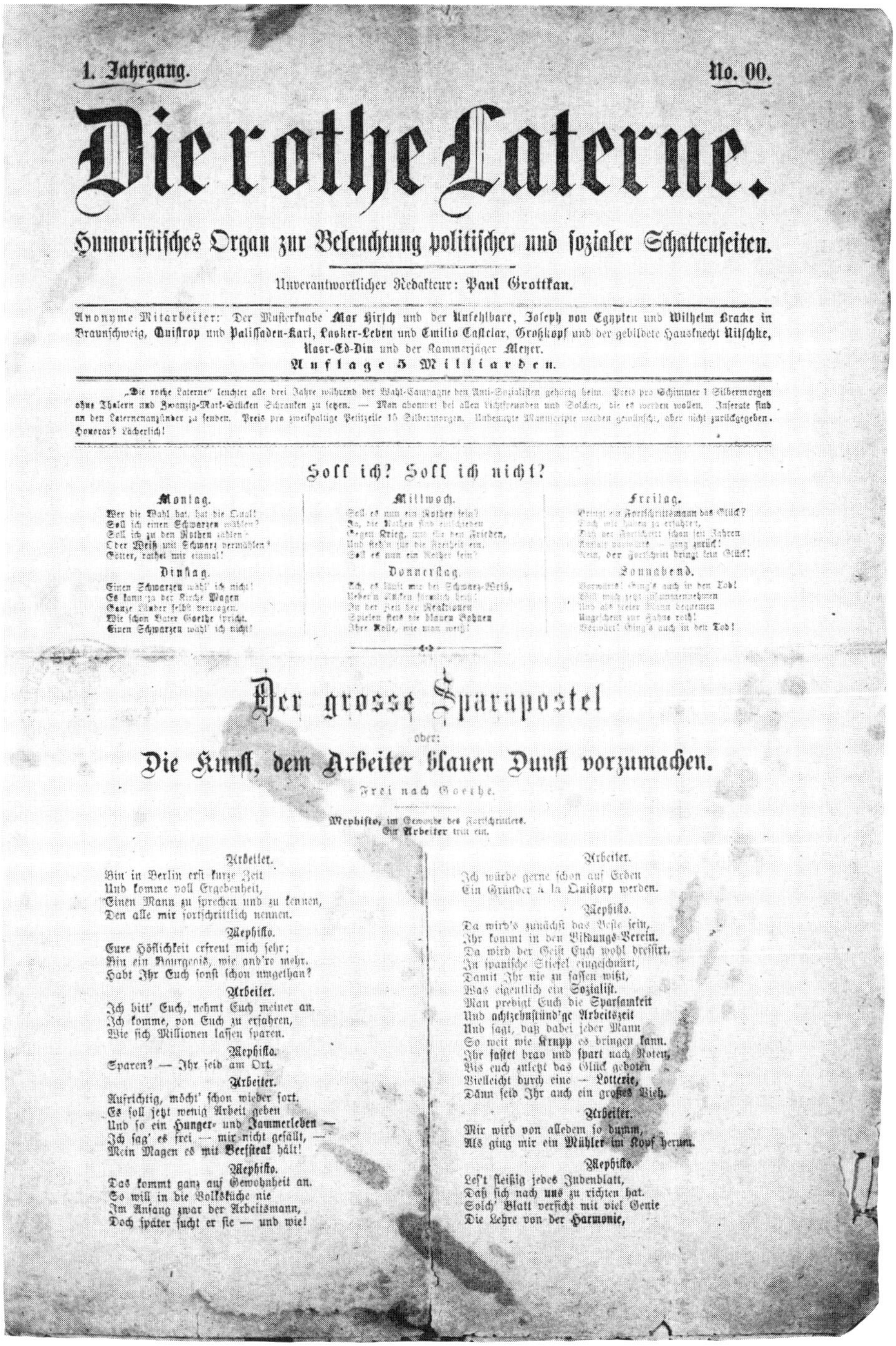

1. Jahrgang. No. 00.

Die rothe Laterne.

Humoristisches Organ zur Beleuchtung politischer und sozialer Schattenseiten.

Unverantwortlicher Redakteur: **Paul Grottkau.**

Anonyme Mitarbeiter: Der Musterknabe **Max Hirsch** und der **Unfehlbare, Joseph von Egypten** und **Wilhelm Bracke** in Braunschweig, **Quistrop** und **Palissaden-Karl, Lasker-Leben** und **Emilio Castelar, Großkopf** und der gebildete Hausknecht **Nitschke, Nasr-Ed-Din** und der Kammerjäger **Meyer.**

Auflage 5 Milliarden.

„Die rothe Laterne" leuchtet alle drei Jahre während der Wahl-Campagne den Anti-Sozialisten gehörig heim. Preis pro Schimmer 1 Silbermorgen ohne Thalern und Zwanzig-Mark-Stücken Schranken zu setzen. — Man abonnirt bei allen Lichtfreunden und Solchen, die es werden wollen. Inserate sind an den Laternenanzünder zu senden. Preis pro zweispaltige Petitzeile 15 Silbermorgen. Unbenutzte Manuscripte werden gewünscht, aber nicht zurückgegeben. Honorar? Lächerlich!

Soll ich? Soll ich nicht?

Montag.

Wer die Wahl hat, hat die Qual!
Soll ich einen Schwarzen wählen?
Soll ich zu den Rothen zählen?
Oder Weiß mit Schwarz vermählen?
Götter, rathet mir einmal!

Dinstag.

Einen Schwarzen wähl' ich nicht!
Es kann ja der Kirche Wagen
Ganze Länder selbst vertragen.
Wie schon Vater Goethe spricht,
Einen Schwarzen wähl' ich nicht!

Mittwoch.

Soll es nun ein Rother sein?
Ja, die Rothen sind entschieden
Gegen Krieg, und für den Frieden,
Und steh'n für die Freiheit ein.
Soll es nun ein Rother sein?

Donnerstag.

Ach, es läuft mir bei Schwarz-Weiß,
Ueber'n Rücken förmlich heiß!
In der Zeit der Reaktionen
Spielen stets die blauen Bohnen
Ihre Rolle, wie man weiß!

Freitag.

Bringt ein Fortschrittsmann das Glück?
Noch wir haben zu erfahren,
Daß der Fortschritt schon seit Jahren
Anstatt vorwärts — ging zurück!
Nein, der Fortschritt bringt kein Glück!

Sonnabend.

Vorwärts! Ging's auch in den Tod!
Will mich jetzt zusammennehmen
Und als freier Mann bequemen
Umgeschaart zur Fahne roth!
Vorwärts! Ging's auch in den Tod!

Der grosse Sparapostel

oder:

Die Kunst, dem Arbeiter blauen Dunst vorzumachen.

Frei nach Goethe.

Mephisto, im Gewande des Fortschrittlers. Ein **Arbeiter** tritt ein.

Arbeiter.

Bin in Berlin erst kurze Zeit
Und komme voll Ergebenheit,
Einen Mann zu sprechen und zu kennen,
Den alle mir fortschrittlich nennen.

Mephisto.

Eure Höflichkeit erfreut mich sehr;
Bin ein Bourgeois, wie and're mehr.
Habt Ihr Euch sonst schon umgethan?

Arbeiter.

Ich bitt' Euch, nehmt Euch meiner an.
Ich komme, von Euch zu erfahren,
Wie sich Millionen lassen sparen.

Mephisto.

Sparen? — Ihr seid am Ort.

Arbeiter.

Aufrichtig, möcht' schon wieder fort.
Es soll jetzt wenig Arbeit geben
Und so ein **Hunger-** und **Jammerleben** —
Ich sag' es frei — mir nicht gefällt, —
Mein Magen es mit **Beefsteak** hält!

Mephisto.

Das kommt ganz auf Gewohnheit an.
So will in die Volksküche nie
Im Anfang zwar der Arbeitsmann,
Doch später sucht er sie — und wie!

Arbeiter.

Ich würde gerne schon auf Erden
Ein Gründer à la Quistorp werden.

Mephisto.

Da wird's zunächst das Beste sein,
Ihr kommt in den **Bildungs-Verein.**
Da wird der Geist Euch wohl dressirt,
In spanische Stiefel eingeschnürt,
Damit Ihr nie zu fassen wißt,
Was eigentlich ein **Sozialist.**
Man predigt Euch die **Sparsamkeit**
Und **achtzehnstünd'ge Arbeitszeit**
Und sagt, daß dabei jeder Mann
So weit wie **Krupp** es bringen kann.
Ihr **fastet** brav und **spart** nach Noten,
Bis euch zuletzt das Glück geboten
Vielleicht durch eine — **Lotterie,**
Dann seid Ihr auch ein **großes Vieh.**

Arbeiter.

Mir wird von alledem so dumm,
Als ging mir ein **Mühler** im **Kopf** herum.

Mephisto.

Les't fleißig jedes Judenblatt,
Daß sich nach **uns** zu richten hat.
Solch' Blatt verficht mit viel Genie
Die Lehre von der **Harmonie,**

123 *Die rothe Laterne*, Nr. 00 [Januar 1874]
Titelseite eines sozialdemokratischen Wahlwitzblattes.

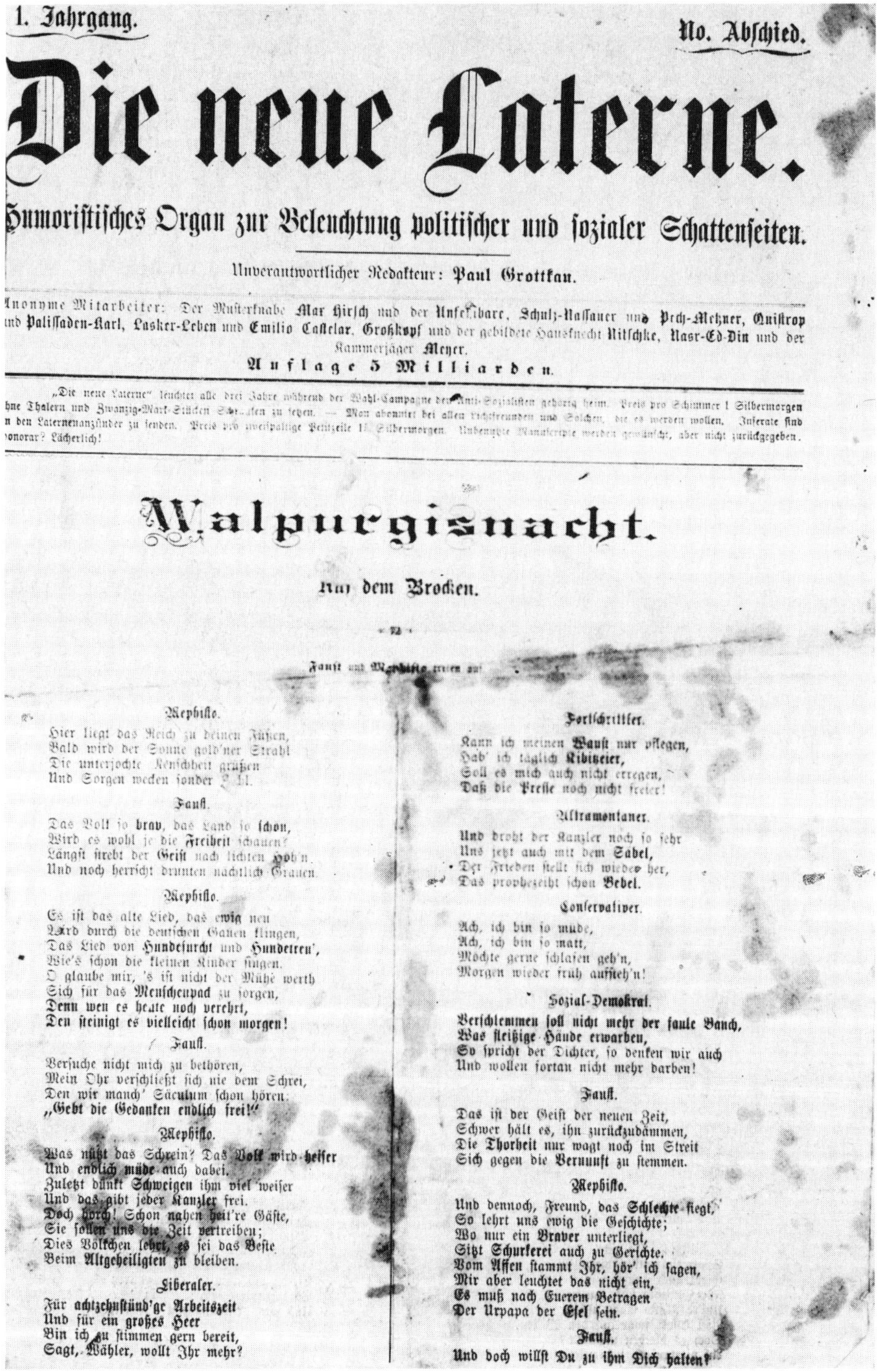

1. Jahrgang. No. Abschied.

Die neue Laterne.

Humoristisches Organ zur Beleuchtung politischer und sozialer Schattenseiten.

Unverantwortlicher Redakteur: **Paul Grottkau.**

Anonyme Mitarbeiter: Der Musterknabe **Max Hirsch** und der **Unfehlbare**, **Schulz-Nassauer** und **Pech-Metzner**, **Quistrop** und **Palissaden-Karl**, **Lasker-Leben** und **Emilio Castelar**, **Großkopf** und der gebildete Hausknecht **Nitschke**, **Nasr-Ed-Din** und der Kammerjäger **Meyer**.

Auflage 5 Milliarden.

„Die neue Laterne" leuchtet alle drei Jahre während der Wahl-Campagne den Anti-Sozialisten gehörig heim. Preis pro Schimmer 1 Silbermorgen ohne Thalern und Zwanzig-Mark-Stücken Sch[…]en zu sehen. — Man abonnirt bei allen Lichtfreunden und Solchen, die es werden wollen. Inserate sind an den Laternenanzünder zu senden. Preis pro zweispaltige Petitzeile 1[…] Silbermorgen. Unbenutzte Manuscripte werden gewünscht, aber nicht zurückgegeben. Honorar? Lächerlich!

Walpurgisnacht.

Auf dem Brocken.

Mephisto.

Hier liegt das Reich zu deinen Füßen,
Bald wird der Sonne gold'ner Strahl
Die unterjochte Menschheit grüßen
Und Sorgen wecken sonder Zahl.

Faust.

Das Volk so **brav**, das Land so **schön**,
Wird es wohl je die **Freiheit** schauen?
Längst strebt der **Geist** nach lichten **Höh'n**,
Und noch herrscht drunten nächtlich Grauen.

Mephisto.

Es ist das alte Lied, das **ewig** neu
Wird durch die deutschen Gauen klingen,
Das Lied von **Hundefurcht** und **Hundetreu'**,
Wie's schon die kleinen Kinder singen.
O glaube mir, 's ist nicht der Mühe werth
Sich für das **Menschenpack** zu sorgen,
Denn wen es heute noch verehrt,
Den steinigt es vielleicht schon morgen!

Faust.

Versuche nicht mich zu bethören,
Mein Ohr verschließt sich nie dem Schrei,
Den wir manch' Säculum schon hören:
„Gebt die Gedanken endlich frei!"

Mephisto.

Was nützt das Schrein? Das **Volk** wird **heiser**
Und **endlich müde** auch dabei.
Zuletzt dünkt **Schweigen** ihm **viel** weiser
Und das gibt jeder **Kanzler** frei.
Doch horch! Schon **nahen heit're** Gäste,
Sie **sollen uns die** Zeit **vertreiben**;
Dies Völkchen **lehrt, es** sei das **Beste**
Beim **Altgeheiligten zu** bleiben.

Liberaler.

Für **achtzehnstünd'ge Arbeitszeit**
Und für **ein großes Heer**
Bin ich zu stimmen gern bereit,
Sagt, Wähler, wollt Ihr mehr?

Fortschrittler.

Kann ich meinen **Wanst** nur pflegen,
Hab' ich täglich **Kibitzeier**,
Soll es mich auch nicht erregen,
Daß die **Presse** noch nicht freier!

Ultramontaner.

Und droht der Kanzler noch so sehr
Uns jetzt auch mit dem **Säbel**,
Der Frieden stellt sich wieder her,
Das prophezeiht schon **Bebel**.

Conservativer.

Ach, ich bin so müde,
Ach, ich bin so matt,
Möchte gerne schlafen geh'n,
Morgen wieder früh aufsteh'n!

Sozial-Demokrat.

Verschlemmen soll nicht mehr der faule Bauch,
Was fleißige Hände erwarben,
So spricht der Dichter, so denken wir auch
Und wollen fortan nicht mehr darben!

Faust.

Das ist der Geist der neuen Zeit,
Schwer hält es, ihn zurückzudämmen,
Die **Thorheit** nur wagt noch im Streit
Sich gegen die **Vernunft** zu stemmen.

Mephisto.

Und dennoch, Freund, das **Schlechte** siegt,
So lehrt uns ewig die Geschichte;
Wo nur ein **Braver** unterliegt,
Sitzt **Schurkerei** auch zu Gerichte.
Vom Affen stammt Ihr, hör' ich sagen,
Mir aber leuchtet das nicht ein,
Es muß nach Euerem Betragen
Der Urpapa der Esel sein.

Faust.

Und doch willst Du zu ihm Dich halten?

124 *Die neue Laterne*, sozialdemokratisches Wahlwitzblatt [Februar 1874] Titelseite.

»Wochen-Kalender« und dann eine Attacke gegen den »grossen Sparapostel«, das heißt den von Ferdinand Lassalle verspotteten Begründer des deutschen Genossenschaftswesens, Hermann Schulze-Delitzsch.[95] Letzterer trat »frei nach Goethe« im »Gewande des Fortschrittlers« als »Mephisto« auf. Er beherrschte die Kunst, »dem Arbeiter blauen Dunst vorzumachen«, was durch folgenden Ratschlag bekräftigt werden sollte:

»Les't fleißig jedes Judenblatt,
Daß sich nach uns zu richten hat.
Solch Blatt verficht mit viel Genie,
Die Lehre von der Harmonie.«

In Übereinstimmung mit der hier offen anklingenden antijüdischen Tendenz verhöhnte Die *Rothe* beziehungsweise *Neue Laterne* die »koscheren Gelehrten« des *Kladderadatsch*, den »hebräischen Clown Stettenheim« und den »Gelehrten« des *Ulks*, Nunne. Auch vor dem von Wilhelm Hasselmann, dem Mitredakteur des Parteiorgans *Neuer Social-Demokrat*, häufig gebrauchten judenfeindlichen Schimpfnamen »Mühlendammer« scheute Grottkau nicht zurück.[96] Anfang 1878 wanderte er nach Chicago aus und wurde für die aufstrebende amerikanische Arbeiterbewegung »eine schätzenswerthe Erwerbung«.[97]

Mitte Juni 1877, das heißt anläßlich von zwei Berliner Reichstagsnachwahlen, erblickte ein neues sozialdemokratisches Wahlwitzblatt das Licht der Welt. Es nannte sich *Der rothe Aujust* und wurde von dem Kandidaten Radin, einer »zweifelhaften Gestalt«, im Verein mit dem sozialistischen Studenten August Keitel herausgegeben und verlegt. Nach dem Historiker der Berliner Arbeiterbewegung, Eduard Bernstein, hatte es mit der Partei »nur wenig zu tun«. Im Gegenteil. Diese hatte eine Übernahme des Blattes nach den Wahlen mit der Begründung abgelehnt, daß »derartige Unternehmungen von tüchtigen, prinzipienfesten und im Parteileben erfahrenen Personen redigiert werden müssen, wenn das Parteiinteresse nicht darunter leiden solle«.[98]

Das Auftreten des *Rothen Aujusts* rief den Spott der antisozialistischen bürgerlichen Witzblätter hervor. Während es die vom *Neuen Social-Demokrat* öfters zitierten *Berliner Wespen* dabei bewenden ließen, die »Humorlosigkeit« des Neuankömmlings hervorzuheben *(Abbildung 125)*, empfahl der *Ulk* (Nr. 24 vom 14. Juni 1877) dem Konkurrenzorgan die Aufnahme der nachstehenden »socialistischen Lehrweisheit«:

»Das Endziel«

»Unmenschlichkeit ist des Bürgers Dusel,
Denn er trinkt Sekt und Du trinkst Fusel.
Trinkt er den Fusel, Du den Sekt,
Dann ist des Fortschritts Ziel entdeckt.«

Nach drei Ausgaben stellt *Der rothe Aujust* sein Erscheinen am 30. Juni ein.

Auch in den folgenden Jahren gelang es keinem sozialdemokratischen Witzblatt, in der Reichshauptstadt Fuß zu fassen. Von der unter dem Sozialistengesetz (1881) entstandenen, auf den Pressen der Allgemeinen Deutschen Assoziationsbuchdruckerei hergestellten *Berliner Bockbier-Zeitung* wurde bereits die erste Nummer von den Behörden mit Beschlag belegt.[99]

2. *»Vom jüdischen Kriegsschauplatz«*

Die leidenschaftliche Teilnahme der liberalen »jüdischen« Witzblätter *Kladderadatsch*, *Berliner Wespen* und *Ulk* an Bismarcks »großem Kulturkampf der Menschheit« (Rudolf Virchow, 1873)[100] führte in kurzer Zeit zu feindlichen Reaktionen, als deren Höhepunkt die 1879 beginnende »Berliner Bewegung« anzusehen ist.
Das Vorgeplänkel waren zwei fehlgeschlagene Witzblattversuche aus dem Jahr 1872. Im März schuf der in der pommerschen Ortschaft Ducherow tätige Pastor E. Quistorp unter dem Titel *Anti-Kladderadatsch und Anti-Wespen* eine Beilage für das von ihm

125 *Berliner Wespen*, Nr. 24 v. 15. 6. 1877
100 Mark Belohnung
Holzschnitt von Gustav Heil
Der Zeichner spricht dem verschollenen *Rothen Aujust* »jede Verwandtschaft« mit dem »August« des beliebten Circus Renz (später Circus Schumann) ab, der durch seine Witze das Publikum belustigte.

in Berlin herausgegebene »christlich-nationale Volksblatt für Nord- und Süddeutschland und alle Brüder draussen«, *Die deutsche Wacht.*[101] Ihr war die Aufgabe zugedacht, speziell die Berliner Witzblätter, diese »Blutvergifter des deutschen Volkes«, mit scharfen Waffen zu bekämpfen. Die erste Ausgabe wurde von Julius Stettenheim in den *Berliner Wespen* (Nr. 10) am 8. März wie folgt kommentiert: »Wir sind enttäuscht. Er polemisirt nicht wie ein Dompfaffe, sondern schimpft wie ein Rohrspatz. Dadurch wird er selbst so spaßhaft, daß jede Parodie unmöglich ist.«

Einen Monat später trug sich dann die Redaktion des seit dem 1. Januar 1871 in Berlin erscheinenden Zentralorgans der Katholiken Deutschlands, *Germania*, offensichtlich mit dem Gedanken, einen »Anti-Kladderadatsch« zu gründen *(Abbildung 126)*. Weder der *Scheiterhaufen* noch die Anfang 1877 in Aussicht genommene wöchentliche Beilage *Au!* haben allerdings das Licht der Öffentlichkeit erblickt.[102]

Statt dessen erschien im Verlag der *Germania* seit dem 6. April 1877 jeden Freitag *Das schwarze Blatt*, ein »politisches Wochenblatt für das deutsche Volk«, für das bis zum 17. Mai Friedrich Nienkemper, dann Johannes Augustin verantwortlich zeichneten. Das von G. Jansen gedruckte *Schwarze Blatt*, das im zweiten Jahrgang bereits 20 000 Abonnenten zählte, umfaßte acht Seiten (Satzspiegel 17,7 × 25 cm) und kostete im Vierteljahr frei Haus nur ganze 90 Pfennig (im Ausland 1 Mark 40).

126 *Kladderadatsch*, Nr. 18 v. 21. 4. 1872
Anti-Kladderadatsch
Holzschnitt von Wilhelm Scholz
Nach dem *Kladderadatsch* hat die Berliner katholische Tageszeitung *Germania* damals eine humoristisch-satirische Beilage geplant, um im Kulturkampf die antiklerikalen Witzblätter mit ihren eigenen Waffen zu schlagen. Der Zeichner, Wilhelm Scholz, registrierte sorgfältig alle Versuche, einen »Anti-Kladderadatsch« zu gründen.

In der Rubrik »Stachelbeeren« (Seite 8) zollte es in Form von politischen Epigrammen, Parodien und Beiträgen »für liberale Blätter« dem für Humor und Satire so empfänglichen Zeitgeist den schuldigen Tribut.

Wie nicht anders zu erwarten, verhielt sich das bis 1902 erschienene *Schwarze Blatt* gegen die kulturkämpferischen Berliner Witzblattautoren und -zeichner besonders aggressiv. Das am 25. Januar 1878 (Nr. 4) erschienene Gedicht »An die Lacher«, dessen letzter Vers einem Psalm (2,4) entnommen ist, könnte auch die Überschrift tragen: »Verdammt in alle Ewigkeit!«

»Ihr Spötter! die ihr über Alles frevelnd
Den Mund verzieht, von Stolz und Haß gebläht,
Und hämisch lacht, wo glaubenstreue Einfalt
Die Kniee beugt und Gottes Wunder schaut,
Uns bangt für euch noch mehr, als wir euch zürnen.
Wohl bäumt sich in des Edlen Brust der Zorn
Gleich feur'gem Roß bei rauher Eselsstimme,
Doch Schrecken füllt sein Herz, wenn er gedenkt
Der Stunde, wo die Spötter, die da höhnen
Der Allmacht Wunderkraft, erblicken werden
der letzten Zeiten Wunder, die bezeugen,
Daß Gottes Sohn allein die Herrschaft habe.
Es stirbt der Spott auf blassen Lippen weg,
Und jammernd rufen sie: O, stürzt ihr Berge,
Ihr Felsen nieder, uns're Schmach zu decken!
›Doch der im Himmel wohnet, lachet ihrer.‹ «

Ausgesprochen glücklos war dagegen die kurz zuvor von Otto Drößler in Baruth bei Berlin gegründete *Humoristische Zeitung*. Das »Central-Blatt für die Deutschen aller Länder der Erde« (vier Seiten; bedruckter Raum 17 × 25,5 cm) erschien vom 24. Januar 1877 an ein- bis zweimal im Monat im Selbstverlag und wurde von August Hilscher in Dahme gedruckt.

In der ersten Nummer teilte die »durch einen Einzigen« vertretene Redaktion den Lesern mit: »Alles, was wir schreiben, das schreiben wir mit Weisheit und Verstand.« In der dritten Nummer (3. März) wurde das Programm wie folgt präzisiert: »Kampf gegen den Satan ist unser Ziel.« Das katholische Blatt war in einen »Humoristischen« und einen »Nichthumoristischen« Teil untergliedert. In letzterem hieß es in der ersten Nummer: »Berlin. Das Heidenthum macht hier immer größere Fortschritte; deshalb jubeln alle Gottlosen und freuen sich, daß die gläubigen Christen verspottet und verhöhnt werden.«

In Nummer 10 vom 1. Oktober 1877 tauchen zum erstenmal die Dialogpartner Fritz und Hans auf. Zufälligerweise unterhalten sich die beiden Schultze- und Müller-

Imitatoren über einen nach wie vor wichtigen Gegenstand: »die Verfälschung der Nahrungs- und Genußmittel«.

Ab Nummer 2 vom 1. Februar 1878 versuchte dann die stehende Figur Murmel, die Leser im Nunne-Stil zu erheitern: »Ick bin gar blos en ganz schlichtes Talent, aber ick bin durch und durch gedrungen von die Politik.«

Die *Humoristische Zeitung* kostete 1877 im Inland bei freier Zustellung vierteljährlich 1 Mark 15 Pfennig. In Erwartung eines großen Zuspruchs verkündete sie: »Agenturen werden in allen Ländern errichtet.« 1878 mußte die *Humoristische Zeitung* allerdings ihre Erwartungen zurückstecken und ihren Preis senken (Inlandsabonnement: 65 Pfennig), denn: im ersten Quartal 1877 hatte sie lediglich 19, im zweiten 44, im dritten 109 und im vierten 96 Abonnenten![103] Am 15. März 1878 (Nr. 5) gab das Blatt in seiner Abonnements-Einladung zu Protokoll: »Die ›Humoristische Zeitung‹ hat im gegenwärtigen Quartal nur 432 Abonnenten, während einige kirchenfeindliche Witzblätter in ca. 60 000 Exemplaren gedruckt werden. Welch' ein Unterschied!!« *(Abbildung 127)*

Am 1. März 1879 stellte die *Humoristische Zeitung* (Nr. 3), nachdem sie mehrmals den Drucker gewechselt hatte, ihr Erscheinen ein. An ihre Stelle trat ab 1. April, wiederum in Baruth, ein neues katholisches Blatt unter dem Titel *Welt-Anzeiger*.

In der während des Kulturkampfes wie kaum ein anderes Presseorgan verfolgten *Germania* fanden sich seit 1872 und dann, in verstärktem Maß, seit 1875 und 1878/79 Anspielungen auf den »cynischen Spott« der von »Juden und Judengenossen« redigierten »Carricatur-Witzblätter« *Kladderadatsch*, *Berliner Wespen* und *Ulk*.[104]

In ihrem Leitartikel vom 10. September 1879 (Nr. 208) hieß es unter anderem: »Für die jüdischen und übrigen ›Culturkampf‹-Stürmer in Deutschland galt es, in den ersten siebziger Jahren, in jenen durch Uebermuth und materialistische Genußsucht bereiteten Boden mit vollen Händen den Samen der Religionsfeindschaft und – theils indirect, theils sogar direct – auch der sittlichen Verwilderung auszustreuen, der bald so entsetzliche Früchte getragen hat. Volksversammlungen, Theater, Zeitungen, Witzblätter, Romane, bildliche Darstellungen, kurz Alles wurde verwerthet, gegen Christenthum und Kirche zu spotten, zu hetzen; keine Lüge, keine Verleumdung, keine noch so infame Insinuation war dafür zu schlecht.« Der Leitartikel schloß mit den Worten: »Die vom jüdischen Geiste inficirten und den Interessen des Großcapitals dienenden Blätter verkennen – bewußt oder unbewußt – die Bedürfnisse und die Stimmungen des deutschen Volkes: der wahre ›Culturkampf‹, nicht gegen die Religion der Juden, nicht gegen die gesammte Judenschaft, aber gegen den, Christenthum und deutsches Wesen bedrohenden jüdischen Geist . . . ist dringend nothwendig geworden und glücklicher Weise auch schon weithin – populär!«

Kein Wunder, daß dieses Blatt (Nr. 275 vom 28. November) auch ausführlich den berüchtigten Artikel des an der Berliner Universität lehrenden Professors und Publizi-

Humoristische Zeitung.

Centralblatt für die Deutschen aller Länder der Erde.

Verantwortlicher Redacteur: **Otto Trößler** in Baruth.

Erscheint 1—2mal monatlich. Bestellungen nehmen alle Postanstalten des In- und Auslandes an.
Abonnementspreis: Vierteljährlich 50 Pfennig — 35 kr ö W — 75 Cent. schweiz. Währ. Bei directer Einsendung von 65 Pf. (40 kr. ö. W. erfolgt freie Zusendung. Bei Einsendung von 1 M. 65 Pf. p. Postanweisung für drei Exempl. erfolgt ebenfalls freie Zusendung und zwar an eine Adresse für das ganze Vierteljahr. — Auch durch alle Buchhandlungen zu beziehen.
Inserate: Die Petitzeile oder deren Raum 20 Pf. Reclamen 40 Pf. Beilagen werden gegen Erstattung von 3 M. Gebühren bis 1 Bogen stark angenommen. — Die Verlagsfirmen, welche in unserm Organ eine Besprechung ihrer Verlagswerke wünschen, werden um Einsendung von Recensions-Exemplaren ersucht
Briefe, Gelder u. s. w. sind frei zu senden an die Expedition der „Humoristischen Zeitung" zu Baruth bei Berlin
Agenturen werden in allen Ländern errichtet und wolle man sich in dieser Hinsicht direct an obige Adresse wenden.

Nr. 5. Baruth, den 15. März 1878. **2. Jahrgang.**

Abonnements=Einladung

Zum Beginn des 2. Quartals 1878 erlauben wir uns, an unsere geehrten Leser in Ost- und West=Preußen, Posen, Schlesien, Provinz Sachsen, Hessen=Nassau, Rheinprovinz, Westfalen, Hannover, Hohenzollern, Olden=burg, Braunschweig, Sachsen, Baden, Bayern, Mecklenburg, Anhalt, Hessen, Württemberg, Elsaß=Lothringen, Oesterreich, Schweiz, Luxemburg, England und Nord=Amerika, die Bitte zu richten, eines Theiles **recht** zeitig zu abonniren, anderen Theiles in Freundeskreisen sich nach Kräften zu bemühen, der „Humoristischen Zeitung" neue Abonnenten zuzuführen.

Die „Humoristische Zeitung" hat in gegenwärtigem Quartal nur 432 Abonnenten, während einige kirchen=feindliche Witzblätter in ca. 60,000 Exemplaren gedruckt werden. Welch' ein Unterschied!! — Möge man doch dies bedenken! — Bei mehr als 1000 Abonnenten würde die „Humoristische Zeitung" ohne Preiserhöhung **öfter** und **mit Beilage** erscheinen können!

Wir bitten recht herzlich, uns nicht zu vergessen und bald bei der Post die „Humoristische Zeitung" pro 2. Quartal 1878 für nur **50 Pfennig** zu bestellen. Bei Einsendung von **65 Pfennig** oder 40 kr. ö. W. per Postanweisung erfolgt freie Zusendung.

Baruth bei Berlin. **Die Expedition der Humoristischen Zeitung.**

Fritz: Ick möchte blos wissen, wer denn ejentlich den den Schlüssel zum Mittelländischen Meere endlich bekommen wird.

Hans: Dies ist nicht schwer zu errathen.

Fritz: Da bin ick doch neigierig.

Hans: Na, die Sache ist ganz einfach: Wer det Schloß kriegt, der kriegt den Schlüssel gleich mit.

Einige Freischulstücke aus den Vereinigten Staaten von Nord=Amerika.

Vor einiger Zeit hatte ein Lehrer an einer Schule in St. Louis County zu tief in die Flasche geguckt. Trotz=dem verfügte er sich in die Schule und begann zu lehren. Doch dauerte es nicht lange, bis der aus der Flasche in den Magen des Lehrers transferirte „Stoff" denselben in eine außerordentlich lebhafte Stimmung versetzte. Der Lehrer „fühlte sich" so recht in seiner Macht, ergriff das Instrument seiner Gewalt und hämmerte, wahrscheinlich im Glauben, er habe einen bösen Buben zu „verledern", mit wuchtigen Schlägen auf das zum Glück empfindungslose Pult los. Das machte den Buben Spaß. Einer der grö=ßeren, sonder Zweifel mit den Geheimnissen der „Alkoho=lik" schon etwas vertrauter Bengel wagte es sogar, über seinen angedußelten Lehrer ganz hörbar und verständlich Witze zu reißen und ihm ein unter der amerikanischen

127 *Humoristische Zeitung*, Nr. 5 v. 15. 3. 1878
Titelseite eines an Abonnentenschwund zugrundegegangenen katholischen Witzblattes.

sten Heinrich von Treitschke zitierte, der im November 1879 in den *Preußischen Jahrbüchern* erklärt hatte: »Was jüdische Journalisten in Schmähungen und Witzeleien gegen das Christenthum leisten ist schlechthin empörend . . . Bis in die Kreise der höchsten Bildung hinauf, unter Männern, die jeden Gedanken kirchlicher Unduldsamkeit oder nationalen Hochmuths mit Abscheu von sich weisen würden, ertönt es heute wie aus einem Munde: die Juden sind unser Unglück.«[105]

Etwa um dieselbe Zeit setzte in Berlin, wo sich der Anteil der jüdischen Gesamtbevölkerung – unter Ausklammerung der getauften Juden – zwischen 1843 (2,1 Prozent) und 1880 (4,2 Prozent) prozentual verdoppelt hatte,[106] die Judenhetze mit voller Wucht ein. Ein wichtiger Teilaspekt des modernen wirtschaftlichen, politischen, religiösen und rassischen Antisemitismus waren die von nun an nicht mehr verstummenden Diatriben gegen »Preß-Israel« im allgemeinen und die »jüdische Witzblattsroheit« der »Epigonen Börnes und Heines« im besonderen. So hatte namentlich der Hof- und Domprediger Adolf Stoe[ö]cker am 26. September 1879 in einer öffentlichen, in mehreren Tageszeitungen abgedruckten Rede über die Judenfrage ausgerufen: »Wie aber die Berliner Witzblätter, lauter jüdisches Giftgeschmeiß, die christlichen Dinge verhöhnen und verspotten, weiß jeder, der diese verderblichen Blätter liest.«[107]

Der Zufall wollte es, daß einer der schärfsten Judenhasser ausgerechnet Julius Stettenheims ältester Jugendfreund Wilhelm Marr gewesen ist. Einst, von 1847 bis 1851, hatte er in Hamburg das Witzblatt *Mephistopheles* herausgegeben. Seit 1863 betrachtete er es als seine Lebensaufgabe, »die schädlichen Einflüsse des Judenthums« zu bekämpfen. Im November 1879 gründete der Erfinder des Wortes »Antisemitismus« in Berlin die »Antisemiten-Liga« und rief zum »ausschließlichen Zwecke der Bekämpfung des ›modernen‹ Judenthums« unter dem Titel *Die Deutsche Wacht* eine »Monatsschrift für nationale Entwickelung« ins Leben, die er bis März 1880 selbst redigierte. In zahlreichen Artikeln, vor allem aber in der Rubrik »Vom jüdischen Kriegsschauplatz« nahmen er und sein Nachfolger, der antisemitische Verleger Otto Hentze, auf die »jüdische Presse« und den »schnöden Judenwitz« Bezug.[108]

In der *Deutschen Wacht* pries Wilhelm Marr auch das erste »conservative und antisemitische« humoristisch-satirische Wochenblatt *Die Wahrheit* in überschwenglicher Weise an: »Das Blatt ist eine berechtigte Repressalie gegen den jüdischen ›Humor-Cerberus‹ Kladderadatsch, Wespen, Ulk, der in alles, was ihn gar Nichts angeht, hineinbeisst und bellt, und wenn dieser dreiköpfige Hof-Wau-Wau der jüdischen Plutokratie seinen Bändiger in der ›Wahrheit‹ findet, soll es uns freuen.«[109]

Die reich illustrierte (Signatur P. K.) *Wahrheit* erschien seit dem 3. Januar 1880 jeden Samstag im Umfang von sechs bis acht Folioseiten (Satzspiegel 23 × 33 cm; 1882: 21,2 × 30,6 cm) zum Preis von 2 Mark pro Quartal. Die erste Titelvignette zeigte eine halbnackte »Wahrheit« mit einer Fackel in der rechten Hand, umrahmt von einem noch nicht genau ausformulierten Programm *(Abbildung 128)*.

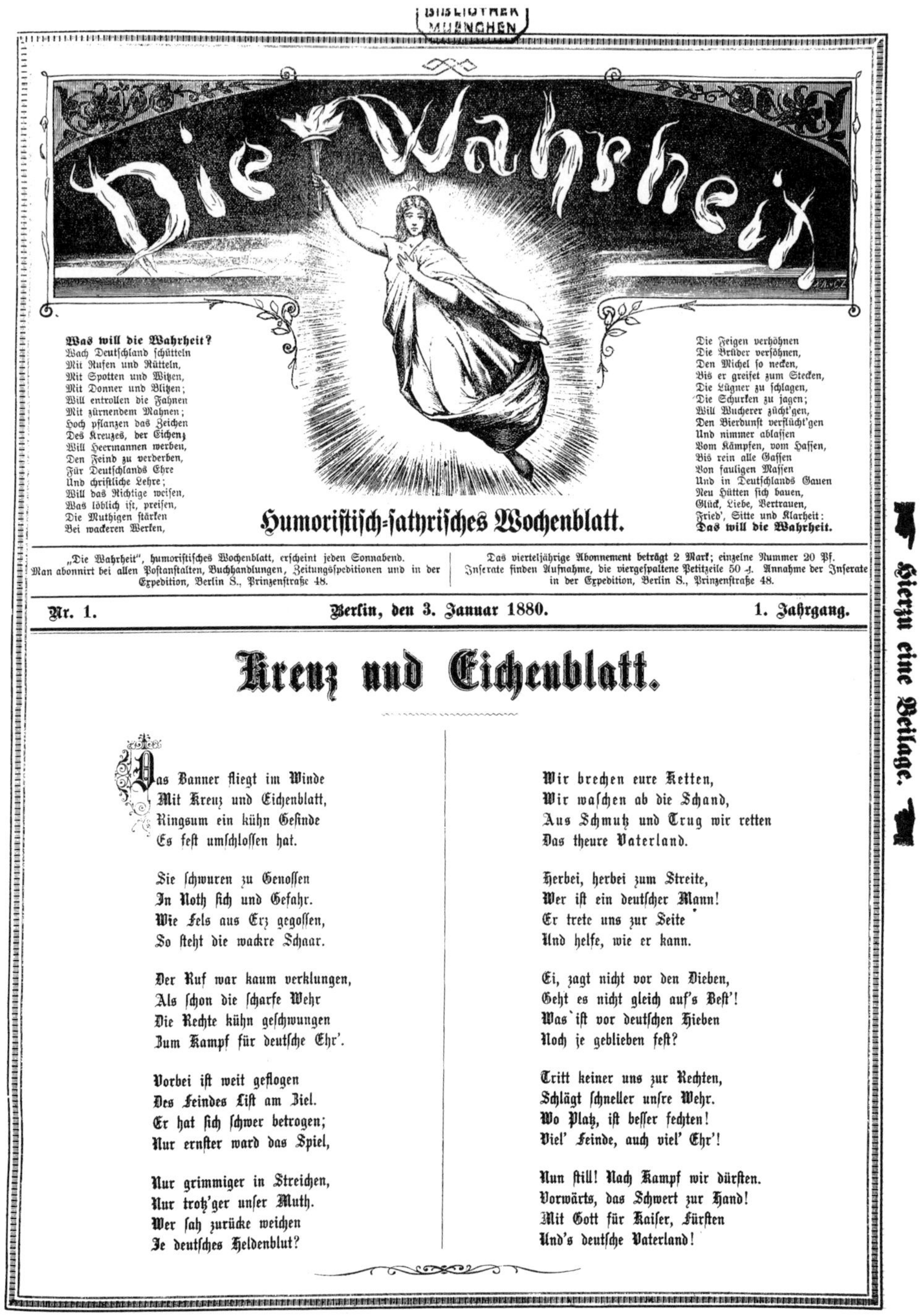

Die Wahrheit

Was will die Wahrheit?
Wach Deutschland schütteln
Mit Rufen und Rütteln,
Mit Spotten und Witzen,
Mit Donner und Blitzen;
Will entrollen die Fahnen
Mit zürnendem Mahnen;
Hoch pflanzen das Zeichen
Des Kreuzes, der Eichen;
Will Heermannen werben,
Den Feind zu verderben,
Für Deutschlands Ehre
Und christliche Lehre;
Will das Richtige weisen,
Was löblich ist, preisen,
Die Muthigen stärken
Bei wackeren Werken,
Die Feigen verhöhnen
Die Brüder versöhnen,
Den Michel so necken,
Bis er greifet zum Stecken,
Die Lügner zu schlagen,
Die Schurken zu jagen;
Will Wucherer zücht'gen,
Den Bierdunst verflücht'gen
Und nimmer ablassen
Vom Kämpfen, vom Hassen,
Bis rein alle Gassen
Von fauligen Massen
Und in Deutschlands Gauen
Neu Hütten sich bauen,
Glück, Liebe, Vertrauen,
Fried', Sitte und Klarheit:
Das will die Wahrheit.

Humoristisch-satyrisches Wochenblatt.

„Die Wahrheit", humoristisches Wochenblatt, erscheint jeden Sonnabend. Man abonnirt bei allen Postanstalten, Buchhandlungen, Zeitungsspeditionen und in der Expedition, Berlin S., Prinzenstraße 48.

Das vierteljährige Abonnement beträgt 2 Mark; einzelne Nummer 20 Pf. Inserate finden Aufnahme, die viergespaltene Petitzeile 50 ₰. Annahme der Inserate in der Expedition, Berlin S., Prinzenstraße 48.

Nr. 1. **Berlin, den 3. Januar 1880.** **1. Jahrgang.**

Hierzu eine Beilage.

Kreuz und Eichenblatt.

Das Banner fliegt im Winde
Mit Kreuz und Eichenblatt,
Ringsum ein kühn Gesinde
Es fest umschlossen hat.

Sie schwuren zu Genossen
In Noth sich und Gefahr.
Wie Fels aus Erz gegossen,
So steht die wackre Schaar.

Der Ruf war kaum verklungen,
Als schon die scharfe Wehr
Die Rechte kühn geschwungen
Zum Kampf für deutsche Ehr'.

Vorbei ist weit geflogen
Des Feindes List am Ziel.
Er hat sich schwer betrogen;
Nur ernster ward das Spiel,

Nur grimmiger in Streichen,
Nur trotz'ger unser Muth.
Wer sah zurücke weichen
Je deutsches Heldenblut?

Wir brechen eure Ketten,
Wir waschen ab die Schand,
Aus Schmutz und Trug wir retten
Das theure Vaterland.

Herbei, herbei zum Streite,
Wer ist ein deutscher Mann!
Er trete uns zur Seite
Und helfe, wie er kann.

Ei, zagt nicht vor den Dieben,
Geht es nicht gleich auf's Best'!
Was ist vor deutschen Hieben
Noch je geblieben fest?

Tritt keiner uns zur Rechten,
Schlägt schneller unsre Wehr.
Wo Platz, ist besser fechten!
Viel' Feinde, auch viel' Ehr'!

Nun still! Nach Kampf wir dürsten.
Vorwärts, das Schwert zur Hand!
Mit Gott für Kaiser, Fürsten
Und's deutsche Vaterland!

128 *Die Wahrheit,* Nr. 1 v. 3. 1. 1880
Titelseite des ersten antisemitischen Berliner Witzblattes. Eine wichtige Quelle für seine unbekannten Zeichner war der in den 60er Jahren erschienene *Kleine Reac[k]tionär.*

Verantwortlicher Redakteur der *Wahrheit* war Hector de Grousilliers (bis Juli 1882), der mit seinem auch als Streitschrift unter die Leute gebrachten Vortrag »Nathan der Weise und die Antisemiten-Liga« die neue Bewegung öffentlich bekannt gemacht hatte. Der Nachkomme einer Hugenottenfamilie »bewies«, daß Lessings ein Jahrhundert zuvor erschienenes Meisterwerk »nicht die Emancipation des Judenthums sondern die Emancipation vom Judenthum« bedeute![110]

Die Wahrheit wurde bis zum 4. September 1880 (Nr. 36) von Hermann Polenz verlegt. Infolge einer langwierigen Krankheit verkaufte er das Unternehmen an A. Werckenthin weiter. Am 5. Februar 1881 ging das Blatt (Nr. 6) in den judenfeindlichen Verlag M. Schulze über. Den Druck übernahm bis Februar 1882 Max Bading, dann die Firma Thieme & Horn und schließlich, seit April 1882, Julius Ruppel, der Herausgeber und Drucker des »Hauptorgans der antisemitischen Bewegung« *Berliner Ostend-Zeitung*. Letztere veröffentlichte bereits seit Juli 1881 wöchentlich eine Seite Karikaturen aus der *Wahrheit*.[111]

Dieses »einzige antisemitische Witzblatt«, dessen Auflage 1880/81 vier-, dann zwei- bis dreitausend Exemplare betragen hat, führte im Zeichen des Kreuzes einen »heiligen Krieg« gegen »Liberalismus«, »Materialismus« und den »jüdischen Geist«:

»Wer noch auf Gott vertrauen kann,
Hält deutsche Ehre werth
Und ist ein echter deutscher Mann,
Der zieh' sein gutes Schwert!
Ein Kampf muss uns jetzt werden
Und drin der schönste Sieg;
Um Deutschlands Sein und Werden
Entsprüht der heilige Krieg.[112]

Immer wieder richtete *Die Wahrheit* ihre Angriffe gegen den *Kladderadatsch*, die *Wespen* und den *Ulk (Abbildung 129)*. Im Oktober 1880 begann das Blatt, das sich selbst »allen Gesinnungsgenossen« als »unübertreffliches Agitationsmittel« empfahl, mit illustrierten Flugblättern zu werben. Schon das erste, das zum einen »eine Ansprache an die Deutschen über die Judenfrage« enthielt, zum anderen völlig aus dem Zusammenhang gerissene Aussprüche »deutscher antisemitischer Geistesheroen« *(Abbildung 130)*,[113] soll innerhalb von zwei Monaten einen Absatz von 150 000 Exemplaren erreicht haben.

Außerdem brachte der Verlag M. Schulze seit 1881 ein *Skizzenbuch der Wahrheit*, in dem etwa dreißig satirische Illustrationen des Vorjahrs zusammengefaßt waren, auf den Markt sowie die Sammlung *Zeitgedichte aus der »Wahrheit«*. Ende 1882 folgte der illustrierte »Humoristisch-satirische Volkskalender der Wahrheit«, *Kehraus*, der alsbald drei Auflagen erlebte. 1884 wurde schließlich die illustrierte Monatsschrift für Unterhaltung und deutschen Humor *Die Kehraus-Bibliothek* lanciert.

Interessant für die Antisemitismusforschung ist der Anzeigenteil dieses Berliner Witzblattes. Er vermittelt einen nahezu vollständigen Überblick über »beachtenswerthe Schriften zur Judenfrage«. Oft handelt es sich um gedruckte Reden von Eugen Dühring, Bernhard Förster, Hector de Grousilliers, Ernst Henrici, Adolf Stoecker und anderen, die schon vorher auszugsweise in der konservativen und katholischen Presse veröffentlicht worden waren. In den meisten dieser Broschüren sowie in der antisemitischen Tagespresse gehörten die Attacken gegen die Berliner Witzpresse zum guten Ton.[114]

Im Anzeigenteil erfährt man auch, daß zwar manches Berliner Kaffeehaus, zum Beispiel das berühmte Café Kranzler, sich weigerte, *Die Wahrheit* auszulegen, so daß die Redaktion in regelmäßigen Abständen an die Solidarität der »braven Antisemiten« appellieren mußte: »Wir fordern Euch daher auf, ehe Ihr ein Glas Bier bestellt, zuvörderst danach zu fragen, ob ›Die Wahrheit‹ in dem Lokal gehalten wird; wenn nicht, dann sofort wieder hinauszugehen. Das sei Ehrenpflicht!«[115]

Auf den Spuren nach der verlorenen Zeit trifft man schließlich noch auf die Empfehlung einer »Petition« an den Reichskanzler, »betreffend die Einschränkung des jüdischen Einflusses«, und den Aufruf zum Boykott jüdischer Geschäfte, ferner auf die Anpreisung »gemüthlicher« Kneipen und Bierhäuser mit »antisemitischem Mittagstisch« oder »antisemitischem Lesesalon« und endlich auf das verlockende Angebot eines gesetzlich geschützten »Antisemitischen Sects«.[116]

Natürlich kam auch *Die Wahrheit* nicht ohne stehende Figuren aus. In Nr. 2 vom 10. Januar diskutierten erstmals Jeiteles und Waiteles *(Abbildung 131)* in der Art von Schultze und Müller nach dem Motto: »Immer kimmen se schain raus unsre Lait.«

Es folgten die Monologe beziehungsweise Dialoge des Spree-Atheners Enantios (= Nante) sowie des Anti-Nunne Schlaumche Posener und des Berliner Kleinbürgers Piefke.

129 *Die Wahrheit*, Nr. 23 v. 5. 6. 1880
Die Wahrheit hatte es besonders auf die »unsittlichen« Inserate der »Schmutz- und Schandblätter« *Kladderadatsch*, *Berliner Wespen* und *Berliner Tageblatt (Ulk)* abgesehen. Namentlich die damals verpönten »Gummiartikel« waren ihr ein Stein des Anstoßes. Sie selbst lehnte die Aufnahme von »jüdischen« und »marktschreierischen« erotischen Anzeigen ab.

Deutsche antisemitische Geistesheroen.

Herder. Friedrich der Große. Luther. Kant.

Luther: Darumb wisse Du, lieber Christ, und zweifel nichts dran, daß Du, nähest nach dem Teufel, keinen bittern, giftigern, heftigern Feind habest, denn einen rechten Juden, der mit Ernst ein Jude sein will.

Friedrich d. Große: Wir befehlen „. . . daß die schlechten und geringen Juden in den kleinen Städten, sonderlich in denen, so mitten im Lande liegen, woselbst solche Juden ganz unnöthig und vielmehr schädlich sind, bei aller Gelegenheit und nach aller Möglichkeit daraus weggeschaffet werden."

Kant: Die unter uns lebenden Palästiner sind durch ihren Wuchergeist . . . . in den nicht ungegründeten Ruf des Betruges gekommen. Es scheint nun zwar befremdlich, sich eine Nation von Betrügern zu denken, aber ebenso befremdlich ist es doch auch eine Nation von lauter Kaufleuten zu denken, deren bei Weitem größter Theil . . . keine bürgerliche Ehre sucht, sondern diesen ihren Verlust durch die Vortheile der Ueberlistung des Volkes, unter dem sie Schutz finden, und selbst ihrer untereinander, ersetzen wollen.

Herder: Das Volk Gottes . . . . ist Jahrhunderte her, ja fast seit seiner Entstehung eine parasitische Pflanze auf den Stämmen anderer Nationen; ein Geschlecht schlauer Unterhändler beinahe auf der ganzen Erde, das trotz aller Unterdrückung nirgends sich nach eigener Ehre und Wohnung, nirgends nach einem Vaterland sehnt."

Schiller: . . . Wir müssen in ihr den Kanal verehren, den, so unrein er auch war, die Vorsicht erwählte, uns das edelste aller Güter, die Wahrheit zuzuführen, den sie aber auch zerbrach, sobald er geleistet hatte, was er sollte. Auf diese Weise werden wir gleich weit entfernt sein, dem Hebräischen Volk einen Werth aufzudringen, den es nie gehabt hat, und ihm ein Verdienst zu rauben, das ihm nicht streitig gemacht werden kann.

Göthe: An der christlichen Religion halten wir fest . . . . In diesem Sinne, den man . . . . . als folgerecht anerkennen muß, dulden wir keinen Juden unter uns, denn wie ihm den Antheil an der höchsten Kultur vergönnen, deren Ursprung und Herkommen er verläugnet?

Fichte: — redet zuckersüße Worte von Toleranz und Menschenrechten und Bürgerrechten, indeß ihr uns die ersten Menschenrechte kränkt. . . . . . Fällt Euch denn nicht der begreifliche Gedanke ein, daß die Juden, welche ohne euch Bürger eines Staates sind, der fester und gewaltiger ist, als die eurigen alle, wenn ihr ihnen auch noch das Bürgerrecht in euren Staaten gebt, eure übrigen Bürger völlig unter die Füße treten werden.

Schopenhauer: Das Vaterland der Juden sind die übrigen Juden; . . . . Daraus geht hervor, wie absurd es ist, ihnen einen Antheil an der Regierung oder Verwaltung eines Staates einräumen zu wollen. „Demnach ist es eine höchst oberflächliche und falsche Ansicht, wenn man die Juden blos als Religions-Secte betrachtet: . . . . Vielmehr ist „Jüdische Nation" das Richtige.

v. Bismarck Wenn ich mir als Repräsentanten der geheiligten Majestät des Königs gegenüber einen Juden denke, dem ich gehorchen soll, so muß ich bekennen, daß ich mich tief niedergedrückt und gebeugt fühlen würde, daß mich Freudigkeit und das aufrechte Ehrgefühl verlassen würden, mit welchem ich meine Pflichten gegen den Staat zu erfüllen bemüht bin.

Richard Wagner: Der Jude . . . . fällt uns im gemeinem Leben zunächst durch seine äußere Erscheinung auf, die gleichwohl, welcher europäischen Nationalität wir angehören, etwas dieser Nationalität unangenehm Fremdartiges hat: wir wünschen unwillkürlich mit einem so aussehenden Menschen nichts gemein zn haben.

Fichte. Göthe. Bismarck. Schiller. Wagner. Schopenhauer.

Daitsche semitenfreundliche Geistesheroen (?)

Chemityp.-Anst. v. Ph. E. Werner

Eugen Richter: Schmul, Deutscher an meine Brust! Antisemitisch ist infam, jeder Nichtfortschrittler gesinnungsniederträchtig.

Alb. Träger: Deutsche, seht hier den Mann der Gegenwart, ich bin nur werth, diesem deutschen Dichterfürsten die Stiefel zu putzen.

130 *Die Wahrheit*, Nr. 42 v. 16. 10. 1880
Abdruck des antisemitischen Flugblattes *Deutsche antisemitische Geistesheroen*
Links unten: einer der bekanntesten Führer der »verjudeten« Deutschen Fortschrittspartei, Eugen Richter.
Rechts unten: der zum »Tout-Berlin« zählende »Dichterfürst« und Herausgeber der Zeitschrift *Die Gegenwart*, Paul Lindau, sowie der liberale Schriftsteller und Politiker Albert Träger.

Die Jahrgänge 1883 bis 1886 sind aller Wahrscheinlichkeit nach nicht mehr erhalten. Als verantwortliche Redakteure fungierten W. Kase, A. Runge und der Buchhändler A. de Grousilliers (ein Bruder Hectors?). Der Erstgenannte ist einmal, A. de Grousilliers zweimal zu einer empfindlichen Geldstrafe wegen »Beleidigung mittels der Presse« verurteilt worden. Die Abonnentenzahl der extremantisemitischen *Wahrheit* betrug 1882/83 2 000, 1883/84 3 000 und 1884/85 2 000 Exemplare; die Zahl der mit der Post versandten Exemplare sank von 1 012 (1882) auf 627 (1885).[117] Die beiden vorhandenen Nummern des Jahrgangs 1885 zeigen eine veränderte Titelvignette und einen neuen Untertitel. *Die Wahrheit* nannte sich nunmehr »ein deutsch-nationales, satirisches Zeit- und Streitblatt«; ihr ausführliches Programm läßt sich auf den kurzen Nenner bringen: »Das Judenthum für die Juden! Deutschland für die Deutschen!« *(Abbildung 132)* Alle Versuche einer »deutsch-jüdischen Symbiose« waren für dieses Blatt nicht nur von vornherein zum Scheitern bestimmt, sondern ohne jeden Kompromiß zu verwerfen.
Mitarbeiter der *Wahrheit* und ihres antisemitischen Nebenprogramms waren der oben genannte Wilhelm Marr und Thomas Frey (mit bürgerlichem Namen Theodor Fritsch, Herausgeber der *Antisemitischen Correspondenz*). *Die Wahrheit* stellte im März 1886 ihr Erscheinen ein. Von ihrem Mitredakteur Frey-Fritsch, der 1887 einen *Antisemiten-Katechismus* veröffentlichte und 1902 die antisemitische Zeitschrift *Hammer. Blätter für deutschen Sinn* begründete, führte vermutlich ein direkter Weg zu Adolf Hitler.[118]
Am 18. April 1886, also wenige Wochen nachdem *Die Wahrheit* eingegangen war, lancierte der Verlag M. Schulze die antisemitische Tageszeitung *Deutsche Volksstimme* mit der humoristischen Beilage *Murr*; beide Organe haben jedoch noch vor dem 30. September desselben Jahrs das Zeitliche gesegnet.[119]

131 *Die Wahrheit*, Nr. 2 v. 10. 1. 1880
Jeiteles und Waiteles, die Schultze und Müller *(Kladderadatsch)* nachahmenden stereotypen Figuren des antisemitischen Witzblattes *Die Wahrheit*.

Ein deutsch-nationales, satirisches Zeit- und Streitblatt.

Unser Programm:

Der **Antisemitismus** ist keine Glaubens- oder Raffenfrage, sondern eine politische Richtung, welche in ihrer Namensbezeichnung ein vollständiges staatsrechtliches, nationales, sociales und wirthschaftliches Programm enthält und jede Unklarheit, jeden **Kompromiß** von vorne herein ausschließt. Die Tendenz des rationellen **Antisemitismus** ist nicht Angriff, sondern **Abwehr**; sein **Wahlspruch**: Das Judenthum für die Juden!

Der moderne Staat ist auf dem Grundsatze des gleichen Rechtes für **Alle** aufgebaut und die moderne Gesellschaft hat sich von dem **Kastengeiste** der alten Zeit losgesagt. Aber der nationale **Sinn** darf nicht untergehen in den nivellirenden Bestrebungen der Neuzeit, denn ein Volk, das die Anhänglichkeit an seine Ueberlieferungen und seine Eigenart aufgiebt, muß aus der Weltgeschichte verschwinden. Darum: Deutschland für die Deutschen!

Die „Wahrheit“ erscheint jeden Sonnabend. Man abonnirt bei allen Postanstalten, Buchhandlungen, Speditionen und in der Expedition Berlin C., Spittelmarkt Nr. 6.

Der vierteljährliche Abonnements-Preis beträgt 2 Mark excl. Zustellung. Die 4-gespaltene Colonelzeile kostet 50 Pfennige. Schwindelhafte u. unsittliche Inserate finden keine Aufnahme.

Nr. 50. **Berlin, den 12. Dezember 1885.** **6. Jahrgang.**

Weissagung und Erfüllung.

(Aus Wahrheit, Jahrgang 1881, Nr. 26.)

Einst verkündeten Propheten,
Die zur grauen Vorzeit kamen:
„Alle Kön'ge, alle Völker
Sollen dienen Juda's Samen!“

„Seinen Fuß auf ihrem Nacken,
Sollt' er sie herniederzwingen;
Ihre Schätze, Gold und Silber,
Freudig wollten sie's ihm bringen!“

Mystisch hatten's die Propheten
Von des Kreuzes Sieg verstanden;
Siehe nun, wie gar so anders
Sich's erfüllt in deutschen Landen.

Juden herrschen in den Kammern
Der germanischen Philister,
Juden wagen es, zu greifen
Nach den Sesseln der Minister.

Uns're Ritter, uns're Großen,
Wandelnd in der Juden Schuhen,
Spekulirend und verarmend
Füllen sie der Juden Truben.

In der Tagesblätter Spalten
Herrscht mit Macht die Juden-Innung
Und ergießt in deutsche Geister
Täglich jüdische Gesinnung.

Selbst, die alles wollten stürzen,
Gingen blind in ihre Falle,
Selbst die Sozialistenschwärmer
Führt ein Marx und ein Lassalle.

Denn ob alles bricht und stürzet,
Juden wissen zu gewinnen,
Und sie herrschen schon nach außen
Und sie herrschen schon nach innen.

Uns're Macht und uns're Ehre,
Unser Recht und unser Glaube,
Uns're Kunst und unser Streben
Fallen Israel zum Raube.

Und damit auch die Erfüllung
Keinem Wort der Seher fehle,
Bringen ihm ihr Gold und Silber
Deutschlands Esel und Kameele.

Ja, Du ackerst, ja, Du säest,
Doch der Jude führt die Sichel
Und häuft an in seinen Speichern
Deine Waaren, deutscher Michel.

132 *Die Wahrheit*, Nr. 50 v. 12. 12. 1885
Vignette und Untertitel des nicht durchgängig erhaltenen antisemitischen Witzblattes *Die Wahrheit* haben sich mehrmals verändert, so auch 1885. Die wie einst Perseus mit Helm, Schwert und Gorgonenschild bewaffnete personifizierte Wahrheit bekämpft die als Drachen dargestellte Lüge. Zwei Putten stehen ihr mit Witz [Narrenkappe] und Schärfe [Pfeil] zur Seite.

Die antisemitischen Witzblätter des Verlags M. Schulze erhielten einen Bundesgenossen in dem konservativen Wochenblatt *Schalk*.
Die »Blätter für deutschen Humor« – so lautete der Untertitel – hatten eine bewegte Jugend hinter sich. Anfangs, das heißt vom 13. Oktober 1878 bis Ende August 1879, waren sie im Stuttgarter Verlag Wilhelm Spemann herausgekommen. Gründer dieses vorwiegend den unpolitischen Humor pflegenden Wochenblattes (12 Seiten, Satzspiegel 19,2 × 27,3 cm) war der Ex-»Kladderadatscher« Julius Lohmeyer. Zu den Verfassern humoristischer Erzählungen, Gedichte, Briefe und Zwiegespräche gehörten unter anderem die damals viel gelesenen Schriftsteller Friedrich Bodenstedt und Felix Dahn (*Ein Kampf um Rom*, 1876) sowie die ansonsten miteinander konkurrierenden Koryphäen des Berliner Witzes: Emil Cohnfeld, Hugo Littauer, Richard Schmidt-Cabanis, Julius Stettenheim und Johannes Trojan.
Vielfalt herrschte im *Schalk* auch, was die Künstler anbetraf. Genannt seien hier Carl Gehrts, der die Vignette entwarf, und Constantin von Grimm. Der einstige *Kladderadatsch*-Zeichner suchte beim *Schalk* eine neue Verdienstmöglichkeit, nachdem sein eigenes Witzblatt, *Puck* (Leipzig, 1876/78), das – laut Programm – »nicht mehr nach Knoblauch riechen« sollte, nach zweieinviertel Jahren an akutem Abonnentenschwund zugrunde gegangen war.[120]
Offensichtlich konnte sich dieses gesamtdeutsche Witzblatt »vom Nordstrand bis zur Alpenfirne« nicht durchsetzen, denn nach zehn Monaten verkaufte Spemann (1844 bis 1910) das Verlagsobjekt an seinen Leipziger Kollegen Friedrich Thiel (geboren 1836).
Dieser engagierte den vielgereisten Schriftsteller Ernst Eckstein (1845 bis 1900) als Redakteur; er war besonders durch seine Schulbank-, Gymnasial- und Pensionatshumoresken bekannt geworden.[121]
1882 wagte der *Schalk* den Sprung in die Reichshauptstadt. Vom 1. April 1882 bis zum 31. März 1883 wurde er den *Berliner Neuesten Nachrichten* als illustriertes Sonntagsblatt (Zeichner: Eduard Fehrenbach) beigelegt.[122] Interessierte Abonnenten konnten darüber hinaus den *Schalk-Kalender* und die *Schalk-Bibliothek* für billiges Geld (1 Mark pro Band) erwerben. Als Eckstein ausschied, griff Thiel selbst zur Feder, bis er am 1. Oktober 1883 in der Person des Wieners Moritz von Reymond (1833 bis 1919) einen neuen Redakteur gefunden hatte.
Am 1. Oktober 1884 übersiedelte der Verlag nach Berlin; gedruckt wurde das Blatt weiterhin in Leipzig.
Der nunmehr von Carl Gehrts, W. Wellner, Max Scholtz und anderen illustrierte *Schalk (Abbildung 133)* kostete pro Quartal 2,80 Mark (Einzelnummer 25 Pfennig); aus Polizeiberichten geht hervor, daß er in über dreißig Berliner Lokalen öffentlich auslag. Unter dem Verleger Friedrich Thiel, der für das Blatt verantwortlich zeichnete, veränderte die Zeitschrift ihren Charakter. Einerseits wurde sie als »Skandal-

Schalk

Blätter für deutschen Humor.

IX. Jahrg. Erscheint wöchentlich. Nachdruck verboten. Berlin, 7. Februar 1886. Vierteljährlich Mk. 2.80. Einzelnummer - -.25. Nr. 384

Dynamit und Liebe.

Eine gräßliche Geschichte in fünf Kapiteln. Von Fritz Stein.

I. Kapitel.

Katinka wurde von Beiden geliebt. Der Eine war Popolowsky, erster Heldentenor am öffentlichen Theater zu Krtschnitscheff, der Andere Bombardoffskewitsch, erster Kammer-Pianist seiner hochfürstlichen Durchlaucht des Fürsten von Krapotkin. Auch Katinka war musikalisch. Sie spielte mit Bombardoffskewitsch vierhändig die Klosterglocken und das Gebet einer Jungfrau und mit Popolowsky sang sie zweistimmig:

„Ach wie war's möglich dann,
Daß ich Dich lassen kann."

II. Kapitel.

Katinka war im Zweifel, welchen von Beiden sie liebte. Sie hatte wohl zwei Hände zu vergeben aber nur ein Herz. Sie mußte sich entscheiden: Entweder der Tenor oder der Pianist, sonst bekomme ich am Ende gar keinen. Mag die Macht der Töne entscheiden, dachte sie bei sich und damit öffnete sie den Wartenden die Thür.

Popolowsky wurde aufgefordert ein Solo zu singen. Solo war ihm zu riskirt, er sang nur eine Frage: „Willst Du in Ewigkeit mein eigen sein?"

Nein, dachte Katinka für sich, in Ewigkeit dauert mir etwas zu lange, wenn er mich nicht gleich haben will, lieber gar nicht, denn ich bin schon beinahe aus den Schneidern. „Singen Sie ein zeitgemäßeres Lied, lieber Popolowsky. Und er sang: „Ich wollt meine Liebe ergösse sich, gleich auf ein einziges Mal!" Dies gab ihm den Todesstoß bei Katinka. Wenn die ganze Liebe auf ein Mal ergossen ist und folglich der Vorrath dadurch erschöpft wird, wie könnte sie glücklich mit ihm sein? Nein, ohne einen Funken Liebe in Reserve zu behalten, liebeleer, elend ein ganzes Leben dahin zu wandeln, das war zu viel für ihr großes Herz. Katinka seufzte und wandte sich zu Bombardoffskewitsch: „Lieber Freund, drücken Sie Ihre Gefühle auf den Tasten aus." Bombardoffskewitsch gehorchte mit Freuden. Und der Sänger rasch in die Saiten fällt und beginnt sie mächtig zu schlagen.

Bombardoffskewitsch spielte großartig, erhaben, mächtig, mit beiden Armen und sammtlichen Fingern:

„Du, Du, liegst mir im Herzen,
Ich, ich, liege dabei."

Katinka war gerührt, sie ließ eine Zähre fallen: Dann ging der Künstler zur Ouvertüre über; Offenbachs unvergleichliche Oper „Orpheus in der Unter-

133 *Schalk*, Nr. 384 v. 7. 2. 1886
Titelseite des zunächst in Stuttgart, dann in Leipzig und Berlin erschienenen *Schalks*.
Die Vignette zeigt *in der Mitte* den Schalk, mit Narrenkappe, Narrenstab und Peitsche. Unter ihm eine Laterne, welche das Ganze erhellt.
Links: Ein Uhu mit Schlafmütze und Vatermörderkragen fliegt davon. Auf dem Boden: Zwei nackte Putten stolpern über Tintenfaß, Manuskript und Buch.
Rechts: Zwei Putten als Liebespärchen; ganz hinten ein Zwerg, als Lautenspieler. Alle Spielarten des im *Schalk* enthaltenen »deutschen Humors« werden so allegorisch dargestellt.

Erscheint wöchentlich.
Preis: Vierteljährlich Mk. 1,25
Einzelnummer Mk. 0,10.

Preis der 4-gespaltenen Nonpar.-Zeile 75 Pf.

Redaktion und Expedition: Berlin, Leipzigerstr. 115.

Verantwortlicher Redakteur: M. Reymond.

Correspondirende Nummer des Schalk: Nr. 288.

Statut.

1.
Was neu und witzig ist, das wird
Stets mit Vergnügen acceptirt;
Wer aber alten Kohl uns bringt,
Den trifft Verachtung unbedingt

2.
Man schreibe auf ein großes Blatt
Jedweden Beitrag separat
Und setze unverzagt und munter
Den Namen sammt Adresse drunter:
Auch bleibe, weil's die Setzer lieben,
Die Hinterseite unbeschrieben.

3.
Wer nicht von vornherein erklärt,
Wieviel er Honorar begehrt,
Der muß sich nach der Hand bequemen,
Was wir ihm bieten, anzunehmen.

4.
Wir haften nie für Manuscripte,
Die man zu senden uns beliebte
Und schicken sie nur dann retour,
Wenn sie „verseh'n mit Frankatur.

Beiblatt zum „Schalk."

I. Jahrgang. — Berlin, 6. April 1884. — Nr. 1.

Devise.

Gemüthlich sitzt der Kauz auf seiner Stange
Und läßt den Balg sich rupfen, wie zum Spaß;
Ihm macht das freche Lumpenpack nicht bange,
Das krächzend ihn umtobt in blindem Haß!

Und ob sie's trieben bis zum Uebermaß,
Er weiß, der Siegestaumel währt nicht lange;
Ein Schuß aus wohlverborgenem Gelaß
Weiht das Gesindel jähem Untergange.

So dienet „Kauz" bewußt dem hohen Zwecke,
Die Ritterschaft vom Strauch aus dem Verstecke
Zu locken in das off'ne Jagdrevier;
Da sitzt er, wie ein hülflos Opferthier,
Die Brut stürzt sich auf ihn voll Rachbegier
Und — liefert blind sich selber an die Strecke.

Was die Spatzen auf dem Dache pfeifen.

Wenn ein anderer Mann, als der geniale Bamberger, an anderer Stelle, als auf der Tribüne des deutschen Parlamentes, einen Vergleich zwischen der Regierung seines Landes und einem Schuster anstellen würde, so würde man einen solchen Vergleich einfach ledern finden. Bamberger darf sich jedoch einen solchen Stiefel leisten und findet unter seinen Bewunderern auch den nöthigen Absatz dafür. Bamberger ist überhaupt in Beschuhungsfragen ernster zu nehmen, als gewöhnliche Sterbliche, denn der Stiefel ist gewissermaßen ein Theil seines ästhetischen Bewußtseins und spielt daher eine höhere Rolle in seinem Gedankenleben, als dies bei anderen Leuten der Fall ist. Schon zur Zeit des großen Krieges von 1870/1 hat er einmal den Ausspruch gethan: Wenn ich einen neuen Menschen kennen lerne, so sehe ich zunächst auf seine Stiefel. Hat der Mann ein anständiges Schuhwerk an den Füßen, so ist er auch ein anständiger Mann. Wenn Einer abgerissene Chaussüre trägt, so kann man mit Sicherheit den Schluß ziehen, daß der ganze Kerl ein Lump ist.

Herr Bamberger hat damit den bekannten Satz „Kleider machen Leute" zwar nicht auf den Kopf, wohl aber auf den Fuß gestellt und wenn seine Stammesgenossen sich nur befleißigen wollen, auf ihr Schuhwerk einige Sorgfalt zu verwenden, so wird er ihnen ihren bekannten Stoizismus in Bezug auf die Reinlichkeit der Leibwäsche gewiß gerne durch die Finger sehen. Uebrigens hat das auserwählte Volk sogar in dieser Beziehung einen Vortheil vor uns voraus: denn erfahrungsmäßig machen in seiner Geschäftspraxis nicht nur schöne, sondern auch alte Kleider Leute, wie man dies ja an unterschiedlichen Mühlendamm-Generationen wahrnehmen kann, und wer einen zerrissenen Stiefel blos als Handelsartikel „trägt", braucht deshalb noch lange kein Lump zu sein, sondern kann sich vielleicht schon ein paar Jahre später ein Palais mit Basreliefs bauen.

Mit tiefem Kummer wird es Herrn Bamberger erfüllt haben, als er letzthin im „Berl.-Tagebl." lesen mußte, daß seine Partei, obwohl sie eben erst durch die Fusion frisch „gedoppelt" worden ist, doch nicht in guten Schuhen zu stehen scheint, wenngleich es ihr an einem hochwichtigen Schustermaterial — an „Pech" — keineswegs fehlt.

Das genannte Blatt — und Mosse muß es doch wissen! — verwies mit Neid auf die feste, stramme Organisation der Konservativen und der Arbeiterpartei, und beklagte den „Schwächezustand" der eigenen Partei, — das „sorglose, gemächliche und schwächliche Treiben" derselben, „das sich schläfrig im Kreise dreht". Die freisinnigen Bezirksvereine führen nach dem „B. Tgbl." eine „Scheinexistenz", die trübend und schwächend auf das gesammte öffentliche Leben zurückwirkt. Ja, wenn es nur das wäre! Von dem „Schwächezustand" hat man an dem Festessen der Fusionisten nicht einmal so viel gemerkt, wenigstens waren sie bei gutem Appetit und rednerten so flott darauf los, als ob sie die ganze Welt mit ihrem Mundwerk erobern wollten; und wenn die Bezirksvereine schläfrig sind, so ist das noch immer besser, als wenn die guten Leute aufzubrummen anfangen, wie dies am letzten Sonntag in der freisinnigen Versammlung im Stadtpark der Fall war, wo ein Herr Renné Renegat genug war, um das Programm der Fusionisten vom Standpunkte des Gewerbestandes aus anzugreifen und der Weißenseeer Bürgermeister a. D. Heusser sogar geradezu heraussagte, die sogenannte deutsche freisinnige Partei vertrete hauptsächlich die Interessen des Kapitals und des Judenthums und man könne sie eher eine „unsinnige" als eine freisinnige Partei nennen. Darauf natürlich graußes Ai waih-Geschrei, sodaß die fürsorgliche Mutter Polizei schließlich die „Freisinnigen" unter ihre Fittige nehmen und die Versammlung auflösen mußte. In Oesterreich sind jetzt sogar schon die Bauern zur Einsicht gekommen, daß auf dem jüdischen Freisinn kein Gras wachse und sie haben in einer mit nahezu neunthalbtausend Unterschriften bedeckten Petition an das Abgeordnetenhaus die Forderung gestellt, daß die Israeliten von öffentlichen Aemtern fern zu halten und in Bezug auf den Grundbesitz beschränkenden Rechtsbestimmungen zu unterwerfen seien. Wenn bei uns zu Lande, wo doch weitaus mehr Intelligenz und politische Einsicht herrscht, als bei den österreichischen Bauern, nur erst einmal der Mittelstand so weit wäre, um zu begreifen, daß er sich, bei dem Zusammengehen mit den jüdischen Wortführern schließlich um die eigene Existenz bringt! —

Der deutsche Reichstag ist nun in die Osterferien gegangen. Wir wollen sehen, was ihm der Osterhase bescheeren wird! Hoffentlich findet Herr Bamberger in seinem Eierkörbchen ein nettes — Chokolade-Pistol als neckische Erinnerung an das famose Duell mit dem grimmen Hagen von Schauß, welchem der phrasenreiche Parlamentarier durch Zurücknahme des bekannten Wortes von der „Partei Bismarck sans phrase" glücklich entronnen ist. Wen uns der Osterhase wohl an Herrn Sargent's Stelle bringen wird? Ob es etwa wieder ein Aaron sein wird, der seine Creditive bei den Herren vom jüdischen Fortschritt überreicht, oder ob man jenseits des Oceans der Einsicht Ausdruck geben wird, daß nicht Amerika, sondern Deutschland auf Genugthuung für die bekannten Vorfälle Anspruch hat?! — Bis jetzt hat das Geschrei, welches hier wegen der angeblichen Mißhandlung des Herrn Sargent erhoben worden ist, drüben nicht das geringste offizielle Echo gefunden und allem Anscheine nach wird die Wahl der Person des neuen Gesandten den passenden Schlußpunkt zur Blamage der Schreier bilden.

* * *

Was ein „Humoristischer Herrenabend" unter Künstlern zu bedeuten hat, weiß man so ungefähr; denn der Humor „für Herren" ist eine Spezialität von so ausgeprägter Eigenart, daß jedes Mißverständniß von vornherein ausgeschlossen ist. Das Programm des humoristischen Herrenabendes, welchen die Genossenschaft Deutscher Bühnen-Angehöriger am letzten Sonntag im Lokale der Philharmonie zum Besten ihres Pensionsfonds veranstaltet hat, trug dieser Spezialität in ausgiebigem Maße Rechnung, bot indeßen auch eine erkleckliche Anzahl von Nummern, welche jedem Damenabend zur Zierde gereicht hätten. Die Mitwirkenden hatten sich eine ganz gewaltige Aufgabe gestellt und theilten sich in die Durchführung derselben mit einer Ausdauer, welche ihnen zu hoher Ehre gereicht; von halb elf bis zwei Uhr wurde mit ganz kurzen Unterbrechungen musizirt, deklamirt, gemimt und getanzt. Der Erfolg war aber auch ein sehr lohnender, sowohl was die Leistungen und deren Aufnahme, als auch was die finanzielle Seite des Unternehmens anbelangt; gegen fünfzehnhundert

134 *Kauz*, Nr. 1 v. 6. 4. 1884
Titelseite der *Schalk*-Beilage *Kauz*
Das Beilagenwesen kann als ein Merkmal der deutschen Presse angesehen werden.
Die »Spatzen auf dem Dache« kritisierten den deutschen liberalen Mittelstand, welcher mit den »jüdischen Wortführern« zusammengehe, und lobten die österreichischen Bauern, welche die Rechte der Israeliten einzuschränken suchten.

blatt« wiederholt beschlagnahmt, andererseits zeichnete sich dieses »unpolitische« Witzblatt durch eine immer deutlicher werdende antiliberale und judenfeindliche Tendenz aus. Dieselben Bemerkungen galten für das Beiblatt *Kauz (Abbildung 134)*. Schon die erste Nummer vom 6. April 1884 befaßte sich mit der »Judenfrage«. Der Antisemitismus wird erklärt »als eine allgemeine Strömung des Volksgeistes«, das heißt »als eine Regung des nationalen, sozialen und materialen Selbsterhaltungstriebes«. Im übrigen diente der *Kauz* seinem Redakteur Karl Bleibtreu (1859 bis 1929) so lange als Plattform für literarische Fehden, bis er 1885 Mitarbeiter der *Gesellschaft* wurde, jener in die Literaturgeschichte eingegangenen Kampfzeitschrift des Naturalismus.[123]
1891 erschien der *Schalk* aufs neue in Leipzig, wo er bis 1921 (oder länger?) ein bescheidenes Dasein fristete.

Nicht näher bestimmbare beziehungsweise »unpolitische« Witzblätter als Ausdruck der »sozialen Zeitkommunikation«

Neben den oben genannten humoristisch-satirischen Periodika entstanden in den zwei Jahrzehnten nach der Reichsgründung eine Reihe von Witzblättern, die entweder der Tagespolitik fernstanden oder die infolge der desolaten Quellenlage nicht näher definiert werden können. Sie seien der Vollständigkeit halber in chronologischer Reihenfolge aufgeführt.
Gründungen aus den Jahren 1874/1875 waren *Der Flitzbogen*, der nach einem Berliner Börsenausdruck heißende *Mumpitz* (das ist Schwindel, Bluff; bis 1876) und die von M. A. Wagener bis 1877 im Verlag Denicke herausgegebene *Deutsche Carnevals-Zeitung. Fach-und Krach-Organ sämmtlicher carnevalistischen Vereine Deutschlands, aller Narren und solcher, die es werden wollen*. 1876 entstanden die nur für die Reichshauptstadt bestimmte humoristische Gratisbeilage der überregionalen illustrierten Zeitschrift *Leporello* – *Berliner Luft* – [124] sowie das kurzlebige, nach einem lärmenden Spielzeug benannte humoristische Wochenblatt *Cri Cri* (bis 1877), die Nachahmung eines Pariser Blattes gleichen Namens.[125] Im Januar 1878 traten die von einem gewissen Delatkewicz gegründeten *Humoristischen Wespen* an die Öffentlichkeit. Ihr Inhalt bestand aus kleineren Liedern, das heißt aus Chansonnetten und Couplets und hatte mit Julius Stettenheims *Berliner Wespen* »nichts zu tun«.[126]
Die Chronik der folgenden Jahre verzeichnet den *Berliner Bauernfänger* (1881), *Kladderadatsch junior* (1881; *Abbildung 135*), *Schrumm* (= Nachahmung des Tons der Saiten; 1882) und die *Börsenlaterne* (Redakteur: A. Bergschmidt; Verleger: Pohl). 1883 zog der von Carl Reichel drei Jahre zuvor in Chemnitz wiederbegründete *Dorfbarbier* in die Reichshauptstadt. Die neuen Verleger-Redakteure, Richard Fischer und Gustav Schuhr, verdoppelten die Zahl der Oktavseiten (acht statt vier), brachten

anstelle der geliehenen Klischees Original-Illustrationen (zum Beispiel von Franz Jüttner) und erhöhten den Preis der Einzelnummer von fünf auf zehn Pfennig (Bezugspreis pro Quartal: 1 Mark). Nichtsdestoweniger soll das bis 1929 in Mosses *Zeitungs-Katalog* aufgeführte »Volksblatt« mit »Politik« noch weniger zu schaffen gehabt haben als mit »Humor«.[127]

Von April 1883 bis Juli 1885 enthielten die *Berliner Neuesten Nachrichten*, die ihre Auflage von 10 500 auf 20 000 steigern konnten, anstelle des *Schalks* die nicht separat versandte illustrierte humoristische Wochenbeilage »ohne besondere politische Farbe« *Neueste Berliner Fliegende Blätter*. Chefredakteur und Verleger in einer Person war Adolf Braun; als verantwortlich zeichneten Adolf Rohendorf beziehungsweise F.A.E. Scheidel. 1884 rief Braun überdies die *Humoristischen Blätter* ins Leben, die später (bis 1894) von Franz Schmidt redigiert worden sind. Zu nennen sind hier weiterhin die *Bunte Welt* (1886/87) und der von Moritz Wilhelm Sophar herausgegebene *Blaue Montag* (1887/88), ein Witzblatt »ohne politische Tendenz«.[128]

Vom 1. Oktober 1889 bis 1894 publizierte Bernard Lebel im Selbstverlag zum vierteljährlichen Abonnementspreis von 2 Mark die nicht illustrierte »Wochenschrift für Humor und Unterhaltung« *Splitter* (16 bis 18 Seiten, bedruckter Raum 27 × 18 cm) *(Abbildung 136)*. Die Originalität dieser politisch enthaltsamen Zeitschrift bestand

135 *Kladderadatsch junior!* [Berlin, 1880]
Wiederholte Anzeigen in der *Wahrheit* weisen auf dieses auch in der Literatur erwähnte Witzblatt hin.
Der leicht abgewandelte Spottvers stammt aus *Ars poetica* (Horaz): »Gewaltig kreißen die Berge, zur Welt kommt ein lächerliches Mäuschen [= mus].«

Nr. 1. Erscheint wöchentlich einmal. I. Jahrgang.

Splitter.

Herausgeber: Dr. Bernard Lebel
Arthur Zapp.

Redaktion und Expedition: Neue Königstr. 31.

Abonnementspreis: Vierteljährlich 2 Mk. Einzelne Nummer 20 Pf. Inserate werden entgegengenommen in der Expedition dieses Blattes.	Berlin, den 5. Oktober 1889.	Man abonnirt b.i allen Buchhandlungen, Postanstalten (Nr. 5543 der Postzeitungsliste) und in der Expedition dieses Blattes.

An die Leser.

Mit der vorliegenden Nummer beginnt das erste Quartal der Wochenschrift **„Splitter“.**

Wir würden nicht unternommen haben, die große Zahl der in Deutschland erscheinenden Zeitschriften um eine neue zu vermehren, wenn ein Blatt von der Art des unsrigen bereits existirte. Die **„Splitter“** werden eine **eigenartige, einzig dastehende Erscheinung** in der Deutschen Presse bilden. Der Inhalt unsres der Unterhaltung gewidmeten Blattes wird **in jeder Nummer** zum großen Theil aus **preisgekrönten Arbeiten** bestehen. Allwöchentlich werden von uns **mehrere Preise** ausgeschrieben, die **jeder Leser**, der Talent besitzt, zu erringen die Möglichkeit hat.

Es werden in jeder Woche zuerkannt:

1. **Ein Preis von fünfzig Mark für die beste Skizze, Plauderei oder Novellette (am liebsten 2—3 Spalten lang).**
2. **Ein Preis von zwanzig Mark für das beste Gedicht.**
3. **Ein Preis von zehn Mark für das beste Räthsel.**
4. **Ein Preis von zehn Mark für den besten Witz.**
5. **Ein Preis von zehn Mark für die beste Antwort auf irgend eine interessante Frage.**

Diese Preise gelangen in jeder Woche unter allen Umständen für die relativ besten Einsendungen zur Vertheilung.

Außerdem geben wir **jede Woche** an **mehrere Abonnenten ganz unentgeltlich** die **neuesten Litteratur-Erscheinungen** nach **eigener Auswahl.** Betreffs der Einzelheiten verweisen wir auf die im Innern des Blattes abgedruckten Bestimmungen.

Durch diese neue, originelle Einrichtung, die unsrem Blatte ein eigenartiges Gepräge giebt und es aus der Unzahl der bestehenden Zeitschriften heraushebt, bezwecken wir das Interesse an unsrer Wochenschrift im Publikum zu erwecken und fortwährend rege zu erhalten.

Redaktion und Verlag der **„Splitter“.**

136 *Splitter*, Nr. 1 v. 5. 10. 1889
Titelseite eines kurzlebigen unpolitischen Berliner Witzblattes.

darin, jede Woche fünf Preise auszusetzen: 50 Mark für die beste Skizze, Plauderei oder Novellette, 20 Mark für das beste Gedicht sowie je 10 Mark für das beste Rätsel, die beste Beantwortung einer Frage und den besten Witz. In Nummer 116 (1889) war folgender Witz ausgezeichnet worden:
»Der praktische Zeichner (Im Restaurant):
Moses (zu seinem 9jährigen Sohn Joseph): Siehst Du, Josephleben, der Mann mit dem großen Bart, was da sitzt an dem langen Tisch, zeichnet für den Kladderadatsch.
Joseph: Vaterleben, ich möchte lieber zeichnen können für Rothschild.
Moses: Na, was möchtest Du zeichnen können für Rothschild?
Joseph: Per Procura!«[129]
Im Februar 1890 gründete Oscar Halbringer die »illustrierte humoristische Zeitung« *Die Laterne.* Im selben Jahr rief Otto Eysler (1861 bis 1927) das illustrierte humoristische Sonntagsblatt *Lustiges Echo* ins Leben. Es umfaßte in der Regel zwölf Seiten (Satzspiegel 18,5 × 25 cm) und kostete 10 Pfennig (vierteljährlicher Bezugspreis 75 Pfennig). Die ersten Nummern wurden von Albert Zähle redigiert, dann zeichnete Hermann Seyffert verantwortlich; Drucker war H. S. Hermann. Das *Lustige Echo*, das mehrfach seinen Titel änderte,[130] pflegte ein Genre, das erst später, durch den *Simplicissimus*, ein fester Bestandteil des deutschen Witzblattes werden sollte, die Kasernenblüte und den Leutnantswitz *(Abbildung 137)*. Zu den zahlreichen Zeichnern gehörten Franz Jüttner und Otto Marcus. Als stehende Figuren traten der »Vortragsredner« Adolar Baxmann auf sowie ein eifriger Briefschreiber aus der Provinz, Jottlieb Schlammhase.
Etwa um die gleiche Zeit (1891) beteiligte sich Eysler an einem Projekt, das damals sozusagen in der Luft lag: an der Herausgabe der *Berliner* (im Gegensatz zur Leipziger) *Illustrirten Zeitung*. Als der Verkaufserfolg zu wünschen übrig ließ, übertrug er 1894 seinen Anteil auf Louis Ullstein, eine Kurzschlußhandlung, die er sein ganzes Leben lang »beklagen sollte«.[131]
Ganz allgemein erlebte die »leichte Kost« nach dem Aufkommen der »General-Anzeiger-Presse«[132] seit der Mitte der achtziger Jahre eine Phase der Hochkonjunktur. Diesem Trend konnten sich, wie gezeigt wurde, auch die »alten«, national und international verbreiteten Politwitzblätter – *Kladderadatsch*, *Berliner Wespen* und *Ulk* – nicht verschließen.
Noch bevor Julius Stettenheim seine *Berliner* in die überwiegend unpolitischen *Deutschen Wespen* überführte (1888), erfüllte er sich einen »Lieblingswunsch«. Im Oktober 1885 gründete er als »Stelldichein der deutschen Humoristen, deren Arbeiten in Tages- und Wochenblättern zerstreut umherlagen«,[133] die Monatsschrift *Das H[h]umoristische Deutschland.*
Der erste Jahrgang wurde von Wilhelm Spemann (Stuttgart, Berlin) verlegt *(Abbildung 138)*. Neben zahllosen Mitarbeitern, die längst der Vergessenheit anheimgefal-

Nr. 36. **Preis der einzelnen Nummer 10 Pf.** 1894.

An der Quelle.

„Herr Lieutenant, Sie haben wohl einen neuen Burschen? Der junge Mensch macht aber einen sehr inteliigenten Eindruck!"

Lieutenant: „Glaub's, Kerl ist auch schon zwei Monate bei mir!"

Die Goldprobe.

Eines Tages kommt Blumensohn zu seinem langjährigen Geschäftsfreund Salomon und bittet ihn, ihm während einer Reise die Summe von 20 000 Mark aufzubewahren. Salomon geht natürlich darauf ein, führt den Blumensohn in sein Komptor, wo er sich in Gegenwart aller Komptoristen die Summe einhändigen läßt.

„Sie sind Zeugen, daß mir Herr Blumensohn 20 000 Mark zur Aufbewahrung übergiebt!" sagt er zu dem Personal. Alle nickten zustimmend.

Nach 14 Tagen kehrt Blumensohn zurück und verlangt sein Depôt wieder. Salomon stellt sich höchst verwundert und will sich des Depôts absolut nicht erinnern.

„Aber ich habe Ihnen doch das Geld in Gegenwart Ihres Personals übergeben", erklärt der verzweifelte Blumensohn. Salomon zuckt die Achseln.

„Kommen Sie herauf ins Komptor, wir wollen die Leute fragen", erwidert Salomon ruhig.

Blumensohn ist vor Schreck starr — das gesammte Personal erklärt, von dem Depôt keine Ahnung zu haben.

Salomon führt den Erschreckten hinaus, greift in die Tasche und giebt ihm lächelnd das Couvert mit den 20 000 Mark.

„Nehmen Sie's nicht übel, alter Freund", sagt er lächelnd, „ich habe nur sehen wollen, ob ich mich auf meine Leute verlassen kann!"

Ein schüchterner Liebhaber.

„Sie, wenn ich Sie nochmals mit dieser Dame sehe, so schmeiß ich Sie den Abhang hinunter, daß Ihnen alle Knochen im Leibe zerbrechen, denn ich selbst bin in diese Dame schüchtern verliebt. . ."

137 *Lustiges Echo*, Nr. 36, Berlin, 1894
Titelseite eines beliebten, meist unpolitischen humoristischen Sonntagsblattes. Der »Leutnantswitz« macht Karriere.

len sind, finden sich folgende, in die Literaturgeschichte eingegangene Namen: Ludwig Anzengruber, Karl Bleibtreu, Ludwig Fulda, Paul Heyse, Ernst von Wildenbruch und Ernst von Wolzogen.[134] Selbstverständlich steuerten auch Stettenheims engere Kollegen beziehungsweise Konkurrenten – Hugo Littauer, Alexander Moszkowski, Johannes Trojan und Richard Schmidt-Cabanis – ihr Scherflein bei.
Nach kurzer Zeit stellte sich allerdings heraus, daß Theodor Storm, der Stettenheims Bitte um Mitarbeit abgewiegelt hatte, mit seiner Prophezeiung Recht behalten sollte: ». . . Und dann – eine ausschließlich dem Humor gewidmete Zeitschrift trägt nach meiner Ueberzeugung die Vernichtung *a priori* in sich, so viel Humor ist in ganz Deutschland nicht zu haben.«[135]
Nach einem Jahr stieß Spemann – wie seinerzeit den *Schalk* (1878) – das verlustreiche, inzwischen mit kostspieligen Illustrationen ausgestattete Verlagsobjekt ab. Der zweite und dritte Jahrgang erschienen in der Breslauer Verlagsbuchhandlung und -druckerei Salo Schottlaender. Die nunmehr zweimal monatlich herausgegebenen Hefte (bedruckter Raum 13,5 × 22,5 cm) umfaßten 64 Seiten und kosteten 50 Pfennig. Aber selbst der von Stettenheim mobilisierte Kriegsberichterstatter Wippchen, der neben circa zweihundert verschiedenen Tagespoeten als »Lyriker« auftrat, verhalf dem *Humoristischen Deutschland* nicht zum Durchbruch, so daß es abermals den Verleger wechselte. Im April 1889 (Heft 13/14) unternahm Samuel Fischer, der be-

Das
Humoristische Deutschland
Herausgegeben
von
Julius Stettenheim
Erster Jahrgang
Berlin & Stuttgart
Verlag von W. Spemann
1886

138 *Das Humoristische Deutschland*, 1. Jg., Berlin/Stuttgart, 1886
Umschlagtitel einer von Julius Stettenheim als humoristisches Forum für das Deutsche Reich gegründeten Zeitschrift. Sie erschien parallel zu den *Berliner* beziehungsweise *Deutschen Wespen*.

reits Stettenheims *Deutsche Wespen* verlegte, den nächsten Rettungsversuch. Er ersetzte die weitgehend unbekannten Illustratoren durch beliebte Künstler wie Henry Albrecht, Gustav Brandt, Max Mandl (geboren 1864) und Carl Felix von Schlichtegroll (1862 bis 1946). Ferner engagierte er Maximilian Harden (1861 bis 1927) für die Kolumne »Weltstadt-Kalender«, die der damals erst am Anfang seiner Schriftsteller-Laufbahn stehende Publizist mit folgenden Worten einführte: »... Berlin, die Weltstadt, liegt zwischen Paris und Petersburg, in der Welt, am Strom der Intelligenz, der in das offene Meer der Dummheit sich ergießt und der wie dieses Ebbe und Fluth hat...«.[136]

Jedoch, »nach zwei sorgenvollen Jahren« gaben Fischer und Stettenheim klein bei. 1891 ging das *Humoristische Deutschland*, das später mit der *Lustigen Welt* verschmolzen wurde, in die Hände des Verlegers Georg E. Nagel über *(Abbildung 139)*. Unter seiner Leitung und Redaktion verwandelte sich das nunmehrige Wochenblatt nach Ansicht seines Gründers Julius Stettenheim in »ein kümmerliches Anekdotenheft«.[137]

Ein neuer Stern am Berliner Witzblatt-Himmel: *Lustige Blätter*

Am 1. Oktober 1886 hatte Otto Eysler, ein gebürtiger Wiener, in Hamburg die *Lustigen Blätter* gegründet. Vorbild für die Bildsatire waren die in allen Kaffeehäusern ausliegenden Wiener Witzblätter *Der Floh* (1869 bis 1919), *Bombe* (1871 bis 1924) und *Wiener Caricaturen* (1881 bis 1925), »die durch lange Jahre ... das Entzücken der Zahlkellner an der Donau bildeten.«[138] So unterschieden sich die *Lustigen Blätter* von ihren Berliner Kollegen zunächst einmal durch das größere Format (31,5 × 46 cm; 1889: 21,7 × 29,4 cm), dann durch die unter »dem alten Wilhelm« verpönte erotische Illustration sowie das farbige Titelblatt. In der »Fernwirkung« der Titelseite, »vom Auslagefenster des Buchhändlers oder vom Stand des Straßenverkäufers aus gesehen, lag ein Agitationsmittel, wie es bisher im Kreise dieser Spezialliteratur hierzulande noch gar nicht erprobt worden war«.[139]

Geistiger Pate für die Wortsatire war Julius Stettenheim, der 1886 – »in Witterung bevorstehender Krisen« – mit Eysler Kontakt aufgenommen hatte. Allerdings kam nicht er selbst mit dem fünfundzwanzig Jahre jungen Verleger ins Geschäft, sondern sein so lange im Verborgenen blühender Schüler Alexander Moszkowski. Er hatte Eysler kurzerhand die letzten neun Jahrgänge der *Berliner Wespen* vorgelegt mit dem Hinweis: »Blättern Sie diese Konvolute durch – alles Blauangestrichene ist von mir!«[140]

Kurz darauf, im Januar 1887, übersiedelte die Zeitschrift nach Berlin, wo Moszkowski und Paul von Schönthan (1853 bis 1905) die Leitung übernahmen. Nach Schönthans Austritt (Oktober 1889) setzte sich das »Vizepräsidium der Redaktion« aus Alfred Gottwald (Pseudonym Adolar Sangwitz; geboren 1863), Maximilian Krämer (bis

Nagel's Humoristische Fliegende Blätter

No. 309	Bestellungen nehmen entgegen: Alle Buch- und Kolportage-buchhandlungen, Zeitungsspeditionen, sowie alle Postämter (Postzeitungskatalog Nr. 4592) und die Expedition des Blattes.	Berlin	Einzelnummer 10 Pfg. Abonnement vierteljährlich durch Buchhandel und Post Mark 1,30 Direkt unter Kreuzband Mark 1,30	Jahrgang VI No. 48.

Georg E. Nagel, Berlin SW, Königgrätzer Straße 41.

(Diese Blätter enthalten nur Originalbeiträge. Nachbildungen und Nachdruck sind verboten.)

O weh!

Erste Freundin: „Dein Bräutigam ist ja ein großes Licht."
Zweite Freundin: „Aber immer abgebrannt."

139 *Lose Blätter*, Nr. 309, Berlin [1898]
O weh!
Die *Losen Blätter* waren die Fortsetzung der *Humoristischen Fliegenden Blätter* (1893 bis 1895). Sie gelten als eines der typischen Produkte der Berliner Witzblattfabrik Georg E. Nagel.

Direction Dorn und Baron.

„Der Raub der Chloë", mythologisches Ballet, u. s. w. u. s. w.

140 *Lustige Blätter*,
Nr. 43 v. 24. 10. 1889
Direction Dorn und Baron
Mit den großformatigen *Lustigen Blättern* hielt die in Paris oder Wien längst bekannte farbige Titelkarikatur ihren Einzug in die Reichshauptstadt. Gleichzeitig setzte sich neben der politischen die gesellschaftliche und erotische Satire durch.

1896), Leo Wulff (Pseudonym Pipifax, geboren 1874) und der Dichterin Bethy Korytowska zusammen. Später kamen die Schriftsteller Rudolf Presber (Pseudonym Mirza Spiral; 1868 bis 1935) und Gustav Hochstetter (1873 bis 1944) hinzu.[141] Moszkowski blieb Hauptschriftleiter bis 1928, das heißt bis ins hohe Alter von 77 Jahren. Die fruchtbare Zusammenarbeit zwischen dem ehemaligen Mitherausgeber der *Berliner Wespen* und Otto Eysler, »dem nimmermüden Ansporner, dem kein Optimum und Maximum der Leistung« genügte,[142] erstreckte sich also über vier Jahrzehnte.

Unter den Karikaturisten befanden sich anfangs noch mehrere Österreicher, so Carl Edler von Stur (1840 bis 1905) und Theodor Zasche (1864? bis 1922). Beide waren Mitarbeiter des Wiener *Flohs*. Bis 1895 lieferte Fritz Graetz (1875 bis 1915) häufig das »pièce de résistance« (das Hauptgericht), nämlich das kolorierte ganzseitige politische oder gesellschaftskritische Bild der ersten und der letzten Seite *(Abbildung 140)*.

Unter den anderen Illustratoren der Frühzeit seien Franz Jüttner, Ludwig Manzel, Otto Marcus, Carl Felix von Schlichtegroll und W. A. Wellner aufgeführt, auf deren Signaturen man auch in anderen humoristisch-satirischen Zeitschriften stößt.[143] Die zwölf bis sechzehn Seiten starken *Lustigen Blätter* wurden von H. S. Hermann gedruckt. Sie enthielten neben den zwei traditionellen Buntseiten circa zwanzig kleinere Originalzeichnungen; die von Theodor Zasche [Theo] entworfene Titelvignette zeigt eine fesche junge Dame mit bunter Halskrause und Narrenkappe, die mit lässiger Handbewegung einige Blätter Papier zu Boden fallen läßt *(Abbildung 141)*.

Von Juli 1887 bis 1891 erschien die erste bunte humoristische Wochenschrift Berlins als Beilage des *Berliner Börsen-Couriers*.[144] Aus der Abonnementseinladung erfuhren die Leser das Programm des Blattes. Es wollte »in erster Linie« das Leben in Kunst, Gesellschaft und Sport begleiten, »ohne freilich von der Politik sich abzuwen-

141 *Lustige Blätter*, Nr. 27 v. 4. 7. 1889
Titelvignette.

den«. Allerdings waren die *Lustigen Blätter* keineswegs, wie oft behauptet, das erste Organ, das die strenge Unterscheidung zwischen rein politischem und unpolitischem Witzblatt aufgehoben hat.[145]

Auch die *Lustigen Blätter* verzichteten nicht auf stehende Figuren. Allerdings waren sie weniger zahlreich und erschienen auch nicht mit derselben Regelmäßigkeit wie ihre Kollegen und Kolleginnen im *Kladderadatsch* oder im *Ulk*. Am häufigsten trat Lattenfritze auf, ein weiterer Abkömmling der legendären Lokaltype Nante.

Bei »gewissen künstlerischen Anlässen« begegnete man Anton Notenquetscher, einer Figur, die ihren Erfinder, Alexander Moszkowski, im Jahr 1875 über Nacht »berühmt« gemacht hatte.[146] Als Dritter im Bunde wäre der politisierende Stammtischredner Quabbe zu erwähnen *(Abbildung 142, 143* und *144)*.

Ein eifriger »passiver« Mitarbeiter waren Bismarck (auch nach seiner Entlassung) sowie »Serenissimus«, das heißt der Duodezfürstentyp des ausgehenden 19. Jahrhunderts. Die Palme gebührt jedoch Wilhelm II. In der Tat, die *Lustigen Blätter* boten eine Gesamtschau des wilhelminischen Zeitalters, »karikaturistisch im Effekt, aber dabei zuverlässig und vollständig in allen Tatsachen«.[147]

142 *Lustige Blätter*, Nr. 1 v. 3. 1. 1889
Stammtischredner Quabbe

143 *Lustige Blätter*, Nr. 2 v. 10. 1. 1889
Lattenfritze stand in der Tradition des altehrwürdigen Nante sowie des Nunne vom *Ulk*.

Ein merkwürdiges Konzert.

Von Anton Notenquetscher.

Aus London schickt
man uns per Draht
Die amüsante Kunde:
Man konzertirte dort
zum Wohl
Der „heimathlosen
Hunde".

Die ersten Künstler
mühten sich
Mit Singen und mit
Dudeln
Um ein Asyl, das man
erbaut
Den Möpsen und den
Pudeln.

Im herrlichsten bel canto-Stil
Gab's Kompositionen,
Auf daß die Daxel wohlbeschützt
Im eig'nen Hause wohnen.

Die Lady Patroneß empfing
(So hört ich weiter reden)
Am nächsten Tag den Huld'gungschor
Der armen Quadrupeden.

Sie brachten ihren schönsten Dank,
Der Ausdruck der Gefühle
Gerieth dabei ganz sachgemäß
Auch im Bell-canto-Stile.

144 *Lustige Blätter*, Nr. 5 v. 31. 1. 1889
Mit Anton Notenquetscher hatte der Herausgeber der *Lustigen Blätter*, Alexander Moszkowski, Mitte der siebziger Jahre seinen schriftstellerischen Ruhm begründet.

Anfangs war das neue Berliner Witzblatt »fortschrittlich liberal« (Polizeibericht); später näherte es sich der nationalliberalen Richtung, ohne sich auf das Programm einer bestimmten Fraktion »zu versteifen«. Dasselbe Prinzip galt für die künstlerische Linie; bewußt hatte die Redaktion davon Abstand genommen, sich »auf eine bestimmte Geschmacksrichtung« einzuschwören.[148]

Als Gratisbeilage des *Berliner Börsen-Couriers* erreichten die *Lustigen Blätter* eine Auflage von 20 000 Exemplaren. Nachdem sie sich selbständig gemacht hatten, stieg dieselbe langsam, aber stetig auf 60 000. Der Leserkreis »erstreckte sich bis an den Polarkreis und Äquator«; selbst in »Niggersiedlungen« wollen Tropenreisende Scherzbilder des Blattes als Wandschmuck vorgefunden haben.[149]

Bereits 1895 hatte Gustav Dahms in seiner Studie *Das Litterarische Berlin* vermerkt: »Schnell genug stellte es sich heraus, daß die ›Lustigen Blätter‹ mit ihrer Vielseitigkeit, die ihnen bei aller Betonung der Aktualität doch die volle Freiheit zur Pflege des allgemeinen Scherzes ließen, einem wirklichen Bedürfnis der Lesewelt entgegenkamen.«[150]

Sechstes Kapitel Witzblatt-Autoren, Zeichner und Verleger im kulturellen Leben Berlins

»Und was heißt Carrière machen anders als in Berlin leben,
und was heißt in Berlin leben anders als Carrière machen.«

(Theodor Fontane)[1]

Bis in die ersten Jahre nach der Reichsgründung war »Alt-Berlin«, wie bürgerliche Memoirenschreiber in wehmütigen Rückblicken zu berichten wissen, für die »Menschen des Gedankens« gemütlich, lustig und harmlos.[2] Die »gemeinsame Pflege« der »gleichen geistigen Interessen« war in vielen Fällen ein Band, das sich als widerstandsfähiger erwies, als die »Rücksicht auf Unterschiede der Geburt, des Ranges, der Konfession«.[3]

Die bis dahin das Berliner Leben prägende gemischte Übergangsgesellschaft[4] gestattete es mehreren gebürtigen oder zugewanderten Vertretern der politischen Satire, im Sinne Fontanes »Carrière« zu machen. Sie unterschieden sich hierdurch sowohl von den politischen Redakteuren der Tagespresse, die im allgemeinen nur zwischen den vier Wänden ihrer Büros eine wichtige Stellung eingenommen haben, als auch von den nach der gescheiterten Revolution von 1848 in die »innere Emigration« gegangenen Vertretern der »hohen Literatur«. Von einer »Isolation« und »sozialen Marginalität«[5] des Schriftstellers kann zumindest im Fall der dem Liberalismus verpflichteten Witzblatt-Autoren zum damaligen Zeitpunkt nicht die Rede sein. Im Gegenteil. Wie aus den zeitgenössischen Quellen hervorgeht, bestanden im geselligen Bereich zahlreiche Querverbindungen zwischen Politik, Literatur, Musik, Malerei und nicht zuletzt dem Theater.

Soziales Kommunikationsmedium Stammtisch

»Des Deutschen liebster Tisch – der Stammtisch«, diese Feststellung einer 1976 durchgeführten Repräsentativ-Umfrage des Deutschen Brauer-Bundes trifft auf das Berliner Leben des 19. Jahrhunderts in vollem Umfang zu.[6] Die älteste Gemeinschaft feuchtfröhlicher Zecher war die legendäre Tafelrunde des schriftstellernden, zeichnenden und komponierenden preußischen Kammergerichtsrats E.T.A. Hoffmann und des beliebten Hofschauspielers Ludwig Devrient. Sie versammelte sich von 1816 bis 1822 in der am Gen[s]darmenmarkt gelegenen Weinstube Lutter und Wegner, die heute in der Schlüterstraße eine neue Heimat gefunden hat.[7] Bei Lutter und Wegner zirkulierten unter dem Tisch die Karikaturen Hoffmanns, darunter auch ein »hinkender Teufel«, der dem nahen Königlichen Theater in schadenfroher Laune das Dach abhob, um in die »intimsten Geheimnisse des Coulissenlebens« zu blicken.[8] Bei Lutter und Wegner entstand die heutige Bedeutung des Wortes Sekt, deren Urheberschaft dem Champagner-Liebhaber Devrient zugeschrieben wird.[9]

In den sechziger und siebziger Jahren erlebte der »Lutter-Stammtisch« eine zweite Blütezeit. Unter dem Vorsitz des »durch die unglaubliche Mannigfaltigkeit der von ihm dargestellten Persönlichkeiten« blendenden Schauspielers Theodor Döring tagte dort ein munterer Club, in dem die »künstlerischen, politischen, ja selbst religiösen Gegensätze« zuweilen hart aufeinanderprallten. Die aktivsten Mitglieder waren der einer altpolnischen Familie entstammende Schauspielhausregisseur Karl Stawinsky, der demokratische Landtagsabgeordnete Franz Ziegler, ferner der »vor nichts zurückschreckende Spötter« Adolf Glaßbrenner und sein Witzblattkollege Albert Hopf *(Abbildung 145* und *146)*. Mit dem Tod Dörings (1878) hörte der Stammtisch auf.[10]

145 Adolf Glaßbrenner (Pseudonym Ad. Brennglas)

146 Albert Hopf (Pseudonym Ullo Bohmhammel, Anastasius Schnüffler)

Von dem »sprudelnden, witzigen, kleinen rundlichen Glaßbrenner«[11] ist schließlich noch bekannt, daß er zu Beginn der siebziger Jahre seine als Dichterabend gestalteten Geburtstagsfeste mit Friedrich von Bodenstedt, dem Dichter der Mirza-Schaffy-Lieder, Karl Gutzkow und anderen Schriftsteller-Kollegen »gleicher Gesinnung« in dem Feinschmeckerlokal F. W. Borchardt (Französische Straße) zu feiern pflegte.[12]

Eine der ersten Adressen im Berliner Vormärz und in der Revolutionszeit war die Weinstube Hippel in der Friedrichstraße. Sie war das Lieblingslokal der im Frühjahr 1842 von den Linkshegelianern Bruno und Edgar Bauer sowie Max Stirner (das ist Johann Caspar Schmidt) gegründeten radikal-bürgerlichen Gruppe »Die Freien«, zu der sich hin und wieder »emanzipierte Damen« wie Louise Aston und die drei Vettern Ernst Dohm, David Kalisch und Rudolf Löwenstein gesellten. Der Berlin-Reisende G. d'Encart widmete dem Hippelschen Lokal, in dem auch der denkwürdige Taufakt des *Kladderadatsch* stattgefunden hatte, im Herbst 1850 folgende Verse:

»Die Göttin der Kritik schwingt hier
Laut lachend des Witzes Keule;
Sie theilt recht niedliche Hiebe aus,
Verschafft manche häßliche Beule!«[13]

In den sechziger Jahren trafen sich die »Gelehrten« des *Kladderadatsch* mit ihren Mitarbeitern und Freunden, zu denen seit 1862 auch Johannes Trojan *(Abbildung 147* und *148)* gehörte, jeden Donnerstagabend im Rothen Meer, einer kleinen Weinstube in der Nähe der »Linden«.[14] Später fanden die nach dem Beispiel des Londoner *Punch* allwöchentlich einberufenen Redaktionskonferenzen bei Vater Haußmann in der Jägerstraße statt beziehungsweise im Weinhaus Trarbach am Kurfürstendamm.[15]

Ein beliebter Treffpunkt während des Deutsch-Französischen Krieges und darüber hinaus war das »dem allgemeinen Verkehr unzugängliche Trinkstübchen« des Restaurants Dressel Unter den Linden. Dort zechten um die Mittagsstunde der neue Direktor des Wallner-Theaters, Theodor Lebrun, sein Regisseur, Hauptdarsteller und Lieblingsautor Hugo Müller, der Opernsänger Albert Niemann, ferner Professoren, Politiker und – die alte Garde des *Kladderadatsch*. Besonders Ernst Dohm soll »wahre Lachsalven« ausgelöst haben, während seine Gesichtszüge »undurchdringlich ruhig blieben«.[16]

Der Leiter des *Kladderadatsch* war auch ein regelmäßiger Besucher des durch Theodor Fontane in die Literatur eingegangenen Cafés Josty,[17] wo er in Gegenwart lebensgroßer Königsbilder sowie befreundeter Schriftsteller und Künstler seine Scherze trieb. Zum »Dohm-Stammtisch« gehörten neben Johannes Trojan der Herausgeber der *Berliner Wespen*, Julius Stettenheim, der Kunstkritiker und Chronist der Berliner Gesellschaft, Ludwig Pietsch, der geistige Vater der »Familie Buchholz«, Julius Stinde, ferner der Karikaturist Gustav Heil *(Berliner Wespen)* sowie Hanns Fechner und der Maler Adolph Menzel.[18]

Johannes Trojan, das Bindeglied zwischen den alten und den jungen »Kladderadatschern«, verkehrte darüber hinaus in der durch Fontanes Roman *Effi Briest* (1895) verewigten Weinstube Huth.[19] Zu seinen Zechbrüdern zählten der Autor des *Leberecht Hühnchen* und Mitarbeiter des Berliner Witzblattes, Heinrich Seidel, der Schriftsteller Paul Lindenberg und der zeitweilige »Leibjournalist« Bismarcks, Moritz Busch.[20]
Erwähnenswert sind hier schließlich der in den fünfziger und sechziger Jahren von Rudolph Genée, Ernst Kossak, Ludwig Pietsch sowie den Künstlern Adolph Menzel, Paul Meyerheim, Gustav Richter und Wilhelm Scholz besuchte Stammtisch in der Schubertschen Bierstube am Gen[s]darmenmarkt,[21] ferner die bei Carl Siechen, dem ehemaligen Wirt der »Ewigen Lampe«, in der Alten Post (Ecke Burg- und Königstraße) versammelte, von dem Komiker Carl Helmerding und Siegmund Haber, dem späteren *Ulk*-Redakteur *(Abbildung 149)*, animierte Künstlerrunde und der Freundeskreis Julius Stettenheims, der die gemütliche Atmosphäre des seit 1875 in Berlins »Nobelherberge« Hotel Kaiserhof (Wilhelmstraße) untergebrachten Wiener Kaffeehauses schätzte.[22]
Neben den eigentlichen Stammtischen gab es natürlich noch viele andere Gelegenheiten des geselligen Beisammenseins, zum Beispiel die seit 1874 viel diskutierten Gastvorstellungen des Meininger Hoftheaters.[23] So berichtet der Schauspieler und

147 Die »Gelehrten des *Kladderadatsch*« *Von links nach rechts:* Ernst Dohm, David Kalisch, Rudolf Löwenstein; *im Vordergrund* der Hauskarikaturist Wilhelm Scholz.

148
Johannes
Trojan

149
Siegmund
Haber

Mitbegründer des »Deutschen Theaters«, Ludwig Barnay, in seinen *Erinnerungen* genüßlich von nächtlichen Kneipgelagen mit den Künstlern Adolph Menzel, Paul Meyerheim und Anton von Werner bei Klette in der Karlstraße. Diesem Kreis hatten sich dann folgende Journalisten »begeisterungsvoll« angeschlossen: Karl Frenzel *(National-Zeitung)*, Paul Lindau *(Die Gegenwart)*, Ludwig Pietsch *(Vossische Zeitung)*, Richard Schmidt Cabanis *(Berliner Montags-Zeitung)* und Julius Stettenheim *(Berliner Wespen) (Abbildung 150* und *151)*.[24]

150
Richard
Schmidt-
Cabanis

151
Julius
Stettenheim

Humoristisch-satirische Autoren, Zeichner und Verleger im Berliner Vereinsleben

»Wozu sind Vereine da? – Natürlich, um von Deutschen gegründet zu werden«, heißt es im Volksmund. Bereits im Vormärz blühte in der preußischen Hauptstadt zwar nicht das politische, wohl aber das literarische Vereinsleben. Adolf Glaßbrenner, die Maler Wilhelm Hensel[25] und Theodor Hosemann, ferner der »Nante«-Darsteller Friedrich Beckmann sowie der Hofschauspieler und spätere Vorleser am Königlichen Hof, Louis Schneider,[26] waren maßgebliche Mitglieder der unter dem Motto »Nichts Höheres als die Kunst, nichts Dümmeres als Philister« stehenden Künstler-Narren-Gesellschaft »Duslebimbam«.[27]

Ihr allerdings nicht erreichtes Vorbild war der am 3. Dezember 1827 von Moritz Gottlieb Saphir *(Abbildung 152)*, dem Herausgeber der beiden literarisch-satirischen Stadt-Zeitungen *Berliner Schnellpost* und *Berliner Courier*, gegründete »Berliner Sonntagsverein«. Der von Saphir unter die Schirmherrschaft Till Eulenspiegels gestellte »Tunnel über der Spree« (so lautete der Beiname) hatte sich in den darauffolgenden Jahren von einem »Verein dichtender Dilettanten« zu einem »wirklichen Dichterverein« entwickelt.

152 Moritz Gottlieb Saphir

1842 wurde der gerade dreiundzwanzigjährige Rudolf Löwenstein als »Spinoza« aufgenommen. Der zwei Jahre später eingetretene Fontane (Tunnelname: Lafontaine) bezeugte, daß das von Löwenstein gedichtete »Tunnellied« noch lange bei den feierlich begangenen Stiftungsfesten gesungen werden sollte. Die erste Strophe lautet:

»Zu London unter der Themse
der mächtige Tunnel liegt,
der Strom scheu wie die Gemse,
hin über die Tiefe fliegt.«[28]

Nach 1848 wurde dem nunmehrigen »Gelehrten« des *Kladderadatsch* der »Tunnel«, dem außer zahlreichen weiteren Schriftstellern (Paul Heyse, Heinrich Seidel, Theodor Storm) und Künstlern (zum Beispiel Theodor Hosemann, Adolph Menzel) auch hohe Beamte wie der später so verhaßte Kultusminister Heinrich von Mühler angehörten, allzu konservativ. Er trat aus, dann (1851) wieder ein; 1862 verließ er den »Tunnel« aufs neue, 1873 kehrte er ein weiteres Mal zurück.

Während seiner Mitgliedschaft beteiligte sich Löwenstein regelmäßig an den nach Art der provenzalischen Troubadours durchgeführten »dramatischen Streitgesprächen« in gleichgebauten, geschlossenen Strophen. Die »Tenzonenkämpfe« bildeten den Höhepunkt der jährlichen Stiftungsfeste, die auf diese Weise trotz einer allmählichen »Vergreisung« der Mitgliedschaft »frisch, munter und jugendlich« blieben (Theodor Fontane).[29]

Rudolf Löwenstein gehörte auch dem im Winter 1845/46 entstandenen »Rütli« an, einer nahezu »klassenlosen Gesellschaft« von Literaten und Künstlern, Theologen und Philosophen, jungen Adligen, Kaufleuten und Handwerkern. Im Rütli begegnete Löwenstein seinem Vetter Ernst Dohm, ferner dem Mitherausgeber einer »Rütli-Zeitung«, Ernst Kossak, und dem mit der Anfertigung einer dazugehörigen »Rütli-Mappe« beauftragten Zeichner Wilhelm Scholz. Im Rütli kam David Kalisch, der an den Sitzungen als Gast teilnahm, möglicherweise auf die Idee, ein periodisches Witzblatt erscheinen zu lassen.

Das Rütli tagte in der Bierstube von Lauch, hinter der Werderschen Kirche, beziehungsweise in der Weinstube Hippel, wo es mit den »Freien« freundschaftliche Beziehungen pflegte. Nach dem 18. März 1848 löste sich die Gesellschaft auf. Sie war durch ihre Dichterlesungen und »plastisch-humoristischen Darstellungen« weit über Berlins Grenzen hinaus bekannt geworden.[30]

Bereits 1846 waren Rudolf Löwenstein und Wilhelm Scholz in den seit fünf Jahren bestehenden »Verein Berliner Künstler« aufgenommen worden.[31] Der am 9. Februar 1867 durch eine Kabinettsorder als »juristische Person« anerkannte Verein, der für bedürftige Mitglieder eine Darlehens- und Sterbekasse eingerichtet hatte, erreichte im Jahr 1881 die stolze Zahl von 301 ordentlichen, 22 Ehren-, 58 auswärtigen und 158 außerordentlichen Mitgliedern.[32] Nur einige seien hier erwähnt: die Schriftsteller Ludwig Pietsch (Berlins beliebtester Feuilletonist) und Julius Lohmeyer sowie die Maler und/oder Zeichner Gustav Heil, Theodor Hosemann, Ludwig Löffler, Paul Meyerheim, Gustav Richter, Hermann Scherenberg *(Abbildung 153)* und Wilhelm Scholz. Adolph Menzel, die »kleine Exzellenz«, wurde anläßlich seines bevorstehenden 70. Geburtstags am 3. November 1885 durch Akklamation zum Ehrenmitglied ernannt.

153 Hermann Scherenberg

Aus zahlreichen Zeitschriftenberichten *(Der Hausfreund, Illustrirte Zeitung)* und aus der *Festschrift* zum fünfzigjährigen Vereinsjubiläum geht hervor, daß vor allem Rudolf Löwenstein sowie die drei Zeichner Gustav Heil *(Berliner Wespen)*, Hermann Scherenberg *(Ulk)* und Wilhelm Scholz *(Kladderadatsch)* in hervorragender Weise zum Gelingen der Kneip- und Familienabende sowie der für ihre üppige Ausstattung berühmten und viel besuchten Sommer-, Winter- und Maskenbälle beigetragen haben.

Der Haus-Humorist Rudolf Löwenstein war als Autor zahlloser Prologe und »tief empfundener« Begrüßungsreden »um die poetische Beseelung der Vereinsfeste ... bemüht«.[33] Heil, Scherenberg und Scholz schufen nicht allein humoristische »dekorative Bilder«, sondern inszenierten auch satirische Possenspiele, Pantomimen und Dramen. In *Oedipus und die Sphinx*, um nur ein Beispiel zu nennen, erregte Rudolf Löwenstein »in klassischer Nacktheit« mit Tornister, Tabakbeutel und wachstuchbezogenem Hut große Heiterkeit.[34]

Selbstverständlich waren die Berliner Witzblattautoren zumindest zeitweise auch Mitglieder des am 20. August 1862 von 43 Schriftstellern und Zeitungs-Redakteuren gegründeten Vereins »Berliner Presse«. Der Verein beabsichtigte anfänglich nur »die Vermittlung persönlicher Bekanntschaft und geselligen Beisammenseins zwischen den Schriftstellern verschiedener Parteirichtung und Lebensstellung«.[35] Die Erweiterung auf andere Zwecke, insbesondere die Wahrung gemeinsamer Interessen sowie die Unterstützung der Mitglieder durch die Errichtung einer Darlehens-, Kranken-, Alterspensions-, Sterbe-, Witwen- und Waisen-Kasse folgte allerdings zwischen 1863 und 1891 Zug um Zug.

Seitdem der Verein Berliner Presse mit dem Verein Berliner Künstler unter einem Dach wohnte (ab 1870), nahm er an Einfluß zu. Zu den festen geselligen Einrichtungen gehörten die wöchentlichen »Eßabende«, die zwanglosen »Bierabende« und die in unregelmäßigen Abständen veranstalteten »Damenabende« *(Abbildung 154)*.

154 Ein Festabend des 1862 gegründeten Vereins »Berliner Presse«

Adolf Glaßbrenner, Siegmund Haber, Rudolf Lowenstein, Sigmar Mehring, Alexander Moszkowski *(Abbildung 155* und *156)*, Richard Schmidt-Cabanis, Julius Stettenheim und Johannes Trojan nahmen an der Vereinsarbeit aktiv teil. So riefen Glaßbren-

155
Sigmar Mehring

156
Alexander
Moszkowski

ner und Löwenstein bereits am 17. September 1862 ein »Vergnügungskomitee« ins Leben, das 1870 den Namen »Ständiger Vergnügungsausschuß« erhielt. Sowohl der Mitarbeiter beziehungsweise Schriftleiter der *Berliner Montags-Zeitung* und später des *Ulks*, Richard Schmidt-Cabanis, als auch Julius Stettenheim von den *Berliner Wespen* gehörten diesem Gremium an. Beide waren darüber hinaus – wie übrigens der *Ulk*-Redakteur Siegmund Haber – vorübergehend Mitglied des siebenköpfigen »Aufnahmeausschusses« und sogar des »Bureaus«.[36]

Wie Julius Stettenheim berichtet, amüsierten sich die Mitglieder des Vereins Berliner Presse, die auch an den »Journalistentagen« teilnahmen, bis in die achtziger Jahre »in guter Collegialität«. Dann allerdings sollen sich die »Männer von der Feder« oft wie feindliche Brüder »in der Boxerstellung« gegenübergestanden haben.[37]

Zu den Höhepunkten des Vereinslebens gehörten natürlich die Jubiläen der Mitglieder. Besonders denkwürdig war der 70. Geburtstag Theodor Fontanes *(Abbildung 157)*, über den mehr als vierzig Berichte in der Presse erschienen sind. Das am 4. Januar 1890 im »Englischen Haus« ausgerichtete Festessen vereinte gleichsam den »Extrakt« des literarischen und zur Literatur in naher Beziehung stehenden Berlin. Unter den 250 bis 300 anwesenden Personen erspähten die Korrespondenten auch Richard Schmidt-Cabanis und Julius Stettenheim.[38]

157 Theodor Fontane

Das jeweilige »Ereignis des Jahres« bildeten die seit 1872 regelmäßig veranstalteten Pressebälle, zu denen »die Spitzen der Behörden, hohe Militärs, die Gesandschaften und die Koryphäen der Berliner Theater« eingeladen wurden.[39] Es dauerte nicht lange, bis sich der Presseball, der sich als Institution bis heute erhalten hat, einen der ersten Plätze unter den öffentlichen Tanzvergnügungen (Theaterbälle, Subskriptionsbälle im Königlichen Opernhaus) der Bismarck-Zeit erobert hatte.
1864 wurde David Kalisch als vorläufig einziger Vertreter der Literatur Mitglied des nach dem preußischen Sieg über Dänemark (1864) entstandenen Clubs von Berlin. 1870 befand sich der Possendichter und Begründer des *Kladderadatsch* in der erlauchten Gesellschaft von 62 Bankiers (darunter Bismarcks Vermögensberater Gerson Bleichröder),[40] 79 Angehörigen aus Handel und Industrie (zum Beispiel August Julius Borsig und Werner Siemens), 18 Künstlern, 16 Anwälten, 10 Ärzten, 13 Gutsbesitzern, 9 Universitätsgelehrten und 9 Architekten. Zu den 52 Beamten zählten keine Geringeren als die preußischen Minister Otto Camphausen und Rudolf Delbrück. In den vornehm eingerichteten, an der Ecke Jäger- und Mauerstraße gelegenen Räumlichkeiten wurde an kleinen Tischen gefrühstückt, während für das Diner eine »gemeinschaftliche Tafel« vorgesehen war. Eine feierliche Toilette – Frack und weiße Binde – waren nur für die montäglichen »Club-Diners« vorgeschrieben, zu denen auch Gäste eingeladen werden konnten.[41]
Der jüngere »Kladderadatscher« Johannes Trojan gehörte Anfang der achtziger Jahre zu den Stiftern des Allgemeinen Deutschen Reimvereins. Dieser späte Ausläufer des »Tunnels über der Spree« sowie der von ihm herausgegebene humoristisch-satirische *Aeolsharfenalmanach* standen unter dem Motto: »Reimen muß die Nationalbeschäftigung der Deutschen werden!«[42] Der Bismarckverehrer und Moselweinliebhaber wurde allmählich Mitglied von »einigen zwanzig« gemeinnützigen Gesellschaften. Ein Verein besonderer Art war die auf sein Betreiben zustande gekommene »Gesellschaft Truhn«, die dem stets verschuldeten Kapellmeister Hieronymus Truhn, einem ehemaligen Mitglied des Rütli, in seinen letzten Lebensjahren (1880 bis 1886) eine Pension auszahlte.[43]
Neben Trojan können Ernst Dohm und Julius Stettenheim zu den eifrigsten »Vereinsmeiern« gerechnet werden. Dohm war Mitglied und 1881 sogar Vorsitzender des 1865 gegründeten Berliner Wagner-Vereins.[44] Anläßlich des Stiftungsfestes verfaßte er am 11. März 1881 folgenden Trinkspruch:

»Nicht eine Feier gilt es zu bereiten
Dem Meister, dessen Kunst uns All' entzückt,
Dem ein Geschlecht einst künft'ger bess'rer Zeiten,
Auf's Haupt den unbestrittnen Lorbeer drückt.«[45]

Kurz zuvor war Dohm – gemeinsam mit Julius Stettenheim – dem von Alexander Moszkowski und vier weiteren Schriftstellern ins Leben gerufenen Literarischen Club beigetreten. Aus diesem »Club der geistigen Millionäre«, der außer »einer Reihe erster Journalisten« auch Künstler, Gelehrte, Parlamentarier sowie mehrere Gesandte zu seinen Mitgliedern zählte,[46] ist sieben Jahre später die von Theodor Fontane wiederholt erwähnte Literarische Gesellschaft hervorgegangen, ein »begrenzter Kreis«, der sich einmal monatlich zusammenfand, »weniger um sich der Literatur zu widmen, als bei angeregter Unterhaltung gut zu essen und zu trinken«.[47]

Der umtriebige Julius Stettenheim wirkte in den achtziger Jahren noch an der Entstehung zweier weiterer Vereinigungen mit. Der aus einem Stammtisch hervorgegangene Club von 1880, Unter den Linden, führte ihn mit Vertretern der verschiedensten Kreise zusammen. Hier trafen sich »Berufsoffiziere und Kaufleute, Bankiers und Gelehrte, Adlige und Bürgerliche, Sportsleute und Künstler«.[48] Später allerdings diente der Club von 1880 weniger dem geselligen Beisammensein als dem Glücksspiel.

Am 5. April 1889 gründete Stettenheim gemeinsam mit den Schriftstellern und Kritikern Otto Brahm, Maximilian Harden, Heinrich und Julius Hart, Paul Schlenther sowie dem späteren Chefredakteur des *Berliner Tageblattes*, Theodor Wolff, und dem jungen Verleger Samuel Fischer den naturalistischen Verein Freie Bühne, der dem unbekannten Theaterdichter Gerhart Hauptmann zum Durchbruch verhalf.[49] Der damals knapp sechzigjährige Stettenheim zeigte sich hier wesentlich fortschrittlicher als die »neue Garde« des *Kladderadatsch* und seine ebenfalls jüngeren Kollegen Richard Schmidt-Cabanis *(Ulk)* und Alexander Moszkowski *(Lustige Blätter)*. Während diese die Freie Bühne als eine Art Schweinestall und ihre Darbietungen – Stücke von Björnson, Hauptmann, Ibsen und Tolstoi – als Fäkaldichtung verunglimpften, stimmte der Herausgeber der *Deutschen Wespen* und des *Humoristischen Deutschlands* in bezug auf »die Jungen« mit Theodor Fontanes tiefgründiger Feststellung überein: »*Sie* beherrschen die Szene, *sie* sind dran.«[50]

Das gastliche Haus als Kommunikationszentrum

Die Vertreter der verschiedenen sozialen Kategorien (mit Ausnahme der Arbeiterklasse) trafen sich, wie gezeigt werden konnte, an Stammtischen sowie in Vereinen und Clubs. Darüber hinaus gab es in Berlin eine Reihe gastlicher Häuser, die den geistigen Verkehr unter den Zeitgenossen fördern halfen. Die in Form von Hausbesuchen oder -empfängen gebotenen Möglichkeiten der sozialen Kommunikation wurden von den »Machern« der Berliner politisch-satirischen Wochenblätter in unterschiedlicher Weise wahrgenommen.
Sowohl der *Kladderadatsch*-Leiter Ernst Dohm als auch der Gründer der *Berliner*, später der *Deutschen Wespen*, Julius Stettenheim, hatten ihren »Jour fixe«.
An die wöchentlichen zwanglosen Empfangsabende bei Dohm, der 1852 die schöne, geistreiche, neunzehnjährige Hedwig Schleh *(Abbildung 158)*, die künftige Vorkämpferin für die Gleichberechtigung der Frau,[51] geheiratet hatte, erinnern sich viele Zeitgenossen. Einer von ihnen, der Schriftsteller Heinrich Spiero, sei hier zitiert:

158 Hedwig Dohm

»Diese Montage bildeten eine gesellschaftliche Verbindung zwischen dem alten und dem neuen Berlin, den Zeiten des ›tollen Jahres‹, aus denen der *Kladderadatsch* hervorgegangen war, und der modernen Weltstadt. Alt und jung betraten das Haus in der Potsdamer Straße nahe der Brücke ... in erwartungsvoller und gehobener Stimmung. Die Treppen ächzten unter den Füßen, wenn man die drei Stockwerke zu der Wohnung emporstieg, die wahrlich nichts Überflüssiges oder Luxuriöses enthielt und durch die Zimmer eines befreundeten Nachbarn für diese Empfangsabende erweitert wurde ... Die Zahl der Besucher erreichte gelegentlich eine solche Höhe, daß einige von ihnen im Vorzimmer wie eingekeilt standen. Die Korridortür ließ sich dann nur schwer nach innen öffnen, und man mußte vorsichtig sein, um den Drücker (= die Türklinke, U.E.K.) einer europäischen Berühmtheit, die in diesen Engpaß geraten war und weder vorwärts noch rückwärts konnte, nicht in den Rücken zu stoßen. In diesem Hause verschwanden alle Unterschiede des Standes und Besitzes, des Alters und der Jugend, der geistigen Bedeutung und der natürlichen Vorzüge von Schönheit und Anmut vor ›der Sitten Freundlichkeit‹, die im beständigen Wechsel von interessanten Persönlichkeiten die Räume an frostigen Winterabenden in geradezu einziger Weise erwärmte.«[52]

Ein angeheirateter Enkel – Thomas Mann –, der Ernst Dohm selbst zwar nicht mehr, Hedwig Dohm als »Little Grandma« aber umso besser gekannt hat, bezeichnete diesen Kreis, in dem nicht nur Schriftsteller und Schriftstellerinnen (zum Beispiel Fanny Lewald), sondern auch Varnhagen von Ense, Alexander von Humboldt, der Pianist und Kapellmeister Hans von Bülow, Ferdinand Lassalle, liberale Abgeordnete wie Ludwig Bamberger oder Eduard Lasker und viele andere verkehrt hatten, als »eine Art Fortsetzung des romantischen Salons der Rahel Varnhagen«.[53]

Bei Julius Stettenheim, der im Freundeskreis geradezu »feuergefährlich« geworden sein soll im »funkelnden Sprühen« seines Geistes und seines »zündenden Frohsinns«, gaben sich »alle, die in der Reichshauptstadt mitreden oder von sich reden machen wollten«,[54] ein wöchentliches Stelldichein. Seine Tochter Julie Leipziger-Stettenheim berichtet: »Die interessanteste Gesellschaft, alle Größen aus der Theater-, Literatur-, Finanz- und Gelehrtenwelt trafen sich im Hause der Eltern, in den behaglichen Räumen in der Lützowstraße, der Dienstag-Jour war damals ebenso beliebt wie berühmt.«[55]

Dohms und Stettenheims engere Berufskollegen hatten zwar keinen »Jour fixe«, aber nichtsdestoweniger Sinn für »Unterhaltungen am häuslichen Herd«.[56] So wurde Johannes Trojan in Glaßbrenners Berliner Heim mit »mancher Größe auf dem Gebiet der Literatur und Kunst« bekannt gemacht, unter anderem mit dem damals noch zwischen der Schriftstellerei und der Schauspielkunst hin- und herschwankenden Richard Schmidt-Cabanis.[57]

Einer der »beliebtesten Gesellschaftsmenschen, von unversiegbarem Humor« war der mit Rudolf Löwenstein verschwägerte Verleger des *Kladderadatsch*, Albert Hofmann.[58] Nach seinem Tod führte sein Sohn Rudolf die gastliche Tradition fort *(Abbildung 159* und *160).*[59] Albert Hofmann und die »Gelehrten« trafen sich außerdem regelmäßig in der am Rand des Tiergartens gelegenen Villa David Kalischs, der um

159 Albert Hofmann

1852 die Tochter des »Albrechtshofs«, eines vielbesuchten Vergnügungslokals, geehelicht hatte.[60] Auch der von Julius Stettenheim in den achtziger Jahren entdeckte Sigmar Mehring *(Deutsche Wespen, Ulk)* sowie der Verleger der *Lustigen Blätter*, Otto Eysler *(Abbildung 161)*, »ein ungewöhnlich sympathischer und liebenswürdiger Mensch«, spielten im Berliner Gesellschaftsleben eine Rolle. Bei Eysler waren – neben den Mitarbeitern – Künstler, Gelehrte, Schriftsteller und »Mitglieder der Finanz- und Geburtsaristokratie« ständige Gäste.[61]

In der zweiten Hälfte des 19. Jahrhunderts gab es noch den die Geselligkeit pflegenden »Salon«. Einer der berühmtesten war zweifellos der Salon der Gattin des Königlichen Hausministers, Marie Gräfin von Schleinitz, dessen Mittelpunkt Kronprinz

160
Rudolf
Hofmann

161
Otto Eysler

Friedrich Wilhelm (der spätere Kaiser Friedrich III.) und die Kronprinzessin bildeten *(Abbildung 162)*.

Bei der Gräfin Schleinitz sah man nicht allein die führenden Köpfe der Anti-Bismarck-Fronde,[62] sondern ebenfalls die Spitzen der Gelehrtenwelt und der Berliner Wagner-Liszt-Gemeinde. Hier begegnete Ernst Dohm Friedrich Nietzsche und Cosima Wagner, die dem befreundeten *Kladderadatsch*-Redakteur, mit dem sie sich auch in Bayreuth und Weimar zu treffen pflegte, in ihren *Tagebüchern* ein Denkmal setzte.[63] Außer Ernst Dohm gehörte 1878 Alexander Moszkowski *(Berliner Wespen)* als Witzblattautor zum Bekanntenkreis der Gräfin.[64]

Ferner sind hier zwei bürgerliche Salons hervorzuheben, welche nach Ansicht der Zeitgenossen als letzte die Atmosphäre der Rahel und der Humboldts um sich verbreiteten.

Bei dem Juweliersehepaar Bernhardine und Heinrich Friedeberg (Unter den Linden 42) debattierten Ernst Dohm und der Zeichner Wilhelm Scholz mit Politikern (Eduard Lasker, Heinrich Bernhard Oppenheim), Schriftstellern (Berthold Auer-

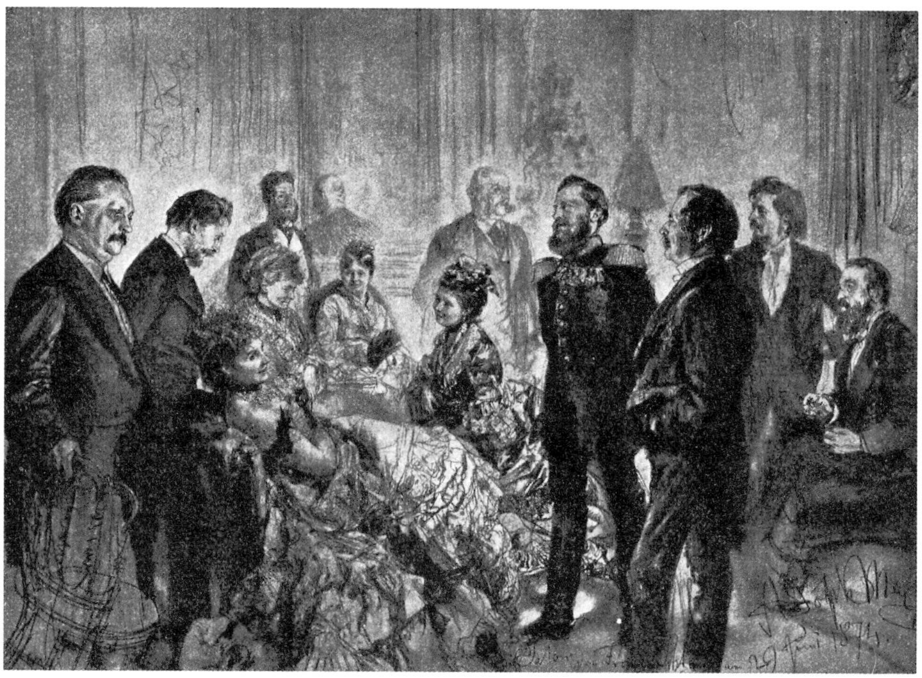

162 Adolph Menzel: Abendgesellschaft bei der Gräfin Schleinitz (1874). Einer der Stammgäste, Kronprinz Friedrich Wilhelm, ist an seiner Uniform zu erkennen, rechts außen steht Menzels Malerkollege Anton von Werner. Der Künstler und Wagnerliebhaber stiftete die Zeichnung zugunsten des Festspielhauses in Bayreuth.

bach, ein Bruder der Dame des Hauses, Friedrich Spielhagen, Julius Rodenberg), Malern, Musikern, Medizinern und Schauspielern über die »brennenden Fragen« der Zeit.[65]

Der in der Bellevuestraße wohnende Porträtmaler Gustav Richter und seine Frau Cornelia[e], die jüngste Tochter des 1842 von Friedrich Wilhelm IV. als Musikdirektor nach Berlin berufenen Giacomo Meyerbeer, unterhielten freundschaftliche Beziehungen zu der Gattin des württembergischen Gesandten, Hildegard Baronin Spitzemberg, sowie zu der malenden und dichtenden Enkelin des Geheimen Staatsrats Friedrich August von Stägemann: Marie von Olfers. Letztere tanzte bei Richters »lustige Kotillons« und führte mit Ernst Dohm »sehr interessante Gespräche«.[66] Auch die übrigen »Gelehrten« des *Kladderadatsch* verkehrten im Hause Richter, das selbst nach dem Tod des Künstlers (1884) bis ins 20. Jahrhundert hinein die »besten Elemente« der Berliner »guten Gesellschaft« zu »einem wundervollen Einklang« vereinigte.[67]

Neben den »Salons« bestanden in Berlin noch weitere Zentren bürgerlicher Geselligkeit. Ende der fünfziger Jahre verkehrten Dohms und das befreundete Verlegerehepaar *(Volks-Zeitung)* Franz und Lina Duncker in der »mit kostbaren Waffen, herrlichen Teppichen, Gemälden und Skulpturen« ausgestatteten Wohnung Ferdinand Lassalles.[68] An den Empfängen und »äußerst glänzenden Soupers« des künftigen Sozialistenführers, der sein Leben »so genußreich als möglich« gestalten wollte, nahm eine gewählte und doch bunt gemischte Gesellschaft teil: Varnhagen von Ense und seine von einer »leidenschaftlichen Neigung« für den Hausherrn ergriffene Nichte Ludmilla Assing, der ehemalige preußische Ministerpräsident General a. D. Ernst von Pfuel, Hans und Cosima von Bülow, die von Dohm verehrte Schauspielerin Lina Fuhr, der bekannte Philologe und Historiker Adolf Stahr und seine Frau, die Schriftstellerin Fanny Lewald, eine Cousine des prinzipientreuen Achtundvierzigers Johann Jacoby. Zeitgenossischen Quellen zufolge zwang Lassalle damals mit seiner »messerscharfen Dialektik« und dem »glühenden Lavastrom seiner Rede« alle in seinen Bann.[69] Im Januar 1861 brach er allerdings die Beziehungen zu dem »mattherzigen Gesindel« ab; im gleichen Jahr gründete der von nun an durch den einstigen Freund heftig befehdete Franz Duncker gemeinsam mit anderen Liberalen die Deutsche Fortschrittspartei.

Ein weiterer beliebter Treffpunkt der »bekanntesten Berliner Zeitgenossen« war das bescheidene, aber »gastlich gemütliche« und von »frischem geistigen Leben« durchflutete Heim des Künstlerehepaars Franz und Agnes Wallner *(Abbildung 163)*. Hier versammelten sich David Kalisch, dessen Possen zum festen Repertoire des Königstädtischen und späteren Wallner-Theaters gehörten, Ernst Dohm und Ernst Kossak *(Berliner Feuerspritze)*, ferner das Ehepaar Adolf Stahr/Fanny Lewald sowie der Reiseschriftsteller (»Semilasso«) Fürst Pückler-Muskau. Nicht von allen Anwesenden gleichermaßen als Gast geschätzt war der Berliner Polizeidirektor Wilhelm Stieber.[70]

Wallner's neues Theater.
(Gartenfront.)

Die „grüne Neune" sah gar klein und winzig aus,
An ihrer Stelle da steht bald ein großes Haus.
So wird es heißen dann, in nächster Zeiten Lauf:
„Mit dem Kleinen fängt man an, mit dem Großen —
hört man erst recht nicht auf!"

Eigenthümer u. Redakteur: A. Hopf. — Commissionsverlag von Uthemann & Müller in Berlin. — Druck von Ferd. Reichardt & Co. (verantw. R. Laage), Berlin.

163 Franz und Agnes Wallner

Gesellige Soireen, bei denen man den einen oder anderen »Kladderadatscher« oder Julius Stettenheim antreffen konnte, gab es darüber hinaus bei Kommerzienrat Speyer, dem Begründer der Militäreffektenfabrik Mohr & Speyer, bei den liberalen Parlamentariern Karl Braun und Ludwig Loewe, bei den in den siebziger und frühen achtziger Jahren im Zenit des Ruhms stehenden Schriftstellern Berthold Auerbach, Julius Rodenberg und Friedrich Spielhagen,[71] ferner bei dem Philosophen und Völkerpsychologen Moritz Lazarus, bei dem, wie die Baronin Spitzemberg ihrem Tagebuch anvertraute, »ein Sammelsurium aus allen Ständen« – darunter »viele ganz unbekannte Juden und Literaten« – eingeladen war.[72]

Dieselbe ausgehfreudige Baronin frequentierte auch die »wie immer schönen« Bälle des 1872 geadelten, allerdings in der Hofgesellschaft nie völlig anerkannten Finanzberaters des preußischen Staats und Bismarcks, Gerson von Bleichröder *(Abbildung 164)*. Sie konnte dies wohlgemut tun, da »die zweifelhaften Elemente« (darunter Julius Stettenheim?) sich vom Ballsaal »ziemlich ferne« hielten, so daß man »sich ganz unter Bekannten bewegte«.[73]

Ein anderer Bankier, der 1868 als mittelloser Jüngling nach Berlin gekommen war, sollte später seinen Lehrherrn Bleichröder sogar noch übertreffen. Carl Fürstenberg *(Abbildung 165)*, dessen Anekdoten und geistvoll-sarkastische Bemerkungen ein hal-

Foto nach einem Gemälde Franz von Lenbachs

164 Bismarcks Hausbankier Gerson von Bleichröder

165 Der Geschäftsführer der Berliner Handelsgesellschaft Carl Fürstenberg

bes Jahrhundert Bestandteil des Berliner Lebens waren, empfing in seiner Grunewaldvilla »offizielle Persönlichkeiten«, Gelehrte, Künstler, Journalisten (zum Beispiel Julius Stettenheim) und »interessante Fremde«.[74]

Endlich ist hier jener literarische Vertreter Berlins zu nennen, über dessen Veranstaltungen sogar in der französischen Presse berichtet wurde: Paul Lindau. Der mütterlicherseits aus einer evangelischen Predigerfamilie stammende Schwiegersohn David Kalischs bekleidete durch seine Zeitschriftengründungen *(Die Gegenwart, Nord und Süd)*, durch seine Zeitromane, Theaterstücke und Kritiken bis in die achtziger Jahre im kulturellen Leben Berlins eine überragende Stelle. Bei Paul Lindau und seiner Gattin Anna, die ihn später verließ, verkehrten Fürsten, Minister, »Bill« [Wilhelm] von Bismarck, Botschafter und Gesandte, Theaterdirektoren, Schauspieler und Künstler, Dohm, Scholz, Stettenheim und – Theodor Fontane. Eine dieser Abendgesellschaften, die Lindau zu Ehren des Herzogs von Meiningen und seiner Familie binnen weniger Stunden organisiert hatte, erwähnt Fontane am 21. März 1884 in seinem Tagebuch: »Ich war da und hatte einen interessanten Abend.«[75]

Zusammenfassend und ausblickend läßt sich folgendes sagen: Beschränkt man sich auf die spärlichen pressehistorischen Quellen zum Thema »Berliner politisches Witzblatt«, so kommt man zu der irrigen Auffassung, die »Leute des Kladderadatsch« (und infolgedessen auch andere Berliner Humoristen) seien für die Kulturszenerie »von so geringer Bedeutung« gewesen, »daß über sie allenfalls noch Lexika-Artikel existieren«.[76] Berücksichtigt man dagegen das weite Feld der zeitgenössischen Autobiographien, Biographien, Briefsammlungen und kulturhistorischen Studien, so stellt man sehr rasch fest, daß es einer größeren Anzahl von humoristisch-satirischen Publizisten und Zeichnern gelungen ist, das sich in öffentlichen Gaststätten, geschlossenen Vereinen oder in gastlichen Häusern abspielende gesellschaftliche Leben »Alt-Berlins« entscheidend mitzuprägen. Dies ist zum Teil auf ihre Persönlichkeit zurückzuführen, zum Teil aber auch darauf, daß sie als Vertreter eines heute nahezu ausgestorbenen »Massenmediums«[77] die Strömungen der Zeit entsprechend ihren politischen Überzeugungen erfaßten und manchmal sogar zu beeinflussen vermochten.

Interessant ist auch, daß die Mehrzahl der Textautoren Zugereiste israelitischer Herkunft waren, also einer Minderheit angehörten. Während der Veteran der Berliner Humoristen, Adolf Glaßbrenner, vor allem im Vormärz als »Erzieher« des Berliner Volkswitzes auftrat, schufen Dohm, Haber, Kalisch, Löwenstein, Mehring, Moszkowski, Stettenheim und andere, welche »die humoristischen Möglichkeiten des Berlinischen oft besser nutzten« als mancher Spree-Athener von Geburt,[78] 1848 und in den Jahren danach das »moderne Berlinertum« (Theodor Fontane). Auf sie trifft die allgemeine Feststellung Paul Landaus zu: »Der Jude ist ja vermöge seiner raschen Auffassungsgabe und leichten Anschmiegsamkeit, seines lebhaften Temperaments und seines dialektischen Denkens für den gesellschaftlichen Verkehr besonders geeignet. Daraus erklären sich die großen Erfolge, die er auf diesem Gebiete errungen.«[79]

Die weitgehend gelungene gesellschaftliche Integration der getauften oder ungetauften Publizisten führte in der zweiten Hälfte des 19. Jahrhunderts in Berlin zu einer einzigartigen deutsch-jüdischen Symbiose. Jedoch die 1879 in Berlin mit voller Wucht einsetzende Antisemitismuswelle sowie die von nun an nicht mehr verstummenden Diatriben gegen »Preß-Israel« im allgemeinen und die »jüdische Witzblattsrohheit« der »Epigonen Börnes und Heines« im besonderen[80] stellten diese Entwicklung bald wieder in Frage. So monierte der Erfinder des Wortes »Antisemitismus«, Wilhelm Marr, bereits Ende 1879 in seiner Zeitschrift *Die Deutsche Wacht* den oben geschilderten Aufstieg »Israels« in der Gesellschaft: »Es fällt kaum mehr auf, daß der Offizier, Künstler und Hofmann sich jetzt in Itzig's Salon ein Rendez-vous geben, während noch vor wenig Jahren kein Mann der guten Gesellschaft daran denken mochte, zum mindestens aber die allgemeine Aufmerksamkeit in unliebsamer Weise auf sich zog. Die Kunst, mit der der Jude diesen Scenenwechsel fertig bekommen hat und täglich fertig bringt, wird nur übertroffen durch die dabei zu Tage tretende Aufdringlichkeit.« Der Artikel endete mit der »gesellschaftlichen Parole«: »Isolez le juif« (Isolieren Sie den Juden).[81]

Der sich von nun an »langsam, still und mit der weltbekannten methodischen Gründlichkeit« entwickelnde deutsche Antisemitismus führte dann tatsächlich dazu, daß der gesellschaftliche Verkehr zwischen Juden und Christen mehr und mehr aufhörte.[82]

Autoren, Zeichner, Verleger: Kurzbiographien

Autoren

Friedrich Wilhelm Adami: 1816 bis 1893

Friedrich Wilhelm Adami kam als Sohn eines Arztes am 18. Oktober 1816 in Suhl (Thüringen) zur Welt. Nach seinem Studium an der Universität Berlin wurde er dort Journalist, unter anderem als Mitarbeiter am *Berliner Figaro*. Seine »große Zeit« begann 1849. Er trat als Theaterkritiker in die *Kreuz-Zeitung* ein und gründete im gleichen Jahr ein konservatives Witzblatt unter dem Titel *Juchheirasasa! Die Preußen sind da!* Von 1858 bis 1862 redigierte Adami die Berliner Wochenschriften *Deutsches Theaterarchiv* und *Neues Deutsches Theaterarchiv*. Außerdem verfaßte er seit den fünfziger Jahren preußisch patriotische »Festspiele« und Prologe für das Königliche Schauspielhaus. Zur Belohnung dafür wurde er 1868 Königlicher Hofrat. Von seiner umfangreichen Hohenzollernliteratur hatte besonders seine Biographie *Luise, Königin von Preußen* großen Erfolg. Sie wurde von 1850 bis 1914 zwanzigmal aufgelegt. Es war übrigens eine Bearbeitung der längst vorhandenen Luisen-Biographie von K. F. von Berg aus dem Jahr 1814. Wenige Jahre vor seinem Tod konnte Adami noch *Das Buch vom Kaiser Wilhelm* fertigstellen (2 Bände 1888/1889). Er starb am 5. August 1893 in Berlin.

Louise Aston: 1814 bis 1871

Louise Aston wurde am 26. November 1814 in Gröningen bei Halberstadt geboren. Ihr Vater war Konsistorialrat. Sie heiratete den in Magdeburg lebenden englischen Industriellen Samuel Aston, ließ sich bald scheiden, heiratete ihn dann aufs neue und wurde zum zweitenmal geschieden. Anfang 1846 ging sie nach Berlin, wo ihr Gedichtbuch *Wilde Rosen* großes Aufsehen erregte. Im Februar wurde ihre Aufenthaltsgenehmigung nicht verlängert, »weil sie Zigarren rauche, einen Clubb emancipirter Frauen gestiftet habe und nicht an Gott glaube«. 1848 kehrte sie nach Berlin zurück. Dort veröffentlichte sie vom 1. November bis zum 16. Dezember wenige Nummern der Publikation *Der Freischärler. Für Kunst und sociales Leben*, was schließlich zu ihrer erneuten Ausweisung führte. 1849 ließ sie in Leipzig zwölf Gedichte unter dem Titel *Freischärler-Reminiscenzen* erscheinen. Sie erhielt nun auch in anderen deutschen Städten Aufenthaltsverbot und begab sich zur Erholung in das normannische Seebad Trouville. 1859 heiratete sie den deutschen Mediziner Daniel Eduard Meier

aus Bremen, der in Rußland und dann in Ungarn, schließlich in Österreich nacheinander als Militär-, Zivil- und Eisenbahnarzt tätig war. Sie folgte ihm überallhin und starb am 21. Dezember 1871 in Wangen im Allgäu.
Unter Louise Astons Schriften seien zitiert: *Meine Emancipation* (1846), der Frauenroman *Lydia* (1848) sowie der Erlebnisbericht *Revolution und Contrerevolution* (1849). Louise Aston schrieb ferner mehrere Romane und Erzählungen über das Leben von Tagelöhnern und Bettlern.

Wolfgang Bernhardi: 1840 bis 1896
Wolfgang Bernhardi, am 31. März 1840 in Meuselwitz (Thüringen) geboren, entstammte einer berühmten Familie. Sein Großvater war der Berliner Gymnasialdirektor und Konsistorialrat August Ferdinand Bernhardi (1769 bis 1820), Gatte von Ludwig Tiecks Schwester, der Romandichterin Sophie Bernhardi. Das bald geschiedene Ehepaar hatte zwei Söhne: den preußischen Diplomaten und Historiker Theodor [von] Bernhardi, Vater des als Militärschriftsteller (*Deutschland und der nächste Krieg*, 1912) berüchtigten Generals Friedrich von Bernhardi, und den Shakespeare-Forscher und Novellisten Wilhelm Bernhardi, Gatte der Verfasserin historischer Erzählungen, Louise geborene Firle (ihr Pseudonym: Ludwig Fern). Diese beiden Schriftsteller waren Wolfgang Bernhardis Eltern. Bernhardi besuchte ein Gymnasium und die Universität zu Berlin. Seit den sechziger Jahren trat er als Publizist sowie als Autor von Erzählungen und Volksstücken hervor. Er gab nacheinander folgende Wochenblätter heraus: 1. *Berliner Theater-Punsch* (1863). Es handelte sich um die Beilage zu Waldemar Blochs *Charivari für Theater, Musik und dramatische Literatur*. Bernhardi bezeichnete sich selbst als Autor dieses »humoristischen Originalblättchens«. 2. *Berliner Punsch* (1866/67). 3. *Bernhardi's Journal* (Berlin 1872 bis 1877), aus dem 1878 das *Berliner Wochen-Blatt* hervorgegangen ist (Auflage: 4 000 Exemplare).
Bernhardi hat auch viele Novellen und Romane verfaßt, zum Beispiel: *Der Fluch der Armuth*, eine sozial-politische Novelle, die 1868 in der lassalleanischen, dreimal wöchentlich in Berlin erschienenen Zeitung *Social-Demokrat* in fünfunddreißig Lieferungen abgedruckt worden ist, ferner *Die Wollarbeiterin*, ein Roman über das Proletariat (1870), und, im selben Jahr, *Der König als Bauernfänger*. Ohne Datum ist, in mehrfacher Auflage, in Berlin eine sechzig Seiten lange Novelle Bernhardis mit folgendem originellen Titel herausgekommen: *Nannetten's Unterhosen-Prozeß, oder Die lange verfolgte, endlich aber doch triumphierende Unschuld. Kulturhistorisches Genre-Bild*. Zum Abschluß sei ein Titel ganz anderer Art erwähnt: *Das Volksbuch vom Grafen Bismarck* (1870). Bernhardi war – auch politisch gesehen – ein vielseitiger Autor. Er starb in Berlin am 1. Juni 1896.

Beta: 1813 bis 1876

Beta (eigentlich Johann Heinrich Bettziech[e]) wurde als Bauernsohn am 23. März 1813 in Werben bei Merseburg geboren. Nach dem Studium der Philologie, Philosophie und der Naturwissenschaften war er seit 1838 Literaturkritiker der von Friedrich Wilhelm Gubitz geleiteten Berliner Zeitschrift *Der Gesellschafter, oder: Blätter für Geist und Herz*. Da er seine Artikel mit dem griechischen Buchstaben β zeichnete, nahm er das Pseudonym Beta an. 1846, als Gründer der *Berliner Stafette* (Organ des Freihandelsvereins), und 1847, als Berliner Korrespondent des *Leuchtthurms*, einer »Monatsschrift zur Unterhaltung und Belehrung für das deutsche Volk« (Leipzig), profilierte er sich als hervorragender Vertreter des radikal-demokratischen Journalismus. Damals veröffentlichte Beta folgende, auch heute noch kulturhistorisch interessante Werke: *Berlin und Potsdam: Ihre Vergangenheit, Gegenwart und Zukunft* (München 1846) sowie *Physiologie Berlins* (4 Bände, Berlin 1846/47).

1848 trat Beta als Flugblatt-Autor hervor und arbeitete an dem satirisch-politischen Blatt *Berliner Krakehler* mit, das 1849 verboten wurde. Um einem Hochverratsprozeß zu entgehen, floh er Ende 1850 nach London, wo er bis 1861 als Berichterstatter deutscher Presseorgane, besonders der *Gartenlaube* (Leipzig) wirkte. Bei seiner Rückkehr nach Berlin gab sich Beta »als nahezu konservativ gesinnt« aus. 1864 erschienen seine zwei Bände *Deutsche Früchte aus England, Erzählungen und Erlebnisse*. Er hat auch mehrere Schriften über volkswirtschaftliche und sozial-hygienische Fragen veröffentlicht und gilt als ein sozialpolitisch engagierter Autor. Beta starb am 31. März 1876 in Berlin.

Karl Bleibtreu: 1859 bis 1928 [oder 1929]

K[C]arl Bleibtreu kam am 13. Januar 1859 in Berlin zur Welt. Sein Vater, Georg Bleibtreu, hatte Historienbilder aus den Befreiungskriegen 1813 bis 1815 geschaffen und wurde berühmt als Maler der Schlachten von 1866 und 1870, denen er vom preußischen Hauptquartier aus beigewohnt hatte. Sein Sohn Karl, seit Anbeginn (1885) Mitarbeiter der *Gesellschaft*, einer Kampfzeitschrift des Naturalismus, ist 1886 schlagartig bekannt geworden durch sein Manifest *Revolution der Literatur*. Er, der Sohn des Schlachtenmalers, gilt überdies als Schöpfer einer neuen Gattung, der Schlachtendichtung. 1884 erschien sein erstes Buch dieser Art: *Dies irae. Erinnerungen eines französischen Offiziers an Sedan*, das in seiner französischen Übersetzung für einen Originaltext gehalten wurde, so daß man es ins Deutsche zurückübersetzt hat!

1884 leitete Karl Bleibtreu die Zeitung *Kleines Tageblatt*; im folgenden Jahr war er für kurze Zeit Herausgeber des an sich unpolitischen, jedoch konservativ und antisemitisch ausgerichteten Berliner Witzblattes *Kauz*.

Karl Bleibtreu war ein Vielschreiber, zugleich Erzähler, Lyriker und Dramatiker. Als Genie-Verehrer schrieb er über Friedrich den Großen und verfaßte zahlreiche Werke über Napoleon I. Außerdem hat er Lord Byron in zwei Dramen verherrlicht. Zu erwähnen ist auch seine Berliner Novellensammlung *Schlechte Gesellschaft* (1885). Schließlich hat sich Karl Bleibtreu als militärtheoretischer Autor versucht, was ihm im Dritten Reich einen zweifelhaften Nachruhm verschafft hat. Er starb am 30. Januar 1928 in Locarno.

Adalbert Cohnfeld: 1809 bis 1868

Adalbert Dorotheus Salomo Cohnfeld stammt aus Pyritz in Pommern, wo er am 3. August 1809 das Licht der Welt erblickt hat. Er studierte Medizin in Berlin und ließ sich dort 1834 als praktischer Arzt nieder. Zugleich war er Erzähler und Lustspieldichter. Bekannt geworden sind seine Schriften *Phantasmagorien* (1837) und das Singspiel *Der Kurmärker und die Picarde* (1859, in Zusammenarbeit mit Louis Schneider, Schriftsteller und Vorleser am Königlichen Hof). Dieses Werk hat Theodor Fontane im Kapitel 44 seines politischen Romans *Der Stechlin* (1898) erwähnt.
Cohnfeld hat an mehreren Blättern mitgearbeitet: 1843 an der *Norddeutschen Zeitschrift für Theater und Kunst und Poesie überhaupt*, 1844 an den *Erinnerungsblättern*, 1848 an der Tageszeitung *Berliner Figaro* sowie an den politischen Witzblättern *Berliner Krakehler* und *Kladderadatsch*. Berühmt wurde Adalbert Cohnfeld unter seinem Pseudonym Aujust Buddelmeyer, und zwar als Herausgeber zahlreicher Flugblätter (1848) und der von ihm im April 1849 gegründeten und bis Anfang 1853 fortgesetzten *Buddelmeyer-Zeitung. Zur Belehrung und Erheiterung für Stadt und Land*. In den fünfziger und sechziger Jahren war er als »Aujust Buddelmeyer« fester Mitarbeiter des im Leipziger Verlag von Ernst Keil erschienenen Wochenblatts *Illustrirter Dorfbarbier. Ein Blatt für gemüthliche Leute* (Rubriken »Scheerbeutel« und »Seifenspritzer«). Ganz nebenbei fand der schriftstellernde Arzt auch noch Zeit, zwei dickleibige Werke über die Geschichte des preußischen Staats sowie eine Biographie Friedrich Wilhelms III. zu verfassen. Am 20. Januar 1868 starb Adalbert Cohnfeld in Berlin.

Emil Cohnfeld: 1836, gestorben nach 1895

Emil Cohnfeld (Pseudonym: Signor Domino; Michel Folden) wurde am 18. Dezember 1836 als Sohn des Arztes, Journalisten und Humoristen Adalbert Cohnfeld in Berlin geboren. Er selbst war ein vielseitiger Literat. Als Herausgeber hat er von 1881 bis 1885 Ludwig Börnes *Sämtliche Werke* besorgt und 1887 ein *Lachendes Album. Goldene Blätter aus dem Schatz deutschen Witzes und Humors* zusammengestellt. Als Autor hat er über das Spieler- und über das Zirkusmilieu mehrere Schriften veröffentlicht, zum Beispiel 1886: *Das Spiel, die Spielerwelt und die Geheimnisse der Falschspieler*, 1888: *Der Cirkus und die Cirkuswelt*, 1891: *Wandernde Künstler. Panorama der Artistenwelt und des Cirkuslebens*. Als Possendichter hat Emil Cohnfeld um 1860 *24 Stunden im Schuld-Arrest* und im Jahr 1862

Berliner Helden oder: Auf dem Rekruten-Aushebungsbüro (beide in der Sammlung *Berliner Stadtklatsch*) geschrieben.
Von 1863 bis 1869 hat Emil Cohnfeld zeitweise als stellvertretender verantwortlicher Redakteur an Adolf Glaßbrenners *Berliner Montags-Zeitung* mitgearbeitet. Mit Glaßbrenner und dessen Witwe, Adele Peroni, lag er von 1874 bis 1880 im Streit wegen eines von ihm geschuldeten Darlehens, das er nur sehr zögernd zurückzahlte. Wahrscheinlich brauchte er das Geld zur Finanzierung eines von ihm und seinem Bruder Eugen seit 1868 geführten »Allgemeinen Annoncen-Büros« und eines in diesem Rahmen herausgegebenen Jahrbuchs. Es handelte sich um Emil Cohnfelds *Zeitungs-Almanach* für Inserenten aller Branchen, der als Beilage zu seinem *Zeitungs-Catalog* erschienen ist.
Von 1871 bis 1873 gab er das illustrierte Lokalblatt *Berliner Figaro* heraus; 1875/76 war er unter dem Pseudonym Michel Folden Mitarbeiter der *Berliner Fliegenden Blätter*, 1881 gründete er – gemeinsam mit seinem Bruder Eugen – die humoristische illustrierte Lokalzeitung *Pique-Bube*.

Ernst Dohm: 1819 bis 1883
Ernst Dohm wurde am 24. Mai 1819 als Sohn eines jüdischen Kaufmanns geboren, der ursprünglich David Markus Levy hieß und seinen Sohn Elias nannte. Im Jahr 1827 trat die Familie Levy zum Protestantismus über und hieß von nun an Dohm.
Nach seiner Gymnasialzeit in Breslau studierte Ernst Dohm an der Universität Halle Philosophie und »leider auch Theologie«, um nach Absolvierung des Studiums im Laufe seiner zwölf Probepredigten wahrzunehmen, daß er nicht zum Geistlichen bestimmt sei. Stattdessen wurde er Anfang der vierziger Jahre zunächst Hauslehrer in Berlin, schloß sich dort dem literarischen Verein »Rütli« an und veröffentlichte Artikel über französische Literatur im *Magazin für die Literatur des Auslandes*. Auch für die Zeitschrift *Der Gesellschafter*, die von Friedrich Wilhelm Gubitz herausgegeben wurde, hat er Beiträge geliefert.
Der entscheidende Augenblick seines Lebens war für Ernst Dohm, wie für so manchen, der Frühling 1848. Die Berliner März-Revolution führte zu einer Zeitungsexplosion, aus der bekanntlich auch zahlreiche Witzblätter hervorgegangen sind. Unter ihnen befand sich der *Kladderadatsch*. Von der dritten Nummer (21. Mai 1848) bis September 1882 gehörte Ernst Dohm diesem Weltwitzblatt an. Ab Nummer 21 (1849) zeichnete er, abgesehen von einigen Unterbrechungen, zum Beispiel wegen Flucht vor seinen Schuldnern nach Weimar (Oktober 1868 bis März 1871) oder wegen Verbüßung einer Gefängnisstrafe, als verantwortlicher Redakteur. Im Februar/März 1849 war er überdies Mitherausgeber der im Kladderadatsch-Verlag Albert Hofmann und Co. unter dem Titel *Die Tribüne* erschienenen »Kritischen Blätter aus dem preußischen Parlamente«.

1852, also im Alter von dreiunddreißig Jahren, heiratete Ernst Dohm die neunzehnjährige Hedwig Schleh (1833 bis 1919); sie war das elfte der siebzehn Kinder eines Berliner Tabakfabrikanten, der bis zu seinem 1817 erfolgten Übertritt zum Protestantismus Schlesinger hieß. Hedwig Dohm, übrigens die Großmutter von Thomas Manns Frau Katja (geborene Pringsheim), ist berühmt geworden als »Verfechterin der Ehre ihres Geschlechts und seines unbedingten Anspruchs auf Gleichberechtigung« (Thomas Mann).

Nach der Erziehung ihrer fünf Kinder kämpfte Hedwig Dohm in Wort und Schrift für die Rechte der Frau. Sie schrieb zahlreiche kühne, scharfsinnige Streitschriften und auch Romane, so zum Beispiel eines ihrer ersten Werke *Der Jesuitismus im Hausstande* (1873), dann, kurz darauf, *Die wissenschaftliche Emancipation der Frau* (1874); Reprint unter dem Titel *Emanzipation* (1977). Doch zurück zu Ernst Dohm. Gewiß, die Arbeit am *Kladderadatsch* war fast fünfunddreißig Jahre lang sein Hauptgeschäft. Doch er hat auch an anderen Presseorganen mitgewirkt: so an Bernhard Brigls *Tribüne* und an Julius Rodenbergs literarischer Zeitschrift *Der Salon für Litteratur, Kunst und Gesellschaft;* in Rudolf Mosses Wochenzeitung *Deutsches Montags-Blatt* schrieb er jahrelang eine ständige Rubrik in Reimen unter dem Titel *Ungereimte Chronik*, die 1879 auch als Separatdruck unter dem Titel *Secundenbilder* erschienen ist. Ferner hat er Dichtungen verfaßt. Schon in den Anfängen seiner schriftstellerischen Laufbahn hatte er viel Erfolg mit dem satirischen Heftchen *Der Aufwiegler in der Westentasche* (1849). Sehr bekannt geworden ist seine von der Theaterzensur beanstandete satirische Komödie *Der Trojanische Krieg* (1864), die sich auf den preußisch-österreichischen Konflikt des Jahrs 1850 und die Olmützer Punktation bezieht. Dohms Ruf als ausgezeichneter Übersetzer wurde weithin verbreitet durch die Nachdichtung der *Fabeln* von Jean de La Fontaine (1877; Neuerscheinung o. J. [1978], Winkler Verlag München). Glänzenden Erfolg hatte er vorher schon mit seinen Übertragungen der Texte von Meilhac und Halevy zu Offenbachs Operetten (zum Beispiel *Die schöne Helena*, 1865).

Ernst Dohm war eine ansehnliche Erscheinung mit seinem klugen, edlen Gelehrtenkopf, dem man die humanistische Ausbildung gewissermaßen ansah. Er gehörte zum »Tout Berlin« und war in politisch-journalistisch-literarischen Kreisen ein gefeierter Gast und auch Gastgeber. Er stand mit Bismarck im Briefwechsel, verkehrte bei der Gräfin Schleinitz, in deren Salon er – als Vorkämpfer, Kenner und Verehrer des Bayreuther Meisters – mit Richard und Cosima Wagner zusammentraf. Eine kleine Unstimmigkeit entstand, als im *Kladderadatsch* Ende September 1869, also kurz vor Wagners zweiter Eheschließung, die boshafte Anspielung »Cosima fan tutte« erschien. Das hatte keine Folgen, denn Dohm sollte bald beim Kampf um die Errichtung des Festspielhauses in vorderster Linie stehen.

Ernst Dohm starb am 5. Februar 1883 in Berlin.

Rudolph Genée: 1824 bis 1914

Rudolph Genée (Pseudonym P. P. Hamlet) wurde am 12. Dezember 1824 als Sohn des dramatischen Dichters und Bühnenleiters Friedrich Genée in Berlin geboren. Er besuchte das Gymnasium zum Grauen Kloster, verließ es noch vor dem Abitur, um bei Friedrich Wilhelm Gubitz die Holzschneidekunst zu erlernen. 1848 war er einer der eifrigsten Mitarbeiter des *Kladderadatsch*, und zwar sowohl als Holzschneider als auch als Autor.

Bald wandte sich Rudolph Genée ganz der Schriftstellerei zu, schrieb Lustspiele für Berliner Bühnen, folgte dann seinem zum Theaterdirektor ernannten Vater nach Danzig und wurde dort 1859 Redakteur der *Danziger Zeitung*. Seit Anfang der sechziger Jahre beschäftigte er sich intensiv mit Shakespeares Werken, die er für die Bühne bearbeitete. Gleichzeitig war er Redakteur der *Coburger Zeitung* (1861 bis 1864). Bekannt wurde Rudolph Genée durch seine Reisen als Shakespearevorleser in ganz Deutschland. Noch mit fünfzig Jahren promovierte er in Jena über Shakespeare. Seit 1864 veröffentlichte er Studien über Shakespeare aus der Sicht des Bühnenfachmanns. 1879 übersiedelte er nach Berlin. 1895 erhielt er den Titel eines Professors und 1904, zu seinem achtzigsten Geburtstag, einen Ehrensold von 2000 Mark jährlich, auf Veranlassung Wilhelms II.

Rudolph Genée war mit Adolf Glaßbrenner und Ernst Dohm befreundet. Er starb am 19. Januar 1914 in Berlin.

Adolf Glaßbrenner: 1810 bis 1876

Adolf Glaßbrenner (eigentlich Georg Adolph Theodor Glasbrenner; Pseudonym Ad. Brennglas) wurde am 27. März 1810 im Zentrum Berlins, in der Neuen Leipziger Straße, als Sohn eines Seiden- und Schmuckfedernfabrikanten geboren. Sein Ur-Berlinertum verdankte er der Mutter, deren Vorfahren weit ins siebzehnte Jahrhundert zurückverfolgt werden können.

Glaßbrenner war wiederholt »jüdische Herkunft« nachgesagt worden, so zum Beispiel von dem lassalleanischen Parteiorgan *Neuer Social-Demokrat* (Nr. 140 vom 1. Dezember 1872) und später von nationalkonservativen und nationalistischen Literaturhistorikern der Weimarer Republik (z. B. Adolf Bartels, Josef Nadler). Nur so erklärt sich die Existenz einer postum erstellten, in Glaßbrenners Nachlaß (Landesarchiv Berlin) aufbewahrten »Arischen Ahnentafel«, die dem NS-Regime bezeugte, daß »alle Eltern« der reformierten beziehungsweise lutherischen Kirche angehört haben. Glaßbrenner, der gemeinsam mit seinem späteren Schriftsteller-Kollegen Karl Gutzkow das Friedrichswerdersche Gymnasium besucht hatte, entfaltete schon als Schüler ein ausgesprochenes Redetalent sowie eine Begabung für Schalk und Witz. Eigentlich hätte er Pfarrer werden sollen, doch wurde er aus finanziellen Gründen mit vierzehn Jahren von seinen Eltern als Lehrling der Seidenhandlung Gabain »den Geschäften des bürgerlichen Lebens« überantwortet. Wie viele andere junge Menschen bildete er sich im Selbststudium weiter, zum Beispiel als Hörer des Philosophen Georg Wilhelm Friedrich Hegel.

Mit siebzehn Jahren begann er journalistisch zu arbeiten, zuerst an Saphirs *Berliner Courier* und an Oettingers *Berliner Eulenspiegel/Till Eulenspiegel.* Nach der französischen Julirevolution (1830) verstand sich Glaßbrenner, der 1831 seine kaufmännische Tätigkeit aufgegeben hatte, als ein Publizist, »der mit seinem literarischen Brennglas die Zöpfe der Reaktion, die Schlafmützen der braven Untertanen, die schwarzen Röcke heuchlerischer Pfaffen und die Druckbogen schlechter Schriftsteller versengen will« (Ingrid Heinrich-Jost). Mit diesem Programm brachte er bald die Obrigkeit gegen sich auf. Seine erste selbständige Berliner Zeitschrift *Berliner Don Quixote* (1832 bis 1833) wurde nach zwei Jahren verboten. Gemäß den Karlsbader Beschlüssen erhielt Glaßbrenner überdies in Preußen ein fünfjähriges Berufsverbot. Der junge Journalist publizierte nun außerhalb Preußens. Er lieferte Beiträge für das in Hannover erschienene, in Leipzig verlegte Unterhaltungsblatt *Die Posaune* und gründete im Oktober 1834 in Leipzig unter dem Titel *Das Brennglas* eine neue »humoristische Zeitschrift«. Diese fand allerdings nicht genug Abonnenten und stellte zum Jahresende ihr Erscheinen ein. Nach Ablauf des Berufsverbots arbeitete Glaßbrenner auch wieder an verschiedenen Berliner Zeitschriften mit, zum Beispiel am *Berliner Figaro.* Glaßbrenners Zeitschriften wandten sich an die gebildete bürgerliche Öffentlichkeit und standen damit in einer langen literarischen Tradition.

Dagegen bildeten die billigen Groschenheftreihen *Berlin wie es ist und – trinkt* (1832 bis 1850) und *Buntes Berlin* (1837 bis 1853) auf dem Gebiet der Kommunikations- und Sozialgeschichte etwas Neues. Dank ihrer realistischen Darstellung in Form von Dialogen, Genreszenen und Gedichten fanden nicht nur die niederen Berliner Volksklassen, sondern auch der Berliner Dialekt Eingang in die Literatur.

1840 heiratete Glaßbrenner die bekannte Schauspielerin Adele Mrasek (Künstlername Peroni), die im Oktober an das Hoftheater der mecklenburgischen Hauptstadt Neustrelitz engagiert wurde. Infolge zahlreicher Gastspiele Adeles gelang es Glaßbrenner jedoch, dem »Grab zu Neustrelitz« häufig zu entrinnen und mit Gesinnungsgenossen, zum Beispiel dem süddeutschen Liberalen Friedrich Hecker (1811 bis 1881) oder mit dem politischen Dichter Ferdinand Freiligrath (1810 bis 1876) Kontakt aufzunehmen.

In jenen Jahren entstanden – neben weiteren Groschenheften – die *Verbotenen Lieder. Von einem norddeutschen Poeten* (Bern 1844), die ab der dritten Auflage (Berlin, 1851) nur noch *Gedichte* hießen. Auch Glaßbrenners Meisterwerk, das Tierepos *Neuer Reineke Fuchs* (1845), stammt aus dieser Zeit. Endlich ist hier der von Theodor Hosemann und anderen illustrierte *Komische Volkskalender* zu erwähnen, der mit Unterbrechungen bis 1867 erschien.

1848 nahm Glaßbrenner durch Aufrufe an das Volk und die Herausgabe der *Freien Blätter. Illustrirte politisch-humoristische Zeitung* (6. Mai bis Ende Dezember 1848) aktiv am Tagesgeschehen teil. Nach dem Verbot seiner Zeitschrift zog er sich 1849 nach Neustrelitz zurück. Auf Betreiben der preußischen Polizei wurde er jedoch ein Jahr später als politisch unbequem des Landes verwiesen.
Bis 1858 lebte das Ehepaar Glaßbrenner im Hamburger Exil, wo es Adele Peroni gelang, durch erfolgreiche Matineen und Schauspielunterricht ihre magere Pension von siebenhundert Talern erheblich aufzubessern. Der gesellige, dem Champagner nicht abgeneigte Schriftsteller arbeitete in Hamburg an seinem *Volkskalender* weiter, verfaßte mehrere Kinderbücher – *Lachende Kinder* (Lieder; 1850), *Die Insel Marzipan* (Märchen, 1851), *Sprechende Tiere* (Lieder; 1854) – und trat auch wieder, allerdings ohne großen Erfolg, als Gründer humoristisch-satirischer Zeitschriften hervor: *Ernst Heiter* (Oktober 1856 bis Juni 1857), *Phosphor* (Juli 1857 bis Juni 1858).
Wieder zurückgekehrt in seine Heimatstadt Berlin, redigierte Glaßbrenner zunächst die bei Albert Hofmann verlegte Montags-Zeitung *Berlin* und dann, ab November 1860, die neu gegründete *Berliner Montags-Zeitung*, die ab 1866 im Selbstverlag erschien. Die *Berliner-Montags-Zeitung* wurde allerdings – im Gegensatz zum *Kladderadatsch* – niemals ein Massenblatt. Neben seiner redaktionellen und verlegerischen Tätigkeit besorgte Glaßbrenner mehrere Neuausgaben seiner epischen und poetischen Werke: 1864 wurde der *Neue Reineke Fuchs* zum vierten, *Die verkehrte Welt* 1855 zum fünften Mal aufgelegt. Seine politische Heimat fand der engagierte Vormärzler und Achtundvierziger in der Deutschen Fortschrittspartei.
Am 25. September 1876 starb der mit zahlreichen Vertretern der deutschen Literatur (zum Beispiel August Heinrich Hoffmann von Fallersleben, Karl Gutzkow, Theodor Fontane und anderen) bekannte Glaßbrenner in Berlin. Am 28. September wurde er in einem langen Trauerzug zum Jerusalemer Friedhof am Halleschen Tor geleitet.
Zu Glaßbrenners hundertstem Todestag, am 25. September 1976, veröffentlichte die Berliner Stadtbibliothek (ehemals DDR) erstmals ein vollständiges Verzeichnis des in ihrem Besitz befindlichen Nachlasses als 44. Sonderblatt der »Bibliographischen Kalenderblätter«. In Berlin (West) wurde der seinen etwas unklaren politischen Idealen treugebliebene Satiriker damals als ein »vormärzlicher Tucholsky« bezeichnet, in Berlin (ehemals DDR) als ein »Zille des Wortes«. Diesseits wie jenseits der Mauer wurden Teile seines Werkes neu herausgegeben; die vor über hundert Jahren angeregte Gesamtausgabe fehlt dagegen noch immer.

Hector de Grousilliers: um 1840 bis um 1900

Hector de Grousilliers stammt aus einer Hugenottenfamilie, die zwischen 1810 und 1815 von Stendal in der Altmark nach Berlin übergesiedelt war. Ein Zollsekretär, Frédéric Louis de Grousilliers, hat sich 1815 im französischen Dom zu Berlin trauen lassen; aus dieser Ehe stammte ein Sohn Philippe-Louis, der um 1820 geboren wurde. Der Familienname tauchte dann wieder im *Wohnungs-Anzeiger für Berlin* auf, zunächst im Band 1873; dort findet sich folgende Angabe: »H. de Grousilliers, Stearin- und Ölfabrik, Victoriastr. 20.« Im Band 1881 steht: »De Grousilliers, Hector, Ingenieur und Schriftsteller, Kirchstr. 16.« Im August 1882 findet sich in der Beilage der Nummer 35 des Wochenblatts *Die Wahrheit* folgende Anzeige: »Das technische Bureau von H. de Grousilliers, Berlin NW, Kirchstr. 16, Spezialist chemischer Anlagen, übernimmt Bau- und Inbetriebsetzung jeder Art, ertheilt Auskünfte und Rathschläge, fertigt Kostenanschläge und Zeichnungen, besorgt Patente und Kauf von Maschinen und chemischen Apparaten zu mäßigen Bedingungen.« Wohnung und Büro lagen also am Nordufer der Spree, in Moabit, damals noch ein Industrieviertel.

De Grousilliers war beratender Ingenieur. Doch bekannt wurde er vor allem als Journalist und Vortragsredner. Von 1880 bis Mitte 1882 war er Herausgeber des antisemitischen Organs *Die Wahrheit. Humoristisch-satyrisches Wochenblatt*, das bis 1886 existiert hat. Außerdem redigierte de Grousilliers die seit 1884 bestehende, extrem antisemitische *Kehraus-Bibliothek, Illustrirte Wochenschrift für Unterhaltung und deutschen Humor*. Er hat auch zahlreiche antidemokratische und judenfeindliche Vorträge gehalten, die dann im Druck erschienen sind. Die zwei bekanntesten seien hier genannt: 1. *Gegen Virchow und Genossen* oder: *Offenbarung und Wissen*, Berlin 1880. Es handelt sich um den Text eines am 17. Februar 1880 in der Berliner Flora gehaltenen Vortrags über »Die Unhaltbarkeit der materialistischen Weltanschauung«. 2. *Nathan der Weise und die Antisemiten-Liga*, Berlin 1880. Mit diesem Vortrag trat die Antisemiten-Liga zum erstenmal an die Öffentlichkeit. De Grousilliers Geburts- und Todesdaten waren nicht zu ermitteln. Im Jahr 1891 war von ihm als Verfasser einer Petition an den Minister der öffentlichen Arbeiten nochmals die Rede.

Sein Bruder (?), der Buchhändler A. de Grousilliers, ebenfalls ein glühender Antisemit, ist als Herausgeber des dickleibigen Werks *Das Bismarck-Museum in Bild und Wort* (Leipzig: o. J.) hervorgetreten.

Siegmund Haber: 1835 bis 1895

Siegmund Haber ist am 11. September 1835 als Sohn jüdischer Eltern in Neiße (Schlesien) zur Welt gekommen. Nach Absolvierung der Schule war er zunächst Geschäftsreisender, dann Kontorist in einer Breslauer Handelsfirma. Doch bald entdeckte er seine dichterisch-satirische Begabung und ließ sich in Berlin nieder. Am 23. Januar 1863 wurde, mit dem beliebten Komiker Carl Helmerding in der Hauptrolle, einer seiner Einakter mit Gesang *Don Juan im Pech* im Berliner Wallner-Theater aufgeführt, das komische Abenteuer eines alternden Gecken, der ein blutjunges Mädchen erobern will.

Seit 1872 arbeitete Siegmund Haber mit dem Zeitungsgründer Rudolf Mosse am Aufbau des *Berliner Tageblatts*. Er schrieb darin nicht allein in jeder Sonntagsnummer die »Plaudereien«, sondern war vor allem, bis an sein Lebensende, Leiter der humoristischen Wochenbeilage *Ulk*. Hier schuf er stehende Figuren, wie das vorlaute Tippfräulein Frieda Klapperschlange, den oft angetrunkenen, doch mit Mutterwitz begabten Mann aus dem Volke, Nunne, und vor allem die sehr populär gewordene Konfektionsdame Paula Erbswurst »vom Hausvogteiplatz« (im Herzen des Altberliner Konfektionsviertels), deren skurrile Redewendungen zu geflügelten Worten geworden sind. Sowohl in seinen sonntäglichen Glossen zu den Ereignissen der Woche als auch im *Ulk* ließ Haber seinen weniger geistreichen als vielmehr urwüchsigen Humor spielen. Er verfaßte auch weiterhin Berliner Possen mit Gesangeinlagen; einen seiner größten Erfolge errang er im Wallner-Theater mit dem Einakter *Ein Stündchen auf dem Comptoir* (1872). Viel Anklang fanden auch seine witzigen, 1885 erschienenen Kurzgeschichten *Berlin bei Nacht. Kaiserstädtische Kneipstudien*, die mehrmals neu aufgelegt worden sind. 1899 gab sein Kollege und Freund, Fritz Engel, unter dem Titel *Siegmund Haber: Lustiges und Listiges* eine Anthologie heraus, in der vor allem die Konfektionsdame Paula Erbswurst zu Ehren kam. Ganz ohne Konflikte mit der Justiz hätte dieser Wahlberliner seine Karriere als Satiriker nicht durchlaufen können. 1875 und 1893 hatte sein Witz den Zorn des Staatsanwalts entfacht. Das Gericht verurteilte ihn zu 150 beziehungsweise 50 Mark Geldstrafe. Am 27. Februar 1895 starb Siegmund Haber am Redaktionspult, beim Durchsehen der Korrekturfahnen des *Ulks*. »Ein braves Pferd stirbt in den Sielen«, hatte einst sein großer Zeitgenosse Bismarck gesagt.

Albert Hopf: 1813 bis 1885

Johann Ludwig *Albert* Hopf wurde etwa 60 km nordöstlich von Berlin in Neu-Lewin, einem unter Friedrich dem Großen am Oderbruch gegründeten Kolonistendorf, am 27. Mai 1813 geboren. Sein Vater war Glasermeister. Bald zog die Familie nach Berlin. Der junge Hopf war kein Porzellanmaler, wie oft behauptet wird, sondern arbeitete zunächst in verschiedenen Stoff- und Tapetenfirmen als Mustermaler.

Erst im Alter von neunundzwanzig Jahren trat Albert Hopf unter dem Pseudonym Hans Qualm mit einem satirischen Heftchen, *Das verkehrte Berlin* (1842), als Autor hervor. Von Januar bis August 1846 veröffentlichte er das liberale Monatsblatt *Der Charlottenburger Beobachter*.

In den letzten Jahren vor der Revolution von 1848 verfaßte Hopf zahlreiche witzige Schriftchen, so zum Beispiel einen *Hundertjährigen und humoristischen Liebes- und Ehestands-Kalender* (1847). Bedeutsamer sind seine politischen und sozialkritischen Groschenhefte. Einige seien hier zitiert: *Die deutschen Auswanderer auf der Mosquito-Küste* (1846), *Die Revolution unter den Communisten oder Bruder Hobelspahn im Communisten-Nest* (1847). Ihr Verleger war niemand anders als der Bruder der beiden Junghegelianer Bruno und Edgar Bauer: Egbert. Vorrevolutionär war seine Flugschrift *Der kleine Landtag und sein Schluss, oder Nante und Brenneke als Abgeordnete* (1847), eine Anspielung auf die unter dem Namen »Vereinigter Landtag« 1847 einberufene preußische Ständeversammlung.

Während der Revolution von 1848 veröffentlichte Hopf, der sich seit einem Jahr ganz seiner literarischen Arbeit widmete, zahlreiche Flugblätter, häufig unter den Pseudonymen »Bohmhammel« oder »Anastasius Schnüffler«. Seine stehenden Figuren Brenne[c]ke und Nante traten in einer Reihe von Flugblättern auf. Seine Haft und Strafverfolgung Ende Juli 1848 – wegen Majestätsbeleidigung – führte zu einem Freispruch. Jedoch kam Hopf ein Jahr später im Zuge der Gegenrevoluton wegen Pressevergehens für acht Monate auf die Stadtvoigtei und wurde nach seiner Freilassung aus Berlin ausgewiesen. Erst 1852 durfte er zurückkehren.

In den folgenden Jahren trat Albert Hopf als eher unpolitischer Possendichter und Humorist hervor, um weiteren Konflikten mit der Justiz aus dem Weg zu gehen, was ihm allerdings keineswegs immer gelang. 1853 und 1856 wurden einige seiner Druckschriften beschlagnahmt. Von 1864 bis 1865 gab er dann das nach einem beliebten Berliner Schauspieler benannte humoristische Wochenblatt *Helmerding* heraus. In Zusammenarbeit mit diesem Bühnenkünstler veröffentlichte er 1870 einen Band *Theater-Humoresken*. Bekannt geblieben sind seine *Komischen Gerichtsszenen* (seit 1859). Unter diesen ist eine der besten die Nummer zwei: *Die schöne Theresa und ihr Gatte* (1860). Aus der 1984 nachgedruckten Heftchenreihe *Berliner Stadtklatsch anno 1858 bis 1866* seien folgende Beiträge erwähnt: *Ein Mädchen für alles. Genrebild* und *Das Jahr 1861 im Berliner Guckkasten.*

In der Zeit des zweiten französischen Kaiserreichs versuchte sich Hopf wieder in politischer Satire, allerdings ohne jeden revolutionären Beigeschmack. Humoristisch-satirische Kommentare zu den großen Kriegsereignissen waren jetzt seine Spezialität. Zu 1864: *Eine Marketenderin vor Düppel*, zu 1866: *Ihr Sieger, jetzt entscheiden! Nur keinen faulen Frieden!* Zu 1870/71: *Satyrisch-polemische Zeitbilder;* die gefahrlose Polemik richtete sich gegen die Franzosen. Einmal geriet Hopf freilich doch noch in Konflikt mit der Staatsgewalt. Sein Heftchen *Vice-Engel Wagener vor Gericht; stenographische Aufzeichnungen von und für Gründer*, eine 1873 geschriebene Attacke gegen Bismarcks Ratgeber, den im Gründerkrach kompromittierten konservativen Abgeordneten Hermann Wagener, wurde konfisziert. Dagegen konnte sein illustriertes Bändchen *Das Kaiser-Attentat in Bildern* (1878) anstandslos verbreitet werden. Alles in allem hat Hopf mehrere hundert Witzhefte, Theaterstücke, Flugschriften, Kalender und Sammelbände verfaßt. Er starb am 26. September 1885 in Berlin.

David Kalisch: 1820 bis 1872

David Kalisch wurde am 23. Februar 1820 in Breslau geboren. Seine angesehene Familie gehörte dem jüdischen Bildungsbürgertum an. Sein Großvater mütterlicherseits (zugleich der Großvater Ernst Dohms) war Levin Dohm, ein Schüler Moses Mendelssohns. Sein Vater war Kaufmann und starb als Opfer der Cholera, bevor der junge Kalisch seine Gymnasialzeit abschloß. Die Notlage der kinderreichen Familie veranlaßte ihn 1837, als Lehrling in ein Möbelgeschäft einzutreten. 1839 bereits leitete er dessen Filiale in Ratibor (Oberschlesien). 1843 kam er wieder zum Breslauer Firmensitz zurück, diesmal als Prokurist. Nebenher schrieb er Gelegenheitsgedichte und gründete gemeinsam mit dem sozialkritischen Schriftsteller Wilhelm Wolff (»Marseillaise der Notleidenden«), der 1846 mit Marx und Engels das kommunistische Korrespondenz-Komitee ins Leben rufen sollte, einen Verein für verelendete Proletarierkinder.

1844 ging Kalisch – mit geringen Ersparnissen und einem Empfehlungsschreiben Wolffs versehen – nach Paris. Dort lernte er Ferdinand Freiligrath, Heinrich Heine, Georg Herwegh und Karl Marx kennen sowie dessen Gegner, den berühmten Anarchisten Pierre-Joseph Proudhon. Bald waren jedoch seine Mittel erschöpft. Heine unterstützte ihn notdürftig, bis er durch Proudhons Empfehlung eine Buchhalterstelle in einer Straßburger Seidenhandlung fand. Doch 1846 verließ er Frankreich und arbeitete zunächst für einen Frankfurter Buchhändler auf der Leipziger Messe. Dort schrieb er zwei Possen und verfaßte mehrere anonyme Beiträge für Oettingers *Charivari*, darunter ein witziges Gedicht, das irrtümlicherweise Heine zugeschrieben worden ist. Schließlich etablierte sich Kalisch noch während desselben Jahres in Berlin, wo er als französischer Korrespondent in eine Speditionsfirma eintrat. Doch die freien Stunden gehörten seiner Theaterleidenschaft.

Sein Aufstieg zum Ruhm begann im Rahmen einer kleinen Wanderbühne, nicht in der Hauptstadt selbst, sondern im damals noch unbedeutenden Vorort Schöneberg, wohin sich Kalisch nach dem Bruch mit der Berliner Speditionsfirma zurückgezogen hatte. Dort kam es zur Aufführung seines Schwankes *Ein Billet von Jenny Lind*, worin die allgemeine Begeisterung für diese berühmte Opernsängerin, »die schwedische Nachtigall«, verspottet wurde. Kalisch war damit schlagartig bekannt geworden. Sein nächstes Stück, die heute noch in Berlin aufgeführte, sich an ein französisches Original anlehnende Posse *Einmalhunderttausend Thaler* (1847) wurde als durchschlagender Erfolg im Königstädtischen Theater am Alexanderplatz aufgeführt. Damit begann die Ära seiner Berliner Lokalstücke voll beißenden Witzes, was der vorrevolutionären und dann revolutionären Stimmung entsprach. Kalisch wurde als »der Berliner Aristophanes« gefeiert. Es folgten bald die gleichfalls mit großem Beifall aufgenommenen Berliner Possen *Berlin bei Nacht* (1849) und *Junger Zunder, Alter Plunder*.

Nun ereignete sich mit der März-Revolution ein entscheidender Einschnitt in Kalischs Schaffen. Seit kurzer Zeit stand er in Verbindung mit der literarisch-humoristischen Gesellschaft »Rütli«, dem auch zwei seiner Freunde und Verwandten angehörten: Rudolf Löwenstein und Ernst Dohm sowie der Zeichner Wilhelm Scholz. Dank der Stimmung, die in diesem Verein herrschte, kam Kalisch auf die Idee, ein Witzblatt zu gründen, nachdem er schon vorher am *Berliner Figaro* tätig gewesen war. Am 7. Mai 1848 erschien daraufhin die Nummer eins des bald weltberühmten *Kladderadatsch.* Sie war einzig und allein von Kalisch redigiert worden und machte sofort Sensation in Berlin. Ein bis zwei Wochen später schlossen sich Dohm, Löwenstein und Wilhelm Scholz dem Gründer als Mitarbeiter an. Doch polizeiliche Verfolgungen machten die Existenz des *Kladderadatsch* und seiner Leute unsicher. Öfter wurde das Blatt verboten; die Redakteure wurden ausgewiesen. Erst gegen Ende 1852 fanden die gröbsten Verfolgungen ihr Ende.

Kalisch heiratete nun die Tochter seines Hauswirts Albrecht (Besitzer des Tiergarten-Lokals »Albrechtshof«). Zuvor war er zum Protestantismus übergetreten (Taufe in der Petri-Kirche am 24. Dezember 1851). Aus seiner Ehe ist eine Tochter hervorgegangen, die einige Jahre mit Paul Lindau verheiratet war und ihn dann verlassen hat, sowie ein Sohn, Paul Kalisch (1855 bis 1946), der als Kammersänger Berühmtheit erlangte und 1888 die Opernsängerin Lilli Lehmann (1848 bis 1929) heiratete.

David Kalisch nahm, neben der Redaktionstätigkeit, seine Lustspiel- und Humordichtung wieder auf, die kurz vor seinem Tod fünf Bände umfaßte *(Lustige Werke,* 1870). Darunter sind hervorzuheben, weil heute noch bekannt: *Ein gebildeter Hausknecht* (1858), *Berlin wie es weint und lacht* (1858, ein Glaßbrenners Serie *Berlin wie es ist und – trinkt* nachempfundener Titel) und *Berlin wird Weltstadt.*

Besonders volkstümlich in Kalischs Lokalpossen sind die Couplets geworden. Sie haben dem Autor den Beinamen eines »Heine der Gassenhauer« eingetragen und wurden von Leierkastenmännern auf Berlins Straßen gespielt sowie von Bänkelsängern öffentlich vorgetragen. Sein Aufenthalt in Paris, dem »Cancanisierenden Sündenbabel«, hat das Schaffen stark beeinflußt und ihm ein europäisches Flair verliehen. Die meisten seiner Stücke wurden zuerst im Königstädtischen Theater aufgeführt, das Franz Wallner 1855 übernommen hatte, und dann, seit 1864, meist in dem neuen »eigentlichen« Wallner-Theater. An der Ausprägung des Berliner Witzes hatte Kalisch einen entscheidenden Anteil. Er war lebenslustig und gesellig. Sein Haus war Sammelpunkt der »Kladderadatscher« und ihrer zahlreichen Freunde unter den Künstlern und Schriftstellern Berlins. Kalisch war von kleiner Gestalt (was ihm selbst Quelle für zahlreiche Witze wurde) und eine der populärsten Persönlichkeiten des alten Berlin. Er starb dort am 21. August 1872.

Karl Ludwig Ernst Kossak: 1814 bis 1880

Karl Ludwig *Ernst* Kossak wurde als Sohn eines Justizbeamten am 4. August 1814 in Marienwerder (Westpreußen) geboren. Er besuchte in Danzig das humanistische Gymnasium und studierte seit 1834 erst in Königsberg, dann in Berlin Philosophie und Geschichte. Gleichzeitig ließ er sich als Pianist und auch in der Kompositionslehre ausbilden.

Nach dem Studium machte sich Ernst Kossak zunächst als Mitarbeiter an Musikzeitschriften einen Namen. So leitete er die musikkritische Rubrik der Tageszeitung *Berliner Zeitungs-Halle*, worin am 29. und 30. Oktober 1847 seine sehr wohlwollende Besprechung von Richard Wagners *Rienzi* erschienen ist. Doch um dieselbe Zeit entdeckte Kossak seine eigentliche Begabung als Humorist und (wegen seines Spottes gefürchteter) Literaturkritiker. Seine Rezensionen erinnern an den Stil Ludwig Börnes. Im Jahr 1848 wurde er, nach kurzer Mitarbeit an Adolf Glaßbrenners *Freien Blättern* und am *Kladderadatsch*, Leiter des Feuilletons an der von Max Duncker herausgegebenen *Constitutionellen Zeitung*. 1853 war er Mitarbeiter am *Humoristisch-satyrischen Volkskalender des Kladderadatsch*. Noch im selben Jahr gründete Ernst Kossak die Zeitschrift *Berliner Feuerspritze. Löschblatt für brennende Fragen*, die später unter anderer Leitung als *Berlin. Illustrirte Montags-Zeitung* weiterlebte. Von 1855 bis 1868 gab Kossak die *Berliner Montags-Post* heraus. Außerdem arbeitete er auch als Feuilletonist bei Glaßbrenners *Berliner Montags-Zeitung* und bei der von Bethel Henry Strousberg gegründeten *Post* sowie bei auswärtigen Blättern, zum Beispiel der *Gartenlaube* (Leipzig) und der *Schlesischen Zeitung* (Breslau). Seit 1870 war seine Gesundheit zerrüttet. Ernst Kossak ist am 3. Januar 1880 in Berlin gestorben.

Von seinen zahllosen Feuilleton-Artikeln hat Kossak, der auf diesem Gebiet zweifellos ein Meister war, die bemerkenswertesten in Sammelbänden publiziert. Bereits 1851 erschienen *Berlin und die Berliner*, 1856 *Berliner Historietten*, 1859 bis 1865 sechs Bände *Berliner Federzeichnungen*, die 1875 nochmals aufgelegt worden sind. Doch auch vom Ausland wußte der reiselustige Humorist zu berichten. 1855 hat er *Pariser Stereoskopen* veröffentlicht.

Rudolf Löwenstein: 1819 bis 1891

Rudolf Löwenstein, am 20. Februar 1819 als Sohn eines Destillateurs in Breslau geboren, hat seine Kindheit im Waisenhaus zu Bunzlau (Niederschlesien) verbracht. Noch als Kind wurde er christlich getauft. Seine Gymnasialjahre begann er in Glogau, um sie in Breslau zu beenden. Dann studierte er, zunächst in Breslau, später in Berlin, Philologie bis zur Erlangung des Doktortitels. Nun wurde er Lehrer. Seine ersten dichterischen Werke waren Kinderlieder, die 1846 unter dem Titel *Kindergarten* erschienen sind. Noch bis ins Alter veröffentlichte er Gedichte für Kinder, die in »Prachtausgaben« und Lesebüchern abgedruckt und zum Teil sogar in Musik gesetzt worden sind.

In dem typisch berlinischen humoristisch-literarischen Verein »Rütli« traf Löwenstein auf seine Vettern David Kalisch und Ernst Dohm. So wurde er der Dritte im Bunde bei der Gründung des *Kladderadatsch*, dem er bis 1882 als Redakteur, dann, nach Dohms Krankheit und Tod, als Chefredakteur angehörte. Er war auch Mitglied des berühmten »Tunnels über der Spree«; das Bundeslied dieses Dichtervereins ist sein Werk. Als »Kladderadatscher« wurde Löwenstein zweimal aus Berlin ausgewiesen, eine damals übliche Polizeimaßnahme, um politische Kritiker loszuwerden. Seinen Ruf verdankte Löwenstein vor allem der Mitarbeit am *Kladderadatsch* und ganz besonders den stehenden Figuren der beiden preußischen Junker von Strudelwitz und Prudelwitz, deren Dialoge zum großen Teil von ihm stammen. Doch er schrieb auch für andere Presseorgane, zum Beispiel für die von Ernst Kossak gegründete *Berliner Feuerspritze*. Von 1863 bis 1882 redigierte er regelmäßig die Rubrik »Politische Rundschau« in der *Berliner Gerichts-Zeitung*. Von 1856 bis Ende 1859 hatte er sogar seine eigene Monatsschrift *Puck. Ernst, Scherz und sinnige Spiele der Jugend, mit Zeichnungen, Musikstücken, unterhaltenden Spielen sowie Märchen und belehrenden Aufsätzen.*

Im Jahr 1870 fand Löwensteins *Kladderadatsch*-Gedicht »Das Chassepotlied« begreiflicherweise großen Beifall. Doch Ende 1885 trennte sich Löwenstein nach fast vierzig Jahren ununterbrochener Mitarbeit von dem Witzblatt, zu dessen Ruhm er so lange Zeit beigetragen hatte. Er war stets ein Achtundvierziger geblieben und konnte der immer mehr von links nach rechts rückenden Linie der einst so fortschrittlichen satirischen Wochenzeitschrift nicht folgen. An seinem siebzigsten Geburtstag (10. März 1889) hüllte sich der *Kladderadatsch* in Schweigen, was von der *Freisinnigen Zeitung*, deren Tendenz Rudolf Löwensteins Überzeugungen am besten entsprach, als »skandalös« empfunden wurde.

Er starb am 5. Januar 1891 in Berlin.

Julius Lohmeyer: 1834 bis 1903

Julius Lohmeyer wurde am 6. Oktober 1834 in Neiße (Schlesien) geboren. Auf Wunsch seines Vaters, eines Apothekers, mußte er Pharmazie studieren, um später die Nachfolge antreten zu können.

Doch der junge Lohmeyer interessierte sich viel mehr für Kunst und Dichtung. Seit 1865 war er Mitarbeiter am *Kladderadatsch*, 1867 bis 1872 sogar Redakteur. Dann gab er seine eigene Zeitschrift *Die deutsche Jugend* heraus, die er bis 1893 leitete. Außerdem arbeitete Lohmeyer an zahlreichen sogenannten Prachtbüchern (für den Weihnachtstisch) mit. So ist er vor allem als humoristischer Jugendschriftsteller in die Literaturgeschichte eingegangen.

1878 gründete Lohmeyer in Stuttgart das Witzblatt *Schalk*, das er aber 1879 aufgab. Von 1880 bis 1883 redigierte er die illustrierte Wochenschrift *Deutsches Familienblatt*, die 1882 in *Schorers Familienblatt* umbenannt wurde. Nach der Gründung von weiteren Zeitschriften, zum Beispiel der *Deutschen Monatsschrift für das gesamte Leben der Gegenwart* (1901), starb dieser für den Konformismus seines Zeitalters charakteristische Schriftsteller am 24. Mai 1903 in Charlottenburg.

Sigmar Mehring: 1856 bis 1915

Sigmar Mehring wurde am 13. April 1856 in Breslau als Sohn eines Grabsteinherstellers geboren. Irgendeine Verwandtschaft mit Franz Mehring besteht nicht. Er besuchte die höhere Schule bis zur Sekunda und mußte dann aus materiellen Rücksichten den Kaufmannsberuf ergreifen. Seit 1879 lebte er in Berlin. 1886 wurde er für einige Jahre Buchhändler und Verleger, trat aber bereits als Journalist hervor. Nach seiner Religionszugehörigkeit befragt, antwortete er, er sei zwar mosaischer Herkunft, betrachte sich jedoch als Dissidenten.

Sigmar Mehring schrieb in mehreren Berliner Zeitschriften. Von 1890 bis 1900 gab er das wöchentliche Witzblatt *Die Police* heraus. Von Zeit zu Zeit veröffentlichte er, unter dem Pseudonym Nanne, einen Beitrag im *Kladderadatsch*. Von 1891 bis 1894 war er Mitarbeiter Julius Stettenheims bei den *Deutschen Wespen*. Im Jahr 1893 arbeitete er für kurze Zeit als Feuilletonist und Theaterrezensent an dem einst (1877) von dem gescheiterten Eisenbahnkönig Bethel Henry Strousberg gegründeten *Kleinen Journal*.

Bis heute bekannt ist Mehring durch seine Redaktionstätigkeit beim *Ulk*, der »humoristischen Wochenbeilage« des *Berliner Tageblatts;* seit dem Tod Siegmund Habers (1895) war er dort Redakteur unter der Leitung von Richard Schmidt-Cabanis. Als dieser 1903 starb, wurde Mehring Chefredakteur.

Im Jahr 1895 hatte er Hedwig Löwenstein, eine Tochter Rudolf Löwensteins, geheiratet, die unter dem Namen Hedwig Stein als Opernsängerin bekannt war. Unter Hitler wurde sie ins KZ verschleppt und umgebracht. Aus der Ehe ist ein Sohn, Walter Mehring (1896 bis 1981), hervorgegangen, der berühmte Theaterdichter und Satiriker der Weimarer Zeit und der Jahre des Exils. Sigmar Mehring ist am 9. Dezember 1915 in Berlin gestorben.

Von seinen zahlreichen Buchveröffentlichungen seien hier die wichtigsten in zeitlicher Reihenfolge genannt: *Champagner-Geist* (1888; Übertragungen französischer Lieder und Lustspiele in Verse; dieses Buch brachte Mehring den Ruf eines feinsinnigen Übersetzers ein), *Physiologie der Ehe* (1889; unter dem Pseudonym S. Marmering als Parodie des von dem italienischen Anthropologen Paolo Mantegazza verfaßten Buchs *Physiologie der Liebe* erschienen), *Die Pfennig-Sonate* (1890; eine Parodie auf Leo Tolstois *Kreutzer-Sonate*), *Deutsche Verslehre* (1891), *Takt und Reim, Lorbeerkränze für deutsche und fremde Dichter* (1912; Essays über Heinrich Heine, Ferdinand Freiligrath, Pierre Jean de Béranger, Victor Hugo und andere), *Aus dem Dreimillio-*

nen-Haufen. Ulkiges (1912; humoristische Kurzgeschichten aus dem Berliner Leben). Die 1916 bei Reimar Hobbing in Berlin herausgekommenen Übersetzungen der Werke Friedrichs des Großen stammen teilweise von Mehring. Im selben Jahr erschien in vier Auflagen die von Fritz Engel zusammengestellte Anthologie *Sigmar Mehring: Rieke im Kriege*, die von keinem Geringeren als Heinrich Zille illustriert worden war.

Zum Abschluß soll von einem Strafprozeß gegen Mehring berichtet werden, der ihm zu einem humoristisch-satirischen Büchlein Anlaß gegeben hat. Am 3. Januar 1900 wurde er wegen eines seiner am 15. September 1899 im *Ulk* erschienenen Gedichte zu sechs Monaten Gefängnis verurteilt; er hatte darin, im Zusammenhang mit der Dreyfus-Affaire, den Katholizismus angegriffen und sich damit des Pressevergehens der Gotteslästerung schuldig gemacht. Wilhelm II. setzte die Strafe auf drei Monate Festung herab, die Mehring vom 24. September bis zum 23. Dezember 1900 in Weichselmünde bei Danzig abbüßte. Ein »Sanatorium Politikum« nannte er diesen Aufenthaltsort, über den er 1901 den witzigen Bericht *Ein Herbst auf Festung: Erinnerungen* veröffentlicht hat.

Rudolf Menger: 1824 bis 1896

Rudolf Menger wurde am 26. Mai 1824 zu Driesen in der Neumark geboren. Er besuchte die Gymnasien zu Züllichau (Neumark) und Neu-Stettin. Seine journalistische Laufbahn begann er bei der *Stettiner Zeitung*. Darauf siedelte er nach Berlin über, um dort als Redakteur erst bei der *Kreuz-Zeitung*, dann bei der *National-Zeitung* zu wirken. Später widmete er sich der Literatur, schrieb politische Gedichte (*Eisenprutz*, 1850), eine Tragödie (*Josephe*, 1854) und mehrere Erzählungen (zum Beispiel *Allerlei Geister, ernste und heitere Novellen. Eisenbahnunterhaltungen, Nr. 56*, 1864).

Zu Anfang der siebziger Jahre kehrte Menger zum Journalismus zurück und schrieb im Feuilleton der *Post*. Dann wurde er verantwortlicher Redakteur des *Berliner Tageblatts*. Im Jahr 1875 gründete er ein Konkurrenzunternehmen unter dem Titel *Neues Berliner Tageblatt*. Er leitete auch dessen illustrierte humoristische Wochenbeilage *Berliner Fliegende Blätter*, die allerdings nach kurzer Zeit eingegangen sind. Außerdem verfaßte Menger, obwohl durch eine schwere Augenkrankheit behindert, noch einige Dichtungen, darunter die Novelle *Gräfin Lorelei* (1875), und später ein Bändchen Zeitgedichte unter dem Titel *Dem Siegeskaiser* (1887). Er starb verarmt und vergessen am 23. Oktober 1896.

Alexander Moszkowski: 1851 bis 1934

Alexander Moszkowski, als Sohn jüdischer Eltern am 15. Januar 1851 in Piliza (Russisch-Polen) geboren, erhielt seine Schulbildung zuerst in Breslau, wohin die Familie 1853 gezogen war, und seit 1865 in Dresden. Dort wurde sein später so berühmter jüngerer Bruder Moritz zum Pianisten und Komponisten ausgebildet. Er selbst studierte seit 1871 in Berlin und Heidelberg Mathematik und versuchte sich als Autodidakt in der Schriftstellerei. 1875 erschien in Leipzig sein Erstlingswerk, die später fortgesetzte heitere Gedichtsammlung *Anton Notenquetscher*, eine Attacke gegen das Virtuosentum in der Musik. Dann lebte Moszkowski eine Zeitlang in der Pariser Bohème, kurz bevor er 1877 die Musikkritik in Rudolf Mosses soeben gegründetem *Deutschen Montags-Blatt* übernahm und für ein geringes Gehalt in die Redaktion der *Berliner Wespen* eintrat. Dort hatte er als »Dritter Mann«, als anonymer Mitarbeiter des Herausgebers Julius Stettenheim und des Zeichners Gustav Heil, die Aufgabe, »Witze zu machen«.

Erst nach acht Jahren Probezeit durfte er als Mitredakteur namentlich aufgeführt werden. Doch im neunten Jahr (1886) ging Moszkowski nach Hamburg, trat in den Otto-Eysler-Verlag ein und wurde dort Herausgeber und Chefredakteur der neugegründeten *Lustigen Blätter*.

Nebenher veröffentlichte der »Viel-Schreiber«, wie er sich selbst nannte, zahlreiche humoristische Bücher. Zwei seien hier genannt: *Die unsterbliche Kiste. Die 333 besten Witze der Weltliteratur* (1922; etwa hundertmal neu aufgelegt) und *Fröhlicher Jammer, Zerrbilder und Schelmenstücke. Ein Vortrags-Brevier* (1922).

Moszkowski war nicht bloß ein Humorist und Satiriker, der sich auch mit dem »jüdischen« Witz befaßte, sondern auch ein beliebter populärwissenschaftlicher Schriftsteller. Er hatte in seinem langen Leben viele berühmte Persönlichkeiten kennengelernt, so zum Beispiel Franz Liszt (im Salon der Gräfin Schleinitz), ferner den Sprachforscher Fritz Mauthner, mit dem er eng befreundet war. In späteren Jahren traf er mit Walther Rathenau und Albert Einstein zusammen.

Sein von Mauthner beeinflußtes Buch *Das Geheimnis der Sprache. Aus Höhen und Tiefen der Ausdrucksformen* (1920) ist Walther Rathenau gewidmet. 1921 veröffentlichte er das mehrfach neu verlegte Werk *Einstein. Einblicke in seine Gedankenwelt. Gemeinverständliche Betrachtungen über die Relativitätstheorie und ein neues Weltsystem, entwickelt aus Gesprächen mit Einstein* (Gesamtauflage 240 000). Im Alter von vierundsiebzig Jahren kamen unter dem Titel *Das Panorama meines Lebens* (1925) seine zumeist heiteren Erinnerungen heraus.

Alexander Moskowszki starb in Berlin am 26. September 1934, bevor er ein Opfer der Hitler-Diktatur werden konnte.

Arthur Mueller (Lebensdaten nicht festzustellen)

Der zur äußersten Linken gehörende promovierte Achtundvierziger Arthur Mueller war erst Mit-, dann Hauptredakteur und Herausgeber der am 15. April 1848 gegründeten *Ewigen Lampe*. Nach dem Verbot des wegen seiner scharfen Sprache beliebten und gefürchteten satirischen Oppositionsblattes versuchte er vergeblich, dasselbe

durch Titeländerungen beziehungsweise ähnlich aufgemachte Flugschriften am Leben zu erhalten. Arthur Mueller gehörte zu den zahlreichen Journalisten der Revolutionszeit, die zu mehrmonatigen Gefängnisstrafen verurteilt worden sind.
In den sechziger Jahren arbeitete er an Glaßbrenners *Berliner Montags-Zeitung* mit sowie an der von Bernhard Brigl gegründeten *Tribüne*.

Eduard Maria Oettinger: 1808 bis 1872
Eduard Maria (eigentlich Meyer) Oettinger wurde am 19. November 1808 in Breslau als jüngster Sohn einst reicher, doch durch den Krieg von 1806/07 verarmter jüdischer Eltern geboren. Daher konnte er das Gymnasium nicht bis zum Abitur besuchen und auch nicht studieren.
Oettinger ging 1825 nach Wien, trat zum katholischen Glauben über und begann eine journalistische Laufbahn als Mitarbeiter an Adolf Bäuerles *Allgemeiner Theaterzeitung*. Von 1828 bis 1829 lebte er in Berlin, wo er an Moritz Saphirs Publikationen *Berliner Schnellpost* und *Berliner Courier* mitarbeitete. Seit dem 1. April 1829 gab er, unter dem Titel *Der Berliner Eulenspiegel, Zeitschrift von und für Narren*, ein satirisches Tageblatt heraus, worin er, ähnlich wie Saphir in seinen Stadtzeitungen, Theaterkritiken, Gedichte, Anekdoten, Humoresken und Rätsel brachte. Er geriet jedoch bald in Konflikt mit der Zensur, wurde wegen Verleumdung zu drei Wochen Gefängnis verurteilt und verließ Berlin im November 1829, um nach München zu ziehen. Dort veröffentlichte er ab 1. Januar 1830 bei Cotta die »unpolitische Tageszeitung« *Das schwarze Gespenst*, die von der Polizei wiederholt beschlagnahmt und Ende März verboten wurde. Daraufhin reiste Oettinger durch Frankreich, Belgien und Holland. Im September 1830 traf er wieder in Berlin ein, diesmal für sechs Jahre. Als erstes Blatt veröffentlichte er ab 15. Oktober *Till Eulenspiegel*, das Nachfolgeorgan seines im Vorjahr verbotenen *Berliner Eulenspiegels*. *Till Eulenspiegel* wurde jedoch wegen seiner politischen Stellungnahmen bereits nach dreizehn Monaten, das heißt am 31. Oktober 1831 unterdrückt. Sechs Wochen später, am 12. Dezember 1831, gab der unermüdliche Journalist eine neue Tageszeitung heraus, den *Berliner Figaro*, den er bis Oktober 1835 weitgehend selbst redigierte. Mit seinem Mitarbeiter und Kollegen Adolf Glaßbrenner muß ihn eine Art Freundschaft verbunden haben, denn aus dem Jahr 1833 stammt ein kartoniertes, acht Seiten langes »Weihnachtsgeschenk für einen gewissen Herrn Glaßbrenner, dargebracht von E. M. Oettinger«.
1836 wanderte Oettinger nach Hamburg, wo er die Zeitschrift *Argus* gründete. *Argus* war sehr erfolgreich, brachte jedoch den Redakteur, das heißt Oettinger, wegen seiner kritischen Tendenz in Konflikt mit den Aufsichtsbehörden. 1838 erreichte ihn ein Angebot Bäuerles, von Hamburg wieder nach Wien überzusiedeln, aber auch dort wurde er bald ausgewiesen. Da er keine Einreiseerlaubnis nach München erhielt, blieb dem verfolgten Journalisten nichts anderes übrig, als sich nach Zürich zurück-

zuziehen. Sieben Monate später begab er sich nach Stuttgart, wo er bei Cotta am *Morgenblatt für gebildete Stände* und an der (Augsburger) *Allgemeinen Zeitung* mitarbeitete. 1839 zog es ihn nach Mannheim. Dort entfaltete er in kurzer Zeit eine emsige Tätigkeit, indem er am *Rheinischen Postillon* und an der *Stafette* mitarbeitete und überdies die *Allgemeine Gasthofszeitung* herausgab.
Seit 1842 lebte Oettinger – mit einigen Unterbrechungen in Brüssel und in Paris (wo er 1853 wegen seines Romans *König Jérôme* kurze Zeit in Haft saß) – hauptsächlich in Sachsen, zunächst in Leipzig. Auch dort trat er als erfolgreicher Herausgeber und Redakteur satirischer Blätter auf. Das wichtigste war der am 1. 10. 1842 gegründete, bis 1852 erschienene *Charivari*, ein weit verbreitetes Witzblatt, das besonders wegen seiner dem internationalen Klatsch gewidmeten Rubrik »Zapfenstreich« zu großer Beliebtheit gelangte. Von 1850 bis 1852 nannte sich die Zeitschrift *Leipziger Charivari. Oppositionsblatt gegen Wühler und Heuler.* Zu erwähnen sind auch das »Humoristisch-satirische Lesecabinett« *Joujoux* (1843 bis 1847) sowie der in Preußen verbotene *Narren-Almanach* (1843 bis 1847).
Von 1860 an lebte Oettinger in Dresden beziehungsweise Blasewitz bei Dresden und gab auch dort kurzlebige Zeitschriften heraus, zum Beispiel *Satanino* und *Echo der Zeit*. Außerdem beschäftigte er sich mit bibliographischen Arbeiten, so mit der schon 1854 in Leipzig begonnenen *Bibliographie biographique universelle.* Zu nennen ist auch sein *Moniteur des Dates*. Er kam jährlich seit 1866 heraus, wurde nach Oettingers Tod bis 1882 fortgesetzt und ist 1964 als Nachdruck erschienen. Oettinger starb in Blasewitz am 26. Juni 1872.
Neben seiner vielfachen journalistischen Tätigkeit sind einige der zahlreichen Erzählwerke erwähnenswert, zum Beispiel der dreibändige Roman *Der Ring des Nostradamus* (1838), die zweibändige humoristische Biographie *Rossini* (1847) und endlich die sechs romanartigen Bände, die 1864 unter dem Titel *Die nordische Semiramis oder Katharina II. und ihre Zeit* erschienen sind. Oettinger war ein vielseitiger, allzu produktiver Autor, der heute nur noch als satirischer Zeitschilderer interessant bleibt.

Wilhelm Polstorff: 1843 bis 1906

Der am 31. August 1843 in Kirchdorf bei Hannover geborene Pastorensohn Wilhelm Polstorff studierte von 1863 bis 1866 in Göttingen Philosophie. Noch während seiner Tätigkeit als Gymnasiallehrer in Hannover lieferte er dem *Kladderadatsch* regelmäßige Beiträge. 1883 wurde er Mitglied der Redaktion.
Polstorff verfaßte zahlreiche, in klassischem Versmaß geschriebene »Episteln«. Er verehrte – wie Trojan – Bismarck als »den besten Deutschen«, äußerte allerdings auch manchmal von der Regierungspolitik abweichende Meinungen. Allgemein trat er für eine überparteiliche Linie des *Kladderadatsch* ein.

Polstorff griff nicht nur zur Feder, sondern wiederholt auch zur Pistole. Am bekanntesten wurde sein Duell mit dem Vortragenden Rat im Auswärtigen Amt Alfred von Kiderlen-Waechter (Sommer 1894), das einer monatelangen Polemik gefolgt war.
1902 verfaßte Wilhelm Polstorff die Verse für das von Eduard Fuchs eingeleitete, im Verlag A. Hofmann & Co. erschienene Werk *Die ollen Griechen. Bilder zur Sage und Geschichte der Alten* von Honoré Daumier.
Polstorff starb im April 1906.

Moritz von Reymond: 1833 bis 1919
Moritz von Reymond ist am 30. Juni 1833 in Wien als Beamtensohn zur Welt gekommen. Nach Absolvierung der Theresianischen Militärakademie wurde er Berufsoffizier (bis 1856). 1856/57 arbeitete er als Feuilletonist bei einer Zeitung, der *Ostdeutschen Post*, doch zog er vorerst die sichere Beamtenlaufbahn vor. 1866 übersiedelte Moritz von Reymond in die Schweiz, das Stammland seiner Familie. Ab 1867 war er ausschließlich publizistisch tätig, in der Schweiz, in Österreich (1881 bis 1883) und – ab 1883 – in Berlin. Dort wurde er Redakteur des *Schalks*, der *Berliner Neuesten Nachrichten* und des antisemitischen Witzblattes *Deutscher Michel*.
Moritz von Reymond trat auch als Schriftsteller hervor, wobei seine Angriffe oft gegen die zeitgenössische Literatur und Kultur gerichtet waren. Erwähnt sei hier lediglich der *Neue Zeit- und Streit-Struwwelpeter* (1881). Reymond war überdies Militärschriftsteller und Mitarbeiter populärwissenschaftlicher Werke wie *Illustriertes Konversations-Lexikon der Frau*. Er starb im Januar 1919 in Berlin.

Paul Roland: 1856 bis 1932
Paul Roland wurde am 12. Februar 1856 in Sangerhausen geboren. Nach dem Besuch des Gymnasiums in Frankfurt an der Oder studierte er in Freiburg und Berlin Rechtswissenschaften. Von 1883 bis 1888 war er als Referendar tätig. Anschließend widmete er sich ganz dem Journalismus als Theaterkritiker, Parlamentsberichterstatter sowie als Autor politischer Artikel und Karikaturen. Seit 1886 war er als freier, dann – ab 1890 – als ständiger Mitarbeiter am *Kladderadatsch* tätig.

Moritz Gottlieb Saphir: 1795 bis 1858
Moritz Gottlieb, eigentlich Moses, Saphir kam am 8. Februar 1795 als Sohn eines Steuereinnehmers in Lovas-Berény (Ungarn) zur Welt. Nach dem frühen Tod der Mutter und der Wiederverheiratung des Vaters ging er, im Alter von elf Jahren, nach Prag, wo er sich mit jüdischen theologischen Studien und auch mit deutscher Literatur beschäftigte. 1814 kehrte er zu seinem nach Budapest übersiedelten Vater zurück, der ihn für den Kaufmannsstand bestimmte. Doch Saphir zog es vor, sich der Dichtung zu widmen und veröffentlichte 1821 in Pest seine *Poetischen Erstlinge*, wodurch er bekannt wurde.

1822 zog er nach Wien, um Mitarbeiter an der Wiener *Allgemeinen Theaterzeitung* des Lustspieldichters Adolf Bäuerle (Autor des Lieds »Es gibt nur a Kaiserstadt, es gibt nur a Wien«) zu werden. Nach wenigen Jahren wurde er wegen seiner allzu scharfen satirischen Aufsätze in Streitigkeiten verwickelt und zog es vor, Wien zu verlassen.
Seit 1825 trat Saphir in Berlin als Journalist auf. Er beteiligte sich als solcher an der dort veranstalteten Sammlung für die Opfer des griechischen Aufstands. 1826 rief er das Blatt *Berliner Schnellpost für Literatur, Theater und Geselligkeit* ins Leben, 1827 den *Berliner Courier*. Im selben Jahr gründete er auch den von Theodor Fontane wiederholt beschriebenen literarischen Verein »Tunnel über der Spree«.
Berühmt und berüchtigt wurde Saphir schon zu Beginn seines Berliner Aufenthalts wegen seiner Verspottung der Schwester der beliebten Opernsängerin Henriette Sontag (1803 bis 1854), woraufhin ihn der Journalist Carl Schall zu einem Duell herausgefordert hatte. Dieses Duell konnte nur mit knapper Not verhindert werden, und zwar von keinem Geringeren als dem Philosophen Georg Wilhelm Friedrich Hegel! Weitere Angriffe richtete der streitbare Journalist gegen etablierte Berliner Schriftsteller und Kritiker (Louis Angely, Friedrich Wilhelm Gubitz, Ludwig Rellstab, ja sogar Friedrich de La Motte-Fouqué), die er in seinen Schmähschriften *Kommt her!* und *Der getödtete und dennoch lebende Saphir* (Berlin 1828) lächerlich machte.
Nachdem Saphir wegen einer Stellungnahme zugunsten der Pressefreiheit aus Berlin und Preußen ausgewiesen worden war, trat er in München als unermüdlicher Zeitungsgründer auf. 1830 ließ er das »Frühstücksblatt für Jedermann und jede Frau« *Der Bazar für München und Bayern* erscheinen. Bald wurden ihm jedoch seine »scandalösen« Kritiken der Aufführungen des Königlichen Theaters so übel genommen, daß er auch in München nicht bleiben konnte. Daraufhin ging Saphir nach Paris, hielt dort humoristische Vorträge (eine Gattung, die bald Schule machen sollte), davon einen sogar am Hof des Bürgerkönigs Louis Philippe. In Paris verkehrte Saphir auch mit Heine und Börne. Er erhielt jedoch schon 1831 von König Ludwig I. die Erlaubnis, nach München zurückzukehren. Er wurde jetzt Redakteur am *Bayerischen Beobachter* und gab das »Humoristische Blatt für Zeit, Geist und Sitte« *Der deutsche Horizont* heraus.
1832 trat Saphir zum Protestantismus über, um seinen »Geburtsfehler« zu reparieren. Fortan schrieb er nur noch zahme Artikel und wurde für all dies Wohlverhalten von König Ludwig I. zum Hoftheater-Intendanzrat ernannt. Doch schon 1834 zog es den unsteten Publizisten nach Wien; dort arbeitete er aufs neue mit Bäuerle zusammen, der ihm die Leitung der Wiener *Allgemeinen Theaterzeitung* anvertraute. Länger als ein Jahrzehnt war er nunmehr der beherrschende Kritiker der Donaustadt.
Seit 1837 gab Saphir außerdem ein eigenes »Volksblatt«, *Der Humorist*, heraus. Seine Geltung erreichte ihren Höhepunkt, als er 1848 zum Präsidenten des Wiener Schriftstellervereins gewählt wurde. Saphir starb am 5. September 1858 im Alter von vierundsechzig Jahren in Baden bei Wien.

Seine sämtlichen Werke sind unter dem Titel *Saphirs Schriften* in einer sechsundzwanzigbändigen Ausgabe erschienen (1880). 1886 bis 1888 wurden sie als »Volksausgabe« ein weiteres Mal aufgelegt. Aus dieser Unmasse von Artikeln, Broschüren, Büchern und Serien des damals als »Großmeister des deutschen Humors« bezeichneten Autors können hier nur die langlebigsten Texte erwähnt werden: zum Beispiel der einst sehr populäre *Humoristisch-satyrische Volkskalender* (Wien, 1855 bis 1885), ferner ein sechsbändiges *Conversations-Lexikon für Geist, Witz und Humor* (1852; 2. Auflage 1860). Kulturgeschichtlich bedeutsamer sind seine *Pariser Briefe* über Leben, Kunst, Gesellschaft und Industrie zur Zeit der Weltausstellung im Jahre 1855. In diesen Briefen schildert er seine Begegnungen mit Alexandre Dumas dem Älteren, Giuseppe Verdi, Eugène Scribe.

Saphirs strittiger Ruhm ist jedoch verblaßt. Bei Presse- und Literaturhistorikern ist eine negative Beurteilung vorherrschend. Doch in neuerer Zeit finden sich wieder positivere Urteile über sein Werk; vor wenigen Jahren ist sogar, unter dem Titel *Mieder und Leier. Gedankenblitze aus dem Biedermeier*, eine von Manfred Barthel besorgte Textauswahl mit einer lobenden Nachrede erschienen (Freiburg im Breisgau 1978).

Richard Schmidt-Cabanis: 1838 bis 1903

Otto *Richard* Schmidt (seit 1872 Schmidt-Cabanis) wurde als Sohn des Königlichen Kanzleirats Karl Schmidt am 22. Juni 1838 in Berlin geboren. Seine Mutter entstammte der Berliner Hugenottenfamilie Cabanis, die Willibald Alexis 1832 in seinem sechsbändigen gleichnamigen, in der Zeit Friedrichs des Großen spielenden historischen Roman dargestellt hat. Nach dem Besuch des Friedrich-Wilhelm-Gymnasiums arbeitete Richard Schmidt 1854 als Lehrling in der Sortimentsbuchhandlung von Ferdinand Schneider, Unter den Linden. Ein Jahr darauf wurde er Volontär in einem Berliner Bankgeschäft. 1858 ließ er sich zum Schauspieler ausbilden; 1860 hatte er ein Engagement am Kölner, dann, bis 1862, am Rostocker Stadttheater. Plötzlich änderte er seine Absichten, denn noch im selben Jahr stellte er sich in Berlin zum Buchhändlerexamen, das er auch bestand.

1864 kehrte Richard Schmidt zur Bühne zurück. 1865 an Gelenkrheumatismus erkrankt, unterbrach er seine Tätigkeit am Theater und begann Beiträge für die *Fliegenden Blätter* in München und für Glaßbrenners *Berliner Montags-Zeitung* zu schreiben. 1866 ging er wieder ans Rostocker Stadttheater, von da aus nach Stralsund und schließlich an das herzogliche Meininger Hoftheater, welches damals noch auf der Vorstufe seines europäischen Ruhms stand. Doch sehr bald, schon im Februar 1867, mußte er wegen seines alten Leidens die Bühnenlaufbahn endgültig aufgeben.

Nach Berlin zurückgekehrt, war er kurze Zeit wieder in einer Buchhandlung tätig. Von 1867 bis 1869 redigierte er die wöchentlich erscheinende illustrierte Muster- und Mo-

denzeitung *Victoria*. Zur gleichen Zeit war er »linkshändig« für die *Berliner Montags-Zeitung* tätig. Ferner arbeitete er an Glaßbrenners *Komischem Volkskalender* mit. Ende 1869 wurde er Mitredakteur, 1872 verantwortlicher Redakteur an Glaßbrenners *Berliner Montags-Zeitung*. Nach dessen 1876 erfolgtem Tod leitete er das Blatt bis 1884 als Chefredakteur. Nebenher schickte er Beiträge an die 1871 gegründete Berliner Familienzeitschrift *Die Neuzeit, Lesehalle für Alle*, die im zweiten Jahrgang bereits 64 000 Abonnenten hatte. Seit 1877 schrieb Schmidt-Cabanis auch Gedichte für das *Deutsche Montags-Blatt*. Dieses war von Anfang an sozusagen die Montagsausgabe von Rudolf Mosses *Berliner Tageblatt*. Nach der Verschmelzung der *Berliner Montags-Zeitung* mit dem *Deutschen Montags-Blatt* (1884) arbeitete Schmidt-Cabanis für immer mit diesem bedeutenden Zeitungsverleger zusammen, und zwar als Mitredakteur des *Ulks*, der humoristischen Wochenbeilage des *Berliner Tageblatts*. 1895, nach dem Tod des Leiters dieser Beilage, Siegmund Haber, wurde Schmidt-Cabanis deren Chefredakteur und blieb es bis zu seinem Lebensende.
Schmidt-Cabanis war – wie Adolf Glaßbrenner – Freimaurer und linksliberal. Es ist daher kein Wunder, daß er in den achtziger Jahren auch für Eugen Richters *Freisinnige Zeitung* Gedichte schrieb.
Von Anfang an, also während seiner aufeinanderfolgenden Tätigkeiten als Buchhandelslehrling, Bankvolontär, Schauspieler und Journalist hatte Schmidt-Cabanis sich auch als humoristischer Schriftsteller ausgewiesen. Von allen seinen Prosatexten und Versen können hier nur *die* genannt werden, welche für ihn besonders kennzeichnend sind. 1874 erschien seine zeitgeschichtliche Gedichtsammlung *Was die Spottdrossel pfiff*, 1882 kam sein *Pythia-Kalender* heraus, mit dem Untertitel *Politisch-sozialistisch-artistische Wetterprophezeiungen für das gemeine Jahr 1882;* 1896 veröffentlichte er *Auf der Bacillen-Schau!* Es handelte sich um zeitgeschichtliche Forschungen, »durch's satyrische Mikroskop« gesehen. Doch Schmidt-Cabanis versuchte sich auch in anderen Gattungen: Die Posse in zwei Akten *Nur aus Liebe* und der lustige Einakter *Irren ist menschlich* erschienen 1873 und wurden sogar auf die Bühne gebracht. Sehr großen Erfolg hatte sein teilweise in Versen geschriebenes, 1985 nachgedrucktes Büchlein »Vollständiger humoristisch-poetischer Führer durch Berlin« (1890), *Der lustige Baedeker* (Band 5).
Nach einem produktiven Dasein im »Bazar der Kunst« und in der »Marktbude des Lebens«, das auch zwei Geldstrafen und einen siebentägigen Gefängnisaufenthalt wegen Pressevergehens beinhaltet hat, starb Schmidt-Cabanis in Berlin am 11. November 1903.

Julius Stettenheim: 1831 bis 1916
Julius Stettenheim wurde am 2. November 1831 in Hamburg als Sohn eines Kunsthändlers und Verlegers geboren.

Häufige Hiebe und Karzeraufenthalte in der israelitischen Freischule für die Herausgabe einer Schulzeitung sowie nicht oder »glänzend schlecht« bezahlte, vor dem Vater verheimlichte Mitarbeit an verschiedenen Hamburger politisch-satirischen Wochenblättern, zum Beispiel an Wilhelm Marrs *Mephistopheles* (ab April 1848 bis Ende 1852) oder an Adolf Glaßbrenners *Ernst Heiter* (Oktober 1856 bis Juni 1857), ließen ihn nicht davor zurückschrecken, sich bis an sein Lebensende der Journalistik zu verschreiben. Er machte mit ihr, wie er in seinen *Heiteren Erinnerungen* (1896) schrieb, »alle Stadien der Liebe« durch.

Die entscheidende Erkenntnis, daß es »gegen die Feder« keinen Widerstand gäbe, kam dem jungen Stettenheim während seiner Berliner Studienjahre (1857 bis 1860), wo der Besuch der Vorlesungen über Literatur, Philosophie und Geschichte (bei Ranke) nicht selten hinter seiner schriftstellerischen Tätigkeit zurückstehen mußte. Zu seinem Berliner Freundes- und Bekanntenkreis gehörten Julius Rodenberg, der spätere »Wortführer« der deutschen Literatur und des deutschen Zeitschriftenwesens, ferner der gefürchtete Kritiker und Herausgeber der *Berliner Montags-Post*, Ernst Kossak, sowie der Verleger und die Redakteure des satirischen Wochenblattes *Kladderadatsch*. Dank dieser Bekanntschaft war Stettenheim von 1858 bis 1863 Mitarbeiter des im *Kladderadatsch*-Verlag erschienenen *Almanachs zum Lachen*.

Wieder zurück in Hamburg lieferte Stettenheim unter der Signatur »Falstaff« und »Honigschnabel« Kritiken und humoristische Beiträge für zwei Hamburger Presseorgane und gründete – am 1. Oktober 1862 – eine eigene satirische Wochenschrift, *Hamburger Wespen*, die wegen ihrer demokratischen Haltung fast überall verboten wurde.

Ende 1867 übersiedelte Julius Stettenheim mit seinem fünfjährigen illustrierten Wochenblatt nach Berlin. Das in *Berliner Wespen* umgetaufte Witzblatt erschien vom 5. Januar 1868 an bis Ende März 1881 jeden Freitag als Gratisbeilage der *Tribüne*. Die *Berliner Wespen*, die dann bis 1888 ein wechselhaftes Schicksal erlitten und schließlich in *Deutsche Wespen* umbenannt wurden, verkörpern die Glanzzeit von Stettenheims publizistischer Tätigkeit. Dieser schuf – wie alle Witzblattschreiber im deutschsprachigen Raum – eine Reihe von »stehenden Figuren«; am bekanntesten wurde »Kriegskorrespondent Wippchen« aus Bernau bei Berlin.

Mitte der achtziger Jahre wandte sich Stettenheim von der politischen Satire allmählich ab. Seit Oktober 1885 gab er die Monatsschrift *Das Humoristische Deutschland* – ein Forum für deutsche Humoristen – heraus, die jedoch trotz mancher gelungener Beiträge nur bis 1891 unter seiner Leitung erschienen ist.

Am 5. April 1889 gründete er gemeinsam mit den Vorkämpfern des Naturalismus, den Brüdern Heinrich und Julius Hart, Otto Brahm, Paul Schlenther und anderen nach dem Vorbild des von André Antoine 1887 ins Leben gerufenen *Théâtre-Libre* den Verein »Freie Bühne«. Er sollte den erstaunlichen Aufschwung des deutschen Theaters einleiten.

Auch an dem zwar wenig erfolgreichen, jedoch bahnbrechenden ersten Berliner Kabarett »Überbrettl« (1901 bis 1903) war Stettenheim beteiligt.
Der Wahlberliner, der überdies für die Familienzeitschriften *Der Hausfreund* und *Vom Fels zum Meer* sowie für die Sonntags-Beilage der *National-Zeitung*, ferner für die *Tägliche Rundschau*, die *Gegenwart*, den *Berliner Börsen-Courier* und den *Berliner Courier* Beiträge lieferte, veröffentlichte im Laufe seines Lebens etwa siebzig humoristisch-satirische Werkchen. Mit viel Geschick vermarktete er seine Witzblattfiguren. 1885 beziehungsweise 1898 erschienen *Muckenich's Reden und Taten* und *Ein Kistchen Monopol-Zigarren. Die Kunst, eine Cigarre anzubieten. Jour-fixe bei Muckenich.* Von 1878 bis 1903 erfreute Stettenheim seine Zeitgenossen mit *Wippchen's sämtlichen Berichten;* die ersten der sechzehn Bände erlebten in kurzer Zeit mehrere Auflagen. 1915, im Ersten Weltkrieg, meldete sich der Kriegsberichterstatter Wippchen zum letzten Mal zu Wort.
Stettenheim war in der Kleinkunst des Wortspiels groß. Aus den weit verstreuten Zeugnissen geht hervor, daß es sich bei ihm um einen Menschen gehandelt hat, in dem »eine Naturgewalt scherzte«. Zu seinem siebzigsten Geburtstag empfing er in seinem Haus einen »endlosen Zug berühmter Freunde und Verehrer«. Zu seinem achtzigsten Geburtstag wurde dem Jubilar in Pressewürdigungen schwarz auf weiß bescheinigt, er verdiene für seinen lustigen, aber niemals verletzenden Spott »einen Platz unter den Wohltätern der Menschheit«. Der heute weitgehend vergessene Stettenheim starb am 30. Oktober 1916 in Berlin.

Johannes Trojan: 1837 bis 1915
Johannes Trojan kam als Sohn eines Kaufmanns am 14. August 1837 in Danzig zur Welt. Sein Vater war seit 1849 eine Zeitlang konservativer Abgeordneter im preußischen Landtag. Nach Absolvierung des Gymnasiums zu Danzig, wo er auch die Kunstschule besucht hat, studierte Trojan seit 1856 in Göttingen, Bonn und Berlin anfangs Medizin, danach Germanistik.
Noch während des Studiums, das Trojan übrigens nicht zu Ende geführt hat, versuchte er sich in Berlin als Journalist. Das Jahr 1862 war für ihn entscheidend. Einige seiner politischen Gedichte gegen Bismarck wurden zwar vom *Kladderadatsch* anonym veröffentlicht und mäßig honoriert; sie führten jedoch nicht gleich zu einer festen Anstellung. Daher versuchte es Trojan mit Adolf Glaßbrenner, der ihn als freien Mitarbeiter der »Wahrheit«, also der satirischen Rubrik seiner *Berliner Montags-Zeitung*, beschäftigte. Im August 1862 wurde er schließlich doch noch Redaktionsmitglied des *Kladderadatsch* und blieb es siebenundvierzig Jahre lang, seit 1886 sogar als Chefredakteur anstelle des zurückgetretenen Rudolf Löwenstein. Bis dahin hatte er schon etwa 200 Leitgedichte für den *Kladderadatsch* geschrieben, die freilich – wie alle übrigen auch – anonym veröffentlicht worden waren.

Trojan, der Bismarck-Kritiker von 1862, wurde später zum Bismarck-Verehrer, ganz besonders als Verteidiger der Politik des Kanzlers während des Kulturkampfes und 1890 bei der Kanzlerkrise, die zu Bismarcks Entlassung führte. 1893 und 1895, anläßlich von Bismarcks achtzigstem Geburtstag, wurde er in Friedrichsruh vom Altkanzler empfangen. Bismarcks Freundlichkeit gegenüber dem Journalisten beruhte nicht zuletzt auf der Vorliebe beider Männer für den von Trojan so oft besungenen und getrunkenen Moselwein.

Unter Trojans »fast zwei Dutzend Büchlein«, wie er zu sagen pflegte, sei an erster Stelle der schöne Band *Hundert Kinderlieder* erwähnt (1898). Die anderen Werke sind zumeist humoristischer oder satirischer Natur. 1883 erschienen seine *Scherzgedichte.* 1893 veröffentlichte er *Epigramme für gewöhnliche Leute.* Bedeutsam sind seine Erinnerungen *Zwei Monate Festung*, die 1899, im Jahr seiner Verurteilung wegen Majestätsbeleidigung, herauskamen und fünf Auflagen erlebten. Als verantwortlicher Redakteur des *Kladderadatsch* mußte Trojan für eine respektlose Karikatur Wilhelms II. büßen, was übrigens den Kaiser nicht daran gehindert hat, ihm 1907 den Titel (jedoch nicht die Funktion) eines Professors zu verleihen. Weitere fünf Jahre darauf erhielt Trojan von der Universität Rostock den Ehrendoktor, so daß er zuerst Professor und dann Doktor geworden ist. Übrigens war Trojan auch Mitarbeiter der *National-Zeitung*, der *Gegenwart* und anderer Blätter. Seine in der *National-Zeitung* erschienenen humoristischen Artikel sind 1903 unter dem Titel *Berliner Bilder, hundert Momentaufnahmen aus der National-Zeitung* als Buch veröffentlicht worden. Für den heutigen Leser hat der Berliner Stapp-Verlag eine Auswahl seiner Gedichte zusammengestellt (1979).

Im Jahr 1909 nahm Trojan Abschied vom *Kladderadatsch.* Von Berlin zog er sich nach Warnemünde zurück, um sich dort ausführlicher als bisher seinem Steckenpferd, der Botanik, zu widmen. Johannes Trojan ist am 23. November 1915 in Rostock gestorben.

Zeichner

Henry Albrecht: 1857 bis 1909

Henry Albrecht wurde am 30. April 1857 in Memel (Ostpreußen) geboren. Nach den Schuljahren begann er seine Lehrzeit als Maschinenbauer. Doch im Jahr 1876 ging er nach Berlin, wo er bis 1881 in der Malerei ausgebildet wurde, allerdings mit vielen Unterbrechungen, denn er mußte für seinen Lebensunterhalt aufkommen, indem er für die Witzblätter *Schalk* und *Ulk* Illustrationen zeichnete. Seit 1882 lebte er in München. Dort ist er bereits im folgenden Jahr als ständiger Mitarbeiter bei den *Fliegenden Blättern* eingetreten. Nebenher lieferte er auch Beiträge für die Leipziger *Illustrirte Zeitung*, für die *Gartenlaube* und für die avantgardistische Zeitschrift *Jugend*. Er ist besonders als Buchillustrator hervorgetreten.

Albrecht war Autodidakt und zeichnete ohne Modell. Man rühmt ihm seine scharfe Beobachtungsgabe und humoristische Darstellungsart nach. Gegen Ende seiner Künstlerlaufbahn hat er sich auch als Meister des Schattenrisses einen Namen gemacht.

Er starb am 10. September 1909 (Freitod im Starnberger See).

Gustav Bartsch: geboren 1821

Gustav Bartsch kam am 12. Juli 1821 in Gleiwitz (Oberschlesien) zur Welt. In der Revolutionszeit zeichnete Gustav Bartsch in Berlin für die *Buddelmeyer-Zeitung*, für das Witzblatt *Berliner Krakehler* und für die sehr radikale *Neueste Preußische Zeitung. Für Unsinn und Lüge*. Später war er in Blasewitz bei Dresden als Porträt- und Genremaler tätig.

B. Raymond de Baux: geboren 1790

B. Raymond de Baux lebte in Berlin. Er war hauptsächlich als Schlachtenmaler bekannt und beschickte in dieser Eigenschaft von 1810 bis 1860 fast alle Berliner Akademieausstellungen. Unter seinen Bildern befanden sich zahlreiche Darstellungen von Episoden aus den Befreiungskriegen, zum Beispiel »Kosaken auf dem Marsche Anno 1813« (1834) und »Fürst Poniatowski auf dem Schlachtfelde« (1842). Nebenher war Raymond de Baux als humoristischer Zeichner tätig. 1849/51 arbeitete er für Adalbert Cohnfelds *Buddelmeyer-Zeitung*, 1857/58 für Adolf Glaßbrenners Wochenblatt *Phosphor*. Außerdem illustrierte er mehrere Groschenhefte der Reihe *Berliner Stadtklatsch*. De Baux zeichnete schließlich auch noch für Moritz Saphirs *Humoristisch-satyrischen Volkskalender* sowie für Adolf Glaßbrenners *Komischen Volkskalender*.

Gustav Brandt: 1861 bis 1919

Gustav Brandt wurde am 2. Juni 1861 in Hamburg geboren. Er war nacheinander Schüler der Kunstakademien zu Düsseldorf und zu Berlin. Im Jahr 1885 wurde er Mitarbeiter des *Kladderadatsch.* Neigung und Talent bestimmten ihn dazu, die ursprünglich vorgesehene Malerlaufbahn gar nicht erst einzuschlagen, sondern sich ausschließlich der Karikatur zu widmen. Ganz besonders gelungen waren seine »Porträts berühmter Zeitgenossen«, die zum Ruhm des *Kladderadatsch* erheblich beigetragen haben. 1904 brachte der *Kladderadatsch*-Verlag Hofmann unter dem Titel *Unsere Zeitgenossen* eine Anthologie von Gustav Brandts Werken heraus. Sie enthielt fünfzehn Porträts, darunter Karikaturen von Cosima Wagner, Max Liebermann, Sarah Bernhardt und Nikolaus II. von Rußland.

Nach Ansicht des maßgebenden Historikers der Karikatur, Eduard Fuchs, war Brandt Deutschlands erster eigenständiger politischer Karikaturist. Er wurde um die Jahrhundertwende den berühmten *Simplicissimus*-Zeichnern Olaf Gulbransson, Thomas Theodor Heine und anderen gleichgestellt.

Gustav Brandt starb am 25. Februar 1919.

Eduard Fehrenbach: 1855 bis 1886

Eduard Ludwig Fehrenbach erblickte am 24. Januar 1855 in Villingen (Schwarzwald) das Licht der Welt. Er begann seine Künstlerlaufbahn als Silhouettenzeichner sowie als Darsteller von spielenden Kindern und Szenen aus dem Volksleben. Als Illustrator hat er für zahlreiche damals beliebte Zeitschriften gearbeitet, wie *Illustrierte Welt, Über Land und Meer* und *Vom Fels zum Meer.* Bekannt wurde er auch durch seine Mitwirkung an dem Witzblatt *Schalk* und dem dazugehörigen *Schalk-Kalender.* Man verdankt ihm ebenfalls die Blättersammlung *Aus dem Clown- und Cirkusleben.*

Fehrenbach starb am 24. Januar 1886 in München.

Carl Gehrts: 1853 bis 1898

Carl Gehrts ist gebürtiger Hamburger (23. Mai 1853). Er besuchte die Kunstakademien von Weimar und Düsseldorf. Dann unternahm er eine Italienreise. Den größten Teil seines Lebens hat er in Düsseldorf verbracht, wo er hauptsächlich auf dem Gebiet der angewandten Kunst arbeitete. Dekorative Fresken, Theatervorhänge, schön gezeichnete Ehrenurkunden, Entwürfe für historische Kostüme und Ausstattungen für Künstlerfeste machten ihn beliebt. Er hat auch Innenräume von bürgerlichen Wohnsitzen geschmückt und große Glasfenster für den Bürgerschaftssaal des Rathauses seiner Vaterstadt geschaffen. Seine bekanntesten Werke sind die allegorischen Gemälde im Treppenhaus der Düsseldorfer Kunsthalle »Die Schicksale der Kunst«, Darstellungen der Blütezeiten der Kunst seit dem Altertum. Auch als Buchillustrator (zum Beispiel von Goethes *Reineke Fuchs*) ist er hervorgetreten.

Carl Gehrts arbeitete in den siebziger und achtziger Jahren für den *Kladderadatsch* und war von 1884 bis 1886 Zeichner des Witzblattes *Schalk* (Berlin), dann der *Fliegenden Blätter* (München).
Durch seine Vielseitigkeit war er, wenigstens zu Lebzeiten, als namhafter Künstler bekannt. Er starb am 17. Juli 1898 in Endenich bei Bonn.

Fritz (Friedrich) Georg Graetz (Gratz): 1875 bis 1915
Fritz Graetz studierte am Institut Stadel und an der Kunstakademie Frankfurt am Main. Er malte Bilder, deren Motive das Volk und die Bauern zeigten. Als Illustrator war er Mitarbeiter der *Lustigen Blätter* sowie – in den Jahren 1896 bis 1897 – des sozialistischen Witzblattes *Der Wahre Jacob*. Fritz Graetz ist im Ersten Weltkrieg in Serbien gefallen.

Constantin von Grimm: 1845 (bis 1898?)
Constantin von Grimm wurde in den vierziger Jahren des 19. Jahrhunderts in St. Petersburg geboren. Sein Vater war der Staatsrat August Theodor von Grimm.
Grimm wurde zunächst Gardeleutnant in Berlin. Nach seiner plötzlichen Verabschiedung wandte er sein großes Zeichentalent als Karikaturist an. Er wurde Anfang der siebziger Jahre Mitarbeiter des *Kladderadatsch* und später des *Schalks*. 1876 gründete er in Leipzig unter dem Titel *Puck* ein eigenes Witzblatt, in dem er den *Kladderadatsch* scharf bekämpfte. *Puck* war allerdings nur eine kurze Lebensdauer beschieden.
Von 1882 bis 1884 lebte Grimm in Paris, wo er in Öl gemalte Porträts auf dem alljährlichen »Salon« ausstellte. Constantin von Grimm beendete seine Laufbahn als Kunstredakteur an Gordon Bennett's Zeitung *Evening Telegraph* in New York, wo er 1898 gestorben sein soll.

Gustav Guthknecht: geboren 1843
Gustav Guthknecht wurde am 30. September 1843 als Sohn eines Kaufmanns in Berlin geboren, wo er sein Leben verbracht hat. Er widmete sich anfangs ebenfalls dem kaufmännischen Beruf, dann, ab 1869, der Kunst. Er war Schüler des Berliner Kunstgewerbe-Museums und ist dann als Stilleben- und Genremaler bekannt geworden. Seit 1889 war er ein Jahrzehnt lang Vorstand der Königlichen Theatergarderobe. 1893 bis 1919 lehrte er, mit dem Titel eines Professors, Kostüm- und Waffenkunde an der Königlichen akademischen Hochschule für die bildenden Künste.
Guthknecht wurde bekannt durch sein Mappenwerk *Aus dem Leben, zwölf humoristische Federzeichnungen* sowie durch die Sammlung *Die Reise durch Berlin in 80 Stunden* (1876). Er hat sich auch als Illustrator betätigt. 1876 wirkte er als Zeichner an den *Berliner Fliegenden Blättern* mit. Sein Todesdatum konnte nicht ermittelt werden.

Gustav Heil: 1826 bis 1897

Gustav Heil, am 7. August 1826 in Berlin geboren, hat sich als Genremaler, Illustrator und Karikaturist einen Namen gemacht.

Seine Zeichnungen und Gemälde zeigte er von 1848 bis 1862 in den Berliner Akademie-Ausstellungen. Bekannt wurde sein Ölbild »Die Ergreifung Ravaillacs nach dem Morde König Heinrichs IV«.

In den siebziger Jahren schrieb er für die Berliner Zeitung *Tribüne* die Serie »Humoristische Wanderungen durch die Kunst-Ausstellung«. Heil war der wichtigste Illustrator der humoristischen Beilage dieses Blattes, der *Berliner Wespen*, die von Julius Stettenheim redigiert worden war.

Gustav Heil illustrierte ebenfalls mehrere Bücher Adolf Glaßbrenners, so zum Beispiel dessen *Gedichte*, die in fünfter Auflage 1870 bei Brigl in Berlin erschienen sind. Auch für Glaßbrenners *Komischen Volkskalender* hat er mehrere Zeichnungen geliefert. Gustav Heil hat ferner ein Buch *Zehn Jahre Berliner Kunstgeschichte* (o. J.) verfaßt und eine satirische Posse geschrieben: *Neptun und Amphitrite, oder Alter schützt vor Rubens nicht.*

Seit 1887 war er an beiden Händen gelähmt. Er starb am 16. Januar 1897 in Berlin.

Hans Holtzbecher: geboren 1861

Hans Holtzbecher kam am 22. Februar 1861 in Berlin zur Welt. Er besuchte dort die Kunstakademie von 1877 bis 1883, unternahm dann Studienreisen nach Amsterdam, Berlin, Rom und Florenz und machte sich bald einen Namen als Maler von Genrebildern und Porträts. 1888 durfte er im Auftrag der Berliner Photographischen Gesellschaft Wilhelm II. und Auguste-Viktoria abkonterfeien, was ihm als Porträtisten nur nützlich sein konnte. Von 1884 bis 1920 war er ziemlich regelmäßig durch seine Werke auf der jährlichen »großen« Ausstellung der Berliner Akademie der Künste vertreten.

Seit 1885 trat er auch als Zeichner auf. Er lieferte zahlreiche Karikaturen für die humoristische Wochenbeilage des *Berliner Tageblatts*, *Ulk*.

Im Jahr 1903 schrieb er eine kritische Broschüre unter dem Titel *Die Große Berliner Kunstausstellung, eine Flucht der Künstler in die Öffentlichkeit.*

Theodor Hosemann: 1807 bis 1875

Friedrich Wilhelm Heinrich *Theodor* Hosemann wurde am 24. September 1807 in Brandenburg an der Havel geboren. Sein Vater war preußischer Offizier. Seit 1816 lebte die Familie unter schwierigen Verhältnissen in Düsseldorf. Dort arbeitete der junge Hosemann in einer lithographischen Anstalt und fand Zeit genug, um nebenbei die Düsseldorfer Kunstakademie zu besuchen, die gerade damals gegründet worden war. Dort lehrte der berühmte Maler Peter Cornelius (1783 bis 1867), einer der

wichtigsten Vertreter der romantisch-religiös inspirierten Nazarener Schule. Er bescheinigte im Jahr 1822 dem jungen Theodor Hosemann durch ein günstiges Zeugnis seine künstlerische Begabung.
1828 siedelte Hosemann nach Berlin über, wo er als Zeichner für illustrierte Jugendschriften tätig war. Auch als Romanillustrator war er damals hervorgetreten. Hervorragend sind seine Zeichnungen zur deutschen Übersetzung des weit verbreiteten, bis heute gelesenen Schauerromans von Eugène Sue *Die Geheimnisse von Paris*. Ferner wurden Münchhausens *Wunderbare Reisen* und E. T. A. Hoffmanns *Erzählungen* von ihm illustriert, um nur die bekanntesten Werke zu nennen.
Doch seinen eigentlichen, nach einer Periode der Vergessenheit gegen Ende des 19. Jahrhunderts wieder aufleuchtenden Ruhm verdankt er seinen kolorierten Zeichnungen des Berliner Volkslebens aus der Zeit des Vormärz. Die Inspiration dazu kam oft von Hosemanns Freund, dem engagierten Schriftsteller Adolf Glaßbrenner, dessen Heftchen (*Berlin wie es ist und – trinkt*, *Komischer Volkskalender* und andere) er illustriert hat. Es handelt sich hier um eine wahre Bilderchronik der Berliner unteren Volksklassen. Auch das Jahr 1848 wurde in Hosemanns Zeichnungen satirisch dargestellt. Seine »Scenen aus den Märztagen in Berlin« sind in den *Düsseldorfer Monatsheften* erschienen. Hosemann illustrierte 1848 darüber hinaus Glaßbrenners *Freie Blätter*. Außerdem arbeitete er an der Zeitschrift *Berliner Charivari* mit.
Hosemanns Beliebtheit spiegelt sich in seiner Ernennung zum Professor (1857) und zum Mitglied der Berliner Akademie (1860). Sein graphisches Werk, von dem immer wieder Anthologien zusammengestellt und veröffentlicht werden, beläuft sich auf über 5 000 Zeichnungen. Sein berühmtester Schüler war Heinrich Zille.
Theodor Hosemann starb am 15. Oktober 1875 in Berlin

Franz A. Jüttner: geboren 1865 (bis 1933 ?)
Franz A. Jüttner kam am 23. April 1865 in Birnbaum (Posen) zur Welt. Er war Maler und Illustrator. Besonders bekannt wurde er als Karikaturist des *Kladderadatsch* und der *Lustigen Blätter*, wo er zunächst als freier, dann – seit 1892 – als ständiger Mitarbeiter tätig war. Jüttner lieferte ebenfalls Illustrationen für die humoristische Zeitschrift *Der Dorfbarbier*, die *Berliner Wespen*, das *Lustige Echo* sowie die Münchner *Fliegenden Blätter* (1887 bis 1892).

Herbert König: 1820 bis 1876
Herbert König wurde am 20. Oktober 1820 in Dresden geboren. Bis 1848 versuchte er sich als Dichter, Regisseur und Schauspieler, ohne einen festen Wohnsitz zu haben. Im Revolutionsjahr kam er nach München und wirkte dort als Redakteur und Zeichner für die *Fliegenden Blätter*. 1852 zog es ihn nach Leipzig, wo er an der *Gartenlaube* und der *Illustrirten Zeitung* mitarbeitete.

Seine nächste Etappe war Berlin (1856 bis 1861). Dort war er, wie schon zuvor, sowohl Zeichner als auch Redakteur, und zwar bei Glaßbrenners *Phosphor*, beim *Kladderadatsch* und bei der ebenfalls im Verlag von Albert Hofmann erschienenen Montags-Zeitung *Berlin*. Durch seine Karikaturenfolgen und durch seine »Galerie berühmter Zeitgenossen« in der »Illustrirten Montags-Zeitung« *Berlin* wurde König beim Berliner Publikum sehr beliebt. 1858 illustrierte er das Berliner Witzblatt *Schalk*, außerdem den in Wien erschienenen *Figaro*. Schließlich finden sich in Glaßbrenners *Komischem Volkskalender* Zeichnungen des Künstlers.
1861 zog Herbert König nach Dresden, wo er die *Dresdner Humoresken* redigierte. Dort malte er auch seine als »Kriegstypen« bekannt gewordenen Aquarelle, die zum Teil in den Besitz des württembergischen Königshauses und der Stuttgarter Kunstgalerie übergegangen sind. Herbert König starb am 13. Juni 1876 in Niederlößnitz bei Dresden. Mit ihm verlor die *Illustrirte Zeitung* einen ihrer produktivsten Mitarbeiter.

Ludwig Löffler: 1819 bis 1876
Ludwig Löffler wurde im Jahr 1819 in Frankfurt an der Oder geboren. Seine künstlerische Ausbildung erhielt er, hauptsächlich unter der Leitung von Wilhelm Hensel (1794 bis 1861), an der Berliner Akademie der Künste. An den Akademie-Ausstellungen der Jahre 1840 bis 1846 nahm er als Historienmaler teil. In den fünfziger Jahren illustrierte er unter anderem Schillers »Lied an die Freude«; er wurde auch bekannt durch zahlreiche, zum Teil bunte Lithographien, besonders die amüsanten Darstellungen des Berliner Lebens. Hier stand er unter dem Einfluß der Sittenschilderungen des berühmten Zeichners Paul Gavarni, eines der wichtigsten Mitarbeiter des Pariser *Charivari*.
Löffler war auch Illustrator der im Verlag Albert Hofmann erschienenen *Berliner Feuerspritze* und der Montags-Zeitung *Berlin*, in der seine Karikaturen oft die erste Seite schmückten. Er hat ferner Zeichnungen für den von Ernst Dohm redigierten *Almanach zum Lachen* (1855 und 1856) geliefert. Er ist populär geworden durch seine sechsunddreißig Illustrationen des Bandes *Berliner Polizei- und Criminalgeschichten in humoristischer Färbung* (1858) sowie durch das von ihm verfaßte und illustrierte, heute noch interessante Buch *Berlin und die Berliner. In Wort und Bild* (1856).
Löffler starb 1876 in Berlin.

Ludwig Manzel: 1858 bis 1936
Ludwig Manzel wurde am 3. Juni 1858 in Kagendorf bei Anklam (Mecklenburg) geboren. An der Berliner Kunstakademie war er Schüler des Bildhauers Albert Wolf (1814 bis 1892), wurde dort 1896 Professor und 1903 Nachfolger von Reinhold Begas (1831 bis 1911) als Leiter eines Meisterateliers. Ludwig Manzel hat zahlreiche Statuen in Berlin und in der Provinz, besonders Kaiserdenkmäler im offiziellen Stil des

wilhelminischen Zeitalters geschaffen. Auch das Standbild Kurfürst Friedrichs I. von Brandenburg in der Berliner Siegesallee war sein Werk.
Bevor die Welle der öffentlichen Aufträge und Orden auf ihn zurollte, hat er sich als Illustrator für Zeitschriften, vor allem des *Ulks* betätigt. Er starb 1936.

Otto Marcus: 1863 bis 1952
Der Kunstmaler Otto Marcus ist am 15. Oktober 1863 in Malchin (Mecklenburg) geboren. Vom sechzehnten bis sechsundzwanzigsten Lebensjahr studierte er auf den Kunstakademien in Wien, München und Paris. Seitdem war er als Illustrator des *Ulks*, des *Lustigen Echos* und anderer Zeitschriften *(Der W[w]ahre Jacob)* tätig. Auch zu Anthologien des Berliner Humors hat er wiederholt beigetragen.

Adalbert Müller: 1820 bis 1881
Adalbert Müller, ein Schüler der Berliner Kunstakademie, war Maler, Zeichner, Radierer und Holzschneider. Er illustrierte unter anderem Friedrich Bodenstedts *Lieder des Mirza Schaffy*, Eugène Sues *Der ewige Jude* sowie Willibald Alexis' *Volkskalender für 1854*.
In der Revolutionszeit 1848/49 arbeitete er an den Witzblättern *Berliner Großmaul*, *Kladderadatsch*, *Buddelmeyer-Zeitung* sowie an den *Münchner Bilderbogen* mit. Sein Sigel A. M. ist wiederholt irrtümlich als »Adolph Menzel« gedeutet worden.

Carl August Reinhardt: 1818 bis 1877
Carl August Reinhardt wurde am 25. April 1818 in Leipzig als Sohn eines bekannten Kupferstechers geboren. Er erhielt seine künstlerische Ausbildung in seiner Vaterstadt, in Dresden und in München. Er studierte unter anderem bei dem berühmten Historienmaler Julius Schnorr von Carolsfeld (1794 bis 1872).
Im Jahr 1845 hat Reinhardt die übliche Künstlerreise durch Italien absolviert. 1847 lebte er wieder in München und war dort Illustrator bei den *Fliegenden Blättern*. Dann zog es ihn nach Hamburg, wo er von 1852 bis 1856 als Maler wirkte und durch seine Meeresküstenbilder bekannt wurde. Gleichzeitig zeichnete er für die Zeitschrift *Asmodi*, wo er mit Adolf Glaßbrenner zusammentraf. Er hat dann auch für Glaßbrenner gearbeitet, zum Beispiel für dessen *Komischen* beziehungsweise *Lustigen Volkskalender*. Außerdem illustrierte Carl August Reinhardt die *Berliner Feuerspritze*, die Montags-Zeitung *Berlin* und, allerdings nur sporadisch, den *Kladderadatsch*. Seit 1860 lebte er in Dresden, nachdem er bereits im Vorjahr Mitarbeiter der im Verlag von Ernst Keil erschienenen Wochenzeitschrift *Illustrirter Dorfbarbier. Ein Blatt für gemüthliche Leute* geworden war. 1872 gründete er dann nacheinander zwei eigene Witzblätter: *Doctor Eisenbarth* und *Der Calculator an der Elbe*.
Von seinen selbständigen Veröffentlichungen sind besonders drei illustrierte lustige

Kinderbücher bekannt geworden: *Sprechende Thiere* (1854), *Neue sprechende Thiere* (1874) und *Die Arche Noah. Eine komische Kinderschrift* (1875). Endlich sei ein von ihm verfaßter und illustrierter vierbändiger Roman der Vergessenheit entrissen: *Der fünfte Mai* (1866/68), die Schilderung des großen Hamburger Brandes von 1842.
Carl August Reinhardt starb am 11. August 1877 in Kötzschenbroda.

Wilhelm Schäfer: geboren 1839
Wilhelm Schäfer kam am 8. März 1839 in Berlin zur Welt. Er wirkte als Illustrator an verschiedenen Zeitschriften mit, zum Beispiel an den *Berliner Fliegenden Blättern*, die von 1875/76 als Beilage des *Neuen Berliner Tageblattes* erschienen sind. Später trat Wilhelm Schäfer, dessen Todesjahr nicht ermittelt werden konnte, besonders als Aquarellmaler hervor.

Hermann Scherenberg: 1826 bis 1897
Hermann Scherenberg, ein Verwandter von Theodor Fontanes Freund, dem Dichter Christian Friedrich Scherenberg, wurde am 20. Januar 1826 in Swinemünde (Pommern) geboren. Er genoß seine Ausbildung auf der Berliner, dann auf der Düsseldorfer Akademie; sein Lehrer war der Schadow-Schüler und Historienmaler Theodor Hildebrandt (1804 bis 1874).
Von 1847 bis 1854 befand er sich auf Künstlerreisen in Belgien, Livland und zuletzt in Paris. Seit 1855 hat er in Berlin als Gehilfe L. Burgers bei der Ausschmückung des im Bau befindlichen »Roten« Rathauses durch Wandmalereien mitgewirkt.
Scherenberg war Mitarbeiter der *Fliegenden Blätter* (München) sowie der Leipziger *Illustrirten Zeitung*, der er nach Photographien gezeichnete Holzschnitte (Wilhelms I., Bismarcks sowie zahlreicher Parlamentarier und Künstler) lieferte. Seit 1872 war er der Hauptzeichner der humoristischen Beilage des *Berliner Tageblatts*, des *Ulks*.
Neben seiner Tätigkeit als Illustrator wurde er als Zeichner von Berliner Gesellschaftsszenen bekannt, zum Beispiel »Eislauf an der Rousseau-Insel im Tiergarten« oder »Kronprinz Friedrich und Kronprinzessin Victoria verkaufen in ihrem Palais Zuckerwerk zu Gunsten der Nationalinvalidenstiftung«. Zu nennen ist, aus derselben Zeit, die *Illustrirte Kriegs-Chronik: Gedenkbuch aus dem Feldzug von 1866 in Deutschland und Italien*, für die Scherenberg zweihundert Zeichnungen geschaffen hat (1867).
Hermann Scherenberg starb am 21. August 1897 in Lichterfelde bei Berlin.

Carl Felix von Schlichtegroll: 1862 bis 1946
Carl Felix von Schlichtegroll wurde am 13. Januar 1862 in Groß-Behnkenhagen (Pommern) geboren. Er studierte bei Ernst Fischer-Cörlin und an den Akademien Berlin, Karlsruhe, Stuttgart, Turin, Venedig und Mailand. 1894 war er Gastlehrer an

der Kunstschule in Weimar und gründete im selben Jahr in Berlin eine eigene Malschule. Schlichtegroll trat als Portraitist der regierenden Fürsten und Fürstinnen Europas hervor. Nebenher schrieb er Novellen für Tageszeitungen und arbeitete an Witzblättern mit, so an den in Berlin erschienenen *Lustigen Blättern* und an der Zeitschrift *Das Humoristische Deutschland.*

Wilhelm Scholz: 1824 bis 1893

Wilhelm Scholz wurde am 23. Januar 1824 in Berlin geboren. Sein Vater stand als Subaltern-Beamter im Staatsdienst. Scholz besuchte das Gymnasium, ohne allzu großes Interesse für den Schulbetrieb zu zeigen, und studierte dann an der Königlichen Kunstakademie, wo er eine gute Ausbildung durch den Historienmaler Karl *Wilhelm* Wach (1787 bis 1845) erhielt.
Infolge des frühen Todes seines Vaters mußte Scholz das Kunststudium vorzeitig abbrechen. Er begann seine Laufbahn als Karikaturist im Jahr 1846 mit seinen hundert Illustrationen zu dem satirischen Werk *Die Berliner Kunstausstellung im Jahre 1846*, erläutert von Ernst Kossak. So wurde Scholz sehr bald in der Berliner Künstlerwelt bekannt. Er war auch Mitglied des Vereins »Tunnel über der Spree« und der humoristisch-literarischen Gesellschaft »Rütli«, wo er David Kalisch, Ernst Dohm und Rudolf Löwenstein kennenlernte.
Seine große Stunde schlug im Revolutionsjahr 1848. Wilhelm Scholz illustrierte zahlreiche Witzblätter *(Berliner Charivari, Berliner Großmaul, Berliner Krakehler, Freie Blätter)* und wurde noch im selben Jahr der Hauptzeichner des *Kladderadatsch.* Scholz gehörte fortan bis in die achtziger Jahre zu den »Gelehrten« dieses Weltwitzblattes. Seine Illustrationen sind zumeist Allegorien, so daß sich mit einiger Sicherheit vermuten läßt, er habe zwei für seine Kunst grundlegende Werke gekannt und benutzt, nämlich die um die Jahrhundertwende erschienenen und während seiner Lehrzeit immer noch maßgebenden Bücher 1. von Karl Wilhelm Ramler: *Allegorische Personen zum Gebrauch der bildenden Künstler* (als Anhang zu Karl Wilhelm Ramlers kurzgefaßter *Mythologie:* 1791), und 2. von Karl Philipp Moritz: *Handwörterbuch der schönen zeichnenden Künste oder Sammlung allegorischer Vorstellungen für Künstler* (1806). Zahlreiche entweder direkte oder durch klassische Literatur-Reminiszenzen vermittelte Anspielungen auf mythologische Gestalten sind für seine *Kladderadatsch*-Illustrationen kennzeichnend. Berühmt wurden seine »Drei Haare«, die seit 1863 Bismarcks immer kahler werdenden Schädel schmückten; sie wurden von der europäischen Witzpresse übernommen. Auch einige selbständige Werke sind diesem unermüdlichen Zeichner zu verdanken: 1859 erschienen im *Kladderadatsch*-Verlag Albert Hofmann seine *Berliner Bilder, 36 komische Originalzeichnungen*, 1869 kam, gleichfalls bei Hofmann, der Band *Humoristische Revue in Bildern* heraus.
Wilhelm Scholz starb am 20. Juni 1893 in Berlin.

Carl Edler von Stur: 1840 bis 1905

Carl Edler von Stur wurde am 10. Februar 1840 in Wolfsberg (Kärnten) geboren. Er studierte von 1857 bis 1858 an der Wiener Kunstakademie. Dann begann er eine Schauspielerlaufbahn, die bald wieder abgebrochen wurde. Seit Anfang der sechziger Jahre bis gegen Ende der achtziger Jahre wirkte er nacheinander als Zeichner für die Wiener Witzblätter *Der Floh*, *Wiener Luft* und für den New Yorker *Puck*, endlich für die Berliner *Lustigen Blätter*.

Er ist auch als Maler von Schauspielerportraits bekannt geworden, so zum Beispiel durch seine Bildnisse von Ernesto Rossi in den verschiedensten Rollen.

Carl Edler von Stur starb am 2. Juni 1905 bei Wien.

Verleger

Bernhard Brigl: 1831 bis 1892

Bernhard Brigl wurde am 11. April 1831 in Fulda geboren. Mit zweiundzwanzig Jahren begann er seine buchhändlerische Laufbahn, indem er in Gemeinschaft mit Franz Lobeck die Firma Hauptexpedition der Monatsrosen C. F. Scherl in Berlin und Kassel erwarb. Als sein Geschäftspartner 1861 austrat, um einen eigenen Verlag zu begründen, führte Brigl die alte Firma unter seinem Namen fort. 1865 erwarb er eine Kommissionsbuchhandlung in Leipzig, die er jedoch nach zwei Jahren wieder aufgab, um nach Berlin zurückzukehren.

Brigl hat sich dann als Zeitungsverleger in Berlin einen Namen gemacht. Am 9. Dezember 1867 kaufte er von Rudolf Gensch die anfangs dreimal, dann täglich erschienene *Tribüne* und ersetzte ihre humoristische Wochenbeilage *Pipifax* durch Julius Stettenheims *Berliner Wespen*. Stettenheim äußerte sich sehr schmeichelhaft über Brigl. Er nannte ihn »den intelligentesten und tapfersten Zeitungsgründer und Verleger . . ., den nach meiner Überzeugung die deutsche Zeitungswelt aufzuweisen hat«. 1881 verkaufte Brigl die *Tribüne* an die Fraktion der »Sezessionisten«, die sich von der Nationalliberalen Partei abgespalten hatte. Am 1. September gründete er dann, mit dem Dichter Friedrich Bodenstedt als nominellem Herausgeber, ein anfangs politisch unparteiisches Blatt, die *Tägliche Rundschau*. 1892 übernahm sein Schwiegersohn, Paul Hempel, diese Zeitung, die 1922 von dem Konzernherrn aus dem Ruhrgebiet, Hugo Stinnes, gekauft werden sollte.

Brigl verlegte auch eine weit verbreitete, da billige (10 Silbergroschen pro Band) »Haus- und Reise-Bibliothek« sowie Bücher, zum Beispiel das berühmte Werk von Adolf Streckfuß *500 Jahre Berliner Geschichte. Vom Fischerdorf zur Weltstadt* und Adolf Glaßbrenners *Gedichte* (5. Auflage, 1870), die ursprünglich in Zürich unter dem Titel *Verbotene Lieder* erschienen waren.

Er starb am 29. November 1892 in Berlin.

Otto Eysler: 1861 bis 1927

Otto Eysler wurde am 3. Februar 1861 als Sohn jüdischer Eltern in Wien geboren. Er studierte dort Rechtswissenschaft bis zum Abschluß als Dr. jur. In den achtziger Jahren siedelte er nach Hamburg über, wo er 1885 eine Druckerei und 1886 das Witzblatt *Lustige Blätter* entstehen ließ.

Bereits 1887 ging Eysler mitsamt seinem Witzblatt und dessen Chefredakteur Alexander Moszkowski nach Berlin. 1890 gründete er, gemeinsam mit dem schlesischen Kaufmann Hepner, die *Berliner Illustrirte Zeitung* als populäres und billiges Wochenblatt, verkaufte jedoch schon 1894 seinen Anteil an Ullstein. Später hat er dies zutiefst bedauert, denn die *Berliner Illustrirte* wurde bald ein beliebtes Massenblatt.

Seine eigenste Schöpfung war die mondäne Revue *Elegante Welt*, eine Gesellschaftszeitschrift. Gleichfalls ab 1890 gab Eysler, mit Hermann Seyffert als Redakteur, das illustrierte humoristische Sonntagsblatt *Lustiges Echo* heraus. 1899 schuf er, nach französischem Muster, das »galante«, das heißt etwas schlüpfrige *Kleine Witzblatt*. Seit 1910 verlegte er dann die berühmten Zille-Alben *Berliner Luft*, *Mein Milljöh* und andere. Im Tiergartenviertel (Bendlerstraße, heute Stauffenbergstraße) traf sich in seinem prächtigen Haus das »Tout Berlin«: Künstler, Schriftsteller, Gelehrte, Finanzleute. Eysler starb dort am 15. August 1927.

Albert Hofmann: 1818 bis 1880

Gregor Heinrich *Albert* Hofmann ist am 8. März 1818 in Berlin als fünftes Kind eines Kunsthändlers zur Welt gekommen. Nach dem Tod des Vaters (1832) begann er eine Lehre in der Buch- und Kunsthandlung E. H. Schröder in Berlin. Als Autodidakt eignete er sich eine klassische Schulbildung an und erfand eine eigene Methode »zur Radikal-Heilung Stotternder«.

Nach Abschluß seiner Lehre lieferte der junge Buchhandlungsgehilfe Beiträge für die in Grimma unter dem Titel *Unser Planet* erschienenen »Blätter für Unterhaltung, Kunst, Litteratur und Theater« sowie für Saphirs Wiener Zeitschrift *Der Humorist*. Gleichzeitig war er aktives Mitglied der Theatergesellschaft »Urania«.

Seine Verlegerlaufbahn begann er 1843 als Mitinhaber des Berliner Kunstverlags Meyer & Hofmann. 1845 begründete er mit seinem späteren Schwager eine eigene Firma, die Sortiments- und Verlagsbuchhandlung Albert Hofmann & Cie. Bedeutung erhielt diese Firma seit Mai 1848 durch die Herausgabe des *Kladderadatsch*. Kurz zuvor war David Kalisch mit dem Manuskript der ersten Nummer im Verlag aufgetaucht. Nach einigem Zögern übernahm Hofmann das künftige Weltwitzblatt, zunächst in Kommission. Kalisch mußte Papier und Druck bezahlen und erhielt ein symbolisches Honorar. Während des Berliner Belagerungszustands wich Hofmann nach Leipzig aus, wo er bei Ernst Keil, dem späteren Begründer der Familienzeitschrift *Die Gartenlaube*, Zuflucht fand. Kaum wieder in Berlin, wurde der *Kladderadatsch* aufs neue unterdrückt (Januar 1849). Diesmal setzte sich Hofmann für einige Monate nach Eberswalde ab, von wo aus das Witzblatt nach Berlin weitergeleitet wurde.

Der Erfolg des *Kladderadatsch*, an dem er übrigens als Verfasser einiger »Zwickauer-Briefe« mitarbeitete, veranlaßte Hofmann zur Herausgabe weiterer Zeitschriften (zum Beispiel *Berliner Feuerspritze*) sowie eines umfangreichen *Kladderadatsch*-Nebenprogramms.

Durch Humor und Satire zu Ruhm und Reichtum gelangt, betätigte sich Hofmann auf dem Gebiet der Volksbildung. 1852 gründete er die außergewöhnlich preiswerte Reihe »Classiker des In- und Auslandes«, die bis 1870 auf siebenundsiebzig Bände angewachsen war. Ende 1873 rief er den Allgemeinen Verein für Deutsche Literatur ins Leben. Der unter dem Protektorat der Königlichen Hoheiten Karl Alexander, Großherzog von Sachsen-Weimar und Prinz Georg von Preußen stehende Verein wollte seinen Mitgliedern, nach dem Prinzip der Kunstvereine, »ein culturgeschichtlich bedeutendes, jedoch verhältnismäßig billiges Lesematerial für Bildung und geistige Erholung« bieten. Etwa um dieselbe Zeit erwarb Hofmann das auf Operetten spezialisierte Friedrich-Wilhelm-Städtische-Theater.

Die vom Polizeipräsidium angelegte Akte berichtet nicht nur über Verwarnungen, Ausweisungen und einen Prozeß seitens einer enttäuschten Geliebten, sondern auch über zahlreiche Auszeichnungen, mit denen der rührige Verleger in späteren Jahren geehrt worden war. Unter anderem erhielt er 1872 den Schwedischen Wasa-Orden für die Herausgabe deutscher Übersetzungen von schwedischen Autoren, 1874 das Ritterkreuz des ernestinischen Hausordens durch Herzog Georg von Meiningen und 1878 den norwegischen Olafs-Orden.

Hofmann lebte in dem allen Thomas-Mann-Kennern vertrauten Tiergartenviertel; er starb am 19. August 1880.

Rudolf Hofmann: 1854 bis 1932

Rudolf Hofmann wurde am 26. Mai 1854 in Berlin geboren. Sein Vater war der berühmte Verleger *Albert* Hofmann, dessen Nachfolge er 1880 antrat. Unter Rudolf Hofmann veröffentlichte der Verlag auch Pädagogisches, so zum Beispiel die von Professor Karl Kehrbach geleiteten *Mitteilungen der Gesellschaft für deutsche Erziehungs- und Schulgeschichte* und die von demselben Autor herausgegebenen, berühmt gewordenen *Monumenta Germaniae Paedagogica*, ein Quellenwerk zur Erziehungsgeschichte des deutschen Sprachgebiets (seit 1886).

Unter Rudolf Hofmann wurde der ursprünglich fortschrittliche, dann eher den Nationalliberalen nahestehende *Kladderadatsch* allmählich ein zuerst gemäßigt, dann scharf rechtsgerichtetes Witzblatt. Bei Rudolf Hofmanns siebzigster Geburtstagsfeier am 26. Mai 1924 war Gustav Stresemann, damals Außenminister und Vorsitzender der von ihm im Jahr 1918 gegründeten Deutschen Volkspartei, der berühmteste Gast. Im Jahr 1929 wurde Hofmann, anläßlich seines fünfundsiebzigsten Geburtstages, in der deutschnationalen Presse als »ein Führer für alle wahrhaft national-gesinnten Kreise« gefeiert (*Königsberger Allgemeine Zeitung* vom 1. Juni 1929). Die damalige Tendenz des *Kladderadatsch* entsprach durchaus Hofmanns Gesinnungen.

Rudolf Hofmann starb 1932 in Berlin.

Rudolf [Rudolph] Mosse: 1843 bis 1920

Rudolf Mosse wurde am 8. Mai 1843 in Grätz (Provinz Posen) als eines von dreizehn Kindern geboren. Sein Vater, ein dem Ideengut der Revolution von 1848 verpflichteter jüdischer Landarzt, konnte seinem Sohn den Besuch des Gymnasiums aus finanziellen Gründen nicht ermöglichen.

Der fünfzehnjährige Rudolf Mosse begann seine berufliche Laufbahn als Lehrling bei dem Posener Buchhändler Louis Merzbach. Anschließend ging er nach Berlin, wo er zunächst in verschiedenen Sortimentsbuchhandlungen und dann, ab 1861, als Gehilfe bei Albert Hofmann, dem Verleger des erfolgreichen Witzblattes *Kladderadatsch*, angestellt war. 1864/66 arbeitete Mosse in Leipzig, zunächst als Geschäftsleiter der neu gegründeten Zeitung *Der Telegraph*. Breits nach kurzer Zeit wechselte er zu der erfolgreichen Familienzeitschrift *Die Gartenlaube* über und entwickelte dort die bahnbrechende Idee eines überregionalen Anzeigenteils, welcher der *Gartenlaube* unter dem Titel »Allgemeiner Anzeiger« angegliedert wurde.

Am 1. Januar 1867 eröffnete Mosse mitten in Berlin (Friedrich-, Ecke Leipziger Straße) die »Annoncen-Expedition Rudolf Mosse«, von der aus jeder seiner Kunden Anzeigen in den verschiedensten Zeitungen erscheinen lassen konnte. Mit dieser bald durch in- und ausländische Filialen erweiterten Anzeigen-Expedition legte Mosse den Grundstein zu einem Presseimperium, das – im stetigen Wettstreit mit den später entstandenen Konzernen Ullstein und Scherl – Berlin in der Zeit der Weimarer Republik zur größten Zeitungsstadt der Welt gemacht hat.

Gleich nach Beendigung des Deutsch-Französischen Kriegs 1870/71 gründete Rudolf Mosse in dem zur Hauptstadt eines 40-Millionen-Reichs gewordenen Berlin das *Berliner Tageblatt* nach der Devise »Für die zivilisierte Welt schreibt, wer für Berlin schreibt.« In der Tat sollte dieses erst rechtsliberale, dann freisinnige Blatt sehr bald weltweit verbreitet und zitiert werden, ohne allerdings jemals den Rang der Londoner *Times* zu erreichen. Eine der zahlreichen Gratis-Beilagen des *Berliner Tageblattes* war das 1872 ins Leben gerufene Witzblatt *Ulk*. Ab 1910 erschien der *Ulk* gleichzeitig als humoristische Beilage der 1904 von Mosse erworbenen *Berliner Volks-Zeitung*.

Der einst mittellos nach Berlin gekommene Erfinder der »wirtschaftlichen Grundlage des modernen Zeitungsgewerbes« (Peter de Mendelssohn), der Zeitungs- und Buchverleger Rudolf Mosse, starb am 8. September 1920 auf seinem Gut Schenkendorf bei Berlin.

Zusammenfassung und Ausblick

1. An Versuchen, in der preußischen Hauptstadt humoristische und/oder satirische Presseorgane in periodischer oder zwangloser Folge herauszugeben, hat es seit dem Zeitalter der Aufklärung nicht gefehlt. Zwischen 1781, dem Erscheinungsjahr der »komisch-periodischen Schrift« *Silen und sein Esel*, und 1848 entstanden über zwanzig Titel, darunter *Der hinkende Teufel zu Berlin*. Das gemeinsame Schicksal dieser in erster Linie der harmlosen Unterhaltung dienenden Druckschriften war ihre durch den Zensor drastisch verkürzte Lebensdauer.
   Von grundlegender Bedeutung für die allmähliche Herausbildung des typischen Berliner Witzblattes waren einerseits der auf den gebürtigen Ungarn Moritz Gottlieb Saphir zurückgehende spielerische »jüdische Wortwitz«, andererseits der von dem Spree-Athener Adolf Glaßbrenner (Pseudonym Adolf Brennglas) literatur- und salonfähig gemachte Witz und Sarkasmus des Berliner Volkes. Entscheidend war ferner die nach der Pariser Juli-Revolution (1830) in zunehmendem Maß angewandte Strategie des politischen Ideenschmuggels mit Hilfe von stehenden Figuren (allen voran Eckensteher Nante), fingierten Briefen, Monologen, Gesprächen, Proklamationen, Tierfabeln[1] und Rätseln aller Art. Einschränkend muß allerdings gesagt werden, daß im Berliner Vormärz nicht die kurzlebigen, nur eine kleine Leserschicht ansprechenden humoristischen Periodika meinungsbildend waren, sondern die immer anzüglicher werdenden, für damalige Verhältnisse auflagenstarken Groschenhefte, komischen Volkskalender und satirischen Flugschriften Glaßbrenners beziehungsweise seiner Konkurrenten.
2. Das Geburtsjahr des Berliner *politischen* Witzblattes war das Jahr der Revolution und Konterrevolution 1848/49. Wie die infolge einer bisher nicht gekannten Pressefreiheit und einer neuen, volkstümlichen Öffentlichkeit aus dem Boden sprießenden »ernsten« Tages- und Wochenblätter, wie die häufig das Berliner Idiom verwendenden, die preußische Hauptstadt überschwemmenden Plakate, Flugblätter und Flugschriften so waren auch die fünfunddreißig aufgefundenen oder in der Literatur erwähnten, zum Teil illustrierten humoristisch-satirisch-ironischen Periodika ein Ausdruck der politischen Strömungen ihrer Zeit. Das Spektrum reichte von ausgesprochen radikalen, ja republikanischen Wochenblättern, wie *Die ewige Lampe*, *Der Teufel in Berlin* oder *Tante Voss mit dem Besen*, bis zu den beiden Organen der Konterrevolution *Der Rückschritt* und *Juchheirasasa! Die Preußen sind da!*
   Die meisten Witzblätter und Witzblatt-Versuche – man denke an die zahlreichen Titel, die über die erste Nummer nicht hinausgekommen sind – können jedoch

dem demokratisch- oder liberal-konstitutionellen Lager zugeordnet werden, so Adolf Glaßbrenners *Freie Blätter* oder die von dem erfolgreichen Flugblattautor Adalbert Cohnfeld begründete *Buddelmeyer-Zeitung*.
Zu dieser Hauptgruppe gehörten auch die drei lautstarken Auflagenspitzenreiter *Berliner Gross[ß]maul*, *Berliner Krakehler* sowie der *Kladderadatsch*. Nur das letztgenannte Witzblatt überlebte die Konterrevolution dank mehrerer glücklicher Umstände. Es hatte einen mutigen Verleger (Albert Hofmann), eine begabte, durch familiäre und freundschaftliche Bande zusammengeschweißte Belegschaft (die »Gelehrten« Ernst Dohm, David Kalisch, Rudolf Löwenstein, Wilhelm Scholz), und es erfreute sich der königlichen Gunst.

3. Nach der gescheiterten Revolution entwickelte sich der *Kladderadatsch* von einer humoristisch-satirischen Zeitschrift unter vielen zum Prototyp des ausschließlich politischen Witzblattes in Deutschland. Seine Karikaturen, mehr gelungene politische Momentaufnahmen als Kunstwerke, und die teils beißende, teils pathetische jüdisch-berlinische Wortsatire führten, allen staatlichen Behinderungen zum Trotz, rasch zu seiner weltweiten Verbreitung. Da die Reaktionszeit nur wenige und überdies meist vergängliche Neugründungen hervorgebracht hatte, bezeichnete sich der *Kladderadatsch* am 3. Januar 1858 nicht ohne Stolz als »vorläufig alleiniger Vertreter der Massen des lesenden Publicums«.
4. Im Zug der Konstituierung und Aufspaltung der politischen Parteien einerseits und der zunehmenden Vorliebe der Berliner für Humoristika andererseits kam es dann in Berlin in den sechziger Jahren zu einer zweiten Gründungswelle. Neben offiziellen Partei-Witzblättern (*Der kleine Rea[c]ktionär* und seine Nachfolger) entstanden berufsspezifische humoristische Organe *(Stenographische Trinkstube; Mathematische Bier-Zeitung)*, Mischtypen zwischen Nachrichtenorgan und Witzblatt (Glaßbrenners *Berliner Montags-Zeitung*) und vor allem mehrere illustrierte humoristisch-satirische Gratisbeilagen von Tageszeitungen. Eine solche Beilage, nämlich Julius Stettenheims *Berliner Wespen*, die auch separat vertrieben wurden, erschütterte zum erstenmal die Monopolstellung des *Kladderadatsch*.
5. Die Reichsgründung, ein rasches Wachstum der Bevölkerung, ein relativ liberales Pressegesetz, neue Techniken und bessere Verkehrsmöglichkeiten führten zwischen 1871 und 1890 in der preußischen Metropole zur Entstehung von etwa vierzig neuen Witzblättern. Eine Auflistung der Titel erlaubt trotz schlechter Quellenlage folgende Rückschlüsse:
   a) Rund 80 Prozent der Neugründungen gingen nach kurzer Zeit wieder ein. Einige wurden – wie die sozialdemokratischen Blätter *(Die rothe Laterne*, *Berliner Bockbier-Zeitung)* oder radikalliberale Organe *(Rumor)* – von den Polizeibehörden unterdrückt. Anderen gelang es nicht, sich neben dem *Kladderadatsch*, den *Berliner Wespen* und dem *Ulk*, der Beilage des *Berliner Tageblattes*, ein Lager zu

bauen oder überhaupt erst das Interesse der anvisierten Zielgruppe zu erwecken *(Humoristische Zeitung)*.

b) In der 1881 von Bismarck als »Fortschrittsring« bezeichneten Reichshauptstadt stellten die liberalen Witzblätter aller Schattierungen die absolute Mehrheit. Für sozialdemokratische, protestantisch-klerikale, katholische oder konservative satirische Periodika erwies sich die Berliner Luft während des untersuchten Zeitraums über kurz oder lang als tödlich. Ganz allgemein lassen sich nachstehende grobe Entwicklungslinien aufzeigen:

- Neben die fast ausschließlich der politischen Aktualität verpflichteten Witzblätter *(Kladderadatsch, Berliner Wespen, Ulk)* traten nach und nach Mischtypen, die der gesellschaftskritischen Satire und dem zeitlosen oder »galanten« Humor mehr Platz einräumten. Der Trend zur leichten Unterhaltung war so stark, daß selbst der *Kladderadatsch*, die *Berliner Wespen* und der *Ulk* sich Mitte der achtziger Jahre zu einer Umorientierung entschlossen. Bis zum »unpolitischen«, sich auf allgemeine Scherze und Anekdoten in Wort und Bild beschränkenden Witzblatt war es nicht mehr weit. Daß freilich die Leutnantswitze eines *Lustigen Echos*, um nur ein Beispiel zu nennen, von Ideologie nicht frei waren, versteht sich von selbst.
- Die Tatsache, daß in Berlin immer neue Witzblätter gegründet wurden, charakterisiert dieses Medium als einen wichtigen Bestandteil der sozialen Kommunikation. In diesem Zusammenhang sind vor allem die in keinem Witzblatt fehlenden populären Serienfiguren zu erwähnen. Schultze und Müller, Strudelwitz und Prudelwitz, Karlchen Mießnick und Zwickauer *(Kladderadatsch)*, Dr. Reptilius und Kriegskorrespondent Wippchen *(Berliner Wespen)*, Paula Erbswurst und Nunne *(Ulk)*, Jussuf und Levy *(Der kleine Reactionär)*, Jeiteles und Waiteles *(Die Wahrheit)* waren die in humoristischer, ironischer oder satirischer Weise dargestellten Repräsentanten eines bestimmten sozialen Typs oder einer gesellschaftlich relevanten Gruppe.
- Die Redakteure (und Gründer) der weit verbreiteten liberalen Witzblätter *Kladderadatsch, Berliner Wespen, Ulk* und *Lustige Blätter* waren in ihrer überwiegenden Mehrzahl Zugereiste israelitischer Herkunft, welche die humoristischen Möglichkeiten des Berlinischen oft besser nutzten als mancher Spree-Athener von Geburt. Sie prägten das moderne Berlinertum entscheidend mit und machten in ihrer neuen Heimat im gesellschaftlichen Verkehr als Publizisten Karriere. Die einzigartige deutsch-jüdische Symbiose, die sich in Berlin nach 1848 vorübergehend herausgebildet hatte, war auch *ihr* Werk.
- Als Kehrseite dieser Entwicklung ist hervorzuheben, daß die Geburtsstunde des durch Saphir in die Berliner Vormärz-Presse eingeführten »Judenwitzes« und die seiner Kritik fast gleichzeitig geschlagen hatten. Auch das »Kladderadatsch-

tum« rief alsbald als Gegenreaktion ein von Adolf Glaßbrenner oder Theodor Fontane propagiertes »Anti-Kladderadatschtum« hervor. In der Tat ziehen sich die Versuche, dem nirgends näher definierten »kladderadatschigen Nihilismus« und »frivolen Blödsinn« einen »Humor höherer Art« entgegenzusetzen, wie ein roter Faden durch die Berliner (und deutsche) Witzblattgeschichte. Seit den siebziger und achtziger Jahren erstreckten sich diese Angriffe auch auf die *Berliner Wespen*, den *Berliner Figaro* und den *Ulk*. Die Identifikation, ja Über-Identifikation dieser liberalen Blätter mit Bismarcks Kulturkampf führte schließlich vor allem in Berlin zur katholischen, protestantisch-konservativen und antisemitischen Mobilmachung gegen den jüdischen Geist und dessen »stärkste Seite«, den Witz. Dieser Witz wurde als eine »Macht« angesehen und seine publizistischen Träger als gefährliche, den deutschen Volkskörper »zersetzende«, für die »jüdischen Interessen« arbeitende Mittel.[2] Der satirische Kampfgenosse auf dem von den Antisemiten in Szene gesetzten publizistischen Kriegsschauplatz war das 1880 gegründete »christliche Witzblatt« *Die Wahrheit*. Es führte in Wort und Bild in extremer Weise fort, was die konservative humoristisch-satirische Wochenschrift *Der kleine Rea[c]ktionär* zwei Jahrzehnte zuvor begonnen hatte.

– *Die Wahrheit*, die bis 1886 erschien, sowie der neun Jahre später gegründete *Deutsche Michel*,[3] die satirische Sonntagsbeilage mehrerer judenfeindlicher Kampforgane, waren die Vorläufer nicht nur des 1931 in München gegründeten NS-Witzblattes *Die Brennessel*, sondern auch des acht Jahre früher in Nürnberg entstandenen *Stürmers*. Der erst 1945 eingestellte *Stürmer* erhob Treitschkes verhängnisvollen, 1879 in den *Preußischen Jahrbüchern* festgeschriebenen Ausspruch »Die Juden sind unser Unglück« zur Devise und schürte durch seine Artikel und verabscheuungswürdigen antisemitischen Zerrbilder den Judenhaß. Sein Untertitel lautete vielleicht nicht rein zufällig »Deutsches Wochenblatt zum Kampfe um die Wahrheit« *(Abbildung 166)*.[4]

Es sei nun die weitere Entwicklung des Berliner politischen Witzblattes im Zeitraffer betrachtet.

Die Auflage des unter Johannes Trojan und seinen Nachfolgern immer konservativer werdenden *Kladderadatsch* lag vor dem Ersten Weltkrieg bei durchschnittlich 38 000 Exemplaren. In den Verlagsanzeigen nannte das Blatt als Zielgruppen die »Vornehmen und Gebildeten« beziehungsweise die »auserlesenen« und »bestsituierten« Gesellschaftsklassen.[5]

Das älteste politische Witzblatt Berlins wurde bald von dem jüngsten, den 1887 in die Reichshauptstadt gezogenen *Lustigen Blättern*, übertrumpft. Die von Alexander Moszkowski herausgegebene Wochenschrift setzte bewußt auf die Moderne und bezeichnete sich selbst als »ein getreues Spiegelbild des gesamten gesellschaftlichen

Der Stürmer

Deutsches Wochenblatt zum Kampfe um die Wahrheit

HERAUSGEBER: JULIUS STREICHER

Nummer 51	Erscheint wöchentl. Einzel-Nr. 20 Pfg. Bezugspreis monatlich 84 Pfg. zuzüglich Postbestellgeld. Bestellungen bei dem Briefträger oder der zuständ. Postanstalt. Nachbestellungen a. d. Verlag. Schluß der Anzeigenannahme 14 Tage vor Erscheinen. Preis für Geschäfts-Anz.: Die ca. 22 mm breite, 1 mm hohe Raum-Zeile im Anzeigenteil –.75 RM.	Nürnberg, im Dezember 1938	Verlag: Der Stürmer, Julius Streicher, Nürnberg-A, Pfannenschmiedsgasse 19. Verlagsleitung: Max Fink, Nürnberg-A, Pfannenschmiedsgasse 19. Fernsprecher 21 830. Postscheckkonto Amt Nürnberg Nr. 105. Schriftleitung Nürnberg-A, Pfannenschmiedsgasse 19. Fernsprecher 21 872. Schriftleitungsschluß: Freitag (nachmittags). Briefanschrift: Nürnberg 2, Schließfach 393.	17. Jahr 1938

Kinder des Teufels

Zum Verbrechen geborene jüdische Jugend
Was ein 12jähriger Judenbube schreibt
Schützt unsere Kinder vor jüdischen Altersgenossen!

Gerade jetzt, in den Tagen um Weihnachten, denkt der Erwachsene nur zu gerne zurück an seine Jugendzeit. An jene Zeit, wo man noch nichts wußte von den Härten des Lebenskampfes! An jene Zeit, wo man Kind war und deshalb alle Dinge des Lebens nur mit Kinderaugen sah! An jene Zeit, wo man noch an das Wunder des Märchens glaubte und es nicht wahrhaben wollte, daß es auf der Welt so viel Häßliches und Schmutziges gibt.

Zu den hervorragendsten Eigenschaften des nichtjüdischen Kindes gehört seine Reinheit. Es ist Kind und will nur Kind sein! Es spielt als Kind, es denkt als Kind und fühlt als Kind. Dinge, die den reifen Menschen beschäftigen, sind ihm fremd und es will davon auch gar nichts wissen. Vor allem gilt dies gegenüber den geschlechtlichen Dingen. Das nichtjüdische Kind reift langsam heran. Es lehnt sich auf gegen alles, was noch nicht in seine Entwicklung hereingehört. Es lehnt sich insbesondere auf gegen schmutzige Reden und Handlungen, die nicht zu vereinbaren sind mit der Reinheit des kindlichen Denkens und Fühlens.

Aus dem Inhalt

Jüdische Mädchenverderber
Der Jude in England
Juden in der tschechischen Justiz
Jud Barber verspottet das Christentum
Berliner Brief
Die Verbrechen der Juden nehmen kein Ende
Das Geständnis des Juden Siegfried Cohn: Rassenschande ist die schönste Schande
Aus Schlesien
Deutsche Weihnacht in Nürnberg

Die neue Internationale

Die internationale Beschaffenheit des Judentums erfordert auch eine internationale Abwehrfront

Die Juden sind unser Unglück!

166 *Der Stürmer*, Nürnberg, Nr. 51, Dezember 1938
Kinder des Teufels
Karikatur von Fips (eigentlich Philipp Ruprecht)
Titelseite mit der auf Heinrich von Treitschkes unseligen Ausspruch zurückgehenden Devise »Die Juden sind unser Unglück!« (1879)

und politischen Lebens«.[6] 1912 betrug die Auflage rund 65 000 Exemplare; die sechs alljährlich auf ein jeweiliges Thema (zum Beispiel Abrüstung) abgestimmten Spezialnummern wurden sogar in einer Höhe von 100 000 Exemplaren gedruckt.[7]

Sowohl der *Kladderadatsch* als auch die *Lustigen Blätter*, die sich 1891 vom *Berliner Börsen-Courier* getrennt hatten, verdankten ihren Absatz eigenen Anstrengungen. Der *Ulk* dagegen erschien von 1872 bis 1933 als eine der zahlreichen Gratisbeilagen des *Berliner Tageblattes*. Von September 1910 bis November 1930 wurde er außerdem der *Berliner Volks-Zeitung* beigegeben, die Rudolf Mosse sechs Jahre zuvor erworben hatte.[8] Kein Wunder, daß der in Mosses Zeitungskatalog einerseits als »Organ der bürgerlichen Demokratie«, andererseits als »Familienblatt« angepriesene *Ulk* 1911/12 mit 286 000 Exemplaren als ein Auflagenriese dastand.[9]

Die Beilage der beiden genannten linksliberalen Berliner Tageszeitungen stellte sich damit – von der Auflage her gesehen – an die Spitze aller damals im Deutschen Reich erschienenen Witzblätter des Bürgertums. Allerdings war der Bestseller nicht ein bürgerliches, sondern ein sozial-demokratisches Organ: das seit 1884 in Stuttgart herausgegebene, zu Unrecht weitgehend vergessene »Kampfblatt für die Genossen« *Der W[w]ahre Jacob* (Höchstauflage 1912: 380 500 Exemplare).[10]

Neben diesen drei von kapitalstarken Verlegern und größeren Redaktionen getragenen Berliner Witzblättern hatten mehrere 1891 und in den Jahren danach entstandene kleinere oder gar Ein-Mann-Zeitschriften keine Chance. Ihre Titel lauteten *Der Spottvogel pfeift auf Alle* (1892/93), fortgesetzt als *Der Spottvogel* (1894), *Die Knute* (1896), *Mephisto* (1898) oder *Die Canaille* (1905/06). Auch das 1898/99 von Ludwig Abels (1867 bis 1937) im Selbstverlag herausgegebene, von dem künftigen Plakatzeichner Edmund Edel (1863 bis 1934), von Maximilian Vanselow (1871 bis 1940) und anderen illustrierte linksbürgerliche *Narrenschiff* (Untertitel: *Blätter für fröhliche Kunst*) ging nach kurzer Zeit wieder ein. Dasselbe gilt für das illustrierte jüdische Witzblatt *Schlemiel*, das der Arzt Max Jungmann (geboren 1875) von 1903 bis 1905 erscheinen ließ.[11]

Auf der anderen Seite verführte die Jagd nach dem Witz zur Gründung einer Vielzahl von die Tagespolitik nahezu ganz außer Acht lassenden Witzblättern, zum Beispiel *Fisimatenten*, *Unsere Gesellschaft*, *Humor-Bacillen*, *Illustrirte humoristische Welt*, *Lachende Zeitung*, *Münchhausen*, *Witzige Blätter* oder *Sect. Blätter für fröhliche Laune*.[12] Neue berufsbezogene Witzblätter waren *Der lustige Kamerad* und *Die fidelen Typographen-Brüder*. Um die Jahrhundertwende hatten dann auch der Sport *(Das Schnauferl;* fortgesetzt als *Sporthumor)* und die Erotik ihre besonderen Organe. Neben den »zweideutigen« illustrierten Wochenblättern *Satyr*, dem auflagenstarken *Kleinen Witzblatt* (70 000 Exemplare), *Kille-Kille* und *Flirt* gab es durchaus auch »eindeutige«, wie zum Beispiel die von 1899 bis 1902 als »Lose Blätter für fröhliche Kunst« erschienenen Nuditäten-Hefte *Grazien*.[13] Viele der oben genannten, nur wenige Monate oder Jahre existierenden Periodika ahmten mit mehr oder weniger Geschick die seit 1844 über die ganze Welt verbreiteten *Fliegenden Blätter* (Auflage um 1900: 98 000 Exemplare) oder die 1889 gegründeten *Meggendorfer Blätter* (Auflage 55 000 Exemplare)[14] nach, ohne allerdings ihr künstlerisches Niveau zu erreichen.

Die neunziger Jahre bildeten in der Berliner Witzblattgeschichte einen tiefen Einschnitt. Damals verlor die preußische Metropole für längere Zeit die dominierende Stellung, die sie auf dem Gebiet der politisch-satirischen Publizistik seit 1848 innegehabt hatte, an Stuttgart, den Erscheinungsort des erfolgreichen *Wahren Jacobs*, und vor allem an München, das sich nunmehr zu einem satirischen Medien-Zentrum herauskristallisieren sollte. Dort erschienen nicht nur die *Fliegenden* und die *Meggendorfer Blätter*, sondern seit 1882 außerdem das sozialdemokratische Witzblatt *Süddeutscher Postillon.*[15] 1896 schlug dann die Geburtsstunde der *Jugend* und des *Simplicissimus.* Der auf Hans Jakob von Grimmelshausens Roman *Simplicius Simplicissimus* (1669) zurückgehende Witzblattitel ist der einzige, der heute auch im Ausland noch weitgehend bekannt ist. In der Tat wurde der von Karl Arnold (1883 bis 1953), Olaf Gulbransson (1873 bis 1958), Thomas Theodor Heine (1867 bis 1948), Bruno Paul (1874 bis 1968), Ferdinand von Reznicek (1868 bis 1909), Erich Schilling (1885 bis 1945), Wilhelm Schulz (1865 bis 1952), Eduard Thöny (1866 bis 1950), Rudolf Wilke (1873 bis 1908) und anderen illustrierte »Simpl«, dessen Auflage 1911 bei über 90 000 Exemplaren lag, »die überraschendste, bei allem Draufgängertum künstlerisch höchststehende Wochenschrift Deutschlands und der deutschsprechenden Länder«.[16] Neben diesen herausragenden Zeitschriften ließen die Jahre vor dem Ersten Weltkrieg in der bayerischen Hauptstadt noch eine ganze Reihe weiterer satirischer Blätter »entstehen, aufblühen und wieder verwelken«.[17]

Im »Zeichen der roten Bulldogge«[18] *(Abbildung 167)* mußten die Berliner Witzblätter verblassen, obwohl auch sie über erstrangige Künstler verfügten und den Farbdruck eingeführt hatten. Für den *Kladderadatsch* zeichnete der bereits erwähnte Gustav Brandt, »ein politischer Karikaturist, der . . . die Fähigkeit besaß, Persönlichkeiten so treffend zu charakterisieren, daß sich ihr Konterfei dem Gedächtnis unverlierbar einprägte«.[19]

Den *Lustigen Blättern* und dem *Ulk* gelang es sogar, ab 1895 den begabten Deutsch-Amerikaner Lyonel Feininger (1871 bis 1956), der auch für den *Simplicissimus* und die *Jugend* arbeitete, ferner – um die Jahrhundertwende – den Hosemann-Schüler Heinrich Zille (1858 bis 1929) und schließlich, seit 1913, George Grosz (1893 bis 1959)[20] als Karikaturisten zu gewinnen. Der spätere Lehrer am Bauhaus, Feininger, traf mit seinem »kritzeligen, groteske Wirkungen erstrebenden Strich« den Gegner mehr als einmal »an den empfindlichsten Stellen«;[21] Meister Zille, der in ganz Deutschland populäre sozialkritische Schilderer »seines Milljöhs«, schuf in den Kriegsjahren 1914–1918 für den *Ulk* die rund zweihundert Illustrationen umfassenden Bilderserien »Vadding in Frankreich«, »Vadding im Osten«, »Vadding im Süden«

Dies Blatt gehört dem Staatsanwalt!

10. Jahrgang Preis 20 Pfg. Nummer 1

SIMPLICISSIMUS

Abonnement vierteljährlich 2 Mk. 25 Pfg.
Billige Ausgabe

Illustrierte Wochenschrift

Bayr. Post-Zeitungsliste: No. 834
Billige Ausgabe

(Alle Rechte vorbehalten)

Dies ist das Hundevieh,

(Zeichnung von Th. Th. Heine)

welches so unsägliches Elend über unser Vaterland gebracht hat und von allen anständigen deutschen Wappentieren verabscheut wird.

167 *Simplicissimus*, München, Nr. 1 [1906]
Dies ist das Hundevieh, welches so unsägliches Elend über unser Vaterland gebracht hat und von allen anständigen deutschen Wappentieren verabscheut wird.
Kolorierte Zeichnung von Thomas Theodor Heine
Wie der *Kladderadatsch* und andere Witzblätter, so münzte auch der *Simplicissimus* Beschlagnahmungen und Verbote in geschickte Werbung um.

und »Vadding im Norden«, die der Verlag auch separat herausgab. Trotz ihrer den damaligen Umständen entsprechenden nationalistischen Tendenz sollten sie als Ausdruck der Zeitkommunikation in den Zille-Anthologien und -Ausstellungen nicht länger vernachlässigt werden.[22]

Als das Kaiserreich zusammenbrach, hatte der *Simplicissimus* seinen Höhepunkt überschritten. Nach der Novemberrevolution und in den bewegten Jahren der Weimarer Republik wurde das 1920 fast 4,3 Millionen Einwohner zählende Groß-Berlin nicht nur »bei weitem die größte und vielfältigste Zeitungsstadt der Welt«,[23] sondern auch erneut ein Mittelpunkt der politischen und unpolitischen Satire.

Neben das die Weimarer Republik bekämpfende »große nationale Witzblatt« *Kladderadatsch*,[24] den der Deutschen Demokratischen Partei (DDP) nahestehenden, vorübergehend von Kurt Tucholsky (1890 bis 1935) redigierten *Ulk*,[25] die *Lustigen Blätter*, die sich nach dem Ersten Weltkrieg von der Tagespolitik nahezu zurückgezogen hatten, und einige weitere eher harmlose Witzblätter wie *Der Dorfbarbier* traten etwa vierzig neue Titel. Offensichtlich fühlte sich nahezu jede politische oder soziale Gruppe verpflichtet, ihr eigenes satirisches Presseorgan zu besitzen. Finanzielle Schwierigkeiten und/oder polizeiliche Verfolgungsmaßnahmen setzten dieser Witzblattblüte freilich ein rasches Ende. Am produktivsten erwies sich die am 30. Dezember 1918 in Berlin gegründete Kommunistische Partei Deutschlands (KPD).[26]

Ihr nahestehend waren die radikal-bürgerlichen Zeitschriften der Berliner Dada-Gruppe um den Gründer des Malik-Verlags, Wieland Herzfelde (1896 bis 1988), und dessen Bruder, den Fotomonteur und Collage-Künstler John Heartfield (1891 bis 1968). Ferner die Zeichner George Grosz und Rudolf Schlichter (1890 bis 1955), der Satiriker und Kabarettist Walter Mehring (1896 bis 1981) und der Theaterregisseur Erwin Piscator (1893 bis 1966).[27]

Dieser linksbürgerliche Schriftsteller- und Künstlerkreis wollte »mit politischen Schriften und satirischen Zeitschriften dazu beitragen, daß die verspätete bürgerliche Revolution im besiegten Deutschland sich zur proletarischen Revolution entfaltete«.[28]

Den Anfang machte am 15. Februar 1919 die von Wieland Herzfelde herausgegebene, von John Heartfield illustrierte Halbmonatsschrift *Jedermann sein eigner Fussball* (Auflage 7 600 Exemplare). Nach ihrem sofortigen Verbot wurde sie noch im selben Monat durch *Die Pleite* ersetzt. Doch auch dieses vier Großfolio-Seiten umfassende Blatt wurde nach nur sechs Nummern Anfang Januar 1920 unterdrückt. Dem findigen Verleger gelang es allerdings, *Die Pleite* bis 1922 als satirischen Teil der kommunistischen kulturpolitischen Monatsschrift *Der Gegner* fortzuführen, bevor das satirische Kampfblatt 1923/24 ein vorübergehendes Comeback feiern konnte.[29]

Hauptzeichner der *Pleite* war George Grosz, der gleichzeitig – gemeinsam mit dem Kunsthistoriker und Schriftsteller Carl Einstein (1885 bis 1940) – die revolutionäre satirisch-politische Wochenschrift *Der Blutige Ernst* herausgegeben hat.[30]

Unmittelbar verbunden mit der KPD war die im Sommer 1923 gegründete »Satirische Arbeiterzeitung« *Der [rote] Knüppel.* Ihr Mitarbeiterstab, darunter John Heartfield, George Grosz und Rudolf Schlichter war »durchdrungen von dem Bewußtsein . . ., daß alle Kenntnisse und Fähigkeiten ihm nur Werkzeuge sind im Dienst des Klassenkampfes«.[31] Der bald in über 100 000 Exemplaren aufgelegte *Knüppel* wurde wiederholt beschlagnahmt und verboten, so daß er zeitweise illegal, mit getarnten Namen *(Der Gummiknüppel, Die Peitsche, Die rosarote Brille)* erscheinen mußte.[32]
Als das Wochenblatt schließlich im Juni 1927 den Kampf aufgab, trat der am 1. April 1928 von Heinrich Zille und dem Maler-Schriftsteller Otto Nagel (1894 bis 1967) begründete *Eulenspiegel* die Nachfolge an. Als Zille 1929 starb, schrieb das sozialrevolutionäre Blatt: »Als Proletarier geboren – als Proletarier gelebt – als Proletarier gestorben . . . Die ›guten‹ Bürger wollen in ihm ihren Spaßmacher sehen, – Zille selbst hat sich sein Leben lang dagegen verwahrt. Das, was er darstellt, war bitterer Ernst: ›das Leben der Menschen, die nichts besitzen und nichts bekommen‹.«[33]
Weitere, heute noch bekannte Mitarbeiter des *Eulenspiegels* waren die Graphikerin, Malerin und Bildhauerin Käthe Kollwitz (1867 bis 1945), Kurt Tucholsky und die später – nach ihrer Rückkehr aus der Emigration – in der ehemaligen DDR beheimateten Schriftsteller Johannes R. Becher (1891 bis 1958) und Erich Weinert (1890 bis 1953).[34]
Seit 1932 nannte sich der in etwa 50 000 Exemplaren aufgelegte *Eulenspiegel Roter Pfeffer.* Fortan betrachtete er als seine Hauptaufgabe die »antifaschistische Aktion«. Der *Rote Pfeffer* war es, der vor den Wahlen zum Reichstag 1932 im Juli die oft zitierte Feststellung traf: »Nur die allerdümmsten Kälber wählen ihre Metzger selber« *(Abbildung 168).* In seiner Bekämpfung des immer bedrohlicher werdenden Hitlerfaschismus wurde er unterstützt durch die von Bernhard Gröttrup (1883 bis 1953; Pseudonyme: Bernhard Grote, Grote Bernd) im Verlag Auffenberg von 1931 bis 1933 herausgegebene illustrierte Wochenschrift *Die Ente.*
Um das linke Witzblatt-Spektrum abzurunden, seien hier noch der von Hans Krocker herausgegebene, der Unabhängigen Sozialistischen Partei Deutschlands (USPD) nahestehende *Faun* (1918 bis 1921) genannt, ferner die 1919 entstandenen humoristisch-satirischen Wochenschriften *Die Schiebung, Die Freie Welt, Wurst-Blatt, An die Laterne*[35] und – *last but not least* – das von Erich Kuttner (1887 bis 1942) und dem Karikaturen-Sammler Friedrich Wendel (1884 bis 1960) redigierte, von zahlreichen Künstlern illustrierte SPD-Witzblatt *Lachen links.* Es erschien von Januar 1924 bis Mai 1927 wöchentlich einmal in Berlin und ersetzte den vorübergehend eingestellten *Wahren Jacob.* Gegenüber der kommunistischen Übermacht hatte *Lachen links* begreiflicherweise einen schweren Stand.[36]
Angesichts dieser Flut von »Jift und Jalle« speienden (Walter Mehring) roten Witzblättern wird deutlich, wie sehr sich der Zeitgeist der inzwischen hochindustrialisierten Reichshauptstadt seit der Bismarck-Ära verändert hatte.

168 *Roter Pfeffer*, Berlin, Heft 7 v. 15. 7. 1932
Nur die allerdümmsten Kälber wählen ihre Metzger selber!
Titelseite
Kolorierte Zeichnung von Rudolf Herrmann
Eines der bekanntesten Beispiele dafür, wie das Bild als Waffe gegen den Hitlerfaschismus eingesetzt wurde.

Auf der anderen Seite des Meinungsspektrums befanden sich die satirischen Vertreter der Rechten, insbesondere der Deutschnationalen Volkspartei (DNVP).
Im Januar 1919 kam das scharf antispartakistische illustrierte Witzblatt *Die Trommel* heraus. 1919/20 erschien der von Alexis (eigentlich Julius Schleimer) redigierte völkische, das heißt rassistische *Satyr*, 1920 trat das von Richard Kunze gegründete nationalistische und judenfeindliche *Deutsche Witzblatt* auf den Plan. Beiden gegenüber standen die von Max Jungmann gegründeten, mit vielen Illustrationen versehenen »Jüdischen Blätter für Humor und Kunst«, das heißt die neue Folge des *Schlemiels* (1919/20).[37] 1921 wandte sich dann *Die Leuchtkugel* mit folgendem Programm an die Leser: »Aufbauen heißt es, nicht niederreißen. Wir wollen euch die Wege weisen, so gut wir sie wissen. Auf der deutschen Treue soll weitergebaut werden.«[38] Deutsch-national, also konservativ waren außerdem *Der Satirische Tag*[39] und die am 19. November 1925 erstmals erschienene »Politische und satirische Wochenschrift« *Der Blaue Vogel*. Die Herausgeber Alfred Ball (nicht zu verwechseln mit dem pazifistischen Schriftsteller Hugo Ball; 1886 bis 1927) und Arthur Dix (1875 bis 1935) – Hauptschriftleiter war Ernst Prinz von Ratibor – sowie der Verleger Otto Elsner hofften, »mit dieser Zeitschrift das Organ geschaffen zu haben, das von vielen Tausenden bisher vermißt wurde und das einen gewissen Vorsprung, den Linksradikale durch den scharfen, ungebundenen Ton ihrer Wochenschriften hatten, endlich ausgleicht«.[40]
Allerdings waren keineswegs alle neu gegründeten Berliner humoristisch-satirischen Periodika ein Spiegelbild »des Parteienwahnsinns einer aus den Fugen geratenen Zeit«.[41] Neben ihnen entstanden, vor allem in den »Goldenen Zwanziger Jahren«, das heißt nach dem Ende der Inflation, zahlreiche vergängliche Witzblätter, die ihre öffentliche Aufgabe darin erblickten, der überschäumenden Lebenslust der Reichshauptstädter Ausdruck zu verleihen. Zu dieser Kategorie gehörten die von dem Erzähler und Satiriker Alfred Richard Meyer (1882 bis 1956) nach einer in der Literatur besungenen Inselgruppe benannte Zeitschrift *Bimini* (1924), das für »Lebenskünstler und Freunde der Behaglichkeit« einmal monatlich herausgegebene *Tabakskollegium* (1924/25), *Das Galante Leben*, fortgesetzt als *Galantes Leben* (1924/26), die »Heiteren Blätter für Literatur, Kunst, Bühne, Mode und andere schöne Dinge« *Buntes Leben* (1924/25), ferner die von Paul Schmidt gegründeten Periodika *Berliner illustrierte Witzzeitung* und *Die kuriose Witzkiste* (1925), endlich *Der Grillentöter* (1925 bis 1929), der *Witz-Kaviar* (1927), das *Humoristische Echo* (1928 bis 1932) und *Das Lachen* (1932).[42]
Selbst für Sprachschüler und sieben- bis zwölfjährige Kinder war gesorgt. Für die Erstgenannten erschienen die *Englischen lustigen Blätter zur Fortbildung und Vervollkommnung der englischen Sprache* (1926/27);[43] für die Berliner Rangen warf der Ullstein-Verlag von Oktober 1921 bis September 1928 die Zweimonatsschrift *Der heitere Fridolin* (Höchstauflage 350 000 Exemplare) auf den Markt.[44]

Doch zurück zum politischen Witz in Wort und Bild. Längst hatte dieser – über das politische Witzblatt hinaus – nicht nur das Kabarett erobert,[45] sondern obendrein Tageszeitungen, Magazine und illustrierte Publikums-Zeitschriften verschiedener Tendenzen. Die beliebteste stehende Figur des »Berliner Jahrzehnts« (Peter de Mendelssohn) war keine Witzblatt-Kreation, sondern der von Theo Matejko für Ullsteins Auflagenmillionär *Berliner Illustrirte Zeitung* erfundene »Kriegsgewinnler Raffke« *(Abbildung 169)*.[46]
In der von dem »roten Pressezaren« Willi Münzenberg seit 1924 herausgegebenen überregionalen *Arbeiter-Illustrierten Zeitung*, die sich mit einer halben Million Auflage zur zweitgrößten Illustrierten Deutschlands entwickelte, erschien dann am 16. Oktober 1932 jene berühmte, außerdem an den Berliner Litfaßsäulen als Plakat angeschlagene Fotomontage John Heartfields »Millionen stehen hinter mir! Der Sinn des Hitlergrußes: Kleiner Mann bittet um große Gaben.« *(Abbildung 170)*[47]
Vergegenwärtigt man sich die hohe Zahl von Illustrationen, die ihre Künstler in den letzten Jahren der Weimarer Republik als Menetekel verstanden wissen wollten, so kann man nicht umhin, Thomas Theodor Heines Zweifel an der Wirkung der Bildsatire zu teilen. Der ins Ausland geflüchtete geniale Zeichner des *Simplicissimus* hatte 1933 in einem Interview gesagt: »Ich glaube bereits nicht mehr, daß die Karikatur dem Gegner schaden kann. Es ist ihr nicht gelungen, Kriege zu verhindern oder schlechte Systeme zu zerstören.« Denn: »Wer lacht, hört auf zu hassen.«[48]
Daß die Karikatur allerdings zweifelsohne imstande ist, Mentalitäten nachhaltig zu beeinflussen und dadurch langfristige Wirkungen zu erzielen, wurde an mehreren Beispielen gezeigt.
Die nationalsozialistische Machtergreifung bedeutete für die kommunistischen und sozialdemokratischen Presseorgane Unterdrückung oder Emigration. Aber auch von den bürgerlichen Berliner Witzblättern sollte keines das »Tausendjährige Reich« überdauern. Der *Ulk* wurde im Juni 1933 mit der Sonntags-Beilage des *Berliner Tageblattes*, dem *Weltspiegel*, verschmolzen. Im März 1934 stellte er sein Erscheinen endgültig ein.[49]
Die *Lustigen Blätter* (Auflage 1935: 30 563 Exemplare) blieben in den ersten Jahren ihrem unpolitischen Kurs treu. Nur im Anzeigenteil wurde eifrig für die »prachtvollen« und »lebenswahren« Porträts des »Volkskanzlers« sowie für die Parteimitgliedschaft geworben. Am 22. September 1939 setzte dann allerdings die Kriegspropaganda mit voller Wucht ein. »Aktuell – wie vor 25 Jahren!« hieß es in Nr. 39 unter nachdrücklichem Hinweis auf die Kriegsnummern der *Lustigen Blätter* 1914. In der darauffolgenden Ausgabe stellte das Blatt den »Hauptfeind«, John Bull, in folgenden Versen vor:

> »Sein Größenwahn ist grenzenlos,
> Höchst schwierig ist die Heilung.
> Als Gegenmittel hilft hier bloß –
> Die neue Raumaufteilung!«[50]

10. Juli 1921
Nr. 28
30. Jahrgang

Berliner
Illustrirte Zeitung

Verlag Ullstein, Berlin SW 68

Ferien-
heft.
75 Pfg.

Eine Preisfrage für die Ferienzeit.
Kriegsgewinnler Raffke auf Reisen: Besichtigung des Kolosseums in Rom. Was sagt Herr Raffke?
3000 M. für die besten witzigen Lösungen unserer Preisfrage.

169 *Berliner Illustrirte Zeitung,* Nr. 28 v. 10. 7. 1921
Titelseite
Eine Preisfrage für die Ferienzeit
Gewinner war der Kunstgelehrte und Kritiker Will Grohmann. Er legte dem von Theo Matejko geschaffenen »Idealtyp« Kriegsgewinnler Raffke folgende Worte in den Mund: »Baut nich, wenn ihr keen Jeld habt!«

170 *Arbeiter-Illustrierte Zeitung*, Nr. 42 v. 16. 10. 1932
Der Sinn des Hitlergrußes: Kleiner Mann bittet um große Gaben
Fotomontage von John Heartfield
Anspielung auf die Unterstützung Hitlers durch gewisse Großindustrielle und Bankiers.

171 *Kladderadatsch*, Nr. 30 v. 24. 7. 1932 (Wahlnummer)
Deutschlands Adler
Kolorierte Zeichnung von Arthur Johnson
Die Karikatur ist das Pendant zu *Abbildung 168*. Sie zeigt zugleich, wie weit die Ende des 19. Jahrhunderts einsetzende Rechtsschwenkung des *Kladderadatsch*, ein Presseprodukt der Märzrevolution, schon fortgeschritten war.
»Deutschlands Adler« sind die NSDAP und die von Alfred Hugenberg, dem allmächtigen Medienkonzernherrn, geleitete Deutschnationale Volkspartei (DNVP). Am 30. Januar 1933 wurde das »Kabinett der nationalen Erhebung« gebildet, dem mit Adolf Hitler als Reichskanzler Vertreter der NSDAP, der DNVP, des Stahlhelms sowie Parteilose angehörten. Am 27. Juni 1933 wurde die DNVP von Hitler zur Selbstauflösung gezwungen.

172 *Eulenspiegel*, Nr. 1, Berlin, 1991
Titelseite
Zeichnung von Klaus Ensikat (Farbdruck)
Das lange Zeit einzige Nachkriegswitzblatt Berlins – *Eulenspiegel* – steht auch im geeinten Deutschland (»Helmut-Kohl-Paradies«) im Dienst von »Satire und Humor«.

Was den *Kladderadatsch* (Auflage 1935: 17 500 Exemplare) anbelangt, so brauchte er nicht erst gleichgeschaltet zu werden, »er war es schon«[51] *(Abbildung 171)*. Dennoch schlug 1944 auch für diese beiden Helfershelfer die Todesstunde. Der im Revolutionsjahr 1848 als »Organ für und von Bummler« gegründete *Kladderadatsch* hatte das respektable Alter von 96 Jahren erreicht, die *Lustigen Blätter* hatten immerhin ihren 57. Geburtstag feiern können. Etwa gleichzeitig stellten in München die hundertjährigen *Fliegenden Blätter* und der *Simplicissimus* ihr Erscheinen ein.[52]
Von den Berliner Nachkriegsgründungen besteht 1990/91 nur noch die einst in der DDR mit dem »Banner der Arbeit« ausgezeichnete »Wochenzeitschrift für Satire und Humor« *Eulenspiegel (Abbildung 172)*.[53] 1988 übersiedelte der Verlag des »endgültigen Satire-Magazins der Bundesbürger«, *Titanic*, in die damals noch geteilte Stadt.[54]
Welche Rolle das illustrierte politische Witzblatt, ein im Vergleich zu früher nahezu ausgestorbenes Medium, in der seit 1990 wiedervereinigten Metropole »der Kritik«[55] spielen kann und will, wird die Zukunft weisen.

Zweiter Teil Lachend die Wahrheit sagen: Die illustrierten politischen Witzblätter Berlins als humoristisch-satirische Chronik Europas

»Die Satyre ist ein Messer,
ist's geschliffen – schneidet's besser.«

(Adolf Glaßbrenner)[1]

Erstes Kapitel 1848/49: Michels Sieg und Niederlage

»Der Teufel geht jetzt Tag für Tag
Umher mit seiner Ruthe.«

(Satan)[2]

Ironisch-satirische Streifzüge durch das Berliner »tolle Jahr«

In den Wochen nach der Volkserhebung stand die preußische Hauptstadt ganz im Zeichen folgender, auf einer Reihe von Gesetzen, Verordnungen, Proklamationen oder Bekanntmachungen beruhender »Errungenschaften«: Presse-, Vereins-, Versammlungs- und Religionsfreiheit, Bürgerbewaffnung und Bürgerregierung. Hinzu kamen die »Verheißungen des 22. März«, die am Abend der feierlichen Beisetzung der Barrikadenkämpfer im Friedrichshain[3] durch ein Extrablatt der *Allgemeinen Preußischen Zeitung* verkündet und gleichzeitig als Flugblatt bekannt gemacht worden waren. Der König versprach »die schleunige Berufung« des Vereinigten Landtags. Dieser Ständeversammlung sollte ein »volkstümliches Wahlgesetz« zur Begutachtung vorgelegt werden, »welches eine auf Urwahlen gegründete, alle Interessen des Volkes ohne Unterschied der religiösen Glaubensbekenntnisse umfassende Vertretung herbeizuführen geeignet ist«.[4] Das auf jene Weise zu bildende Parlament würde dann mit der Aufgabe betraut, die von Friedrich Wilhelm IV. »verheißene« Verfassung »auf den breitesten Grundlagen« vorzubereiten.
Bereits einen Tag zuvor hatte sich der preußische König über die deutsche Frage geäußert, die ja nach den in Europa stattgefundenen Revolutionen durchaus wieder offen war. Die bekanntesten Sätze aus diesem, »in den meisten Kreisen allgemeine Freude« erweckenden historischen Dokument lauteten: »Ich habe heute die alten Deutschen Farben angenommen und Mich und Mein Volk unter das ehrwürdige Banner des Deutschen Reiches gestellt. Preußen geht fortan in Deutschland auf.«[5] *(Abbildung 173)*.
Das »Volk von Berlin« fühlte sich, wie der aktiv an der Revolution beteiligte Publizist Adolf Streckfuß zu berichten wußte, »zum ersten Male frei, und von dieser neu gewonnenen Freiheit machte es den ausbündigsten Gebrauch . . .«[6] Zum ausbündigsten Gebrauch der Freiheit gehörte 1848/49 auch die Gründung immer neuer politisch-satirischer Druckschriften, die – ebenso wie die unzähligen Flug- und Extrablätter – von

»fliegenden Buchhändlern« ausgetragen wurden *(Abbildung 174)*. Freilich befanden sich diese von Anbeginn in einer Position der Abwehr, denn die kurze Zeit der schrankenlosen »Preßfrechheit« hatte seit der Verhaftung des zwanzigjährigen Studenten Gustav Adolph Schlöffel (21. April) ein Ende genommen.[7]

1. *Die Revolutionsschuldfrage*

Am 19. März, um 7 Uhr morgens und in den Stunden danach, erfuhren die »lieben Berliner« aus einem in Tausenden von Exemplaren verbreiteten königlichen Manifest, wer für den Aufstand verantwortlich zu machen sei: »Eine Rotte von Bösewichtern, meist aus Fremden bestehend, die sich seit einer Woche, obgleich aufgesucht, doch zu verbergen gewußt hatten . . .«[8] Für den Verfasser dieses wohlgemeinten, vom Publikum jedoch mit gemischten Gefühlen aufgenommenen Aufrufs handelte es sich

Nach dem feierlichen Umritt Friedrich Wilhelms IV. und seines Gefolges durch das revolutionäre Berlin erließ der König am darauffolgenden Tag einen Aufruf, der »in den meisten Kreisen allgemeine Freude erweckte« (Adolf Streckfuß). Er versprach die Demokratisierung des Staatswesens und enthielt den berühmten Satz: »Preußen geht fortan in Deutschland auf.«

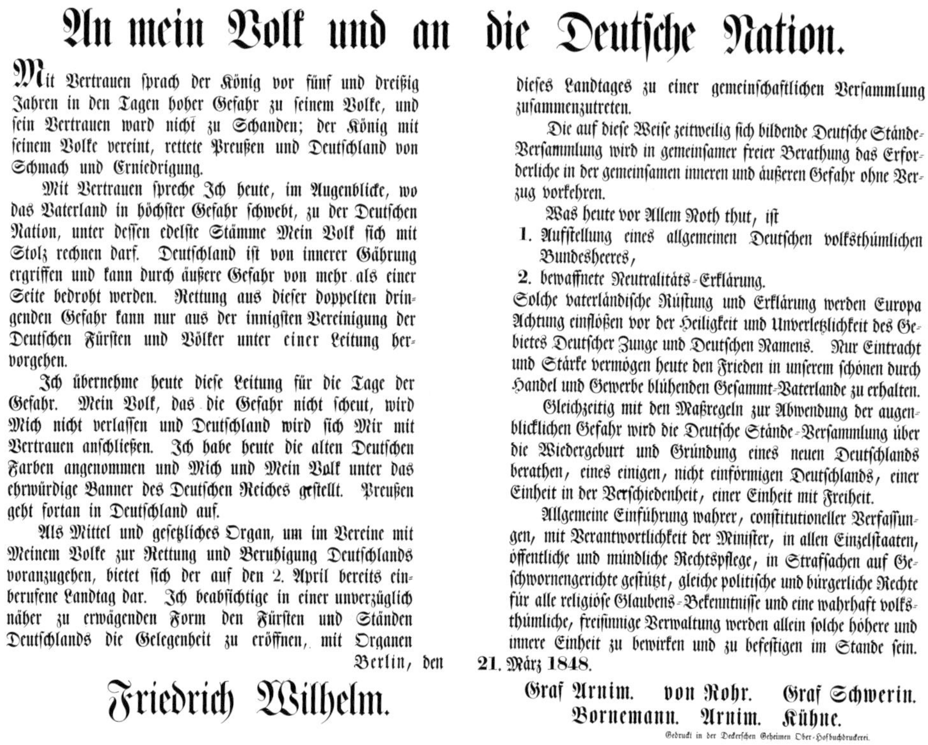

An mein Volk und an die Deutsche Nation.

Mit Vertrauen sprach der König vor fünf und dreißig Jahren in den Tagen hoher Gefahr zu seinem Volke, und sein Vertrauen ward nicht zu Schanden; der König mit seinem Volke vereint, rettete Preußen und Deutschland von Schmach und Erniedrigung.

Mit Vertrauen spreche Ich heute, im Augenblicke, wo das Vaterland in höchster Gefahr schwebt, zu der Deutschen Nation, unter dessen edelste Stämme Mein Volk sich mit Stolz rechnen darf. Deutschland ist von innerer Gährung ergriffen und kann durch äußere Gefahr von mehr als einer Seite bedroht werden. Rettung aus dieser doppelten dringenden Gefahr kann nur aus der innigsten Vereinigung der Deutschen Fürsten und Völker unter einer Leitung hervorgehen.

Ich übernehme heute diese Leitung für die Tage der Gefahr. Mein Volk, das die Gefahr nicht scheut, wird Mich nicht verlassen und Deutschland wird sich Mir mit Vertrauen anschließen. Ich habe heute die alten Deutschen Farben angenommen und Mich und Mein Volk unter das ehrwürdige Banner des Deutschen Reiches gestellt. Preußen geht fortan in Deutschland auf.

Als Mittel und gesetzliches Organ, um im Vereine mit Meinem Volke zur Rettung und Beruhigung Deutschlands voranzugehen, bietet sich der auf den 2. April bereits einberufene Landtag dar. Ich beabsichtige in einer unverzüglich näher zu erwägenden Form den Fürsten und Ständen Deutschlands die Gelegenheit zu eröffnen, mit Organen dieses Landtages zu einer gemeinschaftlichen Versammlung zusammenzutreten.

Die auf diese Weise zeitweilig sich bildende Deutsche Stände-Versammlung wird in gemeinsamer freier Berathung das Erforderliche in der gemeinsamen inneren und äußeren Gefahr ohne Verzug vorkehren.

Was heute vor Allem Noth thut, ist

1. Aufstellung eines allgemeinen Deutschen volksthümlichen Bundesheeres,
2. bewaffnete Neutralitäts-Erklärung.

Solche vaterländische Rüstung und Erklärung werden Europa Achtung einflößen vor der Heiligkeit und Unverletzlichkeit des Gebietes Deutscher Zunge und Deutschen Namens. Nur Eintracht und Stärke vermögen heute den Frieden in unserem schönen durch Handel und Gewerbe blühenden Gesammt-Vaterlande zu erhalten.

Gleichzeitig mit den Maßregeln zur Abwendung der augenblicklichen Gefahr wird die Deutsche Stände-Versammlung über die Wiedergeburt und Gründung eines neuen Deutschlands berathen, eines einigen, nicht einförmigen Deutschlands, einer Einheit in der Verschiedenheit, einer Einheit mit Freiheit.

Allgemeine Einführung wahrer, constitutioneller Verfassungen, mit Verantwortlichkeit der Minister, in allen Einzelstaaten, öffentliche und mündliche Rechtspflege, in Strafsachen auf Geschwornengerichte gestützt, gleiche politische und bürgerliche Rechte für alle religiöse Glaubens-Bekenntnisse und eine wahrhaft volksthümliche, freisinnige Verwaltung werden allein solche höhere und innere Einheit zu bewirken und zu befestigen im Stande sein.

Berlin, den 21. März 1848.

Friedrich Wilhelm.

Graf Arnim. von Rohr. Graf Schwerin.
Bornemann. Arnim. Kühne.

Gedruckt in der Deckerschen Geheimen Ober-Hofbuchdruckerei.

173 *Proklamation König Friedrich Wilhelms IV. vom 21. März 1848*

also nicht um eine spontane Insurrektion seines »treuen und schönen Berlins«, sondern um einen »coup monté«, das heißt um einen von langer Hand vorbereiteten Anschlag fremder Emissäre.

Der preußische König stand mit dieser Auffassung durchaus in einer europäischen Tradition. Schon die Französische Revolution von 1789 soll bekanntlich Gerüchten zufolge das Werk ausländischer (= englischer) Agenten gewesen sein.[9]

Im Mai/Juni 1848 wurde die von Friedrich Wilhelm IV. in die Welt gesetzte Fabel von konservativen Wortführern und in der »guten Presse« präzisiert. Die Verantwortlichen waren Polen, Franzosen, verdorbene Literaten und – Juden.[10]

Die genannten Unterstellungen waren vor allem für die »jüdischen Gelehrten« des *Kladderadatsch* eine Zielscheibe des Spottes. Bereits die erste Ausgabe (7. Mai 1848) enthielt ein Gedicht David Kalischs, dessen Anfangsstrophe lautete:

»Eher wird's auf dieser Erden,
Vor der Hand nicht ruhig werden:
Bis die Federfuchserbanden
Man getrieben aus den Landen,
Bis man ihnen Mores lehret –
Und das Raisonniren wehret:
D'rum, Berliner, laßt Euch rathen:
Nieder mit den Litteraten.«

Am 18. Februar 1849 brachte der *Kladderadatsch* (Nr. 7) dann eine »Originalschablone« zu den leitenden Artikeln der konservativen »heiligen Kreuz-Zeitung«. Sie endete mit der allein durch die Zahl der Ausrufezeichen effektvoll gestalteten Aufforderung: »Mit Gott für den König! das Vaterland wird es Euch danken! Vor allem aber

Ein fliegender Buchhändler.

„Manifest an unsre Wähler –
Ewige Lampe und Krakehler –
Der Pabst hat sich 'ne Frau genommen –
Kladderadatsch – de Russen kommen –
Offner Brief an'n Borgermeester –
Herzog Johann is Reichsverweser –
Menagerie blutdürst'ger Thiere –
Freie Blätter, Nummer Viere –
Moneke, ein Hochverräther –
Neue Berliner Struwwelpeter –
Löwinson, Korn, Urban und Siegrist –
Birjerwehrekén, sehst de, wie de bist –
Neues Extrablatt zur Voß'schen –
Die Cholera wüthet, vor eenen Jroschen –
Eenen Jroschen, man immer her!“ –
Des nennt man: fliegender Buchhändleer.

Verlag von A. Hofmann & Comp. in Berlin, Gr. Friedrichsstr. 172.

174 *Der neue Berliner Struwwelpeter*, Nr. 1 [Juli 1848]
Ein fliegender Buchhändler
Holzschnitt von Wilhelm Scholz

Einer der vielen demokratischen »fliegenden Buchhändler« ruft seine »Ware« für »eenen Jroschen« in kunterbunter Reihenfolge aus. Ganz nebenbei informiert er über die fortschreitende Reaktion.

keine Unentschiedenheit, keine Halbheit, kein Zagen! Der große Zweck will große Mittel! Aergert euch ein Glied, so schneidet es aus und werft es ins Feuer! Nieder mit den Polen! Nieder mit den Franzosen! Nieder mit den Literaten!!! Vor allem aber, nieder mit den Juden!!!! Gott segne das Vaterland!«

Am 10. Juni 1849 nahm das Blatt das Thema auch zeichnerisch auf. Diesmal machte es jene bürgerlichen Zeitungen lächerlich, welche zur Diskreditierung der ersten deutschen Revolution nicht unerheblich beigetragen hatten *(Abbildung 175)*.[11]

Wie hartnäckig sich dennoch die durch gewisse Presseorgane verbreitete Revolutionsschuldlegende hielt, zeigt die von dem Sozialdemokraten August Bebel im Deutschen Reichstag am 18. März 1898, anläßlich des 50. Jahrestags, ausgelöste Debatte um den Platz der Revolution in der deutschen Geschichte. Preußische Junker vertraten wie eh und je die Meinung, es habe sich um eine Tat »ausländischen Gesindels« gehandelt.[12]

2. *Demokratische Clubs und Vereine im Brennglas der Berliner Satire*

Charakteristisch für die nach dem 18. März entstandene Basis-Öffentlichkeit waren Volks- und Straßenversammlungen, Clubs und Vereine *(Abbildung 176)*.[13] Im Brennpunkt des Interesses stand vor allem der am 22. März aus den Zelten-Versammlungen als »Einigungspunkt der radikalen Demokratie« hervorgegangene Politische Club, dessen Mitglieder, »meist feurige junge Männer« (Adolf Streckfuß), die Revolution weiterführen wollten. Er gewann bei den »ruhigen Bürgern« bald einen »gefürchteten Namen«. Weshalb? ». . . in ihm, hieß es, seien jene Polen, Juden und Franzosen vereint, welche als die Anstifter aller Revolutionen schon damals in den Köpfen aller politischen Gespensterseher zu spuken begannen, jene wütenden Revolutionäre, welche den Kommunismus zum herrschenden Systeme in der Republik, auf welche sie losarbeiteten, machen wollten.«[14]

Diese Einschätzung hatte der Politische Club weniger revolutionären Taten als der Rhetorik seiner Mitglieder zu verdanken. So forderte der auf Seite 356 genannte Gustav Adolph Schlöffel in einer Sitzung die »Kreuzigung« des preußischen Ministeriums,[15] während der Assessor und Publizist Adolph Reich am 1. Mai in der Zeitschrift *Der Satyr* in einer aus Fabel und biblischer Erzählform bestehenden »politischen Predigt« offen zum Kampf ausrief: »Und Michel riß das Schloß von seinem Munde . . . und fing an zu reden Worte voll deutscher Kraft und Mark. ›Wehe Euch Ihr Tyrannen, die Ihr meine Kraft gemißbraucht habet . . . Ich bin erwacht, und werde nicht mehr einschlafen, und werde Tod und Verderben über Euer Haupt bringen! . . . Zittert, ihr Schlangen, die ihr im Finstern kriechet! Ihr werdet mich zwar in die Ferse beißen, ich aber werde Euer Haupt zertreten.‹ «

Die Revolutionsfabrikanten in Deutschland.

Wien. Nach ruhiger Ueberlegung hat es sich herausgestellt, daß die Revolution nicht sowohl von der Bürgerschaft, als von einer kleinen Rotte fremder Eindringlinge, Polen, Juden und Franzosen provocirt und durchgeführt worden ist. (Lloyd.)

Berlin. Dieselbe Rotte von Fremdlingen, Polen, Juden und Franzosen, welche den Bruderkampf in Wien auf dem Gewissen haben, waren es, die auch hier das beklagenswerthe Mißverständniß, wenn nicht veranlaßt, so doch in verbrecherischer Weise auszubeuten gewußt haben. (Voss. Z.)

Dresden. Vorzüglich waren es Polen, Juden und Franzosen, die sich an dem mörderischen Kampf in Dresden betheiligten. Ja, unsre braven Soldaten erkannten auf den Dresdener Barricaden so manches unheimliche Gesicht wieder, dem sie schon auf den Barricaden von Berlin begegnet waren. (Voss. Z.)

Die fremden Empörer, Polen, Juden und Franzosen, in Wien, Berlin und Dresden niedergemacht, eilen jetzt nach der Pfalz, um auch dort den Brand der Revolution schüren, und die verbrecherischen Pläne, mit denen sie anderswo gescheitert sind, dort verwirklichen zu helfen. (Augsb. Z.)

Redakteur: Ernst Dohm. Druck und Verlag von C. Müller in Neustadt-Ebw.

175 *Kladderadatsch*, Nr. 23 v. 10. 6. 1849
Die Revolutionsfabrikanten in Deutschland
Holzschnitt von Wilhelm Scholz

Mit Hilfe einer illustrierten Presseschau (*Pester Lloyd*, *Vossische Zeitung*, *Allgemeine Zeitung*, Augsburg) ironisiert der *Kladderadatsch* die stereotype Behauptung, die Aufstände in Wien (13. März 1848), Berlin (18. März 1848), Dresden (Mai 1849) und in der Pfalz (Juni 1849) seien von »Polen, Juden und Franzosen« angezettelt worden. Nur die badisch-pfälzischen Revolutionstruppen hatten nachweislich Verstärkung von Schweizern, Franzosen, Ungarn und vor allem Polen erhalten.

Während dieses »Blatt für offene Meinung und freies Wort« sofort unterdrückt wurde, konnte sich das vom Politischen Club herausgegebene *Club-Blatt*, das zugleich eine propagandistische, Forums- und politisch informierende Funktion besaß, einige Wochen halten.[16] Seine vermutliche Wirkung auf den »ruhigen Bürger« schilderte der *Kladderadatsch* (Nr. 1) am 7. Mai wie folgt:

»Es regt mir die innerste Galle auf,
Wenn ich dich höre sprechen.
Dein Odem schon ist Hochverrath
Und Majestätsverbrechen.«

In der einzigen Ausgabe des *Kickeriki* (erste Junihälfte 1848) hielt es schließlich der »fliegende Buchhändler« Lude für notwendig, seinen Gesprächspartner Nante und damit die Leser des Blattes über die vermeintlichen Gründe der steigenden Unbeliebtheit dieses Demokraten-Clubs aufzuklären: »Der politische Club redt von de Leber weg, dumm un jescheidt, wie't da jrade raußer kommt; des können aber die Leute nich verdrajen. Weil nu dieser politische Club immer dreiner haut, hat er Opposition jefunden.«

Der Zeichner stellt ein Mitglied des sich durch Wortradikalismus auszeichnenden *Politischen Clubs* vor, dem Handwerker, Arbeiter, Studenten und »Literaten« angehörten. Es trägt – wie der republikanische Führer der badischen Freischaren Friedrich Hecker – einen Schlapphut mit Hahnenfeder, eine Bluse unter dem weiten Umhang, hohe Stiefel und vor allem einen dicken Bart. In der linken Hand hält es kein Gewehr, sondern ein Messer.
Das Gegenstück zum Politischen Club, der *Constitutionelle Club*, setzte sich aus dem Geld- und Titelpatriziat sowie aus gemäßigten Publizisten zusammen. Zu seinen Mitgliedern gehörte der Maschinenbauunternehmer August Borsig. Das Losungswort lautete: »Ordnung ohne Freiheit ist Despotie, Freiheit ohne Ordnung ist Anarchie! Nichts ohne das Volk, nichts ohne den konstitutionellen König!«.
Von diesem Club spaltete sich Mitte Mai ein konservativer Flügel ab und gründete den *Patriotischen Verein*. Für ihn stand an oberster Stelle die Unverletzlichkeit der Monarchie sowie – als soziale Komponente – die Forderung nach Arbeiterschutz und -mitbestimmung. Die hier dargestellten Gestalten zeigen durch Gestik, Worte und Kleidung, inwieweit sie sich mit der Revolution identifizieren beziehungsweise von ihr Abstand nehmen.

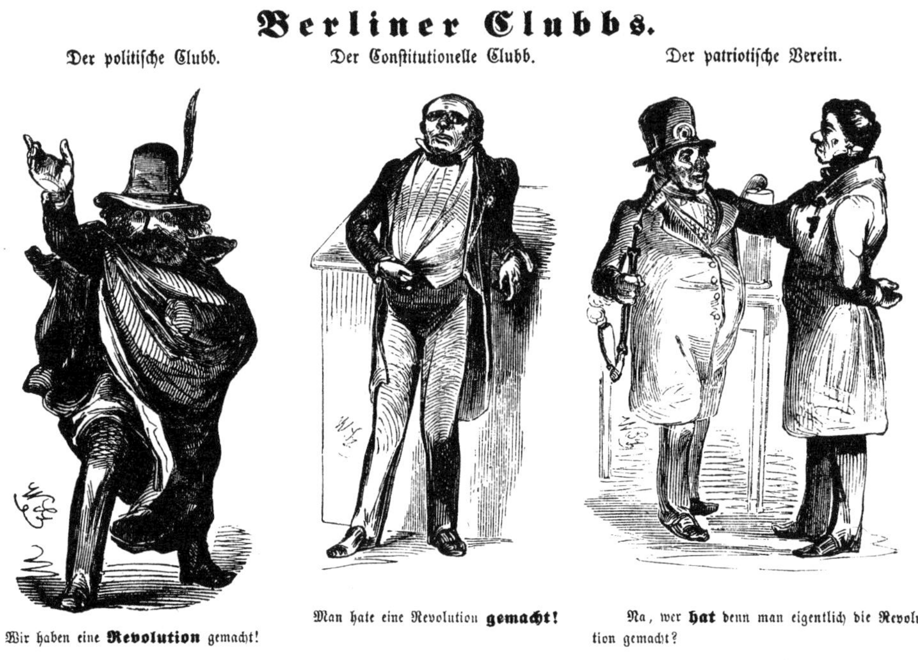

176 *Kladderadatsch*, Nr. 4 v. 28. 5. 1848
Berliner Clubbs
Holzschnitt von Wilhelm Scholz

Als der Politische Club Ende Mai 1848 nach seiner Neuorganisation und Umbenennung in Demokratischer Club eine noch »entschiedenere Farbe« annahm,[17] verkündete der *Teufel in Berlin* (Nr. 3) folgerichtig: »im demokratischen Clubb ist beschlossen worden: ›Rex‹ künftig ohne R zu schreiben.«

Einer der markantesten Redner des Politischen [Demokratischen] Clubs sowie anderer Clubs und Vereine war der die Titelvignette des *Berliner Großmauls* schmückende »Demagoge« Friedrich Wilhelm Held. An der Person dieses ehemaligen Leutnants und Schauspielers, der als einer der ersten deutschen Publizisten »gleichzeitig die Massenwirkung der damals zu Gebote stehenden Medien Presse, Rhetorik und Plakat für seine Propaganda zu nutzen« verstand,[18] schieden sich in dem immer zerstritteneren demokratischen Lager die Geister, auch was die Witzblätter anbelangt. Die einen (*Freie Blätter*) lobten Held als einen »Mann aufrichtiger Gesinnung«, die anderen, insbesondere die vier Meinungsführer *Die ewige Lampe*, *Berliner Großmaul*, *Berliner Krakehler* und *Kladderadatsch*, ließen es an Spott nicht fehlen, betrachteten sie doch den von Ernst Dohm bei einem geheimen Vermittlungsversuch zwischen Königtum und Volksbewegung belauschten Volksführer als Verräter.[19]

Nach dem vom 26. bis 30. Oktober 1848 in Berlin abgehaltenen, von 260 Clubs und Vereinen aus 140 Städten beschickten Zweiten Kongreß der Deutschen Demokraten, bei dem die sogenannten roten Republikaner mit ihrem »ungezügelten Enthusiasmus« die große Mehrheit bildeten,[20] gingen – nach Adolf Glaßbrenner und Adalbert Cohnfeld, die sich stets gegen die »Wühler« und »Anarchisten« abgegrenzt hatten – auch die »Gelehrten des Kladderadatsch« auf Distanz. Am 29. Oktober 1848 brachte das »Organ für und von Bummler« (Nr. 26) unter der Überschrift »Zum Berliner Demokraten-Congreß« ein Gedicht, das dem Auftreten und den wilden Reden mancher Kongreßteilnehmer den Stempel der Lächerlichkeit aufdrücken wollte:

» ›Willkommen Brüder! Her die Hand!‹
Aus Ost und West vom Vaterland –
Welch herrliche Gestalten!
Die Augen sprüh'n in dunkler Gluth –
Die Arme glühn von Kampfesmuth –
Zum bald'gen Schädelspalten!

Wo solche Männer, kühn und frei!
Da schwört die Jugend zur Partei –
Da ist nur ein Erheben!
Bald bricht er los, der große Patsch –
Herr Gott! wird das ein Kladd'radatsch!
Den nächstens wir erleben!«

Mit dieser Kritik war es nicht getan. Drei Tage später beschuldigte Louise Aston die in Berlin versammelten Demokraten, »mit unermüdlicher Emsigkeit ... enorme Massen leeres Stroh« zu dreschen (*Der Freischärler*, Nr. 1). Ende Dezember 1848, kurz vor seinem endgültigen Verbot, meldete sich dann auch jenes Blatt zu Wort, das noch im August die Demokratie als »den Olymp« bezeichnet hatte, »auf welchem die Erdgeborenen zu Göttern werden«, der *Berliner Krakehler*.[21] In einem Pathos mit Sarkasmus vereinenden »Leitenden Krakehl« stellte er (Nr. 38) dem »Volk Borussia's« folgende Fragen. »Ja, Du Volk, ja, Ihr Demokraten, schuldbeladen, ein Wort mit Euch! Was habt Ihr aus Eurer Freiheit, Euren Errungenschaften ... gemacht, so lange die Regierung wähnte, Ihr wäret stärker, als sie? ... Wo ist Schwäche, Zerwürfniß, Feigheit, Furcht, Verrath, Ausreißerei und Speichelleckerei? Auf Seiten des Volkes, auf unserer Seite! ... Nehmet Euch in Acht, daß nicht die von einem Häuptling des demokratischen Congresses Euch angedrohte Strafe: alle Preußen müssen sich drei Tage lang gegenseitig in's Gesicht spucken – eine Wahrheit werde ...«

Aufschlußreich ist übrigens, daß die 1848/49 in Berlin herausgekommenen Flug- und Witzblätter, ganz wie ihre Pariser Kollegen, allen Freiheitsparolen zum Trotz die politischen und/oder sozialen Emanzipationsbestrebungen des weiblichen Geschlechts negierten oder gar verhöhnten. So hatte bereits am 12. Juli in Glaßbrenners *Freien Blättern* die sechsteilige Serie »Das politische Leben der Frau Lucie« begonnen, in der die »damals viel genannte schöne Demokratin«[22] Lucie Lenz, ein militantes Mitglied des Politischen [Demokratischen] Clubs, der Lächerlichkeit preisgegeben wurde. Mann, Kinder und Haushalt werden in dieser illustrierten Episodengeschichte sträflich vernachlässigt. Statt dessen schöpft »Frau Lucie« aus den Zeitungen »Belehrung über die nächsten und höchsten Interessen der Menschheit«, bereitet einen Antrag auf Frauenbewaffnung vor, redigiert selbst ein »politisches Damen-Journal« und erringt dank dieser Rührigkeit den Präsidentensessel des »weiblichen Volksclubs für Menschenrechte«. Zusätzlichen Reiz gewinnt ihr Politikerleben natürlich durch die vom Verfasser vermuteten vielfältigen Gelegenheiten, mit »Demokraten« zu flirten.[23] Im September (*Freie Blätter*, Nr. 26) zitierte Glaßbrenner dann zum Beweis der Richtigkeit seiner Ansichten aus Briefen seines großen Lehrmeisters Ludwig Börne: »Ich will Weiber lieber Tabak rauchen sehen, als politisiren hören. Es ist nicht blos lächerlich, wenn sie sich in die Politik mischen; es ist mehr als das, es ist fürchterlich, es ist trostlos ...«

Zu eben dieser Zeit war in Berlin der zwei Monate später wieder verbotene Demokratische Frauen-Verein gegründet worden. Bei seiner Eröffnungssitzung soll er alle männlichen Zuhörer – mit Ausnahme des oben genannten Publizisten Held – ausgeschlossen und darüber beraten haben, »was Alles ohne Entschädigung aufzuheben sei« *(Kladderadatsch)*.[24]

Während die *Freien Blätter* in diesem Zusammenhang an ihre »Frau-Lucie-Serie« anknüpften *(Abbildung 177)*, ging das *Berliner Großmaul* in einer »Reportage« über die üblichen Klischees hinaus *(vgl. Abbildung 53)*. Die noch in den Kinderschuhen steckende Frauenbewegung wurde allein durch die symbolischen Namen des Tagungsortes (Gasthof zur wildgewordenen Ente) und der Rednerinnen (Karoline Fidelbogen, Frau Nachtwächter Michelmann, Frau Barbara Sonnenstich) ein Opfer der Satire. Die Rednerinnen erscheinen als frivol, neidisch und schwatzhaft. Statt den zugegebenermaßen langatmigen Ausführungen der Mamsel Fidelbogen über das Wesen eines demokratischen Frauen-Clubs zuzuhören, flüstert Frau Sonnenstich ihrer Nachbarin zu: »Nich wahr gutste Michelmann, die Fidelbogen ist zu dick und plump. Gott, wie

Demokratischer Frauen-Verein.

— Ludewig, gieb Acht auf's Kind; ich gehe in meinen Club.
— Schön, mein Kind. Wann kommst du zu Hause?
— Das wird sich finden 'und kümmert dich nicht; geh' du nur zu Bett!

177 *Freie Blätter*, Nr. 33 v. 4. 10. 1848
Demokratischer Frauen-Verein
Holzschnitt

Der mit einer berufstätigen Frau, der Schauspielerin Adele Peroni, verheiratete Adolf Glaßbrenner, gab sich in den *Freien Blättern* nicht fortschrittlicher als das Konkurrenzorgan *Berliner Großmaul*. Die Berliner satirische Presse reagierte auf die Emanzipationsbestrebungen der an der Revolution beteiligten Frauen nicht anders als die Pariser. In *Le Charivari* erschien damals eine zweifellos von den Leserinnen nicht sehr geschätzte Serie: »Die Blaustrümpfe«; Autor war der berühmte republikanische Lithograph Honoré Daumier.

kann man so dick sein!« Daß allerdings selbst Louise Aston *(Der Freischärler)* den Demokratischen Frauen-Verein verhöhnte, dürfte wenigstens zum Teil auf eine Rivalität zwischen der »Luzie« und der »Asten« *(Tante Voss mit dem Besen)* zurückzuführen sein. Sie schrieb: »Der ›demokratische Frauenverein‹ hat einmal wieder eine Sitzung gehalten im Affentheater. Da ist denn, habe ich gehört – denn selbst bin ich nicht dagewesen, weil mich nichts mehr anwidert als sentimentale Frivolität – auch die Rede gewesen von Suppenanstalten und Frauenhemdenverfertigungsmanufaktursubskriptionseröffnungen und dergleichen; ferner aber auch von Emanzipation der Frauen. Lucie Lenz hat die Emanzipation der Frauen durch ›Gottvertrauen und Weltachtung‹ definiert, indem sie sehr geistreich hinzugesetzt haben soll, daß man nicht glauben möge, die Emanzipation bestehe darin, daß die Frauen Zigarren rauchten und mit den Männern im Trinken wetteiferten . . .«[25]

3. *Zurück mit Gott für König und Vaterland!*

Während die demokratischen Clubs und Volksversammlungen nur von Fall zu Fall in der Witzpresse ironisch-kritisch beleuchtet wurden, bildeten die seit Mai 1848 in Berlin und auf dem Land aus dem Boden sprießenden konterrevolutionären Vereine ein Dauerthema, für das die ganze Palette satirischer Stilmittel aufgeboten wurde. So verglich der *Kickeriki* (Nr. 1) im Juni 1848 die beiden führenden konservativen Mitglieder des Patriotischen Vereins, den Herausgeber der *Evangelischen Kirchenzeitung*, Ernst Wilhelm Hengstenberg, und den konservativen Sozialreformer Viktor Aimé Huber,[26] mit »Lichtputzen, deren Stammbaum bis in die aegyptische Finsterniß hinaufreicht«. Kein Wunder, daß man – wie etwa Albert Hopf in seiner Zeitschrift *Satan* (Nr. 6) – diesen Verein, der seine Ideen in Berlin und in den preußischen Provinzen durch ein *Central-Blatt* verbreitete, durchaus für fähig hielt, einer hypothetischen »Sammlung vaterländischer Gegenstände« dreihundert »Universalrepublikanervertilgungsmittel« zur Verfügung zu stellen.

Von den hochkonservativen Vereinen, welche es als ihre Aufgabe ansahen, »die Liebe und Verehrung für die Hohenzollern zu pflegen«,[27] wurden vor allem der Ende Mai 1848 entstandene Preußen-Verein für constitutionelles Königthum thematisiert, ferner der Verein zur Wahrung der Interessen der Provinzen sowie der Mitte 1849 gegründete Treubund für König und Vaterland und dessen weiblicher Ableger, der Treubund für Preußens Frauen und Jungfrauen.[28]

Die vom Preußen-Verein, dessen Mitglieder »den Berlinern so verhaßt wie nur irgend möglich« waren,[29] veranstaltete Demokratenjagd trug dieser Gruppierung seitens der humoristisch-satirischen Periodika *Freie Blätter*, *Berliner Gross[ß]maul*, *Berliner Krakehler*, *Kladderadatsch*, *Satan* und *Buddelmeyer-Zeitung* den Schimpfnamen »Denuncianten-Verein« beziehungsweise »Denuncianten-Club« ein.[30] Als Beispiel sei hier das *Berliner Grossmaul* (Nr. 2) angeführt, das am 19. August 1848 unter der Überschrift »Geheime Statuten des Denuncianten-Clubs« siebzehn Paragraphen veröffentlichte, die, wie die nachstehend zitierten, unter bestimmten politischen Voraussetzungen in ihrer Kernaussage Allgemeingültigkeit besitzen. § 4 lautete: »Nothwendige Eigenschaften der Mitglieder sind vornämlich ein gutes Gehör. Auf jedes unbedachtsame Wort ihrer Nebenmenschen müssen sie scharf horchen. Große Ohren dürfen daher keinem Mitgliede fehlen.« In § 8 wurde vorgeschrieben: »Alles Gehörte, was einigermaßen eine Anklage begründen kann, haben die Mitglieder sofort zur Anzeige zu bringen, ohne Rücksicht auf Familien- oder Freundschaftsbande. Das Wohl des Staats geht solchen kleinlichen Bedenklichkeiten vor.«

Gegen die »Schurkerei« der im Schlepptau aller Revolutionen auftauchenden Denunzianten ereiferten sich überdies die *Zeltengedanken ohne Mißverständnisse*, *Tante Voss mit dem Besen*, der *Neue Berliner Struwwelpeter* und der *Kladderadatsch*.[31] Bereits am 30. Juli 1848 erschien in dem letztgenannten Blatt (Nr. 13) unter der Überschrift »Gegen die Denuncianten« ein Gedicht David Kalischs, das als ein Paradebeispiel angreifender Satire gelten kann:

»Wem noch ein Herz im Busen lebt
Für Glauben, Lieben – für ein Hoffen:
Daß sich das Volk zu Dem erhebt,
Was seine Edelsten erstrebt;
Der trete zu uns, frei und offen: –
Was alle Völker jeder Zeit
Dem Brudermorde gleich erkannten,
Laßt richten und vernichten uns:
Zum Teufel mit den Denuncianten!«

Die »Denuncianten« verfügten nicht nur über ihre eigenen Presseorgane – allen voran die *Neue Preußische [Kreuz-]Zeitung*, »der Mittelpunkt aller gegen das revolutionäre Gebahren gerichteten Bestrebungen«,[32] sondern außerdem über die zeitweilig in das konterrevolutionäre Lager übergelaufene »Tante Voß«. Veröffentlichte die vor allem im Besitz- und Bildungsbürgertum verbreitete *Vossische Zeitung* doch – gegen gutes Geld – sowohl private denunziatorische »Eingesandts« (= Leserbeiträge) sogenannter Patrioten als auch die Verlautbarungen der immer selbstbewußter auftretenden Vereine der Reaktion.

Im Januar 1849 versandte sie sogar mit ihren eigenen 20 000 Exemplaren die vom Verein für die Wahrung der Interessen der Provinzen in zwangloser Folge herausgegebenen *Enthüllungen*, worin »die haarsträubenden, mordbrennerischen, gurgelabschneiderischen, häusersprengenden, säuglingmörderischen, barrikadenmauernden Pläne der Wühler aufgedeckt waren«.[33]

Unter Anspielung auf den zwischen der revolutionären Hauptstadt und den »treuen Preußen in den Provinzen« offenbar gewordenen Antagonismus, der an französische Zustände (Paris/Provinz) erinnert, verfaßte der *Kladderadatsch* (Nr. 4) am 28. Mai 1848 ein »neues Lied von der alten Tante Voß«, dessen fünfte Strophe lautete:

»Unsrer Freiheit Frühlingsluft
Pestet sie mit ekelm Duft,:
Bringt von Hans und bringt von Hinz –
Allen Unrath der Provinz!«

Für die demokratischen Witzblätter erwies sich die »alte Runkunkel« *(Tante Voss mit dem Besen)*, »Allerweltsvettel« *(Die ewige Lampe)*, »Voß'sche Zeitunke« *(Freie Blätter)*, »Vossin« *(Kickeriki)* oder »Muhme Voß« *(Berliner Krakehler)* als ein dankbarer Spaltenfüller, wobei das *Berliner Grossmaul* (Nr. 2) am 19. August 1848 in einer Karikatur nicht davor zurückschreckte, die treulose Kollegin kurzerhand am Galgen aufzuknüpfen.

Während sich der *Kladderadatsch*, der als einziges Berliner Witzblatt die Konterrevolution überlebte, mit »Tante Voß« allmählich versöhnte, stand er mit der *Kreuz-Zeitung*, deren Gründer und Mitarbeiter von Wilhelm Scholz am 4. November 1849 bildlich dargestellt worden waren *(Abbildung 178)*, jahrzehntelang auf Kriegsfuß. Die »Gelehrten« sollten es dem »die Reaction würdig vertretenden« Sprachrohr der preußischen Ultras nie verzeihen, daß es durch seine Berichte über die Demokratie, die nicht »eine einzige Wahrheit« enthielten *(Berliner Krakehler)*, »einem der Edelsten«, dem Obertribunalrat und Volksvertreter Ernst Leo Benedikt Waldeck, eine achtmonatige Kerkerhaft eingetragen hatte *(Abbildung 179)*.[34]

4. Das rote Gespenst in Berlin?

Ein wesentlicher Aspekt der Berliner Märzrevolution war die Arbeiterfrage. Sie hatte schon in den 40er Jahren zu Aufständen geführt und spitzte sich nach dem 18. März infolge des Stillstands der Geschäfte zu. Hungernde Arbeiterscharen zogen durch die Stadt, verlangten Lohn und Brot und sangen die als Flugblatt verteilte »Deutsche Marseillaise«. Sammlungen zur Unterstützung der Hinterbliebenen und Verwundeten, an denen sich auch die Mitglieder des Politischen Clubs beteiligten, private (zum Beispiel Eisenbahngesellschaften), kommunale und staatliche Arbeitsbeschaffungsmaßnahmen sollten die Not lindern. Seit April 1848 wurden vor den Toren der Stadt – nach dem Muster der Pariser Nationalwerkstätten – fast dreitausend Erwerbslose mit Kanal- oder Erdarbeiten beschäftigt.

Zu einem regelrechten Mythos wurden die etwa 700 »Rehberger«, deren Aufgabe darin bestand, eine Reihe von Sanddünen, die nördlich vom Wedding (damals noch

Der neue Peter von Amiens und die Kreuzfahrer.

Es hält Sankt **Stahl** des Esels Zaum, Sankt **Gerlach** führt die Truppen,
Zur Seite steht Herr **Bismark** treu, der **Erz**schelm, in Panzer und Schuppen.
Und die sich als Lanzknechte dort mit ihren Mähren quetschen,
Das ist Herr **Wagner**-Don Quixote mit Sancho Pansa-**Gödschen.**

178 *Kladderadatsch*, Nr. 45 v. 4. 11. 1849
Der neue Peter von Amiens und die Kreuzfahrer
Holzschnitt von Wilhelm Scholz

Diese Nummer enthält die erste bildliche Darstellung des künftigen »Hauptmitarbeiters« des *Kladderadatsch*, Otto von Bismarck, der damals Abgeordneter in der Zweiten Kammer war. Sein Panzer hat die Form eines Krebses – als Symbol des Rückschritts –; in der linken Hand hält er seinen Stammbaum, in der rechten eine Geißel. *Im Mittelpunkt* des Bildes steht der Präsident des Magdeburger Oberlandesgerichts, Ernst Ludwig von Gerlach, in der Gestalt des mittelalterlichen Kreuzfahrers Peter von Amiens; der Mitbegründer der *Neuen Preußischen [Kreuz-]Zeitung* war einer der »radikalsten und konsequentesten« Vertreter konservativer Anschauungen in Preußen (Hans-Joachim Schoeps). *Rechts* von ihm erblickt man den an der Berliner Universität lehrenden Staatsrechtler Friedrich Julius Stahl, dessen starker Einfluß auf den preußischen König und seinen engsten Kreis, die »Camarilla« (spanische Bezeichnung für Kämmerchen), nach 1848 offensichtlich geworden war. Er tritt als Jesuit auf. *Im Hintergrund* reiten – als Don Quixote und Sancho Pansa, das heißt als Herr und Knecht – der Chefredakteur der *Kreuz-Zeitung*, Hermann Wagener, und der Leiter der Rubrik »Berliner Zuschauer«, Hermann Ottomar Friedrich Goedsche. Die *Kreuz-Zeitung* war und blieb für den *Kladderadatsch* auf dem Gebiet der Presse die »öffentliche Feindin Nr. 1«.

1849 erregten in Berlin mehrere Hochverratsprozesse, darunter gegen zwei hervorragende Vertreter der Linken, den Arzt und Publizisten Johann Jacoby (1805–1877) und den Juristen Franz Leo Benedikt Waldeck (1802–1870), die Öffentlichkeit. Die Freisprechung Jacobys (*Bild oben*) gab dem *Kladderadatsch* Anlaß, judenfeindliche Äußerungen, an denen es damals nicht fehlte, zu ironisieren. Die am 3. Dezember nach monatelanger Haft erfolgte Freisprechung Waldecks (*Bild unten*) hatte ihn bereits am 6. Dezember zur Herausgabe eines »Extra-Blattes der Freude« veranlaßt. In der Tat hatte Ernst Dohm im Prozeß zugunsten Waldecks ausgesagt, der von der *Kreuz-Zeitung* mit Hilfe von gefälschten Briefen als angeblicher Verschwörer denunziert worden war. Die beißende Satire des *Kladderadatsch* bedient sich des Alten Testaments, um die *Kreuz-Zeitung* bloßzustellen. Auf dem Bild erkennt man die »Häupter der Camarilla« – Gerlach und Stahl –; *links* erscheint Bismarck in derselben Aufmachung wie in der Nummer vom 4. November. Vor ihm faßt sich der Chefredakteur Wagener an den Kopf, *rechts vorne* hebt der überführte Rubrikchef Goedsche die Hände gen Himmel. Auf dem Boden liegt der durch die »Stimme des Volkes«, das heißt rechtmäßig verurteilte arbeitslose Weinreisende Ohm, der zugeben mußte, daß seine auch als Flugblätter verbreiteten »Enthüllungen« samt und sonders erlogen waren.

Jakoby's Freisprechung.

Demokraten.

Hurrah! **Jakoby** auch freigesprochen! Wiederum ein Sieg der Wahrheit! Kellner! Champagner her!

Reactionaire.

Haben se gehört von Jacoby!? Ja! der Jude hat sich rausgeschwindelt. Das kommt aber davon, wenn die Geschwor'nen nach ihrer eignen Ueberzeugung und nicht nach unsrer urtheilen! — Kellner! ein Glas Zuckerwasser!

Die trauernden Kreuzritter auf den Trümmern des Waldeckschen Prozesses.

(Seitenstück zum Jeremias.)

1) An den Gewässern Spree-Babylons saßen sie und weinten, so oft sie Waldecks gedachten.
2) Sie schossen mit ihren Zungen eitel Lügen und keine Wahrheit, und trieben es mit Gewalt im Lande, und gingen von einer Bosheit zur andern (Jerem. 9. V. 3)
3) Ein Freund täuscht den andern, und redet kein wahres Wort: sie fleißigen sich darauf, wie einer den andern betrüge, und ist ihnen leid, daß sie es nicht ärger machen können. (Jerem. 9. V 6.)
4) Es hätten es die Könige auf Erden nicht geglaubt noch alle Leute in der Welt, daß der Widerwärtige und Feind sollte zum Thore wieder einziehen! (Klagel. 4. V. 12.)
5) Die Sancta Camarilla aber, angethan im Gewande der Kreuzzeitung, lehnt ihr zuschauerliches Haupt auf die Schulter der Propheten Sankt Gerlach und Stahl und seufzet:

Kladderadatsch!

Verantwortlicher Redakteur: E. Dohm. — Verlag von A. Hofmann & Comp. in Berlin, Unterwasserstraße 1. — Druck von J. Draeger in Berlin.

179 *Kladderadatsch*, Nr. 51 v. 16. 12. 1849
Jacoby's Freisprechung
Holzschnitt von Wilhelm Scholz

ein Vorort) gelegenen Rehberge (seit 1929 ein Volkspark), einzuebnen. Nach Robert Springer hatte der Typus des Rehbergers für die Berliner Revolution dieselbe Bedeutung, »wie der des Carmagnole der ersten französischen Revolution«.[35] Er berichtet: »Diese wilden Gestalten, halb Pferd, halb Alligator, mit den von Sonne und Schnaps gebräunten Gesichtern und wüsten Bärten, in Lumpenröcken, seltener in Blouson gekleidet, mit einem gelben Strohhute mit [rotem] Federbusch bedeckt, in der Hand einen ehrfurchterweckenden Knüttel, – waren eine geraume Zeit die Stütze der ›Wühler‹ und der Schrecken der Reaction und der schwachen Gemüther.«[36]

Die Rehberger versammelten sich »in drohenden Haufen« vor dem Rathaus, wo sie mit Erfolg höhere Löhne forderten und marschierten, wann immer der Ruf erfolgte: »Die Freiheit ist in Gefahr!«, in »geschlossener Kolonne« in die Stadt.[37] Sie beteiligten sich an Volksversammlungen Unter den Zelten, Unter den Linden oder Unter der einsamen Pappel. Dort ergriffen einzelne Begabte sogar selbst das Wort. Draußen, auf ihren Arbeitsstätten, erhielten sie politischen Anschauungsunterricht von sozialistisch-kommunistischen (Gustav Adolph Schlöffel), republikanischen (Adolph Reich) oder für eine soziale Monarchie eintretenden (Friedrich Wilhelm Held) Agitatoren. Darüber hinaus versuchten »fein gekleidete Herren«, das heißt Sendlinge des Preußen-Vereins, die Rehberger und andere Notstandsarbeiter durch die Verteilung von Geld, Bier und Schnaps für schwarz-weiße Demonstrationen zu gewinnen.[38]

Die von allen politischen Gruppierungen umschmeichelten Arbeiter gewannen nunmehr »ein übermäßiges Bewußtsein ihrer Macht« (Adolf Streckfuß),[39] was die *Freien Blätter* durch eine Karikatur *(Abbildung 180)* und der *Satan* (Nr. 5) mit Hilfe eines Gedichts den Lesern zu vermitteln suchten:

»Juchhe! Nun sind wir Alle gleich:
Ob hoch ob niedrig, arm und reich.
Man nennt uns jetzt nur: liebe Brüder!
Drückt uns die Hand und singt uns Lieder.«

180 *Freie Blätter*, Nr. 9 v. 1. 7. 1848
Karikatur auf das neue Selbstbewußtsein der Berliner Arbeiter

Keineswegs allein für »Reaktionäre«, sondern auch für bürgerliche Demokraten wie Adolf Glaßbrenner, Albert Hopf oder Adolf Streckfuß gewannen die Arbeiter unmittelbar nach der Märzrevolution ein übersteigertes Selbstwertgefühl. Die Gleichsetzung des Arbeiters mit einem faulen Trunkenbold wurde nicht zuletzt dank zahlreicher Karikaturen ein Klischee.

Die hier humoristisch-satirisch dargestellten Zustände schilderte der bayerische Gesandte Ende Mai in einem Bericht aus Berlin wie folgt: »Man erblickt jetzt in den Straßen Individuen und Gruppen, welche sonst niemals zum Vorschein kamen und ein Bild der Frechheit und Trunkenheit darbieten, die an die Zeiten der Terreur von 1792 in Paris erinnern . . . Die Bürger sind in großer Besorgnis und fangen an müde zu werden.«[40]

Bereits zwei Wochen später, am 14. Juni, kam es mit der für die weitere Entwicklung verhängnisvollen Plünderung des Königlichen Zeughauses tatsächlich zu blutigen Zusammenstößen zwischen bürgerlichen Ordnungshütern, Arbeitern und Subproletariat. Sie trieben so manchen Spießbürger oder ängstlichen Philister, dem die Freiheit »viel zu unruhig war« (*Freie Blätter*),[41] in die Arme der Reaktion und bestärkten den preußischen König in seinem Willen, die widerspenstige Hauptstadt über kurz oder lang zu »zähmen«.[42]

Der Arbeiter, als Mitwirkender der Berliner Revolution, trat vor allem in den *Freien Blättern* auf. Allerdings war die Haltung Adolf Glaßbrenners, der seit Anfang April vor »Aufruhr, Haß, Verbrechen« warnte,[43] zweideutig. Einerseits befürwortete er – ohne jeden Anflug von Satire – die »hochwichtigen« Organisationsversuche des mit Karl Marx befreundeten Schriftsetzers Stephan Born,[44] andererseits bespöttelte er – in der vierteiligen Parodie »Eine Volks-Kammer« (Personen: Erdarbeiter; Scene: Eine sandige Gegend bei Berlin) – die sich dem Trunk und der politischen Kannegießerei ergebenden Notstandsarbeiter, die im Grund doch nichts anderes waren, als die fortgeschrittenen Schüler des einst von ihm geschaffenen Eckenstehers Nante. Während der eine Erdarbeiter (= Rehberger) mit seiner »bei alle Völkerversammlungen in de Zelten un anderswo« erworbenen politischen Bildung prahlte, der andere nach seiner »Jeliebten«, der Schnapsflasche, rief, erregte ein dritter mit seiner Aufforderung: »Wir haben nu jenug jesprochen . . . Wir müssen wat dhun!« große Aufregung und allgemeine Mißbilligung. Man hielt ihm entgegen: »Wir unterrichten uns hier jejenseitig: des is hinreichend! Zu schippen un zu karren, dazu hat Deutschland noch lange Zeit, det looft ihm nich weg. Jejenwärtig muß es erst seine Freiheit haben un dazu müssen wir, det soofereene Volk, uns reif machen.«[45] Dasselbe Motiv findet sich in der wohl nur einmal erschienenen Druckschrift *Der neue Berliner Struwwelpeter*, die von den »Gelehrten« des *Kladderadatsch* redigiert und illustriert worden war *(Abbildung 181)*.

Lied der Rehberger.

Die »Rehberger«, mit der Einebnung von Sanddünen beschäftigte Notstandsarbeiter nach Pariser Muster, erschreckten die Bürger und beflügelten die Phantasie von Karikaturisten sowie ernsten und satirischen Publizisten.

(Melodie: Ein freies Leben führen wir.)

Ein scheenes **Leben führen wir,**
Ein Leben voller Freide:
Der Dag verjeht bei Schnaps und Bier,
Un Abends denn erholen wir
Uns in de Jungfernhaide.

Un sind wir von de Arbeet matsch,
Denn wird zum Spaß jelesen:
Wir bilden uns janz demokrat'sch,
Wir halten bloß den **Kladderadatsch**
Un **Tante Voß mit'n Besen.**

Jetzt schinden wir von'n Majistrat
Dagdäglich man zwelf Jroschen —
Wat denkt denn so'n Jeheimderath?
Det wird, wenn Ener Unjlick hat,
In Klabberjas verdroschen.

Zwelf Jroschen, un zehn Stunden karr'n?
Ne, Scheenster, det jeht so nich!
Denkt er, de Rehberj'r, det sind Narrn?
Zwelf Jroschen, un zehn Stunden karr'n! —
Naunyn, ne, na man jo nich!

Die scheene Zeit is bald entfloh'n,
Drum nu noch frisch jetummelt.
Heit jeht et noch **uf Dagelohn,**
Doch ach Herrje, von morgen schon
Wird **uf Accord jebummelt!**

181 *Der neue Berliner Struwwelpeter*, Nr. 1 [Juli 1848]
Lied der Rehberger
Holzschnitt von Wilhelm Scholz (Nachdruck aus *Kladderadatsch*, Nr. 10 v. 9. 7. 1848)

5. Preußens »große Minister-Pleite«

Zwischen März und November 1848 sollte sich das preußische Ministerkarussell nicht weniger als fünfmal drehen. Dem heterogenen, zehn Tage unter der Leitung von Adolf Heinrich Graf von Arnim-Boitzenburg stehenden »Revolutionsministerium« folgte am 29. März die erste bürgerliche Staatsregierung in der Geschichte Preußens. Ministerpräsident wurde der Kölner Bankier Ludolf Camphausen, das Finanzministerium wurde David Hansemann, dem späteren Begründer der Disconto-Gesellschaft (1851), übertragen. Beide Männer waren – ebenso wie die bereits seit dem 19. März amtierenden Minister des Innern beziehungsweise der geistlichen Angelegenheiten, Alfred von Auerswald und Maximilian Heinrich Graf von Schwerin – Mitglieder der früheren liberalen Landtagsopposition. Dem kurz nach dem Zeughaussturm zurückgetretenen »Übergangsministerium« Camphausen folgte am 25. Juni – unter Rudolf von Auerswald, dem älteren Bruder Alfreds – das von David Hansemann gebildete »Ministerium der Tat«.[46] An seine Stelle trat am 22. September das nur drei Wochen bestehende Kabinett des fast 70jährigen Generals der Infanterie Ernst von Pfuel und schließlich, am 1. November, das Ministerium Brandenburg, welches durch einen Staatsstreich der Berliner Revolution ein Ende setzte.

Die wichtigste Amtshandlung des Ministeriums Arnim-Boitzenburg war die Einwilligung zur Errichtung einer zwar dem Polizeipräsidium unterstellten, jedoch sich selbst organisierenden Bürgerwehr. Die vom 19. März bis Mitte November 1848 an die Stelle der »Gensdarmen« getretenen 26 000 Beamten, Kaufleute, Handwerker, Künstler und Studenten – Arbeiter waren nur vereinzelt aufgenommen worden – betrachteten sich in ihrer Mehrzahl als »Wehrmänner einer gesetzlichen constitutionellen Monarchie«. Nicht »der Marseillaise Tosen« *(Die Bürger-Wache)* war ihr Ideal, sondern Ruhe und Ordnung. Um diese aufrechtzuerhalten oder wiederherzustellen, »verhafteten sie nach Herzenslust alle Aufwiegler und Ruhestörer oder die, welche sie dafür hielten«.[47] Wen mag es daher überraschen, daß diese »März-Errungenschaft« bald ein beliebter Gegenstand des Berliner Witzes wurde *(Abbildung 182)*?

Die dem Revolutionsministerium folgende bürgerliche Regierung Camphausen wurde in ihrer Bewegungsfreiheit durch die »Kamarilla«, eine Art Gegenregierung des seit Ende März in Potsdam residierenden Königs, eingeengt.[48] Ihre halbherzigen Maßnahmen riefen im demokratischen Lager und damit in der Berliner satirischen Publizistik immer heftigere Kritik hervor. Das neue Kabinett billigte nicht nur die Rückkehr des nach dem 18. März aus Berlin abgezogenen Militärs, sondern auch die des nach England geflohenen »Kartätschenprinzen« Wilhelm, des späteren deutschen Kaisers.[49] Ausgesprochenen Unwillen erregte der am 22. Mai im *Königlich Preußischen Staats-Anzeiger* (Nr. 20) veröffentlichte, später zwecks Umarbeitung an eine Kommission überwiesene ministerielle Verfassungsentwurf, der zwar wichtige Grundrechte der

Preußen vorsah, jedoch ebenfalls das für undemokratisch gehaltene Zweikammersystem und das absolute Vetorecht des Königs. Die am 22. März von Friedrich Wilhelm IV. verheißenen »breitesten Grundlagen« wurden von nun an – im satirischen Umkehrverfahren – eines der meist gebrauchten Schlagworte der Berliner Revolution. Als Camphausen am 30. Mai in einer Rede vor der preußischen Nationalversammlung den Volksaufstand als eine bloße »Begebenheit« hinzustellen suchte, war das Maß voll.[50] Als Antwort auf diese »Verleugnung« der Revolution veranstalteten die Berliner Clubs – mit Ausnahme des Patriotischen und Preußen-Vereins – am 4. Juni das erste Erinnerungsfest an den 18. März. Durch die mit schwarz-rot-goldenen Fahnen geschmückten Straßen zogen zwischen 50 000 und 60 000 Menschen zum Friedrichshain. Viel Aufsehen erregte der Demokratische Club, »dem eine prächtige, blutrote seidene Fahne« voranwehte, »die er von einer Anzahl Damen«, welche sich ebenfalls dem Zug angeschlossen hatten, geschenkt erhalten hatte.[51] Am darauffolgenden Tag veröffentlichte Adolf Glaßbrenner eine Extra-Ausgabe der *Freien Blätter*. Diesem Dokument der Zeit seien nachstehende Sätze entnommen: »Wir sind feierlichen Ernstes, in unübersehbaren Reihen hierhergezogen, um das verletzte Andenken unsrer Heldenbrüder zu ehren. Ehren wir es würdig, indem wir unsern gerechten Zorn und unsre Verachtung gegen ihre Beleidiger aufgehen lassen in dem Schwur der Freiheit. Zu Dir, Geist der Geister, schwören wir, daß unser Blut eins ist in dem

Philister.

(Man verstehe darunter keinen freisinnigen Bürgerwehrmann.)

Ach Jott, ick ärgere mir ganz doot.
Zwölf Stunden Wache — Schwerenoth!
Wär'n nich die Hunde-Literaten,
Dann häbben wir schon längst Soldaten,
Un häbben widder Pollezei;
Da schlief et sich so hübsch dabei.
Ach die verdammtigen Büchermaden!
Un die verfluchtgen Barricaden! —

182 *Der Teufel in Berlin*, Nr. 1, 1848 [1. Juni-Hälfte]
Philister
Holzschnitt

Sowohl der Zeichner als auch der Autor (Albert Hopf) ironisieren die schlechten »Arbeitsbedingungen« der im März 1848 gebildeten Bürgerwehr. Die Ausdrücke »Hunde-Literaten« und »verdammte Büchermaden« sind spöttische Anspielungen auf die Diffamierung der Straßenliteratur.
Auf dem Bild ist der Bürgerwehrmann an seiner »Uniform« zu erkennen. Zu dieser gehört der schwarze Samthut, an dem die schwarz-rot-goldene Kokarde deutlich sichtbar angebracht ist. Bewaffnet ist er mit einem aus den Reserven des Zeughauses stammenden altmodischen Karabiner, im Volksmund »Kuhfuß« genannt.

Blute dieser Todten! Zu Dir schwören wir, daß Sie leben in uns und wir sterben in Ihnen!«[52]

Am 26. Juli wandten sich dann auch die neu gegründeten *Zeltengedanken ohne Mißverständnisse* in einem mehrstrophigen Gedicht »an den Friedrichshain«:

»Dort ruhen sie, die treuen Kämpfer!
Für Recht und Freiheit starben sie;
Was uns die Fürsten vorenthielten,
Erkämpften sie mit vieler Müh;
Ihr brechend Auge sah ersteh'n
Der Freiheit lichte goldne Höhn!«

Im weiteren Verlauf der Geschichte gewann der heute im Stadtbezirk Friedrichshain gelegene Friedhof vor allem für die Arbeiterbewegung Symbolkraft. Seit 1948 erinnert ein schlichter Gedenkstein nicht nur an die Berliner März-, sondern auch an die siebzig Jahre danach stattgefundene Novemberrevolution.[53]

Die »große Minister-Pleite« (Albert Hopf),[54] das heißt der Rücktritt des für »volksunfreundlich« *(Kickeriki)* gehaltenen Ministeriums, das es gewagt hatte, »seine eigne Mutter, die Revolution, zu verleugnen und in's Gesicht zu schlagen« *(Berliner Krakehler)*, wurde – bildlich gesprochen – von einem einzigartigen satirischen Pfeifkonzert begleitet. Aus der Sicht der demokratischen Witzblätter war die verblichene Staatsregierung, welche durch Verhaftungen und Verurteilungen von »Aufwieglern« die von Friedrich Wilhelm IV. in Aussicht genommene »Zähmung« Berlins eingeleitet hatte, ein »Wechselbalg« *(Die ewige Lampe)*, »schwach, that- und gesinnungslos« *(Freie Blätter)* beziehungsweise »zu feige, zum Alten zurückzukehren und zu feige, das Neue zu schaffen« *(Der Teufel in Berlin)*. Am heftigsten ging die links-radikale Zeitschrift *Tante Voss mit dem Besen* mit dem Exministerium ins Gericht. Sie schrieb: »Das Ministerium Camphausen hat das Genie der Unfähigkeit besessen. Es war impotent, weil es ein Zwitter war. Es kokettirte mit dem constitutionellen Princip, während es das unterthänige Weib des Absolutismus war. Es verleugnete die Revolution und hat mit dieser Apostasie [= Abfall vom Glauben] seine Seele unwiderruflich dem Teufel der Reaction verschrieben.«[55]

Das am 25. Juni 1848 gebildete Ministerium Auerswald-Hansemann fand nicht mehr Gnade vor den Augen der Berliner Witzblätter. Auch diese Regierung betrachtete als ihre oberste Aufgabe die dauerhafte Begründung der konstitutionellen Monarchie. Statt jedoch die Macht der verfassungsgebenden Nationalversammlung zu stärken, bemühte sie sich »nach Kräften«, den »preußischen Militär- und Polizeistaat neu zu beleben«.[56] Eine ihrer ersten Maßnahmen war die Einführung der seit dem 24. Juli 1848 die Straßen Berlins bevölkernden Konstabler (von englisch: constable = Polizist) *(Abbildung 183)*. Die Notwendigkeit dieser nur entfernt dem englischen Vorbild gleichenden Schutzmannschaft war von dem neuen Polizeipräsidenten Moritz von Bardeleben in einer Proklamation wie folgt begründet worden: »Je freier ein Volk, de-

sto unerschütterlicher muß die Macht des Gesetzes feststehen und desto kräftigere Organe sind zu dessen Schutz und Vollziehung in Tätigkeit zu setzen.«[57]
Die den Berlinern verhaßten K[C]onstabler gaben von nun an nahezu jedem Witzblattautor Gelegenheit zu Sticheleien und symbolischen Vergleichen. Man bezeichnete die für völlig überflüssig gehaltenen zweitausend Bürgerpolizisten als »die englische Krankheit« *(Freie Blätter)*, »Männer des Stillstandes« *(Berliner Großmaul)*, »ein politisches Brechmittel« *(Berliner Krakehler)* oder als »Raupen, welche die Blätter des jungen Freiheitsbaums abfressen und die, als Ungeziefer, ausgerottet werden müssen« *(Kladderadatsch)*.[58]
Den *Berliner Krakehler* und die *Freien Blätter* reizten die Konstabler sogar wiederholt zur Reimdichterei. Am 18. Juli 1848 brachte der *Krakehler* (Nr. 14) als Parodie von Luthers Lied »Ein' feste Burg ist unser Gott« (»Ein feste Burg Constabler seind . . .«) einen »Spießer-Choral«; am 23. September (Nr. 26) kommentierte ein »lyrischer Krakehl« die Konsequenzen der »mit schnüffelnder Nas', groß' Macht und viele List« auf- und abgehenden »Straßengötter« Berlins:

»Du Bürger, mit Zopf und Spieße,
Mach' Dir das Herz nicht schwer;
Dir wird ja die Ruhe, die süße,
Bürger, was willst du mehr?«

Im Dezember vertraute endlich ein »Berliner Arbeiter« seinem von den *Freien Blättern* (Nr. 51) veröffentlichten »Tagebuch« an:

Ein Konstabler.

Hier, meine Herrschaften, sehen Sie ein Zweitausendtheil der zukünftigen Sicherheit Berlins. Einst spielt er mit Knieriem und Leder und Pech, jetzt ist er Konstabler. Die Nummer auf seinem Haupt knüpft die Zukunft an die Vergangenheit, denn auch Er wird in der Sonne braten und grob sein. Zwei Kokarden impfen ihm die nöthigen verschiedenen Gesinnungen ein, zwei Armbinden binden ihn an seine öffentlichen und geheimen Pflichten, der Stock stachelt seinen Eifer und der Säbel seine Humanität. Heil dem Lande, das ihn geboren! Halleluja!

183 *Tante Voss mit dem Besen*, Nr. 2 v. 25. 6. 1848
Ein Konstabler
Holzschnitt

Tante Voss mit dem Besen verglich – im Stil der Glaßbrennerschen Guckkastenszenen – einen der zweitausend Konstabler mit dem Eckensteher seligen Angedenkens. Die Uniform der Berliner »Bobbies« bestand aus einem blauen Rock mit Knebelknöpfen und einem numerierten schwarzen Hut auf dem Kopf. Auf dem Bild erkennt man den preußischen Adler und das Wappentier Berlins, den stehenden Bär; am Hut sind sowohl die schwarz-weiße als auch die schwarz-rot-goldene Kokarde befestigt, als Zeichen »verschiedener Gesinnungen«.

»Wend' ick mir rechts, wend' ick mir links,
Ick stoße uf Constabler!!!!!!!
Un noch im Traume, schlechterdings,
Umgeben mir Constabler!!!!!!!!«

Neben den Constablern entwickelten sich die Bürgerwehrleute immer mehr zu »bewaffneten Bütteln«, was den *Volks-Tribun* in seiner vermutlich einzigen Ausgabe vom 5. September 1848 zu der sarkastischen Bemerkung veranlaßte: »Polizeiwehr seid ihr, nichts mehr und nichts minder.« Mit Resignation und bitterer Ironie kommentierten auch der *Berliner Kobold*, das *Berliner Großmaul*, der *Berliner Krakehler*, die *Freien Blätter* und der *Kladderadatsch* das Wiederaufleben des Polizeistaates. Ungeschmälerte Angriffslust zeigte dagegen die *Ewige Lampe*. In einem geharnischten Leitartikel erinnerte der Sprach- und Bildkünstler Arthur Mueller die Presse an ihre »ernste Pflicht«, die »Errungenschaften der März-Revolution zu wahren« und »den jungen Baum der Freiheit zu schützen gegen das reactionaire Schwarzwild, das sich den borstigen Rücken daran reiben will, und seine noch zarte Rinde mit den plumpen Hauern durchbohren möchte . . .«[59]

Nachdem auch dieses ungeliebte Ministerium zurückgetreten war, schrieb der *Berliner Krakehler* (Nr. 25) am 16. September: »Da liegen sie hingestreckt wie umgefallene Wollsäcke, geschwollen von Reaction und Verwesung, da liegen sie stumm und leblos, und der Weltgeist gönnt ihnen keine Grabesstätte in dem Mausoleum der Geschichte, sondern läßt sie verscharren in die ungeweihte Erde der ewigen Vergessenheit.«

6. Die preußische Nationalversammlung ein Affenhaus?

Die trotz massiver Proteste des Politischen Clubs am 1. und 8. Mai 1848 aus Urwahlen, das heißt über Wahlmänner hervorgegangene preußische Nationalversammlung wurde am Montag, dem 22. Mai von Friedrich Wilhelm IV. feierlich im Weißen Saal des Königlichen Schlosses eröffnet. Sie bestand aus 402 gewählten Abgeordneten, darunter 68 Bauern, Häusler und Tagelöhner, ferner 28 Handwerker sowie einige kaufmännische Angestellte und Kleinhändler. Prozentual am stärksten vertreten waren die Beamten, vor allem Richter; die preußische Ritterschaft, welche den Vereinigten Landtag geprägt hatte, mußte sich mit drei Deputierten begnügen.[60] Politisch setzte sich das preußische Parlament aus vier Faktoren zusammen, der allmählich zusammenschmelzenden Rechten (anfangs 150 Anhänger), der nach und nach auf 120 Abgeordnete (darunter mehrere Republikaner) anwachsenden Linken, ferner einem rechten und einem linken Zentrum.[61] Die Abgeordneten der Zentren – vor allem des rechten – gaben bei den Abstimmungen oft den Ausschlag, was der Zeichner Wilhelm Scholz am 15. Oktober für den *Kladderadatsch* (Nr. 24) mit einigen gekonnten Strichen festhielt *(Abbildung 184)*. Die *Freien Blätter* und der *Berliner Krakehler* versuchten sich angesichts dieses Tatbestands in der Verskunst. In Glaßbrenners Rubrik »Aus dem Tagebuch eines Berliner Arbeiters« hieß es eine Woche später:

»En Deputirter is en Mann,
Der sitzt bald rechts, bald links;
Wenn Eener jar nich reden kann,
Denn schweigt er schlechterdings.«

Nach der gewaltsamen Auflösung der Nationalversammlung schmiedete dann der Publizist Beta für den *Berliner Krakehler* folgende Reime:

»Kennt Ihr den Helden Pieperich,
Der guten Wahlen Dieterich?
Er war nicht links, er war nicht rechts,
Ein Zwitter sächlichen Geschlechts.«[62]

In bezug auf die übrigen Volksvertreter erging sich die Berliner Witzpresse in einer subjektiven Schwarz-Weiß-Malerei, allen voran die *Ewige Lampe*. Das viel gelesene

Illustrirte Phrasen aus dem Jahre 1848.

Der früher mit 16 Gesellen arbeitende bedeutende Schlächtermeister und noch unbedeutendere Deputirte Piper. —

„Meine Herren!" — Ich bin nicht von der Rechten, sondern ich bin Rechts, ich bin Links, ich bin Centrum. —

(69. Sitzung der Berliner-Nationalversammlung vom 7. October 1848.)

Der Zeichner karikiert den Typ des wankelmütigen Volksvertreters, hier aus dem gewerbetreibenden Mittelstand.

184 *Kladderadatsch*, Nr. 24 v. 15. 10. 1848
Illustrirte Phrasen aus dem Jahre 1848
Holzschnitt von Wilhelm Scholz

Oppositionsblatt charakterisierte die ihm nicht genehmen Abgeordneten in seiner Rubrik »Gallerie der Preußischen National-Versammelten« in einer Weise, die an »Originalität«, »Grobheit« und »schamlosester Gemeinheit« nichts zu wünschen übrig ließ.[63] Nur wenige Auserwählte fanden Gnade vor den Augen des Redakteurs Arthur Mueller. Zu ihnen gehörten der oben genannte Abgeordnete Waldeck, »ein ernster entschlossener Kämpfer, ohne Furcht und ohne Tadel, . . .« sowie der am 26. Oktober zum Präsidenten gewählte Hans Viktor von Unruh, »jeder Zoll ein Mann, ein treuer, redlicher Vorkämpfer gegen das Schuppenthier der Reaktion«.[64]
Die sich hinziehenden Debatten, wo »sechs Personen mit einem Male den Mund aufthaten und doch nichts herauskam« *(Zeltengedanken ohne Mißverständnisse)* oder – in Form einer simplen Fabel – wo »die Vögel der Lüfte, des Feldes und Waldes« die Flügel spreizten und die Schnäbel aufsperrten, »daß am Ende Keiner des Andern Wort mehr hörte« *(Asyl für Humor und Satyre)*,[65] ferner der erste Tagungsort, die Singakademie, waren für die ironisch-kritischen Periodika Berlins eine schier unerschöpfliche Witzquelle. So sprach der *Berliner Krakehler* von der »Academie des singes« (Affenakademie) und verlangte, daß die drei Taler Diäten erhaltenden »Singacademisten« fortan »keenen Dagelohn vor't Nischduhn mehr kriegen sollen«.[66]
Auch der *Kladderadatsch* mokierte sich über das »Affenhaus« und lieferte am 9. Juli (Nr. 19) unter der Überschrift »Matinée in der Singacademie« folgenden komischen Parlamentsbericht:

»1. ›Nun ruhen alle Wälder.‹ Choral von sämtlichen Mitgliedern.
2. ›Ach wenn's doch, ach wenn's doch, schon Mittagszeit wär!‹ Fromme Wünsche, als Selbstgespräch behandelt, von einem pommerschen Deputirten.
3. ›Sehnsucht nach Ruhe.‹ Vorgeschnarcht vom rechten Centrum.

[. . .]

Zum Schluß:

9. ›Sind wir wieder einmal beisammen gewest – Haben uns wieder 'mal, recht lieb gehabt!‹ Altes Lied mit neuem Gefühl gedacht von der ganzen Versammlung.«

Freilich ging das eine oder andere Witzblatt über ein bloßes Geplänkel hinaus. Nach der Verurteilung des revolutionären Studenten Edmund Monecke, der nach Schlöffels Verhaftung den *Volksfreund* redigiert hatte, zu 2 ½ Jahren Festungshaft, höhnte der *Berliner Krakehler* (Nr. 15) am 22. Juli 1848: »Das Sitzen der Volksmänner ist leider erfolgreicher als die Sitzungen der Volksvertreter.«[67]
Erst als, nach fast fünf Monaten, die Beratungen über den inzwischen weitgehend abgeänderten Verfassungsentwurf, die »Charte Waldeck«, begannen und das Parlament sich anschickte, »mit herkulischer Kraft in dem alten Augias-Stall der Despotie« zu wirtschaften *(Freie Blätter)*, änderte sich der Ton. Nun waren es nicht mehr die Natio-

nalversammelten, sondern die Opfer ihrer Beschlüsse, die sich verspotten lassen mußten. Besondere Genugtuung riefen der Wegfall der an die Zeit des Absolutismus erinnernden Königsformel »Von Gottes Gnaden« hervor (12. Oktober) sowie die Abschaffung des »zu jar Nischt nützen« *(Berliner Krakehler)*, »ewig nichtswürdigen« *(Freie Blätter)*, »schon längst gesunkenen« *(Kladderadatsch)* Adels.[68]
Gewiß, als diese und andere revolutionär anmutenden Entscheidungen getroffen wurden, hatte die »siebenköpp'ge Hydra der Reaction« *(Abbildung 185)* bereits ihr Haupt erhoben. Seit September zog der zum Oberbefehlshaber in den Marken ernannte General Friedrich Heinrich Ernst von Wrangel große Truppenmassen rings um Berlin zusammen *(Abbildung 186)*, »um die öffentliche Ruhe . . ., da, wo sie gestört wird, wiederherzustellen . . .«[69] Nachdem es in den darauffolgenden Wochen wiederholt zu Tumulten vor der Nationalversammlung und am 16. Oktober sogar zu einem »ungeahnten blutigen Konflikt zwischen den Arbeitern und der Bürgerwehr« (11 Tote) gekommen war, rüsteten alle Parteien für den Kampf, »den sie jetzt sämtlich für unausbleiblich und nahe hielten«.[70]

Herkules kämpft mit einer Bestie. *Unten* ist sie ein Löwe mit vier scharfen Klauen, *hinten* ein Krebs, der rückwärts läuft; an Stelle des Genicks trägt sie den preußischen Adler, ihr Schwanz ist ein schwarz-weißer Zopf, an dem zwei Konstabler baumeln. Es handelt sich um die »siebenköpp'ge Hydra der Reaction«: Beamtentum, Soldateska, Muckertum, Adel, reaktionäre Bauern, Spießertum und Stockgelehrtentum.
Noch glaubt der *Berliner Krakehler* daran, daß Herkules das Untier »zu Aller Nutz und Frommen« verjagen kann.

185 *Berliner Krakehler*, Nr. 26 v. 23. 9. 1848
Holzschnitt

7. *Historia vom kranken Bär: der preußische Staatsstreich*

Am 1. November 1848 ging das kurze Zwischenspiel der Regierung Pfuel, welche sich durch ihre »Redlichkeit« zwar das Vertrauen vieler Volksvertreter erworben, aber gleichzeitig den Haß der Kamarilla zugezogen hatte,[71] zu Ende. Als Nachfolger Pfuels wurde General Friedrich Wilhelm von Brandenburg ausersehen, ein illegitimer Sohn des preußischen Königs Friedrich Wilhelm II. und der Gräfin Sophie von Dönhoff. Die Ernennung Graf Brandenburgs, den man als einen »dienstwilligen Vertreter des Absolutismus« kannte, erregte in der Nationalversammlung am 2. November »eine tiefe Sensation«.[72]

Ihre dem König noch am selben Tag von einer Delegation übermittelte schriftliche Bitte, doch ein »volkstümliches Ministerium« einzusetzen, stieß auf taube Ohren. Ebensowenig wünschte Friedrich Wilhelm IV. mündlich Näheres »über die wahre Lage des Landes« zu erfahren. Die ihm daraufhin von dem linken Abgeordneten Johann Jacoby zugerufenen kühnen, für viele allzu kühnen Worte: »Das ist eben das Unglück der Könige, daß sie die Wahrheit nicht hören wollen!« sind seither ebenso untrennbar mit dem »merkwürdigen Jahre 1848«[73] verbunden wie Jacobys 1841 veröffentlichtes, eine freiheitliche Verfassung forderndes Flugblatt *Vier Fragen*, be-

Oktober 1848 war in Berlin ein Monat höchster politischer Erregung. Ein Staatsstreich wurde allgemein erwartet. Das Bild zeigt *(links)* einen »specifischen«, von Kopf bis Fuß schwarz-weiß gekleideten Vertreter des im Mai gegründeten konterrevolutionären Preußen-Vereins. *Rechts* weicht ein »Achtundvierziger« entsetzt vor Friedrich Wilhelm IV. zurück. Der König stützt sich auf schwere Artillerie als »breiteste Grundlage«. Sieben Monate zuvor hatte er seinem Volk eine Verfassung »auf breitester Grundlage« versprochen. Der *Kladderadatsch* verwendet das zum politischen Schlagwort gewordene königliche Versprechen mit bitterer Ironie.

186 *Kladderadatsch*, Nr. 26 v. 19. 10. 1848
Illustrirte Schlagworte der Gegenwart
Holzschnitt von Wilhelm Scholz

antwortet von einem Ostpreußen mit der Geschichte des deutschen Vormärz.[74] Sie wurden vom Demokratischen Club alsbald in Form eines Riesenplakats verbreitet und ließen den *Kladderadatsch (Abbildung 187* und *188)* zugunsten einer leidenschaftlichen Parteinahme vorübergehend auf »Humor und Witz« verzichten.
Knapp 9 Monate nach dem Berliner Volksaufstand erfolgte nun die Beseitigung der »März-Errungenschaften« Schlag auf Schlag. Am 8. November verkündete der *Königlich Preußische Staats-Anzeiger* (Nr. 188) die Ernennung des konservativen Vortragenden Rats Otto Freiherr von Manteuffel zum Minister des Innern; am nächsten Morgen erfuhren die Abgeordneten aus einer von Graf Brandenburg verlesenen Königlichen Botschaft die Verlegung der Nationalversammlung aus der unruhigen Hauptstadt nach Brandenburg an der Havel sowie die vierzehntägige Unterbrechung der Sitzungen.
Die solchermaßen brüskierten preußischen Parlamentarier erklärten am 10. November den »passiven Widerstand« und verweigerten dem »Ministerium des Hochverraths« *(Die Gasflamme, ein Kind der ewigen Lampe)* fünf Tage später auf ihrer letzten offiziellen, von Militär behinderten Zusammenkunft in Berlin das Recht, »über Staatsgelder zu verfügen und die Steuern zu erheben«.[75]
Am 5. Dezember löste Friedrich Wilhelm IV. die beschlußunfähig gewordene Nationalversammlung auf und oktroyierte eine, wenn auch nicht auf den »breitesten«, so doch auf breiten Grundlagen beruhende Verfassung, die »in diplomatischen Kreisen« große Verwunderung erweckte.[76] Freilich, zur Zeit ihrer Verkündung standen so wichtige »Rechte der Preußen« wie die Presse-, Vereins- und Versammlungsfreiheit (§§ 24 bis 28) lediglich auf dem Papier, denn seit über drei Wochen war Berlin – nach dem Motto »Gegen Demokraten helfen nur Soldaten« *(Abbildung 189)* von den Truppen des mit diktatorischen Vollmachten ausgestatteten Generals von Wrangel besetzt und durch die Verfügung des Belagerungszustandes gelähmt. Dieselbe Bemerkung gilt für die am 11. beziehungsweise 15. November aufgelöste und entwaffnete, jedoch verfassungsmäßig vorgesehene Bürgerwehr.[77]

Der »in das zur Tat« entschlossene Volk von Berlin »hineingeschleuderte« Ausdruck »passiver Widerstand« (Adolf Streckfuß),[78] welcher sogar dem Untertitel einer neuen satirischen Zeitschrift, dem *Blauen Montag*, seinen Namen gab, wurde von den Witzblättern dem Temperament ihrer Herausgeber entsprechend kommentiert. Am schärfsten reagierte *Der Freischärler* (Nr. 5). Er enthielt am 29. November einen mit historischen Anspielungen gespickten Beitrag C[K]arl Fren[t]zels, in dem es hieß: »Passiver Widerstand – ist die Parole; Rache! die Losung . . ., trotz der todesmuthigen Bürger mit den wattirten Schlafrocksseelen kommt sie doch – die rothe [= kommunistisch-sozialistische] Republik.« Adolf Glaßbrenner, der nach dem »Gewaltübergriffe des Ministeriums Brandenburg gegen die preußische Nationalversammlung« das Erscheinen der *Freien Blätter* drei Wochen eingestellt hatte, wandte sich im Dezember (Nr. 45) mit folgenden Worten an die Leser: »Unsere Hand war

„Das ist immer das Unglück der Könige gewesen, daß sie die Wahrheit nicht hören wollen!"

Der König hat die mit Ueberreichung der bereits bekannten Adresse von der National-Versammlung beauftragte Deputation empfangen. Nach Verlesung derselben faltete der König die Adresse zusammen und wandte sich mit kurzer Verbeugung zum Fortgehen. Als nun der Präsident Unruh das Wort zu ergreifen zauderte, trat der Abgeordnete Jacobi vor und sprach dem, der Deputation in der Adresse ausdrücklich ertheilten Auftrage zufolge, die Worte:

„Majestät! Wir sind nicht blos hierher gesandt, um eine Adresse
„zu überreichen, sondern auch, um Ew. Majestät mündlich über
„die wahre Lage des Landes Auskunft zu geben. Gestatten Ew.
„Majestät daher —

hier unterbrach der König mit dem Worte:

„Nein!!"

Jacobi entgegnete:

„Das ist immer das Unglück der „Könige gewesen, daß sie die Wahrheit nicht hören wollen!"

Der König entfernte sich.

Der Abgeordnete Jacobi hat sich hierdurch den Dank des gesammten Vaterlandes verdient. Möge er und seine Freunde in diesem hochwichtigen Augenblicke nicht nachlassen, die in Wien wie in Berlin bedrohte Sache des Volkes und der Wahrheit zu vertreten, dann werden alle ihm mit Gut und Blut zur Seite stehen, um endlich eine von Fürstenlaune unabhängige Grundlage der Volksfreiheit und des Volksglückes zu erlangen!

Berlin, den 3. November 1848.

Der democratische Club.

Druck von Ferd. Reichardt u. Co., Neue Friedrichs-Straße 24.

187 Riesenplakat (32,5 × 53,5 cm) des radikalen Democratischen Clubs, der im Mai 1848 aus dem Politischen Club hervorgegangen war.

Der Abgeordnete Johann Jacoby
in der Audienz auf Sanssouci.

Das ist das Unglück der Könige, daß sie die Wahrheit nicht hören wollen.

Die Ihr den Mann verleugnet, Euch zur Schmach
Einlegend schnell demüthige Verwahrung,
Ihr wußtet nicht: was jener Edle sprach,
Ist der Geschichte ew'ge Offenbarung.

Weh' Jedem, der der Wahrheit Wort verdammt!
Der Sturm durchsaust die Wipfel schon im Grimme.
Weh' Jedem, wenn der Blitz herniederflammt,
Der nicht gehöret des Propheten Stimme!! —

An unsere Abonnenten.

Der Ernst des gegenwärtigen Augenblicks gestattet uns nicht, Humor und Witz für diesmal walten zu lassen. — Wir glauben vollkommen durch die Gewalt der Umstände entschuldigt zu sein. — **Die Redaktion.**

Unter Verantwortlichkeit der Verlagshandlung: A. Hofmann & Comp. in Berlin. — Druck von J. Draeger.

Am 2. November begab sich eine Delegation von 25, allen Parteien angehörenden Abgeordneten der preußischen Nationalversammlung von Berlin nach Potsdam, um dem König ein Schriftstück zu übergeben, in dem die Bildung einer volkstümlichen Regierung erbeten wurde. Der König nahm das ihm gereichte Dokument entgegen und schickte sich an, ohne ein Wort den Saal zu verlassen. Da trat der demokratische Abgeordnete Johann Jacoby vor und bat Friedrich Wilhelm IV. um Gehör. Möglicherweise hat er bei seinem mutigen Auftreten an Voltaire gedacht. Während sich fast alle Mitglieder der Deputation von Jacoby distanzierten, ergriff der *Kladderadatsch* unter dem wahrheitsgetreuen Porträt des Volksvertreters eindeutig Partei.

188 *Kladderadatsch*, Nr. 28 v. 12. 11. 1848
Der Abgeordnete Johann Jacoby in der Audienz auf Sanssouci
Holzschnitt von Wilhelm Scholz

Historia vom kranken Bär.

Caput I.

Es war einmal ein Bär. Dieser Bär war unruhig und tobete sehr, so daß seine Wächter fürchteten, er würde ihrem Dasein bald ein Ende machen.

Caput II.

Da sageten sie, der Bär sei krank, und leide an den **Demokraten.** Und sie ließen holen den Doktor Wrangel aus Schleswig. Dieser zähmte den Bären und er hörte auf zu toben und leistete nur **passiven Widerstand.** Dann kam er in die **Belagerungskur** und bald konn'ten wieder alle liegen **auf der Bärenhaut.**

Caput III. Und so ging in Erfüllung, was da geschrieben stehet:

Gegen Demokraten helfen nur Soldaten.

Redakteur Dr. R. Löwenstein. Druck und Verlag von C. Müller in Neustadt-Ebw.

Der *Kladderadatsch* schreibt im Stil der Grimmschen *Kinder- und Hausmärchen* eine in drei Kapitel untergliederte illustrierte Geschichte der Berliner Revolution. *Gegen Demokraten helfen nur Soldaten* ist der Titel einer Schrift, die 1848 von Oberst Karl Gustav von Griesheim, einem engen Mitarbeiter des Kriegsministeriums, veröffentlicht worden war. Der Kammergerichtsrat Wilhelm von Merckel, ein Freund Theodor Fontanes, verwendete diesen Titel in seinem Gedicht »Die fünfte Zunft«, das im August/September des »tollen Jahrs« als Flugblatt verbreitet worden war. Später wurde es sogar vertont.

189 *Kladderadatsch*, Nr. 19, v. 13. 5. 1849
Historia vom kranken Bär
Holzschnitt von Wilhelm Scholz

schon mit einem schwereren Instrumente beschäftigt als mit der Feder. Obschon wir nicht zu den Ultras gehören, die eben Nichts wollen, – obschon wir nicht für die rothe Republik schwärmen, so rechnen wir uns doch zu Denen, welche, wenn's noth thut, gegen die rothe Monarchie noch mehr als ihre Gesinnung haben. Die Zustände sind inzwischen in eine andere Phase getreten. Es ist von den Leitern der Bewegung passiver Widerstand beliebt worden . . .« Den kurzen Sinn der langen Rede brachte der Herausgeber der *Freien Blätter* dann in einem sieben Nummern später veröffentlichten Vierzeiler zum Ausdruck:

»O Menschheit, bist du ganz gesunken!
Erträgst du jeden Hohn und Spott?
Und kriechst und winselst vor Hallunken?
Was ist der Mensch? Mehr Hund als Gott!«[79]

Das *Berliner Großmaul* und der *Kladderadatsch* belehrten ihre Leser durch Vergleiche. Für das erstgenannte Witzblatt war passiver Widerstand mangelnde Courage *(Abbildung 190)*, für das zweite »aktive Feigheit«, allerdings nicht allein seitens der

Der passive Widerstand.

Lude: Sage mal Heindrich, wat is det eegentlich, „passiver Widerstand"?

Heinrich: Det will ick Dir sagen, Lude. Passiver Widerstand is, wenn die Jungens in der Schule Prügel kriegen, un sich een Brett unter den Rock binden. — Passiver Widerstand is ooch, wenn een Junge den andern keilt, un wenn denn der, der Keule gekriecht hat, ausreißt, un ganz von Ferne schreit: „Warte man, dummer Junge, ick wer et meine Mutter sagen."

Lude: Des scheint mir einleichtend. — Es scheint mir aber, als wenn nich ville Courage zu so eenen passiven Widerstand gehören dähte. — Was meenst Du?

Heinrich: Courage? Ne des is gemeene, die hat jetzt jeder Schneider. — Jetzt is es fein, gar keene Courage zu haben.

190 *Berliner Großmaul*, Nr. 10 v. 18. 12. 1848
Der passive Widerstand
Holzschnitt

Am 9. November verlas der zum Ministerpräsidenten ernannte illegitime Onkel Friedrich Wilhelms IV., der preußische General Friedrich Wilhelm Graf Brandenburg, eine Königliche Botschaft, durch welche die Nationalversammlung aufgefordert wurde, ihren Sitz nach der Stadt Brandenburg zu verlegen. Auf dieses Ansinnen reagierten die Volksvertreter unter ihrem Präsidenten Hans Viktor von Unruh mit »passivem Widerstand«. »Passiven Widerstand« setzten die Berliner auch General von Wrangel entgegen. Dieser war am 10. November mit seinen Truppen eingerückt und hatte über die Stadt zwei Tage später den Belagerungszustand verhängt.

»demokratischen Heuler« *(Der blaue Montag)*,[80] sondern auch seitens der »Don Quixotes der Reaktion«. Das »Erstaunen« der in Berlin einziehenden Soldaten, die »glaubten fast zu träumen« (Adolf Streckfuß),[81] spiegelte sich endlich in einem jener Briefe wieder, welche der von Rudolf Löwenstein zum Vergnügen der Leser geschaffene Baron von Strudelwitz an seinen Standesgenossen Prudelwitz richtete: »Gestern um 3 Uhr sind wir in Berlin einmarschirt. Jott verdamm' mich! der Augenblick war schön. Wir glaubten die Canaille würde Barrikaden bauen, aber das Lumpenpack stand rechts und links wie versteinert, als 10 000 Mann Jarden mit Paukenschlag und Kling und Klang durch das Brandenburger Thor nach dem Schlosse zogen!« (*Kladderadatsch*, Nr. 30 und 26. November 1848).

Neben dem »passiven Widerstand« und dem »Bezügelungszustand« *(Berliner Krakehler)*,[82] dem gegen Jahresende die meisten Berliner Witzblätter zum Opfer fallen sollten, eignete sich selbstverständlich der »oktroyirte Braten« *(Kladderadatsch)* zum Gegenstand der Satire *(Abbildung 191)*. Sowohl der *Kladderadatsch* als auch die *Freien Blätter* ironisierten die erst auf den zweiten Blick offensichtlich werdenden Fußangeln der Verfassung, insbesondere § 110. Er gestattete der Krone und ihren ausführenden Organen, im Fall eines Krieges oder Aufruhrs acht Grundrechte »zeit- und distriktweise« außer Kraft zu setzen, was am 14. Mai 1849 durch eine Bekanntmachung General von Wrangels auch prompt geschah. Während der *Kladderadatsch* (Nr. 32) seine berechtigte Skepsis am 10. Dezember durch die Fragen »Was ist Aufruhr? Was ist Zeit? Was ist Raum?« sowie durch Heine-Verse äußerte, griffen die *Freien Blätter* (Nr. 55) mit ihrem »Manifest von wegen der chinesischen Freiheit« zu dem jahrhundertealten Mittel der satirischen Verfremdung. »Strippe (= §) 35« der »Rechte der Chinesen« lautete: »Die Freiheiten der Chinesen, welche in den Strippen 2 bis 34 gegeben und geregelt sind, können aufgehoben werden, sobald ein Spektakel (Lärm, Skandal) auf der Straße oder in einem öffentlichen Hause vorkommt, von welcher Seite her auch zu diesem Spektakel Anlaß gegeben ist. Die Aufhebung der Freiheiten wird durch die Trommel bekannt gemacht, und der betreffende Ort bleibt sodann so lange in Belagerung, bis die Regierung den früheren freien Zustand eintreten läßt.«[83]

Daß die »von Sr. Majestät mit sich selbst vereinbarte« Verfassung *(Kladderadatsch)* ohnehin nur als ein Provisorium angesehen wurde, geht aus »Stri-ppe 2« hervor: »Der Kaiser von China kann Alles, was er in Gnaden gethan, zu jeder Zeit und Stunde in Ungnaden zurücknehmen oder verändern.«[84]

In der Tat sollte die preußische Konstitution von oben »sofort nach dem ersten Zusammentritt der Kammern einer Revision auf dem Wege der Gesetzgebung« unterworfen werden (§ 112). Gemäß der am 6. Dezember 1848 erlassenen Wahlgesetze wurden die 350 Abgeordneten der Zweiten Kammer (preußische Volksvertretung) nach dem indirekten, gleichen und die 180 der Ersten Kammer (Ständevertretung)

Politischer Unterricht.

Am 5. Dezember 1848 löste Friedrich Wilhelm IV. die preußische Nationalversammlung auf und »octroyierte«, das heißt gewährte eine Verfassung, die von einem unter Franz Leo Benedikt Waldeck ausgearbeiteten demokratischen Entwurf mit Grundrechtskatalog (»Charte Waldeck«) beeinflußt worden war.
Diese Verfassung hat »der Herr« zwar nicht »genommen«, wie der Lehrer dem Schüler erklärt, wohl aber 1850 im restriktiven Sinn »revidiert«.

Die octroyirte Verfassung.

Schüler: Aber sagen Sie mir einmal, was ist denn eigentlich eine octroyirte Verfassung?

Lehrer: Eine octroyirte Verfassung ist eine solche, die man nicht haben will, aber doch bekommt; eine pactirte dagegen wünscht man sich, aber erhält sie nicht.

Schüler: Auf diese Weise ist es also doch vorzuziehen, die octroyirte Verfassung wirklich zu haben, als die pactirte blos zu wünschen.

Lehrer: Freilich wohl, indeß hat die pactirte Verfassung den Vorzug, daß sie uns nicht wieder genommen werden kann, während die octroyirte jede Stunde wieder pleite gehen kann nach dem Motto: der Herr hat's gegeben, der Herr hat's genommen, der Name des Herrn sei gelobet immerdar!

191 *Berliner Großmaul*, Nr. 10 v. 18. 12. 1848
Politischer Unterricht
Holzschnitt

nach dem indirekten, ungleichen Wahlrecht gewählt.[85] Da letztere überdies keine Diäten erhielten, zählten sie naturgemäß entweder zum grundbesitzenden Adel oder zum gehobenen Mittelstand; unliebsame Elemente wie etwa die viel geschmähten Literaten waren ausgeschlossen.

Der *Berliner Krakehler* (Nr. 45) ging daher am 17. Januar 1849 unter die Propheten: »Die erste Kammer wird bestehen aus lauter Capitalstücken, als da sind Pferde- und überhaupt Viehzüchter, Geldsäcke, Wollsäcke und mönchische Bettelsäcke, aus Grafen, Landplagen, Baronen, Schuldenmachern und Austernfressern . . .«

Der von General Wrangel aus der Hauptstadt verbannte *Kladderadatsch* begleitete den nun anstehenden Wahlkampf im belagerten Berlin mit der ihm eigenen satirischen Verve. Im Titelbild gaben sich – anstatt des üblichen Wochenkalenders – Militär und Polizei ein Stelldichein. Die dreiteilige Serie über »die Abentheuer zweier Berliner Urwähler« endete mit der Wahl Schultzes in die Erste Kammer und der Hinrichtung seines Ex-Freundes Müller, den der politische Karrierist beim Preußen-Verein als Republikaner angezeigt hatte.[86]

Ein wesentlich optimistischerer Ton herrschte in dem nur einmal erschienenen »Lied der Wähler« *Preußen's Deutsch-Demokratie.* Mit Hilfe der magischen Kraft Friedrichs des Großen, aus dessen überliefertem Zitatenschatz Preußen-Vereinler und Demokraten gleichermaßen schöpften, beschwor der Verfasser die klassenlose Gesellschaft herauf *(Abbildung 192)*:

»Alle, Alle tretet ein,
Laßt uns All' ein Treubund sein,
Alle einen Kreis geschlungen,
Und auf Preußens Wohl gesungen!

[. . .]

Meister, Bauern, Bürger, Fürsten,
Die nach Mannesfreiheit dürsten,
Bummler gar nicht zu vergessen,
Kommt im Kittel, kommt in Tressen,
Und es weicht und wanket nie
Preußens Deutsch-Demokratie.«

Die Wahlergebnisse des 22. Januar 1849 entsprachen nicht ganz diesen Vorstellungen. Die Erste Kammer trug einen »ausgesprochenen bürokratisch-agrarischen Charakter«;[87] zu ihren Mitgliedern gehörten die März- und Sommer-Minister Camphausen, Hansemann und Rudolf von Auerswald sowie die Häupter des preußischen Konservatismus, Ludwig von Gerlach und Friedrich Julius Stahl. Aber auch in der Zweiten Kammer überwogen Juristen, Gutsbesitzer, Landbauern und Beamte; Angestellte oder »Arbeiter, die nach Brod begehren« *(Kladderadatsch)* waren nicht vertreten.[88]

Dieses möchten wir nicht rathen;
Denn den Herren Potentaten
Muß ja selbst zum Ekel sein,
Nur an Knechten sich zu freu'n!
Laßt uns Bürger, Bauern wählen,

Nicht die Ahnen laßt uns zählen,
Ist ein Junker 'n Ehrenmann,
Immer 'ran, nur immer 'ran!
Aerzte, Räthe, was ist Titel?
Seht auf's Herz, nicht auf den Kittel!

Alle, Alle tretet ein,
Laßt uns All' ein Treubund sein,
Alle einen Kreis geschlungen,
Und auf Preußens Wohl gesungen!
Preußen lebe, Preußen blühe,
Preußen rett' uns aus der Brühe!
Preußen leucht' als Morgenstern,
Deutschlands Sonne ist nicht fern!
Darum sorgt nicht heut für Morgen,
Dafür laßt 'nen And'ren sorgen,
Uns laßt thun, was heischt die Pflicht,
Preußen, seid ihr Deutsche nicht?
Weil denn Deutschland blühen soll,
Preußen hoch, ohn' allen Groll!
Laßt uns zu der Wahl geleiten
Von dem Fritz, der allen Zeiten
Ein verjüngtes Deutschland schuf;
Fürst und Volk, folgt dem Beruf!
Drum herbei, Conservative,
Mit und ohne Adelsbriefe,
Seid ihr deutsche Preußen, topp,
Steht zusammen, sprecht: Gott Lob!
Demokraten, Radicale
Und sonst aten, isten, ale,
Fort mit Lug, Gewalt, und Haß,
Radikal vernichtet das!
Eine Schaar von solchen Brüdern
Möge bei der Wahl sich gliedern.
Meister, Bauern, Bürger, Fürsten,
Die nach Mannesfreiheit dürsten,
Bummler gar nicht zu vergessen,
Kommt im Kittel, kommt in Tressen,
Und es weicht und wanket nie
Preußens Deutsch-Demokratie!

Im Selbstverlage des Verfassers: Rauh, Kleine Hamburger-Straße 13. Schnellpressendruck von E. Litfaß, Adler-Straße 6.

192 *Preußen's Deutsch-Demokratie* [Januar 1849]

Ein kurioses Dokument aus der Revolutionszeit ist das Anfang Januar 1849 erschienene »Lied der Wähler«. Unter dem Titel *Preußen's Deutsch-Demokratie* rief der Verfasser Rauh seine Landsleute anläßlich der bevorstehenden Parlamentswahlen dazu auf, im Andenken an den preußischen König Friedrich II. eine Volksgemeinschaft zu bilden.

Politisch gesehen, verfügten die Konservativen in der Zweiten Kammer über eine kleine Mehrheit (184:166). Da jedoch alle neun Kandidaten der Demokratie gewählt worden waren, Johann Jacoby sogar zweimal, rief der *Kladderadatsch* (Nr. 6) am 11. Februar 1849 triumphierend aus: »Herr Exzellenz Wrangel? Herr Oberbefehlshaber? He? Was sagst Du nu? alter Junge?«
Gewiß, die Freude war von kurzer Dauer. Am 27. April »im Jahre des Unheiles 1849« (*Kladderadatsch*, Nr. 17) wurde die Zweite Kammer, die sich für die Aufhebung des Belagerungszustandes und für die Anerkennung der Reichsverfassung ausgesprochen hatte, aufgelöst. Am 30. Mai führte Friedrich Wilhelm IV., »von Gottes Gnaden König von Preußen«, auf Antrag des Staatsministeriums das Dreiklassenwahlrecht ein *(Abbildung 193)*, das am 11. März 1850 auf die preußischen Gemeindewahlen ausgedehnt und – aller Kritik zum Trotz – bis 1918 beibehalten wurde.[89]
Die aus den von der Linken boykottierten Neuwahlen (17. Juli) hervorgegangene Volkskammer bestand aus einer Mehrheit von konservativen und gemäßigt liberalen Männern sowie einer starken Minderheit, »die man als ›Reactionäre‹ ansah«.[90] Von der *Buddelmeyer-Zeitung* mit einer »Kartoffelsuppe ohne Rindfleisch« verglichen, wurde sie vom *Kladderadatsch* in einem »A B C«, das die Abgeordneten »mit stiller Verachtung« bestraften, wie folgt charakterisiert: »die neue Kammer . . . ist wie eine Todtenkammer, denn es ist kein Leben darin; sie ist aber nicht wie eine Todtenkammer, denn sie besteht aus lebendigen Leichen.«[91]
Zu den »lebendigen Leichen« gehörte auch der wiedergewählte »Struwwelpeter«

193 *Buddelmeyer-Zeitung*, Nr. 21 v. 11. 6. 1849
Politische Zeitbilder
Holzschnitt

Das berüchtigte Dreiklassenwahlrecht ersetzte seit dem 30. Mai 1849 in Preußen das 1848 eingeführte allgemeine gleiche Wahlrecht. In jedem Bezirk wurden die Staatsbürger nach Maßgabe der von ihnen bezahlten direkten Steuern in drei Klassen eingeteilt, von denen jede ein Drittel der Gesamtsteuersumme aufbringen mußte. Jede der drei Klassen wählte öffentlich eine gleiche Anzahl von Wahlmännern, welche ihrerseits die Abgeordneten zu wählen hatten. Auf der Karikatur wägt »Vater Staat« das politische Gewicht des kapitalistischen Bourgeois (1. Klasse; 4 Prozent), des mittelständischen Schneidermeisters (2. Klasse; 15 Prozent) und des ärmlich gekleideten Arbeiters (als Vertreter der Volksmasse aus der 3. Klasse; 81 Prozent) sorgfältig ab.

der Zweiten Kammer, »Pismark-Schönhose«, das ist der 34jährige Otto von Bismarck-Schönhausen. Konnten die Witzblätter Berlins ahnen, daß sich in dem Namen dieses Vertreters der »rothen Reaction« *(Kladderadatsch)*, dessen »antediluvianische« (= vorsintflutliche) Reden wiederholt in den Blickpunkt der Satire rücken sollten, dereinst »die Nachgeschichte der Revolution zusammenpressen läßt«?[92]

Was kann aus Frankfurt Gutes kommen? Die neue deutsche Reichskomödie

1. Die Paulskirche – Deutschlands größte Re[e]derei?

Am 18. Mai wurde in der Paulskirche die erste deutsche Nationalversammlung eröffnet.[93] Die zumeist aus indirekten, je nach Bundesstaat mehr oder weniger allgemeinen Wahlen hervorgegangene Volksvertretung war »der nationale Wille, . . . der Souverän der Souveräne«,[94] dem die schließlich gescheiterte Aufgabe oblag, zugleich einen deutschen Gesamtstaat und eine demokratische Verfassung zu schaffen.

Von den insgesamt 831 Abgeordneten und Ersatzleuten waren über 600 Akademiker, darunter zahlreiche Angehörige der juristischen Berufe, ferner 49 Universitätsprofessoren, wie das »gute alte deutsche Gewissen«, der fast achtzigjährige Ernst Moritz Arndt, endlich 43 Mitglieder der schreibenden Zunft und 33 Geistliche. Im Gegensatz zur Berliner Singakademie waren in der Frankfurter Paulskirche die kleinen Leute kaum vertreten.

Politisch besaß die kompromißbereite konstitutionell-liberale Mitte die Mehrheit; liberal waren auch die beiden Präsidenten, der Mannheimer Rechtsanwalt Heinrich Freiherr von Gagern und sein Nachfolger, der 1888 geadelte Jurist Eduard Simson.[95]

Die vom deutschen Volk »wie eine Göttin der Freiheit« bejubelte und angebetete Nationalversammlung, »die stolze Tochter der Revolution«,[96] rief in der Berliner Witzpresse keinen Enthusiasmus hervor. »Das Volk wußte eigentlich gar nicht recht, was die Männer in Frankfurt sollten«, schrieb die *Buddelmeyer-Zeitung* (Nr. 11) ein Jahr später, am 7. Mai 1849. Für den *Berliner Krakehler* war die Nationalversammlung ein »Freiheitsmäßigkeits-Verein«; *Tante Voss mit dem Besen* vermißte das soziale Engagement. Die Pedanterie und Redeflut vieler Abgeordneter brachten dem Parlament die Spottnamen »Redeübungsverein« beziehungsweise »größte Re[e]derei in Deutschland« ein und veranlaßten Adolf Glaßbrenner, dem »glorreichen deutschen Volks-Parlamente in Frankfurt am Main« am 3. Juni unter der Überschrift »Der Hundestag« ein »Bruchstück« aus seinem 1845 erschienenen satirischen Tierepos *Neuer Reineke Fuchs* zu widmen:

»Der Hundestag, seit vielen Wochen
Verkündet, war nun angebrochen.
In Mancomai in grüner Runde
Sah man die excellenten Hunde
Spazierend mit einandern sabbern,
Mit Höflichkeit sich beschlabbern,
Und Ein'ge auch an Knochen knabbern.[97]

Am 24. Juni, wenige Tage, bevor die Beratungen über die Deutschen Grundrechte begannen, gab der Redakteur der *Freien Blätter* seiner Hoffnung Ausdruck, »der heilige Geist« möge »über die Verjünger Deutschlands« kommen. Am 19. Juli bestritt der bei den Wahlen durchgefallene Publizist, daß in Frankfurt »die edelsten Geister Deutschlands« versammelt seien; drei Tage später wurden dann die Ruhe, Ordnung, Mäßigung und Vermittlung predigenden Professoren von einem seiner Mitarbeiter wie folgt aufs Korn genommen: »Mehr denn 60 [Universitäts- und andere] Professoren in Frankfurt! . . . Zuversichtlich übernahmen sie es in ihrem Gelehrtendünkel, die Schwären des alten guten deutschen Michel, dieses politischen Lazarus zu heilen, aber ihr unverantwortlicher Salbenkram ließ die Wunden nur momentan verharschen, bedenklicher und gefährlicher brachen sie wieder auf . . .«[98]

Nicht erst zu Kaisers Zeiten, als der Reichstag mit einer »Quasselbude« verglichen wurde, sondern bereits in seinen ersten Anfängen geriet das deutsche Parlament unter kritisch-ironischen Beschuß.

2. *Reichsverweser und Kaisergespenst*

Am 29. Juni 1848 wurde der sechsundsechzigjährige Erzherzog Johann von Österreich, ein Vetter des Kaisers, der infolge seiner Heirat mit einer Postmeisterstochter als »bürgerlicher Fürst« eine gewisse Popularität gewonnen hatte, von der Nationalversammlung mit überragender Mehrheit zum vorläufigen Staatsoberhaupt Deutschlands mit dem Titel »Reichsverweser« gewählt. Der von allen Einzelstaaten anerkannte, der souveränen Nationalversammlung aber nicht verantwortliche Leiter einer an die Stelle des Bundestags tretenden »provisorischen Centralgewalt« zog am 11. Juli in Frankfurt ein; zwischen den geschmückten Fahnenmasten prangte das Spruchband »Vereinte Kraft macht stark«.

Am 15. Juli bildete Erzherzog Johann ein vorläufiges Reichsministerium. Das Präsidium übernahm (bis 5. September) der bayerische Reichsrat Karl Fürst von Leiningen, ein Halbbruder der englischen Königin, dann der österreichische Diplomat Anton Ritter von Schmerling, der zunächst das Amt des Reichsinnenministers ausgeübt hatte, schließlich (ab 15. Dezember) Heinrich von Gagern. Reichskriegsminister war ein Preuße, Generalmajor Eduard von Peucker. Über eine Armee, Polizei oder einen Beamtenapparat verfügte die Zentralgewalt nicht.

Die Linke der Nationalversammlung hatte vergeblich gegen die Wahl eines Reichsverwesers protestiert, in der sie ein Heraufbeschwören des Mittelalters erblickte.[99] In der humoristisch-satirischen Presse Berlins riefen der bis Dezember 1849 im Amt bleibende »unverantwortliche provisorische Schein-Regent«, dieser »Schattenkörper eines Kinderspiels im Großen« (*Buddelmeyer-Zeitung*, Nr. 28 vom 5. Juli 1849), und namentlich der Doppelsinn des Ausdrucks »verwesen« Wortwitzeleien ohne Ende hervor. So höhnte der *Berliner Krakehler* (Nr. 14) am 18. Juli: »Vivat, die deutsche National-Versammlung! Vivat, der Verweser! Vivat, das verweste deutsche Reich! Bum, bum, bum, bam, bam, bam, juch, juch, juch! Hurrah!«

Der auf den 6. August festgesetzte Huldigungsakt, der in vielen deutschen Hauptstädten nur widerwillig, in Berlin überhaupt nicht ausgeführt wurde, war für die *Buddelmeyer-Zeitung* (Nr. 28) rückblickend eine »politische Irrsinnigkeit«. Der *Kladderadatsch* (Nr. 15) stellte die »Frankfurter Einigkeits-Messe« am 13. August in einer ganzseitigen Zeichnung dar *(Abbildung 194)*. Am nächsten Tag erfuhren die Berliner aus einem »Leitenden Krakehl«:

»Wir machen 'nen Festzug, Parade nachher,
Schrein Hurrah am Sechsten, am Achten noch mehr,
Ein Festzug, Parade, zwei Hurrah dazu!
Mehr braucht ja nicht Deutschland, um einig zu sein ...«[100]

In der Tat gaben der *Berliner Krakehler*, das *Berliner Großmaul*, die *Freien Blätter*, der *Kladderadatsch* und andere Witzblätter einem von der Frankfurter Nationalversammlung zusammengeschmiedeten deutschen Nationalstaat kaum eine Chance. Vor allem das größte Hindernis, der geschichtlich gewachsene Groß- und Kleinstaats-Partikularismus, wurde in zahlreichen Beiträgen aufs Korn genommen. Am 20. August brachte der *Kladderadatsch* (Nr. 16) unter dem Titel »Zum Kölner August Carneval« ein Dichtwerk Rudolf Löwensteins. Es ließ weder den »nur für Pfaffen« gebauten, unvollendeten Kölner Dom, dessen 1248 erfolgte Grundsteinlegung am 14. August 1848 mit großem Prunk gefeiert worden war, als Symbol der Einheit gelten noch die Frankfurter Paulskirche:

»O Parlament! o Parlament! –
Und bautest Du zum Firmament –
Auch Du baust ohne Grund und End'
Und was du baust, ist nur Fragment:
Erst schaff' statt 38 Wappen
Ein Wappenschild zu Schutz und Wehr.
Erst bring statt 38 Lappen
Ein einig Reichspanier uns her!

Der *Kladderadatsch* zeigt, daß jeder deutsche Staat oder Kleinstaat an der Spitze des Reichs stehen will, Braunschweig zum Beispiel wegen gewisser kulinarischer Vorteile (Mumm-Champagner). Vom ranghöchsten deutschen Fürsten, Kaiser Ferdinand I. von Österreich, weiß *Kladderadatsch* nicht, »wo er steckt«; er hatte sich bei Ausbruch der Revolution von Wien nach Innsbruck abgesetzt. Der kleinste deutsche Fürst, Heinrich LXXII. von Reuß zu Lobenstein, Erfinder der Redewendung »auf einem Prinzip herumreiten«, sowie die Landesherren von Lippe-Detmold und Schaumburg-Lippe (Ober- und Unter-Lippe) wollen auch hier jeder eine Rolle spielen. In der Tat wurde die durch den Reichsverweser (*Mitte*) personifizierte Zentralgewalt infolge von Kompetenzstreitigkeiten zwischen den Einzelstaaten stark eingeschränkt.

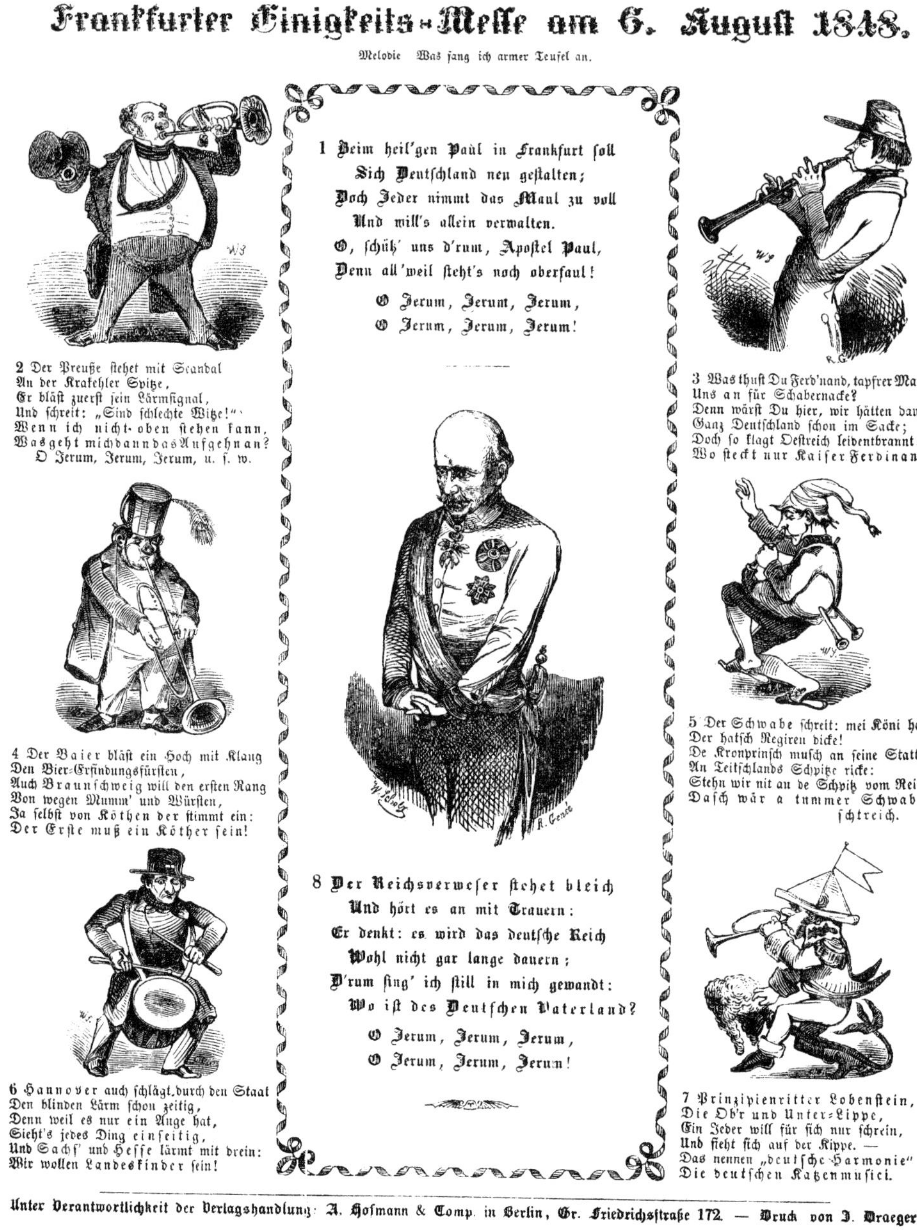

Frankfurter Einigkeits-Messe am 6. August 1848.

Melodie Was fang ich armer Teufel an.

1 Beim heil'gen Paul in Frankfurt soll
Sich Deutschland neu gestalten;
Doch Jeder nimmt das Maul zu voll
Und will's allein verwalten.
O, schütz' uns d'rum, Apostel Paul,
Denn all'weil steht's noch oberfaul!
O Jerum, Jerum, Jerum,
O Jerum, Jerum, Jerum!

2 Der Preuße stehet mit Scandal
An der Krakehler Spitze,
Er bläst zuerst sein Lärmsignal,
Und schreit: „Sind schlechte Witze!"
Wenn ich nicht oben stehen kann,
Was geht mich dann das Aufgehn an?
O Jerum, Jerum, Jerum, u. s. w.

3 Was thust Du Ferd'nand, tapfrer Mann,
Uns an für Schabernacke?
Denn wärst Du hier, wir hätten dann
Ganz Deutschland schon im Sacke;
Doch so klagt Oestreich leidentbrannt:
Wo steckt nur Kaiser Ferdinand?

4 Der Baier bläst ein Hoch mit Klang
Den Bier-Erfindungsfürsten,
Auch Braunschweig will den ersten Rang
Von wegen Mumm' und Würsten,
Ja selbst von Köthen der stimmt ein:
Der Erste muß ein Köther sein!

5 Der Schwabe schreit: mei Köni hat,
Der hatsch Regiren dicke!
De Kronprinsch musch an seine Statt,
An Teitschlands Schpitze ricke:
Stehn wir nit an de Schpitz vom Reich,
Dasch wär a tummer Schwabe-
schtreich.

6 Hannover auch schlägt durch den Staat
Den blinden Lärm schon zeitig,
Denn weil es nur ein Auge hat,
Sieht's jedes Ding einseitig,
Und Sachs' und Hesse lärmt mit drein:
Wir wollen Landeskinder sein!

7 Prinzipienritter Lobenstein,
Die Ob'r und Unter-Lippe,
Ein Jeder will für sich nur schrein,
Und sieht sich auf der Kippe. —
Das nennen „deutsche Harmonie"
Die deutschen Katzenmusici.

8 Der Reichsverweser stehet bleich
Und hört es an mit Trauern:
Er denkt: es wird das deutsche Reich
Wohl nicht gar lange dauern;
D'rum sing' ich still in mich gewandt:
Wo ist des Deutschen Vaterland?
O Jerum, Jerum, Jerum,
O Jerum, Jerum, Jerum!

Unter Verantwortlichkeit der Verlagshandlung: A. Hofmann & Comp. in Berlin, Gr. Friedrichsstraße 172. — Druck von J. Draeger.

194 *Kladderadatsch*, Nr. 15 v. 13. 8. 1848
Frankfurter Einigkeits-Messe am 6. August 1848
Holzschnitt von Wilhelm Scholz

Und – was am meisten Noth uns thut –
Zusamm' erst unter einen Hut
Bring 38 Narrenkappen!«[101]

Knapp fünf Monate später – inzwischen hatten die blutige Niederwerfung der Wiener Oktoberrevolution (über 2000 Gefallene)[102] und die unblutige Zähmung der preußischen Hauptstadt stattgefunden – ironisierte der *Kladderadatsch* (Nr. 31) die Sommernachtsträume der Deutschen, die Frankfurt mit Bethlehem und »den neuen Johannes« (= den Reichsverweser) mit dem Heiland verwechselt hätten. Auf die Frage »Was kann aus Frankfurt Gutes kommen?« antwortete das Berliner Blatt am 3. Dezember: »Hilf dir selber und du brauchst Frankfurt nicht.«

Am 15. Januar 1849 wird der Pessimismus des *Kladderadatsch* gleichsam durch den *Berliner Krakehler* (Nr. 44) bestätigt:

»In Frankfurt wird ein Thurm gebaut
Von Buttermilch und Sauerkraut;
Und was das Schönste ist daran:
Man fängt ihn an der Spitze an.«

Von Interesse ist zweifellos die Tatsache, daß der Berliner Witz, dessen borussische Komponente nicht zu übersehen war *(Abbildung 195)*, keineswegs vor dem in Frankfurt diskutierten preußischen Erbkaisertum Halt machte. In den *Freien Blättern* spukte das »Kaisergespenst« seit Mitte Mai 1848 und gab zu Glossen, »Visionen«, Dramen oder »Kaiserliedern« Anlaß:

»O die lieben Teutschen, ein wunderlich Volk
So treu im Hoffen und Harren!
O du liebes Teutschland, wie bist du so voll
Ueberschwänglicher Kaisernarren!«

[...]

Schier dreißig Fürsten sind nicht genug
Um Deutschland einig zu machen,
Der Kaiser noch fehlt, der erblich ist –
Bei Gott, es ist zum Lachen.«[103]

Als der preußische König jedoch am 28. März 1849 von der Frankfurter Nationalversammlung mit 290 Stimmen bei 248 Enthaltungen tatsächlich zum erblichen »Kaiser der Deutschen« gewählt wurde, war in Berlin »die Erregung aller politischen Kreise sehr groß«; die preußische Regierung erblickte darin – ebenso wie die beiden Kammern – »einen wesentlichen Fortschritt zum Ziele der deutschen Einheit«.[104] Bekanntlich lehnte Friedrich Wilhelm IV., der am Prinzip des Gottesgnadentums und der freien Fürstenvereinbarung festhielt, die ihm von der Kaiserdeputation überbrachte, mit dem »Ludergeruch der Revolution von 1848« behaftete Kaiserkrone

Der am 29. Juni zum Reichsverweser gewählte Erzherzog Johann von Österreich (*rechts*) und der Vorsitzende des am 15. Juli gebildeten vorläufigen Reichsministeriums, Heinrich Freiherr von Gagern (*links*), beschneiden die Klauen des preußischen Adlers. *Im Hintergrund* droht der »alte Fritz« mit seinem Krückstock. Der Text verherrlicht die preußischen Siege über Rußland (Zorndorf, 1758), Österreich (Lobositz, 1756) und das Frankreich Napoleons. Der letzte Vers warnt vor Preußens künftiger Macht und Größe.

O Preußen-Aar, der einst die scharfen Klauen
Dem Doppel-Aar hat ins Genick gehauen,
Der Du bei Zorndorf und bei Lowositz
Vorangetragen hast des Zornes Blitz;

Der Du im Schlachtgewühl die Flugel spreiztest
Und kühn der Franken Adler niederbeiztest,
Der stolz der Knechtschaft und der Dämmrung Flor
Durchbrochen mit der Freiheit Meteor,

Hoch in der Sonne glänzte Dein Gefieder
Und scharfen Blickes herrschtest Du hernieder —
Und nun? — und nun! wie ist Dein Schwung gelähmt!
Wie hat man Dich gekettet und gezähmt?

Wer hat in Staub getreten Deine Krone?
Wer weidet sich an Dir mit frechem Hohne?
Wer hat der Herrschaft Scepter Dir zersplittert?
Sie selber sind's, die einst vor Dir gezittert

Nehmt euch in Acht! noch dürft ihr ihm nicht trauen!
Wenn er sich losreißt — scharf noch sind die Klauen!
Und raufet ihr auch frevelnd sein Gefieder —
Nehmt euch in Acht: Die Schwingen wachsen wieder.

195 *Kladderadatsch*, Nr. 12 v. 23. 7. 1848
Holzschnitt

ab.[105] Während das konservative Witzblatt *Juchheirasasa! Die Preußen sind da!* – wie die äußerste Rechte – die Verschmähung der »vergoldeten Dornenkrone« nur begrüßte, reagierten die *Buddelmeyer-Zeitung (Abbildung 196)* und der *Kladderadatsch* mit spöttischer Melancholie.

»Die Raben schrein sich heiser
Um Barbarossas Gruft,
Der neue Deutsche Kaiser,
Er schwebt noch in der Luft.
Er will nicht kommen runter,
Das macht uns viel Beschwer;
Drum, Deutsche, bleibet munter –
Er thut's halt nimmermehr!«[106]

Weitsichtiger als der *Kladderadatsch* war offensichtlich der inzwischen eingegangene *Berliner Krakehler*. Für den Fall eines mit »Gejauchze . . ., Geschieße . . ., Getrommle . . .« begrüßten neuen deutschen Kaisertums sagte er (Nr. 40) im Dezember voraus: »Nordamerika zittert vor der deutschen Flotte, wie die ganze Welt vor der deutschen Einheit . . .« Als zugleich rück- und vorwärtsgewandter Prophet erwies sich schließlich am 5. Juli 1849 Adalbert Cohnfelds *Buddelmeyer-Zeitung*. Sie schrieb: »Nur auf zwei Wegen kann Deutschland zur Einheit gelangen. Entweder es geht in Oestreich auf, oder in Preußen. Ueber diesen Punkt müssen wir zuvörderst klar werden. Ein Jahr lang hat der Traum gespukt, Deutschland könnte von innen heraus zur Einheit

196 *Buddelmeyer-Zeitung,*
Nr. 3 v. 9. 4. 1849
Der Abzug
Holzschnitt

Am 3. April empfing Friedrich Wilhelm IV. die von Eduard Simson angeführte »Kaiserdeputation« im Rittersaal des Berliner Schlosses und lehnte den Kaisertitel als »unangemessen« ab. Nicht das deutsche Volk, das heißt die Frankfurter Nationalversammlung, sondern nur die deutschen Fürsten hätten eine Kaiserkrone zu vergeben. Die nicht von »Gottes Gnaden« kommende Kaiserkrone war für ihn eine »Schweinekrone« beziehungsweise eine »Wurstprezel«; der preußische König rächte sich für den 18. März, indem er das Frankfurter Werk zerschlug.

gelangen, indem jeder einzelne Theil in das große Ganze aufgeht. Es gehörte die ganze Trunkenheit eines Revolutionsrausches dazu, um solcher Phantasie sich hinzugeben.«

Wer schließlich den Sieg in diesem Zweikampf davontragen würde, erfuhren die Leser am 12. Juli aus dem dritten Teil der nicht zur »Erheiterung«, sondern zur »Belehrung« dienenden Abhandlung »Deutschland und Preußen«: »Da nur zwischen Preußen und Östreich die Wahl ist, so kann, wenn man mit gesundem Sinn urtheilt, die Entscheidung nicht zweifelhaft sein . . .«[107]

3. Wehe den Besiegten! Barrikaden für die Reichsverfassung

Das in seinen Befugnissen begrenzte (aufschiebendes, statt absolutes Veto), von Friedrich Wilhelm IV. abgelehnte preußische Erbkaisertum war die institutionelle »Spitze« des in Frankfurt gebauten »Thurms«. Nach monatelangem Ringen hatte sich in der Paulskirche die kleindeutsche Lösung, das heißt ein sich Deutsches Reich nennender kleindeutscher Bundesstaat unter preußischer Führung, dessen Erweiterung zu einem »Doppelbund« mit Österreich vorgesehen war, gegenüber dem großdeutschen Prinzip beziehungsweise einem künftigen mitteleuropäischen Siebzigmillionenreich (Großösterreich) durchgesetzt.[108]

Neben dem Reichsoberhaupt sah die am 28. März 1848 verkündigte Verfassung einen aus einem Staatenhaus und einem Volkshaus bestehenden Reichstag vor, verantwortliche Reichsminister, Reichsbeamte, Reichsgesandte, ein Reichsheer, eine Reichsmarine, ein Reichsgericht und eine Reichskasse. Abschnitt VI regelte die bereits am 21. Dezember 1848 als Gesetz proklamierten »Grundrechte des deutschen Volkes«. Sie sollten »den Verfassungen der deutschen Einzelstaaten zur Norm dienen« und betrafen unter anderem die Meinungs-, Versammlungs-, Vereins-, Lehr-, Glaubens- und Gewissensfreiheit, die Unverletzlichkeit des Eigentums und die Sicherheit aller vor dem Gesetz.

Das am 12. April 1849 erlassene »Reichswahlgesetz über die Wahlen der Abgeordneten zum Volkshause« gewährleistete, als Zugeständnis an die Linke, das allgemeine, gleiche, direkte und geheime Wahlrecht[109].

Die Verfassung der Paulskirche, welche die ganze weitere Entwicklung der deutschen Verfassungsgeschichte prägen sollte, blieb freilich ein toter Buchstabe. Gewiß, sie wurde von 29 Staaten – zuletzt von Württemberg – anerkannt, aber es fehlten die beiden großen, Österreich und Preußen, sowie die Königreiche Bayern, Hannover und Sachsen. Die Nationalversammlung zerfiel, nachdem Preußen am 14. Mai und im Anschluß daran Sachsen und Hannover die Mandate ihrer Abgeordneten für erloschen erklärt hatten; die Österreicher waren schon am 4. April abberufen worden. Weitere

Volksvertreter verließen freiwillig das sinkende Schiff. Das schließlich durch Militär auseinandergetriebene Rumpfparlament (104 Abgeordnete) *(Abbildung 197)*, in dem die Linke das Sagen hatte, tagte noch vom 6. bis 18. Juni in Stuttgart, bis es auch dort der Gewalt weichen mußte.[110]

Nach dem bekannten Sprichwort: »Wer den Schaden hat, braucht für den Spott nicht zu sorgen«, reimte die *Buddelmeyer-Zeitung* (Nr. 24) am 21. Juni:

»Erst ward in Frankfurt mit dem Zopf
Nach alter Leier gefiedelt,
Dann hat der Rumpf sich ohne Kopf
Nach Stuttgart übersiedelt.
Dort macht sein Spielchen nun der Rumpf,
Und Narrenschellen ist der Trumpf.
O Jerum!«

Während die Nationalversammlung ihr Leben aushauchte, kam es um das von ihr geschaffene Werk zu Volksaufständen und Bürgerkrieg. Retter in der Not war das preußische Militär, denn, so ließ Friedrich Wilhelm IV. am 15. Mai in einer Proklamation verlauten: »Preußen ist dazu berufen, in so schwerer Zeit Deutschland gegen innere und äußere Feinde zu schirmen, und es muß und wird diese Pflicht erfüllen . . . Es gilt, Ordnung und Gesetz herzustellen im eigenen Lande und in den übrigen deutschen Ländern, wo unsere Hülfe verlangt wird . . .«[111]

Auf Befehl ihrer Regierungen waren Anfang April die österreichischen und Mitte Mai 1849 die preußischen Abgeordneten aus der Frankfurter Nationalversammlung abberufen worden. Übrig blieb nur eine linke Minderheit von Volksvertretern, deren weitere Sitzungen in Frankfurt durch Waffengewalt verhindert wurden.
Auf dem Bild dringen die Truppen durch das Hauptportal in die Paulskirche ein, während die Abgeordneten aus dem Seitenfenster herauspurzeln.

197 *Buddelmeyer-Zeitung*, Nr. 14 v. 17. 5. 1849
Schluß-Sitzung in der Paulskirche
Holzschnitt

Als dieser Aufruf erschien, hatte Preußen bereits in den Industriegebieten an Rhein und Ruhr *(Abbildung 198)* sowie im Königreich Sachsen für »Ordnung« gesorgt. Die Schlacht um Dresden (5. bis 9. Mai), wo der russische Revolutionär Michail Alexandrowitsch Bakunin, der königliche Kapellmeister Richard Wagner und Stephan Born Seite an Seite mit Arbeitern und Handwerkern die Barrikaden verteidigten, war schließlich von der »verthierten Soldateska« – ein neues politisches Schlagwort – gewonnen worden. Rund 250 Tote, schätzungsweise 400 Verwundete, die Eröffnung von 869 förmlichen Untersuchungen waren die Folgen dieses vier Tage und vier Nächte andauernden, die Gemüter Berlins »in der höchsten Spannung haltenden« *(Buddelmeyer-Zeitung)* Kampfes.[112]

Auf das den Sieg verkündende, »von Freude getränkte« Plakat der preußischen Regierung reagierte der *Kladderadatsch* am 13. Mai mit Zorn: »Jauchzt und jubelt, durchwühlt den blutgesättigten Boden der Freiheit mit den Gift und Feuer schnaubenden Stieren eurer Gewalt und säet die Drachenzähne der Zwietracht in die Furchen – ihr werdet am Ende doch unterliegen . . .«, hieß es in Anspielung auf die griechische Mythologie. Das nun völlig die lachende durch die strafende Satire ersetzende »Organ für und von Bummler« fuhr fort: »Wir aber, wir werden ringen und kämpfen, unsere Worte werden Geschosse, unsere Arme Donnerkeile werden, bis wir wiedererobert das Heiligthum – Das goldene Vließ der Freiheit vom tausendjährigen Stamm der deutschen Eiche!«[113]

Nach der Katastrophe von Dresden wurden mit preußischer Hilfe weitere Volkserhebungen unterdrückt, so in der Pfalz, die sich am 17. Mai von Bayern losgesagt hatte, und vor allem in Baden. Der badische Aufstand, an dem meuterndes Militär, Turner- und Schützenkompagnien, Arbeiterbataillone sowie oft nur mit Sensen oder Knüppeln bewaffnete Freischärler aus der Schweiz, Frankreich, Ungarn und Polen teilgenommen hatten, endete am 23. Juli 1849 mit der Einnahme der Festung Rastatt.[114] Während die konservative humoristisch-satirische Wochenschrift *Juchheirasasa! Die Preußen sind da!* die Freischärler in zahlreichen Beiträgen verspottete *(Abbildung 199)* und den preußischen König am 27. August (Nr. 7) als den »Retter Deutschlands« feierte, ließen der *Kladderadatsch*, die radikale *Neueste Preußische Zeitung* und die *Buddelmeyer-Zeitung* ihrer Erbitterung freien Lauf. Die »Gelehrten« höhnten am 15. Juli ». . . doch vor Allem soll uns Baden zum Blutbaden lustig laden; daß es weithin bald von allen Unterthanen möge schallen: Ja, vom Rheine bis zur Weichsel stehet Preußen an der Deichsel!« Die *Neueste Preußische Zeitung* (Nr. 2) verurteilte die »rothe Reaktion« in Form einer Parodie des von Goethe gedichteten Liedes »Kennst du das Land, wo die Zitronen blühn?«:

Eine Elberfelder Barrikade.

In Elberfeld haben viel tausend Mann
Auf die Reichsverfassung geschworen.
Der Tanz geht los! der Feind rückt an!
Die Preußen stehn vor den Thoren!

In Elberfeld giebt's harten Strauß,
Und Prügel giebts nach Noten;
Die Preußen ziehn zur Stadt hinaus
Mit fünf drei Viertel Todten.

In Elberfeld geht's lustig her:
Die Rheinischen Lazzaroni
Bau'n Barrikaden von Golde schwer,
Von Silber und Mahagoni.

Und all die blanke Herrlichkeit,
Bildsäulen, Spiegel und Lüstre,
Die liefert Herr Daniel von der Heydt,
Der Bruder vom Handelsminister.

Herr Daniel rauft sich das Haar und heult:
Weh! Wollt ihr mich denn nicht schonen?
Ich habe ja an die Rebellen vertheilt
Schon an die tausend Patronen!"

Da kömmt ein Proletarier her
Und bietet ihm eine Prise:
„Wenn ihr Bruder nur kein Minister wär'!
Und wenn er nicht August hieße!!"

Redakteur Dr. R. Löwenstein — Druck und Verlag von C. Müller in Neustadt-Ebw

In Elberfeld hatten Arbeiter und Landwehrmänner am 8. Mai die Garnisonstruppen zum Rückzug aus der Stadt gezwungen und anschließend zahlreiche Straßenbarrikaden errichtet. Am darauffolgenden Tag und Abend kam es wiederholt zu Scharmützeln, bei denen die Aufständischen Sieger blieben. Der in den letzten drei Gedichtstrophen verspottete Bankier August (seit 1863) Freiherr von der Heydt fungierte, nach einem kurzen Gastspiel in der preußischen Nationalversammlung, seit Dezember 1848 als preußischer Minister für Handel, Gewerbe und öffentliche Arbeit.

198 *Kladderadatsch*, Nr. 20 v. 20. 5. 1849
Eine Elberfelder Barrikade
Holzschnitt

»Kennst du es wohl?
Kennst Du das Land, wo die Soldaten blühn,
Im schwarzen Schlunde die Kartätschen glühn,
Ein Leichenhauch durch alle Straßen weht,
Das arme Volk um Brod und Freiheit fleht! –
Kennst Du es wohl?
Hinfort, hinfort!
Mich schaudert dort.«[115]

Die *Buddelmeyer-Zeitung* schließlich schrieb in ihrer Ausgabe vom 19. Juli (Nr. 32): »Wehe den Besiegten! Wehe den Demokraten, denn sie sind besiegt! Besiegt und verfallen den Schergen des Sieges: dem Hohn und Groll, dem Spott und der Rache! Vae victis!«[116]

Das seit dem 18. Juli 1849 erscheinende humoristisch-satirische Organ der Konterrevolution macht sich sowohl in seiner Titelvignette (bis Nr. 8) als auch in zahlreichen Textbeiträgen über die »Freischärler« lustig, unter denen sich nicht selten fünfzehnjährige Knaben befanden. Es beschuldigt die demokratischen Schulmeister, schon in den unteren Klassen der Gymnasien die Kinder mit dem »Edelmuth der römischen Republikaner« zu füttern. Die Festung Rastatt, auf die im Bild angespielt wird, mußte sich am 23. Juli ergeben. Die badischen Revolutionäre waren durch die Truppen des »Kartätschenprinzen« Wilhelm von Preußen niedergemetzelt worden.

Zwei Freischärler

kehren von einem Ausfall, wobei Sie einen großen Sieg über — einige Dutzend Bierkrüge erfochten im Triumpf, freilich etwas wankend, in die Thore der Festung zurück.

199 *Juchheirasasa! Die Preußen sind da!*,
Nr. 9 v. 10. 9. 1849
Zwei Freischärler
Holzschnitt

4. *Der deutsche Michel und seine europäischen Nachbarn*

Ereignisse, die sich außerhalb der deutschen Grenzen abspielten, wurden im wesentlichen unter zwei Gesichtspunkten aufgegriffen: der Solidarität mit fremden unterdrückten Volksbewegungen beziehungsweise der von ihnen ausgehenden Bedrohung für »Mutter Germania und ihre Kinder«. Über eine feste Auslandsrubrik (»Auswärtiger Krakehl«) verfügte allein der *Berliner Krakehler*. In den *Freien Blättern* und in der *Buddelmeyer-Zeitung* findet man zahlreiche Hinweise in der Sparte Feuilleton. Die übrigen Witzblätter verwendeten journalistisch-satirische Darstellungsformen unterschiedlichster Art.

Zwei Staaten spielten in diesen »Auslandsbeziehungen« eine hervorragende Rolle: Rußland und Frankreich.

Das östliche Rußland hatte im demokratischen Lager seit der Unterdrückung des polnischen Aufstands (November 1830 bis Oktober 1831) ausgespielt. Zar Nikolaus I., der Schwager des preußischen Königs Friedrich Wilhelms IV., galt als der Inbegriff des Absolutismus und damit als Todfeind aller liberalen und demokratischen Bestrebungen. Hinzu kam bei den Berlinern die unangenehme Erinnerung an die Besetzung der preußischen Hauptstadt durch russische Kosaken im Siebenjährigen Krieg (9. bis 13. Oktober 1760). Zwar hatten die Sieger innerhalb der Stadt »leidliche Manneszucht« gehalten, dafür aber die außerhalb gelegenen Schlösser »wüst geplündert«.[117]

Im Frühjahr und Sommer 1848 übte der »Kaiser von Knutanien« *(Berliner Krakehler)* sowohl auf die preußische Innen- als auch Außenpolitik den schärfsten Druck aus. An der preußisch-russischen Grenze standen an die 300 000 Mann. Die durch ein Flugblatt bekannt gewordenen zaristischen Kriegspläne[118] bildeten daher ein Hauptthema der ernsten und satirischen Publizistik.

Am 22. Juni 1848 stellte der *Berliner Krakehler* (Nr. 9) die von Rußland ausgehende Gefahr durch die allmähliche Vergrößerung der Schrifttypen optisch sichtbar dar *(Abbildung 200)*. Drohend äußerten sich am 24. und 25. Juni die *Freien Blätter* (Nr. 8) und *Tante Voss mit dem Besen* (Nr. 2). Die *Freien Blätter* meldeten unter »Berlin«: »Die Russen kommen – um die Einigkeit Deutschlands zu verwirklichen. Wir Preußen werden ihnen mit unseren neuen Gewehren Füße machen und mit den alten auf den Kopf schlagen.« *Tante Voss mit dem Besen* dichtete in diesem Zusammenhang eine »neue Polka«:

»Knutenheld vom Newastrand,
Ei, wie ich dich liebe!
Komm Kosack! Komm Kosack!
Hol dir deutsche Hiebe!«

Im März und Mai sind von Zar Nikolaus I. Kriegspläne erwogen worden, um zugunsten des preußischen Absolutismus einzugreifen. Ende April erschien in Berlin eine anonyme Broschüre unter dem Titel *Über den Krieg mit Rußland.* Verfasser war der engste Mitarbeiter des Kriegsministers, Oberstleutnant von Griesheim, der noch im gleichen Jahr die Flugschrift *Gegen Demokraten helfen nur Soldaten* veröffentlichen sollte. Der *Berliner Krakehler* macht sich ein Vergnügen daraus, den ängstlichen Berliner Philister zu verunsichern. Gleichzeitig verspottet er die Nationalversammlung, der es an Dynamik fehlte. Typographisch entspricht diese Nummer der Aufmachung von Flugblättern.

Nr. **Berliner** 9

Krakehler

Verlag von Ernst Litfaß, Adlerstr. Nr. 6.

Motto: Ruhe ist die letzte Bürgerpflicht, die erste aber: immer mit dem Kuhfuß.

Zu bestellen:

London, beim Ritter v. Bunsen — Rom, bei Pius IX — St. Petersburg, beim Minister Grafen Uwaroff

(19,000 Auflage. — 11. Auflage.)

Donnerstag, den 22. Juni 1848,
zwei Tage nach der vom Krakehler in Nr. 3. bereits prophezeiten Abdankung des Ministeriums Camphausen.

Lärm-Krakehl.

Die Russen kommen!

Die constituirende National-Versammlung hat vier Wochen über das provisorische Geschäfts-Reglement berathen, und

Die Russen kommen!!

Die constituirende National-Versammlung hat das provisorische Reglement vorläufig angenommen und hat Präsidenten, Vice-Präsidenten und Secretaire gewählt, und

Die Russen kommen!!!

Die constituirende National-Versammlung hat links gesprochen, rechts getrampelt! Wegen Holzdiebstähle interpellirt, und

Die Russen kommen!!!!

Die constituirende National-Versammlung hat die Revolution verläugnet und den Märzhelden keinen Dank votirt, und

Die Russen kommen!!!!!

Die constituirende National-Versammlung hat Pfingstferien gehalten, und

Die Russen kommen!!!!!!

Die constituirende National-Versammlung schläft, die Kosacken wachen, und

Die Russen kommen!!!!!!!

Ostpreußen zittert, Westpreußen bebt, Posen schwankt, Schlesien wankt, die constituirende Versammlung schläft, und

Die Russen kommen!!!!!!!!

Unser Land hat keine Constitution, unser Freiheitsbaum hat keine Wurzeln, die constituirende Versammlung schläft, und

Die Russen kommen!!!!!!!!!

Constituirende Versammlung, wach auf! wach auf! Trumtrumtrum! die Russen kommen! Tremptereremptetremptemtem! die Russen kommen! Bimbambimbambum! die Russen kommen! Tuttuttuttut! die Russen kommen! Auf! auf! Trommelgewirbel! Feuer, Mordjo! Trompetengeschmetter! Russen, Kosacken, Baschkiren, Tscherkessen, Mongolen, Kirgisen, Läuse, Wanzen, Kaiser Nicolaus, Juchten, Knuten, Paskewitsch, viel Schnaps, Sibirien, Ketten, Orloff, Kaviar, Knoblauch, Cholera — — Auf, auf, auf!

Die Russen kommen!!!

200 *Berliner Krakehler*, Nr. 9 v. 22. 6. 1848
Titelblatt

Der Teufel in Berlin (Nr. 3) beleuchtete das Problem von der anderen Seite. Er unterstellte dem preußischen König folgende Gedanken:

»Vivat! Hoch! der Niklaus kommt,
Laßt uns Jubellieder singen!
Schwager weiß schon, was uns frommt:
Wird uns jucht'ne Freiheit bringen.«

Ganz ähnlich äußerte sich der *Kladderadatsch* (Nr. 9) in einem in der Ausgabe vom 2. Juli abgedruckten »Lied für die Preußischen Grenztruppen«.

In Preußen sind die Russen 1848/49 nicht einmarschiert, wohl aber in Ungarn. Im August 1849 wurde die ungarische Revolution, die im März 1848 begonnen hatte, von dem 18jährigen Kaiser Franz Joseph I. mit Hilfe von 180 000 Russen auf die grausamste Weise unterdrückt *(Abbildung 201)*. Für die *Buddelmeyer-Zeitung* war künftig ein Russe »ne Knute mit'n Menschen dran«; das durch die Worte »Knute«, »Peitsche«, »Juchten« (= Juchtenleder) symbolisch dargestellte Zarenreich war – ebenso wie für den *Kladderadatsch* – ein Synonym für Barbarei.[119]

Auf dem Bild sitzt der achtzehnjährige österreichische Kaiser Franz Joseph in der Patronentasche eines Kosaken. Er wird ganz klein und angsterfüllt dargestellt, wie er für den russischen Sieg betet. Die »Kalasche« (= Prügel) werden von Rußland mit der symbolisch das Zarenreich darstellenden Knute ausgeteilt. Als Dank für seine militärische Hilfe erwartet Nikolaus I. Österreichs außenpolitische Unterstützung, die jedoch im Krimkrieg (1854 bis 1856) ausblieb. In mehreren »Zeit-Bildern« kam die *Buddelmeyer-Zeitung* auf das Thema der russischen Repression zurück.

201 *Buddelmeyer-Zeitung*, Nr. 11 v. 7. 5. 1849
Russenhülfe
Holzschnitt

Gefahr drohte dem deutschen Michel freilich nicht allein von Rußland. Der für Preußen demütigende, für das werdende deutsche Reich vernichtende und in der Öffentlichkeit Empörung hervorrufende Waffenstillstand von Malmö (26. August 1848), der den im April begonnenen nationalen Krieg mit Dänemark um das Herzogtum Schleswig bis auf weiteres beendete, war auch auf Betreiben Englands abgeschlossen worden *(Abbildung 202)*. Gefahr drohte schließlich von Westen, von seiten der Französischen Republik.

Für die demokratischen satirischen Zeitschriften Berlins war Frankreich in den ersten Wochen nach der Revolution das Land der »Freiheit« *(Satan)*, das Land, woher »der Weltgeist« wehte *(Satyr)*, das Land, das mit den Klängen der Marseillaise »mit ihrem ewigjungen Zauber« den deutschen Michel aufgeweckt hatte *(Die ewige Lampe)*.[120] Es war die Zeit des Völkerfrühlings, in der die »rosarothe Poesie« des deutsch-freundlichen Dichter-Ministers Alphonse de Lamartine aus der Sicht Glaßbrenners mehr für die Menschheit getan hatte, »als die purpurne Prosa seit Jahrhunderten«.[121]

Die Pariser Junischlacht (23. bis 26.), die erste große Schlacht des »sozialen Weltkrieges« (*Freie Blätter*, Nr. 11 vom 8. Juli), setzte dieser Euphorie ein Ende. In diesen vier Tagen besiegte General Louis Eugène Cavaignac den nach der Auflösung der Nationalwerkstätten ausgebrochenen Massenaufstand, proklamierte den Belagerungszustand, unterdrückte die linksradikale Presse und ließ fünfzehntausend Rebellen einkerkern oder deportieren.[122]

Die deutsche Revolution ist im Rahmen der europäischen Machtkonstellation zu sehen. Die am 21. März 1848 von dem neuen dänischen König Friedrich VII. proklamierte Einverleibung Schleswigs in den dänischen Staat führte im April unter Preußens Führung zu einem »nationalen« Krieg. Auch die Berliner entsandten ein Freikorps; das Lied »Schleswig-Holstein meerumschlungen, deutscher Sitte treue Wacht« wurde auf allen Leierkästen gespielt und in allen Kneipen gesungen. Jedoch unter dem Druck Englands und vor allem Rußlands willigte Preußen am 26. August in Malmö in einen Waffenstillstand ein. Nach stürmischen Debatten wurde er in der Frankfurter Nationalversammlung am 16. September mit einer knappen Mehrheit (259 : 234 Stimmen) angenommen.
Der *Kladderadatsch* sieht diese als »Verrat« empfundene Niederlage voraus. Wie in einem solchen Fall in der europäischen Karikatur üblich, zieht Preußen mit einer »langen Nase« ab.

Getreue Abbildung des Waffenstillstandes, der zwischen Dänemark u. Preussen abgeschlossen worden.

Die hier dargestellte Ansicht des Dänenkönigs, so wie der preußischen Nase haben bereits die Bestätigung der deutschen Centralgewalt zu Frankfurt erhalten.

202 *Kladderadatsch*, Nr. 19 v. 10. 9. 1848
Getreue Abbildung des Waffenstillstandes, der zwischen Dänemark u. Preussen abgeschlossen worden
Holzschnitt

Tante Voss mit dem Besen (Nr. 3) kommentierte das Pariser Blutbad (fast zweitausend Tote), über das die Berliner durch Extra-Blätter informiert worden waren, am 2. Juli wie folgt: »Paris ist ruhig. Die Seine ist roth. Dreitausend Menschen sind geschlachtet. Rothschild lebt. Sein Goldkeller ist bombenfest. Die Arbeiter haben die Waffen gestreckt und sich dem Hungertode auf Gnade und Ungnade ergeben . . . Die Juden haben Recht, es muß noch ein Messias kommen.« Der ebenfalls von Samuel Löwenstein verlegte und vielleicht sogar redigierte *Volks-Tribun* (Nr. 1 vom 5. September 1848) behandelte die Unterdrückung der roten durch die blauen Republikaner mit derselben Schärfe: »Es klingt wie Spott: das Recht menschlich zu leben. Wir sahen in Paris auf den Barrikaden hungrige Weiber ihre elenden Säuglinge den Bajonetten entgegenhalten; wir sahen das arme Volk von dem reichen Volke schlachten und den Metzger Cavaignac mit blutiger Hand Frankreich regieren. Welche Republik!«

Dem zum Chef der Exekutivgewalt aufgerückten »Metzger Cavaignac« schwebte nicht mehr – wie Lamartine – ein »brüderlicher Pakt mit Deutschland« vor, sondern – im Fall der deutschen Einigung – ein französisch-russisches Bündnis.[123]

Von nun an geisterte in mehreren politischen Witzblättern das Gespenst einer französisch-russischen Koalition. Am 2. Juli 1848 brachte der *Kladderadatsch* (Nr. 9) eine Karikatur auf die von Waffen starrende preußische Ost- und Westgrenze. In der *Staats-Zeitung der Hölle* (Nr. 50 = Nr. 1) beobachtete des Teufels Großmutter aus ihrer Dachluke, wie an der deutsch-französischen beziehungsweise deutsch-russischen Grenze über die Köpfe der schlafenden oder sich zankenden deutschen Staaten hinweg über eine Gebietsaufteilung verhandelt wurde. Kein Wunder, daß sich »Mutter Germania« nunmehr aufgerufen fühlte, ihre 34 Kinder »zur Einigkeit« zu ermahnen (*Berliner Grossmaul*, Nr. 4 vom 26. August 1848).

Die am 10. Dezember 1848 mit überwältigender Mehrheit erfolgte Wahl Louis Napoleon Bonapartes, eines Neffen Napoleons, zum Präsidenten der Republik[124] deuteten die *Freien Blätter* (Nr. 55) als einen »Sieg der Demokratie«. Für Glaßbrenner war der am 4. Juni aus dem Londoner Exil zurückgekehrte vierzigjährige Chef des Hauses Bonaparte ein »witzloser Narr, der Nichts vertritt als das Nichts«. Seinen möglicherweise anders denkenden Lesern rief er entgegen: »Glaubt ihr, diese riesige Majorität wolle Nichts weiter als den kleinen Hut anbeten, unter dem kein Kopf steckt?«

Seine Kollegen bewiesen in bezug auf Louis Napoleon Bonaparte eine größere Klarsicht. Am 2. April 1849 erklärte »Muhme Grete« in Adalbert Cohnfelds *Buddelmeyer-Zeitung* (Nr. 1): »In Frankreich gehts sehr gut. Die Republik wird altbacken und fängt an zu krümeln; aber die Franzosen sind kluge Bäcker, die kneten sie wieder ein, schieben sie in den Backofen und machen eine Kaisertorte draus. Geheizt ist der Ofen schon.« Auf der rechten Seite der Witzblattskala wurden dieselben Prognosen aufgestellt. In der Rubrik »Patronentasche« vermerkte der konservative *Juchheirasasa!* (Nr. 4 vom 6. August 1849): »Der Präsident Bonaparte, der mit einem neuen Kaiserreiche schwanger geht, machte sich dieser Tage eine Bewegung im Pariser Thiergarten und fragte dessen Direktor: »Kein neues Thier angekommen?« – »Keines, Bürger-Präsident«, war die Antwort, »ausgenommen ein großer Affe«.

Aus dem »großen Affen« wurde der künftige Frankencäsar Napoleon III., der Gegenspieler des sich vom roten Reaktionär zum weißen Revolutionär[125] wandelnden »Pismark-Schönhose«. Die Zukunft hat schon begonnen.

Zweites Kapitel Europa wie es weint und lacht: Reaktion und Neue Ära (1850–1860)

»In frohen Zeiten lachen
Und gute Witze machen,
Das ist wohl keine Kunst;
Allein in schlimmen Tagen
Den Trübsinn siegreich schlagen,
Verdient wohl aller Braven Gunst.«

(Kladderadatsch)[1]

Für das Scheitern der deutschen Revolution von 1848 werden gemeinhin zwei Erklärungen angeboten: 1. der Druck Rußlands, aber auch der westlichen Großmächte, welche in einem deutschen Nationalstaat eine Gefahr für das europäische Gleichgewicht erblickten, 2. die Furcht des Bürgertums, das die Monarchie zwar demokratisieren, jedoch nicht abschaffen wollte, vor der »roten« beziehungsweise »socialen« (= kommunistischen) Republik *(Abbildung 203)*. Der eigentliche Grund liegt freilich tiefer. Es war das Unvermögen der Paulskirche, die vier gesamtdeutschen Ziele – politische beziehungsweise territoriale Einheit, ferner staatsbürgerliche Freiheit und soziale Gerechtigkeit – gleichzeitig zu erreichen.[2] Dieses »magische Viereck« war gleichsam das Erbe der Revolution.
Auf das nationale Erlebnis der Revolution folgte nun das nationale Erlebnis der Reaktion. Nach und nach machten die deutschen Staaten zahlreiche »Märzerrungenschaften« rückgängig, freilich nicht alle. Erhalten blieb, wenn man von Österreich und Mecklenburg-Schwerin absieht, das Verfassungsleben. Allerdings wurden die vereinbarten oder oktroyierten Verfassungen von den revolutionären Ingredienzien »gereinigt«, so auch im Königreich Preußen.[3] Am 6. Februar 1850 leistete Friedrich Wilhelm IV. auf die am 31. Januar verkündete revidierte Verfassung den Eid, ein Ereignis, das der *Kladderadatsch* (Nr. 6) vier Tage später mit folgendem Kommentar begleitete: »Die Verfassung ist beschworen! Kein Mensch im Lande freut sich ihrer,

außer den tintenklexigen Federfuchsern des löschpapiernen Constitutionalismus, den muthigen Helden . . ., die vor Allem zittern was kommen wird, und mit Allem zufrieden sind sobald es da ist!« Die preußische Verfassung, die in ihren wesentlichen Bestimmungen bis 1918 gültig blieb, übertrug dem König die alleinige Kontrolle über den Regierungsapparat und das nicht an die Verfassung gebundene Heer.[4] Gefestigt wurde die königliche Macht ferner durch das 1854 infolge einer weiteren Revision ins Leben gerufene »Herrenhaus«, eine Hochburg des preußischen Konservatismus. Das an die Stelle der Ersten Kammer getretene preußische »House of Lords«, das mit seinem englischen Vorbild nur wenig gemein hatte, bestand in seiner überwiegenden Mehrheit aus erblichen oder auf Lebenszeit berufenen adligen Grundbesitzern. Neben ihnen fielen die Vertreter der Kirchen, der etwa dreißig größeren Städte und der sechs preußischen Universitäten kaum ins Gewicht. Der sogenannte »Pairsschub«, das heißt die Ernennung neuer erblicher Mitglieder durch den König, gewährleistete von Fall zu Fall der Widerspenstigen Zähmung.

Für den *Kladderadatsch* bildete diese in der Leipziger Straße tagende altständische Körperschaft, deren Existenz – so der Historiker Heinrich von Treitschke – »allen

Mit Hilfe der drei politischen Symbole – Hut, Kokarde und Bart – zeigt die *Buddelmeyer-Zeitung* den Gesinnungswandel des »deutschen Michels«: Der revolutionäre Achtundvierziger hat sich – nach passivem Widerstand – zum vormärzlichen Philister zurückentwickelt. Die Propagandaphrase, die Revolution sei von Juden, Polen und Franzosen ins Werk gesetzt worden (*Abbildung 175*), hat ihren Zweck erreicht.

203 *Buddelmeyer-Zeitung*, Nr. 21 v. 14. 3. 1850
Michels Hut- und Bart-Politik
Holzschnitt

Rechtsanschauungen des demokratischen Jahrhunderts ins Gesicht«[5] schlug, jahrzehntelang eine Zielscheibe des Spottes. Besonders erpicht waren die »Gelehrten« auf judenfeindliche Äußerungen der »zur Herrlichkeit geborenen« Junker, um sie dann in einem satirischen Monolog (Zwickauer), Streitgespräch (Schultze und Müller; Lehrer und Schüler), Briefaustausch (Strudelwitz und Prudelwitz) oder gar in einem Leitartikel *ad absurdum* zu führen.

Hier ein Beispiel: Auf den Beschluß der damals noch Ersten Kammer, die Juden von Gemeindeämtern auszuschließen, konterte der *Kladderadatsch* am 13. März 1853 mit einem »Neuen Lied im Kammerton«: »Wie kann man zugeben, daß sich eine Nation noch heute für lebendig erklärt, die schon mit Moses und den Propheten ihr Testament gemacht hat? Man streiche sie also aus der Reihe der Lebendigen, trete ihre Erbschaft an, betrachte sie als Ausgewanderte, confiscire ihre Güter, sequestire ihre Habe, beschneide ihr Fleisch, entführe ihre Töchter, und die Losung der Zukunft sei: ›Keine Juden mehr!‹«[6]

Das Pendant zum Herrenhaus war das von 1849 bis 1899 am Dönhoffplatz untergebrachte preußische Abgeordnetenhaus. Dort befand sich dank der indirekt und öffentlich vollzogenen Dreiklassenwahl und der massiven Wahlbeeinflussung »von oben«,[7] welche den *Kladderadatsch* (Nr. 44/45) am 30. September 1855 an Dantes *Göttliche Komödie* erinnerte, in den ersten Sitzungsperioden eine regierungsfromme Mehrheit. Kein Wunder, daß das Witzblatt in jenen Jahren den Kammerdebatten der »Schönredner« und »Phrasendreher«, welche besser täten, »nach Haus zu gehen«, relativ wenig Aufmerksamkeit schenkte.

Obwohl Preußen ein Verfassungsstaat blieb, gehörte die Ära Manteuffel (Ministerpräsident) / Westphalen (Innenminister) / Hinckeldey (Polizeipräsident)[8] innenpolitisch zu den unfruchtbarsten Perioden seiner Geschichte. Die hervorstechendsten Merkmale dieser Zeit waren eine restriktive Verfassungs-, Verwaltungs- und Polizeipraxis *(Abbildung 204)* sowie das Bündnis zwischen Thron und Altar. Am 20. Juni 1852 schilderte der *Kladderadatsch* (Nr. 25) das »öffentliche Leben Berlins« in einem Dialog:

»A. Haben Sie die Blätter von gestern Abend gelesen?
B. Nein. Und Sie?
A. Ich auch nicht.
B. Was haben Sie denn gehört?
A. Es soll nichts drin stehn!
B. Das habe ich auch gehört!«

Ein nur geringer Trost mag dem Berliner Witzblatt gewesen sein, daß es in vielen anderen europäischen Ländern auch nicht besser war, namentlich in Frankreich, wo ein 1852 erlassenes Dekret die Presse regelrecht in eine Zwangsjacke steckte *(Abbildung 205)*.[9]

Am 18. März 1850 war die Ehrung der über 200 »März-Gefallenen«, die 1848 feierlich im Volkspark Friedrichshain bestattet worden waren, verboten. Auf der pathetischen Zeichnung sieht man vorne *rechts* zwei Konstabler, von denen der eine mit herrischer Geste die junge Witwe und Mutter vom Grab ihres umgekommenen Gatten verweist.

Der Friedrichshain

am 18. März 1850.

Im stillen Friedrichshaine
Da ist ein weites Grab;
Man senkte die Gebeine
Gefallener Kämpfer hinab.

Hinauf zum Friedrichshaine
Wogt' einst ein langer Zug,
Als man im Sonnenscheine
Hinaus die Todten trug.

Wie wußte man da zu melden
Von glorreichem Siegsgefecht,
Und von gefallenen Helden,
Gefallen für Freiheit und Recht!

Wie haben da um die Wette
Gehuldigt die großen Herrn —
Die mit der goldenen Kette,
Und die mit Band und Stern!

Wie haben da die Armen,
Von bleicher Angst gehetzt,
Gezittert zum Erbarmen!
Und jetzt? Und jetzt? Und **jetzt?!**

Im stillen Friedrichshaine,
Gebettet kalt und hart,
Da modern die Gebeine,
Die dort man eingescharrt.

Und denen von Siegeskränzen
Die Stirnen einst umweht,
Die werden jetzt ohne Gränzen
Gelästert und geschmäht.

Von ihren Leichensteinen
Der Blumenschmuck geraubt!
An ihrem Grab zu weinen —
Selbst das ist nicht erlaubt!

Wer ist's, der ohn' Erbarmen
So zu gebieten wagt? —
Das sind dieselben Armen,
Die einst so bang gezagt!

Laßt sie gewähren und machen,
Wie's ihnen immer frommt!
Wir wollen ihrer lachen;
Wir wissen doch, was kommt.

Es kommen die Gerichte,
Ob früh ob spät, gilt gleich.
Das ist die Weltgeschichte:
Heut uns und morgen euch!

Mit Nr. 14. am 4. April beginnt das neue Abonnement unsrer Zeitschrift. Wir bitten um rechtzeitige Bestellungen bei den Königl. Postämtern und Buchhandlungen, damit die regelmäßige Zusendung keine Unterbrechung erleidet.

Das 1. Quartal pro 1850 Januar—1 April wird auf Wunsch (für 17½ Sgr.) noch vollständig nachgeliefert.

Die Verlagshandlung.

Verantwortlicher Redakteur: E. Dohm. — Verlag von A. Hofmann & Comp. in Berlin, Unterwasserstr. 1. — Druck von J. Draeger in Berlin.

204 *Kladderadatsch*, Nr. 12 v. 24. 3. 1850
Der Friedrichshain
Holzschnitt von Wilhelm Scholz

»Reaktion« herrschte auch in bezug auf die von der Paulskirche nicht gelöste »deutsche Frage«. Die von Friedrich Wilhelm IV. seit 1849 angestrebte »Erfurter Union« *(Abbildung 206)* scheiterte am Desinteresse der Königreiche Bayern, Hannover, Sachsen und Württemberg, vor allem aber am erbitterten Widerstand Österreichs und Rußlands. In weiten Kreisen der Bevölkerung herrschte daher Kriegsbereitschaft, um Preußens Ehre zu verteidigen. Auch die *Buddelmeyer-Zeitung* machte mobil. Nachdem sie in einem Leitartikel (Nr. 91 vom 14. November 1850) Preußen aufgefordert hatte, Deutschland von seinem »Todfeind« – Österreich – zu befreien, gab sie vier Tage später (Nr. 92) die Devise aus: »Borussia ermanne Dir!«, die sie wie folgt begründete:

»Dein König war, – verjeß des nich! –
Einmal der olle Fritze!
Un heute will nu Oestreich Dich
Eens jeben uf die Mütze?

205 *Kladderadatsch*, Nr. 22 v. 9. 5. 1858
Ausländische Frühlings-Blätter-Schau
Holzschnitt von Wilhelm Scholz

Bild 1 (links):
Das von Charles Philipon nach der Februarrevolution 1848 gegründete Pariser Witzblatt *Journal pour rire (Zeitung zum Lachen)* machte sich über den gestürzten Bürgerkönig Louis Philippe ungestraft lustig. Doch Louis Napoleon Bonaparte, Ende 1848 Präsident, Ende 1852 Kaiser, steht bereits im Blickpunkt. Das Zitat stammt aus einer der bekanntesten Lortzing-Opern (1837).
Bild 2 (Mitte):
Unter der strengen Pressegesetzgebung des Zweiten Kaiserreichs ist die politische Verve der bereits 1832 von Philipon ins Leben gerufenen illustrierten satirischen Tageszeitung *Le Charivari* verstummt. Daher die Anspielung auf Papageno (Mozart, *Die Zauberflöte*, 1791).
Bild 3 (rechts):
Das 1841 gegründete, heute noch erscheinende Londoner Witzblatt *Punch* – mit dem Untertitel *the London Charivari* – läßt seiner Spottlust freien Lauf. Daher die Verse aus Carl Maria von Webers Oper *Der Freischütz* (1821).

Vom 20. März bis 29. April 1850 tagte auf Betreiben Preußens in Erfurt ein kleindeutsches »Unionsparlament«, das, nach Ablehnung der Kaiserkrone durch Friedrich Wilhelm IV., die Bildung eines deutschen Bundesstaates unter preußischer Führung beschließen sollte. Unter russischem und österreichischem Druck verzichtete Preußen am 29. November 1850 auf die Weiterführung dieses Projekts (Olmützer Punktation). Der *Kladderadatsch* meint, dieser von Friedrich Wilhelm IV. ausgehende Versuch, »von oben« ein einiges Deutschland zu gründen, sei von vornherein zum Scheitern verurteilt gewesen, weil er auf keiner demokratischen Grundlage aufgebaut war. Der Schriftsteller und Zeichner Rudolph Genée zeigt daher auf dem Bild ein in der Luft schwebendes Dach ohne Unterbau.

Erfurt.

Ein wunderlich Gebäude —
Begonnen in der Luft!
So bauen sie in Deutschland
Der Freiheit eine Gruft.

Was Ihr mit **Wind** gebauet,
So keck und wahnbethört,
Das wird, habt Acht, ihr Herren,
Durch **Sturmes** Macht zerstört.

Das Dach, das habt ihr fertig,
Nun fügt die Balken dran;
Wie wollt ein Haus ihr bauen,
Und fangt von **Oben** an?!

Ein Dach — von Stroh! — Nichts weiter,
Kein Haus, kein Fundament, —
Das nennt man heutzutage
Ein Deutsches Parlament!

206 *Kladderadatsch*, Nr. 6 v. 10. 2. 1850
Erfurt
Holzschnitt von Rudolph Genée

Da müßte sich im Jrabe ja
Umdrehn der olle Mann!
Ermanne Dir, Borussia,
Un zieh die Hosen an!«

Ganz anders der *Kladderadatsch*. Die Überschrift seines Leitartikels (Nr. 47 vom 24. November) lautete nicht »Krieg!«, sondern »Krieg ist doch eklig!«, womit er Bismarcks berühmte Olmütz-Rede vom 3. Dezember gewissermaßen vorwegnahm. Der Schriftführer des Erfurter Volkshauses verteidigte den diplomatischen Rückzug Preußens infolge der »Olmützer Punktation« (29. November 1850) am 3. Dezember mit »politischen Erkenntnissen von bleibender Gültigkeit« (Walter Bußmann):

»Es ist leicht für einen Staatsmann, sei es in dem Cabinette oder in der Kammer, mit dem populären Winde in die Kriegstrompete zu stoßen und sich dabei an seinem Kaminfeuer zu wärmen oder von dieser Tribüne donnernde Reden zu halten, und es dem Musketier, der auf dem Schnee verblutet, zu überlassen, ob sein System Sieg und Ruhm erwirbt oder nicht. Es ist Nichts leichter als das, aber wehe dem Staats-

Ein politischer Hühnerhof.

Von Ende 1850 bis Mitte Mai 1851 tagten in Dresden sogenannte »freie Konferenzen«. Sie endeten mit einem für alle Demokraten und Liberalen enttäuschenden Ergebnis: der Rückkehr zum vormärzlichen Bundestag zu Frankfurt am Main. Der Zeichner zeigt Kaiser Franz Joseph als herrischen Truthahn, vor dem sich König Friedrich Wilhelm IV. demütig zu verneigen hat. Das auf dem Hühnerhof spazierende Kleinvieh stellt die übrigen deutschen Fürsten symbolisch dar. Sie tragen Kronen, Uniformen und – auf der Brust – ihre Wappenschilder.

207 *Buddelmeyer-Zeitung*, Nr. 17 v. 27. 2. 1851
Ein politischer Hühnerhof
Holzschnitt von Gustav Bartsch

mann, der sich in dieser Zeit nicht nach einem Grunde zum Kriege umsieht, der auch nach dem Kriege noch stichhaltig ist.«[10]

Das Ergebnis der »Schmach von Olmütz« und der sich anschließenden Dresdener Konferenzen (Ende 1850 bis Mai 1851) *(Abbildung 207)* war die Wiederherstellung des alten Deutschen Bundestags als Instrument der Unterdrückung und der Reaktion. Eine seiner ersten Maßnahmen betraf die Aufhebung der »Grundrechte des deutschen Volkes«.

Am 18. Mai 1851 reimte der *Kladderadatsch* (Nr. 20) frei nach Uhlands Gedicht »Vorwärts!« (1815):

»Rückwärts heißt das Feldgeschrei!
Rückwärts! Alle stimmen bei:
Rückwärts!«

Daß ausgerechnet zu diesem Zeitpunkt, am 31. Mai 1851, anläßlich des 150. Jubiläums des preußischen Königtums, das Denkmal Friedrichs des Großen Unter den Linden (wo es heute wieder steht) entschleiert wurde, empfand das Berliner Witzblatt (Nr. 22 vom 1. Juni) natürlich als einen »beißenden Witz«.[11] Frankfurt trat nun aufs neue ins Licht der Öffentlichkeit, diesmal als Schauplatz des Zweikampfes zwischen dem Vielvölkerstaat Österreich (1850: 39 Millionen, davon 8 Millionen Deutsche) und Preußen (1850: 17 Millionen, davon 15 Millionen deutsche Einwohner). Einer der Beteiligten war der neue Bundestagsgesandte »Hörr von Büsmarck«, der – *so* Zwickauer in einem Wortspiel – an seinem neuen Arbeitsplatz Frankfurt, den er später mit einem »Fuchsbau« vergleichen sollte, »schön hausen« würde.[12]

Zwischen dem Kaiserstaat und dem preußischen Königreich lag das sogenannte dritte oder »reine« Deutschland, das sich aus 28 Mittel- und Kleinstaaten und den vier freien Reichsstädten (Hamburg, Bremen, Lübeck, Frankfurt) zusammensetzte. Seine Gesamtbevölkerung betrug 1850 17,5 Millionen. Die erste große Machtprobe zwischen Österreich und Preußen war die Krise des Deutschen Zollvereins *(Abbildung 208)*, aus der der Hohenzollernstaat, nicht ohne Bismarcks Zutun, als Sieger hervorgehen sollte.[13]

In der Reaktionszeit suchte der *Kladderadatsch* das verminte Gelände der Innenpolitik nach Möglichkeit zu meiden. Ersatz bot das Ausland und hier wiederum in erster Linie Frankreich und dessen oberster Repräsentant, Louis Napoleon. Daß der Prinz-Präsident höhere Ambitionen hatte und nach der Kaiserkrone Ausschau hielt, hatten sowohl der *Juchheirasasa!* als auch die *Buddelmeyer-Zeitung* seit 1849 prophezeit.[14] Im Februar 1850 rief dann die *Ewige Lampe* ihren Lesern zu: »Betrachte ihn, den Kaiserlichen Gamin, der sich die mit Blut gesalbte Krone seines Onkels auf den leeren Schädel stülpen will! Eine Mißgeburt der Republik, verachtet von der Legitimität [den Bourbonen], verspottet und mißbraucht von politischen Gaunern . . . Ein von Eitelkeit geplagter Abenteurer, der die Freiheit zur dienstbaren Metze erniedrigen will . . .«[15]

Nach seinem blutigen Staatsstreich (fast 3000 Tote), am 2. Dezember 1851, also am Jahrestag der für Frankreich siegreichen Dreikaiserschlacht von Austerlitz (1805), dichtete Ernst Dohm unter der Überschrift »Vive l'Empereur!« (Es lebe der Kaiser!) und unter Bezugnahme auf den Putsch des 18. Brumaire, im Jahre VIII (9. November 1799):

»Am Zweiten des December schlug
Mein Ohm bei Austerlitz die Schlacht! –
Jetzt bin ich präparirt genug,
Ich mach's genau wie er's gemacht.

Heut spiel' ich meinen ersten Trumpf,
Er heißt: der achtzehnte Brumaire!
Und morgen schon jauchzt im Triumph
Mein Volk mir zu: Vive l'empereur!«[16]

Die Wiener Zollconferenz.

So muß es kommen! sagt Neumann.

208 *Kladderadatsch*, Nr. 7 v. 15. 2. 1852
Die Wiener Zollconferenz
Zeichnung von Wilhelm Scholz

Die am 4. Januar 1852 eröffnete Wiener Zollkonferenz verlief erfolglos, da Preußen ihr fernblieb. Das Bild zeigt die Vertreter der deutschen Mittelstaaten unter dem Vorsitz des österreichischen Ministerpräsidenten, Fürst Felix zu Schwarzenberg *(gekrönter Sessel)*, der Österreichs Eintritt in den seit 1834 bestehenden, von Preußen geführten Deutschen Zollverein erzwingen will. Stattdessen läßt Preußen die plötzliche Erweiterung des Zollvereins auf das Königreich Hannover und einige ihm angeschlossene norddeutsche Kleinstaaten verkünden (siehe *links* neben Schwarzenberg). Außerdem wird Schwarzenberg die Rechnung für den nicht bezahlten österreichischen Beitrag zur deutschen Bundesflotte präsentiert.
Als echtes preußisches Politwitzblatt beschwört der *Kladderadatsch* den Geist Friedrichs II. und prophezeit – unter Anspielung auf dessen Siege *(Bildnis der Kaiserin Maria Theresia und Karte der eroberten Provinz Schlesien)* – die Niederlage Österreichs; tatsächlich blieb die Donaumonarchie auch weiterhin »draußen vor der Tür«.

Nach seiner durch Volksabstimmung vorbereiteten Erhebung zur Kaiserwürde (2. 12. 1852) brauchte Napoleon III. nicht lange auf die Anerkennung seiner Monarchie durch die europäischen Mächte zu warten. Nur der Kaiser von Rußland zögerte etwas, aber dann macht auch er »die Mode mit«. In satirischer Umkehrung überreicht der als Hofschranze verkleidete, napoleonfeindliche *Kladderadatsch* in Paris feierlich seine Anerkennungsurkunde, im Sinn des Don-Carlos-Zitats (I., 1. Szene) von Schiller. Im Hintergrund sieht man, wie der preußische und auch andere Gesandte sich sputen, zu demselben Zweck rechtzeitig nach Paris zu gelangen. Ganz Europa hat sich nach dem Wind gedreht, was durch die Wetterfahne *vorne rechts* angedeutet wird.

Auch er macht die Mode mit

oder!

Wo Alles liebt, kann Carl allein nicht hassen. (Schiller.)

Verantwortlicher Redacteur: E. Dohm in Berlin. — Verlag von A. Hofmann & Comp. in Berlin, Hausvoigteiplatz 3. — Druck von J. Draeger in Berlin, Adlerstr.

209 *Kladderadatsch*, Nr. 1 v. 3. 1. 1853
Auch er macht die Mode mit
Holzschnitt von Wilhelm Scholz

Der *Kladderadatsch*-»Gelehrte« sollte sich nicht täuschen. Am 20. Dezember 1851 ließ Louis Napoleon sich per Plebiszit diktatorische Befugnisse für zehn Jahre übertragen. Ein knappes Jahr später, am 21. November 1852, bestätigte ein erneutes Plebiszit mit 7,8 gegen 0,25 Millionen Stimmen die Wahl des Diktators – nunmehr Napoleon III. – zum erblichen Kaiser der Franzosen. Die offizielle Proklamation erfolgte wenige Tage darauf, wiederum an einem 2. Dezember, dem Glücksdatum der Napoleoniden; die Anerkennung durch die ausländischen Regierungen ließ nicht lange auf sich warten *(Abbildung 209)*.

Für das weit verbreitete Berliner Politwitzblatt und seine Nebenprodukte (Kalender, Almanache) begann nunmehr in allen Rubriken ein ganz persönlicher Kampf gegen IHN. Die stereotyp verwendeten Kürzel ER, LUI oder L. N. (Louis Napoleon) und N. B. (Napoleon Bonaparte) beziehungsweise die für den Thronerben in spe erfundene Bezeichnung Lulu gehörten fortan genauso zum Witzarsenal des *Kladderadatsch* wie die jahraus jahrein wiederkehrenden klischeehaften Vergleiche zwischen Napoleon I., dem großen Onkel, und Napoleon III., dem kleinen Neffen *(Abbildung 210)*.

Als das Blatt (ebenso wie der Londoner *Punch*) 1852 (bis 1870) wegen seiner feind-

Der Onkel im Feuer:
Napoleon »der Große« als Artillerist (seine Waffengattung seit Anbeginn) und Schlachtenlenker, inmitten von Gefahren.
Der Neffe im Feuer:
Napoleon »der Kleine« (*so* Victor Hugo) sitzt winzig auf seinem Thronsessel im Feuer der Akklamationen. *Im Vordergrund* werden großzügig Champagnerflaschen verteilt, die zur Erzeugung »günstiger Witterung« in der Armee beitragen sollen. Das Bild wirkt prophetisch. Sechseinhalb Monate später wurde der Neffe als Napoleon III. zum Kaiser proklamiert. Diese Nummer des *Kladderadatsch* ist wegen ihrer frankreichfeindlichen Tendenz von den Polizeibehörden beschlagnahmt worden.

210 *Kladderadatsch*, Nr. 20 v. 16. 5. 1852
Der Onkel im Feuer – Der Neffe im Feuer
Holzschnitt von Wilhelm Scholz

Der Schriftsteller Albert Le Masson erweckte großes Aufsehen durch sein 1852 erschienenes und alsbald übersetztes Buch *Die Gränzen Frankreichs*. Als natürliche Grenze Frankreichs wurde darin die Rheinlinie für lebenswichtig erachtet.

Auf dem Bild streckt der Vater Rhein seine kräftigen Glieder aus. *Im Hintergrund rechts* erscheinen ein rheinischer Winzer, ein preußischer Soldat und ein Kosake, die miteinander Brüderschaft trinken. *Im Vordergrund links* sieht man Napoleon III. als schlauen Fuchs mit der Friedenspalme, auf der sein verdächtiges Schlagwort zu lesen ist: »Das Kaiserreich ist der Friede!« Le Massons Buch liegt neben ihm.

Als Text bringt der *Kladderadatsch* das berühmte Zitat aus Äsops *Fabeln*. Die Aussichtslosigkeit der französischen Annexionsgelüste führt zum Kurssturz an der »teuflischen« Pariser Börse (*hinten links*). Ein altbewährtes deutsches Klischee wird dem stets wiederkehrenden französischen Klischee gegenübergestellt. Es werden sowohl durch Le Masson als durch den *Kladderadatsch* Erinnerungen wachgerufen an die Zeit von 1794 bis 1814, als das linke Rheinufer zu Frankreich gehörte, und an das Jahr 1840, als vermeintliche französische Annexionsgelüste in der öffentlichen Meinung Deutschlands Proteste ertönen ließen, die in dem Beckerschen Lied widerhallten: »Sie sollen ihn nicht haben, den freien deutschen Rhein!«

Zu Le Masson's „les limites de la France".

Die Trauben sind sauer!

Verantwortlicher Redacteur: E. Dohm in Berlin. — Verlag von A. Hofmann & Comp. in Berlin, Hausvoigteiplatz 3. — Druck von J. Draeger in Berlin, Adlerstr. 9.

211 *Kladderadatsch*, Nr. 5 v. 20. 1. 1853
Zu Le Masson's »les limites de la France«
Holzschnitt von Wilhelm Scholz und H. Link

lichen Tendenz in Frankreich verboten wurde, stellte die Redaktion am 13. Juni (Nr. 24) folgende ironische Fragen: »Was haben wir verbrochen, daß wir aus Frankreich verwiesen sind? – Wir haben den Präsidenten stets mit der ihm gebührenden Achtung ausgezeichnet, ja wir haben ihn sogar mehre[re] Male neben seinen Onkel gestellt. Wir waren niemals feindlich gesinnt und haben uns stets zu Vergleichen geneigt gezeigt. Was können wir dafür, wenn der Vergleich unvortheilhaft ausfiel?«[17] Die von Louis Napoleon am 9. Oktober 1851 bei einem Empfang in der Handelskammer zu Bordeaux abgegebene Versicherung: »Ich sage, das Kaiserreich ist der Friede!« wurde durch den *Kladderadatsch* und andere Presseorgane ein politisches Schlagwort jener Zeit. In seiner »Politischen Rundschau des Jahres 1852« hieß es: »L'empire c'est la paix« Das ist der Anfang unsres Trostes. Und sein Ende? Ein *x*, von welchem nur Böswillige muthmaßen dürfen, daß es uns für ein *u* gemacht sei *(Abbildung 211)*.

Tatsächlich führte der französische Kaiser fünf Kriege, den ersten – den Krimkrieg, ein kostspieliger, verlustreicher See- und Belagerungskrieg (Sebastopol) *(Abbildung 212)* – nur zwei Jahre nach seiner Machtübernahme. Der im Juli 1853 zwischen

Der Krimkrieg (Frankreich und England gegen Rußland), an dem Preußen nicht teilgenommen hat, dauert seit einem Jahr. Dazu äußert sich der *Kladderadatsch* in pazifistischem Sinn. Die Krim, der Tod mit der Hippe zur Seite, wird als geld- und menschenverschlingender Drache dargestellt, in dessen Schlund (*von links nach rechts*) die französischen, türkischen, britischen und russischen Heere mitsamt ihren Kriegskassen verschwinden.

212 *Kladderadatsch*, Nr. 12 v. 11. 3. 1855
Der Drache der Gegenwart
Holzschnitt von Wilhelm Scholz und H. Link

Im Jahr 1845 erschien der »für Kinder von 3–6 Jahren« bestimmte, seitdem in mehreren hundert Auflagen gedruckte *Struwwelpeter*, das berühmteste Werk des Irrenarztes und Jugendschriftstellers Heinrich Hoffmann (1809 bis 1894). Seit der Märzrevolution wurde dann das Thema »Struwwelpeter« in immer neuer Form behandelt, so in der 1849 von Henry Ritter (1816 bis 1853) herausgegebenen, 1984 neu aufgelegten Schrift *Der politische Struwwelpeter*. Der *Kladderadatsch* bezieht sich sowohl auf den »politischen« als auch auf den »Ur«-Struwwelpeter und macht aus dessen Figur »Nikolas mit dem großen Tintenfaß« den russischen Admiral Alexander Menschikow, der »Knäs« (d. h. Fürst) des Zaren Nikolaus. Die Zeichnung wurde kurz vor Beginn des Krimkriegs (1853 bis 1856) veröffentlicht. Es war vorauszusehen, daß England und Frankreich der Türkei gegen Rußlands Expansionsgelüste beistehen würden. Auf dem Bild werden der Türke (mit Halbmond), der Engländer (mit Schiff) und der Franzose (mit Fahne) in das russische Tintenfaß getaucht, eine Anspielung auf die russischen Einschüchterungsmanöver, für die Menschikow verantwortlich war.

Aus dem politischen Struwwelpeter.

Da kam der große Menzikoff
Mit seinem dicken Palletof,
Als Knäs vom größten Nicolas
Mit seinem großen Dintenfaß.

213 *Kladderadatsch*, Nr. 27 v. 12. 6. 1853
Aus dem politischen Struwwelpeter
Holzschnitt von Wilhelm Scholz

Verantwortlicher Redacteur: E. Dohm in Berlin. — Verlag von A. Hofmann & Comp. in Berlin, Hausvoigteiplatz 3. — Druck von J. Draeger in Berlin, Adlerstr

Aus dem Still-Leben eines hallischen Professors.

oder:

Weit davon ist gut für'n Schuß!

Der ehemalige Burschenschafter und Historiker an der Universität Halle, Heinrich Leo (1799 bis 1878), war schon in der Zeit des Vormärzes als »Goliath der Reaktionäre« (so Arnold Ruge) berüchtigt. In den 50er Jahren war er Mitarbeiter der konservativen *Neuen Preußischen [Kreuz-]Zeitung (unten links)* und des nicht minder konservativen *Halleschen Volksblattes für Stadt und Land (auf dem Bücherbord)*. In diesem Organ betrieb Leo eine üble militaristische Hetze. So schrieb er 1853: »Gott erlöse uns von der europäischen Völkerfäulnis und schenke uns einen frischen, fröhlichen Krieg, der Europa durchtobt, die Bevölkerung sichtet und das skrophulöse Gesindel zertritt . . .« Die vor 1914 so oft ausgesprochene Sehnsucht nach dem »frisch-fröhlichen Krieg« hat hier ihre Quelle.
Wilhelm Scholz stellt den Herrn Professor in der Manier dar, die Honoré Daumier in der satirischen Pariser Tageszeitung *Le Charivari* oft angewendet hat, nämlich mit einem enormen Kopf (»grosse tête«) auf kleinem Körper. Leo wird, um mit Schiller zu reden (*Die Braut von Messina*, 2. Szene, erster Chor) als »schlangenhaarichtes Scheusal« karikiert. Neben sozialkonservativen und antikapitalistischen Kraftworten aus seinen Büchern und Artikeln schießen seine militaristischen Absurditäten in Form von Kriegsbannern, Kanonenschüssen und Bayonettspitzen aus seinem Schädel. Er selbst erlabt sich in friedlicher Idylle am Pfeifenrauch und am beruhigenden Fencheltee; auch das wohltuende Klistier hat der Zeichner nicht vergessen.

214 *Kladderadatsch*,
Nr. 41 v. 4. 9. 1853
Aus dem Still-Leben eines hallischen Professors
Holzschnitt von Wilhelm Scholz

Rußland und der Türkei aus kirchen- und machtpolitischen Gründen ausgebrochene Konflikt *(Abbildung 213)* weitete sich am 28. März 1854 durch das Eingreifen Englands und Frankreichs zu einem »frischen, fröhlichen« europäischen Krieg aus *(Abbildung 214* und *215)*.[18] Er lieferte nicht nur den Tageszeitungen, sondern auch dem wegen seiner rußlandfeindlichen Haltung verwarnten *Kladderadatsch* drei Jahre lang einen schier unerschöpflichen Stoff. Die »Gelehrten« und ihre Geschöpfe, die stehenden Figuren, machten sich Gedanken über die seit den Türkenkriegen (1768 bis 1829) bestehende »orientalische Frage«; zwei Drittel aller Karikaturen des Jahrgangs 1854 befaßten sich mit diesem Motiv, wobei der den Lesern seit 1848 vertraute blutrünstige, peitschenknallende Kosake den Repräsentanten Englands und Frankreichs, also selbst IHM, den Rang ablief.[19]

Daß der den Krieg »eklig« findende *Kladderadatsch* die allen widerstreitenden Meinungen und Interessen zum Trotz aufrechterhaltene Neutralität Preußens, Österreichs und damit des Deutschen Bundes begrüßte, ging aus folgender, Goethes Gedicht »Beherzigung« nachempfundener »unzeitgemäßen Glosse zu zeitgemäßen Texten« hervor:

Schultze und Müller zittern vor Angst, denn die Bombe Europa steht vor der Explosion. Der »Friedensengel« *Kladderadatsch* schneidet dem als Kosaken dargestellten Kriegsteufel die brennende Zündschnur ab. Das liberale Witzblatt sieht in Nikolaus I., dem »Selbstherrscher aller Reußen« und Schwager Friedrich Wilhelms IV., den Angreifer.

215 *Kladderadatsch*, Nr. 10 v. 26. 2. 1854
Zur brennenden Frage
Holzschnitt von Wilhelm Scholz

»Mögen auch in Englands Blättern
Sie in beißenden Pasquillen
Auf die faulen Deutschen Vettern,
Die nicht thun nach ihrem Willen,
Schimpfen, fluchen, donnerwettern!
Trotz bombast'schem Redeschwalle
Gehn wir nicht in ihre Falle,
Sondern stehn auf eignen Beinen –
Sehe Jeder nach dem Seinen,
Und wer steht, daß er nicht falle!«

Die vom 23. Februar bis zum 16. April 1856 in Paris, dem neuen Machtzentrum Europas, abgehaltene Konferenz, zu der Preußen erst sehr spät hinzugezogen wurde, führte zu einer von Bismarck befürchteten, auch im *Kladderadatsch* angedeuteten Annäherung zwischen Rußland und Frankreich; daher das Mißtrauen des Blattes gegenüber dem am 30. März 1856 abgeschlossenen Frieden *(Abbildung 216)*.[20] Nach dem Krimkrieg begann für die Vertreter der Berliner politischen Satire eine Zeit, »daß Gott erbarm!« Stoffmangel war ihr wöchentliches Los, »den Kopf obenbehalten und die Ohren steifhalten«, lautete trotz alledem die Devise.[21]

Die 1856/57 ausgebrochene erste europäische Banken- und Börsenkrise, eine Folge des entfesselten »neuen Wirtschaftsgeistes« und der kriegsbedingten Konjunkturüberhitzung,[22] erwies sich infolgedessen als ein Retter in der Not. Bereits mehrere Monate, bevor das Zentral-Organ für Fonds- und Aktienbesitzer *Der Aktionär* seine Besorgnis über die »sehr krankhaften Erscheinungen und schlimmen Auswüchse des Schwindelgeistes« äußerte,[23] veröffentlichte der *Kladderadatsch* (Nr. 26 vom 8. Juni 1856) frei nach Schillers Gedicht »An die Freude« eine »Börsenjubelhymne«, der zwei Wochen später die erste einer Anzahl ganzseitiger Karikaturen folgte *(Abbildung 217)*:[24]

»Schwindel! schöner Götterfunken,
Enkel aus Elysium!
Alles setzt schon freudetrunken
Actien über Pari um.
Schwindel! ja du bindest wieder,
Was das Vorurtheil getheilt,
Jobber werden Fürstenbrüder,
Wo Dein sanfter Flügel weilt!«

Eine weitere Schattenseite der Industrialisierung Preußens und vor allem Berlins war die überhandnehmende Wohnungsnot. Sie wurde vom *Kladderadatsch* in regelmäßigen Abständen in Wort und Bild *(Abbildung 218)* den Lesern vor Augen geführt.[25]

Der Frieden von Paris (30. März 1856) beendete den zweijährigen Krimkrieg. Auf dem »Friedenskleid« des mißtrauischen *Kladderadatsch* erscheinen die Namen der wichtigsten Unterhändler sowie des preußischen Ministerpräsidenten Otto von Manteuffel. Auf dem Zylinderhut glänzt die Devise Napoleons III.: »Das Kaiserreich ist der Friede!« Die orientalische Frage ist durch den Pariser Vertrag beigelegt und wird in der Kiste der Geschichte verpackt. Auf der Bühne des Welttheaters ist das Drama »Sebastopol« zwar beendet, doch sind deshalb noch längst nicht alle internationalen Probleme gelöst. Schon bald darauf gibt die »italienische Frage« Anlaß zu einem weiteren Krieg (1859). Ferner wird der Krieg um Schleswig-Holstein (1864) vorausgeahnt (*Mitte rechts*).

216 *Kladderadatsch*, Nr. 19 v. 27. 4. 1856
Kladderadatsch im Friedenskleide
Holzschnitt von Wilhelm Scholz

Der Krimkrieg führte in Europa zunächst zu einer Konjunkturüberhitzung und dann zu einer Rezession. Die Übersättigung des Finanzmarktes durch Kriegsanleihen und Aktien neugegründeter Unternehmen führte an der Pariser Börse zu Kurserschütterungen, die sich teilweise auch in Berlin ausgewirkt haben. Unter den Spekulanten gab es sowohl Gewinner *(links)* als auch Verlierer, welche Pech hatten und in die Nähe des Schuldgefängnisses gerieten *(rechts)*. »Entweder – oder!!« sagt das Bild; alle stürzen sich ins Hasardspiel der Börse, das vom Teufel geleitet wird. Die große europäische Finanz- und Wirtschaftskrise brach im Jahr 1857 aus. Der 1852 in Paris gegründete »Crédit mobilier« hißt seine Flagge am höchsten (siehe *links oben*); es ist das erste für Europa vorbildliche Kreditinstitut, das sich bis 1867 gehalten hat. Darunter der Wimpel des »Crédit foncier«, der gleichfalls 1852 gegründeten französischen Zentral-Hypothekenbank, die heute noch floriert. Die übrigen Namen beziehen sich auf damals viel gehandelte Aktien von Industrie-Unternehmen und mitteleuropäischen Banken.

217 *Kladderadatsch*,
Nr. 28 v. 22. 6. 1856
Modernes Leben und Treiben
Holzschnitt von Wilhelm Scholz

Die Zeichnung ist durch Honoré Daumiers Illustrationen in der Pariser satirischen Tageszeitung *Le Charivari* inspiriert, in der ähnliche verelendete Volkstypen und soziale Probleme dargestellt wurden.

Das in der Legende erwähnte Berliner »Project zur Anschaffung billiger Wohnungen« geht auf die Zeit kurz nach der 48er Revolution zurück. Unter dem Protektorat des Prinzen von Preußen, dem künftigen Wilhelm I., war eine »gemeinnützige Baugesellschaft« gegründet worden, die zur »Versöhnung des Standes der Besitzenden mit dem der Besitzlosen« beitragen sollte, jedoch bis Ende 1856 noch nicht einmal 400 Wohnungen erstellen konnte. Zwischen 1858 und 1862 wurde dann ein Mietskasernenplan entwickelt, dessen jahrzehntelang dauernde Ausführung den Arbeitervierteln Berlins bis ins 20. Jahrhundert hinein ihr eintöniges, trostloses Gepräge gab.

Zur Wohnungs-Frage.

„Wo loschirst du denn jetzt, Wilhelm?"

„„Vorläufig jar nich. Weil mir mein Wirth zum dritten Mole steigern wollte, bin ich im Sommer nach'n Dhierjarten verzogen; aber es is mir jetzt doch zu feucht und der Fußboden zu kalt, weil keene Jejenhitze is, und da will ich nu abwarten, bis se mit des Project zur Anschaffung billiger Wohnungen in Stande sind.""

„Na hast du denn nich indeß in ein öffentliches Jebäude unterkommen können?"

„„O ja. Aberst zu die **Litfaß'sche Säulen** jeben sie ja keine Hausschlüssel, und in 'n **Briefkasten** wird man alle Stunden abjeholt; nu will ich eben bei'm Majistrat einkommen, ob sie mir nich 'ne **Wasserleitungsröhre** anweisen können, damit man doch endlich 'mal zur Ruhe kommt.""

218 *Kladderadatsch*, Nr. 56 v. 7. 12. 1856
Zur Wohnungs-Frage
Holzschnitt von Wilhelm Scholz

Innerhalb des sich wandelnden »europäischen Concerts« blieb die Lage Deutschlands, des »großen Händel-Vereins« *(Kladderadatsch)* vorläufig unverändert.

»Nach Frankfurt hoffend aufgeschaut!
Geduld, Vernunft und – Sauerkraut – –
das sind drei – Deutsche Dinge!«

verkündete der *Kladderadatsch* am 17. August 1856.[26]

Neue Hoffnung schöpfte das Blatt erst im Jahr 1858. Die Hochzeit des Kronprinzen Friedrich Wilhelm mit der englischen Prinzessin Viktoria, am 8. Februar 1858, interpretierte es als ein gutes Omen (vgl. *Abbildung 87*).[27]

Bezüglich der Liberalisierung des öffentlichen Lebens in Rußland unter Alexander II., der seinem Vater – Nikolaus I. – am 2. März 1855 auf den Zarenthron gefolgt war, diktierte Rudolf Löwenstein dem Vertreter der preußischen Ultras, Baron von Prudelwitz, am 2. Mai 1858 (Nr. 20/21) folgende empörte Worte in die Feder. »Cher Baron! Hahaha! Fliegende Buchhändler in St. Petersburg! Witzblätter in Straßen verkauft! Völkerfrühling, Emancipation, Freiheit, Meetings für Bauern . . ., nächstens auch Volksclubb, Preßfreiheit, Versammlungsrecht, Bürgerwehr! Ganz wie in tolles Jahr chez nous [bei uns] . . . Minister nimmt Abschied, weil Preßgesetz zu freisinnig – Ereigniß, monströser Vorgang! Grâce à Dieu [Gott sei gedankt] – in Deutschland nicht zu befürchten.«[28]

Der Baron schätzte die preußische Entwicklung zu optimistisch ein, denn nur wenige Monate später, am 5. November, ging die Herrschaft des reaktionären Ministeriums Manteuffel/Westphalen ebenso zu Ende wie die Herrschaft der »kleinen, aber mächtigen Partei«.

Der 1848/49 in den Berliner Flug- und Witzblättern so verlachte Kartätschenprinz Wilhelm hatte am 7. Oktober 1858 die Regentschaft übernommen und den Rechtsgedanken betont. In seinem Regierungsprogramm (8. November) hieß es: »In Deutschland muß Preußen moralische Eroberungen machen.« Und: »Die Welt muß wissen, daß Preußen überall das Recht zu schützen bereit ist.«[29]

Die *Kladderadatsch*-Figur Schultze bezeichnete am 28. November 1858 das neue Kabinett, dem auch der ehemalige Ministerpräsident Rudolf von Auerswald als Minister ohne Portefeuille angehörte, als ein »Ministerium der Aufklärung«. Nach den für die gemäßigten Liberalen so siegreich ausgegangenen Neuwahlen,[30] jubelte der *Kladderadatsch* (Nr. 58) am 19. Dezember:

»Victoria! Victoria«! . . . Eine neue Aera bricht an, eine Zeit wonnigen Vergebens und Vergessens . . . Glück und Freude kehren wieder und walten wird von jetzt Ruhe und Ordnung und Friede auf Erden.«

Jedoch, kaum zwei Wochen später ließ die frostige Neujahrsansprache Napoleons III. als Echo »bis ins fernste Land« ein »dumpfes Waffenklirren« ertönen (*Kladderadatsch*, Nr. 2 vom 9. Januar 1859). Am 16. Januar, nach der vorausgegangenen Panik an der Pariser Börse, fragte sich Zwickauer, ob »ör« bei der »Neujahrsgratulaßion«

vielleicht »gemeunt« haben könne: »L'empure c'est l'épee« (Das Kaiserreich ist das Schwert = der Krieg). Der trotz aller Friedensbeteuerungen und Vermittlungsversuche im April 1859 ausgebrochene Italienische Krieg, in dem Österreich als Angreifer des Königreichs Piemont-Sardinien auftrat und Frankreich als Verteidiger der italienischen Nationalbewegung, erregte die diplomatischen und militärischen Kreise in demselben Maß wie die nord- und süddeutsche beziehungsweise konservative, liberale und sozialistische Publizistik.[31]

Während der preußische Generalstabschef Helmuth von Moltke an einen deutschen National- und Eroberungskrieg (Elsaß und Lothringen) gegen Frankreich dachte, um »künftigen Gefahren« vorzubeugen, träumte der nach Sankt Petersburg versetzte preußische Gesandte Otto von Bismarck davon, an der Seite Frankreichs gegen Österreich die »deutsche Frage« gewaltsam zu lösen und das Königreich Preußen in ein »Königreich Deutschland« umzuwandeln.[32]

In den Spalten des *Kladderadatsch*, der sich am 13. Februar 1859 (Nr. 8) in seinem Wochenkalender als »Generalfeldmarschall der sechsten Großmacht« (= Presse) bezeichnet hatte,[33] finden sich zwei Konstanten: seine Antipathie einerseits gegen alle Kriegstreiber *(Abbildung 219)*, auch die von der Presse, und andererseits gegen den »Haupt-Hahn« der »grrrrrrande nation«,[34] Napoleon III. Gewiß, als Napoleon III., dessen Niederlage die »Gelehrten« vergeblich herbeizuschreiben und zu -zeichnen suchten, am 4. Juni bei dem Dorf Magenta über die österreichischen Truppen siegte und vier Tage darauf mit König Viktor Emanuel in das befreite Mailand einzog, änderte der *Kladderadatsch* vorübergehend seine Meinung. Jetzt ergriff er für die italienische Freiheitsbewegung eindeutig Partei.[35]

Als das Kriegsziel, die Schaffung eines norditalienischen Königreichs (»frei bis zur Adria«) infolge des vorzeitig geschlossenen Vorfriedens von Villafranca nicht erreicht wurde, kehrten die »Gelehrten« zu ihrer ursprünglichen gehässigen Haltung zurück. Als Traueranzeige erschien am 24. Juli 1859 ein vierzeiliges Leitgedicht, das hier zitiert sei:

»Hoch flattern der ersehnten Freiheit Fahnen:
Ein tief gekränktes Volk tritt in die Glieder
Des heißen Kampfs und hebt sich muthig wieder,
Würdig zu werden seiner großen Ahnen.

Die Männer, harter Knechtschaft Unterthanen,
Sie werfen kühn die fremden Dränger nieder;
Weithin schon tönen ihre Siegeslieder,
In neuem Kampf und Ruhm den Weg zu bahnen.

Wanderlust.

Erster Handwerksbursch. Schau, Bruder Berliner, wie wär's, wannst mitgengst, a bissel Wandern? Mir gengen nach Italien eini, da gibt's Arbeit g'nu' dös Jahr, und da fechten mir uns halt was z'sammen!

Zweiter Handwerksbursch. Nee, weeßt du, Bruder, mit Italien is es nischt vor mir; da kannst du alleene hinjehen. Aber wenn es diesen Sommer ans Wandern jeht, da denk' ich eene kleene Rheintour zu machen, da jibt's gewiß Arbeit, und 's is ooch 'ne scheene Gegend.

Verantwortlicher Redacteur: E. Dohm in Berlin. — Verlag von A. Hofmann & Co. in Berlin, Hausvoigteiplatz 1. — Druck von Eduard Krause in Berlin.

Nach dem Einmarsch Österreichs in Piemont veröffentlichte der *Kladderadatsch* eine keineswegs karikierende Zeichnung, auf der man sieht, wie der Preuße vom Österreicher zur Teilnahme am italienischen Waffengang aufgefordert wird. Preußen zog es allerdings vor, seine Rheingrenze gegen einen möglichen französischen Angriff zu sichern. Doch blieb es in diesem Krieg neutral, so daß Österreichs Wunsch, »den Po am Rhein verteidigt« zu sehen, nicht in Erfüllung ging. Witziger als das Bild wirkt der Text durch die Gegenüberstellung der Wiener und der Berliner Mundart in Dialogform.

219 *Kladderadatsch*, Nr. 19 v. 24. 4. 1859
Wanderlust
Holzschnitt von Wilhelm Scholz

Da plötzlich klingt's aus Villafranca's Pforte:
Der Krieg ist aus! Der Frieden ist geschlossen!
Schon haben sich geküßt die Potentaten!

Stumm lauscht die Freiheit erst dem Donnerworte;
Dann aber flucht sie laut dem Bundsgenossen,
Der sie mit diesem Judaskuß verrathen.«[36]

Durch die »italienische« Frage und die damit verbundene publizistische »Wacht am Rhein« rückte auch die ungelöste »deutsche Frage« wieder in den Vordergrund. Schon am 1. beziehungsweise 8. Mai rief der *Kladderadatsch* (Nr. 20 und 21/22) nach dem »Mann der That«, dem »Helden der Zukunft«. Am 29. Mai (Nr. 25) prägte er den Lesern ein:

»Nicht eher schlägt dem Deutschen Land
Die lang' ersehnte Stunde,
Bis der Erlöser kommt, der uns
Befreit vom alten Bunde.«

Also daran liegt es?

Bravo, Freunde! Nur rüstig gearbeitet, daß das große Werk gefördert wird!

Ja, lieber Freund, das ist leichter gesagt als gethan. Unten geht es schon vorwärts, aber oben stoßen wir leider so häufig an, daß es nicht recht weiter will.

220 *Kladderadatsch*, Nr. 43 v. 18. 9. 1859
Also daran liegt es?
Holzschnitt von Wilhelm Scholz

Am 15. und 16. September 1859 wurde in Frankfurt am Main nach italienischem Beispiel der bis 1867 bestehende Deutsche National-Verein gegründet. Das zuvor in Eisenach aufgestellte Programm knüpfte an die Reichsverfassung von 1849 an. Liberale und Demokraten aus verschiedenen deutschen Staaten forderten die Herstellung der nationalen Einheit unter preußischer Führung und auf parlamentarischer Grundlage. *Kladderadatsch* ermutigt die Teilnehmer, unter denen sich auch Mitglieder der Frankfurter Nationalversammlung befanden. Auf dem *oberen Teil* des Bildes erscheinen die dynastischen Gegner dieser Einheitsbewegung »von unten«, symbolisiert durch uneinnehmbare, mit den Flaggen der verschiedenen Herrscherhäuser geschmückte Burgen.

221 *Kladderadatsch*, Nr. 47 v. 9. 10. 1859
Nur immer munter!
Holzschnitt von Wilhelm Scholz

Während sich innerhalb des Deutschen Bundes der preußisch-österreichische Dualismus immer mehr zuspitzte, kamen die Mittelstaaten auf den Gedanken, ein »Drittes Deutschland« zu bilden, d. h. einen Staatenbund ohne die nicht-deutschen Völkerschaften, die sowohl in Preußen als auch in Österreich lebten. Die Trias-Idee wurde von dem bayerischen Ministerpräsidenten Ludwig von der Pfordten propagiert. Der *Kladderadatsch*-Zeichner stellt die drei heftig umstrittenen Zukunftsmöglichkeiten dar:

1. Österreich drängt sich trotz des preußischen Widerstands in das zu einigende Deutschland hinein.
2. Bayern, in Gestalt seines riesenhaft aufgeblasenen Ministerpräsidenten, reduziert die beiden Supermächte auf zwergenhafte Gebilde.
3. Deutschland geht ganz in Preußen auf; eine Umkehrung des Ausspruchs Friedrich Wilhelms IV. »Preußen geht fortan in Deutschland auf« (21. 3. 1848).

Wie auch immer, wenn man sich nicht bald über eine Lösung »einig« wird, kommt Napoleon III. mit dem trügerischen Ölzweig in der Hand, um alle Beteiligten in seinen Sack zu stecken, eine vom *Kladderadatsch* in zahlreichen Variationen gemachte Voraussage.

Das »Epochenjahr« 1859 findet seinen würdigen Abschluß am 10. November. An jenem Tag wurde in ganz Deutschland der hundertste Geburtstag Schillers gefeiert. Einer der 178 Festakte fand in Berlin statt, wo damals der Grundstein zu einem Schillerdenkmal gelegt worden war. Auf dem Bild sieht man, wie alle sozialen Gruppen, alle deutschen Stämme sich um Schillers Kolossalbüste scharen. Selbst die 1849 nach Amerika ausgewanderten politischen Flüchtlinge grüßen aus der Ferne, indem sie die schwarz-rot-goldene Fahne schwenken.
Das am 10. November 1871 enthüllte Schillerdenkmal auf dem Gendarmenmarkt stand von 1952 bis 1985 am Lietzensee und hat seither seinen früheren Platz wieder eingenommen.

222 *Kladderadatsch*, Nr. 53 v. 13. 11. 1859
Das Einzige und der Einzige
Holzschnitt von Wilhelm Scholz

Infolgedessen identifizierte sich der *Kladderadatsch* mit dem im September 1859 nach italienischem Beispiel gegründeten Deutschen Nationalverein, der sich – wie das Blatt selbst – berufen fühlte, das »deutsche Volk« zu vertreten *(Abbildung 220)*. Das »Epochenjahr 1859«, das die deutsche Uneinigkeit so glänzend unter Beweis gestellt hatte *(Abbildung 221)*, endete mit einem nationalen Freudenfest. Am 10. November 1859 gedachte ganz Deutschland des 100. Geburtstags Friedrich Schillers *(Abbildung 222)*. In Berlin hielt die Laudatio kein Geringerer als Jakob Grimm. Er äußerte den Wunsch, die allgemeine Festfreude möge »alles wegschwemmen, was der Einigung Deutschlands entgegensteht«.[37]

Drittes Kapitel Vom preußischen Heereskonflikt zum deutsch-französischen Waffengang (1860–1870)

»Wann kommt die gute Zeit zurück?
Wann leuchten Deutschlands Sterne?
Wann heben stolz wir unsern Blick
In zukunftsreiche Ferne?
Wenn *Einer* nur im deutschen Land
Die Zügel faßt mit starker Hand:
Dann werden wir wie einstmals groß,
Dann sind wir nicht ein Name bloß:
Wir *können*, *sind* und *haben!*«

(Kladderadatsch)[1]

»Ach du mein lieber Augustin! Wo ist die neue Aera hin?« klagte der *Kladderadatsch* (Nr. 14/15) am 31. März 1861[2] und brachte damit die wachsende Enttäuschung der Liberalen über einen Systemwechsel zum Ausdruck, der keiner war. Seitdem die preußische Regierung dem Abgeordnetenhaus eine kostspielige Militärvorlage zugestellt hatte (10. Februar 1860), kam es zwischen Parlament und Krone zu einer grundsätzlichen Auseinandersetzung um die Stellung der Armee im Staat. Hierbei ging es 1. um die gesetzliche Bekräftigung der dreijährigen Dienstzeit, 2. um die Vermehrung und Verjüngung des stehenden Heers und 3. um die Quasi-Ausschaltung der im Befreiungskrieg geschaffenen Landwehr mit ihren dem Bürgertum entstammenden Offizieren.[3]

Nach den für die neu gegründete Deutsche Fortschrittspartei im Dezember 1861 und Mai 1862 trotz massiver Beeinflussungsversuche erfolgreich ausgegangenen Wahlen und der Demission der altliberalen Minister (Mitte März 1862) spitzte sich die Lage weiter zu.[4]

Daß sich die Vertreter des Berliner Witzes aktiv an den Wahlschlachten beteiligten, verstand sich von selbst. Der *Kladderadatsch*, dessen Verleger Albert Hofmann damals gerade Homers Epen *Ilias* und *Odyssee* zu »beispielhaft billigen Preisen« auf den

Markt brachte,[5] tat dies in Form einer »Wahl-Ilias« beziehungsweise eines »Kammer-Jägerlieds«:

»Mit dem Fortschritt sind sympath'sch
Schultze, Müller, Kladderadatsch;
Darum frei
Wählerei
Hochgepriesen sei!«[6]

Als »pluralistisches« Blatt gab der *Kladderadatsch* natürlich auch den Verlierern das Wort. Am 18. Mai 1862 (Nr. 22/23) schrieb Baron von Prudelwitz seinem Brieffreund Strudelwitz: »Cher Baron! . . . Also darum Schwert um Lenden gegürtet und Panzer à la Orlando furioso angelegt? Darum gewüthet, gedroht, Landwehr angeschnauzt, Beamte circularisirt, uns mit Bauern encanaillirt . . ., daß jetzt dies Resultat vom 6. Mai erleben? . . . Wieso das möglich? Weil auf linke Seite disciplinirte Conspiration, Organisation und Energie, während auf rechte Indifferenz, Lodderigkeit, Halbheit aus Angst vor Folgen, Zaghaftigkeit, Kokettiren mit liberale Principien und Furcht vor Presse . . .«

Auch Adolf Glaßbrenner engagierte sich in zahlreichen Beiträgen, für die er das Messer der Satire vorher sorgfältig geschliffen hatte, für die Deutsche Fortschrittspartei. Er sah in ihren Vertretern »ganze Männer«, welche sich mutig für Freiheit und Einheit, Frieden und Wohlstand einsetzen würden. Am 2. Dezember 1861 lautete sein »Zuruf« an die Kandidaten:

»Schafft alle die Philister weg,
Die uns're Brust beklemmen,
Und die feudalen Biester weg,
Die Preußens Fortschritt hemmen.«

Ein liberales Preußen hielt Berlins ältester Humorist durchaus für würdig, »an die Spitze Deutschlands zu treten«.[7]

Bekanntlich trat Preußen wenige Jahre später tatsächlich an die Spitze Deutschlands, jedoch nicht dank seiner liberalen Abgeordneten, sondern dank des Realpolitikers Otto von Bismarck-Schönhausen, über dessen Eintritt in das Ministerium seit Mai 1862 lebhaft gemunkelt wurde *(Abbildung 223)*.[8] Am 22. September, einem »welthistorischen Datum« (Lothar Gall),[9] versprach der aus Paris herbeitelegrafierte preußische Gesandte seinem die Abdankung erwägenden König – Wilhelm I. – im Verlauf einer persönlichen Unterredung, er werde für die geplante Reorganisation des Heers eintreten und gegebenenfalls auch gegen die Parlamentsmehrheit sowie ohne ein verfassungsmäßig zustande gekommenes Budget regieren.[10] Zwei Tage später nahm Bismarck, in dem der *Kladderadatsch* einen gelehrigen Schüler Napoleons III. vermutete *(Abbildung 224* und *225)*, als Außenminister und Ministerpräsident die Zügel in die Hand.

223 *Kladderadatsch*, Nr. 29/30 v. 29. 6. 1862
Lebendes Bild aus Göthe's Faust
Holzschnitt von Wilhelm Scholz

Von Mai bis September 1862 war Bismarck preußischer Gesandter in Paris und stand zu Napoleon III. in bestem Verhältnis. Die berühmte Pariser Prestige-Zeitung *Journal des Débats* hat ihm damals mit einer schmeichelhaften Biographie »beweihräuchert« (Bild: *unten links*). In Berliner politischen Kreisen ging bereits das Gerücht um, sein Pariser Gesandtenposten sei die letzte Stufe vor dem Erklimmen des Ministerpräsidentensessels.
Der *Kladderadatsch* zeigt Bismarck als Faust, wie er von Napoleon III. als Mephisto eingeschläfert wird. Die »süßen Traumgestalten«, mit denen die als Pariser Ballettmädchen dargestellten Geister Bismarck »umgaukeln«, sind außenpolitische Phantasie-Visionen, zum Beispiel der »Wahn« eines Bündnisses Preußens gegen den Erbfeind Österreich, mit Frankreich und Rußland als Alliierten; Bismarck, vor dem sämtliche Diplomaten den Hut ziehen *(oben links)*, sieht sich bereits als Denkmalsgestalt *(oben rechts)*. *Unten rechts:* eine Erinnerung an die Anfänge seiner Laufbahn als preußischer Gesandter (1851 bis Anfang 1859) am Deutschen Bundestag, jener Institution, die als Totenschädel mit einem Zopf (als Merkmal für ihr veraltetes Wesen) dargestellt wird. In Paris scheint Mephisto-Napoleon eine dämonische Gewalt auf Faust-Bismarck auszuüben *(Mitte des Bildes)*.

Sein Versuch, den Konflikt im Haushaltsausschuß des Abgeordnetenhauses mit versöhnlichen Worten und einem Olivenzweig als Friedenszeichen zu beheben, scheiterte, insbesondere wegen seiner »geistreichen Exkurse« über die anstehenden außen- und nationalpolitischen Fragen. Am 30. September 1862 gab er folgende, noch heute gelegentlich in den Medien zitierte Erklärung ab: »Nicht auf Preußens Liberalismus sieht Deutschland, sondern auf seine Macht . . .; nicht durch Reden und Majoritätsbeschlüsse werden die großen Fragen der Zeit entschieden – das ist der große Fehler von 1848 und 1849 gewesen – sondern durch Eisen und Blut.«[11] Am 13. Oktober schloß der König die Session sowohl des Abgeordneten- als auch des Herrenhauses, ohne daß es zu einem Kompromiß über den Staatshaushalt gekommen wäre. In Preußen begann die »budgetlose Zeit«, welche die unter der »Neuen Ära« im übrigen Deutschland gemachten »moralischen Eroberungen« annulierte.
Bismarcks gelassen ausgesprochenes großes Wort vom Eisen und vom Blut wurde

Bismarcks Vorgänger im Auswärtigen Amt, Graf Albrecht von Bernstorff, hatte seine Funktion mit so großer Zurückhaltung ausgeübt, daß von den anstehenden Problemen (die Frage der deutschen Einheit, die dänische Herrschaft über Schleswig-Holstein, der Verfassungskonflikt im Kurfürstentum Hessen) auch nicht ein einziges gelöst worden war.
Der *Kladderadatsch* zeigt, wie Otto von Bismarck-Schönhausen (B.-Sch. auf der Zeichnung) die Nachfolge ohne weiteres übernimmt, denn er hat ein von Louis-Napoleon (L. N.) redigiertes Rezept in der Tasche, mit dessen Hilfe er die preußische Außenpolitik wieder in Gang zu bringen gedenkt.

Die Geschäftsübergabe.

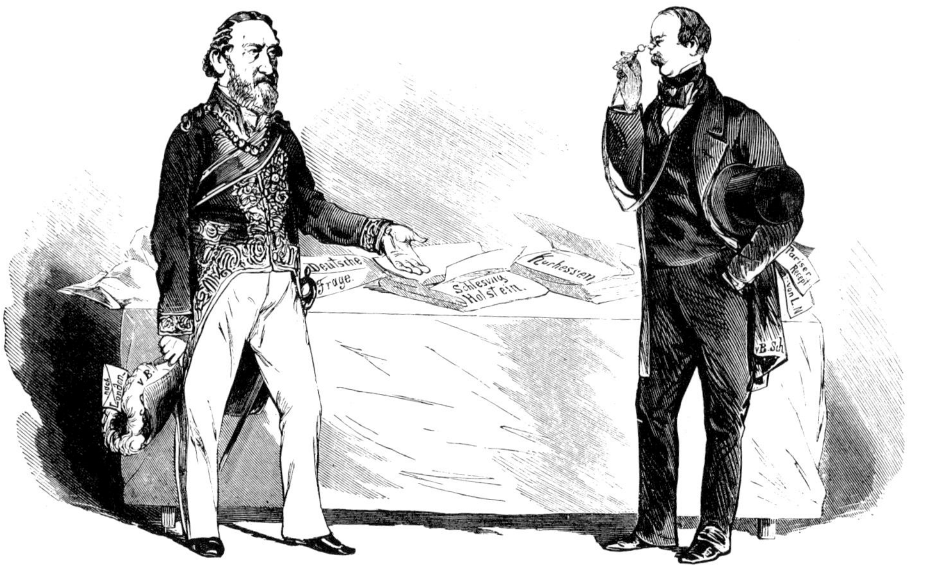

v. B. Hier übergebe ich Ihnen die Papiere der auswärtigen Angelegenheiten: die deutsche, die dänische und die hessische **Frage.**

v. B.-Sch. Aber die sind ja alle **offen.**

v. B. Allerdings, aber ich kann Sie versichern, daß sie sich alle in demselben Zustande befinden, in welchem ich sie überkommen habe.

224 *Kladderadatsch*, Nr. 46 v. 5. 10. 1862
Die Geschäftsübergabe
Holzschnitt von Wilhelm Scholz

nicht zuletzt dank der satirischen Presse Europas ein Klischee.[12] Allein der *Kladderadatsch* veröffentlichte zahlreiche poetische Variationen in Dur und Moll, die ihm einmal sogar eine offizielle Verwarnung eingebracht haben *(Abbildung 226*; vgl. auch *Abbildung 90)*.[13] Wie feindselig die Haltung der Liberalen am Anfang von Bismarcks Regierungszeit war, geht auch aus folgendem, am 10. November 1862 in der *Berliner Montags-Zeitung* (Nr. 45) abgedrucktem Zweizeiler hervor:

»Ein *Rechts*staat ist jetzt Preußen allerdings,
Nur schade drum: Das ganze *Volk* steht *links*.«

Der zwischen Bismarck und dem liberalen preußischen Abgeordnetenhaus ausgebrochene Verfassungs- oder eher Verfassungslücken-Konflikt[14] und die damit zusammenhängenden Kampfmaßnahmen waren von nun an sowohl für die Zeichner *(Abbildung 227)* als auch für die satirischen Autoren ein immer aufs neue aufgegriffenes Thema der Zeit. Ein besonders gelungenes Gedicht des *Kladderadatsch* (Nr. 18 vom

Lehrer und Schüler.

Ein Jünger der Staatskunst verabschiedet sich von seinem Meister, um selbstständig das Geschäft zu betreiben.

225 *Kladderadatsch*, Nr. 48 v. 19. 10. 1862
Lehrer und Schüler
Holzschnitt von Wilhelm Scholz

Preußens neuer Ministerpräsident Otto von Bismarck, zuvor Gesandter in Paris, kommt zur Abschiedsaudienz in die französische Hauptstadt. Diese Audienz hat allerdings erst am 1. November 1862 stattgefunden. Napoleon III. erhebt sich von seinem adlergekrönten Thronsessel, dessen Inschrift auf das Datum seines Staatsstreiches (2. Dezember 1851) hinweist. Bismarck galt damals in Europas öffentlicher Meinung als »Schüler des Kaisers der Franzosen«. Der *Kladderadatsch* weist auf die Wahrscheinlichkeit hin, daß Bismarck nun seinerseits, in Berlin, einen Gewaltstreich gegen Parlament und Verfassung durchführen werde, denn »er hat bei IHM etwas gelernt«.

Das Gedicht bezieht sich auf die Auflösung des Landtags am 2. September 1863. Die Regierung gab als Parole die Stellung Preußens in Deutschland aus und wandte im Wahlkampf alle ihr zur Verfügung stehenden Mittel an.
Die Verwarnung erfolgte als eine Maßnahme der berüchtigten preußischen Presseordonnanz; beanstandet wurden die seitlich angestrichenen Verse, darunter auch der Hinweis auf »Blut und Eisen«.

Nr. 42. Berlin, den 13. September 1863. XVI. Jahrgang.

Kladderadatsch.

Wochenkalender.

Montag, den 14. September.
Schwing' ich gegen Rechbergs Rücken
Lustig meiner Pritsche Schlag,
Gegen diplomat'sche Tücken
Und den neusten Bundestag —

Dienstag, den 15. September.
Ruft mit aufgehobnem Finger
Mir von Wien man barsch: „Halt ein!
Sonst" — und in des Kerkers Zwinger
Weist man herzlos mich hinein.

Mittwoch, den 16. September.
Doch tractir' mit luft'gen Schlägen
Lustig ich den heim'schen Staat,
Schrei' ins Ohr ich allen Trägen:
„Sagt, wo bleibt denn eure That?"

Wochenkalender.

Donnerstag, den 17. September.
„Eine That! Denn mit der Phrase
Schafft ihr Deutschlands Größe nicht!"
Dann — potz Wetter — welche Nase
Wächst mir plötzlich im Gesicht?

Freitag, den 18. September.
Wie ich mich auch dreh' und wende,
Stoß' ich an doch allerwärts,
Und man stempelt noch am Ende
Zum Verbrechen meinen Scherz.

Sonnabend, den 19. September.
Sei's! — Der Wahrheit nur zu Liebe
Schreib' ich — niemals auf Applaus,
Und ich theile meine Hiebe
Frisch nach allen Seiten aus!
Kladderadatsch.

Humoristisch-satyrisches Wochenblatt.

Abonnements-Preis für Berlin und die preußischen Staaten 21 Sgr. vierteljährlich. Abonnements-Preis für alle außerpreußischen Staaten 22 Sgr. vierteljährlich. Einzelne Nummern 2½ Sgr.

Dieses Blatt erscheint täglich mit Ausnahme der Wochentage. Man abonnirt bei den Post-Anstalten des In- und Auslandes, sowie in den Buchhandlungen.

Der letzte Versuch.

Noch einmal sei's versucht! — Jetzt aber spielen
Wir einen Trumpf aus, welcher Alles sticht.
O Volk von höchst hochherzigen Gefühlen,
Erhebe dich, gedenke deiner Pflicht!
Nicht wandle mehr auf falschen Fortschrittsbahnen!
Hierher zu uns, du lang' verirrte Schaar!
Siehst du das Kreuz nicht schimmern auf den Fahnen?
Das Vaterland ist in Gefahr!

Hörst du den Sturmwind rauschen durch die Blätter?
Der Donner rollt, die Blitze zucken schon!
Jetzt wende dich zur alten Firma „Retter",
Wirf in die Arme dich der Reaction.
Dann magst du sicher dich und glücklich preisen —
Zum Siegesflug erhebt sich Preußens Aar.
Kennst du das Märchen noch von Blut und Eisen?
Das Vaterland ist in Gefahr!

In unserm Schutze seid ihr wohl geborgen,
Wir sind die Männer der entschlossnen That!
Die Rettung werden wir allein besorgen,
Besorgt uns nur den Rettungsapparat.
Gewiß kann dann der Sieg uns nimmer fehlen!
Nur Eins thut Noth, dies Eine macht euch klar:
Ihr müßt die Männer der Regierung wählen —
Das Vaterland ist in Gefahr!

Nichts von Parteien mehr! Die Losung heiße:
Des Landes Wohl, des Unterthanen Pflicht!
Jetzt zeig' sich's, wer im Herzen noch als Preuße
Den Loyalitätsfrack trägt, und wer nicht!
Denn länger dürfen wir's euch nicht verhehlen:
Wer wider uns ist, der ist offenbar
Des Vaterlandes Feind. — Jetzt mögt ihr wählen!
Das Vaterland ist in Gefahr!

Wie? Alles stumm? — Was hat euch so bemeistert?
Welch' böser Bann brach über euch herein?
Ihr seid doch unter euch so schön begeistert —
Könnt ihr mit uns jetzt nicht begeistert sein?
So redet! Sprecht euch aus! Ihr dürft es wagen;
Wir wünschen es, wir fordern es sogar.
Nun? Muß man euch denn Alles zweimal sagen? —
Das Vaterland ist in Gefahr!

Wohl ist es in Gefahr, und ist's schon lange,
Und täglich ist gewachsen die Gefahr
Seit jenem Tag', als die berühmte Schlange
Erst war, dann nicht war und dann wieder war.
Schont eure Lungen, werthe Herrn, ich bitt' euch,
Wir glauben euch, und was ihr sagt, ist wahr.
So lang' ihr rufet, ruf' ich ehrlich mit euch:
Das Vaterland ist in Gefahr!

Kladderadatsch.

E Dohm

226 *Kladderadatsch*, Nr. 42 v. 13. 9. 1863
Der letzte Versuch
Leitgedicht

19. April 1863), das zugleich Anspielungen auf Goethe und Bismarck enthält, sei hier als ein typisches Beispiel zitiert:

»Ich bin ein Genie vom Fuß bis zur Glatze –
Für Lumpe nur ziemet Bescheidenheit –
Ich frage den Teufel nach Kammergeschwatze
Und weniger noch nach dem Geist der Zeit.
Was Zeit! Was Geist! Philosophische Wendung,
Schulweisheit, abstracte Begriffe zumal!
Ich trotze dem Geist kraft höherer Sendung –
Das ist zwar gewagt, aber's ist genial.

Die Meinung des Volks! – Erbärmliche Phrase!
Wer macht sie? Wo wird sie in Wahrheit laut?
Zujauchzte noch stets das Volk mit Ekstase
Dem Muthigen, der sich selbst vertraut.
Die Presse, regiert vom Geist der Verneinung,

Vorsicht ist die Mutter der Weisheit.

Gegen Flut und Wetter ist schwer ankämpfen, zumal bei **dem** Mondschein! Darum einstweilen geschickt lavirt! Es wird doch bald wieder hell!

227 *Kladderadatch*, Nr. 13 v. 22. 3. 1863
Vorsicht ist die Mutter der Weisheit
Holzschnitt von Wilhelm Scholz

Nach Bismarcks Amtsantritt waren Prozesse gegen die oppositionelle liberale Presse an der Tagesordnung. Der *Kladderadatsch* versucht, einem Verbot zu entgehen, indem er sein Schifflein durch alle Klippen der Maßregelung *(hinten rechts und links)* hindurchführt. Man sieht »Drei Männer in einem Boot« (*Kladderadatsch* mit Schultze und Müller), die zwar ihre Flagge hochhalten, doch aus Vorsicht zur Selbstzensur bereit sind. Daher die Schere am Mast. *Im Hintergrund* leuchtet Bismarcks Glatze als Mond.

Dem Schwächling ist sie allein fatal;
Ich spotte der ›publicistischen‹ Meinung –
Das ist etwas kühn, aber's ist genial.«[15]

Eine äußerst zweifelhafte Schützenhilfe leistete dem scharf befehdeten Staatsmann der *Kleine Reactionär* (ab 1. Oktober 1863 *Der kleine Reaktionär*), der 1865 als *Sturmblatt [Düppel]* und dann als *Berliner Punsch* eine Fortsetzung fand. Am 7. März 1863 brachte das Blatt (Nr. 10) ein »Herr von Bismarck« überschriebenes Leitgedicht, dessen erste und letzte Strophe lauteten:

»Kühner Schiffer, fest die Hand am Steuer,
Fest den Blick gerichtet auf das Ziel,
Also durch der Wogen mächt'ge Brandung
Führ' zum Hafen den bedrängten Kiel.«

Im *Kleinen Reac[k]tionär* und seinen preußisch-konservativen Nachfolgeorganen finden sich bereits, je nach Redaktion mehr oder weniger ausgeprägt, Elemente einer Weltanschauung, die später, unter dem Österreicher Adolf Hitler, auf die Spitze getrieben wurden. Auch ihr »Kampf« richtete sich fast ausschließlich gegen Parlamentarismus und Judentum. Die liberalen Landesvertreter wurden als Revoluzzer, »Landesverräther«, »Fortschrittsaffen«, »Volksbeglücker«, »Wiederkäuer« und »Trichinen im Volkskörper« diffamiert sowie in kleineren Holzschnitten oder ganzseitigen Karikaturen *(Abbildung 228)* verächtlich gemacht.[16] Eine besonders häufige Zielscheibe des Spottes waren der für Selbsthilfe eintretende »Clown« Hermann Schulze-Delitzsch und »Schrei-Rudolph« Virchow.

Bereits in der Probenummer vom 20. September 1862 wurde den künftigen Lesern eingeredet, die »deutsche Nationalität« müsse »von der Oberherrschaft der jüdischen« befreit werden. Die Weckung des Nationalstolzes war von nun an ein mit Vorliebe aufgegriffenes Motiv, zum Beispiel in der Ausgabe vom 28. März 1863 (Nr. 13):

»Der Kaiser im Kyffhäuser gesenkten Hauptes sitzt,
Aus seinen blauen Augen unheimlich Feuer blitzt:
O laß nicht Deutschland werden – so fleht er – du mein Gott,
Laß deutsche Noth nicht werden der Juden und Kinder Spott!«

Selbst die »Rassenfrage« *(Abbildung 229)*, die erstmals 1853 von dem französischen Diplomaten und Publizisten Arthur Graf von Gobineau »wissenschaftlich« behandelt worden war,[17] fehlte nicht in den Spalten des *Kleinen Reac[k]tionärs*. Unter »Lokales« erfuhren die Leser am 17. Oktober 1863 (Nr. 42): »Am Montag den 12. October, Abends in der zehnten Stunde kam ein Englisches Parlaments-Mitglied Unter den Linden an Arnims Hotel vorüber, aus welchem so eben eine große Zahl Männer hervortrat, die in Gang, Körpergestalt, Gesichts- und Schädelbildung alle jenen eigenthümlichen Typus der semitischen Menschen-Race an sich trugen. Dies veranlaßte den Engländer einen Vorübergehenden zu fragen: ›Ob das hier die Synagoge sei?‹ – Ei, bewahre! – war die Antwort. – Aber wo kommen die Leute alle her? – Das sind ja die Mitglieder vom Deutschen National-Verein! – O, no! – rief der Engländer, der vor Erstaunen sein Deutsch vergessen haben mußte; – I never thought that jews are representing the german nation! – Du, Fritze, – fragt ein Arbeiter den andern, – Du bist ja in England jewesen, wat sagte der eben? – Er meent, wenn det die Deitschen sind, denn dankt er Jott, det er keener is!«

In der eigens dazu errichteten großen Bude.

Da die Löwen von Batty bereits gebändigt sind, so wird man mit den Katzen vom Dönhofsplatz am Ende auch noch fertig werden.

Der Zeichner zeigt Bismarck als einen Löwenbändiger. Die das Heeresbudget verwerfenden liberalen Parlamentarier werden mit Raubtieren verglichen, welche weniger gefährlich erscheinen als die berühmten Löwen des Zirkusdirektors Batty, der damals gerade in Berlin gastierte. Die »Katzen« vom Dönhofplatz (Sitz des preußischen Landtags) sind (*von links nach rechts*): die Abgeordneten Johann Jacoby (Demokrat), Hermann Schulze-Delitzsch (Sozialreformer), Rudolf Virchow (Führer der liberalen Opposition), Benedikt Waldeck (der große Achtundvierziger) und Florens von Bockum-Dolffs, Führer der rheinischen Liberalen.
Vor dem Käfig: links der preußische Kriegsminister Albrecht von Roon als Zirkusdirektor, *rechts* Napoleon III. als Zuschauer mit dem »erprobten« Ratschlag, die störrischen Parlamentarier durch »Diäten«, das heißt Tagegelder zu »bändigen«.

228 *Der kleine Reaktionär*, Nr. 2 v. 9. 1. 1864
In der eigens dazu errichteten großen Bude
Unsignierter Holzschnitt

Der von liberalen Politikern 1859 gegründete Deutsche National-Verein wird von dem konservativen Witzblatt als »einer der Freier« unter den vielen erwähnt, welche die deutsche Einheit herzustellen suchen. Als Jude personifiziert (7 Prozent Israeliten), wird er wegen seiner Zudringlichkeit von der tugendhaften Germania abgeschüttelt. Es handelt sich um eine der frühesten Darstellungen des häßlichen, Ekel erregenden, geilen, auf deutsche Mädchen versessenen Juden; hier tritt bereits jenes Motiv mit pornographischem Beigeschmack auf, das später in der Karikatur der Nazipresse (zum Beispiel *Der Stürmer*) bis zum Überdruß wiederholt werden sollte.

Germania und einer ihrer Freier.

229 *Der kleine Reactionär*, Nr. 2 v. 10. 1. 1863
Germania und einer ihrer Freier
Holzschnitt

Daß ein Jude, der es zu Ansehen und Wohlhabenheit gebracht hat, nur ein Betrüger sein konnte, stand für das in uralten Vorurteilen schwelgende Witzblatt außer Frage *(Abbildung 230)*. Stets wiederkehrende Angriffe des *Kleinen Reac[k]tionärs* richteten sich gegen den »jüdischen Wirtschaftsliberalismus« *(Abbildung 231)*, den die preußischen Sozialkonservativen für die Arbeiter- und Handwerkerfrage verantwortlich machten.[18] Das nachstehende Gedicht geht anzunehmenderweise auf eine Inspiration des »konservativen Sozialisten« Hermann Wagener zurück, der sich damals intensiv mit den Ideen Ferdinand Lassalles auseinandersetzte und bei Bismarck, im Abgeordnetenhaus sowie in konservativen Vereinen und Presseorganen für eine »soziale Monarchie« eintrat:

»Am Ambos steht, am Webstuhl schafft
Arbeiter mit erschöpfter Kraft.
Nichts ist er selbst – doch seine Müh'
Verwerthet sich – die Industrie.
[. . .]
Er duldet lang', er duldet stumm;
Doch fährt er auf und fragt: warum? –
Wacht auf die Angst – und arge List
Sinnt, wie ihm beizukommen ist . . .«[19]

Ein weiteres Leitmotiv des *Kleinen Reac[k]tionärs* war das jüdische Buch- und Zeitungswesen. Am 26. Dezember 1863 schrieb das Blatt: »Die Zahl der jüdischen Gauner, die noch bis in die dreißiger Jahre dieses Jahrhunderts von Polen aus Deutschland mit ihrem Netz überzogen, hat abgenommen und an ihre Stelle sind die politischen Gauner getreten, die die öffentliche Meinung verfälschen und vor keinem Einbruch in die Heiligthümer der Sitte und der Religion zurückschrecken. Ihre Wirksamkeit ist bei Weitem gemeingefährlicher als die jener den offenen Kampf mit dem Gesetz bestehenden Genossen, indem sie den Sinn der dumpfen Massen gefangen nehmen und für die ererbten Güter der Treue das Katzengold gleißender Phrasen einschmuggeln, die nur dem jüdischen Industrialismus förderlich sind. Wenn die mittelalterliche Sage von einer durch Juden vollzogenen Vergiftung der Brunnen unbegründet ist, so bewahrheitet sie sich doch neuerdings an allen Brunnen des Geistes, in die von gewissen radikalen Israeliten die verderblichsten Stoffe gegossen werden . . .«[20]

Nicht allein der *Kladderadatsch*,[21] sondern auch die *Berliner Montags-Zeitung* nahm das von der konservativen Presse aufgebaute Feindbild gegen eine ethnische Minderheit, aus der in Umkehrung der Tatsachen eine Mehrheit wurde, wiederholt aufs Korn. Am 7. Dezember 1863 (Nr. 49) brachte die satirische Rubrik »Die Wahrheit« folgende fiktive Bücheranzeige: »Conservatives Conservationslexicon von Dummerwitz und Aberwitz. 99 Bände. – Welche tiefe Gelehrsamkeit, welch' ein enormer

Der kleine Reactionär zeichnet in vier Bildern die seiner Ansicht nach typische Laufbahn eines aus Schlesien, Posen oder Westpreußen in die Hauptstadt übergesiedelten Juden.
Bild 1: Er handelt mit alten Kleidern.
Bild 2: Er hat sich als Kaufmann durch betrügerischen Bankrott bereichert.
Bild 3: Er hat diesen Trick wiederholt, um ein großes Vermögen zu erwerben, was ihm von seiten des preußischen Staats den begehrten Titel eines Kommerzienrats einbringt, ihm zu öffentlichem Ansehen verhilft und zu einem feudalen Lebensstil ermuntert.
Bild 4: So kann er – nach einer dritten Bereicherung durch Zahlungseinstellung – für würdig befunden werden, an der Spitze eines Bankhauses zu stehen. Durch eine elegante Kutsche mit Adelskrone und Lakaien wird sein gesellschaftlicher Aufstieg illustriert.
Der kleine Reactionär greift ein wenig voraus. Während in Österreich seit langem jüdische Bankiers in den Adelsstand versetzt wurden (zum Beispiel die Rothschilds), kam es in Preußen erst Anfang der 70er Jahre dazu (berühmtestes Beispiel: der Berliner Bankier Gerson von Bleichröder, der 1872 geadelt wurde). Nach Ansicht dieses Blattes kann ein Jude nur durch fortgesetzte Betrügereien zu Vermögen gelangen. *Der kleine Reactionär* tradiert ein altes Vorurteil und nimmt gleichzeitig ein Leitmotiv der antisemitischen Propaganda im Dritten Reich vorweg.

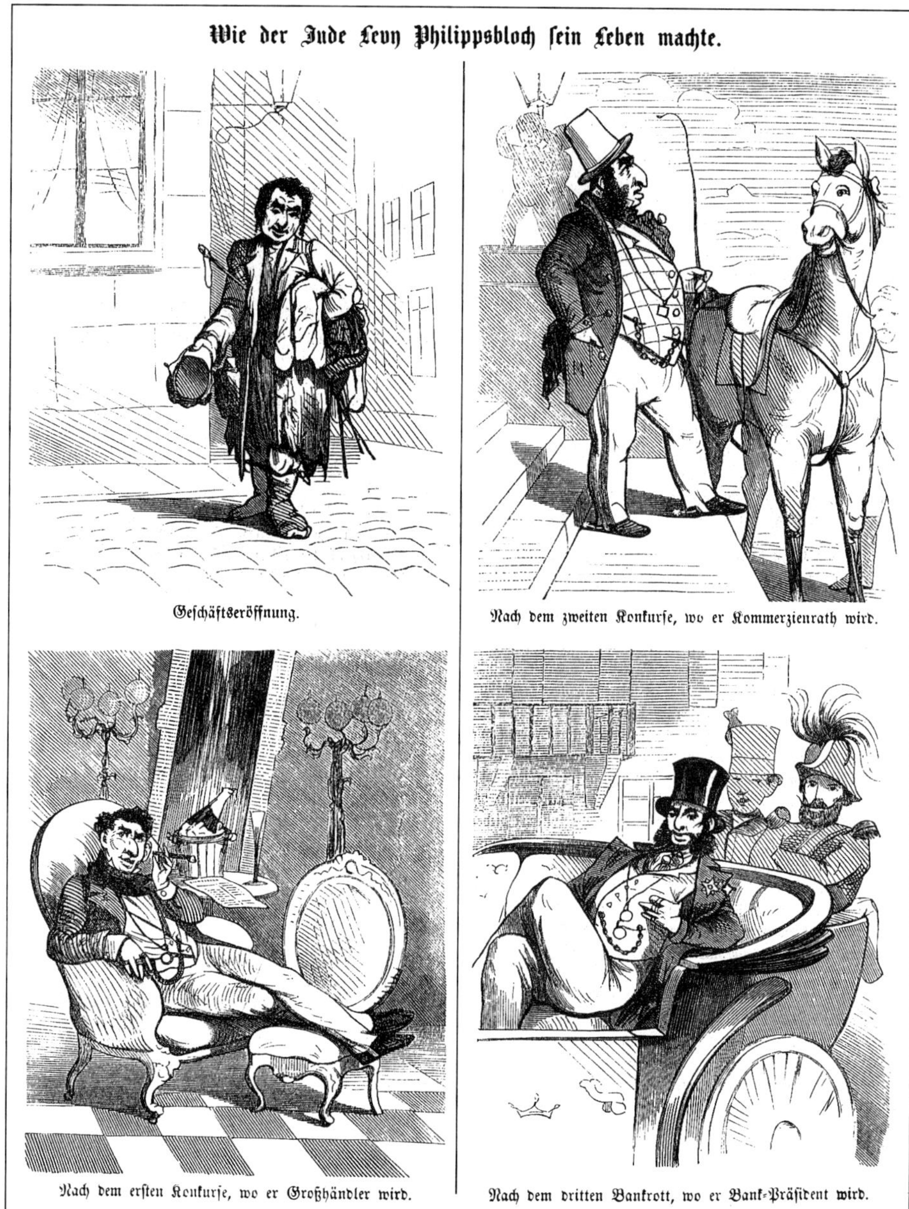

230 *Der kleine Reactionär*, Nr. 21 v. 23. 5. 1863
Wie der Jude Levy Philippsbloch sein Leben machte
Holzschnitt

Scharfsinn, welch' ein Zauber der Darstellung! . . . Greifen wir einen beliebigen Artikel heraus. Es ist der Artikel Neger. 1) Schwarzer N., Nigger, schwarzer Schuft, Unterthan . . . 2) Weißer N., Jüd', Krummbeinschelm, gezähmter Gorilla. Macht Revolutionen. Handelt mit alten Hosen. Hat eine krumme Nase und nährt sich von gebratenen Waisenkindern mit Zwiebeln. Diese Probe wird genügen. Man sieht daraus, wie der Verfasser mit wenigen aber kernigen Zügen sein Thema gründlich zu erschöpfen weiß. Dies Buch darf ebensowenig wie das Brod und die Kreuzzeitung in irgend einem Haushalte fehlen.«[22]

Verläßt man das Gebiet der preußischen Innenpolitik, so gibt es zwischen den Vertretern der liberalen und konservativen Satire freilich manchen Berührungspunkt. Gewiß, Bismarcks dem Zaren zugesicherte Rückendeckung während des blutig unterdrückten polnischen Aufstandes wurde allein vom *Kleinen Reactionär* unterstützt.

Wähle!

231 *Der kleine Reactionär*, Nr. 39 v. 26. 9. 1863
Wähle!!!
Holzschnitt

Bismarck hatte am 2. September 1863 den Landtag aufgelöst. Am 28. Oktober 1863 fanden Neuwahlen statt.
Der kleine Reactionär zeigt auf einer Karikatur, die auch separat verkauft wurde, wie man zu wählen hat. *Rechts* neben dem unschlüssigen Staatsbürger werden die traditionellen Werte von einem Trompeter verkündet, der des Königs Rock trägt: »Treue« dem angestammten Herrscherhaus, kein »Gleichheitsprinzip«, »Jedem das Seine«, wie der Wappenspruch des schwarzen Adlerordens lautet.
Ganz im Gegensatz dazu werden die liberalen Grundsätze durch den *links* neben dem Wähler stehenden, mit 48er Bart und roter Freiheitsmütze versehenen Revoluzzer ausposaunt. Die fortschrittlich-»jüdischen« Wirtschaftsprinzipien Freihandel und Gewerbefreiheit werden in abschätzigen Ausdrücken verunglimpft.
Das Wahlergebnis sollte keineswegs den Erwartungen des *Kleinen Reactionärs* entsprechen. Die Konservativen brachten nur 38 Abgeordnete durch.

Den von der liberalen Presse Europas beschimpften Staatsmann suchte das Blatt (Nr. 11) am 14. März 1863 mit einem alten Sprichwort zu trösten: »Hunde, die bellen, beißen nicht.«[23]

Übereinstimmung herrschte dagegen im satirischen Lager in der Beurteilung des Bonapartismus. Der »fränkische Cäsar«, der durch immer neue außenpolitische Experimente seine Macht unter Beweis zu stellen suchte, bedeutete auch in den Augen des *Kleinen Reac[k]tionärs* eine Weltgefahr *(Abbildung 232)*.[24]

Nicht nur die liberalen Satiriker, auch dieses konservative Witzblatt bringt eine Karikatur Napoleons III., der damals auf dem Höhepunkt seiner Macht stand. Stets dasselbe Leitmotiv: der Warnruf des einst nach St. Helena verbannten Napoleon I. an seinen Neffen, der, ganz wie der Onkel, von einem Weltreich träumt. Auf der Weltkugel sind verzeichnet:

1. Die mexikanische Expedition (1862 bis 1866), zunächst ein Erfolg, dann eine Katastrophe.
2. Die Gründung der Sträflingskolonie Cayenne (1852; bis 1945 »in Betrieb«, zunächst für Opponenten bestimmt, später für Gemeinverbrecher).
3. Der Ausbau des französischen Kolonialreichs: in Ost-Asien (das von China abhängige Indochina: 1856 bis 1860), in Madagascar (Eroberungsversuche seit den 60er Jahren) und vor allem in Algerien, dessen schon 1830 begonnene Unterwerfung unter Napoleon III. vollendet wurde.
4. Die Intervention in Syrien fand 1860 nach dem großen Christenmassaker von Damaskus statt.
5. In Indien besaß Frankreich nach wie vor nur seine fünf Handelshäfen.
6. In Rom unterhielt Napoleon III. von 1861 bis 1870 zum Schutz des Papstes eine Garnison.

Ausbreitung des Reiches der Civilisation bei jeder günstigen Gelegenheit.

Noch leuchtet sein Stern — aber wie lange?

232 *Der kleine Reactionär*, Nr. 32 v. 8. 8. 1863
Ausbreitung des Reiches der Civilisation bei jeder günstigen Gelegenheit
Unbekannter Zeichner

Ähnlich einmütig verhielten sich die Berliner Witzblätter in bezug auf das Problem der deutschen Einheit. Allen ideologischen Unterschieden zum Trotz stellten sie sich, wie etwa der »berittene alte Herr unter den Linden« (Friedrich der Große) die Frage: »Kann Preußens Aufgabe wirklich – die *Aufgabe Preußens* sein?«[25] So betrachteten sie die in den sechziger Jahren an verschiedenen Orten gefeierten nationalen Feste der Sänger, Turner und Schützen als vergebliche Liebesmühe. Selbst der linksliberale Adolf Glaßbrenner erließ am 7. Dezember 1863 in der *Berliner Montags-Zeitung* folgenden »Aufruf an die Vereine«:

»Nun, Nationaler, Turner, Sänger,
Wollt Ihr dem Vaterlande nützen,
So redet, turnt und singt nicht länger
Und zeigt Euch all' als ernste Schützen!«[26]

233 *Kladderadatsch*, Nr. 42 v. 13. 9. 1863
Heiß gekocht und kalt gegessen
Holzschnitt von Wilhelm Scholz

Die auf dem Frankfurter Fürstentag (17. August bis 1. September) von Franz Joseph angeregte Neuordnung des Deutschen Bundes hätte an Frankreichs Grenzen einen bedrohlichen 70-Millionen-Staat entstehen lassen. Der *Kladderadatsch* zitiert das Pariser Regierungsorgan *Le Moniteur universel* und zeigt die besorgten Mienen des französischen Marschalls Patrice de Mac Mahon, der im Heer den höchsten Rang innehatte *(hinten rechts)*, und des Finanzministers Achille Fould (*hinten links*, mit dem Börsenkurszettel in der Hand). *Im Vordergrund* zieht Napoleon III. bereits den Degen. Nachdem das österreichische Projekt an Preußens Ablehnung gescheitert war, läßt der Gesichtsausdruck des französischen Kaisers und seiner Würdenträger Erleichterung erkennen.

Die deutsche Einheitsbewegung äußerte sich nach der gescheiterten 48er Revolution hauptsächlich in Kundgebungen von Vereinen. Der *Kladderadatsch* zeigt ihre Wahrzeichen sowie die Namen der Versammlungsorte. Die Turner hatten sich in Leipzig, unter dem Zeichen FFFF (frisch, froh, fromm, frei), die Sänger in Dresden, die Schützen in Bremen, der National-Verein in Eisenach zusammengefunden. Auch der ergebnislos verlaufene Frankfurter Fürstentag (1863; ohne Preußens Beteiligung) wird erwähnt. Dagegen weist der Zeichner Wilhelm Scholz auf den Massenkonsum von begeisternden Getränken und den dazugehörigen Würsten hin, wodurch jene oktoberfestartigen Kundgebungen sich auszuzeichnen pflegten.

234 *Kladderadatsch*, Nr. 39/40 v. 27. 8. 1865
Uebersicht der Anstrengungen, welche in den letzten Jahren behufs deutscher Einigkeit gemacht worden
Holzschnitt von Wilhelm Scholz

Desgleichen erntete der im August 1863 von Österreich einberufene, von Preußen boykottierte, von Frankreich mit Argwohn verfolgte Frankfurter Fürstentag *(Abbildung 233)* selbst im *Kleinen Reac[k]tionär* nur Spott:

»›In Frankfurt ist zu schauen
Aus allen deutschen Gauen
Das Volk um unsern Kaiserthron!‹ –
So jubeln laut die Wiener;
Doch fehlen die Berliner
Und somit Deutschlands Hälfte schon!«[27]

Zwei Jahre später faßte der Zeichner Wilhelm Scholz die »behufs deutscher Einigkeit« gemachten Anstrengungen in einer Karikatur zusammen *(Abbildung 234)*. Ihnen gegenüber stand die Machtpolitik Bismarcks, welche inzwischen vor den Augen einer verblüfften Öffentlichkeit ihre erste Probe bestanden hatte.

Tatsächlich war das nicht zufriedenstellend gelöste Problem der mit Dänemark in Personalunion verbundenen Herzogtümer Schleswig und Holstein im Frühjahr 1863 wieder in den Brennpunkt des Interesses gerückt. Durch eine am 30. März erlassene Verordnung hatte der dänische König Friedrich VII. die Einverleibung Schleswigs in den Gesamtstaat in die Wege geleitet und damit das Völkerrecht verletzt. Am 13. April protestierten die beiden Großmächte – Österreich und Preußen – in identischen Noten gegen diese Mißachtung des Londoner Protokolls aus dem Jahr 1852. Vier Tage später machte Bismarck mit folgender Erklärung im preußischen Landtag »Sensation«: »Meine Herren, . . . ich kann Sie versichern und das Ausland versichern, wenn wir es für nöthig finden, Krieg zu führen, so werden wir ihn führen mit oder ohne Ihr Gutheißen.«[28]

Die »Gelehrten« und Adolf Glaßbrenner ergriffen sofort für die bedrohten Herzogtümer Partei. Am 12. April gab der *Kladderadatsch* (Nr. 17) unter der Überschrift »Sentimentale Politik und politische Sentimentalität« dem 1844 entstandenen, 1848 auf allen Leierkästen gespielten nationalen Kampflied »Schleswig-Holstein, meerumschlungen« eine neue Fassung:

»Schleswig-Holstein, meerumschlungen,
Schleswig-Holstein, stammverwandt,
Zwillingsbrüder, gleiche Zungen,
Eine Seel', ein einig Land,
Unzertrennlich, festgeschlossen,
Deutscher Stämme treue Wacht –
Vor dem Zorne deutscher Sprossen
Zittre Fredriks rohe Macht!«

Am 27. April enthielt dann die *Berliner Montags-Zeitung* folgende »Drohung an die Dänen«:

»Elende, zittert vor den Strafen:
Denn Wir sind stark und ihr seid schwach!
Der Bundestag wird sich's beschlafen,
Und wenn er aufwacht, ist er – wach.«[29]

Den Drohungen und dem allmählichen »Erwachen« des Bundestags folgte im November der Aufruf zum nationalen Krieg, denn Christian IX., der nach den Bestimmungen des Londoner Protokolls am 16. November dem plötzlich verstorbenen Friedrich VII. auf den Thron gefolgt war, hatte die Annexion durch die Bestätigung der neuen Verfassung für Dänemark-Schleswig allen Einsprüchen zum Trotz vollzogen. Die Lage komplizierte sich durch den gleichzeitig erfolgten Regierungsantritt des Erbprinzen Friedrich von Augustenburg als Herzog Friedrich VIII. von Schleswig-Holstein.[30] Der »Augustenburger« wurde nicht nur von den Klein- und Mittelstaaten, dem sogenannten Dritten Deutschland, unterstützt, sondern auch von unzähligen Volksversammlungen, Komitees und publizistischen Meinungsäußerungen »kleindeutscher und großdeutscher Richtung«.[31]

Im Jubiläumsjahr der Freiheitskriege (1813) dichtete der *Kladderadatsch* am 29. November:

»Heut gilt's von Neuem zu beweisen,
Ob Deutschland wollen kann, und wie;
Und jede Faust fährt nach dem Eisen –
Die Losung heißt: *Jetzt oder nie!*«

Eine Woche später reimte Adolf Glaßbrenner:

»Jetzt drauf und dran, mit kühnem Wagen,
Mit einem Schlag den Feind zu schlagen,
Der Dänen Uebermuth zu kürzen,
Muß man die Dänen – überstürzen!«[32]

Für die liberalen Satiriker Berlins war der am 1. Februar 1864 von Preußen und Österreich begonnene Koalitionskrieg gegen Dänemark kein Kampf um das »Protokoll«, sondern um »Deutschlands verpfändete Ehre«.[33] Nach der verlust- und siegreichen Erstürmung der Düppler Schanzen,[34] am 18. April, wurde er auch für den *Kleinen Reaktionär* (Nr. 24 vom 11. Juni) ein »heiliger Befreiungskrieg«.

Auf den Präliminarfrieden vom 1. August 1864 *(Abbildung 235)* folgte am 30. Oktober der Wiener Frieden. Der dänische König trat die Herzogtümer Schleswig, Holstein und Lauenburg an Österreich und Preußen ab; am 7. Dezember zog Wilhelm I. an der Spitze der zurückkehrenden Truppen unter Hurrah-Rufen in die preußische Hauptstadt ein. Der Zeichner des »Humoristisch-satyrischen Wochenblattes« *Helmerding* hielt diesen denkwürdigen Augenblick vorab in einem Phantasiegemälde fest; das Leitgedicht des *Kladderadatsch* (Nr. 57 vom 11. Dezember), dessen verantwortlicher Redakteur Ernst Dohm gerade eine mehrwöchige Gefängnisstrafe abgebüßt hatte, war nicht frei von Melancholie:

»Den Ruhm bringt ihr uns heim auf blankem Schilde
Und bringt der Heimath neuen Friedens Glück.
O brächtet ihr auch eine Zeit der Milde,
Und inn'ren Frieden unserm Land zurück!«[35]

In den kommenden Monaten beschwor der *Kladderadatsch* wiederholt alle Beteiligten, die »Komödie der Irrung« – den Heeres- und Verfassungskonflikt – zu beenden.[36] Ohne Erfolg, denn der Streit um die Militärvorlage ging mit unverminderter Heftigkeit weiter *(Abbildung 236, 237* und *238)*. Zustimmung erhielt die ungeliebte Regierung Bismarck allenfalls in Fragen der Wirtschafts-, Handels- oder Verkehrspolitik *(Abbildung 239)*. Auch Schleswig-Holstein blieb eine »brennende Frage der Zeit«.

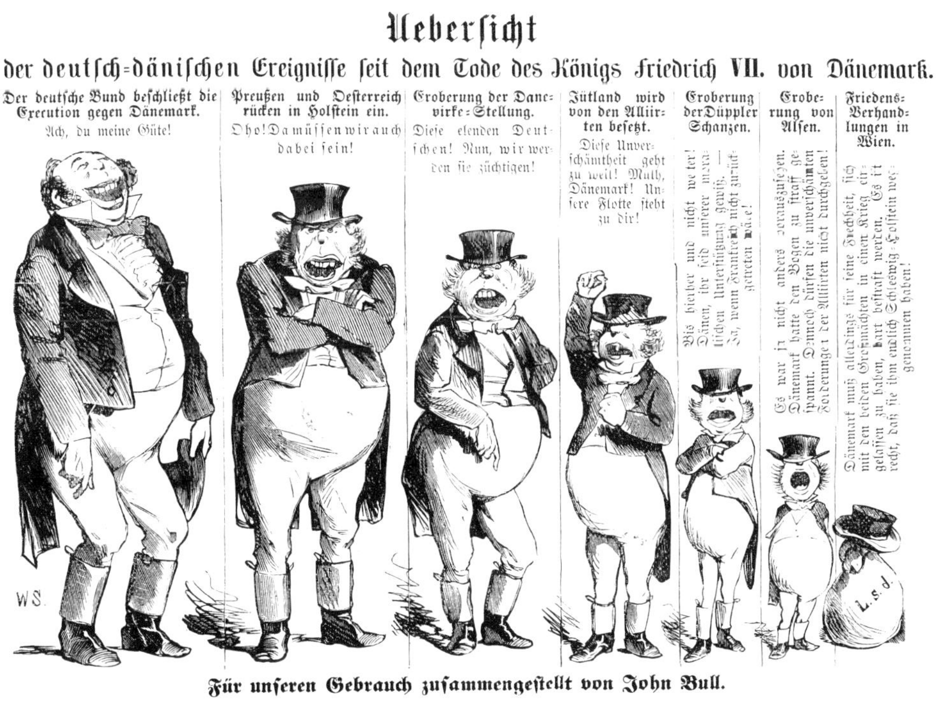

Ende 1863, nach dem dänischen Thronwechsel, wurde Schleswig von Dänemark annektiert, während Holstein eine Art Sonderstatut behalten sollte. Dies führte – nach Ablauf eines Ultimatums – am 1. Februar 1864 zum deutsch-dänischen Krieg mit militärischen Erfolgen der Preußen (Erstürmung der Düppler Schanzen am 18. April). Nach einer ergebnislos verlaufenen Konferenz in London begann der Kampf aufs neue, ohne daß England intervenierte. Nach einem Präliminarfrieden (1. August) trat Dänemark schließlich im Wiener Friedensvertrag (30. Oktober) Schleswig-Holstein an Preußen und Österreich ab. Der *Kladderadatsch* zeigt, wie innerhalb weniger Monate die als John Bull dargestellte Großmacht England in Europa an Einfluß verliert.

235 *Kladderadatsch*, Nr. 36 v. 7. 8. 1864
Uebersicht der deutsch-dänischen Ereignisse seit dem Tode des Königs Friedrich VII. von Dänemark
Holzschnitt von Wilhelm Scholz

Bismarcks Hoffnung, der mit österreichischer Waffenhilfe gewonnene Krieg gegen Dänemark werde ihn populär machen, stellte sich im großen und ganzen als trügerisch heraus. Auf dem Bild zeigt der *Kladderadatsch*, wie Wilhelm Grabow, der liberale Präsident des Abgeordnetenhauses, und der Ministerpräsident aufeinander losreiten, jeder auf dem Saumtier, mit seinem Entwurf zum Militärbudget in den Händen. Ein Zusammenstoß kann nicht ausbleiben. Die bismarckische »Reorganisation« des Heers bedeutete drei Jahre Militärdienst und teilweise Umwandlung der Armee, bisher »das Volk in Waffen«, in eine Art Söldnerheer. Die Via Mala (= böser Weg) in Graubünden führt an einer 600 Meter tiefen Schlucht entlang und war als gefährlicher Pfad in Geschichte und Sage berüchtigt. Schiller erwähnte sie als »Schreckensstraße« im 5. Akt (Szene 2) von *Wilhelm Tell*.

236 *Kladderadatsch*, Nr. 13 v. 19. 3. 1865
Die verhängnißvolle Begegnung
Holzschnitt von Wilhelm Scholz

Aus dem Parlaments-Struwwel-Peter.

Der Suppen-Caspar.

Ich esse diese Suppe nicht,
Nein, diese Suppe ess' ich nicht —
und wenn sie mir noch hundertmal vorgesetzt wird!

237 *Kladderadatsch*, Nr. 21 v. 7. 5. 1865
Aus dem Parlaments-Struwwel-Peter
Holzschnitt von Wilhelm Scholz

Anfang Mai war die kostspielige Militärvorlage von den Liberalen ein weiteres Mal mit erdrückender Mehrheit abgelehnt worden. Der *Kladderadatsch* vergleicht einen opponierenden Volksvertreter mit dem Suppenkaspar aus Dr. Heinrich Hoffmanns populärem Kinderbuch *Der Struwwelpeter*. Bismarcks Heeresreorganisation ist eine Suppe, die dadurch nicht schmackhafter wird, daß man sie dauernd aufs neue vorgesetzt bekommt. Die Szene spielt im Plenarsaal des preußischen Abgeordnetenhauses.

Am 5. Juli 1865 setzte König Wilhelm I. das preußische Militärbudget aus eigener Machtvollkommenheit fest, nachdem die Abgeordneten die Regierungsvorlage abgelehnt hatten. Bismarck wird hier mit dem amerikanischen Seiltänzer Hayton verglichen, der soeben »auf dem längsten Seil der Welt« den Niagara-Fall überschritten hatte. Der Ministerpräsident muß außerdem noch die Last des »Conflicts« mit dem Parlament tragen; er versucht, sich so schnell wie möglich ins kommende Budgetjahr hinüberzuretten. Eine unbeabsichtigte Prophezeiung des Witzblattes, denn im September 1866 sollte der Streit Bismarcks mit dem Parlament auf unerwartete Weise beigelegt werden.

238 *Kladderadatsch*, Nr. 32 v. 9. 7. 1865
Blondin, der Held vom Niagara
Holzschnitt von Wilhelm Scholz

239 *Sturmblatt*, Nr. 131 v. 1. 4. 1865
Nix soli cedet!
Holzschnitt

Ende März 1865 zeigte es sich bei einer Parlamentsdebatte über das Eisenbahnwesen zum ersten Mal, daß die Opposition gespalten war. Die Vorlage der Regierung wurde mit einer Mehrheit angenommen, die sich aus allen konservativen und zahlreichen liberalen Abgeordneten zusammensetzte.
Das Sturmblatt zieht daraus vorschnell den Schluß, daß die Zersetzung der bismarckfeindlichen Mehrheit bevorsteht. Die als Schneemann dargestellte Symbolfigur des Landtagspräsidenten Wilhelm Grabow (mit der Glocke in der Hand und der Freiheitsmütze auf dem Kopf) schmilzt unter den Strahlen der Sonne (=Bismarck), obwohl die Führer der Opposition weiter Schneemassen heranrollen, um den Parlamentarismus zu konsolidieren.
Der Text ist einem Gedicht Emanuel Geibels entnommen; die Überschrift ist eine küchenlateinische Abänderung der Devise des Adlers im preußischen Wappen »Non soli cedit« (er weicht der Sonne nicht). *Das Sturmblatt* macht daraus »Nix soli cedet!« (Nichts möge vor der Sonne, das heißt vor Bismarck zurückweichen)

»Unersprießlicher Zank« zwischen den »Mitbesitzern« – Preußen und Österreich – führte schließlich am 14. August 1865 zur Gasteiner Konvention *(Abbildung 240)*. An die Stelle des »Condominiums«, das heißt der gemeinsamen Herrschaft trat nunmehr die getrennte Verwaltung, nämlich Schleswigs durch den König von Preußen und Holsteins durch den Kaiser von Österreich.[37]

Daß freilich das endgültige Schicksal der Herzogtümer allein ihr Anschluß an Preußen sein konnte, prophezeite nicht nur der *Kladderadatsch (Abbildung 241)*, sondern auch die *Berliner Montags-Zeitung* und das an die Stelle des *Kleinen Reaktionärs* getretene *Sturmblatt*. Während Adolf Glaßbrenner am 19. und 26. Februar 1866 (Nr. 8 und 9) eine Art Volksbefragung (»Habt Ihr *noch* keine Lust, preußisch zu werden?!«) durchführte, handelte es sich im *Sturmblatt* (Nr. 139 vom 27. Mai 1865) um »eine Wahl ohne Qual«.

Nachdem Dänemark den verbündeten Österreichern und Preußen im Wiener Friedensvertrag (30. Oktober 1864) alle Rechte an Schleswig und Holstein abgetreten hatte, stellte sich die Frage, was denn nun aus den beiden Herzogtümern werden sollte. Der *Kladderadatsch* zeigt Preußen und Österreich als Zinnsoldaten.
Bild 1: (Invasion infolge der Exekution des deutschen Bundes gegen Dänemark): Beide Alliierte sehen sich freundlich an.
Bild 2: Jeder der beiden Alliierten könnte ein Herzogtum annektieren.
Bild 3: Doch der »angestammte« Herzog Friedrich VIII. von Augustenburg, bisher vom dänischen König verdrängt, erhebt seinerseits Ansprüche, womit weder der Preuße noch der Österreicher einverstanden sind.
Bild 4: Vorläufig bleibt es bei einer gemeinsamen Verwaltung durch die beiden Siegermächte, die jedoch nicht sehr harmonisch zu verlaufen scheint.
Bild 5: Wird Preußen noch lange auf den österreichischen Regierungskommissar namens Halbhuber in Holstein Rücksicht nehmen oder will es die beiden Herzogtümer »ganz« vereinnahmen?
Bild 6 und 7 deuten auf die Gefahr eines Abbruchs der Beziehungen und eines darauffolgenden Waffenganges hin.
Bild 8: Einigung zwischen Preußen und Österreich (Gasteiner Konvention vom 14. 8. 1865). Preußen wird Schleswig, Österreich wird Holstein besetzt halten und verwalten.
Bis auf weiteres . . .!

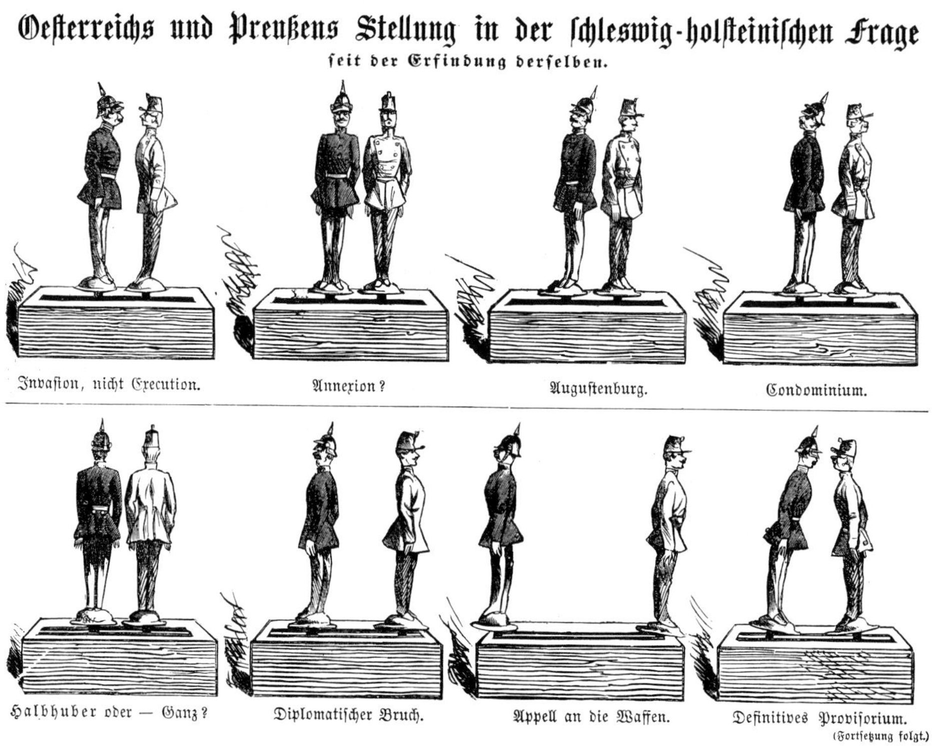

240 *Kladderadatsch*, Nr. 38 v. 20. 8. 1865
Oesterreichs und Preußens Stellung in der schleswig-holsteinischen Frage
Holzschnitt von Wilhelm Scholz

Die Proteste gegen die Gasteiner Konvention (Holstein an Österreich, Schleswig an Preußen) hatten zu nichts geführt. Die norddeutschen Staaten ließen sich ganz offensichtlich als Zugpferde vor Bismarcks Triumphwagen spannen. Das Bild zeigt, wie für das Füttern dieser Zugpferde (Holstein, Hannover, Braunschweig, Sachsen) dicke Hafersäcke auf dem Fuhrwerk bereitliegen. Die Zeichnung enthält eine Voraussage: Ein Jahr später wird Bismarck in der Tat ganz Norddeutschland bis zum Main für Preußen erobert haben. Die »Victoria« mit dem Viergespann, Meisterwerk des großen Berliner Bildhauers Johann Gottfried Schadow, wurde 1789 bis '94 für das Brandenburger Tor geschaffen. Siegesgöttin und Viergespann sind 1807 nach Paris entführt und 1814 zurückgebracht worden. Dieses Kunstwerk, Berlins Wahrzeichen, ist 1944–45 durch Bombenangriffe zerstört, jedoch 1958 restauriert und an seinem alten Platz aufgestellt worden.

241 *Kladderadatsch,*
Nr. 42 v. 10. 9. 1865
Frei nach der Victoria auf dem Brandenburger Thor in Berlin
Holzschnitt von Wilhelm Scholz

Die dem Provisorium von Gastein folgenden Monate standen ganz unter dem Motto: Krieg oder nicht Krieg, das ist hier die Frage *(Abbildungen 242, 243* und *244)*. Im Gegensatz zum deutsch-dänischen Waffengang prallten diesmal die Meinungen der politisch-satirischen Wochenblätter Berlins hart aufeinander. Auf der einen Seite suchten die *Berliner Montags-Zeitung* und der *Kladderadatsch* seit Mitte März mit allen Mitteln die »Mächtigen« aufzurütteln und den sich abzeichnenden »frischfröhlichen Bruderkrieg« abzuwenden. Unter dem Eindruck der allgemeinen Mobilmachung schrieb Adolf Glaßbrenner am 14. Mai 1866:

»Ueberall, wohin ich seh'
Bayonette, Säbel,
Bomben, Mörser, ach herrjeh,
Lauter Kriegesmöbel!
Reservistenjammerschrei,
Klemme, Noth und Pleiterei –
Mein Humor, der lust'ge Schelm,
Ist gefangen unter'm Helm;
Auf der Bayonette Spitze
Balanciren seine Witze;
Alles grimmer Kriegesfraß,
Blut'ger Ernst nur hüben, drüben!
Spaß, ach du mein lieber Spaß,
Wo, ach, wo bist du geblieben!«[38]

Am 3. Juni 1866 veröffentlichte dann der *Kladderadatsch*, der seine stehenden Figuren Schultze und Müller bereits seit drei Wochen in Uniform gesteckt hatte, unter dem Titel »Aus der Griechischen Geschichte« ein Leitgedicht, dessen »aufreizende Tendenz« Bismarck alsbald nach einer strengeren Handhabung der Beschlagnahme rufen ließ. Hieß es doch darin unter kaum verhüllter Bezugnahme auf den preußischen Staatsmann:

»›Unsterblichkeit! Es soll von Land zu Land
Jahrtausendlang mein Name einst erschallen!‹
Rief Herostrat, und warf den Feuerbrand
Vernichtend in Diana's Tempelhallen.

[...]

Weh uns, wenn eines Frevlers That verschlingt,
Was wir erbaut in jahrelangem Frieden!
Weh Jedem, der die Fackel ruchlos schwingt –
Ihm sei das Loos des Herostrat beschieden!

Europa ist ganz Ohr.

— Wie bekommt Ihnen das Bad, Sire?
— Ich danke, es geht!

242 *Sturmblatt*, Nr. 159 v. 14. 10. 1865
Europa ist ganz Ohr
Holzschnitt

Bismarcks »Erholungsreise« nach Biarritz (Oktober 1865) gipfelte im Zusammentreffen mit Napoleon III., der dort in seiner Sommerresidenz weilte. Über den Inhalt der Biarritzer Gespräche rätselte die gesamte Presse. Ein Abkommen wurde nicht geschlossen.
Das Sturmblatt verwandelt den in Zeitungs-Illustrationen häufig dargestellten Spaziergang Bismarcks mit dem Kaiser in eine gemeinsame Badepartie, bei der nichtssagende Worte gewechselt werden.
Unter den indiskreten Lauschern erkennt man (*rechts Mitte*) den österreichischen Generalstab (Kopf mit drei Offiziersmützen), der über das damals in Frage gestellte »Condominium«, das heißt die gemeinsame Herrschaft Preußens und Österreichs in Schleswig-Holstein einiges zu erfahren sucht.
Massenweise treten als Horcher (*rechts unten*) die Mitglieder der »dritten Gruppe« auf, die unter der Führung des sächsischen Ministerpräsidenten, Friedrich Ferdinand Graf von Beust, in Deutschland eine »dritte Macht« zwischen Preußen und Österreich aufbauen wollten.

Sein Name soll erklingen weit umher,
Und unauslöschlich stehn in Klio's Buche!
Gleich jenem Tempelschänder, soll auch er
Unsterblich leben in der Menschheit – Fluche!«[39]

Auf der anderen Seite ironisierte der von Wolfgang Bernhardi herausgegebene *Berliner Punsch*, die zweite Folge des *Kleinen Reac[k]tionärs*, »des Fortschrittsmannes Friedenslied« und die »lammherzige Gelassenheit« der »Federhelden«. Diese ließe den »alten Fritz« auf dem Olymp sich ernsthaft fragen, ob die ihm zugestellten Zeitungen »wirklich denn aus Preußen, wirklich aus Berlin« datiert seien. »Blut ist ein ganz besondrer Saft!« erfuhren statt dessen die Leser am 9. Juni, nachdem der *Berliner Punsch* bereits Mitte Mai »zum Kampf« aufgerufen hatte:

Diplomatisches Frühstück in Biarritz.

ER. Nun, so nehmen Sie die Austern allein, und geben Sie mir dafür den Wein!
Der Andere. Bitte tausendmal um Entschuldigung; aber der gehört ja gerade zu den Austern.

243 *Kladderadatsch*, Nr. 49 v. 22. 10. 1865
Diplomatisches Frühstück in Biarritz
Holzschnitt von Wilhelm Scholz

Der *Kladderadatsch* zeigt Napoleon III. und Bismarck bei Tisch in Biarritz. *Im Hintergrund* lustwandelt die Kaiserin Eugenie. Der Kaiser verzichtete auf die holsteinischen Austern, erhebt dagegen Anspruch auf den Rheinwein, das heißt das linke Rheinufer. Bismarck will beides, denn sein (hier nicht erwähnter) Wahlspruch lautete: »Der Appetit kommt beim Essen«. Ein Beispiel für Napoleons III. Kompensationsansprüche bei jeder preußischen Machterweiterung. Ein Beispiel auch für Bismarcks wachsende Überlegenheit gegenüber dem kaiserlichen »Lehrmeister« aus seiner Pariser Gesandtenzeit. Hier läßt sich bereits deutlich eine Wende in der kritischen Einstellung des *Kladderadatsch* gegenüber Bismarck feststellen.

»Frisch auf, wer noch in Herz und Geist
Empfindet, was ein Preuße heißt!
Wenn man uns zwingt, des Friedens Palme
Zu werfen aus der fleiß'gen Hand,
Dann brechen wir wie dürre Halme
Jedweden Feind vom Vaterland.«[40]

Die Leitgedichte des konservativen Witzblattes versuchten also, ganz wie die Leitartikel der *Kreuz-Zeitung*, die Öffentlichkeit von der Unversöhnlichkeit Österreichs zu überzeugen und den selbst im eigenen Lager angefeindeten Bismarck publizistisch zu unterstützen.[41]

Nach fehlgeschlagenen Vermittlungs-, Reform- und Konferenzvorschlägen brachen Mitte Juni die Feindseligkeiten aus, ohne daß es zu einer förmlichen Kriegserklärung zwischen den Großmächten gekommen wäre. Auf der Seite Preußens standen einige kleine thüringische und norddeutsche Staaten sowie Italien; Verbündete Österreichs waren alle Mittelstaaten Deutschlands: die vier Königreiche Bayern, Hannover, Sachsen, Württemberg sowie das Großherzogtum Baden. England, Rußland und Frankreich nahmen gegenüber den österreichisch-preußisch-italienischen Verwicklungen eine »zuwartende Stellung« ein.[42]

Der »Kampf bis aufs Messer« *(Kladderadatsch)* wurde zum »gesamteuropäischen Erstaunen« kein neuer siebenjähriger, sondern ein »Blitzkrieg« *avant la lettre*. Mit dem preußischen Überraschungssieg am 3. Juli über Österreich in der »zweiten großen Massenschlacht des 19. Jahrhunderts«, auf den blutgetränkten Feldern bei Königgrätz (Sadowa), war der Ausgang faktisch entschieden *(Abbildung 245)*.[43] Moltkes moderne Strategie (»Getrennt marschieren und vereint schlagen«), die überlegene Kampfmoral des preußischen Heers, die großzügige finanzielle Unterstützung des mit Bismarck befreundeten Bankiers Gerson Bleichröder, ein gut ausgebautes Eisenbahn- und Telegraphennetz sowie das Zündnadelgewehr, demgegenüber sich die Schußwaffen Österreichs »wie Droschken zu Locomotiven« verhielten *(Kladderadatsch)*, waren die wichtigsten Ursachen für ein Ereignis, das der Kardinal-Staatssekretär des päpstlichen Kirchenstaates Giacomo Antonelli mit dem »Einsturz der Welt« verglich.[44]

Parallel zu den Kämpfen an der italienischen Front und im »Dritten Deutschland« wurden auf Österreichs Ersuchen zwischen Frankreich und Preußen Vorbedingungen für eine mehrtägige Waffenruhe ausgehandelt, die dann am 22. Juli tatsächlich eintrat und vier Tage später, in Nikolsburg, nach nervenzermürbenden Auseinandersetzungen zwischen Wilhelm I. und Bismarck (Verzicht auf Gebietsabtretungen und den Einzug in Wien) zu einem das österreichische Selbstgefühl schonenden Vorfrieden führte.[45]

Die beiden Zeichnungen sind satirische Bildkommentare zu einem pathetischen Leitgedicht, das »den Mächtigen« kurz vor Ausbruch des deutschen »Bruderkriege« gewidmet ist. *Oben* erkennt man, unter den »Großen« *(von links nach rechts)*, den »neutralen« Napoleon III., dann den mit Preußen verbündeten Viktor-Emanuel II. von Italien, endlich Bismarck und den österreichischen Außenminister Alexander Graf Mensdorff-Pouilly. *Unten* sieht man mehrere durch die Mobilmachung betroffene Staatsbürger. Für viele bedeutete der Krieg auch wirtschaftlichen Ruin (Figur *links außen*).

Die Kochkunst der Großen.

Was Die oben anrichten,

müssen Die unten ausessen!

244 *Kladderadatsch*, Nr. 22/23 v. 20. 5. 1866
Die Kochkunst der Großen
Holzschnitt von Wilhelm Scholz

Die Haltung der satirischen Wochenblätter in diesem Zwischenstadium ist hoch interessant. Auf die Nachricht, ER (= Napoleon III.) habe seine Dienste als Vermittler angeboten, wütete der *Kladderadatsch* (Nr. 32 vom 15. Juli):

»Pfui über Österreich, das von alten Schanden
Als Rettung sich die neue Schmach erkor!
Jetzt haben erst den vollen Sinn verstanden
vom Unrecht wir, das alle Scham verlor!

Wir aber, denen Frieden man geboten
Durch fremde Hand nach so ruhmreichem Sieg,
Wir schänden nimmer unsrer theuren Todten
Gedächtniß! Jetzt heißt unsre Losung: Krieg!«

245 *Kladderadatsch*, Nr. 32 v. 15. 7. 1866
Eine Hercules-Arbeit in acht Tagen
Holzschnitt von Wilhelm Scholz

Der *Kladderadatsch* nimmt die Ereignisse vorweg. Die Reinigung des Augiasstalles »Deutscher Bund«, Bismarcks »Herkulesarbeit«, wurde erst durch den Prager Frieden vom 23. August 1866 vollendet, also erst sieben Wochen nach dem militärischen Sieg (3. Juli). Napoleon III. *(Bild rechts)* hatte sich seit dem 5. Juli auf Österreichs Ersuchen in die Verhandlungen eingeschaltet. Die allzu eilig veröffentlichte Zeichnung enthält einen groben Fehler. Sachsen wurde keineswegs »hinausgeworfen«, sondern in den Norddeutschen Bund eingefügt; auf dem *linken Haufen* (Heu oder Mist?) wird auch der Duodezfürstin Caroline von Reuß gedacht, die anderthalb Jahre zuvor einen Beleidigungsprozeß gegen den *Kladderadatsch* (vgl. *Abb. 91*) angestrengt hatte. Sie weigerte sich, mit Preußen Frieden zu schließen, so daß ihr Ländchen vom 11. August an besetzt wurde, bis sie am 26. September 1866 schließlich nachgab. Die Zeichnung ist auch insofern bedeutsam, als sie beweist, daß der *Kladderadatsch* Bismarcks Außenpolitik nunmehr voll unterstützt.

Einen Tag zuvor hatte der *Berliner Punsch* (Nr. 28) unter dem Titel »Kein Waffenstillstand!« zu einem Diktatfrieden aufgerufen:

»Nach Wien! Nach Wien! O setz' es durch,
Du Heer, so meisterlich geführt,
Der Friede sei in der Hofburg
Von Preußens Rächerschwert dictirt.«

Selbstverständlich lehnten beide Blätter auch die von Napoleon III. für seine Maklerdienste geforderten »Kompensationen« entschieden ab *(Abbildung 246* und *247)*. Der Prager Frieden vom 23. August bedeutete zugleich das Ende der fast tausendjährigen gemeinsamen deutschen Geschichte und den Anfang des modernen Nationalstaats. Die Deutsch-Österreicher schieden aus dem Staatsverband aus; Preußen vermehrte sein Territorium und seine Bevölkerungszahl durch die Annexion Hannovers, Kurhessens, Nassaus, der freien Reichstadt Frankfurt sowie Schleswig-Holsteins. An

Nach dem gewonnenen Krieg über Österreich hatte sich Preußen dank Bismarcks Annexionspolitik stark vergrößert. Sachsen wurde gezwungen, dem Norddeutschen Bund beizutreten. Für Frankreichs Nichtintervention erwartete Napoleon III. Kompensationen: Luxemburg, das Saarland und das linke Rheinufer von der Pfalz bis Mainz. Bismarck antwortete hinhaltend. Die Karikatur des bettelnden französischen Kaisers entspricht der Kennzeichnung seines Anliegens in der öffentlichen Meinung Europas. Man sprach von seiner »Trinkgelderpolitik«.

246 *Kladderadatsch*, Nr. 39 v. 26. 8. 1866
Ein Mißverständniß
Holzschnitt von Wilhelm Scholz

die Stelle des in der satirischen Presse so oft verspotteten Deutschen Bunds trat am 18. August der Norddeutsche Bund *(Abbildung 248* und *249)*.[46] Die *Berliner Montags-Zeitung* (Nr. 38 vom 17. September) brachte hierzu folgenden, auf einem doppelten Wortspiel beruhenden Kommentar:

»Was wir gefordert, es wird, wie immer, gewährt uns! Wir haben
Schon mit dem norddeutschen Bund: *einiges* Deutschland – gekriegt!«

Sowohl der *Kladderadatsch* als auch der *Berliner Punsch* hießen die »Annectirten« willkommen. Das erstgenannte Blatt widmete ihnen am 26. August (Nr. 39) vierzehn Strophen. Die letzte lautete:

»Nehmt, Brüder, Platz am Herde jetzt umher!
Der Becher schäumt, das Feuer ist entglommen.
Es kommen nächstens noch der Freunde mehr;
Auch diese sind – ganz Deutschland sei willkommen!«

Das Europäische Gleichgewicht.

„Sire, geben Sie sich zufrieden! Ich habe mehr Muskeln und mehr Länge als Sie, dafür haben Sie mehr Embonpoint und mehr Nase als ich!"

247 *Berliner Punsch*, Nr. 33 v. 18. 8. 1866
Das Europäische Gleichgewicht
Holzschnitt

Der konservative *Berliner Punsch* übernimmt nicht nur aus dem *Kladderadatsch* die von Wilhelm Scholz geprägte karikaturale Darstellung des französischen Kaisers, sondern ist überdies mit seinem liberalen Gegner einer Meinung. Ein »Trinkgeld« für Frankreichs Neutralität im deutsch-deutschen Krieg gibt es nicht! Der mit seinen Muskeln spielende und eine Pickelhaube tragende Preuße ist übrigens in jenen Jahren in der französischen Karikatur zu einem Stereotyp geworden.

Daß freilich »Anno 66« keineswegs von allen »neuen Landsleuten« als »ein Jahr des Heils« *(Berliner Punsch)* angesehen wurde, beweisen so manche bis heute bestehende Ressentiments![47]
Durch das erst im Frühjahr 1867 bekannt gewordene »heimliche Verhältniß«, das heißt durch die noch vor dem Prager Frieden zwischen Preußen und den südlich des Mains gelegenen Staaten Baden, Bayern und Württemberg abgeschlossenen »Schutz- und Trutzbündnisse«[48] war die vorläufige deutsch-deutsche Grenze von Anbeginn durchlöchert. Für wie provisorisch das Ganze gehalten wurde, geht beispielsweise aus Glaßbrenners Mitteilung »An Süddeutschland« hervor:

> »Schmiegst du dem nordischen Bund nicht an dich als Ganzes im Bunde,
> Bleibst ohnmächtig du und – fällst du in Stücken an Mich.
> Preußen.«[49]

Bismarcks »Revolution von oben« war für die einen eine »grundgottlose Haupttat« (Ludwig von Gerlach),[50] für die anderen ein Anlaß, ihre Einstellung zu überdenken.

Die durch den Wahlsieg der Konservativen am Tag der Schlacht von Königgrätz (3. Juli 1866) hervorgerufene Einigung der preußischen Volksvertreter unter Bismarcks »Hut« (eher Pickelhaube) wird dem Staatsmann als hohes Verdienst angerechnet. Überdies war nach dem Umfall der Hälfte aller liberalen Abgeordneten seine parlamentarische Mehrheit für lange Zeit gesichert. Selbst ein Radikaler mit Freiheitsmütze (*rechts*) bittet darum, sich Bismarck anschließen zu dürfen.

Gewandtheit, Thatkraft, hoher Muth,
Von starkem Einheitssinn getragen,
Die brachten unter einen Hut
Ein großes Volk in dreißig Tagen.

248 *Berliner Punsch*, Nr. 34 v. 25. 8. 1866
Gegensätze
Holzschnitt

Bild 1: Mehrere mit Österreich verbündete deutsche Fürsten werden entweder entthront (zum Beispiel der Kurfürst von Hessen und der König von Hannover, Georg V.) oder mitsamt ihrem Lande in den Norddeutschen Bund eingebracht (zum Beispiel König Johann von Sachsen, welcher auf Fürsprache Österreichs hin seinen Thronsessel behalten durfte). Bei Erscheinen der Karikatur war alles noch im Fluß, daher das »Entweder« des *Kladderadatsch*.
Bild 2: »Oder«: Den drei genannten Fürsten wird der preußische Drill beigebracht, das heißt: ihre Truppen kommen jetzt unter preußischen Oberbefehl.
Bild 3: »Oder – Aber!?!«: Norddeutschlands Landkarte wird in Berliner Blau eingefärbt, denn das Königreich Hannover, das Kurfürstentum Hessen und außerdem das Herzogtum Nassau sowie die freie Reichsstadt Frankfurt verlieren ihre Selbständigkeit und werden Bestandteil der preußischen Monarchie.
Daß es sich auf jeden Fall nur um eine vorläufige Regelung handeln kann, wird durch das auf der ersten Seite derselben *Kladderadatsch*-Nummer abgedruckte Gedicht »Vom heiligen Deutschen Reich« (mit Anklang an das Heilige Römische Reich Deutscher Nation) deutlich gemacht. Es schließt mit der Versicherung:
»Wir aber wollen jetzt zur Stund'
In fröhlichem Vertrauen
Aus neuem Stein auf neuem Grund
Ein neues Haus uns bauen.«

249 *Kladderadatsch*,
Nr. 36/37 v. 12. 8. 1866
Norddeutsches Bundes-Dilemma
Holzschnitt von Wilhelm Scholz

So erteilte das preußische Abgeordnetenhaus, in dem seit den Neuwahlen vom 3. Juli wieder 142 Konservative saßen, der Regierung Bismarck am 3. September mit 230 gegen 75 Stimmen »Indemnität«, also die nachträgliche Gutheißung der illegalen Staatshaushalte der Konfliktjahre 1862 bis 1866. Auch der *Kladderadatsch* schloß nunmehr Frieden mit dem »bestgehaßten« Staatsmann, und zwar in Form einer Parodie der *Zauberflöte:*

»Indemnität! Vergeben –
Vergessen – ach! wie lang'
Harrt manch verlornes Leben
Auf dieser Worte Klang!
Wann öffnet sich die Pforte
Dem, der in Nacht versenkt?
Dem freudenreichen Worte,
Das ihm die Freiheit schenkt? –
Horch! Horch! Die Riegel fallen,
Und eine Stimme spricht:
In diesen heil'gen Hallen
Kennt man die Rache nicht!«[51]

Großzügig, wie er war, gab er in der Gestalt des Barons von Strudelwitz auch den empörten preußischen Ultras das Wort: »Lieber Baron! Wenn Jemand von Triumph enchantirt ist, so bin gewiß ich; aber – von Anfang an gegen Bund mit Revolution gewesen, betrachte als sehr gefährlich . . . Indemnität! Wort blieb mir in Kehle stecken, und wollte Ohren nicht trauen. Qu'est ce que c'est? [Was ist das?] Indemnität, Absolution, Sündenbekenntniß, Buße, Umkehr, Sack und Asche!«[52] Zum Anwalt der versöhnlich gestimmten Konservativen machte sich am 29. September der *Berliner Punsch* (Nr. 39). Die »Männer aus der Fortschrittszunft« forderte er auf, »der Stimme der Vernunft« und »Preußens mächtigem Aare« zu folgen. Nur bedingte Gefolgschaft leistete der Fortschrittsmann Adolf Glaßbrenner. Die »Indemnirten« ließ er am 10. September (*Berliner Montags-Zeitung*, Nr. 37) wissen:

»Indemnität, sie wurde Euch heut
Vom Kammer-Gerichte.
Die erste Indemnität verleiht
Die Zukunft und die Geschichte!«

Das Epochenjahr 1866 führte zur Spaltung der Parteien. Im Zusammenhang mit der Indemnitätsvorlage entstanden jene beiden Gruppierungen, auf welche Bismarck sich lange Zeit stützen konnte: die Nationalliberale Partei und die Freikonservative Partei (seit 1871 Deutsche Reichspartei).[53] Während der *Kladderadatsch* für die Nationalliberalen, welche »auf den gegebenen Grundlagen die Einheit Deutschlands zu Macht und Freiheit« herstellen wollten, durchaus Sympathie empfand, hielt Glaßbrenner an der Fortschrittspartei ebenso fest wie an ihrem Motto: »Einheit *und* Freiheit«:

»Haß und Hader bringt die Einheit
Ohne Freiheit!
Alle Größe wird zur Kleinheit
Ohne Freiheit!
Aus Gemeinschaft wird Gemeinheit
Ohne Freiheit!
Nur die Herrschsucht möchte *Einheit*
Ohne Freiheit![54]

Das von Bismarck 1867 mit Hilfe der »damals stärksten der freiheitlichen Künste« – des allgemeinen Wahlrechts – »in den Sattel gesetzte« Deutschland[55] betrachtete er daher mit Skepsis. Wie ein Teil der Deutschen Fortschrittspartei bemängelte er an der Verfassung des Norddeutschen Bundes die Nichtaufnahme der Grundrechte von 1848/49. Am 25. März nannte der alte Vormärzler die Gründe in Form eines Distichons:

»Warum auf Grundrechten nicht aufbauen sofort die Verfassung?
Das ist der einzige Grund: daß sie die Rechte nicht will.«[56]

Fortschrittlich eingestellt blieben ferner Julius Stettenheims *Berliner Wespen*, welche dem neuen Stern am parlamentarischen Himmel, dem Rechtsanwalt Eduard Lasker, am 5. Dezember 1869 (Nr. 49) folgendes »nationalliberales Geständnis« in den Mund legen sollten: »Wir sind seit 1866 Andere geworden.«[57]

Am 16. April 1867 nahm der Norddeutsche Reichstag die Verfassung mit 253 gegen 53 Stimmen an; am 1. Juli trat sie in Kraft.[58]

Obwohl der Norddeutsche Bund nur knapp vier Jahre bestand, war er »in den entscheidenden Elementen seiner inneren Struktur etwas Definitives« (Lothar Gall).[59] Diese »entscheidenden Elemente« waren einerseits der unitaristische Reichstag als Verkörperung der Bismarckschen »Revolution«, andererseits der Bundesrat als Ausdruck der föderalistischen Tradition. In ihm war die Zusammensetzung des »ewigen Bundes« aus formell souveränen Einzelstaaten gewährleistet; Inhaber des Präsidiums war Preußen, dessen Ministerpräsident und Außenminister nun als weiteres wichtiges Amt den Posten des Bundeskanzlers übernahm.

Lediglich ein Provisorium war der Norddeutsche Bund dagegen für Berlins politisch-satirische Wochenblätter. Kurz bevor der konservative *Berliner Punsch* für immer entschlief, feierte er (Nr. 9 vom 2. März 1867) noch begeistert den Hohenzollernkönig als Nachfolger des aus seinem »unheilvollen Schlummer« erwachten Stauferkaisers »Friedrich der Rothbart«. Die *Berliner Montags-Zeitung* und der *Kladderadatsch* übernahmen faktisch die von Ernst Moritz Arndt im Jahr 1813 ausgegebene Devise: »Sein [des Deutschen] Vaterland muß größer sein«.[60]

Ein guter Schäfer läßt kein Schaf verloren gehen.

250 *Kladderadatsch*, Nr. 14/15 v. 31. 3. 1867
Deutsche Weide
Holzschnitt von Wilhelm Scholz

Die – gegen eine finanzielle Entschädigung – von Holland ins Auge gefaßte Abtretung des Großherzogtums Luxemburg (Personalunion; dabei Mitglied des Deutschen Zollvereins und – bis 1866 – des Deutschen Bundes) an Frankreich führte Europa an den Rand eines Krieges. Bundeskanzler Bismarck wird von Germania zugerufen, er – als guter Hirte – habe alle Schäfchen, auch Luxemburg, bei der deutschen »Herde« zu halten. *Rechts* einige Schäfchen als Vertreter des Norddeutschen Bundes. *In der Mitte* die mit Preußen verbündeten Südstaaten Baden und Bayern, die als Schäferhunde über den Rhein hin Napoleon III. anbellen; dieser wird als gestiefelter Wolf dargestellt, der dem Hirten Bismarck das luxemburgische Schaf rauben will.

Bei der eingehenden Besichtigung der **Krupp'schen Kanone** soll der Kaiser stellenweise ganz weg gewesen sein.

251 *Kladderadatsch*, Nr. 27 v. 16. 6. 1867
Von der Pariser Ausstellung
Holzschnitt von Wilhelm Scholz

Die Pariser Weltausstellung von 1867 war dazu bestimmt, das Prestige des Zweiten Kaiserreichs in möglichst großartiger Weise zu symbolisieren. Der Erfolg überstieg die Erwartungen: 33 000 Aussteller und 11 Millionen Besucher!
Die Hauptattraktion der Ausstellung war die berühmte Krupp-Kanone (Gewicht 47 Tonnen), das modernste Artilleriegeschütz der damaligen Zeit.
Der *Kladderadatsch* zeigt den Kaiser, wie er in das Rohr hineinkriecht. Das Wortspiel »ganz weg« ist leicht zu deuten. In der Tat konnten die Pariser sich vor Erstaunen kaum fassen. Dreieinhalb Jahre später sollte diese Kanone ihre Stadt bombardieren.

»Schenkt ein den Wein, den deutschen Wein;
Nicht kurz, nicht schmal, nicht eng, nicht klein,
Das ganze Deutschland soll es sein!«

verkündete die *Berliner Montags-Zeitung* (Nr. 6) am 11. Februar 1867.[61] Allerdings dürften die in nahezu jeder Nummer der satirischen Rubrik »Die Wahrheit« auftauchenden Vergleiche Preußens und des Norddeutschen Bundes mit einer »großen Kaserne«[62] sowie die ebenfalls im *Kladderadatsch* ironisierte »Steuerschraube« wenig geeignet gewesen sein, die widerspenstigen »süddeutschen Brüder« unter die Pickelhaube zu locken.

Angesichts der nur mühsam im Zaume gehaltenen Kriegspolemik der Pariser Presse nach der Eröffnung des gesamtdeutschen Zollparlaments (27. April 1868) gab der *Kladderadatsch* den Preußenhassern – »Der Preuß, der Preuß ist unsre Schand« – jedoch zu bedenken:

»Horch! Da donnert's dumpf im Westen:
ER steht wider uns bereit!«[63]

Das Drei-Kaiser-Diner

oder:

Banquo's Geist in den Tuilerien.

252 *Kladderadatsch*, Nr. 28 v. 23. 6. 1867
Das Drei-Kaiser-Diner oder: Banquo's Geist in den Tuilerien
Holzschnitt von Wilhelm Scholz

Der begabte Illustrator des *Kladderadatsch* hat Akt III, Szene 4 aus Shakespeares Macbeth travestiert. Um den reich gedeckten Tisch im Tuilerienschloß sitzen Napoleon III., Kaiserin Eugenie, König Wilhelm I., Zar Alexander II. sowie der künftige Alexander III. Ein Platz ist unbesetzt geblieben. Da erscheint plötzlich der Geist Kaiser Maximilians von Mexiko mit seinem zerbrochenen Szepter in der Hand. Eine Woche später traf in Paris die Nachricht ein, daß der Bruder Franz Josephs, der auf Veranlassung Napoleons III. 1864 die mexikanische Kaiserkrone angenommen hatte, in republikanische Hände gefallen und am 19. Juni erschossen worden war.

Tatsächlich bildete die Gefahr eines deutsch-französischen Waffengangs sowohl für die *Berliner Montags-Zeitung* als auch für den *Kladderadatsch* seit der im Frühjahr 1867 ausgebrochenen luxemburgischen Krisis *(Abbildung 250)* das satirische Gesprächsthema Nr. 1. Nachdem der Konflikt schon in Anbetracht der gleichzeitig laufenden Pariser Weltausstellung *(Abbildung 251* und *252)* rasch beigelegt wurde *(Abbildung 253* und 254),[64] begann Adolf Glaßbrenner am 13. Mai in der Rubrik »Die Wahrheit« (Nr. 19) einen ganz persönlichen »Krieg gegen den Krieg«. Als selbsternannter Volksvertreter eines friedliebenden Europas forderte er von nun an ohne Unterlaß die Herabsetzung des Militäretats und die Abschaffung der stehenden Heere. Als ein Beispiel unter vielen sei hier nur folgende Notiz vom 5. April 1869 (*Berliner Montags-Zeitung*, Nr. 14) erwähnt: »Die *stehenden Heere* – welche das Mark der Völker verzehren, die Staaten in Schulden stürzen, die Steuern vergrößern, die Industrie und den Handel lähmen und den *Krieg* so lange provociren, bis er eintritt mit allen seinen Schrecken, Gräueln und *furchtbaren Opfern – bleiben stehen!!*«[65]
Freilich war sich Glaßbrenner – ebenso wie der Zeichner des *Kladderadatsch (Abbil-*

Allzuviel ist ungesund.

Einen Hecht im Karpfenteich muß man sich zuweilen gefallen lassen — aber **zwei**?!?!?!!!!

253 *Kladderadatsch*, Nr. 20/21 v. 5. u. 12. 5. 1867
Allzuviel ist ungesund
Holzschnitt von Wilhelm Scholz

Auf der Londoner Konferenz (8. bis 11. Mai) wurde der Streit um Luxemburg (Neutralisierung) beigelegt. Der *Kladderadatsch* sitzt angelnd am Ufer und benutzt als Köder die Annexionsmöglichkeiten am Rhein. Die beiden trotz ihres Fischprofils leicht zu erkennenden Hechte Napoleon III. *(links)* – so 1859 von dem Historiker Heinrich Leo bezeichnet – und Bismarck *(rechts)* beunruhigen durch ihre Eroberungsgelüste den europäischen Karpfenteich. Wird es zwischen beiden zu einem kriegerischen Zusammenstoß kommen?

dung 255) – der Problematik einer Abrüstung, welche an heutige Verhältnisse erinnert, durchaus bewußt. Unter dem Titel »Friedensschwärmerei« erschien am 27. Januar 1868, nach den Kammerdebatten über eine Armee- oder Wehrgesetzreform in Frankreich und mehreren deutschen Staaten,[66] in der *Berliner Montags-Zeitung* (Nr. 4) das nachstehende Gedicht:

»Hört, wie der Hahn, der gallische kräht:
Entwaffnen wollt' ich gern,
Wenn Bismarck nur entwaffnen thät'
Und all die anderen Herrn.

[. . .]

Der *Kladderadatsch* benutzt den Doppelsinn des türkischen Wortes »Divan«, das sowohl »Gedichtsammlung« (Goethes *West-östlicher Divan*) als auch »Thronsaal« bedeutet. *Im Hintergrund* des Bildes sitzt der Sultan mit seinem Hof, womit die in London versammelten Konferenzteilnehmer gemeint sind. Wird der Konflikt zwischen den beiden Kampfhähnen später doch noch ausbrechen? Man beachte auf *Abbildung 253* und *254* Bismarcks stilisierte »drei Haare«.

254 *Kladderadatsch*, Nr. 20/21 v. 5. u. 12. 5. 1867
West-östlicher Divan
Holzschnitt von Wilhelm Scholz

Abrüsten, sagt der Preuß'sche Aar
Wär' meine Lust, allein
Bescheiden, wie ich immer war,
Will ich nicht Erster sein!

So fordert fürder Blut und Geld
Europa's Waffenkleid. –
Entwaffnung ist noch weit im Feld,
Entrüstung – weit und breit!«

Mehr noch als das Gegensatzpaar Napoleon–Bismarck war es der französische Kaiser selbst, der dem *Kladderadatsch* Stoff bot für Karikaturen, Leitgedichte beziehungsweise mehr oder weniger witzige Aussagen seiner stehenden Figuren. Interessanterweise wurde der »bleiche Cäsar« von zwei Seiten attackiert. Zum einen wurde er als

Die Jahre 1868/69 stehen ganz im Zeichen des Wettrüstens. Sowohl in Frankreich als auch in Preußen werden die hohen Militärbudgets durch Schwarzmalerei gerechtfertigt. Der Ausdruck »schwarzes Gespenst«, den der *Kladderadatsch* auf Napoleon III. beziehungsweise auf Bismarck anwendet, bedeutet eine Umkehrung des geflügelten Wortes »rotes Gespenst«, Titel einer 1851 in Paris über die Gefahr der sozialen Revolution veröffentlichten Broschüre von Auguste Romieu, die sofort nach Erscheinen ins Deutsche übersetzt worden war. Zahlreiche weitere Karikaturen zeigen den französischen Kaiser als potentiellen Angreifer. Dazu ein Urteil des Berliner Publizisten Paul Lindau aus dem Jahr 1878: »Die Diskreditierung Napoleons in Deutschland ist hauptsächlich das Werk des *Kladderadatsch*«.

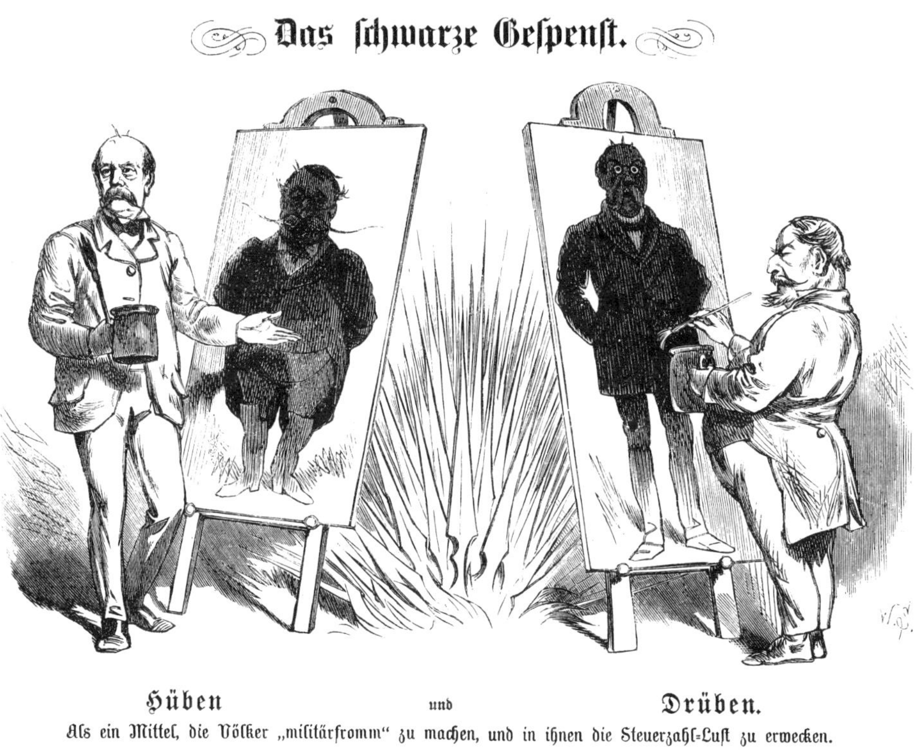

255 *Kladderadatsch*, Nr. 28 v. 20. 6. 1869
Das schwarze Gespenst
Holzschnitt von Wilhelm Scholz

Tyrann, Heuchler und Kriegstreiber gebrandmarkt, zum anderen als alt, schwach und kränklich der Lächerlichkeit preisgegeben. Nachdem er am 8. Mai 1870 eine Volksabstimmung anberaumte, aus der er als unbestrittener Sieger hervorgehen sollte,[67] prophezeite der *Kladderadatsch:*

»Im wunderschönen Monat Mai,
Als alle Knospen sprangen,
Da ist der alte Schwindel aufs Neu'
In Frankreich losgegangen.

Und ist vorüber der schöne Mai,
Dann muß der Juni kommen;
Hab' mal von einer »Junischlacht« –
Ich weiß nicht, wo – vernommen.

Dem heitern Juni aber soll –
So geht eine alte Sage –
Der Juli folgen, und in ihm
Gibt's ›heiße Julitage‹!«[68]

Nach über dreijährigem Wetterleuchten diesseits wie jenseits des Rheins entlud sich in den »heißen Julitagen« 1870 das Gewitter: der Deutsch-Französische Krieg.

Viertes Kapitel Erbfeind und Barbar: Der Deutsch-Französische Krieg 1870/71

»Jubelnd sei's der Welt verkündet:
›Nicht mehr scheidet uns der Main!‹
Darum rücken wir verbündet
Ins Franzosenland hinein.
Von der Alpe bis zum Strand
Schallt das Lied fürs Vaterland:
›Immer frisch, frei, fromm und froh
Haut sie auf den Chassepot,
Chasse-pot-pot-pot-pot-pot –
Auf den Chass'pot mit Hurrah!«

(Kladderadatsch)[1]

Am 3. Juli 1870 »platzte« in Paris die »spanische Bombe«. Das Außenministerium erfuhr durch den französischen Botschafter in Madrid, daß Prinz Leopold von Hohenzollern (aus der katholischen Nebenlinie Sigmaringen) sich entschlossen hatte, die ihm angebotene spanische Krone anzunehmen und daß seine Wahl durch die *Cortes* (Volksvertretung) kurz bevorstand.[2]

Die durch die Thronkandidatur Leopolds ausgelöste Krise glich einem Drama in drei Akten und erreichte am 6. Juli ihren ersten Höhepunkt. Nachdem der französische Kriegsminister Marschall Edmond Leboeuf zuvor im Ministerrat die volle Kriegsbereitschaft der Armee bestätigt hatte, verlas der neue Außenminister Herzog von Gramont folgende, von der Mehrzahl der Abgeordneten mit Beifall, von Europas Diplomaten und Journalisten mit Verwunderung aufgenommene Kammererklärung: »Wir glauben nicht, daß die Achtung vor den Rechten eines Nachbarvolkes uns verpflichtet zu dulden, daß eine fremde Macht, indem sie einen ihrer Prinzen auf den Thron Karls V. setzt, das gegenwärtige Gleichgewicht der Kräfte in Europa zu unseren Ungunsten verändert und die Interessen und die Ehre Frankreichs gefährdet . . . Wenn

es anders kommen sollte, werden wir, stark durch Ihre Unterstützung, meine Herren, und die der Nation, unsere Pflicht ohne Zaudern und Schwäche zu erfüllen wissen.«[3]
Gleichzeitig eröffnete die offiziöse Presse eine »Front der Propaganda«,[4] allen voran das bonapartistische Sprachrohr *Le Pays*. Seine Leitartikel vom 6. und 7. Juli trugen so aufreizende Titel wie »Le Rhin français« (Der französische Rhein) oder »La guerre« (Der Krieg) und zählten das »preußische Sündenregister« seit Königgrätz/Sadowa (1866) auf.[5] In die Kriegstrompete blies ferner Frankreichs Pressefürst Emile de Girardin. In der Pariser Tageszeitung *La Liberté*, welche bereits während der Luxemburg-Krise das linke Rheinufer anvisiert hatte, forderte er am 8. Juli die Rückgewinnung der »natürlichen Grenzen« Frankreichs unter Einbeziehung Belgiens.[6]
Den aggressiven Äußerungen Gramonts und der französischen Regierungspresse folgte am 9. Juli die diplomatische Offensive des Botschafters Vincent Graf Benedetti in Bad Ems, wo sich der preußische König zur Kur aufhielt. Sie führte schließlich dazu, daß Prinz Leopold der Thronkandidatur entsagte, »den Gefühlen folgend, welche es ihm als preußischem und deutschem Offizier unmöglich machen, um seiner Person willen Deutschland in den Krieg zu stürzen . . .«[7]
Dennoch spitzte sich – in der nun folgenden zweiten Phase des Konflikts – die Lage überraschenderweise weiter zu. Im Auftrag Gramonts verlangte Benedetti am Vormittag des 13. Juli von dem preußischen König in seiner Eigenschaft als Familienoberhaupt der Hohenzollern auf der Brunnenpromenade, also in aller Öffentlichkeit, eine ebenso höflich wie bestimmt zurückgewiesene Verzichtgarantie. Eine zweite Audienz in dieser Angelegenheit lehnte der preußische Monarch durch seinen Flügeladjutanten Fürst Anton von Radziwill ab. Gleichzeitig informierte er Bismarck über die jüngsten Vorgänge in einem detaillierten und daher etwas langatmigen Telegramm.
Mit der durch Bismarcks Federstriche gekürzten, das heißt verschärften und noch am selben Abend durch die »freiwillig gouvernementale« *Norddeutsche Allgemeine Zeitung* als Extra-Blatt verbreiteten »Emser Depesche« begann der verhängnisvolle dritte Akt. Der Originaltext dieser »Fanfare in Antwort auf eine Herausforderung« (Helmuth von Moltke)[8] lautete: »Nachdem die Nachrichten von der Entsagung des Erbprinzen von Hohenzollern der Kais. Französischen Regierung von der Königl. Spanischen amtlich mitgetheilt worden sind, hat der Französ. Botschafter in Ems an Se. Majestät den König noch die Forderung gestellt, ihn zu autorisiren, daß er nach Paris telegraphire, daß Se. Majestät der König sich für alle Zukunft verpflichte, niemals wieder seine Zustimmung zu geben, wenn die Hohenzollern auf ihre Candidatur wieder zurückkommen sollten. Se. Majestät der König hat es darauf abgelehnt, den Französ. Botschafter nochmals zu empfangen, und demselben durch den Adjutanten vom Dienst sagen lassen, daß Se. Majestät dem Botschafter nichts weiter mitzutheilen habe.«[9]
Freilich wirkte die »Emser Depesche«, deren »Funktion und Bedeutung . . . in der

256 *Berliner Wespen*, Nr. 29 v. 15. 7. 1870
In der vorletzten Stunde
Holzschnitt von Gustav Heil

Ein preußischer Soldat weist ruhig und siegesbewußt auf das westliche Rheinufer. Dort äußert sich lautstark der französische Kriegswille. *Auf der Pariser Vendôme-Säule*, genauer, auf Napoleons I. Kopf, steht – als nationales Symbol – der krähende gallische Hahn. Der kränkelnde Napoleon III. – als Cäsar gerüstet – hat sich vom Thronsessel erhoben und seine Krükken zurückgestoßen; er zieht das Schwert aus der Scheide. *An den Stufen des Throns* erblickt man *links* den französischen Kriegsminister, Marschall Edmond Leboeuf – natürlich als Ochsen, wie sein Name sagt – und *rechts*, in Diplomatenuniform, den Außenminister Herzog von Gramont, der zum Krieg getrieben hatte.
Längs des Rheinufers versammeln sich die Vertreter der französischen Nation: angriffslustige Soldaten (*ganz links* ein Zuave mit einem fauchenden Kater auf dem Kopf; *ganz rechts* ein Kürassier, beide mit geballter Faust; *in der Mitte* ein brüllender Infanteriegeneral) und ein grimassenschneidender Diplomat.
Dahinter Presseleute. Kenntlich gemacht sind ein Redakteur des Regierungsblattes *Le Constitutionnel* sowie ein Journalist des extrem-bonapartistischen und antipreußischen Organs *Le Pays*. Der Ausdruck »das caudinische Joch«, eine seit dem römischen Altertum bekannte Form der Erniedrigung, bei der man tief gebückt unter feindlichen Spießen hindurchzuschreiten hatte, kam in der Pariser Presse damals häufig vor, in Anspielung auf die »Beleidigung« Frankreichs durch die »Emser Depesche«, für die Preußen gedemütigt werden sollte. In Frankreich hat diese Zeichnung, die kurz vor Kriegsbeginn erschienen ist, Empörung hervorgerufen.

Kausalkette der zum Krieg führenden Entscheidungen« die Historiker heute noch bewegen,[10] keineswegs sofort und unmittelbar »wie ein rotes Tuch« auf den »gallischen Stier« (Bismarck),[11] sondern glich eher einem Zeitzünder. Erst der am 15. Juli »leichten Herzens« bekanntgegebene Kriegsentschluß des Regierungschefs Emile Ollivier (ein Schwager Richard Wagners) und die alsbald erfolgte Zustimmung der Kammer führten in Paris zu nun nicht mehr einzudämmenden Wogen nationaler Erregung, zumal fast gleichzeitig eine Extra-Ausgabe des Regierungsblattes *Le Constitutionnel* verkündete: »Der Krieg! Der preußische König hat es abgelehnt, den Vertreter Frankreichs zu empfangen und demselben durch einen Feldwebel vom Dienst ausrichten lassen, er habe ihm nichts mitzuteilen. Dieser Tatbestand wurde am selben Abend von dem ›offiziellen Organ‹ Berlins veröffentlicht und durch Bismarck den ausländischen Höfen bekanntgegeben. Auf eine derartige Unverschämtheit gibt es nur eine Antwort: den Krieg!«[12] Daß das Verschweigen jeglicher Begründung und ein von der Nachrichtenagentur Havas übernommener Übersetzungsfehler – aus dem »Adjutanten« *(aide de camp)* wurde ein einfacher »Feldwebel« *(adjudant)* – die Gemüter zusätzlich erhitzten, kann hier nur vermutet werden.[13]

Mit der Begründung, »ihre Ehre« und »ihre verletzten Interessen« verteidigen zu müssen, erklärte die französische Regierung dem preußischen Königreich am 19. Juli offiziell den Krieg, was die sofortige Solidarisierung der Südstaaten aufgrund der 1866 abgeschlossenen Bündnisverträge nach sich zog.

Sowohl die *Berliner Wespen* als auch der *Kladderadatsch* versuchten vergeblich, die über Nacht akut gewordene Kriegsgefahr zu beschwören. Am 15. Juli 1870 stellte das erstgenannte Blatt in seinem Leitgedicht »Pariser Leben« und in einer von Generalfeldmarschall Wrangel gelobten ganzseitigen Karikatur *(Abbildung 256)* die »deutsche Manneswürde« dem »tollen Cancan« des »kleinen Fehdehandschuhmachers« (Napoleon III.), seiner Regierungsmitglieder Gramont und Ollivier sowie der »journalistischen Cocotten« gegenüber.[14]

Die unmittelbar vor Kriegsausbruch erschienene Ausgabe des *Kladderadatsch* enthielt als Leitgedicht »des Rheines Antwort« an den »alten Hexenmeister« und sein »gedungnes Pack« (die Presse).[15] Auf Seite 2 stellte »Germania« in einem »Monolog aus einer noch unvollendeten Tragödie« über die »see- und drehkrankheitsschwindeltolle Raserei« und »wahnwitzige Prahlerei« der »Grande Nation« tiefsinnige Betrachtungen an. Das Dichtwerk endete mit einer mahnenden Anspielung auf den sagenumwobenen König von Salamis – Ajax –, der sich selbst tötete, als nicht ihm, sondern Odysseus die Waffen des Achilles zugesprochen wurden:

> »Mit festem Stolz und meines Rechtes mir bewußt,
> Lass' ich, da selbst der kind'sche Vorwand nun entfernt,
> Austoben jenes rasenden Ajax tolle Wuth.
> Und daß, wenn möglich, ihm ein tragisch End' erspart,

Leg' ich in überchristlicher Barmherzigkeit
Als Umschlag meines Spottes allerkältstes Eis,
Und gieße meines Hohns ein volles Sturzbad ihm
Auf's Haupt – ob dieses noch vielleicht sein siedend Hirn
Abkühl', und ihm ernüchtre den verworrnen Sinn.«

Eine Woche später hatte der »heilige Krieg« zwischen dem »Erbfeind« (Frankreich) und den »Barbaren« (die verbündeten deutschen Staaten) begonnen.[16] Die Zivilisten Schultze und Müller schlüpften in ihre ausgedienten Uniformen aus dem Sommer 1866 und erhielten in der Gestalt des »Füsiliers Kutschke« Gesellschaft. In den *Berliner Wespen* brachte es »Unser Mobiler«, der räsonierende Repräsentant der volkstümlichen Landwehr, zu großer Beliebtheit.[17]

Weder über die »Schuld« am Krieg noch über seinen positiven Ausgang herrschte in Berlins humoristisch-satirischer Publizistik – im Gegensatz zur Siegesgewißheit der Pariser Presse und zu den deutscherseits geäußerten Befürchtungen[18] – der geringste Zweifel. So trug das am 22. Juli in den *Berliner Wespen* (Nr. 30) erschienene Leitgedicht die vielsagende Überschrift »Dank dem Kaiser Napoleon!« Strophe 2 und 7 lauteten:

»Was eines Bismarck's Staatskunst nicht gelang:
Das Vaterland zu ein'gen im Vertrau'n,
Dem Feind gelang es! Wider Willen schlang
Das Band der Einheit er um Deutschland's Gau'n.
[...]
Weh, Frankreich's Volk! In höchst verruchten Krieg
Hin auf die Schlachtbank reißt Dich Dein Tyrann!
Unseel'ger Kampf, in dem Dir auch der Sieg
Nicht Ruhm, noch Ehr', noch Frieden bringen kann!«

»Die Einigkeit ist der Sieg!« prophezeite dann auch die dazugehörige, kaum karikaturistische Elemente enthaltende ganzseitige Illustration; sie zeigt, wie Badenser, Bayern, Sachsen, Hessen und Württemberger über eine aus Kanonenrohren bestehende Mainbrücke in Richtung Paris marschieren.[19]

Daß Napoleon und seine »Rheinfall-Armee« – dieselbe Metapher findet sich auch in anderen politischen Witzblättern – nicht nur den Krieg, sondern darüber hinaus eine Provinz verlieren könnten, vermutete »Unser Mobiler« bereits bei seinem ersten Auftritt: »Wir sind lange gut, aber wer mit uns anfängt, der mag sehen, wie er mit heilem Elsaß davonkommt!«[20]

Trotz dieser frühzeitig formulierten Annexionsgelüste unterschied sich die Sprache der *Berliner Wespen* wohltuend von den Haßtiraden des *Kladderadatsch*. Für Deutschlands größtes Politwitzblatt war nunmehr – nach zwei Jahrzehnten einer systematischen Disqualifizierung Napoleons III. – der Tag einer ganz persönlichen Rache gekommen.

»Gegen den Tyrannen« oder »Untergang der Lügenbrut!« lauteten infolgedessen die Titel der Leitgedichte, welche aus der Feder der Kriegslyriker Dohm, Löwenstein und Trojan flossen. Dem erstgenannten Gedicht, das Napoleon als »Frevler«, »Dämon« und »Mißgeburt von Dreck und Spotte« an den Pranger stellte, seien folgende Verse entnommen:

»Verlöscht die Leuchten und des Friedens Sterne!
Zu blut'ger Ernte hebt der Tod die Hippe!
Doch durch die Nacht hin flammt in Näh' und Ferne
Millionenfach der Fluch von jeder Lippe:

Daß IHM verdorre die meineid'ge Zunge,
Die Hand absterbe, die von Mord befleckte,
Der Fuß verkrumme, der im Tigersprunge
Rücklings ein ganzes Volk zu Boden streckte!

Daß ER, gleich Tantalus, in Qualen ächzend,
Verschmachten mög' in blut'gem Sündenpfuhle,
Von Blute triefend und nach Blute lechzend,
Verdammt auf ewig, ER sammt seiner Buhle! [Eugenie]«[21]

Erste Anspielungen auf Gebietsgewinne brachte der *Kladderadatsch* (Nr. 35) am 31. Juli. Er kommentierte die »Kriegsziele« der republikanischen Tageszeitung *Le Siècle* (Paris) – die »alten Französischen Städte« Landau und Saarlouis mit Umgebung – wie folgt: »Allein dieser Vorschlag des Siècle bringt uns darauf, ob es sich nicht noch mehr empfehlen würde, die beiden alten Deutschen Städte Metz und Straßburg mit weitester Umgebung zum Preise des Krieges zu machen.«

Die Dritte im Bunde, die *Berliner Montags-Zeitung*, veröffentlichte am 25. Juli neben ihrer normalen Wochenausgabe ein Extra-Blatt. Hier wie da wurde Napoleon III. – in der Rubrik »Die Wahrheit« – mit einem Menschenschlächter verglichen und als »Kaiser von Eidbruchs-Jnaden«, »frechster Friedensstörer«, »nichtswürdigster Verbrecher«, »Landesverwüster« und »Hunderttausendmörder« beschimpft. Gleichzeitig prophezeite der stellvertretende Redakteur Richard Schmidt[-Cabanis]: »Und die Zündnadeln werden ihm zeigen, was eine Harke ist, und sein Geschäft wird kommen zu einer großen – Niederlage.«[22]

Groß war der Jubel – »Victoria! Victoria!« *(Berliner Montags-Zeitung)*, »Wie freudig glänzt die deutsche Klinge!« *(Berliner Wespen)*, »Und Stoß auf Stoß, und Schlag auf Schlag!« *(Kladderadatsch)* – nach den ersten Siegen bei Weißenburg (4. August), Wörth und Spichern (6. August) *(Abbildung 257)*. Während das Gefecht bei Weißenburg den *Kladderadatsch* zu einem neuen »Marschlied« anregte, schrieb Ernst Dohm anläßlich der blutigen Schlacht von Gravelotte (18. August) als Leitgedicht eine »Bal-

Die ganze Bande.

Und Das wollte, „an der Spitze der Civilisation marschirend", Deutschland überschwemmen!

Verantw. Redacteur: In Vertretung: R. Löwenstein in Berlin. — Verlag von A. Hofmann u. Co. in Berlin, Leipzigerstr. 39. — Druck von Eduard Krause in Berlin.

Der *Kladderadatsch* bringt ein »Gruppenbild mit Damen«, auf dem sämtliche ihm verhaßten Vertreter des bonapartistischen Frankreichs dargestellt sind. *Im Vordergrund* sieht man die Kaiserliche Familie – Napoleon III., Eugenie, deren Sohn »Lulu« –, dahinter die Vettern, Prinz Pierre Bonaparte (mit Bart), der einen Journalisten erschossen hatte und straffrei ausgegangen war, dann »Plonplon«, das heißt Jérôme Napoleon, der intrigierende Senator, bekannt durch seine Ähnlichkeit mit Napoleon I. Neben der Kaiserin erkennt man die Cousine Mathilde Bonaparte, die eine bedeutende mondäne Rolle gespielt hatte. *Links und rechts:* echt Pariser Kokotten. *Im Hintergrund, von links nach rechts:* Mönche als Fabrikanten des Chartreuse-Likörs, dann der Redakteur des *Journal officiel*, der Niederlagen als Siege verkündet, daneben sein Kollege, der Polemist Adolphe Granier de Cassagnac, vom Scharfmacherblatt *Le Pays*, dann ein Mobilgardist (Landsturmmann) mit Champagnerglas und Freiheitsmütze; *hinten links* zwei Turkos (afrikanische Hilfstruppen). Das Ganze wird überragt von der Tiara des Papstes, der am 18. Juli 1870 durch das I. Vatikanische Konzil das Unfehlbarkeits-Dogma hatte beschließen lassen. Die wehende Damenunterwäsche, gekrönt von einer Lockenperücke mit Haube und Bändchen, symbolisiert das »Weibische« der französischen Nation. Die randvolle Zeichnung ist ein typisches Beispiel der deutschen Karikatur; sie unterscheidet sich von der wesentlich großflächiger und beweglicher angelegten französischen Lithographie.

257 *Kladderadatsch*, Nr. 38/39 v. 21. 8. 1870
Die ganze Bande
Holzschnitt von Wilhelm Scholz

lade«, die Fontane auf dieselbe Stufe stellte wie »Die Kraniche des Ibykus« (Schiller) oder »Des Sängers Fluch« (Uhland).[23]
Seit der zweiten Augusthälfte enthielten nahezu alle Ausgaben der *Berliner Wespen* und des *Kladderadatsch* mehr oder weniger weitgehende annexionistische »Zukunfts-Scenen«. Rege beteiligt waren die stehenden Figuren und das »Berliner Volk«, das am 21. »das neueste Reiselustlied« anstimmte:

»Nach dem Rheine, nach dem Rheine!
Still und feste auf die Beine,
Wo der Franke rückwärts siegt,
Wo bald Louis Bonaparte
Straßburg streicht von seiner Karte
Nancy bald in Deutschland liegt!«[24]

Am 2. September postdatiert erschien dann in der *Norddeutschen Allgemeinen Zeitung* jener ausführliche, von Bismarck »sanktionierte« Artikel über die deutschen Kriegsziele: »Das Mindeste also, was wir fordern müssen, das Mindeste, womit die deutsche Nation in allen ihren Teilen, vorzüglich aber unsre Stamm- und Kampfgenossen jenseits des Mains sich befriedigt erklären können, ist die Abtretung der Ausfallspforten Frankreichs nach der deutschen Seite hin, die Eroberung von Straßburg und Metz für Deutschland.«[25] Die Zeichner erfaßten der langen Rede kurzen Sinn in Illustrationen, die politische Symbolik mit fast photographisch genauer Realität verbanden *(Abbildung 258)*.[26] Die Kriegsnummern des *Kladderadatsch* und der *Berliner Wespen* entsprachen somit durchaus den Vorstellungen Bismarcks. Dieser hatte Mitte August seinen Leibjournalisten Moritz Busch beauftragt, sich für mehr »Abbildungen« in »unsren illustrierten Blättern« einzusetzen.[27]
Am 3. September 1870 meldete die 39. Depesche vom Kriegs-Schauplatz der Königin Augusta in Berlin die am Tag zuvor stattgefundene Kapitulation der Festung Sedan sowie die Gefangennahme Napoleons und der gesamten Armee (100 000 Mann). Die preußische Hauptstadt geriet »in einen Zustand des Rausches«; eine »mutige Berliner Range« zierte »unter dem Jauchzen der Menschenmassen des alten Fritzen Haupt mit einem Lorbeerkranz«.[28] Die *Berliner Montags-Zeitung* (Nr. 36 vom 5. September) warf sich zur Feier des Ereignisses in Lila und jubelte:

»Wir haben ihn, wir haben ihn beim Kragen,
Der grimme Löwe liegt im Staub gebändigt;
Als Jägersmann rief er zu lust'gem Jagen,
Als Wild hat er den Lebenslauf beendigt.«

Gleichzeitig dachte das Glaßbrennersche Organ bereits an den nächsten Schritt, die Einnahme von Paris. Folgende stümperhafte Reimerei sei als abschreckendes Beispiel der Kriegslyrik 1870/71 zitiert:

»Vor Paris, dem stolzen Babel,
Steht das Rachechor der Deutschen,
Mit dem Sabel, mit der Gabel,
Die Pariser auszupeitschen.«

Die am 4. September in der französischen Hauptstadt vor einer »unermeßlichen Menschenmenge« ausgerufene Republik gab seiner Meinung nach »wenig Hoffnung auf Erhaltung«.[29]

Für den *Kladderadatsch* war Sedan »der Anfang vom Ende« des Kriegs, aber nicht seines Franzosenhasses. Am 11. September verhöhnte er (Nr. 42) nicht allein den auf Schloß Wilhelmshöhe bei Kassel untergebrachten »witz'gen Affen der Caesaren« als »Schmarotzer einer königlichen Küche« – ein Motiv, das auch die *Berliner Wespen* reizte *(Abbildung 259)* –, sondern überdies Frankreichs neues Regierungssystem:

»Und eine Republik – daß Gott erbarm'! –
Vom Trug gezeugt und von der Angst geboren,
Hebt wider uns den fast entnervten Arm,
Gleich IHM zu Deutschland's Schand' und Schmach verschworen.«

Selbsterhaltung.

Man muß der Bestie die Krallen abschneiden, damit man künftig Ruhe vor ihr hat.

258 *Kladderadatsch*, Nr. 41 v. 4. 9. 1870
Selbsterhaltung
Holzschnitt von Wilhelm Scholz

Der Zeichner stellt Frankreich als einen reißenden, allerdings mit einem Maulkorb versehenen Wolf dar. Bei einer tierärztlichen Operation werden ihm durch Bismarck die Krallen, nämlich Elsaß und Lothringen, abgeschnitten. Wilhelm I. *(rechts)* und Kronprinz Friedrich Wilhelm *(Mitte)* leisten dabei Hilfestellung. Die Darstellung ist gewissermaßen der Bildkommentar zu jenem von Bismarck sorgfältig korrigierten Artikel, der am 2. September (postdatiert) in der offiziösen *Norddeutschen Allgemeinen Zeitung* erschienen und in welchem die Notwendigkeit der Eroberung von Straßburg und Metz begründet worden war.
Die Zeichnung ist realistisch, ohne karikaturale Verzerrung. Das satirische Element liegt in der Rollenverteilung: die französische Nation als wildes Tier.

Am 4. September 1870 traf Napoleon III. als Kriegsgefangener auf Schloß Wilhelmshöhe (bei Kassel) ein. Die Unterschrift der Zeichnung »Kaltgestellt!« bedeutet einerseits, daß der entthronte Kaiser nunmehr keine politische Rolle mehr spielen wird, andererseits, daß er sich seine Gefangenschaft durch Champagner zu versüßen wußte.

Im Vordergrund, auf einem Präsentierteller, die abgelegte Kaiserkrone, *im Hintergrund* die Herkules-Statue, die heute noch den Schloßpark beherrscht. Der Kaiser im Sektkübel wird *rechts* und *links* von preußischen Soldaten bewacht.

Das Schloß war einst (1807/13) die Residenz von Napoleons I. jüngstem Bruder Jérôme, König von Westphalen. Damals hieß Schloß Wilhelms- vorübergehend »Napoleonshöhe«. Es war also gewissermaßen dazu vorbestimmt, den »hohen« Gefangenen zu beherbergen.

259 *Berliner Wespen*, Nr. 38 v. 16. 9. 1870
Auf Wilhelmshöhe bis zum Friedensschluß
Holzschnitt von Gustav Heil

Ganz anders die *Berliner Wespen*. Gewiß, im Titelbild der Ausgabe vom 9. September kreuzen Deutschland und Frankreich weiterhin die Klingen *(Abbildung 260)*. Die gleiche Ausgabe (Nr. 37) enthält jedoch einen pathetischen Aufruf zum Frieden:

»Die Republik, sie ist das Reich der Liebe,
Das Reich der Arbeit, die in Frieden schafft,
Kein Tummelplatz der Mörder und der Diebe!

Nun handelt groß und kühn und heldenhaft,
Legt ab das Schwert, legt ab die blut'ge Wehre!
Für edle Arbeit spart die edle Kraft!
Das Eure Pflicht und Eure einz'ge Ehre!«

260 *Berliner Wespen*, Nr. 37 v. 9. 9. 1870
Der Kurmärker und die Picarde
Holzschnitt von Gustav Heil

Die Zeichnung spielt an auf das gleichnamige im damaligen Berlin sehr beliebte Singspiel Adalbert Cohnfelds und des Berliner Schauspielers, Schriftstellers und Königlichen Vorlesers Louis Schneider.
Kurmark ist der Name der Mark Brandenburg im engeren Sinn, in Erinnerung an die Kurfürstenwürde der Markgrafen im alten Reich. Die Rolle des Kurmärkers spielt in den *Berliner Wespen* ein preußischer Infanterist; als Picarde (Bewohnerin der nordfranzösischen Provinz Picardie) tritt die am 4. September proklamierte französische Republik auf.

Nicht weniger versöhnlich gab sich das eine Woche später erschienene Leitgedicht (Nr. 38) »Vor Paris«:

»Wir grüßen Dich, Du Stadt der Nationen,
Du Herd der Freiheit einst im Weltenall!
Wir grüßen Dich im Donner der Kanonen,
Wir grüßen Dich im ehr'nen Waffenschall.
Wie golden liegt im Morgensonnenlichte
Vor uns Dein ungeheures Häusermeer!
Es geht ein Athemzug der Weltgeschichte
Mit heil'gem Schauer durch das deutsche Heer.«

Am 19. und 20. September, zur gleichen Zeit, als Paris von den deutschen Armeen eingeschlossen wurde, verhandelte der französische Außenminister Jules Favre mit Bismarck in Ferrières wegen eines Waffenstillstands und Friedens. Der Versuch scheiterte wegen der deutschen Gebietsforderungen; die Anfang November zwischen Bismarck und Adolphe Thiers geführten Waffenstillstandsverhandlungen blieben aus demselben Grund ergebnislos. »Kein Zoll von unserem Boden, kein Stein von unseren Festungen«, lautete die Parole des »Erbfeinds«, »Ein Volk . . ., das keine Scholle Deutschen Lands mehr läßt in Frankreichs Macht!« der Schlachtruf der »Barbaren«.[30]

Entsprechend emotionsgeladen waren die anläßlich der Kapitulation von Straßburg (28. September) und Metz (27. Oktober) erschienenen Stellungnahmen. Als Paradebeispiel für die Verquickung von germanischer Mythologie und Erotik gelte nachstehende Hymne des *Kladderadatsch* »An Straßburg«; die tapfere Stadt (70 000 Einwohner) hatte sich schließlich nach sechswöchiger Belagerung und sechstägiger Beschießung, der zahlreiche Menschenleben und Gebäude zum Opfer gefallen waren, ergeben:

»Du hast gekämpft, gleich jenem Riesenweib,
Das einst mit Nordlands Helden stark gerungen,
Bis Siegfrieds Kraft den jungfräulichen Leib,
Mit Zauberbann umspannend, kühn bezwungen.
Du fielst, bewältigt in dem Waffenspiel
Von stärkrer Hand; doch – auch Brunhilde fiel!«[31]

Im Zusammenhang mit dem »deutschen Straßburg« führte der *Kladderadatsch* – ebenso wie die *Berliner Wespen* – nicht mehr allein einen publizistischen Krieg gegen Napoleon III., sondern, gemäß eines 1870 viel zitierten Ausspruchs Leopold von Rankes, gegen Ludwig XIV. Beide Blätter forderten infolgedessen, unter Verkennung des staatsbürgerlichen Bewußtseins ihrer Einwohner, die 1681 von den »Wälschen« geraubte Stadt auf, den »Wittwenschleier« abzulegen und »den ersten Grundstein« zur »alten, deutschen Herrlichkeit« zu legen.[32]

Allerdings, je mehr sich der von Léon Gambetta erklärte »Krieg bis zum Äußersten« in die Länge zog und je häufiger die offiziellen Telegramme vom Kriegsschauplatz nichts weiter zu verkünden hatten als: »Vor Paris nichts Neues!«, desto eindringlicher wurden die Friedensappelle in Wort und Bild. Der im *Kladderadatsch* (Nr. 52/53) am 13. November 1870 durch wenige Kreuze angedeutete deutsch-französische Soldatenfriedhof erinnert den heutigen Betrachter unweigerlich an Erich Maria Remarques Meisterwerk *Im Westen nichts Neues* (1929).[33]

Nichtsdestoweniger schlossen der Ernst der Zeit Witz, Humor und Ironie nicht gänzlich aus. Schier unerschöpflichen Stoff lieferten den Berliner Blättern die Appelle des am 5. September 1870 nach neunzehnjährigem Exil heimgekehrten Dichters Victor Hugo an die »Deutschen«, die »Franzosen« oder an die »Heilige Stadt Paris«, ferner die wohl oder übel veränderten Eßgewohnheiten der eingeschlossenen Pariser (»Lied an die Ratte«) und der die Riesenfestung belagernden Deutschen (»Das Lied von der Erbswurst«).[34] Eher makaber wirken dagegen die Anzeigen von Siegesdenkmünzen, »gefertigt aus Granat-Splittern vom Kriegsschauplatze zum ewigen Andenken an das deutsche Volk«.

Wie Julius Stettenheim berichtet, dauerte die Belagerung von Paris »vielen ungeduldigen Patrioten« viel zu lange. In »unzähligen Briefen« verlangten sie daher vom Herausgeber der *Berliner Wespen*, »mit allen satirischen Mitteln darauf [zu] dringen, daß das Bombardement endlich beginne«.[35] Der humoristisch-satirische Publizist entledigte sich dieses Auftrags recht und schlecht. Am 23. Dezember 1870 veröffentlichten die *Wespen* inmitten eines riesigen Lebkuchenherzens folgende »Weihnachts-Depesche vom Kriegs-Schauplatz«:

»Es braus't ein Ruf wie Donnerhall:
Nun kommt es endlich – Knall und Fall,
Nun heißt es nicht mehr, wie es hieß
So oft: Nichts Neues vor Paris!
Lieb Vaterland, magst ruhig sein,
Jetzt bombardiren wir uns 'rein!«

Doch erst am 27. Dezember wurde jene Kruppsche Riesenkanone (vgl. *Abbildung 251*), welche drei Jahre zuvor auf der Pariser Weltausstellung alle Augen auf sich gezogen hatte, in Betrieb gesetzt.[36]

Bomben, Hunger (30 Gramm Pferdefleisch und 300 Gramm Brot pro Tag und pro Kopf), Kälte und politische Unruhen führten schließlich am 28. Januar 1871 zur Unterzeichnung einer Waffenstillstands-Convention. Wiederum unterschieden sich der *Kladderadatsch (Abbildung 261)*, die *Berliner Montags-Zeitung* und die *Berliner Wespen* in ihren Kommentaren vor allem im Ton. Während Julius Stettenheim der leidgeprüften Pariser Bevölkerung trotz aller Siegesfreude zugestand, »Uebermenschliches« ertragen zu haben und Richard Schmidt (oder Adolf Glaßbrenner) erleichtert ausrief: »Der Mensch ist plötzlich wieder – Mensch geworden«, zog der *Kladderadatsch* in deutschen Reimen nach antiker Manier einen hinkenden Vergleich zwischen Troja, Jerusalem und dem 697 durch die Araber zerstörten Karthago:

»Und der Tag ist gekommen – Victoria!
Der Tag, der rächende Tag ist da,
Der die Gallische Riesin zu Boden warf,
Von der Flamme gebändigt, vom Schwert, so scharf!«

Versöhnlich klingt lediglich der nach dem Evangeliumstext formulierte Schlußvers des Ganzen.[37]

Inzwischen war, dank Napoleons III. und seiner »Höllengeister« *(Abbildung 262)*, ferner dank völkerrechtsähnlicher Verträge zwischen dem Norddeutschen Bund und den Südstaaten am 1. Januar 1871 die von Berlins satirischen Propheten vorausgesagte nationale Einheit Wirklichkeit geworden. Die als »Reichsgründungsakt« in die Annalen der Geschichte eingegangene »Kaiserproklamation«, die von dem aus Karls-

Nach dem Waffenstillstand vom 28. Januar 1871 wurden zur Verpflegung der Pariser Bevölkerung deutsche Armee-Rationen geliefert, da Artikel 9 des Vertragstextes die Beschaffung von Lebensmitteln aus den umliegenden, von deutschen Truppen besetzten Gebieten ausdrücklich verboten hatte.
Der *Kladderadatsch* zeigt Bismarck mit dem Rationenbehälter in der Hand. Er spielt die Rolle des Grafen Almaviva aus Mozarts Oper *Figaros Hochzeit*, indem er die stolze Susanne umwirbt, die hier als Lutetia (lateinischer Name von Paris) bezeichnet wird; der Schlüssel zum Stadttor hängt an ihrem Gürtel.
Indem der Zeichner bei der Schilderung einer dramatischen Begebenheit erotische Akzente setzt, versucht er auf diskrete Art, die Lage als entspannt darzustellen.

261 *Kladderadatsch*, Nr. 6 v. 5. 2. 1871
Na endlich!
Holzschnitt von Wilhelm Scholz

Am 1. Januar 1871 trat das Deutsche Reich, obwohl die Zustimmung der Zweiten bayerischen Kammer noch ausstand, »in Kraft«. In des Teufels Küche sieht man Napoleon III. als finsteren Mephisto den Hexenkessel anheizen, worin Deutschlands Verderben zubereitet werden soll. Statt dessen steigt aus dem Schwaden eine Lichtgestalt empor: Wilhelm I. im mittelalterlichen Kaiserornat, Reichsschwert und Reichsapfel in den Händen haltend. Die Verse aus Goethes *Faust*, in denen Mephisto sich selbst definiert, weisen auf die unerwarteten Folgen von Napoleons III. Sturz hin. Der karikaturale Effekt ergibt sich aus dem Gegensatz zwischen den grotesken Teufelsknechten und dem idealisierten preußischen König.

262 *Kladderadatsch*,
Nr. 1 v. 1. 1. 1871
Glück auf zum neuen Jahr!
Holzschnitt von Wilhelm Scholz

ruhe telegraphisch herbeigerufenen Geschichtsmaler Anton von Werner in zwei verschiedenen Kolossalgemälden für die Nachwelt festgehalten wurde, fand dann am Jahrestag der Gründung des preußischen Königtums (1701), am 18. Januar, in der Spiegelgalerie des Versailler Schlosses statt. Bei der Feier zugegen waren zahlreiche Fürsten und Heerführer sowie einige »schwarz befrackte Zivilmenschen« und Journalisten. Durch Fernbleiben fielen auf: die drei Könige von Sachsen, Bayern und Württemberg – sie hatten sich vertreten lassen – und die Repräsentanten der Nation *(Abbildung 263)*. Die von Bismarck »ohne jede Deklamation, aber lebendig und natürlich-ausdrucksvoll« verlesene Kaiserproklamation stellte fest, daß Wilhelm I. – dem »einmütigen Ruf« der deutschen Fürsten und freien Städte folgend – das Deutsche Reich »herstellte« und die seit dem Niedergang des mittelalterlichen Imperiums (1806) ruhende Deutsche Kaiserwürde »erneuerte«. Der Schlußsatz gab dem Prädikat des alten römischen Kaisertums deutscher Nation – *semper augustus* – eine neue Auslegung. Er lautete: »Uns aber und Unseren Nachfolgern an der Kaiserkrone wolle Gott verleihen, Allzeit Mehrer des Deutschen Reichs zu sein, nicht an kriegerischen Eroberungen, sondern an Gütern und Gaben des Friedens auf dem Gebiete nationaler Wohlfahrt, Freiheit und Gesittung.«[38]

Die Wiederherstellung des Deutschen Reichs erfüllte Berlins Satiriker zugleich mit Skepsis und mit Hoffnung. »Unzufrieden« äußerte sich der *Kladderadatsch (Abbildung 264)* über die den Königreichen Bayern und Württemberg zugestandenen Sonderrechte sowie über die zögernde Haltung der bayerischen Abgeordnetenkammer.[39] Die *Berliner Wespen* (Nr. 3) setzten in bezug auf dieses »Medienereignis« andere Akzente. Nachdem sie anfangs recht ironisch die geglückte Reichsgründung »von oben« den fehlgeschlagenen Einigungsversuchen der Paulskirche gegenübergestellt hatten *(Abbildung 265)*, stimmten sie am 20. Januar der Kaiserproklamation in geradezu überschwenglicher Weise zu:

»Du hast gelobt, das Reich zu mehren,
Ein Friedensfürst, an Glück und Heil;
Es sind Dir Deine Schlachtenehren
Um einen grünen Oelzweig feil!
[. . .]
Sei Dir getreu! Wir folgen Alle,
Trägst Du der Freiheit Banner vor, –
So steigt, begrüßt mit Liederschalle,
Ein neuer, lichter Tag empor!«

Berliner Wespen.

Gratulations-Deputation
aus den höchsten Regionen.

Der Sprecher der Deputation: Freut Uns sehr, liebste Germania, daß sie auf ihre alten Tage doch noch einen Mann gefunden hat!

Verlag von B. Brigl in Berlin, Krausenstraße 41. — Druck von R. Gensch & Elsner in Berlin, Kommandantenstr. 7.

Die Proklamation Wilhelms I. zum deutschen Kaiser fand am 18. Januar 1871 in der Spiegelgalerie des Versailler Schlosses statt. Eben dort empfängt Germania, die neue deutsche Nationalfigur, Friedrichs des Großen ironische Glückwünsche zur »Verehelichung« mit seinem Urgroßneffen. Hinter Friedrich II. nähern sich dessen Großvater Friedrich I., Gründer des preußischen Königtums (1701), und Urgroßvater, der Große Kurfürst, Hersteller der brandenburg-preußischen Souveränität (1660). So entsteht der Eindruck, daß die deutsche Einheit Preußens Werk ist und unter Preußens Führung steht. *Im Hintergrund* die *abgekürzte* Inschrift der Versailler Schloßfassade: »Allen Glorien Frankreichs«; an die Stelle des nicht sichtbaren Wortes »Frankreichs« ist wohl »Preußens« zu setzen.

263 *Berliner Wespen,*
Nr. 4 v. 27. 1. 1871
Gratulations-Deputation aus den höchsten Regionen
Holzschnitt von Gustav Heil

Aus den Verträgen zwischen dem Norddeutschen Bund unter Preußens Führung und den Südstaaten ist offiziell am 1. Januar 1871 das Deutsche Reich entstanden. Bayern hatte als Bedingung für den Eintritt in den Reichsverband gewisse Reservatrechte gefordert, so zum Beispiel die Beibehaltung der Militärhoheit im Frieden mit einem eigenen Kriegsminister und Generalstab, ferner die Staatshoheit über Post und Eisenbahn. Auch Württemberg erlangte Sonderregelungen. Allerdings unterstand die württembergische Armee dem preußischen Oberbefehl. Mit Baden und Hessen verliefen die Verhandlungen reibungsloser. Der *Kladderadatsch* war – wie andere liberale Berliner Presseorgane – über die Beeinträchtigung des deutschen Einheitsprinzips wenig erfreut, riet jedoch dazu, über diese Schönheitsfehler des Reichsgründungswerks hinwegzusehen, denn die Krönung des Ganzen, das deutsche Kaisertum, war gesichert.

Finis coronat opus.

Gewisse Dinge bedeckt man gern mit dem (Kaiser-) Mantel der Liebe.

Verantw. Redacteur: In Vertretung: R. Löwenstein in Berlin. — Verlag von A. Hofmann u. Co. in Berlin, Leipzigerstr. 39. — Druck von Eduard Krause in Berlin.

264 *Kladderadatsch*, Nr. 59/60 v. 25. 12. 1870
Finis coronat opus
Holzschnitt von Wilhelm Scholz

Tatsächlich hielten in jenen Kriegsmonaten nicht nur die *Berliner Wespen*, sondern auch der *Kladderadatsch* und die *Berliner Montags-Zeitung* das Banner der »Freiheit« hoch, allerdings ohne diesen schillernden Begriff näher zu bestimmen *(Abbildung 266)*. So reagierten die »Gelehrten« am 2. Oktober 1870 (Nr. 46) mit scharfem Spott auf die Verhaftung des Annexionsgegners Johann Jacoby, welcher auf Veranlassung des Generalgouverneurs der Küstenlande Vogel von Falckenstein verhaftet und nach der Festung Boyen bei Lötzen in Ostpreußen gebracht worden war. Jacoby und der Gutsbesitzer Herbig teilten somit das Schicksal, das den Braunschweiger Ausschuß der Sozialdemokratischen Arbeiterpartei bereits am 9. September ereilt hatte:

»Vom Falkensteiner aber, dem Helden,
Noch späte Sagen singen und melden:
Er fing durch seine Heldenthaten
Jacoby und zwölf Social-Demokraten!«[40]

Der Titel, ein Vers aus Karl Wilhelm Ramlers Fabel *Der Junker und der Bauer*, bedeutet, wenn zwei dasselbe tun, so ist es nicht das gleiche.
Links sieht man den Präsidenten der Frankfurter Nationalversammlung, Eduard Simson, wie er von König Friedrich Wilhelm IV. abgewiesen wurde, als er ihm im Namen der Volksvertretung die Kaiserkrone antrug (vgl. *Abbildung 196*).
Rechts bietet König Ludwig II. (durch Übersendung eines von Bismarck aufgesetzten »Kaiserbriefs«) im Namen aller deutschen Fürsten König Wilhelm I. den Kaisertitel an.
Der bayerische König erhielt für die ihm abgerungene Zustimmung aus dem »Welfenfonds«, der durch die Zinsen des konfiszierten Vermögens Georgs V. gespeist worden war, eine Jahresrente von 100 000 Talern (= 300 000 Goldmark). Sie gestattete ihm, als Mäzen Richard Wagners und als Bauherr viel besuchter Schlösser aufzutreten.

265 *Berliner Wespen*, Nr. 51 v. 16. 12. 1870
Ja Bauer, das ist ganz was Anderes!
Holzschnitt von Gustav Heil

Am konsequentesten wurde der »Kampf im Innern« des »einigen Deutschland« freilich von der *Berliner Montags-Zeitung* geführt. Zwischen dem 26. September (Nr. 39) und dem 21. November (Nr. 47) brachte die Rubrik »Die Wahrheit« dreißig »Depeschen« des »Wirklichen Geheimen Freiheitsraths« Michel. Der Text der 12. Depesche lautete: »Unsere Brüder und Söhne haben Frankreich unschädlich gemacht. Bei uns im Innern ist Joh. Jacoby unschädlich gemacht worden.«[41] Etwa zur gleichen Zeit begann die *Berliner Montags-Zeitung* aufs neue mit der Veröffentlichung von Kurznachrichten aus »Casernopolis« (=Berlin).

Am 26. Februar 1871 wurde in Versailles zwischen Deutschland und Frankreich der Präliminarfrieden geschlossen. Frankreich trat »für ewig« an das Deutsche Reich das

Furcht vor Ansteckung.

Lazarethinspector: Hinaus mit Euch! Gesunde Jungen können wir hier nicht brauchen!

266 *Berliner Wespen*, Nr. 3 v. 20. 1. 1871
Furcht vor Ansteckung
Holzschnitt von Gustav Heil

Eine eigentliche Zensur, wie in den beiden Weltkriegen, fand 1870/71 nicht statt. Allerdings wurde die dem linken Flügel der Deutschen Fortschrittspartei zuneigende, auch von Kronprinz Friedrich Wilhelm gelesene *Volks-Zeitung* ab 26. November 1870 in den Kasernen und die demokratische, den deutschen Annexionsabsichten widerstrebende *Zukunft* ab 1871 in den Lazaretten verboten. Die *Berliner Wespen* nahmen für die beiden »gesunden«, das heißt kritischen Blätter Partei. Die allzu ironische, von Guido Weiß geleitete *Zukunft* stellte allerdings Ende März ihr Erscheinen ein, da sie dem »Zeitgeist« nicht mehr entsprach.

Elsaß (ohne Belfort) sowie Deutsch-Lothringen (mit Metz) ab und verpflichtete sich, innerhalb von drei Jahren eine Kriegsentschädigung von fünf Milliarden Francs (1333,3 Millionen Taler) zu zahlen, deren Tilgung durch eine sich reduzierende Besetzung einzelner Gebietsteile als Pfand gewährleistet wurde. Am 1. März nahm die Nationalversammlung in Bordeaux die Friedenspräliminarien mit 546 gegen 107 Stimmen an *(Abbildung 267)*.
Die antiklerikale *Berliner Montags-Zeitung* bekam, wohl zum Erstaunen mancher Leser, plötzlich religiöse Ambitionen. Die Ausgabe vom 6. März (Nr. 10) enthielt nicht allein einen »Schlußchor der Engel«, sondern darüber hinaus eine »Friedenshymne«. Die *Berliner Wespen* (Nr. 9 vom 3. März) erinnerten das geeinte Deutschland

267 *Berliner Wespen*, Nr. 10 v. 10. 3. 1871
Immer nobel!
Holzschnitt von Gustav Heil

In der Mitte der triumphierende Bismarck in theatralischer Attitüde. Er hat gerade sein Siegesmahl (Vorfrieden) genossen. Frankreichs Außenminister Jules Favre *(links)* und Regierungschef Adolphe Thiers *(rechts)* haben ihn als Kellner bedient und verbeugen sich tief; ein gutes Trinkgeld besteht in der Festung Belfort, die sich nie ergeben hat und als Symbol des französischen Widerstandes gilt. Bismarck hat großzügig darauf verzichtet, dieses Anhängsel des Elsaß zu annektieren.
In Wirklichkeit hatten sich die Dinge etwas anders verhalten. Um zum Abschluß zu gelangen, ließ Bismarck Monsieur Thiers wählen: entweder die Abtretung Belforts oder eine drei Tage dauernde Besetzung von zwei Pariser Bezirken (8. und 16. Arrondissement) durch deutsche Truppen. Der französische Staatsmann entschied sich für Belfort. Der Ausdruck »nobel« steht im Gegensatz zur unterwürfigen Haltung der Franzosen.

an die »heil'ge Pflicht«, nunmehr »mit fester Hand . . . die Freiheit aufzurichten!« Ganz ähnlich äußerte sich der *Kladderadatsch.* Allerdings konnte dieses Blatt nicht umhin, »zum Schluß des Krieges« nochmals all seinen Haß gegen den französischen Ex-Kaiser zu verspritzen:

»Es schweigt die Schlacht, das Morden ist beendet,
Erfüllt hat sich, was wir einst heilig schwuren,
Erfüllt der Fluch auch, den wir einst entsendet,
An IHN und SEINER Willkühr Creaturen.«[42]

Die hoffnungsvolle Annahme, daß nunmehr die »vor acht Monden« ausgezogenen Truppen unverzüglich »zum alten Tagwerk« zurückkehren würden, erwies sich als trügerisch.[43] Die am 28. März in Brüssel eröffnete Konferenz über die Modalitäten der in den Friedenspräliminarien festgelegten Abmachungen scheiterte. Erst als Bismarck in Frankfurt am Main den »gordischen Knoten« selbst durchhieb, kam es am 10. Mai 1871 zum definitiven Friedensschluß *(Abbildung 268).* Die Lage hatte sich durch den am 18. März ausgebrochenen französischen Bürgerkrieg kompliziert, dessen »großer Nutznießer« das »Deutschland Bismarcks« war.[44] Im Gegensatz zur Berliner Tagespresse, welche sich mit der einen oder anderen Forderung der Communarden ernsthaft auseinandersetzte,[45] verhielten sich die politischen Witzblätter ausnahmslos ablehnend *(Abbildung 269).* Unterschiede bestanden allenfalls in der Intensität der Thematisierung. Weit an der Spitze marschierte – wen mag es wundern? – der *Kladderadatsch.* Er verglich Paris mit einer »fessellosen Bestie« beziehungsweise mit einer Stadt, über welche »die Sündflut« hereingebrochen sei.[46] Infolgedessen bezweifelte er bereits am 2. April (Nr. 16), daß der nach Versailles geflüchtete Chef der Exekutive Adolphe Thiers genügend Kraft besäße, die »wilden, fessellos empörten Geister«, die »Schaar von Mördern und von Räubern« zu bezwingen. Das Leitgedicht vom 23. April (Nr. 19) trug den Titel »Aus der ›Hölle‹ von Dante junior«; der vorletzte der fünfzehn Verse verkündete:

»Du Volk des Brudermordes und der Schande!
Die Völker, die vor deines Namens Klange
Erzitternd, einst getragen deine Bande –

Sie sollen spotten dein in Red' und Sange;
Kein Klagelied soll deinem Sturz erschallen!
Du bist, o Volk, geweiht dem Untergange –.«

Während der »Blutwoche« (21. bis 28. Mai) veröffentlichte der *Kladderadatsch* (Nr. 24/25 vom 28. Mai) dann eine jener durch die Übersteigerung der Anklage auf den Betrachter wirkenden Zeichnungen von Wilhelm Scholz *(Abbildung 270),*[47] die wohl kaum noch dem Genre Karikatur zuzurechnen sind. Das Leitgedicht derselben Ausgabe wandte sich mit folgenden Worten an »Lutetia«:

Friedens-Mumm.

Wie der Fürst von Bismarck als „Friedensengel" mit den Friedensinstrumenten frisch von Frankfurt kommt.

268 *Kladderadatsch*, Nr. 23 v. 21. 5. 1871
Friedens-Mumm
Holzschnitt von Wilhelm Scholz

Am 10. Mai 1871 wurde in Frankfurt zwischen Bismarck und dem französischen Außenminister Jules Favre der endgültige Friedensvertrag unterzeichnet, der nach langem Hin und Her einzelne Bestimmungen des Präliminarfriedens präzisierte und ergänzte. Die »Friedensinstrumente« (= Ratifizierungsurkunden) wurden am 20. Mai, gleichfalls in Frankfurt, ausgetauscht.
In Berlin hatte sich die öffentliche Meinung auf langwierige Verhandlungen gefaßt gemacht und war nun über den raschen Abschluß sehr erfreut. Daher konnte der *Kladderadatsch* den Kanzler als emporschnellenden Champagnerkorken darstellen (übrigens für die Firma Mumm aus Reims eine willkommene Werbung). Die Kriegskontribution von fünf Milliarden Goldfranken führt der »Engel« Bismarck im Geldsack mit sich. Frankfurt war zum Konferenzort bestimmt worden, um die 1866 brutal annektierte Bevölkerung mit Preußen zu versöhnen, was nur teilweise gelungen ist.

Nach 72 Tagen Bürgerkrieg (18. März bis 28. Mai 1871) ist die Pariser Commune zusammengebrochen. In der letzten Woche sind von den Insurgenten das Rathaus, der Tuilerienpalast, der Justizpalast und zahlreiche andere öffentliche Gebäude sowie hunderte von Privathäusern angezündet worden. Ein Communarde namens Prosper Lissagaray sagte dazu: »Dieses Volk wollte lieber in den Trümmern von Paris untergehen, als seine Stadt grausamen Despoten überlassen.«
Die *Berliner Wespen* sind anderer Meinung: Das aufständische Pariser Proletariat und Kleinbürgertum wird mit Kaiser Nero, der Rom im Jahr 64 in Brand gesetzt, und mit dem Hunnenkönig Attila, der im 5. Jahrhundert zahlreiche Städte Galliens zerstört hatte, in einem Atemzug genannt.

269 *Berliner Wespen*, Nr. 22 v. 2. 6. 1871
Tres faciunt collegium
[Drei bilden eine Gemeinschaft]
Holzschnitt von Gustav Heil

»Stumm stehn, die du Barbaren gescholten einst,
Und schauen stolzen Blickes, doch mitleidsvoll
Dein Wüthen an und deiner Führer.«

Kurz darauf, als sich Berlin am 16. Juni zum drittenmal innerhalb von acht Jahren (1864, 1866, 1871) zu einem Siegeseinzug schmückte *(Abbildung 271)*, war der Deutsch-Französische Krieg auch für den *Kladderadatsch* ein abgeschlossenes Kapitel. Das auf der Titelseite der umrankten »Einzugs-Fest-Nummer« erschienene, aus achtzehn Vierzeilern bestehende Gelegenheitsgedicht endete mit den Worten, die den damaligen Leser an Ludwig XIV. und den heutigen an das Dritte Reich erinnern:

»Ein Heer, ein Volk, ein Reich – Hurrah!
Deutschland in einem Namen
Geeint – Hurrah Germania!
Und so soll's bleiben! Amen!«[48]

Thiers (auf den Trümmern von Paris.) **Nun bin ich wirklich neugierig, für wen ich eigentlich Paris erobert habe!**

270 *Kladderadatsch*, Nr. 24/25 v. 28. 5. 1871
Eine Frage an das Schicksal
Holzschnitt von Wilhelm Scholz

Während der »Pariser Blutwoche« vom 21. zum 28. Mai wurde die Hauptstadt von den aus Versailles anrückenden Truppen der Regierung Thiers unter grausamen Kämpfen besetzt. Etwa 25 000 »Communarden« fielen oder sind standrechtlich erschossen worden. Von den 40 000 Gefangenen wurden viele in überseeische Straflager deportiert. Das eindrucksvolle Bild zeigt den am 17. Februar 1871 zum »Chef der Exekutive« proklamierten Adolphe Thiers, wie er auf die inmitten der Trümmer herumirrenden Ratten blickt. Die auf Anordnung des Communerates am 16. Mai umgestürzte Vendôme-Säule liegt mitsamt der dazugehörigen Statue Napoleons I. zu seinen Füßen. Wilhelm Scholz erfaßt hier die Tragik Frankreichs in der Art Honoré Daumiers, der damals für die Pariser satirische Tageszeitung *Le Charivari* gezeichnet hat.

Am 16. Juni 1871 fand der feierliche Einzug der siegreichen Truppen durch das Brandenburger Tor statt. Der *Kladderadatsch* stellt – wie so manche Berliner Tageszeitung – eine Gedankenverbindung her zwischen Berlin und dem Rom der Antike. Nach der römischen Tradition hätten die Besiegten den Vorspann der Sieger bilden müssen. Es sind *(von links nach rechts)* Emile Ollivier, der im Juli 1870 als französischer Regierungschef »leichten Herzens« den Krieg erklärt hatte, dann das abgesetzte Kaiserpaar Napoleon III. und Eugenie, endlich der Kriegsminister, Marschall Edmond Leboeuf, der bei Ausbruch der Feindseligkeiten erklärt hatte: »Wir sind erzbereit; es fehlt auch nicht ein Gamaschenknopf«.

271 *Kladderadatsch,* Nr. 29/30 v. 25. 6. 1871
Paralipomena zu den Einzugsfeierlichkeiten am 16. Juni
Holzschnitt von Wilhelm Scholz

Fünftes Kapitel Deutsche Zeit- und Streitfragen: Der innenpolitische Vielfrontenkrieg (1871–1890)

»Die äußern Gegner sind wir los,
Auf Lorbeern pfropften wir die Palmen;
Doch dann erst sind wir stark und groß,
Wenn wir den innern Feind zermalmen!«

(Berliner Montags-Zeitung)[1]

Anläßlich des mit Pomp gefeierten zwanzigsten Jahrestags der Kapitulation Napoleons III., am 2. September 1890, veröffentlichte Richard Schmidt-Cabanis in der illustrierten Wochenbeilage des *Berliner Tageblatts*, *Ulk* (knapp 70 000 Exemplare), ein der Antike nachempfundenes Gedicht, das zehn Jahre früher ein erstes Mal in der *Berliner Montags-Zeitung* erschienen war:

»Schmücke festlich das Haus mit Siegstrophäen,
Um den ragenden Leib die Prunkgewande
Gürte, flicht in das Haar den Ruhmeslorbeer,
Hehre Germania!

Feire heute des großen Tages Rückkehr,
Da den dräuenden Feind Dein Schwert bezwungen
Und aus edelstem Blut Dir neu die Eiche
Sproßte der Einheit!

Aber morgen in Sack und Asche schließ' in's
Stille Kämmerlein Dich, und sinn' und sorge,
Wie Du schlichtest mit sicherer Hand Dein schweres
Inneres Sedan!«[2]

Das Jahrzehnt der Reichsgründung war die Zeit jener Nationaldenkmäler, die der damaligen deutschen Bildhauerkunst das spöttische Beiwort »kolossal« eingetragen haben. Nach der Einweihung des Hermannsstandbilds im Teutoburger Wald (1875) wurde am 28. September 1883 auf dem Niederwald, gegenüber von Bingen, eine zwölf Meter hohe Germaniagestalt enthüllt, die auf einem fast 20 Meter hohen Sockel steht. Eine von zwei Anarchisten geplante Dynamitexplosion schlug fehl wegen des strömenden Regens. Beide Attentäter wurden hingerichtet. Der Zeichner stellt – ohne jede karikaturale Absicht – das Denkmal als Prunkstück offizieller Kunst dar, umgeben von den allegorischen Gestalten des Krieges und des Friedens. Der Witz des Ganzen liegt in der Unterschrift. Urtext dazu ist »Lieb Vaterland, magst ruhig sein«, der Refrain von Max Schneckenburgers patriotischem Lied »Die Wacht am Rhein« (1840). Unter dem Relief des Niederwalddenkmals wurden die Strophen dieses Liedes auf Granitplatten angebracht. Der aktuelle Bezug ist eine Anspielung auf Frankreichs angebliche Kriegsgelüste.

272 *Berliner Wespen*, Nr. 39 v. 28. 9. 1883
Am Niederwald-Denkmal
Holzschnitt von Gustav Heil

Nach 1870/71 wurde die Germania auf unzähligen Denkmälern *(Abbildung 272)* und Illustrationen als offizielles Symbol des deutschen Nationalstaats dargestellt sowie in mehr oder weniger gelungenen Dichtwerken besungen.[3] Daß der äußere Sieg über den »Erbfeind« nicht durch einen inneren über Zwietracht und Unfreiheit gekrönt worden war, geht aus dem damals von allen Lesern verstandenen Sprachbild »inneres Sedan« hervor. Die Enttäuschung des Berliner Satirikers Schmidt-Cabanis über die innenpolitische Fehlentwicklung des Bismarckreichs hatte ein anderer skeptischer Zeitgenosse, Friedrich Nietzsche, 1873 im »Ersten Stück« seiner *Unzeitgemäßen Betrachtungen* gewissermaßen vorweggenommen. Er schrieb: »Ein großer Sieg ist eine große Gefahr. Die menschliche Natur erträgt ihn schwerer als eine Niederlage . . .«[4]

Inwieweit die Berliner Satiriker und Karikaturisten in ihrer Eigenschaft als Publizisten, das heißt als »Politiker« der Schrift und des Bildes[5] nach 1871 den Geist beziehungsweise Ungeist der Bismarckzeit erfaßten, vermittelten, kommentierten und selbst prägten, sei nun im Hinblick auf die wichtigsten innenpolitischen Krisenherde des Kaiserreichs gezeigt.[6]

Höhepunkt und Verfall der liberalen Ära (1871–1877)

Die ersten Jahre nach der Reichsgründung standen ganz im Zeichen des Zweckbündnisses, das der Zauberlehrling Otto von Bismarck (Lothar Gall)[7] nach 1866 mit den Nationalliberalen eingegangen war. Letztere befanden sich in der ersten und zweiten Legislaturperiode des Deutschen Reichstags (1871–1877) mit einem Mandatsanteil von bis zu 39 Prozent auf der Höhe ihrer Macht. Gemeinsam mit den übrigen liberalen Abgeordneten, insbesondere den Vertretern der Deutschen Fortschrittspartei, besaßen sie von 1871–1877 die absolute Mehrheit. Ähnlich günstig lagen die Verhältnisse im preußischen Abgeordnetenhaus.[8]

In jener kurzen liberalen Ära des deutschen Kaiserreichs kommt den maßgebenden satirischen Wochenblättern Berlins, die »bis in hohe Regionen hinauf in das deutsche Volk hineingeschleudert«[9] wurden, zweifelsohne eine besondere Bedeutung zu, denn kaum eine andere Quelle gewährt einen so guten Überblick über vorherrschende und sich verändernde Mentalitäten.[10]

1. Krieg der Vernunft gegen das Pfaffentum: Liberale Satiriker und Karikaturisten als Bismarcks Alliierte im Kulturkampf

Bis 1864 waren antiklerikale Beiträge in der Berliner satirischen Presse kaum von Belang. Erst als das Oberhaupt der katholischen Kirche, Papst Pius IX., am 8. Dezember »wenn auch nicht gerade in jedem Punkte, doch im allgemeinen das System der modernen Anschauungen und Lehren, die in die Überzeugung des lebenden Menschengeschlechts übergegangen sind« (Leopold von Ranke) als »Irrtümer der Zeit« (*Syllabus errorum*) verwarf, mehrten sich die Beiträge.[11]
Nach der im September 1868 an die katholischen und evangelischen Bischöfe ergangenen Einladung zum I. Vatikanischen Konzil nahmen die Attacken gegen den »Papismus« und »Jesuitismus« weiter zu. So brachte der *Kladderadatsch* (Nr. 48) am 18. Oktober eine Karikatur, auf der Martin Luther die schriftliche Aufforderung, »in den allein-seligmachenden Schooß« der Kirche zurückzukehren, zugleich mit dem Verzeichnis der verbotenen Bücher (Index), dem Syllabus und der Enzyklika den Flammen übergab.[12]
Das beherrschende Thema des vom 8. Dezember 1869 bis zum 20. Oktober 1870 tagenden oekumenischen Konzils war jedoch weniger der *Syllabus* als die Frage, ob das »unfehlbare« Lehramt des römischen Papstes in Angelegenheiten des Glaubens und der Sitte zum Dogma erhoben werden sollte oder nicht. Nach leidenschaftlichen Auseinandersetzungen und dem Auszug der Gegner wurde das Infallibilitätsdogma am 18. Juli 1870, also einen Tag vor der französischen Kriegserklärung, von 531 der 533 Abstimmungsteilnehmer angenommen.
Der *Kladderadatsch* widmete der »heiligen Rauf-Cumpanei«, dem Konzil, und dem »heiligen ... Geist- und Wissenschaft-Umkehrer«, dem Papst, zwischen Dezember 1869 und Juli 1870 knapp zwanzig kleinere und größere Karikaturen, elf Titel- und eine Vielzahl sonstiger ironisch-satirischer Beiträge. Als Beispiel seiner innersten Überzeugung sei hier das Gedicht »Syllabus Syllaborum Serenissimi Patris Kladderadatschii« zitiert:

»So Einer sollte zu behaupten wagen
In gegenwärt'gen oder künft'gen Tagen,
Daß aller Fehl' und alles Irrthums frei,
Mit einem Wort, daß er unfehlbar sei;
Wer Solches spräch', ja, wer's auch nur gedacht –
Der sei verlacht!
[...]

So Einer sich vermißt, zum Heil der Seelen
Wahrheit zu künden nicht, nein, zu befehlen,
Und Alle, die nicht folgen seinem Zwang,
Durch Richterspruch und äuß'rer Strafen Drang
Zu zücht'gen – der – trotz Pomp und Flitterpracht –
Der sei verlacht!
[. . .]
So Einer sich erkühnt, des Staates Rechte,
Die ewig von Geschlecht sich zu Geschlechte
Forterben als der Menschheit heilig Pfand,
Zu höhnen nur als eitel Lug und Tand,
Trüg' nicht von Ihm zu Lehn der Staat die Macht –
Der sei verlacht!«[13]

Auch die von zwei Freimaurern und Voltairianern, Adolf Glaßbrenner und Richard Schmidt-Cabanis, redigierte *Berliner Montags-Zeitung* meldete sich während der Unfehlbarkeitsdebatte wiederholt zu Wort. Ihr Credo lautete:

»*Mein* heil'ger *Glaube* ist, unheil'ge Pfaffenzunft,
Daß endlich Euch besiegt die heilige *Vernunft*.«[14]

In den *Berliner Wespen* trank sich Muckenich am 12. Dezember 1869 einen »Infallibilitäts-Rausch« an. Nach der Verkündung des Dogmas schuf Julius Stettenheim eine neue humoristische Rubrik: »Vorletzte«, »Letzte« oder »Noch einige Fragen an den Unfehlbaren«.[15]

Der Umschlag von Gelächter in gehässige Satire mit dem Ziel, den Gegner zu vernichten, erfolgte im Herbst/Winter 1870/71. Am 20. September 1870 wurde Rom von italienischen Truppen besetzt und – nach der Eingliederung in das Gesamtkönigreich – zur Hauptstadt erhoben. Pius IX., der anfangs sogar an ein Exil in Deutschland gedacht zu haben schien, erklärte sich zum Gefangenen im Vatikan; nach über tausendjähriger Lebensdauer hörte der Kirchenstaat auf zu existieren.

Der *Kladderadatsch* (Nr. 47) frohlockte am 9. Oktober:

»So ohne Sang und Klang, mit einem Schlag
Ward all' die alte Herrlichkeit zunichte;
Und offenbaret ward an einem Tag
Als Weltgericht an ihm die Weltgeschichte.«

Am 13. Dezember 1870 kam es dann als Reaktion auf eine Reaktion, nämlich als Antwort auf die gegen das Konzil gerichtete Agitation der Liberalen, im preußischen Abgeordnetenhaus zur Neubildung der 1867 aufgelösten katholischen Fraktion des »Centrums«. Zu den 48 Gründungsmitgliedern gehörten der Obertribunalrat Peter Reichensperger, Karl Friedrich von Savigny, der Sohn des berühmten Rechtsgelehrten Friedrich Karl von Savigny, sowie die »Perle von Meppen«, der nach seinem

Wahlkreis benannte ehemalige hannoveraner Justizminister Ludwig Windthorst. Fast gleichzeitig wurde unter dem vielversprechenden Titel *Germania* Berlins erste katholische Tageszeitung gegründet, die seit dem 1. Januar 1871 (bis 1938) regelmäßig erschien.[16]

Die ersten massiven Angriffe auf die »Ultramontanen« als Befehlsempfänger des Papstes »ultra montes« (= jenseits der Berge) erfolgten unmittelbar vor und nach dem Eintritt Bayerns in das Deutsche Reich.

Am 22. Januar 1871 polemisierte der *Kladderadatsch* (Nr. 4) gegen die »erneuerte Macht« der »Herrschaft der Kutten«. Eine Woche darauf versuchten die »Gelehrten«, Bismarck aus seiner bisherigen Zurückhaltung und Neutralität[17] herauszulocken:

»Ob auch im Feld, durch ihrer Helden Blut
Geeint, der Deutschen Stämme Banner wehten –
Auch fürder nagen wird die gift'ge Brut
Die schönste Frucht auf Deutschlands Friedensbeeten,
So lang' den Mächt'gen selbst noch fehlt der Muth,
Das giftgeschwoll'ne Haupt ihr zu zertreten.
Noch frißt der Röm'sche Wurm an Deutschlands Eiche;
Tilgt ihn! Und dann – Hurrah dem Deutschen Reiche!«

Die am 30. Januar ausgegebene *Berliner Montags-Zeitung* (Nr. 5) verwendete eine ähnlich bildhafte Sprache wie der oben zitierte »Trendsetter« *Kladderadatsch*:

»Nun gilt's, des Reiches Leib zu schützen
Vor miasmat'schen, faulen Winden;
Von Würmern, die in tausend Ritzen,
In Schlössern und in Kutten sitzen,
Germania, Dich zu entbinden.«

Als das Zentrum dann sogar bei den ersten gesamtdeutschen Wahlen seit 1848 mit 58 Abgeordneten und 5 Hospitanten einen höheren Mandatsanteil (16,5 Prozent) als die in Berlin vorherrschende Deutsche Fortschrittspartei (12 Prozent) erhielt, gab es für die satirischen Vertreter der Reichshauptstadt kein Halten mehr. Am 12. März 1871 überschrieb der *Kladderadatsch* (Nr. 12), dessen leitender Redakteur, der Ex-Theologe Ernst Dohm, 1867 zweimal wegen Verspottung der katholischen Kirche zu einer Gefängnisstrafe verurteilt worden war, sein Titelgedicht: »Kein Frieden!« Die dritte und vierte Strophe seien hier als typisches Beispiel einer auf die Antike zurückgreifenden kämpferischen Wortsatire zitiert:

»Zum Krieg, zum Krieg ruf' ich der Helfer Schaar:
Schwört es beim heil'gen Spinngeräth der Parzen,
Hell muß es werden, wo es dunkel war,
Wir müssen noch in diesem Jahr
Aufräumen mit dem Heer der Schwarzen.

Kein Frieden mit dem schleichenden Gezücht,
Kein Frieden mit dem Hochmuth der Bornirten!
Greift an, greift an! durch Finsterniß zum Licht!
Die Feinde sind so schrecklich nicht –
Wir haben Pallas zur Alliirten.«

Auch die *Berliner Wespen* und die *Berliner Montags-Zeitung* fällten die satirische Lanze zur Attacke. Stettenheim befaßte sich mit dem Wahlergebnis in drei Nummern. Er bezeichnete die »Parthei der Klerikalen« als »ein höchst merkwürdiges Stück aus dem Mittelalter« und rief infolgedessen aus:

»Der Feind! In schwarzen Massen
Rückt er schon schleichend an,
Den müßt Ihr furchtlos fassen!
An die Gewehre! Rrrran!
Vorwärts! Auf daß er weiche,
Der schon sich nistet ein, –
Die Wacht im Deutschen Reiche,
Sie folge der Wacht am Rhein!«

Die in derselben Ausgabe (Nr. 11) erschienene Karikatur knüpfte an das Leitgedicht an; in satirischer Umkehrung lautete die Überschrift »Die Nacht am Rhein« *(Abbildung 273)*.[18]

Was endlich die *Berliner Montags-Zeitung* anbelangt, so parodierte sie (Nr. 13) am 27. März das wohl bekannteste Lied aus der Zeit der Freiheitskriege: »Lützows wilde Jagd« von Theodor Körner:

»Was dämmert dort hinten im Sonnenschein
Bei der Wasserkatz mächtigem Brausen?
Es wälzt sich zum Sitzungssaale herein,
Es erfüllet die Rechte in dunklen Reihn
Und die Linke – erfüllt es mit Grausen.
Und wenn ihr die schwarzen Gesellen fragt:
Das ist Roma's fromme reichstägliche Jagd!«[19]

Zunächst einmal stand die konfessionelle Fraktion, »eine der ungeheuerlichsten Erscheinungen auf politischem Gebiete« (Bismarck),[20] Linken wie Rechten gegenüber. Bereits am 30. März, anläßlich der Abfassung einer gemeinsamen Erwiderung auf die kaiserliche Thronrede, kam es zum Eklat. Die Forderung des Zentrums, in dieser »Adresse« die Möglichkeit einer deutschen Intervention zugunsten des Papstes nicht auszuschließen, wurde von den übrigen Abgeordneten abgelehnt.

Die konservativ-liberale Koalition gegen das Zentrum wiederholte sich, als Peter Reichensperger am 1. April den Antrag stellte, sechs »zum Heil der Kirche« ausgewählte Artikel des preußischen Grundrechtskatalogs – die Presse-, Rede- und Versammlungsfreiheit (Art. 27 bis 30), die Freiheit des religiösen Bekenntnisses (Art. 12) und die kirchliche Autonomie in inneren Angelegenheiten (Art. 15) – in die Reichsverfassung aufzunehmen.[21]

Aus Furcht vor einem neuen »Verfassungskonflikt« ließen die Liberalen die Gelegenheit verstreichen, nun ihrerseits auf eine Erweiterung der Grundrechte im Sinn der Paulskirchenverfassung zu drängen. Eine satirische Beleuchtung ihres inkonsequenten Verhaltens findet sich allenfalls in den *Berliner Wespen*:

»Die Einen wollten uns nimmer, weil uns die Andern gewollt,
Und diese wollten uns haben, nur weil uns Jene nicht hold,
Da schlichen wir wieder, wir Armen, enttäuscht und trostlos bei Seit',
Die Aschenbrödel der großen, gewalt'gen Vergangenheit.«[22]

Aus dem Wahllokal tritt eine lange Priesterprozession hervor. Die Liedüberschrift »Wacht am Rhein« wird in ihr Gegenteil verkehrt. Die »Nacht« des Pfaffentums bricht an, besonders »am Rhein«, in den katholischen Landesteilen. Die *Berliner Wespen* fragen sich und ihre Leser, ob unter diesen Umständen unser »Lieb Vaterland« noch ruhig sein kann, wie es der Refrain des eine Ersatz-Nationalhymne bildenden Liedes versichert. Die Zentrumspartei wird erst eine Kampfposition beziehen, dann eine politische Schlüsselstellung einnehmen. Die *Berliner Wespen* sehen diese Entwicklung voraus.

Die Nacht am Rhein.

Lieb Vaterland, magst ruhig sein???

273 *Berliner Wespen*, Nr. 11 v. 17. 3. 1871
Die Nacht am Rhein
Holzschnitt von Gustav Heil

Die infolge der »Selbstverleugnung des Reichstags« *(National-Zeitung)* am 14. April 1871 in dritter Lesung mit allen gegen sieben Stimmen angenommene Verfassung des Deutschen Kaiserreichs war ganz auf die Persönlichkeit Bismarcks zugeschnitten. In seiner Schlüsselposition als Reichskanzler, preußischer Ministerpräsident und Außenminister beherrschte Bismarck sowohl die Reichsbehörden, an deren Spitze weisungsgebundene Staatssekretäre standen, den föderalistischen Bundesrat, in dem die preußische Hegemonie gesichert war, und das preußische Staatsministerium, in dem Bismarck den Vorsitz führte. Was schließlich das demokratische Element, den Reichstag, anbelangte, so konnte er bei zu großer Unbotmäßigkeit kurzerhand aufgelöst werden.

Wie die *Vossische Zeitung* (Nr. 87) am 5. April 1871 richtig vorausgesagt hatte, erblickte Bismarck in dem oben geschilderten parlamentarischen Début des Zentrums eine »feindliche« und »aggressive« Tendenz gegen die Reichsregierung. Diese könne sich nunmehr um wirksamer Abwehr willen dazu genötigt sehen, »auch ihrerseits aggressiv gegen die Partei aufzutreten«.[23] Dennoch zögerte der Staatsmann, die »vom Standpunkt konservativer Regierungspolitik durchaus geschätzte katholische Kirche« anzugreifen.[24] Daher ermahnte der *Kladderadatsch* (Nr. 27) die »Herren Staats-Doctores« am 11. Juni ein weiteres Mal, »ohne Bangen und Zagen« den Kampf gegen »die schwarze Schaar« zu wagen:

»Heut schmiedet das Eisen, da es noch warm!
[. . .]
Durch Zaudern gingt ihr zu Grunde!«

Zufall oder nicht, am 22. und 28. Juni 1871 erschienen in der konservativen *Kreuz-Zeitung* (Nr. 142 und 147) zwei auf Bismarck zurückgehende Artikel, in denen das Zentrum bei gleichzeitiger Androhung von Gegenmaßnahmen beschuldigt wurde, »unter dem Deckmantel der Religion den römischen Keil in das deutsche Fleisch zu treiben«. Zehn Tage später, am 8. Juli, wurde die unter Friedrich Wilhelm IV. im Jahr 1841 eingerichtete katholische Abteilung des preußischen Kultusministeriums aufgelöst.[25]

Freilich war der *Kladderadatsch* mit diesem ersten Schritt keineswegs zufrieden. Anläßlich des ersten Jahrestags der deutschen Siege bei Wörth (6. August) und Sedan (2. September) gab er seinen Leitgedichten und Karikaturen so bezeichnende Titel wie »Zum letzten Kampf!« oder »Gegen die Schwarzen«.[26] Im Oktober machten sich der *Kladderadatsch* und die *Berliner Montags-Zeitung* die Beschlüsse des Deutschen Protestantentags[27] zu eigen. Sie gipfelten in dem Ausruf des Heidelberger Staatsrechtlers Johann Kaspar Bluntschli: »Fort mit den Jesuiten!« Hier die »Resolution« der »Gelehrten«, die sich als ehemalige 48er sehr wohl an die beabsichtigte Verbannung der Jesuiten durch die Frankfurter Nationalversammlung erinnerten:

»Das schwarze Nachtgevögel muß verschwinden
Vor des Jahrhunderts hellem Wissenslicht;
Denn vor der Wahrheit zürnendem Gericht
Zerstiebt der Lüge Schwarm nach allen Winden.
[...]
In Reih' und Glied, eh sie zum Kampf sich schaarten!
Seit Monden stoß' ich mahnend in das Horn.
Zertreten könnt ihr das Gewürm im Zorn,
Doch blast ihr's nimmer fort mit – Redensarten!«

In der *Berliner Montags-Zeitung* liest sich das so:

»Fort mit dem Ordensbunde,
Daß Keiner mit giftigem Munde
Die Deutsche Kultur belecke;
Das Mittel heil'gen die Zwecke!«

Auf den fiktiven Einwand, »der alte Fritz« hätte doch die Jesuiten in seinem Staat »gelitten«, antworteten die *Berliner Wespen*:

»Da hatte noch kein Syllabus
Vernunft und Freiheit geächtet;
Noch hatte kein Concilsbeschluß
Den Menschengeist geknechtet.«[28]

Im publizistischen Krieg gegen die »Römlinge« war den Berliner Politwitzblättern jeder Verbündete recht. So feierten die *Berliner Wespen* (Nr. 15) und der *Kladderadatsch* (Nr. 18) am 14. und 16. April 1871 den wegen Nichtanerkennung der Konzilsbeschlüsse exkommunizierten Münchner Universitätsprofessor Ignaz von Döllinger als »großen Deutschen« beziehungsweise »wackren Freiheitsstreiter«: »Kühn führt' er aus, was Luther kühn begann!« Ebenso positiv standen diese Vertreter der Berliner Presse der von München ausgehenden Bewegung des Altkatholizismus gegenüber.[29]
Daß das katholische Bayern in der Auseinandersetzung um die »Staatsgefährlichkeit« des neuen Dogmas eine Schlüsselposition einnahm, ist bekannt. So ging namentlich der am 10. Dezember 1871 als ein »Bollwerk« gegen Rom in das Strafgesetzbuch eingeführte »Kanzelparagraph« *(Abbildung 274)* auf einen Vorschlag des liberalen Kultusministers Johann Lutz zurück.[30]
Wohl kaum ein Gesetz hat die Zeitgenossen stärker erregt, als das am 4. Juli 1872 im ganzen Reich rechtskräftig gewordene Verbot des Ordens der Gesellschaft Jesu. Knapp 1400 Bittschriften, die von Versammlungen katholischer Gemeinden und Volksvereinen ausgegangen waren, wendeten sich gegen ein solches Verbot. Die Gegner des Jesuitenordens äußerten sich in Massenzuschriften an den Deutschen Reichstag und hatten »die Großmacht des neunzehnten Jahrhunderts«, die Presse, »vom ›Kladderadatsch‹ und ähnlichen Blättern an«[31] fast ausnahmslos auf ihrer Seite.

Was den oben erwähnten *Kladderadatsch* anbelangt, so fühlte er sich im Frühjahr 1872 gleich zu einer doppelten Beraterfunktion berufen. Als die Petitionen im Reichstag zur Debatte standen, forderte das Blatt (Nr. 22/23 vom 19. Mai) den unter der Last der Jesuiten in die Knie gegangenen deutschen Michel auf, die selbst dem Teufel widerlichen Passagiere abzuschütteln. Als zweites Beispiel der Dämonisierung sei eine sechs Wochen später (Nr. 29/30 vom 30. Juni) erschienene Szene im Teutoburger Wald erwähnt. Im Hintergrund dräut Hermann der Cherusker, dessen »deutscher Schwertschlag schon vor Zeiten über Rom den Sieg errang« *(Berliner Montags-Zeitung)*; im Vordergrund stochert der vom Kladderadatsch in Menschengestalt begleitete dreihaarige Bismarck in einem Haufen Ungeziefer (= Jesuiten) herum, das der deutschen Eiche (= Germania) bereits sichtbaren Schaden zugefügt hatte *(Abbildung 275)*.

Überschrift und Legende dieser ebenso symbolträchtigen wie aggressiven Karikatur lassen den Eingeweihten allerdings darauf schließen, daß die Idee an die Redaktion von außen herangetragen worden war.[32]

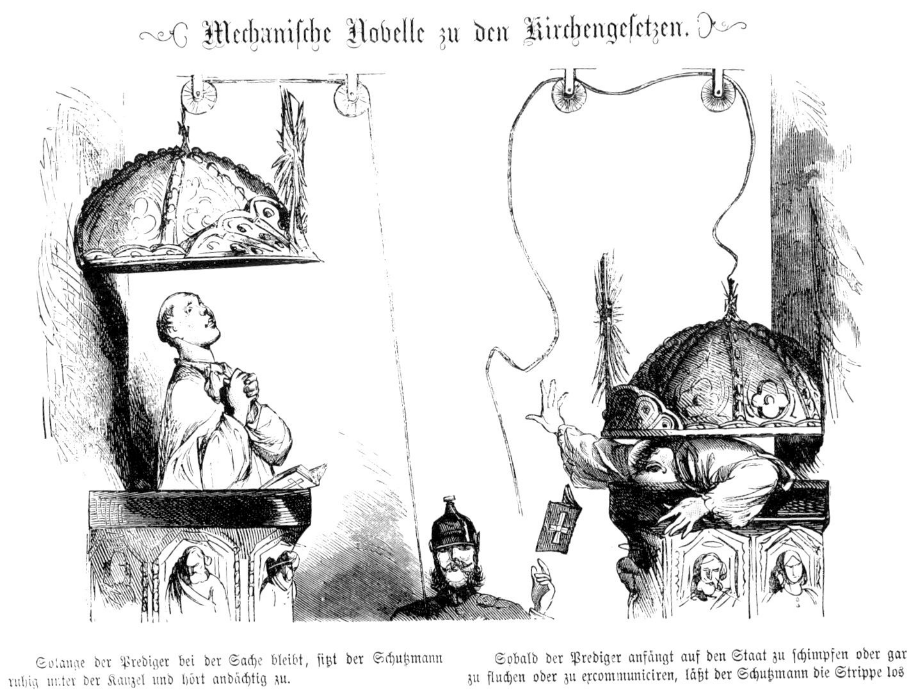

274 *Kladderadatsch*, Nr. 44 v. 27. 9. 1874
Mechanische Novelle zu den Kirchengesetzen
Holzschnitt von Wilhelm Scholz

Mit der »mechanischen« Novelle (das heißt Gesetzeskorrektur) ist eine vom *Kladderadatsch* in Vorschlag gebrachte »technische« Vervollkommnung des als Kanzelparagraph berühmt gewordenen, zu Beginn des Kulturkampfes eingeführten § 130a des Reichstrafgesetzbuchs gemeint. Mit Hilfe dieses Textes aus dem Jahr 1871 konnten Geistliche bestraft werden, wenn sie von der Kanzel herab »Angelegenheiten des Staates in einer den öffentlichen Frieden gefährdenden Weise« erörterten. 1876 wurde der »Kanzelparagraph« auf die Verbreitung von Schriftstücken ausgedehnt. 1953 wurde er aufgehoben.

Der Karikaturist setzt Überlegungen zeichnerisch um, die während der heißen Phase des Kulturkampfes von Bismarcks engsten Mitarbeitern angestellt wurden.
Daß sich der personifizierte Kladderadatsch die Alternative »Radical, nicht palliativ [schmerzlindernd]« ebenfalls zu eigen gemacht hatte, deutet seine Funktion als Ratgeber des Kanzlers an.

275 *Kladderadatsch*, Nr. 29/30 v. 30. 6. 1872
Radical, nicht palliativ
Holzschnitt von Wilhelm Scholz

Angesichts der »stark strömenden Tagesmeinung« geriet so mancher liberale Volksvertreter wegen der Mittel und Wege der Jesuitenbekämpfung in schwere Gewissensnot. Mehrere Abgeordnete blieben der Schlußabstimmung (19. Juni) fern. Einige wenige verwarfen aus überzeugtem Rechtsempfinden ein Ausnahmegesetz »mit dem ganzen Odium, direkt gegen eine bestimmte Klasse von Personen gerichtet zu sein«.[33] Zu ihnen gehörte Eduard Lasker, der »Primadonnerer des parlamentarischen Balletts« *(Berliner Wespen)*. Er war zu der politischen Einsicht gelangt: »Damit brechen wir unsere eigene Kraft«.[34]

Von 1872 bis 1875, in der sogenannten heißen Phase des »deutsch-römischen Kriegs«, veröffentlichten der *Kladderadatsch*, die *Berliner Wespen* und der *Ulk* (Gesamtauflage circa 110 000 Exemplare) rund fünfhundert kleinere bis ganzseitige antiklerikale Karikaturen, wobei im Fall des erstgenannten Presseorgans noch die illustrierten Nebenprodukte (Kalender) zu berücksichtigen sind.[35] Die Textsatiren, darunter zahlreiche Leitgedichte, verteilten sich über alle Rubriken einschließlich des Briefkastens und Anzeigenteils. Dort pries der Verlag sowohl »interessante und pikante Lectüre« über »Pfaffenunwesen, Mönchsscandale und Nonnenspuk« an als auch Wilhelm Buschs noch im Erscheinungsjahr (1872) dreimal nachgedruckte Bildergeschichte *Die fromme Helene*. Im Anzeigenteil der *Berliner Montags-Zeitung* warb der Herausgeber Adolf Glaßbrenner inmitten von Inseraten, die »schnelle und sichere Heilung« bei Syphilis, Impotenz, Bettnässen, Fußschweiß und Bandwurmbefall versprachen, mit dem zeitgemäßen Slogan »Gegen die Jesuiten!« für die vierte Auflage seines satirischen Meisterwerks *Neuer Reineke Fuchs*.[36]

In keiner anderen Zeit- und Streitfrage erwies sich die liberale satirische Presse Berlins als ein so »dienstbereiter« *(Berliner Wespen)*, treuer »Bundsgenosse« *(Berliner Montags-Zeitung)* Bismarcks, der damals von den Zeichnern als ein neuer Herkules, Jupiter, Odysseus, Prometheus, St. Georg, Simson oder Riese Atlas *(Abbildung 276)* gepriesen worden war.[37] Die politischen Witzblätter als »staatshörig« zu bezeichnen,[38] ist dennoch eine Halbwahrheit. Einerseits gaben diese, wie gezeigt werden konnte, dem Pferd die Sporen. Andererseits stand ihr »Krieg der Vernunft gegen das Pfaffenthum« *(Berliner Montags-Zeitung)* auch dann noch unter dem in unzähligen Bild- und Textvariationen dargestellten Bismarck-Motto »Nach Canossa gehen wir nicht . . .«[39] *(Abbildung 277)*, als der Kanzler schon längst über eine Beilegung des Konfliktes nachzusinnen begann.

Der Hauptschauplatz des heute weitgehend vergessenen »schwarzen Turniers« des 19. Jahrhunderts *(Abbildung 278)* war das Königreich Preußen, dessen Bevölkerung zu zwei Dritteln aus Protestanten bestand. Zu den Hauptakteuren zählte der Liebling der liberalen Presse, der oft als Raubvogel dargestellte neue preußische Kultusminister Adalbert Falk. Im Monat 1872 hatte er von Bismarck den Auftrag erhalten, »die Rechte des Staates gegenüber der Kirche wiederherzustellen, und zwar mit möglichst

Zu Bismarcks 60. Geburtstag (1. April 1875) bringt der *Kladderadatsch* seinem wichtigsten »passiven Mitarbeiter« eine Ehrung. Der Kanzler wird als Riese Atlas dargestellt, der die Welt (»Deutsches Reich und Auswärtige«) auf seinen Schultern trägt. Er hat das Deutsche Reich, »fest und stark«, gegründet und kann es getrost »den kommenden Geschlechtern« übergeben. *Weit im Hintergrund* ein französischer Soldat und ein englischer Matrose als Zuschauer des die Weltkugel balancierenden Giganten. *Im Vordergrund* deutsche Parlamentarier aller Schattierungen, die Bismarck bestaunen und akklamieren. In den ergebenen Geburtstagsversen unter dem Bild wird die Illusion erweckt, daß Bismarck etwas Unzerstörbares geschaffen habe. Pikant an dieser Darstellung ist, daß der Kanzler – einst die Zielscheibe des Spottes der liberalen »Kladderadatscher« – immer deutlicher als Nationalheld erscheint und dies zu einem Zeitpunkt, als er von seinen »Standesgenossen« (wie er selbst sagte) auf das Heftigste angegriffen wurde.

276 *Kladderadatsch*, Nr. 14/15 v. 28. 3. 1875
Zum 60. Geburtstag
Holzschnitt von Wilhelm Scholz

wenig Geräusch«.[40] Doch schon der erste, noch von seinem Vorgänger, Heinrich von Mühler, übernommene Gesetzentwurf machte viel Lärm. Er entschied die Frage, wem die Aufsicht über die Schule und damit über die Jugend zustehen sollte, zugunsten des Staats.

Da der vorgelegte Text nicht nur die katholische, sondern auch die evangelische Kirche in ihren Rechten beschnitt, kam es in beiden Häusern des preußischen Landtags zu tumultähnlichen Redeschlachten und schließlich zur »landesfeindlichen Desertion der konservativen Partei« (Bismarck).[41] »Weh! Dir, Otto, weh'!« rief daher die *Berliner Montags-Zeitung* aus, sich der Tatsache wohl bewußt, daß der von seinen Standesgenossen im Stich gelassene Kanzler künftig mehr, als ihm lieb sein konnte, auf die Unterstützung der Liberalen angewiesen war. Für die *Berliner Wespen* brach nunmehr »der Tag an«, während der *Kladderadatsch* der Welt etwas voreilig verkündete:

»Siegreich wehen unsre Fahnen,
Heller wird der Tag und heller;
Auf gesunden Fortschritts Bahnen,
Täglich constitutioneller,
Wandeln wir – wer konnt' es ahnen?«[42]

277 *Der Ulk*, Nr. 9 v. 22. 5. 1872
In Canossa
Holzschnitt von Hermann Scherenberg

Im Frühjahr 1872 war das Verhältnis zwischen dem Vatikan und der preußischen Regierung äußerst gespannt. Daher das bald »geflügelte Wort« des Reichskanzlers: »Nach Canossa gehen wir nicht!« Bismarck spielte hierbei auf die Demütigung Heinrichs IV. durch Papst Gregor VII. an. Vom 25. bis 27. Januar 1077 mußte der Kaiser im Büßerhemd drei Tage lang vor der Burg Canossa (bei Reggio in Norditalien) im Schnee warten, bis der Papst ihn vom Kirchenbann löste, ein im deutschen Geschichtsbewußtsein tief eingeprägtes Bild von der Unterwerfung der weltlichen unter die geistliche Macht.
Der Ulk rekonstituiert diese Szene als einen Wunschtraum des politischen Katholizismus. *Links* Ludwig Windthorst, Abgeordneter des Wahlkreises Meppen (Provinz Hannover), *in der Mitte*, am Burgfenster von Canossa, Papst Pius IX.; *rechts* Bismarck mit dem Pilgerstab, im Büßerhemd kniend.

Das Bild zeigt ein höfisches Turnier zwischen Bismarck in Ritterrüstung und Papst Pius IX. An der Spitze der päpstlichen Hellebarde erscheint die Devise »Ecclesia militans«, die kämpfende Kirche. Bismarcks Knappe hält einen Fahnenstock; auf dem Wimpel liest man »Maigesetze«, das heißt die Kulturkampfgesetzgebung seit Mai 1873 (Kirchenaustritt, Priesterausbildung durch Universitäten, Einspruchsrecht des Staates gegen Priester-Ernennungen und staatliche Gerichtbarkeit für kirchliche Angelegenheiten). Der *Kladderadatsch* sagt Bismarcks Sieg in diesem Turnier zwischen Staat und Kirche voraus. Der Herold *(in der Mitte)* schickt sich bereits an, das nächste Turnier anzusagen, den Kampf zwischen Bismarck und der Sozialdemokratie. Der sozialdemokratische Führer (Wilhelm Liebknecht) wartet, bis er an die Reihe kommt. Er trägt den 48er Bart und den für Revolutionäre typischen Hut mit Hahnenfeder.

278 *Kladderadatsch,*
Nr. 14/15 v. 29. 3. 1874
Das schwarz-rothe Turnier des neunzehnten Jahrhunderts
Holzschnitt von Wilhelm Scholz

Gleichzeitig ließen sich die »Gelehrten« die Gelegenheit nicht entgehen, in sechs Leitgedichten die »geschlagenen«, »grollenden« und »schmollenden« preußischen Junker, mit denen sie seit 1848 so manchen harten Strauß ausgefochten hatten, mit den Pfeilen ihres Spottes zu durchbohren.[43]

Das Kernstück der preußischen Kampfgesetzgebung bildeten jedoch die vier Gesetze vom 11., 12., 13. und 14. Mai 1873, die vorab eine Änderung der Verfassung notwendig machten. Das erste betraf die Einstellungsvoraussetzungen für Geistliche, die künftig sowohl ein staatlich anerkanntes Studium der Theologie als auch der deutschen Philosophie, Geschichte und Literatur absolviert haben mußten. Bei Einstellungen oder Versetzungen der Priester waren überdies die zuständigen staatlichen Behörden zu informieren (Anzeigepflicht). Die drei anderen »Maigesetze« begrenzten die kirchliche Disziplinargewalt beziehungsweise das Recht zum Gebrauch kirchlicher Straf- und Zuchtmittel (Exkommunikation) und erleichterten den Austritt aus der Kirche.

Diese und weitere Kirchengesetze, darunter die ab 1. Januar 1876 auf das Reich ausgedehnte obligatorische Zivilehe, das Gesetz über »die Verhinderung der unbefugten Ausübung von Kirchenämtern« (Expatriierungsgesetz) oder das Gesetz über »die Einstellung der Leistungen aus Staatsmitteln für die römisch-katholischen Bistümer und Geistlichen« (Sperr- und Brotkorbgesetz) riefen, wie nicht anders zu erwarten war, die Proteste des Zentrums und der »römisch-germanischen Junker« (Bismarck) hervor.[44] Sie führten darüber hinaus zum Aufbegehren der katholischen und protestantischen »Klerisei« *(Abbildung 279)*.

Damals, 1873, prägte der Abgeordnete der Deutschen Fortschrittspartei, Professor Rudolf Virchow, den geschichtsträchtigen Ausdruck vom »großen Culturkampfe der Menschheit«.[45] Damals schrieb sein Kollege von der Berliner Universität, der nationalliberale Historiker Heinrich von Treitschke, unter Anspielung auf ausländische Stellungnahmen: »In immer weiteren Kreisen verbreitet sich die Einsicht: Was heute in Preußen sich abspielt, ist ein Kampf des Rechtes gegen die Empörung, ein Kampf der Freiheit gegen den Fanatismus.«[46]

In den liberalen Politwitzblättern entwickelte nunmehr der »Kampf mit dem Drachen« *(Berliner Wespen)* oder gegen die »schwarze Sturmflut« *(Kladderadatsch)*[47] eine unbestreitbare Eigendynamik. Die unnachgiebige Haltung des »unfehlbaren Fluch- und Redegreises« Pio Nono (Papst Pius IX.), der die gesamte preußische Kirchengesetzgebung am 5. Februar 1875 für ungültig erklärte, und der hartnäckige, vom Kirchenvolk unterstützte Widerstand des deutschen Episkopats faszinierten die Karikaturisten. Neben dem immer wieder bemühten Schachbrettmotiv *(Abbildung 280)* zeichneten sie mit Vorliebe bettelnde, gepfändete, fliehende, ausgewiesene oder ins Gefängnis gesperrte Bischöfe und Priester *(Abbildung 281* und *282)*.[48]

Eine beliebte Zielscheibe ihres Spottes war ferner Paul Majunke, der streitbare und

Der Illustrator benutzt die Redewendung vom Augurenlächeln, jenem wissenden Lächeln Eingeweihter über einfältige Gläubige, mit dem sich schon im alten Rom die Priester zu begrüßen pflegten. Ein stillschweigendes Einverständnis zwischen den Vertretern beider Konfessionen wird durch diese Zeichnung veranschaulicht. Vorbild ist ein damals berühmtes Werk des heute vergessenen Pariser Modemalers Léon Gérôme »die lachenden Auguren« (1866). Der lutherische Superintendent *(links)* kommt aus der Kirchenkonferenz; seine Bibel hat er vor Lachen zu Boden fallen lassen. Der katholische Bischof *(rechts)* grüßt grinsend und weist auf die strittigen Dogmen hin, die der regierende Papst Pius IX. verkündet hatte (Unbefleckte Empfängnis Marias, 1854; Unfehlbarkeit des Papstes, 1870). Zu Füßen des Bischofs liegt der 1871 vom Zentrum im Reichstag eingebrachte Adreßentwurf. Er forderte den Schutz des deutschen Kaisers für den Papst und rief den Spott der meisten Abgeordneten und Journalisten hervor.

279 *Berliner Wespen*, Nr. 36 v. 5. 9. 1873
Die beiden Augurn
Holzschnitt von Gustav Heil

wiederholt inhaftierte Chefredakteur des »Jesuitenblattes« *Germania.* Das Schicksal dieses Journalisten und Reichstagsabgeordneten charakterisierte der *Ulk* (Nr. 50) am 16. Dezember 1875 in einem Zweizeiler:

»Von der Zelle in die Kammer,
Gestern Amboß, heute Hammer!«[49]

Wen mag es in Anbetracht dieses Klimas überraschen, daß der Bischof von Mainz, Wilhelm Emanuel Freiherr von Ketteler, der sich nach Königgrätz/Sadowa (1866) als eine der ersten führenden Persönlichkeiten des deutschen Episkopats für eine Aussöhnung mit den neuen Verhältnissen ausgesprochen hatte, 1874 »in flammenden Worten« die Teilnahme eines »ehrlichen deutschen Katholiken« an der Sedan-Feier »als eine moralische Unmöglichkeit« *(Abbildung 283)* erklärte?[50]

Die »tiefinnerste Zerrüttung innerhalb der deutschen Nation« (Josef Edmund Jörg)[51] drei Jahre nach dem Sieg über den »Erbfeind« äußerte sich übrigens bereits am 13. Juli 1874 in der »Meuchelthat von Kissingen«, das heißt in dem Mordanschlag

Zwischen Berlin und Rom.

Der letzte Zug war mir allerdings unangenehm; aber die Partie ist deßhalb noch nicht verloren. Ich habe noch einen sehr schönen Zug in petto!

Das wird auch der letzte sein, und dann sind Sie in wenigen Zügen matt — — wenigstens für Deutschland.

280 *Kladderadatsch*, Nr. 22/23 v. 16. 5. 1875
Zwischen Berlin und Rom
Holzschnitt von Wilhelm Scholz

Bismarcks weiße Schachfiguren werden als Paragraphen oder als Fahnenträger dargestellt, denn in ihnen verkörpert sich die kirchenfeindliche Gesetzgebung, die Pius IX. in seiner Enzyklika vom 5. Februar 1875 für ungültig erklärt hatte. Unter den schwarzen Schachfiguren des Papstes erkennt man – als Dame – die genannte Enzyklika und – als Priesterfigur – den päpstlichen Syllabus von 1864, der den bis dahin latent vorhandenen Antiklerikalismus der satirischen Presse Berlins akut zum Ausbruch gebracht hatte. Einige schwarze Bauern – gefangengesetzte deutsche Bischöfe – hat Bismarck dem Papst bereits abgewonnen. Die Presse ist eine weiße Schachfigur. Der Zeichner spielt damit auf die zahlreichen liberalen Organe an, die im Kulturkampf zu Bismarck standen. Daß Bismarcks Hauptfigur – die weiße Dame – als Idealgestalt Gemania dargestellt wird, versteht sich von selbst. Beide Spieler glauben, daß sie die Partie gewinnen können.

eines Einzelgängers auf den Kurgast Bismarck. Für den *Kladderadatsch* stand sofort fest, wer sich hinter dem »Rasenden« verbarg: »Rom, fall' auf die Knie! Dank deinem Gott, daß – diese That mißlungen!« Wesentlich besonnener erscheint dagegen das diesbezügliche Leitgedicht des *Ulks*:

»Und häuft auf Klassen nicht, auf ganze Euren Groll,
Für das verbrecherische Thun just dieses Einen,
Das Maß der Zwietracht ist ja ohnehin schon voll
Und daß es überfließ' will mir nicht nöthig scheinen.«[52]

Berühmt wurde Bismarcks Gleichsetzung des Attentäters mit dem Zentrum, das seine Stimmenzahl bei den Januarwahlen 1874 von 0,7 auf 1,4 Millionen steigern konnte. Am 4. Dezember 1874 rief er in einer turbulenten Reichstagssitzung den Abgeordneten der nunmehr zweitstärksten Partei (91 von 397 Sitzen) entgegen: »Ja, meine Herren, verstoßen Sie den Mann, wie Sie wollen! Er hängt sich doch an Ihre

Der bürgerlich-liberale und antiklerikale *Ulk* glaubt, in seiner witzigen Manier darstellen zu müssen, wie damals die »Reichsfeinde« vom Staat behandelt wurden. Die beiden Führer der marxistischen Sozialdemokratischen Arbeiterpartei, August Bebel und Wilhelm Liebknecht, saßen seit 1872 wegen angeblichen Hochverrats auf Festung in Hubertusburg. Nur Bebel zog mit Sack und Pack (darunter vielen Büchern) von einem Zivilbeamten begleitet, nach Königstein »um«; Liebknecht war kurz zuvor entlassen worden. Das Pendant zu dieser Zeichnung bildet *Abbildung 282*.

Die Abgeordneten Bebel und Liebknecht benutzen die Ferien des Reichstages, um in freier, fröhlicher Fußpartie von Hubertsburg nach dem Königstein zu übersiedeln.

281 *Ulk*, Nr. 15 v. 9. 4. 1874
Vom letzten Umzugs-Termin
Holzschnitt von Hermann Scherenberg

Der Erzbischof von Köln und spätere Kardinal, Paulus Melchers, wurde 1874 wegen Widerstands gegen die Kulturkampfgesetzgebung für mehrere Monate im berüchtigten Klingelpütz-Gefängnis inhaftiert und vom preußischen Gerichtshof für kirchliche Angelegenheiten abgesetzt. Der *Ulk* widmete der Verfolgung der katholischen Geistlichen in Wort und Bild einen breiten Raum.

Bischof Melchers, wegen Episcopatzigkeit gegen seinen Hausherrn ermittirt, bedient sich bei seiner Wohnungsverlegung der jetzt so beliebten militairischen Hülfe.

282 *Ulk*, Nr. 15 v. 9. 4. 1874
Vom letzten Umzugs-Termin
Holzschnitt von Hermann Scherenberg

Der »komische Kauz« ist eine berühmte Persönlichkeit des deutschen Katholizismus, der dem Hochadel entstammende Bischof von Mainz, Wilhelm Emanuel Freiherr von Ketteler (1811 bis 1877). 1848 war er Mitglied der Frankfurter Nationalversammlung; später beschäftigte er sich eindringlich mit der Arbeiterfrage im Sinn eines sozialen Christentums. Ferner ist er bekannt geworden durch sein Schlagwort »Der Rhein ist ein katholischer Strom«. Kein Wunder, daß er einer der Führer des Widerstands gegen Bismarcks Kulturkampfpolitik geworden ist. Zu dem »freiwillig« als Nationalfest von zahlreichen Deutschen (außer den Sozialdemokraten und den militanten Katholiken) gefeierten Sedantag (2. September) gab Ketteler einen Hirtenbrief heraus; darin untersagte er den Pfarrern seiner Diözese, auf diese Feier anzuspielen. Deshalb verspotten ihn die *Berliner Wespen* als Trauervogel über den Dächern der illuminierten Reichshauptstadt.

283 *Berliner Wespen, Nr. 36 v. 4. 9. 1874*
Ein komischer Kauz
Holzschnitt von Gustav Heil

Rockschöße!«[53] *(Abbildung 284)*, ein bald geflügelter Ausspruch, welcher die Bismarck-Ära ebenso prägte wie das Kanzlerwort von Canossa oder vom Eisen und vom Blut.
Den Sedanfeiern von Anbeginn demonstrativ ferngeblieben war der zweite »Reichsfeind«, die von den Karikaturisten oft in Verbrüderungsszenen mit dem Zentrum dargestellte Sozialdemokratie (Motiv der schwarz-roten Internationale). Sowohl die von August Bebel und Wilhelm Liebknecht 1869 in Eisenach gegründete marxistische Sozialdemokratische Arbeiterpartei (SDAP) als auch der Allgemeine Deutsche Arbeiter-Verein (ADAV), von dem Bismarck anfangs glaubte, »daß in Preußen noch Aussöhnung mit der Staatsordnung möglich« sei,[54] feierten nicht den 2. September, sondern den 18. März, und zwar als Doppelgedenktag für die Berliner Revolution (1848) und die Pariser Commune (1871).[55] Die bald gleichmäßig harte Verfolgung beider Arbeiterparteien *(Abbildung 285)*, die man für die beispiellose, das ganze Reich erfassende Streikwelle verantwortlich machte, führte 1875, auf dem Vereinigungskongreß in Gotha (22. bis 27. Mai), zur Gründung der Sozialistischen Arbeiterpartei Deutschlands.[56]

In der Reichstagssitzung vom 4. Dezember 1874 gingen die Wogen so hoch, daß seitens des mit dem Attentäter Eduard Kullmann in Verbindung gebrachten Zentrums das Wort »Pfui!« in die Debatte geworfen wurde, was Bismarck als eine schwere Beleidigung empfand.
Auf der Zeichnung sieht man *links* den Abgeordneten Hans (eigentlich Josef Edmund) Jörg, Führer des bayerischen Katholizismus und notorischer Bismarckgegner. *Unten* erscheinen – als Affe und als Hund – das Münchner partikularistische und katholische Blatt *Das Bayrische Vaterland* sowie die Berliner Katholikenzeitung *Germania*, die sich beide durch einen groben Ton auszuzeichnen pflegten. Daher die distanzierte Haltung des führenden Zentrumsabgeordneten Ludwig Windthorst *(unten Mitte)*. *Ganz rechts unten:* der Reichstagspräsident Max von Forckenbeck, der den nationalliberalen Volksvertreter Eduard Lasker zur Ordnung ruft, weil er seine Kollegen vom Zentrum als »Verbrecher gegen das Vaterland« beschimpfte.

284 *Kladderadatsch*, Nr. 57 v. 13. 12. 1874
Ein Zwischenfall
Holzschnitt von Wilhelm Scholz

Wie die Polizei den Krebsschaden besah.

Bei den socialdemokratischen Leitern des Allgemeinen Deutschen Arbeiter-Vereins wurden Haussuchungen gehalten, um zu erfahren, ob der Schade sich auf Berlin beschränkt, oder ob er auch die umliegenden Länder bereits in Mitleidenschaft gezogen hat.

285 *Kladderadatsch*, Nr. 28 v. 21. 6. 1874
Wie die Polizei den Krebsschaden besah
Holzschnitt von Wilhelm Scholz

Unter dem neuen Staatsanwalt Hermann Tessendorff (1831 bis 1895) wurden zahlreiche Lassalleaner wegen »Schmähung von Staatseinrichtungen«, »Aufreizung verschiedener Bevölkerungsklassen gegeneinander«, »Widerstandes gegen die Staatsgewalt« beziehungsweise »Majestäts«- oder »Bismarck«-Beleidigung zu Geld- und Gefängnisstrafen verurteilt. Nach massenhaften Hausdurchsuchungen in Berlin wurde der Sitz des Allgemeinen Deutschen Arbeiter-Vereins nach Bremen verlegt. Am 25. Juni wurde der ADAV in Berlin vorläufig geschlossen. »Krebsschaden« war ein Schlagwort der konservativen Kräfte im Kampf gegen die »Roten«; hier deutet das Wort auf die unaufhaltsame Verbreitung der Arbeiterbewegung im kapitalistischen Staat hin. Zu bemerken ist, daß bisher der Krebs als Symbol der Reaktion verwendet worden ist.

Wie wenig ersprießlich die Lage der Nation im Frühjahr 1875 den Zeitgenossen erschien, geht aus einer Zeichnung der *Berliner Wespen* hervor. Unter Heranziehung eines auch heute noch viel gelesenen Bestsellers von Jules Verne, *Die Reise um die Welt in 80 Tagen* (1873), verglich Gustav Heil den Gründer des als Germania dargestellten deutschen Reichs mit dem Romanhelden Phileas Fogg, der bei seiner abenteuerlichen Fahrt eine Schlangengrotte zu durchschreiten hatte *(Abbildung 286)*.

2. *Die Siegesfrüchte – ein Danaergeschenk*

a) *Proteste gegen die Annexion*

Die Einwohner der französischen Ostprovinzen Elsaß und Lothringen, die ohne Volksentscheid am 9. Juni 1871 als »äußeres Pfand der Einheit« mit dem deutschen Reich vereinigt worden waren, verhielten sich in ihrer Mehrzahl »kühl, bis an's Herz hinan«[57], sofern sie es nicht vorzogen, nach Frankreich oder in das Nebenland Alge-

Von *links nach rechts:* die »Fraction Kullmann« und der Journalist Johann-Baptist Sigl, Gründer und Leiter der wiederholt verspotteten klerikalen, preußenfeindlichen Münchner Tageszeitung *Das Bayrische Vaterland*, sowie das französische Schlagwort »Revanche«. *Oben rechts*, über Bismarcks Kopf, geifert eine Kreuzotter, deutlich als »Kreuz-Zeitung« gekennzeichnet, die seit dem Bruch Bismarcks mit den Konservativen (1872) Kampfartikel gegen den Reichskanzler schleuderte. Auch die »päpstliche Encyklika« vom 5. Februar 1875, in der Pius IX. die gesamte preußische Kirchengesetzgebung für ungültig erklärte, gehört zu den gefährlichen Schlangen der Grotte. Bismarcks unversöhnlichste Gegner – die »Welfenpartei« (die als Anhängerin der 1866 abgesetzten hannoverschen Dynastie mit dem Zentrum verbündet war), die am »Bischofshut« erkennbare hohe katholische Geistlichkeit sowie Papst Pius IX. persönlich (Schlangenkopf mit Tiara) – zeigen ihre Giftzähne. Nicht zu vergessen (*ganz unten*) die »Socialdemokratie«, die bald Bismarcks Hauptfeindin werden sollte.

286 *Berliner Wespen*, Nr. 14 v. 2. 4. 1875
In der Schlangen-Grotte
Holzschnitt von Gustav Heil

rien auszuwandern *(Abbildung 287)*.[58] Auch die am 1. Mai 1872 feierlich eröffnete Universität Straßburg, die den »theuren Brüdern« deutsches Wesen, Denken, Leben, deutsche Lust und deutschen Geist vermitteln sollte *(Berliner Montags-Zeitung)*,[59] änderte an dieser Einstellung fürs erste nichts.

Am 18. Februar 1874 gab der elsässische Abgeordnete Eduard Teutsch im Reichstag eine von »Gelächter« und »Oho-Rufen« unterbrochene Erklärung auf französisch ab: »Also Deutschland hat die Grenzen des Rechts überschritten, da es dem besiegten Frankreich das schmerzliche Opfer auferlegte, anderthalb Millionen seiner Kinder von sich lostrennen sehen zu müssen. Im Namen der durch den Friedensschluß von Frankfurt preisgegebenen Elsaß-Lothringer sind wir gekommen, gegen den an unserem Lande verübten Mißbrauch der Gewalt zu protestieren.«[60]

Das Verhalten der Abgeordneten sowie öffentliche Stellungnahmen in der Art des *Kladderadatsch* dürften kaum dazu beigetragen haben, die »moralische Eroberung« der »vielumworbnen« Stammesgenossen zu erleichtern:

»Als Herr Teutsch in ›fremder Sprache‹
Declamirte seine Schmerzen,
Blieben ungerührt der deutschen
Reichsbarbaren starre Herzen.

Der Frankfurter Friedensvertrag sah vor, daß diejenigen Elsässer und Lothringer, die nicht Deutsche werden wollten, für Frankreich optieren durften. Viele der »lang verlorenen Kinder« wanderten damals aus, zum großen Teil nach Frankreich, aber auch nach Algerien, wo sie als Kolonisten zur Umwandlung ungenutzten Bodens in fruchtbares Ackerland hervorragend beigetragen haben.
Was Frankreichs Kriegsschulden betraf, so wurden sie – dank mehrfach überzeichneter Anleihen – viel schneller bezahlt als vorausgesehen. Der *Kladderadatsch* zeigt eine verdrießliche Germania mit Helmspitze, die auf ihrem 4-Milliarden-Geldsack thront und ihren Kindern »nur drei« Jahre Militärdienst abfordert. Dennoch stürzen sich die kleinen Elsaß-Lothringer in die Arme Frankreichs, obwohl man dort unter Umständen bis zu fünf Jahren Militärdienst leisten mußte.

„Ein Bißchen Französisch ist doch ganz wunderschön, très aimable!"

Option in Elsaß-Lothringen.
Germania. Ich weiß nicht, was sie an der Person finden, daß sie Alle ihr so nachlaufen!

287 *Kladderadatsch*, Nr. 44/45 v. 29. 9. 1872
»Ein Bißchen Französisch ist doch ganz wunderschön, très aimable!«
Holzschnitt von Wilhelm Scholz

Und an Stellen, wo der Gute
Recht nach Kräften lamentirte,
Kam es, daß, anstatt der Herzen,
Nur das Zwerchfell reagirte.«[61]

Gewiß, 1890, also am Ende der Bismarckzeit, gab es im Reichstag keine Protestler mehr. Nichtsdestoweniger ist Elsaß-Lothringen infolge einer sich verewigenden Politik des Zögerns und Lavierens, als deren wichtigste Stationen die Einführung des Statthalterregimes (1879) *(Abbildung 288)* und die Verfassungsreform (1911) zu nen-

Erster Versuch.

Hoffentlich werden die beiden jüngsten Reichskinder ohne Gängelband fester auf ihren Füßen und zu uns stehen, als früher.

Von der Annexion 1871 bis 1878 stand Elsaß-Lothringen unter dem »Diktaturparagraphen«, durch den der Oberpräsident des Reichslandes ermächtigt wurde, jederzeit die dort stehenden Truppen in Anspruch zu nehmen, um gegebenenfalls für Ruhe und Ordnung zu sorgen. Am 27. März 1879 ersuchte der Reichstag den Kanzler darum, dem Land Elsaß-Lothringen eine selbständige Regierung zu geben. Daraufhin kam es am 4. Juli 1879 zu einem Kompromiß. Durch ein Gesetz wurde der bisherige Oberpräsident, also ein von der Berliner Regierung ernannter hoher Beamter, durch einen Statthalter ersetzt, einen Generalfeldmarschall, der dem Kaiser allein verantwortlich war. Ihm unterstand eine Zentralbehörde in Straßburg, »Ministerium« genannt. Daneben fungierte eine Art Parlament, der »Landesausschuß«. Der Diktaturparagraph blieb weiter (bis 1902) erhalten. Auf dem Bild fragt sich Bismarck (als Gouvernante), ob die wider ihren Willen annektierte Bevölkerung von nun an zum Reich »stehen« werde. Bekanntlich wurde das elsaß-lothringische Problem durch diese halbherzigen Maßnahmen nicht gelöst.

288 *Ulk*, Nr. 14 v. 4. 4. 1879
Erster Versuch
Holzschnitt von
Hermann Scherenberg

nen sind, in seiner siebenundvierzigjährigen Reichszugehörigkeit bis zuletzt kein gleichberechtigter deutscher Bundesstaat geworden. Alles in allem entpuppte sich die »territoriale Siegesfrucht« für das deutsche Reich als ein noch größeres »Danaergeschenk« als der »goldene Regen« von fünf Milliarden Francs *(Berliner Wespen)*,[62] von welchem der gemeine Mann – Füsilier Kutschke – nur ein paar Tropfen abbekommen hatte *(Abbildung 289)*.

Heerführer und Soldaten haben sich gleich brav geschlagen, und darum kommt auch für beide Theile die gleiche Summe von vier Millionen zur Vertheilung.

289 *Berliner Wespen*, Nr. 25 v. 23. 6. 1871
Dem Verdienste seine – Millionen!«
Holzschnitt von Gustav Heil

Vom französischen Kriegstribut – 5 Milliarden Goldfranken, also mehr als sämtliches im Deutschen Reich damals im Umlauf befindliche Geld – wurden ganze 8 Millionen Taler für die Kriegsteilnehmer abgezweigt: 4 Millionen Taler (= 12 Millionen Goldmark) als »Dotation«, das heißt Belohnung für einige wenige Heerführer (und Politiker) und genau dieselbe Summe für rund 500 000 verwundete oder durch Einziehung zum Kriegsdienst berufsgeschädigte Soldaten. »Jedem das Seine«, sagt auf der Zeichnung von Gustav Heil Göttin Fortuna (mit verbundenen Augen); es ist der Wahlspruch des schwarzen Adlerordens. Schärfer noch klingt die ironische Inschrift: »Den Starken kommt Fortuna zu Hilfe!«

b) *Der Tanz um das goldene Kalb*

Die Aufhebung des Konzessionszwanges für Aktiengesellschaften (11. Juni 1870) und die geringe Mindesteinzahlungspflicht (10 Prozent), ferner die durch den Krieg erst gebremste und dann kräftig angeheizte Wirtschaft sowie die seit Mitte 1871 den deutschen Kapitalmarkt überflutenden Milliarden führten vor allem in Preußen zu einem zweiten Gründerboom, der den der 1850er Jahre weit in den Schatten stellte. Den Höhepunkt bildete das Jahr 1872. In jenen zwölf Monaten wurden nicht weniger als 494 Aktiengesellschaften neu oder umgegründet, davon 167 mit Sitz in Berlin.[63]

Ganzseitige Zeitungsinserate, sogenannte Prospecte, versprachen in Form überhöhter Dividenden mühelose Gewinne, und »alle, alle . . . tanzten . . . um das angebetete goldene Kalb: der gewitzte Kapitalist und der unerfahrene Kleinbürger, der General und der Kellner, die Dame von Welt, die arme Klavierlehrerin und die Marktfrau . . .« Diese Erinnerung des Journalisten Felix Philippi an »Alt-Berlin« deckt sich mit den Beobachtungen des *Kladderadatsch* aus dem Jahr 1873:

»Es jobbert der Jude, es jobbert der Christ,
Es jobbern die Krämer und Schreiber,
Es jobbert der Gastwirth, der Procurist,
Der Rechtsanwalt und sein Copist,
Es jobbern die Kinder und Weiber.«[64]

Daß es sich bei den Eisenbahngesellschaften, Banken, Versicherungen, Baugesellschaften, Industrie- und Handelsunternehmen, die wie Pilze aus dem Boden schossen, oft um faule, schwindelhafte Unternehmen gehandelt hat, schildert das folgende, am 20. April 1873 im *Kladderadatsch* (Nr. 18) erschienene Gedicht »Das Ganze des Gründens«:

»Zu einem Gründungscomité
Gehören Drei: A, B und C.
Noch bei dem ersten Glase Weins
Sind A, B, C vollkommen eins.
Doch schon beim Glase Nr. 2
Sind plötzlich sie besondre Drei.
Darauf in seine kühne Hand
Nimmt A den Gründungsgegenstand,
Verkauft mit Vortheil ihn an B,
Und B ihn ebenso an C;
Und endlich – seltsam klingt's beinah –
Verkauft ihn auch noch C an A.
Wenn das geschehn ist, um ein Klein's
Sind A, B, C schon wieder eins.
Nichts ist den Dreien anzusehn;
Doch welch ein Wunder ist geschehn!
Verdreifacht hat sich das Object
An Werth. He! – schallt es – Kellner! Sect!«

So wenig die Berliner Witzblätter das Prinzip des Wirtschaftsliberalismus in Frage stellten, so sehr warnten sie vor seinen Auswüchsen. Ein erster konkreter Anlaß bot sich bereits im Januar 1871, als der wie ein »Crösus« lebende Generalunternehmer Bethel Henry Strousberg sich außerstande sah, die Zinsscheine der 7 ½ prozentigen Obligationen einzulösen, die er zur Bezahlung des Baukapitals von mehreren rumänischen Eisenbahnen an Tausende von Kleinsparern ausgegeben hatte. Aufmerksamen Lesern hätte die am 3. April in der *Berliner Montags-Zeitung* (Nr. 14) erschienene Schiller-Parodie (»An die Freude«) noch rechtzeitig als Warnung dienen können:

»Seid umschlungen, Millionen,
Die ihr hold und golden strahlt!
Droben, wo die Engel thronen,
Werden die Coupons bezahlt!«[65]

Jedoch, nur zu bald erfaßte die trügerische Aussicht auf rasche und hohe Gewinne an der Börse alle Schichten der Bevölkerung, ein Phänomen, das vor allem für den *Kladderadatsch*[66] und für die *Berliner Wespen* ein Leitmotiv wurde.

Während sich die *Berliner Montags-Zeitung* und der *Ulk* auf ironisch-kritische »zeitgemäße« Ratschläge und Glossen beschränkten, war es dem Kladderadatsch (Nr. 5) bitter ernst, wenn er das Publikum am 4. Februar 1872 beschwor: »Gründe auch nicht deinen Nutzen auf anderer Leute Schaden. Gründe – überhaupt nicht.«

Eine besondere Spezies von Gründern waren die Boden- und Grundstückspekulanten, darunter, allein in Berlin, an die vierzig »Bau«- und »Maklerbanken«. Der *Kladderadatsch* verglich die »plötzlich emporgekommenen Makler und Gründer« mit den Pariser Communarden beziehungsweise mit modernen Straßenräubern, welche »ganze Straßen aufkaufen und die Häuser einbrechen, um Paläste darauf zu bauen und den Nebenmenschen die Wohnungen zu rauben«.[67] Die Obdachlosen hausten »in aller Zivilisation hohnsprechenden« Hütten und Bretterbuden vor den Toren der Stadt. »Börsen-Babel« und »Weltstadt Barackia«, so charakterisierte Julius Stettenheim das janusköpfige Berlin.[68]

Sensation »in den weitesten Kreisen« *(Allgemeine Zeitung)* machte am 7. Februar 1873 die Aufdeckung bedenklicher Gründerpraktiken im Bereich des Eisenbahnwesens durch Eduard Lasker im preußischen Abgeordnetenhaus.[69] Die *Berliner Wespen* (Nr. 7) feierten am 14. Februar den Volksvertreter in einer ganzseitigen Karikatur als »Neuen Simson« und befaßten sich mit der »Laskerade« in acht Nummern. Obwohl der Eisenbahnkönig Strousberg, mehrere Mitglieder des Hochadels und der preußische Handelsminister Heinrich Graf von Itzenplitz höchstpersönlich in den Skandal verwickelt waren, hatte es das Stettenheim-Blatt besonders auf *einen* Angeklagten abgesehen: den Bismarck nahestehenden »Corruptions-« beziehungsweise »Concessionsrath« Hermann Wagener.[70] Auch der *Kladderadatsch* rechnete vor allem mit diesem konservativen Gründer-Sünder ab, dessen notorische Judenfeindschaft in seinen Spalten immer wieder auf raffiniert-ironische Weise hervorgehoben worden war.[71]

Drei Monate nach Laskers Intervention, am 9. Mai 1873, kam es – von Budapest ausgehend – an der Wiener Börse zum »großen Krach«. Im Oktober folgte dann, auf dem Umweg über den Börsenplatz New York, in Berlin, Breslau, Königsberg und anderen Orten ein allgemeiner Kurssturz, der die *Berliner Wespen* an die Szene »Auerbachs Keller« aus Goethes *Faust* (Vers 2073 bis 2336) erinnerte *(Abbildung 290)*. Das Wort Krach hallte »durch ganz Deutschland« und »von der Donau, der Seine, der Themse und dem Tiber grollte es zurück« (Felix Philippi).[72] Die durch internationale (übermäßige Ausweitung der Produktionskapazitäten; Überproduktion) und nationale (liberales Aktienrecht; staatliche Schuldentilgungspolitik) Fehlentscheidungen mitverursachte Börsenkrise setzte, wie der *Kladderadatsch* am 5. April 1874 wehmütig kundtat, dem Goldenen Zeitalter ein überraschend schnelles Ende:

»Ich weiß nicht, was soll es bedeuten,
Daß ich so traurig bin:
Ein Coursblatt aus alten Zeiten,
Das kommt mir nicht aus dem Sinn.
[. . .]
Die Actien – heut sind sie nur Bogen
Von bunt bedrucktem Papier;
Die goldenen Träume entflogen,
Die Pleite, die Pleite blieb hier.

Nun bin ich wieder vernünftig,
Doch theuer zahlt' ich die Lehr'.
Du gütiger Himmel, gib künftig
Uns – keine Milliarden mehr!«[73]

Bis September 1874 befanden sich von den 857 seit 1870 in Preußen entstandenen Aktiengesellschaften 37 im Konkursverfahren und 123 in Liquidation.[74] »Einige 80« Aufführungen des »Sensationsstücks ›der geschundene Raubritter‹« *(Ulk)*, das heißt eine größere Anzahl von Prozessen gegen »die Firma Schwindler & Compagnie« *(Kladderadatsch)* waren die unausbleibliche Folge. Am 11. November 1875 widmete der *Ulk* (Nr. 45) dem »gestürzten Eisenbahnkönig« Strousberg eine ganzseitige Karikatur. Als Kommentar diente ein auch für andere Gründer gültiger Heine-Vers:

»Das Glück ist eine leichte Dirne
Und weilt nicht gern am selben Ort,
Sie streicht das Haar dir von der Stirne
Und küßt dich rasch und flattert fort.«[75]

Die seit Mitte 1871 den deutschen Kapitalmarkt überflutenden Milliarden aus dem besiegten Frankreich hatten in Preußen zu einem Gründerboom geführt. Neben heute noch bestehenden Aktiengesellschaften (z. B. Schering) schossen zahlreiche schwindelhafte Unternehmen wie Pilze aus dem Boden. Die *Berliner Wespen* travestieren eine Szene aus Goethes *Faust* (»Auerbachs Keller«), um die bedenklichen Gründerpraktiken an den Pranger zu stellen.
Bild 1 zeigt Mephisto, welcher bei Goethe als Weinspender auftritt, in der Rolle des Bankdirektors, der durch anlockende Unternehmensprospekte, Aktienangebote und Dividendenverheißungen die Geldanleger in Rausch versetzt. Ein »Börsenreferent« (= Börsenberichterstatter) spielt mit.
Bild 2 zeigt Mephisto und Faust auf einem Faß davonreiten, nachdem ihr Betrug gelungen ist, ganz ähnlich wie in der *Faust*sage und in Goethes Text. Ebenso wie in Auerbachs Keller kein wirklicher Wein ausgeschenkt wurde, so stellten die Aktien keine wirklichen Werte dar. »Pleite« ist das Ergebnis für alle Beteiligten, mit einer Ausnahme: *links* macht sich ein Betrüger mit seinem Gewinn aus dem Staube. Es ist der »Börsenreferent«, der auf *Bild 1* durch trügerische Zeitungsberichte zum Ankauf von Aktien beigetragen hatte.

290 *Berliner Wespen*,
Nr. 44 v. 31. 10. 1873
In Auerbach's (Gründer-)Keller
Holzschnitt von Gustav Heil

3. Zeitgeist im Wandel

Die Ära der Überinvestition, Überproduktion und Überspekulation wurde abgelöst durch die vor 1929 längste und schwerste Krise des Kapitalismus mit halbierten Aktienkursen (Ende 1876) und mit je nach Wirtschaftszweig mehr oder weniger rückläufigen Umsätzen, Gewinnen, Preisen und – vorübergehend – Löhnen. Als Parallelerscheinung verschlechterte sich die Qualität der deutschen Waren *(Abbildung 291)* sowie die Lage am Arbeitsmarkt. 1878/79 waren in der Millionenstadt Berlin 25 bis 28 Prozent der Arbeiter im Bereich der Industrie und des produzierenden Handwerks ohne Beschäftigung. Ein in der zweiten Hälfte 1879 einsetzendes bescheidenes Zwischenhoch machte bereits drei Jahre später einer neuen Rezession Platz, die »den Schock der 70er Jahre traumatisch verschärfte«.[76] Sie dauerte bis 1886. Mitte 1875 trat zu der industriellen Überproduktions- eine landwirtschaftliche Strukturkrise hinzu, die vor allem die nordostdeutschen Agrargebiete betraf.
Der Gründerkrach gab den Anstoß zu einem »psychischen und ideologischen Klimaumschlag im öffentlichen Leben«,[77] als dessen Opfer der ökonomische und politische Liberalismus anzusehen sind. Eines der wichtigsten Symptome dieses Zeitgeistwandels war die Weiterentwicklung einer latent vorhandenen Judenfeindschaft zum modernen Antisemitismus.

a) Die alte Leier: der Jude als Sündenbock

Im Dezember 1874 begann der Berufsjournalist Otto Glagau in der illustrierten Leipziger Familienzeitschrift *Die Gartenlaube*, die damals etwa zwei Millionen Leser rund um die Erde besaß, mit der Veröffentlichung von zwölf Artikeln über den »Börsen- und Gründungs-Schwindel in Berlin«. Sein »wüthendes Geschnaube« *(Kladderadatsch)*, ein »allererster Versuch«, den »Schuldigen wenigstens moralisch beizukommen«, lag Anfang 1876 – samt Wirkungsgeschichte – in Buchform vor. Die »Schuldigen« – so Glagau – waren die »Kinder Israel«, denn: »90 Prozent der Gründer und Börsianer sind Juden.«[78] An der Spitze der angeprangerten korrupten »Hauptgründer« stand dann auch folgerichtig, aber fälschlicherweise ein jüdischer Bankier: der 1872 geadelte Finanzberater Bismarcks und der preußischen Regierung, Gerson von Bleichröder.

Ein berühmter Maschinenbauer, Franz Reuleaux (1829 bis 1905), der 1890 Gründungs-Rektor der Technischen Hochschule zu Berlin-Charlottenburg geworden ist, war 1876 offizieller Vertreter des Deutschen Reichs auf der anläßlich des 100. Jahrestags der Vereinigten Staaten in Philadelphia abgehaltenen Weltausstellung.
Die *Berliner Wespen* benutzen seine aufsehenerregenden Berichte über die Mängel der dort ausgestellten deutschen Industrieprodukte, die er – wie die amerikanische Zeitung *The Sun* – als »billig und schlecht« (cheap and ugly) bezeichnete.
Im Gegensatz zu den durch drei schön gekleidete Frauengestalten verkörperten Nationen Frankreich, England und die USA hat die gepanzerte und gekrönte Germania nichts als Schundware zu bieten, so zum Beispiel Statuetten aus Zink (Bronze-Ersatz) oder aus »Steinpappe« (eine zusammengepreßte Masse aus aufgeweichtem, zerkleinertem Papier, mit Ton und Leim versetzt), eine Bismarckbüste aus Schokolade, die Berliner Siegessäule von 1873 als Zigarrenständer, ein aufklappbarer Bilderbogen mit den Konterfeis Bismarcks, Moltkes und so weiter, nicht zu vergessen ein Stück »Siegesseife!«
Das Schlagwort »Jena oder Sedan« bedeutet tiefste Erniedrigung (1806) oder höchster Triumph (1870); bis zum Ausbruch des 1. Weltkrieges sollte es noch oft zitiert werden.

291 *Berliner Wespen*, Nr. 27 v. 7. 7. 1876
Die Niederlage in Philadelphia
Holzschnitt von Gustav Heil

Glagaus Serie, welche »unter der Judenschaft« größte Aufregung und »ungemeine Erbitterung« hervorgerufen hatte,[79] wurde nicht nur allerwärts zitiert, sondern machte obendrein Schule.

Zwischen dem 29. Juni und 3. Juli 1875 meldete sich die *Neue Preußische [Kreuz-]-Zeitung* (Nr. 148 bis 152) unter der Überschrift »Die Aera Bleichröder-Delbrück-Camphausen und die neudeutsche Wirtschaftspolitik« mit fünf langen Leitartikeln zu Wort. Für den anonymen Verfasser, einen altgedienten Offizier namens Franz Perrot, der auch mit Glagau in Verbindung stand, war die »vollständig verpfuschte« liberale Reichs-Finanz- und Wirtschaftspolitik nichts anderes als »Bankier«- und »Judenpolitik« auf Kosten des »Publicums christlicher Religion und deutscher Nationalität«. Judenpolitik von oben, denn wer war der »intellectuelle Urheber«, der »spiritus familiaris«, der »hinter der Scene« wirkende »große Regisseur« des »neudeutschen Reiches«? – Der »den höchsten Regierungskreisen so nahestehende Herr v. Bleichröder«. Judenpolitik von unten, denn wer sanktionierte die von Bleichröders »Marionetten«, dem Präsidenten des Reichskanzleramts, Rudolf Delbrück, und dem preußischen Finanzminister Otto Camphausen vertretene liberale Wirtschaftspolitik und -gesetzgebung? – Niemand anders, als die in einer zweiten Artikelserie unter die Lupe genommenen parlamentarisch und publizistisch tätigen »israelitischen Führer der nationalliberalen Partei«, Eduard Lasker, Ludwig Bamberger und Heinrich Bernhard Oppenheim.[80]

Andeutungen, daß auch Bismarck lediglich ein Werkzeug der Juden sei und sich habe korrumpieren lassen, fanden sich auf so geschickt formulierte Weise zwischen den Zeilen, daß dieser auf Anraten des preußischen Justizministers von einer Beschlagnahme Abstand nahm. Erst sieben Monate später, am 9. Februar 1876, rief Bismarck in einer Reichstagsrede zum Boykott der *Kreuz-Zeitung* auf, da sie »Lügen« und »ehrlose Verleumdungen« über »hochgestellte Männer« verbreite.[81]

Die »Ära-Artikel«, die auch als Sonderdruck verbreitet worden waren, erregten nicht allein in der Tages-, sondern auch in der satirischen Presse ungeheures Aufsehen. Der *Kladderadatsch* (Nr. 32) widmete seiner Erbfeindin am 11. Juli 1875 ein höhnisches Leitgedicht, ohne sie ernstzunehmen:

»Und was sie schreibt und wüthet
Im Junkerübermuth,
Ist Wahnwitz, ausgebrütet
Von sengender Hundtagssonnengluth.«

Auch die *Berliner Wespen* rieten, die *Kreuz-Zeitung* ruhig »wüthen« zu lassen. Nichtsdestoweniger versuchte ihr Zeichner, durch Übertreibung die Hetzkampagne des konservativen Blattes lächerlich und damit unschädlich zu machen *(Abbildung 292)*.

Die den Wirtschaftsliberalismus bekämpfende altkonservative *Kreuz-Zeitung* wird als Leierkastenfrau dargestellt. Wie früher auf Jahrmärkten üblich, weist die Leierkastenspielerin auf die durch ihre Musik erläuterten Bilder hin (*rechte* Seite der Zeichnung).
Bild oben: Der Volkswirt Ludwig Bamberger, ein ehemaliger Achtundvierziger, seit 1868 nationalliberales Reichstagsmitglied und Vorkämpfer des Freihandels, der nationalliberale Publizist und Parlamentarier Heinrich Bernhard Oppenheim sowie Eduard Lasker, der Führer des linken Flügels, auch er Anhänger des Wirtschaftsliberalismus, werden als nächtliche Einbrecher dargestellt, die das von schläfrigen Wachmannschaften »behütete« Nationalvermögen rauben.
Bild Mitte: Die drei Vertreter der staatlichen Macht, Finanzminister Otto Camphausen, Fürst Bismarck und Rudolf Delbrück, als Präsident des Reichskanzleramtes Bismarcks rechte Hand, verneigen sich zutiefst vor dem Bankier Gerson von Bleichröder, der in konservativen Kreisen als »Bismarcks Privatjude« verunglimpft worden ist.
Bild unten: Prononciert jüdisch aussehende Börsianer stechen Christen tot oder hängen sie auf. *Im Hintergrund* das goldene Kalb.
Für die *Berliner Wespen* ist die Bekämpfung des um sich greifenden Judenhasses fortan ein ständig wiederkehrendes Motiv.

292 *Berliner Wespen*, Nr. 29 v. 16. 7. 1875
Die alte Leier!
Holzschnitt von Gustav Heil

Das größte politische Gespür bewies zweifellos der *Ulk*. Seine stehende Figur Nunne sprach, in Anlehnung an Schillers *Wilhelm Tell*, von »jährendem Drachenjift«.[82]
Der *Ulk* täuschte sich nicht. Vom 17. bis 28. August 1875 brachte die in Majunkes Abwesenheit (Gefängnisaufenthalt) von Christoph Joseph Cremer redigierte katholische *Germania*, unter ausdrücklicher Bezugnahme auf die *Kreuz-Zeitung*, eine zehnteilige Artikelreihe zur »Judenfrage«. Etwa dreißig weitere, meist auf Fremdvermittlung beruhende Beiträge schlossen sich bis zum Jahresende an.[83] Somit handelte es sich nicht um einen »Versuchsballon«,[84] sondern – neben aller berechtigten Kritik an manchen Auswüchsen – um ein gefährliches Repetitorium über politische, ökonomische, religiöse, physiognomische oder rassistische Vorurteile, das in den kommenden Jahren fortgesetzt wurde.[85]
Hier eine der zwar publizistisch wirksamsten, aber faktisch unhaltbaren Thesen des Berliner Zentrumsorgans: Zwischen dem Kulturkampf und dem Börsenschwindel besteht ein innerer Zusammenhang. Denn: ». . . während die Juden [in der Tagespresse, in Witzblättern, in Possen und Couplets, in Romanen usw.] . . . gegen die Religion hetzten, und die Aufmerksamkeit weiter Volkskreise auf einen von den Juden mit allen Greueln der Dummheit und Bosheit ausstaffirten Feind gerichtet hielten, unterdessen haben wiederum vorzugsweise die Juden als Wucherer, Börsenjobber, Gründer, kurz als Ausbeuter und Halsabschneider die Taschen der Bürger geleert . . .«[86]
Die Replik der mitangeklagten Witzblätter ließ nicht lange auf sich warten. Am 12. September 1875 empfahl der *Kladderadatsch* (Nr. 42) der *Germania* zum unentgeltlichen Abdruck »Von denen grausamben Jüden einige neue Stücklein«. Eine Woche später räumte das Blatt der »großen Judenverfolgung« eine ganze Seite ein. Der mit ironischen Seitenhieben auf konservative oder katholische Publizisten und Parlamentarier gespickte Sketch – Untertitel »Ein schaudernder Blick in die Zukunft« – enthielt die nachstehende, makaber wirkende Passage: »Das Judenthum war in der Presse, im Handel und Wandel, in der Börse und im Leben vernichtet worden. Auch getaufte Juden waren der Verfolgung nicht entgangen.«
Aufschlußreich, da einen unmittelbaren Kausalzusammenhang herstellend, ist die im September 1875 beginnende Polemik zwischen der *Germania* und dem *Ulk*. Die humoristisch-satirische Beilage des *Berliner Tageblattes* brachte wiederholt fiktive Judenfragen »an und für die ›Germania‹ « und widmete der »großen Judenhatz« am 9. September (Nr. 36) eine ganzseitige Karikatur. Sie symbolisierte die durch den Kulturkampf entstandene Allianz zwischen der *Kreuz-Zeitung* und der *Germania* in Form eines berittenen, die Peitsche schwingenden Ritters beziehungsweise Mönchs. Fünf Tage später kommentiert das Katholikenblatt (Nr. 209), das nunmehr »endlich Revanche nahm« (Otto Glagau),[87] die Zeichnung Hermann Scherenbergs wie folgt: »Ob die Juden des ›Ulk‹ sich nicht daran erinnert haben, daß bei ihnen und bei ihren jüdischen in ›Witz‹ machenden Collegen flüchtige, gehetzte, zerschlagene, zertre-

tene, kurz, in jeder Art mißhandelte und verhöhnte Priester, Mönche, Nonnen, Prediger u.s.w. stehende Figuren geworden sind, daß nichts bei ihnen so beliebt ist, als die sogenannte Jagd auf ›Schwarzwild‹ . . .?«

Freilich übersah die *Germania* in ihrer Gereiztheit, daß ausgerechnet die sehr selbständig arbeitenden Karikaturisten Hermann Scherenberg *(Ulk)*, Wilhelm Scholz *(Kladderadatsch)* und Gustav Heil *(Berliner Wespen)* keine Juden waren. Es sei daher an dieser Stelle in Erinnerung gerufen, daß der Kulturkampf keineswegs nur von jüdischen Journalisten geführt worden ist, sondern daß an dieser geistigen Auseinandersetzung zahlreiche nichtjüdische Vertreter der Presse, ferner der Philosophie, Geschichte, Literatur und Malerei beteiligt gewesen waren.[88]

Binnen eines Jahres hatten die von Glagau, der *Kreuz-Zeitung* und der *Germania* ausgestreuten »Giftsamen« *(Berliner Gerichts-Zeitung)*[89] Wurzeln geschlagen. Daß sich hinter dieser Entwicklung mehr verbarg, als das verletzte Gefühl gläubiger Katholiken oder die Ressentiments betrogener Aktionäre, hat Julius Stettenheim als einer der ersten erkannt. Am 10. September 1875 richtete er in den *Berliner Wespen* an das Berliner Zentrumsorgan folgende ironische Bitte: »Keine zweite Bartholomäusnacht! Denn, das siehst Du selbst ein, mein Idol, ganz missen können wir die Juden nicht, wir brauchen sie als Sündenböcke, und in Zeiten, wo wir im Pech sitzen, haben wir sie als Blitzableiter für den Volkshaß nöthig, der auf uns herniederfahren will . . .[90]

b) Die Liberalen in der Defensive

Zu den mannigfachen Anzeichen einer bevorstehenden innenpolitischen Wende gehörte die im April 1876 erfolgte Rücktrittserklärung von Bismarcks rechter Hand, Rudolf Delbrück, dessen Amt auf Reichsebene faktisch die Funktionen mehrerer Minister (Post, Inneres, Finanzen, Justiz, Kultus, Landwirtschaft, Handel) in sich vereinte. Daß der von den Liberalen als »Generalstabschef der Freihändler« gefeierte Präsident des Reichskanzleramtes aus »Gesundheitsgründen« seinen Platz verließ, nahm ihm kein Berliner Witzblatt ab. »Was? Alter? Müdigkeit? Das ist zum Lachen!« schrieb der *Kladderadatsch* und fügte ahnungsvoll hinzu:

»Geh, Delbrück, geh! – Mir aber ist, als bräche
Mit dir vom Bau des Reiches selbst ein Stück.«[91]

Tatsächlich hing der »Abbau« Delbrücks eng zusammen mit dem raschen Erstarken schlagkräftiger antiliberaler Dachverbände der Schwerindustrie und Landwirtschaft, welche den »Schutz der nationalen Arbeit« beziehungsweise eine »gemeinnützige, auf christlichen Grundlagen beruhende Volkswirtschaft« forderten. Daß Bismarck seinerseits an bereits früher (1871) gehegte Gedanken einer Kurskorrektur wiederanknüpfte, ging aus seinen Reichstagsreden hervor sowie aus dem von ihm mitgestaltetem

Programm der neuen, »mit Leib und Seele reichskanzlerisch« denkenden Deutsch-Konservativen Partei *(Berliner Wespen)*. Gemäß ihres Gründungsaufrufs vom 7. Juni 1876 wollte sie dazu beitragen, die »sozialistischen Irrlehren« einzudämmen, die liberale Wirtschaftspolitik zu revidieren und den kirchenpolitischen Streit zu beendigen, »der als Kulturkampf vom Liberalismus zum Kampfe gegen das Christentum ausgebeutet wird«.[92] Sowohl für die *Berliner Wespen* als auch für die *Berliner Montags-Zeitung*, den *Kladderadatsch* und den *Ulk* verbarg sich hinter dem »deutsch-konservativen Krebs im Schafkleide«, der dem Liberalismus in zweifacher Weise den Kampf ansagte, die »Reaction«.[93] Angesichts der bevorstehenden Wahlen zur dritten Legislaturperiode des Deutschen Reichstags (Januar 1877) machte sich der *Ulk* daher zum Anwalt der mit ihren Volksvertretern unzufriedenen liberalen Wähler. Mit einem deutlichen Seitenhieb auf die Kompromißbereitschaft der nationalliberalen »Regierungspartei« (Reichspressegesetz, Militärgesetz)[94] beschwor das Blatt (Nr. 43) am 26. Oktober 1876 das künftige Parlament:

»Zu willenskräftiger Verneinung
Ermanne Dich, wenn's nöthig ist.
Den Mannesmuth der eignen Meinung,
Das Volk hat ihn zu oft vermißt.
Ob auch Minister drohend blicken,
Sei nicht von allzu weicher Art.
Gedenk' der Lasten, die uns drücken –
O Landtag, Landtag, werde hart!«[95]

Zwei Monate später, am 25. Dezember, brachte die der Deutschen Fortschrittspartei nahestehende *Berliner Montags-Zeitung* (Nr. 52) das Verhältnis Bismark–Nationalliberale auf den Punkt. Sie übersah dabei, daß nicht nur die Nationalliberalen, sondern Bismarck selbst in eine innenpolitische Sackgasse geraten waren:

»Drei Haare nenn' ich, bedeutungsschwer,
Dem ehernen Schädel entsprossen;
Sie schwanken nicht hin, sie schwanken nicht her,
Sie stehen wie angegossen.
Sie machen das Haupt zum Simsonshaupt,
Das fest an die Kraft der drei Haare glaubt.

Das erste Haar, von seltnem Gewicht,
Ragt wie ein Ausrufungszeichen (!).
Es giebt die bestimmte Parole und spricht:
Ihr sollt nicht wanken und weichen!
Und wehe dem Freund, und wehe dem Feind,
Der etwa widerhaarig erscheint.

Das zweite Haar nickt freundlich und hold
Uns nationalen Genossen.
Die, was wir nach Vorschrift gesollt und gewollt,
Einmüthig und haarscharf beschlossen.
Wer frisch und frei nach Parole stimmt,
Dem wird niemals ein Haar gekrümmt.

Und das dritte Haar, voll Majestät,
Steht zornig empor zu Berge;
Es droht wie ein feuriger Komet
Und macht den Riesen zum Zwerge.
Wer zwei Mal ein wüthender Löwe war,
Den zähmt und bändigt zum dritten ein Haar.

So übet denn Redlichkeit und Treu
Mit ruhigem Regierungsgewissen.
Zieht keinen Conflikt an den Haaren herbei,
Greift wacker zu Compromissen,
Und lasset nur walten alle Zeit
Der Haare heil'ge Dreifaltigkeit.«

Tatsächlich erlitten sowohl die Nationalliberalen als auch die Deutsche Fortschrittspartei, die sich mehr und mehr als feindliche Brüder gebärdeten, eine empfindliche Schlappe. Die Zahl der nationalliberalen Mandate sank von 155 auf 128, die der Fortschrittler von 49 auf 35, während die Frei- und Deutschkonservativen 5 beziehungsweise 18, die Sozialdemokraten 3 und das Zentrum 2 Sitze hinzugewinnen konnten. Zwei der insgesamt zwölf »Roten«, die ehemaligen Lassalleaner aus dem Handwerkerstand, Friedrich Wilhelm Fritzsche und Wilhelm Hasenclever, wurden in der für uneinnehmbar gehaltenen Fortschrittsbastion Berlin gewählt.[96]

Als die Wahlergebnisse bekannt wurden, lag die Reichshauptstadt »vor Staunen und Schrecken auf dem Rücken« (Otto Glagau).[97] Jedoch, im Gegensatz zur liberalen Tagespresse[98] verzichteten die satirischen Wochenblätter auf Panikmache und Sozialistenhetze. Statt dessen beschmutzten sie gewissermaßen das eigene Nest. Als Beispiel diene ein Zeitgedicht aus dem *Kladderadatsch*, dessen Grundgedanken in ähnlicher Form in den *Berliner Wespen*, der *Berliner Montags-Zeitung* und im *Ulk* zu finden waren:

»Auf Blitzesschwingen fliegt sie einher,
Die Kunde von Sprea-Babel,
Geflogen ist sie schon über[s] Meer
Auf unterseeischem Kabel:
Geschlagen ist die große Schlacht,
Und von des Reichstags Tribune
Gestürzt der Liberalen Macht,
Gesiegt hat die Commune!

Und Schrecken erfaßt so Weib und Mann,
Als wie vor ihren Vernichtern;
Es blicken sich die Philister an
Mit angstverzerrten Gesichtern.
Weh, daß verschlafen wir die Wahl,
Wir unglückseligen Schläfer!
Gewählt – o Jammer und Scandal! –
Sind Fritsche und Hasenclever!
[. . .]
Sie standen als wie ein Mann vereint,
Die Rothen am Tag der Wahlen,
Derweilen, als wären sie ewig feind,
Sich zankten die Liberalen.
Das schreib' dir in der Erinn'rung Buch,
Berlins Philister, und wiss' es:
Das ist der leidigen Zwietracht Fluch,
Das Kind des Compromisses!«[99]

Der hier zitierten Diagnose vom 14. Januar 1877 folgte zwei Wochen später (Nr. 4/5) die optimistische Prognose des wieder Mut schöpfenden preußischen Junkers von Prudelwitz. In bezug auf Bismarck frohlockte die beliebte *Kladderadatsch*-Figur: »Jetzt Umkehr zu uns *inévitable* [unvermeidlich]! Muß Culturkampf aufgeben; denn braucht Clerus, um Rothe zu bändigen. Muß verderbliche Gesetze redressiren . . . Anwachsen von conservativer Partei – Zeichen der Zeit . . .«

Ein weiteres Zeichen der Zeit waren die verstärkten Bemühungen einerseits konservativer und andererseits fortschrittlicher Sozialreformer mit dem Ziel, die Arbeiter von der Sozialdemokratie fernzuhalten oder abzuziehen. Wie bereits in früheren Jahren stießen sie in Berlins liberaler Politwitzpresse auf Unverständnis und Spott *(Abbildung 293)*.[100]

Wenige Wochen nach den Reichstagswahlen und bereits zwei Jahre nach Bismarcks Glorifizierung als Riese Atlas (vgl. *Abbildung 276*) wurde ganz unvermittelt die

Max Hirsch (1832 bis 1905) – hier als Faust im Studierzimmer – war soeben als Fortschrittler in den Reichstag gewählt worden. Seine Theorie war Klassenversöhnung, sein Ziel, die Lage der Arbeiter durch soziale Reformen (Hilfskassen, Arbeitsbeschaffungsmaßnahmen usw.) zu verbessern. Durch derartige Mittel wollte er der damals revolutionären Sozialdemokratie ihre immer zahlreicher werdenden Anhänger abwerben. Die Beschwörungs-Szene läßt – als Erscheinung des Erdgeistes – den »Geist der Rehberge« auftreten. Gemeint ist einer jener »Rehberger«, die während der Revolution von 1848 als Notstandsarbeiter im Berliner Norden (Wedding) tätig waren (vgl. *Abbildung 181*). Faust-Hirsch versucht, dem Erdgeist eine »Notstands-Kommission« schmackhaft zu machen, »Hokuspokus« ist die auch von Goethe zitierte Beschwörungsformel (eigentlich: »hoc est corpus«, die Abendmahlsformel »Dies ist mein Leib«).
Der spöttische Stil dieser Karikatur weist darauf hin, daß aus Hirschs Plänen nichts geworden ist.
Im Vordergrund das Buch *Souvenir de Waldenburg*, Erinnerung an den Bergarbeiterstreik in Waldenburg (Schlesien), der erste Massenstreik in Deutschlands Sozialgeschichte (1869).

293 *Berliner Wespen*, Nr. 9 v. 2. 3. 1877
Nothstands-Commissions-Hokuspokus
Holzschnitt von Gustav Heil

»Kanzlerkrisis«, ein »europäisches Ereignis«, das innenpolitische Thema Nr. 1. Bismarcks fehlgeschlagenem Versuch, den im Lager seiner Gegner wohlgelittenen preußischen Staatsminister und Chef der Admiralität, Albrecht von Stosch, zu entmachten, folgte in den letzten Märztagen 1877 die »Komödie« eines eigenen Entlassungsgesuchs.[101]

»Verleumderische Meuchelfedern« wie die *Kreuz-Zeitung* und die *Deutsche Reichs-Glocke*[102] sowie »Frictionen« mit »Allerhöchsten Persönlichkeiten« (Kaiserin Augusta), Ministern und Volksvertretern sollen ihn zu diesem Schritt bewogen haben.[103]

Am 8. April 1877 hielt der *Kladderadatsch* (Nr. 17), dessen Bismarck-Verehrung damals einen Höhepunkt erreichte, dem »Scheidenden« eine die Vergangenheit wie Zukunft verklärende Abschiedsrede in Reimen:

»Was Du gewirkt – ein heiliges Vermächtniß,
Bewahrt's im unvergänglichen Gedächtniß
Ein dankbar Volk im Herzen fort und fort.
Im Frieden spätrer glücklicherer Zeiten
Wird mancher Groll und all' das bittre Streiten,
Darob des Tags Parteien sich entzweiten,
Ausklingen in harmonischem Accord.«

Eine Woche später jubelte das Blatt dem »Bleibenden« zu:

»Zu widerrufen, was ich jüngst gedichtet,
Ist mir ein Werk, so leicht von mir verrichtet,
Als sauer mir zu sagen ward: Farewell!
Die Augen noch vom Abschiedsthau befeuchtet,
Fühl' ich, wie Freude mein Gesicht beleuchtet.
Dank, Götter, euch, die das Gewölk ihr scheuchtet!
Nun ist mein Himmel plötzlich wieder hell.«

Nach ähnlichen Herzensergüssen sucht man in den *Berliner Wespen*, in der *Berliner Montags-Zeitung* und im *Ulk* vergeblich. Gewiß, auch diese Blätter rätselten, wem Bismarcks leerstehende riesige Kürassierstiefel – ein beliebtes Kanzler-Symbol – wohl passen würden. Nichtsdestoweniger machte sich der von Siegmund Haber geschaffene Repräsentant des Berliner Volks, Nunne, im *Ulk* offen über die »in janz Deutschland« lautwerdenden Befürchtungen lustig, »daß ein Nachfolger für ihn [Bismarck] nur sehr schwer jefunden werden könnte«.[104]

Während des langen Urlaubs (April 1877 bis Februar 1878), der dem Kanzler an Stelle des erbetenen Rücktritts vom Kaiser genehmigt worden war, hatte Bismarck genügend Zeit, um über wirtschafts-, finanz-, handels- und sozialpolitische Veränderungen nachzudenken. Wie eine kaum verfremdete Porträtkarikatur des *Ulks (Abbildung 294)* vorausahnen läßt, war eine Kabinettsumbildung in diesem Zusammenhang nur mehr eine Frage der Zeit.

Allerdings sollte es dem »Prometheus in der Werkstatt« *(Berliner Wespen)* nicht gelingen, den Fraktionsführer der Nationalliberalen, Rudolf von Bennigsen, zu einem Eintritt in die Regierung zu bewegen. Aus Sorge um den Bestand der in einen rechten (Heinrich von Treitschke), linken (Eduard Lasker, Ludwig Bamberger) und gemäßigten Flügel gespaltenen Partei wagte es der Vertreter der goldenen Mitte nicht, zu Bismarck »in das Schiff zu springen«, das heißt sich nach seinem Bilde »formen« zu lassen oder gar wie eine »Puppe« nach seiner Pfeife zu tanzen *(Kladderadatsch)*.[105]

1878/79: Die konservative Wende

1. Bismarck und der deutsche Michel am Scheideweg

Drei äußere Ereignisse brachten die ins Stocken geratene preußisch-deutsche Innenpolitik wieder in Bewegung.
Am 7. Februar 1878 starb der »unfehlbare Fluch- und Redegreis« Pius IX. im Alter von

Der „Zusammenbruch" einer für durchaus solide gehaltenen Bank in der Wilhelmstraße scheint unvermeidlich.

Der neueste »Krach« wurde ausgelöst durch ein (abgelehntes) Rücktrittsgesuch des preußischen Innenministers Friedrich Graf zu Eulenburg *(rechts außen)*: Neben ihm erkennt man, *von rechts nach links*, die beunruhigten, schwankenden (bald darauf ihren Abschied nehmenden) zivilen Minister Otto Camphausen (Finanzen), Heinrich Achenbach (Handel) und Adalbert Falk (Kultus). Der *in der Mitte* der Ministerbank thronende Bismarck erholte sich damals auf seinem Gut Varzin von der »Kanzlerkrisis« des Frühjahrs 1877. Sowohl der Chef der Kaiserlichen Marine, Albrecht von Stosch, als auch Kriegsminister Georg von Kameke *(links)* können sich neben dem als Koloß dargestellten Staatsmann behaupten.

294 *Ulk*, Nr. 43 v. 25. 10. 1877
Der neueste Krach
Holzschnitt von Hermann Scherenberg

fast 86 Jahren. Bismarck trank der Überlieferung zufolge einen Nordhäuser, und der *Kladderadatsch* stellte befriedigt fest:

»Zur Ruhe einzugehn war ihm beschieden:
Er starb. Sein Tod bring' ihm und – uns den Frieden!«[106]

Tatsächlich gab der neue Papst, Leo XIII. (1878 bis 1903), schon bald nach seiner Wahl (20. Februar) in einem Brief an den deutschen Kaiser seine Absicht kund, den Kulturkampf zu beenden. Rom und Berlin begaben sich auf die schwierige, von den Zeichnern mit Lust kommentierte Suche nach einem »Modus vivendi« *(Abbildung 295)*.[107]

Die sich durch den Papstwechsel abzeichnende Möglichkeit neuer Allianzen (Konservative, Zentrum) erleichterte Bismarck die wirtschafts- und finanzpolitische »Flucht nach vorn«.[108] Am 22. Februar 1878 pochte er im Reichstag auf eine Sanierung der Reichsfinanzen mittels Zöllen, Verbrauchssteuern sowie einer Quelle, die in England, Frankreich und Italien schon längst das Staatssäckel füllte, des Tabakmonopols. Bismarcks Griff nach dem Tabakmonopol erregte die prinzipientreuen liberalen Volksvertreter bis zur »Zornes-Gluth« *(Ulk)* und führte zum Rücktritt des in eine Zwickmühle geratenen preußischen Finanzministers Otto Camphausen. Schon einen Monat später schieden mit Heinrich Achenbach und Friedrich Graf zu Eulenburg zwei weitere Minister aus dem »kranken Ministerium« *(Kladderadatsch)* aus.[109] Der vor Monaten vom *Ulk* vorausgesagte Zusammenbruch der für solide gehaltenen preußischen Ministerbank hatte somit begonnen.

Das zweite unwägbare Ereignis geschah am 11. Mai. An jenem Tag gab der noch nicht volljährige, aus der sozialdemokratischen Partei förmlich ausgeschlossene Klempnergeselle Max Hödel auf den 81jährigen Kaiser zwei Schüsse ab, ohne ihn zu treffen. Der »unerhörten Unthat« *(Kladderadatsch)* war es zu verdanken, daß nunmehr aufs neue das ganze Volk »um seinen Kaiser sich geschaart« *(Berliner Wespen)*. Am 17. Mai 1878 richtete das von Bismarck und Wilhelm I. gelesene Blatt folgende eindringliche Worte an die Regierung:

»Ihr Mächt'gen, was auch Euer Rath beschloß,
Des Bluts gedenkt, das in des Kampfes Tagen
Für Recht und Freiheit opferfreudig floß;
Beredt mag heut des Volkes Freud' Euch sagen:
Laßt nicht des Buben meuchlerisch Geschoß
Der Freiheit unheilbare Wunden schlagen!«[110]

Als diese Ausgabe der *Berliner Wespen* im Druck war, lag dem Bundesrat bereits ein im Eilverfahren angefertigter preußischer Gesetzentwurf vor. Zwecks »Abwehr social-demokratischer Ausschreitungen« schränkte er die auf Reichsebene geregelte Vereins- und Pressefreiheit empfindlich ein. Jedoch, da diesmal im Reichstag nicht nur die »Reichsfeinde« (Sozialdemokraten, Zentrum, Polen, Elsässer), sondern auch die Liberalen »Schulter an Schulter« der Regierung gegenüberstanden, wurde die

Am 7. Februar 1878 war Pius IX., der Kampfpapst, nach 32jähriger Regierungszeit (der längsten in der Geschichte der Päpste) gestorben. Am 20. Februar wurde sein Nachfolger, der friedfertige Leo XIII., gewählt. Das Bild zeigt den Papst, wie er nach uralter Überlieferung dem Kanzler seinen Fuß zum versöhnlichen Pantoffelkuß hinhält. Als Antwort streckt ihm Bismarck seinen berühmten Kürassierstiefel entgegen, der als Zubehör zu seinem »Image« gehört. Durch den Vorhang steckt indiskreterweise der Zentrumsführer Ludwig Windthorst seinen Kopf; bei einem sich anbahnenden »modus vivendi« will er nicht übergangen werden.

295 *Kladderadatsch*,
Nr. 14/15 v. 31. 3. 1878
Modus vivendi
Holzschnitt von Wilhelm Scholz

Gesetzesvorlage am 24. Mai »ohne viel Federlesen« *Berliner Montags-Zeitung)* zu Fall gebracht.[111] Der gescheiterte Anschlag der »Reactions-Biedermeier« *(Berliner Montags-Zeitung)* auf den Rechtsstaat rief in der satirischen Presse eitel Schadenfreude hervor. »Sprüchwort, wahr Wort. Man soll das Kind [die Verfassung] nicht mit dem Bade [Ausnahmegesetz] ausschütten!« lautete, um nur ein Beispiel anzuführen, der illustrierte Kommentar des *Kladderadatsch*.[112]

Endlich, am 2. Juni, also nur wenige Tage vor Eröffnung des Berliner Kongresses zur Beilegung der seit 1876 brennenden Orientfrage,[113] schlug das Schicksal zum drittenmal zu. Wilhelm I. wurde von dem beruflich gescheiterten Akademiker namens Karl Eduard Nobiling durch etwa dreißig Schrotkörner schwer verletzt, ein Ereignis, »welches geeignet war, eine große, massenbewegende Leidenschaft hervorzurufen und die Gemüter aus der Gewohnheit zu stören«.[114]

»Unsere Zeit!« *(Ulk)*, »In trüben Tagen« *(Berliner Wespen)*, »Ein ernstes Wort in ernster Zeit« *(Berliner Montags-Zeitung)* lauteten die Überschriften der pathetischen Zeitgedichte, in denen der wie ein Gespenst umgehende »finst're Geist« beschworen werden sollte. Alle Hoffnung fahren ließ der einst so siegestrunkene *Kladderadatsch*. Hier seine Botschaft »An das Vaterland«:

»Zerreiße deinen Lorbeerkranz,
Verhüll' dein Haupt, verbirg dein Angesicht!
Nichts steht dir an als Klagen!«

Gleichzeitig versuchte Wilhelm Scholz mit Hilfe seines Zeichenstifts den Rezipienten zu suggerieren, daß der Kanzler wegen seiner übermäßigen Beschäftigung mit »auswärtigem Kohl« an der Vermehrung der »socialdemokratischen Maulwürfe« nicht ganz unschuldig sei.[115]

In bezug auf Bismarcks weniger »kühl kalkulierende« als »weitestgehend emotional« bedingte Reaktion gibt es zwei unterschiedliche Versionen. Nach der einen soll er ausgerufen haben: »Dann lösen wir den Reichstag auf!« Die andere, allerdings stets in Abrede gestellte, hatte den Wortlaut: »Jetzt habe ich die Kerle – die Nationalliberalen –, jetzt drücke ich sie an die Wand, daß sie quietschen.«[116]

2. *Weh' Jedem, der sich je liberal genannt: die doppelte Niederlage*

a) *Reichstagswahlen und Sozialistengesetz*

Selbst wenn Bismarck nicht der Autor der oben zitierten »geschmacklosen und widerlichen Redensart«[117] gewesen war, so handelte er doch entsprechend. In der freiwillig gouvernementalen *Norddeutschen Allgemeinen Zeitung* und in anderen bismarckisierenden Massenmedien kam es nach der Auflösung des Reichstags

(11. Juni) zu einem »wahren Sturmlauf« einerseits gegen die Sozialdemokratie und andererseits gegen die Nationalliberale Partei *(Abbildung 296)*. Zwei Themen waren vorgegeben: »Gegen die Verhinderung des Ausnahmegesetzes!« und »Für eine Reichsfinanzreform!« »Liberale Wahl wäre, wie Freunde in Presse sehr treffend schreiben, jetzt Felonie, Landesverrath, Majestätsbeleidigung«, wußte Baron von Prudelwitz aus der preußischen Hauptstadt zu berichten.[118]
Auf der Seite der Konservativen kämpfte auch der von den Agrariern in Berlin aufgestellte Kandidat Otto Glagau, dessen Broschüre *Der Bankerott des Nationalliberalismus und die »Reaction«* (1878) acht Auflagen erlebte. Ferner ist hier als »Nouveauté« *(Kladderadatsch)* die Anfang Januar 1878 entstandene, von den Witzblättern »höhnisch gekitzelte« *(Ulk)* Christlich-soziale Arbeiterpartei zu nennen. Die aufpeitschenden Reden ihres Gründers, des Berliner Hof- und Dompredigers Adolf Stoe[ö]cker, gegen Sozialdemokraten, Liberale und Juden füllten nicht nur die Spalten der evangelischen *Kreuz-Zeitung*, sondern auch die der katholischen *Germania*.[119]

296 *Kladderadatsch*, Nr. 31 v. 7. 7. 1878
Reichstagsauflösung
Holzschnitt von Wilhelm Scholz

Dem zweiten Anschlag auf den 81jährigen Kaiser (2. Juni) folgte am 11. Juni die Auflösung des Reichstags. Die Neuwahlen wurden auf den 30. Juli anberaumt. In der gouvernementalen Presse findet nicht nur eine Hetze gegen die Sozialdemokratie statt, die zu Unrecht mit dem Attentäter Karl Eduard Nobiling gleichgesetzt wird, sondern auch gegen die nationalliberalen Führer Rudolf von Bennigsen, Max von Forckenbeck und Eduard Lasker, welche das erste Sozialistengesetz mit zu Fall gebracht hatten. Selbst Bismarcks langjährige »rechte Hand«, Rudolf Delbrück, wird als ein »Hauptverbrecher« *(Berliner Wespen)* dargestellt.
Die Karikatur ist eine Situationsschilderung. Sie bringt die berechtigte Furcht der Liberalen zum Ausdruck, das beabsichtigte neue Ausnahmegesetz gegen die Sozialdemokratie könne auch sie empfindlich treffen.

In bezug auf die Wahlkampf-Vermittlung beziehungsweise Teilnahme der liberalen satirischen Wochenblätter erkennt man ohne Schwierigkeiten zwei gegensätzliche Tendenzen. Auf der einen Seite steht der immer griesgrämiger werdende *Kladderadatsch.* Nachdem er seinen Lesern die einzelnen »Parteiprogramme« vorgestellt hatte, gab er am 30. Juni (Nr. 29/30) die Parole aus:

»... in den künft'gen
Reichstag – wenn's möglich – wähl'
Einen Vernünft'gen!«

Am 21. Juli hieß es dann in der »Zweifels- und Beruhigungs-Glosse eines Friedfertigen«:

»Umsonst ermahn' ich immer wieder:
Seid doch verträglich bei der Wahl!
Wozu der Lärm und der Scandal!
Wir Menschen sind ja alle Brüder!«

Eine Woche später tadelte das Blatt erneut des »wüsten Kampfs Geschrei«, forderte aber nichtsdestoweniger alle Stimmberechtigten auf, sich an den Wahlen zu beteiligen.[120]

Auf der anderen Seite findet man den *Ulk* und die *Berliner Montags-Zeitung.* Der *Ulk* griff schon am 13. Juni (Nr. 24) aktiv in den Wahlkampf ein:

»Nur jetzt kein Hadern! Jetzt nur kein Erbittern!
Zusammen schließt Euch, eine eh'rne Wand,
Und Schulter dicht an Schulter, Hand in Hand
Bekämpft den Feind, ein Heer von Geistesrittern!«

Als dann auch für den *Ulk* (Nr. 29) die »Ziele« der Regierung immer offensichtlicher wurden, nämlich auf den »Sack« (= Sozialdemokratie) zu schlagen, während sie den »Esel« (= Liberalismus) meinte, setzte das Blatt (Nr. 30) am 25. Juli auf einer ganzseitigen Karikatur die Sturmglocke in Bewegung. Fast gleichzeitig versuchte Richard Schmidt-Cabanis in der *Berliner Montags-Zeitung,* unter Aufzählung aller sechs Berliner Fortschrittskandidaten, die bürgerlichen Wähler aus ihrer Trägheit aufzurütteln:

»Zur Urne tönt das Feldgeschrei –
D'rum vorwärts in der Freiheit Namen!
Und unsers Banners Wahlspruch sei:
Kein Monopol,
Und kein Petrol
Und keine Stöcker-Mucker! – Amen.«[121]

Noch während der Wahlschlacht, die für die Liberalen enttäuschend ausging – 41 Sitze gingen verloren, während die Konservativen fast ebenso viele Mandate hinzugewannen –,[122] hatten das preußische Innen- und Justizministerium einen neuen Gesetzentwurf »gegen die gemeingefährlichen Bestrebungen der Sozialdemokra-

tie« ausgearbeitet. Er wurde am 17. August im Bundesrat eingereicht und einen Tag später in der Presse veröffentlicht.
Am 9. September trat der Reichstag, über dessen Haupt die drohende Auflösung wie ein Damoklesschwert pendelte, nach dem Motto »Friß, Vogel, oder stirb!« *(Kladderadatsch)* zu einer außerordentlichen Session zusammen, um über den Text zu beraten. Am 17. wurde die Regierungsvorlage an eine »Waffenschmiede für Ausnahmegesetze« *(Ulk)*,[123] sprich Kommission überwiesen, in die kein Sozialdemokrat gewählt worden war.
In den erregenden Wochen zwischen Mitte August und Ende Oktober erschienen in den drei illustrierten Politwitzblättern *Kladderadatsch*, *Berliner Wespen* und *Ulk* nicht weniger als 37 themenbezogene Karikaturen.[124] Keine dieser satirischen Illustrationen zum Zeitgeschehen setzte sich – wie einst im Kulturkampf – aktiv für ein Ausnahmegesetz ein. Im Gegenteil. Wiederholt wurde Bismarck, der die Volksvertretung am 17. September bestürmte, »auf dem Schlachtfeld der Ehre« der Sozialdemokratie standzuhalten,[125] in verfremdeter Gestalt (Wolf, Raubtier, Kegelspieler, griechischer Held) als ein zu allem entschlossener Gewaltmensch dargestellt *(Abbildung 297)*.

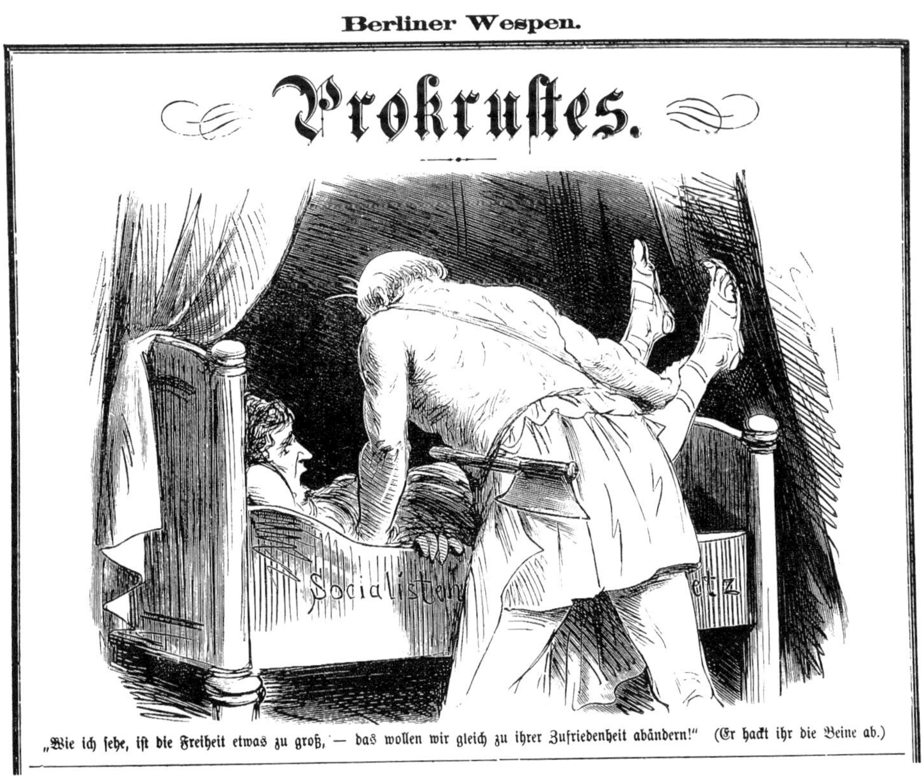

Der Zeichner entsinnt sich, wie so oft, der griechischen Mythologie. Er vergleicht Bismarck mit dem Räuber Prokrustes, der alle, die in seine Hände fielen, auf ein Bett legte. Waren seine unglücklichen Opfer zu kurz, streckte er sie; waren sie zu lang, hackte er ein Stück ab.
So sehr die *Berliner Wespen* im Kulturkampf an Bismarcks Seite stritten, so reserviert verhielten sie sich in der Frage der Ausnahmegesetzgebung gegen die Sozialdemokratie.

297 *Berliner Wespen*, Nr. 35 v. 30. 8. 1878
Prokrustes
Holzschnitt von Gustav Heil

Bemerkenswerterweise erkannten die *Berliner Wespen* bereits vor der Verabschiedung des Gesetzes sehr klar, daß eine bloße Bekämpfung von Symptomen einer Sisyphusarbeit gleichkäme, das heißt die von Bismarck beabsichtigte Wirkung nicht zeitigen könne.[126]

In eben diesem Zusammenhang ist jedoch ausdrücklich hervorzuheben, daß gerade die Zeichner, allen voran Gustav Heil, ihr Scherflein dazu beigetragen haben, in den Köpfen der Zeitgenossen das sozialdemokratische Feindbild zu verfestigen. Die Embleme der Französischen (1789) und deutschen (1848) Revolution, Jakobinermütze und Heckerhut, struppiger Bart und Knotenstock sowie die seit der Pariser Commune (1871) häufig verwendete Petroleumflasche waren die klischeehaft verwendeten äußeren Merkmale der »wilden Gesellen«.[127]

Am 19. Oktober 1878 wurde das Sozialistengesetz, leicht abgemildert und auf zweieinhalb Jahre befristet, von den drei »Bataillons Bismarck sans phrase« *(Ulk)*,[128] das heißt von den Nationalliberalen sowie den Deutsch- und Freikonservativen, mit 221 gegen 149 Stimmen angenommen. Am 21. Oktober trat es in Kraft.

Am Vorabend der entscheidenden Reichstagssitzung übermittelten die *Berliner Wespen* (Nr. 42) ihren Lesern das nachstehende »geflügelte Wort« Ludwig Bambergers: »Dieses Gesetz ist kein Ausnahmegesetz, denn es wird uns Alle treffen.«[129]

Am Tag danach veröffentlichte der *Kladderadatsch* (Nr. 48) des »Fortschrittlers Stoßseufzer«, der sein eigener gewesen sein dürfte:

»Mir träumt' einmal von goldnen Zeiten,
Von einem Reiche stark und hehr,
Das, hochgeehrt von allen Seiten,
Gefestigt stünd' vom Fels zum Meer.
Der Freiheit Sonne sah ich steigen
Glanzvoll empor am Himmelssaum,
Begrüßt von froher Herzen Reigen
Mit Jubelruf. – Es war ein Traum!«

Das zweite Ausnahmegesetz des Deutschen Reichs (das erste betraf die Jesuiten) richtete sich gegen »sozialdemokratische, sozialistische oder kommunistische Bestrebungen«, die es »auf den Umsturz der bestehenden Staats- und Gesellschaftsordnung« abgesehen hatten. Vereine, Versammlungen, öffentliche Festlichkeiten und Demonstrationen, periodische und sonstige Druckschriften wurden verboten, »Agitatoren« unter bestimmten Voraussetzungen ausgewiesen. Sympathisierenden Gastwirten, Buchdruckern, Buchhändlern und Leihbibliothekaren drohte die Gefahr, daß ihr Gewerbebetrieb geschlossen wurde.

§ 28 ermächtigte darüber hinaus die Einzelstaaten, nach Rücksprache mit dem Bundesrat, für die Dauer eines Jahrs über »gefährdete« Bezirke und Ortschaften den sogenannten »kleinen Belagerungszustand« zu verhängen. Nunmehr waren nicht nur alle Versammlungen (außer für Wahlzwecke) ohne vorherige polizeiliche Genehmigung untersagt, sondern auch die öffentliche Verbreitung von Druckschriften. Die Ausweisung verdächtiger Personen wurde erleichtert, der Waffenbesitz oder -verkauf erschwert.

Obwohl für die Verbote und die entsprechenden Kontrollmaßnahmen die Polizeibehörden der Länder zuständig waren (§ 6), wurden binnen kurzem »Bismarcks Prätorianer«, das heißt die Vertreter der Berliner politischen Polizei, zu Hauptwerkzeugen der Unterdrückung.[130]

Die erste »gefährdete Ortschaft«, die den kleinen Belagerungszustand zu spüren bekam, war Berlin (28. November 1878). Acht Tage vor dem Einzug des genesenen Kaisers unter »des Volkes brausendem Festesjubel« *(Kladderadatsch)* wurden vierzig Sozialdemokraten ausgewiesen. Während sich den *Berliner Wespen* die Erinnerung an den »seligen Wrangel« aufdrängte, jammerte der *Kladderadatsch:*

»Ein hart Gesetz ist's, das aus seiner Vaterstadt
Austreibt den Bürger, von geliebtem Herde fort,
Von Weib und Kindern, die er nähren soll, ihn trennt,
Heraus ihn reißend aus gewohnter Freunde Kreis.«

Überzeugt davon, daß die »Schuld« nicht nur die Sozialdemokraten traf, sondern mindestens ebenso die »erbarmungslosen, hochmütigen und geldgierigen« Philister, forderte das Blatt die ganze Berliner Bevölkerung auf, Buße zu tun, das Gesetz zu achten und in ihre Herzen aufrichtige, wahrhafte »Lieb'« zum Vaterland »zu pflanzen«.[131]

Mit der Annahme des Sozialistengesetzes neigte sich die liberale Ära, die im übrigen weder dem vierten Stand noch dem zweiten Geschlecht die soziale *(Abbildung 298)*, geschweige denn politische Gleichberechtigung gebracht hatte,[132] ihrem Ende zu. Gewiß, im Frühjahr 1879 fanden die liberalen Abgeordneten nochmals zurück zu Einigkeit und Recht und Freiheit. Nach der Devise »Nur über meine Leiche!« *(Ulk)* brachten sie nicht nur das von Bismarck eingebrachte »Maulkorbgesetz«, welches »umstürzlerische Reden« der Volksvertreter unter Strafe stellte, zu Fall, sondern machten auch mit dem Begehren der Regierung, die beiden sozialdemokratischen Volksvertreter Friedrich Wilhelm Fritzsche und Wilhelm Hasselmann an der Ausübung ihres Mandats zu hindern, »schleunigen Proceß« *(Kladderadatsch)*.[133] Doch zu diesem Zeitpunkt stand ihre Niederlage bereits unmittelbar bevor.

Seit Mitte der 60er Jahre des 19. Jahrhunderts konnten Frauen an der Züricher Universität zu einem normalen Studienabschluß gelangen. Der *Kladderadatsch* zeigt, zwei Jahrzehnte nach der Revolution, eine Studentinnenkneipe, wie er sie sich vorstellt: die umgekehrte akademische Welt. Studentinnen trinken Bier, spielen Karten, tragen Studentenmützen, rauchen Pfeife und nehmen die Kellner auf den Schoß. Das Frauenstudium, ein in Deutschland noch zu erkämpfendes und erst im 20. Jahrhundert erreichtes Ziel, wird hier ins Lächerliche gezogen, was nicht gerade für den fortschrittlichen Geist des liberalen Witzblattes spricht. Zwei Jahre später, 1874, veröffentlichte die Gattin des *Kladderadatsch*-Leiters, Hedwig Dohm, die Großmutter der künftigen Katja Mann, ihre Streitschrift *Die wissenschaftliche Emancipation der Frau.*

298 *Kladderadatsch*, Nr. 55 v. 1. 12. 1872
Schattenseite – Züricher Studentinnen-Kneipe
Holzschnitt von Wilhelm Scholz

b) Zollplage und Steuerreform: Berlins liberale Witzblätter an der Klagemauer

Parallel zu den Parlamentsdebatten über das Sozialistengesetz hatte sich am 17. Oktober 1878 im Reichstag eine »Volkswirtschaftliche Vereinigung« gebildet. Für ihre 204 Mitglieder, darunter 27 Nationalliberale, 75 Konservative und fast das gesamte Zentrum (87 von 94 Abgeordneten) waren gemeinsame wirtschaftliche Ziele wie die Einführung von Schutzzöllen wichtiger als parteipolitische Differenzen.
Gestärkt durch die klerikal-konservative Interessengemeinschaft gab Bismarck wenige Tage vor Weihnachten in einem Brief an den Bundesrat, der in der Öffentlichkeit »ungeheures Aufsehen« erregte, »grünes Licht«.[134]
Der alsbald ausbrechende, von Bismarck tüchtig geschürte Meinungsstreit – hie Schutzzöllner, dort Freihändler – übertraf an »Grobheiten«[135] bei weitem das in unseren Tagen geführte kontroverse Zeitgespräch über den »neuen Protektionismus« (EG – USA). Kein Wunder, daß er sich auch in den satirischen Wochenblättern der Reichshauptstadt niedergeschlagen hat.

Hier zwei Strophen aus einem Anfang Februar erschienenen Leitgedicht des *Kladderadatsch:*

»Zu welchem Zeitungsblatt ich greife,
Von Zollartikeln ist's erfüllt;
So oft ich durch die Spalten schweife,
Begegnet mir dasselbe Bild.
Die ›Tante‹ wie die Nationale,
Kreuzzeitung, Tageblatt und ›Post‹ –
Sie Alle, zum wie vielten Male
Aufwärmen sie dieselbe Kost!

Um Eisen dreht sich's und um Kohlen,
Um Tabakskraut, um Korn und Vieh;
Hier wird bekämpft und dort empfohlen,
Und einer Meinung ist man nie.
In diesem Kampf, dem grimmig wilden,
Steh' ich noch unentschieden da.
Muß ich mir auch ein Urtheil bilden?
Die Antwort, fürcht' ich, lautet: Ja!«[136]

Daß die Wogen sich nicht glätteten, sondern immer höher gingen, bezeugen die *Berliner Montags-Zeitung* und der *Ulk*. Am 3. März erdichtete Richard Schmidt-Cabanis die nachstehenden »zollfreien Zollgedanken«:

»Von Zollreform und Zollproject
Schwirrt's Deutschland um die Ohren;
Das Lieblichste wird ausgeheckt,
Das Tollste wird geboren.«

Drei Tage später veröffentlichte der *Ulk* eine fast identische »Reportage«:

»Wovon spricht man beim Glase Bier
Jetzt in dem kleinsten Nest?
Es dreht sich Alles, dort wie hier,
Um Zölle und um Pest.«[137]

Allerdings ließen es die satirischen Wochenblätter nicht bei einer ironischen Vermittlung der Polemik bewenden. Vielmehr setzten sie die ihnen eigenen Waffen zur Unterstützung der liberalen Tagespresse tatkräftig ein. Neben Textbeiträgen unterschiedlichster Art erschienen zwischen Ende Dezember 1878 und dem Beginn der Parlamentsberatungen (2. Mai 1879), das heißt innerhalb von achtzehn Wochen im *Kladderadatsch* 17, in den *Berliner Wespen* 13 und im *Ulk* 10 Karikaturen mit Überschriften wie »Zopp, zopp, zopp zurück!« *(Kladderadatsch)*, »Die singenden Zollschutzengelsköpfchen« *(Ulk)* oder »Die Folterkammer der Zollwissenschaft« *(Berliner Wespen)*.[138]

Als dann am 31. März »des Centrums größter Sohn« *(Kladderadatsch)*, Ludwig Windthorst, dem Reichskanzler die Unterstützung seiner Partei in der Schutzzollfrage signalisierte, begannen die Witzblätter mit der Veröffentlichung einer langen Reihe von Situationstravestien, die den wuchtigen Reichskanzler dem kleinwüchsigen Volksvertreter in bekannten Szenen aus der Mythologie, Literatur, Kunst, Musik oder auch aus dem Parlament gegenüberstellten. Zweifellos haben diese Karikaturen, auf denen immer wieder die gleichen Personen unter neuen Umständen auftraten, bei ihren gebildeten und politisch informierten Betrachtern so manches »Befreiungslachen« hervorgerufen, sei es um eigene Aggressionen abzubauen oder zu bestätigen.[139] Als ein besonders anschauliches Beispiel sei eine am 5. September 1879 in den *Berliner Wespen* (Nr. 36) erschienene Illustration herangezogen. Hier werden dem hebräischen Nationalhelden Simson-Bismarck von seiner Geliebten, der listigen Philisterin Delila-Windthorst, mit einer Schere die drei Kraft spendenden Haare abgeschnitten. Im Hintergrund erscheint eine Prozession des Zentrums.[140]

An der sich bis Mitte Juli hinziehenden »blutigen Feldschlacht« *(Kladderadatsch)* im Reichstag beteiligten sich 155 Abgeordnete und mehrere Vertreter des Bundesrats. Der infolge der »unerhörten und verlogenen Preßagitation« der hauptstädtischen Medien äußerst erboste Kanzler griff siebenmal in die Debatten ein.[141] Schließlich kam es zu einem Gentlemen's Agreement, einerseits zwischen der »edeln Agrarier Schaar« und den »Schlotbaronen« *(Kladderadatsch)*, andererseits – auf Kosten einer nationalliberalen Alternative – zwischen Bismarck und dem Zentrum *(Abbildung 299)*.

Am 18. Mai versetzte sich der *Kladderadatsch* (Nr. 22/23) in die Rolle der triumphierenden Junker. An diesem Tag schrieb Baron von Prudelwitz an Baron von Strudelwitz: »Hip hip Hurrah! – mit Reichskanzler . . . versöhnt! Schutzzoll siegreich, Agrarier-Programm durchgesetzt, Reaction auf ganze Linie zu Attaque übergegangen! . . . Bamberger und Complicen, ausgequetschte Citronen, ausgekochte Knochen, verschlissene Fetzen – Müll – Plunder – Guano [Düngemittel]!«

Was die Redaktion von der Entwicklung hielt, zeigt neben vielen anderen Äußerungen folgender Ausruf:

Am Steuer.

Die liberale Speiche zu den anderen Beiden:

Ueberhebt euch nur nicht! Sobald der Wind sich dreht, bin ich wieder oben.

Verantwortl. Redacteur: E. Dohm in Berlin. – Verlag von A. Hofmann u. Co. in Berlin, Kronenstraße 17. – Druck von Eduard Krause in Berlin.

Der nach Bismarcks Abkehr von seinen bisherigen Bundesgenossen, den Nationalliberalen, schwer enttäuschte *Kladderadatsch* ist sicher, daß eines Tages die Liberalen wieder obenauf sein werden. Acht Jahre später, nach der Reichstagsauflösung vom 14. Januar 1887, bildeten die Nationalliberale Partei, die Deutschkonservativen und die Freikonservativen ein Kartell (Wahlbündnis), das Bismarck für die letzten drei Jahre seiner Regierungszeit eine solide Mehrheit brachte.
Das Motiv – Bismarck als Steuermann des Staatsschiffes – dürfte, wie so manches andere, der Pariser satirischen Zeitung *Le Charivari* entnommen sein.

299 *Kladderadatsch*, Nr. 27 v. 15. 6. 1879
Am Steuer
Holzschnitt von Wilhelm Scholz

»Heil, Deutschland, dir! Dein Reichstagssaal
Ward eine Schacherbude!«,

ein Vergleich, der sich viel später in den Memoiren August Bebels wiederfinden sollte.[142]

Die teils sofort, teils mit Wirkung vom 1. Januar 1880 zum »Schutz der nationalen Arbeit« wiedereingeführten oder erhöhten Zölle für Eisen, Baumwolle, Garn, Petroleum, Getreide, Vieh, Holz und Tabak wurden durch Finanzzölle für Konsumartikel (Wein, Butter, Fleisch, Wild und Kaffee) sowie durch eine stufenweise Heraufsetzung der inländischen Tabaksteuer ergänzt.[143]

Bismarcks gegen den Willen der Sozialdemokraten, der Fortschrittler und der meisten Nationalliberalen zustande gekommene große Zoll- und Finanzreform erfüllte ihr wichtigstes Ziel, nämlich das Reich von einem »lästigen Kostgänger« in einen »freigebigen Versorger der einzelnen Staaten« zu verwandeln,[144] nur halb. Dagegen hatte sie in drei Bereichen weitreichende Folgen. 1. Sie belastete die Konsumenten, insbesondere die unteren Bevölkerungsschichten *(Abbildung 300)*, 2. sie wirkte sich ungünstig auf die ohnehin überempfindlichen Auslandsbeziehungen aus, 3. sie besiegelte das für das Wende-Kaiserreich ausschlaggebende Bündnis zwischen Kapital und Grundbesitz.

Die Verlierer waren die Liberalen. Zunächst wurde, in der zweiten Maihälfte, der dem linken Flügel der Nationalliberalen angehörende Berliner Oberbürgermeister Max von Forckenbeck vom Präsidentenstuhl des Reichstags, den er seit 1874 innehatte, »heruntergeärgert« *(Kladderadatsch)*. Drei Tage später (23. Mai) trat der Vizepräsident und Lasker-Freund Franz Freiherr Schenk von Stauffenberg ebenfalls zurück. Somit war der Weg für eine konservativ-klerikale Parlamentsspitze frei.[145]

Am 23. Mai verglich Gustav Heil in den *Berliner Wespen* die jüngste Entwicklung mit der »Zerstörung« des Reichs. Auch der *Ulk* und der *Kladderadatsch* widmeten diesem Ereignis eine Karikatur. Darüber hinaus veröffentlichten die schwer enttäuschten »Gelehrten« das folgende flammende Leitgedicht:

»Gelungen ist's: Er hat, wie Er verkündet,
Die Liberalen ›an die Wand gedrückt‹;
Mit neuen Männern hat Er sich verbündet
Und manche zweifelhafte Hand gedrückt.
[...]
Die aber in des Kampfes schweren Tagen
Zu Ihm gestanden treu in heißem Streit,
Die Seine Fahne hoch emporgetragen,
An Ihm nicht zweifelnd auch in schlimmer Zeit –

Auf deren Rath und That bei allem Großen,
Das Er geschaffen, stets Er sich gestützt:
Heut werden sie verworfen und verstoßen,
Ein Werkzeug, abgethan und abgenützt!

Sie gehn, verjagt von jenem eisig kalten
Und harten Wind, der jetzt von Oben weht;
Wer von den Alten mag zu Ihm noch halten,
Wenn selbst der treue Max von hinnen geht?«[146]

Doch ein Unglück kommt selten allein. Gemäß der Devise »Nach uns die Sündfluth!« *(Berliner Wespen)* ritten Ende Juni 1879 des »schmollenden Grolls voll« *(Kladderadatsch)* drei Reiter, das heißt drei preußische Minister »zum Thore hinaus« *(Ulk)*.[147] Einer von ihnen war der während des Kulturkampfes mit dem sagenhaften Schlan-

300 *Kladderadatsch*, Nr. 25 v. 1. 6. 1879
Schematischer Beweis
Holzschnitt von Wilhelm Scholz

Neben der Sorge um das Wohl der durch Zölle zu schützenden deutschen Landwirtschaft und Industrie hatte Bismarck noch ein anderes Problem zu lösen: eine Reform der Reichsfinanzen. Die Ausgaben des Reichs (in erster Linie das Militärbudget) wurden durch die finanziellen Beiträge der einzelnen Staaten gedeckt. Auf der Suche nach weiteren Finanzquellen – der Brotpreis war bereits durch den Kornzoll erhöht worden – verfiel Bismarck auf die Besteuerung des Bier- und Tabakkonsums. Direkte Steuern (das heißt die Einkommensteuer) wurden nur von den Steuerzahlern erhoben, die mehr als 420 Goldmark (=4200 DM) pro Jahr verdienten. Die ärmeren Bevölkerungsschichten wurden also von nun an durch Verbrauchssteuern geschröpft, deren unsozialen Charakter der Zeichner des *Kladderadatsch* anprangert.

genbändiger Laokoon verglichene Kultusminister Falk, als dessen Nachfolger die konservativen Politiker Robert von Puttkamer und Gustav von Goßler (seit 1881) zu nennen sind.

Der »allgemeine Ministerstreik« rief nicht nur die Witzblätter auf den Plan, sondern diente Bismarck am 9. Juli als Vorwand, nach den schweren Auseinandersetzungen der vergangenen Wochen mit dem linken Flügel der Nationalliberalen »furchtbar abzurechnen«.[148] Seine Strafpredigt beantworteten fünfzehn nationalliberale Schutzzöllner am Tag der Schlußabstimmung (12. Juli) mit dem Austritt aus der Fraktion.

Angesichts dieses Schocks fand der angejahrte *Kladderadatsch* vorübergehend seine frühere Verve wieder. Am 20. Juli parodierte er das Lied der Parzen aus Goethes Schauspiel *Iphigenie auf Tauris*:

»Es fürchte den Bismarck
Das Menschengeschlecht!
Er hält die Herrschaft
In kräftigen Händen,
Und drückt an die Wände
Wem grade er zürnt.«[149]

Am 17. August entfaltete das Blatt (Nr. 37), das eine Woche vorher wegen Bismarckbeleidigung beschlagnahmt worden war *(Abbildung 301)*, das nachstehende Programm für die auf den 30. September und 8. Oktober angesetzten Neuwahlen zum preußischen Abgeordnetenhaus:

»Zum Kampf mit deutscher Mannesbrust,
Für Wahrheit, Recht und Freiheit!«

Am 25. August erschien dann in der oppositionellen *Berliner Montags-Zeitung* (Nr. 34) ein sechs Strophen langer »Wächterruf«. Der Refrain »Das Vaterland ist in Gefahr!« war eine deutliche Anspielung auf die Französische Revolution.

Freilich sollte sich der Mitte der siebziger Jahre einsetzende Stimmungsumschwung bei diesen Wahlen voll bestätigen. Die von den *Berliner Wespen* als »Compromiß-Gretchen« verspotteten Nationalliberalen errangen nur halb so viel Sitze wie 1876 (85 statt 169); die Mandate der Deutschen Fortschrittspartei schrumpften von 63 auf 38. Dagegen schnellte die Zahl der konservativen Sitze von 76 auf 161 empor. Das Zentrum konnte 97 statt 89 Abgeordnete in das Parlament entsenden.[150]

Nicht wiedergewählt wurde der ins Lager der Bismarckgegner übergewechselte Eduard Lasker, der zwölf Jahre lang trotz vieler Meinungsverschiedenheiten Bismarcks wichtigste Stütze gewesen war *(Abbildung 302)*. Statt dessen zog der »an der Spitze der Judenhetze« *(Berliner Wespen)* stehende Hofprediger Adolf Stoe[ö]cker in den preußischen Landtag ein.[151]

Auf einer ganzseitigen Karikatur versuchten die *Berliner Wespen* (Nr. 42) am 17. Oktober, die kollektive emotionale Grundhaltung der Liberalen symbolisch darzustellen.[152] In satirischer Umkehrung besiegt die als Drache dargestellte Reaktion den zu Boden geworfenen Heiligen Georg (= Liberalismus). Es handelt sich also um eine »verkehrte Welt«.

»Weh' Jedem, der sich je liberal genannt«, klagte der entsetzte *Kladderadatsch* und stellte in dem Zeitgedicht »An einen alten Bekannten« eine unmittelbare Verbindungslinie zu 1848/49 her:

»Einst bist du auf vom Schlaf gesprungen –
's ist freilich etwas lange her –
Hast gut gekämpft und stark gerungen;
Jetzt ist's vorbei, du kannst nicht mehr!
Ich seh', erschlafft sind deine Glieder –
Lösch', deutscher Michel, aus das Licht
Und leg' dich friedlich wieder nieder;
Ruh' ist die erste Bürgerpflicht!«[153]

Der freihändlerisch gesinnte *Kladderadatsch* zieht Grimms Märchen *Tischlein deck' dich, Eselein streck' dich, Knüppel aus dem Sack!* als Gleichnis heran. Der mit zollpflichtigen Einfuhrgütern beladene Esel ist das deutsche Volk, welches durch das Mittel der Zolltarife dem peitschenschwingenden Reichskanzler staatliche Einkünfte in Form von Goldstücken liefert. Die Veröffentlichung dieser Karikatur hatte ein strafrechtliches Nachspiel. Wegen Kanzler-Beleidigung wurden sowohl der Zeichner als auch der verantwortliche Redakteur des *Kladderadatsch*, Ernst Dohm, zu je 200 (heute etwa 2000) Mark Geldstrafe verurteilt.

301 *Kladderadatsch*, Nr. 36 v. 10. 8. 1879
Märchenhaftes
Holzschnitt von Wilhelm Scholz

Von 1866 bis 1878/79 war der liberale Reichstags- und Landtagsabgeordnete Eduard Lasker Bismarcks wichtigste Stütze. Das von Wilhelm Scholz gezeichnete Doppelporträt ist auch bezüglich der Körpergröße kaum karikiert.

302 *Kladderadatsch*, Nr. 6 vom 11. 2. 1872
Bescheidene Anfrage
Holzschnitt von Wilhelm Scholz

Die satirische Themensetzung nach der »Zweiten Reichsgründung« (1880–1890)

»Die Welt ist ja im Wechsel nur
Beständig!«,

diese Schopenhauer-Anleihe des *Kladderadatsch*[154] resümiert in trefflicher Weise die letzte Dekade des Zeitalters Bismarck.

1. Auch nach dem großen Revirement der Jahre 1878/79 wechselten die preußischen Minister. Das »Heer der Verlassenen« *(Ulk)* und »Ausgepreßten« *(Berliner Wespen)* bevölkerte allmählich eine ganze »Läster-Allée« *(Kladderadatsch)*.[155] Eines der wieder zur Disposition stehenden Staatsämter – das Ministerium für Handel und Gewerbe – übernahm Borussias »Diplomädchen für Alles« *(Ulk)* am 16. September 1880 (bis Februar 1890) schließlich selbst *(Abbildung 303)*. Ein anderes bot der »greise

In trinitate robur!

Se. Durchlaucht der Reichskanzler conferirte gestern mit dem Preußischen Ministerpräsidenten und dem neuernannten Handelsminister. Dem Vernehmen nach herrschte in allen Fragen die vollständigste Harmonie. Die Aera der Frictionen scheint geschlossen.

303 *Kladderadatsch*, Nr. 42 v. 12. 9. 1880
In trinitate robur!
Holzschnitt von Carl Gehrts

Bismarcks Familienwappen, ein mit drei silbernen Eichenblättern bestecktes goldenes Kleeblatt, führt die lateinische Devise »In trinitate robur!« (in der Dreiheit liegt die Stärke).
Diesen Wahlspruch hat sich Bismarck selbst zugelegt, nachdem er als preußischer Bundestagsgesandter in Frankfurt (1851 bis 1859) vom dänischen König mit dem Großkreuz des Danebrog-Ordens ausgezeichnet worden war.
Der *Kladderadatsch* überträgt die Bismarcksche Dreifaltigkeit, die in Wirklichkeit eine Vierfaltigkeit war, auf seine damaligen mehrfachen Regierungsfunktionen. Bismarck stand zugleich an der Spitze der Reichs- und der preußischen Regierung und hatte neben dem Außen- 1880 auch das Handelsministerium übernommen. Die Ära der »Frictionen«, das heißt der Auseinandersetzungen mit Ministern, Parlamentariern und Publizisten, hatte die zweite Hälfte der siebziger Jahre geprägt.

Kämpe« *(Ulk)* seinem alten Wunschkandidaten, Rudolf von Bennigsen, an. Doch diesem waren »die Trauben zu sauer« *(Berliner Wespen)*; er »dankte für Obst« *(Kladderadatsch)*.[156]

2. Bis gegen Ende der achtziger Jahre war Bismarck im Reichstag gezwungen, mit wechselnden Mehrheiten zu regieren *(Abbildung 304)*. So war namentlich das Zentrum »keinem Einzigen dauerhaft treu«; vielmehr wurde die katholische Partei schon sehr bald »die Geliebte aller Fraktionen« *(Berliner Wespen)*.[157]

Kein Wunder, daß ihr geistiger Führer Ludwig Windthorst in der Rangliste der Abgeordnetenkarikaturen den ersten Platz einnahm.[158]

3. 1888, das »Dreikaiserjahr«, brachte gleich einen zweifachen Wechsel an der Spitze des Reichs. Am 9. März starb der ehemalige »Kartätschenprinz«, Kaiser Wilhelm I. *(Abbildung 305)*, der sich spätestens seit 1870/71 »des Volkes Herz . . . erstritten« *(Kladderadatsch)*.[159] Sein Nachfolger, Friedrich III., die große Hoffnung der Liberalen, wurde bereits nach 99 Tagen, am 15. Juni, das Opfer einer unheilbaren Krankheit (Kehlkopfkrebs). Nur von kurzer Dauer war daher die Freude des *Ulks*. Siegmund Habers Kommentar zu einem im *Deutschen Reichs-Anzeiger* veröffentlichten Schreiben Kaiser Friedrichs an den Reichskanzler (12. März) sei hier als tragikomisches Dokument der Zeit zitiert:

»Gleich Balsam troff's in die Wunden hinein
Und heilte Leiden und Schmerzen;
Es drang wie warmer Sonnenschein
In Millionen Herzen!
Bei diesem Wort ist Mancher erwacht,
Der tief gelegen in Schlummer;
Den hellen Tag hat's uns gebracht
Nach einer langen und bangen Nacht
Voll Aengsten und Sorgen und Kummer!«[160]

Wie Balsam wirkte zweifellos die einzige selbständige Regierungshandlung des sterbenden Kaisers: die »Kreuzigung« *(Kladderadatsch)*, das heißt Entlassung (8. Juni 1888) des preußischen Innenministers Robert von Puttkamer. Auf dessen Konto gingen sowohl die politische Gängelung der preußischen Beamten als auch der Aufbau eines ausgeklügelten Spitzelapparats nach dem Vorbild Metternichs.[161]

4. Schließlich wechselten sogar die Kanzler. Bis März 1890 ließ der 28jährige »neue Herr« – Wilhelm II. – den »ererbten Mentor« seines Großvaters und Vaters »verschnaufen«. Dann inszenierte er aus persönlichen und politischen Gründen Bismarcks Sturz.[162]

5. *Last but not least* blieb auch der Untersuchungsgegenstand selbst von tiefgreifenden Veränderungen nicht verschont. Das Ende der Bismarck-Ära fiel zeitlich fast zusam-

Kanzlerliebe.

Nach Kaulbach.

Einer nach dem Andern!
Von den artigen Kindern kommt
Jedes an die Reihe!

Verantw. Redact.: In Vertret. Rudolf Löwenstein in Berlin. — Verlag von A. Hofmann u. Co. in Berlin, Kronenstr. 17. — Druck von Eduard Krause in Berlin.

Wie so oft, so mußte auch im Jahr 1882 Bismarck sich seine Parlamentsmehrheit von Fall zu Fall zusammensuchen. Das bekannte Bild des damals beim Publikum beliebten Münchner Malers Friedrich August von Kaulbach, »Mutterliebe«, dient hier als Modell. Aus dem empfindsamen Genrebild macht der Zeichner eine Bismarck-Karikatur: Der Kanzler als Mutter nimmt seine »Kinder« sozusagen auf den Arm. *Von links nach rechts:* die Zentrumspartei mit den Zügen ihres Führers Ludwig Windthorst, die Nationalliberale Partei, die konservative Agrarierpartei und deren Ableger, der Bauernverein. Ganz abseits *(Hintergrund links)* schmollt die Deutsche Fortschrittspartei. Von den Sozialdemokraten ist nichts zu sehen. Alle vom Kanzler »umarmten« Parteien haben ihn nacheinander oder miteinander im Reichstag unterstützt.

304 *Kladderadatsch*,
Nr. 49 v. 22. 10. 1882
Kanzlerliebe
Holzschnitt von Wilhelm Scholz

Am 9. März 1888 war Kaiser Wilhelm I. nach dreißigjähriger Regierungszeit im Alter von fast 91 Jahren verschieden. Das liberale Witzblatt bringt ein rührseliges Bild vom Sarg des Monarchen. In den drei »Einigungskriegen« gegen Dänemark (1864), Österreich (1866) und Frankreich (1870/71) war er ein »Held«. Doch dann folgten siebzehn Friedensjahre, symbolisch dargestellt durch einen Friedensengel *(links)*. *In der Mitte* sitzt das trauernde Preußen, eine jener behelmten Mädchengestalten, die auch in den Revuetheatern der »Kaiserstadt Berlin« aufzutreten pflegten. *Rechts* steht die betrübte Germania. Die Inschrift der Kranzschleife »Dein trauerndes Volk« ist angesichts der zahlreichen »Reichsfeinde« eine gelinde Übertreibung des *Ulks*.

No 11 * Seite 4 ULK 15. März 1888

Im Kriege ein Held, dem Frieden ein Hort,
Dem Volke ein Vater, so lebt er fort.

Redakteur: Siegmund Haber in Berlin. Druck und Verlag von Rudolf Mosse in Berlin.

305 *Ulk*, Nr. 11 v. 15. 3. 1888
Wilhelm I.
Holzschnitt von Hermann Scherenberg

men mit dem Ende der Monopolstellung Berlins als satirischer Meinungsfabrik des deutschen Reichs.

Klammert man den im sechsten Kapitel behandelten Militarismus aus, so läßt sich der Inhalt der Berliner satirischen Wochenblätter in bezug auf Häufigkeit und Kontinuität auf drei große Themen reduzieren: 1. Partei- und Wahlkämpfe, 2. Kulturkampf und Kulturfriede, 3. Bismarcks Wirtschafts- und Sozialpolitik.

1. *Wählers Lust und Leid*

Zehn Wahlen, vier zum Deutschen Reichstag (1881, 1884, 1887 und 1890), drei zum preußischen Abgeordnetenhaus (1882, 1885 und 1888) sowie eine Neu- und zwei Ergänzungswahlen zur Berliner Stadtverordnetenversammlung (1883, 1885 und 1889) sorgten dafür, daß sich die Spalten der Politwitzblätter selbst in der »Sauregurkenzeit« – heute spricht man vom »Sommerloch« – reichlich füllten.

Besonders ausführlich kommentierten sowohl die Autoren als auch die Karikaturisten begreiflicherweise die Wahlbewegungen in Berlin. In der als »Wasserkopf der Monarchie« verspotteten Millionenstadt prallten die Meinungen so heftig aufeinander, daß nach Ansicht des *Kladderadatsch* auch »die letzte Spur von Menschlichkeit« verlorenzugehen drohte *(Abbildung 306)*.[163] So konnte Bismarck sich im März 1881 »dem Gedanken nicht verschließen«, daß »der Reichstag und die Centralbehörden besser in einer anderen, weniger bevölkerten und der Unruhe weniger ausgesetzten Stadt . . . ihre Sitzungen hielten . . .«[164] Besonders verärgert schien der Kanzler über den »fortschrittlichen Ring«, welcher die Reichshauptstadt beherrsche, ein Begriff, der höchstwahrscheinlich auf die zum Teil gratis verteilte konservativ-antisemitische *Berliner Ostend-Zeitung* zurückgeht und der alsbald als politisches Schlagwort Karriere machte.[165]

Als die Überlegungen des Kanzlers im Mai konkrete Gestalt anzunehmen schienen, ließen der *Ulk (Abbildung 307)* und der *Kladderadatsch* ihrem Spott freien Lauf:

»O Sodom, du Stadt der Fortschritts-Frevel,
Dich treffe Feuer, Pech und Schwefel!«[166]

Tatsächlich betrachtete Bismarck die oppositionelle Fortschrittspartei als neuen Reichsfeind, zumal ihre als republikanisch verketzerten Führer – der Arzt Rudolf Virchow sowie der Finanzexperte und Wirtschaftsjournalist Eugen Richter – durch den Ende August 1880 aus der Mutterpartei ausgetretenen linken Flügel der Nationalliberalen Rückenstärkung erhalten hatten.[167]

Das Besondere der Reichstagswahlen 1881 war ihr Zusammentreffen mit der damals im Zenit stehenden antisemitischen Berliner Bewegung. »Zum erstenmale wird bei den Wahlen die Judenfrage eine Rolle spielen, und vielfach der Wahlruf ›hie Christ,

Einer der neuen Zeichner des *Kladderadatsch*, der sehr begabte Gustav Brandt, legt hier ein Zeugnis von seinem Können ab. In geistreicher, dem Stil der Pariser Karikaturisten ähnlicher Weise, skizziert er die verschiedenen Situationen und Gestalten des heißen Wahlkampfes von 1887: von den Kandidaten über die durch Polizeipersonal umrahmte Wahlversammlung bis zu den üblichen Prügeleien und der nächtlichen Heimkehr stark angeheiterter Staatsbürger.

Alleinige Inseraten-Annahme bei Rudolf Mosse Annoncen-Expedition für sämmtliche Zeitungen Deutschlands u. d. Auslandes

Beiblatt zum Kladderadatsch.

Insertions-Gebühren für die 4-gespaltene Nonpareil-Zeile oder deren Raum 1 M = 1¼ Fr.

Nr. 9. Erstes Beiblatt. Berlin, den 20. Februar 1887. XL. Jahrgang.

306 *Kladderadatsch*, Nr. 9 v. 20. 2. 1887
Von den Wahlversammlungen
Zeichnung von Gustav Brandt

307 *Ulk*, Nr. 20 v. 19. 5. 1881
Der Reichstag in Kassel
Holzschnitt von Hermann Scherenberg

Bevor die Vertreter des deutschen Volkes 1894 in dem von Paul Wallot errichteten Reichstagsgebäude eine »würdige Stätte« der gemeinsamen Arbeit gefunden hatten, tagten sie in einem Notquartier in der Leipziger Straße. Die Heftigkeit der Wahlkämpfe sowie die Vorherrschaft der oppositionellen Deutschen Fortschrittspartei im »Wasserkopf der Monarchie« (1,1 Millionen Einwohner) ließen Bismarck im Frühjahr 1881 mit dem Gedanken spielen, den Reichstag und die Zentralbehörden in die Provinz zu verlegen. Der liberale *Ulk* reagiert auf die konservative Losung »Ab nach Kassel!« mit Hohn und Spott. Hermann Scherenberg stellt die berühmten Wasserspiele im Schloß Wilhelmshöhe am westlichen Rand von Kassel dar, wobei er den Wasserspeiern die Gesichter bekannter Abgeordneter (*vorne links und rechts*) erkennt man Ludwig Windthorst und Eugen Richter) verleiht. *Im Hintergrund* trägt die berühmte, dem Farnesischen Herkules nachgebildete Kolossalstatue die Züge Bismarcks.

hie Jude oder Judengenosse‹ den Ausschlag geben . . .«, hieß es am 20. August 1881 in dem extrem-judenfeindlichen Satireblatt *Die Wahrheit* (Nr. 34).
Im Anzeigenteil stieß der Leser dann in jeder Nummer auf die Anpreisung »wohlfeiler konservativer und antisemitischer Agitationsschriften«, von denen die »primitiv semantisierende«[168] Flugschrift Wilhelm Marrs – *Wählet keinen Juden* – mehrere Auflagen erlebte.
Was den redaktionellen Teil anbelangt, so schreckte die im Januar 1880 als »Anti-Kladderadatsch«, »Anti-Wespen« und »Anti-Ulk« gegründete *Wahrheit* weder davor zurück, Tote *(Der kleine Reactionär)* zu bestehlen noch Lebendige zu plündern *(Abbildung 308* und *309)*.[168]
Die Wahrheit legte sich gewissermaßen in ein gemachtes Bett, denn an »Judenhetz-Artikeln und Broschüren« *(Ulk)* fehlte es zum Zeitpunkt ihrer Entstehung nicht:

»Einst mußten, es ist schon lange her,
Die Kinder Israels durch's rothe Meer
Bis an die Knöchel waten,
Verfolgt von Aegyptens Soldaten.
Die Juden, sie blieben munter,
Das Heer der Verfolger ging unter.

Heut müssen die Juden durch's schwarze Meer
Der Tintenmassen, die kreuz und quer
Ausspritzt eine kläffende Meute;
Und die Juden, sie sehen noch heute
Die Verfolger – wenn auch nicht ertrinken –
Doch tief im Schmutze versinken.«

Ende 1879 war das mit dem Meinungsumschwung von 1873/75 zusammenhängende »Antisemiten-Theater« *(Berliner Wespen)* durch »Stöcker's Hetze« und »Treitschke's Sätze« *(Ulk)* gesellschaftsfähig geworden. Ein Jahr später war die »Judenfrage« nicht nur Gegenstand einer an den Reichskanzler gerichteten Petition, sondern auch einer erregten Debatte im preußischen Abgeordnetenhaus (20./21. November).[169]
Auf dem »antisemitischen Kriegsschauplatz« *(Kladderadatsch)* wurden die »jüdischen« Witzblätter von der *Berliner Montags-Zeitung* unterstützt. Gemeinsam kreuzten sie ihre Klingen mit der *Wahrheit*. Gemeinsam versuchten sie, die »Todtengräber der Gegenwart« *(Berliner Montags-Zeitung)*, die miteinander zerstrittenen Führer der Berliner Bewegung, insbesondere den in mittelständischen Kreisen populären »christlichen Liebesapostel« *(Berliner Montags-Zeitung)* und »Neuen Luther« *(Berliner Wespen)*, Adolf Stoe[ö]cker, mit den Pfeilen der Satire zu durchbohren.
Als ein Beispiel dieser Polemik sei das einem fiktiven »christlich-social-liberal-conservativen Liederbuch« entnommene »Bundeslied« zitiert, das der *Kladderadatsch*

Schmuhls Brautwerbung um Germania.

Du holdes Weib, ich liebe Dich,
Sink' mir an's Herz und küsse mich!
Komm her zu mir und sei nicht kalt!
Und willst Du nicht, brauch ich Gewalt.

Du birgst vor mir Dein Angesicht?
Du zauderst noch? Du willst mich nicht?
Ich beug' Dir Deinen trotz'gen Sinn!
Denn wiss', daß ich Dein König bin.

Ich habe Dich erkauft mit Gold.
Drum liebe mich und sei mir hold!
Aus Angst und Noth und Fährlichkeit
Hat Dich allein mein Geld befreit.

Was wärst Du ohne Itzig Schmuhl?
Er hob Dich auf den goldnen Stuhl,
Er kaufte Dir die güldne Kron,
Und Du — Du weigerst ihm den Lohn!

Was sträubst Du Dich und thust so blöd?
Ergieb Dich mir und sei nicht spröd!
Komm her und reich mir Deine Hand,
Sonst stoß' ich Dich in Schmach und Schand!

So wehr Dich nur, Du stolzes Weib!
Mein bist Du doch mit Seel und Leib.
In Judas Hand, Dein Schicksal ruht,
Mein ist Dein letzter Tropfen Blut.

Verantwortlicher Redakteur **A. Runge,** Berlin. — Verlag: **M. Schulze,** Berlin, Hedemannstr 11 — Druck von **J. Ruppel,** Berlin, Stralauerstr. 33.

Das von 1880 bis 1886 erschienene rassistische Witzblatt fühlte sich verpflichtet, Woche für Woche antisemitische Karikaturen zu bringen. Doch die Inspiration seines Zeichners konnte mit diesem Rhythmus offensichtlich nicht Schritt halten. So erinnert die hier gezeigte widerlich erotische Illustration in auffälliger Weise an ein Zerrbild, das zwei Jahrzehnte früher erschienen war (Vgl. *Abbildung 229*).

308 *Die Wahrheit,*
Nr. 35 v. 26. 8. 1882
Schmuhls Brautwerbung um Germania
Holzschnitt

am 26. Dezember 1880, also kurz nach Beginn der Wahlagitation, »zum Absingen in Volksversammlungen« empfahl:

»Lasset uns die Juden hauen!
Wo wir einen Juden schauen,
Werde mit Bedacht und gründlich
Ihm sein Standpunct klar gemacht.

Juden hau'n ist edle Regung,
Sehr gesund auch als Bewegung.
Schwingt die Knüttel, werft die Gläser
An den Kopf der Judenzunft!

Bismarck hatte 1871 im Gespräch Mischehen zwischen reichen jüdischen Mädchen und adligen preußischen Offizieren angeregt. In der Tat kam es in Berlin häufig vor, daß durch Heiratsagenten (im jüdischen Jargon »Schadchen« genannt) jüdische Bankiers- und Industriellentöchter als Bräute mit großer Mitgift an verarmte oder durch Spielschulden ruinierte Offiziere vermittelt wurden. Drei Folgen ergaben sich aus diesen Verbindungen:
1. Die Schulden des Bräutigams wurden bezahlt und sein verfallenes Stammschloß in Stand gesetzt,
2. eine Ausstoßung aus dem Heer wegen Schuldenmacherei war nicht mehr zu befürchten,
3. die solchen Ehen entsprießenden Nachkommen brachten frisches Blut und wohl auch Intelligenz in degenerierte Adelsfamilien.
Der Zeichner der *Wahrheit* gibt dem ganzen Vorgang durch seine grotesken Karikaturen einen antisemitischen Anstrich. Die Rassengesetzgebung des Dritten Reiches wird hier auf »humoristische Weise« vorweggenommen.

309 *Die Wahrheit*, Nr. 17 v. 23. 4. 1881
Modern!
Unbekannter Zeichner

Horch, schon ist es losgegangen!
Sieh, schon hat es angefangen!
Stöcke sausen, Keulen schwirren,
Haare fliegen durch die Luft.

Brüder, laßt uns nicht ermüden,
Bis hinaus sind alle Jüden,
Bis der Letzte der Semiten
Mit Geheul ins Freie fliegt!«[170]

Die hier geschilderten Exzesse entspringen keineswegs der reinen Phantasie. Vielmehr sind – unter den Klängen des Deutschlandlieds – ähnliche Ausschreitungen bei »patriotischen Vortragsabenden« bis in die Mitte der achtziger Jahre in Berlin tatsächlich vorgekommen.[171]

Das unter der Losung »Vorwärts mit Gott für Kaiser, Reich und Recht!« stehende Hepp-Hepp-Geschrei spaltete über Jahre hinweg Berlins Professoren und Studenten *(Abbildung 310)*. Die Berliner Reichstagswähler schreckte es dagegen vorerst ab. Nicht die Kandidaten des »Conservativen Central-Comités« (C.C.C.), welches am 2. September in allen Berliner Bezirken Sedan-Feiern mit Schlachtmusik, Festreden, Freibier, Gratisvorstellungen und Fackelzügen veranstaltet hatte, machten das Rennen, sondern die von den liberalen Witzblättern nach dem Motto »So brecht der Freiheit eine lichte Gasse!« *(Ulk)* angespornte »Daitsche Fortschrittspartei« *(Die Wahrheit)*.[172]

Als Stoe[ö]cker schließlich im Frühjahr 1889 bei Wilhelm II. und Bismarck in Ungnade fiel, brauchte der »Kaltgestellte« weder im *Ulk* noch in den *Lustigen Blättern* noch im *Kladderadatsch* für Spott zu sorgen. Am 28. April schrieb das letztgenannte Blatt:

»Wie stürzt' er würgend sich in Judas Hürden –
Ach, anders kam's, die Krallen zieht er ein.
Er darf fortan nur simple Hochehrwürden,
Hofpred'ger nur, nicht Agitator sein.«[173]

Doch zurück zu den Reichstagswahlen 1881. Damals trug die gesamte Linke, welche Bismarck gewogen und »zu leicht befunden hatte« *(Kladderadatsch)*, mit 127 Sitzen einen überraschend hohen Sieg davon. Neben 12 Sozialdemokraten saßen 9 Mitglieder der demokratischen Deutschen Volkspartei, 60 Fortschrittler und 46 Kandidaten der Liberalen Vereinigung, zu der sich die nationalliberalen Sezessionisten zusammengeschlossen hatten. Die einst so stolze Nationalliberale Partei war auf 47 Sitze zusammengeschmolzen. Auf das Zentrum entfielen 100, auf die Deutsch- und Freikonservativen (Reichspartei) 50 beziehungsweise 28 Mandate. Die verschiedenen »Protestparteien« (Polen, Dänen, Welfen und Elsässer) waren durch 45 Abgeordnete vertreten.[174]

In seinem Gedicht »Kanzlers Scheiden und – Bleiben« machte sich der *Kladderadatsch* über die schwierige Ausgangsstellung Bismarcks lustig:

»Weh! der Reichstag macht mir Grauen!
Rechn' ich auch tagein, tagaus,
Nie kann ich im hohen Haus
Eine Mehrheit für mich schauen.
Täglich schreit's der Blätter Chor,
Und ich selber muß es sagen,
Daß des Reiches schwerer Wagen
Gründlich steckt in Sumpf und Moor . . .«[175]

310 *Die Wahrheit*, Nr. 43 v. 20. 10. 1882
Die philosemitischen Drillinge der Berliner Universität
Holzschnitt

Der Zeichner bezieht sich auf den durch Heinrich von Treitschke, Professor der Geschichte und Herausgeber der einflußreichen Zeitschrift *Preußische Jahrbücher*, mit hervorgerufenen Berliner Antisemitismusstreit. Er porträtiert den Mediziner und Mitbegründer der Deutschen Fortschrittspartei, Rudolf Virchow, den Rektor und Leiter des physiologischen Instituts, Emil Du Bois-Reymond, und den Althistoriker Theodor Mommsen, die alle drei öffentlich und energisch Stellung gegen Treitschke und die »Berliner Bewegung« bezogen haben. *Die Wahrheit* zeigt durch rassistische Zerrbilder, wie die Juden ihren akademischen Verteidigern Beifall spenden. Ein halbes Jahrhundert später sollte die Berliner Universität gewaltsam durch den Hitlerfaschismus »gleichgeschaltet« werden. Das Motto ist die Parodie zweier Schillerverse aus *Don Carlos*: »Arm in Arm mit dir, so fordr' ich mein Jahrhundert in die Schranken.«

Allein es dauerte nicht lange, bis es in der Art des Guckkästners hieß: »Rrrr – ein anderes Bild!« Bei den preußischen Landtagswahlen im Herbst 1882, »ein wild Gewühl, ein grimmig Morden« *(Berliner Montags-Zeitung)*,[176] gingen die Konservativen mit insgesamt 179 Sitzen eindeutig als Sieger hervor. Der »schreckliche Rückschritts-Jammer« *(Kladderadatsch)* blieb nicht ohne Einfluß auf die weitere Entwicklung der liberalen Strömungen. Am 5. März 1884 schlossen sich die Deutsche Fortschrittspartei und die Liberale Vereinigung unter Eugen Richters Leitung zur Deutschen Freisinnigen Partei zusammen. »Treu gesellt zu Leid und Lust« *(Kladderadatsch)* schwenkten die Freisinnigen die Fahne des Parlamentarismus und waren fest entschlossen, die Errungenschaften des ökonomischen Liberalismus gegen alle Staatseingriffe zu verteidigen.[177]

Als Antwort auf diese Fusion gaben sich die Nationalliberalen am 23. März 1884 ein neues Programm. Die auf den Frankfurter Oberbürgermeister und späteren Finanzminister Johannes Miquel zurückgehende »Heidelberger Erklärung« trat für die Erhaltung einer »starken deutschen Heeresmacht« ein und unterstützte Bismarcks Wirtschaftspolitik. Die Verlängerung des Sozialistengesetzes, auf der die Regierung unter Androhung der Reichstagsauflösung bestand, hielt die Nationalliberale Partei für »dringend geboten«.[178]

»Hinein in's konservative Fahrwasser!« lautete daher die Legende zu einer Karikatur im *Ulk*, während auf einer Zeichnung der *Berliner Wespen* die als Bauernmädchen dargestellte Nationalliberale Partei sich dem Kanzler mit folgendem Sprüchlein anzubiedern suchte:

»Ich kann nicken,
Freundlich blicken
Und mich bücken,
Still mich drücken
Und mich schicken
Zum Entzücken
In die Launen meines Herrn!«[179]

Bei den Reichstagswahlen 1884 ging Bismarcks Wunsch, »der Dicke«, das heißt der Freisinn möge an Gewicht abnehmen *(Berliner Wespen)*, in Erfüllung. Die Zahl der »alten Fortschrittsrecken« *(Kladderadatsch)* sank auf 67 (–39), die der Deutschkonservativen stieg auf 78 (+28) an. »Lustiges Leben« in die »Reichstags-Bude« *(Kladderadatsch)* brachte vor allem eine elegante Dame von Welt, die mit 24 Abgeordneten fraktions-, das heißt »salonfähig« und damit »desto gefährlicher« gewordene Sozialdemokratie.[180]

Bereits 1883 waren zwei Sozialdemokraten trotz des Dreiklassenwahlrechts in das Berliner Rote Rathaus eingezogen *(Abbildung 311)*; nach einem vorübergehenden Rückgang stieg ihre Zahl bei den Ergänzungswahlen von 1889 auf stolze elf![181]

Gustav Heil zeigt, wie der streng konservative preußische Innenminister Robert von Puttkamer die als üppige Dame (Symbol der abgegebenen Stimmen) dargestellte Sozialdemokratie in das »Rote Rathaus« einführt. Das auf dem Bouquet verkürzt angedeutete »Programm« lautete: »1. Gründliche Reform der Mietssteuer; 2. Verweigerung jeder Steuererhöhung, bis die Mietssteuer in der von der Arbeiterpartei angegebenen Weise reformiert ist; 3. Steuerfreiheit der drei untersten Stufen ohne Verkümmerung ihrer politischen Rechte . . . 4. . . . progressive Einkommensteuer.« Ein Polizist mit dem Sozialistengesetz unter dem Arm faltet hilflos oder betend die Hände, *hinter* ihm jubeln die siegreichen Wähler, gefolgt von dem antisemitischen Leinen- und Wäschefabrikanten aus der Friedrichstraße, Wilhelm Pickenbach. Von einer Beschlagnahme dieser Nummer ist trotz großer Bedenken der Behörden Abstand genommen worden.

311 *Berliner Wespen*, Nr. 43 v. 26. 10. 1883
Die Einführung der Socialdemokratie in das Berliner Rathhaus
Holzschnitt von Gustav Heil

1885, aus Anlaß von Bismarcks landesweit gefeiertem 70. Geburtstag, kam es in den Witzblättern zu einer unterschiedlichen Einschätzung der innenpolitischen Lage. Während der *Ulk* auf seinem Gratulationsbild den Parteienhader in den Vordergrund rückte und die *Berliner Wespen* sich mehr oder weniger neutral verhielten, schrieb der *Kladderadatsch*:

»O, schöne Zier: Besonnenheit mit Muth!
Mög' er noch lang' beschirmen solches Walten,
In dessen Händen aller Schicksal ruht –
Lang' noch dem Reich den Steuermann erhalten!«[182]

Nach der Verdrängung Rudolf Löwensteins aus der Redaktion (Ende 1885) nahm der Bismarck-Verehrer Johannes Trojan das Heft in die Hand. Von nun an gehörte es im *Kladderadatsch* zum guten Ton, die Freisinnigen und ihren Spitzenpolitiker »Eugenius« (= Eugen Richter) als »Nörgeler«, »Lästerer« oder gar »Diktator« zu verhöhnen.[183] 1887 stellte Trojan das Blatt in den Dienst jenes konservativ-nationalliberalen Wahlbündnisses (= Kartell) von »Reichsgetreuen«, das dem Kanzler in seinen letzten Regierungsjahren im Reichstag zu einer labilen Mehrheit verhalf.

Jedoch, bereits die Februarwahlen 1890 bedeuteten für die »Kartellbrüder« das vorläufige Aus. Der Karikaturist des Neuankömmlings *Lustige Blätter* hielt die eklatante Wahlniederlage der »konservativ nationalliberalen Zwillinge« *(Berliner Wespen)* am 6. März 1890 mit dem Zeichenstift fest. In Anlehnung an Ludwig Uhlands Ballade »Schwäbische Kunde« lautete die Bildunterschrift:

»Zur Rechten sieht man wie zur Linken
ein halbes Cartell heruntersinken.«[184]

Die Sieger dieser ganz im Zeichen des »Rothen Gespenstes« *(Lustige Blätter)* stehenden Wahlschlacht waren die beiden »Reichsfeinde« von 1871. Das Zentrum wurde mit 106 Sitzen die stärkste Fraktion, die Sozialdemokratie (35 Sitze) – in bezug auf die abgegebenen Stimmen (1,4 Millionen, das heißt fast 20 Prozent) – die mächtigste deutsche Partei.[185]

»Unser die Welt, trotz alledem!« verkündete das auch in Deutschland verbreitete Londoner Exilorgan *Der Sozialdemokrat* (Nr. 10) am 8. März 1890.[186]

»Pfui! ruft da ein jeder!
Garst'ger Struwwelpeter!«

hieß es auf einer Karikatur des neuen *Kladderadatsch*-Zeichners Gustav Brandt. Die den Sozialdemokraten gewidmete Strophe des Leitgedichts »Der neue Reichstag« klang nicht freundlicher, hatte das Blatt doch die Leser ausdrücklich vor den »Verführern« des Volkes gewarnt:

»Dann folgt, die Marseillaise singend
Und rothe Taschentücher schwingend,
Der Socialisten wüstes Corps;
Es ragt in dieser Männer Mitte
Noch als ein Muster feiner Sitte
Der wilde Liebknecht hoch hervor.«[187]

Verglichen mit den übrigen Parteien spielte die Sozialdemokratie in der liberalen satirischen Presse Berlins allerdings nur eine Nebenrolle. Thematisiert wurden vor allem die gesetzlichen und polizeilichen Verfolgungsmaßnahmen, welche zwar den einzelnen hart trafen, im ganzen aber wirkungslos verpufften *(Abbildung 312)*. Immer wieder führten die Karikaturisten den Betrachtern vor Augen, daß das »Sozialistennährgesetz« *(Berliner Wespen)* die Umsturzpartei nicht geschwächt, sondern, ganz im Gegenteil, »groß und stark« gemacht habe *(Kladderadatsch)*.[188]

Einen ganzen Schritt weiter auf dem Gebiet der »Wirkungsforschung« staatlicher Verfolgungsmaßnahmen ging der *Ulk*. Zum Thema Sozialistengesetz veröffentlichte er (Nr. 45) am 7. November 1889 eine Karikatur, auf der eine »gedrückte« und eine »nicht gedrückte« sozialdemokratische Gummipuppe zu sehen sind. Während die eine einen furchterregenden Gesichtsausdruck annimmt, erscheint die andere, von der Obrigkeit in Ruhe gelassene, entspannt und friedlich. In diesem »kindischen Spiel« sah der *Ulk* einen »tiefen Sinn«. Nicht Repression, sondern Integration lautete seine Botschaft.

Der von den Sozialdemokraten als »Schandgesetz« bezeichnete Text wurde nichtsdestoweniger mehrmals verlängert (1880, 1884, 1886 und 1888), wobei Bismarck wiederholt auf sein bewährtes Druckmittel, die Drohung mit der Reichstagsauflösung, zurückgegriffen hat.

Die seit Januar 1888 von Bismarck geforderten einschneidenden Verschärfungen *(Abbildung 313)*, zum Beispiel die Ausbürgerung im Falle der Teilnahme an sozialistischen Versammlungen im Ausland (Expatriierungsklausel), lehnte der Reichstag dagegen am 25. Januar 1890 mit 169 gegen 98 Stimmen ab. Damit waren die Tage des Sozialistengesetzes gezählt. Es erlosch am 30. September 1890 um Mitternacht.[189]

Neben diesem Hauptmotiv nehmen sich die übrigen, der Sozialdemokratie gewidmeten Beiträge (interne Streitigkeiten, legale und illegale Aktivitäten) bescheiden aus. Eines dieser untergeordneten Motive sei hier abschließend erwähnt, da es sich als Beweis für die Hartnäckigkeit bestehender Vorurteile besonders gut eignet. Als der unter sozialdemokratischem Einfluß stehende Berliner »Verein zur Vertretung der Interessen der Arbeiterinnen«[190] 1885 in öffentlichen Versammlungen das Recht der Frauen forderte, ihren Platz »als Abgeordnetin« auszufüllen *(Berliner Wespen)*, reagierten die Berliner Witzblätter, die sich fest in Männerhand befanden, wie eh und je mit Spott. Das in der Ausgabe vom 8. November 1885 im *Kladderadatsch* (Nr. 51) erschienene Gedicht »Aus der Frauenversammlung« sei als Beleg dafür her-

Der dargestellte Berserker ist der preußische Innenminister Robert von Puttkamer. 1886 benutzte er das von 1878 bis 1890 gültige Ausnahmegesetz gegen die Sozialdemokratie, um das gesamte Vereins- und Versammlungswesen polizeilich überwachen zu lassen. Der Zeichner macht sich über den Minister lustig, indem er zeigt, wie der »öffentliche Feind Nr. 1«, der Kater Sozialdemokratie, seinen Hieben mühelos entgeht. Das Sprichwort »Blinder Eifer schadet nur« entstammt der Fabelsammlung von Magnus Lichtwer (1748), dem Übersetzer des Äsop.

312 *Ulk*,
Nr. 21 v. 27. 5. 1886
In der Wuth
Holzschnitt von
Hermann Scherenberg

Trotz aller Verfolgungsmaßnahmen (Ausweisungsbefehle und Gefängnisstrafen gegen sozialdemokratische Agitatoren) hatte sich die Zahl der sozialdemokratischen Wähler während jener Jahre mehr als verdoppelt (von 312 000 auf 763 000). Auf dem Bild sieht man karikiert, aber porträtähnlich, den wenige Monate später von Kaiser Friedrich III. entlassenen preußischen Innenminister Robert von Puttkamer als Polizeiwachtmeister. Auf der Klinge seines Säbels balanciert mühevoll ein Sozialdemokrat (als Revoluzzer mit Bart und Schlapphut). *Im Hintergrund*, als Polizisten gezeichnet, die beiden Kirchtürme des Berliner Gendarmenmarktes (später Platz der Akademie), in der Mitte das Königliche Schauspielhaus, das 1821 von Schinkel erbaut, 1944 zerstört und 1984 neu eröffnet worden ist.

Illustrirtes Wochenblatt für Humor und Satire

Wieso und wann das Blatt erscheint.
Täglich wird viel Ulk gemacht,
Donnerstag wird er gebracht.

Familienverhältnisse des Ulk.
Scherenberg der illustrirt,
Siegmund Haber redigirt.

Entre nous.
Abonnent vom Tageblatt
Kriegt ihn gratis, als Rabatt.

Einzelverkauf.
Für fünfundzwanzig Pfennig eine Nummer,
Ob's nicht zu billig, das ist unser Kummer.

Nummer 4 — Berlin, 26. Januar 1888 — 17. Jahrgang.

Zur Verschärfung des Sozialistengesetzes.

Schutzmann: „Nu aber recht ruhig!"

313 *Ulk*,
Nr. 4 v. 26. 1. 1888
Zur Verschärfung des Sozialistengesetzes
Holzschnitt von Hermann Scherenberg

angezogen, daß sich die emanzipationsfeindliche Haltung des Blattes seit 1848 (vgl. auch *Abbildung 298*) nicht verändert hatte. Der Text ist schon deshalb interessant, weil das durch ihn vermittelte Frauenimage – auf dem Umweg über Schillers Ballade »Das Lied von der Glocke« (1799) – in Augenzeugen- und Zeitungsberichten aus der Zeit der Französischen Revolution seine Wurzeln haben dürfte:

»Man soll nicht nur von Männern sagen,
Daß sie's verstehn, Radau zu schlagen,
Nein doch, die zarten Weiber auch
Gewöhnen sich an solchen Brauch.
Die Frau, die still sonst näht den Mantel,
Wird, sich versammelnd, zur Tarantel.
Was für ein Toben! Welch ein Schrein!
Sind das noch schönre Hälften? Nein!
Laut knirschend mit den Pantherzähnen,
Verwandeln sie sich in Hyänen,
Und selbst den Schutzmann faßt ein Graun.
Nur eins noch fehlt: daß sie sich haun.«[191]

Erst der *Simplicissimus* setzte sich von den bürgerlichen Satireblättern für die Gleichberechtigung der Frauen ein, um sie dann – in der Weimarer Republik – umso gründlicher zu verhöhnen.

2. *Vom Culturfriedensschauplatz: »Doch nach Canossa gehen wir nicht!«*

Obwohl dem »Siebenjährigen Krieg« zwischen Berlin und Rom ein Waffenstillstand gefolgt war, nachdem Papst Leo XIII. im Februar 1878 das »Erbe des Unfehlbaren« *(Berliner Wespen)*[192] angetreten hatte, ließ der »Culturfrieden« bis 1887 auf sich warten. Das entscheidende Hindernis auf dem Weg der Verständigung war die preußische Kulturkampfgesetzgebung der Jahre 1873 bis 1875, insbesondere die in der Karikatur als Wand, Mühlstein, heißer Brei und anderes mehr symbolisierten Maigesetze.[193]

Die seit 1878 an wechselnden Orten (Bad Kissingen, Bad Gastein, Berlin, Wien und Rom) und auf verschiedenen Geleisen (privater Briefwechsel, diplomatisches Parkett, preußisches Herren- und Abgeordnetenhaus) geführten Verhandlungen und Debatten konkretisierten sich in den drei preußischen »Milderungsgesetzen« vom 14. Juli 1880, 31. Mai 1882 und 11. Juli 1883, die durch eine Neubesetzung der verwaisten Pfarreien und Bistümer eine allmähliche Normalisierung des kirchlichen Lebens gestatteten, ferner in der Wiederaufnahme der am 30. Dezember 1872 abgebrochenen diplomatischen Beziehungen zwischen Preußen und dem Vatikan (24. April 1882), endlich – nach einer Periode der »Culturkampf-Versumpfung« *(Kladdera-*

datsch)[194] – in den beiden entscheidenden »Friedensgesetzen« vom 21. Mai 1886 und 29. April 1887. Am 23. Mai 1887 erklärte der Papst, der inzwischen (1. Juni 1886) die heiß umkämpfte Anzeigepflicht der Kirche bei der Besetzung von Pfarrstellen zugestanden hatte, den Kulturkampf in einem feierlichen Konsistorium für beendet.[195] Weder Bismarck noch Leo XIII. hatten in diesem langwierigen Tauziehen gesiegt. Der »Modus vivendi« bestand in der Preisgabe von sechs wichtigen Punkten, zum Beispiel dem oft karikierten »Brotkorbgesetz«.[196] Zwölf, darunter die drei Reichsgesetze, nämlich der erst 1953 abgeschaffte Kanzelparagraph, das bis 1917, seit 1904 in entschärfter Form gültige Jesuitengesetz sowie das Zivilehegesetz blieben dagegen erhalten.[197]

Wie bei jedem, so gab es auch bei diesem Kompromiß Enttäuschte. Zu ihnen gehörten die Zentrumsführer und die von dem konservativ-antisemitischen Witzblatt *Die Wahrheit* verhöhnten Liberalen:

»Fort muß Kulturkampf wüthen!
Der Tag, der Friede bringt,
Sie wissen's, an dem Tage
Ihr Reich in Nacht versinkt.«[198]

In der Tat kam in der liberalen satirischen Wochenpresse die Betroffenheit über die anfangs einseitig zugestandenen Konzessionen in Wort und Bild voll zum Tragen. So wurde die erste kirchenpolitische Vorlage, welche der preußischen Staatsregierung in bezug auf die Anwendung der Gesetze vom 11. und 12. Mai 1873 freie Hand gab, von den *Berliner Wespen* (Nr. 24) am 11. Juni 1880 als »Flickwerk« verspottet *(Abbildung 314)*. Bereits am 23. April hatte Gustav Heil unter der Überschrift »Das Ende des Culturkampfes« den deutschen Reichskanzler als einen Kommandanten karikiert, welcher mit der Kanone (= discretionäre Gewalt) von innen eine Bresche in die eigene Festungsmauer (Mai-Gesetze) schoß, »um dem Feinde den Sturm und den Einmarsch zu erleichtern«. In einer ganz ähnlichen Illustration schloß sich der *Ulk* am 3. Juni dieser Argumentation an.[199]

Für die *Berliner Wespen*, die auf dem »Kulturkriegs-« beziehungsweise »Kulturfriedensschauplatz«[200] an vorderster Front kämpften (in den Jahren 1878 bis 1886 erschienen rund 120 Karikaturen), den *Ulk*, die *Berliner Montags-Zeitung* und den *Kladderadatsch* handelte es sich um einen in immer neuen Variationen (abgetragene, zerborstene oder umgestürzte Canossa-Säule, Canossa-Ecke, Canossa-Gasse, Canossa-Melodei, Canossa-Münzen, Canossa-Zigarren) dem Leser vor Augen geführten Gang Bismarcks »nach Canossa«. Am 24. Mai 1880 besang Richard Schmidt-Cabanis in der *Berliner Montags-Zeitung* (Nr. 21) »die neuen Maigesetze«:

»Jetzt wissen's die Zeitgenossen,
Die Enkel des Barbarossa:
Im Himmel ist sie beschlossen,
Die Reise gen – Canossa!«

Nach schwierigen Verhandlungen wurde die Kulturkampfgesetzgebung am 14. Juli erstmals gemildert. Auf der Zeichnung bringt der damalige preußische Kultusminister Robert von Puttkamer *(hinten links)* eine entsprechende Kirchengesetzvorlage auf den Tisch. Der Champagner ist bereits gekühlt. Auch auf diesem Bild sind die handelnden Personen ohne Verzerrung gezeichnet. Das Einlenken Bismarcks wird von den antiklerikalen *Berliner Wespen* indirekt, das heißt ironisch kritisiert.

314 *Berliner Wespen*,
Nr. 24 v. 11. 6. 1880
Flickwerk
Holzschnitt von Gustav Heil

Als ein weiteres Beispiel für das ständig wiederholte Canossa-Motiv sei ein Zeitbild aus dem *Kladderadatsch* herangezogen, dessen Witz nicht in der fast naturgetreuen Wiedergabe der Personen, sondern in der erläuternden Unterschrift lag. Vor seinem eigenen, bekränzten (»Nach Canossa gehen wir nicht!«) »Standbild zu Cöln« richtete Bismarck an seinen Begleiter, den preußischen Innenminister von Puttkamer, die nachstehenden entrüsteten Worte: »Aber Herr College! War der Mann nicht ein entschiedener Gegner meiner jetzigen Politik? Ein Regierungsbeamter! Und steht immer noch auf seinem Platz?«[201]

Wie man sieht, wurde die von manchen Historikern geradezu überschwenglich gelobte Fähigkeit Bismarcks, »sich selbst und seine Vergangenheit« zu überwinden,[202] von der liberalen Witzpresse in keiner Weise honoriert. Im Gegenteil. Für den ohnehin über Bismarcks Reichsumgetaltung ungehaltenen *Kladderadatsch* war der Kanzler kein »staatsmännischer Titan«,[203] sondern glich seit 1879 dem altrömischen Gott Saturn, der sich anschickte, »seine eigenen Kinder« (Mai- und andere Gesetze) zu verschlingen.[204] Da diese am 3. August 1879 erschienene Karikatur (Nr. 35) von Bismarck als Beleidigung empfunden und geahndet worden war, unterschob das Blatt (Nr. 23/24) am 23. Mai 1880 seine Meinung einem »Jubel Chorus der Schwarzen«:

> »Nun stimmet die Kehlen zum Jubelgesang, und den Himmel preist mit Frohlocken,
> Laßt schallen ins Land von den Thürmen des Doms, vom Dach der Capelle die Glocken!
> Fast scheint's mir ein Traum, daß ›todmüde‹ sich selbst der mächt'ge Feind schon erklärt hat,
> Da der Kampf der Cultur, zu dem er uns rief, kaum sieben Jahre gewährt hat.«

Ganz allgemein vereinfachten die Karikaturisten die komplizierte Materie, indem sie sich vor allem auf das spannungsgeladene Dreiecksverhältnis Leo XIII. – Windthorst – Bismarck konzentrierten. In krassem Gegensatz zu Pius IX. erschien der neue Papst, der 1885 von dem Münchner Bildnismaler Franz von Lenbach porträtiert worden war, auch in der Karikatur als eine durchaus positive, teils verschmitzt, teils sonnig wirkende Gestalt.[205] Leo XIII. und Bismarck traten als Schauspieler, Seiltänzer und Billardspieler auf oder aber als ein durch äußere Umstände (Maigesetze; Zentrum) getrenntes beziehungsweise endlich vereintes Liebespaar.[206] Daß diese Vereinigung auf Kosten des unnachgiebigen Zentrumsführers Ludwig Windthorst zustandegekommen war, hielt der *Ulk* (Nr. 7) am 17. Februar 1887 auf einer gelungenen Karikatur für die Mit- und Nachwelt fest *(Abbildung 315)*.

No 7 Seite 8 ULK 17. Februar 1887

In Liebe verbunden.

Mephisto: „Mit Grausen seh' ich das von weiten!"
(Faust, Scene im Garten.)

Redakteur: Siegmund Haber in Berlin. Druck und Verlag von Rudolf Mosse in Berlin.

Innen- und Außenpolitik waren eng miteinander verknüpft. Ein zweites »Friedensgesetz« sollte den Kulturkampf beenden. Im Gegenzug war es Bismarck gelungen, daß Papst Leo XIII. bei der Zentrumsfraktion zu Gunsten des heftig umstrittenen »Septennats« (Festlegung des Militärhaushalts auf sieben Jahre) intervenierte. Auf dem Bild, einer oft dargestellten Szene aus Goethes *Faust*, sieht Mephisto-Windthorst als Begleiter Frau Marthens (= Zentrum) »mit Grausen von weitem«, wie sich Faust (= Bismarck) und Gretchen (= Papst) in die Arme sinken. Diese gelungene Travestie wurde am 19. Februar im Depeschenraum der Pariser Tageszeitung *Le Figaro* ausgestellt.

315 *Ulk*, Nr. 7 v. 17. 2. 1887
In Liebe verbunden
Holzschnitt von
Hermann Scherenberg

Der »weithinherrschende«, »göttliche« Windthorst, welcher nicht nur »einen Finger, sondern die ganze Hand« des »päpstlichen Dienstmanns« Bismarck *(Kladderadatsch)*[207] zu nehmen gedachte, erscheint auf den themenbezogenen satirischen Zeitbildern in unterschiedlichster Gestalt. Am 27. April 1884 zeigt ihn der *Kladderadatsch* (Nr. 19) als einen chamäleonartigen »Culturkampf-Wetterfrosch«, der je nach Anweisung des Papstes die politische Farbe wechselt. In Wirklichkeit hat die »schwarze Excellenz von Meppen« *(Kladderadatsch)*[208] stets betont, daß sich die Zentrumspartei als eine von der kirchlichen Hierarchie unabhängige Organisation betrachtete.

Auf anderen Karikaturen wird Windthorst als großer Zwerg (gegenüber dem kleinen Riesen Bismarck) beziehungsweise als die verkörperte *Ecclesia militans* (streitende Kirche) dargestellt. Er wirkt somit nicht nur in Bismarcks Reden und Briefen, sondern auch in der liberalen Witzpresse als das »Reichs-Hinderniß« schlechthin für die Beilegung des »gräulichen Culturkampfes« *(Kladderadatsch)*.[209]

Windthorsts angeblicher oder tatsächlicher Ausspruch »Unterm Krummstab wohnt es am besten sich« wurde vom *Kladderadatsch* (Nr. 18) am 18. April 1886 mit Lust zitiert. Schon zwei Monate früher hatte dieses Bonmot den *Berliner Wespen* Stoff für einen Bilderbogen geliefert, der von der preußischen Staatsanwaltschaft zwar als »in hohem Grade unpassend« bezeichnet, aber nicht beschlagnahmt worden war *(Abbildung 316)*.[210]

Ein mit der Kulturfriedensdiskussion verwobenes Leitmotiv war schließlich das seit 1879 andauernde Feilschen Bismarcks um politische Zugeständnisse des Zentrums auf dem Gebiet der Wirtschafts-, Sozial-, Kolonial- und Rüstungspolitik, wobei der Kanzler mehr als einmal den Versuch unternahm, die »schwarze Schöne« mit päpstlicher Hilfe zu erpressen.[211]

Während der *Kladderadatsch* (Nr. 31) am 31. Juli 1887 auf »Leo« das Glas »an die Lippen« hob und »in dem duft'gen Naß« des Kulturkampfs »letzten Groll« ertränkte, schloß er auch nach erfolgter Wachablösung, also unter seinem »christlichen« Chefredakteur Johannes Trojan, mit der »ränkevollen« Schar des Zentrums keinen Frieden.[212] Hiervon legen nicht wenige Ausgaben der späteren Jahrgänge sowie das 1912 herausgegebene *Zentrums-Album des Kladderadatsch 1870–1910* ein beredtes Zeugnis ab. Letzteres verstand sich als »ein ernstes Kampfbuch«, nicht »gegen das katholische Bekenntnis als solches«, wohl aber gegen »geistige Knechtung und engherzige Weltanschauung«. In diesem Sinne rief es alle »liberal und frei Denkenden« auf, »ihre Kraft zu stählen zu unermüdlichem Widerstande . . ., zur Erreichung endlichen Sieges!«[213] Daß die geschichtliche Entwicklung anders verlief, ist allbekannt. Nach dem Ersten Weltkrieg ging der deutsche Liberalismus mit dem ein halbes Jahrhundert lang geschmähten Zentrum ein enges Bündnis ein. Seit dem Zweiten Weltkrieg gehören politische Koalitionen zwischen »Schwarzen« und Liberalen zum bundesdeutschen Alltag.

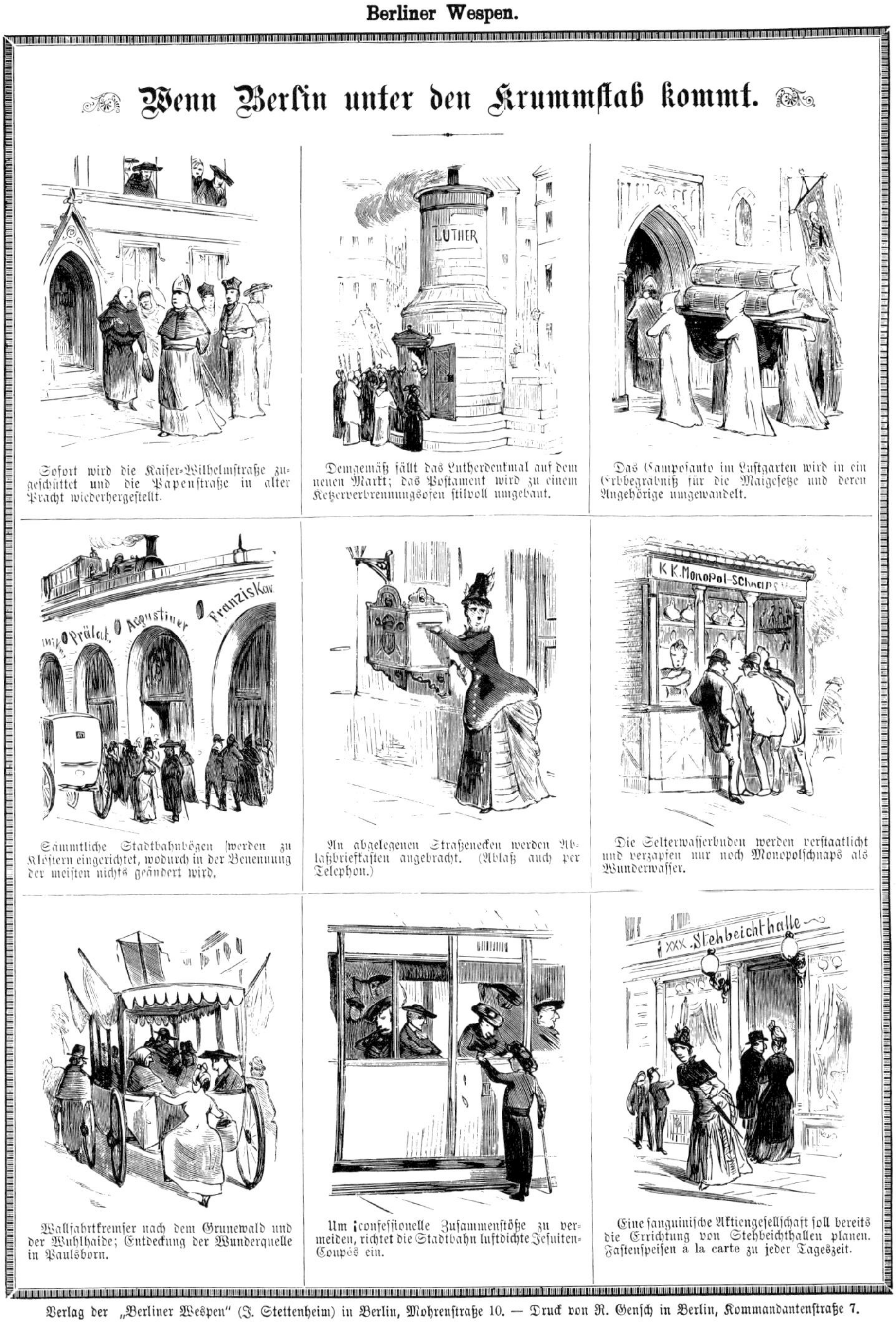

Berliner Wespen.

Wenn Berlin unter den Krummstab kommt.

Sofort wird die Kaiser-Wilhelmstraße zugeschüttet und die Papenstraße in alter Pracht wiederhergestellt.

Demgemäß fällt das Lutherdenkmal auf dem neuen Markt; das Postament wird zu einem Ketzerverbrennungsofen stilvoll umgebaut.

Das Camposanto im Lustgarten wird in ein Erbbegräbniß für die Maigesetze und deren Angehörige umgewandelt.

Sämmtliche Stadtbahnbögen werden zu Klöstern eingerichtet, wodurch in der Benennung der meisten nichts geändert wird.

An abgelegenen Straßenecken werden Ablaßbriefkasten angebracht. (Ablaß auch per Telephon.)

Die Selterwasserbuden werden verstaatlicht und verzapfen nur noch Monopolschnaps als Wunderwasser.

Wallfahrtkremser nach dem Grunewald und der Wuhlhaide; Entdeckung der Wunderquelle in Paulsborn.

Um confessionelle Zusammenstöße zu vermeiden, richtet die Stadtbahn luftdichte Jesuiten-Coupés ein.

Eine sanguinische Aktiengesellschaft soll bereits die Errichtung von Stehbeichthallen planen. Fastenspeisen à la carte zu jeder Tageszeit.

Verlag der „Berliner Wespen" (J. Stettenheim) in Berlin, Mohrenstraße 10. — Druck von R. Gensch in Berlin, Kommandantenstraße 7.

Bild 1: Anspielung auf einen neuen Straßendurchbruch (Kaiser-Wilhelm-Straße). Vorher verlief dort die übelbeleumdete Papenstraße.
Bild 2: Statt des begonnenen, erst 1895 enthüllten Berliner Lutherdenkmals wird ein Ketzer-Verbrennungsofen geplant.
Bild 3: Das »Camposanto« (= Friedhof) im Lustgarten am Schloß war als Hohenzollern-Grabmal vorgesehen, aber nie ausgeführt worden. Hier finden jetzt die Kulturkampfgesetze ihre letzte Ruhestätte.
Bild 4: Noch bis vor 50 Jahren hatten manche der unter den Stadtbahnbögen untergebrachten Kneipen Namen aus dem römisch-katholischen Sprachschatz.
Bild 5: Spricht für sich.
Bild 6: Anspielung auf Bismarcks 1886 fehlgeschlagenes Branntwein-Monopolgesetz.
Bild 7: Kremser wurden die Gesellschaftswagen für Ausflüge genannt, die der Berliner Hofagent Krems zum erstenmal 1825 am Brandenburger Tor aufstellen ließ. Paulsborn ist ein Ausflugslokal im Grunewald, wo allerdings statt »Wunderquellwasser« eher Bier verzapft wird. Die Wuhlheide ist ein Waldgebiet bei Köpenick, das wegen des darin gelegenen Volksparks heute noch als Ausflugsziel beliebt ist.
Bild 8: Die Stadtbahn – in Richtung Ost-West quer durch Berlin – war 1882 durch Wilhelm I. eingeweiht worden.
Bild 9: Das Wortspiel ist »Stehbierhalle« – »Stehbeichthalle«.

316 *Berliner Wespen*, Nr. 6 v. 5. 2. 1886
Wenn Berlin unter den Krummstab kommt
Holzschnitt von Gustav Heil

3. *Bismarcks Staatssozialismus und Berlins satirische Presse*

Schon zu Beginn seiner Amtszeit als preußischer Ministerpräsident hatte Bismarck sich, unter dem Einfluß seines sozialpolitischen Beraters Hermann Wagener und des Sozialistenführers Ferdinand Lassalle,[214] mit den sozialen Problemen des Industriezeitalters beschäftigt. So erklärte er am 15. Februar 1865 vor dem preußischen Abgeordnetenhaus: »Die Könige von Preußen sind niemals Könige der Reichen vorzugsweise gewesen; schon Friedrich der Große . . . nahm sich den Schutz der Armuth vor. Dieser Grundsatz ist von unseren Königen auch in der Folgezeit bethätigt worden.«[215] Der Pariser Commune-Aufstand (März/Mai 1871) und die Solidaritätserklärungen der beiden deutschen Arbeiterparteien (ADAV und SDAP) einerseits, die 1873 einsetzende Depression und das Anwachsen der seit 1875 geeinten Sozialdemokraten andererseits, erinnerten den Kanzler dann erneut an die Brisanz der »sozialen Frage«.[216]

Seit 1878 wurde – »als das nothwendige Korrelat« des Sozialistengesetzes – vom preußischen Staatsministerium die »Ausdehnung der gesetzlichen Fürsorge für das sittliche, geistige und leibliche Wohl der Arbeiter« in Aussicht genommen.[217] Jedoch, erst Bismarcks vom *Kladderadatsch*, den *Berliner Wespen*, dem *Ulk* und der *Berliner Montags-Zeitung* aufs Korn genommene konservative Wendung schuf die Voraussetzungen für ein »weitgehendes Zukunftsprogramm«, welches durch die Einführung einer staatlich geförderten Unfall-, Kranken- sowie Alters- und Invaliditätsrenten-Zwangsversicherung »in der großen Masse der Besitzlosen die konservative Stimmung erzeugen« sollte, »welche das Gefühl der Pensionsberechtigung mit sich bringt«.[218]

Nachdem im Frühjahr 1881 ein erster Unfallversicherungsentwurf gescheitert war, wurde die oben umrissene staatliche Sozialpolitik am 17. November desselben Jahrs zum offiziellen Regierungsprogramm erhoben. Folgende Passage aus dieser von Bismarck redigierten und an Stelle des erkrankten Kaisers verlesenen Thronrede sei hier zitiert, zumal sie die Interdependenz zwischen »Nachtwächter-« (= Wohlfahrtsstaat) und »Büttelstaat« (Wilhelm Liebknecht)[219] deutlich zum Ausdruck bringt:

»Schon im Februar dieses Jahres haben Wir Unsere Ueberzeugung aussprechen lassen, daß die Heilung der socialen Schäden nicht ausschließlich im Wege der Repression socialdemokratischer Ausschreitungen, sondern gleichmäßig auf dem der positiven Förderung des Wohles der Arbeiter zu suchen sein werde. Wir halten es für Unsere Kaiserliche Pflicht, dem Reichstage diese Aufgabe von Neuem ans Herz zu legen, und würden Wir mit um so größerer Befriedigung auf alle Erfolge, mit denen Gott Unsere Regierung sichtlich gesegnet hat, zurückblicken, wenn es Uns gelänge, dereinst das Bewußtsein mitzunehmen, dem Vaterlande neue und dauernde Bürgschaften seines inneren Friedens und den Hilfsbedürftigen größere Sicherheit und Ergiebigkeit des Beistandes, auf den sie Anspruch haben, zu hinterlassen . . .«[220]

Bismarcks »revolutionäre« (Ludwig Bamberger)[221] Sozialreformen beschäftigten den Reichstag bis 1889 und bildeten daher auch für die Presse ein immer wiederkehrendes innenpolitisches Thema. Auf der Seite der Sozialkonservativen – ihre herausragenden Führer waren Adolf Stoe[ö]cker und der »Kathedersozialist« Adolf Wagner[222] – kämpfte – in der Art des »frommen Knechtes Fridolin« – Bismarcks einzige satirische Stütze, das antisemitische Wochenblatt *Die Wahrheit (Abbildung 317* und *318)*.[223]

Die übrigen Vertreter der Berliner satirischen Presse blieben im ökonomischen Denken des auf freie Entfaltung und Selbsthilfe pochenden Liberalismus befangen. Sie reagierten daher auf Bismarcks »Zukunftsmusik«[224] ähnlich reflexhaft wie der Pawlowsche Hund auf das Läuten des Glöckchens. Den liberalen satirischen Schriftstellern und Zeichnern paßte weder das geplante Zwangsversicherungssystem noch dessen von Bismarck dem Parlament vorgeschlagene Finanzierung (indirekte Reichssteuern; Monopole). Ihre bissige Kritik zieht sich wie ein roter Faden durch die Jahrgänge 1880 bis 1890. So befürchtete der *Ulk* (Nr. 8) am 19. Februar 1880 die Annahme des von Bismarck vorgelegten »Steuer-Bouquets« *(Abbildung 319)* und rief wenige Wochen später im Namen der »steuernden Germania« aus:

»Denn ›Steuern‹ heißt Deutschlands Parole,
Und ›Geld‹ ist die Losung der Zeit,
Und die Reichskasse gähnet, die hohle,
In ewiger Hungrigkeit . . .«[225]

Noch mißmutiger äußerte sich der *Kladderadatsch*. Sein am 27. März 1881 erschienenes zornig-satirisches Zeitgedicht »Schlaraffia« sei hier als Höhepunkt vergangener und künftiger Kritik zitiert:

»Vernehmt, wie Alles ist beschaffen
Im neuen Lande der Schlaraffen,
So an Goldströmen ist gelegen
Und überfleußt von Glück und Segen!
[. . .]
Denn was das Reich an Steuern braucht,
Wird dann vom Volk zusammengeraucht,
Aus Malz, Kartoffeln und anderen Stoffen
Zusammengebraut, gekocht, gesoffen.
[. . .]

Das Reich läßt seine Quellen fließen,
Kauft jedem Bürger Lebenspolicen
Und güldne Renten werden beschieden
Auch allen Arbeits-Invaliden.
Und rühmen wird die Welt enorm
Die neue Steuer- und Zollreform . . .«[226]

In welch »tiefen Gegensatz« Bismarck »nicht nur zum Parlament, sondern auch zur öffentlichen Meinung« geriet, als er auf das Tabakmonopol zurückgriff,[227] geht aus dem *Kladderadatsch*, dem *Ulk*, der *Berliner Montags-Zeitung* und den *Berliner Wespen* gleichermaßen hervor. Das von den Karikaturisten als Riesenzigarre, neue »schöne Galathee«, heilige Patrimonia oder faules Ei verspottete Tabakmonopol[228] versetzte Julius Stettenheim »in die angenehme Lage«, seinen »rauchenden Lesern« in einer eigens für diesen Zweck eingerichteten neuen Rubrik ausgewählte »Monopol-Cigarren« vorzustellen wie etwa die »Walpurgisnacht«, das heißt »eine Sorte, von der selbst Mephistopheles sagt: ›Das leuchtet, sprüht und stinkt und brennt!‹«[229]

Das »Patrimonium der Enterbten«, wie Bismarck das Tabakmonopol benannte, scheiterte Mitte Juni 1882 im Reichstag an der »unüberwindlichen Abneigung des deutschen Volkes«.[230] Hiermit fehlte Bismarcks Sozialpolitik, welche die Arbeiter zu Staatsrentnern machen wollte, die finanzielle Basis. Für das 1883 verabschiedete Krankenversicherungsgesetz hatten die betroffenen Personen (gewerbliche Arbeiter und Angestellte mit einem Jahreseinkommen unter 2000 Mark) zwei Drittel, die Arbeitgeber ein Drittel der Beträge aufzubringen. Für die Alters- und Invaliditätsrentenversicherung (1889) zahlten Arbeitnehmer und Arbeitgeber jeweils die Hälfte. Allein die erst im dritten Anlauf vom Reichstag angenommene (1884), Zug um Zug auf sämtliche Arbeiter und Angestellte mit weniger als 2000 Mark Jahreseinkommen ausgedehnte Unfallversicherung oblag ausschließlich der berufsgenossenschaftlichen Haftung der Unternehmer.[231]

Die auf dem internationalen Kongreß der Volkswirte in Paris (1889) als »riesenhaftes Werk, geschmiedet mit dem Hammer eines sozialen Cyklopen«[232] gepriesene erste staatliche Sozialversicherung der Welt hatte mit Bismarcks ursprünglichen Plänen und Hoffnungen so wenig gemein, daß er sie in seinen »den Söhnen und Enkeln zum Verständnis der Vergangenheit und zur Lehre für die Zukunft« gewidmeten Lebenserinnerungen völlig überging. Die bis 1890 unter der »Peitsche« (Sozialistengesetz) leidenden Sozialdemokraten lehnten das »Zuckerbrot« als »Almosengesetzgebung« ab, zumal ihre Führer sehr wohl verstanden hatten, daß ihnen hierdurch die Arbeiterschaft entfremdet werden sollte.[233]

Gegen das »leuchtende und unerreichte Vorbild« der Sozialgesetze, eine Art Dreistufenrakete, stimmten auch die Linksliberalen. Ihre ablehnende Haltung spiegelt sich in der *Berliner Montags-Zeitung*, den *Berliner Wespen* und im *Ulk* voll und ganz

Ritter, Tod und Teufel

(für 1881, frei nach Albrecht Dürer).

»Ritter, Tod und Teufel«, der berühmte Kupferstich Albrecht Dürers aus dem Jahr 1513 wurde in der satirischen Presse mehrmals als Muster für Bismarck-Darstellungen verwendet. So schon vor 1881 in den *Berliner Wespen* (11. 6. 1875) und nachher im Londoner *Punch* (5. 3. 1887). Die Zeichnung zeigt, wie Bismarck als furchtloser Ritter zwischen dem Tod, der die Züge seines fortschrittlichen Gegners Rudolf Virchow trägt, und dem Teufel, der durch Geldbeutel und verzerrte Gesichtszüge als böser Jude dargestellt wird, hindurchreitet. In pathetischen Versen gibt das Blatt dem deutschen Reichskanzler zu verstehen, daß es sich zu seinen Getreuen zählt.

317 *Die Wahrheit*,
Nr. 8 v. 19. 2. 1881
Ritter, Tod und Teufel
Unbekannter Zeichner

Vergebens zählt das Hohlkopfthum
Die Stunden Deines Lebens,
Des Satansgoldes Glaubenswerk
Bei Dir müht sich's vergebens!

Vorwärts, Du eiserner Rittersmann,
Glück auf zu rüstigem Reiten,
Des deutschen Volkes Herzensdank
Wird Dich zum Ziele begleiten.

Am 17. November 1881, anläßlich der Eröffnung des Deutschen Reichstags, verlas Bismarck eine von ihm selbst verfaßte »Kaiserliche Botschaft« und legte damit den Grundstein zur ersten modernen Sozialversicherung der Welt. Die der christlich-sozialen Bewegung Adolf Stoeckers nahestehende *Wahrheit* zeigt, vom Reichsadler beschirmt, einen Bauarbeiter, einen Industrie-Werkmeister und einen Landarbeiter. *Links* in der Ecke sieht man einen die »Kaiserliche Botschaft« ablehnenden, mißvergnügten Juden. Das soziale »Sedan« zeigte jedoch erst viel später die erhoffte staatspolitische Wirkung.

Verantwortlicher Redakteur **A. Runge**, Berlin. — Verlag: **M. Schulze**, Berlin, Hedemannstr 11. — Druck von **J. Ruppel**, Berlin, Stralauerstr. 33.

318 *Die Wahrheit*,
Nr. 36 v. 2. 9. 1882
Deutschlands Morgenroth
Holzschnitt

Nr. 8. des „ULK".

Willfährigkeit.

...... Theurer Mann!
Ich habe schon soviel für Dich gethan,
Daß mir .... fast Nichts mehr übrig bleibt.

Redacteur: Siegmund Haber in Berlin. — Verlag und Druck von Rudolf Mosse in Berlin.

Die *Faust*-Travestie vermittelt dem Betrachter eine doppelte Kritik. 1. an Bismarck-Fausts Finanzpolitik, 2. an dem für zu nachgiebig gehaltenen Reichstag (= Gretchen). Die Stelle aus dem Drama (Verse 3519–3520) lautet eigentlich: »Ich habe schon so viel für dich getan, daß mir zu tun fast nichts mehr übrig bleibt.« Am selben Abend wird Gretchen sich Faust hingeben.
Der *Ulk* hat den zweiten Vers sinngemäß abgekürzt, denn hier geht es um eine Heraufsetzung der Matrikularbeiträge, welche von den deutschen Einzelstaaten an das Reich gezahlt werden, sowie um mehrere Steuervorlagen des Reichskanzlers (Brausteuer, Stempelsteuer, Wehrsteuer für nicht Militärpflichtige), die jedoch in der Frühjahrssession 1880 unerledigt blieben.

319 *Ulk*, Nr. 8 v. 19. 2. 1880
Willfährigkeit
Holzschnitt von
Hermann Scherenberg

wider. Selbst der *Kladderadatsch* vertrat in dieser Frage, seiner Rechtsschwenkung (1885/86) zum Trotz, nicht die Meinung der den Reformen zustimmenden Nationalliberalen, sondern vielmehr die des in seinen Spalten vielgescholtenen Freisinns.

In den Karikaturen der *Berliner Wespen* wird Bismarcks Sozialreform mit einem Potemkinschen Dorf verglichen, beziehungsweise mit einem »Puppentheater für den kleinen Mann«, bei dem der Teufel (= Sozialdemokratie) mit dem Beelzebub (= Staatssozialismus) ausgetrieben werden soll. Auf einem anderen satirischen Zeitbild fragt sich der »arme Mann«, ein bis zum Überdruß verwendetes Schlagwort der Zeit, welcher der »Doppelgänger« – Bismarck oder Liebknecht – »nun eigentlich der wahre – Jakob« sei.[234]

Den *Kladderadatsch* erinnerte Bismarcks »experimenteller Socialismus« an eine Hexenküche; er war für dieses Blatt pure Augenwischerei *(Abbildung 320* und *321)*.

Was für Berlins liberale Witzblätter Gültigkeit besaß, geht aus einem Nachruf hervor, den der *Kladderadatsch* (Nr. 21) am 6. Mai 1883 auf den fortschrittlichen Volksvertreter und Sozialreformer Hermann Schulze-Delitzsch dichtete:

»Die falschen Volksbeglücker loben
Das Heil nur, das vom Staate kommt,
Sie lehren: was da fleußt von Oben
Dem Volk zu Hilf' und Rettung frommt.

Du aber lehrtest sonder Fehle,
Wie hilfreich Kraft mit Kraft sich eint,
Du warst, und zwar von ganzer Seele,
Der falschen Volksbeglückung Feind.

Ein Feind despot'scher Unterdrücker,
Hast du dem Volke, klug bedacht,
Gezeigt als wahrer Volksbeglücker,
Wie's selbst sich frei und glücklich macht.«[235]

Während der Reichstag über die Alters- und Invalidenversicherung beriet, brach Ende 1889 im rheinisch-westfälischen Kohlenrevier ein spontaner Bergarbeiterstreik aus, der im Mai weitere Steinkohlengebiete (Ober- und Niederschlesien, Saar, Sachsen) erfaßte. Ein Kurssturz der Börsen *(Abbildung 322)* und ein Emporschnellen der sozialdemokratischen Stimmen bei den Reichstagswahlen im Februar 1890 waren die Folgen dieses »gesellschaftlichen Naturereignisses«,[236] welches darüber hinaus das Verhältnis zwischen Bismarck und dem erst wenige Monate regierenden Wilhelm II. schwer belastete. Während Bismarck aus politischen Gründen (Beunruhigung des liberalen Bürgertums) an einer raschen Beendigung des Streiks kein Interesse zeigte, suchte Wilhelm II. persönlich zu vermitteln. Am 4. Februar 1890 ließ er

Den alten Spruch des französischen Frühsozialisten Charles Fourier »Le droit au travail« (1808) hat Bismarck sich zu eigen gemacht, indem er in einer Reichstagsrede (9. Mai) ausrief: »Geben Sie dem Arbeiter das Recht auf Arbeit, so lange er gesund ist . . ., sichern Sie ihm Pflege, wenn er krank ist, sichern Sie ihm Versorgung, wenn er alt ist, – wenn Sie das thun . . . und nicht über Staatssocialismus schreien, sobald Jemand das Wort ›Altersversorgung‹ ausspricht, wenn der Staat etwas mehr christliche Fürsorge für die Arbeiter zeigt, dann glaube ich, daß die Herren vom Wydener Programm [= die Sozialdemokraten] ihre Lockpfeife vergebens blasen werden . . .« Das Berliner Politwitzblatt sieht in Bismarcks Worten lediglich eine gefährliche, hochtönende Phrase. Daher die Anspielung auf Goethes *Faust* »Welch' Schauspiel!«. Der *Kladderadatsch* nimmt hier dieselbe ablehnende Haltung ein wie der linksliberale Abgeordnete Eugen Richter, welcher dem Kanzler entgegenhielt: »Was ist das Recht auf Arbeit? Es ist, konsequent durchgeführt, der sozialistische Staat«.

320 *Kladderadatsch*, Nr. 24 v. 25. 5. 1884
Experimenteller Socialismus
Holzschnitt von Wilhelm Scholz

Alleinige Inseraten-Annahme bei **Rudolf Mosse** Annoncen-Expedition für sämmtliche Zeitungen Deutschlands u. d. Auslandes.

Beiblatt zum Kladderadatsch.

Insertions-Gebühren für die 4-gespaltene Nonpareill-Zeile oder deren Raum 1 M = 1¼ Fr.

in Berlin SW., Breslau, Chemnitz, Cöln a. Rh., Dresden, Frankfurt a. M., Hamburg, Leipzig, London, Magdeburg, Mannheim, München, Nürnberg, Paris, Prag, Strassburg i. E., Stuttgart, Wien, Zürich

Nr. 18. Erstes Beiblatt. Berlin, den 21. April 1889. XLII. Jahrgang.

Die Karikatur des neuen *Kladderadatsch*-Zeichners Gustav Brandt spiegelt den Geist vieler (nicht aller!) Liberaler wider, die das Selbsthilfe-Prinzip jeder Staatshilfe vorzogen. Sie zeigt eine Art Schlaraffenland, um die Altersversicherung lächerlich zu machen. Unteroffiziere bedienen die sich auf Sesseln räkelnden Rentner in aller erdenklichen Weise: Zeitungen, »unzüchtige« Romane (Zola!), Fleischtöpfe, Zigarren, Sekt werden ihnen serviert. Auch für Musik ist gesorgt. Besonders originell sind die zur Bequemlichkeit der Alten funktionierenden Päppelmaschinen *(vorne links)*. In Wirklichkeit waren die Altersrenten zunächst äußerst niedrig angesetzt: »Zum Leben zu wenig, zum Sterben zu viel«, sagte man damals.

321 *Kladderadatsch*, Nr. 18 v. 21. 4. 1889
Das Ideal des Altersversorgungs-Gesetzes mit Naturalleistung
Zeichnung von Gustav Brandt

Ein mustergültiges Distichon (Hexameter und Pentameter) in klassischer Manier zeigt die Wirkung des Bergarbeiterstreiks von Mai/Juni 1889, an dem rund 150 000 Kumpel teilgenommen haben. Die Kurse der Industrieaktien sinken oder steigen an der Börse, je nach dem Rhythmus der Arbeitseinstellungen und -wiederaufnahmen. Merkur, der geflügelte Gott des Handels und des Gewerbes, hält die Waage in der Hand.

322 *Lustige Blätter*, Nr. 6 v. 6. 2. 1890
Merkwürdige Wechselwirkung
Zeichnung von Fritz Graetz

Die Unterschrift ist die Verballhornung oder, wenn man will, die Aktualisierung des Anfangsverses eines bei Beginn der Freiheitskriege (1813–15) verfaßten Gedichtes von H. Clauren (= Carl Heun): »Der König rief . . .«. Diesmal lud der Kaiser die Vertreter der Industriestaaten zu einer Arbeiterschutz-Konferenz ein. Alle kamen, außer Rußland, was dem Zeichner offenbar entgangen war. Der junge Wilhelm II. wird hier, ohne satirische Absicht, als Wohltäter der Werktätigen porträtiert. Die Konferenz trat am 15. März 1890 in Berlin zusammen und endete – nach zweiwöchigen Diskussionen über mögliche Verbesserungen der Arbeitsbedingungen – ohne jeden bindenden Beschluß. Als dieses Bild erschien, war Bismarck von der politischen Bühne bereits abgetreten. Unterschiedliche Auffassungen in der Sozialisten- und Arbeiterfrage hatten das Verhältnis zwischen dem alten Kanzler und dem »neuen Herrn« belastet und mit zu seinem Sturz (18. März) geführt.

№ 12 * Seite 8 — ULK — 21. März 1890

Internationale Arbeiterschutz-Konferenz.

Der Kaiser rief, und Alle, Alle kamen!

Redakteur: Siegmund Haber in Berlin. Druck und Verlag von Rudolf Mosse in Berlin.

323 *Ulk*, Nr. 12 v. 21. 3. 1890
Internationale Arbeiterschutz-Konferenz
Holzschnitt von
Hermann Scherenberg

dann im *Deutschen Reichs-Anzeiger* – ohne Gegenzeichnung Bismarcks – zwei Kaiserliche Erlasse veröffentlichen, in denen er zwecks »Verbesserung der Lage des Arbeiterstandes« erstmals konkrete Maßnahmen zum Schutz der im aktiven Erwerbsleben Stehenden (Arbeiterausschüsse, Regelung der Arbeitszeit etc.) in Aussicht stellte. Gleichzeitig berief er nach Berlin eine internationale Arbeiterschutzkonferenz ein *(Abbildung 323)*.

Während das *Berliner Volksblatt* (Nr. 32) am 7. Februar 1890 die geplante Arbeiterschutzgesetzgebung als einen »Sieg der Sozialdemokratie« und eine »Niederlage des Reichskanzlers« feierte, kommentierte das sozialpolitisch am aufgeschlossenste Berliner Witzblatt, *Ulk*, die »Frühlings-Erlasse« wie folgt:

»Aus lichten Höhen drang ein Sonnenstrahl
Durch dämmergrauen Dust der Nebelwolke;
Er findet seine Bahn zum tiefsten Thal,
Es küßt sein Schein den Aermsten aus dem Volke.«[237]

Die von Bismarck angeregte, kontinuierlich ausgebaute Sozialversicherung, an deren Grundsteinlegung (Kaiserliche Botschaft) hundert Jahre später, im November 1981, von der SPD-FDP-Koalition feierlich erinnert wurde,[238] sowie der unter Wilhelm II. eingeführte, später erweiterte Arbeiterschutz sind heute feste Bestandteile unseres Wirtschaftssystems, als dessen drittes »Standbein« die von den Gewerkschaften erstrittene Mitbestimmung auf Betriebs- und Unternehmensebene zu nennen wäre.

Zweiter Teil, sechstes Kapitel Kriegstrompete und Friedensschalmei

Das europäische Mächtekonzert nach der Reichsgründung (1871–1890)

»Ist denn kein Held auf Erden mehr,
Der unsre Ketten zerbreche,
Und der – es ist fürwahr nicht schwer –
Das Wort ›Abrüstung‹ spreche?
Dem Fürsten Heil, der zuerst es spricht!
In friedlichen Ruhmeskränzen
Wird er in der Verklärung Licht
Noch unsern Enkeln erglänzen.«

(Kladderadatsch)[1]

Nach Beendigung des Deutsch-Französischen Krieges nahm die satirische Berichterstattung über das »Europäische Concert«,[2] in dem die Töne der Kriegstrompete und der Friedensschalmei abwechselnd oder gleichzeitig erklangen, zeitweise ein solches Ausmaß an, daß sich Bismarcks Feststellung im Reichstag (1876), die Zeitungen seien mit »ausländischen« Angelegenheiten überfüllt, mühelos auf den *Kladderadatsch*, die *Berliner Wespen*« und den *Ulk* übertragen ließe. Dies erscheint um so statthafter, als der Kanzler, ein eifriger Zeitungsleser und -schreiber, die öffentliche Aufgabe der Presse aus der Sicht des Publikums wie folgt beurteilte: »Deutsche Zeitungen sollen politische Unterhaltungslectüre sein, die man eben beim Schoppen gelegentlich verrichtet, und von der man eine anregende Unterhaltung, vor allen Dingen etwas Neues weit aus dem Auslande erwartet.«[3]
In den genannten Wochenblättern reduzierte sich freilich dieses »Neue weit aus dem Auslande« auf einige wenige, immer wieder auftauchende »brennende« oder »offene« Fragen, allen voran die orientalische, welche sich aus dem Machtverfall der Türkei ergab, sowie auf zahlreiche Klischees. Politische Ereignisse und Institutionen, in der Öffentlichkeit stehende Personen und nationale Symbolfiguren wurden mit charakteristischen Attributen und Bewertungen versehen, die nicht allein das Unterbewußtsein des Einzelnen prägten, sondern auch das Kollektivbewußtsein der Nation. So intensivierten Berlins satirische Textautoren und Zeichner das bereits im Vormärz geschaffene Feindbild des gewalttätigen Zarenreichs, symbolisch dargestellt

als Bär, peitschenschwingender Kosake und – seit dem russisch-türkischen Krieg (1877) – als »[schrecklicher] Iv[w]an«. Sie befaßten sich außerdem weit mehr als bisher mit dem britischen Löwen oder Walfisch, das heißt mit dem unaufhaltsamen Aufstieg des bereits an seiner Seemannstracht oder seiner Tropenuniform erkennbaren John Bull.[4] Verglichen mit Rußland und »Alt-England« erregte die österreichisch-ungarische Monarchie mit ihren inneren Spannungen und Umwandlungsprozessen nur sporadisch die Aufmerksamkeit der politischen Witzblätter. Nebenbei behandelt wurde auch die Zufluchtsstätte von über zwei Millionen Deutschen, die es aus politischen und/oder wirtschaftlichen Gründen »zu Hause nicht mehr zum Aushalten« fanden *(Berliner Wespen)*: »Amerika felix«, das glückliche Amerika *(Kladderadatsch)*.[5] Es erscheint in der Allegorie häufig als Brother (Bruder) Jonathan oder Uncle (Onkel) Sam.[6]

Kleinere europäische beziehungsweise in Afrika oder Asien gelegene Staaten und Volksstämme betraten im allgemeinen jeweils dann die satirische Arena, wenn ihre Belange mit denen der Großmächte zusammenzustoßen drohten oder bereits kollidierten.

Die unbestrittene Hauptrolle in Berlins politisch-satirischem Welttheater spielte freilich die »grande nation«. Zwischen Juni 1871 und März 1890 schufen allein die »Bildjournalisten« über tausend Einzel-, Abfolge- oder Gruppenkarikaturen unterschiedlicher Größe und Plazierung. Dies ist nicht weiter verwunderlich, hatte doch die gewaltsame Annexion Elsaß-Lothringens die Gefahr heraufbeschworen, Frankreich »in die Arme Rußlands« hineinzuzwingen,[7] eine Gefahr, welche der Leiter der deutschen »Staatskunst« mit allen Mitteln zu bannen suchte *(Abbildung 324)*.[8]

Der hier aufgezeigte tödliche Interessenkonflikt zog sich wie ein roter Faden durch die satirische Publizistik der 1870er und 80er Jahre. Von nun an bildeten nicht mehr, wie zur Zeit Napoleons III., das Staatsoberhaupt und seine Umgebung, sondern die Franzosen in ihrer Gesamtheit die Zielscheibe eines teils defensiven, teils offensiven Spottes. Erst nach dem Zweiten Weltkrieg bewirkte der tiefgreifende Wandel der deutsch-französischen Beziehungen allmählich auch »bedeutsame Umschichtungen« auf dem Gebiet von Satire und Karikatur.[9] Nichtsdestoweniger tauchen auch heute noch bisweilen »eiskalte Tiefenströmungen auf, die das deutsch-französische Verhältnis belasten«, und zu deren Erläuterung »alte holzschnittartige, teilweise in neue Farben getauchte Bilder« oder eher Feindbilder herangezogen werden.[10]

Bismarcks schwierigste Aufgabe seit dem 70er Krieg und der Reichsgründung war – nach Ansicht des *Kladderadatsch* – den zwölf Arbeiten des Herkules gleichzusetzen: Es handelt sich um seinen ununterbrochenen Balanceakt zur Erhaltung des europäischen Friedens.
In der Tat, solange Bismarck regierte, beherrschte er die außenpolitische Bühne Europas. Er verstand es, durch sein kunstreiches diplomatisches Spiel gefährliche Bündnisse gegen Deutschland zu vereiteln.

324 *Kladderadatsch,*
Nr. 32 v. 8. 7. 1888
Die dreizehnte Arbeit des Herkules
Holzschnitt von Wilhelm Scholz

Vom Frankfurter Friedensvertrag bis zum Berliner Friedenskongreß (1871–1878)

1. Republik oder Monarchie? oder: Aus dem neuesten französischen Drama

Der Chef der Exekutive der am 4. September 1870 von Jules Favre ausgerufenen französischen Republik, Adolphe Thiers, hatte im Frühjahr 1871 in der sogenannten Übereinkunft von Bordeaux die Entscheidung über das endgültige Herrschaftssystem (Republik oder Monarchie) zunächst offengelassen.[11] Obwohl Thiers schon wenige Monate später, am 31. August, den Titel Präsident der Republik annahm und am 26. Dezember 1871, in einer Grundsatzrede, eindeutig zugunsten der republikanischen Staatsform Stellung bezog,[12] war diese Frage hiermit keineswegs gelöst.

Tatsächlich erstrebten in der seit März 1871 in Versailles tagenden Nationalversammlung nicht weniger als drei Fraktionen, die zusammen die Mehrheit besaßen, die Wiederaufrichtung der Monarchie: 1. die Legitimisten, das heißt die Anhänger des seit 1830 im österreichischen Exil (Schloß Frohsdorf in der Steiermark) lebenden Enkels Karls X., Heinrich Graf von Chambord, 2. die Orleanisten, die sich für eine Thronbesteigung des Grafen von Paris, eines Enkels des Bürgerkönigs Louis Philippe[13] aussprachen, 3. die allerdings anfangs wenig zahlreichen Bonapartisten oder Napoleoniden. Ihr Thronanwärter war »Frankreichs Barbarossa« *(Berliner Wespen)* Napoleon III., der seit Kriegsende in Chistlehurst bei London seinen »Resurrections-Träumen« *(Kladderadatsch)* nachging,[14] beziehungsweise dessen Sohn Napoleon Eugène Louis Jean Joseph, genannt Lulu. Nach dem Tod des Vaters (9. Januar 1873) wurde der »Kaiserliche Prinz«, ein »Gemisch von Naivetät [!] und überströmender Männlichkeit«,[15] von der bonapartistischen Partei als Napoleon IV. feierlich zu ihrem Haupt und Prätendenten erklärt.

Neben den genannten Thronanwärtern befanden sich noch zwei in die Nationalversammlung gewählte Orleanisten im Rennen, die ihre Bereitschaft zu erkennen gegeben hatten, auch einer Republik zu dienen: Heinrich von Orléans, Herzog von Aumale, und Franz von Orléans, Prinz von Joinville.[16]

Der Kampf der Parteien um das politische System Frankreichs komplizierte sich durch die Uneinigkeit der Republikaner, die sich bis 1876 in der Minderheit befanden. Ihr extrem-linker Flügel tritt in der Karikatur als »Communarde« oder »Communardin« auf; die Petroleumflasche ruft die Erinnerung an die Brandstiftungen der letzten Maiwoche 1871 wach.[17]

Die kitzlige Lage Thiers', der mit der Republik eine »wilde Vernunftehe« *(Kladderadatsch)* oder »Verstandesheirath« *(Berliner Wespen)*[18] eingegangen war, faszinierte die Berliner Karikaturisten nicht weniger als ihre Pariser Kollegen, bei denen sie im übrigen so manche geistige Anleihe aufgenommen haben. So steuerte »Frankreichs Präsidentlein« nicht nur in der Pariser satirischen Tageszeitung *Le Charivari*, sondern auch im Berliner *Kladderadatsch* das Staatsschiff der Republik vorsichtig durch die drohenden (monarchistischen) Klippen *(Abbildung 325)*.[19] Andere Karikaturen zum selben Thema zeigen den 73jährigen Staatsmann, der – wie Bismarck – wiederholt mit seinem Rücktritt drohte, in allerlei gefährlichen Situationen, zum Beispiel als wagehalsigen Fuhrmann, Reiter, Trapezkünstler und Zirkusdirektor oder aber als besorgte Amme, die verzweifelt zu verhindern sucht, daß der zu Boden geworfenen »schönen Puppe« Republik von den herumbalgenden Kindern (Monarchisten, Ultralinke) Arme und Beine ausgerissen werden.[20]

Beachtenswert ist, daß diese die Tagesaktualität verfremdenden Karikaturen sich in der Regel einer Stellungnahme für oder wider die Republik, die meist als attraktive junge Dame mit obligater Freiheitsmütze in Erscheinung tritt, enthielten. Dagegen wurden die in der »Versailler Arena« zum Kampf antretenden Abgeordneten – »göt-

Links: der Felsen der bourbonischen Monarchie, die am Lilienbanner des Grafen von Chambord, des legitimistischen Thronprätendenten zu erkennen ist. *Rechts:* der Felsen des Hauses Orléans; er wird durch den vom verflossenen König Louis Philippe ererbten Regenschirm symbolisch dargestellt. Endlich, *im Hintergrund*, die bonapartistische Klippe, erkennbar am napoleonischen Zweispitz, der auf Stulpenstiefeln ruht. Es ist dem Präsidenten Adolphe Thiers gelungen, das Schifflein Republik an allen Hindernissen vorbeizusteuern.
Der Titel der Zeichnung ist ein Anklang an Fenimore Coopers Indianerroman *Der letzte Mohikaner* (1862); die Unterschrift ist ein Verspaar aus Heinrich Heines Gedicht: »Lorelei«.

325 *Kladderadatsch*, Nr. 11 v. 10. 3. 1872
Der Letzte der Republikaner
Holzschnitt von Wilhelm Scholz

tergleiche Streiter«, »Harlequins«, »Puppenspieler«, »Narren« – wie in Frankreich selbst – mit massiven negativen Kennzeichen versehen.[21] Hier ein ironisch übertreibender Bericht aus dem Parlament, wo in der Regel »selbst des letzten Plätzchens Saum« auf den Tribünen von der »dicht gestauten Menge« besetzt war, in der Art des *Ulks*: »Es waren in der letzten Sitzung nur 130 gemeine Schimpfwörter und lumpige 75 Revolverschüsse gefallen, und auf der Fahrt nach Versailles nur 30 Deputierte halb todt gehauen worden. Man schrie mit Recht über geringen Eifer der Volksvertreter.«[22]

Am 24. Mai 1873 wurde Thiers, wie die *Berliner Wespen* und der *Kladderadatsch* bereits seit längerem befürchtet hatten, von seinen Gegnern gestürzt. Das letztgenannte Blatt (Nr. 25) interpretierte am 1. Juni den »Versailler Krach« als eine »verspätete Walpurgisnacht« auf dem »Wällschen Blocksberg«:

»Vom Ungewissen staunend starr
Stehn Alle, Christ und Jude;
Ich aber – lach'! Kommt wieder einmal
Doch Leben in die Bude!«[23]

Unter Thiers' Nachfolger, dem Marschall Patrice de Mac Mahon, Herzog von Magenta (seit 1859), der von allen Rechtsgruppen einschließlich der Bonapartisten gewählt worden war, und seinen häufig wechselnden Ministerien der »moralischen Ordnung«[24] ging das »Prätendenten-Sacklaufen« *(Kladderadatsch)*[25] zunächst weiter. Doch dann, nach der vorübergehenden Versöhnung der beiden königlichen Vettern (August 1873), der sogenannten Fusion,[26] schien einer Wiederaufrichtung der Monarchie nichts mehr im Wege zu stehen. Anläßlich der nunmehr in weiten Kreisen der Öffentlichkeit erwarteten Thronbesteigung des Grafen von Chambord als Heinrich V. richtete der *Kladderadatsch* (Nr. 49) am 26. Oktober 1873 das nachstehende ironische Leitgedicht an die »grande nation«.

Die erste Strophe sei hier zitiert:

»Mit Laubgewinden schmückt den Siegesbogen,
Und Palmen streut und Blumen auf den Pfad;
Denn der Erlöser Frankreichs kommt gezogen.
Paris, nun juble laut – dein König naht!
Wie prangt im Sonnengold das Lilienwappen
Auf seines Königsschildes blanker Zier!
Die Tricolore und ein weißer Lappen –
Wie lustig flattern sie! – ist sein Panier.«[27]

Jedoch, diesmal irrte das Weltwitzblatt, dessen Weissagungen in der Vergangenheit so oft eingetroffen waren. Die Restauration scheiterte Ende Oktober 1873 an der Unbeugsamkeit des Grafen von Chambord. In einem auch in deutschen Zeitungen abgedruckten »Offenen Brief« bestand der »Ritter von der traurigen Gestalt des Legitimismus« *(Kladderadatsch)* zum Entsetzen seiner Anhänger »aus Prinzip« auf der Beibehaltung des weißen Lilienbanners seiner Väter und wich auch später von dieser unzeitgemäßen Forderung zugunsten der blau-weiß-roten »Trikolore« nicht ab.[28]

Am 20. November 1873 wurde daher die Amtszeit des Marschall-Präsidenten auf sieben Jahre festgesetzt (Septennat), was die stehende *Kladderadatsch*-Figur Baron von Prudelwitz zu folgendem Kommentar veranlaßt hat: »Königthum in Frankreich nichts als – geknickte Lilie . . . Statt legitimen Roy haben siebenjährigen Strohmann auf Thron gesetzt! Wollten Republik unterdrücken, und haben Republik definitiv begründet!«[29]

In der Tat erwies sich nach einem »Plebiscit des Paris« in Frankreich die Republik schließlich als »die Schönste« *(Berliner Wespen)*,[30] ganz im Gegensatz zu Spanien. Dort hatte nach dem »Spanischen Stiergefecht« *(Berliner Wespen)*, das heißt nach dem blutigen zweiten Karlistenkrieg (1872–1876), der Urgroßvater des heutigen Königs Juan Carlos I., der siebzehnjährige Alfons XII., am 14. Januar 1875 seinen feierlichen Einzug in Madrid gehalten![31] Mit Unterstützung der Orleanisten kamen 1875 jene drei organischen Gesetze zustande, die man als die Verfassung der bis 1940 fortbestehenden Dritten Republik zu bezeichnen pflegt. Der entscheidende, von dem konservativen Abgeordneten Henri Wallon eingebrachte und am 30. Januar mit nur einer Stimme Mehrheit angenommene Paragraph lautete: »Der Präsident der Republik wird mit der absoluten Mehrheit der Stimmen durch den Senat und die Abgeordnetenkammer gewählt, die zur Nationalversammlung vereinigt werden. Er wird auf sieben Jahre gewählt; er ist wieder wählbar.«[32]

Die nach Verkündung der Verfassung notwendig gewordenen Neuwahlen (Januar bis März 1876) ergaben in der Deputiertenkammer eine klare, im Senat eine knappe Mehrheit für die Republikaner. Zu den wiedergewählten Abgeordneten gehörte der linksrepublikanische Volkstribun und Journalist Léon Gambetta, nach Ansicht Theodor Fontanes ein »Patriot« und eine »große Potenz«, nach Meinung des Berliner Kleinbürgers Müller ein »fou furieux« (gefährlicher Irrer); der Senat zählte zu seinen dreihundert Mitgliedern den wegen seiner Manifeste seit 1870 in allen Berliner Witzblättern verlachten »Riesendichter« *(Kladderadatsch)* Victor Hugo.[33]

Die sogenannte Mac-Mahon-Krise, das heißt die Entlassung des gemäßigt liberalen Ministeriums Jules Simon (16. Mai) und die gleichzeitige Ernennung eines »Schwarzen Corps« *(Kladderadatsch)* unter dem Herzog Albert de Broglie[34] zwecks konsequenter Fortführung der »moralischen Aufrüstung«, dem die Republikaner das Vertrauen verweigerten, führte am 25. Juni 1877 zur Auflösung der Kammer. Die Neuwahlen nach diesem zwar zulässigen, jedoch von vielen Zeitgenossen als Staatsstreich interpretierten Vorgehen fanden im Oktober statt. Sie stellten für den royalistisch-klerikalen Staatspräsidenten eine Niederlage dar: Den rund 210 Monarchisten, davon fast die Hälfte Bonapartisten, standen trotz empfindlicher Verluste noch immer 320 Republikaner gegenüber![35]

Dem *Kladderadatsch*, der sich am 1. Juli 1877 nur wundern konnte, »daß der ganze Kram . . . noch nicht zusammengestürzt« war,[36] und den *Berliner Wespen* lieferte die Mac-Mahon-Krise Stoff für mehrere Monate. Der französische Staatsmann wurde als St. Septennarius, Götze der Gloire und der Revanche, Mac-Bête (= Mac Dummkopf), Mac Münchhausen, Saul Mac Mahon, Marschall Fanfaron oder Mac Männeken lächerlich gemacht, war er doch getreu seiner Devise aus der Zeit des Krimkriegs, »J'y suis et j'y reste« (da bin ich, und da bleibe ich), reumütig »in die Arme der ihm angetrauten Dame Republik zurückgekehrt«.[37] Für den *Kladderadatsch* (Nr. 52) stand daher am 11. November 1877 fest:

»Fortleben wirst du glorios
Und stehn gemalt einst riesengroß
Im lust'gen Buch – der Narren.«

Die *Berliner Wespen* stellten vor allem einen Bezug zu den Staatsstreichen der Bonapartes her. Aus Mac Mahon wurde Macbeth Mahon, Mac-Blaubart oder noch der Brautwerber für den immer ungeduldigeren Lulu.[38] So erinnerte die erläuternde Legende zu einer am 15. Juni 1877 veröffentlichten Karikatur (Nr. 24) an 1870:

»Was kraucht da in dem Busch herum?
Es ist der Mac Mahonium.«

Die Gretchenfrage, ob Republik, ob Monarchie beschäftigte freilich nicht allein die französische Politik und Publizistik beziehungsweise die Berliner Tageszeitungen und Witzblätter, sonden auch den Leiter der deutschen Geschicke, Bismarck. Bereits am 16. Februar 1871, also zehn Tage vor Abschluß des Präliminarfriedens, hatte er an das Auswärtige Amt folgende telegrafische Anweisung ergehen lassen: »Bitte in Presse das Thema wiederholt besprechen zu lassen: Die Orléans gleichbedeutend mit frühem Wiederausbruch des Krieges zwischen Frankreich und Deutschland. Die Republik gewährt bessere Aussichten. Das sicherste Mittel gegen solchen Krieg feste Grenzen und starke Kontributionen, die längere Minderung des stehenden Heeres wahrscheinlich machen.«[39]

Zu einem europäischen Medienereignis ersten Ranges entwickelte sich in diesem Zusammenhang die Affaire Arnim. Als der im Dezember 1871 ernannte erste Botschafter des Deutschen Reichs in Paris, Harry Graf von Arnim-Suckow, die Wiederherstellung einer französischen Monarchie begünstigte und damit Bismarcks Politik durchkreuzte, wurde er am 22. Februar 1874 abberufen und am 15. Mai in den einstweiligen Ruhestand versetzt. Die Unvorsichtigkeit Arnims, bei seiner Entlassung eine größere Anzahl »diplomatischer Papiere zu verschleppen« *(Berliner Wespen)*, führte ihn vorübergehend ins Gefängnis, ins Krankenhaus und schließlich vor Gericht.[40] Bismarck ließ, um sein Vorgehen zu rechtfertigen, mehrere Aktenstücke in der Presse veröffentlichen, was mit dazu beigetragen hatte, daß der Prozeß Arnim (9. bis 19. Dezember 1874) »in der ganzen civilisirten Welt«, namentlich in Paris »un-

geheures Aufsehen« erregte.[41] Theodor Fontane hat die Arnim-Affaire für seinen Berliner Gesellschaftsroman *(Irrungen Wirrungen)* auch literarisch verwendet.[42]
Wie allergisch die ohnehin verärgerten preußischen Altkonservativen (vgl. Teil II, Kapitel 5) auf Bismarcks Vorgehen gegen einen Standesgenossen reagierten, gab Baron von Prudelwitz bereits am 11. Oktober 1874 im *Kladderadatsch* (Nr. 47/48) in einem seiner »Schreiben« an Baron von Strudelwitz zu Protokoll: »Stupéfait [sprachlos], starr, stutzig, versteinert, verstimmt, verstummt vor Staunen, stehe still, stöhne Stoßseufzer, streiche Stirn, stiere auf Stelle im Stadtblatt, wo mit stärkste Buchstaben gedruckt steht, daß Graf Arnim gestürzt und eingesteckt. Inoui [unerhört], incroyable [unglaublich], fabelbar! Staatsmann von höchste Stellung in Stadtvogtei eingesperrt! Welche Zustände! Ueberläuft kalt, bekomme Gänsehaut und werde von sibirisches Grausen tower- und bastillenhaft geschüttelt.« Die nunmehr einer breiten Öffentlichkeit bekannt gewordene Auffassung des Reichskanzlers, ein deutscher Botschafter habe sich seinen Anweisungen in jedem Fall zu fügen, reizte den *Kladderadatsch* zu einer gelungenen Parodie. Unter der Überschrift »Der vollkommene Diplomat« gab er (Nr. 58) am 20. Dezember 1874 dem ehrgeizigen Nachwuchs zu bedenken:

»Eigne Politik zu treiben,
Laß, o Söhnlein, unterbleiben;
Scheint es dir auch sehr pikant,
Ist es dennoch nicht bewandt.
Wenn der Chef dir Ordres schickt,
Mußt du folgen streng und strict.
Solltest du den Sinn vermissen,
Denk': Er muß es besser wissen!
Willst du stürzen, was er hält?
Halten, was ihm nicht gefällt?
Oder hättest du den kecken
Vorsatz gar, den Leu'n zu wecken?
Bild' dir keine Schwachheit ein –
Er ist groß, und du bist klein!«

»Er ist groß, und du bist klein«, war auch der Grundtenor der *Berliner Wespen* und des *Ulks*, insbesondere nach Arnims zweifelhafter Verurteilung zu einer dreimonatigen Gefängnisstrafe, der er sich durch Flucht in die Schweiz entzog.[43] Seine 1875 anonym in Zürich erschienene Verteidigungs- und Brandschrift *Pro Nihilo (Für nichts)*, in der er unter anderem den Reichskanzler mit einem »nüchternen, phantasielosen Elefanten« verglich, führte im Kreis der preußischen Konservativen allerdings zu heftigen Meinungsverschiedenheiten. Übertragen auf die satirische Ebene des *Kladderadatsch* nahm sich das folgendermaßen aus: Baron von Prudelwitz, der ganz auf der Seite des »gestürzten Grafen« stand, »schlürfte« Arnims Worte, »als ob Sect wäre«.

Denn »jedes Wort von Broschüre Dolchstoß, jeder Satz Revolver, jede Seite Batterie von Anklagen . . .« Sein Brieffreund von Strudelwitz hingegen nannte die Enthüllungen »fatal, ungelegen, tactlos«. Er erklärte auch, weshalb: »Hat sich in eigenes Schwert gestürzt, Grab selbst geschaufelt; nicht Ihn [Bismarck], sondern conservative Partei compromittirt; Feind, den zertrümmern wollte, nur auf höheres Piedestal gehoben . . .«[44] Tatsächlich hatte Arnim sich lediglich selbst Schaden zugefügt *(Abbildung 326)*, denn *Pro Nihilo* brachte ihm wegen Landesverrats eine Zuchthausstrafe von fünf Jahren (in Abwesenheit) ein. Der dem Anschlag des Brutus (Arnim) glücklich entgangene Cäsar-Bismarck *(Ulk)*[45] hingegen hielt an seiner 1871 eingeschlagenen Frankreichpolitik unverbrüchlich fest.
Bis 1877, also bis zur Überwindung der Mac-Mahon-Krise, hat er immer wieder versucht, sowohl durch pressepolitische als auch durch diplomatische Aktionen auf die Staatsform in Frankreich Einfluß zu nehmen.[46]
Bismarcks seit dem Arnim-Prozeß jedermann bekannte Vorstellung, eine Republik könne keine Allianzen schließen, wurde freilich von einem Narren, der die Wahrheit sagte, dem Pariser Satireorgan *Le Charivari*, als abwegig zurückgewiesen. In dieser französischen Tageszeitung stand am 15. Dezember 1874 zu lesen: »An dem Tag, an dem Rußland unserer Unterstützung bedarf, um gegen die preußische Vorherrschaft anzukämpfen, wird es ihm herzlich gleichgültig sein, ob Frankreich eine Republik ist oder eine Monarchie. Was zählt, sind unsere Soldaten und unsere Kanonen.«

2. *Kalter Wasserstrahl auf heißen Deutschenhaß: Ist der nächste deutsch-französische Krieg in Sicht?*

Beschäftigt man sich mit dem humoristisch-ironisch-satirischen Zeitgespräch nach 1871, so könnte man dem *Manifest der kommunistischen Partei* (1848) die allbekannten Eingangsworte: »Ein Gespenst geht um in Europa . . .« entlehnen und wie folgt ergänzen: das Gespenst des nächsten deutsch-französischen Krieges.
Das durch die Reichsgründung hervorgerufene entscheidende Problem einer starken Machtverschiebung in Europa deutete der Zeichner des *Kladderadatsch*, Wilhelm Scholz, schon kurz nach Kriegsende an. In einer am 4. Juni 1871 unter der Überschrift »Theatrum mundi« (= Welttheater) erschienenen Karikatur zeigte er, wie der dreihaarige Bismarck die weinende französische Republik und ihren leitenden Staatsmann, Adolphe Thiers, statt in die Fürstenloge, wo sich der deutsche, österreichische und russische Kaiser sowie Königin Victoria von England versammelt hatten, zu den wesentlich billigeren Plätzen des Zweiten Ranges hinaufkomplimentiert *(Abbildung 327)*. Am 22. September 1872 führte Wilhelm Scholz den Zeitgenossen dann vor Augen, wie Adolphe Thiers sich »alle vergebliche Liebesmühe« gab, die durch Frank-

Nr. 46 des „ULK“.

Graf Arnim.

Er wollte stürzen!

Redacteur: Siegmund Haber in Berlin. — Verlag und Druck von Rudolf Mosse in Berlin.

In dem berühmten Konflikt zwischen Bismarck und dessen ehrgeizigem Rivalen, Harry Graf von Arnim, nimmt der *Ulk* (wie der *Kladderadatsch* oder die *Berliner Wespen*) für den Reichskanzler Partei.
Die Zeichnung zeigt, wie Bismarck in aller Ruhe abwartet, bis Arnim selbst durch seine Streitschrift *Pro Nihilo* den Ast absägt, auf dem er sitzt. Die »Arnim-Affäre« verstärkte die Angriffe, die gegen Bismarck von ultrakonservativer Seite geführt wurden; in diesem Fall hatte seine Konterattacke die Vernichtung des Gegners zur Folge.

326 *Ulk*, Nr. 46 v. 18. 11. 1875
Graf Arnim
Holzschnitt von
Hermann Scherenberg

reichs Ab- und Deutschlands Aufstieg erfolgte Verlegung des »Schwerpuncts nach Berlin« rückgängig zu machen und das »Gleichgewicht wieder herzustellen«.[47]
Zu Thiers keineswegs »vergeblicher Liebesmühe« gehörten die im Juni 1871 angekündigte und 1872 durchgeführte Reorganisation der Armee nach preußischem Vorbild, die beiden mehrfach überzeichneten Milliardenanleihen (vgl. *Abbildung 287*) sowie die in schwierigen Verhandlungen erreichte vorzeitige Räumung des französischen Staatsgebiets (Mitte September 1873).[48]
Den wiederholten Beteuerungen »Adolfs I.« *(Kladderadatsch)*: »Die Republik ist der Friede!« – in Analogie zu Louis Napoleons Ausspruch: »Das Kaiserreich ist der Friede!« – standen Berlins Witzblätter daher skeptisch gegenüber. Aus ihrer Sicht hing Thiers vielmehr »den üppigsten Phantasiegebilden« nach, die da waren Revanche, Gloire und Prestige. Stellvertretend für seine Kollegen sei hier der *Kladderadatsch* angeführt, der Thiers' große Kammerrede anläßlich der Beratung des neuen

Die Komik der Zeichnung, auf der die handelnden Personen mit fast photographischer Genauigkeit dargestellt sind, liegt in der Situation.
Wilhelm Scholz erfaßt hier ein Problem, das die Weltöffentlichkeit bewegte: die deutsche Reichsgründung und das veränderte europäische Gleichgewicht.

327 *Kladderadatsch*, Nr. 26 v. 4. 6. 1871
Theatrum mundi
Holzschnitt von Wilhelm Scholz

Wehrgesetzes (8. Juni) nicht allein in einer Karikatur, sondern auch in einem mehrstrophigen Leitgedicht bissig kommentierte:

»Er steht auf der Tribüne
Der kleine Präsident;
Und ob ihm tief im Herzen
Des Hasses Flamme brennt,
Doch spricht zu Preußens Ruhme
Er sanft und würdevoll.
Von Milch und süßem Honig
Sein Mund schier überquoll.«[49]

Neben dem »Quasselfritzen« *(Berliner Montags-Zeitung)* und »Redegreis« *(Berliner Wespen)* Thiers,[50] seinem Nachfolger Mac Mahon, und den Thronanwärtern bildete die Pariser Publizistik eine schier unerschöpfliche Quelle des Spottes. Nach dem Motto »le ridicule tue« (das Lächerliche wirkt tödlich) versuchten die Autoren und Zeichner, dem zum »kategorischen Imperativ« erhobenen Revanchegedanken (Bismarck)[51] die Spitze zu nehmen. So parodierten oder fingierten sie die in der Berliner Tagespresse abgedruckten deutschfeindlichen Dolch- und Nadelstiche der klerikalen, bonapartistischen, orleanistischen oder legitimistischen, seltener republikanischen Journale in Beiträgen wie »Frei nach dem Französischen des ...« oder »Im Genre des ...« Besonders giftigen Spott erntete die heute noch einflußreiche konservative Zeitung *Le Figaro*, wie folgende Verse aus dem *Ulk* beweisen mögen:

»Der ›Figaro‹ in der Saison, der schwülen,
Druckt in Paris noch immer von Pendulen,
Von Bismarck's menschenfressenden Gefühlen,
Die nur in blut'gen Douchen noch sich kühlen!«[52]

Der 1854 gegründete *Figaro*[53] ist ein besonders gutes Beispiel für das nach 1871 geführte binationale publizistische Streitgespräch, da er seinerseits bisweilen auf die satirischen Wochenblätter der Reichshauptstadt Bezug nahm und ihre Karikaturen im »Saal der Depeschen« sogar ausstellte.[54]

Ein anderes beliebtes Stilmittel bestand darin, Pariser Zeitungen »Correspondenzen« oder gar »Sensationsartikel« zur »gefälligen Bearbeitung« *(Ulk)* beziehungsweise zum »gefälligen Uebersetzen in das Französische« *(Berliner Wespen)* zuzuspielen.[55]

Unter besonders heftigen Beschuß gerieten auch mehrere von der nationalen Katastrophe geprägte Intellektuelle. Zu nennen wäre hier der wegen seines »nicht geringen Geschreis über die Barbaren« *(Berliner Wespen)* von den deutschen Behörden vorübergehend festgenommene Edmond About. Er brachte – wie das Autorenkollektiv Emile Erckmann/Alexandre Chatrian, Alphonse Daudet und viele andere – den Mythos Elsaß-Lothringen maßgeblich zur Entfaltung.[56]

Erwähnenswert sind ferner die das neue Deutschlandbild der Franzosen prägenden Schriftsteller Ernest Feydeau und Victor Tissot. Feydeaus »Reiseeindrücke« *L'Allemagne en 1871 (Deutschland im Jahr 1871)* erschienen 1872 und wurden von Julius Stettenheim »frei nach der Pariser Tageszeitung *Le Constitutionnel*« in den *Berliner Wespen* wie folgt resümiert: »Ein trauriges Volk! ... Sobald wie möglich lasse ich mich auf den Bahnhof eilen und verlasse dieses verdammte deutsche Reich, nur Einen Gedanken im Herzen: Revanche!«[57]

Für Sensation in der Öffentlichkeit und in Regierungskreisen sorgten die Deutschlandreportagen Victor Tissots, insbesondere seine sofort übersetzte »Schmähschrift« *Voyage au pays des milliards* (1875) *(Reise in das Milliardenreich)*. Das von Zeitgenossen als »die dreisteste Blague der Neuzeit« bezeichnete Buch wurde in Frankreich »verschlungen«[58] und erlebte 1878 bereits seine 45. Auflage! Der vordem als Autor von Novellen, kunstgeschichtlichen Essays und Übersetzungen hervorgetretene Tissot schilderte zunächst auf 150 Seiten die den Franzosen vertrauten großen Städte Süd-, West- und Mitteldeutschlands, um sich dann auf weiteren 230 Seiten ganz der aus Dichtung und Wahrheit bestehenden karikaturalen Kritik Berlins zu widmen. Hier seine These: Die jüngste europäische Hauptstadt habe sich an dem Riesenleib Germaniens die Rolle des Kopfes angemaßt, obwohl sie – verglichen mit Paris, London und Wien – nie mehr sein könne als ein Haufen Backsteine, von Wachtposten umstellt. Der *Kladderadatsch* ergänzte Tissots Deutschlandschelte am 15. August 1875 durch ironische Gegenüberstellungen »während in Frankreich ...« und schloß mit der damals zweifellos komisch wirkenden, heute eher nachdenklich stimmenden Betrachtung: »Ueberlassen wir ruhig das deutsche Reich seinem düstern Verhängniß! Innerlich faul, wird es bald von selbst für immer von der Bildfläche verschwinden.«[59]

Der meist genannte und verhöhnte französische Schriftsteller, Dichter und Journalist war und blieb jedoch der »fleischgewordene Genius Galliens« *(Kladderadatsch)*, »Frankreichs größter Rachebarde« *(Berliner Wespen)*, Victor Hugo.[60] Am 21. September 1873 parodierte der *Kladderadatsch* (Nr. 43) in seinem Leitgedicht »Die Befreiung des Gebiets« Hugos als »Vers-Orgie« bezeichnetes Manifest, das unter dem Titel *La libération du territoire* in der radikalrepublikanischen Tageszeitung *Le Rappel* veröffentlicht worden war:

> »Ich bin noch nicht befreit! Dem Wahne schier zum Raube,
> Ist's blut'ge Rache jetzt – ha! – die allein ich schnaube!
> [...]
> Revanche, blutige, an den verfluchten Deutschen –
> Wie will ich sie von Metz – hei! bis gen Memel peitschen!
> Erzittre, Bismarck! Bebt, Herr Moltke und Herr Roon!
> Der Victor Hugo kommt – puh! – und gibt nicht Pardon!«[61]

Die Drohungen der »französischen Chauvinisten« *(Ulk)* wurden in der Reichshauptstadt mit direkten oder indirekten Gegendrohungen beantwortet. Moltke, der tote »alte Fritz« (Friedrich der Große) und der lebendige Wilhelm I. im »Silberbart«, nationale Denkmäler, wie die seit dem 2. September 1873 »in goldnem Lorbeerkranze« *(Kladderadatsch)*[62] erstrahlende Berliner Siegessäule, und freche Witzblattfiguren gaben »Gallia«, der »Meisterin der Phrase«, deutlich zu verstehen: »Drum rufe nach Revanche nie . . .« Denn, auch das stand nicht nur für die Machthaber, sondern auch für den endlich heimgekehrten »Füsilier Kutschke« fest:

»Adieu, *ma France*, und nun vergiß,
Was doch nich mehr zu ändern is.
Straßburg und Metz – laß mir in Ruh –
Die bleiben uns! *Comprenez-vous?* [Verstehen Sie?]
Adieu!«[63]

»Adieu!« und »Auf Nimmerwiedersehen!« *(Kladderadatsch)* jubelte man in Berlin; »Adieu!« – »Nein, auf Wiedersehen! Besuche pflegt man zu erwidern« *(Le Charivari)* hallte es aus Paris zurück.[64]

Als der letzte deutsche Besatzer am 16. September 1873 das katholische Frankreich verließ, tobte in Preußen-Deutschland der Kulturkampf. Hämische Beiträge über die zur gleichen Zeit in der »stigmatisirten Nation« *(Berliner Wespen)* sich häufenden Hirtenbriefe deutschfeindlicher französischer Bischöfe, Wundererscheinungen und Pilgerfahrten nach Lourdes, an denen sich auch »deutsche Kriecher« *(Berliner Wespen)* beteiligten, füllten daher in großer Anzahl die Spalten der liberalen Witzblätter. Diese sahen nicht allein »die ganze Saat Voltaire's und Rousseaus unbarmherzig vernichtet« *(Berliner Wespen)*, sondern erblickten in den »Revanche« predigenden »schwarzen Sirenen« *(Kladderadatsch)* – wie Bismarck selbst – eine ernste Gefahr für den Bestand des jungen Reichs.[65] Wie wenig der durch Botschaftsberichte, Zeitungsbeiträge und militärische Gutachten beunruhigte Bismarck dem »Revanchefrieden« *(Berliner Wespen)*[66] traute, geht aus seinen Reichstagsreden und aus zahlreichen privaten Äußerungen hervor. So machte er bereits Anfang Mai 1872 auf den befreundeten Abgeordneten Robert Lucius den Eindruck des »gefesselten Prometheus«, als er diesem auf einer »parlamentarischen Soiree« gestand: »Mein Schlaf ist keine Erholung, ich träume weiter, was ich wachend denke, wenn ich überhaupt einschlafe. Neulich sah ich die Karte von Deutschland vor mir, darin tauchte ein fauler Fleck nach dem anderen auf und blätterte sich ab.«[67]

Wenige Monate später, am 25. Januar 1873, bezeichnete Bismarck in einem Gespräch mit Lucius die Franzosen als »die Chinesen Europas«, über deren »Ziele und künftige Schritte« man nicht zu spekulieren brauche, denn: »sie werden über uns herfallen, sobald sie sich stark genug dazu glauben«.[68]

Wiederum ein Jahr später, um ein drittes Beispiel anzuführen, schuf er ein »neues geflügeltes Wort«, das zu schön war, um nicht sofort von den Karikaturisten des *Ulks* und der *Berliner Wespen* aufgegriffen zu werden: »Abstrahiren wir von den Franzosen den Koch, den Schneider und den Friseur, und wir stoßen auf den Rothaut-Indianer.«[69]

Die Einführung der allgemeinen Wehrpflicht (1872) und die »fortgesetzte Erregtheit« der Pariser Blätter hat nach Aussagen des französischen Botschafters Armand Elie Vicomte de Gontaut-Biron schließlich bewirkt, daß in Berlin das Mißtrauen »gewissermaßen in der Luft« lag und selbst »die hervorragendsten Geister« mehr oder weniger durchdrungen hat.[70]

Während der preußische Generalstab (einen Reichsgeneralstab gab es nicht) den Gedanken eines Präventivkriegs erwog,[71] versuchte der das Reich auf den Schultern tragende Atlas-Bismarck *(Berliner Wespen, Kladderadatsch, Ulk,* vgl. *Abbildung 276)*, gegen den »nächsten Angriff der Franzosen« ein dreifaches Bollwerk zu errichten: 1. durch die etappenweise »Wiederanknüpfung an das Prinzip der monarchischen Solidarität«[72] auf dem Wege der traditionellen Geheimdiplomatie, 2. durch den systematischen Ausbau des Deutschen Reichs als Militärstaat, 3. durch einen virtuos abgestuften »Verlautbarungsjournalismus« beziehungsweise die gezielte Lancierung von Pressekampagnen in amtlichen, halbamtlichen, offiziösen oder halboffiziösen Organen.[73]

Zunächst sind hier eine Reihe von Herrscherzusammenkünften zu nennen, zum Beispiel in der von Franz Joseph I. und Alexander II. beehrten »Dreikaiserstadt« Berlin (5. bis 12. September 1872). Der *Ulk* eröffnete die an Illuminationen und Paraden reichen Septembertage, »die Europa's Schicksalswage [!] zum steten Gleichgewichte sollen wenden!«, mit einem pathetischen Appell:

»Ihr mächt'gen Herrscher, die hierher gezogen,
Beschwört der Zwietracht dräuend finst're Wogen,
Sorgt, daß ein ›Ararat‹ den Ländern werde;
Schenkt uns den Frieden, ihn, das Gut der Götter,
Und schickt auch Ihr, der Menschheit starke Hüter,
Die Taube mit dem Oelblatt auf die Erde!«[74]

Der *Kladderadatsch* sah bereits das »goldene Zeitalter« heraufziehen und widmete den »drei einigen Kronen« nicht weniger als acht Nummern. Auf einer der Karikaturen sieht man, wie Thiers Berlin mit einer Kanone »scharf aufs Korn« nimmt. Die dazugehörende Bilderklärung lautet: »Da er aber hört, daß die Zusammenkunft keine schriftlichen Spuren hinterlassen, fällt ihm ein Stein vom Herzen.«[75] Dies tat erst das Dreikaiserabkommen vom 22. Oktober 1873, bei dem die neuen alten »Alliierten« – man denke an die Heilige Allianz – sich wechselseitig das Versprechen gaben, »den gegenwärtig in Europa herrschenden Friedenszustand« zu befestigen und »auf dem Gebiet der Grundsätze« zusammenzustehen.[76] Da wenige Tage zuvor überdies der

»galante König« *(Ulk)* Victor Emanuel II. »mit großem Gefolge«[77] Wien und Berlin einen Besuch abgestattet hatte, waren seit Ende 1873 Rußland, Österreich, das Deutsche Reich und Italien durch eine »Kette von Abkommen« miteinander »verknüpft«.[78] Daß freilich sowohl Österreich-Ungarn als auch Rußland und Italien einem Flirt mit der »Cocotte« Frankreich *(Kladderadatsch)* nicht abgeneigt waren, geht aus der zeitgenössischen Karikatur mit ebenso großer Deutlichkeit hervor[79] wie die bald auftauchende Vermutung, das Dreikaiserabkommen gleiche eher einem zerbrechlichen Gebilde aus »Thon« denn einem haltbaren aus Marmor *(Ulk)*.[80]
Daß dem so war, beweisen unter anderem die häufigen tage-, wochen-, ja selbst monatelang andauernden Pressefehden zwischen deutschen, österreichischen oder russischen regierungsnahen Zeitungen.
Was den westlichen Nachbarn betraf, so hatte Bismarck bereits unmittelbar nach Kriegsende damit begonnen, »den Franzosen von Zeit zu Zeit einen kalten Wasserstrahl zuzusenden«,[81] zum Beispiel am 15. Januar 1874 in der als »Kanzlerblatt« bezeichneten *Norddeutschen Allgemeinen Zeitung* (Nr. 13), die in ihrem »Politischen Tagesbericht« schrieb: »Vor einigen Tagen war zu Paris Krieg in der Luft; eine steigende Unruhe hatte sich dort der Gemüther bemächtigt ... Trotz aller Provokationen von französischer Seite, trotz der erbitternden Sprache der gesammten französischen Presse, trotz der Miserabilität des Benehmens aller Klassen der französischen Gesellschaft Deutschland gegenüber ... bleiben wir ruhig und halten Frieden.«[82]
Als wenig später der Deutsche Reichstag über das neue Reichsmilitärgesetz beriet, das die Friedenspräsenzstärke des Heeres an Unteroffizieren und Mannschaften »bis zum Erlaß einer anderweitigen gesetzlichen Bestimmung« auf 401 659 Mann festlegen wollte (§ 1), hielt »der große Schlachtendenker, der Schweiger auch genannt« *(Kladderadatsch)*,[83] Moltke, vielleicht »die längste und bewegteste Rede« seiner parlamentarischen Laufbahn. Folgende wichtige Passage sei hier zitiert: »Ein großes weltgeschichtliches Ereignis, wie die Wiederaufrichtung des Deutschen Reiches, vollzieht sich kaum in einer kurzen Spanne Zeit. Was wir in einem halben Jahre mit den Waffen errungen haben, das mögen wir ein halbes Jahrhundert mit den Waffen schützen, damit es uns nicht wieder entrissen wird ... Wir haben seit unseren glücklichen Kriegen an Achtung überall, an Liebe nirgends gewonnen ...«[84]
Für den *Kladderadatsch* war der langen Rede kurzer Sinn: »... und was er spricht, ist – Krupp«; ihren Inhalt gab er in einem Vierzeiler wieder:

»Was mit dem Schwert gewonnen, sei auch bewahrt durchs Schwert!
Es stehn Alldeutschlands Mannen, zu schützen Haus und Heerd;
Und wer es auf Berauben des Reichs hat abgesehn –
Potzkreuzschockdonnerwetter! Der Teufel hole Den!«[85]

Wie anders lautete dagegen der Kommentar zum Tage der *Berliner Montags-Zeitung*, einer erklärten Feindin *aller* stehenden Heere: »Moltke hat – im Reichstage – gesprochen! Von diesem wunderbaren Ereigniß ergriffen, schweigen Wir, und verschweigen:

1. daß ein Militärstaat kein wahrhaft großer Staat ist;
2. daß es kein freier Staat ist, der seiner ›Freiheit‹ wegen bis an die Zähne bewaffnet sein und bleiben muß, und
3. daß unser europäischer bewaffneter ›Frieden‹ kein Frieden, sondern der permanente Krieg gegen die geistige und materielle Wohlfahrt der schaffenden Völker ist.«

Am 9. März hieb das von Adolf Glaßbrenner herausgegebenen Blatt, das offensichtlich der damaligen »Friedensbewegung« nahestand, in dieselbe Kerbe. Mahnend rief es unter der Überschrift »Friede« aus:

»Friede: ernährt;
Unfriede: verzehrt;
Bewaffneter Friede: verheert.«[86]

Nachdem der Reichstag 1871 ein dreijähriges »Pauschquantum« für das Heer bewilligt hatte,[87] entzündete sich an dem oben zitierten Artikel 1 der bisher vertagte Prinzipienstreit um das jährliche Budgetrecht der Volksvertretung in Sachen Militärverwaltung. Über der Frage des »Äternats«, das heißt der Friedenspräsenzstärke auf unbestimmte Dauer, kam es nicht nur zur Zerreißprobe zwischen Regierung und Reichstag, sondern auch zu zermürbenden Flügelkämpfen innerhalb der nationalliberalen Fraktion. Schließlich fand man angesichts der »jetzigen ungewöhnlichen Verhältnisse mit Frankreich« (Rudolf von Bennigsen)[88] »in der politischen Arena« *(Ulk)* einen Kompromiß, der die Gefahr eines neuen Heeres- und Verfassungskonflikts (vgl. Teil II, 3. Kapitel) bannte. Die Regierungsforderungen wurden bewilligt, aber nur auf sieben Jahre (Septennat).

Am 20. April wurde das Reichsmilitärgesetz in dritter Lesung gegen die Stimmen der Sozialdemokraten, die für ein Volksheer plädiert hatten, des gesamten Zentrums sowie eines Teils der deutschen Fortschrittspartei unter Eugen Richter mit 214 gegen 123 Stimmen angenommen. Vorausgegangen war eine »starke Volksbewegung« zugunsten einer Verständigung, die zwar von dem erkrankten Bismarck tüchtig geschürt, aber nicht »gemacht« worden war.[89]

Am 12. April 1874 (Nr. 17) resümierte der *Kladderadatsch* in einem auf der ersten Seite abgedruckten »Lied des Unmuths« die »von West und Ost, von Süd und Nord« an die Reichstagsabgeordneten abgegangenen Adressen und Proteste der Wähler:

»Jetzt habt ihr lang' genug schon consequent,
Charaktervoll und tapfer euch geberdet!
Nun aber macht dem Widerstand ein End';
Denn sicherlich entbrennt
Sonst der Conflict, der Alle uns gefährdet!«

Nach dem Ende der »kummerschweren Tage« ließ dieses Witzblatt einen der »geplagten Volksvertreter« stellvertretend für die übrigen das »Jubellied einer befreiten Seele« anstimmen:

»So sehn auf sieben Jahr wir heute
Gerettet wieder Heer und Staat.
Bis dahin kommen andre Leute –
Sei mir gepriesen, Septennat!«[90]

Im *Ulk* und in den *Berliner Wespen* herrschte ein wesentlich schärferer Ton. In der Ausgabe vom 16. April (Nr. 16) bemängelte Nunne, daß der »kompromißmüthig jestimmte« Reichstag »sich aber auch Allens jefallen läßt«, während die *Berliner Wespen* (Nr. 15 und 16) am 10. und 17. April die »militairfromme« Mehrheit auf zwei Karikaturen kritisierten, die so spöttische Überschriften trugen wie »Im Deutschen Reichs-Tattersal[l]« und »Der Hammelsprung«. Darüber hinaus ist es den *Berliner Wespen* auf unterhaltsam-kritische Weise gelungen aufzudecken, was Historiker unserer Zeit als Bismarcks »Herrschaftstechnik der negativen Integration« bezeichnen. Am 10. April 1874 legten sie (Nr. 15) dem genesenden Reichskanzler, der sich von seinen Getreuen über den letzten Stand der Dinge unterrichten ließ, folgenden Ausspruch in den Mund: »Meine Herren, seien Sie versichert: wenn es keine Franzosen, keine Ultramontanen und keine Socialdemokraten gäbe, so würde ich sie erfinden!«[91]

Diesseits wie jenseits des Rheins standen drei Jahre nach der Reichsgründung die beiden Septennate einander als »Friedens-Vogel-Scheuchen« *(Kladderadatsch)* gegenüber.[92] 1874/75 schien sich überdies zu bewahrheiten, was die zum linken Flügel der Fortschrittspartei tendierende *Volks-Zeitung* bereits am 1. März 1871 (Nr. 52) geweissagt hatte: »ein vermehrtes Rüsten« in ganz Europa sowie die Bildung einer antideutschen Koalition, welche gerade durch die »verfängliche« und »doch höchst zweifelhafte« Freundschaft Rußlands begünstigt würde. Bekanntlich machten im Herbst 1874 russische, österreichische, dänische, polnische und andere »deutschfeindliche Zeitungspiraten« aus Bismarck den »beßtangeschwärzten Mann in Europa« *(Kladderadatsch)*.[93] Sie schufen damit eine »schlimme Situation«, welche die *Berliner Montags-Zeitung* ebensowenig zu beschönigen suchte wie der *Kladderadatsch*, das Stettenheimblatt und der *Ulk*:

»Wie im Norden, so im Süden
Werden Männer zu Medusen,
Die das glühn'de Eisen schmieden
Für Germania's stolzen Busen.

Ja, die Morgenröthe dämmert!
Aufgebläht sind alle Segel,
Alles Antideutsche hämmert
Frisch für Deutschland's Sarg die Nägel.«[94]

Vor allem die Angriffe Rußlands, das im Januar ebenfalls die allgemeine Wehrpflicht eingeführt hatte, mögen Bismarck dazu bewogen haben, die Kaiserliche Thronrede zur Eröffnung des Reichstags (29. Oktober 1874) durch einen drohenden Schlußpassus zu ergänzen: »Mir liegt jede Versuchung fern, die geeinte Macht des Reiches anders, als zu dessen Vertheidigung zu verwenden; vielmehr ist es gerade diese Macht, welche Meine Regierung in den Stand setzt, ungerechten Verdächtigungen ihrer Politik gegenüber zu schweigen und gegen das Uebelwollen oder die Parteileidenschaft, denen sie entspringen, erst dann Stellung zu nehmen, wenn dieselben zu Thaten übergehen sollten. Dann weiß Ich, daß für die Rechte und die Ehre des Reiches jeder Zeit die gesammte Nation und ihre Fürsten mit Mir einzutreten bereit sind.«[95]

Die in ganz Europa beachtete Regierungserklärung erinnerte den Karikaturisten des *Ulks*, Hermann Scherenberg, am 5. November (Nr. 45) an Schillers »Glocke« (Vers 174): »Gefährlich ist's den Leu zu wecken!« Im *Kladderadatsch* (Nr. 52) ließ der Urberliner Müller seinen aufmerksam lauschenden Gesprächspartner Schultze am 8. November wissen, daß die Franzosen »in die Schlußworte« die »ernste Aufforderung« sähen, »sich zu waffnen bis an die Zähne!« Tatsächlich ließ die französische Regierung bereits seit März 1874 und dann verstärkt seit Anfang 1875 in Deutschland »für den Kavalleriedienst brauchbare Pferde« aufkaufen, »wo sie nur irgend preiswerth zu haben«[96] waren, bis schließlich Wilhelm I. ihre Ausfuhr am 4. März 1875 »bis auf weiteres« verbot. Ferner wurde zwar nicht die Friedenspräsenzstärke, wohl aber die Schlagkraft der französischen Armee im Kriegsfall wesentlich erhöht durch ein in der Nationalversammlung am 13. März 1875 in dritter Lesung einstimmig angenommenes Heereskadergesetz.

Das Bestreben Frankreichs, »die Faust in der Tasche« zu ballen *(Kladderadatsch)*, das heißt seine »qualitative militärische Unterlegenheit ... gegenüber Deutschland auszugleichen«,[97] war eine der Ursachen für die schrillen Mißtöne, welche das »europäische Concert« im Frühjahr 1875 charakterisierten, aber nicht die einzige. Im Januar und Februar bildete der »immer auf Krieg« ausgehende Bismarck erneut die Zielscheibe publizistischer »Aufschneider« und »Fehdehandschuhmacher« *(Ulk)*.[98] Eine »wider den Kaiser von Germanien« beziehungsweise »Deutschlands Expansivkraft«

und »für Rußlands Czaren« *(Kladderadatsch)* Partei ergreifende Streitschrift des »schwatzhaften« Erzherzogs Johann Salvator *(Ulk)* sowie die in Preußen beschlagnahmte »neueste Encyclica« des »sinnbethörten Greises« Papst Pius IX. *(Kladderadatsch)*,[99] ferner, Truppenbewegungen an den Ostgrenzen und diplomatischen Spannungen mit dem »klerikalen« Kabinett Belgiens, endlich der »venetianische Jubel« *(Kladderadatsch)*,[100] das heißt die »überaus warme und herzliche Aufnahme« des Kaisers von Österreich sowohl am italienischen Hof als auch seitens des italienischen Volks (5. bis 17. April 1875) wurden als weitere Indizien für eine Einkreisung des »Störenfrieds Europas« gewertet.

Als dann auch noch eine geheime diplomatische Mission in Petersburg über eine »deutsch-russische Interessensphärenteilung Europas« ergebnislos verlief, griff Bismarck zu seinem altbewährten Mittel, durch die Zeitungen »deutlicher« zu sagen, »was man will«.[101] Diesmal wollte er durch die künstliche Erschaffung einer regelrechten Kriegspsychose den Beweis erbringen, »daß diese Rothäute in Lackstiefeln die unverbesserlichen Friedensstörer Europas sind und wohl auch bleiben werden«.[102]

So veröffentlichte die nationalliberale *Kölnische Zeitung* (Nr. 94) am 5. April 1875 unter der Überschrift »Neue Allianzen« einen angeblich aus Wien stammenden Beitrag offiziöser Natur. Er erblickte nicht allein in der Reorganisation der französischen Armee eine Gefahrenquelle für das Deutsche Reich, sondern auch in einer möglicherweise sich bildenden »katholischen Liga«, bestehend aus Frankreich, Österreich, Italien und dem Vatikan. Während dieser Versuchsballon relativ unbeachtet blieb, hatte der von Constantin Rößler redigierte Leitartikel »Ist der Krieg in Sicht?«, der drei Tage später in der freikonservativen *Post* (Nr. 82) erschien, die Wirkung einer Bombe.

Der Verfasser, ein ehemaliger Professor, der gemeinhin als »Prophet Bismarcks« galt, ergänzte den »in sehr ernsten Farben« gehaltenen Wiener Brief der *Kölnischen Zeitung* durch »eigene Beobachtungen«, die sich in den Schlüsselworten »Revanchekrieg« und »Revanchebündnis« zusammenfassen lassen. So kam er zu dem Schluß: »Wenn wir demnach unsere an die Spitze gestellte Frage: ist der Krieg in Sicht? beantworten sollen, so müssen wir sagen: der Krieg ist allerdings in Sicht, was aber nicht ausschließt, daß die Wolke sich zerstreut.«[103]

Offenbar war das von Rößler aufgefahrene Geschütz dem deutschen Reichskanzler zu stark, denn wiederum zwei Tage später »widersprach« die *Norddeutsche Allgemeine Zeitung* in ihrem »Politischen Tagesbericht« der in der *Post* geäußerten »sorgenvollen Ansicht von der Gegenwart« und »fast melancholischen Auffassung der Zukunft«. So stellte sie dem in der Phantasie bestehenden »Revanchebündnis« das real existierende Dreikaiserabkommen gegenüber. In bezug auf Frankreich bekräftigte das Kanzlerblatt allerdings die »beunruhigenden« Äußerungen der *Kölnischen Zeitung* und der *Post*, da der Zweck der »mit Konsequenz« betriebenen Rüstungen »keinem Sehenden verborgen bleibt«.[104]

Die »objective Studie« des »Journalisten Schwarzseher« *(Kladderadatsch)* hat die Gesellschaft »mit Schrecken« erfüllt, »Tausende von Federn« in Bewegung gesetzt, den Telegraphen »in Beschlag genommen« und auf der Börse »Verluste von Millionen herbeigeführt«. Kein Wunder, daß man sich in der »Redaction der Hiobspost« *(Kladderadatsch)* nunmehr bemühte, in nicht weniger als drei Leitartikeln das herbeigeschriebene »dunkle Gewölk« *(Abbildung 328)* schnellstens zu zerstreuen.[105]

Daß es dann jedoch, am 6. Mai, ganz unverhofft zu einem abermaligen »Sturz« aus dem »Friedenshimmel« *(Volks-Zeitung)* kam, lag nicht an der deutschen Presse, sondern an der Londoner *Times*. In ihrem auf den französischen Außenminister Herzog Louis von Decazes zurückgehenden Artikel »The French Scare« legte sie die tatsächlichen oder vermeintlichen Pläne der deutschen Kriegspartei offen und forderte Deutschland auf, »nicht nur Frankreich, sondern die ganze zivilisierte Welt« durch eine »unzweideutige Erklärung« zu beruhigen, was auch geschah.[106]

Als daher der »beste Freund« Deutschlands *(Norddeutsche Allgemeine Zeitung)*,[107] Alexander II., am 10. Mai seinen kaiserlichen Oheim in Berlin besuchte, hatten sich die Wogen bereits wieder geglättet. Nichtsdestoweniger hatte das »Kriejsjelärme« (Nunne), in dessen Verlauf der britische Löwe als »Friedensstifter« *(Ulk)*, der russische Zar als »Kriegsbändiger« *(Berliner Wespen)* und sein ihn begleitender Reichskanzler Alexander Michailowitsch Fürst von Gortschakow als »Friedensengel« *(Kladderadatsch)* aufzutreten suchten, dem von Koalitions-Alpträumen geplagten Bismarck deutlich vor Augen geführt, daß Frankreich längst nicht so isoliert dastand, wie er sich dies wünschte.[108] Als letzte Konsequenz dieses frühsommerlichen »Welt-Kasperle-Theaters« *(Kladderadatsch)*[109] revidierte Bismarck Ende der 70er Jahre seine Außenpolitik, so wie er auch innenpolitisch einen Kurswechsel vollzogen hat (vgl. Teil II, 5. Kapitel).

Schließlich und endlich sollte die nach dem *Post*-Artikel benannte Krieg-in-Sicht-Krise auch zu einer Vertrauenskrise zwischen dem Kanzler und der offiziösen oder für offiziös gehaltenen Presse führen. Bismarcks Verleugnung der »Reptilien« in privaten Gesprächen oder öffentlichen Reden erntete freilich in der unabhängigen Presse den wohlverdienten Spott *(Abbildung 329)*.[110]

Hier eine Selbstdarstellung der von Julius Stettenheim erfundenen Kunstfigur Dr. Reptilius, die das längst bekannte System Bismarck am 13. Oktober 1876 in den *Berliner Wespen* (Nr. 41) auf humoristisch-satirische Weise enthüllt:

»Präcis hab' ich verbreitet,
Was man mir hat dictirt,
Mit Dank die kleinste Gabe
Submissest apportirt.

Ich schrieb ›aus bester Quelle‹,
War sie auch gar nicht klar,
Ich war ›gut unterrichtet‹,
Wenn ich unwissend war.

Was richtig, dementirt' ich,
Was falsch war, nannt' ich echt.
Ich habe Blech geschrieben,
Wenn brav nur ward geblecht.

Ich nannte schön, was häßlich,
Ich nannte dumm, was klug,
Betrug nannt' ich, was ehrlich,
Und ehrlich, was Betrug.

Die Menschen zu Reichsfeinden
Ernannt' ich dutzendweis,
Selbst wenn *postnumerando*
Bezahlt mir ward der Preis.

Ich schrieb aus Rom und London
Und aus Paris und Wien,
Ich drahtete aus Moskau,
Und war stets in Berlin.«

In der zweiten Januarhälfte 1877 war es dann wieder einmal so weit, daß die Offiziösen »die Herren Franzosen« zur »Abkühlung« mit »kaltem Wasser« bespritzten *(Ulk)*.[111] Die daraufhin erfolgten »verabscheuungswürdigen« Angriffe seitens »einer Anzahl deutscher Zeitungen« versuchte *Die Post* zu entkräften, indem sie am 30. Januar auf der ersten Seite einen längeren Artikel ihres »Pariser Korrespondenten« zum Abdruck brachte. Einige charakteristische Passagen seien hier zitiert, werfen sie doch ein überaus bezeichnendes Licht auf das durch die Presse weit mehr als heute beeinflußte deutsch-französische Verhältnis: ». . . Die Franzosen im Allgemeinen haben zwar nach dem Kriege angefangen, Deutschland eine ungleich größere Beachtung als früher zu schenken . . ., aber . . . ihre Kenntniß von Deutschland ist geschöpft aus Schriften, wie die gemeinen Pamphlete eines Viktor Tissot ›Voyage au pays des milliards‹, und ihr Urtheil über Deutschland bildet sich nach den Artikeln der französischen Presse darüber. Letztere aber ist durchweg übelwollend und verdächtigend gegen Deutschland gesinnt aus Bosheit oder aus Unwissenheit . . . Aus diesen Gründen hat die deutsche Presse ein doppeltes Recht und eine zwiefache Pflicht: mit scharfem

Diese Nummer erschien genau eine Woche nach dem alarmierenden Artikel der konservativen Berliner Tageszeitung *Die Post* »Ist der Krieg in Sicht?«, der ganz Europa in Unruhe versetzte. *Links* erkennt man den preußischen Kriegsminister Georg von Kameke. *Rechts* weist Generalstabschef Helmuth Graf von Moltke auf die deutsche Heeresmacht hin. Auf allen Dächern stehen Soldaten mit aufgepflanztem Bajonett, um als Blitzableiter das drohende Gewitter unschädlich zu machen. Die Krise fand erst im Mai ihr Ende, wobei Deutschland und nicht Frankreich sich in der Isolierung befand.

328 *Ulk*, Nr. 15 v. 15. 4. 1875
Dunkle Wolken
Holzschnitt von
Hermann Scherenberg

Die Schleppe der hübschen Halbweltdame, von der Bismarck mitten Unter den Linden angesprochen wird, endet mit einem Reptilienschwanz. Unter »Reptilienpresse« verstand man damals Zeitungen, die von der Regierung subventioniert und/oder inspiriert worden sind, zum Beispiel die »freiwillig gouvernementale« *Norddeutsche Allgemeine Zeitung* oder *Die Post.*
Die Verse aus Heinrich Heines Gedichtsammlung *Die Heimkehr* (1823) spielen – noch vor Bismarcks großer Reichstagsrede (9. Februar 1876) – auf verschiedene Äußerungen des Staatsmanns an, welche die Existenz einer offiziösen das heißt regierungsnahen Presse in Abrede stellten.

329 *Berliner Wespen,*
Nr. 1 v. 7. 1. 1876
Zartes Verhältniß
Holzschnitt von Gustav Heil

Auge die französische zu überwachen, alle Kundgebungen derselben zu beachten ... und jeden verleumderischen Angriff ernst und entschieden zurückzuweisen. ... Die deutsche Presse steht gewissermaßen auf der Wacht, sie hat den Posten einer Schildwache, die scharf auslugt und beim geringsten verdächtigen Geräusch Allarm schlägt. Es mag hin und wieder falscher Lärm sein, es mag hier und da der Allarmruf ein zu lebhafter, ein zu hitziger werden, was thut's: wird doch wenigstens somit die Gefahr einer Ueberrumpelung durch den Gegner vermieden!«[112]

Das auf einem Bericht der deutschen Botschaft[113] beruhende Plädoyer der *Post* wirkte zumindest auf die *Berliner Wespen* (Nr. 22) nicht überzeugend. Am 1. Juni 1877 erteilte Julius Stettenheim den »Hetzern und Schwätzern« in den *Berliner Wespen* (Nr. 22) eine scharfe Rüge:

»Es liegt genug des Zunders beim vollen Pulverfaß,
Genug der Funken fliegen umher ohn' Unterlaß,
Drum spart ein wenig weiser mit Eurem ›Krieg in Sicht‹,
Schluckt Euren Kohl alleine und ähnliches – Gerücht.

Und was der Gott der Ente im Traum Euch offenbart,
Das sei in Eurem Busen sorgfältiger verwahrt,
Und mit ›Wie man versichert‹ und auch mit dem ›Man sagt‹
Mögt Ihr in Zukunft warten, bis Euch Europa fragt.«

3. *Die orientalische Frage: Posse oder Trauerspiel?*

Am 21. Januar 1875 ließ Nunne (*Ulk*, Nr. 3) in eine seiner weltpolitischen Betrachtungen den Satz einfließen: »In Serbien riecht es 'n Bisken stark sengerich«. Zehn Tage später vermeinte auch der *Kladderadatsch* (Nr. 5) »das alte Schreckgespenst« – die orientalische Frage – in Form der sagenumwobenen Seeschlange wiederzuerblicken. Er fügte jedoch hinzu: »Zum Glück hat man sie sofort beigelegt.«

Die Freude des *Kladderadatsch* war allerdings verfrüht, denn im Sommer 1875 brach auf der zum Türkischen Reich gehörenden Balkanhalbinsel, zunächst in der Herzegowina (Mitte Juli), dann in Bosnien (Mitte August) ein Aufstand der christlichen Bevölkerung aus, der im April des darauffolgenden Jahrs sowohl von Montenegro als auch von Serbien Unterstützung erhielt.

Da weder die drei Kaiserreiche – Rußland, Deutschland, Österreich-Ungarn – noch England, Frankreich und Italien wußten, »wer beim Ableben des kranken Mannes (= Türkei) dessen Erbe sein wird«, versuchte man »um des lieben Friedens willen« *(Kladderadatsch)*,[114] den »Brand in der Herzegowina« *(Ulk)* zu löschen und die »orientalische Frage« dazu zu bewegen, ohne Aufsehen zu erregen den »europäischen Staatspark« zu verlassen *(Berliner Wespen)*.[115]

Wie wenig sich der absolut regierende Sultan (= Großherr) Abd ul Asis von den diplomatischen Schritten der im »europäischen Friedensconcerthaus« *(Kladderadatsch)* versammelten Mächte beeindrucken ließ, schilderte der *Ulk* am 16. September 1875 in dem Gedicht »Am Bosporus«:

»Auf des Harems weichste Pfühle
Läßt der Sultan müd' sich nieder
Und er schaut mit Wohlbehagen
Auf Zuleimah's schlanke Glieder.
[...]
Komm' Zuleimah, laß uns kosen,
Rück' zurecht die Schlummerrolle,
Mit den Consuln ist's – ich weiß das –
›Viel Geschrei und wenig Wolle!‹«[116]

Der aus zwei- bis dreihundert Damen unterschiedlicher sozialer Herkunft bestehende Harem, eine Staatseinrichtung, beflügelte die erotische Phantasie der Berliner Journalisten. Er gehörte nicht weniger zur Charakterisierung der Türkei als das politische Schlagwort »der kranke Mann«, das nationale Symbol der Halbmondsichel sowie die meist den Sultan höchst persönlich schmückenden Pumphosen, der Turban oder Fes, endlich die gebogene Nase und der schwingende Krummsäbel.

In der von Kursstürzen an der Börse begleiteten, sich bis Juni 1876 hinziehenden ersten Phase der Orientkrise, der vierten seit Beginn des Jahrhunderts, wurde das in nahezu jeder Ausgabe geführte humoristisch-satirische Zeitgespräch von zwei Leitmotiven beherrscht. Das erste betraf die Gruppe der teils spaßhaften, teils scharf satirischen Text- und Bildbeschreibungen des zerrütteten Staatswesens der Türkei. Sie lassen sich bereits an ihren Überschriften erkennen: »Ein Stündchen im Serail. Tragikomisches Puppenspiel in einem Act«, »Muselmännliches Duett«, »Türkische Romanze« oder »Türkisches Klagelied«.[117] Das letztgenannte Leitgedicht des *Kladderadatsch* über den unmittelbar bevorstehenden Staatsbankrott wirkt allein durch die dem Sultan in den Mund gelegte Umgangssprache komisch:

»Steht es denn in Allah's Buch geschrieben,
Daß ich werden soll jetzt abgemuckst,
Nun so will ich schwelgen noch und lieben,
Wenn es auch die bösen Gläub'ger fuchst!
Lieben will ich flott – potz Allah! –
Zu der Feinde Spott – potz Allah! –
Bis der letzte Piaster ist verjuxt!«

Die den Leser weniger erheiternde, aber politisch bedeutsamere Gruppe befaßte sich mit der schwierigen »Pacificationsarbeit« der »Friedensmächte«, das heißt mit dem »Neuen westöstlichen Divan« *(Kladderadatsch)*.[118] Hier sind an erster Stelle die »bitt'ren Reformprojekte« *(Berliner Wespen)* zu erwähnen, die dem »kranken Mann« Anfang Januar und in der zweiten Maihälfte in Form von Kollektivnoten unterbreitet worden sind. Die der Pforte abverlangten Konzessionen an die christliche Bevölkerung sollten der »Menschenschlächterei in Bosnien und der Herzegowina« *(Berliner Montags-Zeitung)* ein Ende setzen.[119]

Verantwortlich für ihren Inhalt war das »Europäische Gesundheitsamt« *(Kladderadatsch)* unter Leitung der »drei Grazien des Friedens«, der »drei Gewalt'gen« beziehungsweise der »drei Parzen« Bismarck, Gortschakow und der österreichisch-ungarische Außenminister Gyula [Julius] Graf Andrássy *(Abbildung 330)*.[120]

Während die erste Intervention, die sogenannte Note Andrássy, im Namen aller sechs Großmächte erfolgt war, verweigerte »Alt-England« dem in einem drohenden Ton gehaltenen »Berliner Memorandum« am 20. Mai seine Zustimmung und entsandte statt dessen seine Flotte in das Krisengebiet *(Abbildung 331)*. Da »alle Welt« in diesem Alleingang der englischen Regierung »eine Demonstration . . . gegen Rußland zum Schutz der Türkei« erblickte,[121] hegten Berlins Witzblätter an dem Erfolg des »Dreikanzlerkinds« *(Berliner Wespen)* ihre berechtigten Zweifel:

»Die Sage geht, daß, wenn die Großen gaben
Zum ew'gen Bunde sich die bied're Hand,
Die Völker bald das Schwert gezogen haben,
Sich bald ein kleiner *casus belli* [Kriegsgrund] fand.«[122]

Wie erwartet, spitzte sich die Lage auf dem Balkan im »Drei-Sultan-Jahr« weiter zu. Am 30. Mai 1876 verlor Abd ul Asis im Verlauf einer Palastrevolution seinen Thron. Fünf Tage später wurde an ihm ein »schrecklicher Selbstmord vollführt« *(Berliner Wespen)*. Sein Nachfolger, der berechtigte Thronfolger Murad V., verfiel nach wenigen Monaten dem Wahnsinn und wurde am 31. August durch seinen Bruder Abd ul Hamid II., ein »kindliches Gemüthe« *(Kladderadatsch)* ersetzt.[123]

Inzwischen (Mai/Juni) hatten die »türkischen Horden« *(Kladderadatsch)* bei der Niederschlagung eines Aufstandes in Bulgarien »Grausamkeiten aller Art gegen ihre eigenen Landeskinder verübt«, welche den »Fortschritt auf allen Gebieten menschlichen Denkens, Könnens und Wissens« in »Ohnmacht« fallen ließen *(Berliner Wespen)*.[124]

Seit Anfang Juli tobte dann der serbisch-türkische Krieg *(Abbildung 332)*, dessen unentschiedener Ausgang (28. Februar 1877) nach einem von Rußland erzwungenen Waffenstillstand (31. Oktober 1876) vom *Kladderadatsch* (Nr. 40) am 27. August gewissermaßen vorweggenommen wurde:

Nach Michel Angelo.

Die türkischen Parzen.

Von den drei Parzen oder Schicksalsgöttinnen, die sich anläßlich der Durchreise des russischen Zaren in Berlin zusammengefunden haben, spielt Bismarck *(rechts)* die Rolle der *Klotho*, die den Lebensfaden spinnt, der österreichisch-ungarische Außenminister Andrássy *(Mitte)* die der *Lachesis*, welche des Lebensfadens Länge abmißt, während der russische Reichskanzler Gortschakow-*Atropos* (= die Unabwendbare) den Faden durchschneidet *(links)*. Ihr Opfer ist die durch den Sultan Abd ul Asis verkörperte Türkei.
Das die »brennende« orientalische Frage verfremdende Bild – Vorlage war ein berühmtes Werk Michelangelos – hat eine prophetische Bedeutung, denn elf Monate später erklärte Rußland der Türkei den Krieg.
Am 4. Juni 1876 brachte der Pariser Künstler André Gill auf der Titelseite seines Witzblattes *L'Eclipse* ein koloriertes Faksimile dieser *Kladderadatsch*-Karikatur. Auch die *Berliner Wespen* (12. Mai) und der Leipziger *Puck* (10. Mai) hatten das offensichtlich in der Luft liegende Parzenmotiv verwendet.

330 *Kladderadatsch*,
Nr. 22 v. 14. 5. 1876
Die türkischen Parzen
Holzschnitt von Wilhelm Scholz

Dem englischen Premierminister Benjamin Disraeli (ab August 1876: Earl of Beaconsfield), der die Berliner Übereinkunft (orientalische Frage) ablehnt, steht ein unangenehm überraschter Bismarck gegenüber. Auf dieser Zeichnung erscheint – wie später so häufig in der deutschen Kriegspropaganda unter Wilhelm II. und Hitler – England als Krämernation.

Die Gegenüberstellung Bismarcks und Disraelis läßt den *Kladderadatsch*-Leser den Größenunterschied zwischen der Osteuropa-Politik des deutschen Reichskanzlers und Englands Weltpolitik erraten. Im November 1875 war Großbritannien in den Besitz der Aktienmehrheit der Suezkanal-Gesellschaft gelangt; daraufhin hatte im Mai 1876 Königin Victoria den Titel einer Kaiserin von Indien angenommen (daher der indische Elefant im Bild). Der Suezkanal als Weg nach Indien war nun die Lebensader des englischen Weltreichs geworden.

Der englische Schwerpunkt.

Bis. Nun, mit Ihnen ist gar nichts mehr zu machen!

Dis. Wissen Sie, der europäische Markt interessirt uns nur noch wenig. Wir werden wohl nächstens das ganze Geschäft nach Indien verlegen.

Verantwortl. Redacteur: E. Dohm in Berlin. — Verlag von A. Hofmann u. Co. in Berlin, Kronenstraße 17. — Druck von Eduard Krause in Berlin.

331 *Kladderadatsch,* Nr. 25/26 v. 4. 6. 1876
Der englische Schwerpunkt
Holzschnitt von Wilhelm Scholz

Berliner Wespen

Die Cultur und ihr Führer.

Der Kosak. Marsch nach der Türkei!
Die Cultur. Um Gottes Willen, — in solcher Begleitung komme ich ja gar nicht lebendig hin!

Verlag von B. Brigl in Berlin, Krausenstraße 41. — Druck von R. Gensch in Berlin, Kommandantenstr. 7.

In der liberalen Presse Berlins stand das zaristische Rußland in keinem sehr hohen Ansehen. Daher auf dem Bild die groteske Darstellung eines mit kaiserlich-russischem Doppeladler (am Fahnenstock ein Kreuz!) und Knute ausgestatteten Kosaken, der die »Kultur« (als antike Frauengestalt) zwangsweise in der Türkei einführen will. Gemeint ist der im Namen des Christentums mit Hilfe russischer »Freiwilliger«, Waffen- und Munitionslieferungen durchgeführte Krieg Serbiens gegen die Türkei, der im Juli 1876 begonnen hatte.
Im Vordergrund zerstörte Häuser und auf dem Boden liegende Soldaten. *Im Hintergrund* das erstrebte Ziel aller russischen Kämpfe gegen die Türken: Konstantinopel.
Die Bedeutung der Zeichnung liegt darin, daß nach Ansicht der *Wespen* Zarismus (Knebelung der öffentlichen Meinung, Bestechlichkeit der Beamten, Terrorismus, religiöse Intoleranz, Grenzsperre, Unterdrückung nationaler Minderheiten) und Kultur einander widersprechende Begriffe waren.

332 *Berliner Wespen,* Nr. 43 v. 27. 10. 1876
Die Cultur und ihr Führer
Holzschnitt von Gustav Heil

»Wieder eine Schlacht geschlagen
Und natürlich siegten Beide
Wiederum; in beiden Lagern
Herrscht die größte Siegesfreude.
[. . .]
Beiderseits die abgeschnittnen
Köpfe zählt man, und die Sache
Stellt sich so: Auf beiden Seiten
Hat man just das Hundertfache.«

Insgesamt läßt die sowohl anklagend- als auch kämpferisch-satirische Chronik des weiteren Krisenverlaufs ein Hauptmotiv erkennen: das offensichtliche Unvermögen der »hohen Diplomatie« *(Berliner Montags-Zeitung)*, den »orientalisch-gordischen Knoten« durchzuhauen und damit den »Zug in's Verderben« *(Berliner Wespen)* aufzuhalten.[125] Die Karikaturisten zeigen einerseits den europäischen Staatenverband als Kollektiv, andererseits den deutschen Reichskanzler als Individuum. Beide sehen lächelnd oder »kalten Blicks« zu, wie »hinten, weit in der Türkei, die Türken auf einander schlagen« *(Berliner Wespen)*.[126]

Schon im Frühjahr 1876 hatte Bismarck der Berliner *National-Zeitung* »ein Verbrechen« daraus gemacht, in der Orientfrage »Aktionspolitik« zu »predigen«. Im Dezember riet er dann im Reichstag und in der ihm ergebenen Presse von »irgend welcher activen Betheiligung Deutschlands« an den orientalischen Wirren ab, und zwar so lange wie »in dem Ganzen für Deutschland kein Interesse« läge, »welches auch nur . . . die gesunden Knochen eines einzigen pommerschen Musketiers werth wäre«.[127] Sein den Volksvertretern zur Kenntnis gebrachtes Bestreben, »durch freundschaftliche, von allen Seiten bereitwillig aufgenommene« Vermittlung den Frieden zu bewahren, erinnerte den Herausgeber der *Berliner Wespen*, Julius Stettenheim, an Schillers oft als Gleichnis herangezogenes Gedicht »Das Mädchen aus der Fremde«:

»Und theilte Jedem eine Gabe, Dem Früchte, Jenem Blumen aus,
Der Jüngling und der Greis am Stabe, ein Jeder ging beschenkt nach Haus.«[128]

Daß sich hinter dieser Haltung die für das Deutsche Reich »schiere Existenznotwendigkeit« verbarg, »mit Österreich *und* Rußland gleichermaßen in Freundschaft zu leben«,[129] thematisierte und ironisierte am 10. Dezember in einer vorweihnachtlichen »Beruhigungs-Parabase« der *Kladderadatsch* (Nr. 57):

»Und ist der Krieg zu vermeiden nicht, dieweil als lange geschürter
Der Brand erscheinet, so werde er doch durch uns ein localisirter.
Und hiermit werd' es Jedermann kund,
Der da lebt und webt auf dem Erdenrund,
Daß fest noch stehet der Kaiserbund
In alten Treuen und kerngesund ...«

In Wirklichkeit wurde der eher kränkelnde Kaiserbund kurz darauf zu Grabe getragen. Als die Türkei die Reformauflagen des Londoner Protokolls (31. März 1877), das den Konstantinopler Botschafterkonferenzen Dezember 1876/Januar 1877 gefolgt war, am 12. April definitiv ablehnte, erklärte Alexander II., »um die Lage der Christen in der Balkan-Halbinsel zu erleichtern«,[130] zwölf Tage später den längst befürchteten Krieg. Völlig andere Absichten unterstellte dem »Mandatar« oder »Executor« Europas das Berliner Politwitzblatt *Kladderadatsch*:

»... – Vorwärts, ihr Bataillone!
Bis von der Hagia Sophia weht
Das Doppelkreuz auf stolzen Siegesfahnen!«

Die zweite Strophe des »Für Christenthum und für Humanität!« überschriebenen sarkastischen Leitgedichts sei hier als repräsentatives Beispiel russenfeindlicher Lyrik zitiert:

»Das heil'ge Rußland ruft – ein Menschenmeer
Setzt in Bewegung sich; die Wogen schlagen
Bald über Feindesland hinüber. Wer
Kann solcher Flut zu widerstehen wagen?
Vernichtet wird, was Menschenfleiß gesä't,
Und weiter wälzt Zerstörung sich und weiter;
Mit Schwert und Feuer dringen vor die Streiter
Für Christenthum und für Humanität!«[131]

Der Krieg Rußlands und seiner zeitweiligen Verbündeten auf dem Balkan gegen die Türkei nahm die Aufmerksamkeit des *Kladderadatsch* nicht weniger gefangen als seinerzeit der »eklige« Krimkrieg (1853/56; vgl. *Abbildung 213* bis *216*).

Bei dieser Gelegenheit lebte sein bis ins Jahr 1848 zurückreichender Russenhaß in voller Stärke wieder auf. Gewiß, das Blatt war sich durchaus der Gefahr eines allgemeinen Weltbrandes bewußt *(Abbildung 333)*.

Gewiß, aus Gründen journalistischer »Objektivität« kamen in seinen Spalten sowohl »Russophile« als auch »Russophobe« zu Wort. Nichtsdestoweniger ergriff die Redaktion in zahlreichen Beiträgen eindeutig Partei. Aus ihrer Sicht waren »Europas Pioniere« für »Christenthum und Menschlichkeit« die »schlimmsten Bestien«, ja »Raubthiere von Natur«.[132]

Daß auch die Person Alexanders II. für das Berliner Witzblatt nicht tabu war, beweist der nachstehende »schöne Spruch«, den die an der Seite Rußlands kämpfenden Montenegriner beim Einzug in türkische Dörfer »recitirt« haben sollen:

»Weil der große Zar gesprochen: ›Die Humanität verbürg' ich!‹ –
Muß ich sein mich würdig zeigen; darum seng' ich, mord' ich,
würg' ich«.[133]

Einen Tag vor dem Fall der bereits dreimal erfolglos bestürmten, von 100 000 Russen und Rumänen eingeschlossenen bulgarischen Festung Plewna, bei dem der mutige Verteidiger Osman Pascha mit 40 000 Mann, 2000 Offizieren und 77 Kanonen den Siegern in die Hände fiel (10. Dezember 1877), veröffentlichte der *Kladderadatsch*

Der Berliner Karikaturist benutzt ein berühmtes Gemälde des Künstlers Peter von Cornelius, der einst im Dienst der Könige von Preußen und Bayern stand. Seine »Apokalyptischen Reiter« (1841) waren zur Ausschmükkung der (nie vollendeten) Ruhestätte der preußischen Königsfamilie bestimmt. Die Reiter (*Offenbarung Johannis*, Kapitel 6) verkörpern Pest, Krieg, Hunger und Tod (auf dem Bild fälschlich »Noth«). Damit wird vom *Kladderadatsch* auf pathetische Weise – ohne jeden karikaturhaften Zug – den Lesern vermittelt, daß im russisch-türkischen Krieg die Neutralität für Deutschland und Westeuropa das Gebot der Stunde ist.

Die apokalyptischen Reiter.

(Nach P. v. Cornelius.)

Aufforderung zur Neutralität. Sonst kommen sie!

333 *Kladderadatsch*, Nr. 23/24 v. 20. 5. 1877
Die apokalyptischen Reiter
Holzschnitt von Wilhelm Scholz

eine Karikatur, die nicht wegen ihres Aktualitätsbezugs, sondern wegen ihrer Zeitlosigkeit Karriere machte *(Abbildung 334)*.
Als das Kriegsglück endgültig zugunsten der Russen entschied und ein Waffenstillstand in greifbare Nähe rückte, erteilten die »Gelehrten« den Kannegießern »auf der Bierbank« das Wort. Hier gab der politisierende Durchschnittsbürger Grunewald Gedanken zum besten, denen eine breite Zustimmung bis heute nicht versagt werden kann: »Wir leben, wenn ich mich so ausdrücken darf, in der Zeit der unmittelbaren Gegensätze. Auf der einen Seite kannibalische Grausamkeit, auf der andern höchster Triumph der Cultur und Wissenschaft! . . . Hier Nasen- und Halsabschneider, Zer-

Friedensarbeit.

Russen und Türken arbeiten jetzt daran, dem zukünftigen Frieden eine riesige Erinnerungssäule zu errichten. Vorläufig soll das Material noch knapp sein; man hofft aber, nach der Einnahme von Plewna und vielleicht nach einer größeren Feldschlacht genügend beisammen zu haben.

334 *Kladderadatsch*, Nr. 56 v. 9. 12. 1877
Friedensarbeit
Holzschnitt von Wilhelm Scholz

In Anlehnung an das 1872 entstandene Gemälde »Apotheose des Krieges« von Wassilij Wassiljewitsch Wereschtschagin stellt Wilhelm Scholz im Stil grausiger Satire das Ergebnis der blutigen Kämpfe zwischen Türken und Russen dar: ein riesengroßer Schädelhaufen als Denkmal der vor und in Plewna gefallenen Krieger (Juli bis Dezember 1877). Eine am 17. Juni 1878 in der Pariser satirischen Zeitung *Le Charivari* erschienene Lithographie setzt das hier gezeigte *Kladderadatsch*-Bild fort: Der Zeichner Stopp läßt den zur Erhaltung des Friedens einberufenen »Berliner Kongreß« (13. Juni bis 13. Juli 1878) auf einem Totenschädelhaufen tagen. Bis heute wird das Schädelhaufenmotiv in der internationalen Karikatur in mehr oder weniger abgewandelter Form verwendet.

stückelung durch Kugeln und Massenmord durch Torpedos, dort Anilin, Glycerin, . . . Strychnin, Telephon, und wie die anderen großartigen Errungenschaften der Neuzeit alle heißen.« Die Antwort seines Zechbruders Meyer klingt auch im ausgehenden 20. Jahrhundert keineswegs unzeitgemäß: »Sie haben Recht, Herr Grunewald. Jeden Tag, nachdem ich die Zeitung gelesen, lege ich mir die Frage vor: Was ist der Mensch?«[134]

Damals, im sechsten russisch-türkischen Krieg (circa 250 000 Tote), erhielt das Bild des anonymen Kosaken mit seinen Reiterstiefeln, seiner Pelzmütze, seinem ungepflegten Bart und seiner Knute durch den vom *Kladderadatsch* herangezogenen Vergleich mit dem »schrecklichen Iwan« eine neue Dimension.[135]

Neben der sich im Ersten Weltkrieg endgültig durchsetzenden russischen Symbolfigur Iv[w]an beherrschte John Bull die internationale und somit auch Berliner humoristisch-satirische Szene. Er konkurrierte damals in der Karikatur mit dem britischen Löwen sowie mit dem am 12. August 1876 geadelten konservativen Premierminister Benjamin Disraeli, Earl of Beaconsfield. Großbritannien erschien nun nicht mehr – wie 1858 (vgl. *Abbildung 87*) – als Hort der Freiheit, sondern als falsche *(Abbildung 335)*, feilschende, herzlose, großmäulige, einzig und allein auf ihren Vorteil bedachte, nach dem Wahlspruch »Erst das Geschäft und nachher . . .« lebende Nation.[136] Die Witzblätter verübelten den englischen Politikern, es bei drohenden Gebärden zu belassen, anstatt dank ihrer überragenden Machtposition innerhalb des europäischen »Konzerts« den Krieg, wenn nicht zu verhindern, so doch wenigstens schleunigst zu beenden. In diesem Sinne dichteten die *Berliner Wespen* (Nr. 23) am 8. Juni 1877 unter der Überschrift »Der arme politische Peter« frei nach Heine:

»Der Ruß' und der Türke haun sich herum,
Es ist eine wahre Freude,
Altengland sieht zu so still und stumm,
Das rostende Schwert in der Scheide.
[. . .]
Altengland spricht leise vor sich her,
Vergehend im blassen Neide:
Ach! wenn ich nicht gar zu vernünftig wär',
So stellt' ich mich zwischen Beide.«

Freilich findet sich während des »Heiligen Kriegs«[137] in allen satirischen Wochenblättern auch eine gehörige Portion schwarzen Humors, durften sie ihre Aufgabe, den Leser zu unterhalten, doch nicht völlig aus den Augen verlieren. Es sei daher an dieser Stelle nicht allein an Stettenheims unvergleichlichen Lügenreporter Wippchen *(Berliner Wespen)* erinnert, sondern auch an den nicht ganz so populären Kriegskorrespondenten Dr. Entoutcas vom *Ulk* (siehe Teil I, 5. Kapitel). Dessen illustrierter »Original-Bericht« erschien abwechselnd »Russischerseits« und »Türkischerseits«; er

Berliner Wespen

Verlag von B. Brigl in Berlin, Krausenstraße 41. — Druck von R. Gensch in Berlin, Kommandantenstr. 7.

Der Zeichner bringt einen Auftritt aus Goethes *Faust* in orientalischer Ausstaffierung. Benutzt wird die Szene des Zweikampfes zwischen Valentin (Gretchens Bruder) und dem von Mephisto sekundierten Faust (Verse 3705–3707 in Goethes Drama).
Auf dem Bild leistet Mephisto (als Engländer) dem schwer bedrängten Faust (als Türke) beim Fechten diskrete Hilfestellung gegen den Russen, der, wie Valentin im Text Goethes (Vers 3711), als barbarischer »Lümmel« auftritt. Gemeint ist die finanzielle und diplomatische Unterstützung der Türkei im vor kurzem (24. April) von Rußland erklärten Orientkrieg.
Die nächtliche Szene spielt sich allerdings vor dem Hintergrund einer altdeutschen Stadt ab, genau wie bei Goethe. *Oben links* erscheinen mit Schlafmützen versehene deutsche Spießbürger als Zuschauer des Duells; eine Anspielung auf die Neutralität des Deutschen Reichs in diesem Konflikt.

335 *Berliner Wespen*, Nr. 18 v. 4. 5. 1877
Der verschämte Alliirte
Holzschnitt von Gustav Heil

verdrängte sogar zeitweise den »leitenden« Beitrag von der Titelseite samt der dazugehörigen Karikatur.[138]

Nachdem es im Frühjahr 1878 infolge des für England unannehmbaren Friedens von San Stefano (3. März), der Rußland »über die Errichtung eines ganz von ihm abhängigen großbulgarischen Fürstentums bis an den Strand der Agäis praktisch zum Herrn auf dem Balkan machte«,[139] beinahe doch noch zu einer unmittelbaren Konfrontation zwischen den »Supermächten« gekommen wäre, wurde die »orientalische Frage« – mit Hilfe des »ehrlichen Maklers« Bismarck[140] – im Sommer zu den Akten gelegt.

Während es im Innern »haperte« *(Kladderadatsch)*, sicherte der vom 13. Juni bis 13. Juli 1878 im Reichskanzlerpalais (Palais Radziwill) tagende Berliner Kongreß dem »vermittelnden Otto aus Friedrichsruh« *(Kladderadatsch)*[141] »eine staatsmännische Reputation, welche Zeitgenossen wie Nachgeborene in ihren Bann schlug«.[142] Die auf Anton von Werners historischem Kolossalgemälde (1881) festgehaltenen »Congreßgenossen« *(Kladderadatsch)*, das heißt die Vertreter der sieben europäischen Großmächte einschließlich der Türkei, zerlegten in zwanzig Sitzungen das als »jebratene Jans« *(Berliner Wespen)* beziehungsweise als »türkischer Puter« *(Kladderadatsch)* aufgetischte Osmanische Reich.[143] Sie veränderten dadurch die bisherigen geographischen und politischen Gegebenheiten Europas. Zu den eindeutigen Gewinnern der Vor-, Haupt- und Sonderverhandlungen gehörte England, dem ein mit der Pforte abgeschlossener Vertrag die Verwaltung der Insel Cypern übertrug. Österreich wurde die einstweilige Besetzung und Verwaltung Bosniens und der Herzegowina übertragen. Rußland gewann zwar Bessarabien, Ardahan, Kars sowie Batum hinzu und war dennoch – verglichen mit den Friedensbedingungen von San Stefano – der große Verlierer.

Denn: Das auf das Gebiet nördlich des Balkans beschränkte Bulgarien wurde ein autonomes, dem Sultan tributpflichtiges Fürstentum unter einem christlichen Herrscher. Der südliche Teil blieb der Türkei als »Ostrumelien« erhalten; die Verwaltung wurde einem christlichen Gouverneur unterstellt. Frankreich und Italien kehrten mit »reinen Händen« *(Berliner Wespen)* heim und riefen damit den Unmut ihrer Landsleute hervor.[144]

Dagegen fiel für vier der »Kleinen« am »Katzentisch« *(Kladderadatsch)* beim Stopfen der »europäischen Friedenspfeife« *(Berliner Wespen)* durchaus »etwas« ab.[145] Die Fürstentümer Rumänien, Serbien und Montenegro erhielten ihre volle Unabhängigkeit unter der Bedingung der Gleichberechtigung aller Konfessionen. Dem Königreich Griechenland stellte der Kongreß eine Berichtigung seiner Grenzen auf Kosten der Türkei in Aussicht.

Der von Bismarck »mit verzweifelter Hast vorwärtsgehetzte« Kongreß, auf dem der Kanzler acht bis zehn Stunden täglich »in fremden Zungen über die intrikatesten Fragen« zu reden hatte,[146] endete an einem Samstag mit der Unterzeichnung des Protokolls und einem Abschieds-Galadiner im Berliner Schloß. Die *Norddeutsche Allgemeine Zeitung* (Nr. 165) veröffentlichte die 24 Gänge des Festmahls in französischer Sprache und servierte ihren Lesern zur Erbauung einen offiziösen Artikel über die Gesamtlage Europas und die »friedliche Mission des Deutschen Reichs«. Der als Einleitung dienende erste Absatz hatte folgenden Wortlaut: »Die heute stattfindende Unterzeichnung des Berliner Vertrages verleiht dem 13. Juli zum zweiten Male eine weltgeschichtliche Bedeutung. Als Tag von Ems [1870] in der Geschichte des deutschen Volkes lebend und einen der Marksteine unserer nationalen Entwicklung bezeichnend, wird er als Datum des Vertrages von Berlin fortan für die Geschichte der Gegenwart und Zukunft den Abschluß einer kulturhistorischen Epoche und den Beginn eines neuen Zeitabschnitts bedeuten.«[147]

Während die konservativen und nationalliberalen Presseorgane die Verdienste des deutschen Reichskanzlers um den Frieden in Europa würdigten, spiegelte sich in Berlins Politwitzblätter in bezug auf Bismarcks »Flickarbeit« Skepsis wider.[148] Als Beispiel sei hier ein Gedicht zitiert, das der *Kladderadatsch* (Nr. 32) am 14. Juli unter der Überschrift »Zum Schluß des Werks« zum Abdruck brachte:

»Ehrlicher Makler, sei gepriesen
Und nimm den wohlverdienten Kranz!
Was du vermagst, hast du bewiesen,
Vermehrend deines Namens Glanz.
[. . .]
Getheilt ist Alles, eingerichtet,
So gut es ging, der Orient;
Jedweder Hader ist geschlichtet –
Falls nicht ein neuer Krieg entbrennt.«
[. . .]
Nur eine Frage bleibt zurücke:
Was sagt ihr Völker selbst dazu?
Doch Niemand fragt danach zum Glücke –
Hurrah! Jetzt hat Europa Ruh!«

West-östlicher Gesundheitszustand oder: Krisenherde in Europa, Afrika und Asien (1878–1890)

1. Europa und die »Theilung der Erde«

Kaum waren in Berlin »die Maklerbude« geschlossen und der Friedensvertrag ratifiziert worden (3. August 1878) höhnte der *Kladderadatsch*:

»Der ew'ge Friede! – Jüngst beisammen
War zu Berlin die Conferenz;
Doch hat sie nicht gelöscht die Flammen,
Denn noch in hundert Straßen brennt's.
Schon seh' ich neue Flammen lohen
Um Abdul Hamids Steinpalast;
Schon macht auf neuen Krieges Drohen
So Russ' als Brite sich gefaßt.«

Dieselbe Nummer enthält eine anspruchsvolle Situationstravestie. Wilhelm Scholz zeigt die beiden leitenden Staatsmänner, Fürst Gortschakow (bis April 1882) und Earl of Beaconsfield (bis April 1880), in Gestalt der unersättlichen Riesen Gargantua und Pantagruel, die im 19. Jahrhundert zum festen Repertoire politischer Karikaturisten zählten. Hier der Begleittext: »Wenn England und Rußland so fortfahren, ein Jedes von seiner Seite her die Türkei aufzuessen, so müssen sie nothgedrungen in der Mitte auf einander stoßen.«[149]

Freilich befand sich das Berliner Witzblatt diesmal im Irrtum. Wider Erwarten wichen beide Länder einer bewaffneten Auseinandersetzung aus. Auch 1885, als sich, infolge eines schweren Grenzzwischenfalls (30. März), »Brit' und Russe« in Afghanistan aufs neue gegenüberstanden und der *Kladderadatsch* bereits verzweifelt nach dem »ehrlichen Makler« rief, brach der von »Herrn Wippchen« etwas voreilig geschilderte »furchbare Kampf« zwischen den europäischen Nationen nicht aus.[150] Die Rückwirkungen dieses fernen Säbelgerassels auf die deutsche Wirtschaft, die sich seit 1882 in ihrer zweiten Abschwungphase befand, veranschaulichte am 23. April 1885 der *Ulk* (Nr. 17). Dem sich die Ohren zuhaltenden Handel, einer allegorischen Frauengestalt, legte der Karikaturist Hermann Scherenberg die nachstehenden besorgten Worte in den Mund: »Bei diesem wechselnden Tuten [von Kriegsdrommette und Friedensschalmei] werde ich schließlich selber noch flöten gehen.«

Das Bestreben Englands alles, »was nicht niet- und nagelfest« war, »einzustecken« *(Kladderadatsch)*,[151] bildete seit 1878 immer häufiger ein Thema satirischer Zeitkritik. Mahnend oder hämisch kommentierten Publizisten und Zeichner die zum Teil empfindlichen Schlappen, die dem »stolzen England« in mehreren Schlachten (1878/80) von dem »tapfren Bergvolk der Afghanen« *(Kladderadatsch)* zugefügt wurden.[152] Die gleiche Feststellung gilt für den Kriegsschauplatz Südafrika, wo sich die Zulukaffern 1879 »ihrer schwarzen Haut wie die Löwen« wehrten *(Berliner Wespen)*,[153] und wo es den »Boers« (Buren), »fleißigen, ehrlichen und tapferen Menschen«, 1880/81 gelingen sollte, den »übermüth'gen Briten«, der »Krämerbande«, den »Herrn« zu zeigen *(Berliner Wespen)*.[154]

Als die britische Flotte am 11. Juli 1882 die Forts von Alexandrien bombardierte und die Kavallerie Mitte September das unter türkischer Oberhoheit stehende Vizekönigreich Ägypten besetzte, schlüpften die Gelehrten des *Kladderadatsch* vollends in die Rolle der Moralisten:

»Wie lang' hast, Albion, du auf den Meeren
Geführt die Herrschaft, als die erste Macht
Zur See gebietend! Reichlich auch gebracht
Hat deine Herrschaft Güter dir und Ehren.

Wohin mit Schiffen landend du gekommen,
Da unterwarf den Boden dir dein Glück;
Und also hast du ein gewaltig Stück
Von der bewohnten Erde dir genommen.

Zu viel erwarbst vielleicht du; nicht ermessen
Hast du, daß auch dem mächtigsten Geschlecht
Der Menschen eine Gränze setzt das Recht –
Und ach! wie oft hast du des Rechts vergessen!

Dir war's genug, auf Millionen Nacken
Den Fuß zu setzen, und dir war's genug,
Das Gold zu ärnten, das der Boden trug –
Den Ueberwundnen ließest du die Schlacken.
Dein ganzer Sinn stand einzig auf Erwerben;
Mit Kaufmannsblick nur schätztest du den Werth
Des Landes, das gewonnen dir dein Schwert,
Um auszusaugen es und zu verderben.
[...]
Nur Eines weiß ich: endlich auf die Neige
Geht alle Macht, der Unrecht sich verband.
Erzittre jetzt, du stolzes Engelland,
Daß nicht Vergeltung zu dir niedersteige!«[155]

Die *Berliner Wespen* und der *Ulk* befaßten sich zwar ebenfalls ausführlich mit der 1882 ausgebrochenen »ägyptischen Krisis« und den damit verbundenen internationalen Spannungen (England, Frankreich, Italien). Doch herrschte in der »Berichterstattung« dieser Blätter eindeutig die unterhaltsame, sich auf Symbole wie Pyramiden, Pharaonen, Sphinxe, Palmen und Krokodile stützende Situationskomik vor.[156]

Mit Argusaugen verfolgte Berlins satirische Presse darüber hinaus die »tunesischen Händel« (1880/81), das heißt Frankreichs innenpolitisch eher unpopuläre neue »Colonisations- und Annectir-Wuth« *(Kladderadatsch)*. Daß die »Promenade« *(Berliner Wespen)* der Franzosen nach Nordafrika und die Errichtung eines Protektorats an der Ostgrenze Algeriens von dem deutschen Reichskanzler begünstigt wurden, war diesseits wie jenseits des Rheins kein diplomatisches Geheimnis. »Vorsicht!« rief der Pariser *Charivari* im Hinblick auf Bismarcks Politik der »Verführung«, um die Blicke der Franzosen von den »blauen Kämmen der Vogesen« abzulenken. Von »trüben Kriegsaussichten« sprach der Berliner *Kladderadatsch*, »nachdem Frankreich seine Revanche bis hinter Tunis verlegt hat«.[157]

In der Tat führte die explosionsartige Erweiterung der europäischen Kolonialgebiete in der ersten Hälfte der achtziger Jahre vorübergehend zu einer deutsch-französischen Allianz. Sie bewährte sich nicht allein auf dem afrikanischen Kontinent, sondern auch im Indischen Ozean (Madagaskar) sowie in Indochina.

Die kostspielige Expedition des »Franzmanns« aus Gründen des »Prestiges« *(Berliner Montags-Zeitung)* nach Tongking (seit 1954 Hauptteil von Nordvietnam), bei der Bismarck als »ruhiger Zuschauer« auftrat *(Berliner Wespen)*, sowie Frankreichs »friedlicher«, da offiziell nie erklärter Kolonialkrieg (1884/85) gegen »China's langbezopfte Söhne« *(Kladderadatsch)* belustigten die deutsche und spalteten die französische Öffentlichkeit. Nach dem in der Berliner Karikatur vorausgesagten Sturz des rechtsliberalen Kolonialpolitikers und zweimaligen Ministerpräsidenten Jules Ferry (30. März 1885), aus der Sicht seiner Gegner ein »Schützling Bismarcks«, war es mit diesem »Verhältniß auf Kündigung« *(Kladderadatsch)* vorbei.[158]

In die Zeit des deutsch-französischen Zwischenhochs auf *Regierungsebene* fielen auch zwei von den satirischen Wochenblättern thematisierte Konferenzen. Auf der einen, in London, wurde im Sommer 1884 (28. Juni bis 2. August) zwar eifrig, aber erfolglos »zu Aegyptens Frommen« (provisorisches Finanzarrangement) beraten, wobei der deutsche Reichskanzler mit Frankreich »durch dick und dünn« ging.[159] Auf der anderen, charakterisiert durch Bismarcks »Schaukelpolitik«,[160] wurden weitreichende Ergebnisse für Mittel- und West-Afrika erzielt: Anerkennung eines souveränen Kongostaates unter Leopold II., König der Belgier, Beseitigung von Handelsschranken, freie Schiffahrt auf den Flüssen Kongo und Niger, Verbot des Sklavenhandels. Daß die »Westafrika«- oder »Kongo-Konferenz« (15. November 1884 bis 26. Februar 1885), »ein Wendepunkt in der Weltgeschichte«,[161] nicht in London oder Paris, sondern in der Hauptstadt der jüngsten Kolonialmacht, Berlin, stattfand, erfüllte nicht allein den Karikaturisten des *Kladderadatsch* mit nationalem »Stolz« *(Abbildung 336)*.

Vorbild für die Darstellung Bismarcks als stolzer, radschlagender Pfau war eine Karikatur des Wiener Witzblattes *Kikeriki* (1870). Im *Kladderadatsch* symbolisieren die steil zu Berge stehenden »drei Haare« auf dem sonst naturgetreu abgebildeten Kopf die Kompetenzen des Reichskanzlers, welche Ende 1883/Anfang 1884 durch sein vorübergehendes Interesse für »Colonial-Politik« erweitert worden waren. Dieses Pfauenbild, eine der bekanntesten Karikaturen des *Kladderadatsch*, vermittelt trotz seiner nationalistischen Tendenz in erster Linie die Zufriedenheit vieler Zeitgenossen mit Bismarcks stetigen Bemühungen um die Erhaltung des europäischen Friedens.

336 *Kladderadatsch*,
Nr. 55 v. 30. 11. 1884
Unser Stolz
Zeichnung von Wilhelm Scholz

Auch die übrigen Mitglieder der Redaktion stellten »zur Jahreswende« voller Genugtuung fest:

»Einst – in Schlummer hat gelegen
Unser Volk gebettet tief,
Und kein Ländchen mocht' sich regen,
Wenn der Bundestag es rief.
Heute folgen unsrer Stimme
alle Reiche nah und fern,
Jene mit verhalt'nem Grimme,
Diese kommen rasch und gern.
Seinen Haß verbeißt der Franzmann,
Ihren Neid die stolze Geldmacht,
Und sie fürchten – unsern Landsmann,
Beugen sich vor unsrer Weltmacht.«[162]

Tatsächlich hatte sich das von Bismarck einst als »saturiert« bezeichnete Staatsgebilde durch die Schaffung überseeischer »Schutzgebiete« innerhalb von wenigen Monaten um ein Vielfaches vergrößert. Als der »Adler des deutschen Reiches« seine »mächt'gen Schwingen« am 24. April 1884 über Angra Pequena »breitete« *(Kladderadatsch)*, ein von dem Bremer Kaufmann und Tabakimporteur Adolf Lüderitz für 500 Pfund Sterling und 60 Gewehre erworbenes Gebiet an der Küste Südwestafrikas *(Abbildung 337)*, als am 7. August unter dreifachem Hoch und 21 Salutschüssen die kaiserliche Kriegsflagge am Mast emporstieg, jubelte der *Kladderadatsch*: »Heil dir, Deutschland! Es folg' dir das Glück an die Küsten des Weltmeers!«[163]

Die positive Reaktion des *Kladderadatsch* auf die deutschen Kolonialbestrebungen, ein gegen England gerichtetes außenpolitisches Zwischenspiel,[164] kam für aufmerksame Leser dieses Blattes nicht unerwartet. Bereits 1875, also zu einer Zeit, als die eigentliche Kolonialpublizistik noch in den Kinderschuhen steckte, ließ der *Kladderadatsch* einen »Kannegießer« äußern:

»England und Rußland seh' ich eilen
Zum Bruderbund voll Raubbegier;
Sie werden in die Welt sich theilen –
Und wo dann, frag' ich, bleiben wir?«[165]

Einen Monat nach Beendigung des Berliner Kongresses, am 18. August 1878, setzte Wilhelm Scholz – in Anlehnung an ein berühmtes Schillergedicht – die inzwischen lebhafter gewordene öffentliche Debatte zeichnerisch um. Unter der Überschrift »Theilung der Erde« sieht man England, Rußland, Frankreich, Österreich und Griechenland schwer beladen von dannen ziehen. Leer ausgegangen ist die mißmutige Germania. Als sie dem »Vater der Götter und der Menschen«, Zeus, eine Liste von Beschwerden (»Nothstand in Handel und Gewerbe, Socialdemokratie«) überreicht,

Unter Anspielung auf Schillers Gedicht »Die Theilung der Erde« (1795) zeigt der *Ulk*, daß die Deutschen nicht mehr das Volk der Dichter und Denker sind. Sie haben nicht die Absicht, bei der Teilung Afrikas (»der schwarzen Erde«) leer auszugehen. Nachdem der Franzose sich Algerien und (mit diplomatischer Hilfe Deutschlands) Tunesien angeeignet hat, nachdem der Engländer Ägypten und die Kapkolonie in Besitz genommen hat, setzt der Deutsche bei Angra Pequena (seit 1886 Lüderitzbucht) den Fuß auf Südwestafrika, das erste der deutschen Schutzgebiete (heute Namibia), dem bald andere folgen sollten: Deutsch-Ostafrika (heute Tanzania), Togo, Kamerun sowie, in der Südsee, das Kaiser-Wilhelm-Land (heute Neuguinea) mit dem Bismarck-Archipel. 1885 war Deutschlands Kolonialhunger vorläufig gestillt.

337 *Ulk*, Nr. 24 v. 12. 6. 1884
Die Theilung der schwarzen Erde
Holzschnitt von
Hermann Scherenberg

erbittet dieser eine Antwort auf die Frage: »Wo warst du denn, als man die Welt getheilet?«[166]

Knapp sieben Jahre später – inzwischen hatten Schlag auf Schlag Flaggenhissungen in Togo, Kamerun, Ostafrika (heute Tanzania) und Neuguinea stattgefunden – begann dieselbe Germania von einer Welt zu träumen, »in deren Grenzen nie die Sonne untergeht«. Schultze und Müller brachten am 22. März 1885 die weit verbreitete »Schützenfeststimmung« auf den Punkt: »Feste zupacken und derbe festhalten . . . bei das alljemeine Jrabschen.«[167]

Betrachtet man nun die *Berliner Wespen*, so denkt man unwillkürlich an Glaßbrenners »Guckkästner«, denn jetzt heißt es: »Rrrr – ein anderes Bild«. Gustav Heils Germania repräsentiert nicht die »Kolonialenthusiasten«, sondern vielmehr jene, welche aus unterschiedlichen Erwägungen heraus (Geldaufwendungen, fehlende Rentabilität, Rivalität mit anderen Seemächten etc.) in Parlament und Presse ihre Vorbehalte gegen die für »mehr oder minder schwindelhaft« gehaltene Kolonialpolitik zum Ausdruck brachten *(Abbildung 338)*.[168]

In zahlreichen weiteren Beiträgen über das »germanisirte Afrika« – ihre Titel lauteten »Afrikanische Frage«, »Kamerun und die Kameruner. Eine ethnologische Skizze«, »Muckenich im Panorama Deutscher Kolonien«, »Zukunftslied der Deutschen«, »Neue afrikanische Colonisations-Fibelverse« oder »Süd-west-afrikanische Tamtamklänge«[169] – bemühten sich die *Berliner Wespen* und der *Ulk*, lachend, aber treffend die Wahrheit zu sagen. Hierbei sparten sie weder die Frage der Rassenvermischung aus, noch die Probleme des Zivilisationsexports und der Ausbeutung der Eingeborenen, die »nur deshalb Ohren bekommen haben, damit der gesittete Europäer sie darüber hauen kann« *(Ulk)*.[170]

Eine Begleiterscheinung der Diskussion, die im Wahlkampf 1884 einen Höhepunkt erreichte, waren die bald sprunghaft ansteigenden erotischen Beiträge. Ungehindert von der Polizei traten nicht allein die »Buschmänner«, sondern auch die schwarzen Schönen in Bild und Text, meist »oben ohne« auf. »Kaffern-Liebe« nannte sich zum Beispiel ein Gedicht, welches der *Ulk* (Nr. 2) am 8. Januar 1885 in einer fiktiven »West-Afrikanischen Allgemeinen Zeitung« veröffentlichen sollte:

»Holde, süße Zulunixe,
Schwärzer Du als Stiefelwichse,
Laß an Deinem zaub'risch langen
Busen mich voll Andacht hangen;
[. . .]
Mich in deinen Locken wühlen,
Talgumglänzt, voll Lustgefühlen:
Nur verlang' nicht die verdammte

Auf der Zeichnung erscheint der deutsche Reichskanzler, der am 10. Januar unter lebhaften Bravorufen seine Kolonialpolitik verteidigt hatte, als maßnehmender Schneider, wie er der zögernden Germania ein neues, modisches Kleid mit Reifrock aufredet. *Links*, als ältliche Haushälterin dargestellt, faltet der Zentrumsführer Windthorst entsetzt die Hände; seine Rede war dazu bestimmt, »in den brausenden Wein des Nationalgefühls das Wasser kühler Erwägung zu gießen«. Schon im Dezember 1884 hatte er gewarnt: »Wir werden in Folge dieser kolonialen Angelegenheiten in große Verwicklungen kommen, einmal an den Orten der Kolonien selbst und ein anderes Mal mit anderen, eifersüchtigen Mächten.« Diese Voraussage traf ein. Es kam bald zu blutigen Aufständen (Kamerun, Südwestafrika) und zu Spannungen mit England.

338 *Berliner Wespen*, Nr. 11 v. 13. 3. 1885
Die neue Crinoline
Holzschnitt von Gustav Heil

Neuerung mit dem Standesamte;
Wenn Du dort mir nur als Preis wirst,
Kannst Du warten, bis Du weiß wirst!«[171]

Befürworter und Gegner deutscher Schutzgebiete unter den satirischen Publizisten bildeten allerdings immer dann eine Einheitsfront, wenn es angesichts der »englischen Piraten« darum ging, »die Wacht am Meer« *(Berliner Wespen)* zu singen.[172]
Einen Höhepunkt damaliger Kolonialkonflikte bildete der im Sommer 1885 völlig überraschend ausgebrochene Streit zwischen dem »spanischen Stier« und dem »deutschen Flaggenhisser« *(Berliner Wespen)* auf den nördlich von Neuguinea gelegenen Karolinen. Im Dezember wurde er durch Papst Leo XIII. zur Zufriedenheit beider Länder beigelegt.[173] Freilich hatte sich der deutsche Reichskanzler zu dieser Zeit von der Weltpolitik wieder weitgehend abgewandt, was er einem »Kolonialenthusiasten« gegenüber wie folgt begründete: »Ihre Karte von Afrika ist ja sehr schön, aber meine Karte von Afrika liegt in Europa. Hier liegt Rußland, und hier – nach links deutend – liegt Frankreich, und wir sind in der Mitte; das ist meine Karte von Afrika.«[174]

2. *Der deutsche Michel zwischen Iwan und Marianne*

Wie vom *Kladderadatsch* in ironischer Umkehrung angedeutet, hatte der Berliner Kongreß keineswegs »jedweden Hader« geschlichtet. Vielmehr blieb der Balkan »der Krisenherd des 19. Jahrhunderts«, die orientalische Frage »die böse Alte« *(Berliner Wespen)*, die in unregelmäßigen Abständen wiederkehrte.[175]
Eifrig berichtete Kriegskorrespondent Wippchen über die von der »öffentlichen Meinung« Österreich-Ungarns und von der betroffenen Bevölkerung »energisch« abgelehnte »Occupation Bosniens und der Herzegowina« sowie über den in die erste Jahreshälfte 1882 fallenden »lodernden Aufstand« in dieser Region: »Der Friede war nur Maske, die Unterthänigkeit Domino, der Eid der Treue Pappnase. Los von Oesterreich! lautet das [panslawistische] Stadt- und Feldgeschrei . . .«[176]
Wiederholt rief der »schwerhörige Sultan« *(Berliner Wespen)* mit seinen Versuchen, Europa »an der Nase« herumzuführen, das heißt die Berliner Konferenzbeschlüsse zu unterlaufen, den »Zorn der Grossmächte« *(Kladderadatsch)* und die Verve der Satiriker hervor.[177] Grenzkonflikte zwischen der Türkei und Griechenland (1880/81, 1885/86) beziehungsweise dem Zwergstaat Montenegro (1880) sowie ihre friedliche Beilegung dank eiligst einberufener »Botschafter-Conferenzen« (Berlin, Konstantinopel) und einer europäischen Flottendemonstration vor der türkischen Hafenstadt Dulcigno *(Kladderadatsch)*[178] wurden von den Politwitzblättern ebenso als Stoff verarbeitet, wie die nach der Vereinigung Ostrumeliens mit Bulgarien (September 1885) »brennend« gewordene »bulgarische Frage«. Sie führte im November/Dezember

1885 zu einem Fünfwochenkrieg zwischen Europas jüngstem Königreich Serbien und Groß-Bulgarien. Sie nährte die stets vorhandene Rivalität einerseits zwischen Rußland und England, andererseits zwischen dem Zarenreich und der Doppelmonarchie. Und: Sie störte die »auf Ausgleich der widerstreitenden Interessen gerichtete« Politik des Reichskanzlers,[179] der am 27. September 1885 vom *Kladderadatsch* (Nr. 44/45) als bewährter Krisenmanager in die Pflicht genommen wurde:

»Sagt, was wird das Ende sein?
Weiß denn keiner hier zu rathen?
Letzter Trost rathloser Staaten,
Bismarck, hilf! Bismarck, erschein!«

In der Tat wurde dem »eisernen« Kanzler[180] als Garant des Friedens in den achtziger Jahren von allen politischen Witzblättern unbedingtes Vertrauen entgegengebracht. Aus drei Bereichen – Mythologie, Sport und Alltag – bezogen die Karikaturisten ihre Motive. So kann man Bismarck als Atlas, Perseus und Herkules (vgl. *Abbildung 324*) bewundern oder aber als den altrömischen Gott Janus in seiner ursprünglichen Funktion als Schützer des Hauses. In anderen satirischen Zeitbildern tritt er als Tierbändiger, Akrobat oder Matador in der »Europäischen Arena« auf. Wieder andere Illustrationen zeigen ihn als Europas »Central-Weichensteller«, Angestellten vom »Sicherheitsdienst« oder »reitenden Schutzmann«.[181]

Allerdings erfuhren die *Methoden* der bismarckschen Friedenshaltung in der politischen Witzpresse eine durchaus unterschiedliche Bewertung. Ausgesprochener Popularität erfreute sich der am 22. September 1879 in Wien zwischen Bismarck und Andrássy für vorläufig fünf Jahre abgeschlossene, am 7. Oktober unterzeichnete »Zweibund«, der erst nach einer »Kanzlerkrisis« vom deutschen Kaiser schweren Herzens ratifiziert worden war (16. Oktober). Er bildete den Grundstein zu »einer Reihe von außenpolitischen Aushilfen, die sich nach und nach zu einem förmlichen System« ausgeweitet haben. Mit ihrer Hilfe unternahm Bismarck den Versuch, »das zunehmend bedrohte Gleichgewicht der europäischen Mächte und die Stellung des Reiches in ihm zu bewahren«.[182] Das »Schutz- und Trutzbündnis«, der »Deutsche Bund« in einer »neuen zeitgemäßen Form«,[183] erinnerte den Karikaturisten der *Berliner Wespen*, Gustav Heil, an vier inhaltsschwere Verse aus Schillers *Braut von Messina* (5. Szene):

»Wohl dem, dem die Geburt den Bruder gab,
Ihn kann das Glück nicht geben! Anerschaffen
Ist ihm der Freund, und gegen eine Welt
Voll Krieg[s] und Truges steht er zwiefach da!«

Betrachtet man die entsprechende Zeichnung von Hermann Scherenberg, so ist die eigentliche Pointe im Text enthalten. In Ausübung seiner dichterischen Freiheit gab der *Ulk* dem als Bildlegende dienenden Zitat eine ursprünglich nicht vorhandene aggressive Wendung:

»Zwei Herzen und ein Gedanke,
Zwei Herzen und – wehe Dem, der nun einen Schlag führen will!«[184]

Allein für den ewig mißtrauischen *Kladderadatsch* war die »wonnigliche Friedensmär'« kaum mehr als das »neu'ste Donaumärchen«.[185]

Von Bismarcks kompliziertem Bündnissystem, ein »Spiel mit fünf Bällen«,[186] wurde einzig und allein der Zweibund sofort bekannt. Obwohl eine Annäherung Rußlands an diesen gewissermaßen in der Luft lag,[187] blieb die Existenz des Dreikaiservertrags vom 18. Juni 1881 sowie dessen Ausdehnung auf den Balkan und schließliche Verlängerung (März 1884) einem breiteren Publikum verborgen.[188] Zu einem Medienereignis mit zeitlicher Verzögerung *(Abbildung 339)* wurde dagegen die Erweiterung des Zwei- zum Dreibunds durch den Hinzutritt Italiens (Mai 1882). Unter dem Datum des 26. April 1883 vermerkte »Dr. Ulk« in seinem »Tagebuch«: »Bismarck als der Vater der Tripelallianz gibt seinem alten Wahlspruch ›in trinitate robur‹ (vgl. *Abbildung 303*) durch dieselbe eine erneute Bedeutung.«[189]

Der im Februar 1887 um weitere fünf Jahre verlängerte Dreibund sicherte Italien im Fall eines nicht provozierten französischen Angriffs die deutsch-österreichische Unterstützung zu. Sollte Deutschland von Frankreich ohne unmittelbare Herausforderung angegriffen werden, konnte es mit Italiens Hilfe rechnen. Weitere Vertragsbestimmungen sollten dem Reich im Fall eines von außen aufgezwungenen Zweifrontenkriegs das militärische Eingreifen Italiens und Österreich-Ungarns gewährleisten.

Berlins satirische Publizisten berücksichtigten vor allem die offensichtliche Stoßrichtung des Dreibunds gegen Frankreich, das von Bismarck »in den Maschen eines immer enger geknüpften Netzes« isoliert werden sollte.[190] Daß der »Triple-Bund«, ein »verteufelt schlauer Streich«, allerdings eine Annäherung zwischen Russen und Franzosen nach sich ziehen könnte, schloß der *Kladderadatsch* (Nr. 18) am 15. April 1883 nicht aus.

Anderthalb Jahre später konstruierten die im Zeitalter der Geheimdiplomatie auf »Muth- und Unmuthmaßungen« *(Ulk)* angewiesenen Witzblätter eine veränderte »Medienrealität«. So erblickte der *Ulk* in den »glanzerfüllten Tagen« von Skiernivice bei Warschau, wo sich Mitte September 1884 Alexander III. (Alexander II. war am 13. März 1881 in Sankt Petersburg ermordet worden), Franz Joseph I. und Wilhelm I. mitsamt ihren Leitern der auswärtigen Politik getroffen hatten, die »Gewährleistung des Friedens«.[191] Der *Kladderadatsch* bewahrte gegenüber der »neuen heiligen Allianz« ironische Distanz. Eingedenk des bald nach Beendigung des Berliner Kongresses ausgebrochenen, nur hier und da von »Hetzpausen« *(Ulk)* unterbrochenen Federkriegs zwischen »berauschten Preßkosaken« und »wackern Preß-Ulanen« *(Kladderadatsch)*,

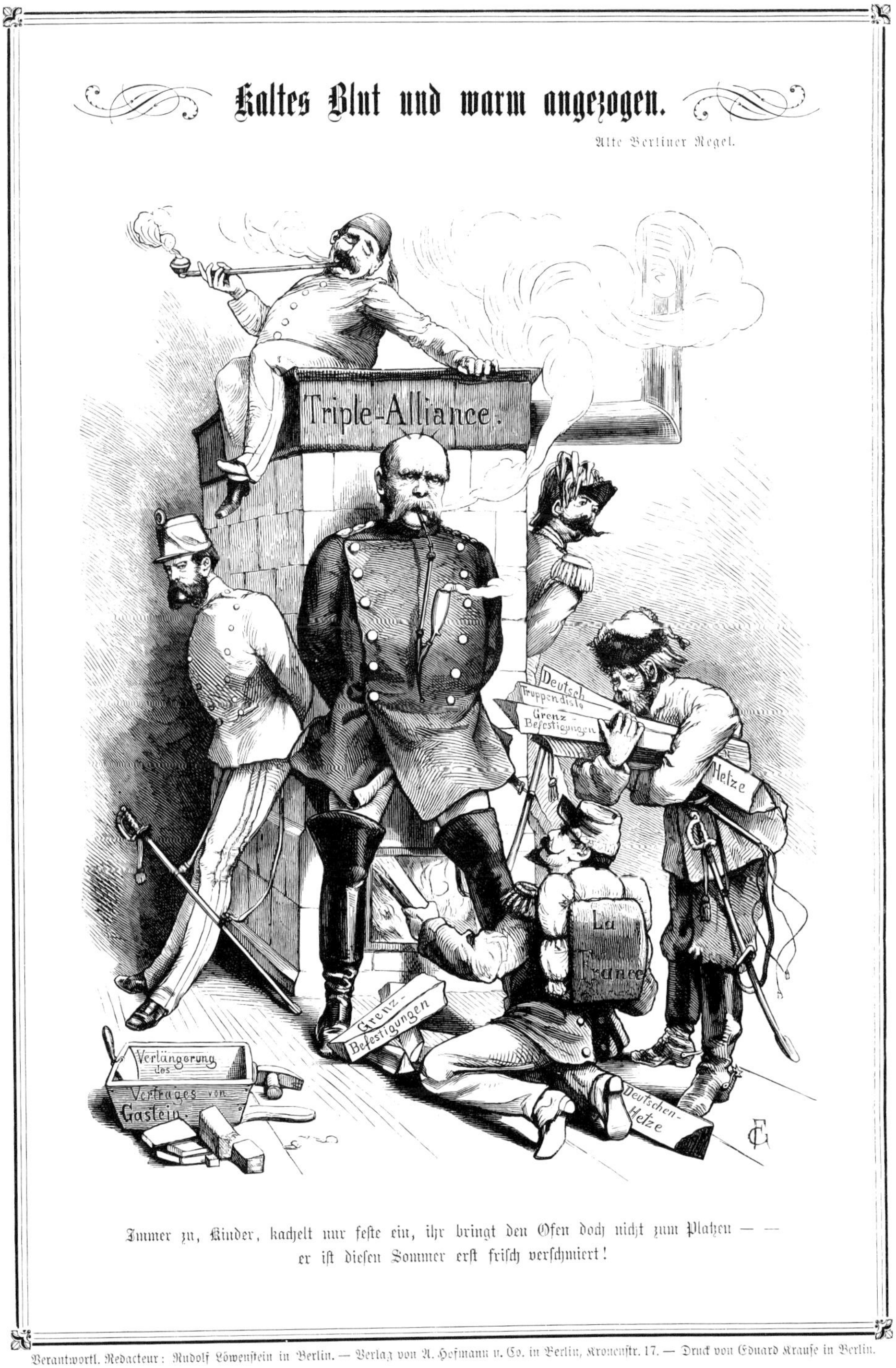

Über Bismarcks kompliziertes Bündnissystem war die Öffentlichkeit nur bruchstückweise informiert. Die Ausdehnung des deutsch-österreichischen Bündnisvertrages (1879) auf Italien (1882) wurde erst Monate später bekannt. Gänzlich verborgen blieb der zwischen Wilhelm I., Franz Joseph und Alexander III. 1881 abgeschlossene Dreikaiser-Vertrag. Für den Karikaturisten gleicht die von Bismarck sowie einem österreichischen (*links*) und einem italienischen Offizier (*rechts*) gestützte »Triple-Alliance« daher einem festgefügten Kachelofen, der weder durch russische (Kosake) noch französische »Deutschenhetze«, eine Anspielung auf die häufigen Zeitungsfehden und Truppenbewegungen, zum Platzen gebracht werden kann. *Auf dem Kachelofen* hat sich der Türke in bequemer Haltung niedergelassen, ein Hinweis auf das gute deutsch-türkische Verhältnis.

339 *Kladderadatsch*, Nr. 40 v. 2. 9. 1883
Kaltes Blut und warm angezogen
Holzschnitt vermutlich von Carl Gehrts

ferner, eingedenk der Brandreden hoher russischer Militärs, allen voran des »Deutschenfressers« *(Ulk)* und »Jeneral-Schwadroneurs« *(Kladderadatsch)* Michael Dimitrijewitsch Skobelew,[192] kam das Witzblatt (Nr. 42) am 14. September 1884 zu dem Schluß:

»Fühl' ich mich auch zu rühmen angefeuert
Den Bund, der heut auf's neu wird eingeweiht;
Ich denk' halt immer noch: ›Was man erneuert,
War nicht geschaffen für die Ewigkeit‹.«

Ähnlich restriktiv äußerten sich übrigens am 26. September 1884 die *Berliner Wespen* (Nr. 39).

»Unerschütterlich beisammen
Stehen die drei Reiche jetzt,
Wachen drüber, daß kein Unhold
Je die Harmonie verletzt.
Herrsche nun und walte weiter,
Theurer Friede, hier auf Erden!
(Amtlich heißt es, daß in Bälde
Er viel theurer noch wird werden).«

In den hier zitierten Zeitgedichten klingen jene beiden Leitmotive an, die in den achtziger Jahren kontinuierlich wiederkehren: der unter Rußlands Panslawisten weit verbreitete Deutschenhaß sowie die durch Frankreichs Revanchismus in Gang gesetzte Rüstungsspirale.

Am satirischen Zeitgespräch über den »bewaffneten Frieden«, der »alle Tage theurer wird« *(Kladderadatsch)*, beteiligten sich auch Schultze, Müller, Paula Erbswurst und andere stehende Figuren. Je nach politischem Standpunkt erschien dann die »Armeevermehrung« als notwendig, »weil Uebergewicht brauchen« (Baron von Strudelwitz), oder verwerflich, damit »der militärische Moloch nicht schließlich den janzen Volkswohlstand verschlingt« (Nunne).[193] Die genannten Beiträge häuften sich aus aktuellen Anlässen wie Militärvorlagen im In- und Ausland oder wenn ein kerniger Ausspruch »militärischer Klassiker« *(Ulk)*[194] gefallen war.

Am 13. Februar 1880 präsentierten die *Berliner Wespen* (Nr. 7) ihren Lesern eine besonders gelungene ernst-heitere Tier-Abfolge-Karikatur. Die »mobilen Frösche« Frankreich, Deutschland und Rußland, von denen ein jeder danach trachtete, »des Weltalls allerstärkster Frosch« zu werden, veranstalten ein »Wett-Aufblähen . . . bis sie platzten«. Als beliebte Metaphern für das ungeliebte Militärbudget bürgerten sich der zu schnell in die Höhe schießende »Junge« ein, ferner, als Steigerung, der Riese, die überdimensionale Pickelhaube oder der Riesenballon.[195] 1889 wurde die Finanzierung von Heer und Marine, der bei weitem wichtigste Ausgabeposten des Reiches (rund 70 Prozent), dann in den *Lustigen Blättern* (Nr. 25 vom 20. Juni) und im *Ulk* *(Abbildung 340)* sogar mit dem eben fertiggestellten Eiffelturm verglichen.

№ 45 * Seite 8 — ULK — 7. Novbr. 1889

Unser Eiffelthurm.

Der Reichstagspräsident: Eine schöne Höhe! Wenn nur erst die Kosten ebenso aufgebracht wären, wie es die Steuerzahler schon sind!

Redakteur: Siegmund Haber in Berlin. Druck und Verlag von Rudolf Mosse in Berlin.

Der Zeichner zieht einen Vergleich zwischen dem zur Pariser Weltausstellung und zur Hundertjahrfeier der Französischen Revolution erbauten Eiffelturm und seinem deutschen »Gegenstück«, dem Militärhaushalt von 1889. Dieser wurde von dem konservativen Reichstagspräsidenten Albert von Levetzow auf dieselbe Höhe geschätzt wie das längst zum Wahrzeichen der Stadt gewordene Pariser Monument. *Links* neben dem Präsidenten steht der preußische Kriegsminister Julius von Verdy du Vernois und weist vom Reichstagsbalkon auf die deutschen Heeresmassen hin, die – zahlreicher denn je, dank der geforderten Mehrausgaben – unter einer riesenhaften Pickelhaube hindurchmarschieren. *Dahinter* erscheint, auf Kanonenrohren aufgeschichtet, das gleichfalls erhöhte Flottenbudget in Form eines Kreuzers mit Kriegsflagge. *Im Hintergrund links* der gleichfalls aus Kanonenrohren in die Höhe gebaute Militärhaushalt Rußlands, geschmückt mit zwei Doppeladler-Bannern, den offiziellen Flaggen des Zarenreichs. Auf der Spitze des russischen Budget-Turmbaus erkennt man eine Kosakenmütze.

340 *Ulk*, Nr. 45 v. 7. 11. 1889
Unser Eiffelthurm
Holzschnitt von
Hermann Scherenberg

Während der *Kladderadatsch*, die *Berliner Wespen* und der *Ulk* anläßlich des »großen Militairetats-Bewilligungsrennens« im Reichstag, das heißt der ersten Erneuerung des Septennats (1880), mit ihrer Kritik an der »Verewigung des siebenjährigen Kriegs – im Frieden« an einem Strang zogen,[196] scherte der immer bismarckfrömmere und nationalistischer eingestellte *Kladderadatsch* im dritten und härtesten Septennatskampf (1886/87) aus. Im übrigen wurde in so manchem satirischen Beitrag vermutet, daß Bismarck die vom *Kladderadatsch* vorausgesagte Auflösung des Reichstags *(Abbildung 341)* von Anfang an beabsichtigt hatte, um dank einer ihm

Jeden Nachmittag fand – als Sehenswürdigkeit – im Berliner Zoologischen Garten die »Hauptfütterung« der Tiere statt. Auf dem Bild sieht man, wie Bismarck dem Papagei in jeder seiner beiden Hände eine Futtersorte zur Wahl anbietet: Entweder der Reichstag (Papagei) nimmt die Regierungsvorlage, das wiederum auf sieben Jahre festgeschriebene Militärbudget (Septennat), an oder er wird – wie es Mitte Januar 1887 tatsächlich geschah – aufgelöst.

Hauptfütterung.

Nun Papchen, welche Hand willst du?

341 *Kladderadatsch*, Nr. 56 v. 5. 12. 1886
Hauptfütterung
Holzschnitt von Wilhelm Scholz

günstigeren Konstellation nicht allein das von den Volksvertretern abgelehnte Septennat, sondern auch das einige Monate früher durchgefallene Branntweinmonopol *(Abbildung 342)* an den Mann zu bringen.[197]

Die Annahme des Heeresverstärkungsgesetzes (Erhöhung der Friedenspräsenzstärke um 41 000 Mann) erfolgte am 11. März 1887 durch das aus den »Septennatswahlen« hervorgegangene »Kartell« (vgl. Teil II, 5. Kapitel). Befriedigt schrieb der *Kladderadatsch* (Nr. 12) zwei Tage später in seinem auf der ersten Seite abgedruckten Leitgedicht:

»Durch ist es, durch mit Pauken und Trompeten,
Das vielumkämpfte Septennat,
Das Weise priesen und Bethörte schmähten,
Durch ist's, und freun kann sich der Staat.«

Vorausgegangen waren dieser »Überraschung« *(Kladderadatsch)* äußerst turbulente Wahlversammlungen (vgl. *Abbildung 306*) sowie eine Presseagitation von bisher nicht bekanntem Ausmaß.[198] Das »Theatrum officiosum« *(Ulk)*[199] setzte die Wähler einem wahren Trommelfeuer der geschürten Kriegsangst aus. »Auf des Messers Schneide« lautete die Überschrift des wohl berühmtesten Zeitungsartikels des Jahrzehnts, der am 31. Januar 1887 in der konservativen *Post* (Nr. 31) erschienen war. Von Constantin Rößler nach einem Pariser Pressebericht verfaßt, verursachte er nicht weniger Aufregung als der »Krieg-in-Sicht«-Artikel des Frühjahrs 1875.

Die mit Hilfe von Zeitungsartikeln, Flugblättern, Plakaten und öffentlichen Reden geführte Auseinandersetzung um das dritte Militärgesetz fand auch Eingang in die deutsche Literatur. So spielt Gerhart Hauptmanns naturalistische »Diebskomödie« *Der Biberpelz* (1893) in der Zeit des »Septennatskampfes, gegen Ende der achtziger Jahre irgendwo in Berlin«.

Bereits ein Jahr später wurde mit Rücksicht auf die Gefahr eines Zweifrontenkriegs *(Abbildung 343)* und in Anbetracht der numerischen Überlegenheit sowohl der russischen als auch der französischen Armee eine Heeresreform durchgeführt. Sie sollte, wie Bismarck in seiner großen außenpolitischen Rede vom 6. Februar 1888 hervorhob, »die Nervosität unserer öffentlichen Meinung, unserer Börse und unserer Presse einiger Maßen ermäßigen«. In diesem Zusammenhang fiel auch Bismarcks seither viel zitiertes »stolzes Wort«, das vor allem die russische Öffentlichkeit verärgerte[200]: »Wir Deutsche fürchten Gott, aber sonst Nichts in der Welt.«[201] Hier der in Verse gegossene Kommentar des *Kladderadatsch*:

1886 hatte Bismarck vergeblich versucht, nach russischem Muster das staatliche Branntweinmonopol einzuführen, um die Einkünfte des Reiches zu vermehren und damit die steigenden Rüstungsausgaben zu finanzieren. Er mußte sich 1887 mit einer Erhöhung der Branntweinsteuer begnügen.

Auf der Zeichnung sieht man den Kanzler, wie er sein jüngstes Monopol-Projekt als Marketenderin (»Tochter des Regiments«, wie es in einer beliebten Operette hieß) in den Ballsaal, das heißt in den Reichstag begleitet.

Die Herren Abgeordneten zeigen mißmutige Mienen. Man erkennt – *links unten* – den Zentrumsführer Ludwig Windthorst, *weiter oben* den Vorsitzenden der »Freisinnigen«, Eugen Richter, und neben diesem Ludwig Bamberger, ursprünglich – als Nationalliberaler – Bismarcks Anhänger, seit 1881 jedoch – als Sezessionist – in Opposition zum Kanzler.

342 *Berliner Wespen*, Nr. 3 v. 15. 1. 1886
Der Ballvater
Holzschnitt von Gustav Heil

»Ein stolzes Wort, o Deutschland, ist erklungen,
Vernommen hat die ganze Welt das Wort.
Wohl ziemt dem Mann es, dem das Werk gelungen,
Das festgefügt bestehn wird fort und fort,
Dem Mann, der dir, o Vaterland, errungen
In heißen Kämpfen aller Ehren Hort.
Er sprach es aus, den Jubel grüßt und Freude,
Der Fremden Neid und deutscher Herzen Weide.«[202]

Häufiger und kontinuierlicher als mit dem »Neider« Iwan beschäftigten sich Berlins Politwitzblätter mit der sichtlich »nervösen« Marianne. »Den Herren Pariser Preß-Medizinern und Journal-Physiologen«, »Où est le Prussien?« (Wo steckt der Preuße?) »Neuester chauvinistischer Schmerzensschrei aus Frankreich«, »Trostwort für die

Die Rechnung ohne den Wirth.

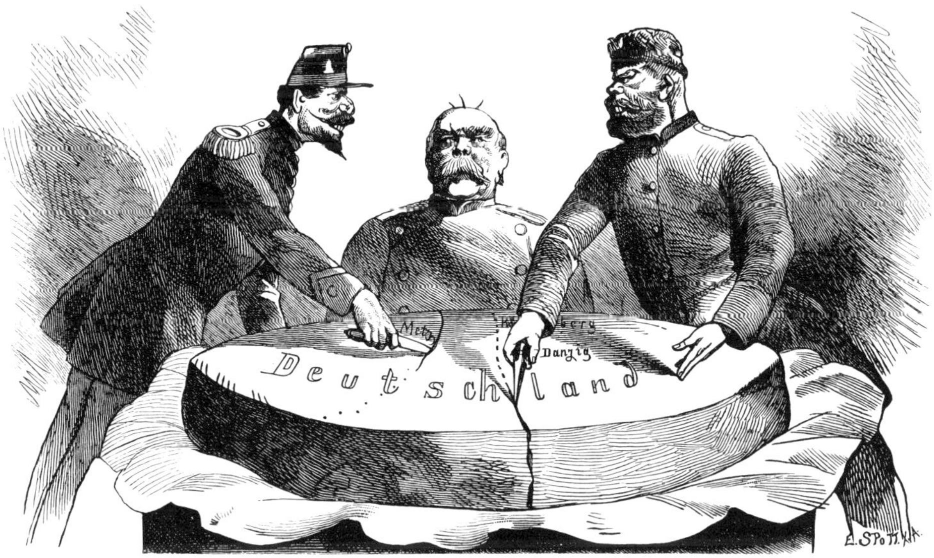

Zur Erhaltung und Befestigung des Friedens schlägt ein russischer Friedensfreund einige geographische Veränderungen vor. Ein Theil Deutschlands fällt an Rußland, ein anderer an Frankreich. Es ist nur gut, daß er nicht, wie Salomo, das Kind gleich mitten durchschneiden will.

343 *Kladderadatsch*, Nr. 40 v. 28. 8. 1887
Die Rechnung ohne den Wirth
Holzschnitt von Wilhelm Scholz

Die Zeichnung hat eine prophetische Bedeutung. Gleichzeitig vermittelt sie das Zeitgespräch über einen bevorstehenden Zweifrontenkrieg, bei dem Frankreich die Zurückgewinnung von Elsaß-Lothringen (mit Metz) und Rußland die Annexion von West- und Ostpreußen (Danzig, Königsberg) anstreben würden.
Der *Kladderadatsch* ist davon überzeugt, daß Bismarcks mächtige Gestalt diese Zerteilung des deutschen Reichsgebietes zu verhindern weiß.
In der Tat ist ein gegen Deutschland gerichtetes französisch-russisches Militärbündnis erst 1892 abgeschlossen worden.

französischen Chauvinisten«, »Chauvinisten-Cancan«, »Der Revanche-Bacillus« oder »Ueber die Schonung des französischen Nationalgefühls« lauteten die Titel der unzähligen themenbezogenen Beiträge.[203]
Auf besonderes Interesse stieß der »Rächer« Paul Déroulède, dessen am 18. Mai 1882 gegründete »Patriotenliga« sehr bald mehr als 200 000 Mitglieder zählte.[204] Im Brennpunkt standen so prominente Politiker wie der »friedfertige« französische Staatspräsident Jules Grévy, der am 30. Januar 1879 an die Stelle Mac Mahons getreten war *(Abbildung 344)*,[205] und der »Fixstern erster Größe am Firmament des republikanischen Frankreichs«, Léon Gambetta. »Gambetta I.«, 1879 Kammer-, dann Ministerpräsident (Mitte November 1881 bis Ende Januar 1882), erschien in der Karikatur als die Verkörperung des »krähenden« gallischen Hahns beziehungsweise als »Falstaff«, »Handlungsreisender der Republik« oder »französischer Diktatorvogel«. Selbst die konservativ-antisemitische *Wahrheit*, in deren Spalten das Ausland kaum eine Rolle spielte, griff das Thema »Gambetta und die Revanche-Idee« auf.[206]
1886 betrat dann der von der »Patriotenliga« unterstützte General Georges-Ernest Boulanger, »wie er weint und lacht« *(Kladderadatsch)*, die politisch-satirische Bühne *(Abbildung 345)*. Nach seiner Entlassung als »Minister für den Revanchekrieg« (Mitte Mai 1887) brauchte der in die Fußstapfen Napoleons I. tretende Liebling der Pariser und Pariserinnen in Berlin für den Spott nicht sorgen *(Abbildung 346)*.[207]
Selbst während der kurzen Zeitspanne relativ guter Beziehungen zwischen Frankreich und Deutschland in der ersten Hälfte der achtziger Jahre verzichtete Bismarck nicht auf seine Politik des »kalten Wasserstrahls« beziehungsweise auf »Pfiffe aus tonangebenden Kreisen«. Die jeweils letzte »Zeitungs-Allarmfluth« *(Ulk)* war für die Witzblätter, die – im Gegensatz zu Bismarck – »das fortwährende Jeschimpfe und Jetobe und Jejröhle und Jehetze von die französischen Zeitungen« (Nunne) immer weniger zu fürchten schienen, eine sprudelnde Quelle satirischer Inspiration *(Abbildung 347)*.[208]
Seit Ende 1887 fanden sich in der Tagespresse gezielte Informationen über Differenzen zwischen dem Kanzler und der »Kriegspartei« um den Generalquartiermeister Alfred Graf von Waldersee, der im August 1888 die Nachfolge Moltkes als Generalstabschef antreten sollte. 1889 wurden »die feindlichen Kabinets-Brüder« und ihre Zeitungsfehden *(Abbildung 348)* auch für den *Kladderadatsch* und den *Ulk* ein Thema.[209] Bereits am 7. März 1890 stellte der »Blinde Seher« des *Ulks*, Richardt Schmidt-Cabanis, »kanzlerkrieselnde [!] Amts-Nachfolger-Betrachtungen« an. Als der »vom Zahne der Zeit« zernagte Bismarck *(Ulk)* dann auf zweimalige Aufforderung Wilhelms II. am 18. März seine Entlassung erbat und zwei Tage später erhielt, veröffentlichte das Blatt unter der Überschrift »Lootsenabschied« ein Gelegenheitsgedicht, das möglicherweise den Zeichner des Londoner *Punch*, John Tenniel, zu

Die *Wespen* schwirren über die Reichsgrenze nach Frankreich und stellen mit Genugtuung fest, daß der konservative Präsident, Marschall Patrice de MacMahon, dem Druck seiner immer zahlreicher gewordenen republikanischen Gegner gewichen ist und am 30. Januar 1879 den Rücktritt erklärt hat. Ein biblisches Gleichnis wird vom Zeichner genutzt: Jahrelang, behauptet der Scheidende, habe er der Republik gedient, wie einst Jakob gedient hatte, um mit Rahel eine dauernde Verbindung eingehen zu können.
Doch die Republik (in der Rolle Rahels, am Brunnen der Freiheit und Gerechtigkeit) umarmt den *wahren* Jakob, nämlich den neuen Präsidenten, Jules Grévy. Der Wachhund *unten links*, der die Züge des republikanischen Führers Léon Gambetta trägt, hat dafür gesorgt, daß die beiden Liebenden zusammenfinden. Gambetta, der energische Kämpfer für die Stabilisierung der Republik in Frankreich, ist am 31. Dezember 1883 im Alter von 44 Jahren an den Folgen einer Verletzung beim Entladen seiner Pistole gestorben.

344 *Berliner Wespen*, Nr. 6 v. 7. 2. 1879
Der glorreich Besiegte
Zeichnung von Gustav Heil

Beim Kartenspiel sind die vier Buben (»Jungen«) Trümpfe. Der *Kladderadatsch* zeigt auf einem von der Pariser Presse sehr übel genommenen Bild, wie Frankreich in seiner langen Geschichte bereits drei davon ausgespielt und zugleich verspielt hat.

1. Der heute durch die *Asterix*-Serie wieder sehr populäre Vercingetorix, oberster Heerführer der aufständischen Gallier, wurde nach anfänglichen Erfolgen im Jahr 92 vor Christus von Cäsar besiegt, gefangengenommen und schließlich in Rom hingerichtet.
2. Jeanne d'Arc, die siegreiche Jungfrau von Orleans, wurde 1430 den Engländern ausgeliefert und 1431, im Alter von 19 Jahren, verbrannt. 1920 wurde sie heilig gesprochen.
3. Napoleon Bonaparte (1769–1821) hatte, um Goethe zu zitieren, »den halben Weltkreis übersiegt«. Er starb nach sechs Jahren Gefangenschaft auf Sankt Helena.
4. Der französische Kriegsminister, General Georges Boulanger (1837–1891), der letzte noch auszuspielende Trumpf, stand 1887 als Vertreter des französischen Nationalismus auf der Höhe seiner Popularität.

345 *Kladderadatsch*, Nr. 7/8 v. 13. 2. 1887
Frankreichs Trümpfe
Holzschnitt

№ 35 • Seite 8 ULK 30. August 1888

Der französische Don Quixote

und sein weiblicher Sancho Pansa.

Für die Redaktion verantwortlich (i. Vertr.) R. Schmidt-Cabanis. Druck und Verlag von Rudolf Mosse in Berlin.

Am 13. Juli 1888 findet bei Paris, nach gegenseitigen Beleidigungen, zwischen dem pensionierten General Georges Boulanger und dem Ministerpräsidenten Charles Floquet ein aufsehenerregendes Duell statt. Der General beschließt kurz darauf, wieder eine politische Rolle zu spielen. Sofort steigt seine Popularität ins Unermeßliche. Delegationen aus der Provinz akklamieren ihn. Das Nord-Departement wählt ihn zum Abgeordneten. Eine berühmte und berüchtigte Publizistin, Juliette Adam, macht für ihn Propaganda; sie ist bekannt geworden durch ein Skandalbuch über die Berliner Gesellschaft der Bismarckzeit, das 1884 unter dem Pseudonym Graf Vasili erschienen war.
Der Zeichner des *Ulks* schildert diese Dame als fetten Sancho Pansa und Boulanger, den »braven General«, als mageren Don Quixote, den »Ritter von der traurigen Gestalt«. Man sieht beide durch den Triumphbogen in Paris einziehen, um Frankreichs Größe durch einen Staatsstreich wiederherzustellen. Boulanger hält seine Hellebarde hoch; diese ist als Spritze gezeichnet, aus der seine Parolen sich ergießen.

346 *Ulk*, Nr. 35 v. 30. 8. 1888
Der französische Don Quixote
Holzschnitt von
Hermann Scherenberg

seiner weltbekannten Situationstravestie »Der Lotse verläßt das Schiff« herausgefordert hat:

»Dank, treuer Lootse, der mit festem Griff
Das Fahrzeug lenkte durch der Brandung Schwere;
Ob wild der Sturm aus Nord – aus Süden pfiff,
Du steu'rtest kräft'gen Armes ›Deutschlands Ehre‹.
[. . .]
Nicht Groll noch Neid trübt Dir den Trennungsblick:
Du thatst Dein Werk und darfst mit Stolz erschauen
Der Segel Schwellen und der Flagge Wehn,
Und wünschest väterlichen Herzens Glück
Dem hoffnungsvollen jungen Kapitän,
Dem sich Germania will zur Fahrt vertrauen.«[210]

Das Berliner humoristisch-satirische Wochenblatt schaut zugleich vor- und rückwärts.
1872: Nach dem Sieg über Frankreich tat Bismarck alles, um zur Stabilisierung des noch schwachen republikanischen Regimes beizutragen, da er von seiten einer französischen Monarchie einen Revanchekrieg fürchtete.
1882: Die deutsch-französischen Beziehungen waren »gespalten«. Einer bedingten Kooperation auf diplomatischer Ebene stand der Ruf nach einem Revanchekrieg gegenüber.
1887: Bismarcks Mißtrauen gegenüber Frankreich erklärt sich durch die Agitation General Boulangers und die damals schon deutlichen Annäherungsversuche zwischen Frankreich und Rußland.
1888: Bismarck bedient sich eines Fernrohrs, das zwei Kanonenläufen ähnlich sieht. Ein neuer Krieg wird vom Kanzler vorausgesehen. Er sollte erst 1914 ausbrechen. Karl Marx hatte diesen künftigen Krieg bereits 1870 prophezeit.

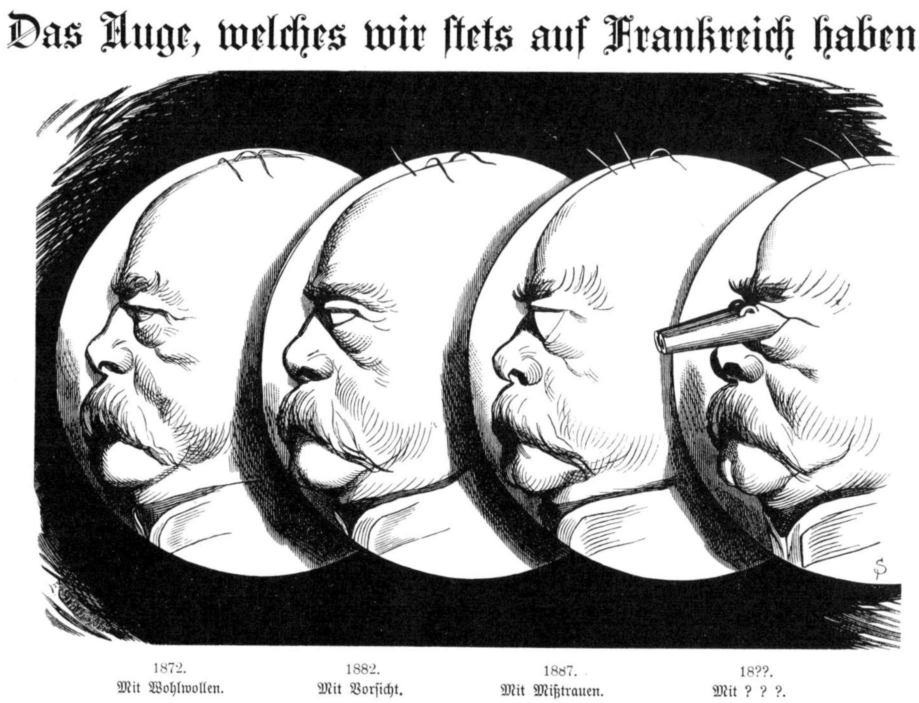

347 *Kladderadatsch*, Nr. 34 v. 24. 7. 1887
Das Auge, welches wir stets auf Frankreich haben
Holzschnitt von Wilhelm Scholz

ULK

Illustrirtes Wochenblatt für Humor und Satire

Wieso und wann das Blatt erscheint.
Täglich wird viel Ulk gemacht,
Donnerstag wird er gebracht.

Familienverhältnisse des Ulk.
Scherenberg der illustrirt,
Siegmund Haber redigirt.

Entre nous.
Abonnent vom Tageblatt
Kriegt ihn gratis, als Rabatt.

Einzelverkauf.
Für fünfundzwanzig Pfennig eine Nummer,
Ob's nicht zu billig, das ist unser Kummer.

Nummer 29 Berlin, 18. Juli 1889 18. Jahrgang.

Die feindlichen Kabinets-Brüder.

Isabella-Borussia (zu Manuel-Bismarck und Cesar-Walderfee):
„O, diese wilden Banden, die euch folgen,
Die raschen Diener eures Zorns — sie sind
Nicht eure Freunde! Glaubet nimmermehr,
Daß sie euch wohlgesinnt zum Besten rathen!"
(Schillers „Braut v. Messina".)

Bismarck und Alfred Graf von Waldersee waren »Kabinets-Brüder«, weil beide in den zwei höchsten Stellungen der preußisch-deutschen Monarchie zu den engsten Beratern Wilhelms II. gehörten. Sie waren »feindliche Brüder«, weil sie in aller Öffentlichkeit, in der *Norddeutschen Allgemeinen Zeitung* beziehungsweise in der *Kreuz-Zeitung*, gegeneinander intrigierten.
Der Zeichner nimmt eine der ersten Szenen aus Schillers *Braut von Messina* zum Anlaß, um den Gegnern zur Versöhnung zu raten. Vergeblich, denn Waldersee befürwortete einen Präventivkrieg gegen Frankreich, was Bismarcks Friedenspolitik diametral zuwiderlief.
Die auf dieser Karikatur deutlich gemachte Rivalität zwischen Zivil- und Militärgewalt wirkte sich während des Ersten Weltkrieges in verhängnisvoller Weise aus.

348 *Ulk*, Nr. 29 v. 18. 7. 1889
Die feindlichen Kabinets-Brüder
Holzschnitt von
Hermann Scherenberg

Am 29. März, drei Tage vor seinem 75. Geburtstag, verließ der zum Generaloberst der Kavallerie mit dem Rang eines Generalfeldmarschalls beförderte und mit der Würde eines Herzogs von Lauenburg ausgezeichnete »Altreichskanzler« Berlin. Unter den Linden sangen Zehntausende »entblößten Hauptes« die »Wacht am Rhein«.[211] Am Lehrter Bahnhof wurden dem Scheidenden die »vom Kaiser . . . angeordneten militärischen Ehrenbezeigungen« zuteil. Bismarck erhielt, wie er in seinen *Erinnerungen* für die Nachwelt festhielt, »ein Leichenbegängnis erster Klasse«. *(Abbildung 349)*.[212] Während Theodor Fontane am 1. Mai 1890 seinem Brieffreund Georg Friedlaender anvertraute: »Es ist ein Glück, daß wir ihn los sind . . .«, schrieb Heinrich von Treitschke gegen Ende 1893: »Bismarcks Sturz bleibt ein unauslöschlicher Flecken in unserer Geschichte«.[213] Der *Kladderadatsch* gab seinem treuesten passiven Mitarbeiter die berühmten »drei Haare« zurück *(Abbildung 350)*. Jedoch mußten weder er noch die übrigen Politwitzblätter auf eine weitere »Kooperation« des »Kanzlers ohne Amt« verzichten, der »als Großer Teufel« gegangen war und seine »Nation überragte« (Ludwig Bamberger).[214] Mit seiner Entlassung begann die »Bismarcklegende«, welche am achtzigsten Geburtstag des Reichsgründers (1895) einen ersten Höhepunkt erreichte *(Abbildung 351)*.[215]

349 *Bismarcks Abreise vom Lehrter Bahnhof nach Friedrichsruh*
(29. März 1890)

Abschied.

Der Reichskanzler legt alle seine Aemter nieder, gibt alle seine Insignien zurück und begibt sich in die wohlverdiente „Friedrichsruh“.

350 *Kladderadatsch*, Nr. 14/15 v. 30. 3. 1890
Abschied
Holzschnitt von Wilhelm Scholz

Persönliche Gegensätze zwischen dem über siebzigjährigen Kanzler und Kaiser Wilhelm II., innen- und außenpolitische Meinungsverschiedenheiten führten am 18. März 1890 zu Bismarcks Sturz. Zu den Insignien, die der Kanzler abgibt, gehören auch die drei von Scholz verliehenen, der »non-verbalen« Kommunikation dienenden »Bismarckhaare«, welche seit den 60er Jahren einen festen Bestandteil der Weltwitzblattpresse gebildet hatten. Alles Pathetische wird hier vermieden. Der entlassene Kanzler begibt sich ganz einfach mit seinem Hund Tyras und seinem Reisekoffer zum Lehrter Bahnhof, um nach seinem Besitztum Friedrichsruh zu fahren. Allerdings begnügte er sich nicht damit, ein wohlverdientes Rentnerdasein zu führen, sondern entwickelte sich, gewissermaßen als freier Journalist, zum heftigsten Gegner der kaiserlichen Politik.

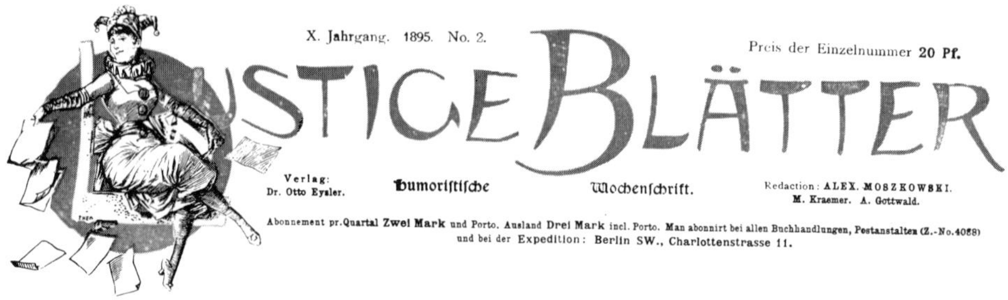

Bismarck war fast 28 Jahre lang an der Macht gewesen: als preußischer Ministerpräsident, Kanzler des Norddeutschen Bundes und des Deutschen Reichs, Außen- und zeitweise Handelsminister.
Bereits wenige Jahre nach seiner Entlassung (März 1890) wurde sein erster Nachfolger, General Leo Graf von Caprivi, gestürzt. Auch der als Zwerg dargestellte zweite Nachfolger, Chlodwig Fürst zu Hohenlohe-Schillingsfürst, blieb nur sechs Jahre im Amt (1894–1900).
Die *Lustigen Blätter* amüsieren sich über diese Nachfolger Bismarcks im Mittel- und Kleinformat. Mehrere Fraktionsführer schießen in die Höhe im selben Maß, wie die Kanzler immer winziger werden. Es sind August Bebel (SPD), Eugen Richter (Freisinnige Volkspartei) und Wilhelm Freiherr von Hammerstein (Deutschkonservative Partei).

Nicht länger läßt es sich verbergen,
Was durch den Thatbestand erwiesen:
Erst war's ein Riese unter Zwergen,
Heut ist's ein Zwerg nur unter Riesen!

351 *Lustige Blätter*, Nr. 2, Mitte Januar 1895
Der Kanzler in dreierlei Format
Karikatur von Franz Jüttner

Anmerkungen

Zur Einleitung (S. 17 – S. 21)

1 □ Zit. nach H. v. Wedderkop: Das Unbekannte Berlin. Ein Führer durch Straßen, Zeit und Menschen. Leipzig/Berlin: Theodor Weicher 1936, Seite 129.
2 □ Silen und sein Esel, 1781.
3 □ Zit. nach Max Ring: Berliner Leben. Kulturstudien und Sittenbilder. Leipzig/Berlin: Bernhard Schlicke 1882, Seite 15.
4 □ Zit. nach Ludwig Fulda: Berlin und das deutsche Geistesleben. In: Der Greif, 1. Jg. (1913), H. 3, Seite 185 bis 199, hier Seite 192.
5 □ Ebenda.
6 □ 3. Aufl., Bd. 3, Leipzig 1874 (Artikel Berlin).
7 □ Zit. nach Veit Valentin: Geschichte der deutschen Revolution von 1848–1849. Bd. 1. Köln/Berlin: Kiepenheuer & Witsch 1977, Seite 88.
8 □ Franz Schneider (Die politische Karikatur, München: C. H. Beck 1988, Seite 30) untersucht den Zusammenhang zwischen »Lachen« und »Denkleistung« im Hinblick auf die Karikatur. Das Ergebnis kann auch auf die Textsatire im Kladderadatsch angewendet werden.
9 □ An dieser Stelle sei nur die neueste Dissertation genannt, welche die älteren Arbeiten miteinbezieht: Klaus Schulz: »Kladderadatsch«. Ein bürgerliches Witzblatt von der Märzrevolution bis zum Nationalsozialismus 1848–1944. Bochum: Studienverlag Dr. N. Brockmeyer 1975.
Die neueste Anthologie spart die von der Autorin behandelte so wichtige Bismarck-Ära nahezu aus: Ingrid Heinrich-Jost (Hrsg.): Kladderadatsch. Die Geschichte eines Berliner Witzblattes von 1848 bis ins Dritte Reich. Köln: informationspresse- c. w. leske verlag 1982.
10 □ Zit. nach National-Zeitung, Nr. 259 vom 2. 11. 1916 (Beiblatt).
11 □ Vgl. hierzu Teil I, Kapitel 3, Anm. 75.
12 □ Zit. nach Ruth-Esther Geiger: Zeitschriften 1848 in Berlin. Die Zeitschrift als Medium bürgerlicher Öffentlichkeit und ihr erweiterter Funktionszusammenhang in den Berliner Revolutionsmonaten von 1848. Berlin: Klaus Guhl 1980, Seite 66.
13 □ Mit Ausnahme des Kladderadatsch sind die Berliner humoristisch-satirischen Zeitschriften weit verstreut; viele sind nicht mehr vorhanden oder wurden von den Bibliothekaren erst gar nicht gesammelt. Die in der Literatur gemachten Angaben von Standorten stimmen oft nicht; Umfragen bei Bibliotheken und Archiven waren hier hilfreich.
14 □ So wie es bis heute nicht gelungen ist, für die Pressegattung »Zeitschrift« eine allgemeine Definition zu finden, so ist es auch nicht möglich, den Typ »Witzblatt« einheitlich zu definieren. Während der Kladderadatsch und die Berliner Wespen eindeutig der begrenzt aktuellen und begrenzt universellen politischen Zeitschrift zuzuordnen sind, wird es bereits beim Ulk, der etwa 50 Prozent seines bedruckten Raums ab 1885 dem »unpolitischen Humor« widmet, problematisch. »Witzblätter« wie Der Wahre Jacob und der Simplicissimus hatten darüber hinaus eine literarische Beilage. Vgl. allgemein Hans Bohrmann/Peter Schneider: Zeitschriftenforschung. Ein wissenschaftlicher Versuch. Berlin: Volker Spiess 1975.
15 □ Zit. nach Dieter Fricke: Die deutsche Arbeiterbewegung 1869 bis 1914. Ein Handbuch über ihre Organisation und Tätigkeit im Klassenkampf. Berlin (DDR): Dietz 1976, Seite 448.
16 □ Vgl. F. Schneider: Die politische Karikatur . . . (Anm. 8), Seite 28. Unter den zahlreichen Abhandlungen zur Karikatur sei hier nur noch Alfried Krause erwähnt: Die politische Karikatur im Geschichtsunterricht. Berlin (DDR): Volk und Wissen 1975.
Ferner seien – als Auswahl – folgende Untersuchungen genannt: Lutz Röhrich: Der Witz. Figuren, Formen, Funktionen. Stuttgart: Metzler 1977, sowie Anton C. Zijderveld: Humor und Gesellschaft. Eine Soziologie des Humors und des Lachens. Graz/Wien/Köln: Styria 1976.
17 □ Zit. nach Hans-Heinrich Reuter: Fontane. Bd. 2. München: Nymphenburger Verlagshandlung 1968, Seite 754.
18 □ Es sei hier die Definition von Uta Quasthoff (Soziales Vorurteil und Kommunikation – Eine sprachwissenschaftliche Analyse des Stereotyps. Ein interdisziplinärer Versuch im Bereich von Linguistik, Sozialwissenschaft und Psychologie. Königstein: Athenäum 1973, Seite 28) übernommen: »Ein Stereotyp ist der verbale Ausdruck einer auf soziale Gruppen oder einzelne Personen als deren Mitglieder gerichteten Überzeugung. Es hat die logische Form eines Urteils, das in ungerechtfertigt vereinfachender und generalisierender Weise, mit emotional-wertender Tendenz, einer Klasse von Personen bestimmte Eigenschaften oder Verhaltensweisen zu- oder abspricht . . .«
19 □ Titel einer von 1718 bis 1739 in Leipzig erschienenen Zeitschrift. Verfasser war der Kammerherr, Hofhistoriograph und Hofnarr für das Tabakskollegium des Soldatenkönigs Friedrich Wilhelm I., David Fassmann (1683 bis 1744). Vgl. hierzu Wilmont Haacke: Die politische Zeitschrift 1665–1965. Bd. 1. Stuttgart: K. F. Koehler 1968, Seite 8 bis 11 und 31.

Zu Teil I, Kapitel 1 (S. 23 – S. 56)

1 □ Vers 338–343, Prolog im Himmel.
2 □ Zit. nach Ernst Volkmann: Um Einheit und Freiheit 1815–1848.
In: Deutsche Literatur in Entwicklungsreihen. Reihe Politische Dichtung. Leipzig: Reclam 1936, Seite 194.
3 □ Voltaire war in Potsdam vom 10. Juli 1750 bis zum 26. März 1753. Vgl. zu den »petits pâtés chauds de Berlin« Gustave Lanson: Histoire de la Littérature française, 11. Auflage. Paris: Hachette 1906, Seite 638 und 701.
Die Titel lauteten zum Beispiel: »Die Stimme des Weisen und des Volkes gegen die Vorrechte des Klerus«, »Zwiegespräch zwischen einem Philosophen und einem hohen Finanzbeamten« oder »Gedanken über die Regierungskunst« (Übersetzung U.E.K.).
Auf den heutigen Leser wirken diese Schriften eher harmlos. Sie sind, zum Teil in abgeänderter Form, wiederabgedruckt in: Oeuvres complètes de Voltaire, Band XXIII. Paris: Garnier 1879, Seite 479 bis 482, 501 bis 506 und 523 bis 534. Siehe neuerdings zum Verhältnis Friedrich II. – Voltaire die Dissertation von Christiane Mervaud: Voltaire et Frédéric II. Oxford: Voltaire Foundation 1985, sowie Theodor Schieder: Friedrich der Große. Ein Königtum der Widersprüche. Frankfurt am Main Berlin Wien: Propyläen 1983, Seite 437 bis 465.
4 □ Vgl. Friedrich der Große als Pamphletist. In: Beilage zur Berliner Montags-Zeitung, Nr. 36 vom 4. September 1865. Es handelt sich um einen Nachdruck aus der Wiener Neuen Freien Presse.
Armand Jean du Plessis, Kardinal de Richelieu (1585–1642). Der französische Staatsmann war Vorsitzender des Kronrats, führte mehrere erfolgreiche Kriege gegen die österreichischen und spanischen Habsburger, besiegte die französischen Protestanten, führte Finanzreformen durch und gründete die Französische Akademie; er gilt als Schöpfer des französischen Absolutismus.
Jeanne Antoinette de Poisson (1721–64) wurde als Favoritin Ludwigs XV. Marquise de Pompadour; sie brachte ihre Freunde in Ministerstellungen unter und beeinflußte die französische Außenpolitik, was besonders infolge des 7jährigen Krieges zu mehreren Mißerfolgen geführt hat.
Der Venezianer Carlo Rezzonico (1693–1769) war seit 1758 als Klemens XIII. Papst.
5 □ Zit. nach Correspondance entre Frédéric II Roi de Prusse et le Marquis d'Argens, avec les épîtres du Roi au marquis. Bd. 1. Paris: J. J. Fuchs 1798, Seite 71 bis 73 (Übersetzung von U.E.K.).
6 □ Zit. nach Correspondance entre Frédéric II Roi de Prusse et le Marquis d'Argens (Anm. 5), Seite 75 f. (Übersetzung von U.E.K.) Der Marquis d'Argens gab auf die negative Antwort des Königs hin sein Projekt auf.
7 □ Tabakskollegium nannte man die Abendgesellschaft, die Friedrich Wilhelm I. von Preußen fast täglich um sich versammelte, und zu der die Vertrauten des Königs (Minister, Diplomaten, Offiziere, auch Gelehrte) geladen waren. Hier ließ sich der König völlig gehen, sprach seine eigene Meinung frei aus und glaubte, die anderer zu vernehmen. Das höfische Zeremoniell war verbannt. Man rauchte Pfeife, trank Bier und unterhielt sich über Tagesereignisse, Politik, Krieg, oft an Hand von Zeitungsnachrichten.
8 □ Vgl. zum Urteil Theodor Fontanes den am 21. November 1889 im Deutschen Wochenblatt (Nr. 47) erschienenen Aufsatz »Die Märker und die Berliner und wie sich das Berlinertum entwickelte«. Wiederabdruck in Theodor Fontane: Sämtliche Werke, Bd. XIX, Politik und Geschichte. München: Nymphenburger Verlagshandlung 1969, Seite 739 bis 755 (hier: Seite 748 f.).
9 □ Zit. nach Gustav Sichelschmidt: Die Berliner und ihr Witz. Versuch einer Analyse. Berlin (West): Rembrandt Verlag 1978, Seite 22. Siehe zum Berliner Witz auch Herbert Schöffler: Kleine Geographie des deutschen Witzes. 2. Auflage. Göttingen: Vandenhoeck & Ruprecht 1970, Seite 68 bis 81.
Die »beständige fruchtbare geistige Gärung« wird Berlin von dem Naturphilosophen Henrik [Heinrich] Steffens (1773 bis 1845) zugeschrieben.
10 □ Silen und sein Esel erschien in Kommission bei S. F. Hesse. Der seines Amtes enthobene preußische Kriegsrat Cranz hatte bereits die Zeitschrift Gallerie der Teuffel, bestehend in einer auserlesenen Sammlung von Gemählden, moralisch politischer Figuren, deren Originale zwischen Himmel und Erden anzutreffen sind . . . (Franckfurth u. Leipzig 1776 bis 1778) herausgegeben, auf die er sich bei seinen weiteren Veröffentlichungen bezog.
In Leipzig dürfte auch das das älteste deutsche Witzblatt erschienen sein, das allerdings noch ganz den Charakter einer moralischen Wochenschrift hatte. Es handelt sich um den Leipziger Soc[k]rates, welcher auf eine satyirische doch bescheidene Art die allgemeinen Vorteile und Laster derer Menschen jeden wahrheitsliebenden wöchentlich vor Augen geleget (1727 bis 1728).
11 □ Zit. nach Peter de Mendelssohn: Zeitungsstadt Berlin. Menschen und Mächte in der Geschichte der deutschen Presse. Berlin: Ullstein 1959, Seite 29 f.
12 □ Siehe über Friedrich II. und die Presse, Ludwig Salomon: Geschichte des deutschen Zeitungswesens von den ersten Anfängen bis zur Wiederaufrichtung des deutschen Reiches, Bd. 1, 2.

Auflage. Oldenburg/Leipzig: Schulzesche Hof-Buchhandlung 1906, Seite 117 bis 132.
Siehe auch J. Levy: »Friedrich der Große und die Preßfreiheit«. In: Sonntagsbeilage der Vossischen Zeitung, Nr. 45, 1895 Sp. 3–5.
13 □ Zit. nach Gotthold Ephraim Lessing: Gesammelte Werke in zehn Bänden, hrsg. v. Paul Rilla, Bd. 9, Berlin (DDR): Aufbau-Verlag 1957, S. 327.
14 □ Zit. nach Martin Schmidt: Christentum und Kirche im frühen 19. Jahrhundert. In: Berlin und die Provinz Brandenburg im 19. und 20. Jahrhundert. Hrsg. von Hans Herzfeld unter Mitwirkung von Gerd Heinrich. Berlin: Walter de Gruyter 1968, Seite 427.
15 □ Zit. nach Otto Groth: Die Zeitung. Ein System der Zeitungskunde (Journalistik), Bd. 2. Mannheim/Berlin/Leipzig: J. Bensheimer 1929, Seite 34. Einzelheiten bei L. Salomon: Geschichte des deutschen Zeitungswesens . . . (Anm. 12), Bd. 3 (1906), Seite 241.
16 □ Zit. nach L. H. Fischer: Aus Berlins Vergangenheit. Gesammelte Aufsätze zur Kultur- und Literaturgeschichte Berlins. Berlin: L. Oehmigke 1891, Seite 78. Eine genauere Beschreibung erfolgt auf Seite 75 bis 79. Erwähnt sei hier noch der Titel Der Berliner hinkende Bote namens Tobias Redlich. Oder: Wer langsam geht, kommt auch (Berlin 1798, 1. Bd., 1 Stück).
17 □ Sphinx sowie Komus oder der Freund des Scherzes und der Laune sind erwähnt in: Joachim Kirchner: Bibliographie der Zeitschriften des deutschen Sprachgebietes bis 1900. Bd. 1. Stuttgart: Anton Hiersemann 1969, Nr. 6072 und 6107. Bereits 1789 führte ein Berliner Blatt den Titel Der Freund des Scherzes und der Laune. Das Vorwort war M[üchler) unterzeichnet.
August Friedrich Ernst Langbein (1757 bis 1835) war seit 1820 Zensor der »schönwissenschaftlichen« Schriften. Er war selbst ein fruchtbarer Schriftsteller: Sämtliche Schriften (31 Bände). Stuttgart: Scheible's Buchhandlung 1835–37; eine zweite Auflage erschien 1841 (16 Bände).
Karl Müchler (1763–1857) veröffentlichte in den vierziger Jahren des 19. Jahrhunderts Gedichte, Singspiele, Märchen und Novellen. 1817 erschien der erste und letzte Band der unterhaltenden Quartalschrift Der Kolobri; 1819 gab er unter dem Titel Momus ein Taschenbuch zur Aufheiterung heraus.
Julius von Voß (1768–1832) veröffentlichte Romane, Erzählungen, dramatische Spiele und zahlreiche Lustspiele. Am bekanntesten wurde seine »Neue Theaterposse nach dem Leben« Der Strahlower Fischzug [1822].
18 □ Am 18. Oktober 1817 fand mit Billigung des Großherzogs Karl August von Sachsen-Weimar auf der Wartburg eine Demonstration der Burschenschaften statt. Teilnehmer waren etwa 500 Studenten und mehrere Professoren. Mit der Forderung nach der Einheit Deutschlands verband sich die Erinnerung an das 300jährige Jubiläum der Reformation und an den Jahrestag der Völkerschlacht von Leipzig (1813). Im Anschluß an das Fest wurden symbolische Werte der Reaktion (Zöpfe, ein Korporalstock etc), aber auch der vollendeten Französischen Revolution (ein Code Napoléon) verbrannt.
19 □ Zit. nach Franz Schneider: Pressefreiheit und politische Öffentlichkeit. Studien zur politischen Geschichte Deutschland bis 1848. Neuwied am Rhein/Berlin: Luchterhand 1966, Seite 247.
20 □ Die zehn Paragraphen des in Karlsbad beschlossenen, ursprünglich provisorischen Pressegesetzes sind abgedruckt bei Kurt Koszyk: Deutsche Presse im 19. Jahrhundert. Geschichte der deutschen Presse. Teil II. Berlin: Colloquium 1966, Seite 55 bis 57.
Vgl. auch F. Schneider: Pressefreiheit und politische Öffentlichkeit (Anm. 19), Seite 243 bis 274, sowie allgemein: Frank Thomas Hoefer: Pressepolitik und Polizeistaat Metternichs. Die Überwachung von Presse und politischer Öffentlichkeit in Deutschland und den Nachbarstaaten durch das Mainzer Informationsbüro (1833–1848). München/New York/London/Paris: K. G. Saur 1983.
Siehe in diesem Zusammenhang auch Hans Adler (Hrsg.): Literarische Geheimberichte. Protokolle der Metternich-Agenten. 2 Bde. Köln: informationspresse-c. w. leske verlag 1977 und 1981.
21 □ Gesetz-Sammlung für die Königlichen Preußischen Staaten, Bd. 1819. Berlin: Königliches Gesetz-Sammlungs-Amt 1819, Seite 224 bis 232. Siehe auch Otto Groth: Die Zeitung (Anm. 15), Seite 96 bis 102.
Der 1810 entstandene, 1822 wiedereingeführte Zeitungsstempel war auf die politischen Zeitungen beschränkt.
22 □ Der Sittenroman Le diable boîteux (Der hinkende Teufel) erschien 1707.
Die beiden ersten Hefte des Hinkenden Teufels zu Berlin umfaßten jeweils 153 Seiten, die beiden folgenden 164 Seiten. Die programmatische Aussage ist zitiert nach Alfred Estermann: Die deutschen Literatur-Zeitschriften 1815–1850. Bibliographien-Programme-Autoren, Bd. 4. Nendeln: KTO Press 1977, Seite 245 bis 247.
Mitredakteur des Hinkenden Teufels zu Berlin war Moritz Gottlieb Saphir (s. Anm. 26). Kurzlebige Produkte jener Zeit waren ferner der von J. H. Friedrich herausgegebene Satyrische Zeitspiegel (7 Hefte, Berlin und Leipzig 1816/19) und die von Friedrich Wilhelm Gubitz herausgegebenen, bei Maurer verlegten Unterhaltungsblätter für Denk- und Lachlust Was mir einfiel! (Berlin 1816).

23 ☐ 1827 soll der Herausgeber der beiden Stadtzeitungen, Moritz Gottlieb Saphir, viertausend Taler eingenommen haben. Selbst wenn es sich um eine Übertreibung handelt, hat er für damalige Verhältnisse gut verdient. Siehe Joujoux: Humoristisch-Satirisches Lesecabinet, Bd. VI. Leipzig: Ph. Reclam jun. 1847, Seite 53 bis 55. Vgl. auch G. Sichelschmidt: Die Berliner und ihr Witz (Anm. 9), Seite 24: »In Ermangelung höherer geistiger Offenbarungen hatte man im Berliner Witz eine Goldader entdeckt und schlug dann auch gleich gehörig Kapital aus diesem Fund.«

24 ☐ 1826 und 1829 wurde die Berliner Schnellpost drei-, 1827 und 1828 viermal wöchentlich herausgegeben.

A. Estermann: Die deutschen Literatur-Zeitschriften, Bd. IV (Anm. 22), Seite 88 bis 91, hat die Ankündigung abgedruckt, aus der oben zitiert wurde. Unter den zahlreichen von Estermann aufgeführten Namen und Decknamen befindet sich auch der Herausgeber des Hinkenden Teufels zu Berlin, Freiherr von Biedenfeld.

Vgl. zur Berliner Schnellpost auch die Dissertation von Mary Lee Townsend: Language of the forbidden: Popular Humor in »Vormärz« Berlin, 1819–1848. Yale University 1984, Seite 18 bis 30.

25 ☐ Der Berliner Courier erschien bis Nr. 1178/1830. In der Literatur wird sein Eingehen oft irrtümlicherweise auf Ende 1829 datiert.

26 ☐ Vgl. zu Saphir folgende Biographien: Josef Ettlinger: Saphir. In: Sonntags-Beilage der Vossischen Zeitung, Nr. 5 vom 3. Februar 1895, Spalte 7 bis 11, Lothar Kahn: Moritz Gottlieb Saphir. Leo Baeck Institute Yearbook, Bd. XX (1975), Seite 247 bis 257, und A. Schlossar: »Moriz [!] Gottlieb Saphir«. In: Allgemeine Deutsche Biographie, Bd. XXX (Nachdruck von 1890). Berlin: Duncker und Humblot 1970, Seite 364 bis 369. Siehe auch folgende Anthologien: Moritz Gottlieb Saphir: Conditorei des Jokus oder scherzhafte Bonbons, Früchte und Confitüren für spaßliebende Näscher und lustige Leckermäuler: Eine Auswahl jokoser Aufsätze, Einfälle, Anekdoten und Witzspiele aus dem Berliner Courier und der Berliner Schnellpost. Leipzig: Carl Focke 1828, und Moritz Gottlieb Saphir: Mieder und Leier. Gedankenblitze aus dem Biedermeier. Feuilletons, Glossen, Kurzgeschichten, Aphorismen. Zur Erde geleitet, gebündelt und in gute Nachrede gebracht von Manfred Barthel. Olten/Freiburg: Walter-Verlag 1978. Vgl. die von der Autorin angefertigte Kurzbiographie am Ende des Buchs.

27 ☐ Zit. nach Jacob Toury: Die politischen Orientierungen der Juden in Deutschland. Von Jena bis Weimar. Tübingen: J. C. B. Mohr (Paul Siebeck) 1966, Seite 9.

Vgl. hierzu folgende Äußerung Paul Landaus: »Moritz G. Saphir ist zur repräsentativen Verkörperung des ›jüdischen Witzes‹ der Vormärzzeit geworden, weil er sie am krassesten und wirksamsten ausgebildet hat. Aber der Vater dieser Witzform, die im bunten Spiel mit Worten die heterogensten Dinge durcheinandermischt und die ewigen Widersprüche des Daseins in blitzartiger Beleuchtung miteinander vereinigt, ist Börne, während Heines Witz sich in die Sphären des Welthumors emporschwingt. Börne wirkte durch die schneidende Schärfe und logische Prägnanz des Ausdrucks, die dem tragischen Ursprung seines Judenschmerzes entstammten. Die echte und dämonische Größe dieses Witzes ist von Saphir zur glatten Routine erniedrigt, zur banalen und oft gemeinen Alltagsmünze ausgeprägt worden.«

Zit. nach Gesellschafts-Kultur. In: Juden im deutschen Kulturbereich. Ein Sammelwerk. Hrsg. von Siegmund Kaznelson, 3. Ausgabe mit Ergänzungen und Richtigstellungen. Berlin: Jüdischer Verlag 1962, Seite 896.

28 ☐ Der aus dem Französischen stammende Ausdruck Calembour[g] ist in Deutschland von 1787 bis 1845 nachgewiesen. Seit 1858 erscheint in Berlin dafür das Wort Kalauer, mit Anlehnung an den Namen der niederlausitzischen Stadt Kalau.

29 ☐ Zit. nach Berliner Schnellpost, Nr. 148 vom 12. 12. 1829, Seite 590.

30 ☐ Zit. nach Kölnische Zeitung, Nr. 618 vom 2. 9. 1924, Beilage, Artikel »Der Fall Saphir«.

Vgl. zuletzt zu den literarischen Fehden Saphirs Mary Lee Townsend: Language of the forbidden . . . (Anm. 24), Seite 21 bis 29.

Der Schauspieler und Bühnenautor Karl von Holtei (1798 bis 1880) berichtet in seinen Erinnerungen wie »Droschkenkutscher auf ihrem Bocke und Gemüseweiber vor ihren Körben« die Berliner Schnellpost gelesen haben. Vgl. Vierzig Jahre, Bd. IV. Berlin: Berliner Lesecabinet 1844, Seite 283.

31 ☐ Vgl. Kölnische Zeitung (Anm. 30). Vgl. zu Karl Gutzkow Teil I, Kapitel V (Anm. 74).

32 ☐ Zit. nach Ingrid Heinrich-Jost: Literarische Publizistik Adolf Glaßbrenners (1810–1876). Die List beim Schreiben der Wahrheit. München/New York/London/Paris: K. G. Saur 1980, Seite 34.

33 ☐ Vgl. zu Oettinger: Franz Schnorr von Carolsfeld: Eduard Maria Oettinger. In: Allgemeine Deutsche Biographie, Bd. XXIV, Neudruck von 1887. Berlin: Duncker und Humblot 1970, Seite 567 f., und Hugo Schramms Nekrolog in: Illustrirte Zeitung (Leipzig) vom 27. Juli 1872, Seite 63 f. Eine Oettinger-Kurzbiographie befindet sich am Ende dieses Buchs.

34 ☐ Kantschu: kurze, starke, aus Lederriemen geflochtene Peitsche mit kurzem Stiel, am Handgelenk

hängend getragen und in Rußland auch als Reitpeitsche gebräuchlich.
35 ☐ Vgl. Titelleiste.
36 ☐ Eulenspiegel's Testament (Nr. 229/1829) ist abgedruckt bei A. Estermann: Die deutschen Literatur-Zeitschriften, Bd. IV (Anm. 22), Seite 403 bis 405.
37 ☐ Zum Beispiel von Settembrinis Großvater in Thomas Manns Roman Der Zauberberg (Aufsteigende Angst. Von den beiden Großvätern und der Kahnfahrt im Zwielicht).
38 ☐ Louis Philippe war der Chef der jüngeren Linie des Herrscherhauses, Herzog von Orléans, Nachkomme des jüngeren Bruders Ludwigs XIV. und dessen Gemahlin Liselotte von der Pfalz. Er wurde am 7. August 1830 vom Parlament feierlich zum König der Franzosen ausgerufen und bestieg zwei Tage später den Thron.
39 ☐ Zit. nach L. Salomon: Geschichte des deutschen Zeitungswesens . . ., Bd. 3 (Anm. 12), Seite 323.
Vgl. zu den Unruhen, die vom 16. bis 21. September 1830 in Berlin stattgefunden haben, Karl Obermann: Deutschland von 1815 bis 1849 (Von der Gründung des deutschen Bundes bis zur bürgerlich-demokratischen Revolution). 4., überarbeitete Auflage. Berlin (DDR): VEB Deutscher Verlag der Wissenschaften 1976, Seite 86 f.
40 ☐ Vgl. F. Th. Hoefer: Pressepolitik und Polizeistaat Metternichs (Anm. 20), Seite 48.
Vgl. allgemein zum Hambacher Fest den anläßlich des 150. Jubiläums erschienenen Ausstellungskatalog 1832–1982. Hambacher Fest. Freiheit und Einheit. Deutschland und Europa. Hrsg. vom Kultusministerium Rheinland-Pfalz. Neustadt an der Weinstraße: D. Meininger Gmbh 1982.
41 ☐ Oettinger veröffentlichte das Dekret und die sich anschließende Korrespondenz in: Der confiscirte Eulenspiegel oder das Buch der Hundertundachtundzwanzig. Nebst Briefen an und von Friedrich Wilhelm III., König von Preußen, Bd. I und II. Hamburg: Hoffmann und Campe 1833.
Auszüge aus Oettingers Eulenspiegel (alle Folgen) finden sich bei A. Estermann: Die deutschen Literatur-Zeitschriften . . . (Anm. 22), Bd. 4, Seite 403 bis 407, sowie bei I. Heinrich-Jost: Literarische Publizistik . . . (Anm. 32), Seite 28 bis 32. In diesem Zusammenhang sei auch auf die ungenauen Angaben in Christian Gehrings Dissertation: Die Entwicklung des politischen Witzblattes in Deutschland. Leipzig: Edgar Herfurt & Co. 1927, Seite 27, hingewiesen.
42 ☐ Nach dem Tod Krauses übernahm mit Nr. 14/1846 C. O. Hoffmann die verantwortliche Redaktion. Nachfolger als Verleger wurde Ernst Litfass. Vgl. zu den zahlreichen Mitarbeitern, zu denen auch Theodor Fontane (Pseudonym Fontan) und David Kalisch gehörten: A. Esterman: Die deutschen Literatur-Zeitschriften . . . (Anm. 22), Bd. 4, Seite 414 bis 421. Estermann weist den Berliner Figaro bis 1848 nach. Das Internationale Zeitungsmuseum der Stadt Aachen besitzt jedoch ein Einzelexemplar vom 14. Februar 1850 (Nr. 36). Abonnieren konnte man sich auch im Ausland, und zwar in Paris, London, New York, St. Petersburg, Boston und Smyrna.
43 ☐ Zit. nach Jost Hermand (Nachwort, Seite 237) in: Adolf Glassbrenner [!]: Der politisierende Eckensteher. Stuttgart: Philipp Reclam jun. 1969. Der deutsch-amerikanische Berlinspezialist stellt mit Recht fest, daß Glaßbrenner beides ist, ein Humorist und ein politisch engagierter Vormärz-Journalist.
44 ☐ Zit. nach I. Heinrich-Jost: Literarische Publizistik . . . (Anm. 32), Seite 28.
45 ☐ Staatsarchiv Potsdam (Orangerie), Pr. Br. Rep. 30 Berlin C Polizei-Präsidium, Tit. 94, Nr. 10076, fol. 1 (Glaßbrenner-Akte: 1831–1867). I. Heinrich-Jost nennt irrtümlicherweise, indem sie sich auf Heinrich Hubert Houben (Verbotene Literatur von der klassischen Zeit bis zur Gegenwart. Ein kritisch-historisches Lexikon über verbotene Bücher, Zeitschriften und Theaterstücke, Schriftsteller und Verleger. Bd. 1. Dessau: Karl Rauch 1923 [Reprint Hildesheim] Seite 205) stützt, den 3. Oktober. Vgl. zu Adolf Glaßbrenner allgemein I. Heinrich-Jost: Literarische Publizistik . . . (Anm. 32), worin die reichhaltige (ältere Studien; BRD; DDR) Literatur aufgearbeitet ist; dieselbe: Adolf Glaßbrenner. Berlin: Stapp Verlag 1981 (Reihe Preußische Köpfe. Literatur), sowie die beiden Anthologien: Adolf Glaßbrenner: Unterrichtung der Nation. Ausgewählte Werke und Briefe in drei Bänden. Hrsg. von Horst Denkler, Bernd Balzer, Wilhelm Große, Ingrid Heinrich-Jost. Köln: informationspresse-c. w. leske verlag 1981, und Adolf Glaßbrenner: Welt im Guckkasten, 2 Bände. Hrsg. von Gert Ueding. Berlin: Ullstein 1985.
Besonders hervorzuheben ist das anläßlich des 100. Todestages Glaßbrenners erschienene, von Peter P. Rohrlach zusammengestellte 44. Sonderblatt der Berliner Stadtbibliothek (ehemals DDR) 1976. In diesem Sonderblatt der »Bibliographischen Kalenderblätter« veröffentlicht die Berliner Stadtbibliothek erstmals ein vollständiges Verzeichnis des in ihrem Besitz befindlichen Nachlasses des Schriftstellers. Er umfaßt etwa 1500 Werkmanuskripte, Briefe, Tagebuchaufzeichnungen, persönliche Papiere, Fotos und Bilder. Eine Kurzbiographie Glaßbrenners befindet sich am Ende des Buches.
46 ☐ Häufig falsch zitiert als »Bechthold und Hartje«. Das Blatt trug bis Nr. 104 vom 30. 9. 1832 den Vermerk: Redacteur A. Glaßbrenner. Gedruckt bei J. G. Brüschke. Ab Nr. 105 hieß es: Red. Ad. Glaßbrenner. Verleger: Bechtold und Hartje. Druck

J. G. Brüschke. Glaßbrenners Beiträge waren gezeichnet: Ad. Glaßbrenner, Ad.Gl., Brennglas, Br., A.B.

47 □ Vgl. I. Heinrich-Jost: Literarische Publizistik ... (Anm. 32), Seite 71. Die Autorin stützt sich auf das Berufsgruppenmodell, das Walter Hömberg für das Lesepublikum des Jungen Deutschland herausgearbeitet hat (im Bereich der Produktion und Literaturkritik Schriftsteller und Journalisten, auf dem Distributionssektor Buchhändler und Bibliothekare, ferner Universitätsprofessoren und Studierende, Schullehrer und Verwaltungsbeamte, Kaufleute und Gewerbetreibende).
Vgl. Zeitgeist und Ideenschmuggel. Die Kommunikationsstrategie des Jungen Deutschland. Phil. Diss. Salzburg 1973. Stuttgart: J. B. Metzler 1975, Seite 94 f.

48 □ Oettingers 1829 erschienener Berliner Eulenspiegel stand am Sonntag unter dem Motto »Central-Zeitungs-Bericht, eine Revue der Berliner Journale und ein allgemeines Federkriegsbülletin«.

49 □ Vgl. Staatsarchiv Potsdam (Anm. 45), fol. 7. Dem Beispiel Oettingers folgend, veröffentlichte Glaßbrenner die wichtigsten Artikel aus dem Berliner Don Quixote 1834 in dem bei Vetter & Rostosky (Leipzig) verlegten Band Aus den Papieren eines Hingerichteten, der bald wegen »politisch höchst anstößiger Stellen« verboten wurde. Vgl. H. H. Houben: Verbotene Literatur ... (Anm. 45), Seite 208.

50 □ Zit. nach Theodor Fontane: Briefe an Julius Rodenberg. Eine Dokumentation. Hrsg. von Hans-Heinrich Reuter. Berlin/Weimar: Aufbau-Verlag 1969, Seite 106.
Vgl. zu Glaßbrenners Beherrschung des Berliner Dialekts die Dissertation von Heinz Gebhardt: Glaßbrenners Berlinisch. Berlin: Verlag des Vereins für die Geschichte Berlins 1933.

51 □ 1981 erschien der vollständige Nachdruck aller Ausgaben von Buntes Berlin im Berliner Verlag arani. 1987 erfolgte im selben Verlag der Nachdruck der 30 Hefte von Berlin wie es ist und – trinkt (2 Bände).

52 □ Vgl. hierzu das wichtige Kapitel III (»Commercial Humor: Reading and Distribution») bei M. L. Townsend: Language of the forbidden (Anm. 24), Seite 84 bis 117.
In den dreißiger Jahren gab es in Berlin etwa 60 Buchläden, 30 bis 40 Leihbibliotheken und mehrere »Lesecafés«. 1845 wurden offiziell 38 Kolporteure gezählt, inoffiziell waren es zweifellos viel mehr. Aus den Polizeiberichten geht wiederholt hervor, für wie gefährlich die volkstümlichen, viel gelesenen und auch vorgelesenen Kommunikationsmittel gehalten wurden.
Vgl. allgemein zur Diskussion: Rolf Engelsing: Analphabetentum und Lektüre. Zur Sozialgeschichte des Lesens in Deutschland zwischen feudaler und industrieller Gesellschaft. Stuttgart: J. B. Metzler 1973, sowie Rudolf Schenda: Volk ohne Buch. Studien zur Sozialgeschichte der populären Lesestoffe 1770–1910. München: Deutscher Taschenbuchverlag 1977, und derselbe: Die Lesestoffe der Kleinen Leute. Studien zur populären Literatur im 19. und 20. Jahrhundert. Beck'sche Schwarze Reihe, Bd. CXLVI. München: C. H. Beck 1976.

53 □ Heinrich von Treitschke: Deutsche Geschichte im Neunzehnten Jahrhundert. Bd. 5, 5. Auflage. Leipzig: S. Hirzel 1908, Seite 382.

54 □ Seit der Herstellung von billigem Kartoffelschnaps (seit 1815) war der Alkoholgenuß in den unteren Bevölkerungsschichten weit verbreitet. Im Berlin schossen die »Schnapsbuden« an allen Ecken aus dem Boden. Vgl. hierzu die Dissertation von James S. Roberts: Drink, Temperance and the Working Class in 19th Century Germany (University of Iowa 1979), Seite 2 f. und 11 bis 17.

55 □ Vgl. zu Theodor Hosemann: Lothar Breiger: Theodor Hosemann: Der Maler des Berliner Volkes. München: Delphin 1920, Wolfram Geister: Druckgraphische Arbeiten von Theodor Hosemann. Berlin (West): Haus am Lützowplatz 1975, Irmgard Wirth: Theodor Hosemann: Maler und Illustrator im alten Berlin. Berlin (West): Berlin Museum 1967, und Hans Ludwig (Hrsg.): Theodor Hosemann. Berlin (West): Stapp 1980/Berlin (DDR): Eulenspiegelverlag 1986, sowie Ingeborg Becker (Hrsg.): Theodor Hosemann: Illustrator-Graphiker-Maler des Berliner Biedermeier. Wiesbaden: Dr. Ludwig Reichert Verlag 1983. Siehe auch die Hosemann-Kurzbiographie am Ende dieses Buchs.

56 □ Der 1823 aus Livland nach Berlin übergesiedelte Franz Burchard Dörbeck (1799 bis 1835) wurde als Lithograph und Kupferstecher durch seine Darstellung des Berliner Volkslebens, zum Beispiel die Serien Berliner Redensarten (1828) sowie Berliner Witze und Anecdoten (1828/29), sehr beliebt. Vgl. zu Dörbeck unter anderem Gustav Sichelschmidt: Franz Burchard Dörbeck: Die gute alte Zeit. Berlin (West): Rembrandt 1971, und Hans Ludwig (Hrsg.): Franz Burchard Dörbeck. Berlin (West): Stapp 1979/ Berlin (DDR): Eulenspiegel Verlag 1986.

57 □ Zit. nach Buntes Berlin. Heft 5 (Der ächte Eckensteher Nante). Berlin: Plahn'sche Buchhandlung 1838, Seite 5 (Vorwort).

58 □ In der zweiten Hälfte des 18. Jahrhunderts, das heißt seit den friderizianischen Kriegen zogen entlassene, oft kriegsverletzte Soldaten mit ihren Guckkästen durch das Land und waren auf den Jahrmärkten eine Attraktion. 1826 wurde dieser Beruf in Berlin literaturfähig; sogar in Christian Dietrich Grabbes berühmter Tragödie Napoleon oder Die hundert Tage (1831) tritt ein Guckkästner auf. 1834

schuf sich Glaßbrenner mit dem alsbald von anderen übernommenen Guckkästner eine Gestalt, die ihm in exemplarischer Weise »als politisches Sprachrohr und Identifikationsorgan zugleich« diente. Das Heft wurde in Preußen sofort verboten.
Vgl. zur Gestalt des Rentiers die Dissertation von Volkmar Steiner: Adolf Glaßbrenners Rentier Buffey: Zur Typologie des Kleinbürgers im Vormärz. Europäische Hochschulschriften. Reihe I. Deutsche Sprache und Litertur, Bd. DCXXXVIII. Frankfurt/Bern: Peter Lang 1983.
Vgl. zu beiden Gestalten die Einführung und Textauswahl in: Adolf Glaßbrenner: Unterrichtung der Nation . . . (Anm. 45), Band I, Seite 80 bis 276.

59 ☐ 1840 wurde der Beruf des »Eckenstehers« verboten, starb jedoch keineswegs aus. Am 20. 2. 1864 verglich die Berliner Gerichts-Zeitung die »Sonnenbrüder«, deren Einnahmen meist nur für eine Schlafstelle, Essen und Schnaps ausreichten, mit den »Lazzaronis« in Neapel. Mit den 1865 eingerichteten »Instituten der Dienstmänner« wurde dann eine polizeiliche Säuberung vorgenommen, die alle »unsauberen Elemente« ausschied.

60 ☐ Vgl. Erstes Heft der Reihe Berlin wie es ist und – trinkt, Seite 5 bis 10, und Buntes Berlin. Heft 5 (Anm. 57), Seite 7.

61 ☐ Der Berliner Korrespondent der von Karl Gutzkow mitherausgegebenen Frühlings-Zeitung für Deutschland Phoenix (Nr. 55 vom 5. März 1835) beschreibt das Königstädtische Theater wie folgt: »An solchen Possentagen . . . ist es das Eldorado liebenswürdiger Grisetten, junger Handlungsdiener und Juden, welche die untern Räume füllen. Der erste Rang zeigt die vornehmen jungen Herren, die von hier den Pöbel besehen und kleine Liebesabentheuer anknüpfen. Im zweiten Rang sitzen die Bürgerfamilien, Mann, Frau, Schwester, Gesellen, Kinder und Kindeskinder . . .
Im dritten aber tummeln sich die schnappsrothen Gesichter von Nante's Consorten, Lehrjungen, leichtfertige Dirnen, Bediente, Knechte, Mägde im Sonntagsstaat.«
Vor 1848 gab es in der Stadt außerdem (abgesehen von Liebhaberbühnen) nur noch das Königliche Schauspielhaus, in dem vor allem klassische Autoren gespielt wurden, und die Königliche Oper.
Das Königstädtische Theater war 1824 von Friedrich Cerf am Alexanderplatz eröffnet worden.

62 ☐ Neben Glaßbrenner benutzten Hilaris Dornbusch, Albert Hopf, Ludwig Lenz und Fr. Ed. Moll diese Figur. Eine Kurzanalyse der von Ludwig Lenz verfaßten Serie Nante Strumpfs hinterlassene Papiere (7 Hefte, 1838 bis 1842) und Nante auf der Berlin-Potsdamer Eisenbahn (5 Hefte, 1840 bis 1841) findet sich bei M. L. Townsend: Language of the forbidden . . . (Anm. 24), Seite 51 bis 54.
Vgl. zur Nante-Kontroverse Vally Tennigkeit: Een Mensch namens Nante: Zur Geschichte der Nante Darstellung. In: Jahrbuch für brandenburgische Landesgeschichte, Bd. XIX (1968), Seite 21 bis 44.

63 ☐ Das Heinezitat (betreffs Nante) stammt aus dem Gedicht »Die Menge tut es«. Dasselbe fand sich in Heines Nachlaß und wurde zum erstenmal veröffentlicht in dem Band Letzte Gedichte und Gedanken von H. Heine. Hamburg: Hoffmann und Campe 1869.

64 ☐ Zit. nach Alexander von Sternberg [d. i. Ungern-Sternberg]: Erinnerungsblätter aus der Biedermeierzeit. Hrsg. und eingeleitet von Joachim Kühn. Potsdam/Berlin: Kiepenheuer 1919, Seite 201.
Der Hofschauspieler Louis Schneider (1805 bis 1878), seit dem Sommer 1848 Vorleser des Königs, berichtet in seinen Memoiren, daß insbesondere Glaßbrenners »treffliche Berliniaden« die komischen Beiträge dargestellt hätten. Vgl. Aus meinem Leben, Bd. 2. Berlin: Mittler 1879, Seite 635.

65 ☐ Vgl. Heinz Gebhardt: »Glaßbrenner und Fontane«. In: Die Weltbühne, Jg. 71, Nr. 38 vom 21. 9. 1976, Seite 1215 (Berlin, DDR).
Theodor Fontane: Sämtliche Werke. Bd. XXI/1. München: Nymphenburger Verlagshandlung 1963, Seite 484 (Nante Strump als Erzieher. Von einem Berliner. Frei nach: »Rembrandt als Erzieher«.); Der Stechlin, Kapitel 33.

66 ☐ Vgl. Kurt Koszyk: Deutsche Presse . . . (Anm. 20), Seite 88.

67 ☐ Zit. nach F. Th. Hoefer: Pressepolitik und Polizeistaat Metternichs . . . (Anm. 20), Seite 107.

68 ☐ Verursacht wurde der Umschwung unter anderem durch das radikale Auftreten der am 1. Januar 1842 in Köln gegründeten Rheinischen Zeitung für Handel, Politik und Gewerbe unter der Chefredaktion von Karl Marx (seit Mitte Oktober). Ihr Verbot – die letzte Nummer erschien am 31. Oktober 1843 – gab zu mehreren Karikaturen Anlaß.
Vgl. hierzu Kurt Koszyk: Deutsche Karikatur im Vormärz und in der Märzrevolution 1848/49. In: Mittel und Motive der Karikatur in fünf Jahrhunderten. Bild als Waffe. Hrsg. von Gerhard Langemeyer, Gerd Unverfehrt, Herwig Guratzsch und Christoph Stölz. 2. Auflage, München: Prestel 1985, Seite 418 f.

69 ☐ Zit. nach Hans-Heinrich Reuter: Fontane. Bd. 1. München: Nymhenburger Verlagshandlung 1968, Seite 153.

70 ☐ 1845 erschienen die Berliner Wespen in zwanglosen Heften im Verlag Simion.
Der Jahrgang 1843 ist erhalten in der Berlin-Abteilung der Amerika-Gedenkbibliothek (Berlin/ West), in der Ratsbibliothek (Berlin, ehemals DDR) und in der Niedersächsischen Staats- und Universitätsbiblitothek Göttingen. Die Berliner Stecknadeln erschienen im Berliner Verlag Schepeler. Ein Exemplar befindet

sich im Landesarchiv Berlin. Feodor Wehl (1821 bis 1890; eigentlich zu Wehlen, seit 1879: von) war Publizist, Dramaturg und später Intendant des Stuttgarter Hoftheaters. 1848 mußte er wegen der »dramaturgischen Scenen« Der Teufel in Berlin (1845) in Magdeburg eine Festungshaft verbüßen. 1889 erschien sein heute noch kulturhistorisch interessantes Erinnerungswerk Zeit und Menschen. Tagebuch-Aufzeichnungen aus den Jahren 1868–84 (2 Bände).
Vgl. zu Wehl: Zentrales Staatsarchiv Merseburg, Tit. 2, Spec. Lit.W. Nr. 50 Acta betr: Die Censur und den Debit der von dem Schriftsteller Feodor Wehl in Berlin erscheinenden Zeitschriften und Werke. 1844–1847.
71 □ Puppenspiele wurden in einfachen Tabagien und anläßlich des Weihnachtsmarkts in vielen Hotels aufgeführt. Der ewige Jude (Le juif errant) war ein gegen die Jesuiten gerichteter Erfolgsroman des französischen Schriftstellers Eugène Sue (1804 bis 1857); die Berliner Pfennig-Blätter hatten noch im Erscheinungsjahr (1844) eine Übersetzung gebracht.
72 □ Vgl. zu dem spontanen Weberaufstand zwischen dem 3. und 6. Juni 1844: Lutz Kroneberg/ Rolf Schloesser: Weber-Revolte 1844. Eine Anthologie. Der schlesische Weberaufstand im Spiegel der zeitgenössischen Publizistik und Literatur. 3. Auflage. Köln: informationspresse-c. w. leske 1985. Vor dem Rosenthaler und Hamburger Tor, im sogenannten Voigtland, lebten in fünf »Familienhäusern« in insgesamt 420 Stuben rund 3200 Tagelöhner, Weber und verarmte Handwerker mit ihren Familien.
Ernst Dronke: Berlin. 2 Bde. Frankfurt am Main: Literarische Anstalt 1846. 1974 wurde von Rainer Nitsche ein Neudruck dieser heute noch vielzitierten Quelle für soziale Mißstände in Berlin herausgegeben (Darmstadt-Neuwied). Wesentlich harmloser als die Raketen war die von »Bruder Camäleon«, d. h. anonym herausgegebene Zeitschrift Champagner-Schaum, geschöpft und auf Flaschen gezogen für Freunde des Scherzes, die auch Beiträge von Saphir enthielt (1840).
73 □ Zitat aus Faust I, »Auerbachs Keller«, Vers 2092.
Zit. nach Verein der Habenichtse für sittliche Bildung der höhern Stände. Leipzig: Ignaz Jackowitz 1847, Seite 16. Mit dem Verein der Habenichtse ist der 1844 gegründete Verein der Handwerker gemeint.
74 □ Marx und Engels bezeichneten die Kartoffelkrankheit, die sich im Sommer 1845 »nicht nur in England und Irland, sondern auch auf dem Kontinent zeigte«, als das erste Symptom, daß die Wurzel der bestehenden Gesellschaft »faul« war. Infolge der Kartoffelfäule und zweier Mißernten (1845 und 1846) hatten sich die Kartoffelpreise vervierfacht, so daß die unentbehrlichen Lebensmittel mit den Arbeitslöhnen im größten Mißverhältnis standen.
In Berlin verdienten um die Mitte der vierziger Jahre des 19. Jahrhunderts, bei einer Mindestarbeitszeit von elf bis zwölf Stunden, ungelernte Arbeiter in den Fabriken im besten Fall 3 ½ bis 4 Taler (= 105 bis 120 Silbergroschen) pro Woche; der Lohn der Arbeiterinnen war wesentlich geringer. Er belief sich auf wöchentlich 15 bis 24 Silbergroschen. Vgl. K. Obermann: Deutschland von 1815 bis 1849. (Anm. 39), Seite 182 bis 184. Siehe zu dem Thema Berliner Arbeiterschaft und soziale Spannungen auch Wilhelm Treue: Wirtschafts- und Technikgeschichte Preußens. Berlin/ New York: Walter de Gruyter 1984, Seite 349 bis 352.
Spickaal und Knurrmagen sind die Helden der von Albert Hopf verfaßten Heftchen Die deutschen Auswanderer auf der Mosquito Küste, Spickaal als Beherrscher der Mosquito-Küste und die Emancipirten unter den Wilden sowie Spickaal auf der Berliner Kunst-Ausstellung im Jahre 1846. Alle drei Hefte erschienen 1846 im Verlag Egbert Bauer. Vgl. zu Hopf Mary Lee Townsend: Humor als Hochverrat. Albert Hopf und die Revolution 1848. Berlin: Edition Hentrich und Haus am Lützowplatz 1988. Ferner die Hopf-Kurzbiographie.
75 □ Am 21. April 1847 kam es infolge der unerhörten Verteuerung der Brot- und Kartoffelpreise auf dem Markt zu einem Aufstand der Konsumenten, das heißt zu Plünderungen von Kartoffelsäcken und Brottischen, später zu Bäcker- und Fleischerläden. Ausgelöst von Arbeiterfrauen, die an ihre hungrigen Kinder dachten, beteiligte sich in den folgenden Tagen auch Diebsgesindel an den mehrere Tage andauernden Krawallen.
Einzelheiten bei Dora Meyer: Das öffentliche Leben in Berlin im Jahr vor der Märzrevolution. Schriften des Vereins für die Geschichte Berlins. H. XLVI. Berlin: Verlag des Vereins für die Geschichte Berlins 1912, Seite 86 bis 94.
76 □ Das Gesetz vom 23. Juli 1847 vereinheitlichte die seit 1812 gültigen zweiundzwanzig verschiedenen Judenordnungen der einzelnen preußischen Gebietsteile. Es anerkannte in § 1 den Juden neben gleichen Pflichten auch gleiche Rechte mit den christlichen Untertanen. Allerdings wurden die Rechte durch zahlreiche Einzelbestimmungen eingeschränkt.
Vgl. hierzu Jacob Toury: Soziale und politische Geschichte der Juden in Deutschland 1847–1871. Schriftenreihe des Instituts für deutsche Geschichte, Universität Tel Aviv. Düsseldorf: Droste 1977, Seite 286 bis 288.
77 □ Zit. nach Der Erste Vereinigte Landtag in Berlin 1847. Hrsg. unter Aufsicht des Vorstehers des Central-Bureaus im Ministerium des Innern und des

Bureaus des Vereinigten Landtages Königlichen Kanzlei-Raths Eduard Bleich, Erster Theil. Berlin: Karl Reimasus 1847, Seite 22.

78 □ Friedrich Engels: Die Bewegungen von 1847. In: Karl Marx/Friedrich Engels: Werke, Bd. 4. Berlin (DDR): Dietz 1959, Seite 496.
Eine knappe Darstellung der Verhandlungen findet sich bei Veit Valentin: Geschichte der deutschen Revolution von 1848–1849, Bd. 1. Köln/Berlin: Kiepenheuer & Witsch 1977, Seite 61 bis 80.
Das sogenannte Abgeordnetenhaus setzte sich zusammen aus dem »Stand der Ritterschaft« (237), dem »Stand der Städte« (182) und dem »Stand der Landgemeinden« (124 Vertreter). Außerdem wurde dem Landtag die Herrenkurie vorangesetzt, die aus 70 Vertretern des »ersten Standes« – den Fürsten, Grafen und königlichen Prinzen – bestand; den 307 Vertretern des Adels standen also 306 Vertreter der übrigen »Stände« gegenüber.
In Preußen waren die Provinziallandtage infolge eines am 25. Juni 1823 erschienenen Gesetzes geschaffen worden.

79 □ Zit. nach Der Erste Vereinigte Landtag in Berlin 1847 (Anm. 77), Vierter Theil, Seite 2241.
Adolf von Thadden-Trieglaffs (1796 bis 1882) »Galgenrede« gegen das Preßgesetz, die »große Heiterkeit« hervorgerufen hatte, wurde auch separat gedruckt und verteilt.

80 □ Die von Otto Janke verlegte, bei Humblot & Comp. (J. Dräger) in Berlin gedruckte 32 Seiten starke Flugschrift wurde 1984 von der Adolf-Glaßbrenner-Gesellschaft Berlin (West) neu herausgegeben.
Vgl. zu Karl Ludwig *Ernst* Kossak (1814 bis 1880) A[rthur] Rutari [d. i. Arthur Levy]: Ernst Kossak. Eine Schilderung seines Lebens und seiner Werke. Berlin: R. Eckstein Nachf. 1884, und Ursula Ellermann: Ernst Kossak. Eine Darstellung seines Lebens und seiner kritischen Arbeit (Diss. Masch.), Münster 1947. Eine Kurzbiographie am Ende des Buchs.

81 □ Glaßbrenners Komischer Volkskalender 1846 erschien Anfang Dezember 1845 im Hamburger Verlags-Comptoir von Ludwig Lenz. Er enthielt neben dem traditionellen Kalenderinhalt aktuelle politisch-satirische Anspielungen und wurde das Vorbild für zahlreiche Nachahmungen. Er wechselte mehrmals den Verlag und erschien mit einer kurzen Unterbrechung bis 1867.
Vgl. I. Heinrich-Jost: Literarische Publizistik (Anm. 32), Seite 180 bis 211.
Vgl. allgemein zu dem seit dem 16. Jahrhundert bekannten Medium Kalender Ludwig Rohner: Kalendergeschichte und Kalender. Wiesbaden: Athenaion 1978.

82 □ Vgl. Anm. 52

83 □ Zit. nach: Karl Gutzkows ausgewählte Werke in zwölf Bänden, hrsg. von Heinrich Hubert Houben. Leipzig: Max Hesses Verlag 1908, Seite 24 (Das Kastanienwäldchen in Berlin, Bd. 12).
Vgl. zu dem bis 1878 existierenden Lese-Café Ernst Rowe: »Stehely & Comp.« In: Preußische Jahrbücher, Bd. 117, Berlin 1904, Seite 89 bis 106. Vgl. auch Dolf Kaiser, der vor allem auf das von dem Schweizer Konditor Johann Josty (1773 bis 1826) gegründete Café Josty eingeht: Graubündner Zuckerbäcker, Cafetiers und Brauer in Berlin vor dem Ersten Weltkrieg. In: Mitteilungen des Vereins für die Geschichte Berlins. 86. Jg. (1990). H. 1, Seite 252 bis 259.

84 □ Zit. nach Stephan Born: Erinnerungen eines Achtundvierzigers. Hrsg. und eingel. von Hans J. Schütz. Berlin/Bonn: J. H. W. Dietz Nachf. 1978, Seite 17.
Der Berliner Handwerkerverein war von dem liberalen Stadtsyndikus Hedemann gegründet worden. In dem Verein fanden belehrende Vorträge und Diskussionen statt. Es gab einen Männerchor, einen Kreis junger Poeten und eine Auswahl von etwa 80 Journalen. Der Verein wurde 1849 verboten und in der Neuen Ära (1858) wiederbegründet. Man kann in ihm einen Vorläufer der Volkshochschulen sehen.

85 □ Zit. nach V. Valentin: Geschichte der deutschen Revolution (Anm.78), Seite 88.
Die bis März 1849 existierende »Zeitungs-Halle« war der Präsenzbibliothek des Leipziger »Literarischen Museums« nachgebildet. Vgl. zu Gustav Julius und zu der im September 1846 gegründeten, seit Oktober regelmäßig erscheinenden, am 12. Dezember 1848 eingegangenen Berliner Zeitungs-Halle, zu der auch Theodor Fontane einige Beiträge geliefert hatte, erstmals ausführlicher Bodo Rollka: Die Belletristik in der Berliner Presse des 19. Jahrhunderts. Untersuchung zur Sozialisationsfunktion unterhaltender Beiträge in der Nachrichtenpresse. Berlin: Colloquium 1985, Kapitel IV und V, passim.

86 □ Zit. nach Arend Buchholtz: Die Berliner Litteratur von 1848. In: Zeitschrift für Bücherfreunde, 2. Jg., Bd. I, Bielefeld/Leipzig 1898/1899, Seite 134.

87 □ 1848 wurde später von konservativer Seite als das »tolle Jahr« bezeichnet.

88 □ Vgl. zu diesem ersten humoristisch-satirischen Presseorgan modernen Stils: Ursula E. Koch/Pierre Paul Sagave: Le Charivari. Die Geschichte einer Pariser Tageszeitung im Kampf um die Republik (1832–1882). Köln: informationspresse-c. w. leske verlag 1984. Kurzbiographien zu Honoré Daumier (1808 bis 1879), Paul Gavarni (1804 bis 1866) und J. J. Grandville (1803 bis 1847) auf Seite 391 bis 401.

89 □ Vgl. zu den politischen Witzblättern vor 1848 die allerdings nicht immer präzise Dissertation von

Chr. Gehring: Die Entwicklung des politischen Witzblattes (Anm. 41) Seite 42 bis 46.
90 ☐ Auerbachs Keller, Vers 2181 f.

Zu Teil I, Kapitel 2 (S. 57 – S. 130)

1 ☐ Zit. nach Friedrich Gerhard, 1. Strophe, Vers 1 bis 4. Das Gedicht ist mit der Anmerkung »Erstes zensurfreies Gedicht« 1848 als Flugblatt in Wien erschienen.
Vgl. Helmut Lamprecht (Hrsg.): Deutschland Deutschland. Politische Gedichte vom Vormärz bis zur Gegenwart. Bremen: Carl Schünemann 1969, Seite 96 f. und 587 (Anmerkung).
2 ☐ Zit. nach Adolf Streckfuß: Die März-Revolution in Berlin. Ein Augenzeuge erzählt. Hrsg. von Horst Denkler in Zusammenarbeit mit Irmgard Denkler. Köln: informationspresse-c. w. leske verlag 1983, Seite 43.
Nach dem Ende Juli 1835 (mit einer aus hundert miteinander verbundenen Flintenläufen bestehenden »Höllenmaschine«) von Joseph Fieschi auf den Bürgerkönig Louis Philippe verübten Attentat wurden am 9. September die »höllischen Gesetze« in Kraft gesetzt, welche die Pressefreiheit in Frankreich bis zur Februarrevolution 1848 drastisch beschränkten.
3 ☐ Vgl. Otto Groth: Die Zeitung. Ein System der Zeitungskunde (Journalistik). Bd. 2. Mannheim/Berlin/Leipzig: J. Bensheimer 1929, Seite 149. Am 2. April 1848 wurden dann die Karlsbader Beschlüsse offiziell aufgehoben.
4 ☐ Vgl. Karl d'Ester: Die Presse und ihre Leute im Spiegel der Dichtung. Eine Ernte aus drei Jahrhunderten. Würzburg: Konrad Triltsch 1941, Seite 113. Neben zahlreichen Einzelgedichten erschienen ganze Sammlungen von »Zensorliedern« und »Zensoriaden« mit stark satirischem Einschlag.
5 ☐ Zit. nach Adolf Wolff: Berliner Revolutions-Chronik. Darstellung der Berliner Bewegungen im Jahre 1848 nach politischen, socialen und literarischen Beziehungen, Bd. 1. Berlin: Gustav Hempel 1851, Seite 4 und 7.
6 ☐ Vgl. zu den »Zeltenversammlungen« vom 6. und 7. März 1848 A. Wolff: Berliner Revolutions-Chronik, Bd. 1 (Anm. 5), Seite 14 bis 30. Die »Zelten« waren einst, zur Zeit Friedrichs des Großen, »echte Nomadenzelte im Sandmeer von Berlin« beziehungsweise Holzhütten in Form eines Zeltes. Erst gegen Ende des 18. Jahrhunderts wurden die das Berliner Leben lange Zeit prägenden Ausflugslokale in Stein erbaut. Vgl. Bogdan Krieger: Berlin im Wandel der Zeiten. Berlin-Grunewald: Verlagsanstalt Hermann Klemm o. J. [1923], Seite 282. Die Bezeichnung »die Zelten« ist eine Abkürzung von »Platz an den Zelten« oder »Straße hinter den Zelten«.
7 ☐ Zit. nach Königlich privilegirte Berlinische Zeitung von Staats- und gelehrten Sachen (= Vossische Zeitung), Nr. 67 vom 20. März 1848, »Extrablatt der Freude«.
8 ☐ Vgl. hierzu A. Streckfuß: Die März-Revolution in Berlin (Anm. 2), Seite 57 bis 63, und Veit Valentin: Geschichte der deutschen Revolution von 1848–1849, Bd. 1, Köln/Berlin: Kiepenheuer & Witsch 1977, Seite 427 bis 431.
9 ☐ Zit. nach V. Valentin: Geschichte der deutschen Revolution, Bd. 1 (Anm. 8), Seite 434.
10 ☐ Vgl. zu den Barrikadenkämpfen und dem Sieg der Revolution A. Streckfuß: Die März-Revolution in Berlin (Anm. 2), Seite 68 bis 125, V. Valentin: Geschichte der deutschen Revolution, Bd. 1 (Anm. 8), Seite 434 bis 458, A. Wolff: Berliner Revolutions-Chronik, Bd. 1 (Anm. 5), Seite 126 bis 234, und Felix Rachfahl: Deutschland, König Friedrich Wilhelm IV. und die Berliner Märzrevolution. Halle: Max Niemeyer 1901, Seite 139 bis 273.
Siehe auch die 1973 von Walter Schmidt u. a. im Dietz Verlag (Berlin: DDR) herausgegebene Illustrierte Geschichte der deutschen Revolution 1848/49, die einen Barrikadenplan enthält sowie den Abdruck eines unvollständigen Verzeichnisses der während der Kämpfe in Berlin gefallenen Revolutionäre (Seite 91). Vgl. schließlich Die deutsche Revolution 1848/49 in Augenzeugenberichten. Hrsg. und eingeleitet von Hans Jessen. München: Deutscher Taschenbuch Verlag 1973, Seite 71 bis 93, und Revolutionsbriefe 1848/49, eingeleitet von Rolf Weber. Frankfurt: Röderberg 1973, Seite 67 bis 81.
11 ☐ Ein kurzer Geschichtsabriß der beiden nach ihren Verlegern benannten Zeitungen findet sich bei Ursula E. Koch: Berliner Presse und europäisches Geschehen 1871. Eine Untersuchung über die Rezeption der großen Ereignisse im ersten Halbjahr 1871 in den politischen Tageszeitungen der deutschen Reichshauptstadt. Berlin: Colloquium 1978, Seite 45 bis 49 und 55 bis 58.
12 ☐ Vgl. zu dieser bisher noch wenig untersuchten Berliner Zeitung, in der Fontanes erste journalistische Beiträge erschienen sind, Bodo Rollka: Die Belletristik in der Berliner Presse des 19. Jahrhunderts. Untersuchung zur Sozialisationsfunktion unterhaltender Beiträge in der Nachrichtenpresse. Berlin: Colloquium 1985, Kapitel 5, passim.
13 ☐ Vgl. Martin Henkel/Rolf Taubert: Die deutsche Presse 1848–1850. Eine Bibliographie. München/London/New York/Oxford/Paris: K. G. Saur 1986, Seite 226 bis 255. Durch diese Bibliographie sind bisherige Angaben zum Teil überholt. In bezug auf die 1848 bis 1850 in Berlin erschienenen Witzblätter enthält allerdings auch sie einige Ungenauigkeiten.
14 ☐ So unterscheidet Ruth-Esther Geiger 57 ver-

schiedene publizistische Typen. Vgl. Zeitschriften 1848 in Berlin. Die Zeitschrift als Medium bürgerlicher Öffentlichkeit und ihr erweiterter Funktionszusammenhang in den Berliner Revolutionsmonaten von 1848. Berlin: Klaus Guhl 1980 (Seite 70).

15 □ Nähere Angaben über Erscheinungsweise und Standort bei M. Henkel/R. Taubert: Die deutsche Presse 1848–1850 (Anm. 13).

16 □ Zit. nach I[sidor] Kastan: Berlin wie es war. 8.Aufl., Berlin: Mosse o. D. [1925], Seite 173.

17 □ Vgl. zur Entstehungsgeschichte der drei die Konterrevolution überlebenden Tageszeitungen (mit Belegstellen) U. E. Koch: Berliner Presse . . . (Anm. 11), Seite 63 bis 65, 70 bis 74 und 80 bis 82. Vgl. auch Ernst Drahn: Die Berliner Presse des Revolutionsjahres 1848. Eine kulturhistorische Schau der Preußischen Staatsbibliothek auf der »Pressa« (Köln 1928), Sonderdruck aus »Der Buch- und Zeitschriftenhandel«, Nr. 24 und 27, Jahrg. 1928, und Arend Buchholtz: Die Berliner Litteratur von 1848. In: Zeitschrift für Bücherfreunde, 2. Jg., 1. Bd., Bielefeld/Leipzig 1898/99, Seite 83 bis 88 und 133 bis 137.
Vgl. zur Weltanschauung Ernst Ludwig von Gerlachs (1795 bis 1877) und Hermann Wageners (1815 bis 1889) Hans-Joachim Schoeps: Das andere Preußen. Konservative Gestalten und Probleme im Zeitalter Friedrich Wilhelms IV., 3. Aufl.. Berlin: Haude & Spener 1964, Seite 11 bis 93 und 246 bis 268.

18 □ Zit. nach Kreuz-Zeitung, Nr. 6 vom 7. Juli 1848.

19 □ Zit nach R.-E. Geiger: Zeitschriften 1848 in Berlin (Anm. 14), Seite 144. Insgesamt entstanden im revolutionären Berlin circa 450 Clubs und Vereine. Die anschaulichste Schilderung dieser neuen Öffentlichkeit findet sich bei Robert Springer: Berlin's Strassen, Kneipen und Clubs im Jahre 1848. Berlin: Friedrich Gerhard 1850 (Reprint: Leipzig 1984). Vgl. auch die dreibändige Berliner Revolutions Chronik von A. Wolff (Anm. 5; 1851 bis 1854), passim.

20 □ Zit. nach Horst Denkler: Politik und Geschäft. Beobachtungen bei der Durchsicht populärer Flugblattreihen aus der Berliner Revolution 1848/49. In: Internationales Archiv für Sozialgeschichte der deutschen Literatur, Bd. 5. Tübingen 1980, Seite 94 bis 122, hier 98 f.

21 □ Die Lithographie (= Steindruck) war 1799 von Alois Senefelder erfunden worden und hatte sich um 1830 in Frankreich gegenüber dem Holzschnitt durchgesetzt. In der deutschen Buch- und Zeitschriften-Illustration erlebte der Holzschnitt in der zweiten Hälfte des 19. Jahrhunderts eine neue Blütezeit.

22 □ Vgl. hierzu Sigrid Weigel: Flugschriftenliteratur 1848 in Berlin. Geschichte und Öffentlichkeit einer volkstümlichen Gattung. Stuttgart: Metzler 1979, Seite 2 bis 4.
Bedeutende Flugblatt- (und Witzblatt-) Sammlungen gibt es in Berlin (West) in der Amerika-Gedenkbibliothek (ca. 2000 Titel), im Landesarchiv Berlin (Berliner Erinnerungsblätter aus dem Besitz des Prinzen Carl von Preußen) und im Geheimen Staatsarchiv (Sammlung Stein), in Berlin (ehemals DDR) in der Stadtbibliothek (Friedländersche Sammlung zur Geschichte der Bewegung von 1848: Restbestände) und in der Ratsbibliothek (Sammlung Klettke von Flugschriften und Maueranschlägen aus dem Jahr 1848/49 aus der Bibliothek des ehemaligen Preußischen Ministeriums des Innern), ferner im Institut für Zeitungsforschung (Dortmund) und schließlich in privater Hand (z. B. Sammlung Dr. Heinz Starkulla, Holzkirchen).

23 □ Zit. nach Beta [d. i. Heinrich Bettziech(e)]: Berlin und Potsdam. Ihre Vergangenheit, Gegenwart und Zukunft. München: J. Poppel und M. Kurz 1846 [Faksimile-Nachdruck Berlin: 1977], Seite 37. Der demokratische Publizist, Kulturhistoriker und Nationalökonom trat 1848 als Flugschriften-Autor auf. Vgl. zu Beta (1813 bis 1876) den Beitrag von Heinz Starkulla in Neue Deutsche Biographie, Bd. 2, Berlin: Duncker & Humblot 1955, Seite 184 f. Siehe auch die entsprechende Kurzbiographie am Ende des Buchs.

24 □ Vgl. die Analysen bei H. Denkler: Politik und Geschäft (Anm. 20), und S. Weigel: Flugschriftenliteratur 1848 in Berlin (Anm. 22), Seite 86, 152, 156, 158, 182, 200, 212 und 216. Siehe auch Cohnfeld-Kurzbiographie.

25 □ Vgl. zu Albert Hopf Mary Lee Townsend: Humor als Hochverrat. Albert Hopf und die Revolution 1848. Berlin: Edition Hentrich und Haus am Lützowplatz 1988. Siehe auch Hopf-Kurz-Biographie.

26 □ Vgl. hierzu H. Denkler: Politik und Geschäft (Anm. 20), Seite 112 bis 114.

27 □ Zit. nach E. Drahn: Die Berliner Presse des Revolutionsjahres 1848 (Anm. 17), Seite 11.

28 □ Vgl. zum Aspekt »Geschäft« den Aufsatz H. Denklers (Anm. 20).

29 □ Vgl. R.-E. Geiger: Zeitschriften 1848 in Berlin (Anm. 14), Seite 174.

30 □ Wie in Kapitel I gezeigt wurde, begann die Geschichte des deutschen politischen Witzblattes nicht in Berlin, sondern in Düsseldorf, Leipzig oder München.

31 □ S. Weigel (Anm. 22) weist mit Recht auf die Parteilichkeit der Drucker hin, die somit eine wichtige Funktion für die Unterstützung der demokratischen oder aber der konservativen Seite ausgeübt haben.

32 □ Zit. nach Richard Schmidt-Cabanis: Lose Ta-

gebuchblätter. Aus meinen Buchhändler-Wanderjahren. In: Beiträge zur Kulturgeschichte von Berlin. Festschrift zur Feier des fünfzigjährigen Bestehens der Korporation der Berliner Buchhändler. Berlin 1898, Seite 119.

33 □ Vgl. die Angaben (mit Standort) bei M. Henkel/R. Taubert: Die deutsche Presse 1848–1850 (Anm. 13); zusätzliche Standorte wurden von der Autorin aufgrund von Suchlisten ermittelt. Alfred Estermann geht auf folgende Organe näher ein: Berliner Charivari, Berliner Großmaul, Berliner Krakehler, Die ewige Lampe, Freie Blätter, Der Freischärler, Der neue Berliner Struwwelpeter, Der Satyr, Der Teufel in Berlin, Tante Voss mit dem Besen, Juchheirasasa! Die deutschen Literatur-Zeitschriften 1815–1850. Bd. 8. Nendeln: KTO Press 1978 (S. 194 f., 257–59, 286–93, 297–302, 312, 360, 398 f., 410 f., 475 f.).

34 □ Die Signatur Gl taucht in verschiedenen Witzblättern auf. Die Vermutung, daß sich hinter ihr Adolf Glaßbrenner verbirgt, dürfte allerdings kaum zutreffen.

35 □ Faust I, Vers 1538.
Der Titel war möglicherweise der 1845 erschienenen zweibändigen Anthologie Le Diable à Paris (Der Teufel in Paris) nachempfunden (Paris: J. Hetzel). Es handelt sich um ein Gemeinschaftswerk vieler Autoren und bekannter Illustratoren wie Gavarni, Bertall und anderen.
Es sei hier auch an die zwanglosen Hefte Der hinkende Teufel zu Berlin (1827/28; Teil I, Kapitel 1) erinnert. Die im Zeitungskopf erwähnte Jenny Lind (1820 bis 1887) war eine berühmte Opernsängerin; 1844 hatte sie in der für sie geschriebenen Rolle der Vielka in Giacomo Meyerbeers Feldlager in Schlesien Berlin erobert. 1848 trat sie in London auf.

36 □ Vgl. zur Inhaftierung von Hopf M. L. Townsend: Humor als Hochverrat (Anm. 25), Seite 121.

37 □ Joachim Kirchner erwähnt in seiner Bibliographie der Zeitschriften des deutschen Sprachgebietes bis 1900 (Bd. II, Stuttgart: Anton Hiersemann 1971, Seite 78, Nr. 7824) 60 Nummern. Eigene Nachforschungen konnten dagegen nur drei Ausgaben ausfindig machen.

38 □ Nr. 1 bis 12 der Ewigen Lampe waren nicht datiert. Der 15. April 1848 wird erwähnt in Nr. 1, 2. Jg. 1849, Seite 1.

39 □ In Berlin wurde die Ewige Lampe nacheinander von W. Moeser & Kühn, F. Zschiesche und J. Draeger gedruckt.

40 □ Zit. nach A. Streckfuß: Die März-Revolution in Berlin (Anm. 2), Seite 323 f. Im Oktober wurde Siechen die Konzession entzogen. Daraufhin übernahm er die in Rathausnähe gelegene »Alte Post«, wo sich alsbald ein neuer Kreis um ihn bildete. Vgl. auch Teil I, Kapitel 6 dieses Buchs.

41 □ Zit. nach A. Buchholtz: Die Berliner Litteratur von 1848 (Anm. 17), Seite 135.

42 □ Das Zitat stammt aus Alexander Meyer: Aus guter alter Zeit. Berliner Bilder und Erinnerungen. Stuttgart/Leipzig: Deutsche Verlags-Anstalt 1909, Seite 63. Siehe auch R. Springer: Berlin's Strassen, Kneipen und Clubs im Jahre 1848 (Anm. 19), Seite 154, A. Streckfuß: Die März-Revolution in Berlin (Anm. 2), Seite 324, und A. Wolff: Berliner Revolutions-Chronik (Anm. 5), Bd. 2, Seite 398: »In der Ewigen Lampe bemächtigte sich der erbitterte und rücksichtslose Spott seines Gegenstandes . . .« Weitere Mitarbeiter waren S. Avellis und wahrscheinlich der Chefredakteur der neu gegründeten National-Zeitung, Adolf Rutenberg.
Vgl. zu diesem satirischen Blatt auch den kurzen Aufsatz von Hugo Blümmer: Die ewige Lampe. Auch eine Jubiläumserinnerung an das »tolle Jahr«. In: Die Gegenwart, 28. Jg. (Berlin 1899), Bd. 55, Nr. 2, Seite 20 bis 22.

43 □ Zit. nach G. d'Encart: Berlin, zwei Jahre nach der Revolution. Ein Reisebild, geschrieben im Herbste des Jahres 1850. Hamburg: Volksbuchhandlung in St. Pauli 1851, Seite 47 und 49.

44 □ Ernst Wilhelm Hengstenberg (1802 bis 1869) war als unduldsamer Theologieprofessor an der Universität Berlin berüchtigt und als solcher eine häufige Zielscheibe des Spottes. Er war der Herausgeber der Evangelischen Kirchenzeitung (Berlin: 1827 bis 1930).

45 □ Zit. nach V. Valentin: Geschichte der deutschen Revolution von 1848–1849 (Anm. 8), Bd. 1, Seite 534.

46 □ Zitat aus Wilhelm Tell, IV, 2.

47 □ Der Konstitutionelle Katechismus, eine vierteilige Serie, erschien zuerst als Extrablatt des von Max Schaßler herausgegebenen und von A. Bartz verlegten »Blattes des Volks-Vereins für Arbeiter und Arbeitgeber« Die Volks-Stimme (6. 4. bis 23. 5. 1848). Das erste Kapitel ist abgedruckt bei A. Wolff: Berliner Revolutions-Chronik (Anm. 5), Bd. 2, Seite 392 f.

48 □ Vgl. die Analyse bei S. Weigel: Flugschriftenliteratur 1848 in Berlin (Anm. 22), Seite 143 und 169.

49 □ Vgl. hierzu Ingrid Heinrich-Jost: Literarische Publizistik Adolf Glaßbrenners (1810–1876). Die List beim Schreiben der Wahrheit. München/New York/London/Paris: K. G. Saur 1980, Seite 114. Der Vertrag zwischen der Verlagsbuchhandlung M. Simion und Glaßbrenner war am 24. März abgeschlossen worden.

50 □ Zit. nach Ingrid Heinrich-Jost: Adolf Glaßbrenner. Berlin: Stapp Verlag 1981, Seite 99.

51 □ Zit. nach V. Valentin: Geschichte der deutschen Revolution von 1848–1849 (Anm. 8), Bd. 1, Seite 49.

52 □ Beide Aufrufe Glaßbrenners sind abgedruckt bei A. Wolff: Berliner Revolutions-Chronik (Anm. 5), Bd. 2, Seite 117 und 257. Vgl. zu Glaßbrenners Stellungnahmen auch B. Rollka: Die Belletristik in der Berliner Presse des 19. Jahrhunderts (Anm. 12), Seite 221 bis 223.
53 □ Zit. nach Julius Stettenheim: Heitere Erinnerungen. Keine Biographie. Berlin: S. Fischer 1896, Seite 44.
54 □ Das zugleich antiklerikale und antireaktionäre Tierepos Neuer Reineke Fuchs erschien 1845 bei Carl B. Lorck in Leipzig und wurde sofort verboten. Dem Verleger war es allerdings gelungen, vor Inkrafttreten des Verbots die gesamte erste Auflage von 5000 Exemplaren zu verschicken. 1864 wurde das erfolgreiche Werk zum viertenmal aufgelegt.
55 □ Laut Verlagsvertrag mußte dem Verleger das Manuskript »acht Tage vor dem Tage des Erscheinens« vorliegen. Durch diese Auflage war Glaßbrenner seinen Konkurrenten gegenüber stark benachteiligt.
56 □ Vgl. V. Valentin: Geschichte der deutschen Revolution von 1848–1849 (Anm. 8), Bd. 1, Seite 534 f.
57 □ Zit. nach Fedor von Zobeltitz: Zur Geschichte des Kladderadatsch: In: Beiträge zur Kulturgeschichte von Berlin. Festschrift zur Feier des fünfzigjährigen Bestehens der Korporation der Berliner Buchhändler. Berlin 1898, Seite 180.
Vgl. zu der in der Friedrichstraße (und nicht am Alexanderplatz, wo sich lediglich eine Weinhandlung befand) gelegenen Weinstube Hippel Julius Bab: Die Berliner Bohème. Berlin/Leipzig: Hermann Seemann [1904], Seite 16 bis 20, und Henri Arvon: La Taverne Hippel, rendez-vous de l'intelligentsia berlinoise d'avant 1848. In: Revue d'Allemagne, Bd. XIV, Nr. 2, Strasbourg 1982, Seite 245 bis 251 (»Hommages à Pierre-Paul Sagave«).
Siehe auch Teil I, Kapitel 6 dieses Buchs.
58 □ Zit. nach Der Kladderadatsch und seine Leute (1848–1898). Ein Culturbild. Hrsg. von Rudolf Hofmann. Berlin: A. Hofmann & Comp. 1898, Seite 103 f.
Vgl. zur Entstehung des Kladderadatsch auch F. v. Zobeltitz: Zur Geschichte des Kladderadatsch (Anm. 57), Seite 180, und Rudolph Genée: Zeiten und Menschen. Erlebnisse und Meinungen. Berlin: Ernst Siegfried Mittler und Sohn 1897, Seite 98 f.
Vgl. zu diesem Berliner Weltwitzblatt die allerdings lückenhaften Monographien von Klaus Schulz: »Kladderadatsch«. Ein bürgerliches Witzblatt von der Märzrevolution bis zum Nationalsozialismus 1848 bis 1944. Bochumer Studien zur Publizistik- und Kommunikationswissenschaft, Bd. 2. Bochum: Studienverlag Dr. N. Brockmeyer 1975, sowie Kladderadatsch. Die Geschichte eines Berliner Witzblattes von 1848 bis ins Dritte Reich. Hrsg. von Ingrid Heinrich-Jost. Köln: informationspresse-c.w.leske verlag 1982.
Vgl. zu David Kalisch unter anderem Max Ring: David Kalisch, Der Vater des Kladderadatsch und Begründer der Berliner Posse. Ein Erinnerungs-Blatt. Berlin: Elwin Staude 1873, sowie – sehr ausführlich – K. Schulz: Kladderadatsch, Seite 27 bis 34. Vgl. neuerdings David Kalisch: Hunderttausend Taler. Altberliner Possen. Hrsg. v. Manfred Nöbel. Berlin: Haude & Spener 1988 (Lizenzausgabe); Seite 5 bis 72. Siehe auch Kalisch-Kurz-Biographie.
59 □ Friedrich Kluge: Etymologisches Wörterbuch der deutschen Sprache, 19. Auflage, bearbeitet von Walther Mitzka. Berlin: Walter de Gruyter & Co. 1963, Seite 372.
Glaßbrenner gebrauchte übrigens mit gleichen Lautgruppen Pladderadatsch und Kladderadatsch, um den Klang des Hinwerfens zu malen. Vgl. Agathe Lasch: »Berlinisch«. Eine berlinische Sprachgeschichte. Berlin: Reimar Hobbing o. J. [1928], Seite 182.
Vgl. allgemein Heinz Gebhardt: Glaßbrenners Berlinisch. Heft 54 der Schriften des Vereins für die Geschichte Berlins. Berlin: Verlag des Vereins für die Geschichte Berlins 1933.
60 □ Der Anekdotenjäger erschien erst in Leipzig, dann in Nordhausen von 1845 bis 1868.
Vgl. zur Geschichte des »Kladderadatsch«-Kopfes, der erst laut Vertrag vom 1. August 1850 alleiniges Eigentum des Verlegers Hofmann wurde, Der Kladderadatsch und seine Leute (Anm. 58), Seite 119 f.
61 □ Der Kladderadatsch und seine Leute (Anm. 58), Seite 118.
62 □ Ab Nr. 18 vom 16. April 1870 lautete der Untertitel Humoristisch-satirisches Wochenblatt.
63 □ Zit. nach Robert Springer: Berliner Prospecte und Physiognomieen. Ernste und heitere Culturbilder. Berlin: Dr. Langmann & Co. 1870, Seite 20 f.
64 □ Es handelte sich um die von Friedrich Wilhelm Gubitz herausgegebene Zeitschrift Der Gesellschafter oder: Blätter für Geist und Herz (1817 bis 1848) und um die halbamtliche Allgemeine Preußische Zeitung, die am 1. Mai durch den Königlich Preußischen Staats-Anzeiger ersetzt worden war.
65 □ Johann Albrecht Friedrich Eichhorn (1779 bis 1856) war seit 1840 Wirklicher Staatsminister und Minister für die Geistlichen, Unterrichts- und Medizinalangelegenheiten. Er war der Förderer aller kirchlichen Erneuerungsbestrebungen und des Einvernehmens mit den Katholiken. Nach Ausbruch der Revolution trat er zurück.
Die Rechtsanwälte Friedrich Hecker (1811 bis 1881) und Gustav von Struve (1805 bis 1870) waren die Führer der süddeutschen Republikaner. Nach dem mißglückten badischen Aufstandsversuch emigrier-

ten beide in die U.S.A.; dort nahmen sie an dem 1861 ausgebrochenen Sezessionskrieg zwischen dem Norden und den elf aus der Union ausgetretenen Südstaaten teil.
Gustav Julius war der Herausgeber der Berliner Zeitungs-Halle (1. 10. 1846 bis 12. 12. 1848).
Der französische Sozialist Louis Blanc (1811 bis 1882) war 1848 Mitglied der provisorischen Regierung und trat für die Errichtung staatlich unterstützter Arbeiterproduktivgenossenschaften ein.
Alphonse de Lamartine (1790 bis 1869) hatte als Dichter durch sein Erstlingswerk Méditations poétiques die französische Romantik nachhaltig beeinflußt. Im Februar 1848 wurde er zum Mitglied der provisorischen Regierung ernannt und darauf zum Minister des Auswärtigen. Als eigentlicher Schöpfer der Zweiten Republik war er eine Zeitlang der populärste Mann Frankreichs. Sein Einfluß schwand jedoch rasch. Nach dem Staatsstreich vom 2. 12. 1851 zog er sich völlig aus dem politischen Leben zurück.
Der demokratische Rechtsanwalt Alexandre Auguste Ledru Rollin (1807 bis 1874) war durch seine geschickt geführten politischen und Presse-Prozesse bekannt geworden. Im Februar 1848 wurde er Mitglied der provisorischen Regierung und Minister des Inneren. Nach den Junikämpfen trat er aus der Regierung aus.
Der Geschichtsschreiber und Literaturhistoriker Georg Gottfried Gervinus (1805 bis 1871), einer der 1837 wegen ihrer freiheitlichen Ansichten abgesetzten »Göttinger Sieben«, war seit 1844 Professor in Heidelberg und leitete dort 1847/48 die liberale Deutsche Zeitung. Vorübergehend saß er auch im Frankfurter Parlament.
66 ☐ Ludwig Karl Aegidi (1825 bis 1901) hatte 1848 – als Führer der Berliner Studentenschaft – beim Umzug Friedrich Wilhelms IV. durch das revolutionäre Berlin (21. März) – die schwarz-rot-goldene Fahne vorangetragen. Von 1871 bis 1877 war der Publizist und Staatsrechtslehrer Vortragender Rat in der politischen Abteilung des Auswärtigen Amts und erster Referent des Pressedezernats.
Das auf deutsch gesungene französische Revolutionslied rief alsbald eine »Anti-Marseillaise« hervor. Der Text des »Berliner Demokraten-Marsches« ist abgedruckt in A. Streckfuß: Die März-Revolution in Berlin (Anm. 2), Seite 703 f.
Siehe zu Rudolph Genée und den Zeichnern Adalbert Müller, Gustav Bartsch und Wilhelm Scholz die entsprechenden Kurzbiographien am Ende des Buchs.
67 ☐ Vgl. zu Ernst Dohm und Rudolf Löwenstein K. Schulz: »Kladderadatsch« (Anm. 58), Seite 25 bis 27, sowie die Kurzbiographien am Ende dieses Buchs.
Vgl. zu Ernst Dohm außerdem Paul Lindau: Ernst Dohm und der »Kladderadatsch«. In: Nord und Süd. Bd. 11, Breslau 1879, Seite 104 bis 126 (interessant ist der Abdruck wichtiger Beiträge aus dem Kladderadatsch), sowie neuerdings den von Heinz August redigierten Artikel in Neue Deutsche Biographie, Bd. 4, Berlin: Duncker & Humblot 1959, Seite 40 f. Bei der Urenkelin Dohms, der Züricher Journalistin und »Züri-Leu«-Kolumnistin Eva Maria Borer, befindet sich ein geringfügiger Nachlaß, darunter die Unterlagen für eine »Entschuldungs-Aktion« für Ernst Dohm aus dem Jahr 1877.
An dem am 26. Oktober 1848 in der preußischen Hauptstadt eröffneten Zweiten Congreß der Deutschen Demokraten nahm Ernst Dohm für den Volks-Club in Berlin, Rudolf Löwenstein für den Volks-Verein in Stralsund teil. Der Volks-Club hatte sich Anfang Mai 1848 von dem immer radikaler werdenden Politischen Club abgespalten.
68 ☐ Laut Paul Landau verkörperten Kalisch, Dohm und Löwenstein drei Stufen der Assimilation. So trat bei Kalisch »das Jüdische« am deutlichsten heraus, während Löwenstein »in der Eindeutschung« am weitesten fortgeschritten war. Die Mittelstellung hält Dohm, ein »klassich gebildeter, formvollendeter Geist mit weitem Blick und sicherem Feingefühl«.
Vgl. Gesellschafts-Kultur. In: Juden im deutschen Kulturbereich. Ein Sammelwerk. Hrsg. von Siegmund Kaznelson, 3. Ausgabe mit Ergänzungen und Richtigstellungen. Berlin: Jüdischer Verlag 1962, Seite 899.
Vgl. auch Jüdisches Lexikon. Ein enzyklopädisches Handbuch des jüdischen Wissens in vier Bänden. Begründet von Dr. Georg Herlitz u. Dr. Bruno Kirschner. Berlin: Jüdischer Verlag [1929], Seite 563: ». . . mit seinen viel aufgeführten Possen und Couplets hat Kalisch an der Ausprägung des Berliner Witzes einen entscheidenden Anteil. Denn sowohl die jüdische wie die französische Kolonie sind für das Entscheidende der Berliner Kultur von höchster Bedeutung gewesen und ihre Art der Geistigkeit hat sich mit dem zähen tüchtigen Märkertum erst zum eigentlich Berlinischen verbunden.«
69 ☐ Die drei Redakteure der seit dem 1. 12. 1832 erscheinenden illustrierten satirischen Pariser Tageszeitung Le Charivari, Michel Altaroche (1811 bis 1884), Louis Desnoyers (1802 bis 1868) und Albert Cler, nannten sich gern »die Staatsmänner des Charivari«.
Vgl. Ursula E. Koch/Piere-Paul Sagave: Le Charivari. Die Geschichte einer Pariser Tageszeitung im Kampf um die Republik (1832–1882). Köln: informationspresse-c.w. leske verlag 1984, Seite 19 f.
70 ☐ Zit. nach Kladderadatsch, Nr. 31 vom 28. 7. 1852.
In den Nummern 4 und 7 vom 28. 5. und 18. 6. 1848 nannten sich die beiden Barone plötzlich »Schnobelwitz« und »Knobelwitz«, kehrten aber ab Nr. 30

vom 26. 11. 1848 zu ihren ursprünglichen Namen zurück.

71 □ Zit. nach Bogdan Krieger: Berlin im Wandel der Zeiten (Anm. 6), Seite 219.
Vgl. auch Robert Springer: Berlin wird Weltstadt. Ernste und heitere Culturbilder. Berlin: Verlag der Hausfreund-Expedition (E. Graetz) o. D. [1868], Seite 183 f.: »Bei Kranzler sieht man die feine Welt, die sich von der Abgeschiedenheit der Rittergüter erholt; die Strudel- und Prudelwitze . . .«

72 □ Zit. nach Nr. 2 vom 22. 5. 1848.
Vgl. hierzu Thomas Nipperdey: Deutsche Geschichte 1800–1866. Bürgerwelt und starker Staat, 2. Auflage. München: C. H. Beck 1984, Seite 323 bis 326.

73 □ Neue Feuerbrände, Marginalien zu der Schrift: Vertraute Briefe über die innern Verhältnisse am Preußischen Hofe seit dem Tode Friedrichs II., Bd. 1 bis 6. Amsterdam/Coelln 1807–08.
Bereits 1803 hatte es einen Titel Feuerbrände gegeben.

74 □ Zit. nach Eduard Maria Oettinger: »Aufruf an die deutschen Journalisten.« In: Charivari, Leipzig, Nr. 301 vom 13. 4. 1848, Seite 4689.
Oettinger ruft seine Berufskollegen auf, »in allen Blättern, die uns zu Gebote stehen, in allen Gauen unsers von den Todten auferstandenen Vaterlandes den Wunsch, das Verlangen, die Forderung laut werden« zu lassen, die Überreste des auf dem Pariser Friedhof Père Lachaise beerdigten Ludwig Börne »im Triumphzuge« zurückzuholen. Denn: »Ihr Alle kennt, Ihr Alle liebt, Ihr Alle verehrt ihn als den ersten Heiligen der deutschen Presse, als den ersten Vorkämpfer ihrer und unserer Freiheit.«
Vgl. zu dem Publizisten und Schriftsteller Ludwig Börne (1786 bis 1837), der bis heute die Gemüter für oder gegen sich einnimmt, den von Alfred Estermann in Verbindung mit Walter Engel und Martin Herrchen hergestellten Katalog der Ausstellung »Ludwig Borne, 1786–1837«, Frankfurt: Buchhändler-Vereinigung GmbH 1986, sowie die 1987 im Kölner Verlag informationspresse-c. w. leske erschienene Ausgabe Ludwig Börne. Über das Schmollen der Weiber. Berliner Briefe an Jeanette Wohl und andere Schriften. Hrsg. und kommentiert von Willi Jasper. Konzeption und Redaktion Rolf Schloesser.

75 □ Beta (vgl. Anm. 23) hatte 1848 u. a. durch folgende Flugblätter die Aufmerksamkeit erregt: Sünden-Register der Preußischen Regierung seit der Revolution, das mit den Worten schloß: »Die Minister sind unfähig, die neue Zeit zu verstehen, geschweige sie zu leiten . . .«, und Der Kaiser von Rußland abgesetzt! Contre-Revolution in Paris! Der Papst heiratet! Landesarchiv Berlin, Rep. 240, Acc. 685, Nr. 202 und 270.

76 □ Drei Tage nach der Schlacht von Jena (14. 10. 1806) hatte der Minister Friedrich Wilhelm Graf von der Schulenburg-Kehnert folgenden Anschlagzettel an die Straßenecken Berlins heften lassen: »Der König [Friedrich Wilhelm III.] hat eine Bataille verloren. Jetzt ist Ruhe die erste Bürgerpflicht . . .« Angeregt durch diesen Maueranschlag gab der Schriftsteller Willibald Alexis (d. i. Wilhelm Haering; 1798 bis 1871) 1852 einem Roman den Titel Ruhe ist die erste Bürgerpflicht (Neue Ausgabe: Berlin 1968).

77 □ Zit. nach Nr. 21. vom 24. 8. 1848.

78 □ Nr. 1 bis 4 wurden von »Dr. Herr-weg« (Anspielung auf den Dichter Georg Herwegh) herausgegeben. Von Nr. 4 bis 31 gibt der Berliner Krakehler Höhe und Zahl seiner Auflagen an. 1984 erschien ein Nachdruck der 46 Nummern (18. 5. 1848 bis 23. 1. 1849) im Topos-Verlag, Vaduz, hrsg. von Alfred Estermann.

79 □ Zit. nach Die Märker und die Berliner und wie sich das Berlinertum entwickelte. In: Theodor Fontane: Sämtliche Werke, Bd. XIX. München: Nymphenburger Verlagshandlung 1969, Seite 754 f.

80 □ Vossische Zeitung vom 3. 4. 1848; Spenersche Zeitung v. 14. 4. 1848.

81 □ Vgl. hierzu S. Weigel: Flugschriftenliteratur 1848 in Berlin (Anm. 22), Seite 161 bis 164, und A. Wolff: Berliner Revolutions-Chronik (Anm. 5), Bd. 2, Seite 555 bis 558.

82 □ Die Einladung zur Gründung des Preußen-Vereins (17. bis 21. Mai 1848) ist abgedruckt bei A. Wolff: Berliner Revolutions-Chronik (Anm. 5), Seite 574 f. Vgl. auch A. Streckfuß: Die März-Revolution in Berlin (Anm. 2), Seite 316 bis 318.

83 □ Zit. nach A. Steckfuß: Die März-Revolution in Berlin (Anm. 2), Seite 336.

84 □ Vgl. hierzu B. Rollka: Die Belletristik in der Berliner Presse des 19. Jahrhunderts (Anm. 12), Seite 232 bis 235.

85 □ Vgl. zu den Denunziationen und Verhaftungen S. Weigel: Flugschriftenliteratur 1848 in Berlin (Anm. 22), Seite 164 bis 174.
Hopf spielt auf seine Untersuchungshaft in der 6. Sitzung der Serie Nante als National-Versammelter an. Nante warnt seinen Gesprächspartner Brenneke: »Rede nich so frei Brenneke, willst wohl ooch als Majestäts-Beleidiger nachen Molkenmarcht No. 3 spazieren?«
Cohnfeld war wegen seines Plakats Der Magistrat muß abdanken bei der Staatsanwaltschaft denunziert worden. Vgl. Berliner Krakehler, Nr. 18 vom 9. August 1848, »Trauer-Krakehl«.

86 □ In Berlin is immer noch der Deibel los wird bei R.-E. Geiger: Zeitschriften 1848 in Berlin (Anm. 14), Seite 230 zitiert. Der Standort konnte trotz Rückfrage nicht ermittelt werden.

87 ☐ Zit. nach R. Springer: Berlin's Strassen, Kneipen und Clubs (Anm. 19), Seite 145.
88 ☐ Der Text des »Prospectes« und der ersten Nummer ist sinngemäß identisch, obwohl er sich im Wortlaut leicht unterscheidet.
89 ☐ Die Lithographie ist abgebildet in: Theodor Hosemann. Illustrator-Graphiker-Maler des Berliner Biedermeier. Ausstellung der Staatsbibliothek Preußischer Kulturbesitz mit Beständen der Sammlung Wilfried Göpel 1. 6.–23. 7. 1983. Wiesbaden: Dr. Ludwig Reichert 1983, Seite 75.
90 ☐ S. Löwenherz, für den in Berlin drei verschiedene Adressen angegeben wurden, war 1848 der im Flugschriftengeschäft am stärksten engagierte Verlag.
91 ☐ Zit. nach R. Springer: Berlin's Strassen, Kneipen und Clubs im Jahre 1848 (Anm. 19), Seite 73 f. C. W. G. Müller ist als Bierwirt in New York gestorben.
92 ☐ Vgl. S. Weigel: Flugschriftenliteratur 1848 in Berlin (Anm. 22), Seite 185, und V. Valentin: Geschichte der deutschen Revolution von 1848–1849 (Anm. 8), Bd. 2, Seite 54.
93 ☐ Zit. nach R. Springer: Berlin's Strassen, Kneipen und Clubs im Jahre 1848 (Anm. 19), Seite 130, 132 und 180.
Das Flugblatt Die letzte Stehung des Linden-Klubs. Der Klub decretirt seine Auflösung befindet sich im Landesarchiv Berlin, Rep. 240, Acc. 685, Nr. 324. Ein »offenes Sendschreiben« und ein Flugblatt des »Lindenclubs«: Rep. 240, Acc. 99, Nr. 64 f.
94 ☐ Nr. 8 erschien am 9. Oktober, Nr. 9 am 4. Dezember 1848. 1986 kam im arani-Verlag (Berlin) ein von Paul Thiel herausgegebenes und eingeleitetes Reprint der Originalausgabe 1848 heraus. Interessant sind die Ausführungen über den 1813 geborenen Drucker Reichardt, die auf den im Zentralen Staatsarchiv Merseburg erhaltenen Akten beruhen (Seite III bis VII).
Wie schon in Vormärz-Zeitschriften üblich, so enthält auch das Berliner Großmaul zahlreiche fingierte Autoren-Namen, zum Beispiel Louis Schneider, den 1848 auf der Seite der Konservativen stehenden Hofschauspieler.
95 ☐ Nr. 9 vom 2. 7. 1848: »An die geehrten Leser«.
96 ☐ Vgl. die »Warnungen vor literarischem Diebstahl« in Nr. 7, 9 und 13 vom 18. 6., 2. und 30. 7. 1848.
97 ☐ Diese Ansicht vertritt R.-E. Geiger: Zeitschriften 1848 in Berlin (Anm. 14), Seite 189.
Illustrationen aus Kladderadatsch Nr. 4, 7, 10 v. 28. 5., 18. 6. und 9. 7. 1848.
98 ☐ 2. Strophe.
Vgl. zu den »Rehbergern« u. a. A. Streckfuß: Die März-Revolution in Berlin (Anm. 2), Seite 248 bis 251 und 272 f., sowie Pierre-Paul Sagave: Berlin und Frankreich 1685–1871. Berlin: Haude & Spener 1980, Seite 169 bis 172.
99 ☐ George Sand (1804 bis 1876) ist das Pseudonym für die französische Publizistin und Romanschriftstellerin Armantine-Aurore-Lucile Dupin, verehelichte, 1836 geschiedene Baronne de Dudevant, die zeitweise mit Alfred de Musset und Chopin zusammenlebte. Sie setzte sich – wie Louise Aston – für das Recht der Frau auf außereheliche Liebe ein. Vgl. zu Louise Aston: Germaine Goetzinger (Hrsg.): Für die Selbstverwirklichung der Frau, Louise Aston. In Selbstzeugnissen und Dokumenten. Frankfurt/Main: Fischer 1983.
Näheres über diese Publizistin in ihrer Kurzbiographie.
100 ☐ Vgl. zur Schleswig-Holsteinischen Frage unter anderen Th. Nipperdey: Deutsche Geschichte 1800–1866 (Anm. 72), Seite 312 und 624 bis 626, sowie V. Valentin: Geschichte der deutschen Revolution von 1848–1849 (Anm. 8), Bd. I, Seite 332 bis 337, 520 bis 523 und 546.
101 ☐ C[K]arl Fren[t]zel (1827 bis 1914) dürfte seine Laufbahn als freier Schriftsteller und Journalist als Mitherausgeber des Freischärlers begonnen haben. Für die Annahme, daß sich hinter den Initialen C. G. der produktive Schriftsteller C[K]arl Gutzkow (1811 bis 1878) verbirgt, spricht, daß Frenzel schon mit ihm befreundet war, bevor er von 1853 bis 1862 an Gutzkows Leipziger Wochenschrift Unterhaltungen am häuslichen Herd mitgearbeitet hat. Von 1862 bis 1908 leitete er dann das Feuilleton der National-Zeitung; von 1874 bis 1914 war er überdies Literatur- und Theaterkritiker der Deutschen Rundschau. Frenzel ist schließlich als Autor von Lustspielen, Novellen und Romanen hervorgetreten.
102 ☐ Zit. nach R.-E. Geiger: Zeitschriften 1848 in Berlin (Anm. 14), Seite 194.
103 ☐ Die Verordnung ist abgedruckt bei Walter Grab (Hrsg.): Die Revolution von 1848/49. Eine Dokumentation. München: Nymphenburger Verlags]handlung 1980, Seite 201 f. Cf. Landesarchiv Berlin, Rep 240, Acc. 685, Nr. 582.
104 ☐ Das Zitat stammt aus Berliner Krakehler, Nr. 17 vom 2. 8. 1848.
105 ☐ Die Verfassung ist abgedruckt bei W. Grab (Hrsg.): Die Revolution von 1848/49 (Anm. 103); Seite 209 bis 222.
106 ☐ Zit. nach Berliner Großmaul, Nr. 11 vom 25. 12. 1848.
107 ☐ Mitteilung in Nr. 54 (Dezember), daß »die Gewalt« nun auch die Freien Blätter »für Berlin und den Umkreis von 2 Meilen verboten« hat. Nachdem der Berliner Verlag M. Simion das Blatt nach der Verhängung des Belagerungszustandes aufgegeben hatte, war Nr. 45 im Verlags-Comptoir in Hamburg erschienen; die zehn letzten Nummern wurden von der Leipziger Verlagsdruckerei von Philipp Reclam junior übernommen. Schon seit August waren die

Freien Blätter bei B. G. Teubner in Leipzig gedruckt worden als Antwort Glaßbrenners auf den Berliner Druckerstreik.
108 ☐ Kladderadatsch, Nr. 18 vom 3. 9. 1848.
109 ☐ Sie wurde redigiert unter der Verantwortlichkeit der Verlagsbuchhandlung von Heinrich Brügmann, Drucker war E. Polg.
110 ☐ Das Illustrirte Familienblatt Die Gartenlaube erschien von 1853 bis 1932. 1860 durchbrach es erstmals die 100 000-Stück-Schranke und steigerte die Auflage 1866 auf 200 000 Exemplare. 1875 erreichte dieses Familienblatt mit einer Auflage von 382 000 Exemplaren seinen Höhepunkt; die Zahl der Leser dürfte sich damals Woche für Woche auf rund 5 Millionen belaufen haben.
Von 1933 bis 1943 wurde Die Gartenlaube als Neue Gartenlaube fortgesetzt.
111 ☐ Die bei Rudolf Ludwig Decker im August oder September 1848 gedruckte Flugschrift ist aufgenommen in: W[ilhelm] von Merckel: Zwanzig Gedichte. Berlin: Alexander Duncker 1850, Seite 58 bis 60, Zitat: Seite 60.
112 ☐ Vgl. hierzu A. Streckfuß: Die März-Revolution in Berlin (Anm. 2), Seite 571 bis 595.
Vgl. auch das Extra-Blatt der Preußischen Parlaments-Zeitung ». . . Es soll nur passiver Widerstand gegen den Beschluß der Krone geleistet werden.« (10. 11. 1848). Landesarchiv Berlin, Rep. 240, Acc. 685, Nr. 554, und den entsprechenden Aufruf der Stadtverordneten (12. 11.): Rep. 240, Acc. 395, Nr. 48.
113 ☐ Zit. nach Kladderadatsch, Nr. 4 vom 28. 1. 1849: »Ein offenes Wort an unsere Leser«.
Vgl. auch Der Kladderadatsch und seine Leute (Anm. 58), Seite 145 bis 147.
114 ☐ Hochinteressant sind in diesem Zusammenhang die zahlreichen Tagebuchnotizen Varnhagen von Enses, so zum Beispiel am 22. Mai 1849: »Man glaubte den ›Kladderadatsch‹ endlich bezwungen zu haben, da der Redakteur ausgewiesen worden. Siehe da! ein neues Stück erscheint, und beißender als je!« Zit. nach Tagebücher, Bd. VI. Leipzig: Brockhaus 1862, Seite 183. Vgl. auch Seite 14, 74, 86 f., 130, 169, 262, 345, 425 und 468.
Weitere Hinweise in Band V und VII.
115 ☐ Der schwäbische Literaturwissenschaftler und Poet Ludwig Uhland dichtete am 4. Februar 1814: »Vorwärts heißt ein Feldmarschall, / Vorwärts, tapfre Streiter all! / Vorwärts!« (Schlußverse des Gedichts »Vorwärts!«). Der als Student in Tübingen mit Uhland befreundete Justinus Kerner schrieb 1818: »Vorwärts! vorwärts! hat geheißen / Blüchers mächt'ger Schlachtgesang. / Rückwärts, rückwärts! dans sind Weisen / Wohl aus Herzen irr' und krank.« Zit. nach Spruchwörterbuch von Franz Freiherrn von Lipperheide (Hrsg.), 8., unveränderter Abdruck. Berlin: Haude & Spener 1976, Seite 953. »Marschall Vorwärts«, das heißt Gebhard Leberecht Fürst Blücher von Wahlstatt (seit 1814; 1742 bis 1819) war der volkstümlichste Feldherr der Freiheitskriege, auch bei den Russen und Engländern.
Preußen's Deutsch-Demokratie machte bei sechs Kladderadatsch-Ausgaben Anleihen (Nr. 4, 10, 14, 15, 21 und 28/1848).
116 ☐ Zit. nach Buddelmeyer-Zeitung, Nr. 64 vom 8. 11. 1849.
117 ☐ Weitere längere Beiträge stammten von Leopold Arends (L. A.), dem Begründer eines stenographischen Systems, Dr. Kobitz und Alexander Levette.
118 ☐ Nr. 53 vom 1. 10. 1849.
119 ☐ Zit. nach Nr. 41 vom 20. 8. 1849.
Vgl. auch Nr. 8 vom 26. 4 und Nr. 58 vom 18. 10. 1849.
120 ☐ Die in einem berlinisch-französischen Kauderwelsch abgefaßte Korrespondenz zwischen »Monsieur Boudelmeyère« und »Louis« begann am 17. 9. 1849 (Nr. 3).
121 ☐ Vgl. Buddelmeyer-Zeitung, Nr. 23 vom 18. 6. 1849.
Siehe allgemein zu Goedsches Tätigkeit Paul Alfred Merbach: Der »Zuschauer« der »Kreuz-Zeitung«, in: Neue Preußische (Kreuz-)Zeitung, Nr. 152 vom 1. 4. 1923 (Sonntagsblatt).
122 ☐ Die Einzelnummer kostete 1 ½ Silbergroschen; der vierteljährliche Abonnementspreis sollte 18 Silbergroschen (mit Botenlohn 20 Sgr.) betragen.
123 ☐ Zit. nach Nr. 1 vom 18. 7. 1849.
Altes Testament, Kapitel 24, Vers 29, Sprüche Salomonis.
Anzunehmenderweise hat Fontanes Freund Wilhelm von Merckel (1803 bis 1861) den Titel des konservativen Witzblattes in seinem Gedicht »Wrangel« verwendet, dessen Strophen jeweils mit dem Refrain enden: »Jucheirassassa! Die Preußen sind da!«
Zit. nach W. von Merckel: Zwanzig Gedichte (Anm. 111), Seite 64 bis 67.
Vgl. zu Adami die entsprechende Kurz-Biographie.
124 ☐ Zit. nach Extra-Blatt des Kladderadatsch vom 30. 7. 1849.

Zu Teil I, Kapitel 3 (S. 131 – S. 161)

1 ☐ Zit. nach der sofort unterdrückten Carnevals-Zeitung, Nr. 1 vom 14. 1. 1849.
2 ☐ Vgl. Die Verfassungsurkunde für den Preußischen Staat, 7. Aufl. Berlin: Guttentag 1911, Seite 140.
3 ☐ Der Pistolenschuß war von dem als Invalide entlassenen ehemaligen Sergeant der Garde-Artillerie Sefeloge abgegeben worden.
4 ☐ Handschreiben an seinen Onkel, den preußi-

schen Ministerpräsidenten Friedrich Graf von Brandenburg (1792 bis 1850), vom 4. 6. 1850.
Vgl. Geheimes Staatsarchiv Preußischer Kulturbesitz Berlin (West), Rep. 90, Bd. 2409, fol. 90.
5 □ Die Kaution war am 6. April 1848 aufgehoben worden.
6 □ Für mehr als dreimal wöchentlich erschienene politische Zeitungen betrug die Kaution in Berlin 5000 Taler.
Vgl. Ergänzungs-Verordnung zur Presse-Verordnung vom 30. Juni 1849, datiert vom 5. 6. 1850: Geheimes Staatsarchiv Preußischer Kulturbesitz Berlin (West), Rep. 90, Bd. 2409, fol. 93.
7 □ Vgl. Staatsarchiv Potsdam (Orangerie), Pr. Br. Rep. 30 Berlin C Polizei Präsidium, Tit. 95, Sect. 2, Nr. 14495, fol. 6 f.
Die seit 1849 von Ernst Keil (1816 bis 1878) in Leipzig herausgegebene Deutsche Reichsbremse, ein Beiblatt des Leuchtthurms, erhielt am 25. 6. Debitverbot, das von Eduard Kauffer redigierte Leipziger Reibeisen! am 3. 7. und Die Hornisse am 20. 7. 1850.
8 □ Humoristisch-satyrischer Volks-Kalender des Kladderadatsch für das Jahr 1851, hrsg. von David Kalisch. Berlin: Hofmann u. Comp. 1851, Seite 85.
9 □ Vgl. hierzu Kurt Koszyk: Deutsche Presse im 19. Jahrhundert. Geschichte der deutschen Presse, Teil II. Berlin: Colloquium 1966, Seite 122.
Vgl. zum vollständigen Text Gesetz-Sammlung für die Königlichen Preußischen Staaten, Jahrgang 1851 (Nr. 3392).
10 □ Das Verbot des fliegenden Straßenhandels wurde in Kriegszeiten durchbrochen und seit den siebziger Jahren allmählich gelockert.
11 □ Zit. nach K. Koszyk: Deutsche Presse im 19. Jahrhundert (Anm. 9), Seite 122.
Schon vorher, am 27. September 1851, war die Staatsanwaltschaft durch einen Beschluß des Staatsministeriums aufgefordert worden, im Fall eines gerichtlichen Freispruchs Berufung einzulegen und bis zur definitiven Entscheidung der höheren Instanz die Beschlagnahme aufrechtzuerhalten.
Vgl. Geheimes Staatsarchiv, Rep. 90, Bd. 2409, fol. 250.
12 □ Bereits am 10. Juli 1851 war die bis 1918 in Kraft bleibende Theaterzensur eingeführt worden.
13 □ Georg Elkan: Die preußische Zeitungssteuer. Ein Beitrag zur Geschichte der Pressepolitik unter Benutzung von Akten Bismarcks und der preußischen Ministerien. Jena: Gustav Fischer 1922, Seite 18.
14 □ Vgl. hierzu auch den Berliner Journalisten Hans Wachenhusen (Anm. 43), der 1864 in dem von ihm herausgegebenen Illustrirten Familienblatt Der Hausfreund schrieb: »Seht Euch die Straßen von Wien, von Paris, von London an, und seht dagegen die von Berlin! Warum geht's so sittsam, so ernst, so verdrießlich bei uns her? Weil die hohe Polizei das öffentliche Leben durch Verbote aller Art unterbindet, weil sie den Straßenhandel untersagt, weil sie verbietet, daß irgend Jemand es wage, mir eine Schachtel Zündhölzer oder ein Zeitungsblatt auf der Straße feil zu bieten . . .« (Seite 42).
15 □ Zit. nach Staatsarchiv Potsdam (Orangerie), Pr. Br. Rep. 30 Berlin C Polizei Präsidium, Tit 94, Nr. 12 128, fol. 324.
Der in liberalen Kreisen verhaßte Innenminister Ferdinand Otto Wilhelm von Westphalen (1799 bis 1876) wurde im Oktober 1858 von Prinz Wilhelm beim Antritt seiner Regentschaft entlassen.
Karl Ludwig Friedrich von Hinckeldey (1805 bis 1856) war seit dem 14. 11. 1848, also seit den Anfängen des Belagerungszustands, Polizeipräsident von Berlin. Ihm verdankte Berlin seine Berufsfeuerwehr und seine neuzeitliche Straßenreinigung sowie ein großstädtisches Wasserwerk. Als Leiter der Polizei – 1853 wurde er zum Polizeidirektor und 1855 zum Dirigenten der Abteilung für Polizei im Ministerium des Innern befördert – hatte er dauernd Konflikte nicht nur mit politischen Gegnern des Regimes, sondern auch mit konservativen Kreisen. Als er einen adligen Spielklub ausgehoben hatte, wurde er im Duell erschossen.
16 □ Zit. Nach Strafgesetzbuch für die Preußischen Staaten nebst dem Gesetze über die Einführung desselben. 2. amtliche Ausgabe. Berlin: Albert Nauck und Comp. 1856, Seite 51.
17 □ Näheres bei K. Koszyk: Deutsche Presse im 19. Jahrhundert (Anm. 9), Seite 120.
18 □ Am 4. Juni 1851 war der Geheime Legationsrat bei der Bundestagsgesandtschaft, Otto von Bismarck-Schönhausen (1815 bis 1898), mit der Leitung der neu eingerichteten »Preßstation« in Frankfurt am Main betraut worden. Vgl. hierzu Kurt Wappler: Regierung und Presse in Preußen. Geschichte der amtlichen preußischen Pressestellen 1848–1862. Leipzig: Universitätsverlag von Robert Noske 1935, Seite 42 bis 49.
Gleichwohl muß hier gesagt werden, daß Bismarck in den Jahren 1852 bis 1854 – im Gegensatz zu seinem österreichischen Kollegen, dem Bundespräsidialgesandten Graf Prokesch von Osten – die völlige Aufhebung der Pressefreiheit nicht befürwortet hat. Siehe Irene Fischer-Frauendienst: Bismarcks Pressepolitik. Münster: C. J. Fahle GmbH. 1963, Seite 14 f.
19 □ Zit. nach Humoristisch-satyrischer Volks-Kalender des Kladderadatsch für das Jahr 1852, hrsg. von David Kalisch. Berlin: Hofmann u. Comp. 1852 (Januar, »Goldene Sprüche«).
20 □ Vgl. Teil I, Kapitel 2, Abbildung 70.
21 □ Gedruckt wurde die Ewige Lampe nunmehr in der Buchdruckerei der Reform. Der Verlag

Leopold Lassar übernahm sie in Kommission.
22 □ Das Vorbild der auch in deutschen Witzblättern beliebten »Gardinenpredigten« waren die »Curton lectures« der Mrs. Candle aus dem seit 1841 erscheinenden Londoner Punch.
23 □ Vgl. Staatsarchiv Potsdam (Orangerie), Pr. Br. Rep. 30 Berlin C Polizei Präsidium, Tit. 95, Sect. 2, Nr. 14 521, fol. 15.
Es handelte sich um Nr. 25 vom 25. 3. 1852. Außerdem wurden die Ausgaben vom 14. 4. und 29. 5. 1851 sowie vom 18. 5. 1852 beschlagnahmt.
24 □ Vgl. die »Todesanzeige« im Kladderadatsch, Nr. 2 vom 9. 1. 1853. Das Blatt ist jedoch nachgewiesen bis Nr. 22 vom 15. 3. 1853.
Siehe zu den feindlichen Äußerungen der Neuen Preußischen [Kreuz-]Zeitung die Nummern 48 und 105 vom 28. 2. und 9. 5. 1850.
Die Auflagenziffer ist angegeben bei G. Elkan: Die Preußische Zeitungssteuer (Anm. 13), Seite 31. Mitte Mai 1852 betrug die Auflage der Buddelmeyer-Zeitung 1600, im dritten Quartal dagegen nur noch 1200 Exemplare.
Vgl. Staatsarchiv Potsdam, Pr. Br. Rep. 30 Berlin C Polizei Präsidium, Tit. 95, Sect. 4, Nr. 14 768, fol. 32, und G. Elkan: Die preußische Zeitungssteuer (Anm. 13), Seite 31.
Adalbert Cohnfeld betätigte sich nun unter seinem Pseudonym Aujust Buddelmeyer als Berliner Korrespondent der Leipziger Wochenschrift Illustrirter Dorfbarbier. Ein Blatt für gemüthliche Leute: Rubrik Scheerbeutel, Berliner Barbier-Stube oder Briefe von Aujust Buddelmeyer.
Das überwiegend Prosatexte enthaltende Blatt erschien im Verlag von Ernst Keil.
25 □ Am 15. November 1848 beschloß die preußische Nationalversammlung, der am 8. gebildeten neuen Regierung Brandenburg die Berechtigung abzusprechen, Steuern zu erheben. Bevor jedoch die zweite Lesung des Steuerverweigerungsbeschlusses durchgeführt werden konnte, wurde die Versammlung mit Gewalt zur Auflösung gezwungen.
Während der Steuerverweigerungsbeschluß an vielen Orten, namentlich im Rheinland in die Wege geleitet wurde, erklärte die Frankfurter Nationalversammlung denselben in ihrer Sitzung vom 20. November mit 275 gegen 150 Stimmen für »null und nichtig«.
Vgl. hierzu Einheit und Freiheit. Die deutsche Geschichte von 1815 bis 1849 in zeitgenössichen Dokumenten dargestellt und eingeleitet von Karl Obermann. Berlin (DDR): Dietz 1950, Seite 620 und 656 bis 664.
26 □ Abdruck eines Gedichtes (»Der fremde Gast«) in Buddelmeyer-Zeitung, Nr. 21 vom 14. 3. 1850.
27 □ Zit. bei Joachim Kirchner (Hrsg.): Bibliographie der Zeitschriften des deutschen Sprachgebietes bis 1900, Bd. II. Stuttgart: Anton Hiersemann 1971, Seite 299, Nr. 11 216.
28 □ Zit. bei J. Kirchner (Hrsg.): Bibliographie der Zeitschriften . . ., Bd. II (Anm. 27), Seite 299, Nr. 11 216.
Das vierteljährliche Abonnement für 13 Nummern kostete 16 Silbergroschen, die Einzelnummer 1 ½ Silbergroschen.
Einzusehen ist die in der Amerika-Gedenkbibliothek aufbewahrte Probe-Nummer (Sammlung 1848, Mappe 40, unsortiert).
29 □ Vgl. hierzu Mary Lee Townsend: Humor als Hochverrat. Albert Hopf und die Revolution 1848. Berlin: Edition Hentrich und Haus am Lützowplatz 1988, Seite 113 bis 123.
30 □ Ebenda.
31 □ Staatsarchiv Potsdam (Orangerie), Pr. Br. Rep. 30 Berlin C Polizei Präsidium, Nr. 14 499, fol. 188 bis 191.
32 □ Humor als Hochverrat, Seite 12.
Die ersten vier Bände kamen im Selbstverlag des Verfassers heraus; Jahrgang 5 erschien bei A. Fandel, Jg. 6 bei G. A. Hoevel, Jg. 7 bei F. Harth & Co.
33 □ Zit. nach Horst Denkler: Politik und Geschäft. Beobachtungen bei der Durchsicht populärer Flugblattreihen aus der Berliner Revolution 1848/49. In: Internationales Archiv für Sozialgeschichte der deutschen Literatur, Bd. 5. Tübingen 1980, Seite 122, Abb. 4.
34 □ Zit. nach Nr. 19 vom 25. 4. 1858.
35 □ Vgl. Der Kladderadatsch und seine Leute (1848–1898). Ein Culturbild, hrsg. von Rudolf Hofmann. Berlin: A. Hofmann & Comp. 1898, Seite 126.
Die »Illustrirten Rückblicke« erschienen erstmals in Nr. 14 und 15 vom 30. 3. 1856.
»Karlchen Mießnick« (Schreibweise auch Mießnik oder Miesnik) tauchte erstmals in Nr. 50 vom 14. 12. 1851 auf, damals noch als Oberquintaner. Sein Hauptbriefpartner war – über die Jahrhundertwende hinaus – Adolar von Stint.
Die Idee, nicht allein das preußische Schulwesen, sondern kulturelle und politische Streitfragen aus der Sicht eines »Schülers« darzustellen, wurde von den zahlreichen Nachahmern des Kladderadatsch als satirisches Stilmittel aufgegriffen.
Vgl. zur Gestalt des Karlchen Mießnick Helmuth Rogge: Fingierte Briefe als Mittel politischer Satire. München: C. H. Beck 1966, Seite 171 f.
36 □ Zit. nach Sylvester-& Neujahrszeitung in Art des Kladderadatsch 1854, Seite 3.
Der aus Frankfurt am Main eingewanderte Finanzmann Jakob (James) de Rothschild (1792 bis 1868) wird bei Balzac durch seinen auffallenden frankfurterisch-jüdischen Akzent gekennzeichnet. In der Tat konnte der wirkliche Rothschild das Französische

nie korrekt aussprechen, obwohl er von 1811 bis zu seinem Tod, das heißt von seinem 20. Lebensjahr an in Paris gelebt hatte.
Auch Zwickauer wurde alsbald nachgeahmt, zum Beispiel von dem Hamburger Witzblatt Mephistopheles (1847 bis 1852).
37 ☐ Der seit dem 17. Juli 1841 (bis heute) erscheinende Londoner Punch gab seit Oktober 1841 einen Almanach heraus, der seine Popularität entscheidend erhöht hatte.
Auch sein Pariser Vorbild, die 1832 gegründete Tageszeitung Le Charivari, warb Abonnenten mit Hilfe von Alben und Almanachen.
38 ☐ Die 1852 begonnene Reihe Classiker des In- und Auslandes war zu außerordentlich billigen Preisen auf den Markt gebracht worden.
Der Humoristisch-satyrische Volkskalender des Kladderadatsch (später wechselnde Titel) ist bis 1887, das heißt bis zum Ausscheiden des letzten »Gelehrten« der »alten Garde«, Rudolf Löwenstein, durchgehend erschienen. Der letzte feststellbare Jahrgang stammt aus dem Jahr 1901. Er befindet sich in der Düsseldorfer Landesbibliothek.
39 ☐ Vgl. die Aufzählung der Titel sowie die entsprechende Kommentierung bei Klaus Schulz: »Kladderadatsch«. Ein bürgerliches Witzblatt von der Märzrevolution bis zum Nationalsozialismus 1848–1944. Bochum: Studienverlag Dr. N. Brockmeyer 1975, Seite 173 bis 175.
Die »Reisebibliothek« war kennzeichnend für das angebrochene Eisenbahn-Zeitalter. So erschienen zum Beispiel in London Punch's Handbooks for travellers, die 1856 bereits elf Titel umfaßten und als Modell gedient haben dürften.
40 ☐ Zit. nach G. Elkan: Die preußische Zeitungssteuer (Anm. 13), Seite 36.
41 ☐ Im dritten Quartal 1853 soll die Auflage laut Eigenwerbung 3000 Exemplare betragen haben.
Die Berliner Montags-Post erschien vom 1. 1. 1855 bis Ende 1868 in der Verlagsdruckerei Ernst Kühn. Sie war 4 Seiten stark (26,3 × 37 cm; 3 Spalten) und kostete vierteljährlich 22 Sgr. 6 Pf, außerhalb Berlins 23 Silbergroschen. Das Blatt brachte telegraphische Depeschen, eine Wochen-Übersicht oder einen Wochen-Rückblick, die neuesten Nachrichten, ausführliche literarische Beiträge und Theaterkritiken sowie eine »Berliner Wochenschau«, einen »Vergnügungsanzeiger«, Börsennotizen und Anzeigen.
Julius Stettenheim nannte in seinen Erinnerungen die Berliner Montags-Post die »Lieblingslektüre Berlins, einzig in ihrer Art«; die Theaterkritiken Kossaks, »damals der Alleinherrscher des Feuilletons«, bildeten »den Schrecken der Bühnenangehörigen und eine Delikatesse für das Publikum«. Zit. nach Heitere Erinnerungen. Keine Biographie. Berlin: S. Fischer 1896, Seite 86 f.
42 ☐ Die Jugendzeitschrift Puck erschien im Verlag Janke und brachte neu erfundene unterhaltende Spiele, ferner Gedichte und Erzählungen.
43 ☐ Der Offizierssohn Hans Wachenhusen (1822 bis 1898), ein gelernter Buchhändler, bereiste die skandinavischen Länder, Rußland, Amerika und Westeuropa. Als Kriegskorrespondent schrieb er über die europäischen Feldzüge, als Reiseschriftsteller berichtete er häufig aus Frankreich. Viele Beiträge erschienen zuerst in dem Wochenblatt Der Hausfreund, das er bis 1873 leitete. Wachenhusen verfaßte auch zahlreiche Erzählungen und Romane. Haber, Löwenstein, Stettenheim und Trojan lieferten für den Hausfreund Beiträge.
Vgl. auch Hans Wachenhusen: Aus Bewegtem Leben. Erinnerungen aus dreißig Kriegs- und Friedensjahren. Straßburg: Straßburger Druckerei und Verlagsanstalt 1890.
44 ☐ Vgl. Kladderadatsch, Nr. 56 vom 3. 12. 1854 und Nr. 50/51 vom 31. 10. 1858.
45 ☐ Zit. nach Nr. 53 vom 13. 11. 1859: »An Master Punch«.
Die letzten beiden Verse lehnen sich an Schillers Don Carlos (1787) an, wo es im Text heißt: »Arm in Arm mit dir,//So fordr' ich mein Jahrhundert in die Schranken« (Akt I, Szene 3, 9).
46 ☐ Zit. nach Buddelmeyer-Zeitung, Nr. 64 vom 8. 11. 1849.
Hierzu gehört auch die Rubrik »Jüdischer Kalender« in den Humoristisch-satyrischen Volkskalendern, in der neben Hirsch, Itzig und Veitel auch wiederholt Zwickauer auftritt.
47 ☐ Auf diesen Aspekt der jüdischen Selbstironie und, mittels der Satire, Selbstverteidigung ist in bezug auf den »alten Kladderadatsch« besonders hinzuweisen.
48 ☐ Die Allegorischen Personen erschienen als ein Anhang zu Karl Wilhelm Ramlers kurzgefaßter Mythologie (Erstausgabe 1788).
49 ☐ ER, auch LOUIS genannt, war überdies eine unerschöpfliche Quelle für die Spottlust der Berliner Possenschriftsteller und Coupletdichter.
Vgl. I[sidor] Kastan: Berlin wie es war. 8. Auflage. Berlin: Rudolf Mosse o. J. [1925], Seite 257.
50 ☐ Zit. nach Der Kladderadatsch und seine Leute (Anm. 35), Seite 170. Von einer »Verödung« der Karikatur in den 50er Jahren, wie Christian Gehring festzustellen glaubt (Die Entwicklung des politischen Witzblattes in Deutschland. Leipzig: Edgar Herfurt & Co. 1927, Seite 59) kann zumindest im Fall des Kladderadatsch keine Rede sein.
51 ☐ Vgl. zu Cohnfeld, Hopf, Kossak, Scholz, Genée, Constantin von Grimm, Herbert König, Ludwig Löffler und Carl August Reinhardt die entsprechenden Kurzbiographien am Ende des Buchs.
Der gebürtige Kölner Albert Wolff (1835 bis 1891)

lebte seit 1857 in Paris. Hier war er Mitarbeiter der satirischen Zeitung Le Charivari, bevor er als Theaterkritiker und Chronist des Figaro Karriere machte. Wolff war auch einige Zeit Sekretär des Schriftstellers Alexandre Dumas der Ältere und schrieb mehrere Theaterstücke.

52 ☐ Zum Beispiel Kladderadatsch, Nr. 54 vom 26. 3. 1854.

53 ☐ Diese Angaben finden sich bei Kurt Wappler: Regierung und Presse in Preußen. Geschichte der amtlichen preußischen Pressestellen 1848–1862. Leipzig: Robert Noske 1935, Seite 63.

54 ☐ Zit. nach Ludwig Salomon: Geschichte des deutschen Zeitungswesens von den ersten Anfängen bis zur Wiederaufrichtung des Deutschen Reiches, 3. Bd. Oldenburg/Leipzig: Schulzesche Hof-Buchhandlung 1906, Seite 661.

55 ☐ Zit. nach Thomas Mann: Gesammelte Werke in dreizehn Bänden, 2. Aufl., Bd. XI, Frankfurt/Main: Fischer 1974, Seite 472.

56 ☐ So schreibt z. B. der konservative Parteiführer Moritz von Blanckenburg (1815 bis 1888) am 18. Dezember 1870 an seinen Onkel, den Kriegsminister Albrecht von Roon (1803 bis 1879): »›National-Zeitung‹ und ›Kladderadatsch‹ putschen nicht schlecht...« Zit. nach: Deutsche Revue, 16. Jg., Bd. 3. Breslau 1891, Seite 135.
In Fontanes in der Bismarckzeit spielendem Roman Effi Briest las sowohl die ältere als auch die jüngere Generation – neben anderen Witzblättern – den Kladderadatsch.
Daß das Berliner Witzblatt »im Volksleben« Eingang gefunden hatte, geht aus mehreren Polizeiberichten hervor.

57 ☐ Der Brief ist datiert »Petersburg 14 Mai 59«. Das Original befindet sich im Staatsarchiv Preußischer Kulturbesitz Berlin (West), Rep. 90 B, Nr. 372; das Faksimile ist abgedruckt in Bismarck-Album des Kladderadatsch (hier: 6. Auflage, Berlin: A. Hofmann & Comp. 1890, Anhang III).
Siehe auch Otto Fürst von Bismarck: Die gesammelten Werke, Friedrichsruher Ausgabe, Bd. 14 (»Briefe«). Berlin: Deutsche Verlags-Gesellschaft m.b.H. 1933, Seite 522.
In der Fürstlich Hohenzollernschen Hofbibliothek wurde der Kladderadatsch laufend bezogen, was annehmen läßt, »daß diese Zeitschrift nicht nur für die Bibliothek, sondern auch zur Ansicht für die Herrschaften vorlag« (Brief an die Autorin vom 8. 2. 1977). Die Beispiele ließen sich beliebig fortsetzen. Als aufschlußreich sei hier nur noch vermerkt, daß der Staatsmann und Diplomat Friedrich Ferdinand Graf von Beust (1809 bis 1886) in seinen 1887 erschienenen Erinnerungen und Aufzeichnungen das Berliner Witzblatt als »Beweis« für seine Ausführungen zitiert. Vgl. Aus Drei Viertel-Jahrhunderten, Bd. 1. Stuttgart: Cotta, Seite 144 und 203.
Vgl. allgemein zur typischen Kladderadatsch-Leserschaft Harry Barthel: Der Kladderadatsch im Kampf um die Sozial- und Wirtschaftsordnung des Bismarckschen Reiches, Bd. 1. München 1951 (Masch. Diss.), Seite 67 f.

58 ☐ Konfisziert wurden zum Beispiel Nr. 3 vom 19. 1. 1850 (Motiv: Verspottung der revidierten preußischen Verfassung), die Sylvester- und Neujahrs-Zeitung in Art des Kladderadatsch für 1852 mit Ausfällen gegen LOUIS, ferner Nr. 20 vom 16. 5. 1852 und Nr. 52/53 vom 13. 11. 1853.

59 ☐ Vgl. Staatsarchiv Potsdam (Orangerie), Pr. Br. Rep. 30 Berlin C Polizei Präsidium, Tit. 95, Sect. 4, Nr. 14 768: Acta des Königlichen Polizei-Präsidii zu Berlin betreffend die Wochenschrift Kladderadatsch 1850–1870, passim.

60 ☐ Vgl. Der Kladderadatsch und seine Leute (Anm. 35), Seite 149 f.

61 ☐ 1852 wurde der Kladderadatsch außerdem im Kurfürstentum Hessen »wegen fortgesetzter der Staatsregierung feindseliger Tendenz« sowie in Polen verboten. Ebenda.
Vgl. zum Verhältnis des Kladderadatsch zur Staatsgewalt auch K. Schulz: »Kladderadatsch« (Anm. 39), Seite 93 bis 95 und 97. Schulz stützt sich jedoch lediglich auf Sekundärquellen; wie sehr die Behörden gerade auf die »Tendenz« des Kladderadatsch in den 50er Jahren geachtet haben, kommt bei seinen Ausführungen etwas zu kurz.

62 ☐ Vgl. zu diesen Erwägungen Staatsarchiv Potsdam (Anm. 59), fol. 80 bis 83, 96, 111, sowie Zentrales Staatsarchiv Merseburg. Ministerium des Innern. II. Abteilung. Acta betr. die in Berlin unter dem Namen »Kladderadatsch« erscheinende Wochenschrift vom 9. Mai 1851 bis 27. Mai 1898. Rep. 77, Tit. 54a, Nr. 15, fol. 6: Hier beklagt der Berliner Polizeipräsident von Hinckeldey in einem Schreiben vom 25. Mai 1852 »unendlich«, daß das Staatsministerium von der »so ungemein wirksamen Maßregel der Postdebitentziehung« Abstand genommen habe.

63 ☐ Vgl. die von Marc Thuret der Universität Paris X – Nanterre vorgelegte und von dieser angenommene Dissertation Frédéric-Guillaume IV, Louis Schneider et le Tunnel sur la Spree, 3 Bde, Man. (1984), passim.

64 ☐ Vgl. Der Kladderadatsch und seine Leute (Anm. 35), Seite 139.

65 ☐ Vgl. Staatsarchiv Potsdam (Anm. 59), fol. 28 bis 31 und 78.

66 ☐ Vgl. Staatsarchiv Potsdam (Anm. 59), fol. 1 bis 130, und Zentrales Staatsarchiv Merseburg (Anm. 62), fol. 8, 12 bis 14, 52, 57 bis 65.

67 ☐ Vgl. die Briefe des preußischen Innenmini-

sters Ferdinand Otto Wilhelm von Westphalen vom 22. 5. 1852 und 13. 7. 1857. Staatsarchiv Potsdam (Anm. 59), fol. 81, 95 und 118.
68 □ Brief des preußischen Innenministers vom 26. 3. 1858. Zentrales Staatsarchiv Merseburg (Anm. 62), fol. 58 f. Der in der Jubiliäumsschrift Der Kladderadatsch und seine Leute (Anm. 35) abgedruckte Brief ist irrtümlicherweise auf den 26. 4. 1858 datiert (Seite 163 f.).
69 □ Vgl. Anm. 68.
70 □ So wurde z. B. am 3. und 4. Oktober 1853 den Verlegern beziehungsweise Redakteuren der liberalen Vossischen und Volks-Zeitung sowie des konservativen Preußischen Wochenblattes wegen ihrer antirussischen Haltung im Krimkrieg mit Konzessionsentzug gedroht.
Vgl. K. Schulz: »Kladderadatsch« (Anm. 39), Seite 94.
Vgl. zu den Vorwürfen gegen den Kladderadatsch: Staatsarchiv Potsdam (Anm. 59), fol. 78, 91, 94, 111, 114, 120, 122, und Zentrales Staatsarchiv Merseburg (Anm. 62), fol. 12 bis 14, 57 bis 61.
71 □ Der beanstandete Text ist abgedruckt bei K. Schulz: »Kladderadatsch« (Anm. 39), Seite 97; er erschien in Nr. 53 vom 15. 11. 1857.
72 □ Zit. nach Humoristisch-satyrischer Volks-Kalender des Kladderadatsch für das Jahr 1853, hrsg. von David Kalisch. Berlin: Hofmann & Co. 1853, Seite 55.
73 □ Zit. nach J. Stettenheim: Heitere Erinnerungen (Anm. 41), Seite 43.
74 □ Zit. nach Ingrid Heinrich-Jost: Literarische Publizistik Adolf Glaßbrenners (1810–1876). Die List beim Schreiben der Wahrheit. München/New York/London/Paris: K. G. Saur 1980, Seite 145. Der Brief ist aufbewahrt in der Stadt- und Universitätsbibliothek Frankfurt/Main.
75 □ Brief vom 27. 12. 1859 an seinen Freund Feodor Wehl. Zit. nach Feodor Wehl: Zeit und Menschen. Tagebuchaufzeichnungen aus den Jahren 1868–1884, Bd. 1. Altona: A. C. Reher 1889, Seite 232.
In der 1938 erschienenen 4. Auflage seiner Literaturgeschichte des deutschen Volkes (Bd. 4, Berlin: Propyläen-Verlag, Seite 530) zitiert Josef Nadler diese Briefstelle Glaßbrenners und wundert sich, daß der Schriftsteller, »dem jüdische Herkunft nachgesagt wird« (siehe hierzu Teil I, Kapitel 5, Anm. 96), seinen Humor als »christlichen, protestantischen« wider den Kladderadatsch ausspielte. In bezug auf die in diesem Brief enthaltenen Vorwürfe fügt er hinzu: »Genau das traf auf Glaßbrenner selber zu.«
Nadler, dessen Literaturgeschichte heute nur mit großer Vorsicht zu lesen ist, weist hier richtig auf den Konkurrenzkampf zwischen dem Schöpfer des Berliner Witzes und seinen erfolgreichen Schülern hin. Er deutet auch an, daß Glaßbrenners Antiklerikalismus mindestens so stark war wie der des Kladderadatsch.
Ein anderer, dem demokratisch-liberalen Lager zuzurechnender Kritiker war Friedrich Wilhelm Held (1813 bis 1872). In seiner 1859/60 zweimal wöchentlich herausgegebenen Zeitung Berliner Charivari hieß es beispielsweise am 1. 1. 1860 (Nr. 1): »Er [der moderne Judenwitz] kann das Schöne besudeln, das Erhabene in den Staub ziehen und das Ideale verhöhnen; – aber gegen die wahre Satyre ist er nichts als – ein Flederwisch!« Vgl. auch Nr. 4, 32, 38 und 70 vom 12. 1., 19. 4., 10. 5. und 30. 8. 1860 (Drei-Stern-Artikel).
76 □ Dies geht aus einem Brief Glaßbrenners an August Heinrich Hoffmann, genannt Hoffmann von Fallersleben (1798 bis 1874) vom 29. 8. 1856 hervor (vorhanden in: Staatsbibliothek Preußischer Kulturbesitz Berlin). Zit. nach I. Heinrich-Jost: Literarische Publizistik Adolf Glaßbrenners (Anm. 74), Seite 144.
77 □ A.a.O., Seite 145. Brief Glaßbrenners an Hoffmann von Fallersleben vom 26. 9. 1856 (vorhanden in: Staatsbibliothek Preußischer Kulturbesitz Berlin).
78 □ Ernst Heiter erschien in Folio und kostete vierteljährlich 25 Silbergroschen. Die Zeitschrift wurde von Tramburg's Erben verlegt und bei E. H. Stern gedruckt. Näheres bei I. Heinrich-Jost: Literarische Publizistik Adolf Glaßbrenners (Anm. 74), Seite 144 bis 153.
79 □ Die erste, bei Jowien verlegte Nummer ist abgedruckt in dem von Alfred Estermann zusammengestellten Ausstellungs-Katalog Mehr Licht oder Die »Frankfurter Latern« und andere Beiträge zur Erleuchtung des 19. Jahrhunderts. Stadtsparkasse, Frankfurt am Main 1985, Seite 6.
80 □ Vgl. zum Jahrgang 1858, der sich in der Universitätsbibliothek Hamburg befindet (Verleger war Robert Schäfer, Drucker Ferdinand Thomaß) I. Heinrich-Jost: Literarische Publizistik Adolf Glaßbrenners (Anm. 74), Seite 153 bis 159.
81 □ Zit. nach J. Stettenheim: Heitere Erinnerungen (Anm. 41), Seite 43.
82 □ Brief Glaßbrenners an Hoffmann von Fallersleben vom 29. 8. 1856. Vgl. Anm. 76.
83 □ Glaßbrenner stand schon seit Anfang der 50er Jahre mit Albert Hofmann in Verbindung. Das 14. Heft der Reihe Buntes Berlin erschien in seinem Verlag (1853).
84 □ Stieg die Auflage über 1500 sollte Glaßbrenner für je 100 Exemplare (bis 4000 Stück) jährlich 25 Taler mehr erhalten. Sank die Auflage unter 1000 Exemplare, konnte Hofmann von dem Vertrag zurücktreten. Der Vertrag zwischen der Verlagsbuchhandlung A. Hofmann und Glaßbrenner befin-

det sich in der Berliner Stadtbibliothek (ehemals DDR). Bibliographische Kalenderblätter, 44. Sonderblatt, Adolf Glaßbrenner, Berliner Stadtbibliothek 1976, Seite 36, Nr. 412.

85 ☐ Brief vom 27. 12. 1859. Zit. nach F. Wehl: Zeit und Menschen (Anm. 75). Der hohe Verdienst Kalischs erklärt sich aus seiner doppelten Tätigkeit als Kladderadatsch-Redakteur und erfolgreicher Bühnen-Autor.

86 ☐ Vgl. Staatsarchiv Potsdam (Orangerie), Pr. Br. Rep. 30 Berlin C Polizei Präsidium, Nr. 10475 (Akte Albert Hofmann).

87 ☐ Am 17. 3. 1860 hatte Glaßbrenner die Konzession erhalten, die Montags-Zeitung Berlin im Selbstverlag herauszugeben. Vgl. Staatsarchiv Potsdam (Orangerie), Pr. Br. Rep. 30 Berlin C Polizei Präsidium, Tit. 94, Nr. 10 076 (Akte Glasbrenner), fol. 81.

88 ☐ Das Honorar Glaßbrenners betrug laut Verlags-Vertrag 1200 Taler bei einem Absatz bis 1000 Exemplare, ab 1250 Exemplare waren 1440 Taler, ab 1500 Exemplare 1560 Taler vorgesehen. Diese Zahlen galten für »wirklich abgesetzte Exemplare« mit Ausnahme sämtlicher Freiexemplare.
Vgl. den Verlagsvertrag vom 30. 8. 1860. Bibliographische Kalenderblätter (Anm. 84), Seite 36, Nr. 414.

89 ☐ Die Zeitschrift Berlin wurde bis zum 30. 6. 1861 von dem Buchhändler Rudolf Gensch herausgegeben. Am 1. Juli ging das Blatt in die Hände der preußischen Regierung über und wurde in Norddeutsches Wochenblatt umgetauft. Aus diesem Presseorgan ging am 1. 10. 1861 die Norddeutsche Allgemeine Zeitung hervor, das künftige offiziöse »Kanzlerblatt«.

90 ☐ Vgl. Zusätze zum Verlagsvertrag zwischen Otto Janke und Adolf Glaßbrenner vom 6. 11. 1860. Bibliographische Kalenderblätter (Anm. 84), Seite 36, Nr. 414.

91 ☐ Zur silbernen Hochzeit der Glaßbrenners (1865) dichtete Löwenstein folgende Verse:

»...
Herzensgruß aus Freundeskreise
Dir, dem würdigen Jubelgreise,
Patriarch der Humoristen,
die in märk'scher Wüste nisten
Nestor des berliner Witzes ...«

Das Gedicht befindet sich im Nachlaß. Vgl. Bibliographische Kalenderblätter (Anm. 84), Nr. 562.

92 ☐ Brief vom 19. 3. 1853. Zit. nach Theodor Fontane: Von Dreißig bis Achtzig. Sein Leben in seinen Briefen. Hrsg. von Hans-Heinrich Reuter. München: Nymphenburger Verlagshandlung o. J. (1970), Seite 98.

93 ☐ Zit. nach Hermann Fricke: Die Ellora und das Rytly. Zwei Seitentriebe des Tunnel über der Spree. In: Jahrbuch für brandenburgische Landesgeschichte, 7. Bd., Berlin 1956, Seite 21 (»Des Rytly Ordnungen«, § 4, 1855).
Das »Rytly« ist nicht zu verwechseln mit der im Vormärz gegründeten Künstler-Vereinigung »Rütli«, die sich 1848 aufgelöst hatte.

94 ☐ *So* in einem Brief an Wilhelm von Merckel vom 25. 10. 1858. Zit. nach Hermann Fricke: »Die Ellora und das Rytly« (Anm. 93), Seite 23.

95 ☐ Zit. nach Die Märker und die Berliner und wie sich das Berlinertum entwickelte. In: Theodor Fontane: Sämtliche Werke, Bd. XIX. München: Nymphenburger Verlagshandlung 1969, Seite 754.

96 ☐ Artikel Das neue Ministerium, erschienen in der New-York Daily Tribune Nr. 5489 vom 24. 11. 1858. Zit. nach Marx/Engels: Deutsche Geschichte im 19. Jahrhundert. Hrsg. von Iring Fetscher. Frankfurt: Fischer 1969, Seite 209. Der Ausdruck »Berliner Witz« wurde von Marx nicht übersetzt.

97 ☐ Zit. nach Ludwig Pietsch: Wie ich Schriftsteller geworden bin. Erinnerungen aus den fünfziger Jahren. 2. Aufl., Bd. 1. Berlin: F. Fontane & Co. 1898, Seite 277.

98 ☐ Schalk erschien im Verlag Behrend (Nr. 1 bis 13).
Max Ring gab 1862 seine ärztliche Praxis auf, um ganz seinem Beruf als Schriftsteller zu leben. Er wurde Theaterkritiker der Vossischen Zeitung und Mitarbeiter der Gartenlaube. Er schrieb mehrere Lustspiele und veröffentlichte 1883/84 unter dem Titel Die deutsche Kaiserstadt Berlin und ihre Umgebung zwei heute noch kulturgeschichtlich interessante Prachtbände (Leipzig: Heinrich Schmidt & Carl Günther).

99 ☐ Der Bajazzo ist erwähnt bei J. Kirchner: Bibliographie der Zeitschriften des deutschen Sprachgebietes bis 1900, Bd. 2 (Anm. 27), Seite 304, Nr. 11292. Zu erwähnen wäre hier noch eine der zahlreichen Imitationen, der von B. Heßlein herausgegebene Illustrirte Welt-Untergangs-Kladderadatsch (1857).

100 ☐ Vgl. Anm. 71.

101 ☐ Prinz Wilhelm hatte zunächst für seinen in geistige Umnachtung versunkenen Bruder, König Friedrich Wilhelm IV., die Stellvertretung geführt (seit dem 23. 10. 1857).

102 ☐ Zit. nach G. Elkan: Die preußische Zeitungssteuer (Anm. 13), Seite 36.

103 ☐ Kladderadatsch, Nr. 1 vom 3. 1. 1858 und Nr. 5 vom 30. 1. 1859.

Zu Teil I, Kapitel 4 (S. 163 – S. 199)

1 ☐ Zit. nach dem Gedicht »An Ferdinand Freiligrath«, abgedruckt in Rheinische Zeitung, Nr. 58 vom 27. 2. 1842. Die beiden Verse befinden sich bereits im Beiblatt der Nr. 32 vom 1. 2. 1842, Artikel »Deutsche in Paris«. Es handelte sich um die Antwort Georg Herweghs (1817 bis 1875) auf Ferdinand Freiligraths (1810 bis 1876) Gedicht »Aus Spanien«, das in Nr. 286 des Morgenblatts 1841 gestanden hatte. Hierin hatte es geheißen: »Der Dichter steht auf einer höhern Warte//Als auf den Zinnen der Partei.« Der 1842 zwischen Herwegh und Freiligrath ausgetragene »Parteienstreit« war von grundsätzlicher Bedeutung für die Diskussion über die Rolle des Dichters in Politik und Gesellschaft.

2 □ Am 10. 11. 1858 schrieb der Großherzog von Baden, Friedrich I. (1826 bis 1907), seinem Schwiegervater, dem Prinzregenten: »Die Gegenwart ist nun – dank Deiner väterlichen Fürsorge – eine schönere denn jemals.« Zit. nach Walter Bußmann: Das Zeitalter Bismarcks. 4., ergänzte Auflage. Frankfurt/Main: Athenaion 1968, Seite 43.

3 □ Zit. nach Hans-Dietrich Loock (Hrsg.): Fontane und Berlin. Berlin: Colloquium 1970, Seite 52.

4 □ Als Programm des Deutschen National-Vereins gilt die »Eisenacher Erklärung« vom 14. 8. 1859, abgedruckt in: Wilhelm Mommsen (Hrsg.): Deutsche Parteiprogramme. München: Olzog 1960, Seite 130 f.

5 □ Vgl. zum Programm der Deutschen Fortschrittspartei, das am 6. Juni 1861 beschlossen und am 9. Juni in den Tageszeitungen erschienen war (daher allgemein so datiert), u. a. W. Mommsen (Hrsg.): Deutsche Parteiprogramme (Anm. 4), Seite 133 bis 135, und Wolfgang Treue: Deutsche Parteiprogramme 1861–1961, 3., stark erweiterte Auflage. Göttingen/Berlin/Frankfurt: Musterschmidt 1961, Seite 62 f.

Vgl. allgemein zur Entwicklung der Parteien: Gerhard A. Ritter (Hrsg.): Die deutschen Parteien vor 1918. Köln: Kiepenheuer & Witsch 1973, und Thomas Nipperdey: Deutsche Geschichte 1800–1866. Bürgerwelt und starker Staat. 2. Aufl. München: C. H. Beck 1984, Seite 715 bis 749 (»Politik und Gesellschaft: Wandlungen der Parteien«).

6 □ Kurze Erläuterungen zu den genannten Persönlichkeiten befinden sich im zweiten Teil dieses Buchs.

7 □ Vgl. zu den Wahlen W. Bußmann: Das Zeitalter Bismarcks (Anm. 2), Seite 63.

8 □ Bismarck interpretierte die Verfassung gemäß der sogenannten »Lückentheorie«. Die Verfassung habe eine »Lücke«, da sie nichts darüber aussage, wenn der Etat nicht oder nicht rechtzeitig zustande komme. In diesem Fall müsse die Regierung unter Umständen im allgemeinen Staatsinteresse diese Lücke ausfüllen, d. h. ohne Staatshaushaltsgesetz ihr weiteres Verhalten regeln. Vgl. zum Heeres- und Verfassungskonflikt in Preußen neuerdings: Th. Nipperdey: Deutsche Geschichte 1800–1866 (Anm. 5), Seite 749 bis 768, sowie die beiden jüngsten Biographien des Staatsmanns: Lothar Gall: Bismarck. Der weiße Revolutionär. Frankfurt am Main/Berlin/Wien: Propyläen 1980, Seite 248 bis 292, und Ernst Engelberg: Bismarck. Urpreuße und Reichsgründer. Berlin (DDR): Akademie-Verlag 1985, Seite 525 bis 556.

9 □ Bismarck sagte im November 1862 zu einer Deputation aus Rügen, daß die oppositionelle Presse »zum großen Theile in Händen von Juden und unzufriedenen, ihren Lebensberuf verfehlt habenden Männern sich befinde«. Der im Anzeigeblatt für den Kreis Rügen (Nr. 94 vom 22. 11. 1862) veröffentlichte Ausspruch wurde von den Zeitgenossen immer wieder zitiert und von Georg Büchmann in seine Sammlung Geflügelte Worte aufgenommen. Aufschlußreich ist, daß in der 32. Auflage, die von Gunther Haupt und Winfried Hofmann vollständig neu bearbeitet wurde (Berlin: Haude & Spener 1972), an Stelle der »Juden« drei Punkte stehen (Seite 728).

10 □ Vgl. Irmgard Loeber: Bismarcks Pressepolitik in den Jahren des Verfassungskonfliktes (1862–1866). München: Zeitungswissenschaftliche Vereinigung 1935, Seite 12.

11 □ Zit. nach Bismark. Gedanken und Erinnerungen. München: Goldmann (Sachbuch) 1981, Seite 204.

12 □ Zit. nach Irene Fischer-Frauendienst: Bismarcks Pressepolitik. Münster: C. J. Fahle 1963, Seite 147.

13 □ Der Text ist abgedruckt in der Neuen Preußischen [Kreuz-]Zeitung, Nr. 127 vom 4. 6. 1863.

14 □ Zit. nach National-Zeitung, Nr. 255 vom 5. 6. 1863.

Ein großer Teil der übrigen preußischen Presse erklärte sich nachträglich mit dieser Erklärung solidarisch.

15 □ Einzelheiten bei I. Loeber: Bismarcks Pressepolitik (Anm. 10), Seite 36 f. Vgl. auch Aktenstücke zur neuesten Geschichte Preußens 1863. Verwarnungen. Berlin: Julius Springer 1863.

16 □ Vgl. Die Preßverordnung vom 1. Juni 1863. Sitzung des Abgeordnetenhauses vom 19. November 1863. Stenographischer Bericht. Berlin: Schnellpressendruck von W. Moeser, Seite 80.

Vgl. auch I. Fischer-Frauendienst: Bismarcks Pressepolitik (Anm. 12), Seite 20.

Erwähnenswert ist in diesem Zusammenhang, daß der preußische Kronprinz Friedrich Wilhelm, der künftige Kaiser Friedrich III. (1888), sich von jeder Teilnahme an der Presse-Ordonnanz losgesagt hat, so daß ihn sein Vater sogar auf Festung schicken wollte.

Vgl. Heinrich Otto Meisner: Der preußische Kronprinz im Verfassungskampf 1863. Berlin: E. S. Mittler & Sohn 1931, Seite 19.

17 □ Vgl. zum Text Teil I, Kapitel 3.
18 □ Vgl. I. Fischer-Frauendienst: Bismarcks Pressepolitik (Anm. 12), Seite 17.
19 □ Laut Abonnements-Einladung vom 26. 6. 1870 (Nr. 29 u. 30) wurde der Kladderadatsch entweder direkt unter Kreuzband verschickt oder über die örtlichen Postbehörden und Buchhandlungen. Besonders aktiv war Franz Thimm in London, der nicht nur (neben drei Konkurrenten) die Bestellungen für England annahm, sondern auch für Brasilien, Mexiko, Australien, Ostindien und China. Die erstmals im Juni 1870 aufgeführten französischen Buchhandlungen stellten den Vertrieb nach Kriegsausbruch (Juli) für lange Jahre ein. Insgesamt gingen rund 35 % der Auflage in nicht-preußische Gebiete beziehungsweise ins Ausland.
20 □ Vgl. zur genannten Auflage die im Kladderadatsch, Nr. 59 u. 60 vom 30. 12. 1866, erschienene Anzeige (Seite 239).
Für die Jahre 1860 und 1861 nennt das Blatt eine Auflage von 24 000 beziehungsweise 25 000 Exemplaren (Nr. 6 vom 7. 2. 1875, Verlags-Anzeige).
In seiner Untersuchung Die preußische Zeitungssteuer. Ein Beitrag zur Geschichte der Pressepolitik unter Benutzung von Akten Bismarcks und der preußischen Ministerien (Jena: Gustav Fischer 1922, Seite 36) gibt Georg Elkan dagegen 34 500 beziehungsweise 36 750 Exemplare an. Diese beachtliche Abweichung läßt sich nur auf einen Schreib- oder Druckfehler zurückführen, denn aus welchem Grund hätte der Verlag eine so viel niedrigere Auflagenhöhe veröffentlichen sollen?
21 □ Trojans erster Beitrag erschien in Nr. 10 vom 2. 3. 1862 (»Dionys in Kassel«). Er richtete sich gegen den Kurfürsten von Hessen Friedrich Wilhelm I. Am 1. 8. 1862 wurde Trojan dann fest eingestellt. Sein Monatsgehalt betrug anfangs 8 Taler, um innerhalb von wenigen Jahren auf 50 Taler zu steigen.
Chefredakteur wurde er allerdings erst nach Rudolf Löwensteins Ausscheiden (1886) und nicht im Jahr 1868, wie in einer neueren Publikation zu lesen steht: Kladderadatsch. Die Geschichte eines Berliner Witzblattes von 1848 bis ins Dritte Reich. Hrsg. von Ingrid Heinrich-Jost. Köln: informationspresse-c.w. leske 1982, Seite 325.
Johannes Trojan war der einzige Mitarbeiter des Kladderadatsch, der seine »Erinnerungen« schrieb. Sie erschienen 1912 im Verlag des Vereins der Bücherfreunde in Berlin. Sie geben nicht nur Aufschluß über seinen Werdegang, sondern enthalten auch Interessantes über Bismarck, bei dem Trojan in den 90er Jahren mehrmals zu Besuch weilte.
Vgl. auch Johannes Trojan: Zwei Monate Festung. 5. Aufl. Berlin: Freund u. Jeckel 1899. Die am 20. Juni 1898 angetretene Festungshaft war für den leitenden Redakteur des Kladderadatsch »eine ziemlich wohlfeile Sommerfrische« (Seite 91); allerdings wurde seine Erwerbstätigkeit als Schriftsteller dadurch ziemlich eingeschränkt. Siehe zu Trojan auch Wolfgang Seidel (Hrsg.): Erinnerungen an Heinrich Seidel. 2. Aufl. Stuttgart/Berlin: Cotta 1912, Seite 149 bis 222.
Eine Kurzbiographie zu Trojan beziehungsweise zu Julius Lohmeyer (1834 bis 1903) wird am Ende des Buchs zusammengestellt; in der Handschriften-Abteilung der Staatsbibliothek Preußischer Kulturbesitz (Berlin-West) finden sich zu allen Kladderadatsch-Mitarbeitern Dokumente, vor allem in den Nachlässen Franz Brümmer, Conwentz und Ebers.
22 □ Vgl. hierzu die vernichtende Kritik in der Berliner Gerichts-Zeitung, Nr. 61 vom 1. 6. 1869: »Gegen Schluß des 2. Aktes herrschte im Publikum eine bedenkliche Stimmung . . . Dieses hielt trotzdem bis ans Ende aus . . . Mehr über eine derartige ›Original-Posse‹ [der Held, ein Kommerzienrat, hatte den Ehrgeiz, ein Gelehrter des ›Kladderadatsch‹ zu werden] zu sagen, ist nicht möglich oder, wenn man lieber will, nicht statthaft.«
23 □ Nr. 22 u. 23 vom 20. 5. 1866 brachte das erste derartige Stammtischgespräch.
24 □ Zit. nach Karl Marx/Friedrich Engels: Deutsche Geschichte im 19. Jahrhundert. Hrsg. von Iring Fetscher. Frankfurt/M: Fischer 1969, Seite 208 f. Es handelt sich um den Artikel Das neue Ministerium, dessen erste Folge am 24. 11. 1858 in der New-York Daily Tribune (Nr. 5489) erschienen war.
Am 9. 11. 1880 veröffentlichte der Berliner Börsen-Courier (Nr. 569, Beilage) anläßlich des zweihundertjährigen Jubiläums des Weißbiers die Cabinets Ordre des Großen Kurfürsten.
Schon 1846 berichtete Ernst Dronke in seinem sofort verbotenen sozialkritischen Buch Berlin (Frankfurt am Main: Literarische Anstalt; Neudruck 1974) über die norddeutsche »Stadt der Intelligenz«: »Die Philister, welche sich so gern politisiren, besprechen sich am Abend in ihren Weißbierkneipen darüber, tauschen ihre Ansichten aus, und vereinigen sich am Schluß zu einer Art Urtheilspruch. Es ist das Gericht der öffentlichen Meinung . . .« (Seite 20).
25 □ Zit. nach Alexander Meyer: Aus guter alter Zeit. Berliner Bilder und Erinnerungen. Stuttgart/Leipzig: Deutsche Verlags-Anstalt 1909, Seite 60.
Vgl. auch I[sidor] Kastan: Berlin wie es war. 8. Aufl. Berlin: Rudolf Mosse [1925], Seite 106: »Damals [in den 60er Jahren] blühte auch der Weizen der Bierbankpolitiker.«
Vgl. – als Überblick – Erich Borkenhagen: Das Bier im alten Berlin. Von der Frühzeit bis zur Gegenwart. In: Der Bär von Berlin. Jahrbuch des Vereins für die Geschichte Berlins, Bd. 17, Berlin 1968, Seite 77 bis 104.
26 □ Zit. nach Peter Gay: Probleme der kulturellen

Integration der Deutschen 1849 bis 1945. In: Die Rolle der Nation in der deutschen Geschichte und Gegenwart. Beiträge zu einer internationalen Konferenz in Berlin (West) vom 16. bis 18. Juni 1983, hrsg. von Otto Büsch und James J. Sheehan. Berlin: Colloquium 1985, Seite 183.
Freilich war der Kladderadatsch doch wesentlich mehr als »ein ziemlich harmloses satirisches Blatt« (ebenda).
Vgl. hierzu auch folgende Feststellung der Jubiläumsschrift Der Kladderadatsch und seine Leute (1848–1898). Ein Culturbild, hrsg. von Rudolf Hofmann. Berlin: A. Hofmann & Comp. 1898, Seite 229: »Sehr bald hatte Kladderadatsch beim Volke einen mächtigen, unwiderstehlichen Einfluß ausgeübt, der sich mit der Zeit über ganz Deutschland erstreckte. Durchschlagende geflügelte Worte und originelle Redewendungen, die er in Fülle brachte, drangen in alle Schichten der Bevölkerung, wo sie sogleich Gemeingut wurden und dem ganzen Volks- und Verkehrsleben einen eigenartigen Stempel aufdrückten.«
27 □ Zit. nach Kladderadatsch, Nr. 10 vom 27. 2. 1870. Dieses Meisterbeispiel jüdischer Selbstironie wird nur noch durch gewisse Stellen in den Episteln der beiden Junker von Strudelwitz und von Prudelwitz übertroffen.
28 □ Kladderadatsch, Nr. 59 u. 60 vom 30. 12. 1866: »Zur Benachrichtigung für unsere Abonnenten.« Die Insertions-Gebühren für die viergespaltene Nonpareille-Zeile oder deren Raum betrugen 7 ½ Silbergroschen.
Vgl. zu Rudolf Mosse u. a. Festschrift zur Feier des fünfzigjährigen Bestehens der Annoncen-Expedition Rudolf Mosse zum 1. 1. 1917, Berlin 1917, sowie Wilfried Scharf: Rudolf Mosse (1843–1920). In: Heinz-Dietrich Fischer (Hrsg.): Deutsche Presseverleger des 18. bis 20. Jahrhunderts. Pullach bei München: Verlag Dokumentation 1975, Seite 204 bis 213. Siehe auch Mosse-Kurzbiographie.
29 □ Vgl. Staatsarchiv Potsdam (Orangerie), Pr. Br. Rep. 30 Berlin C Polizei Präsidium, Tit. 95, Sect. 4, Nr. 14 768, fol. 132, 135, 147, 152, 160, 163, 170 bis 172, 178, 192, 200, 213, 222 f., 226 bis 233, 262, 268 bis 277, 284 f.
Vgl. zur National-Zeitung Gerhard Friehe: Geschichte der »National-Zeitung« 1848 bis 1878. Leipzig: Emmanuel Reinicke 1933, Seite 90 bis 98.
Im Jahr 1866 sind in Berlin nicht weniger als 45 Zeitungen und 6 Druckschriften in Beschlag genommen worden. Die Vergleichszahlen für 1867 lauten 22 und 3.
Vgl. Berlin und seine Entwickelung. Städtisches Jahrbuch für Volkswirthschaft und Statistik. 3. Jg., Berlin 1869, Seite 301.
30 □ Vgl. zu diesem Vorfall Staatsarchiv Potsdam (Anm. 29), fol. 170 bis 183; Dohm wurde zu einer Geldstrafe von 50 Talern verurteilt, der Verleger Albert Hofmann erhielt eine Verwarnung.
Vgl. auch Kladderadatsch, Nr. 29 u. 30 vom 25. 6. 1865: »An unsere Abonnenten.«
31 □ Zit. nach Aktenstücke zur neuesten Geschichte Preußens 1863. I. Verwarnung. 2. Heft. Berlin: Julius Springer 1863, Seite 10 f. Es handelte sich um Nr. 42 vom 13. 8. 1863.
32 □ Vgl. Staatsarchiv Potsdam (Anm. 29), fol. 222 bis 225 und 245 f. Beanstandet wurde Nr. 54 vom 25. 11. 1866 (Artikel »Contre-Bank. Bildung einer neuen Commandite-Gesellschaft Jesu) und Nr. 22 vom 19. 5. 1867 (Artikel »Für die Weltausstellung« und »Aus der Hölle«).
Im ersten Fall war Dohm vom Berliner Stadtgericht (Siebente Deputation) am 15. 2. 1867 zu einer Woche Gefängnis verurteilt worden. Da er – wie in solchen Fällen üblich – Berufung eingelegt hatte, fand eine neue Verhandlung vor dem Kammergericht statt, bei der die Strafe auf vierzehn Tage erhöht wurde (27. 5. 1867). Eine erneute Nichtigkeitsbeschwerde wurde durch Erkenntnis des Königlichen Ober-Tribunals vom 4. Oktober 1867 als unbegründet zurückgewiesen. Am 31. 12. wurde das ursprüngliche Urteil rechtskräftig. Im zweiten Fall hat das Kammergericht am 2. 12. 1867 das Urteil des Stadtgerichts vom 20. 9. 1867 (2 Wochen Gefängnis) bestätigt.
Vgl. hierzu Geheimes Staatsarchiv Preußischer Kulturbesitz Berlin (West), Rep. 84a, Nr. 3930, fol. 35, 61, 69, Staatsarchiv Potsdam (Anm. 29), fol. 219, 222 bis 224, sowie eine ausführliche Beschreibung in der Volks-Zeitung, Nr. 123 vom 28. 5. 1867.
33 □ Zit. nach Der Kladderadatsch und seine Leute (Anm. 26), Seite 185.
34 □ Kladderadatsch, Nr. 52 u. 53 vom 15. 11. 1863. Der Inhalt des Gedichtes besagte ungefähr, daß die Erhebung einer Heiratssteuer seitens eines Herrscherhauses in einem armen Ländchen wie Reuß-Plauen, das nur 7000 Einwohner zählt, nicht zu billigen sei, daß die 4000 Taler, die bei dieser Steuer im Maximum herauskommen können, für die Fürstin ein Minimum wären.
Das Epigramm wurde nicht nur einem großen Publikum bekannt, sondern machte auch an allen Höfen Europas die Runde.
Dohm wurde im Februar 1864 vom Berliner Stadtgericht zu 5 Wochen Gefängnis verurteilt und Ende Mai vom Kammergericht freigesprochen. Anfang Oktober stellte das Ober-Tribunal das erste (verurteilende) Erkenntnis wieder her. Vgl. zu diesem aufsehenerregenden Prozeß die Berichterstattung in der Berliner Gerichts-Zeitung, Nr. 26, 61 und 116 vom 1. 3., 28. 5. und 4. 10. 1864.
Vgl. zu dem ganzen Vorgang auch Klaus Schulz:

»Kladderadatsch«. Ein bürgerliches Witzblatt von der Märzrevolution bis zum Nationalsozialismus 1848–1944. Bochum: Studienverlag Dr. N. Brockmeyer, Seite 97 bis 102.

35 □ Schreiben Bismarcks an Ernst Dohm vom 8. 12. 1864. Das Original befindet sich im Geheimen Staatsarchiv Preußischer Kulturbesitz Berlin (West), Rep. 90 B, Nr. 373. Als Facsimile ist es abgebildet in: Bismarck-Album des Kladderadatsch (hier: 6. Auflage, Berlin: A. Hofmann & Comp. 1890, Anhang IV).

Vgl. auch Otto Fürst von Bismarck: Die gesammelten Werke, Friedrichsruher Ausgabe, Bd. 14 (»Briefe«). Berlin: Deutsche Verlags-Gesellschaft m.b.H. 1933, Seite 691.

36 □ Es handelt sich um Nr. 25 vom 3. 6. 1866. In einem vehementen Leitgedicht nahm das Blatt gegen einen preußisch-österreichischen Krieg Stellung. Bismarck wurde mit dem griechischen Tempelschänder Herostratos gleichgesetzt.

37 □ Zit. nach Zentrales Staatsarchiv Merseburg. Ministerium des Innern. II. Abteilung. Acta betr. die in Berlin unter dem Namen »Kladderadatsch« erscheinende Wochenschrift v. 9. Mai 1851 bis 27. Mai 1898. Rep. 77, Tit. 54a, Nr. 15, fol. 97 f.

38 □ Zit. nach Der Kladderadatsch und seine Leute (Anm. 26), Seite 193.

Dohm dürfte allerdings nicht der einzige Redakteur gewesen sein, den Bismarck zu sich zitierte. So hatten beispielsweise am 18. 3. 1864 nicht nur die Berliner Tageszeitungen, sondern auch der Kladderadatsch, die Berliner Montags-Zeitung, die Berliner Montags-Post und Der kleine Reaktionär vom Polizeipräsidium die Anweisung erhalten, alles, was das »Staatswohl« gefährden könne, nicht zu erwähnen.

Vgl. zu dieser im Krieg gegen Dänemark stattgefundenen Maßnahme Staatsarchiv Potsdam (Orangerie), Pr. Br. Rep. 30 Berlin C Polizei Präsidium, Nr. 12128, fol. 276 f.

39 □ Gerhart Hauptmann: Sämtliche Werke. Hrsg. von Hans-Egon Hass, Bd. IX (Nachgelassene Werke, Fragmente). Frankfurt/M/Berlin: Ullstein 1969, Seite 413 bis 423.

Vgl. zur Darstellung Bismarcks in den Witzblättern zum Beispiel folgende Anthologien: John Grand-Carteret: Bismarck en caricatures. Paris: Perrin et Cie 1890, Gustav Hochstetter (Hrsg.): Bismarck. Historische Karikaturen. Berlin: Verlag der »Lustigen Blätter« (Dr. Eysler & Co.) G.m.b.H. 1913, Paul Liman: Bismarck in Geschichte, Karikatur und Anekdote. Stuttgart: Strecker & Schröder 1915, und Bismarck in der Karikatur. 230 französische, englische, russische, italienische, amerikanische, Wiener, deutsche, Schweizer etc. Karikaturen. Gesammelt und mit erläuterndem Text versehen von K. Walther. Stuttgart: Franckh'sche Verlagshandlung o. J.

Es sei hier immerhin bemerkt, daß die Pariser satirische Tageszeitung Le Charivari Bismarck nicht mit den legendären drei Haaren abgebildet hat.

40 □ Zit. nach Emil Dovifat: Handbuch der Publizistik, Bd. 1, 2., durchgesehene Aufl. Berlin: de Gruyter 1971, Seite 248.

41 □ Zit. nach E[rnst] Hilaris: Die Berliner Presse. Leipzig: Wolfgang Gerhard 1863, Seite 20.

42 □ Zit. nach Jos. Lukas: Die Presse, ein Stück moderner Versimpelung, 2. Aufl. Regensburg/New-York/Cincinnati 1867, Seite 163.

Der Autor zitiert neben dem Kladderadatsch als »gemeine Spottvögel« den Kikeriki! (Wien; 1861 bis 1933) und die Augsburger Stadt-Frau-Bas (1866 bis 1877).

43 □ Vgl. E. Dronke: Berlin (Anm. 24), Seite 17 f.: »Aus der Richtung und dem Wesen des berliner Witzes lernen wir jedoch ein Element des Berlinerthums kennen, daß es nämlich Nichts, auch ohne Unterschied Nichts unbespöttelt läßt. Die Kritik, das Negiren jeder Autorität, ist, wenn irgend Etwas, ein Charakterzug Berlins. Nichts ist ihr ›heilig‹, Alles wird erst geprüft, kritisiert und dann mit einem Witzwort ›abgethan‹ . . .«

44 □ Zit. nach Meyers Konversations-Lexikon, 3. Aufl., Bd. 3, 1874, Seite 13 f. (Artikel »Berlin«).

45 □ Zit. nach Alphonse Daudet: Contes du Lundi. Paris: Le Livre de Poche 1969, Seite 238 (Übersetzung U. E. K.).

Alphonse Daudet (1840 bis 1897) wurde als Erzähler seiner Heimat, der Provence, berühmt durch den humoristischen Roman Wundersame Abenteuer des Tartarin von Tarascon (1872). In seinen satirischen Montagsgeschichten (1873) kommt seine konservative, sehr national orientierte Weltanschauung zum Ausdruck.

46 □ Vgl. zur politischen Entwicklung Teil II dieses Buches.

Besonders beliebt im Bereich der »komischen Literatur« waren Anregungen für komische Vorträge und »lebende Bilder«. In einem Zeitalter ohne audio-visuelle Medien verursachte »von allen Tageszeiten« der Abend »dem sogenannten gebildeten Menschen die schwerste Sorge«. Zu den Methoden, abends die Zeit totzuschlagen, gehörte »von jeher die Liebhaberei, lebende Bilder zu stellen . . .« Zit. nach Ernst Kossak: Berliner Federzeichnungen, Bd. III. Berlin: Otto Janke 1861, Seite 187.

Schon in den 50er Jahren hatte der Kladderadatsch-Verlag A. Hofmann und Comp. in Berlin ein Deklamatorium in mehreren Bändchen herausgegeben, das »ernste« und »launige« Dichtungen »zum Vortrag in geselligen Kreisen« enthielt.

1865 erschien dann im Verlag E. Mecklenburg die

zweite Auflage des Bandes Der fidele Berliner. Humoristische Vorträge in allen Mund- und Versarten. Zu Vorträgen in geselligen Kreisen und zur Selbsterheiterung.
In diesem Zusammenhang sei auf die etwa fünfzig Bände des Universums des Witzes und der ungeheuern Heiterkeit hingewiesen, die von Edmund Wallner in den Jahren 1865 bis 1894 »für fröhliche Leute und solche, die es werden wollen« herausgegeben wurden (Erfurt: Bartholomäus).
47 □ Vgl. zu den Auflagen: Rudolf Rodenhauser: Adolf Glaßbrenner. Ein Beitrag zur Geschichte des »Jungen Deutschland« und der Berliner Lokaldichtung. Nikolassee: Max Harrwitz 1912, Seite 19, und Volks-Zeitung, Nr. 288 vom 9. 12. 1866.
48 □ Vgl. Willi Finger: Adolf Glassbrenner. Ein Vorkämpfer der Demokratie. Berlin (DDR): Kongreß-Verlag 1952, Seite 111.
Da der Band 1860 nicht mehr erhalten zu sein scheint, konnte nicht überprüft werden, ob die Berliner Montags-Zeitung ab November 1860 oder erst ab Januar 1861 diesen Titel trug.
49 □ Vgl. Deutsche Humoristen der Gegenwart. In: Illustrirte Zeitung (Leipzig), Nr. 1905 vom 3. 1. 1880, Seite 7.
50 □ Der Verlagsvertrag befindet sich im Nachlaß von Adolf und Adele Glaßbrenner (-Peroni): Bibliographische Kalenderblätter. 44. Sonderblatt. Adolf Glaßbrenner, zusammengestellt von Peter P. Rohrlach, Berliner Stadtbibliothek (ehemals DDR) 1976, Seite 36, Nr. 412.
Über kaum eine Berliner Zeitung findet man so zahlreiche, einander widersprechende Angaben wie über die Berliner Montags-Zeitung. Dies liegt auch daran, daß die Bestände der Deutschen Staatsbibliothek (ehemals DDR) Lücken aufweisen; 1986 gelang es dem Institut für Zeitungsforschung in Dortmund, von dem einzigen vollständigen Exemplar (1861 bis 1884), das sich in der Londoner British Library befindet, einen Mikrofilm anfertigen zu lassen.
51 □ Die meisten Berliner Tageszeitungen erschienen am Montag nicht, eine Tradition, die sich bis heute erhalten hat. Die erste, auch am Montagmorgen herauskommende Zeitung war die von Friedrich Wilhelm Held am 1. 1. 1865 ins Leben gerufene Staatsbürger-Zeitung.
In Berlin wurde die Montags-Zeitung bereits am Sonntagabend ausgegeben.
52 □ Vgl. zu Emil Cohnfeld die entsprechende Kurzbiographie.
53 □ Nur selten brachte die Berliner Montags-Zeitung auch an anderen Stellen humoristische oder satirische Beiträge Glaßbrenners.
54 □ Dies ergibt sich aus der Durchzählung der Jahrgänge. 1861 = 5. Jahrgang.
55 □ Zit. nach J. Trojan: Glaßbrenner als Lehrmeister. In: Berliner Tageblatt, Nr. 158 vom 30. 3. 1910.
56 □ Vgl. Bibliographische Kalenderblätter (Anm. 50), Seite 25, Nr. 259.
57 □ Die Familie Cabanis wird in Willibald Alexis' vaterländischem Roman in sechs Bänden (1832) Cabanis beschrieben.
58 □ Vgl. Richard Schmidt-Cabanis: Lose Tagebuchblätter aus meinen Buchhändler-Wanderjahren. In: Beiträge zur Kulturgeschichte Berlins. Festschrift zur Feier des fünfzigjährigen Bestehens der Korporation der Berliner Buchhändler. Berlin 1898, Seite 130.
Der erste Beitrag Schmidts dürfte in Nr. 48 vom 27. 11. 1865 unter der Überschrift »Alphabetisch-abendliche Naturstudie« erschienen sein. Ab 1868 finden sich regelmäßige Beiträge in der Berliner Montags-Zeitung.
Nr. 4 vom 24. 1. 1870 brachte dann erstmals den Vermerk: »Verantwortlicher Redakteur in Stellvertretung: Richard Schmidt.« Vgl. zu dem Vertrag zwischen Glaßbrenner und Schmidt-Cabanis vom 1. 7. 1870 Bibliographische Kalenderblätter (Anm. 50), Seite 36, Nr. 421.
Ein Kurzporträt am Ende des Buchs.
59 □ Die Berliner Gerichts-Zeitung (Nr. 12 vom 11. 2. 1865) schrieb folgendes: »Einer der wenigen berliner Journalisten, denen es trotz langjähriger Thätigkeit in den verschiedensten Branchen der Presse und trotz immer energischer und stark accentuirter Aeußerung der freien Meinung bisher gelungen war, die Klippen zu umschiffen, welche aus dem Meere der preßgesetzlichen Paragraphen dräuend emporstarren, ist Ad. Glasbrenner . . . Wie aber kein Sterblicher vor seinem Tode glücklich zu preisen, so auch dieser Sterbliche nicht. Gestern erschien er auf der Anklagebank unter der Beschuldigung, die Staatsangehörigen zum Hasse und zur Verachtung gegen einander angeregt und dadurch den öffentlichen Frieden gefährdet zu haben . . . Das Gericht sprach . . . den Angeklagten frei . . .«
60 □ Vgl. I. Loeber: Bismarcks Pressepolitik . . . (Anm. 10), Seite 36.
61 □ Dies behauptet zumindest der Kladderadatsch, Nr. 5 vom 3. 2. 1861.
62 □ Das Programm sowie Bismarcks Kritik daran sind abgedruckt in W. Mommsen (Hrsg.): Deutsche Parteiprogramme (Anm. 4), Seite 44 bis 47.
63 □ Vgl. die in Nr. 6 vom 7. 2. 1875 erschienene humoristische Verlags-Anzeige.
64 □ Staatsarchiv Potsdam (Orangerie), Pr. Br. Rep. 30 Berlin C Polizei-Präsidium, Tit. 95, Sect. 2, Press-Polizei-Sachen, Nr. 14486, fol. 18 f. Eduard Bloch hatte 1857 eine »Theater-Buchhandlung« gegründet, die er bis 1887 selbst leitete. Zwischen 1858 und 1874 schrieb er mehrere Lustspiele »nach dem

Französischen«, zum Beispiel Wie zwei Tropfen Wasser (1858) oder Er hat seine Frau kompromittiert (1871).
65 ☐ Vgl. Anm. 8.
66 ☐ Vgl. Prolog.
Seit dem Wochenblatt Juchheirasasa! Die Preußen sind da! (1849; Teil I, Kapitel 2) war in Berlin kein konservatives Witzblatt mehr erschienen.
67 ☐ Nr. 10 vom 7. 3. 1863, Seite 75.
68 ☐ Nr. 1 vom 4. 10. 1862, Seite 2. Es handelt sich hier um ein Leitmotiv dieses Berliner Witzblattes.
69 ☐ Vgl. Teil I, Kapitel 5.
70 ☐ Vgl. hierzu den israelischen Historiker Jacob Toury: »In den Jahren vom Anbruch der »Neuen Ära« bis zur Gründung des Norddeutschen Bundes vollzog sich der beinahe vollkommene Anschluß der jüdischen Politiker und mit ihnen der Mehrheit der jüdischen Gesamtbevölkerung an die bürgerlichliberalen Organisationen. Besonders taten sich jüdische Politiker bei der Gründung des ›Deutschen Nationalvereins‹ hervor, der 1859 ins Leben trat ... Unter den ungefähr 190 Männern, die an der Gründungsversammlung des Nationalvereins teilnahmen, waren mindestens 13 (=7 Prozent) jüdischer Abstammung. Zit. nach Die politische Orientierungen der Juden in Deutschland. Von Jena bis Weimar. Tübingen:
J. C. B. Mohr (Paul Siebeck) 1966, Seite 111.
71 ☐ Am 7. 3. gab das Blatt (Nr. 10) die Beschlagnahme bekannt, ohne allerdings über die Gründe informiert zu sein.
72 ☐ Dieser Untertitel findet sich nur auf den Jahreseinbänden, die mit einem ausführlichen Inhaltsverzeichnis des jeweiligen Jahrgangs geliefert wurden.
73 ☐ Zit. nach Bd. 6, H. 2, Berlin 1863, Seite 181. Die Deutschen Jahrbücher für Politik und Literatur wurden von Heinrich Bernhard Oppenheim herausgegeben (1861 bis 1864; Berlin: Guttentag).
Vgl. zu den Einschüchterungsversuchen: Briefkastennotiz in Nr. 20 vom 16. 5. 1863.
74 ☐ Zit. nach der Verlagsanzeige des Kladderadatsch, Jahrgang 1848–1872 (inclusive), Beilage zu Nr. 6 vom 7. 2. 1875. In der 1898 erschienenen Jubiläumsschrift Der Kladderadatsch und seine Leute (Anm. 26) wurde diese falsche Behauptung übernommen (Seite 182) und seither von vielen Forschern tradiert, so auch von K. Schulz: »Kladderadatsch« (Anm. 34), auf Seite 41 f.
Der kleine Reactionär ist komplett nur in der Staats- und Universitätsbibliothek Hamburg vorhanden. Bis Juni 1863 existiert er in der British Library (London). Von dieser Ausgabe gibt es seit 1986 einen Mikrofilm im Archiv des Instituts für Kommunikationswissenschaft (Zeitungswissenschaft) München, wo sich die Jge. 1862/63 ebenfalls im Original befinden. 6 Einzelnummern befinden sich im Internationalen Zeitungsmuseum Aachen.
75 ☐ Vgl. Nr. 11 vom 13. 12. 1862, Seite 93.
76 ☐ Vgl. Anzeige in Nr. 16 vom 18. 4. 1863.
Auch dem zeitgenössischen Kritiker der Berliner Presse E. Hilaris (Anm. 41) waren die Mitarbeiter des Kleinen Reactionärs nicht bekannt. Im übrigen verglich er das Blatt mit einer Champagnerhandlung, »die ihren Gästen nur Weißbier präsentiert« (S. 21).
77 ☐ Nr. 28 vom 11. 7. 1863.
78 ☐ Der deutsche Parlamentarier und Genossenschaftsführer Hermann Schulze-Delitzsch (1808 bis 1883) lehnte im Gegensatz zu Lassalle jede Form der Staatshilfe ab. Vgl. zu Hermann Wagener, der 1863 und 1864 Bismarck mehrere Denkschriften zur Arbeiterfrage eingereicht und ihn mit Lassalle bekannt gemacht hatte, Hans-Joachim Schoeps: Das andere Preußen. Konservative Gestalten und Probleme im Zeitalter Friedrich Wilhelms IV., 3. Aufl. Berlin: Haude & Spener 1964, Seite 246 bis 267.
79 ☐ Der am 7. Oktober 1834 geborene Jean *Conrad* Rodolphe Blanbois war der Sohn des Kaufmanns Joachim Louis Blanbois [!] (1799 bis 1867), der in erster Ehe mit der einzigen Tochter des Buchdruckereibesitzers Conrad Feister verheiratet war. Im Mai 1864 ging die Buchdruckerei in den Besitz des Enkels über. 1868 waren die Adressen der Buchdruckerei und des Preußischen Volks-Vereins identisch.
80 ☐ Zit. nach Neuer Social-Demokrat, Nr. 19 vom 13. 8. 1871, Rubrik »Sprechsaal«. Tatsächlich war in Nr. 13 vom 26. 3. 1864 ein mit zahlreichen Karikaturen versehener Beitrag »Ritter Strausberg« erschienen. Eine Bestätigung dieser Mitteilung konnte nicht erbracht werden. Vgl. zu dem zu legendärem Reichtum gelangten Eisenbahngründer (und Zeitungsherausgeber: Die Post, Das Kleine Journal), dessen prachtvolles Palais von Friedrich Spielhagen in seinem Roman Sturmflut (1877) geschildert wurde, der dann jedoch in Konkurs ging, [Bethel Henry Strousberg]: Dr. Strousberg und sein Wirken von ihm selbst geschildert. Berlin: J. Guttentag (D. Collin) 1876. Siehe auch Kurt Zielenziger: Juden in der deutschen Wirtschaft. Berlin: Welt-Verlag 1930, Seite 75 bis 87. Strousberg (eigentlich Barthel Heinrich Strausberg) lebte von 1823 bis 1884.
81 ☐ Ab Nr. 26 vom 25. 6. auf 1 Taler 5 Silbergroschen, ab der Umbenennung in Sturmblatt Düppel (24. 12) auf 1 Taler 10 Silbergroschen.
82 ☐ Zit. nach Sturmblatt Düppel vom 24. 12. 1864, Seite 402. Ein Exemplar dieser Zeitschrift findet sich im Archiv des Instituts für Kommunikationswissenschaft (Zeitungswissenschaft) der Universität München.
Als 1864 der Sturm auf die Düppeler Schanzen der preußischen Armee ihren ersten großen Sieg seit 1815 einbrachte, glaubten die konservativen Kreise, nun würde sich die bis dahin vorwiegend liberal ein-

gestellte öffentliche Meinung hinter die Regierung Bismarck stellen. Doch die oppositionelle Haltung dauerte fort. Daher das konservative Schlagwort vom Inneren Düppel, das heißt von einer Umkehrung der öffentlichen Meinung, die wie durch eine Schlacht errungen werden sollte. Daher auch die Umbenennung des Kleinen Reaktionärs in Sturmblatt Düppel.

83 □ Ernste und heitere Beiträge stammten von Dr. d'A., Arndt, Dr. Springauf und C. Fr. Vogt; diese Mitarbeiter konnten nicht näher identifiziert werden.

84 □ Mitteilung im Briefkasten, Nr. 124 vom 11. 2. 1865.
Manche Postbeamte behaupteten zu Unrecht, das Blatt wäre eingegangen.

85 □ Beginn der Serie in Nr. 135 vom 29. 4. 1865.

86 □ Zit. nach Briefkasten, Nr. 139 vom 27. 5. 1865.
Hickethier war im Januar 1863 als verantwortlicher Redakteur des Preußischen Volksblattes wegen Verleumdung des Vorbeters der Berliner Jüdischen Gemeinde vom Berliner Kammergericht in zweiter Instanz zu 14 Tagen Gefängnis verurteilt worden. Vgl. Berliner Gerichts-Zeitung, Nr. 14 vom 31. 1. 1863.
Am 12. 4. 1867 übernahm er die Redaktion der 1855 von Hermann Wagener gegründeten »social-politischen Wochenschrift« Berliner Revue.

87 □ Zit. nach Nr. 156 vom 22. 9. 1865.

88 □ Vgl. zu Wolfgang Bernhardi die entsprechende Kurzbiographie.

89 □ Der Berliner Theater-Punsch war seit 1862 als Beilage zu W[aldemar] Bloch's (später Felix Bloch's) Charivari für Theater, Musik und dramatische Literatur (1850 bis 1923) erschienen; verantwortlicher Redakteur des Charivari war zum damaligen Zeitpunkt Eduard Bloch (1831 und 1895), der eine bekannte Theaterbuchhandlung und -agentur begründet hatte und selbst Lustspiele schrieb.

90 □ Je ein Exemplar des Berliner Punsch' befindet sich in der Amerikagedenkbibliothek Berlin (West) und in der Deutschen Staatsbibliothek Berlin (ehemals DDR).

91 □ Zit. nach Nr. 37 vom 15. 9. 1866, Seite 147.

92 □ Bildlich dargestellt wurden die Dialogpartner »Geheimrath – Commerzienrath« sowie »Herr von A. – Herr von B.«
Der Berliner Punsch enthielt Zeichnungen von Probus, O.v.T., F. S., M. und L. P. Es ist nicht gelungen, die genannten Kürzel aufzulösen.

93 □ Notiz im Briefkasten, Nr. 9 vom 2. 3. 1867.

94 □ Vgl. Teil I, Kapitel 5.

95 □ Die Lachtaube ist erwähnt bei J[ulius] Lazarus: Die Berliner Presse. Beiträge zu einer Geschichte Berlins, Jg. 25 (1908), Seite 258. Die von Margaretha Lohmeier herausgegebene Illustrirte Kinder-Zeitung Die Lachtaube war seit Januar 1865 in der Verlagsdruckerei von A. Sonnenburg erschienen. Der Verlagswechsel wird angezeigt in der Nr. vom 24. 6. 1866.

96 □ Vgl. Anzeige in Berliner Gerichts-Zeitung, Nr. 112 vom 26. 9. 1868.
Ob die für etwa Mitte Oktober angezeigte zweite Nummer erschien, konnte nicht festgestellt werden. Der Titel Miau ist nicht neu. Von 1865 bis 1869 erschien in München eine von Josef Ziegler herausgegebene Zeitschrift dieses Namens. Untertitel: Ein lustiges Volksblatt mit komischen Bildern.
Vgl. Joachim Kirchner (Hrsg.): Bibliographie der Zeitschriften des deutschen Sprachgebietes bis 1900. Bd. II. Stuttgart: Anton Hiersemann 1971, Seite 308, Nr. 11371.

97 □ Zit. bei J. Lazarus: Die Berliner Presse (Anm. 95), Seite 281. Die nicht nachgewiesene Berliner Laterne wurde von Heinrich Roochefort (offensichtlich ein Pseudonym) herausgegeben. Die Berliner humoristischen Blätter erschienen als Beilage zur Illustrirten deutschen Reise-Zeitung.

98 □ Die erste Nummer wurde bei Gustav Lange, die zweite und dritte bei Ernst Kühn gedruckt.
Standort: Staatsbibliothek Preußischer Kulturbesitz Berlin (West).

99 □ Die Stenographische Trinkstube ist erwähnt bei J. Kirchner (Hrsg.): Bibliographie der Zeitschriften (Anm. 96), Seite 9, Nr. 6749. Seit 1849 waren zahlreiche Zeitschriften konkurrierender stenographischer Schulen entstanden.

100 □ Standort: The British Library, London.

101 □ Die Tribüne erschien bis 1874 dienstags, donnerstags und sonnabends, dann täglich. Sie war 1862 aus der von Matthias ein Jahr zuvor gegründeten Allgemeinen Gerichts-Zeitung hervorgegangen. Die Tribüne wurde von Adolf Mützelburg (1831 bis 1882) redigiert; H[ermann] Bernhardt zeichnete verantwortlich.

102 □ Zit. nach E. Hilaris: Die Berliner Presse (Anm. 41), Seite 17.

103 □ Hopfs Possen wurden hauptsächlich in dem 1859 gegründeten Victoria-Theater aufgeführt. Infolge ihrer scharfen Couplets geriet der Autor wiederholt in Konflikt mit der Polizei. Ende der 60er Jahre war die große Zeit der Berliner Lokalposse vorüber.

104 □ Die Zitate finden sich bei I. Kastan: Berlin wie es war (Anm. 25), Seite 257 und 261.
»Couplet« (franz. von lat. copula = eigentlich Verbindung zweier rhythmischer Sätze zu einer Strophe). Heute scherzhaft-satirisches oder witzig-zweideutiges Lied oft frivolen oder aktuellen Inhalts in Singspielen, Lokalpossen oder Operetten. Die gleichgebauten Strophen werden nach derselben Melodie gesungen und schließen mit demselben Kehrreim.

105 □ Zit. nach Felix Philippi: Alt-Berlin. Erinnerungen aus der Jugendzeit. 2. Aufl. Berlin: Ernst Siegfried Mittler und Sohn 1913, Seite 120.
C[K]arl Helmerding (1822 bis 1899) war über zwei Jahrzehnte als Darsteller komischer Rollen ein Liebling der Berliner. Seine Wirkungsstätten waren das Königstädtische Theater, das Krollsche Etablissement und vor allem das Wallner-Theater, wo er als Held zahlreicher, von David Kalisch geschriebener Possen auftrat. Er veröffentlichte allein oder gemeinsam mit Albert Hopf Theater-Humoresken und schrieb auch Artikel für die Gartenlaube, das Berliner Tageblatt und das Fremdenblatt. Helmerding war wiederholt im Haus Bismarck zu Gast.
Vgl. u. a. Adolph Kohut: Carl Helmerding. Ein Lebens- und Künstlerbild. Berlin: C. Georgi 1892.
106 □ Helmerding befindet sich im Deutschen Theatermuseum. Früher Clara-Ziegler-Stiftung München. Hopf war Eigentümer dieses Blattes.
107 □ Faust, Zueignung, Vers 167.
108 □ Zit. nach Briefkasten, Nr. 17 vom 23. 7. 1864.
109 □ Zit. nach Berliner Montags-Zeitung, Nr. 40 vom 2. 10. 1865.
Die bei J. Kirchner (Hrsg.): Bibliographie der Zeitschriften (Anm. 96) enthaltenen Angaben sind ungenau (Seite 307, Nr. 11353).
110 □ Vgl. Volks-Zeitung, Nr. 288 vom 9. 12. 1866 (versteuerte Exemplare im 4. Quartal).
111 □ Vgl. Staatsarchiv Potsdam (Orangerie), Pr. Br. Rep. 30 Berlin C Polizei Präsidium, Tit. 95, Sect. 4, Nr. 14813, fol. 7, 11 und 12. Die Zitate entstammen der Probenummer (fol. 2); beschlagnahmt wurde Nr. 13 vom 29. 6. 1867.
Vgl. zu Heil Richard Wrede/Hans von Reinfels (Hrsg.): Das geistige Berlin. Eine Encyklopädie des geistigen Lebens Berlins. Bd. 1. Berlin: Hugo Storm 1897, Seite 179, sowie die Kurzbiographie am Ende dieses Buchs.
112 □ Vgl. zu dem Verleger Brigl: Kurzporträt.
113 □ Zit. nach Der richtige Berliner in Wörtern und Redensarten verfaßt von Hans Meyer weiland Professor am Grauen Kloster zu Berlin, fortgeführt von Dr. Siegfried Mauermann und für die zehnte Auflage bearbeitet & ergänzt von Walther Kiaulehn. München/Berlin: Biederstein 1965, Seite 24.
Vgl. auch Paul Lindau: Nur Erinnerungen. Bd. 2. Stuttgart und Berlin: Cotta 1917, Seite 98: »Bewundernswert ist auch, wie sich der eingefleischte Hanseate . . . in das spezifische Wesen des echten Berliner Witzes eingelebt hat.«
Vgl. zu Julius Stettenheim: Ursula E. Koch: Ridendo dicere verum: Julius Stettenheim (1831 bis 1916) – ein Meister des jüdisch-berlinischen Witzes (Ein Baustein zur Berliner Kulturgeschichte). In: Revue d'Allemagne, Bd. XIV, Nr. 2, Strasbourg 1982, Seite 252 bis 266.
114 □ Zit. nach Julius Stettenheim: Heitere Erinnerungen. Keine Biographie. Berlin: S. Fischer 1896, Seite 126 f.
115 □ J. Stettenheim: Heitere Erinnerungen (Anm. 114), Seite 165 f.
116 □ Die Auflage der Berliner Wespen stieg ziemlich rasch von 12 000 über 16 000 auf 20 000 Exemplare. Vgl. die in der Berliner Montags-Zeitung erschienenen Anzeigen vom 21. 9. 1868 sowie vom 30. 3. und 13. 9. 1869 (Nr. 38, 13 und 37).
Ab Nr. 39 vom 26. 9. 1869 erhöhte das Blatt daher seinen Preis von 13 auf 15 Silbergroschen; die Einzelnummer kostete statt bisher 1 ½ nunmehr 2 ½ Silbergroschen.
117 □ Vgl. Heitere Erinnerungen (Anm. 114), Seite 209. Stettenheim weist auch darauf hin, daß die mit am meisten in den Berliner Wespen verulkten Abgeordneten der Zentrumspartei ihm persönlich nichts übelgenommen hätten, eine Aussage, die zumindest nach dem Ausbruch des Berliner Antisemitismusstreits (1879) nicht mehr voll zutreffen dürfte (Seite 210).
118 □ Der Name Muckenich kam bereits in dem Hamburger Witzblatt Mephistopheles (1847 bis 1852) vor, dem Stettenheim mehrere Beiträge geliefert hatte.
Ganz wie die stehenden Figuren des Kladderadatsch, so wurden auch die stehenden Figuren der Berliner Wespen als »Nebenprodukte« in Form von Broschüren auf den Markt gebracht, zum Beispiel Muckenich's Reden und Thaten, die mehrmals aufgelegt worden sind.
119 □ Berliner Wespen, Nr. 21 vom 24. 5. 1872: »Von der Baracke zur Weltstadt Barackia.«
120 □ Vgl. Teil I, Kapitel I.
121 □ Eine Nummer des Kriegs-Kladderadatsch befindet sich in der Staatsbibliothek Preußischer Kulturbesitz Berlin (West).
122 □ Die Deutsche Kriegslaterne gehört laut Auskunft der Benutzungsabteilung der Deutschen Staatsbibliothek Berlin (ehemals DDR) zu den Kriegsverlusten.
123 □ Bis Ende 1870 sollen über 500 verschiedene Spottschriften, Pasquillen und Karikaturen vorgelegen haben.
Die umfangreichste Sammlung aller im Deutsch-Französischen Krieg erschienenen Karikaturen wurde von einem englischen Buchhändler in zwei Exemplaren zu je 8 Bänden angelegt; eins wurde der Universitätsbibliothek in Heidelberg übergeben. Nach dem Zweiten Weltkrieg befindet sich die größte Sammlung im Germanischen Nationalmuseum Nürnberg.
124 □ Zit. nach Otto Mühlbrecht: Über Spottschriften und Karikaturen mit besonderer Beziehung auf das Jahr 1870. In: Beiträge zur Kulturgeschichte von

Berlin. Festschrift zur Feier des fünfzigjährigen Bestehens der Korporation der Berliner Buchhändler: Berlin 1898, Seite 168.
125 □ Der Verfasser des »Kutschkeliedes« ist der Feldprediger, später Präpositus zu Basedow in Mecklenburg, Hermann Alexander Pistorius (1811 bis 1877). Es ist aufgebaut auf dem bereits während der Freiheitskriege gesungenen Zweizeiler »Was kriecht denn da im Busch herum? Ich glaub', es ist Napoleum.« In umgearbeiteter Form erschien das »Kutschkelied« am 22. 8. 1870 in den Mecklenburgischen Anzeigen, von wo aus es in zahlreiche Presseorgane und auf die Bühne (Wir Barbaren) Eingang fand.
Vgl. zu diesem »Hit«, über dessen Autorenschaft 1871 vor Gericht gestritten wurde, Wilhelm Ehrenthal: Das Kutschkelied auf der Seelenwanderung. Forschungen über die Quellen des Kutschkeliedes. 5., vermehrte Auflage. Leipzig: F. A. Brockhaus 1871.
126 □ Vgl. zum kommerziellen Engagement des Kladderadatsch K. Schulz: »Kladderadatsch« (Anm. 34), Seite 176 bis 180.
Vgl. zu den Auflagen: Berlin und seine Entwickelung. Städtisches Jahrbuch für Volkswirthschaft und Statistik, hrsg. vom statistischen Bureau der Stadt, 6. Jg. (1872), Seite 178. Die Auflage der Berliner Wespen betrug während des Deutsch-Französischen Krieges 20 000 als Beilage der Tribüne, 12 000 separat.
Zum Vergleich: Die beiden auflagenstärksten deutschen Tageszeitungen, die Volks-Zeitung (Berlin) und die Kölnische Zeitung, kamen auf je 35 000 Exemplare.

Zu Teil I, Kapitel 5 (S. 201 – S. 269)

1 □ Kladderadatsch, Nr. 23 und 24 vom 24. 5. 1874.
2 □ 1880 war die erste (1 122 330), 1910 die zweite (2 071 257) Million überschritten. Durch das Eingemeindungs-Gesetz von 1920 wurde Berlin dann nach London und New York die drittgrößte Stadt der Welt (3 858 293 Einwohner).
Vgl. Hans Herzfeld: Allgemeine Entwicklung und politische Geschichte. In: Berlin und die Provinz Brandenburg im 19. und 20. Jahrhundert. Hrsg. von Hans Herzfeld unter Mitwirkung von Gerd Heinrich, Berlin: Walter de Gruyter 1968, Seite 83.
3 □ Ebenda.
4 □ Ebenda.
5 □ Vgl. zur Presse im Reichsgründungsjahr: Ursula E. Koch: Berliner Presse und europäisches Geschehen 1871. Eine Untersuchung über die Rezeption der großen Ereignisse im ersten Halbjahr 1871 in den politischen Tageszeitungen der deutschen Reichshauptstadt. Berlin: Colloquium 1978, Seite 15 bis 134. Vgl. allgemein Peter de Mendelssohn: Zeitungsstadt Berlin. Menschen und Mächte in der Geschichte der deutschen Presse. 2. Aufl. Frankfurt/M/Berlin/Wien: Ullstein 1982.
Vgl. hierzu folgenden Ausschnitt aus dem Deutschen Tageblatt vom 10. 2. 1882 (Nr. 41): »Im Allgemeinen ist eine ganz bedeutende Steigerung des Zeitungswesens in den letzten Jahren zu konstatieren, die sich einmal aus dem Wachsthum Berlins an sich und besonders seiner Bedeutung, andererseits aus der größeren Theilnahme des Publikums am politischen Leben erklärt.« So erschienen 1881 nach polizeilichen Angaben in Berlin 281 Presseorgane; 94 waren »mehr oder weniger politischen Inhalts«.
6 □ Vgl. zu den Debatten Eberhard Naujoks: Die parlamentarische Entstehung des Reichspressegesetzes in der Bismarckzeit (1848/74). Düsseldorf: Droste 1975, Seite 141 bis 202. Vgl. zum Text Seite 219 bis 231.
Vgl. auch Kurt Häntzschel: Reichspreßgesetz und die preßrechtlichen Vorschriften des Reichs und der Länder. Berlin: Carl Heymanns Verlag 1927.
7 □ Im August 1879 war im Ministerium des Innern eine Verschärfung des Reichspressegesetzes in Erwägung gezogen worden. Sie beabsichtigte, das Verbot und die Beschlagnahme auf alle Druckschriften zu erweitern, welche »strafbare Aufreizungen« enthielten.
Vgl. Geheimes Staatsarchiv Preußischer Kulturbesitz Berlin (West), Rep. 84a, Bd. 3985, fol. 76 bis 80.
8 □ Die tabellarischen Übersichten waren von Kaiser Wilhelm I. angeordnet worden, nachdem der Böttchergeselle Eduard Kullmann am 13. Juli 1874 in Bad Kissingen auf Bismarck ein Attentat verübt hatte. Dieser Attentatsversuch wurde auf den »verderblich wirkenden Einfluß der Tagespresse« zurückgeführt.
Vgl. Circular-Erlaß vom 15. 7. 1874 (Geheimes Staatsarchiv Preußischer Kulturbesitz, Rep. 84a, Bd. 3930, fol. 172 und 179).
Vgl. zu den Übersichten Rep. 84a, Bd. 4062 und 4063, sowie Staatsarchiv Potsdam (Orangerie), Pr. Br. 30 Berlin C Polizei Präsidium, Tit. 94, Acta des Königlichen Polizei Präsidii zu Berlin, betreffend die in Berlin erscheinenden politischen Zeitungen und Zeitschriften.
Siehe auch die Dissertation von Hans-Wolfgang Wetzel: Presseinnenpolitik im Bismarckreich (1874–1890). Das Problem der Repression oppositioneller Zeitungen. Bern: Herbert Lang/Frankfurt/M: Peter Lang 1975.
9 □ Vgl. hierzu Staatsarchiv Potsdam (Orangerie), Pr. Br. Rep. 30 Berlin C Polizei Präsidium, Tit. 94, Nr. 12128, fol. 326 f. und 371.
Die Polizeibehörden verhielten sich allerdings schon

zu Beginn der achtziger Jahre relativ großzügig, sofern die Darstellung des Kaisers »würdig« war.
10 □ Vgl. hierzu Otto Nahnsen: Der Straßenhandel mit Zeitungen und Druckschriften in Berlin. Essen: Verlag der Wirtschaftlichen Nachrichten aus dem Ruhrbezirk 1922, Seite 37 bis 40.
Noch 1868 hatte in der Berliner illustrierten Familienzeitschrift Der Hausfreund (Nr. 11, 11. Jg., 1868, Seite 181) unter dem Titel »Die Presse und die Straße« gestanden: »Bei uns ist der Verkauf von Zeitungen auf der Straße aber ganz verboten, und daraus sollte man den (übrigens sehr richtigen) Schluß ziehen, daß unsern Regierungen alle Zeitungen lästig sind.«
Der Verlagsbuchhändler Georg Stilke erhielt 1882 anläßlich der Eröffnung der Berliner Stadtbahn die Genehmigung, auf den S-Bahnhöfen Zeitungskioske zu errichten. Der erste in der Stadt aufgestellte Zeitungskiosk befand sich Ecke Friedrich- und Behrenstraße am Eingang der einst weltberühmten »Passage«, das heißt an einer der verkehrsreichsten Ecken Berlins. Wie in Paris, so trat der Zeitungsstand nunmehr auch in Berlin, allerdings mit mehreren Jahrzehnten Verspätung, einen wahren Siegeszug an.
Vgl. »Der erste Berliner Zeitungskiosk«. In: Welt der Arbeit vom 16. 11. 1956.
11 □ Vgl. Paul Landau: Gesellschafts-Kultur. In: Juden im deutschen Kulturbereich. Ein Sammelwerk. Hrsg. von Siegmund Kaznelson, 3. Ausgabe. Berlin: Jüdischer Verlag 1962, Seite 899.
Die Ehrung Kalischs erfolgte mit einiger Verzögerung im Kladderadatsch, Nr. 1 vom 5. 1. 1873.
12 □ Zit. nach Der Kladderadatsch und seine Leute (1848–1898). Ein Culturbild. Hrsg. von Rudolf Hofmann. Berlin: A. Hofmann & Comp. 1898, Seite 201.
13 □ Der Vermittler war Julius Stettenheim. Vgl. Julius Stettenheim: Wippchens Tage und Nachtbuch (Allerlei Erlebtes mit etwas Autobiographie des Verfassers). Berlin: Pan-Verlag 1911, Seite 16.
Vgl. zur Gehaltsaufbesserung der »Gelehrten« eine Notiz der Illustrirten Zeitung (Leipzig), Nr. 1559 vom 17. 5. 1873, Seite 371.
Hofmann konnte die Gehaltsaufbesserungen seiner Redakteure verkraften, denn allein durch den Kladderadatsch, dessen vierteljährlicher Abonnementspreis seit April 1871 für das In- und Ausland einheitlich 22 ½ Silbergroschen betrug, soll er eine »reine Einnahme von 120 000 Thalern« gehabt haben. Insgesamt soll sich sein Jahreseinkommen auf 300 000 Taler belaufen haben.
Vgl. Staatsarchiv Potsdam (Orangerie), Pr. Br. Rep. 30 Berlin C Polizei Präsidium, Nr. 10475 (Akte Albert Heinrich Hofmann).
14 □ Die Rentiersfrau trug nicht immer denselben Vornamen und taucht später (1877) auch als Friederike Nottebohm, geb. Bohmhammel oder – umgekehrt – (1888) als Friederike Bohmhammel, geb. Nottebohm auf. Der Name Bohmhammel erinnert an die 1848 von Albert Hopf unter dem Pseudonym Bohmhammel herausgegebenen Flugblätter.
15 □ Vgl. zu Polstorff die entsprechende Kurzbiographie.
Die Epistolae obscurorum virorum, zu deutsch Dunkelmännerbriefe, tauchten in Deutschland erstmals an der Schwelle des Reformationszeitalters auf (1515/17). Der Begriff Dunkelmänner bedeutet sowohl »unberühmte Schreiber« als auch Finsterlinge. Es handelt sich um fingierte satirische Briefe aus dem Geist des Gegners, um diesen bloßzustellen und lächerlich zu machen. Vgl. zu dieser über die Jahrhunderte hinweg erfolgreichen Briefgattung Helmuth Rogge: Fingierte Briefe als Mittel politischer Satire. München: C. H. Beck 1966, Seite 15 bis 79 (Dunkelmännerbriefe des Kladderadatsch: Seite 75 bis 78).
Der erste »neue« Dunkelmännerbrief wurde in Nr. 33 vom 16. 7. 1871 veröffentlicht. In Nr. 13 vom 19. 3. 1882 begann eine zweite Serie.
16 □ Vgl. Rudolf von Bennigsen. Ein deutscher liberaler Politiker. Nach seinen Briefen und hinterlassenen Papieren von Hermann Oncken, Bd. 2. Stuttgart/Leipzig: Deutsche Verlags-Anstalt 1910, Seite 232.
17 □ Vgl. Kurzbiographie.
Vgl. zu Albert Hofmanns Tod das pathetische Gedicht »Zur Erinnerung« in Nr. 1 vom 2. 1. 1881.
Im Herbst 1881 verkaufte der Sohn und Nachfolger Rudolf Hofmann das Friedrich-Wilhelmstädtische-Theater an Adolph L'Arronge (1838 bis 1908), der es 1883 als Deutsches Theater neu eröffnete und bis 1894 leitete.
18 □ In Nr. 50 vom 1. 11. 1885 zeichnete Löwenstein zum letztenmal verantwortlich. Vgl. zur Kontroverse u. a. Adolph Kohut (Hrsg.): Die Großmeister des Berliner Humors. Berlin: A. Hofmann & Comp. 1915, Seite 118.
19 □ die Artikelserie »La société de Berlin« wurde auch in Buchform veröffentlicht und erlebte noch im selben Jahr vier Auflagen. Als Autor ist ein Graf Paul Vasili, Diplomat in Berlin, angegeben. In Wirklichkeit handelte es sich um die Pariser Journalistin Juliette Adam, die Gattin eines ehemaligen Polizeipräfekten aus der Belagerungszeit. Ihre Nachrichtenquelle waren die Briefe des französischen Vorlesers der Kaiserin Augusta, Gérard, an den mit Juliette Adam befreundeten Politiker Léon Gambetta.
Vgl. hierzu Pierre-Paul Sagave: 1871. Berlin Paris. Reichshauptstadt und Hauptstadt der Welt. Berlin: Propyläen 1971, Seite 192 f.
20 □ Vgl. zu den genannten Künstlern die Kurzbio-

graphien am Ende dieses Buchs. Alfred Grévin (1827 bis 1892) hielt das Pariser Leben in zahlreichen pikanten Kohle- und Federzeichnungen sowie Lithographien fest und ist bis heute berühmt als Schöpfer des Wachsfigurenkabinetts Musée Grévin (eröffnet 1882). Im März 1887 (Nr. 11) stand schließlich auch ein Wechsel in der Druckerei bevor. Die Firma Hempel & Co. trat an die Stelle des altbewährten Unternehmens Eduard Krause.

21 □ Vgl. zu 1871 und 1872: Berlin und seine Entwickelung. Städtisches Jahrbuch für Volkswirthschaft und Statistik, hrsg. vom statistischen Bureau der Stadt, 6. und 8. Jg. (1872, 1874), Seite 178 und 144.
Die Angaben bis 1877 beruhen auf Verlagsanzeigen. Vgl. zu den Jahresverzeichnissen (jeweils Stand 30. September) Staatsarchiv Potsdam (Orangerie), Pr. Br. Rep. 30 Berl. C Polizei Präsidium, Tit. 94, Nr. 14410 (fol. 62, 128, 177, 245, 260, 278, 312), 14411 (fol. 5, 118, 186, 267) und 14412 (fol. 160 und 312).
Der Verlag versuchte den Auflagenrückgang durch verstärkte Werbung und Prämienbilder einzudämmen. 1878 zum Beispiel konnten die »getreuen Abonnenten des Kladderadatsch« zum Vorzugspreis von 6 Mark das Kunstblatt »Fürst Bismarck in seinem Arbeitszimmer« erwerben, ein Angebot, das von »vielen Tausenden« wahrgenommen wurde. Vgl. Nr. 3 vom 20. 1. 1878, Beiblatt.

22 □ Trojan berichtet über seine Begegnung mit Bismarck, der auf den Kladderadatsch sogar einen Toast ausgebracht hatte, in der Sonntags-Beilage der National-Zeitung, Nr. 336 vom 2. 6. 1901 (Bismarck-Erinnerungen).
Vgl. auch Johannes Trojan: Erinnerungen. Berlin: Verlag des Vereins der Bücherfreunde 1912, Seite 135.
Das Gespräch ist abgedruckt in Otto Fürst von Bismarck: Die gesammelten Werke, Friedrichsruher Ausgabe, Bd. 9. Berlin: Deutsche Verlags-Gesellschaft m.b.H. 1922, Seite 343.

23 □ Die gesammelten Werke (Anm. 22), Bd. 9, Seite 429.
Daß die Redakteure in der Zeit der Presseverfolgungen notgedrungen eine »Schere im Kopf«, das heißt ihre Waffen freiwillig abgestumpft hatten, schien Bismarck nicht zu berücksichtigen.

24 □ Am 8. 9. 1874 wurde der verantwortliche Redakteur Ernst Dohm wegen einer »Injurien-Sache« vom Königlichen Stadtgericht zu einer Geldstrafe von 25 Talern verurteilt. Vgl. Kladderadatsch, Nr. 43 vom 20. 9. 1874.
Am 30. 1. 1879 wurde Dohm wegen Beleidigung mittels der Presse mit 30 Mark (= 10 Taler) Geldstrafe belegt. Vgl. Staatsarchiv Potsdam (Anm. 21), Nr. 14410, fol. 177.
Vgl. weiter Anm. 25.

25 □ Vgl. zu der verhängten Strafe Staatsarchiv Potsdam (Anm. 21), Nr. 14410, fol. 245, und Geheimes Staatsarchiv Preußischer Kulturbesitz, Rep. 84a, Bd. 4063, fol. 258 und 276.
Siehe zur Beweisführung des Staatsanwalts: Staatsbürger-Zeitung, Nr. 21 vom 25. 1. 1880, Rubrik »Gerichts-Zeitung«.

26 □ Zit. nach Achajus [d. i. Hermann Trescher]: Der Werth der Berliner politischen Presse. Berlin: Brachvogel & Ranft 1889, Seite 56.

27 □ Ebenda. Vgl. auch Berliner Börsen-Courier, Nr. 167 vom 1. 4. 1887. Das Blatt spricht von der Zeit, als der Kladderadatsch »noch ein Witzblatt war«. Die Freisinnige Zeitung, Nr. 59 vom 10. 3. 1889, nennt den Kladderadatsch ein »ehemaliges Witzblatt a. D.«.

28 □ Das Zitat stammt aus Schillers Gedicht »Kastraten und Männer«. Das Bild ist vom Destillationsprozeß übernommen. Nach der Herstellung des Spiritus blieb eine wässrige, fade schmeckende Flüssigkeit zurück, die man Phlegma nannte.
In konservativen Kreisen war die Meinung über die Qualität des Witzblattes geteilt. Während in Fontanes in den achtziger Jahren spielendem Roman Effi Briest Frau von Briest äußerte: »Er [der Kladderadatsch] soll aber nicht mehr so gut sein«, widersprach ihr Neffe Dagobert, ein junger Offizier: »Oh, er ist noch ebensogut wie früher. Sie haben immer noch Strudelwitz und Prudelwitz, und da macht es sich von selber.« (23. Kapitel).

29 □ Zit. nach Julius Stettenheim: Heitere Erinnerungen. Keine Biographie. Berlin: S. Fischer 1896, Seite 168.

30 □ Zit. nach Alexander Moszkowski: Das Panorama meines Lebens. Berlin: F. Fontane u. Co 1925, Seite 89.
Vgl. auch die Moszkowski gewidmete Kurzbiographie.

31 □ Zit. nach A. Moszkowski: Das Panorama meines Lebens (Anm. 30), Seite 89.

32 □ Vgl. zu dem ersten Auflagenhöhepunkt der Berliner Wespen (1871) Anm. 126 (Teil I, Kap. 4). Für das Jahr 1872 wird für die Berliner Wespen eine Auflage von 22 039 (Tribüne: 19 689) angegeben. Vgl. Berlin und seine Entwickelung. Städtisches Jahrbuch für Volkswirthschaft und Statistik, hrsg. vom statistischen Bureau der Stadt, 8. Jg. (1874), Seite 144. Laut einer Anzeige in der Staatsbürger-Zeitung (Nr. 2 vom 2. 1. 1875) betrug die Auflage 1874 22 000 Exemplare. Vgl. für die späteren Angaben (32 000 Exemplare) die Jahresverzeichnisse des Staatsarchivs Potsdam (Anm. 21), Nr. 14410, fol. 61, 72, 128, 177, 245 und 278.
Nach der Währungsumstellung (1875) kostete das vierteljährliche Abonnement der Berliner Wespen

1 Mark 25 Pfennig (zum Vergleich: Kladderadatsch 2 Mark 25 Pfennig); die Einzelnummern der beiden Witzblätter wurden zum selben Preis (25 Pfennig) ausgegeben.
33 □ Vgl. Heitere Erinnerungen (Anm. 29), Seite 124 und 154.
Siehe in bezug auf die Beschlagnahme der den Rebus enthaltenden Nr. 24 vom 13. 6. 1873 Staatsarchiv Potsdam, Pr. Br. Rep. 30 Berlin C Polizei Präsidium, Tit. 95, Sect. 4, Nr. 14813, fol. 74 bis 81. Am 14. 6. 1873 war die Beschlagnahme vom Staatsanwalt wieder aufgehoben worden.
In der folgenden Nummer vom 20. 6. 1873 brachten die Berliner Wespen dann einen dem Berliner Polizeipräsidenten Guido von Madai gewidmeten »Extra-Rebus der Schadenfreude«.
Zwischen 1868 und 1888 wurden 12 Anfragen von oder bei der Staatsanwaltschaft registriert in bezug auf die eventuelle Beschlagnahme einzelner Nummern. In vier Fällen (Nr. 49, 21, 29 und 24 vom 6. 12. 1868, 22. 5. 1870, 19. 7. 1872 und 13. 6. 1873) wurde eine solche durchgeführt. Viermal wurde Stettenheim zu Geldstrafen zwischen einem und 60 Talern verurteilt. Vgl. Staatsarchiv Potsdam, fol. 30 bis 33, 35 f., 40, 46, 59 bis 62, 69, 73 bis 81 und 150.
Im Juni 1881 wurde das Berliner Witzblatt von der Kolportage auf den bayerischen Bahnhöfen ausgenommen.
34 □ Vgl. zur »Krieg-in-Sicht-Krise« Teil II, Kap. 6 dieses Buchs.
Am 9. 2. 1876 sagte Bismarck im Reichstag: »Dieser Beisatz ›officiös‹ und diese Verdächtigungen irgend eines Blattes, je nachdem man es gerade braucht, als eines ›subventionirten‹ durch das Wort ›Reptilie‹ ist ja eine wirksame Hilfe in der publicistischen Discussion. Das Wort Reptilie . . ., Reptilienpresse in der Meinung, wie es gebraucht wird, kommt mir immer vor, als wenn Leute, die mit dem Gesetze in Conflict treten, auf die Polizei schimpfen und sie Diebsjäger und dergleichen nennen . . . Unter Reptilien verstanden wir die Leute, die in Höhlen – bildlich gemeint – kurz und gut in verwegener Weise intriguiren gegen die Sicherheit des Staats, und man hat das nun umgedreht und nennt Reptile diejenigen, die das aufzudecken streben . . . ich erkläre nur, daß es Reptile des Auswärtigen Amts in dem Sinne, wie Gegner den Ausdruck gebrauchen, absolut nicht gibt.« Zit. nach Die politischen Reden des Fürsten Bismarck. Historisch-kritische Gesammtausgabe besorgt von Horst Kohl, Bd. 6. Stuttgart: Cotta 1893, Seite 339.
Vgl. zu den von Bismarck zeitweise benutzten Zeitungen Irene Fischer-Frauendienst: Bismarcks Pressepolitik. Münster: C. J. Fahle 1963, Seite 50 bis 67. Auf den folgenden Seiten Erklärung der Subventionsmöglichkeiten, zum Beispiel durch den berüchtigten »Welfenfonds« oder »Reptilienfonds«, der durch die Zinsen aus dem beschlagnahmten Privatvermögen des 1866 um seinen Thron gebrachten Königs Georg V. von Hannover finanziert worden ist (seit März 1868).
35 □ Der Name geht wahrscheinlich auf den Ausdruck »Mach mir keine Wippchen vor!« zurück.
36 □ Vgl. zu »Wippchen«, seiner Entstehungsgeschichte und seiner Rezeption J. Stettenheim: Heitere Erinnerungen (Anm. 29), Seite 234 bis 254.
37 □ Zit. nach Paul Schlenther, »Stettenheim«. In: Berliner Tageblatt, Nr. 558 vom 1. 11. 1911.
Vgl. Wippchen's sämtliche Berichte. Hrsg. von Julius Stettenheim, 16 Bde. Berlin: A. Hofmann & Comp., später Hermann Paetel 1878 bis 1903. Siehe auch folgende Anthologien: Wippchens Tage- und Nachtbuch (Anm. 13), Julius Stettenheim: Lies und lach! Wippchens lustige Auslese. Hrsg. und mit einem Nachwort versehen von Julie Leipziger-Stettenheim. Hamburg/Berlin: Hoffmann und Campe 1924, und Wippchens charmante Scharmützel erträumt von Julius Stettenheim in Erinnerung gebracht von Siegfried Lenz und Egon Schramm. Hamburg: Hoffmann und Campe 1960 (Neuausgabe München 1988).
Schließlich sei hier an die Sendereihe der Berliner Welle (DDR) Aus vergessenen Büchern (1970/71) erinnert. Als Beispiel für das 19. Jahrhundert wurde Wippchen alias Stettenheim angeführt.
38 □ Vgl. J. Stettenheim: Heitere Erinnerungen (Anm. 29), Seite 240 bis 246. Das Kleine Journal war 1879 von dem 1875 in Konkurs gegangenen »Eisenbahnkönig« Bethel Henry Strousberg (eigentlich Barthel Heinrich Strausberg; 1823 bis 1884) gegründet worden. Stettenheims Schwiegersohn, der Rechtsanwalt Leo[n] Leipziger (1861 bis 1922) hatte das Blatt 1893 erworben und gab ihm einen konservativen Anstrich bei gleichzeitiger witziger Darstellung der Berliner Lebe- und Halbwelt. 1902 verkaufte er das Kleine Journal und gründete die Wochenschrift für das Leben in Berlin Der Roland von Berlin (1903 bis 1923; ab 1921: Roland. Gesellschaft, Kunst, Finanz).
39 □ Vgl. Sigmund Freud: Der Witz und seine Beziehung zum Unbewußten (Wien 1905), Fischer Taschenbuch, Frankfurt 1977, Seite 173 bis 175. Vgl. auch Josef Körner: Der Witz. In: Preußische Jahrbücher, Bd. 239, H. 2, Berlin 1935, Seite 128 bis 149; zu Wippchen: Seite 139. Siehe ferner Georg Büchmann: Geflügelte Worte, 32. Auflage vollständig neubearbeitet von Gunther Haupt und Winfried Hofmann. Berlin: Haude & Spener 1972, Seite 364 f.
40 □ Zit. nach Effi Briest, 23. Kapitel. Siehe Frau Jenny Treibel, 9. Kapitel.
41 □ Alexander Moszkowski: »Julius Stettenheim. Persönliche Erinnerungen«. In: Berliner Tageblatt, Nr. 559 vom 31. 10. 1916. Das Zitat Maximilian Har-

dens, der 1892 die führende Wochenschrift Die Zukunft gegründet hatte, stammt aus: Zur Erinnerung an das Stettenheim-Bankett des Vereins »Berliner Presse« am 5. November 1911.
42 ☐ Vgl. zu Einzelheiten Staatsarchiv Potsdam (Anm. 33), fol. 108 f.
Die Tribüne war bereits am 22. 1. 1881 in das Eigentum und in den Verlag der Tribünen-Aktien-Gesellschaft übergegangen; sie war nunmehr das offizielle Organ der linksliberalen »Sezessionisten«.
Brigl begründete statt dessen die am 1. 9. 1881 erstmals erschienene Tägliche Rundschau; nomineller Herausgeber war bis 1888 der in Wiesbaden wohnende Dichter Friedrich Bodenstedt. Die Tägliche Rundschau verstand sich anfangs – im Gegensatz zur Tribüne – als ein unparteiisches Blatt, später wurde sie deutsch-national. 1933 wurde das Blatt verboten. 1945 nahm die erste Zeitung der Sowjetarmee für die Berliner Bevölkerung diesen Titel wieder auf. 1955 wurde sie eingestellt.
Ab Nr. 15 vom 12. 4. 1882 wurden die Berliner Wespen von Eduard Krause, dann von dem späteren Besitzer mehrerer nationaler Zeitungen (Berliner Neueste Nachrichten, Deutsche Warte und andere), W. Büxenstein, und schließlich, ab Nr. 40 vom 3. 10. 1884, wieder von dem alten Drucker Rudolf Gensch gedruckt. Dessen Nachfolger wurde im Januar 1887 das Unternehmen Wilhelm & Brasch.
43 ☐ Der Berliner Börsen-Courier war 1868 von Robert Davidsohns älterem Bruder George begründet worden. Er zeichnete sich durch eine prononziert linksliberale Tendenz aus. Am 1. 1. 1934 wurde er im Zug der Gleichschaltung mit der Berliner Börsen-Zeitung verschmolzen, von der er sich einst abgespalten hatte.
Vgl. zu den angegebenen Auflagen Staatsarchiv Potsdam (Anm. 21), Nr. 14 411, fol. 19 f. und 106.
Der Berliner Courier erschien seit 1882 als billigere Sonderausgabe des zweimal täglich ausgegebenen Berliner Börsen-Couriers. Er verzichtete auf den Börsenteil und brachte nur den politischen, feuilletonistischen, Kunst-, Theater- und lokalen Teil. Stettenheim schrieb für dieses Blatt mehrmals wöchentlich eine »humoristische Plauderei über Berliner Verhältnisse«. Die Zeitgenossen vermuteten, daß es sich nur um einen Scheinverkauf gehandelt habe, was heute nicht mehr überprüfbar ist.
44 ☐ Vom 4. bis 25. 7. 1884 erschienen die Berliner Wespen wieder bei A. Hofmann & Comp., anschließend im Verlag der Redaktion der »Berliner Wespen« (Schmidt), dann, vom 1. 10. 1884 bis September 1885, im Verlag Friedrich Wilhelm. Dieser setzte den Preis der Einzelnummer auf 20 Pfennig herab. Eine Abfindungssumme des Verlegers Rudolf Hofmann dürfte Stettenheim den Kauf ermöglicht haben.
45 ☐ Eugen Richter (1838 bis 1906) war der Mitbegründer und Führer der am 5. 3. 1884 aus der Vereinigung der Fraktionen der Deutschen Fortschrittspartei und der Liberalen Vereinigung hervorgegangenen Deutschen Freisinnigen Partei. Die Freisinnige Zeitung, die bis 1918 weiterbestand, war einerseits ein modernes Nachrichtenblatt, andererseits das Sprachrohr Richters. Vgl. zur Auflage Staatsarchiv Potsdam (Anm. 21), Nr. 14 411, fol. 227.
46 ☐ Zit. nach dem Waschzettel zu Peter de Mendelssohns Buch S. Fischer und sein Verlag. Frankfurt: S. Fischer 1970.
Vgl. zu diesem Unternehmen auch S. Fischer, Verlag – Von der Gründung bis zur Rückkehr aus dem Exil. Eine Ausstellung des Deutschen Literaturarchivs im Schiller-Nationalmuseum, Marbach am Neckar. Hrsg. von Friedrich Pfäfflin und Ingrid Kussmaul. Marbach: Deutsche Schillergesellschaft 1985.
47 ☐ Zit. nach Berliner Wespen, Nr. 12 vom 22. 3. 1888: »An unsere Leser«.
Vgl. zu Sigmar Mehring die diesbezügliche Kurzbiographie.
Mit seinem Sohn Walter Mehring (1896 bis 1981), dem 1933 in die Emigration gegangenen Theaterdichter und Satiriker, konnte die Autorin mehrere Briefe wechseln.
48 ☐ 1890 verkaufte der Buchdrucker Rudolf Gensch die Berliner Presse an den Ullstein-Verlag. Sie wurde mit der Berliner Zeitung (1876 bis 1904) verschmolzen.
Vgl. zu den Auflagen Staatsarchiv Potsdam (Anm 21), Nr. 14 412, fol. 61, 149, 160, 249, 288 und 312.
49 ☐ Zit. nach einer Verlagsanzeige in der Berliner Gerichts-Zeitung, Nr. 34 vom 21. 3. 1872.
Vgl. zur Geschichte des Berliner Tageblattes Gotthart Schwarz: Berliner Tageblatt (1872 bis 1939). In: Heinz-Dietrich Fischer (Hrsg.): Deutsche Zeitungen des 17. bis 20. Jahrhunderts. Pullach bei München: Verlag Dokumentation 1972, Seite 315 bis 327. Die Angliederung des Ulks wird allerdings falsch (1874) datiert (Seite 320).
50 ☐ Vgl. Aufruf des Berliner Tageblattes »An unsere Leser« vom 29. 12. 1872. In der Kopfleiste wird erst im zweiten Quartal 1873 darauf aufmerksam gemacht, daß die Abonnenten des Berliner Tageblattes den Ulk gratis erhalten.
51 ☐ Zit. nach Deutsche Humoristen der Gegenwart. In: Illustrirte Zeitung, Nr. 1905 vom 3. 1. 1880, Seite 7.
Vgl. zu Haber und dem Zeichner Scherenberg die am Ende des Buchs zusammengestellten Kurzbiographien.
Vgl. zu Haber auch den Artikel von Ludwig Fränkel in: Allgemeine Deutsche Biographie, Bd. 49. Berlin:

Duncker & Humblot 1971 (Neudruck der 1. Auflage von 1904), Seite 695, sowie die ausführlichen Mitteilungen im Berliner Tageblatt, Nr. 106, 107, 109 vom 27. und 28. 2. sowie 1. 3. 1895.
Vgl. zur Geschichte des Ulks: Fritz Engel: Der ›Ulk‹. Sein Werden und Sein. In: Zeitschrift für Bücherfreunde. 10. Jg., 2. Bd., Bielefeld/Leipzig: Velhagen & Klasing 1906/1907, Seite 401 bis 409.

52 □ Zit. nach Brunhilde Dähn: Berlin. Hausvogteiplatz. Über 100 Jahre am Laufsteg der Mode. Göttingen/Zürich/Frankfurt: Musterschmidt 1968, Seite 65. 1871/72 gab es in Berlin etwa 60 Konfektionsgeschäfte. Sie beschäftigten zusammen etwa fünf- bis sechshundert Schneider, die ihre Arbeit an ungefähr fünf- bis sechstausend Frauen und Mädchen verteilten. Nach dem Deutsch-Französischen Krieg trat Berlin »in lebhafte Concurrenz mit Paris« und exportierte nach England, Rußland, Holland, Dänemark, Schweden, Norwegen sowie nach den wichtigsten Handelsstädten Nord- und Südamerikas.
Siehe Artikel Confection. In: Städtisches Jahrbuch für Volkswirthschaft und Statistik, Berlin, Jahrgang 1872 und die folgenden Ausgaben.

53 □ Zit. nach I[sidor] Kastan: Berlin wie es war. 8. Auflage. Berlin: Rudolf Mosse o. J. [1925], Seite 210.
Vgl. auch folgende Notiz im Berliner Börsen-Courier, Nr. 582 vom 16. 11. 1880: »Es gibt nichts Lustigeres, als einen Sonntag-Abend dazu zu verwenden, allerlei ›Studien‹ vorzunehmen . . . Da gönnt sich Paula Erbswurst – Hausvoigteiplatz links – mit ihrem teuren Julius einen theatralischen Genuß . . .« (Rubrik »Der Reporter«).

54 □ Vgl. Anzeige im Kladderadatsch, Nr. 56 vom 3. 12. 1871, wo der Erfinder und Fabrikant H. Grüneberg vor »imitirten Fabrikaten« warnte. Grüneberg beschäftigte 1870 in seiner Fabrik nicht weniger als 1735 Menschen und stellte wöchentlich etwa 30 000 in Wasser aufzulösende Erbswürste her. Vgl. Das Tagebuch der Baronin Spitzemberg, geb. Freiin v. Varnbüler. Aufzeichnungen aus der Hofgesellschaft des Hohenzollernreiches. Ausgewählt und hrsg. von Rudolf Vierhaus, 3. Auflage. Göttingen: Vandenhoeck & Ruprecht 1963, Seite 110.

55 □ Zit. nach Ulk, Nr. 11 vom 5. 6. 1872.

56 □ Zit. nach Ulk, Nr. 6 vom 10. 2. 1881.

57 □ Die leicht das Berliner Kleinbürgertum karikierende Romanfolge Die Familie Buchholz erschien ab 1883; 1974 wurden die ersten beiden Teile im Schmöker Kabinett als Taschenbuch nachgedruckt.
Julius Stinde (1841 bis 1905) war erst als promovierter Chemiker tätig, bevor er sich der Journalistik zuwandte. 1876 übersiedelte er nach Berlin, wo er als freier Schriftsteller lebte. Im Deutschen Montags-Blatt schrieb er u. a. unter seinem Pseudonym Wilhelmine Buchholz, das heißt unter dem Namen seiner »Heldin«.

58 □ Der Ulk und insbesondere sein Redakteur Richard Schmidt-Cabanis führten einen erbitterten Kampf gegen die naturalistische Dichtung. Eine besondere Rubrik »Blüthen vom Pessimistbeet der jüngstdeutschen Lyrik« war diesem Thema gewidmet. Sie erschien zwischen dem 20. 8. 1885 (Nr. 34) und dem 31. 10. 1889 (Nr. 44) in unregelmäßigen Abständen; 1887 wurden die Ergüsse Schmidt-Cabanis' als Sammelband herausgegeben.

59 □ Zit. aus einem Brief vom 27. 7. 1885 an Adele Glaßbrenner. Vgl. Bibliographische Kalenderblätter, 44. Sonderblatt, Adolf Glaßbrenner, Berliner Stadtbibliothek (ehemals DDR) 1976, Seite 28, Nr. 320.

60 □ Ulk, Nr. 6 vom 5. 2. 1885, Strophe 1 bis 3. Vgl. auch »Die Montage der Jeheimraths-Jette: Unterhaltungen am häuslichen Sparheerd«, Nr. 43 vom 22. 10. 1885.

61 □ Zit. nach F. Engel: Der ›Ulk‹ (Anm. 51), Seite 405.
Neben der im allgemeinen gut bezahlten »Köchin« gab es in wohlhabenden Haushalten noch ein oder mehrere Stubenmädchen. Dagegen mußten sich viele Haushalte der »Staatsdiener«, selbst jener mit Hochschulbildung, oft mit einem »Mädchen für alles« begnügen.
Für die Stellenvermittlung waren die »Gesinde-Vermiethungs-Comptoirs« zuständig.

62 □ Die Tinglinglinglieder behandelten »jedes Thema, welches einen Berliner nur irgend interessieren konnte« (die Wohnungsnot, die Pfaffen, Bismarck). »Eines Tages war es da, und nun blasen es die Trompeten, spielen es die Geigen, die Flöten, die Harfen, die Leierkästen überall, und wo es sich hören läßt, da stimmt pfeifend oder singend der Berliner mit ein.«
Zit. nach Theodor Fontane. Briefe an Julius Rodenberg. Eine Dokumentation. Hrsg. von Hans-Heinrich Reuter. Berlin/Weimar: Aufbau-Verlag 1969, Seite 110.

63 □ Zit. nach F. Engel: Der ›Ulk‹ (Anm. 51), Seite 405.

64 □ Vgl. die entsprechenden Kurzbiographien. Weitere Zeichner bis 1890: A. Gessner, Louis Schmidt, Oscar Wagner, Karl Wasch und L. Hans Zink.

65 □ General Ferdinand von Stülpnagel war von 1873 bis 1875 Gouverneur von Berlin. Haber war am 23. 2. 1875 wegen des Artikels »Der Steuerzettel« (Ulk, Nr. 2 vom 14. 1. 1875) vom Königlichen Stadtgericht verurteilt worden. Vgl. Staatsarchiv Potsdam (Orangerie), Pr. Br. Rep. 30 Berlin C Polizei Präsidium, Tit. 95, Sect.4, Nr. 14 833, fol. 14 bis 17, 20 bis 22.

66 □ Vgl. zu 1872: Berlin und seine Entwickelung (Anm. 21), Seite 144, zu den Jahren 1873 bis 1877 Verlagsanzeigen, ab dann die Jahresverzeichnisse des Staatsarchivs Potsdam (Anm. 21), Nr. 14 410, fol. 61 f., 82, 128, 177, 198, 201, 278, Nr. 14 411, fol. 25, 105, 118, 171, 186, 250, 267, 304, 343, 359, und Nr. 14 412, fol. 19, 46, 61 und 146.
Bis Ende Oktober 1887 war es möglich, den Ulk unabhängig vom Berliner Tageblatt zu abonnieren. Ab Nr. 43 vom 27. 10. 1887 wird im Zeitungskopf kein Abonnementspreis mehr angegeben, sondern nur noch der Preis für die Einzelnummer (25 Pf.).
67 □ Arthur Levysohn (auch Löwinsohn) war von Hause aus Buchhändler, studierte dann Philosophie und ging als Korrespondent der Kölnischen Zeitung nach Paris. Während des Deutsch-Französischen Krieges redigierte er den Moniteur officiel du gouvernement général du Nord de la France (auch Moniteur prussien genannt, Versailles). Nach seiner Ausweisung aus Frankreich war er in Wien tätig, bevor er 1876 nach Berlin übersiedelte. Im Nachruf des Berliner Tageblattes (11. 4. 1908, Abendausgabe) hieß es unter anderem: »Er schuf und organisierte zuerst das alle Teile der Erde umspannende Nachrichtenwesen und begriff mit kundigem Blick die Bedürfnisse einer großen modernen Zeitung. Sein lebendiger, beweglicher, alles Neue schnell erfassender Geist wirkte anfeuernd auf seine Umgebung und anregend auf eine ganze journalistische Generation.« Levysohns Nachfolger wurde Theodor Wolff (1861 bis 1943).
68 □ Vgl. Zeitungskopf Nr. 41 vom 9. 10. 1876.
69 □ Zit. nach Nr. 7 vom 14. 2. 1876, Rubrik »Die Wahrheit«.
70 □ Vgl. zu diesen Vertragsbestimmungen Bibliographische Kalenderblätter (Anm. 59), Seite 36, Nr. 421, 422 und 424.
Bismarck hatte gegen Nr. 32 vom 8. 8. 1881 Klage erhoben. Vgl. zu der Verurteilung Vossische Zeitung, Nr. 43 vom 26. 1. 1882. Vgl. zur Gefängnisstrafe Staatsarchiv Potsdam (Anm. 21), Nr. 14 411, fol. 132, sowie Richard Wrede/Hans von Reinfels (Hrsg.): Das geistige Berlin. Eine Encyklopädie des geistigen Lebens Berlins. Berlin: Hugo Storm 1897, Seite 474.
71 □ Der 1867 geadelte Dichter und Schriftsteller Friedrich von Bodenstedt (1819 bis 1892) hatte in seiner Jugend Armenien, die Kaukasusländer und Kleinasien durchwandert. Von 1854 bis 1866 war er Professor an der Universität München, dann leitete er drei Jahre die Hofbühne in Meiningen. Später wohnte er in Altona, Berlin und Wiesbaden. Sein bedeutendstes Werk waren die 1851 erschienenen, bis 1893 145mal aufgelegten und in viele Sprachen übersetzten Lieder des Mirza Schaffy. Bodenstedt veröffentlichte in Glaßbrenners Berliner Montags-Zeitung wiederholt politische Zeitgedichte.
C. Ferdinand Liebetreu (1833 bis 1889) war Hauslehrer, dann Verwalter der chemischen Fabrik in Köpenick und schließlich dreizehn Jahre Kalkulator (= Rechnungsbeamter) der städtischen Gasanstalten in Berlin. Erst dann wandte er sich der Schriftstellerei und der Journalistik zu. Seit 1868 war er regelmäßiger Mitarbeiter an Glaßbrenners Berliner Montags-Zeitung. Später war er bei dem von Otto Ruppius begründeten Sonntags-Blatt. Für Jedermann aus dem Volke, beim Berliner Tageblatt und bei der Post tätig, bevor er in den neunziger Jahren in die USA auswanderte.
Max Thiele hatte bereits Glaßbrenners Komischen Volkskalender mitredigiert; er war ferner Mitarbeiter der 1853 gegründeten Berliner Gerichts-Zeitung.
Der »Rentier« und Bibliophile Gotthilf Weisstein (1852 bis 1907) veröffentlichte seine »Gedankensplitter« in den Fliegenden Blättern und hin und wieder in der Berliner Montags-Zeitung. Der von seinem Freund, Fedor von Zobeltitz, zusammengestellte Katalog der »Bibliothek Weisstein« (2 Bände, 1913) umfaßt 9178 Titel, darunter auch zahlreiche Berliner Humoristika.
Franz Wallner (1810 bis 1876) hatte 1868 das von ihm geschaffene Wallner-Theater verpachtet und wirkte fortan als freier Reiseschriftsteller.
Vgl. zu Heinrich Seidel Teil I, Kapitel 6, Anm. 20.
72 □ Berliner Wespen, Nr. 39 vom 29. 9., und Ulk, Nr. 39 vom 28. 9. 1876.
Vgl. auch die Beileidschreiben Rudolf Löwensteins und Julius Stettenheims an Adele Glaßbrenner-Peroni.
Bibliographische Kalenderblätter (Anm. 59), Seite 28 f., Nr. 311 und 327. An den 100. Todestag des Schriftstellers, der in der Neuen Zeit (Berlin) am 25. 9. 1976 als ein »Zille des Wortes« bezeichnet wurde, hat man sich in beiden Teilen Berlins erinnert. Damals veröffentlichte die Berliner Stadtbibliothek (ehemals DDR) erstmals ein vollständiges Verzeichnis des in ihrem Besitz befindlichen Glaßbrenner-Nachlasses. Damals brachte der arani-Verlag eine allerdings chronologisch nicht genau datierte Anthologie auf den Markt, die unter dem Titel: Adolf Glaßbrenner: ». . .ne scheene Jejend is det hier!« Humoresken, Satiren, komische Szenen von Kurt Böttcher unter Mitarbeit von Gerda Böttcher herausgegeben wurde. 1977 folgten im selben Verlag: Adolf Glaßbrenner: Wie war Berlin vergnügt, und Adolf Glaßbrenner: Altes gemütliches Berlin. Die Juli-Ausgabe der Mitteilungen des Vereins für die Geschichte Berlins, 72. Jg., Heft 3 (1976), war dem Berliner Schriftsteller gewidmet, der von Klaus Günther Just in der Frankfurter Allgemeinen Zeitung vom 23. 4. 1877 »ein vormärzlicher Tucholsky« genannt werden sollte.

73 □ Vgl. Staatsarchiv Potsdam (Anm. 21), Nr. 14411, fol. 21. In Klammern ist allerdings die Zahl 1500 mit Bleistift vermerkt.
Gemäß Nr. 14 410 (fol. 72, 105, 122, 276, 308, 312 und 334) betrug die Auflage der Berliner Montags-Zeitung 1877 und 1878 5000, 1879 und 1880 2100, 1881 1200 und 1882 1500 Exemplare.
Vgl. zu den Verträgen zwischen Adele Glaßbrenner-Peroni und Richard Schmidt-Cabanis sowie zu den Gewinnabrechnungen und den Verhandlungen zwischen Rudolf Mosse einerseits, Adele Glaßbrenner-Peroni und Richard Schmidt-Cabanis andererseits, die im Nachlaß befindlichen Papiere: Bibliographische Kalenderblätter (Anm. 59), Seite 38, Nr. 439 bis 442.
74 □ Vgl. Anm. 57.
Vgl. zu Hedwig Dohm (1833 bis 1919), der für die Gleichberechtigung der Frau kämpfenden Gattin Ernst Dohms und späteren Großmutter Thomas Manns, unter anderem den mit einem Vorwort (Renate Bookhagen) und einem Nachwort (Berta Rahm) versehenen Nachdruck ihrer 1874 erschienenen Schrift Die wissenschaftliche Emancipation der Frau: Hedwig Dohm: Emanzipation. Zürich: Ala Verlag 1977.
Vgl. auch Thomas Mann: Gesammelte Werke in dreizehn Bänden, Bd. XI, 2. Aufl. Frankfurt/M.: S. Fischer 1974, Seite 467 bis 476 (»Little Grandma«), und Peter de Mendelssohn: Der Zauberer. Das Leben des deutschen Schriftstellers Thomas Mann. 1. Teil 1875 bis 1918. Frankfurt/M.: S. Fischer 1975, Seite 541 bis 559 (»Die Familie Pringsheim«).
Karl Gutzkow (1811 bis 1878), ein Schulfreund Glaßbrenners, gehörte zu der Gruppe jungdeutscher Publizisten, die in der Ära der Karlsbader Beschlüsse in ihren Zeitschriften »Ideen schmuggelten«. Vgl. allgemein: Walter Hömberg: Zeitgeist und Ideenschmuggel. Die Kommunikationsstrategie des Jungen Deutschland. Stuttgart: J. B. Metzler 1975. 1853 gründete er in Leipzig die Zeitschrift Unterhaltungen am häuslichen Herd. Gutzkow schrieb zahlreiche Zeitromane, zum Beispiel Der Zauberer von Rom (9 Bände; 1858 bis 1861; 1911 neu herausgegeben) und dramatische Werke.
Heinrich Laube (1806 bis 1884) gehörte ebenfalls zum »Jungen Deutschland«. Von 1849 bis 1880 war er in Wien Theaterdirektor. Er war außerdem als Theaterkritiker und Bühnendichter erfolgreich.
Fritz Mauthner (1849 bis 1923), ein gebürtiger Österreicher, ließ sich 1876 in Berlin nieder. Er war Mitarbeiter an verschiedenen Zeitschriften und erzielte einen durchschlagenden Erfolg mit seinen satirischen, den Stil der bekanntesten deutschen Dichter der Gegenwart parodierenden Studien Nach berühmten Mustern (Stuttgart 1879, 28. Auflage 1895; neue Folge 1880). Mauthner veröffentlichte ferner Erzählungen, Novellen und Romane; durch sein umfangreiches wissenschaftliches Werk Beiträge zu einer Kritik der Sprache (Stuttgart 1901–02, 3 Bände) erregte er die Aufmerksamkeit weiter Kreise.
Friedrich Spielhagen (1829 bis 1911) schrieb die im 19. Jahrhundert viel gelesenen Zeitromane Problematische Naturen (4 Bände, 1861), Hammer und Amboß (5 Bände, 1869) und Sturmflut (3 Bände, 1877). Er befaßte sich mit der Theorie und Technik des Romans, der Epik und Dramatik und gab von 1878 bis 1884 Westermanns Monatshefte heraus. Seit 1862 lebte er in Berlin.
Julius Rodenberg (eigentlich Levy; 1831 bis 1914) aus Rodenberg in Kurhessen promovierte 1856 zum Doktor beider Rechte. Nach Streifzügen durch Frankreich (Paris), England, Belgien, Holland und Dänemark etablierte er sich 1862 in Berlin. Hier redigierte er mehrere Zeitschriften und gründete endlich im Oktober 1874 die wissenschaftlich-belletristische, später auch politische Monatsschrift Deutsche Rundschau, die unter seiner Leitung zu hohem Ansehen gelangte. Neben seiner Tätigkeit als Publizist und Rezensent verfaßte Rodenberg heute größtenteils vergessene Romane, Skizzen und Reisebilder.
Vgl. Wilmont Haacke: Julius Rodenberg und die Deutsche Rundschau. Eine Studie zur Publizistik des deutschen Liberalismus (1870–1918). Heidelberg 1950 (= Beiträge zur Publizistik 2).
75 □ Zit. nach Theodor Fontane: Briefe, Bd. 1, hrsg. von Kurt Schreinert. Zu Ende geführt und mit einem Nachwort versehen von Charlotte Jolles. Berlin: Propyläen 1968, Seite 259 (Brief Fontanes an seine Frau vom 10. Juni 1884).
76 □ Zit. nach der sozialdemokratischen satirischen Wahl-Zeitschrift Die rothe Laterne, Nr. 0 (Januar 1874), Rubrik »Wochenschau«.
Vgl. zur angegebenen Auflage: Berliner Städtisches Jahrbuch für Volkswirthschaft und Statistik, Berlin 1875 (für das Jahr 1872), Seite 144. Ein Standort des von Cohnfeld herausgegebenen Berliner Figaros ist nicht bekannt.
77 □ Vgl. eine Mitteilung des lassalleanischen Organs Neuer Social-Demokrat, Nr. 14 vom 2. 2. 1872. Statt »1870« muß es »1871« heißen.
Vgl. zu den Strafen Geheimes Staatsarchiv Preußischer Kulturbesitz, Rep. 84a, Nr. 4062, fol. 131, 138, 164 bis 166, 171 f., 185 und 191. Es handelt sich um die Nummern 80, 84, 85, 86, 117, 143, 1875.
Der radikalfortschrittliche Journalist Eduard Kraemer war zuvor Mitarbeiter an der von Friedrich Wilhelm Held (1813 bis 1872) am 1. 1. 1865 gegründeten Staatsbürger-Zeitung gewesen.
78 □ Die Neue Freie Zeitung war aus der von Eduard Kraemer Anfang 1873 gegründeten Deut-

schen Freien Zeitung (Wahlspruch: »Der Wahrheit die Ehre, der Arbeit ihr Recht, der Vernunft die Entscheidung«) hervorgegangen. Sie wurde von Rudolf Gensch bis Nr. 249 vom 25. 10. 1874 gedruckt, dann von Dreyer und Haselbach.
Hermann Salingré (eigentlich Salinger; 1833 bis 1879) war ursprünglich zum Kaufmannsberuf bestimmt gewesen. Statt dessen entwickelte sich der Ur-Berliner zum echten Volksdichter, der über hundert Stücke schuf. Als Zeitungsherausgeber hat er sich allerdings übernommen. Er verlor seine ganzen Ersparnisse und seine Gesundheit. Vgl. Staatsbibliothek Preußischer Kulturbesitz (Berlin/ West), Handschriften-Abteilung, Nachlaß Brümmer, Briefe II. Die Beilage Rumor ist offensichtlich nicht mehr erhalten.
79 □ Vgl. Verlagsanzeigen zum Quartalsende; ebenda Angaben über die Auflage.
80 □ Der am 12. 3. 1836 in Ernsbach (Württemberg) geborene Doktor der Philosophie Eduard Loewenthal war seit 1859 in Frankfurt, Leipzig, Dresden, Berlin und Paris als Publizist tätig. Seine antimilitaristischen Schriften wurden zum Teil ins Französische übersetzt. 1903 schrieb er eine Geschichte der Friedensbewegung, ab 1908 gab er als Organ des Zentralinstitutes für Gedankenstatistik und menschliche Wissenserweiterung ein Universal-Archiv für Wissenschaft und Literatur heraus.
81 □ Bereits am 1. 11. 1874 war die 1740 unter Friedrich II. gegründete Spenersche Zeitung (bis Juni 1872: Berlinische Nachrichten von Staats- und gelehrten Sachen) mit der 1848 entstandenen National-Zeitung verschmolzen worden.
82 □ Zit. nach einer Anzeige in der Berliner Montags-Zeitung, Nr. 39 vom 27. 9. 1875.
Vgl. zu Rudolf Menger: Kurzbiographie.
83 □ Vgl. die Anzeigen in der Berliner Montags-Zeitung, Nr. 52 vom 27. 12. 1875 sowie Nr. 8 und 25 vom 21. 2. und 19. 5. 1876.
Das Neue Berliner Tageblatt hatte zeitweilig drei Gratisbeilagen, am Sonntag die Berliner Gartenlaube, am Mittwoch den Vereinsfreund und am Donnerstag die Berliner Fliegenden Blätter.
84 □ Die Berliner fliegenden Blätter erschienen in der Expedition der fliegenden Blätter vom 1. 10. 1873 an jedem Mittwoch in Folio-Format zum Preis von 20 Silbergroschen pro Quartal. Vgl. Anzeige im Kladderadatsch, Nr. 42 vom 14. 9. 1873.
Die in der von Joachim Kirchner herausgegebenen Bibliographie der Zeitschriften des deutschen Sprachgebietes bis 1900 gemachte Angabe, derzufolge 1872 im Verlag Krause eine von Rudolf Menger herausgegebene Zeitschrift gleichen Namens erschienen ist (Bd. III, Stuttgart: Anton Hiersemann 1971, Seite 532, Nr. 23358) konnte nicht bestätigt werden. Am genannten Standort (Universitätsbibliothek Tübingen) war eine solche Zeitschrift nicht aufzufinden.
85 □ Vgl. die Kurzbiographien von Wilhelm Schäfer und Gustav Guthknecht.
Selektanerin: aus Selekta, das heißt auserlesene Klasse. Es handelte sich um die höchste, schwer zugängliche Klasse in den höheren Töchterschulen.
86 □ Vgl. Geheimes Staatsarchiv Preußischer Kulturbesitz (Berlin/West), Rep. 84 a, Bd. 4062, fol. 211. Die Berliner Fliegenden Blätter sind vom 19. 9. 1875 bis zum 22. 6. 1876 im Institut für Zeitungsforschung in Dortmund erhalten.
87 □ Vgl. zur Episode des Neuen Berliner Tageblattes Peter de Mendelssohn: Zeitungsstadt Berlin. Menschen und Mächte in der Geschichte der deutschen Presse, 2. Aufl. Berlin: Ullstein 1982, Seite 100 bis 103, und derselbe: »Die Anfänge«. In: Hundert Jahre Ullstein 1877–1977, Bd. 1. Berlin: Ullstein 1977, Seite 63 f.
88 □ Der Wedepuhl wird erwähnt im Jahresverzeichnis 1877/78. Staatsarchiv Potsdam (Anm. 21), Nr. 14410, fol. 76.
89 □ Vgl. zu den angegebenen Titeln Staatsarchiv Potsdam (Anm. 21), Nr. 14410, fol. 76, 131, 200, 259, und J. Kirchner (Hrsg.): Bibliographie des deutschen Sprachgebietes (Anm. 84), Seite 536, Nr. 23409.
Der Kobold erschien als Beilage des folgenden Presseorgans: Täglich neues Annoncenblatt für Marburg und Umgebung.
90 □ Zit. nach Staatsbürger-Zeitung, Nr. 39 vom 16. 2. 1882. Die Neue Zeit ist aus der 1870 gegründeten Charlottenburger Zeitung hervorgegangen.
91 □ So Rolf Engelsing in seinem Beitrag Die Zeitschrift in Nordwestdeutschland 1850–1914. In: Archiv für Geschichte des Buchwesens (Frankfurt am Main, 1966), Bd. VI, Lieferung 3/4, Spalte 1007.
92 □ Besonders aufschlußreich waren die Briefkastennotizen des Kladderadatsch und der Berliner Wespen. Stichproben bei den erwähnten Pariser Presseorganen haben ihre Richtigkeit bestätigt, zum Beispiel Le Temps vom 14. 7. 1878 (Berliner Wespen) und Le Figaro vom 19. 2. 1887 (Ulk).
Der 1844 geborene Schweizer Victor Tissot ließ sich 1874 in Paris nieder. Von hier aus bereiste er Deutschland und Österreich und veröffentlichte seine von der Lesewelt verschlungenen Schriften Voyage au Pays des milliards (Paris: E. Dentu 1875; autorisierte deutsche Ausgabe: Reise in das Milliardenreich. Bern: Heinrich Körber 1875), Les Mystères de Berlin (mit Constant Améro; Paris: Librairie de la Société anonyme de Publications périodiques 1879) und De Paris à Berlin. Mes vacances en Allemagne (Paris: Blériot 1887). In der Reihenfolge der zitierten Titel werden die Witzblätter erwähnt auf Seite 342 f.; 196 f., 211, 539, 571; 4 f.

Tissot verankerte im Bewußtsein der Franzosen eine für lange Jahre gültige Vision des Nachbarlandes.
Vgl. Teil II, Kapitel 6 dieses Buchs.
93 □ Die Rothe Laterne befindet sich in der Berliner Stadtbibliothek (ehemals DDR), Sondersammlung. Die erste, rote Nummer 00 ist in der Bibliothek des Internationaal Instituut voor Sociale Geschiedenis, Amsterdam (Nachlaß Motteler) aufbewahrt. Die Annahme, Die rothe Laterne sei 1875 erschienen, ist nicht richtig. Vgl. Alfred Eberlein (Hrsg.): Die Presse der Arbeiterklasse und der sozialen Bewegungen. Von den dreißiger Jahren des 19. Jahrhunderts bis zum Jahre 1967. Bibliographie und Standortverzeichnis der Presse der deutschen, der österreichischen und der schweizerischen Arbeiter-, Gewerkschafts- und Berufsorganisationen. Berlin (DDR): Akademie-Verlag 1969, Seite 985.
94 □ Die Ausgabe bezieht sich auf Nr. 5 des Kladderadatsch vom 1. 2. 1874 und kann also entsprechend datiert werden. Standort der Neuen Laterne: Berliner Stadtbibliothek (ehemals DDR), Sondersammlung.
Hermann Tessendorff (1831 bis 1895) war im Sommer 1873 von Magdeburg an das Berliner Stadtgericht berufen worden, wo er sich als »Sozialistentöter« (August Bebel) betätigte. Von 1879 bis 1885 war er Senatspräsident an den Oberlandesgerichten Königsberg und Naumburg. 1885 wurde er Präsident des Strafsenats am Kammergericht in Berlin und 1886 schließlich Oberreichsanwalt in Leipzig. Seine Verfolgungsmaßnahmen haben zweifellos zur Einigung der deutschen Sozialdemokratie (1875) beigetragen.
Vgl. zu den angegebenen Fakten Acta des Königlichen Polizei-Präsidii zu Berlin betreffend den Maurergesellen Paul Grottkau 1873 bis 1898, Staatsarchiv Potsdam (Orangerie), Pr. Br. Rep. 30 Berlin, Polizei Präsidium, Tit. 94, Nr. 10130.
95 □ Am 1. März 1863 verfaßte Ferdinand Lassalle (1825 bis 1864) das »Offene Antwort-Schreiben an das Central-Comité zur Berufung eines Allgemeinen Deutschen Arbeiter-Congresses zu Leipzig«; es bildete die programmatische Grundlage des am 23. Mai 1863 in Leipzig gegründeten Allgemeinen Deutschen Arbeiter-Vereins. In diesem Schreiben polemisierte Lassalle gegen die Deutsche Fortschrittspartei und gegen die von Hermann Schulze-Delitzsch seit der Mitte der fünfziger Jahre geschaffenen Kredit-, Vorschuß-, Rohstoff- und Konsumvereine, welche – seiner Meinung nach – die Lage der Arbeiter nicht verbessern könnten. Es folgte eine polemische Auseinandersetzung zwischen Schulze-Delitzsch (Kapitel zu einem deutschen Arbeiterkatechismus, 1863) und Lassalle (Herr Bastiat-Schulze von Delitzsch, der ökonomische Julian oder Kapital und Arbeit, 1864), welche in der Öffentlichkeit großes Aufsehen erregte. Der »Bastiat-Schulze« wurde zur Pflichtlektüre für jeden Lassalleaner. Frédéric Bastiat (1801 bis 1850) war ein französischer Volkswirt, der vom Liberalismus volkswirtschaftliche Harmonie erwartete.
Vgl. zu dem Disput Shlomo Na'aman: Lassalle. Hannover: Verlag für Literatur und Zeitgeschehen 1970, Seite 559 bis 568 und 688 bis 699.
96 □ Vgl. zum Beispiel: »Die Redakteure und Mitarbeiter des ›Figaro‹, welche auf einem Maskenballe im altgermanischen Kriegercostüm erscheinen, werden sofort erkannt und als Mühlendammer entlarvt.« Zit. nach Die rothe Laterne , Nr. 00 (rote Nummer).
Vgl. auch Die neue Laterne, die unter Bezugnahme auf Emil Cohnfeld, den Herausgeber des Lokalblatts Berliner Figaro schreibt: »Müt alten Hosen hab' üch sonst// Am Mühlöndamm gehandölt,// Jetzt hab' in eunen Rödaktör// Uech müch beunah' vörwandölt.« Der Mühlendamm in der Nähe des Molkenmarktes war damals das Viertel der jüdischen Altkleiderhändler.
Der sozialistische Schriftsteller, Journalist und Historiograph der Berliner Arbeiterbewegung, Eduard Bernstein (1850 bis 1932), bezichtigte Wilhelm Hasselmann (geboren 1844), seit 1872 im Berliner Zentralorgan Neuer Social-Demokrat eine »regelrechte Judenhetze« zu betreiben: Die Geschichte der Berliner Arbeiter-Bewegung. Ein Kapitel zur Geschichte der deutschen Sozialdemokratie. 1. Teil. Berlin: Verlag Buchhandlung Vorwärts 1907, Seite 241.
So war es auch der Neue Social-Demokrat, der vielleicht erstmals (Nr. 140 vom 1. 12. 1872) Adolf Glaßbrenner als einen Juden und die Berliner Montags-Zeitung als ein Judenblatt bezeichnete.
Daß Glaßbrenner kein Jude war, wie in gewissen Literatur- und Pressegeschichten mit oder ohne Fragezeichen angeführt wird, steht längst fest.
Siehe in diesem Zusammenhang Peter P. Rohrlach: Beiträge zur Ahnentafel des Schriftstellers und Berliner Volksdichters Adolf Glaßbrenner (Psd. Adolph Brennglas). Unter Verwertung des von Hans Brennert zusammengetragenen Forschungsmaterials. Berlin: Berliner Stadtbibliothek 1970 (Masch).
97 □ Vgl. hierzu Berliner Freie Presse, Nr. 56 und 65 vom 7. und 17. 3. 1878. Grottkau war von Staatsanwalt Tessendorff als Mit- und Sitzredakteur der 1876 gegründeten, im Oktober 1878 verbotenen sozialdemokratischen Zeitung Berliner Freie Presse wegen »Vergehens der öffentlichen Gotteslästerung« unter Anklage gestellt worden. 48 Stunden vor seiner Verhaftung war er nach Amerika entkommen.
98 □ Zit. nach E. Bernstein: Geschichte der Berliner Arbeiter-Bewegung (Anm. 96), Seite 334.
Vgl. zu den oben gemachten Angaben Staatarchiv Potsdam (Anm. 21), Nr. 14410, fol. 76. Auch der

Kladderadatsch (Nr. 28 vom 17. 7. 1877) und die Berliner Montags-Zeitung (Nr. 25 vom 18. 7. 1877) erwähnen den Rothen Aujust.

99 ☐ Vgl. Friedrich Apitzsch: Die deutsche Tagespresse unter dem Einfluß des Sozialistengesetzes. Leipzig: Emmanuel Reinicke 1928, Seite 33, und Ernst Drahn: Sozialistische Witzblätter in Deutschland. In: Zeitungswissenschaft, 6. Jg. (1931), Nr. 5, Seite 274.

Die Angaben bei J. Kirchner: Bibliographie der Zeitschriften (Anm. 84), denen zufolge die Berliner Bockbier-Zeitung von 1876 bis 1881 bestanden haben soll, stehen zu obigen Aussagen im Widerspruch (Seite 336, Nr. 23416).

100 ☐ Das Wort »Kulturkampf« wurde von dem Inhaber des Berliner Lehrstuhls für Pathologische Anatomie und Politiker (Stadtverordneter, Landtags- und seit 1880 auch Reichstagsabgeordneter) Rudolf Virchow (1821 bis 1902) in einem von ihm am 23. März 1873 verfaßten Wahlprogramm der Deutschen Fortschrittspartei angewendet: ». . . Aber obwohl sie [die Fortschrittspartei] dabei nur zu oft unterlegen ist, so hat sie es doch als eine Notwendigkeit erkannt, im Verein mit den anderen liberalen Parteien die Regierung in einem Kampf zu unterstützen, der mit jedem Tag mehr den Charakter eines großen Kulturkampfes der Menschheit annimmt.« Zit. nach Georg Büchmann: Geflügelte Worte, 32. Auflage, vollständig neubearbeitet von Gunther Haupt und Winfried Hofmann. Berlin: Haude & Spener 1972, Seite 741.

Vgl. zu dieser herausragenden Persönlichkeit Arnold Bauer: Rudolf Virchow. Berlin: Stapp Verlag 1982 (Reihe »Preußische Köpfe«).

101 ☐ Die deutsche Wacht erschien bis 1876 im Verlag Beck. Sie wurde 1877 unter dem Titel Der deutsche Sonntagsfreund und 1881 als Deutscher Sonntags- und Arbeiterfreund fortgesetzt. Die Zeitschrift ist in der Staats- und Universitätsbibliothek Hamburg erhalten, allerdings ohne die erwähnte Witzbeilage.

Vgl. auch Berliner Wespen, Nr. 1 und 3 vom 5. und 19. 1. 1872, sowie Berliner Montags-Zeitung, Nr. 50 vom 11. 12. 1871.

Der in den Berliner Witzblättern immer wieder zitierte Pastor war der Bruder Heinrich Quistorps, des persönlich haftenden Gesellschafters der Vereins-Bank Quistorp & Co., die 1873 ihre Zahlungen einstellen mußte.

102 ☐ Die Beilage Au! wird im Kladderadatsch (Nr. 11 vom 3. 3. 1877) angezeigt (»Für Liebhaber«). Ob die Andeutungen des Kladderadatsch stimmen, konnte nicht überprüft werden. Es sei an dieser Stelle erwähnt, daß sich in München, unter dem Titel Das Narrenschiff, ein katholisches Witzblatt immerhin sechs Jahre halten konnte, nämlich von Anfang Januar 1874 bis Herbst 1879. Die Passagiere des Narrenschiffs (Titel des 1494 erschienenen berühmten satirischen Werks des Straßburger Gelehrten Sebastian Brant; 1457 bis 1521) sind Freimaurer, Altkatholiken und Bismarck mit Pickelhaube und Kürassierstiefeln, die vom Teufel gerudert werden. In der ersten Nummer gab das Blatt seine Tendenz bekannt: ». . . genau dieselbe wie die des Kladderadatsch in Berlin, nur umgekehrt«. Der Berliner Ulk (Nr. 2 vom 8. 1. 1874) liefert prompt einen »Beitrag« für »das neue ultramontane Witzblatt: ›Das Narrenschiff‹ «:

»Heda! Nur nicht so groß gethan,

Krummbein'ger Bursche Du da!
Bist auch wohl so ein Fortschrittsmann
Vom eklen Volke Juda.

Wir werden Euch – die Zeit ist nah –
Die Flügelchen schon stutzen;
Eu'r ›Rabbi Bismarck‹ hahaha!
Soll Euch dann wenig nutzen.«

Näheres zum Narrenschiff, das im ersten Erscheinungsjahr eine Auflage von etwa 5000 Exemplaren hatte, bei Ludwig Hollweck: Karikaturen. Von den Fliegenden Blättern zum Simplicissimus 1844 bis 1914. München: Süddeutscher Verlag 1973, Seite 67 f.

103 ☐ Vgl. Nr. 10 vom 15. 6. 1878: »Zur gefälligen Beachtung«. Die Humoristische Zeitung ist in der Staatsbibliothek Preußischer Kulturbesitz (Berlin/West) erhalten.

104 ☐ Vgl. zum Beispiel aus den Jahrgängen 1872 (Nr. 13 und 68), 1875 (Nr. 185, 209, 215, 228, 259), 1878 (Nr. 127, 128, 135), 1879 (164, 187, 207, 208, 216, 228, 246), 1880 (Nr. 65) die sich direkt oder indirekt auf die jüdischen oder »verjudeten« Berliner Witzblätter beziehenden Bemerkungen.

Die Germania war es auch, die mit ihrer »gewaltige Wellen« werfenden Leitartikelserie über die »Judenfrage« (ab Nr. 185 vom 17. 8. 1875) diese erstmals »systematisch« behandelte. Interessanterweise wird die nicht weniger antiklerikale »christliche« Berliner Montags-Zeitung in ihren Artikeln kaum erwähnt. Über die Angriffe der Germania berichten vor allem die Berliner Wespen ausführlich in der Rubrik Wespenpost.

Ebenfalls 1872, also kurz nach Ausbruch des Kulturkampfes, findet sich in den katholischen Historisch-politischen Blättern (Bd. 70, München, Artikelserie Die norddeutsche Presse, Seite 357 f.) folgende Charakteristik der Berliner Wespen: ». . . der Witz [der Berliner Wespen] besteht zu ziemlich gleichen Theilen aus Dummheit, Bosheit, Gemeinheit und schnöden Schmähungen auf alles Höhere, Edlere.« Der ungenannte Autor war Josef Edmund Jörg. In bezug auf den Kladderadatsch heißt es: ». . . Mit seinen

überaus schnöden Bemerkungen und Gemeinheiten besudelt das Blatt überhaupt alles Höhere was es geben kann . . . Wenn Berlin mit seinem rohen Pöbel alle anderen Hauptstädte übertrifft, wenn dort bei den alltäglichen Keilereien so oft zum Messer gegriffen wird, so trägt die Berliner Presse, vornehmlich aber der Kladderadatsch, einen guten Theil der Schuld . . .«
Vgl. allgemein Amine Haase: Katholische Presse und die Judenfrage. Pullach bei München: Verlag Dokumentation 1975.

105 ☐ Zit. nach Preußische Jahrbücher, Bd. 44, Berlin 1879, Seite 574 f. Der »Unsere Aussichten« betitelte Artikel (Seite 559 bis 576) ist auszugsweise wiederabgedruckt in: Walter Boehlich (Hrsg.): Der Berliner Antisemitismusstreit. Frankfurt/M: Insel-Verlag 1965, Seite 5 bis 12. Er bildete den Auftakt zu einem Professorenstreit über die Judenfrage und machte den Antisemitismus »salonfähig«.
Der Historiker, politische Schriftsteller und Reichstagsabgeordnete Heinrich von Treitschke (1834 bis 1896) war 1874 Nachfolger Leopold von Rankes (1795 bis 1886; 1865 geadelt) geworden.
Vgl. auch Heinrich von Treitschke: Noch einige Bemerkungen zur Judenfrage in: Preußische Jahrbücher, Bd. 45, Berlin 1880, Seite 85 bis 95, insbesondere Seite 94 f.: »Ein Volk von festem Nationalstolze hätte die Schmähungen der Epigonen Börne's niemals aufkommen lassen; ein Volk mit durchgebildeten Sitten hätte seine Sprache vor dem Einbruch jüdischer Witzblattsrohheit spröder bewahrt.« Dieses »Mahnwort« wurde auch separat als Flugblatt verteilt.

106 ☐ Zit. nach Eckart Elsner: Juden in Berlin. In: Emuna. Horizonte zur Diskussion über Israel und Judentum. Frankfurt: Emuna Verlags-Verein: Januar/Februar 1974, Seite 7. Die Zahlen (absolut: 8600 beziehungsweise 55 100) beziehen sich auf den Gebietsstand 1934. Mit Absicht wurde nicht auf die in zahlreichen Streitschriften veröffentlichten zeitgenössischen Quellen zurückgegriffen.

107 ☐ Am 19. und 26. 9. 1879 sowie am 5. 1. und 4. 2. 1880 hielt Stoe[ö]cker vier Vorträge über die Judenfrage, in denen er auch auf die »jüdische Presse« einging. Das Zitat stammt aus der typisch nazistischen Leipziger Dissertation von Gerhard Malbeck: Der Einfluß des Judentums auf die Berliner Presse von 1800–1879. Ein Nachweis der Berechtigung des Auftretens Adolf Stoeckers gegen die Verjudung der Berliner Presse. Dresden: Verlag M. Dittert & Co. 1935, Seite 12. Vgl. auch Adolf Stöcker: Christlich-Sozial. Reden und Aufsätze, 2. Aufl. Berlin: Verlag der Buchhandlung der Berliner Stadtmission 1890, Seite 439.
Vgl. zu dem Ausdruck »Preß-Israel« auch die Historisch-politischen Blätter, Bd. 76, München 1875, Seite 71.

108 ☐ Die Antisemiten-Liga wollte nicht »die einzelnen Juden« bekämpfen, »sondern den allerdings durch die größte Mehrzahl der Juden vertretenen verderblichen semitischen Geist«.
Zit. nach Die Wahrheit, Nr. 1 vom 3. 1. 1880 (Briefkasten).
Sie wurde 1884 fortgesetzt durch den etwa 500 Mitglieder zählenden, von dem Berliner Stadtverordneten Wilhelm Pickenbach präsidierten Deutschen Antisemitenbund.
Wilhelm Marr, Sohn des bedeutenden klassischen Schauspielers Heinrich Marr, war in der Revolutionszeit einer der populärsten Demokraten Hamburgs. Anschließend lebte er teils in England, teils in Zentral-Amerika. 1853 kehrte er nach Hamburg zurück. 1861 gehörte er zu den Führern des Deutschen National-Vereins, einige Jahre später stellte er vorübergehend, als Herausgeber des Beobachters an der Elbe, seine Feder in den Dienst Bismarcks. Nach dem Krieg von 1866 erbot er sich, im Interesse Österreichs gegen Preußen zu agitieren. Im gleichen Jahr redigierte er in Hamburg das Sonntagsblatt Der Kosmopolit.
1873 veröffentlichte diese dubiose Gestalt in Bern die Streitschrift Der Sieg des Judenthums über das Germanenthum, die bis 1879 nicht weniger als zwölf Auflagen erlebte. 1880 publizierte er in Berlin das Pendant Der Weg zum Siege des Germanenthums über das Judenthum, das noch im selben Jahr viermal aufgelegt wurde. Wilhelm Marr war nicht nur Herausgeber der Deutschen Wacht und der Flugblätter der Antisemiten-Liga, sondern überdies »Hauptmitarbeiter« der »gegen die jüdischen Anmassungen und Ueberhebungen« kämpfenden Patriotischen Zeitung in Liegniz. 1885 erschien dann die 1. und 2. Auflage seiner polemischen Schrift Lessing contra Sem. Vgl. zu diesem Publizisten die neuerdings erschienene Arbeit von Moshe Zimmermann: Wilhelm Marr. The Patriarch of Anti-Semitism. New York/Oxford: Oxford University Press, 1986.
Vgl. zu dem Fragenkomplex auch folgende Polizeiakten: Staatsarchiv Potsdam (Orangerie), Pr. Br. Rep. 30 Berlin C Polizei Präsidium, Tit. 94, Nr. 11690 (Wilhelm Marr), sowie Tit. 95, Nr. 14942, Sekt. 5, Lit. A, Nr. 62 (Der Verein »Antisemiten-Liga« 1879–1883) und Nr. 14961, Sekt. 5, Lit. 1, Nr. 69 (»Der Deutsche Antisemitenbund«, 4 Bde., 1884–1894). Vgl. auch die Sammlungen von Zeitungsausschnitten, Plakaten und Karikaturen: Nr. 15222 bis 15225.

109 ☐ Zit. nach Die Deutsche Wacht, 1. Jg., Berlin: 1879/80, Seite 201.
Im zweiten Jahrgang lautete der Untertitel des inzwischen zweimal monatlich herausgegebenen Presseorgans Zeitschrift für nationale Entwickelung.

Die Deutsche Wacht ist nachgewiesen von November 1879 bis März 1881; ob sie ihre Ankündigung, ab April 1881 in vergrößertem Format zu erscheinen, verwirklicht hat, konnte nicht festgestellt werden.
110 □ Zit. nach einer Anzeige des Verlags Hermann Polenz, Berlin 1880. Die Streitschrift umfaßte 32 Seiten. Im selben Verlag erschien der als Broschüre gedruckte zweite Vortrag de Grousilliers (17. 2. 1880) Gegen Virchow und Genossen oder Offenbarung und Wissen. Das Thema war die Bekämpfung des jüdischen Geistes, »der seine Verderbenshände an unser Volk gelegt hat, der mit rastlosem Eifer, durch Hohn, durch Spott, durch Phrase und Unwahrheit daran arbeitet, dem Volk die Religion aus dem Herzen zu reissen . . .«
(Seite 31 f.).
Vgl. zu Hector de Grousilliers das entsprechende Kurzporträt.
Theodor Fontane muß an Ausfälle dieser Art gegen Lessing gedacht haben, wenn er in seinem Roman Effi Briest (19. Kapitel) Güldenklee »mit gehobener Stimme« erklären läßt: ». . . viele Ringe gibt es, und es gibt sogar eine Geschichte, die wir alle kennen, die die Geschichte von den ›drei Ringen‹ heißt, eine Judengeschichte, die, wie der ganze liberale Krimskrams, nichts wie Verwirrung und Unheil gestiftet hat und noch stiftet.«
111 □ Die in der Pressegeschichte kaum berücksichtigte Berliner Ostend-Zeitung war 1874 von Leopold Hemmel unter dem Titel Der Ost-District dreimal wöchentlich herausgegeben worden. Im Januar 1881 übernahm ihr Verleger und Drucker Julius Ruppel das Blatt und gab ihm den Untertitel Organ für die Interessen des deutschen Volkes. Bis Ende März 1882 erschien die Zeitung täglich, dann nur noch montags. Im Januar 1883 ging sie ein. Die Berliner Ostend-Zeitung wandte sich in erster Linie an Handwerker, Handarbeiter und »Arbeiter aller Branchen«. Unter Ruppel stellte sie sich die Aufgabe, »das fremdartige Judenthum und seinen schädlichen Einfluß auf deutsche Tugend und deutsche Sitte, sowie auch auf die deutschen Erwerbs-Verhältniße mit Ernst und Nachdruck zu bekämpfen«. Hierzu diente ganz besonders die Beilage beziehungsweise stehende Rubrik Judenspiegel, wo auch in Karikaturen der Jude als häßlich und körperlich abstoßend dargestellt wurde. Die Berliner Ostend-Zeitung wurde wohl als erste Tageszeitung der Reichshauptstadt im Straßenverkauf für 5 Pfennig angeboten.
Die Auflage soll bei 2000 Exemplaren gelegen haben.
112 □ Zit. nach Nr. 33 vom 12. 8. 1882: »An die Gewehre«. Das Kreuz und das Eichenblatt waren das Symbol der Antisemiten-Liga.
113 □ Teil I des Flugblatts (Deutsche!) wurde in Nr. 40 vom 2. 10., Teil II (Deutsche antisemitische Geistesheroen) in Nr. 42 vom 16. 10. 1880 abgedruckt. Bereits am 17. 8. 1875, d. h. im ersten Artikel ihrer Serie zur Judenfrage hatte die katholische Germania mit Zitaten dieser Art begonnen. Sie wurden zum Teil wörtlich von der Wahrheit übernommen.
114 □ Der Verfasser zahlreicher philosophischer und nationalökonomischer Schriften Eugen Dühring (1833 bis 1921) machte mit seiner 1881 erschienenen Studie Die Judenfrage als Racen-, Sitten- und Culturfrage. Mit einer weltgeschichtlichen Antwort (Karlsruhe/Leipzig: Verlag von H. Reuther) den ersten und bedeutendsten Versuch, die deutsche antisemitische Bewegung auch »wissenschaftlich« zu untermauern. Laut Dühring zeichnete sich die jüdische Rasse durch »moralisch schlechte« und »unsoziale, dem übrigen Menschengeschlecht feindliche Eigenschaften« aus. Als Übergangslösung der Judenfrage schlug er vor, die Emanzipation rückgängig zu machen, die Juden unter Ausnahmerecht zu stellen, ihren Einfluß auf öffentliche Angelegenheiten, Erziehung, die Presse völlig zu beseitigen, ihr Vermögen einer staatlichen Kontrolle zu unterwerfen und die Ehe mit ihnen zu ächten.
Diese Gedanken spitzte er in weiteren Auflagen (die sechste wurde kurz vor seinem Tod im Jahr 1920 fertiggestellt, aber erst 1930 veröffentlicht) zu sowie in seiner Schrift Ersatz der Religion durch Vollkommeneres und die Ausscheidung alles Judenthums durch den modernen Völkergeist.
Der Herausgeber der Berliner Zeitschrift Die Judenfrage, Abraham Enß, feierte Dühring in diesem Organ sowie in der Beilage Deutschlands Entjüdelung als »Helden uns'rer Zeit« und »Vollender der Reformation« (Nr. 1, 1883).
Der Gymnasiallehrer und Dozent der königlichen Kunstschule Bernhard Förster (1843 bis 1889) setzte im August 1880 eine über ganz Deutschland verbreitete Petition an den Reichskanzler ins Werk; sie verlangte 1. Verhinderung oder doch Einschränkung der Einwanderung ausländischer Juden, 2. Ausschließung der Juden von allen obrigkeitlichen Stellungen, Beschränkung ihrer Verwendung im Justiz-Dienst, namentlich als Einzelrichter, 3. Wahrung des christlichen Charakters der Volksschule, in welcher nur christliche Lehrer zuzulassen sind, 4. Wieder-Aufnahme der amtlichen Statistik über die jüdische Bevölkerung. Die im Frühjahr 1881 an Bismarck abgegangene, mit 265 000 Unterschriften versehene Petition blieb unbeantwortet.
1881 war der Schwager Nietzsches – er hat in Nietzsches Polemik gegen den Antisemitismus als Gegenfigur eine ziemlich große Rolle gespielt – Mitbegründer des konservativen Deutschen Volksvereins.
Försters drastisches Auftreten brachte ihn schließ-

lich in Konflikt mit den vorgesetzten Behörden, so daß er den Schuldienst verließ. Von seinen Schriften seien zitiert: Das Verhältnis des modernen Judenthums zur deutschen Kunst (Vortrag; 2. Auflage, Berlin 1881) und Parsifal-Nachklänge. Allerhand Gedanken über Deutsche Kultur, Wissenschaft, Kunst, Gesellschaft (Leipzig, in Kommission 1883). Vgl. zu Förster und zur »Antisemiten-Petition« Der Kulturkämpfer, 1. Jg., 2. Bd., Heft 22, Berlin 1880, Seite 372 bis 388, und 4. Jg., Heft 73, Berlin 1883, Seite 194 bis 198.
Ernst Henrici (1854 bis 1915), seit 1879 Lehrer an einer Höheren Töchter-Schule, mußte seine Lehrtätigkeit 1881 wegen seiner Teilnahme an der antisemitischen Bewegung aufgeben. Er gründete den liberalen antisemitischen Socialen Reichsverein und die Sociale Reichspartei sowie den zweimal wöchentlich erschienenen Reichs-Herold.
In oft von 2000 bis 3000 Menschen besuchten öffentlichen Versammlungen, bei denen der Buchdrucker Ruppel manchmal den Vorsitz führte, plädierte er für die Vertreibung der Juden. Immer wieder verlangte er die »Abschaffung der Judenblätter« und wetterte gegen die »Schamlosigkeit« der »jüdischen Witzblätter«.
Vgl. zu Henrici Staatsarchiv Potsdam (Orangerie), Pr. Br. Rep. 30 Berlin C Polizei Präsidium, Tit. 94, Nr. 10550.
Vgl. zu Stoe[ö]cker Anm. 107 sowie Karl Kupisch: Adolf Stoecker. Hofprediger und Volkstribun. Ein historisches Porträt. Berlin: Haude & Spener 1970.
Im Gegensatz zum parlamentarischen Aspekt des Antisemitismus, der in der Geschichtswissenschaft ausführlich behandelt worden ist, bedarf der publizistische noch einer grundlegenden Untersuchung. Die Autorin wird sich mit diesem Thema befassen. Hier sei nur auf folgende Aufsätze hingewiesen, die im 6. (1958, Seite 340 bis 360) beziehungsweise 33. Jahrgang (1985, Seite 219 bis 243) der Vierteljahrshefte für Zeitgeschichte erschienen sind: Alexander Bein: Der moderne Antisemitismus und seine Bedeutung für die Judenfrage sowie Shulamit Volkov: Kontinuität und Diskontinuität im deutschen Antisemitismus 1878–1945. Die letztgenannte Autorin gestattet einen Überblick über die neuere Literatur.
115 □ Hier zit. nach Nr. 3 vom 19. 1. 1880.
116 □ Sowohl in der Expedition der Wahrheit als auch in der Expedition der Berliner Ostend-Zeitung lag die Petition (Anm. 114) aus. Am 13. 11. 1880 (Nr. 46) empfahl das antisemitsche Witzblatt dieselbe den Lesern mit den Worten: »Helfe jeder brave Deutsche nach besten Kräften mit am guten Werke!« Der Antisemiten-Sect wurde von der Firma J. A. Luhn (Reims-Berlin) zum Preis von 7,50 Mark angeboten.
117 □ Vgl. zu den Auflagen und Strafen Staatsarchiv Potsdam (Anm. 21), Nr. 14410, fol. 205, 249, 309 und Nr. 14411, fol. 119 f., 187 f., 267.
Das Internationale Zeitungsmuseum der Stadt Aachen besitzt mehrere Einzelnummern der Wahrheit. Jahrgang 1 befindet sich in der Bayerischen Staatsbibliothek (München), Jahrgang 2 und 3 in der Bibliothek der Erzabtei St. Martin (Beuron) und – als Mikrofilm – im Archiv des Münchener Instituts für Kommunikationswissenschaft (Zeitungswissenschaft).
118 □ Laut S. Volkov: Kontinuität und Diskontinuität im deutschen Antisemitismus 1878–1945 (Anm. 114) steht Hitlers frühe Anlehnung an Theodor Fritsch »vermutlich fest« (Seite 225).
Theodor Fritsch (1852 bis 1933), ein Bauernsohn, war ein strebsamer Aufsteiger. Er besuchte die Gewerbe-Akademie in Berlin und machte sich 1879 in Leipzig durch Gründung eines technischen Büros mit Verlagsanstalt selbständig. Die Antisemitische Correspondenz erschien seit Oktober 1885 und mauserte sich vom vertraulichen Mitteilungsblatt der von Fritsch gegründeten Deutschen Antisemitischen Vereinigung zur Monats- und schließlich (1890) Wochenschrift. 1887 veröffentlichte er einen Antisemitenkatechismus, der 1935 als Handbuch der Judenfrage seine 38. Auflage erlebte. 1902 begründete Fritsch die Zeitschrift Hammer. Blätter für deutschen Sinn.
119 □ Verantwortlicher Redakteur war O. Balla. Vgl. Staatsarchiv Potsdam (Anm. 21), Nr. 14 411, fol. 292.
120 □ Vgl. zum Programm des im Verlag A. H. Payne erschienenen Puck, für den Constantin von Grimm auch verantwortlich zeichnete, Nr. 1 vom 9. 1. 1876.
121 □ Vgl. Deutsche Humoristen der Gegenwart. In: Illustrirte Zeitung (Leipzig), Nr. 1905 vom 3. 1. 1880, Seite 10. Der promovierte und habilitierte Schriftsteller unternahm Reisen nach Italien, Frankreich, Spanien, Österreich und in die Schweiz. Seit 1874 lebte er dann in Leipzig, von 1885 bis zu seinem Tod in Dresden. Eckstein führte zeitweise das Amt eines Schatzmeisters des Allgemeinen deutschen Schriftstellerverbandes und schrieb mehrere Humoresken. Näheres bei Franz Brümmer (Hrsg.): Lexikon der deutschen Dichter und Prosaisten vom Beginn des 19. Jahrhunderts bis zur Gegenwart. 6. Aufl., Bd. 2. Leipzig: Philipp Reclam jun. o. D., Seite 102.
122 □ Die Berliner Neuesten Nachrichten erschienen seit dem 1. 4. 1881 im Verlag von F.A.E. Scheidel, dann, ab 1883, bei Ed. F. Wolff. 1893 wurden sie von einem Industriellen- und Bankier-Konsortium übernommen. Anfangs »absolut unparteiisch« wurden sie gemäßigt liberal und schließlich deutschnational. Sie bestanden bis 1919.

123 ☐ Vgl. zum Schalk Staatsarchiv Potsdam (Orangerie), Pr. Br. Rep. 30 Berlin C Polizei Präsidium, Tit. 95, Sect. 4, Nr. 14851.
Jahrgang 1882 ist im Archiv des Instituts für Kommunikationswissenschaft (Zeitungswissenschaft), München, erhalten; die Ausgaben vom 4. 10. 1885 bis 28. 3. 1886 befinden sich in der Berliner Stadtbibiliothek (ehemals DDR). Der 1833 in der Schweiz geborene Schriftsteller Moritz von Reymond war durch seine humoristisch-naturwissenschaftlichen Dichtungen Häckelbrevier sowie Der gesunde und der kranke Herr Meyer bekannt geworden. 1895 wirkte er auch an dem antisemitischen Witzblatt Deutscher Michel mit.
124 ☐ Vgl. eine entsprechende Anzeige in: Berliner Figaro. Neue Freie Zeitung, Nr. 2 vom 4. 1. 1876. Im gleichen Jahr gaben Karl Sitter und Friedrich Schlögl als Beiblatt zu dem überregionalen Witzblatt Figaro ein nur auf Wien bezogenes Beiblatt Wiener Luft heraus.
125 ☐ Le Cri-Cri erschien in Paris vom 11. 7. 1872 bis zum 22. 6. 1873 und dann wieder vom 23. 7. bis zum 3. 12. 1876. Seine scharfen politischen Karikaturen führten zu zahlreichen Auseinandersetzungen mit den Zensurbehörden und schließlich zu seiner Unterdrückung.
126 ☐ Zit. nach Berliner Wespen, Nr. 4 vom 25. 1. 1878, Rubrik Wespenpost.
127 ☐ Zit. nach Achajus: Der Werth der Berliner politischen Presse (Anm. 26), Seite 82.
1894 kaufte Benno Koebke den Schuhrschen Anteil. 1902 ging der Dorfbarbier an den Verlag von Georg E. Nagel über.
Der Dorfbarbier erschien vermutlich bis Jahrgang 86 (1930, Nr. 1), geht also, trotz mehrfachen Besitzerwechsels, auf das 1844 von Ferdinand Stolle in Grimma gegründete Witzblatt gleichen Namens zurück.
128 ☐ Zit. nach Staatsarchiv Potsdam (Anm. 21), Nr. 14412, fol. 98.
Der bei J. Kircher (Bibliographie der Zeitschriften . . ., Anm. 84, Seite 544 f., Nr. 23560) angegebene Standort der Humoristischen Blätter erwies sich als falsch.
129 ☐ Der erste Jahrgang der Zeitschrift Splitter befindet sich in der Staatsbibliothek Preußischer Kulturbesitz (Berlin/West). Mitredakteur war Arthur Zapp; gedruckt wurde das Blatt bei F. Hoffschläger.
130 ☐ Das illustrierte Wochenblatt Lustiges Echo nannte sich nacheinander Das fidele Haus (ab 1898), Das lachende Jahrhundert (ab 1901) und Der Luftballon (ab 1908). Es ist in der Staatsbibliothek Preußischer Kulturbesitz vorhanden. Auch hier sind die Angaben in der von J. Kirchner herausgegebenen Bibliographie der Zeitschriften (Anm. 84) unvollständig (Seite 555, Nr. 23757).
131 ☐ Vgl. P. de Mendelssohn: Zeitungsstadt Berlin (Anm. 87), Seite 139 bis 145.
132 ☐ In Berlin begann das eigentliche Zeitalter der Massenpresse mit dem von August Scherl im November 1883 gegründeten Berliner Lokal-Anzeiger – Central-Organ für die Reichshauptstadt. Dieser Zeitungstyp, der »schnell, umfassend und unterschiedslos berichtete«, der »keinen anderen Zweck verfolgte, als möglichst viele Inserate zu bringen und möglichst hohe Auflagen zu erzielen«, war der Prototyp der General-Anzeiger-Presse. Mit einer Durchschnittsauflage von 150 000 Exemplaren hatte die neue, zugleich informationsreiche und unterhaltsame Zeitung alle übrigen überrundet. Vgl. zum Scherl-Konzern, der 1916 den Grundstein zu dem von Alfred Hugenberg (1865 bis 1951) geschaffenen deutsch-nationalen Medien-Imperium legte, P. de Mendelssohn: Zeitungsstadt Berlin (Anm. 87), Seite 114 bis 126 und passim.
133 ☐ Zit. nach J. Stettenheim: Heitere Erinnerungen (Anm. 29), Seite 301.
Vgl. auch das vom Verlag W. Spemann verfaßte Schreiben (Juli 1885) an in Frage kommende Autoren. Spemann weist darauf hin, daß die Vertreter der humoristischen Literatur »auf das Feuilleton der politischen Zeitungen, auf die illustrirten Familienjournale oder gar auf die wenigen deutschen Witzblätter« angewiesen seien. Fundstelle: Staatsbibliothek Preußischer Kulturbesitz, Handschriftenabteilung.
134 ☐ Der Wiener Volksdichter Ludwig Anzengruber (1839 bis 1889) schrieb realistische Bauerndramen und -komödien.
Ludwig Fulda (1862 bis 1939) verfaßte Gedichte, Theaterstücke, insbesondere Lustspiele und trat als Übersetzer von Molière und Beaumarchais hervor.
Der 1910 geadelte und mit dem Nobelpreis ausgezeichnete Schriftsteller Paul Heyse (1830 bis 1914) genoß bis zum Aufkommen des Naturalismus als Mittelpunkt des Münchner Dichterkreises drei Jahrzehnte hindurch hohes Ansehen. Er schrieb Gedichte, Novellen, Romane und unter dem Titel Das Ewigmenschliche auch Erinnerungen (1910). Sein Roman Kinder der Welt (1873), der in der Spenerschen Zeitung (Berlin) zum Vorabdruck kam, führte zu zahlreichen Protesten seitens der konservativen Leserschaft. Ernst von Wildenbruch (1845 bis 1909), ein Enkel des Prinzen Louis Ferdinand von Preußen, war Mitarbeiter des Auswärtigen Amtes. Er schrieb Heldenlieder auf den Deutsch-Französischen Krieg von 1870/71, ferner Balladen und patriotische Theaterstücke.
Ernst Freiherr von Wolzogen (1855 bis 1934) schrieb Unterhaltungsromane und gründete 1901 in Berlin das kurzlebige Kabarett Überbrettl.
135 ☐ Zit. nach J. Stettenheim: Heitere Erinnerun-

gen (Anm. 29), Seite 304 f. Die Episode wird ausführlich beschrieben auf Seite 304 bis 314.
136 ☐ Der »Weltstadt-Kalender« erschien ab Heft 13/14/1889. Das Zitat auf Seite 61.
Das Humoristische Deutschland wurde von R. Boll gedruckt. Es erschien monatlich und kostete pro Quartal 3 Mark. Jedes Heft konnte auch einzeln bestellt werden.
Vgl. die Kurzbiographien der genannten Künstler.
Maximilian Harden (eigentlich Witkowski, als Pseudonym auch Apostata; 1861 bis 1927) gab von 1892 bis 1922 die Wochenzeitschrift Die Zukunft heraus, in der er die Politik Wilhelms II. bekämpfte; als Literaturkritiker setzte er sich für den Naturalismus ein.
137 ☐ Zit. nach J. Stettenheim: Heitere Erinnerungen (Anm. 29), Seite 313.
Bis 1891 ist Das Humoristische Deutschland in verschiedenen Bibliotheken nachgewiesen. 1902 wurde es dann vermutlich mit dem 1893 gegründeten illustrierten Wochenblatt Nagel's lustige Welt (16 Seiten, bedruckter Raum 19,7 ×28 cm) verschmolzen. Georg Nagel gab außerdem die nach Inhalt und Ausstattung an die Münchener Fliegenden Blätter erinnernden Zeitschriften Das Humoristische Echo, als Beilage der Berliner Neuesten Nachrichten (1890/91), sowie Humoristische Fliegende Blätter (1893 bis 1895), Fortsetzung unter dem Titel Lose Blätter, Nagel's Humoristische Fliegende Blätter, heraus.
138 ☐ Zit. nach Alexander Moszkowski: Die »Lustigen Blätter«. Naturgeschichte des Blattes. In: Zeitschrift für Bücherfreunde, 8. Jg. (1904/05), Heft 12, März 1905, Seite 469.
139 ☐ A. Moszkowski: Die »Lustigen Blätter« (Anm. 138), Seite 470.
140 ☐ Vgl. A. Moszkowski: Das Panorama meines Lebens (Anm. 30), Seite 95.
141 ☐ Der Wiener Paul von Schönthan lebte von 1887 bis 1892 in Berlin und kehrte dann nach Wien zurück. Dort leitete er bis 1900 die Feuilletonredaktion sowie das Kunst- und Hofburgtheater-Referat für das Wiener Tageblatt. Paul von Schönthan veröffentlichte teils allein, teils mit seinem Bruder Franz zahlreiche Schwänke, Humoresken und Novelletten.
Der Schlesier Alfred Gottwald war erst im subalternen Justizdienst tätig, bevor er in Berlin als Redakteur der Lustigen Blätter und (ab 1898) als freier Schriftsteller lebte.
Der in Stralsund geborene Schriftsteller Leo Wulff war 1902 in die Redaktion der Lustigen Blätter eingetreten. 1904 wurde er Chefredakteur des Wiener Witzblattes Der Floh und 1909 der Hamburger Woche.
Der Frankfurter Rudolf Presber hatte bei dem Philosophen Kuno Fischer (1824 bis 1907), der sich auch mit der Entstehung und den Entwicklungsformen des Witzes befaßte, in Heidelberg studiert. Seine journalistische Laufbahn begann er als Feuilletonredakteur (Frankfurter Generalanzeiger; Die Post, Berlin). 1910 übernahm er die Leitung der Lustigen Blätter. Zeitweise gab er auch die Stuttgarter Familienzeitschrift Über Land und Meer heraus. Presber trat darüber hinaus mit einigen erfolgreich aufgeführten Bühnendichtungen, vielgelesenen humoristischen Prosaschriften sowie als Übersetzer des spanischen Dichters Calderon (1600 bis 1681) hervor.
Auch Gustav Hochstetter war kein Berliner. Er wurde 1873 in Mannheim geboren und schrieb neben seiner Redaktionstätigkeit humoristische und »galante« Werke.
142 ☐ Zit. nach A. Moszkowski: Das Panorama meines Lebens (Anm. 30), Seite 103.
143 ☐ Vgl. zu diesen Zeichnern die aufgrund der Quellenlage sehr lückenhaften Kurzporträts.
144 ☐ Ulla C. Lerg-Kill erwähnt in ihrem Aufsatz Berliner Börsen-Courier (1868–1933) zwar das zeitweilige Beiblatt Berliner Wespen, nicht aber die Lustigen Blätter. In: Heinz-Dietrich Fischer (Hrsg.): Deutsche Zeitungen des 17. bis 20. Jahrhunderts. Pullach bei München: Verlag Dokumentation 1972, Seite 283 bis 298.
145 ☐ So spricht Gerd Krollpfeiffer in bezug auf die zweite Hälfte der achtziger Jahre von »einer Zeit der schärfsten Trennung zwischen politischem und unpolitischem Witzblatt«. Vgl. Die Lustigen Blätter im Weltkrieg 1914/18. Der publizistische Kampf eines deutschen Witzblattes. Emsdetten: Verlags-Druckerei Heinr. & J. Lechte 1935, Seite 20. Wie am Beispiel der Berliner Witzblätter gezeigt wurde, waren schon wesentlich früher Mischformen aufgetreten.
146 ☐ Das von Philipp Scharwenka illustrierte satirische Gedicht in 4 Gesängen Anton Notenquetscher war 1875 bei Troll in Kassel erschienen. 1882 kam in Berlin die 4. Auflage heraus. 1894 veröffentlichte Moszkowski dann Anton Notenquetschers heitere Dichtungen und im darauffolgenden Jahr Anton Notenquetschers lustige Fahrten.
147 ☐ Zit. nach Alexander Moszkowski: 40 Jahre »Lustige Blätter«. In: Acht Uhr-Abendblatt (Berlin) vom 22. 9. 1926.
148 ☐ Vgl. A Moszkowski: Die »Lustigen Blätter« (Anm. 138), Seite 471 und 479.
149 ☐ Vgl. A. Moszkowski: Das Panorama meines Lebens (Anm. 30), Seite 107.
Siehe zu den Auflagen bis 1890 Staatsarchiv Potsdam (Anm. 21), Nr. 14412, fol. 62 und 160.
Vgl. zur Vorkriegsauflage (zwischen 60 000 und 62 000) G. Krollpfeiffer: Die Lustigen Blätter im Weltkrieg 1914/18 (Anm. 145), Seite 28. Nach Kriegsausbruch schnellte die Auflage vorübergehend auf circa 125 000 empor.

An Bibliotheken und Archive versandte Suchlisten haben ergeben, daß die Lustigen Blätter und natürlich der Kladderadatsch die meistgesammelten Berliner Witzblätter waren. Dagegen wurde die Beilage des Berliner Tageblattes – Ulk – vor dem ersten Weltkrieg nur sporadisch aufbewahrt.
150 ☐ Zit. nach Gustav Dahms: Das Litterarische Berlin. Berlin: Richard Taendler o. J. [1895], Seite 160.

Zu Teil I, Kapitel 6 (S. 271 – 291)

1 ☐ Brief an Georg Friedlaender vom 21. 12. 1884. Zit. nach Fontanes Briefe in zwei Bänden, Bd. 2. Berlin/Weimar: Aufbau-Verlag 1968, Seite 133.
2 ☐ Zit. nach Julius Stettenheim: Heitere Erinnerungen. Keine Biographie. Berlin: S. Fischer 1896, Seite 149. Ähnlich zwei weitere Autoren unter vielen: Paul Lindenberg: Es lohnte sich, gelebt zu haben. Erinnerungen. Berlin: Vorhut-Verlag Otto Schlegel 1941, Seite 12 bis 22, und Felix Philippi: Alt Berlin, 2. Auflage. Berlin: Ernst Siegfried Mittler und Sohn 1913, Seite 91.
3 ☐ Zit. nach L[udwig] von Nordegg [d. i. Adolf von Wilke]: Die Berliner Gesellschaft, 2. Auflage. Berlin: Hugo Steinitz 1907, Seite 18.
4 ☐ Vgl. unter anderen Ad. von Wilke: Alt-Berliner Erinnerungen. Berlin: Richard Schröder 1930, Seite 231 bis 233, und Theodor Fontane: Briefe an Julius Rodenberg. Berlin/Weimar: Aufbau-Verlag 1969, Seite 25.
5 ☐ Zit. nach Carin Liesenhoff: Fontane und das literarische Leben seiner Zeit. Bonn: Bouvier 1976, Seite 115.
6 ☐ Die Ergebnisse dieser Repräsentativ-Untersuchung sind abgedruckt im Vorwärts, Nr. 39 vom 23. September 1976, Seite 35: Verlagsbeilage.
Wie der Journalist und Kulturhistoriker Walther Kiaulehn feststellt, war dem Berliner der Stammtisch in einem Wein- oder Bierlokal ähnlich wichtig wie dem Londoner der Club. Vgl. Berlin. Schicksal einer Weltstadt. München/Berlin: Biederstein 1958. Unveränderter Nachdruck 1980, Seite 111 f.
7 ☐ Die Weinstube von Lutter und Wegner (in der Literatur oft Wegener) war 1811 eröffnet worden. Sie wurde »das Stelldichein aller feinen Geister Berlins«.
Vgl. hierzu die in der Sonntags-Beilage der Vossischen Zeitung (Nr. 18, 22, 23, 30 vom 3. und 31. 5., 7. 6. und 27. 7. 1885) erschienene Artikelserie von Arnold Wellmer Bei Lutter und Wegener.
Vgl. auch F[riedrich] W[ilhelm] Gubitz: Erlebnisse. Nach Erinnerungen und Aufzeichnungen. Bd. 2. Berlin: Vereins-Buchhandlung 1868, Seite 76 und 79 bis 83.
Ernst Theodor Wilhelm Hoffmann (1776 bis 1822) nannte sich aus Verehrung für Mozart E. Th. Amadeus (= E. T. A.) Hoffmann. Nachdem der Königsberger zwischen 1800 und 1806 an den damals zu Preußen gehörenden Obergerichten in Posen und Warschau tätig gewesen war, lebte er – von 1808 bis 1812 in Bamberg als Maler, Musiklehrer, Kritiker, Dirigent, Dramaturg und Theaterkritiker. 1813/14 arbeitete er als Kapellmeister abwechselnd in Dresden und Leipzig, bevor er 1814 endgültig nach Berlin übersiedelte.
Dort war er ab 1816 Richter am Kammergericht. Von nun an führte er ein Doppelleben als pflichtbewußter preußischer Beamter und als zechfreudiger Künstler.
Drei seiner grotesk-phantastischen Werke liegen Jacques Offenbachs (1819 bis 1880) 1881 uraufgeführter Oper Hoffmanns Erzählungen zugrunde, die bis heute ein Welterfolg geblieben ist.
Ludwig Devrient (eigentlich De Vrient; 1784 bis 1832), der genialste einer berühmten Schauspielerfamilie, wirkte von 1815 bis zu seinem Tod in Berlin.
8 ☐ Vgl. Anm. 7 (Nr. 23 vom 7. Juni 1885). Der die Dächer abhebende »hinkende Teufel« ist seither ein Symbol des sensationshungrigen Journalisten.
9 ☐ Unter »Sekt« (aus spanisch *vino seco*, englisch *sack*) verstand man ursprünglich »Trockenbeerenwein« wie Jerez oder Malaga. Ludwig Devrient verlangte bei Lutter und Wegner gern »a cup of sack«, meinte damit aber Champagner.
10 ☐ Die obigen Zitate stammen aus I[sidor] Kastan: Berlin wie es war. 8. Auflage. Berlin: Rudolf Mosse o. J. [1925], Seite 121 f. und 251. Theodor Döring (eigentlich Häring; 1803 bis 1878) war 1845 einem Ruf nach Berlin gefolgt.
Der Parlamentarier und Publizist Franz Ziegler (1803 bis 1876) war als Vertreter der sozialen Demokratie zeitweise mit Ferdinand Lassalle befreundet.
11 ☐ Zit. nach I. Kastan: Berlin wie es war (Anm. 10), Seite 121.
12 ☐ Zum Beispiel am 27. März 1872 und 1873, wie aus einem in der Stadt- und Landesbibliothek Wien beziehungsweise in der Bayerischen Staatsbibliothek (München) aufbewahrten Brief hervorgeht. Borchardt kommt auch in Fontanes Roman Irrungen, Wirrungen (Kapitel 6) vor, der in der Vossischen Zeitung vom 24. Juli bis 23. August 1887 zum Vorabdruck kam. Das Weinlokal Borchardt existiert heute noch unter dem Namen »Lukullus«.
Vgl. zu Friedrich von Bodenstedt und Karl Gutzkow Anm. 71 und 74 (Teil I, Kapitel 5).
13 ☐ Zit. nach G. d'Encart: Berlin, zwei Jahre nach der Revolution. Ein Reisebild, geschrieben im Herbst des Jahres 1850. Hamburg: Volksbuchhandlung in St. Pauli 1851, Seite 52.
Vgl. zu den »Freien«, die aus dem 1837 gegründeten

»Doktor-Club« hervorgegangen sind, Julius Bab: Die Berliner Bohème. Berlin/Leipzig: Hermann Seemann [1904], Seite 16 bis 20, und Henri Arvon: La Taverne Hippel, rendez-vous de l'intelligentsia berlinoise d'avant 1848. In: Revue d'Allemagne, Bd. XIV, Nr. 2, Strasbourg 1982, Seite 245 bis 251 (»Hommages à Pierre-Paul Sagave«).
Dem Hegel-Schüler und Privatdozenten für Theologie (Berlin, Bonn) Bruno Bauer (1809 bis 1882) war 1842 wegen seiner scharfen Kritik an der Bibel die Lehrerlaubnis entzogen worden. Seither wirkte er als Publizist. Später wurde der einst revolutionäre Junghegelianer Anhänger der nationalliberalen und schließlich der konservativen Richtung. Sein Bruder Edgar (1820 bis 1886), von Beruf ebenfalls Publizist, wurde wegen seiner Schrift Streit der Kritik mit Kirche und Staat zu vierjähriger Festungshaft verurteilt. Max Stirner (1806 bis 1856) war zuerst Lehrer an einer Mädchenschule, dann Publizist. Stirner fand später erneut Beachtung, als zwischen seinem »Einzigen« und Nietzsches »Übermenschen« einerseits und dem französischen Existentialismus andererseits, Parallelen festgestellt wurden.
14 □ Vgl. hierzu: Paul Lindenberg: Es lohnte sich, gelebt zu haben (Anm. 2), Seite 101 f. und 117, und Rudolph Genée: Zeiten und Menschen. Erlebnisse und Meinungen. Berlin: Ernst Siegfried Mittler und Sohn 1897, Seite 32 bis 42, und Ich hab so gern gelebt. Die Lebenserinnerungen von Fedor von Zobeltitz. Berlin: Ullstein 1934, Seite 94.
15 □ Vgl. hierzu P. Lindenberg (Anm. 2), Seite 83, 117 und 119. Siehe auch den Nachruf von Fedor von Zobeltitz »Johannes Trojan«, der am 23. November 1915 in der Morgen-Ausgabe der Vossischen Zeitung erschienen ist.
16 □ Zit. nach Bogdan Krieger: Berlin im Wandel der Zeiten. Eine Wanderung vom Schloß Charlottenburg durch 3 Jahrhunderte. Berlin: Hermann Klemm 1923, Seite 218.
Vgl. zum »alten Dressel« auch Paul Lindau: Nur Erinnerungen. Bd. 2, Stuttgart/Berlin: Cotta 1917, Seite 4 bis 8. Das Restaurant Dressel, in das sich stadtbekannte Größen des Theaters, der Literatur, der Parlamente, der Aristokratie und der Börse zu treffen pflegten, war aus dem im Vormärz berühmt gewordenen Zeitungs-Lesecafé Spargnapani hervorgegangen.
Der Charakterdarsteller Theodor Lebrun (1828 bis 1895) hatte 1868 das Wallnertheater in Berlin übernommen, auf dem er neben der bis dahin vorzugsweise gepflegten Posse auch das Lustspiel heimisch machte; 1889 trat er von der Leitung des Theaters zurück.
Albert Niemann (1831 bis 1917) war zuerst Maschinenbauer, bevor er 1849 in Dessau zur Bühne ging. Von 1866 bis 1888 gehörte er als hervorragender Vertreter des Heldentenorfaches der Königlichen Bühne in Berlin an.
17 □ Das 1793 gegründete Altberliner Café Josty hatte sich bis zum Frühjahr 1880 am Schloßplatz, Stechbahn Nr. 1, befunden, anschließend am Potsdamer Platz. In Fontanes Roman Der Stechlin wird es im 31. Kapitel erwähnt.
18 □ Vgl. Hanns Fechner: Mein liebes altes Berlin. Neue Spreehannsgeschichten. Berlin; Rembrandt o. J. [1926], Seite 9. Vgl. auch Berliner Börsen-Courier, Nr. 512 v. 31. 10. 1916. Ludwig Pietsch (1824 bis 1911) studierte anfangs Malerei, bevor er sich mehr und mehr der feuilletonistischen und kunstkritischen Tätigkeit zuwandte. Von 1864 bis zu seinem Tod war er ständiger Mitarbeiter der Vossischen Zeitung (eigentlich Königlich privilegirte Berlinische Zeitung von Staats- und gelehrten Sachen), außerdem lieferte er für zahlreiche Zeitschriften, zum Beispiel die Leipziger Illustrirte Zeitung oder Westermanns Monatshefte, Beiträge. Pietsch war als einzigem Journalisten der Zutritt zu den höfischen Veranstaltungen erlaubt.
Siehe zu Julius Stinde Teil I, Kap. 5, Anm. 57.
Hans Fechner (1860 bis 1909) arbeitete ursprünglich als Genremaler, bevor er sich dem Porträt (Kaiser Wilhelm II., Theodor Fontane, Wilhelm Raabe und andere) zuwandte.
Adolph von (seit 1898) Menzel (1815 bis 1905) wurde bekannt durch 400 Federzeichnungen, die er zu Franz Kuglers Geschichte Friedrichs des Großen schuf. Als Maler wirkte er wegbereitend für den deutschen Impressionismus. Zu seinen bekanntesten Gemälden zählen die »Tafelrunde Friedrichs des Großen in Sanssouci« (1850; 1945 vernichtet), »Das Flötenkonzert« (1852) und das »Eisenwalzwerk« (1875).
19 □ P. Lindenberg: Es lohnte sich, gelebt zu haben (Anm. 2), Seite 5.
Die Weinstube Huth lag nur wenige Hausnummern von Fontanes Wohnung (134c) entfernt in der Potsdamer Straße. Sie wird im 35. Kapitel von Fontanes erstem wirklichem Erfolgsroman, Effi Briest, erwähnt.
20 □ Heinrich Seidel (1842 bis 1906) war ursprünglich Ingenieur. Ab 1880 arbeitete er als freier Schriftsteller. »Leberecht Hühnchen« ist eine Zentralfigur vieler Erzählungen, die er 1882 in dem den Alltag des kleinen Mannes schildernden Roman Leberecht Hühnchen zusammenfaßte.
Der vielgereiste Publizist, Erzähler, Biograph und Memoirenschreiber Paul Lindenberg (1859 bis 1934) war zwölf Jahre lang Redakteur der von Julius Rodenberg (siehe Teil I, Kap. 5, Anm. 74) gegründeten Monatsschrift Deutsche Rundschau (1874 bis 1964; 1941 vorübergehend eingestellt).
Moritz Busch (1821 bis 1899) hatte von 1857 bis 1864

und dann, 1865/66, mit Gustav Freytag (1816 bis 1895) die Zeitschrift Die Grenzboten redigiert. 1870 wurde er Mitarbeiter der »Stelle für Presseangelegenheiten« des Auswärtigen Amtes; als solcher hatte er bis Juli 1871 in unmittelbarem Verkehr mit Bismarck gestanden. Auch nach seinem Ausscheiden (1873) aus dem Amt blieb er mit Bismarck in Verbindung. Großes Aufsehen erregte er 1878 durch seine Erinnerungen an die Zeit im Versailler Hauptquartier, Graf Bismarck und seine Leute (2 Bände), die mehrmals aufgelegt und übersetzt worden sind. 1884 erschien das Buch Unser Reichskanzler; 1899 kamen die Tagebuchblätter (3 Bände) heraus, die als eine der wichtigsten Quellen der Bismarck-Zeit gelten, auch was die Presse anbelangt.

21 ☐ I. Kastan: Berlin wie es war (Anm. 10), Seite 110 f., sowie R. Genée: Zeiten und Menschen (Anm. 14), Seite 268 f., und Ludwig Pietsch: Wie ich Schriftsteller geworden bin. Erinnerungen aus den sechziger Jahren. 2. Bd. Berlin: F. Fontane & Co. 1884, Seite 364 f.

Der aus einer Malerfamilie stammende Paul Meyerheim (1842 bis 1915), der später den Professorentitel erhielt, malte mit Vorliebe Bilder aus dem Tier- und Volksleben, Porträts sowie »Dekorationen« für Fest- und Speisesäle.

Gustav Richter (1823 bis 1884) war ein damals hoch angesehener Porträtmaler.

22 ☐ Carl [Karl] Siechen war 1849, nach der Schließung seiner »Ewigen Lampe«, dem Geburtsort der Berliner politisch-satirischen Zeitschrift gleichen Namens (15. April 1848 bis 1850; mit Unterbrechungen), in die Burgstraße umgezogen. Die Alte Post, in der bayerisches Bier ausgeschenkt wurde, entwikkelte sich zu einem der besuchtesten Lokale Berlins. Vgl. zu diesem Berliner Original I. Kastan: Berlin wie es war (Anm. 10), Seite 124 f., Agathe Nalli-Rutenberg: Das alte Berlin. Erinnerungen. Berlin: Continent GmbH o. J. [1912], Seite 52 f., und Alexander Meyer: Aus guter alter Zeit. Berliner Bilder und Erinnerungen. Stuttgart/Leipzig: Deutsche Verlags-Anstalt 1909, Seite 63 bis 69.

Vgl. zum Stammtisch Stettenheims im Kaiserhof: Ludwig Herz: Spaziergänge im Damals. Aus dem alten Berlin. Berlin: Otto von Holten 1933, Seite 168 bis 170.

23 ☐ Das Ensemble des Meininger Hoftheaters stand unter der Leitung des mit der Schauspielerin Ellen Franz (Freifrau von Heldburg) verheirateten Herzogs Georg II. Von 1874 bis 1890 verhalfen die »Meininger« in zahlreichen Gastspielen dem klassischen Drama im In- und Ausland durch vollendetes Zusammenspiel sowie durch »Echtheit« in Kostüm und Ausstattung zu einer neuen Blüte.

24 ☐ Vgl. Ludwig Barnay: Erinnerungen, Bd. 1, 2. Aufl. Berlin: Egon Fleischel & Co. 1903, Seite 246 bis 269, hier 267. Ludwig Barnay (1842 bis 1924) gründete 1871 die Genossenschaft Deutscher Bühnenangehöriger, 1882 – zusammen mit anderen – das Deutsche Theater und 1888 das Berliner Theater. 1889 wurde er Leiter des Königlichen Schauspielhauses. Anton von Werner (1843 bis 1915) war ab 1875 Direktor der Berliner Akademie. Anfangs als Illustrator tätig, wurde er berühmt durch seine realistischen zeitgenössischen Darstellungen (bekanntestes Beispiel »Die Kaiserproklamation in Versailles«).

Paul Lindau (1839 bis 1919) wandte sich schon sehr früh der journalistischen und schriftstellerischen Laufbahn zu. Von Paris aus korrespondierte er für deutsche Zeitungen. Von 1863 bis 1869 war er Chefredakteur, erst der Düsseldorfer, dann der Elberfelder Zeitung. 1872 beziehungsweise 1878 gründete Lindau in Berlin die Zeitschriften Die Gegenwart (bis 1931) sowie Nord und Süd (bis 1930). 1868 begann Lindaus dramatische Laufbahn mit zahlreichen Lustspielen, ferner mit Übersetzungen und Bearbeitungen französischer Theaterstücke. Von 1895 bis 1899 war er Intendant des Hoftheaters in Meiningen; anschließend Direktor des Berliner Theaters, dann – bis 1905 – des Deutschen Theaters.

25 ☐ Der Berliner Maler Wilhelm Hensel (1794 bis 1861) – Hauptwerke biblische Bilder – war mit der Schwester von Felix Mendelssohn-Bartholdy verheiratet.

26 ☐ Louis Schneider (1805 bis 1878) verfaßte mehrere Romane und »Schauspielernovellen«, ferner drei Bände Erinnerungen (Aus meinem Leben, 1878 bis 1880) und das erst nach seinem Tod veröffentlichte Werk Aus dem Leben Kaiser Wilhelms. 1849 bis 1873 (3 Bände, 1888).

Von 1820 bis 1845 war er Hofschauspieler, meist in komischen Rollen; von 1845 bis 1848 war er mit der Regie der Königlichen Oper betraut. Im gleichen Jahr ernannte ihn Friedrich Wilhelm IV. zu seinem Vorleser und verlieh ihm den Rang eines Hofrats; diese Stelle hatte er auch unter dem preußischen König, späteren deutschen Kaiser Wilhelm I. inne.

27 ☐ Vgl. Ingrid Heinrich-Jost. Adolf Glaßbrenner. Berlin: Stapp 1981, Seite 45 f.

28 ☐ Zit. nach Theodor Fontane: Von Zwanzig bis Dreißig. Autobiographisches, 5. Aufl. Berlin: F. Fontane & Co. 1910, Seite 187. Weitere Angaben über den »Tunnel« und die »Tunnelianer« auf Seite 175 bis 371 sowie bei den Tunnel-Mitgliedern Heinrich Seidel (s. Anm. 20) in: Von Perlin nach Berlin. Aus meinem Leben. Stuttgart/Berlin: Cotta 1903, Seite 165 bis 171, und Paul Heyse: Jugenderinnerungen und Bekenntnisse. Berlin: Wilhelm Hertz 1900, Seite 87 bis 89.

Vgl. auch Fritz Behrend: Geschichte des Tunnels über der Spree. Berlin: Hermann Wendt 1938.

Der Name des Vereins, der ein »heitergeselliges Zusammensein . . ., belebt durch den Vortrag von Gedichten und anderen künstlerischen Arbeiten«, bezweckte, wurde gewählt als eine launige Anspielung auf den damals erbauten Tunnel unter der Themse.

29 ☐ Zit. nach einem Brief Fontanes an Paul Heyse vom 23. Dezember 1860.
Vgl. Der Briefwechsel zwischen Theodor Fontane und Paul Heyse. Berlin/Weimar: Aufbau-Verlag 1972, Seite 96.
Paul Heyse (1830 bis 1914; seit 1910: von) ward 1854 von König Maximilian II. nach München berufen und genoß als Mittelpunkt des Münchner Dichterkreises bis zum Aufkommen des Naturalismus großes Ansehen.
Der Dichter Theodor Storm (1817 bis 1888) arbeitete von 1853 bis Herbst 1856 als Assessor in Potsdam und kam auch später öfters nach Berlin. Bald nach seiner Ankunft war er in den »Tunnel« aufgenommen worden.
Der dichtende Jurist Heinrich von Mühler (1813 bis 1874) war seit 1846 Vortragender Rat im Kultusministerium und von 1862 bis Januar 1872 preußischer Kultusminister.

30 ☐ Vgl. zu dieser literarischen Gesellschaft, die nicht mit der 1852 gegründeten Tunnel-Abzweigung »Rytli« (bei Fontane jedoch ebenfalls »Rütli« geschrieben) zu verwechseln ist, R. Geneé: Zeiten und Menschen (Anm. 14), Seite 32 bis 43. Siehe auch Stephan Born: Erinnerungen eines Achtundvierzigers, hrsg. und eingeleitet von Hans J. Schütz. Berlin/Bonn: Dietz 1978, Seite 18 f., und Max Ring: David Kalisch. Der Vater des Kladderadatsch, der Begründer der Berliner Posse. Ein Erinnerungs-Blatt. Berlin: Elwin Staude 1873, Seite 25.

31 ☐ Vgl. Verein Berliner Künstler gegr. 19. Mai 1841. Festschrift zur Feier seines fünfzigjährigen Bestehens 19. Mai 1891. Berlin. Verlag von Amsler & Ruthardt, Seite 29.

32 ☐ Verein Berliner Künstler (Anm. 31), Seite 54.

33 ☐ Zit. nach Verein Berliner Künstler (Anm. 31), Seite 29.

34 ☐ Zit. nach Verein Berliner Künstler (Anm. 31), Seite 35.
Vgl. auch folgende, in der Zeitschrift Der Hausfreund (Berlin) erschienene Berichte: Das Weihnachtsfest der Berliner Künstler (11. Jg., 1868, Nr. 27, Seite 424 bis 427) und Das Maskenfest des Vereins Berliner Künstler (13. Jg., 1870, Nr. 26, Seite 408 bis 411).
Siehe auch Illustrirte Zeitung, Leipzig, Nr. 1395 vom 26. 3. 1870, Seite 227 bis 230, sowie die Erinnerungen des Malers Anton von Werner: Erlebnisse und Eindrücke 1870–1890. Berlin: Ernst Siegfried Mittler und Sohn 1913, Seite 108 bis 110.

35 ☐ Der Plan, einen Presse-Verein zu gründen, war übrigens nicht in Berlin, sondern am 3. Juli 1862 auf einer Harzreise gefaßt worden. Am 9. Dezember 1937 wurde der Verein aufgelöst. Nach Kriegsende erfolgte seine Neugründung.
Vgl. allgemein Ernst Wichert: Der Verein »Berliner Presse«. In: Beiträge zur Kulturgeschichte von Berlin. Festschrift zur Feier des fünfzigjährigen Bestehens der Korporation der Berliner Buchhändler (1. November 1898). Berlin: Verlag der Korporation der Berliner Buchhändler 1898, Seite 97 bis 110.

36 ☐ Schmidt-Cabanis war von 1877 bis 1883, Haber von 1883 bis 1885 und Stettenheim von 1885 bis 1887 Mitglied des Aufnahmeausschusses. Schmidt-Cabanis fungiert in den Jahren 1875, 1877 bis 1880, 1885 bis 1888, Stettenheim von 1870 bis 1873 als Mitglied des »Ständigen Vergnügungsausschußes«. Schmidt-Cabanis war von 1880 bis 1882 überdies stellvertretender Vorsitzender. Was Stettenheim anbelangt, so war er ferner von 1871 bis 1873 Schriftführer, von 1874 bis 1875 stellvertretender Vorsitzender und von 1887 bis 1894 einer der beiden Beisitzer. Zwischendurch war er einige Jahre aus dem Verein ausgetreten.
Ernst Dohm war nur kurze Zeit Mitglied, Johannes Trojan erst ab 1883.
Vgl. Paul Schlenther: Der Verein Berliner Presse und seine Mitglieder 1862 bis 1912. Berlin: Georg Bondi 1912, passim.

37 ☐ Vgl. J. Stettenheim: Heitere Erinnerungen (Anm. 2), Seite 156 und 217.

38 ☐ Die Autorin dankt in diesem Zusammenhang dem Theodor-Fontane-Archiv (Potsdam) für wertvolle schriftliche Auskünfte (Brief vom 12. 1. 1985).
Das Festessen war von den Vereinen »Berliner Presse« und »Rytli« sowie von der Vossischen Zeitung, bei der Fontane von 1870 bis Anfang Juni 1890 als Theaterreferent tätig war und in der mehrere Arbeiten zum Vorabdruck gekommen waren, gemeinsam ausgerichtet worden. Es wird in Fontanes Tagebuch (Sämtliche Werke, Bd. XXIV. München: Nymphenburger Verlagshandlung 1975, Seite 1159 f.) erwähnt.

39 ☐ Zit. nach E. Wichert: Der Verein »Berliner Presse« (Anm. 35), Seite 106.

40 ☐ Vgl. zu Gerson (seit 1872: von) Bleichröder die umfassende Doppelbiographie des amerikanischen Historikers Fritz Stern: Gold und Eisen. Bismarck und sein Bankier Bleichröder. Frankfurt/Berlin/Wien: Ullstein 1980.

41 ☐ Vgl. Max J[osef] Wolff: Club von Berlin. Berlin 1926. Vgl. auch L. von Nordegg: Die Berliner Gesellschaft (Anm. 3), Seite 211 bis 213.
August Julius Borsig (1829 bis 1878) trug beträchtlich zur Erweiterung der von seinem Vater, August

Borsig, im Jahr 1837 in Berlin gegründeten Eisengießerei und Maschinenfabrik bei.
Werner Siemens (1816 bis 1892; seit 1888: von) gründete 1847 zusammen mit Johann Georg Halske (1814 bis 1890) in Berlin die Telegraphenbauanstalt Siemens & Halske, aus welcher der heutige Weltkonzern hervorging.
Otto Camphausen (1812 bis 1896; seit 1896: von) war von 1869 bis 1878 preußischer Finanzminister; Rudolf Delbrück (1817 bis 1903; 1896 geadelt) wurde 1867 Präsident des Norddeutschen Bundeskanzleramtes, 1869 preußischer Staatsminister und 1871 Präsident des Reichskanzleramtes. 1876 trat er zurück, da er mit Bismarcks Wirtschaftspolitik nicht mehr einverstanden war.
42 □ Vgl. P. Lindenberg: Es lohnte sich, gelebt zu haben (Anm. 2), Seite 92 f.
Zu seinen Mitgliedern, die nach dem Beispiel des »Tunnels« Decknamen trugen, zählten auch die Schriftsteller Ludwig Pietsch, Heinrich Seidel und Julius Stinde.
Siehe auch Hanns Fechner: Menschen die ich malte. Berlin: Rembrandt-Verlag [1927], Seite 177.
43 □ Johannes Trojan: Erinnerungen. Berlin: Verlag des Vereins der Bücherfreunde 1912, Seite 312 bis 332.
Vgl. zum Allgemeinen deutschen Reimverein auch H. Fechner: Menschen die ich malte (Anm. 42), Seite 177, und Heinrich Spiero: Schicksal und Anteil. Berlin: Volksverband der Bücherfreunde, Wegweiser-Verlag 1929, Seite 176 f.
44 □ Stifter war der von Wien nach Berlin übergesiedelte Karl Tausig, Leiter einer Schule für höheres Klavierspiel, der sein Leben Richard Wagner gewidmet hatte.
Langjähriger Vorsitzender vor Dohm war der Gründer des Berliner Börsen-Couriers, George Davidson (1835 bis 1897), der unter anderem durch die Unterbringung vieler »Patronatsscheine« das Zustandekommen der Bayreuther Festspiele ermöglicht hatte.
45 □ Zit. nach Berliner Börsen-Courier, Nr. 129 v. 12. 3. 1881.
46 □ Der Literarische Club wurde am 22. 3. 1881 gegründet. Weitere führende Mitglieder waren die Schriftsteller Friedrich Spielhagen, Rudolph Genée und Paul Lindau, ferner die Professoren Moritz Lazarus und Rudolf Virchow sowie der Berliner Unternehmer Ludwig Loewe, endlich die Chefredakteure der Vossischen Zeitung und des Berliner Tageblattes.
Vgl. Berliner Börsen-Courier, Nr. 118 v. 6. 3. 1881 und Nr. 147 v. 22. 3. 1881, Rubrik »Der Reporter«. Der Berliner Börsen-Courier berichtete fortan regelmäßig über die »Soupers« des Clubs.
47 □ Dies war zumindest die Ansicht P. Lindenbergs (Anm. 2), Seite 344.
48 □ Zit. nach W. Kiaulehn: Berlin (Anm. 6), Seite 114.
49 □ Die Freie Bühne war am 5. April 1889 in einer in der National-Zeitung veröffentlichten Erklärung an die Öffentlichkeit getreten. Ihr Ziel war, »eine Bühne zu begründen, welche frei ist von den Rücksichten auf Theaterzensur und Gelderwerb«.
Gleich die zweite Theateraufführung, am 20. Oktober 1889, nämlich Gerhart Hauptmanns Stück Vor Sonnenaufgang, hatte einen noch nie dagewesenen Theaterskandal hervorgerufen. Vgl. allgemein die übersichtliche Darstellung von Gernot Schley: Die Freie Bühne in Berlin. Berlin: Haude & Spener 1967.
Heinrich Hart (1855 bis 1906), der Entdecker Gerhart Hauptmanns, gab mit seinem Bruder Julius (1859 bis 1930) die Zeitschrift Kritische Waffengänge (1882 bis 1884) heraus und wurde dadurch zu einem der führenden Vorkämpfer des Naturalismus; der dem Symbolismus und später Expressionismus nahestehende Dichter Julius Hart verfaßte eine Geschichte der Weltliteratur und des Theaters.
Otto Brahm (eigentlich Otto Abraham; 1856 bis 1912) war mit Theodor Fontane Theaterkritiker für die Vossische Zeitung, 1890 Mitbegründer der Kampfzeitschrift Freie Bühne für modernes Leben (seit 1904 Die neue Rundschau); 1894 Leiter des Deutschen Theaters, 1904 bis 1912 des Lessing-Theaters in Berlin.
Vgl. zu Maximilian Harden Teil I, Kapitel 5, Anm. 136.
Paul Schlenther (1854 bis 1916) war von 1886 bis 1898 Theaterkritiker der Vossischen Zeitung in Berlin, anschließend leitete er bis 1910 das Wiener Burgtheater.
Theodor Wolff (1861 bis 1943) war seit 1889 Literatur- und Theaterkritiker, ab 1894 Korrespondent in Paris und ab 1906 Chefredakteur des Berliner Tageblatts. 1933 emigrierte er nach Frankreich. Nach der Besetzung Nizzas durch italienische Truppen wurde er in das Konzentrationslager Sachsenhausen deportiert. Er starb an den Folgen einer verspäteten Operation.
50 □ Letzter Vers des 1897 im Erstdruck erschienenen Gedichts »Die Alten und die Jungen«, zit. nach Hans-Heinrich Reuter: Fontane, Bd. 2, München: Nymphenburger Verlagshandlung 1968, Seite 716.
51 □ Vgl. Anm. 74 (Teil I, Kapitel 5).
52 □ Zit. nach Heinrich Spiero: Das poetische Berlin. 2. Teil. München. Georg Müller/Eugen Reutsch 1913, Seite 55 f.
Die Dohms wohnten lange Zeit in einer Art Gartenwohnung in der Potsdamer Straße 27, bevor sie in die Tiergartenstraße 19, das heißt in den Berliner »Westen« zogen.
Vgl. zu diesem Zentrum literarisch-geselligen Lebens überdies Max Osborn: Der Gelehrte des Klad-

deradatsch. Zu Ernst Dohms hundertstem Geburtstag. In: Vossische Zeitung vom 23. Mai 1919, sowie H. Fechner: Menschen die ich malte (Anm. 42), Seite 180, Hans Fürstenberg: Carl Fürstenberg. Die Lebensgeschichte eines deutschen Bankiers. Düsseldorf/Wien: Econ Verlag 1968, Seite 95 bis 99. Paul Lindau: Nur Erinnerungen, Bd. 2. Stuttgart/Berlin: Cotta 1917, Seite 80, und L. Pietsch: Wie ich Schriftsteller geworden bin, Bd. 2 (Anm. 21), Seite 142.

53 ☐ Zit. nach Thomas Mann: Werke, Bd. XI, 2. Aufl. Frankfurt: Fischer 1974, Seite 473.
Vgl. zu dem Hinweis Thomas Manns auf den »romantischen Salon der Rahel Varnhagen« Ingeborg Drewitz: Berliner Salons. Berlin: Haude & Spener [3]1984 (Reihe Berlinische Reminiszenzen 7).
Zu den oben genannten Persönlichkeiten: Fanny Lewald (1811 bis 1889) schrieb vielgelesene Unterhaltungsromane mit liberaler und frauenrechtlicher Tendenz sowie Novellen und Reisebriefe. Ihre Erinnerungen wurden 1900 von Ludwig Geiger unter dem Titel Gefühltes und Gedachtes (Dresden/ Leipzig: Heinrich Minden) herausgegeben.
Der Diplomat und Schriftsteller Karl August Varnhagen von Ense (1785 bis 1858) wurde durch seine Biographien (vor allem preußischer Generäle) bekannt sowie durch die Veröffentlichung der Briefe und Aufzeichnungen seiner Frau Rahel, geb. Levin (1771 bis 1833), deren »Salon« das literarische Berlin stark geprägt hatte. Seine in den sechziger Jahren des 19. Jahrhunderts bei verschiedenen Verlegern herausgekommenen Tagebücher (10 Bände) bilden eine erstrangige Geschichtsquelle, zumal Varnhagen von Ense ein eifriger Zeitungsleser war.
Der mit Goethe und Schiller befreundete Naturforscher und Weltreisende Alexander Freiherr von Humboldt (1769 bis 1859) lebte von 1807 bis 1827 in Paris, dann, ab 1830, in Berlin, wo sein fünfbändiges Hauptwerk Kosmos entstand. Der Pianist und Hofkapellmeister Hans von Bülow (1830 bis 1894) hatte 1857 Franz Liszts Tochter Cosima geheiratet, von der er 1870 geschieden wurde.
Der Begründer der deutschen Sozialdemokratie, Ferdinand Lassalle (1825 bis 1864) stammte ebenfalls aus Breslau. Vgl. zu dieser schillernden Persönlichkeit neuerdings das umfassende Werk von Shlomo Na'aman: Lassalle. Hannover: Verlag für Literatur und Zeitgeschehen 1970.
Ludwig Bamberger (1823 bis 1899) schloß sich 1848 den radikal-demokratischen Republikanern an und ging nach der gescheiterten Revolution ins Ausland (Schweiz, Paris). 1866 kehrte er nach Deutschland zurück, wo er als nationalliberaler Abgeordneter und Publizist die Politik Bismarcks bis 1880 unterstützte.
Der Jurist Eduard Lasker (1829 bis 1884), gehörte zu den liberalen Abgeordneten, die sich nach dem Sieg Preußens über Österreich von der Deutschen Fortschrittspartei trennten und die Nationalliberale Partei begründeten. Teils Anhänger, teils Gegner Bismarcks spielte er bis 1883 im parlamentarischen Leben eine hervorragende Rolle. Auch Lasker betätigte sich als Publizist.

54 ☐ Zit. nach Berliner Tageblatt, Nr. 558 vom 31. 10. 1910 (Nachruf).
Vgl. zu Julius Stettenheim, mit zahlreichen Belegen: Ursula E. Koch: Ridendo dicere verum: Julius Stettenheim (1831 bis 1916) – ein Meister des jüdisch-berlinischen Witzes (Ein Baustein zur Berliner Kulturgeschichte). In: Revue d'Allemagne, Bd. XIV, Nr. 2, Straßburg 1982 (Hommages à Pierre-Paul Sagave), Seite 252 bis 266.

55 ☐ Zit. nach Julius Stettenheim: Lies und Lach! Wippchens lustige Auslese. Berlin/Hamburg: Hoffmann und Campe 1924, hrsg. und mit einem Nachwort versehen von Julie Leipziger-Stettenheim, Seite 197 f.

56 ☐ Titel einer von Karl Gutzkow begründeten Zeitschrift, die von 1853 bis 1864 bei Brockhaus in Leipzig erschien und zu zahlreichen Überschriften in Witzblättern oder Zitaten Anlaß gab.

57 ☐ Vgl. Johannes Trojan: Glaßbrenner als Lehrmeister. In: Berliner Tageblatt, Nr. 158 vom 30. 3. 1910.

58 ☐ Zit. nach Hans Wachenhusen: Aus Bewegtem Leben. Erinnerungen aus dreißig Kriegs- und Friedensjahren. Straßburger Druckerei und Verlagsanstalt 1890, Seite 106.
Vgl. auch H. Fürstenberg: Carl Fürstenberg (Anm. 52), Seite 94 f.

59 ☐ Vgl. P. Lindenberg: Es lohnte sich, gelebt zu haben (Anm. 2), Seite 192, und Rudolf Presber: Ich gehe durch mein Haus. Erinnerungen. Stuttgart/ Berlin: Deutsche Verlagsanstalt 1935, Seite 109.

60 ☐ Vgl. zum »Kladderadatsch« – Kreis vom Albrechtshof: P. Lindau: Nur Erinnerungen, Bd. 2 (Anm. 52), Seite 67 bis 69. Eine nähere Beschreibung des Albrechtshofs, der 1862/63 der Bodenspekulation zum Opfer fiel, findet sich bei B. Krieger: Berlin im Wandel der Zeiten (Anm. 16), Seite 341.

61 ☐ Zit. nach Neue Zeit, Nr. 223 vom 16. 8. 1927 (Artikel Dr. Otto Eysler).

62 ☐ So vertraute Cosima Wagner am 27. April 1871, das heißt erst wenige Monate nach der Gründung des Deutschen Reichs, ihrem Tagebuch an: »Viele Besuche, Diner bei Frau von Schleinitz . . .; Erstaunen meinerseits über den Ton, in welchem man über Bismarck spricht, ›mehr Glück als Verstand‹.«
Zit. nach Cosima Wagner. Die Tagebücher, Bd. I. Ediert und kommentiert von Martin Gregor-Dellin und Dietrich Mack. München/Zürich: Piper 1976, Seite 381.
In seinen Gedanken und Erinnerungen erwähnt Bis-

marck die Gräfin ausdrücklich als Gegnerin, z. B. auf Seite 481 der 1981 bei Goldmann erschienenen Taschenbuchausgabe. Dohm weilte bei der Gräfin allerdings als Wagner-Verehrer und nicht als Bismarck-Feind.

63 ☐ C. Wagner: Die Tagebücher, Bd. I (Anm. 62), Seite 156, 174, 383 f., 522, 629, 637, 788, 911, 913, 1062, sowie Bd. II, Seite 745 und 1109. Die Bekanntschaft hatte Ludwig Pietsch vermittelt.
Vgl. auch Cosima Wagner: Briefe an ihre Tochter Daniela von Bülow. Stuttgart: Cotta 1933, Seite 125, 171, 195 und 210.

64 ☐ Vgl. zum Salon der Gattin des Königlichen Hausministers Alexander Graf von Schleinitz (1807 bis 1885) Marie (genannt Mimi) von Schleinitz (1842 bis 1912), der 1874 von Adolph (von) Menzel gemalt worden ist, I. Kastan: Berlin wie es war (Anm. 7) Seite 196 und 241.
Siehe auch Max Ring: Berliner Leben. Kulturstudien und Sittenbilder. Leipzig: Bernhard Schlicke. Berlin: Nicolaische Buchhandlung 1882, Seite 105, sowie A. von Werner: Erlebnisse und Eindrücke 1870 bis 1890 (Anm. 34), Seite 94 f. Ebenda eine Beschreibung der von Menzel dargestellten Persönlichkeiten.

65 ☐ Vgl. F. Philippi: Alt-Berlin (Anm. 2), Seite 60 f.
Heinrich Bernhard Oppenheim (1819 bis 1880) gehörte 1848 zur äußersten Linken, später zur Nationalliberalen Partei. Als namhafter Publizist veröffentlichte er Beiträge in der National-Zeitung (Berlin) sowie in den Periodika Unsere Zeit, Die Gegenwart und Die Tribüne. Außerdem publizierte er selbständige politische, staatsbürgerliche und sozialpolitische Schriften.
Berthold Auerbach (1812 bis 1882) wurde vor allem durch seine Dorfgeschichten bekannt. Er war überdies ein eifriger Verfechter der jüdischen Emanzipation.
Vgl. zu Friedrich Spielhagen und Julius Rodenberg Anm. 74 (Teil I, Kapitel 5).

66 ☐ Zit. nach Marie von Olfers: Briefe und Tagebücher 1870 bis 1924. Hrsg. von Margarete von Olfers. Berlin: Mittler & Sohn 1930, Seite 46 und 87.
Marie von Olfers (1826 bis 1925) starb im 100. Jahr ihres Lebens durch Verbrennen am Kamin. Giacomo Meyerbeer, eigentlich Jakob Liebmann Beer (1791 bis 1864), lebte von 1816 bis 1826 in Italien, dann in Paris und schließlich – als Generalmusikdirektor der Berliner Oper – in seiner Geburtsstadt Berlin. Er war ein Hauptvertreter der französischen »großen Oper« und wurde von Richard Wagner in seiner polemischen Schrift Das Judentum in der Musik (1850) heftig angegriffen.
Der Porträt- und Historienmaler Gustav Richter ist besonders durch das idealisierte Bild der preußischen Königin Luise bekannt geworden. Seine Frau Cornelia (gestorben 1922) war mit der zur Hofgesellschaft gehörenden Baronin Spitzemberg, die auch im Hause Bismarck verkehrte, durch eine jahrelange Freundschaft verbunden.
Vgl. die zahlreichen Belegstellen in: Das Tagebuch der Baronin Spitzemberg, geb. Freiin v. Varnbüler. Aufzeichnungen aus der Hofgesellschaft des Hohenzollernreiches. Ausgewählt und hrsg. von Rudolf Vierhaus, 3. Auflage. Göttingen: Vandenhoeck & Ruprecht 1963.
Vgl. zu den Richters auch I. Kastan: Berlin wie es war (Anm. 7), Seite 110, L. Pietsch: Wie ich Schriftsteller geworden bin, Bd. 2 (Anm. 21), Seite 270, und A. von Werner: Erlebnisse und Eindrücke (Anm. 34), Seite 98.

67 ☐ Zit. nach Juden im deutschen Kulturbereich. Hrsg. von Siegmund Kaznelson, 3. Aufl. mit Ergänzungen und Richtigstellungen. Berlin: Jüdischer Verlag 1962, Seite 882.

68 ☐ Zit. nach F. Philippi: Alt-Berlin (Anm. 2), Seite 6.
Lassalle bewohnte von 1857 bis 1859 eine Parterrewohnung in der Potsdamer Straße; 1859 zog er in die hier beschriebene Wohnung in der Bellevuestraße 13 um.
Vgl. auch Gustav Mayer (Hrsg.): Ferdinand Lassalle. Nachgelassene Briefe und Schriften. Neudruck der Ausgabe von 1924. Osnabrück: Biblio Verlag 1967, Seite 128, 171, 190, 200, 222, 244 und 246. Siehe auch S. Na'aman: Lassalle (Anm. 53), Seite 250.
Vgl. schließlich die ausführliche Beschreibung bei Ludwig Pietsch: Wie ich Schriftsteller geworden bin. Erinnerungen aus den Fünziger Jahren. 2. Aufl., Bd. 1. Berlin: F. Fontane & Co. 1898, Seite 303 bis 323.
Franz Duncker (1822 bis 1888), Sohn des Buchhändlers Karl Friedrich Wilhelm Duncker (1781 bis 1869) und Bruder des Historikers und Publizisten Max Duncker (1811 bis 1886), verlegte von 1853 bis 1877 die linksliberale Volks-Zeitung, die (als Berliner Volks-Zeitung) bis 1944 erschien. Er war Mitbegründer des Deutschen National-Vereins (1859), der Deutschen Fortschrittspartei (1861) sowie der den englischen Trades Unions nachgebildeten Hirsch-Dunckerschen Gewerkvereine (1869) und wurde wiederholt in den Reichstag gewählt. Franz und Lina Duncker empfingen ihrerseits in ihrem Haus eine erlesene Gesellschaft.
Vgl. Ernst Heilborn: Die gute Stube. Geselligkeit im 19. Jahrhundert. Wien/München/Leipzig: Rikola 1922, Seite 182 bis 189.

69 ☐ Zit. nach F. Philippi: Alt-Berlin (Anm. 2), Seite 41.
Der dem brandenburgischen Uradel entstammende, mit Heinrich von Kleist befreundete Ernst von Pfuel

(1779 bis 1866) hatte 1813/14 als Generalstabschef an den Befreiungskriegen teilgenommen. 1847 war er Gouverneur von Berlin, 1848 Ministerpräsident und Kriegsminister, 1858 und die folgenden Jahre Mitglied des preußischen Abgeordnetenhauses.
Die Schauspielerin Lina Fuhr (1828 bis 1906) korrespondierte wiederholt mit Ernst Dohm.
Adolf Stahr (1805 bis 1876) begann seine literarische Tätigkeit mit der Geschichte, Kritik und Erklärung der Schriften des Aristoteles. Später schrieb er Romane und Werke zur Kunst- und Literaturgeschichte.
Der gebürtige Königsberger Johann Jacoby (1805 bis 1877) war Arzt, Publizist und als radikaler Demokrat ein Gegner Bismarcks. 1841 war er durch seine sofort verbotene Flugschrift Vier Fragen, beantwortet von einem Ostpreußen bekannt geworden.
70 □ Vgl. hierzu: Lebenserinnerungen von Agnes Wallner. Bearbeitet von Hans Blum. Berlin: Otto Elsner 1900, Seite 113 bis 124.
Der gebürtige Wiener Franz Wallner (eigentlich Leidesdorf; 1810 bis 1876) hatte 1855 das Königstädtische Theater übernommen. 1864 erbaute er daselbst das neue Wallner-Theater, das er bis 1868 leitete und zu einer Hochburg der Berliner Lokalposse machte. Aus dem Wallner-Theater ging später das Schiller-Theater hervor. Seine Frau Agnes war die Pflegetochter des 1848 in Wien kriegsrechtlich erschossenen Publizisten Robert Blum.
Hermann Fürst von Pückler-Muskau (1785 bis 1871) war einer der bedeutendsten Landschafts- und Gartenkünstler des 19. Jahrhunderts. Seine Reisebücher, zum Beispiel Semilasso in Afrika (1836) machten ihn zu einem der meistgelesenen Schriftsteller seiner Zeit.
Wilhelm Stieber (1818 bis 1882) war 1843 in das Polizeipräsidium eingetreten und hatte sich bald zu einem gefürchteten Polizeibeamten entwickelt.
71 □ Vgl. zum Kreis beziehungsweise »Abendtisch« Rodenbergs, zu dem zeitweise der Schauspieler Carl Helmerding, Julius Stettenheim, die »Gelehrten des Kladderadatsch« und die Schriftstellerin Marie von Olfers gehörten, u. a. R. Presber: Ich gehe durch mein Haus (Anm. 59; Kapitel »Am Abendtisch Julius Rodenbergs«) und J. Stettenheim: Heitere Erinnerungen (Anm. 2), Seite 96.
Vgl. zu Spielhagen, der als Hausherr meist den »fesselnden Mittelpunkt« bildete: P. Lindenberg: Es lohnte sich, gelebt zu haben (Anm. 2), Seite 64 bis 66.
Siehe auch Victor Tissot: De Paris à Berlin. Mes vacances en Allemagne. Paris: Librairie Blériot 1887, Seite 138 f. Karl Braun (nach seinem Wahlkreis Braun-Wiesbaden genannt; 1822 bis 1893) war zuerst nationalliberal, dann deutschfreisinnig. Seit 1867 war er Rechtsanwalt in Berlin, später in Leipzig, dann wieder Berlin. Braun ist auch als Publizist und Zeitschriftengründer hervorgetreten.
Vgl. zu dem Kreis, den der Parlamentarier Braun um sich versammelte und zu dem die Vertreter der verschiedensten politischen Richtungen gehörten, J. Stettenheim: Heitere Erinnerungen (Anm. 2), Seite 208 f. Braun war es auch, der den Witzblattherausgeber »sehr häufig« auf Stellen in seinen Reichstags- oder Landtagsreden hinwies, die sich für eine Parodie im »Parlaments-Feuilleton« der Berliner Wespen eigneten.
Ludwig Loewe (1837 bis 1886), der Gründer der spätestens seit dem Ende des 19. Jahrhunderts weltweit anerkannten Werkzeugmaschinenfabrik Ludwig Loewe & Co. AG, war seit 1876 als Mitglied der Deutschen Fortschrittspartei Abgeordneter des preußischen Landtags und seit 1878 des Deutschen Reichstags.
72 □ Zit. nach Das Tagebuch der Baronin Spitzemberg (Anm. 66), Seite 131 und 140.
Moritz Lazarus (1824 bis 1903) forderte die Anwendung exakter psychologischer Methoden für die Erforschung der für das Zusammenleben der Menschen geltenden Gesetzmäßigkeiten. Seit 1866 lebte er in Berlin; 1872 gehörte er zu den Mitbegründern der Hochschule für die Wissenschaft des Judentums.
73 □ Zit. nach Das Tagebuch der Baronin Spitzemberg (Anm. 66), Seite 130. Vgl. auch Seite 88.
Julius Stettenheim erwähnt die Soireen im Bleichröderschen Haus in seinen Heiteren Erinnerungen (Anm. 2), Seite 218. L. von Nordegg hebt hervor, die Berliner Gesellschaft habe es Bleichröder nicht leicht gemacht, den Zutritt zu ihr zu finden. Die »Hofmanner« hatten sich zwar gerne zu seinen Abenden eingefunden, ihn selbst jedoch nicht ernst genommen (Die Berliner Gesellschaft, Anm. 3, Seite 218).
Vgl. auch Comte Paul Vasili [d. i. Juliette Adam]: La société de Berlin. 4. Aufl. Paris: Nouvelle Revue 1884, Seite 152 bis 162.
74 □ Zit. nach H. Fürstenberg: Carl Fürstenberg (Anm. 52), Seite 399. Vgl. auch Seite 330, 334 f. und 507 bis 513. Auf Seite 101 f. wird Julius Stettenheim erwähnt.
Carl Fürstenberg (1850 bis 1933) war von 1871 bis 1881 im Bankhaus Bleichröder tätig; 1883 wurde er Geschäftsinhaber der Berliner Handels-Gesellschaft, die unter ihm zu einer der führenden deutschen Banken aufstieg.
75 □ Zit. nach Theodor Fontane: Sämtliche Werke, Bd. XXIV. München: Nymphenburger Verlagshandlung 1975, Seite 1134. In einem Brief an seine Tochter Mete vom 5. Juni 1878 erwähnt Fontane ein »großes Dejeuner« bei Lindau, bei dem auch Dohm und Scholz zugegen waren (Theodor Fontane: Briefe, Bd. 2. Berlin: Propyläen 1969, Seite 15).

Die Pariser Tageszeitung Le Temps berichtete am 10. 7. 1878 über ein Banquett bei Lindau, das am 4. Juli, das heißt während des Berliner Kongresses, deutsche und ausländische Schriftsteller, Diplomaten und Gelehrte zusammengeführt hatte.
Vgl. hierzu auch Christa Schultze: Zur Entstehungsgeschichte von Theodor Fontanes Aufzeichnungen über Paul und Rudolf Lindau. In: Fontane-Blätter, Bd. 4, H. 1, hrsg. vom Fontane-Archiv (Potsdam), Seite 27 bis 58.
Siehe zum Salon der Lindaus schließlich Arthur von Brauer: Im Dienste Bismarcks. Persönliche Erinnerungen. Bearb. und hrsg. von Helmuth Rogge, Berlin: E. S. Mittler und Sohn 1936, Seite 211 f., und H. Fürstenberg: Carl Fürstenberg (Anm. 52), Seite 216 f. Anna Lindau verheiratete sich später in Paris und schrieb im Figaro unter dem Pseudonym Jacques St. Cère.
76 ☐ So zum Beispiel Klaus Schulz in seiner 1975 veröffentlichten Dissertation »Kladderadatsch«. Bochum: Studienverlag Dr. N. Brockmeyer, Seite 239 (Anm. 55).
77 ☐ Bereits in den fünfziger Jahren war die Auflage (1858: 24 500; 1866: 37 000; 1871: 50 000) des überregional verbreiteten Kladderadatsch höher als die der größten deutschen Tageszeitungen. Die Zahl der Leser des in Cafés, Restaurants und Bibliotheken ausliegenden Witzblattes dürfte die der Abonnenten um ein Vielfaches überstiegen haben. In den siebziger und frühen achtziger Jahren stellte sich der Ulk, als Beilage des Berliner Tageblatts (1881: 80 000 Exemplare), an die Spitze.
78 ☐ Vgl. Der richtige Berliner in Wörtern und Redensarten. Verfaßt von Hans Meyer, fortgeführt von Dr. Siegfried Mauermann und für die zehnte Auflage bearbeitet und ergänzt von Walther Kiaulehn. München/Berlin 1965, Seite 24.
79 ☐ Zit. nach Die Märker und die Berliner und wie sich das Berlinertum entwickelte. In: Theodor Fontane: Sämtliche Werke. Bd. XIX. München: Nymphenburger Verlagshandlung 1969, Seite 754.
Vgl. Paul Landau: Gesellschafts-Kultur. In: Juden im deutschen Kulturbereich. Ein Sammelwerk. Hrsg. von Siegmund Kaznelson, 3. Ausgabe. Berlin: Jüdischer Verlag 1962, Seite 913.
80 ☐ Vgl. hierzu Teil I, Kapitel 5.
Dieser, die Mentalitätsforschung berührende Teilaspekt des Berliner Antisemitismus ist bisher zu wenig berücksichtigt worden.
81 ☐ Zit. nach Die Deutsche Wacht, 1. Jg., Berlin 1880, Seite 100 f.
82 ☐ Zit. nach I. Kastan: Berliner Erinnerungen. In: Jahrbuch für jüdische Geschichte und Literatur, 27. Bd., Berlin 1926, Seite 143.

Zu Teil I, Zusammenfassung und Ausblick (S. 335 – S. 352)

1 ☐ Vgl. zur Tierfabel, laut Lessing einer Erdichtung, die auf einen gewissen Zweck abzielt, den Aufsatz von Hans Friederici: Die Tierfabel als operatives Genre. In: Weimarer Beiträge, 11. Jg. (1965), Heft 6, Seite 930 bis 952.
2 ☐ Vgl. zu den angeführten Zitaten, die sich in ähnlicher Form in zahlreichen weiteren Publikationen finden, die von Erwin Bauer herausgegebene fiktive Briefsammlung Aus der Mischpoke. I. Das literarische Berlin (1887–1892). Offenherzige Briefe an den Banquier Itzig Teiteles in Posen von Dr. Isidor Feilchenfeld. Leipzig: Verlag von Reinhold Werther o. J. [1893], Seite 60 sowie 203 bis 209.
Der Deutsch-Balte Erwin Bauer (1867 bis 1901) hatte 1890 in Berlin unter dem Titel Das Zwanzigste Jahrhundert die Deutsch-nationalen Monatshefte für sociales Leben, Politik, Wissenschaft, Kunst und Literatur gegründet und darin einen Teil der »offenherzigen Briefe« veröffentlicht.
Die bis 1896 bestehende Zeitschrift brachte auch nationalistische Artikel und Buchbesprechungen aus der Frühzeit der Brüder Heinrich und Thomas Mann.
3 ☐ Das seit dem 3. 3. 1895 von Richard Nordhausen (1868 bis 1941) herausgegebene national-soziale und antisemitische illustrierte Witzblatt Deutscher Michel erschien wohl bis 1899 in Berlin und anschließend, bis 1902, in Leipzig. Gegen Ende des Ersten Weltkriegs wurde möglicherweise derselbe Nordhausen Mitarbeiter des Kladderadatsch. Verantwortlicher Redakteur war Karl Kern, Verleger W. Pauli's Nachfolger (H. Jerosch), später Leipzig-Reudnitz: Hofmann. Das Blatt bekämpfte in Wort und Bild »die Auswüchse des Börsenjobbertums« und nahm sich besonders des Mittelstandes an. Es erschien im Oktavformat und hatte als stehende Figuren Tarquinius Gustav Pustekohl, Eberhard Treubier, Jochen Knaak und andere. Die Zeichnungen besorgte meist A. Krüger. Nach Nordhausen war Moritz von Reymond, der schon den antisemitischen Schalk redigiert hatte, Herausgeber.
Vgl. Gustav Dahms (Hrsg.): Das litterarische Berlin. Illustriertes Handbuch der Presse in der Reichshauptstadt. Berlin: Richard Taendler o. J. [1895], Seite 164 f., und Joachim Kirchner (Hrsg.): Bibliographie der Zeitschriften des deutschen Sprachgebietes bis 1900, Bd. III. Stuttgart: Anton Hiersemann 1975, Seite 560, Nr. 23 852.
4 ☐ Die Brennessel erschien bis zum 31. 12. 1938. Der Stürmer wurde von Julius Streicher, der nach seiner Teilnahme am Hitlerputsch (9. 11. 1923) in

München aus dem Schuldienst entlassen worden war, herausgegeben. Der 1885 geborene Streicher leitete am 1. 4. 1933 den bereits von der Wahrheit und der Berliner Ostend-Zeitung geforderten allgemeinen Boykott jüdischer Geschäfte ein und forderte 1938 die Ausrottung der Juden. Er wurde am 16. 10. 1946 in Nürnberg hingerichtet.
Vgl. zu diesem nicht offiziellem NS-Organ neuerdings: Lieber Stürmer. Leserbriefe an das NS-Kampfblatt 1924 bis 1945. Eine Dokumentation aus dem Leo-Baeck-Institut, New York. Bearbeiter der deutschen Ausgabe Günther Wagenlehner. Stuttgart: Seewald 1978.
5 □ Vgl. die den Kladderadatsch betreffenden Anzeigen im Zeitungskatalog der Annoncen-Expedition Rudolf Mosse. Berlin: Rudolf Mosse 1909 bis 1912.
6 □ Vgl. Zeitungskatalog (Anm. 5).
7 □ Vgl. Zeitungskatalog 1911. Näheres über die Spezialnummern bei Alexander Moszkowski: Die »Lustigen Blätter«. Naturgeschichte des Blattes. In: Zeitschrift für Bücherfreunde, 8. Jg. (1904/05), Heft 12, Bielefeld/Leipzig, Seite 475 f.
8 □ Die 1853 aus der 1849 von Aaron Bernstein gegründeten Urwähler-Zeitung hervorgegangene Volks-Zeitung war 1904 in den Besitz des Mosse-Konzerns übergegangen. Am 1. Juli desselben Jahres hatte sie den Titel Berliner Volks-Zeitung – abgekürzt BVZ – angenommen.
Die Morgen-Ausgabe der Berliner Volks-Zeitung enthielt ab 18. 9. 1910 den Vermerk: »Mit täglichem Unterhaltungsblatt, Illustrierter Familienzeitung und farbig illustriertem Witzblatt Ulk«. Am 27. 11. 1930 (Nr. 559) entschloß sich die Redaktion, im Rahmen von Neuerungen den bisher in der Wochenbeilage Ulk zusammengefaßten »heiteren Stoff« täglich in der Abend-Ausgabe zu veröffentlichen. Hier erschien er ab sofort unter der Überschrift BVZ Ulk. Die Berliner Volks-Zeitung bestand bis 1944.
9 □ Vgl. Zeitungskatalog (Anm. 5), Jahrgang 1912. Die Auflage des Berliner Tageblattes wird mit 208 000, die der Berliner Volks-Zeitung mit 78 000 Exemplaren (Ende 1911) angegeben.
Wie der Ulk, so wiesen auch die Lustigen Blätter darauf hin, daß sie »in den besten Familienkreisen« abonniert würden. Die von Henriette Moos in ihrer Dissertation Zur Soziologie des Witzblattes (Phil. Diss., Heidelberg 1914, München: Max Steinebach 1915) vorgenommene Unterscheidung zwischen »Tendenz-Witzblatt« und »Familien-Witzblatt« erscheint daher etwas künstlich.
10 □ Vgl. zur angebenen Auflage Dieter Fricke: Die deutsche Arbeiterbewegung 1869 bis 1914. Ein Handbuch über ihre Organisation und Tätigkeit im Klassenkampf. Berlin (DDR): Dietz 1976, Seite 448. Der Wahre Jacob war im November 1879 in Hamburg von Johann Heinrich Wilhelm Dietz (1843 bis 1922) als satirisches Monatsblatt gegründet worden. Unter dem Sozialistengesetz mußte er sein Erscheinen im März 1881 einstellen. Am 1. Januar 1884 wurde er von Dietz in Stuttgart neu gegründet. Vgl. zu diesem auflagenstarken satirischen Publikumsorgan der sozialdemokratischen Partei, das mit einer mehrjährigen Unterbrechung (1924 bis 1927) bis März 1933 bestand, Hans J. Schütz (Hrsg.): Der wahre Jacob. Ein halbes Jahrhundert in Faksimiles. Berlin/ Bonn-Bad Godesberg: J. H. W. Dietz Nachf. GmbH 1977, und Jean-Claude Gardes: Der Wahre Jacob (1890–1914). Masch. Diss. an der Universität Paris VIII (1981).
11 □ Der Spottvogel pfeift auf Alle, ein 1891 unter dem Titel Der Spottvogel pfeift auf alles gegründetes anarchistisches Witzblatt, wurde von Karl Schneidt (Ps. Karl Klarenthal) von 1892 bis '93 in Form von Oktavheften im Selbstverlag herausgegeben. Fortsetzungen 1894 und 1902/03.
Von der bei E. Frentzel verlegten Knute erschien 1896 nur das erste Heft.
Der im April 1898 gegründete Mephisto erschien im Verlag des Mephisto (Arthur Brehmer). Für den Text war Hermann Hyan verantwortlich, für die Bilder Alfred Loges.
Die von dem Anarchisten Erich Mühsam (1878 bis 1934) herausgebene periodische Druckschrift Die Canaille erschien 1905/06.
Der zweite Jahrgang des Narrenschiffs (Nr. 1 bis 13) führte den Untertitel Berliner Illustrirte Wochenschrift; Redakteur war Hermann Hyan. Schlemiel erschien am Ersten jeden Monats im Verlag des »General-Anzeiger für die gesamten Interessen des Judentums«.
12 □ Das Humoristische Wochenblatt Fisimatenten (= lose Streiche, Flausen) erschien von 1891 bis 1892 im Verlag von Samuel Fischer (Redakteur war Max Hirschfeld); von 1893 bis 1895 wurde es unter dem Titel Fisimententen (Untertitel: Fliegende Blätter) im Verlag von Georg E. Nagel (geboren 1844) fortgesetzt, der sich damals auf dem Gebiet der seichten humoristischen Publizistik zu spezialisieren begann. 1901 übernahm dieser Verlag die seit 1891 von Max von Schaumburg (Pseudonym Max Langer; geboren 1847) redigierte, bei Thornmann verlegte humoristische Wochenschrift Unsere Gesellschaft und verschmolz sie mit der Lustigen Welt. Die Humor-Bacillen erschienen im Oktavformat von 1891 bis 1893 im Verlag W. Gebauer. Die von S. Fischer redigierte, bei Brese verlegte Illustrirte humoristische Welt war eine weitere Gründung aus dem Jahr 1891 ebenso wie die Lachende Zeitung (Redakteur: C. Rentsch, Verleger: J. Harrwitz), die bis 1892, am Schluß unter dem Titel Illustrierter Figaro fortgesetzt worden ist.

Die im Oktavformat erschienene, illustrierte Wochenschrift Münchhausen wurde von Börries Freiherr von Münchhausen (1874 bis 1945) von 1899 bis (1902) im Verlag P. Nickel herausgegeben. B. von Münchhausen hatte 1897 Gedichte veröffentlicht und wurde dann einer der Hauptvertreter der neueren deutschen Balladendichtung.
Die Wochenschrift Witzige Blätter erschien von 1909 bis 1914. Sect wurde von Ignaz Goldblatt und anderen von circa 1900 bis 1905 herausgegeben (22 Hefte) und zwar in Berlin/München/Wien/Leipzig.
13 □ Ab 1895 gab der Major a. D. von Lieres ein wöchentliches Unterhaltungsblatt für Offiziere unter dem Titel Kasino heraus, dem Der lustige Kamerad als humoristische Beilage beigefügt war.
Die fidelen Typographen-Brüder erschienen im Oktavformat von 1898 bis 1902. Die 1902 unter dem Titel Das Schnauferl. Fliegende Blätter für Sport und Humor gegründete Zeitschrift nannte sich von 1909 bis 1911 Sporthumor. Sie ist in der Staatsbibliothek Preußischer Kulturbesitz Berlin (West) erhalten und wurde unter dem Titel Elegante Welt fortgesetzt.
Der ursprünglich politische, dann eher frivole Satyr erschien von 1899 bis 1906; ab 1902 lautete der Untertitel Illustriertes Witzblatt.
Das Kleine Witzblatt erschien von 1899 bis 1911, anfangs im Verlag von Otto Eysler, dann im Selbstverlag. Ebenda erschien auch das Witzblatt für die vornehme Welt Flirt (1902 bis 1904).
Das illustrierte Witzblatt Kille-Kille, ab Nr. 20 Fidele Blätter, wurde 1912 gegründet.
Die Grazien erschienen von 1899 bis 1902 im Verlag der Grazien. Carl Messer & Cie., Berlin-Leipzig.
Die oben genannten Periodika bilden natürlich nur eine Auswahl der insgesamt erschienenen Witzblätter.
14 □ Die von Lothar Meggendorfer (1847 bis 1925) in Eßlingen gegründeten und bis 1898 unter verschiedenen Titeln erschienenen Meggendorfer Blätter hatten 1892 ihre Redaktion nach München verlegt. Ihre Witze waren so harmlos, daß selbst Kinder sie lesen konnten; die teils farbigen, teils schwarz-weißen Illustrationen überraschten durch ihre Frische. Am 1. 1. 1929 wurden sie mit den Fliegenden Blättern verschmolzen.
Vgl. zu den Meggendorfer Blättern sowie zu zahlreichen weiteren Münchner Witzblättern Ludwig Hollweck: Karikaturen. Von den Fliegenden Blättern zum Simplicissimus 1844 bis 1914. München: Süddeutscher Verlag 1973.
15 □ Der Süddeutsche Postillion erschien vom 30. 1. 1882 bis November 1909 in München, ab Dezember 1909 bis zum 28. 6. 1910 in Stuttgart mit dem verkürzten Titel Der Postillion. In den 90er Jahren betrug seine Auflage 40 000 Exemplare. Vgl. zu dieser Zeitschrift, die auch eine ernste literarische Beilage hatte, die Anthologie von Udo Achten (Hrsg.): Süddeutscher Postillion. Berlin/ Bonn: J. H. W. Dietz Nachf. 1979, ferner Klaus Völkerling: Die politisch-satirischen Zeitschriften »Süddeutscher Postillion« (München) und »Der wahre Jacob« (Stuttgart). Ihr Beitrag zur Herausbildung der frühen sozialistischen Literatur in Deutschland und zur marxistischen Literaturtheorie. Masch. Diss., Potsdam 1969, sowie die am Münchner Institut für Kommunikationswissenschaft (Zeitungswissenschaft) unter der Leitung der Autorin entstandene Diplomarbeit »Süddeutscher Postillion«. Die Geschichte des Münchner sozialistischen satirischen Blattes und sein Kampf gegen die Feinde der Arbeiter (1882–1910), Masch. (1987).
16 □ Dies schrieb am 11. September 1924 der Autor mehrerer psychologischer Romane und Reisebücher, Arthur Holitscher (1869 bis 1941), in der Weltbühne.
Zit. nach L. Hollweck: Karikaturen (Anm. 14), Seite 163. Vgl. zur Auflage: Zeitungskatalog (Anm. 5), Jahrgang 1911.
17 □ Zit. nach L. Hollweck: Karikaturen (Anm. 14), Seite 213. Sie nannten sich Der Affenspiegel, Sect, Die Auster, Der Dreschflegel, Große Glocke von München, Der Komet oder Die Kritik.
Die Jugend erschien vom 1. 1. 1896 bis 1940 im Verlag von Georg Hirth. Sie gab einer ganzen Kunstrichtung – dem Jugendstil – ihren Namen. Vgl. zum Simplicissimus vor allem den hervorragenden Ausstellungskatalog Simplicissimus. Eine satirische Zeitschrift München 1896–1944. München: Haus der Kunst 1977.
In Erinnerung zu rufen ist hier, daß der Simplicissimus keineswegs ein reines Witz- und Karikaturenblatt war, sondern auch literarische Beiträge brachte, zum Beispiel von Heinrich und Thomas Mann.
18 □ Die von Th. Th. Heine erfundene rote Bulldogge, die bald zum Simpl-Emblem wurde, erschien erstmals auf der Titelseite der Nr. 8 vom 23. 5. 1896.
19 □ Zit. nach Georg Piltz: Geschichte der europäischen Karikatur. Berlin: VEB Deutscher Verlag der Wissenschaften 1976, Seite 219. Einen systematischen Vergleich zwischen dem alten Kladderadatsch und dem jungen Simplicissimus liefert Ann Allen Jobling in ihrer Dissertation A Playful Judgment. Satire und Society in Wilhelmine Germany. Michigan (U.S.A.): University Microfilms International 1974 (2 Bde).
20 □ Georg Ehrenfried Groß, seit 1916 George Grosz (1893 bis 1959), veröffentlichte 1910 im Ulk seine erste Karikatur. Ab 1913 regelmäßige Mitarbeit. 1917/18 war er mit John Heartfield und Wieland Herzfelde (das sind die Brüder Helmut und Wieland Herzfeld) Mitbegründer des Berliner Dada. Am 31. 12. 1918 Beitritt zur Kommunistischen

Partei. In seinen Presse-Karikaturen (von 1926 bis 1932 zeichnete er auch für den Simplicissimus), Mappenwerken, Collagen und Gemälden (Die Stützen der Gesellschaft) erwies er sich als einer der schärfsten sozialkritischen und daher auch am meisten verfolgten Satiriker der deutschen Kunst. 1933 Übersiedlung nach New York, 1938 Ausbürgerung durch das NS-Regime, Ende Mai 1959 Rückkehr nach Berlin, wo er kurz darauf starb.
Vgl. u. a. Lothar Fischer: George Grosz. Reinbek bei Hamburg: rororo Bild monographien 1976.
21 ☐ Zit. nach G. Piltz: Geschichte der europäischen Karikatur (Anm. 19), Seite 221.
Der Maler (Hauptthema die Architektur), Graphiker und Karikaturist Lyonel Feininger wurde 1871 als Kind deutscher Eltern in New York geboren. Von 1887 bis 1892/93 studierte er in Hamburg, Berlin und Paris die Malerei. 1906/07 lebte er wieder in Paris, anschließend in Berlin und Weimar (1919 bis 1924). 1924 wurde er mit Alexey von Jawlensky, Wassily Kandinsky und Paul Klee Mitglied der »Blauen Vier«. 1936 kehrte der von den NS-Machthabern verfehmte Künstler nach New York zurück.
22 ☐ Zilles Serie Vadding in Frankreich – der rührend-gütige, kinderliebe deutsche Soldat in Frankreich als Besatzer – begann am 18. 9. 1914 (Nr. 38) und zog sich hin bis Nr. 37 vom 17. 9. 1916.
Ab Nr. 38 bis Nr. 45 vom 11. 11. 1917 folgte Vadding im Osten, ab Nr. 46 Vadding im Süden bis Nr. 12 vom 24. 3. 1918, ab Nr. 13 Vadding im Norden (= Ostsee- und Nordsee-Küste) bis Nr. 28 vom 12. 7. 1918 (letztes Zwiegespräch von Vadding mit seinem Freund Korl).
Die Ulk-Jahrgänge aus den Kriegsjahren sowie die Kriegsnummern der Lustigen Blätter sind in zahlreichen in- und ausländischen Bibliotheken gesammelt worden.
Vgl. in diesem Zusammenhang auch Gerd Krollpfeiffer: Die Lustigen Blätter im Weltkrieg 1914/18. Der publizistische Kampf eines deutschen Witzblattes. Emsdetten: Heinr. & J. Lechte 1935.
Vgl. zu Heinrich Zille, dessen berühmte Bilderfolgen Berliner Luft, Mein Milljöh und andere seit 1910 im Verlag der Lustigen Blätter (Otto Eysler) herausgekommen sind, das 1957 im Fackelträger-Verlag Schmidt-Küster (Hannover) erschienene, wiederholt neu aufgelegte, von Werner Schumann eingeleitete große Zille-Album.
23 ☐ Zit. nach Peter de Mendelssohn: Zeitungsstadt Berlin. Menschen und Mächte in der Geschichte der deutschen Presse. 2. Aufl. Berlin: Ullstein 1982, Seite 313.
24 ☐ Vgl. hierzu die Abbildungen 132 bis 133 bei Ingrid Heinrich-Jost (Hrsg.): Kladderadatsch. Die Geschichte eines Berliner Witzblattes von 1848 bis ins Dritte Reich. Köln: informationspresse - c.w. leske 1982.
25 ☐ Tucholsky (Pseudonyme Peter Panter, Ignaz Wrobel, Kaspar Hauser und Theobald Tiger) war vom 13. Dezember 1918 bis zum 31. März 1920 verantwortlicher Chefredakteur. Er kündigte seine Stelle, weil er aus Rücksichtnahme auf die Abonnenten seiner satirischen Ader keinen freien Lauf lassen konnte.
Vgl. zu dem vor allem eng mit der Zeitschrift Die Weltbühne verbundenen Publizisten Anton Austermann: Kurt Tucholsky. Der Journalist und sein Publikum. München/Zürich: Piper 1985.
Die Deutsche Demokratische Partei war aus dem Zusammenschluß der Fortschrittlichen Volkspartei und Teilen der Nationalliberalen Partei während der Novemberrevolution 1918 als neue linksliberale Partei hervorgegangen.
26 ☐ Die KPD war vom linksradikalen Spartakusbund, der sich von der 1917 entstandenen Unabhängigen Sozialdemokratischen Partei (USPD) getrennt hatte, und den Internationalen Kommunisten Deutschlands unter Führung von Rosa Luxemburg (1870 bis 1919), Karl Liebknecht (1871 und 1919) und Ernst Meyer (1887 bis 1930) gegründet worden. Rosa Luxemburg und Karl Liebknecht wurden am 15. 1. 1919 ermordet.
27 ☐ Wieland Herzfelde (eigentlich Herzfeld) hatte 1917 in Berlin den Malik-Verlag gegründet, den er zum Sprachrohr der revolutionären Literatur und des Dadaismus machte. 1933 emigrierte er nach Prag, 1939 in die USA. 1949 kehrte er zurück und wurde Professor für Literatursoziologie in Leipzig. Sein Bruder John Heartfield (eigentlich Helmut Herzfeld) entwickelte die satirische Fotomontage zum politischen Agitationsmittel. 1921 bis 1923 war er auch als Bühnenbildner tätig. 1933 emigrierte er über Prag nach Großbritannien. 1950 wurde er in Leipzig, später in Berlin (DDR) ansässig.
Rudolf Schlichter lebte von 1919 bis 1932 in Berlin, wo er als Vertreter der Neuen Sachlichkeit hervortrat.
Der Schriftsteller Walter Mehring, Sohn des Ulk-Redakteurs Sigmar Mehring, übte in Zeitgedichten und Chansons schonungslose Zeit- und Gesellschaftskritik. Seit 1933 lebte er in der Emigration (Österreich, Frankreich, USA, Schweiz). 1977, das in West-Berlin ganz den zwanziger Jahren gewidmet war, fand er erneut auf der Bühne Beachtung.
Der Regisseur Erwin Piscator suchte seit 1920 in Berlin das proletarische Theater als politisches Kampfmittel durchzusetzen. Von 1934 bis 1951 lebte er in der Emigration (Moskau, Paris, USA). 1962 wurde er Intendant der Freien Volksbühne in Berlin.
28 ☐ Zit. nach Sozialistische deutsche Karikatur 1848/1978. Von den Anfängen bis zur Gegenwart.

Hrsg. von Harald Olbrich in Zusammenarbeit mit Klaus Haese, Ursula Horn, Lothar Lang, Georg Piltz. Berlin (DDR): Eulenspiegel Verlag 1978, Seite 140. Das Zitat stammt von Wieland Herzfelde. Weitere Einzelheiten ebenda und auf den folgenden Seiten.

29 □ Die Pleite erschien bis Januar 1920 (Nr. 6). Für Nr. 1 zeichnete Helmut Herzfeld (das ist John Heartfield) verantwortlich, dann waren Wieland Herzfelde und George Grosz (ab Nr. 5) Herausgeber. Grosz zeichnete allerdings nur für Nr 5. Zwischen Juni 1923 und Juni 1924 erschienen Nr. 7 bis 10/11. Der Gegner, Untertitel Blätter zur Kritik der Zeit, wurde von Julian Gumperz, Karl Otten und Wieland Herzfelde vom 1. 4. 1919 bis zum 24. 9. 1922 als Monatszeitschrift herausgegeben. 1979 erschien ein vollständiger Reprint mit einer Einleitung von Wieland Herzfelde und einem Beitrag zur Geschichte der Zeitschrift von Hans-Jörg Görlich im Verlag Das Arsenal (Berlin).

30 □ Der Blutige Ernst erschien von September bis Dezember 1919 im Trianon-Verlag. Grosz und Einstein gaben das Blatt ab Nr. 3 heraus.

Carl Einstein wirkte durch den grotesken Roman Bebuquin oder Die Dilettanten des Wunders (1912), einem frühen Werk der absoluten Prosa, auf den Dadaismus ein. Er trat als Kunsthistoriker, Romanschriftsteller und Lyriker hervor. 1928 übersiedelte er nach Paris. 1940 starb er in Pau (Frankreich). Seit 1966 wird der Carl-Einstein-Preis für Künstlerkritik vergeben.

31 □ Zit. nach Sozialistische deutsche Karikatur 1848/1978 (Anm. 28), Seite 141 f.

32 □ Der von der Zentrale der KPD herausgegebene farbig illustrierte Knüppel erschien im ersten Jahr unter dem Titel Der rote Knüppel in der Illegalität. Die rosarote Brille (mit der Unterhaltungsbeilage Der Palmenzweig) erschien als satirische Wahlschrift der KPD anläßlich der Reichstagswahl 1924 und richtete sich vor allem gegen die SPD.

33 □ Zit. nach Sozialistische deutsche Karikatur 1848/1978 (Anm. 28), Seite 143.

34 □ Otto Nagel organisierte unter anderem die erste Allgemeine Deutsche Kunstausstellung in der Sowjetunion (1924). 1950 war er Gründungsmitglied und 1956/62 Präsident der Deutschen Akademie der Künste in Berlin (DDR). Er stellte vorwiegend die Welt der Arbeiter dar.

Käthe Kollwitz schuf in realistischer Art vor allem Zeichnungen und graphische Folgen, die das Großstadtproletariat schildern. Bekannt wurde sie durch den Zyklus Der Weberaufstand (6 Blätter; 1895 bis 1898). Der Schriftsteller Johannes Robert Becher schloß sich als Expressionist dem Kommunismus an. Er emigrierte nach Moskau, kehrte 1945 nach Deutschland zurück, wurde Präsident des kommunistischen Kulturbundes zur demokratischen Erneuerung Deutschlands und 1954 Minister für Kultur in der ehemaligen DDR.

Erich Weinert emigrierte 1933, nahm 1937/38 am Spanischen Bürgerkrieg teil, war 1943 bis '45 in der Sowjetunion Präsident des Nationalkomitees Freies Deutschland und wurde dann in der ehemaligen DDR führender Zeitdichter.

35 □ Faun wurde vom 23. 12. 1918 bis 1921 von Hans Krocker im Verlag Ora, dessen Inhaber er war, herausgegeben. Im September 1919 nahm das Blatt (Auflage 30 000 Exemplare) den Untertitel Illustrierte politisch satyrische Wochenschrift an. Außerdem entwickelte die USPD in Berlin eine bedeutende Agitation durch zeitschriftenartige Publikationen mit satirischem Einschlag unter wechselnden Titeln (Lose Blätter, Zwanglose Blätter, Zwangwidrige Blätter), die von fingierten Verlagen herausgegeben wurden.

Die Unabhängige Sozialdemokratische Partei Deutschlands, eine Arbeiterpartei mit pazifistisch-radikaldemokratischer Struktur, hatte sich im April 1917 von der SPD abgespalten. Während der linke Flügel 1920 zur KPD überging, vereinigte sich ein Teil am 24. 9. 1922 mit der alten SPD, während eine dritte Gruppe bis 1931 fortbestand und dann in der Sozialistischen Arbeiterpartei (SAP) aufging.

Der Titel Die Schiebung war eine Anspielung auf die unredlichen Schiebergeschäfte der damaligen Zeit.

Das Wurst-Blatt erschien im Verlag A. Lehmann (Nr. 1 bis 18); Herausgeber war Franz Neubauer.

An die Laterne nannte sich im Untertitel Das Witzblatt sezessionistisch-kubistisch-futuristisch-dadaistischer Richtung. Max Schulz zeichnete für den Inhalt verantwortlich.

36 □ Lachen links erschien im Verlag J. H. W. Dietz Nachf. GmbH jeden Freitag, in Berlin jeden Mittwoch. Der anfängliche Untertitel Das republikanische Witzblatt wurde 1926 aufgegeben. Das Format war Großquart, der Umfang betrug 12 Seiten. Erich Kuttner, der seit 1912 in der sozialistischen Presse (Vorwärts) tätig und 1921 in den preußischen Landtag gewählt worden war, wurde 1942 im holländischen Exil verhaftet und starb im KZ Nordhausen. Weitere Autoren waren Erich Weinert und der später berühmt gewordene österreichische Schriftsteller Joseph Roth (1894 bis 1939).

Der Wahre Jacob war infolge der Inflation am 12. 10. 1923 eingestellt worden; am 9. 7. 1927 lebte er in Berlin unter seinem alten Namen wieder auf, nun von Friedrich Wendel allein geleitet.

37 □ Die Deutschnationale Volkspartei (DNVP), eine bürgerlich-antidemokratische Rechtspartei, die vornehmlich die Interessen der Großagrarier und der Schwerindustrie vertrat, war am 24. 11. 1918 in Berlin durch Zusammenschluß konservativer Vorkriegsparteien entstanden.

Die Trommel wurde von Arthur Scholem gedruckt.
Satyr erschien im Verlag des Satyr (A. Gerhard & Co.) in einem ungewöhnlich großen Format (44,4 × 31 cm). Im 2. Jahrgang führte das Blatt den Untertitel Moderne Wochenschrift und kam in verkleinertem Format im Verlag Gesellschaft für gewerbliche Unternehmungen GmbH heraus. Satyr wurde häufig polizeilich verboten.
Das Deutsche Witzblatt erschien bis 1928 (?) im Verlag Berlin-Friedenau; verantwortlicher Redakteur war Hans Diebow.
Schlemiel erschien im Welt-Verlag (insgesamt 24 Hefte).

38 □ Zit. nach Christian Gehring: Die Entwicklung des politischen Witzblattes in Deutschland. Beiträge zu seiner Geschichte. Leipzig: Edgar Herfurth & Co. 1927, Seite 86. Ab Nr. 17 lautete der Untertitel Deutsches nationales Witzblatt.

39 □ Der Satirische Tag erschien seit dem 6. März 1921 als Sonntags-Beilage zu Der Tag.
Der Tag war im Dezember 1900 von August Scherl (1849 bis 1921) gegründet worden. Nach der Übernahme des Scherl-Verlages baute der Industrielle und Politiker Alfred Hugenberg (1865 bis 1951) den Hugenbergkonzern zur größten deutschen Mediengruppe aus; durch seine Meinungsfabrik bereitete er dem Nationalsozialismus den Weg.

40 □ Unter den angebenen in- und ausländischen Mitarbeitern befanden sich der nationalistische Kladderadatsch-Redakteur Paul Warncke (1866 bis 1933) sowie zahlreiche Mitglieder des Adels und Militärs. Nr. 1 dieser seltenen Zeitschrift ist im Institut für Zeitungsforschung (Dortmund) erhalten.
Arthur Dix war Redakteur an der National-Zeitung.
Die Buchdruckerei und Verlagsbuchhandlung Otto Elsner ist 1871 gegründet worden. Stark für den Kandidaten der Rechten, den »alten Feldmarschall« Paul von Beneckendorff und von Hindenburg, machte sich im April 1925 die Politisch-satirische Wochenbeilage zu [?] Der Spottvogel.

41 □ Zit. nach dem von Hans Steinschneider herausgegebenen Hochpolitischen Schwindelblatt von Stuß und geleerten Sachen Rückwärts, Nr. 18, 3.–30. Januar 1919 (wahrscheinlich Nr. 1).

42 □ Der Herausgeber des Bimini, Alfred Richard Meyer, führte folgende Pseudonyme: Munkepunke, Meyer-Hambruch, Hambruch, A. Thurandt, Rosinus und Cosinus der Jüngere. Gerhart Hauptmanns Jungfern vom Bischofsberg enden mit einem zweistrophigen Gedicht, in dem die östlich von Miami liegenden Bimini Islands idealisiert werden.
Das Tabakskollegium erschien einmal monatlich im Widder-Verlag.
Buntes Leben wurde von einem Charlottenburger Verlag herausgegeben.
Von der Berliner illustrierten Witzzeitung erschienen nur zwei Nummern; sie wurde offensichtlich fortgesetzt durch Die kuriose Witzkiste; ihr Untertitel lautete Allerhand Humoristisches für jede Gesellschaft. Der Grillentöter (Untertitel: Zeitschrift für Humor und gute Laune) wurde von Alfred Knesebeck redigiert.
Das Humoristische Echo nannte sich im Untertitel Blätter für Scherz, Humor und Satire aus aller Welt.
Von der Wochenschrift Das Lachen erschien nur die erste Nummer.

43 □ Auch die Englischen lustigen Blätter waren ein sehr kurzlebiges Produkt (3 Ausgaben).

44 □ Der Heitere Fridolin wurde von Peter Pfeffer herausgegeben; Schriftleiterin war Hildegard Zander.
Außer den oben genannten Witzblättern erschienen noch Wahlzeitungen, Karnevalszeitungen und ähnliche Veröffentlichungen. Die Autorin behält sich eine zusammenfassende Darstellung vor.

45 □ Vgl. zum Berliner Kabarett, das im Gegensatz zum politischen Witzblatt nach 1933 ein »Synonym für offene oder heimliche Résistance« werden sollte, Georg Zivier/Hellmut Kotschenreuther/Volker Ludwig: Kabarett mit K. Fünfzig Jahre große Kleinkunst. Berlin: Berlin Verlag Arno Spitz 1974 (Zitat S. 45), ferner Ingrid Heinrich-Jost: Hungrige Pegasusse. Anfänge des deutschen Kabaretts in Berlin. Berlin: Edition Berlin 750, 1984.

46 □ Vgl. P. de Mendelssohn: Zeitungsstadt Berlin (Anm. 23), Seite 312 bis 339.
Ende der zwanziger Jahre hatte die Berliner Illustrirte eine Auflage von fast 2 Millionen Exemplaren. Ihre letzte Ausgabe erschien am 22. 4. 1945.

47 □ Willi Münzenberg (1889 bis 1940) hatte sich frühzeitig der sozialistischen Jugendbewegung angeschlossen. Während seines Aufenthalts in Berlin (1920 bis 1933) gründete er die Internationale Arbeiterhilfe, Verlage, Zeitungen und Filmunternehmen. Sein erfolgreichstes Presseunternehmen war die Arbeiter-Illustrierte Zeitung, die noch im Exil bis 1936 bestand. Sie wurde berühmt durch eine publikumswirksame, politisch und sozialkritisch akzentuierte Bildreportage sowie durch die Fotomontagen John Heartfields. An bekannten Schriftstellern der AIZ sind zu nennen: Alfred Kerr, Maxim Gorki, Heinrich Mann, Romain Rolland, Anna Seghers, Kurt Tucholsky und Erich Weinert.

48 □ Zit. nach Sozialistische deutsche Karikatur 1848/1978 (Anm. 28), Seite 231.

49 □ Am 18. März 1934 wurde der Ulk im Zeitungskopf nicht mehr erwähnt. Der Mosse-Verlag war 1931 in finanzielle Schwierigkeiten geraten. Ende 1934 wurde er von der Cautio-Treuhand GmbH Max Winklers übernommen. Das Berliner Tageblatt wurde Ende 1936 gleichgeschaltet und stellte am 31. 1. 1939 sein Erscheinen ein.

Bereits Ende November 1930 war der Ulk, was die Berliner Volks-Zeitung anbelangt, von einer selbständigen Beilage in eine ständige Rubrik in der Abendausgabe (BVZ-Ulk) umgewandelt worden.
50 □ Hauptschriftleiter der Lustigen Blätter war seit dem 24. 4. 1936 (Nr. 17) niemand anders als ihr Biograph Gerd Krollpfeiffer (vgl. Anm. 22). Im Oktober 1936 war der Verlag Dr. Selle-Eysler in den Besitz des bisherigen Hauptaktionärs Erich Zander übergegangen.
Vgl. zu der angegebenen Auflage Sperlings Zeitschriften- und Zeitungs-Adreßbuch. Handbuch der deutschen Presse, 59. Ausgabe, Leipzig 1935.
51 □ Vgl. Klaus Schulz: Kladderadatsch. Ein bürgerliches Witzblatt von der Märzrevolution bis zum Nationalsozialismus 1848–1944. Bochum: Brockmeyer 1975, Seite 201. Vgl. die Zusammenstellung entsprechender Karikaturen in: Ingrid Heinrich-Jost (Hrsg.): Kladderadatsch. Die Geschichte eines Berliner Witzblattes von 1848 bis ins Dritte Reich. Köln: informationspresse - c.w. leske 1982, Seite 233 bis 313.
Vgl. zu der angegebenen Auflage Sperlings Zeitschriften- und Zeitungs-Adreßbuch (Anm. 46).
Die Auflage der Fliegenden Blätter betrug 1935 31 345 Exemplare, die des Simplicissimus 17 500.
52 □ Ob die in der Literatur kaum erwähnte und hier nicht behandelte Humoristische Beilage der Berliner Morgenpost, Brummbär, bis 1938 oder bis April 1945 erschien, konnte nicht überprüft werden. Der nach dem Berliner Wappentier benannte Brummbär erschien erstmals 1917.
53 □ Der seit dem 7. Mai 1954 erscheinende Eulenspiegel wurde als Fortsetzung der Zeitschrift Frischer Wind herausgebracht.
Frischer Wind erschien seit April 1946 im Allgemeinen Deutschen Verlag. Schriftleiter war Walter Heynowski. Er knüpfte an die Erfahrungen der deutschen proletarisch-revolutionären Zeitschriften an und orientierte sich an der sowjetischen satirischen Zeitschrift Krokodil.
Näheres in Sozialistische deutsche Karikatur 1848/1978 (Anm. 28), Seite 276 f.
Eine der besten satirischen Zeitschriften der Nachkriegszeit war der erst unter amerikanischer, dann unter russischer Lizenz erschienene Ulenspiegel. Er wurde vom 24. 12. 1945 bis August 1950 von zwei Widerstandskämpfern, dem Schriftsteller Günther Weisenborn (1902 bis 1969) und dem Graphiker Herbert Sandberg (geboren 1908) herausgegeben. Als Kuriosität zu erwähnen wäre ferner die Satirische Monatsschrift der Sowjetzone [!] Tarantel, die am 1. Oktober 1950 von Heinrich Bär im Selbstverlag (Berlin/West) herausgegeben wurde (bis 1960?) und deren Auflage circa 300 000 Exemplare betragen haben soll.
Mehrmalige Wiederbelebungsversuche des Kladderadatsch hatten keinen Erfolg. Auch die Nachfolgeorgane des Simplicissimus, Simpl (1946 bis 1950) und Simplicissimus (1957 bis 1967), konnten sich auf die Dauer nicht halten.
Vgl. auch den in der Pariser Zeitschrift Allemagnes d'aujourd'hui (Nr. 87/1984, Seite 88 bis 107 erschienenen Artikel von Jean-Claude Gardes: La presse satirique allemande de 1945 à nos jours.
54 □ Das Satire-Magazin mit politischem Einschlag Titanic wurde 1979 in Hamburg gegründet. Verlagsort ist seit April 1988 Berlin. Die Redaktion befindet sich in Frankfurt am Main.
55 □ Vgl. den knappen Überblick bei Pierre-Paul Sagave: Berlin Stadt der Kritik. Rede, gehalten bei der Eröffnung der XVIII. Internationalen Buchausstellung am 7. November 1969 in Berlin (Privatdruck).

Zu Teil II, Kapitel 1 (S. 353 – S. 408)

1 □ Freie Blätter, Nr. 14 vom 19. Juli 1848.
2 □ Satan. Berliner Charivari, Nr. 6 (Mai/Juni) 1848.
3 □ Vgl. zur Beisetzung der 183 Särge und zu der ergreifenden Trauerfeier Adolf Streckfuß: 1848. Die März-Revolution in Berlin. Hrsg. von Horst Denkler in Zusammenarbeit mit Irmgard Denkler. Köln: informationspresse - c.w. leske verlag 1983, Seite 184 bis 191.
Am 24. März 1848 veröffentlichte die Vossische Zeitung (Nr. 71) ein allerdings unvollständiges Namensverzeichnis der Gefallenen; ein entsprechender Plakatanschlag ist wiederabgedruckt in der von einem Autorenkollektiv (Leiter: Walter Schmidt) herausgegebenen Illustrierten Geschichte der deutschen Revolution 1848/49. Berlin (DDR): Dietz 1973, Seite 91. Die später ihren Verwundungen erlegenen Revolutionskämpfer wurden vereinzelt, aber meist mit ehrenvollen Gefolgen bestattet.
4 □ Zit. nach A. Streckfuß: 1848 . . . (Anm. 3), Seite 200.
5 □ Ein Exemplar dieses Dokuments befindet sich im Landesarchiv Berlin, Rep. 240, Acc. 685, Nr. 22. Es wird in zahlreichen Publikationen zitiert, so auch bei A. Streckfuß: 1848 . . . (Anm. 3), Seite 176 f.
Am 21. März hatten der König und seine Begleiter bei einem Umritt durch Berlin die deutschen Farben getragen und zwar meist in Form einer schwarz-rot-goldenen Armbinde. Bis zum 17. April hatte Friedrich Wilhelm IV. an seiner Uniformmütze neben der preußischen (= schwarz-weißen) Kokarde das schwarz-rot-goldene Abzeichen angebracht. Vgl. Veit Valentin: Geschichte der deutschen Revolution

von 1848–1849. Bd. 2. Köln/Berlin: Kiepenheuer & Witsch 1977, Seite 228.

6 ☐ Zit. nach A. Streckfuß: 1848 ... (Anm. 3), Seite 152.

7 ☐ Vgl. hierzu A. Streckfuß: 1848 ... (Anm. 3), Seite 280 f. Schlöffel redigierte seit dem 5. April die in zwangloser Folge herausgegebene Zeitschrift Der Volksfreund. Der Titel geht auf das erste Massenblatt, die von dem französischen Revolutionär Jean Paul Marat gegründete Zeitung L'Ami du Peuple zurück. Schlöffel war verhaftet worden, nachdem er im Politischen Club einen Aufsatz aus dem Volksfreund vorgelesen hatte, in dem er den preußischen Ministerpräsidenten Ludolf Camphausen mit Barnabas verglichen hatte, den man kreuzigen müsse. Am 11. Mai wurde er mit einer sechsmonatigen Festungshaft bestraft, floh drei Wochen vor der endgültigen Verbüßung und fiel 1849 während des badischen Aufstandes. Auszüge aus Nr. 1, 2 und 6 sind abgedruckt bei Walter Grab (Hrsg): Die Revolution von 1848/49. Eine Dokumentation. München: Nymphenburger Verlagshandlung 1980, Seite 79 bis 86.

8 ☐ Der Text ist u. a. abgedruckt in A. Streckfuß: 1848 ... (Anm. 3), Seite 176 f.
Vgl. zur Unsinnigkeit dieser Behauptung Adolf Wolff: Darstellung der Berliner Bewegung im Jahre 1848 nach politischen, socialen und literarischen Beziehungen. Bd. 1. Berlin: Gustav Hempel 1851, Seite 102 f., und V. Valentin: Geschichte der deutschen Revolution ... (Anm. 5), Bd. 1, Seite 418 f.

9 ☐ Vgl. Pierre-Paul Sagave: Berlin und Frankreich 1685–1871. Berlin: Haude & Spener 1980, Seite 155.

10 ☐ Vgl. die diesbezüglichen genüßlichen Hinweise im Berliner Krakehler, Nr. 1 vom 18. 5., und im Kladderadatsch, Nr. 7 vom 18. 6. 1848.

11 ☐ Weitere Anspielungen finden sich in Nr. 44 und 50 vom 28. 10. und 9. 12. 1849.
Vgl. auch den Berliner Krakehler, Nr. 1 vom 23. 1. 1849, welcher in einer fiktiven Anfrage der Vossischen Zeitung folgende Worte in den Mund legte: »Wäre es nicht zeitgemäß, auf dem neuen Markte wieder öffentliche Judenverbrennung einzuführen?«

12 ☐ Die Rede des konservativen Abgeordneten Puttkamer-Plauth ist auszugsweise wiedergegeben bei Helmut Hartwig/Karl Riha: Politische Ästhetik und Öffentlichkeit. 1848 im Spaltungsprozeß des historischen Bewußtseins. Fernwald 1 – Steinbach u. Wißmar 1974, Seite 26.
August Bebel (1840 bis 1913), ein Anhänger von Karl Marx, trat 1869 an die Spitze der in Eisenach gegründeten Sozialdemokratischen Arbeiterpartei, der späteren SPD, und war bis zu seinem Tod auch im Reichstag ihr unbestrittener Führer.

13 ☐ Vgl. hierzu Teil I, Kapitel 2.

14 ☐ Zit. nach A. Streckfuß: 1848 ... (Anm. 3), S. 206.

15 ☐ Vgl. Anm. 7.

16 ☐ Vgl. zum Club-Blatt Ruth-Esther Geiger: Zeitschriften 1848 in Berlin. Die Zeitschrift als Medium bürgerlicher Öffentlichkeit und ihr erweiterter Funktionszusammenhang in den Berliner Revolutionsmonaten von 1848. Berlin: Klaus Guhl 1980, Seite 151 f.

17 ☐ Vgl. Robert Springer: Berlin's Straßen, Kneipen und Clubs im Jahre 1848. Berlin: Friedrich 1850, Seite 70 bis 78. Die Statuten des Demokratischen Clubs sind abgedruckt bei W. Grab (Hrsg.): Die Revolution von 1848/49 ... (Anm. 7), Seite 106 f.

18 ☐ Zit. nach Kurt Koszyk: Das Bild des Demagogen im Berliner tollen Jahr 1848. Friedrich Wilhelm Helds publizistische Tätigkeit während der Märzrevolution. In: Publizistik, 5. Jg. (1960), H. 6, Seite 476 bis 490, hier Seite 479.

19 ☐ Dohm war versteckter Zeuge eines Gesprächs zwischen dem Volksführer Held und dem Präsidenten des konservativen Preußen-Vereins, Albert von Katte. Vgl. zu dieser Episode A. Streckfuß: 1848 ... (Anm. 3), Seite 480 bis 482, sowie R. Springer: Berlin's Straßen ... (Anm. 17), Seite 119 f.
Glaßbrenner verteidigte seinen »langjährigen Freund« in den Freien Blättern, Nr. 34 vom 7. 10. 1848. Spöttische Hinweise auf den »jrossen Volkstribun« finden sich in zahlreichen Flugblättern sowie zum Beispiel im Berliner Krakehler, Nr. 31 vom 16. 10., in der Ewigen Lampe, Nr. 34 vom 12. 9., und im Kladderadatsch, Nr. 3, 20, 21 und 33 (21. 6., 17., 24. 9., 17. 12.) 1848.
Vgl. zur späteren Entwicklung dieser eigenartigsten Gestalt des revolutionären Berlins Ursula E. Koch: Berliner Presse und europäisches Geschehen 1871. Eine Untersuchung über die Rezeption der großen Ereignisse im ersten Halbjahr 1871 in den politischen Tageszeitungen der deutschen Reichshauptstadt. Berlin: Colloquium 1978, passim.

20 ☐ Ein Original der Mitgliederliste findet sich im Landesarchiv Berlin, Rep. 240, Acc. 685, Nr. 487, sowie im Privatarchiv von Dr. Heinz Starkulla, Holzkirchen. Ernst Dohm nahm für den Volks-Club in Berlin, Rudolf Löwenstein für den Volks-Verein in Stralsund teil.
Die etwa vierzig Anhänger einer roten Republik besaßen zumindest am letzten Kongreßtag, an dem nur noch fünfzig bis sechzig Delegierte teilgenommen hatten, die absolute Mehrheit.
Vgl. zum Zweiten Kongreß der Demokraten – der erste hatte vom 14. bis 16. Juni in Frankfurt am Main getagt – A. Steckfuß: 1848 ... (Anm. 3), Seite 532 bis 535.
Vgl. auch Anastasius Schnüffler (d. i. Albert Hopf), der in seinem Humoristischen Rückblick auf das

Jahr 1848 (Berlin 1848) unter »Oktober« (Seite 12) notierte:
»Im berühmten (!) ›Congreß‹ der Demokraten,
Wird unter Schimpfen und Prügel berathen.
Der große ›Volksbeglücker-Hauf‹,
Lös't sich in Wohlgefallen auf.«
21 ☐ Berliner Krakehler, Nr. 20 vom 19. 8. 1848. Nicht pathetische, sondern humoristisch-satirische Definitionen finden sich in der Ewigen Lampe (Nr. 34) vom 12. 9. 1848 und im Kladderadatsch, Nr. 35 vom 26. 8. 1848.
22 ☐ Zit. nach A. Streckfuß: 1848 . . . (Anm. 3), Seite 380.
23 ☐ Vgl. Freie Blätter, Nr. 12, 13, 15, 18, 19, 20 vom 12., 15., 22. 7. und »im August« 1848. Vgl. auch Nr. 25 (»im September«), Beitrag »Aus dem Tagebuch einer Demokratin«: »Den 3ten. Heute war Volksversammlung unter den Zelten, ich ging mit Jaromir hin, wie schön stand ihm der weiße Rock und Hut mit der rothen Feder, dazu der schwarze Bart! . . .«
24 ☐ Kladderadatsch, Nr. 27 vom 5. 11. 1848. Vgl. zu diesem Verein, über den wenig bekannt ist, R. Springer: Berlin's Strassen . . . (Anm. 17), Seite 80 f.
25 ☐ Zit. nach Der Freischärler, Nr. 1 vom 1. 11. 1848; vgl. zu Tante Voss mit dem Besen, Nr. 6 vom 28. 7. 1848. Siehe auch bei R.-E. Geiger: Zeitschriften 1848 . . . (Anm. 16), Seite 100 bis 110. Vgl. zu der Darstellung der Frauen in den Flugschriften Sigrid Weigel: Flugschriftenliteratur 1848 in Berlin. Geschichte und Öffentlichkeit einer volkstümlichen Gattung. Stuttgart: Metzler 1979, Seite 76 bis 80.
26 ☐ Vgl. zu dem Theologen und Publizisten Hengstenberg Teil I, Kapitel 2, Anm. 44. Der ursprünglich republikanisch gesinnte Publizist und Gelehrte Viktor Aimé Huber (1800 bis 1869) war 1848 Mitbegründer der Konservativen Partei.
Der Patriotische Verein gab seit dem 6. Juli 1848 das Central-Blatt für die Kundgebungen des Patriotischen Vereins zu Berlin und der mit demselben verbundenen Zweig- und verwandten Vereine in den Provinzen heraus, das sich 1849 in Central-Blatt der verbundenen monarchisch-constitutionellen Vereine umbenannte.
27 ☐ Zit. nach V. Valentin: Geschichte der deutschen Revolution . . . (Anm. 5), Seite 473.
28 ☐ Ebenda.
Das Verzeichnis der Mitglieder des Berliner Preußen-Vereins für constitutionelles Königthum findet sich im Landesarchiv Berlin, Rep. 240, Acc. 685, Nr. 118 (Extra-Abdruck aus der von Friedrich Wilhelm Held herausgegebenen Zeitung Locomotive). Die erste Versammlung des Treubunds hatte im Mai 1849 stattgefunden. Als Organ brachte dieser Verein die Königs-Zeitung heraus, von der 33 Nummern (15. Juli bis 8. September) nachgewiesen sind.
Der von Otto Graf von Schlippenbach gegründete Treubund für Preußens Frauen und Jungfrauen (1. Sitzung am 26. August 1849) hatte als Organ die unter dem Motto »Nicht Worte, sondern Thaten« stehende Wochenschrift Gott mit uns!
Der Treubund bildet im Kladderadatsch in nahezu jeder Nummer den Gegenstand einer oder mehrerer Beiträge.
29 ☐ Zit. nach Berliner Grossmaul, Nr. 3 vom 23. August 1848.
30 ☐ Vgl. zum Beispiel Freie Blätter, Nr. 53 (im Dezember 1848), Berliner Grossmaul, Nr. 2 vom 19. 8., Berliner Krakehler, Nr. 5 und 9 vom 7. und 22. 6., Kladderadatsch, Nr. 10 vom 9. 7., Satan, Nr. 6, und Buddelmeyer-Zeitung, Nr. 23 vom 18. 6. 1849.
31 ☐ Vgl. Zeltengedanken ohne Mißverständnisse, Nr. 1 vom 26. 7., Tante Voss mit dem Besen, Nr. 1 vom 18. 6. Der neue Berliner Struwwelpeter, Nr. 1 (Juli), und Kladderadatsch, beispielsweise Nr. 5, 10, 14 und 18 vom 4. 6., 9. 7., 6. 8 und 3. 9. 1848.
32 ☐ Zit. nach Hermann Wagener: Erlebtes. Meine Memoiren aus der Zeit von 1848 bis 1866 und von 1873 bis jetzt. Berlin: R. Pohl 1884, Seite 34.
33 ☐ Zit. nach R. Springer: Berlin's Strassen . . . (Anm. 17), Seite 147.
Die Enthüllungen erschienen seit Januar 1849 in zwangloser Folge und wurden bei J. Sittenfeld gedruckt.
Vgl. hierzu Kladderadatsch, Nr. 3 vom 21. Januar 1849: »Enthüllungen No. 3. Der Verein ›zur Wahrung der Interessen der Provinzen‹ . . . hat in das Schleppkleid der Tante Voß zum zweitenmal seinen Enthüllungsschmutz gelegt.«
34 ☐ Die Anklage-Acte des Ober-Staatsanwalts gegen Waldeck ist abgedruckt in Allgemeine Gerichts-Zeitung, Nr. 14 vom 17. 11. 1849.
Vgl. auch das vom Kladderadatsch nach Waldecks Freisprechung ausgegebene Extra-Blatt der Freude vom 6. 12. 1849. Vgl. endlich Buddelmeyer-Zeitung, Nr. 71 bis 78 vom 3. bis 31. 12. 1849.
35 ☐ Carmagnole war der Name eines fast kragenlosen Wamses mit kurzen Schößen, das von Arbeitern aus der piemontesischen Stadt Carmagnola in Marseille getragen wurde und von dort aus während der Französischen Revolution nach Paris gelangte. Nach diesem erklärten Revolutionskostüm entstand das Lied »Dansons la Carmagnole, vive le son du canon!« (Laßt uns die Carmagnole tanzen; es lebe der Kanonenlärm), das während der Hinrichtungen gesungen und getanzt, später aber von Napoleon I. verboten wurde.
36 ☐ Zit. nach R. Springer: Berlin's Strassen . . . (Anm. 17), Seite 62.
37 ☐ Vgl. V. Valentin: Geschichte der deutschen Revolution . . . (Anm. 5), Seite 48 f.
38 ☐ Vgl. A. Streckfuß: 1848 . . . (Anm. 3),

Seite 249, 491, 511 f. und 541. Bei diesen schwarzweißen Demonstrationen handelte es sich des öfteren auch um organisierte Überfälle auf Demokraten.
39 □ Zit. nach A. Streckfuß: 1848 . . . (Anm. 3), Seite 511 f.
40 □ Zit. nach V. Valentin: Geschichte der deutschen Revolution . . . (Anm. 5), Seite 48.
Vgl. hierzu Wilhelm Blos: Die Deutsche Revolution. Geschichte der Deutschen Bewegung von 1848 und 1849. Hrsg. und eingeleitet von Hans J. Schütz. Berlin/Bonn: Dietz 1978, Seite 230 f. Blos (1849 bis 1927), der später in der Sozialdemokratie eine führende Rolle spielte und es nach dem Umsturz bis zum Staatspräsidenten von Württemberg brachte, spricht von »kläglichsten Verleumdungen« und weist auf »die bekannte kindische und stets wiederkehrende Geschichte von den droschkenfahrenden Arbeitern« hin, »als ob die Vorsehung zum Droschkenfahren nur die Bourgeois bestimmt hätte und es ein Verbrechen wäre, wenn ein Arbeiter sich für sein wohlverdientes Geld einmal eine Droschkenfahrt gestattet«.
41 □ Freie Blätter, Nr. 1 vom 6. 5. 1848.
Vgl. auch Die ewige Lampe, Nr. 5, 1848: »Ein Spießbürgerherz ist nichts als ein Hasenherz im vergrößerten Maßstabe.«
42 □ Am 17. Juni 1848 hatte Friedrich Wilhelm IV. an Ministerpräsident Camphausen geschrieben: »Jetzt ist für uns das Eine, was not tut, die Zähmung Berlins . . .« Zit. nach Illustrierte Geschichte der deutschen Revolution 1848/49 (Anm. 3), Seite 145.
Vgl. zum Zeughaussturm u. a. A. Streckfuß: 1848 . . . (Anm. 3), Seite 385 bis 411, und Wilhelm Blos: Die Deutsche Revolution . . . (Anm. 40), Seite 324 bis 330.
Ein wesentlicher Grund für den spontanen Volksaufstand war die den Arbeitern verweigerte »Volksbewaffnung«.
Der Zeughaussturm wurde nahezu allgemein verurteilt. Eine Ausnahme machte die radikale Zeitschrift Tante Voss mit dem Besen, die zwar denselben für »beklagenswerth« hielt, sich jedoch voll und ganz hinter das »heldenmüthige« Volk stellte (Nr. 1 vom 18. 6. 1848).
43 □ Vgl. Teil I, Kapitel 2.
44 □ Freie Blätter, Nr. 2 vom 13. 5. 1848.
Stephan Born (1824 bis 1898), Schriftsetzer und Journalist, bildete am 19. April 1848 ein »Central-Comité« für Arbeiter; es war der Grundstein für die erste deutsche politische Arbeiterorganisation, die auf dem Allgemeinen Arbeiterkongreß (23. August bis 3. September 1848) in Berlin entstandene Allgemeine deutsche Arbeiterverbrüderung. Vgl. zu Born, der sich vom Kommunismus lösen und später, im Schweizer Exil, eine Universitätslaufbahn einschlagen sollte, Stephan Born: Erinnerungen eines Achtundvierzigers. Hrsg. und eingel. von Hans J. Schütz. Berlin/Bonn: Dietz 1978.
45 □ Vgl. Freie Blätter, Nr. 4, 5, 7 und 11 vom 27. 5., 3. und 17. 6. sowie 8. 7. 1848. Es handelte sich um eine doppelbödige Parodie a) auf die politisierenden Erdarbeiter, b) auf die preußische Nationalversammlung.
Vgl. hierzu die Feststellung des Augenzeugen A. Streckfuß: »Bei den städtischen Erdarbeiten in den Rehbergen und an andern Orten waren große Massen von Arbeitern auf einer Stelle vereinigt . . . Je weniger auf diesen Arbeitsplätzen gearbeitet wurde, je mehr wurde politisch gekannegießert . . .« Zit. nach 1848 . . . (Anm. 3), Seite 250.
46 □ Vgl. zu den drei Ministerien u. a. A. Streckfuß: 1848 . . . (Anm. 3), passim.
47 □ Zit. nach A. Streckfuß: 1848 . . . (Anm. 3), Seite 216. Vgl. auch Seite 254.
Das von Mai bis August 1848 erschienene Wochenblatt Die Bürger-Wache war eines der vier die Bürgerwehr vertretenden Presseorgane. Die erste Ausgabe enthielt ein Gedicht in fünf Strophen »An den Verfasser der deutschen Marseillaise«; Strophe 5 lautete:

»Der Marseillaise Tosen –
Das ist kein deutscher Klang!
Geh' hin zu den Franzosen
Und sing': ›Allons enfants!‹
Wir wollen uns erwärmen
An uns'rer eig'nen Gluth –
Nicht wildverworr'nes Lärmen
Ist ächter Todesmuth!«

48 □ Vgl. zur C[K]amarilla, dessen Haupt der Generaldadjutant des Königs, Leopold von Gerlach (1790 bis 1861), war, V. Valentin: Geschichte der deutschen Revolution . . . (Anm. 5), Seite 64 f. Siehe auch Hermann v. Petersdorff: König Friedrich Wilhelm der Vierte. Stuttgart: Cotta 1900, Seite 22 f.
49 □ Der nach England geflüchtete Prinz, dessen von der Volksmenge zum »National-Eigenthum« erklärter Palast mehrere Wochen ein revolutionäres Kommunikationszentrum gebildet hatte, erklärte vor seiner Rückkehr, daß er die neue konstitutionelle Ordnung anerkennen würde. Am 8. Juni erschien er in voller Generalsuniform als Abgeordneter des Kreises Wirsitz in der preußischen Nationalversammlung.
1848 war der künftige Kaiser eine lebende Flug- und Witzblattfigur. Der Prinz von Preußen hatte am 17. März 1848 zu schießen verlangt. Daraufhin war ihm von dem 1849 exekutierten preußischen Unteroffizier Maximilian Dortu der Name ›Kartätschenprinz‹ gegeben worden.
50 □ Die Stellung des Ministeriums Camphausen zur Revolution vom 30. Mai 1848 ist abgedruckt bei A. Streckfuß: 1848 . . . (Anm. 3), Seite 341 f. Vgl.

zum Verfassungsentwurf und seinen Folgen Seite 327 bis 338.

51 ☐ Zit. nach A. Streckfuß: 1848 ... (Anm. 3), Seite 358.

52 ☐ Als Freimaurer wandte sich Glaßbrenner an den »Geist der Geister«.
Vgl. auch das anläßlich eines zweiten Zugs nach dem Friedrichshain erschienene Gedicht »Denkst du daran?« (Freie Blätter, Nr. 31 vom 27. 9. 1848).

53 ☐ Vgl. hierzu H. Hartwig/K. Riha: Politische Ästhetik und Öffentlichkeit ... (Anm. 12), Seite 46 bis 50.

54 ☐ Zit. nach Der Teufel in Berlin, Nr. 3, 1848. Unter demselben Titel veröffentlichte Albert Hopf ein Flugblatt. Der Rücktritt hatte am 20. Juni stattgefunden.

55 ☐ Kickeriki, Nr. 1, Berliner Krakehler, Nr. 29 vom 7. 10., Die ewige Lampe, Nr. 16 vom 28. 6., Freie Blätter, Nr. 8 vom 24. 6., Tante Voss mit dem Besen, Nr. 2 vom 25. 6., und Der Teufel in Berlin, Nr. 1, 1848.

56 ☐ Zit. nach A. Streckfuß: 1848 ... (Anm. 3), Seite 437.

57 ☐ Zit. nach A. Streckfuß: 1848 ... (Anm. 3), Seite 440. Moritz von Bardeleben (1814 bis 1890) hatte den als zu nachgiebig geltenden Julius Freiherrn von Minutoli (1805 bis 1860) im Juni 1848 ersetzt. Ganz ähnlich äußerte sich am 9. August der preußische Innenminister (Juni bis September 1848) Friedrich Christian Hubert von Kühlwetter (1809 bis 1882) vor der Nationalversammlung.
Vgl. zu den Konstablern folgende Notiz Varnhagen von Enses: »Berlin hat unvermuthet eine neue Physionomie bekommen, ein ganz neues Fratzengesicht, ein vorher ungekanntes, noch nie dagewesenes! ... die ganze Stadt ist eine Konstabler-Stadt: wohin man blickt, sieht man Konstabler, sie schlendern in allen Straßen mit übereinandergeschlagenen Armen, sie stehen an allen Ecken, zu zweien, zu dreien und mehreren, es wimmelt von ihnen unter den Linden ...« Zit. nach K. A. Varnhagen von Ense: Tagebücher. Bd. 5. Leipzig: Brockhaus 1862, Seite 138.

58 ☐ Die Zitate stammen aus Freie Blätter, Nr. 21, im August, Berliner Großmaul, Nr. 4 vom 26. 8., Berliner Krakehler, Nr. 10 vom 29. 6. und Kladderadatsch, Nr. 14 vom 6. 8. 1848.

59 ☐ Zit. nach Die ewige Lampe, Nr. 29 vom 16. 8. 1848. Der junge Baum der Freiheit ist 1848 ein häufig gebrauchter symbolischer Ausdruck, der auf die Französische Revolution von 1789 zurückgeht.
Vgl. zu dem oben Gesagten Berliner Kobold, Nr. 1, Berliner Großmaul, Nr. 5 vom 4. 9., Berliner Krakehler, Nr. 21 vom 24. 8., Freie Blätter, Nr. 16 und 32 vom 19. 7. und 30. 9., sowie Kladderadatsch, Nr. 16 vom 20. 8. 1848.

60 ☐ Vgl. Illustrierte Geschichte der deutschen Revolution 1848/49 (Anm. 3), Seite 142 f., ferner V. Valentin: Geschichte der deutschen Revolution ... (Anm. 5), Seite 43.
Urwähler waren alle männlichen preußischen Bürger über 25 Jahren, die nicht von öffentlicher Armenunterstützung lebten. Sie wählten in gleicher und geheimer Wahl den Wahlmann, der jeweils 500 Urwähler eines Bezirks vertrat.

61 ☐ Vgl. hierzu A. Streckfuß: 1848 ... (Anm. 3), Seite 348, und V. Valentin: Geschichte der deutschen Revolution ... (Anm. 5), Seite 44 bis 46.
Vgl. in diesem Zusammenhang auch die beliebte, selbst für die Bühne verwendete Flugblattserie von Albert Hopf: Nante als National-Versammelter. In der literarischen Fiktion begibt sich der Abgeordnete auf die Straße und mischt sich unter das Volk; vorübergehend wird Nante sogar Minister.

62 ☐ Zit. nach Freie Blätter, Nr. 38 vom 21. 10. 1848, und Berliner Krakehler, Nr. 41, Januar 1849.

63 ☐ Zit. nach Hugo Blümmer: Die ewige Lampe. Auch eine Jubiliäumserinnerung an das »tolle Jahr«. In: Die Gegenwart, 28. Jg. (1898), Bd. 55, Nr. 2, Seite 21 f.

64 ☐ Zit. nach Die ewige Lampe, Nr. 25 vom 1. August 1848.
Siehe auch Die Gasflamme, ein Kind der ewigen Lampe vom 15. 11. 1848.
Hans Viktor von Unruh (1806 bis 1886) war seit dem 26. Oktober Präsident der Nationalversammlung; sein Vorgänger war der Oberbürgermeister von Prenzlau, Wilhelm Grabow (1802 bis 1874).

65 ☐ Zeltengedanken ohne Mißverständnisse, Nr. 1 vom 26. 7. 1848, Asyl für Humor und Satyre, Nr. 1 vom 14. 4. 1849 (rückblickend).
Vgl. auch Freie Blätter, Nr. 4, 6 und 16 vom 27. 5., 10. 6. und 26. 7. 1848.
Die preußische Nationalversammlung hatte sich überdies den Groll des demokratischen Lagers zugezogen, weil sie sich geweigert hatte, gemäß eines Antrags der Linken zu Protokoll zu geben, »daß die Kämpfer des 18. und 19. März sich ums Vaterland wohl verdient gemacht haben«.

66 ☐ Zit. nach Berliner Krakehler, Nr. 7 und 26 vom 15. 6. und 23. 9. 1848.

67 ☐ Vgl. hierzu S. Weigel: Flugschriftenliteratur 1848 ... (Anm. 25), Seite 173 f.
Die letzte Ausgabe des Volksfreunds erschien am 30. 6. 1848.

68 ☐ Zit. nach Berliner Krakehler, Nr. 26 vom 23. 9., Freie Blätter, Nr. 42 vom 4. 11., und Kladderadatsch, Nr. 27 vom 5. 11. 1848.
Die unter Waldecks Vorsitz tagende Verfassungskommission hatte wesentliche Änderungen vorgenommen, zum Beispiel das suspensive Veto der Krone. Friedrich Wilhelm IV. nannte das Ergebnis »Charte Waldeck«.

Bereits im Sommer hatten sich mehrere andere Berliner Witzblätter für die Abschaffung des Adels als Stand sowie sämtlicher Privilegien ausgesprochen.

69 □ Zit. nach A. Streckfuß: 1848 . . . (Anm. 3), Seite 479.

70 □ Zit. nach A. Streckfuß: 1848 . . . (Anm. 3), Seite 516 und 529.
Vgl. hierzu auch V. Valentin: Geschichte der deutschen Revolution (Anm. 5), Seite 252 bis 254.

71 □ Zit. nach A. Streckfuß: 1848 . . . (Anm. 3), Seite 550. Vgl. zu seiner Regierungserklärung Seite 481.
Ernst von Pfuel (1779 bis 1866) war 1847 Gouverneur von Berlin.

72 □ Zit. nach A. Streckfuß: 1848 . . . (Anm. 3), Seite 550. Friedrich Wilhelm Graf von Brandenburg (1792 bis 1850) war 1848 General der Kavallerie geworden.

73 □ Titel einer 1848 erschienenen Bilder-Zeitung.

74 □ Johann Jacobys (1805 bis 1877) Flugschrift ist abgedruckt in Karl Obermann: Einheit und Freiheit. Die deutsche Geschichte von 1815 bis 1849 in zeitgenössischen Dokumenten. Berlin (DDR): Dietz 1950, Seite 165 bis 172. Nachdem Jacoby am 20. April 1842 wegen Majestätsbeleidigung zu zweieinhalb Jahren Festungshaft verurteilt worden war, wurde er acht Monate später freigesprochen.
Vgl. zu Jacobys Auftreten in Sanssouci und zu seiner Beurteilung A. Streckfuß: 1848 . . . (Anm. 3), Seite 557 bis 565.

75 □ Die Botschaft ist abgedruckt bei A. Streckfuß: 1848 . . . (Anm. 3), Seite 571 f. In einem in 40 000 Exemplaren verteilten Aufruf gab die preußische Nationalversammlung bekannt, daß sie ihre Beratungen in Berlin fortsetzen werde. Am 10. November sprach sich der Präsident der Nationalversammlung, Hans Viktor von Unruh, dafür aus, »daß hier nur passiver Widerstand geleistet werden könne«, ein Beschluß, der durch ein Extra-Blatt der Preußischen Parlaments-Zeitung verkündet wurde. Vgl. zu diesen aufregenden Ereignissen und zur Debatte über die Steuerfrage A. Streckfuß: 1848 . . . (Anm. 3), Seite 576 bis 670.
Die Preußische Parlaments-Zeitung erschien vom 22. Mai 1848 bis November an jedem Sitzungstag ein- bis zweimal.

76 □ Zit. nach V. Valentin: Geschichte der deutschen Revolution (Anm. 5), Seite 292.

77 □ Die Verfassungsurkunde für den preußischen Staat vom 5. Dezember 1848 ist abgedruckt bei W. Grab: Die Revolution von 1848 (Anm. 7), Seite 209 bis 222.

78 □ Zit. nach A. Streckfuß: 1848 . . . (Anm. 3), Seite 586.

79 □ Freie Blätter, Nr. 52, im Dezember 1848.
Vgl. auch Nr. 46, im Dezember 1848: »Denkschrift des Redakteurs dieser Blätter an das preußische Volk«.

80 □ Der Ausdruck »demokratische Heuler« wurde nach dem Beispiel der Münchener Fliegenden Blätter auf jene Demokraten angewendet, welche allzu schnell die Flinte ins Korn geworfen haben.

81 □ Vgl. A. Streckfuß: 1848 . . . (Anm. 3), Seite 590.

82 □ Berliner Krakehler, Nr. 44 vom 15. 1. 1849.
Vgl. in diesem Zusammenhang auch Glaßbrenners beißende Satire »Aus dem Soldatenleben« (Freie Blätter, Nr. 47 und 48, im Dezember 1848).

83 □ Freie Blätter, Nr. 55, im Dezember 1848.
Nr. 32 vom 10. 12. 1848 hatten die »Gelehrten« des Kladderadatsch fast ganz der Verfassung gewidmet. Schultze und Müller unterhielten sich als »constitutionelle Staatsbürger«.
Der Ausdruck »octroyirter Braten« stammt aus Nr. 13 vom 1. 4. 1849.

84 □ Vgl. Kladderadatsch, Nr. 32 vom 10. 12. 1848, und Freie Blätter, Nr. 55, im Dezember 1848.

85 □ Die Wahlgesetze sind abgedruckt bei W. Grab: Die Revolution von 1848 (Anm. 7), Seite 223 bis 225.

86 □ Vgl. zu der veränderten Titelvignette Nr. 2 bis 7 vom 14. 1. bis 18. 2. 1849. Die Serie »Schultze und Müller oder die Abentheuer zweier Berliner Urwähler« erschien vom 14. bis 28. 1. 1849 (Nr. 2 bis 4).

87 □ Vgl. V. Valentin: Geschichte der deutschen Revolution . . . (Anm. 5), Seite 345 f.

88 □ Ebenda. Das Zitat des Kladderadatsch stammt aus Nr. 9 vom 4. 3. 1849.

89 □ Vgl. zur Auflösung der Zweiten Kammer auch Buddelmeyer-Zeitung, Nr. 9 vom 30. 4. 1849: »Ich habe versprochen, lachend die Wahrheit zu sagen, lachend die Dummheit zu geißeln; allein, lieber Leser, wenn ich auch über Dummes lachen kann, über Trauriges kann ich nur weinen . . .«
Das Dreiklassenwahlrecht, das später auch von Bismarck kritisiert wurde, ist ausführlich beschrieben in Die politischen Reden des Fürsten Bismarck. Historisch-kritische Gesammtausgabe. Hrsg. von Horst Kohl. Bd. 1. Stuttgart: Cotta 1892, Seite 101 f.
Für Berlin errechnete die Buddelmeyer-Zeitung (Nr. 28 vom 5. 7. 1849): Von den 79 000 Urwählern kommen 2000 in die erste Klasse, 7000 in die zweite, 70 000 in die dritte. Es wählen also ungefähr in der ersten Klasse je vier Wähler einen Wahlmann, in der zweiten je 14 einen, und in der dritten je 140 einen. Die kurze Mitteilung endete mit dem Ausruf: »Herrrjeh!«

90 □ Zit. nach Die politischen Reden des Fürsten Bismarck . . . (Anm. 89), Seite 102.

91 □ Buddelmeyer-Zeitung, Nr. 39 vom 13. 8. 1849; Kladderadatsch, Nr. 32 vom 5. 8. 1849: »Das A B C der neuen Kammer«.

In der 10. Sitzung der Zweiten Kammer wurde das schriftliche Gesuch des Justizministers mitgeteilt, die in Nr. 32 des Kladderadatsch enthaltenen Beleidigungen gerichtlich verfolgen zu dürfen. Es wurde abgelehnt, da die Kammer »viel zu hoch« stehe, »sich mit einem Witzblatte in einen Injurienprozess einzulassen«. Statt dessen wurde ein Antrag »auf stille Verachtung« einstimmig angenommen.
Vgl. Berliner Pfennig-Blätter, Nr. 106 vom 3. und 4. 9. 1849. Der Kladderadatsch nahm hierzu in einem »Allerunterthänigsten Schreiben an die hohe zweite Kammer« in Nr. 36 vom 2. 9. 1849 Stellung.
92 ☐ Zit. nach V. Valentin: Geschichte der deutschen Revolution . . . (Anm. 5), Seite 591.
Die Ausdrücke »Struwwelpeter der Zweiten Kammer«, »Pismark Schönhose« stammen aus dem Kladderadatsch (Nr. 12 vom 25. 3. 1849). In Nr. 13 vom 1. 4. 1849 erscheint Bismarck als Mitglied des »Centralausschusses der rothen Reaction«, in Nr. 40 vom 1. 10. 1849 heißt es:
»Da fluchen auf Revolutionen sie grausig,
Echt vorsündfluthlich schönhausig.«
Auf die »antediluvianische Rede« Bismarcks vom 21. April 1849 macht die Neueste Preußische Zeitung (Nr. 1, 1849) aufmerksam. Dasselbe Blatt spricht ebenfalls von der »rothen Reaktion«.
Auch in der Buddelmeyer-Zeitung finden sich verschiedene Bemerkungen, die Bismarck betreffen, zum Beispiel in Nr. 8 vom 26. 4. 1849.
93 ☐ Vgl. hierzu V. Valentin: Geschichte der deutschen Revolution . . . (Anm. 5), Seite 11.
94 ☐ Zit. nach V. Valentin . . . (Anm. 5), Seite 10.
95 ☐ Vgl. V. Valentin . . . (Anm. 5), Seite 12 f., und Thomas Nipperdey: Deutsche Geschichte 1800–1866. Bürgerwelt und starker Staat. 2. Auflage. München: Beck 1984, Seite 610 bis 613.
Heinrich Freiherr von Gagern (1799 bis 1880) schied noch vor dem Ende des Frankfurter Parlaments aus. Er hatte sich für ein Deutschland unter Führung Preußens in Union mit Österreich ausgesprochen. Eduard [von] Simson (1810 bis 1899) machte später im Bismarck-Reich Karriere.
96 ☐ Zit. nach V. Valentin . . . (Anm. 5), Seite 10.
97 ☐ Die Zitate stammen aus Berliner Krakehler, Nr. 36 und 37 vom 10. 11. und 25. 12. 1848, sowie Freie Blätter, Nr. 5 vom 3. 6. 1848.
98 ☐ Freie Blätter, Nr. 8, 14 und 15 vom 24. 6., 19. und 22. 7. 1848.
99 ☐ Vgl. hierzu V. Valentin: Geschichte der deutschen Revolution . . . (Anm. 5), Seite 35 bis 39.
100 ☐ Berliner Krakehler, Nr. 19 vom 14. 8. 1848. Vgl. zu dem Huldigungserlaß V. Valentin: Geschichte der deutschen Revolution . . . (Anm. 5), Seite 91 f., sowie A. Streckfuß: 1848 . . . (Anm. 3), Seite 453 bis 455. Am 8. August 1848 hielt die Berliner Bürgerwehr eine Parade ab.
101 ☐ Vgl. zum Kölner Fest, bei dem der Reichsverweser, Friedrich Wilhelm IV. und eine Abordnung von 25 Mitgliedern des Frankfurter Parlaments vertreten waren, V. Valentin: Geschichte der deutschen Revolution . . . (Anm. 5), Seite 137. Viele Mitglieder der Linken kamen nicht, sondern veranstalteten Gegendemonstrationen in der Rheinpfalz.
Der im Kladderadatsch anklingende Antiklerikalismus ist kein Einzelfall. Attacken gegen die »Pfaffen« finden sich im Satan, Satyr, Berliner Großmaul und vor allem in den Freien Blättern des demokratischen Kirchenfeindes Adolf Glaßbrenner, so zur »Cölner Domfarce« (Nr. 21, im August 1848).
102 ☐ Vgl. zum Wiener Oktoberaufstand, der in Berlin von seiten der Nationalversammlung und der Publizistik zu Solidaritätserklärungen führte, Illustrierte Geschichte der deutschen Revolution . . . (Anm. 3), Seite 213 bis 226. Der Journalist und Abgeordnete Robert Blum (1807 bis 1848), der an den Wiener Barrikadenkämpfen teilgenommen hatte, wurde am 9. November kriegsrechtlich erschossen.
103 ☐ 1. und 7. Strophe der »Kaiserlieder« (Freie Blätter, Nr. 8 vom 24. 6. 1848). Vgl. Nr. 6 vom 10. 6. 1848: »Der deutsche Kaiser«, »Die neue deutsche Reichs-Komödie« (Nr. 20 im August 1848).
Vgl. zur Frage der deutschen Einheit auch Kladderadatsch, Nr. 25 vom 24. 6. 1849, Berliner Krakehler, Nr. 24 vom 8. 9. 1848, und Buddelmeyer-Zeitung, Nr. 70 und 72 vom 29. 11. und 6. 12. 1849: »Die Mähr vom eingen Deutschland«.
104 ☐ Vgl. V. Valentin: Geschichte der deutschen Revolution . . . (Anm. 5), Seite 376 bis 382.
105 ☐ Zit. nach W. Grab: Die Revolution von 1848 (Anm. 7), Seite 225 (Schreiben Friedrich Wilhelms IV. an den Botschafter in London). Ebenda, Seite 261 f.: Das Angebot der Kaiserkrone sowie die Antwort Friedrich Wilhelms IV. an die Deputation der Nationalversammelten.
106 ☐ Kladderadatsch, Nr. 14 vom 8. 4. 1849 (»Das neue Kaiserlied«). Vgl. auch Nr. 1 vom 7. 1. 1849 (»Der neue deutsche Kaiser«). Siehe auch Neueste Preußische Zeitung, Nr. 1 (Mai 1849): »Es ist des teutschen Reiches Krone wieder aufgefunden; wer sie haben will, kann sich melden in der Paulskirche zu Frankfurt am Main«.
107 ☐ Buddelmeyer-Zeitung, Nr. 28 bis 30 vom 5. bis 12. 7. 1849.
108 ☐ Vgl. hierzu V. Valentin: Geschichte der deutschen Revolution . . . (Anm. 5), Seite 215 bis 219 und 369 bis 379.
109 ☐ Die deutsche Reichsverfassung ist unter anderem abgedruckt bei W. Grab: Die Revolution von 1848 (Anm. 7), Seite 232 bis 260. Vgl. zum Reichswahlgesetz ebenda, Seite 263 bis 266.
110 ☐ Vgl. V. Valentin: Geschichte der deutschen

Revolution . . . (Anm. 5), Seite 459 bis 467 sowie 501 bis 507.

111 ☐ Das Original befindet sich im Landesarchiv Berlin, Rep. 240, Acc. 685, Nr. 805.

112 ☐ Vgl. hierzu V. Valentin: Geschichte der deutschen Revolution . . . (Anm. 5), Seite 472 bis 489, sowie Illustrierte Geschichte der deutschen Revolution . . . (Anm. 3), Seite 276 bis 296. Über die Schlacht von Dresden wurden die Berliner von Extrablättern informiert. Das Zitat stammt aus Buddelmeyer-Zeitung, Nr. 12 vom 10. 5. 1849.

113 ☐ Kladderadatsch, Nr. 19 vom 13. 5. 1849. Anspielung auf die Argonauten, die unter Jasons Führung das Goldene Vlies nach Griechenland holten. Die Tochter des Königs, Medea, gab Jason ein Zaubermittel zum Schutz vor den Stieren und riet ihm, durch einen Steinwurf die aus den Drachenzähnen entsprossenen Krieger zum Kampf gegeneinander zu reizen.
Vgl. auch Kladderadatsch, Nr. 20 vom 20. 5. 1849.
Michail Alexandrowitsch Bakunin (1814 bis 1876) war mit Karl Marx in Paris in Verbindung getreten. Später überwarf er sich mit ihm wegen seines schroffen Anarchismus. Von 1851 bis 1860 saß er in Rußland gefangen, zuletzt in Sibirien.
Richard Wagner (1813 bis 1883) wurde steckbrieflich verfolgt, konnte aber rechtzeitig fliehen.
Im Gegensatz zum Kladderadatsch machte sich das konservative Witzblatt Juchheirasasa! über den Aufstand und seine Unterdrückung lustig (Nr. 7 vom 27. 8. 1849).

114 ☐ Vgl. zum badischen Aufstand, dessen Unterdrückung und grausames Nachspiel in der Bevölkerung eine »ungeheure Erbitterung« auslösen sollte, V. Valentin: Geschichte der deutschen Revolution . . . (Anm. 5), Seite 493 bis 543. Das Zitat stammt aus Th. Nipperdey: Deutsche Geschichte . . . (Anm. 95), Seite 663.
Der Aufstand war von preußischem Militär und Truppen des Reichsverwesers unter dem Oberbefehl des Prinzen von Preußen niedergeschlagen worden.

115 ☐ Kladderadatsch, Nr. 29 vom 15. Juli 1849. Der Ausdruck »rothe Monarchie« war von Adolf Glaßbrenner geprägt worden (vgl. Freie Blätter, Nr. 53, im Dezember 1848). Die Schlagworte »rothe Reac[k]tion«, »verthierte Soldateska« finden sich in zahlreichen demokratischen Periodika.
Das 1783 oder 1784 entstandene Gedicht »Kennst du das Land, wo die Zitronen blühn« findet sich in Wilhelm Meisters Lehrjahren; in den Gedichten erhielt es den Titel Mignon.

116 ☐ Vgl. auch Buddelmeyer-Zeitung, Nr. 37 vom 6. 8. 1849: »Nach der Schlacht den entwaffneten Feind niederschießen, das nennen sie Execution; die Nachwelt wird es anders nennen. Die Opfer der spanischen Scheiterhaufen waren um nichts schlimmer und um nichts besser, als diese Schlachtopfer: Märtyrer ihrer Ueberzeugung.«

117 ☐ Friedrich Benninghoven/Helmut Börsch-Supan/Iselin Gundermann: Friedrich der Große. Ausstellung des Geheimen Staatsarchivs Preußischer Kulturbesitz anläßlich des 200. Todestages König Friedrichs II. von Preußen. 2. Aufl. Berlin 1986, Seite 213.

118 ☐ Das anonyme Flugblatt (Aus dem Schreiben eines russischen Generals. Petersburg 26. April 1848, an einen Verwandten in Berlin) befindet sich im Landesarchiv Berlin, Rep. 240, Acc. 685, Nr. 139. Siehe zu den Hintergründen A. Streckfuß: 1848 . . . (Anm. 3), Seite 167 (Invasions-Gerüchte am 20. März), und V. Valentin: Geschichte der deutschen Revolution . . . (Anm. 8), Seite 545 bis 547. Vgl. in diesem Zusammenhang auch die 7 Seiten starke Broschüre von Albert Hopf Die Russen kommen. Der Autor macht sich über den ängstlichen Michel lustig und empfiehlt, Barrikaden zu bauen.

119 ☐ Buddelmeyer-Zeitung, Nr. 42 vom 23. 8. 1849. In zahlreichen Wort- und Bildbeiträgen werden die Russen als blutrünstige Barbaren dargestellt. Vgl. auch die Artikel Europa (Nr. 35 und 36) vom 30. 7. und 2. 8. 1849.
Der Kladderadatsch (Nr. 35 vom 26. 8. 1848) spricht von Rußland als »dem alles erdrückenden Koloß Asiatischen Barbarenthums«.

120 ☐ Satan, Nr. 5, Der Satyr, Nr. 1 vom 1. 5., Die ewige Lampe, Nr. 16 vom 28. 6. 1848.

121 ☐ Freie Blätter, Nr. 1 vom 6. 5. 1848.

122 ☐ Vgl. zur Junischlacht, die auf die deutsche Entwicklung nicht ohne Folgen blieb, P. P. Sagave: Berlin und Frankreich . . . (Anm. 9), Seite 166 bis 172.

123 ☐ Vgl. zur Politik Lamartines sowie zu den späteren französisch-russischen Bündnisplänen, V. Valentin: Geschichte der deutschen Revolution . . . (Anm. 8), Seite 542, sowie (Anm. 5), Seite 112 bis 115, ferner Seite 589 f.

124 ☐ Am 10. Dezember 1848 stimmten fünfeinhalb Millionen Franzosen für Bonaparte und nur knapp anderthalb Millionen für Cavaignac.

125 ☐ Titel der Bismarck-Biographie von Lothar Gall (Bismarck. Der weiße Revolutionär), Berlin: Propyläen 1980.

Zu Teil II, Kapitel 2 (S. 409 – S. 435)

1 ☐ Zit. nach Kladderadatsch, Nr. 59/60 vom 24. 12. 1857.

2 ☐ Vgl. hierzu unter anderen Thomas Nipperdey: Deutsche Geschichte 1800–1866. Bürgerwelt und starker Staat. 2. Aufl. München: Beck 1984, Seite 663 bis 670.

3 □ Einzelheiten bei Walter Bußmann: Das Zeitalter Bismarcks. 4. Aufl. Frankfurt: Athenaion 1968, Seite 15 bis 24.
4 □ Die preußische Verfassung ist wiederabgedruckt in: Dieter Kakies (Hrsg.): Deutsche Verfassungen. Die grundlegenden Dokumente deutscher Demokratie von der Paulskirche bis zum Grundgesetz. München: Goldmann o. J., Seite 39 bis 54.
5 □ Der Ausspruch stammt aus dem Jahr 1872. Zit. nach W. Bußmann: Das Zeitalter Bismarcks (Anm. 3), Seite 16.
6 □ Kladderadatsch, Nr. 6. Die Redaktion des Kladderadatsch verfolgte mit großer Aufmerksamkeit antijüdische Äußerungen, Gesetze oder Verwaltungsmaßnahmen nicht nur in Preußen, sondern auch in anderen deutschen Staaten sowie im Ausland. Entsprechende satirische Seitenhiebe finden sich an vielen Stellen, besonders häufig jedoch in der Korrespondenz Strudelwitz/Prudelwitz.
7 □ Vgl. zu der Wahlbeeinflussung W. Bußmann: Das Zeitalter Bismarcks (Anm. 3), Seite 15. Die Demokraten haben die Wahlen in den 50er Jahren boykottiert.
8 □ Otto Freiherr von Manteuffel (1805 bis 1882) war nach dem Tod Graf Brandenburgs bis November 1858 Ministerpräsident; sein Nachfolger als Innenminister war der Schwager von Karl Marx, Ferdinand Otto Wilhelm von Westphalen (1799 bis 1876); der Polizeipräsident Karl Ludwig Friedrich v. Hinkeldey (1803 bis 1856), der sich um die Infrastruktur Berlins verdient gemacht hat, starb in einem Duell.
9 □ Vgl. hierzu Ursula E. Koch/Pierre-Paul Sagave: Le Charivari. Die Geschichte einer Pariser Tageszeitung im Kampf um die Republik (1832–1882). Köln: informationspresse - c. w. leske 1984, Seite 31.
10 □ Zit. nach Die politischen Reden des Fürsten Bismarck. Historisch-kritische Gesammtausgabe. Hrsg. v. Horst Kohl. Bd. 1. Stuttgart: Cotta 1892, Seite 265.
Vgl. zu Olmütz u. a. W. Bußmann: Das Zeitalter Bismarcks (Anm. 3), Seite 4 f., Lothar Gall: Bismarck. Der weiße Revolutionär. Frankfurt/Berlin/Wien: Propyläen 1980, Seite 103 bis 117, und Ernst Engelberg: Bismarck. Urpreuße und Reichsgründer. Berlin (DDR): Akademie-Verlag 1985, Seite 337 bis 362.
11 □ Vgl. zu dem von Christian Daniel Rauch (1777 bis 1857) geschaffenen Reiterdenkmal Friedrich Mielke/Jutta von Simson: Das Berliner Denkmal für Friedrich II., den Großen. Frankfurt/Berlin/Wien: Propyläen 1975.
Vgl. auch Kladderadatsch, Nr. 22 vom 1. 6. 1851, sowie Buddelmeyer-Zeitung, Nr. 44 und 45 vom 2. und 5. 6. 1851.
12 □ Zit. nach Kladderadatsch, Nr. 20 vom 18. 5. 1851.
In seinen Gedanken und Erinnerungen nennt Bismarck Frankfurt den »Fuchsbau des Bundestages, dessen Ein- und Ausgänge« er »bis auf die Notröhren kennengelernt hätte . . .« (München: Goldmann 1981, Seite 157.)
13 □ Vgl. hierzu ausführlich Helmut Böhme: Deutschlands Weg zur Großmacht. Studien zum Verhältnis von Wirtschaft und Staat während der Reichsgründungszeit 1848–1881. Köln/Berlin: Kiepenheuer & Witsch 1966, Seite 19 bis 90.
14 □ Die Buddelmeyer-Zeitung setzte auch in ihren Jahrgängen 1850 und 1851 (1852 konnte nicht eingesehen werden) ihre 1849 begonnene, makkaronische Formen benutzende Korrespondenz zwischen »Aujust Buddelmeyer« und »Louis« fort.
15 □ Vgl. zur Beurteilung Frankreichs und Louis Bonapartes Hans-Joachim Schoeps: Das andere Preußen. Konservative Gestalten und Probleme im Zeitalter Friedrich Wilhelms IV. 3. Aufl. Berlin: Haude & Spener 1964, Seite 149 bis 175.
16 □ Kladderadatsch, Nr. 49 vom 7. 12. 1851 (Strophe 4 und 5). Nr. 44 vom 2. 11. 1851 erwähnt erstmals Louis Napoleon als Fischerjungen, der die Kaiserkrone zu angeln versucht; zum erstenmal bildlich dargestellt ist er in Nr. 4 vom 27. 1. 1850.
17 □ Louis Napoleon, Neffe Napoleons I., bestieg als Napoleon III. den Thron; als Napoleon II. galt der Sohn Napoleons I. und der Habsburgerin Marie Louise; dieser wurde 1811 geboren und war 1815, nach seines Vaters Thronverzicht, nominell einige Tage französischer Kaiser.
Vgl. in diesem Zusammenhang auch Karl Marx: Der achtzehnte Brumaire des Louis Bonaparte in: Karl Marx Friedrich Engels. Studienausgabe in 4 Bänden. Hrsg. von Iring Fetscher. Bd. 4. Frankfurt: Fischer 1966, Seite 34 bis 121.
18 □ Vgl. zum Krimkrieg den vorzüglichen Überblick bei W. Bußmann: Das Zeitalter Bismarcks (Anm. 3), Seite 24 bis 34, ferner Wilhelm Treue (Hrsg.): Geschichte der französischen Marine. Herford: Mittler 1982, Seite 44 (Ausgaben für die Marinerüstung), und David Wetzel: The Crimean War. A diplomatic history. New York: Columbia University Press 1985.
19 □ Vgl. z. B. Nr. 3, 9, 16, 24, 29/30, 45 und 49 vom 15. 1., 19. 2., 2. 4., 21. 5., 25. 6., 24. 9. und 22. 10. 1854.
Über die Haltung des Kladderadatsch während des Krimkrieges ließ sich auch der Vortragende Rat im preußischen Außenministerium, Heinrich Abeken (1809 bis 1872), später Bismarcks »Faktotum«, in einem Brief vom 29. November 1855 aus. Vgl. Hedwig Abeken: Heinrich Abeken. Ein schlichtes Leben in bewegter Zeit, aus Briefen zusammengestellt (von seiner Witwe). 4. Aufl. Berlin: Mittler 1910, Seite 233.
20 □ Vgl. z. B. Kladderadatsch, Nr. 24 und 47 vom

25. 5 und 12. 10. 1856. Siehe hierzu Bismarcks umfängliches Privatschreiben an Manteuffel vom 26. April 1856, den sogenannten »Prachtbericht«, in dem die Sorge über eine mögliche Allianz zwischen den beiden Flügelmächten zum Ausdruck kam (W. Bußmann: Das Zeitalter Bismarcks . . ., s. Anm. 3, Seite 34 f.).

21 ☐ Vgl. Kladderadatsch, Nr. 21/22, 39 und 42 vom 11. 5., 24. 8. und 14. 9. 1856, ferner Nr. 16 und 55 vom 5. 4. und 29. 11. 1857.

22 ☐ Vgl. Friedrich Zunkel: Die Entfesselung des neuen Wirtschaftsgeistes 1850–1875. In: Karl Erich Born (Hrsg.): Moderne deutsche Wirtschaftsgeschichte. Köln/Berlin: Kiepenheuer & Witsch 1966, Seite 46 f., und H. Böhme: Deutschlands Weg zur Großmacht (Anm. 13), Seite 57 bis 82.

23 ☐ Zit. nach F. Zunkel (Anm. 22), Seite 47. Der Aktionär erschien von 1854 bis 1922.

24 ☐ Vgl. Nr. 28, 53, 50/51 vom 22. 6., 16. 11 und 2. 11. 1856, ferner Nr. 26 vom 7. 6. 1857 und Nr. 33 vom 18. 6. 1858.

25 ☐ Die Sorgen der kleinen Mieter und der Schullehrer (ein wesentlicher Teil des Leserpotentials) lagen dem Kladderadatsch besonders am Herzen. Vgl. z. B. Nr. 55, 56 und 59 vom 30. 11., 7. 12. und 21. 12. 1856 sowie Nr. 13, 26 und 50 vom 22. 3., 7. 6. und 1. 11. 1857.

26 ☐ Die Zitate stammen aus Kladderadatsch, Nr. 38 und 46 vom 17. 8. und 5. 10. 1856. Vgl. auch Nr. 41 vom 6. 9. 1857 (»Gute Lehren für gute Kinder«) und Nr. 23 vom 16. 5. 1858 (»Ein altes Deutsches Wiegenlied«).

27 ☐ Kladderadatsch, Nr. 6/7 vom 7. 2. 1858:
»Willkommen, lust'ge Hochzeitskerzen!
Herein! Das Thor ist aufgethan!
Die Freiheit gebt ihr leichten Scherzen,
Der Freude gebt ihr – freie Bahn.«

28 ☐ Zit. nach Kladderadatsch, Nr. 20/21 vom 2. 5. 1858.

29 ☐ Zit. nach W. Bußmann: Das Zeitalter Bismarcks (Anm. 3), Seite 42 f. Prinz Wilhelm hatte bereits seit dem 23. 10. 1857 für den in geistige Umnachtung versunkenen König, seinen Bruder, die Regentschaft geführt.

30 ☐ Vgl. zur Zusammensetzung des Ministeriums ebenda.
Bei den Wahlen hatten sich die Demokraten der Stimme enthalten; die Zahl der Konservativen schmolz von 224 auf 16.

31 ☐ Vgl. Annie Mittelstaedt: Der Krieg von 1859, Bismarck und die öffentliche Meinung in Deutschland. Stuttgart: Union Deutsche Verlagsgesellschaft 1904.

32 ☐ Vgl. W. Bußmann: Das Zeitalter Bismarcks (Anm. 3), Seite 46 f. Siehe auch E. Engelberg: Bismarck (Anm. 10), Seite 459 bis 481.

33 ☐ Der Kladderadatsch bedankte sich bei dem Herzog von Morny, einem Halbbruder Napoleons III., welcher die Presse als »sechste Großmacht« anerkannt hatte. Napoleon I. hatte einst den von Joseph Görres (1776 bis 1848) herausgegebenen Rheinischen Merkur (23. 1. 1814 bis Januar 1816) so genannt.

34 ☐ Kladderadatsch, Nr. 3 und 8 vom 16. 1 und 13. 2. 1859. »La grande nation« nannte General Napoleon Bonaparte (1769 bis 1821) die Franzosen in der Proklamation, die er am 11. 11. 1797 beim Verlassen Italiens »au peuple cisalpin« gerichtet hat.

35 ☐ Kladderadatsch, Nr. 27 vom 12. Juni 1859.

36 ☐ Kladderadatsch, Nr. 34.
Der Präliminarfriede von Villafranca war nach einem weiteren Sieg der verbündeten Heere (Solferino, 24. Juni) am 8. Juli 1859 in einer persönlichen Zusammenkunft Kaiser Franz Josephs und Napoleons III. vereinbart worden. Österreich trat die Lombardei an Napoleon ab, der sie an Sardinien weitergab. Dagegen behielt es Venetien. Daß sich Franz Joseph so rasch entschloß, den Krieg zu beenden, hängt auch damit zusammen, daß er die Folgen der Mobilmachung Preußens fürchtete.

37 ☐ Zit. nach Das Haus Lepsius. Vom Geistigen Aufstieg Berlins zur Reichshauptstadt. Nach Tagebüchern und Briefen von Bernhard Lepsius. Berlin: Klinkhardt & Biermann 1933, Seite 226.
Das von dem Bildhauer Reinhold Begas von 1864 bis 1869 angefertigte Denkmal ist u. a. abgebildet in Max Ring: Die deutsche Kaiserstadt Berlin und ihre Umgebung. Bd. 1. Leipzig: Heinrich Schmidt & Carl Günther 1883, Seite 120.
Vgl. zur deutschen »Uneinigkeit« auch die Karikaturen in folgenden Nummern: 23, 28, 32, 38 und 41 vom 15. 5., 19. 6., 10. 7., 14. 8. und 4. 9. 1859.

Zu Teil II, Kapitel 3 (S. 437 – 479)

1 ☐ Zit. nach Kladderadatsch, Nr. 27 vom 16. 6. 1861 (»Hilfszeitwörter für eine mehr hilfs- als wortbedürftige Zeit«).
Im Zusammenhang mit der »Auferstehung« des deutschen Volkes hatte der Kladderadatsch immer wieder nach dem Helden der Zukunft gerufen und dabei auch zwei im Kollektivbewußtsein verankerte Helden der Vergangenheit mobilisiert; den Cheruskerfürsten Arminius (fälschlich Hermann; 18 oder 19v. Chr.) und Kaiser Rotbart (italienisch: Barbarossa), das heißt Friedrich I. (geb. um 1125, gest. 1190).
Vgl. zum Beispiel Nr. 28 vom 17. 6. 1860, Nr. 4, 6/7 und 12 vom 27. 1., 25. 2. und 17. 3. 1861, ferner Nr. 24 vom 25. 5. 1862.

2 ☐ Der hier leicht abgewandelte komisch-traurig

Ausruf »O du lieber Augustin!« geht auf eine Erzählung des volkstümlichen Augustiner-Barfüßers Abraham a Sancta Clara (eigentlich Hans Ulrich Megerle; 1644 bis 1709) zurück.

3 ☐ Vgl. u. a. die Darstellungen von Walter Bußmann: Das Zeitalter Bismarcks. 4. Aufl. Frankfurt: Athenaion 1968, Seite 57 bis 64, ferner Ernst Engelberg: Bismarck. Urpreuße und Reichsgründer. Berlin (DDR): Akademie-Verlag 1985, Seite 506 bis 511.

4 ☐ Im Dezember 1861 war die Zahl der Konservativen auf 15, im Mai 1862 sogar auf 11 [10] gesunken. Die Deutsche Fortschrittspartei konnte die Zahl ihrer Abgeordneten von 109 auf 141 steigern.
Vgl. zur Umbildung des Ministeriums W. Bußmann: Das Zeitalter Bismarcks (Anm. 3), Seite 63.

5 ☐ Vgl. die Anzeige im Kladderadatsch, Nr. 56 vom 8. 12. 1861. Die Odyssee war ab 12 Silbergroschen (lose), die Ilias ab 15 Silbergroschen erhältlich; gebunden erhöhte sich der Preis auf 20 beziehungsweise 25 Silbergroschen.

6 ☐ Vgl. Nr. 56 und 57 vom 8. und 15. 12. 1861 sowie Nr. 12, 13 und 14/15 vom 16., 23. und 30. 3. 1862. Das Zitat stammt aus Nr. 21 vom 11. 5. 1862.

7 ☐ Vgl. Berliner Montags-Zeitung, Nr. 47 und 48 vom 25. 11. und 2. 12. 1861. Siehe auch Nr. 17 vom 28. 4. 1862.

8 ☐ Vgl. zu diesen Gerüchten Otto Nirrnheim: Der Konflikt in Preußen und die Berufung Bismarcks in der öffentlichen Meinung. Heidelberg: Carl Winter's Universitätsbuchhandlung 1907, Seite 6.

9 ☐ Lothar Gall: Bismarck. Der weiße Revolutionär. Frankfurt/Berlin/Wien: Propyläen 1980, Seite 247.

10 ☐ Vgl. hierzu Bismarck: Gedanken und Erinnerungen. München: Goldmann 1981, Seite 202 bis 205.
Friedrich Wilhelm IV. war am 2. 1. 1861 gestorben. Der Kladderadatsch widmete ihm eine eigene Trauernummer (1/1861), die bei näherem Hinsehen eine Huldigung für Friedrich II. war.

11 ☐ Zit. nach Die politischen Reden des Fürsten Bismarck. Historisch-kritische Gesammtausgabe. Hrsg. von Horst Kohl. Bd. 2. Stuttgart: Cotta 1892, Seite 29 f.
Der preußische Kriegsminister Albrecht Graf von Roon sprach über die »geistreichen Exkurse« seines Schützlings – Bismarck – seine Unzufriedenheit aus; König Wilhelm I. – Friedrich Wilhelm IV. war am 2. Januar 1861 gestorben – befürchtete sogar, »man« würde Bismarck und etwas später ihm selbst »den Kopf abschlagen«. Siehe Bismarck: Gedanken und Erinnerungen (Anm. 10), Seite 218 f.

12 ☐ In seinen Erinnerungen (Anm. 10; Seite 218) pointiert Bismarck diesen Ausspruch sogar, indem er von »Blut und Eisen« spricht.
Der Wiener Figaro nahm das Motiv am 11. 10. 1862 auf, der Pariser Charivari flocht dasselbe wiederholt in die Textsatire ein.

13 ☐ Vgl. zum Beispiel folgende Gedichte »Sonst hat es weiter keinen Zweck« (Nr. 46 vom 5. 10. 1862), »Cavalier-Politik« (Nr. 52/53 vom 16. 11. 1862), »Vanitas! Diplomatum vanitas!« (Nr. 1 vom 4. 1. 1863) »Wie schon einmal!« (Nr. 2 vom 11. 1. 1863) und »Minister Calembourg« (Nr. 11 vom 8. 3. 1863). Die Gedichte stammen zumindest zum Teil von Johannes Trojan. Sie sind wiederabgedruckt in: Bismarck-Gedichte des Kladderadatsch. Hrsg. von Horst Kohl. Berlin: A. Hofmann & Comp. 1894, Seite 4 f., 9 f., 13 bis 18.
Selbstverständlich ist »Eisen und Blut« auch ein Leitmotiv in der Berliner Montags-Zeitung, erstmals (Nr. 40 vom 6. 10. 1862) in dem Dialog zwischen »Germania« und dem um sie werbenden »Bismarck«:
»Vor Germania's Fenster.
Herr von Bismarck (draußen)
Mach' mir auf, Du Herzensgute,
Denn ich komm, parole d'honneur!
Mit dem Eisen, mit dem Blute
Zu erkämpfen Dich, mon coeur.«

14 ☐ Bereits im Jahr 1851 hatte Bismarck darauf aufmerksam gemacht, daß die preußische Verfassung in Art. 99 eine Lücke aufweise, insofern sie keine Bestimmung darüber enthalte, was zu geschehen habe, falls das nach der Verfassung nötige Gesetz über Feststellung des Staatshaushaltsetats nicht zu Stande käme.
Vgl. zu diesem wichtigen Abschnitt der preußischen Geschichte die beiden Biographien: E. Engelberg: Bismarck (Anm. 3), Seite 525 bis 556, und L. Gall: Bismarck (Anm. 9), Seite 248 bis 292.

15 ☐ »Nur die Lumpe sind bescheiden« heißt es in Goethes zuerst 1810 als »Lied mit Chor, durchkomponiert von Zelter« gedrucktem Gedicht »Rechenschaft«.
»Schulweisheit« sowie »der Geist, der stets verneint« stammen aus Goethes Faust.
Am 30. 9. 1862 hatte Bismarck folgende »Theorie der Öffentlichkeit« aufgestellt: »Die öffentliche Meinung sei nicht aus der Presse zu entnehmen; die Presse könne helfen, die öffentliche Meinung machen, aber sie sei nicht die öffentliche Meinung.« Zit. nach Die politischen Reden (Anm. 11), Seite 22. Vgl. auch Seite 29.

16 ☐ Vgl. zum Beispiel Nr. 1, 5, 6, 8, 10, 13, 19, 45 und 52 vom 3. und 31. 1., 7. und 21. 2., 7. und 28. 3., 9. 5., 7. 11. und 26. 12. 1863.
In den Karikaturen des *Kleinen Reactionärs* werden die liberalen Abgeordneten, die ja verschiedenen Richtungen angehörten, oft als ein »Mehrheitsgeschöpf« dargestellt, so in Nr. 3 vom 18. 10. 1862, Nr. 12 und 23 vom 21. 3. und 8. 6. 1863.

17 ☐ Der französische Diplomat und Schriftstel-

ler Joseph Arthur Graf von Gobineau (1816 bis 1882) hatte mit seiner Abhandlung Versuch über die Ungleichheit der Menschenrassen (4 Bände, 1853 bis 1855; deutsche Übersetzung in ebenfalls 4 Bänden, 1898 bis 1901), in der er die Gleichwertigkeit der Menschen verschiedener Rassen leugnete, die Überlegenheit der »arischen« Rasse herausgestellt. Er beeinflußte unter anderen Richard Wagner, Friedrich Nietzsche und lieferte entscheidende Elemente für den nationalsozialistischen Rassenfanatismus.

18 □ Vgl. beispielsweise die Karikatur »Gewerbe-Freiheit« / »Gewerbe-Ordnung« (Nr. 17 vom 25. 4. 1863), ferner die Erzählungen »Ein ehrlicher Mann« (Beginn in der Probenummer) und »Die modernen Raubritter« (Beginn in Nr. 1 vom 4. 10. 1862), »Landgraf Wilhelm der Eiserne wird hart geschmiedet« (Nr. 21 vom 23. 5. 1863), endlich die Dialoge, in denen Arbeiter und Handwerker zu Worte kommen.

19 □ Zit. nach Nr. 18 vom 2. 5. 1863 (»Arbeiters Freunde«, Strophe 1 und 3).
Vgl. zu Hermann Wagener unter anderem Wolfgang Saile: Hermann Wagener und sein Verhältnis zu Bismarck. Ein Beitrag zur Geschichte des konservativen Sozialismus. Tübingen: Mohr (Siebeck) 1958 (= Tübinger Studien zur Geschichte und Politik, Nr. 9), und Hans-Joachim Schoeps: Das andere Preußen. Konservative Gestalten und Probleme im Zeitalter Friedrich Wilhelms IV. 3. Aufl. Berlin: Haude & Spener 1864.
Hervorzuheben ist hier, daß sich sowohl der Kladderadatsch (Nr. 51 vom 30. 10. 1864: »Ein neuer Faust«; Nr. 9 vom 19. 2. 1865) als auch die Berliner Montags-Zeitung (Nr. 8 vom 20. 2. 1865) über Wageners Vorstellungen lustig machten.
Zu erwähnen ist hier ferner, daß sich im Sturmblatt, dem Nachfolgeorgan des Kleinen Reac[k]tionärs, ein gewisser Dr. d'A für »eine aufrichtige Annahme der Interessen des vierten Standes Seitens der Regierung« einsetzt und sogar für Arbeiter-Parlamente plädiert. Versteckt sich hinter diesem Kürzel Hermann Wagener? (Nr. 129 vom 18. 3. 1865).

20 □ Nr. 52, Serie »Der Fortschrittsaffe«. Vgl. auch Nr. 1 und 2 vom 4. und 11. 10. 1862, Nr. 28, 31 und 42 vom 11. 7., 1. 8. und 17. 10. 1863, um nur diese Beispiele anzuführen. Besonders abgesehen hatte es der Kleine Reac[k]tionär auf Aaron Bernsteins Volks-Zeitung, welche auch von Arbeitern gelesen wurde.
Vgl. zur steigenden Zahl jüdischer Publizisten seit 1858 Jacob Toury: Die politische Orientierung der Juden in Deutschland. Tübingen: J. C. B. Mohr (Paul Siebeck) 1966, Seite 112 f.

21 □ Der Kladderadatsch fuhr auch in den 60er Jahren fort, über antijüdische Äußerungen sorgfältig Buch zu führen. Hier nur drei Beispiele: Nr. 21 vom 6. 5. 1860 (»Blanckenburgs Klage«), Nr. 6 vom 5. 2. 1865 (»Da streiten sich die Leut' herum«), Nr. 29/30 vom 25. 6. 1865 (Leitgedicht).
Das den Vertreter der preußischen Konservativen, Ernst Freiherrn Senfft von Pilsach (1795 bis 1882), verspottende Leitgedicht brachte dem Witzblatt eine Geldstrafe von 60 Talern ein.

22 □ Vgl. auch Berliner Montags-Zeitung, Nr. 44 vom 3. 11. 1862:
»Kreuzritterliches Programm.
Ist der demokrat'sche Plebs
Hinter sich'ren Steinen,
Dann geht's los auf die Hep-Hep's
Mit den krummen Beinen;
Alle werden massacrirt
Sonder Furcht und Tadel,
Und ihr Geld wird eincassirt
Für den armen Adel.«

23 □ Vgl. auch Nr. 12 und 16 vom 21. 3. und 18. 4. 1863.
Siehe hierzu Kladderadatsch, Nr. 9, 10, 13, 14/15 und 22 vom 22. 2., 1., 22. und 29. 3. sowie 17. 5. 1863.
Am 8. 2. 1863 war zwischen dem an den Zarenhof entsandten Generaladjutanten Wilhelms I., Gustav von Alvensleben (1819 bis 1881), und dem russischen Vizekanzler Fürst Alexander Michailowitsch von Gortschakow (1798 bis 1883) die »Alvenlebensche Konvention« abgeschlossen worden. Sie ermächtigte die russischen und preußischen Truppenführer, sich gegenseitig Beistand zu leisten und gegebenenfalls zur Verfolgung Aufständischer die Landesgrenzen zu überschreiten. In Anbetracht der Proteste Englands, Frankreichs und Österreichs blieb sie ein toter Buchstabe.

24 □ Vgl. auch folgende Ausgaben: Nr. 5 vom 31. 1., 10 vom 7. 3., 15 vom 11. 4., 20 vom 16. 5., 29 vom 18. 7., 35 vom 29. 8., 38 und 39 vom 19. und 26. 9. sowie 44 vom 31. 10. 1863.
Auch der Kleine Reactionär (Nr. 9 vom 28. 2. 1863) schuf ein Wortspiel: »L'empire c'est le payer« (etwa: Das Kaiserreich kommt teuer zu stehen). Der Inspirator könnte Hermann Wagener gewesen sein.

25 □ Zit. nach Kladderadatsch, Nr. 14/15 vom 30. 3. 1862. Hinweise auf Friedrich II. finden sich in zahlreichen weiteren Ausgaben des Kladderadatsch sowie in anderen Witzblättern.

26 □ Zit. nach Berliner Montags-Zeitung, Nr. 49 vom 7. 12. 1863 (Rubrik »Die Wahrhei«).
Vgl. auch Nr. 42 vom 19. 10. 1863, ferner Nr. 31 vom 24. 7. 1865. Siehe Kladderadatsch, Nr. 35 vom 3. 8. 1862, Nr. 35 vom 2. 8. 1863, Nr. 32 und 36 vom 9. 7. und 6. 8. 1865, sowie Der kleine Reactionär, Nr. 5 und 35 vom 31. 1. und 29. 8. 1863.
1818 hatte das erste deutsche Turnfest in Berlin stattgefunden; 1860 wurden in Coburg die Deutsche Turnerschaft gegründet und das erste Fest abgehalten. 1862 gab es rund 135 000 Turner. In den Gesang-

und Turnvereinen sowie in den Schützengesellschaften »inkarnierte sich die Nationalbewegung«.
Vgl. Otto Büsch/James J. Sheehan (Hrsg.): Die Rolle der Nation in der Geschichte. Berlin: Colloquium 1985, Seite 108 (Beitrag von Hagen Schulze).
Die Liberalen befürchteten eine revolutionäre Volksbewegung, daher ihre ablehnende Haltung. Vgl. Rolf Weber: Kleinbürgerliche Demokraten in der Einheitsbewegung 1863–66. Berlin: Rütten & Loening 1962, Seite 37.
27 ☐ Zit. nach Kleiner Reactionär, Nr. 35 vom 29. 8. 1863.
Vgl. auch Nr. 36 bis 38 vom 5. bis 19. 9. 1863.
Siehe hierzu Berliner Montags-Zeitung, Nr. 36 vom 7. 9., und Kladderadatsch, Nr. 38/39 bis 41 vom 23. 8. bis 6. 9. 1863.
Der Frankfurter Fürstentag fand vom 17. 8. bis 1. 9. 1863 statt. Eine von Österreich vorgeschlagene Bundesreform sah die Einrichtung eines mehrköpfigen Direktoriums, eines Delegiertenparlaments und eines periodisch tagenden Fürstenrats vor. Im Gegensatz hierzu hatte Bismarck bereits damals das allgemeine Wahlrecht ins Spiel gebracht.
Vgl. hierzu Hans-Joachim Schoeps: Der Frankfurter Fürstentag und die öffentliche Meinung in Preußen. In: Geschichte in Wissenschaft und Unterricht. Zeitschrift des Verbandes der Geschichtslehrer Deutschlands, Sonderdruck aus Heft 2/1968 (Seite 73 bis 90).
28 ☐ Zit. nach Die politischen Reden des Fürsten Bismarck (Anm. 11), Seite 166.
29 ☐ Nr. 17. Vgl. auch Kladderadatsch, Nr. 18 bis 20 vom 19. 4. bis 3. 5., Nr. 35 vom 2. 8., 47 vom 11. 10. 1863, ferner Berliner Montags-Zeitung, Nr. 16, 32 und 36 vom 20. 4., 18. 8. und 14. 9. 1863.
30 ☐ Vgl. die knappe Übersicht bei W. Bußmann: Das Zeitalter Bismarcks (Anm. 3), Seite 75 bis 81. Siehe zur Rolle Bismarcks auch die Biographien von E. Engelberg (Anm. 3) und L. Gall (Anm. 9).
31 ☐ Zit. nach W. Bußmann: Das Zeitalter Bismarcks (Anm. 3), Seite 77. Die Berliner satirischen Wochenblätter gehören nicht zu den unbedingten Anhängern Herzog Friedrichs VIII.
32 ☐ Kladderadatsch, Nr. 55. Vgl. Nr. 56 vom 6. 12. 1863. Berliner Montags-Zeitung, Nr. 49 vom 7. 12. 1863. Glaßbrenner gibt wiederholt seiner Ungeduld über die Langsamkeit des Deutschen Bundes zu erkennen, zum Beispiel in Nr. 47 vom 23. 11. 1863: »An Schleswig-Holstein. Hilf Dir selbst, so hilft Dir der Deutsche Bund.«
33 ☐ Vgl. Kladderadatsch, Nr. 6 vom 7. 2. 1864, Leitgedicht. Siehe auch die folgenden Nummern.
34 ☐ Die von Prinz Friedrich Karl angeführten Preußen verzeichneten etwa 1200 Mann an Toten und Verwundeten, die Dänen 1500.
35 ☐ Auf die Interdependenz von Einheit und Freiheit wies auch die Berliner Montags-Zeitung immer wieder hin, z. B. in Nr. 7 und 29 vom 15. 2. und 18. 7. 1864.
36 ☐ Vgl. Nr. 4 und 25 vom 22. 1. und 28. 5. 1865.
37 ☐ Vgl. Kladderadatsch, Nr. 3 und 19 vom 15. 1. und 23. 4. 1865.
Die österreichischen Rechte am Herzogtum Lauenburg wurden von Preußen für 2 ½ Millionen dänische Taler erworben. Die effektive Einverleibung erfolgte jedoch erst 1876.
Die Gasteiner Konvention wurde am 20. August 1866 von beiden Monarchen in Salzburg ratifiziert.
38 ☐ Berliner Montags-Zeitung, Nr. 20 (»Kriegssituation«).
Vgl. auch Nr. 11, 13, 14, 20 bis 24 vom 12., 26. 3., 3. 4., 14., 21. und 28. 5. sowie vom 4. und 11. 6. 1866.
39 ☐ Bismarck hatte sich beschwert, daß die Kladderadatsch-Ausgabe vom 3. 6. 1866 (Nr. 25) nicht beschlagnahmt worden war. Vgl. Deutsches Zentralarchiv (Merseburg), Rep. 77, Art. 54a, Nr. 15, fol. 97 bis 98.
Vgl. alle Kladderadatsch-Ausgaben ab Nr. 13 vom 25. 3. 1866. Von Nr. 21 (13. Mai) bis Nr. 43 (23. September) waren Schultze und Müller »mobilisiert«.
40 ☐ Vgl. Berliner Punsch, Nr. 14, 19, 20, 21 und 23 vom 7. 4., 12. 5., 19. 5., 26. 5. und 9. 6. 1866. Bereits in Nr. 13 vom 31. 3. 1866 hatte das Blatt »zum Handeln« aufgerufen.
41 ☐ In derselben Neuen Preußischen [Kreuz]-Zeitung hatte Ludwig Gerlach am 8. Mai (Nr. 105) einen viel beachteten Artikel unter der Überschrift »Krieg und Bundesreform« veröffentlicht, in dem er für den preußisch-österreichischen Dualismus eingetreten war. Gleichzeitig sagte er sich von Bismarcks Politik los.
Vgl. zu den Spannungen in Bismarcks Umgebung u. a. E. Engelberg: Bismarck (Anm. 3), Seite 588 bis 597.
42 ☐ Vgl. hierzu im Überblick W. Bußmann: Das Zeitalter Bismarcks (Anm. 3), Seite 81 bis 89.
43 ☐ Zit. nach E. Engelberg: Bismarck (Anm. 3), Seite 607.
Bei Königgrätz (heute Hradec Králové) verzeichneten die Österreicher am späten Nachmittag über 10 000, die Preußen etwa 2000 Gefallene. Die Zahl der Verwundeten betrug 7500 beziehungsweise 7000.
Einzelheiten mit Karten in Illustrierte historische Hefte, Nr. 13, Berlin (DDR) 1978 (Gerd Fesser: Der Weg nach Königgrätz), Seite 32 bis 38. Bei der »Übersicht der wichtigsten Volksversammlungen von April bis Juni 1866« fehlen allerdings die liberalen.
44 ☐ Giacomo Antonelli (1806 bis 1876) hat bei Bekanntwerden der österreichischen Niederlage ausgerufen: »Casca il mondo, casca il mondo!« – »Die Welt stürzt ein, die Welt stürzt ein!« Zit. nach E. Engelberg: Bismarck (Anm. 3), Seite 608.

Kladderadatsch, Nr. 28 vom 24. 6. 1866 (Schultze und Müller).
Die technischen Vorzüge des Zündnadelgewehrs bestanden in seiner im Vergleich zu den bisherigen Waffen vervierfachten Feuergeschwindigkeit. Die Entzündung der Patrone geschah durch den Stich einer vorschnellenden Nadel. Das Gewehr war 1827 von Nikolaus Dreyse erfunden worden und kam 1866 erstmals zur Anwendung.
Vgl. zur Rolle Bleichröders Fritz Stern: Gold und Eisen. Bismarck und sein Bankier Bleichröder. Frankfurt/Berlin/Wien: Ullstein 1980, Seite 115 bis 129.
45 □ Vgl. zu Bismarcks Bemühungen um einen Verständigungsfrieden L. Gall: Bismarck (Anm. 9), Seite 373 f. Siehe auch Bismarck: Gedanken und Erinnerungen (Anm. 10), Seite 300 bis 312.
46 □ Vgl. zum Prager Frieden (23. August 1866) W. Bußmann: Das Zeitalter Bismarcks (Anm. 3), Seite 92. Das Vertragswerk enthielt zwei Zugeständnisse an Napoleon III. In den nördlichen Gebieten des Herzogtums Schleswig sollte eine Volksabstimmung stattfinden (wozu es nie gekommen ist); den Südstaaten sollte, gegebenenfalls auch in einem »Südbund«, internationale Unabhängigkeit gewährt werden. Die Trennung zwischen Nord und Süd war also die Mainlinie.
Das am Krieg beteiligte Italien konnte seine Einheit durch den Erwerb Venetiens ausbauen.
47 □ Zit. nach Berliner Punsch, Nr. 41 vom 13. 10. 1866.
48 □ Am 13., 17. und 22. August 1866 hatte Bismarck neben den Friedensverhandlungen mit Württemberg, Baden und Bayern geheime Schutz- und Trutzbündnisse abgeschlossen. Die vier Staaten verpflichteten sich, im Fall eines Krieges »einander ihre volle Kriegsmacht« unter dem Oberbefehl des Königs von Preußen zur Verfügung zu stellen.
Am 11. 4. 1867 wurde dann ein Schutz- und Trutzbündnis mit dem Großherzogtum Hessen-Darmstadt abgeschlossen.
Das Leitgedicht »Das heimliche Verhältniß« erschien im Kladderadatsch, Nr. 14/15 vom 31. 3. 1867. Vgl. auch die Karikatur in derselben Ausgabe.
49 □ Zit. nach Nr. 43 vom 22. 10. 1866 (Rubrik »Die Wahrheit«).
50 □ Zit. nach E. Engelberg: Bismarck (Anm. 3), Seite 620.
Vgl. zu Gerlach auch Hans-Joachim Schoeps: Das andere Preußen (Anm. 19), Seite 68 f.
51 □ Zit. nach Nr. 41 vom 9. 9. 1866.
Zu den Gegnern der »Indemnität« gehörte der Abgeordnete Johann Jacoby.
52 □ Zit. nach Kladderadatsch, Nr. 36/37 vom 12. 8. 1866.
Vgl. auch die Begründung Bismarcks: »Vor dem Siege würde ich nie von ›Indemnität‹ gesprochen haben; jetzt, nach dem Siege, war der König in der Lage, sie großmütig zu gewähren . . .« Zit. nach Gedanken und Erinnerungen (Anm. 10), Seite 328.
53 □ Vgl. zu den Programmen der beiden neuen Parteien Wilhelm Mommsen: Deutsche Parteiprogramme. München: Olzog 1960, Seite 54 bis 56 und 147 bis 151.
Vgl. allgemein: Gerhart Albert Ritter (Hrsg.): Die deutschen Parteien vor 1918. Köln: Kiepenheuer & Witsch 1973. In dem hier stellvertretend für weitere Untersuchungen angegebenen Werk sei auch auf das umfangreiche Literaturverzeichnis hingewiesen.
54 □ Zit. nach Berliner Montags-Zeitung, Nr. 7 vom 18. 2. 1867.
Glaßbrenner warb auch während der Wahlen zum Norddeutschen Bund ausdrücklich für die Deutsche Fortschrittspartei.
55 □ Zit. nach Bismarck: Gedanken und Erinnerungen (Anm. 10), Seite 319. Am 11. März 1867 hatte Bismarck im Norddeutschen Reichstag gesagt: »Meine Herren, arbeiten wir rasch! Setzen wir Deutschland, so zu sagen, in den Sattel! Reiten wird es schon können.« Dieser Ausspruch wurde zum »geflügelten Wort«. Zit. nach Georg Büchmann: Geflügelte Worte. Der Zitatenschatz des deutschen Volkes. 32. Aufl. Berlin: Haude & Spener 1972, Seite 735.
56 □ Berliner Montags-Zeitung, Nr. 12.
Vgl. auch Nr. 16 vom 22. 4. 1867.
Vgl. zur Gründung des Norddeutschen Bundes und seiner von Bismarck ausgearbeiteten Verfassung W. Bußmann: Das Zeitalter Bismarcks (Anm. 3), Seite 95 bis 98.
57 □ Vgl. zu Lasker neuerdings folgende Untersuchungen: James F. Harris: A Study in the Theory and Practice of German Liberalism. Eduard Lasker, 1829–1884. Lanham/New York/London: University Press of America 1984, und Adolf Laufs: Eduard Lasker. Ein Leben für den Rechtsstaat. Göttingen/ Zürich: Muster-Schmidt 1984.
58 □ Im preußischen Abgeordnetenhaus wurde die Verfassung am 8. Mai mit 226 gegen 91, bei zweiter Lesung am 31. Mai 1867 mit 227 gegen 93 Stimmen angenommen.
59 □ Zit. nach Lothar Gall: Bismarcks Süddeutschlandpolitik 1866–1870. In: Europa vor dem Krieg von 1870. Mächtekonstellation – Konfliktfelder – Kriegsausbruch. Hrsg. von Eberhard Kolb unter Mitarbeit von Elisabeth Müller-Luckner. München: R. Oldenbourg 1987, Seite 23 bis 32, *hier* Seite 27.
60 □ Arndts 1813 gedichtetes Lied »Des Deutschen Vaterland« wurde 1825 von Gustav Reichardt vertont. Die ersten fünf Strophen enthalten den Kehrreim »Sein (oft zitiert: Mein) Vaterland muß größer sein«.
61 □ »An die Wähler«. Vgl. auch Nr. 4, 5, 10, 12 und

15 vom 28. 1., 4. 2., 11. und 25. 3. sowie 15. 4. 1867. Das Thema Einheit zieht sich durch sämtliche Jahrgänge der Berliner Montags-Zeitung, meist mit deutlichem Hinweis auf die noch fehlende Freiheit.
62 □ Vgl. beispielsweise Berliner Montags-Zeitung, Nr. 15 v. 15. 4. 1867, ferner Nr. 21, 28, 29, 37, 42, 43, 48, 49, 50 vom 25. 5., 13. und 20. 7., 14. 9., 19. und 26. 10., 23. und 30. 11. sowie 7. und 14. 12. 1868.
63 □ Zit. nach Nr. 34 vom 26. 7. 1868 beziehungsweise Nr. 16 vom 3. 4. 1870 (jeweils Leitgedicht). Vgl. auch Nr. 16 vom 4. 4. 1869 (»Eine Osterferienarbeit der ›Süddeutschen Presse.‹«).
Vgl. zur Kriegs- und Friedenspolemik in der Pariser Presse (1868) Wilfried Radewahn: Die Pariser Presse und die deutsche Frage unter Berücksichtigung der französischen Pressepolitik im Zeitalter der Bismarckschen Reichsgründung (1866–1870/71). Frankfurt/Bern/Las Vegas: Peter Lang 1977, Seite 263 bis 317. Siehe auch Klaus Rudolf Wenger: Preußen in der öffentlichen Meinung Frankreichs 1815–1870. Politische Aspekte des französischen Preußenbildes; ein Beitrag zur historischen Analyse nationaler Urteilsklischees. Göttingen/ Frankfurt/ Zürich: Musterschmidt 1979.
Siehe allgemein zur deutschen Seite: Karl-Georg Faber: Die nationalpolitische Publizistik Deutschlands von 1866 bis 1871. Eine kritische Bibliographie. 2 Bde. Düsseldorf: Droste 1963.
64 □ Vgl. zur luxemburgischen Krisis W. Bußmann: Das Zeitalter Bismarcks (Anm. 3), Seite 106 bis 109.
Siehe zur Pariser Weltausstellung, welche dazu bestimmt war, »das Prestige des Zweiten Kaiserreichs in möglichst großartiger Weise zu symbolisieren«, Pierre-Paul Sagave: Berlin und Frankreich 1685–1871. Berlin: Haude & Spener 1980, Seite 204 bis 218.
65 □ Hinweise auf die stehenden Heere in Europa finden sich nahezu in jeder Ausgabe der Berliner Montags-Zeitung.
66 □ Am 14. Januar 1868 nahm das französische Parlament die Armeereform mit 199 gegen 60 Stimmen an. Am selben Tag genehmigte die belgische Deputiertenkammer ein neues Militärgesetz, welches das jährliche Kontingent von 10 000 auf 12 000 Mann erhöhte; am 24. beziehungsweise 29. Januar wurde in Bayern und Württemberg eine Einigung über ein neues Wehrgesetz erzielt.
67 □ Am 8. 5. 1870 ergab die Volksbefragung 7 358 000 Ja- und 1 572 000 Nein-Stimmen, ferner 2 Millionen Stimmenthaltungen. Der Text war so geschickt formuliert, daß sich die Bevölkerung faktisch für die von Napoleon III. eingeleitete Liberalisierung des Kaiserreichs entschied.
68 □ Kladderadatsch, Nr. 21 vom 8. 5. 1870. Die zahlreichen Belege Napoleon III. und die »Napoleoniden« betreffend können hier nicht im einzelnen aufgeführt werden. In den Jahren 1868 bis 1869 erschienen jeweils rund 30 Karikaturen und 20 Leitgedichte, welche sich direkt oder indirekt mit den Zuständen in Frankreich beschäftigten; bezieht man die übrigen Beiträge mit ein, so war das Nachbarland für den Leser allgegenwärtig. Vgl. hierzu auch das am 23. 1. 1870 erschienene Leitgedicht »An die Grande Nation« (Nr. 4), in dem es hieß:
»Aus allen Landen fast der Erde
Und täglich fast erhebt bei mir
Bald dies, bald jenes Volk Beschwerde,
Daß es von mir verabsäumt werde;
Ich spräche jetzt allein von Dir.

Sie haben Recht, 's ist nicht zu streiten:
Ich schlage nach, und immerzu,
In jedem Blatt der jüngsten Zeiten,
Auf allen Spalten, allen Seiten
Stehst du, und du, und immer du!«

Zu Teil II, Kapitel 4 (S. 481 – S. 506)

1 □ Kladderadatsch, Nr. 34 vom 24. 7. 1870 (Rudolf Löwenstein). Das nach der Melodie »Wer will unter die Soldaten, der muß haben ein Gewehr« zu singende »Marschlied« wurde vom Verlag, »vielseitig geäußerten Wünschen entgegenkommend«, in 20 000 Exemplaren als Sonderabdruck an die Soldaten verteilt. Insgesamt erschienen etwa zwanzig verschiedene Darstellungen, oft mit einem Titelbild versehen.
Das nach seinem Erfinder benannte Chassepotgewehr (Kaliber 11 mm) war dem preußischen Zündnadelgewehr überlegen.
2 □ Der Ausdruck vom »Platzen der [spanischen] Bombe« wurde von Wilhelm I. in einem Brief an Fürst Karl Anton von Hohenzollern am 6. 7. 1870 gebraucht.
Vgl. zur spanischen Thronfolge (1868/70) neuerdings Hans-Otto Kleinmann: Zur Diskussion von Genesis und Ausbruch des Krieges. In: Europa vor dem Krieg 1870. Mächtekonstellation-Konfliktfelder-Kriegsausbruch. Hrsg. von Eberhard Kolb unter Mitarbeit von Elisabeth Müller-Luckner. München: R. Oldenbourg 1987, Seite 125 bis 149. Ebenda die wichtigsten Forschungsbelege.
3 □ Zit. nach Eberhard Kolb: Der Kriegsausbruch 1870. Politische Entscheidungsprozesse und Verantwortlichkeiten in der Julikrise 1870. Göttingen: Vandenhoeck & Ruprecht 1970, Seite 98. Der von Gramont vorgeschlagene Text war von Napoleon III. und Premierminister Emile Ollivier erheblich verschärft worden.
4 □ Vgl. hierzu Martin Winckler: Die Rolle der Presse bei der Vorbereitung des deutsch-französi-

schen Krieges 1870/71. In: Presse und Geschichte. Beiträge zur historischen Kommunikationsforschung. München: Dokumentation 1977, Seite 171 bis 194, hier Seite 172. Winckler betont zu Recht die Notwendigkeit einer Einbeziehung der Presse als Geschichtsquelle.

5 ☐ Vgl. hierzu Wilfried Radewahn: Die Pariser Presse und die deutsche Frage unter Berücksichtigung der französischen Pressepolitik im Zeitalter der Bismarckschen Reichsgründung (1866–1870/71). Frankfurt/Bern/Las Vegas: Peter Lang 1977, Seite 411 bis 414. Radewahn, der über 40 Pariser Tageszeitungen analysiert hat, bringt auch Gegenstimmen der pazifistischen und protestierenden Presse (Seite 416).

Die von der Regierung subventionierte Tageszeitung Le Pays wurde von Adolphe Granier de Cassagnac (1806 bis 1880) und seinem Sohn Paul (1843 bis 1904) redigiert.

6 ☐ Auf die Rolle Belgiens während der Julikrise weist besonders M. Winckler (Anm. 4) hin.

Emile de Girardin (1806 bis 1881) gründete 1836 das weitgehend durch Anzeigen finanzierte erste französische Massenblatt (La Presse); 1866 folgte La Liberté, die er am 31. 5. 1870 verkaufte, ohne seine Mitarbeit aufzugeben. Vgl. zu diesem Pressefürsten Pierre Pellissier: Emile de Girardin. Prince de la Presse. Paris: Denoël 1985.

7 ☐ Der Ausspruch Moltkes findet sich in: Bismarck: Gedanken und Erinnerungen. München: Goldmann 1981, Seite 344.

8 ☐ Zit. nach Heinrich Abeken: Ein schlichtes Leben in bewegter Zeit, aus Briefen zusammengestellt. 4. Aufl. Berlin: Mittler und Sohn 1910, Seite 384.

Text eines Extrablattes der Kölnischen Zeitung (Sigmaringen, den 12. Juli 1870).

9 ☐ Zit. nach der Reproduktion in: Fragen an die deutsche Geschichte. Ideen, Kräfte, Entscheidungen von 1800 bis zur Gegenwart. Katalog zur Historischen Ausstellung im Reichstagsgebäude in Berlin. 12. Aufl. Hrsg. vom Deutschen Bundestag, Bonn 1986/87, IV/132.

Der Text des von Heinrich Abeken (1809 bis 1872) redigierten Telegramms sowie eine allerdings fehlerhafte Gegenüberstellung der »Emser Depesche« finden sich bei Helmut Böhme (Hrsg.): Die Reichsgründung München: dtv 1967, Seite 250 f.

10 ☐ Zit. nach E. Kolb (Anm. 3), Seite 136. Kolb vertritt die Auffassung, »daß die Bedeutung der Emser Depesche als eines kriegsverursachenden und kriegsauslösenden Schrittes sehr viel geringer ist, als in der heute gängigen Auffassung angenommen wird und als Bismarck selbst in seinen nachträglichen Äußerungen behauptet hat«.

Vgl. allgemein den von E. Kolb herausgegebenen Tagungsband Europa vor dem Krieg von 1870 (Anm. 2).

11 ☐ Zit. nach Gedanken und Erinnerungen (Anm. 7), Seite 344. Bismarck schrieb: »Schlagen müssen wir, wenn wir nicht die Rolle des Geschlagenen ohne Kampf auf uns nehmen wollen. Der Erfolg hängt aber doch wesentlich von den Eindrücken bei uns und andern ab, welche der Ursprung des Krieges hervorruft; es ist wichtig, daß wir die Angegriffenen seien, und die gallische Überhebung und Reizbarkeit wird uns dazu machen . . .«

12 ☐ Übersetzung der Autorin. Am 16. 7. 1870 wurde diese Parole von der gesamten bonapartistischen und regierungsfreundlichen Presse übernommen.

Einzelheiten bei W. Radewahn: Die Pariser Presse und die deutsche Frage (Anm. 5), Seite 428 f. Vgl. auch den wichtigen Aufsatz von Jean Stengers: Aux origines de la guerre de 1870: gouvernement et opinion publique. In: Revue Belge de Philologie et d'Histoire, Bd. 34, Brüssel 1956, Seite 701 bis 747, hier Seite 742 bis 745.

13 ☐ Der Übersetzungsfehler ging infolgedessen in einen großen Teil der Pariser Presse über. Ein weniger bekanntes Telegramm der Correspondance du Nord-Est enthielt den korrekten Ausdruck »aide de camp«.

14 ☐ Vgl. Julius Stettenheim: Heitere Erinnerungen. Keine Biographie. Berlin: S. Fischer 1896, Seite 185. Wrangel hatte Stettenheim eine Visitenkarte geschickt, auf der mit Bleistift geschrieben stand: »Meinen Glück Wunsch zu den [!] treffenden Witz in Nr. 29.«

15 ☐ Kladderadatsch, Nr. 33 vom 17. 7. 1870. Das Gedicht war von Julius Lohmeyer.

16 ☐ Diesseits wie jenseits des Rheins sprach man von einem »heiligen Krieg«, zum Beispiel Berliner Wespen, Nr. 41 vom 7. 10. 1870, und Le Peuple français (Paris) vom 20. 8. 1870. Der dem religiösen Wortschatz entstammende Ausdruck »Erbfeind« verlieh dem Franzosenhaß seit den napoleonischen Kriegen eine metaphysische Dimension. Der aus dem Griechischen stammende Ausdruck »Barbar«, seit den Perserkriegen mit der Bedeutung von Unbildung und Rohheit, wurde in der Pariser Publizistik häufig verwendet und in den Berliner Witzblättern ironisiert. Als Beispiele seien genannt: Berliner Wespen (Nr. 34 vom 19. 8. 1870), Berliner Montags-Zeitung (Nr. 34 vom 22. 8. 1870) und Kladderadatsch (Nr. 48 vom 16. 10. 1870).

Ironisch verwendet wurden weiterhin die an die Zeit der Französischen Revolution und des Ersten Kaiserreichs erinnernden Schlagworte »Gloire« und »Grande Nation«, die in zahlreichen Nummern vorkommen.

17 ☐ Schultze und Müller waren von Nr. 35 vom 31. 7. 1870 bis Nr. 11 vom 5. 3. 1871 uniformiert; vgl. zur Gestalt des Füsiliers Kutschke, die im Kladdera-

datsch in unregelmäßigen Abständen auftrat, Teil I, Kapitel 4, Anm. 125 dieses Buchs.
»Unser Mobiler« erschien erstmals in Nr. 30 vom 22. 7. 1870; er verabschiedete sich in Nr. 24 vom 16. 6. 1871.
18 □ Im Juli 1870 hatte keine einzige der von Radewahn (Anm. 5) ausgewerteten 40 Pariser politischen Zeitungen mit einer Niederlage Frankreichs gerechnet (S. 465).
Josef Becker belegt, daß trotz der »nationalen Hochstimmung« weder in den Ländern des Norddeutschen Bundes noch in den süddeutschen Staaten angesichts der französischen Militärmacht »von vornherein deutsche Siege« erwartet worden waren. Vgl. Baden, Bismarck und die Annexion von Elsaß und Lothringen. In: Zeitschrift für die Geschichte des Oberrheins, Bd. 115 (1967), Seite 167 bis 204, hier Seite 170.
19 □ Zu Beginn des Krieges standen rund 500 000 Deutsche etwa 300 000 Franzosen gegenüber. Dieses Verhältnis änderte sich entscheidend zuungunsten der Deutschen, als die Franzosen ab Herbst 1870 den Volkskrieg entfesselten.
Einen knappen Überblick vermittelt Wolfgang Venohr in: Die Zeit, Nr. 31 vom 31. 7. 1970 (»70/71. Der Krieg vor 100 Jahren in Zahlen, Daten, Fakten«).
20 □ Berliner Wespen, Nr. 30 vom 22. 7. 1870.
Vgl. zu den Annexionsforderungen zu Kriegsbeginn Angelika Menne: Einigkeit und Unité. Die Legitimation politischer Vorgänge mit lyrischen Mitteln in den deutschen und französischen Kriegsgedichten von 1870–71. Hekt. Berlin 1980, Seite 223 bis 228.
21 □ Kladderadatsch, Nr. 34 vom 24. 7. 1870.
Die Anspielung »sammt seiner Buhle« bezieht sich auf die Kaiserin Eugenie, die bekanntlich zum Krieg getrieben hatte. Die in dieser Ausgabe unter der Überschrift »Bonapartistisches Hausmittel« erschienene Karikatur zeigt das Kaiserpaar vor einem schwarzen Hintergrund. Die Bildlegende lautet: »Das Ungethüm muß Blut saufen, um sich zu verjüngen und zu erhalten. Nun wohl! gebt ihm sein eigenes!«
»Mißgeburt von Dreck und Spotte«: eigentlich »Spottgeburt von Dreck und Feuer« (Faust I, Vers 5536).
Die von Angelika Menne (Anm. 20) zusammengestellten Kategorien lassen sich ebenfalls auf die »Kriegslyrik« des Kladderadatsch und anderer politisch-satirischer Wochenblätter anwenden.
22 □ Vgl. auch die im Kladderadatsch (Nr. 36 vom 7. 8. 1870) erschienene Karikatur »Unwiderruflich letzte Abschieds-Vorstellung. Mr. Louis, aus dem Cirque Napoleon, als Rückwärtsarbeiter auf seinem von den Herren Gramont und Ollivier eigens dazu construirten ›Rheinfall-Velocipede‹.«
23 □ Berliner Montags-Zeitung, Nr. 32 vom 8. 8. 1870, Berliner Wespen, Nr. 33 vom 12. 8. 1870 (Leitgedicht), Kladderadatsch, Nr. 37 und 38/39 vom 14. und 21. 8. 1870. Fontane hatte sich in einem Brief an Moritz Lazarus vom 16. 1. 1889 entsprechend geäußert. Die Ballade trug die Überschrift »Lebendig todt«. Vgl. Theodor Fontane: Briefe, II. Sammlung. Berlin: Fontane 1912, Seite 173.
24 □ Kladderadatsch, Nr. 38/39 (»Rechnung ohne den Wirth«).
Am 15. August 1870 enthielt dann erstmals die Berliner Montags-Zeitung konkrete »Winke« für die »Friedensmacher« in Paris. In zwei verschiedenen Beiträgen verlangte sie sowohl das Elsaß als auch Lothringen (Nr. 33).
Die drei Berliner Wochenblätter, darunter der auflagenstarke Kladderadatsch erhärten ein weiteres Mal die These, daß auch in Berlin *vor* der amtlichen Beeinflussung der Presse zugunsten einer Abtretung französischer Provinzen Annexionsforderungen bestanden haben.
Vgl. auch Ursula E. Koch: Berliner Presse und europäisches Geschehen 1871. Eine Untersuchung über die Rezeption der großen Ereignisse im ersten Halbjahr 1871 in den politischen Tageszeitungen der deutschen Reichshauptstadt. Berlin: Colloquium 1978, Seite 112 und 118.
25 □ Der Artikel erschien auf der ersten Seite in der Rubrik »Politischer Tagesbericht«. Die postdatierte (2. 9.) Ausgabe trug die Nr. 203. Der Artikel ist abgedruckt in: Moritz Busch: Tagebuchblätter. Bd. 1. Leipzig: Grunow 1899, Seite 122 bis 124.
Vgl. zu Bismarcks Stellung zur Annexionsfrage folgende neuere Untersuchungen, die im Anschluß an Walter Lipgens' umstrittenen Aufsatz Bismarck, die öffentliche Meinung und die Annexion 1870 (Historische Zeitschrift, Bd. 199, 1964, Seite 31 bis 112) erschienen sind: Lothar Gall: Zur Frage der Annexion von Elsaß und Lothringen 1870 (Historische Zeitschrift, Nr. 206, 1968, Seite 265 bis 326) und Eberhard Kolb: Bismarck und das Aufkommen der Annexionsforderung 1870 (Historische Zeitschrift, Nr. 209, 1969, Seite 318 bis 356).
26 □ Vgl. auch Berliner Wespen, Nr. 36 vom 2. 9. 1870, Karikatur »Zur Nachricht«.
27 □ Vgl. M. Busch: Tagebuchblätter (Anm. 25), Seite 74.
28 □ Zit. nach Felix Philippi: Alt-Berlin. Erinnerungen. Berlin: Ernst Siegfried Mittler und Sohn 1913, Seite 63.
Vgl. hierzu die in den Berliner Wespen (Nr. 37 vom 9. 9. 1870) erschienene Illustration »Lieb Vaterland, magst ruhig sein!« (Am Sonnabend den 3. September 1870 in Berlin).
29 □ Vgl. Berliner Montags-Zeitung, Nr. 36 vom 5. 9. 1870 (»Finis coronat opus« und »Glosse«)

ferner Nr. 37 vom 12. 9. 1870 (»Entbindungs-Anzeige«).
Angesichts der Ausrufung der Republik in Paris brachte Die Post am 5. 9. 1870 ein Extra-Blatt. Ministerpräsident der »Vorläufigen Regierung der nationalen Verteidigung« war der Gouverneur von Paris, Louis Jules Trochu. Der Rechtsanwalt Jules Favre wurde Außen-, Léon Gambetta Innenminister. In Gambetta verkörperte sich die Verbindung von Patriotismus und Republikanismus, welche die nun beginnende zweite Phase des Deutsch-Französischen Kriegs kennzeichnen sollte.

30 □ Das erste Zitat stammt von Jules Favre, das zweite aus dem Kladderadatsch, Albumblatt vom 20. 9. 1870 (»Der alte Invalide und sein Sohn«).
Bismarck und Adolphe Thiers hatten vom 1. bis 4. 11. 1870 in Versailles verhandelt. Vgl. zu den Waffenstillstandsverhandlungen Heinrich v. Poschinger: Fürst Bismarck und die Diplomaten 1852–1890. Hamburg: Verlagsanstalt und Druckerei 1900, Seite 296 bis 314.
Vgl. zu der Gegenüberstellung von »Erbfeind« und »Barbar« auch Pierre-Paul Sagave: 1871. Berlin Paris. Reichshauptstadt und Hauptstadt der Welt. Berlin: Propyläen 1971, Seite 174 bis 176.

31 □ Kladderadatsch, Nr. 46 vom 2. 10. 1870, Leitgedicht.
Die Belagerung von Straßburg hatte am 19. 8. 1870 begonnen. Auf die Verwendung sexueller Motive während des Deutsch-Französischen Kriegs weist, was die französische Seite anbelangt, Ouriel Reshef in seiner Arbeit Guerre, Mythes et Caricature (Paris: Presses de la Fondation nationale des Sciences politiques 1984, Seite 211) hin.

32 □ Berliner Wespen, Nr. 40 vom 30. 9. 1870 (Leitgedicht), Kladderadatsch, Nr. 38/39 vom 21. 8. 1870 (»Straßburg«) und Nr. 46 vom 2. 10. 1870.
Der Berliner Geschichtsprofessor Leopold von Ranke hatte während eines Gesprächs mit Adolphe Thiers, bei dessen Europa-Reise im Oktober 1870, geäußert: »Wir führen Krieg gegen Ludwig XIV.«

33 □ Vgl. u. a. die Leitgedichte ab Nr. 50 vom 30. 10. 1870.

34 □ Vgl. zu Victor Hugo Berliner Wespen, Nr. 39, 40, 43, 46 vom 23. und 30. 9. sowie 21. 10. und 11. 11. 1870, ferner Berliner Montags-Zeitung, Nr. 34 und 38 vom 22. 8. und 19. 9., endlich Kladderadatsch, Nr. 43, 46, 47 und 56 vom 18. 9., 2. und 9. 10. und 4. 12. 1870.
Das Lied an die Ratte erschien am 18. 11. 1870 in den Berliner Wespen (Nr. 47) und wurde später in der Illustrierten Chronik des deutschen Nationalkrieges (Leipzig) wiederabgedruckt. Es soll damals »durch Aller Mund gegangen« sein.
Das Lied von der Erbswurst findet sich im Albumblatt des Kladderadatsch vom 20. 9. 1870.

35 □ Zit. nach J. Stettenheim: Heitere Erinnerungen (Anm. 14), Seite 191 f.

36 □ Am 27. Dezember 1870 begann der Artilleriebeschuß gegen den Mont Avron, am 5. 1. 1871 gegen die Südfront und die angrenzenden Stadtteile, am 21. 1. gegen die Nordfront.
Die Frage der Beschießung der französischen Hauptstadt hatte bekanntlich im Deutschen Hauptquartier zwischen der militärischen und der politischen Leitung zu scharfen Kontroversen geführt, daher die Verzögerung und Ungeduld der Bevölkerung.

37 □ Berliner Montags-Zeitung, Nr. 6 vom 6. 2., Berliner Wespen, Nr. 5 vom 3. 2. und Kladderadatsch, Nr. 6 vom 5. 2. 1871 (Leitgedicht).
Vgl. allgemein zur Aufnahme des Waffenstillstands in der Berliner Presse U. E. Koch, Berliner Presse . . . (Anm. 24), Seite 194 bis 202.

38 □ Vgl. hierzu U. E. Koch (Anm. 24), Seite 141 bis 150 (mit zahlreichen Belegen).

39 □ Vgl. Kladderadatsch, Nr. 56 vom 4. 12. 1870 (Leitgedicht: »Der Unzufriedene«). Siehe auch Nr. 50 vom 30. 10. (»Pessimistischer Wochenkalender«) und Nr. 57 vom 11. 12. 1870 (»Vom Teutschen Kaiser«), ferner Berliner Wespen, Nr. 47 u. 48 vom 18. und 25. 11. 1870, endlich Berliner Montags-Zeitung, Nr. 49 (»Deutschland's wunderlich Häuschen«), 51 (»Jubelhymne auf das Deutsche Kaiserreich«) und Nr. 5 (»Das deutsche Reich«) vom 5. und 19. 12. 1870 sowie 30. 1. 1871.

40 □ Johann Jacoby hatte am 14. September 1870 in einer Resolution »auf Grund des Selbstbestimmungsrechtes der Völker« und »im Interesse der Freiheit und des Friedens« gegen jede »gewaltsame Annexion französischen Ländergebiets« Protest erhoben. Der Text ist wiedergegeben bei Gustav Körner: Die norddeutsche Publizistik und die Reichsgründung im Jahre 1870. Hannover: Gohmannsche Buchdruckerei 1908, Seite 312 f.
Die Mitglieder des Braunschweiger Ausschusses der SDAP sowie der Drucker Sievers waren am 9. 9. 1870 verhaftet und in Ketten auf die Festung Boyen gebracht worden.
Vgl. zur Reaktion auch Kladderadatsch, Nr. 56 und 57 vom 4. und 11. 12. 1870 (Karikatur), und Berliner Wespen, Nr. 42, 43 und 44 vom 14., 21. und 28. 10. 1870.
Vgl. zur Haltung der deutschen Arbeiterbewegung während des Deutsch-Französischen Kriegs u. a. Werner Conze/Dieter Groh: Die Arbeiterbewegung in der nationalen Bewegung. Die deutsche Sozialdemokratie vor, während und nach der Reichsgründung. Stuttgart: Klett 1966, Seite 86 bis 104, ferner Heinz Beike: Die deutsche Arbeiterbewegung und der Krieg von 1870/71. Berlin (DDR): Dietz 1957.

41 ☐ Berliner Montags-Zeitung, Nr. 42 vom 17. 10. 1870.
42 ☐ Kladderadatsch, Nr. 11 vom 5. 3. 1871. Der »einst entsendete Fluch« fand sich in Nr. 34 vom 24. 7. 1870.
Vgl. zum Waffenstillstand auch Kladderadatsch, Nr. 10 vom 26. 2. 1871.
43 ☐ Vgl. Kladderadatsch, Nr. 13 vom 19. 3. 1871 (Leitgedicht »Zur Heimkehr«), und Berliner Wespen, Nr. 9 vom 3. 3. 1871.
44 ☐ Zit. nach Eberhard Kolb: Der Pariser Commune-Aufstand und die Beendigung des deutsch-französischen Krieges. In: Historische Zeitschrift, Bd. 215 (1972), Seite 265 bis 298, hier Seite 291.
45 ☐ Vgl. hierzu U. E. Koch: Berliner Presse . . . (Anm. 24), Seite 232 bis 284.
46 ☐ Kladderadatsch, Nr. 14/15 vom 26. 3. 1871.
47 ☐ Vgl. hierzu auch Franz Schneider: Die politische Karikatur. München: C. H. Beck 1988, Seite 36 f.
Vgl. allgemein Alfried Krause: Die politische Karikatur im Geschichtsunterricht. Berlin (DDR): Volk und Wissen 1975.
48 ☐ Im Zusammenhang mit der Verfolgung der protestantischen Minderheit in Frankreich soll Ludwig XIV. geäußert haben: »Une foi, une loi, un roi« (Ein Glaube, ein Gesetz, ein König).
Von dem Vaterlandsdichter Ernst von Wildenbruch, einem illegitimen Hohenzollernsproß, stammte die Formel: »Ein Land, ein Volk, ein Kaiser«.
Anläßlich des 25. Jahrestags von Sedan brachte der Verlag von A. Hofmann & Comp. das Album Die Kriegs-Nummern 1870–1871 heraus. 1973 erschien in der Reihe Post Scriptum als Nr. 3 eine Auswahl der Kriegsnummern.
1979 erschien in Paris (Editions Alexandra) das Album du Siège, in dem Karikaturen von Honoré Daumier (1808 bis 1879) und Cham (eigentlich Graf Amédée Charles Henry de Noë; 1819 bis 1879), welche in der Tageszeitung Le Charivari während der deutschen Belagerung abgedruckt wurden, als Zeugnisse französischer Mentalität zur Veröffentlichung kamen.

Zu Teil II, Kapitel 5 (S. 507 – S. 603)

1 ☐ Berliner Montags-Zeitung, Nr. 26 vom 26. 6. 1871 (»Was nun?«)
2 ☐ Ulk, Nr. 35 vom 29. 8. 1890. Fünf Jahre später, am 30. 8. 1895, druckte der Ulk (Nr. 35) dasselbe Gedicht nochmals ab. Zum erstenmal war es am 30. August 1880 in der Berliner Montags-Zeitung (Nr. 35) erschienen. Das Sprachbild inneres Sedan oder inneres Metz war von Schmidt- Cabanis seit 1870 verwendet worden.
3 ☐ Die Germania war keine historische Gestalt wie etwa die Jungfrau von Orleans, sondern eine symbolische Kunstfigur, welche zunächst die deutsche Einheitsbewegung und dann, von 1870/71 bis 1918, das Deutsche Reich personifizierte. Ihre gängigen Merkmale sind Brustpanzer und Schild mit Reichsadler, Schwert, Siegerkranz oder Kaiserkrone.
Vgl. u. a. Helmut Scharf: Zum Stolze der Nation: deutsche Denkmäler des 19. Jahrhunderts. Dortmund: Harenberg 1983. Vgl. zum bekanntesten die Germania darstellenden Denkmal jener Zeit Lutz Tittel: Das Niederwalddenkmal 1871–1883. Hildesheim: Gerstenberg 1979.
Vgl. zur Einweihung Kladderadatsch, Nr. 41 vom 9. 9. 1883 (Leitgedicht).
4 ☐ Zit. nach Friedrich Nietzsche: Werke in drei Bänden. Hrsg. von Karl Schlechta. Bd. 1. München: Carl Hanser ^{3}1962, Seite 137.
5 ☐ Vgl. zur Definition Heinz Starkulla: Publizistik und Kommunikation. In: Festschrift für Hanns Braun. Bremen: B. C. Heye & Co. 1963, Seite 158 bis 167, hier 159.
6 ☐ Vgl. neben der bisher benutzten Fachliteratur u. a. Hans- Ulrich Wehler: Krisenherde des Kaiserreichs 1871–1918. Studien zur deutschen Sozial- und Verfassungsgeschichte. Göttingen: Vandenhoeck & Ruprecht 1970, ferner Michael Stürmer: Das ruhelose Reich. Deutschland 1866–1918. Berlin: Severin und Siedler 1983, sowie Johannes Willms: Nationalismus ohne Nation. Deutsche Geschichte 1789–1914. Düsseldorf: claassen 1983.
7 ☐ Bismarck. Der weiße Revolutionär. Frankfurt am Main/Berlin/Wien: Propyläen 1980, 3. Teil (ab S. 457).
8 ☐ Vgl. Gerhard A. Ritter (unter Mitarbeit von Merith Niehuss): Wahlgeschichtliches Arbeitsbuch. Materialien zur Statistik des Kaiserreichs 1871–1918. München: C. H. Beck 1980, Seite 38, sowie Ernst R. Huber (Hrsg.): Dokumente zur deutschen Verfassungsgeschichte. Bd. 2. Stuttgart: Kohlhammer ^{2}1966, Seite 535.
9 ☐ So äußerte sich der Zentrumsabgeordnete August Reichensperger im Sommer 1872. Zit. nach Karl Heinrich Höfele: Geist und Gesellschaft der Bismarckzeit (1870–1890). Göttingen/Zürich/Berlin/Frankfurt: Musterschmidt 1967, Seite 378.
10 ☐ Vgl. im einzelnen zur Tendenz der untersuchten satirischen Wochenschriften Teil I dieses Buchs.
11 ☐ Der Syllabus errorum, das heißt das Verzeichnis von »80 der hauptsächlichsten Irrtümer unserer Zeit« war der Enzyklika Quanta cura (Welch' große Sorge) beigefügt.
Das Ranke-Zitat stammt aus Walter Bußmann: Das Zeitalter Bismarcks. 4. Auflage. Frankfurt: Athenaion 1968, Seite 157.

12 □ Eine entsprechende Zunahme des Antiklerikalismus findet sich nicht nur in der liberalen Presse Deutschlands, sondern ganz Europas.
13 □ Kladderadatsch, Nr. 7 vom 13. 2. 1870.
Vgl. auch die Leitgedichte in Nr. 57 und 59/60 vom 12. und 26. 12. 1869, ferner in Nr. 10, 12, 13, 17, 24, 28, 29/30, 32 vom 27. 2., 13. und 20. 3., 10. 4., 22. 5., 19. und 26. 6. sowie 10. 7. 1870.
14 □ Zit. nach Berliner Montags-Zeitung, Nr. 38 vom 18. 9. 1871. Vgl. auch Nr. 34, 35, 43, 48 und 50 vom 23. und 30. 8., 25. 10., 29. 11. und 13. 12. 1869 sowie Nr. 5, 7, 8, 9, 11, 14, 38, 39, 41 und 42 vom 31. 1., 14., 21. und 28. 2., 14. 3., 4. 4., 19. und 26. 9., 10. sowie 17. 10. 1870.
In Nr. 9 heißt es unter der Überschrift »Unfehlbar«: »Ganz von Herzen möcht' ich wünschen, daß sie Ihn unfehlbar machen,// Denn's giebt heuer gar zu wenig wirklich guten Stoff zum Lachen!«
Die Berliner Montags-Zeitung hatte noch einen zusätzlichen Grund, dem Papst zu grollen, hatte doch Pius IX. am 25. 9. 1865 in einer Allokution die Freimaurer als eine verbrecherische, gegen die heiligen und öffentlichen Dinge sich vergehende Sekte bezeichnet.
15 □ Berliner Wespen, Nr. 50. Beginn in Nr. 30 vom 22. 7. 1870. Im Mai 1877 wurde diese Rubrik durch Wippchen abgelöst.
Der Jahrgang 1869 enthält ebenfalls antiklerikale Beiträge, besonders nach den Angriffen einer Volksmenge auf das am 4. August 1869 eingeweihte Dominikaner-Kloster in Berlins Arbeiterviertel Moabit.
16 □ 1852 hatte sich im preußischen Abgeordnetenhaus die »Katholische Fraktion« gebildet, die sich dann in Fraktion des Zentrums umbenannte.
Zur Gründung des Zentrums ausführlich Karl Bachem: Vorgeschichte, Geschichte und Politik der deutschen Zentrumspartei. Zugleich ein Beitrag zur Geschichte der katholischen Bewegung, sowie zur allgemeinen Geschichte des neueren und neuesten Deutschland 1815–1914. Bd. 3. Aalen: Scienta-Verlag 1967 [Neudruck der Ausgabe Köln 1927], Seite 99 bis 151.
Das Zentrum, das auch Nichtkatholiken anziehen wollte, aber im wesentlichen eine katholische Partei war, stritt für die Freiheit und Selbständigkeit der Kirche, das Prinzip des Föderalismus sowie die Beseitigung der sozialen Mißstände durch eine »gesunde christliche Gesetzgebung«.
Am 12. 12. 1870 erschien dann die Probenummer der ersten katholischen Tageszeitung Berlins Germania.
Der Ausdruck Perle für Ludwig Windthorst wurde am 10. 2. 1872 im preußischen Abgeordnetenhaus von dem Zentrumsführer Hermann von Mallinckrodt geprägt und von Bismarck unter »großer Heiterkeit« aufgegriffen.
17 □ Vgl. hierzu W. Bußmann: Das Zeitalter Bismarcks (Anm. 11), Seite 158.
18 □ Berliner Wespen, Nr. 11, 12 und 14 vom 17., 24. 3. und 7. 4. 1871.
19 □ »Roma's fromme Jagd«. Im gleichen Gedicht ist die Rede von den schwarzen Fechtern, Gästen, Gesellen, Gen'ralen, Vermummern, Wählern, die aus Berlin ein »nordisches Rom« machen wollen.
Vgl. zu den Reaktionen der Berliner Tageszeitungen Ursula E. Koch: Berliner Presse und europäisches Geschehen 1871. Berlin: Colloquium 1978, Seite 153 bis 176.
20 □ Bismarck im preußischen Abgeordnetenhaus am 30. 1. 1872.
Vgl. Die politischen Reden des Fürsten Bismarck. Historisch-Kritische Gesammtausgabe. Hrsg. von Horst Kohl. Bd. 5. Stuttgart: Cotta 1893, Seite 231.
21 □ Vgl. hierzu Gerhard Stoltenberg: Der deutsche Reichstag 1871–1873. Düsseldorf: Droste 1955, Seite 39 bis 47, und Erich Schmidt- Volkmar: Der Kulturkampf in Deutschland 1871–1890. Göttingen/Berlin/Frankfurt: Musterschmidt 1962, Seite 31 bis 35. Stellungnahmen der Tagespresse in: U. E. Koch (Anm. 19), Seite 181 bis 188.
22 □ Berliner Wespen, Nr. 14 vom 7. 4. 1871. Vgl. auch die in dieser Ausgabe erschienene Karikatur. Siehe Kladderadatsch, Nr. 17 vom 9. 4. 1871 und Berliner Montags-Zeitung, Nr. 15 vom 11. 4. 1871. Auch Eduard Lasker war der Ansicht gewesen, daß die Nation nach langen inneren und äußeren Kämpfen erst einmal eines Ruhepunktes bedürfe. Vgl. hierzu Ernst Rudolf Huber: Die Bismarcksche Reichsverfassung im Zusammenhang der deutschen Verfassungsgeschichte. In: Theodor Schieder/Ernst Deuerlein: Reichsgründung 1870/71. Tatsachen–Kontroversen–Interpretationen. Stuttgart: Seewald 1970, Seite 164 bis 196.
23 □ Vgl. hierzu einen Erlaß Bismarcks vom 17. 4. 1871 an den preußischen Gesandten in München, Georg Freiherrn von Werthern, abgedruckt in: Otto Fürst von Bismarck: Die gesammelten Werke. Politische Schriften. Hrsg. von Werner Frauendienst. Bd. 6c. Berlin: Deutsche Verlagsgesellschaft 1935 (Friedrichsruher Ausgabe), Seite 3 f.
24 □ Zit. nach W. Bußmann: Das Zeitalter Bismarcks (Anm. 11), Seite 163.
25 □ Vgl. hierzu einen in der halb-amtlichen Provinzial-Correspondenz erschienenen Artikel, zit. bei Hans Blum: Das Deutsche Reich zur Zeit Bismarcks. Politische Geschichte von 1871 bis 1890. Leipzig/Wien: Bibliographisches Institut 1893, Seite 58.
26 □ Kladderadatsch, Nr. 36, 41 und 42 vom 6. 8., 3. und 10. 9. 1871. Am 16. 7. 1871 (Nr. 33) taucht der Ausdruck »Reichsfeind« auf.
27 □ Der Deutsche Protestantentag war vom 3. bis 5. 10. 1871 in Darmstadt zusammengetreten.

28 ☐ Kladderadatsch, Nr. 47 vom 8. 10. 1871 (»Den Gleichgiltigen«); Berliner Montags-Zeitung, Nr. 41 vom 9. 10. 1871; Berliner Wespen, Nr. 22 vom 31. 5. 1872 (»Vom alten Fritz«).
Der Jesuitenorden war 1534 von Ignatius von Loyola gegründet worden. Der Sitz des Ordens, der von Papst Klemens XIV. 1773 aufgehoben und von Pius VII. 1814 wieder zugelassen wurde, ist Rom.
29 ☐ Der Stiftspropst und Professor Ignaz von Döllinger (1799 bis 1890) trat bereits als Mitglied der Frankfurter Nationalversammlung 1848 für Glaubens- und Gewissensfreiheit ein. 1870 setzte er sich unter dem Pseudonym Janus (Der Papst und das Konzil, 1870; 2. Auflage 1892) gegen die Verkündung des Unfehlbarkeitsdogmas ein.
Döllinger schloß sich dem Altkatholizismus nicht offen an, hat ihn jedoch gefördert. Der erste Altkatholiken-Kongreß fand in München vom 22.–24. September 1871 statt. Der Altkatholizismus blieb eine kleine Bewegung, von der sich Bismarck – im Gegensatz zu den Liberalen – von Anbeginn wenig versprach.
Vgl. hierzu u. a. E. Schmidt-Volkmar: Der Kulturkampf in Deutschland . . . (Anm. 21), Seite 66 bis 69.
30 ☐ Vgl. auch die Ausführungen des bayerischen Staatsministers während der 1. Lesung des Gesetzes betr. Ergänzung des Strafgesetzbuches, § 130a (sog. Kanzelparagraph), die am 23. November 1871 zu lebhaften Debatten Anlaß gab. Sie sind abgedruckt in Hans Fenske (Hrsg.): Im Bismarckschen Reich 1871–1890. Darmstadt: Wissenschaftliche Buchgesellschaft 1978, Seite 67 bis 69.
Johann Lutz (1826 bis 1890) hatte 1867 das Kultusministerium übernommen. Von 1880 bis 1890 war er Ministerpräsident. 1884 war er von Ludwig II. in den erblichen Freiherrenstand versetzt worden.
31 ☐ So äußerte sich der Zentrumsabgeordnete August Reichensperger am 19. Juni 1872. In seiner Rede hieß es ferner: »Meine Herren! Indem Sie vorgestern mit 183 gegen 101 Stimmen das *non sint* [sie seien nicht] über die deutschen Jesuiten ausgesprachen, haben Sie – das ist meine Überzeugung – einen Schnitt in das Herz eines sehr großen Teils der katholischen Bevölkerung Deutschlands gemacht . . .« Zit. nach K. H. Höfele: Geist und Gesellschaft der Bismarckzeit . . . (Anm. 9), Seite 377 f.
32 ☐ Am 14. Mai 1872 schrieb Bismarcks enger Mitarbeiter Karl Ludwig Aegidi an den Historiker Heinrich v. Treitschke: »Ja ›palliativ‹ – möchte es nur nicht so mit den Jesuiten gemacht werden. Sondern *radicitus* . . . Die Jesuitensache ist eine solche, die man nicht anfassen darf, wenn man sie nicht gleich töten will. Das Schlimmste ist, sie anregen und dann nichts dagegen oder so gut wie nichts tun. In diesen Fehler soll die Regierung nicht verfallen. Entweder – oder. *Aut Caesar aut nihil* [Entweder Caesar oder nichts]. Zit. nach Paul Wentzcke: Im Neuen Reich 1871–1890. Politische Briefe aus dem Nachlaß liberaler Parteiführer. Neudruck der Ausgabe 1926. Osnabrück: Biblio Verlag 1970, Seite 51 f.
33 ☐ So äußerte sich der nationalliberale Reichstagsabgeordnete und Herausgeber der Deutschen Allgemeinen Zeitung (Leipzig) in einem Brief an Eduard Lasker. Zit. nach P. Wentzcke: Im Neuen Reich . . . (Anm. 32), Seite 53 f.
34 ☐ Vgl. zur Debatte im Reichstag G. Stoltenberg: Der deutsche Reichstag . . . (Anm. 21), Seite 144 bis 152. Zum Lasker-Zitat: Seite 151. Das Jesuitengesetz wurde in der dritten Lesung mit 181 gegen 93 Stimmen angenommen.
Zum Zitat aus den Berliner Wespen: Nr. 18 vom 3. 5. 1872.
35 ☐ Vgl. hierzu Friedhelm Jürgensmeier: Die katholische Kirche im Spiegel der Karikatur der deutschen satirischen Tendenzzeitschriften von 1848 bis 1900. Trier: Neu & Co. 1969, Seite 261 f. Bei der Auszählung fehlen allerdings die Jahrgänge 1872 und 1875 des Ulks.
36 ☐ Zit. nach Kladderadatsch, Nr. 50 und 57 vom 3. 11. und 15. 12 1872, ferner Berliner Montags-Zeitung, Nr. 28 vom 13. 7. 1874.
37 ☐ Vgl. beispielsweise folgende Bismarck-Darstellungen: Kladderadatsch, Nr. 13, 14/15 und 58 vom 24. und 31. 3. sowie 22. 12. 1872 und Nr. 23 vom 18. 5. 1873, ferner Berliner Wespen, Nr. 37 vom 15. 9. 1871 und 7 vom 16. 2. 1872, sowie Ulk, Nr. 13 und 17 vom 19. 6. und 10. 7. 1872.
Der Ulk verwendete außerdem häufig das Bild des Steuermanns.
Zu den Zitaten: Berliner Wespen, Nr. 4 vom 23. 1. 1874, und Berliner Montags-Zeitung, Nr. 8 vom 19. 2. 1872.
38 ☐ Zit. nach F. Jürgensmeier: Die katholische Kirche . . . (Anm. 35), Seite 245.
39 ☐ Bismarck im Reichstag am 14. 5. 1872. Zit. nach Die politischen Reden . . . (Anm. 20), Seite 338.
Hinweise auf »Canossa« beispielsweise im Kladderadatsch, Nr. 22/23 vom 19. 5. 1872 und Nr. 16 vom 4. 4. 1875. Siehe ferner Berliner Wespen, Nr. 20 und 26 vom 17. 5. und 28. 6. 1872, Nr. 9 vom 28. 2. 1873 und Nr. 20 sowie 35 vom 15. 5. und 28. 8. 1874.
Am 27. 9. 1872 errichteten die Berliner Wespen (Nr. 39) Bismarck eine »Canossa-Säule«. Die Karikatur ist eine Anspielung auf die von begeisterten Bismarck-Anhängern beschlossene Errichtung einer Steinsäule auf dem 500 m hohen Burgberg bei Bad Harzburg, die im August 1877 enthüllt wurde.
Siehe auch Berliner Fliegende Blätter, Nr. 3 vom 21. 10. 1875 (»Ein Traum des Papstes«).
In der satirischen Rubrik der Berliner Montags-Zeitung (Die Wahrheit) finden sich selbstverständlich

ebenfalls zahlreiche Anspielungen auf Canossa. Man beachte auch das von dem regelmäßigen Mitarbeiter, Friedrich Bodenstedt, verfaßte Zeitgedicht »Canossa« (Nr. 11 vom 16. 3. 1874).
Das im Text angeführte Zitat wurde der Berliner Montags-Zeitung, Nr. 13 vom 30. 3. 1874 entnommen.
40 □ Falk hatte sein Amt am 22. 1. 1872 angetreten. Vgl. zu der oft unterschiedlichen Auffassung Bismarcks und Falks im Kulturkampf u. a. W. Bußmann: Das Zeitalter Bismarcks (Anm. 11), Seite 165 bis 173. Die Berliner Montags-Zeitung begrüßte den »neugeborenen Kultusminister« am 29. 1. 1872 (Nr. 5) wie folgt:
»Bahne, Falk, Dir neue Gleise,
Mach' Dich los vom Geist des Alten,
Um in schöpferischer Weise
Zeitgebilde zu gestalten.«
Vgl. auch Kladderadatsch, Nr. 5 vom 4. 2. 1872, und Berliner Wespen, Nr. 4 vom 25. 1. 1872.
41 □ Vgl. zum Bruch der Konservativen mit Bismarck, der 1872 »mit Geräusch vollzogen wurde«, Bismarck: Gedanken und Erinnerungen. München: Goldmann 1981, Seite 379 bis 385. Vgl. ferner zu diesem Zerwürfnis, das Bismarck schwer getroffen hat, E. Schmidt-Volkmar: Der Kulturkampf in Deutschland . . . (Anm. 21), Seite 82 bis 84, und L. Gall: Bismarck . . . (Anm. 7), Seite 490.
Als Quelle seien hier auch die aggressiven Leitartikel der Kreuz-Zeitung genannt (Nr. 35 und 36 vom 11. und 13. 2. 1872).
42 □ Berliner Montags-Zeitung, Nr. 8 vom 19. 2., Berliner Wespen, Nr. 8 vom 23. 2., und Kladderadatsch, Nr. 8/9 vom 25. 2. 1872.
43 □ Kladderadatsch, Nr. 5, 6, 8/9 vom 4., 11., 25. 2., 11 und 12 vom 10. und 17. 3. sowie Nr. 16 vom 7. 4. 1872.
Vgl. auch Berliner Wespen, Nr. 8 bis 14 vom 23. 2. bis 5. 4. 1872.
44 □ Einzelheiten bei E. Schmidt-Volkmar: Der Kulturkampf in Deutschland . . . (Anm. 21), Seite 113 bis 146 und 386 f. (Zeittafel).
Das Gesetz über »Aufhebung der Artikel 15, 16 und 18 der Verfassungsurkunde vom 31. Januar 1850« wurde lediglich im Ulk (Nr. 16 vom 23. 4. 1875) thematisiert (Titelkarikatur).
45 □ Wahlprogramm der Deutschen Fortschrittspartei vom 23. 3. 1873. Für Rudolf Virchow handelte es sich ebensowenig wie für die Berliner Politwitzblätter um einen religiösen, sondern um einen »höheren, die ganze Kultur betreffenden Kampf« (so in einer Rede am 16. 10. 1876).
46 □ Zit. nach Heinrich von Treitschke: Zehn Jahre Deutscher Kämpfe. Schriften zur Tagespolitik. 2. Aufl. Berlin: G. Reimer 1879, Seite 440.
Treitschkes Kollege an der Berliner Universität, Theodor Mommsen, sagte einige Jahre später, am 28. November 1877, im preußischen Abgeordnetenhaus: »Wir nahmen auf das Werk, das in der Reformation unvollendet geblieben ist; . . . wir erklären nicht etwa der katholischen Kirche den Krieg, aber wir wollen die Fremdherrschaft beseitigen.« Zit. nach E. Schmidt-Volkmar: Der Kulturkampf in Deutschland . . . (Anm. 21), Seite 55. Weitere Stellungnahmen prominenter Zeitgenossen ebenda.
47 □ Berliner Wespen, Nr. 7 vom 16. 2. 1872, Kladderadatsch, Nr. 59/60 vom 28. 12. 1873) (Karikatur).
48 □ Das Schachbrettmotiv findet sich z. B. im Ulk, Nr. 12 vom 12. 6. 1872, Nr. 21 vom 25. 5. 1876 und Nr. 36 vom 8. 9. 1881, ferner im Kladderadatsch, Nr. 9 vom 23. 2. 1873, Nr. 2 vom 11. 1. 1874 und 22/23 vom 16. 5. 1875, endlich in den Lustigen Blättern, Nr. 13 vom 27. 3. 1890.
Vgl. hierzu F. Jürgensmeier: Die katholische Kirche . . . (Anm. 35), Seite 171 bis 210 sowie 261 f. (quantitative Themenanalyse).
Bis heute gehört dieses Motiv zum festen Repertoire der Karikaturisten.
49 □ Vgl. auch Ulk, Nr. 14 und Nr. 30 vom 8. 4. und 29. 7. 1875, Kladderadatsch, Nr. 1 vom 3. 1. 1875, Berliner Wespen, Nr. 51 vom 18. 12 1874, und Berliner Fliegende Blätter, Nr. 12 vom 23. 12. 1875.
Am 3. und 5. 9. 1872, 15. 2., 5. 4., 10. 5. und 6. 9. 1873 sowie 21. 1. 1874 berichtete die Berliner Gerichts-Zeitung (Nr. 102, 103; 19, 40, 53, 103; 11) über die Prozesse gegen den »schwarzen Paul« [Majunke], der ein »Stammgast« auf der Anklagebank des Kriminalgerichts geworden wäre.
Vgl. hierzu Hans-Wolfgang Wetzel: Presseinnenpolitik im Bismarckreich (1874–1890). Das Problem der Repression oppositioneller Zeitungen. Bern: Herbert Lang/Frankfurt/Peter Lang 1975, Seite 119 bis 184.
50 □ Zit. nach H. Fenske (Hrsg.): Im Bismarckschen Reich . . . (Anm. 30), Seite 127. Auszug aus einem Aufsatz von Josef Edmund Jörg: Zeitläufe. Rückblick auf die heutige Sedanfeier. Er erschien in den Historisch-politischen Blättern für das katholische Deutschland (1874, Bd. 74, Seite 547 bis 561). Es handelt sich um einen Erlaß Kettelers vom 22. 8. 1874 an die Geistlichen seiner Diözese, in dem er jede Art kirchlicher Teilnahme an den Sedanfeiern untersagte.
Vgl. zur Sedanfeier, die sich 1873 in der Öffentlichkeit durchgesetzt hatte und die »mehr und mehr ein Symbol nicht der nationalen Einheit, sondern der nationalen Zwietracht geworden« ist, Theodor Schieder: Das deutsche Kaiserreich von 1871 als Nationalstaat. Köln/Opladen: Westdeutscher Verlag 1961, Seite 125 bis 132; Zitat: Seite 131.
Vgl. allgemein Rudolf Lill: Die deutschen Katholiken und Bismarcks Reichsgründung. In:

Th. Schieder/E. Deuerlein: Reichsgründung 1870/71 . . . (Anm. 22), Seite 345 bis 365.

51 □ Zit. nach H. Fenske (Hrsg.): Im Bismarckschen Reich . . . (Anm. 30), Seite 127.

52 □ Vgl. Kladderadatsch, Nr. 33 vom 19. 7., und Ulk, Nr. 29 vom 16. 7. 1874. Die Berliner Wespen (Nr. 30 vom 24. 7. 1874) machten vor allem auf die Gefahr verstärkter Repressivmaßnahmen aufmerksam.

53 □ Zit. nach Die politischen Reden des Fürsten Bismarck. Historisch-kritische Gesammtausgabe. Bd. 6. Stuttgart: Cotta 1893, Seite 222.

54 □ Zit. nach Otto Fürst von Bismarck: Die gesammelten Werke (Anm. 23), Seite 10 f. (Schreiben an den Staatsminister Grafen von Itzenplitz vom 17. 11. 1871). Auch der sozialpolitische Berater Bismarcks, Hermann Wagener, versuchte in den ersten Jahren nach der Reichsgründung, »Nation und Sozialismus« zusammenzuführen. Vgl. hierzu Hans-Joachim Schoeps: Das andere Preußen. 3. Aufl. Berlin: Haude & Spener 1964, Seite 264 bis 267.

55 □ Zum 25. Jahrestag der Berliner Märzrevolution (1873) waren 20 000 Arbeiter zum Friedhof der Märzgefallenen im Berliner Friedrichshain gezogen. Vgl. allgemein die Darstellung der Historiker Horst Bartel und Gustav Seeber: Pariser Kommune, Reichsgründung und revolutionäres Proletariat. Ausgangsposition und Problematik der Stellung der deutschen Arbeiterbewegung zum Deutschen Reich. In: Horst Bartel/Ernst Engelberg (Hrsg.): Die großpreußisch-militaristische Reichsgründung 1871. Bd. 2. Berlin (DDR): Akademie-Verlag 1971, Seite 21 bis 73.

56 □ Vgl. hierzu Franz Mehring: Geschichte der deutschen Sozialdemokratie. 2. Teil. Berlin (DDR): Dietz 1960, Seite 443 bis 453.

Das von Karl Marx wegen des fehlenden Hinweises auf die natürliche Notwendigkeit der Entwicklung abgelehnte Gothaer Programm ist u. a. abgedruckt in: Dieter Fricke: Die deutsche Arbeiterbewegung 1869 bis 1914. Ein Handbuch über ihre Organisation und Tätigkeit im Klassenkampf. Berlin (DDR): Dietz 1976, Seite 104 f. Punkt I lautet: »Die Arbeit ist die Quelle alles Reichtums und aller Kultur, und da allgemein nutzbringende Arbeit nur durch die Gesellschaft möglich ist, so gehört der Gesellschaft, das heißt allen ihren Gliedern, das gesamte Arbeitsprodukt, bei allgemeiner Arbeitspflicht, nach gleichem Recht, jedem nach seinen vernunftgemäßen Bedürfnissen . . . Die Befreiung der Arbeit muß das Werk der Arbeiterklasse sein, der gegenüber alle anderen Klassen nur eine reaktionäre Masse sind.«

Vgl. zur spöttischen Reaktion der satirischen Wochenblätter die Stellungnahmen in den Berliner Wespen (Nr. 23), im Kladderadatsch (Nr. 26) und im Ulk (Nr. 23) vom 4., 6. und 10. Juni 1875. Sie gipfeln in der Feststellung: »Der Schweiß der Fleißigen ist Wasser auf die Mühle der Faulenzer« (Berliner Wespen).

57 □ Vers aus Goethes Ballade »Der Fischer«.

58 □ Elsaß-Lothringen wurde als das »mit vereinter Kraft« errungene »äußere Pfand der Einheit des deutschen Reiches« betrachtet, welches es später vielleicht noch einmal »mit vereinter Kraft« zu verteidigen gelte. Durch das Gesetz vom 9. 6. 1871 wurde für das Reichsland eine besondere legislative Gewalt geschaffen, die Kaiser und Bundesrat ausübten. Die Staatsgewalt ging an die zum Reich vereinten und im Bundesrat repräsentierten deutschen Bundesstaaten über, für die sie allein der Kaiser als Organ des Reiches, ohne Konkurrenz mit dem Bundesrat ausübte. Der Reichskanzler erhielt das Gegenzeichnungsrecht, trug die konstitutionelle Verantwortung und war Leiter der Verwaltung. Die Reichsverfassung wurde in Elsaß-Lothringen erst am 1. 1. 1874 eingeführt; bis dahin sprach man von »Kaiserdiktatur«.

Vgl. zu dieser Frage H.-U. Wehler: Krisenherde des Kaiserreichs . . . (Anm. 6), Seite 17 bis 63.

Vgl. zum Fragenkomplex der Option für die französische Staatsbürgerschaft und somit für die Emigration – insgesamt haben in den Jahren 1871/72 rund 128 000 Personen Elsaß-Lothringen verlassen, d. h. 8,5 Prozent der Gesamtbevölkerung – Raymond Poidevin/Jacques Bariéty: Frankreich und Deutschland. Die Geschichte ihrer Beziehungen 1815–1975. München: C. H. Beck 1982, Seite 134 bis 136.

59 □ Berliner Montags-Zeitung, Nr. 18 vom 29. 4. 1872.

Vgl. auch Berliner Wespen, Nr. 17 und 19 vom 26. 4. und 10. 5. 1872, ferner Kladderadatsch, Nr. 19 vom 28. 4. 1872.

60 □ Zit. nach H. Fenske (Hrsg.): Im Bismarckschen Reich . . . (Anm. 30), Seite 120.

61 □ Kladderadatsch, Nr. 10 vom 1. 3. 1874 (Leitgedicht). Vgl. auch das Leitgedicht in Nr. 11 sowie Berliner Wespen, Nr. 9 vom 27. 2. 1874 (Parlaments-Feuilleton), und Berliner Montags-Zeitung, Nr. 8 vom 23. 2. 1874.

62 □ Berliner Wespen, Nr. 14 vom 4. 4. 1873.

Die Berliner Wespen befaßten sich mit den 5 Milliarden besonders ausführlich. Allein im Jahr 1871 erschienen 10 Karikaturen (Nr. 11, 16, 20, 21, 25, 27, 31, 41, 43 und 47 vom 17. 3., 21. 4., 19. 5., 26. 5., 23. 6., 7. 7., 4. 8., 13. 10., 27. 10. und 24. 11.).

63 □ Vgl. zu diesen Zahlen Helmut Böhme: Deutschlands Weg zur Großmacht. Studien zum Verhältnis von Wirtschaft und Staat während der Reichsgründungszeit 1848–1881. Köln/Berlin: Kiepenheuer & Witsch 1966, Seite 331.

Die französische Kriegskontribution hatte den Gründerboom zwar verstärkt, aber nicht verursacht. Bis

Herbst 1873 hatten auch nicht 5,3 (mit Zinsen), sondern höchstens 3 Milliarden Francs einen direkten Einfluß auf den deutschen Kapitalmarkt genommen. Siehe Friedrich-Wilhelm Henning: Die Industrialisierung in Deutschland 1800 bis 1914. 5. Aufl. Paderborn/München/Wien/Zürich: Schöningh 1979, Seite 207; zur Verwendung der 5 Milliarden: Seite 206.

64 □ Zit. nach Felix Philippi: Alt-Berlin. Erinnerungen aus der Jugendzeit. 2. Aufl. Berlin: Ernst Siegfried Mittler und Sohn 1913, Seite 105, und Kladderadatsch, Nr. 16 vom 6. 4. 1873 (»Das Ende. Essener Localhymnus«).

65 □ Vgl. auch Berliner Montags-Zeitung, Nr. 1 vom 2. 1. 1871.
Das Bankhaus S[amuel] Bleichröder und die Disconto-Gesellschaft retteten die Situation durch die Gründung der Rumänischen Eisenbahngesellschaft; die Obligationen wurden später in 5prozentige Aktien umgetauscht.
Vgl. zu Strousberg Teil I, Kapitel 4 dieses Buchs, Anm. 80.

66 □ Der Kladderadatsch kommt in zahlreichen Beiträgen vor allem seiner stehenden Figuren auf das Gründerunwesen zu sprechen. Er wendet sich hier gegen die negativen Seiten des ökonomischen Liberalismus, nicht gegen diesen selbst.
Eine ausführliche Behandlung dieses Themas findet sich in der Münchner Dissertation von Harry Barthel: Der Kladderadatsch im Kampf um die Sozial- und Wirtschaftsordnung des Bismarckschen Reiches (1871–1890). Man. 1951, Seite 112 bis 165.

67 □ Vgl. Nr. 3 und 22/23 vom 21. 1. und 19. 5. 1872 (»Damen-Kladderadatsch«; »Die Ruinen von Berlin«). Vgl. auch Nr. 8/9 vom 25. 2. 1872 (»Börsenzeitung des Kladderadatsch«).

68 □ Berliner Wespen, Nr. 21 vom 24. 5. 1872 und Nr. 20 vom 16. 5. 1873. Vgl. auch Berliner Wespen, Nr. 15, 29 und 35 vom 12. 4., 19. 7. und 30. 8. 1872 (Karikatur), Ulk, Nr. 10 vom 29. 5. 1872, sowie folgende Beiträge im Kladderadatsch: Nr. 32 und 44/45 vom 14. 7. und 29. 9. 1872 (jeweils Karikatur).
Eine Zusammenstellung zeitgenössischer Stimmen zur Grundstückspekulation und ihren Folgen findet sich bei Ruth Glatzer (Hrsg.): Berliner Leben 1870–1900. Erinnerungen und Berichte. Berlin: Rütten & Loening 1963, Seite 34 bis 51. Siehe auch Annemarie Lange: Berlin zur Zeit Bebels und Bismarcks. Zwischen Reichsgründung und Jahrhundertwende. Berlin (DDR): Dietz 1972; Lizenzausgabe: Berlin: das europäische Buch, Seite 220 bis 237.

69 □ Vgl. Allgemeine Zeitung (Augsburg), Nr. 42 vom 11. 2. 1873.
Eine erste Rede hielt Lasker bereits am 14. 1. 1873. Seine Rede im Reichstag »über die Mißbräuche bei den modernen Gründungen« (4. 4. 1873) wurde innerhalb von wenigen Tagen zweimal als Broschüre aufgelegt. Lasker schonte allerdings die eigenen Parteifreunde und war somit nicht objektiv.

70 □ Berliner Wespen, Nr. 7 bis 9, 11, 12, 13 und 16 vom 14., 21., 28. 2., 14., 21., 28. 3.; 18. 4. 1873.
Laskers Vorgehen hatte für die Beteiligten schwerwiegende Folgen. Strousbergs Vermögen wurde verschleudert; 1875 machte er offiziell Konkurs. Graf Itzenplitz trat von seinem Posten zurück; Hermann Wagener wurde in den Ruhestand versetzt. Dem »Kreuzzeitungs«-Wagener wurde vorgeworfen, mit der ihm verliehenen Konzession der Pommerschen Zentralbahn Schacher getrieben zu haben.
Letzterer versuchte, sich in seinen Lebenserinnerungen zu rechtfertigen. Vgl. Hermann Wagener: Erlebtes. Meine Memoiren aus der Zeit von 1848 bis 1866 und von 1873 bis jetzt. Berlin: R. Pohl 1884, Seite 55 bis 61.

71 □ Vgl. Nr. 7/8 vom 16. 2. 1873. In derselben Ausgabe forderte der Kladderadatsch die Kreuz-Zeitung auf, ihren Mitbegründer und Redakteur zu verteidigen. Siehe auch Nr. 9 und 10 vom 23. 2. und 2. 3. 1873.

72 □ Zit. nach F. Philippi: Alt-Berlin (Anm. 64), Seite 107.
Philippis Schilderung und die eines anderen Zeitgenossen sind abgedruckt in K. H. Höfele: Geist und Gesellschaft der Bismarckzeit . . . (Anm. 9), Seite 94 bis 102.

73 □ Nr. 16. In Heinrich Heines 1823 entstandenem Gedicht heißt die dritte Zeile »Ein Märchen aus [ur]alten Zeiten«.

74 □ Vgl. Karl Erich Born: Wirtschafts- und Sozialgeschichte des Deutschen Kaiserreichs (1867–1914). Stuttgart: Franz Steiner Verlag Wiesbaden GmbH 1985, Seite 116.

75 □ Es handelt sich um das Motto, das Heine dem 2. Buch des Romancero vorangestellt hatte. Richtig heißt es:
»Das Glück ist eine leichte Dirne,
Sie weilt nicht gern am selben Ort . . .«
Vgl. zu den oben genannten Zitaten Ulk, Nr. 26 vom 29. 6. 1876 (Karikatur), und Kladderadatsch, Nr. 13 vom 19. 3. 1876.
Vgl. u. a. auch folgende Nummern: Ulk, Nr. 1, 21, 23, 25, 27, 32 und 36 vom 6. 1., 25. 5., 8. und 22. 6., 6. 7., 10. 8. und 7. 9. 1876; Berliner Wespen, Nr. 25 und 26 vom 23. und 30. 6., Nr. 45 und 46 vom 10. und 17. 11. 1876, endlich Kladderadatsch, Nr. 14/15 vom 26. 3., Nr. 16 vom 2. 4., Nr. 29/30 vom 25. 6., Nr. 32 bis 34 vom 9. bis 23. 7. 1876.
Vgl. allgemein Günter Ogger: Die Gründerjahre. Als der Kapitalismus jung und verwegen war. München/Zürich: Droemer Knaur 1982.

76 □ Zit. nach Hans-Ulrich Wehler: Das Deutsche

Kaiserreich 1871–1918. 3. Aufl. Göttingen: Vandenhoeck & Ruprecht 1973, Seite 42.
Vgl. zur wirtschaftlichen Entwicklung auch Hans Mottek/Walter Becker/Alfred Schröter: Wirtschaftsgeschichte Deutschlands. Ein Grundriß. Bd. III. Berlin (DDR): VEB Deutscher Verlag der Wissenschaften 1974, Seite 153 bis 180, Wilhelm Treue: Gesellschaft, Wirtschaft und Technik Deutschlands im 19. Jahrhundert. München: dtv 1975, Seite 233 bis 237, Wolfgang Zorn: Wirtschafts- und sozialgeschichtliche Zusammenhänge der deutschen Reichsgründungszeit (1850–1879). In: Helmut Böhme (Hrsg.): Probleme der Reichsgründungszeit 1848–1879. Köln/Berlin: Kiepenheuer & Witsch 1968, Seite 296 bis 316, und neuerdings Karl Erich Born: Wirtschafts- und Sozialgeschichte des Deutschen Kaiserreichs (Anm. 74), Seite 107 bis 127.

77 ☐ Zit. nach Hans Rosenberg: Große Depression und Bismarckzeit. Wirtschaftsablauf, Gesellschaft und Politik in Mitteleuropa. Berlin: Walter de Gruyter & Co. 1967, Seite 66.

78 ☐ Zit. nach Otto Glagau: Der Börsen- und Gründungs-Schwindel in Berlin. Leipzig: Paul Frohberg 1876, Seite XXV.
Die Glagau-Artikel erschienen in folgenden Ausgaben der Gartenlaube: 1874: Nr. 49, Seite 788 bis 790; 1875: Nr. 4, 7, 10, 14, 23, 26, 31, 35, 40, 44 und 50, jeweils Seite 62 bis 65, 115 und 117 bis 119, 170 bis 172, 234 f. und 238, 383 bis 386, 438 bis 440, 525 bis 527, 586 bis 588, 671 und 674 bis 676, 744 bis 747 und 838 bis 840. Der angezeigte Schlußartikel folgte nicht.
Das Kladderadatsch-Zitat stammt aus Nr. 8 vom 20. 2. 1876.

79 ☐ Vgl. Anm. 78, Seite XIX.
Ein Jahr später veröffentlichte Otto Glagau als Fortsetzung das Buch Der Börsen- und Gründungs-Schwindel in Deutschland (Zweiter Theil von »Der Börsen- und Gründungs-Schwindel in Berlin«). Leipzig: Paul Frohberg 1876.

80 ☐ Vgl. hierzu die Artikelserie Lasker, Bamberger, Oppenheim, die vom 21. bis 27. 7. 1875 (Nr. 167 bis 172) in der Kreuz-Zeitung erschienen ist.
Vgl. zu dem Parlamentarier und Publizisten Eduard Lasker (1829 bis 1884) u. a. Gustav Seeber: Eduard Lasker. Rechtsstaatstheorie und Klassenkompromiß. In: Gustav Seeber (Hrsg.): Gestalten der Bismarckzeit. Berlin (DDR): Akademie-Verlag 1978, Seite 153 bis 175, und Adolf Laufs: Eduard Lasker: Ein Leben für den Rechtsstaat. Göttingen/Zürich: Muster-Schmidt 1984.
Siehe zu Ludwig Bamberger (1823 bis 1899), Rolf Weber: Ludwig Bamberger. Der liberale Parlamentarier und Publizist. In: G. Seeber (Hrsg.): Gestalten der Bismarckzeit (a.a.O.), Seite 243 bis 266.
Bamberger war vor allem am wirtschaftlichen Ausbau des Reichs (Vereinheitlichung des Münz-, Geld- und Bankwesens) maßgeblich beteiligt.
Vgl. auch Ludwig Bamberger: Erinnerungen. Hrsg. von Paul Nathan. Berlin: Georg Reimer 1899, ferner Bismarcks großes Spiel. Die geheimen Tagebücher Ludwig Bambergers. Eingeleitet und herausgegeben von Dr. Ernst Feder. Frankfurt/Main: Societäts-Verlag 1932.
Der Publizist Heinrich Bernhard Oppenheim (1819 bis 1880), der wie Bamberger aus einer angesehenen jüdischen Bankiersfamilie stammte, trat 1873 in den Reichstag ein.
Vgl. zu dieser Partei allgemein Hermann Kalkoff: Nationalliberale Parlamentarier 1867–1917 des Reichstages und der Einzellandtage. Berlin: Schriftenvertriebsstelle der nationalliberalen Partei Deutschlands 1917.

81 ☐ Bismarcks Angriff auf die Kreuz-Zeitung rief eine Reaktion unter den Abonnenten hervor, die sich in Leserzuschriften gegen die Äußerungen des Reichskanzlers verwahrten. Unter den »Declaranten« befanden sich auch Jugendfreunde Bismarcks, was diesen besonders empörte.
Die »Ära-Artikel« wurden von Franz Perrot (1837 bis 1891) redigiert. Der bismarckfeindliche Chefredakteur der Kreuz-Zeitung, Philipp von Nathusius-Ludom, hat sie korrigiert.
Vgl. zu dem Vorfall Bismarck: Gedanken und Erinnerungen (Anm. 41), Seite 387 bis 393. Siehe auch Fritz Stern: Gold und Eisen. Bismarck und sein Bankier Bleichröder. Frankfurt/M/Berlin: Ullstein 1978, Seite 240 bis 242.

82 ☐ Berliner Wespen, Nr. 27 und 29 vom 2. und 16. 7. 1875; Ulk, Nr. 27 vom 8. 7. 1875.

83 ☐ Germania, Nr. 185 bis 191 und 193 bis 195. Vgl. vor allem Nr. 196 vom 30. 8., 201 bis 205, 207 bis 210, 212, 215, 216, 218 vom 4. bis 9. 9., 11., 13., 14., 15., 17., 21., 22., 24. 9., ferner Nr. 224, Nr. 229 bis 236 vom 1. 10. und 7. bis 15. 10.; Nr. 258, 259, 271 vom 11., 12. und 26. 11. sowie Nr. 277 und 283 vom 3. und 11. 12. 1875.
Christoph Joseph Cremer (1840 bis 1898) wurde später Anhänger des Hofpredigers Adolf Stoe[ö]cker.
Vgl. auch die einschlägigen Beiträge in den Historisch-politischen Blättern für das katholische Deutschland (München), zum Beispiel: Die »Kreuzzeitung« und die Juden-Camarilla in Preußen. In: Band 76, 1875, Seite 215 bis 230.

84 ☐ So H. Rosenberg: Große Depression und Bismarckzeit (Anm. 77), Seite 112.

85 ☐ Amine Haase untersucht in ihrer Dissertation (Katholische Presse und die Judenfrage. Inhaltsanalyse katholischer Periodika am Ende des 19. Jahrhunderts. Pullach bei München: Verlag

Dokumentation 1975) die Germania und drei andere Organe in bezug auf zehn Vorurteile, allerdings für einen späteren Zeitpunkt.

86 ☐ Zit. nach Germania, Nr. 185 vom 17. 8. 1875 (»Die Judenfrage«). Auf diesen Zusammenhang hatte das Blatt schon früher hingewiesen, z. B. in Nr. 118 vom 29. 5. 1875.

87 ☐ Vgl. O. Glagau: Der Börsen- und Gründungs-Schwindel in Berlin (Anm. 78), Seite XXIV.

88 ☐ So spricht heute noch F. Jürgensmeier (Anm. 35) davon, daß die satirische Presse »zum allergrößten Teil in den Händen jüdischer Verleger, Literaten, Journalisten und Karikaturisten lag« (Seite 227).

Vgl. zur Auswirkung des Kulturkampfes auf Philosophie, Geschichte, Dichtung und Malerei Richard Hamann/Jost Hermand: Gründerzeit. München: Nymphenburger Verlagshandlung [2]1974, Seite 115 bis 118.

In bezug auf die nichtjüdische Kulturkampfpresse sei hier nur auf die offiziöse Norddeutsche Allgemeine Zeitung hingewiesen sowie auf die beiden überregional verbreiteten einflußreichen Zeitschriften Preußische Jahrbücher (Berlin) und Die Grenzboten (Leipzig).

89 ☐ Berliner Gerichts-Zeitung, Nr. 105 vom 7. 9. 1876.

Vgl. zur Wirkung der in der Germania erschienenen »Judenartikel«, für die das Blatt zum Teil Beifall »in wahrhaft überschwänglichem Maße« erhalten hatte (seine Artikel wurden von Pariser, Wiener und natürlich Provinzblättern eifrig zitiert und für eigene Beiträge benutzt), Germania, Nr. 201 und 228 vom 4. 9. und 6. 10. 1875.

Vgl. auch Staatsbürger-Zeitung, Nr. 260 vom 17. 9. 1875. Diese dem liberalen Spektrum zuzurechnende Zeitung bestätigte, daß die Artikel der Germania »mehr oder weniger ungetheilte Zustimmung weit über ihren gewöhnlichen Leserkreis hinaus« gefunden hätten und begann nun ihrerseits, sich mit der Judenfrage zu beschäftigen.

90 ☐ Berliner Wespen, Nr. 37 (»Peter Arbues an die ›Germania‹«). Vgl. auch Berliner Wespen, Nr. 35 und 36 vom 27. 8. und 3. 9. 1875 (verschiedene Beiträge).

91 ☐ Zit. nach Kladderadatsch, Nr. 20 vom 30. 4. 1876 (»Zum Delbrück-Strike«); siehe auch Karikatur. Vgl. ferner Berliner Wespen, Nr. 17 und 18 vom 28. 4. und 5. 5. 1876, sowie die Karikatur des Ulks (Nr. 18 vom 4. 5. 1876):
»Germania: Bist Du denn wirklich krank?
Delbrück: Bismarck sagt's, und so muß ich denn d'ran glauben!«

92 ☐ Zit. nach Wilhelm Mommsen (Hrsg.): Deutsche Parteiprogramme. München: Olzog 1960, Seite 68 f.

Vgl. zur Gründung der Deutsch-konservativen Partei und zum vorausgegangenen Konflikt mit den Konservativen Gerhard Ritter: Die preußischen Konservativen und Bismarcks deutsche Politik 1858 bis 1876. Heidelberg: Carl Winter's Universitätsbuchhandlung 1913, Seite 361 bis 378.

Vgl. zu Delbrücks Rücktritt sowie zur Entstehung der deutschen Interessenvertretungen (Centralverband deutscher Industrieller, Vereinigung der Steuer- und Wirtschaftsreformer) Helmut Böhme: Deutschlands Weg zur Großmacht (Anm. 63), Seite 397 bis 413. Besagte Interessenverbände waren nicht nur antiliberal, sondern außerdem ausgesprochen judenfeindlich.

Vgl. zum Thema Interessenverbände auch die von Wolfgang Fischer und Hans Rosenberg veröffentlichten Beiträge in Heinz Josef Varain (Hrsg.): Interessenverbände in Deutschland. Köln: Kiepenheuer & Witsch 1973, Seite 139 bis 161 beziehungsweise 162 bis 174.

93 ☐ Vgl. Berliner Wespen, Nr. 26, 28, 29 und 30 vom 30. 6., 14. bis 28. 7. (Text und Karikaturen), Berliner Montags-Zeitung, Nr. 27 vom 3. 7. 1876, Kladderadatsch, Nr. 31 und 35 vom 2. und 30. 7., sowie Ulk, Nr. 27, 29, 30 und 34 vom 6., 20. und 27. 7. sowie 24. 8. 1876.

94 ☐ Vgl. zum Reichspressegesetz Teil I, Kapitel 5, zum Militärgesetz Teil II, Kapitel 6, dieses Buchs.

95 ☐ Anspielung auf den Vers »Landgraf werde hart!« aus Wilhelm Gerhards (1780 bis 1858) Gedicht »Der Edelacker« (1826).

96 ☐ Vgl. zu den Wahlergebnissen G. A. Ritter: Wahlgeschichtliches Arbeitsbuch (Anm. 8), Seite 38 f.

Vgl. zum Kampfeifer der Sozialdemokraten Eduard Bernstein: Die Geschichte der Berliner Arbeiter-Bewegung. Ein Kapitel zur Geschichte der deutschen Sozialdemokratie. Teil 1. Berlin: Verlag Buchhandlung Vorwärts 1907, Seite 318 bis 325.

97 ☐ Zit. nach Der Kulturkämpfer, 5. Jg. (1884/85), Heft 109, Seite 36.

98 ☐ Vgl. hierzu Gustav Seeber: Die Bourgeoisie und das Reich. Zur politischen Konzeption der Bourgeoisie in den 70er Jahren. In: H. Bartel/E. Engelberg (Hrsg.): Die großpreußisch-militaristische Reichsgründung 1871 . . . (Anm. 55), Seite 156 f.

99 ☐ Nr. 2: »Die berliner Reichstagswahl vom 10. Januar«. Vgl. auch weitere Wahl-Beiträge dieser Ausgabe.

Siehe Berliner Wespen, Nr. 3 und 4 vom 19. und 26. 1., ferner Ulk, Nr. 2, 3, 7, 9 und 12 vom 11. und 18. 1., 15. 2., 1. und 22. 3. 1877.

Die fortschrittliche Berliner Montags-Zeitung (Nr. 9) richtete am 26. 2. 1877 ihre Angriffe ausschließlich auf die Nationalliberalen (»Nationalliberaler Jammer- und Trost-Galopp«).

Die Kritik der Witzblätter wurde von der National-Zeitung (Nr. 37) am 23. Januar 1877 als »blasirter Humor« getadelt.
Eine systematische Untersuchung des »Zeitgedichts«, seit 1848 ein fester Bestandteil der politischen Witzblätter, steht bisher aus. Vgl. zu seiner Entstehung Jürgen Wilke: Das »Zeitgedicht«. Seine Herkunft und frühe Ausbildung. Meisenheim am Glan: Anton Hain 1974.
100 □ Ulk, Nr. 9 vom 1. 3. 1877.
Im Juni 1877 wurde in Kassel beschlossen, unter dem Vorsitz von Max Hirsch einen Arbeiterkongreß zu organisieren.
101 □ Ludwig Bamberger nennt das in den Akten nicht auffindbare Entlassungsgesuch, das mit der kaiserlichen Randbemerkung »Nein, nie!!!« (beziehungsweise »Niemals!«) an Bismarck zurückgegangen sein soll, die »krasseste Komödie«. Zit. nach Bismarcks großes Spiel (Anm. 80), Seite 322.
Vgl. neuerdings L. Gall: Bismarck (Anm. 7), Seite 556.
Vgl. zu dieser bedeutendsten einer Anzahl von Kanzlerkrisen auch Ludolf Parisius: Deutschlands politische Parteien und das Ministerium Bismarck. Ein Beitrag zur vaterländischen Geschichte. Berlin: J. Guttentag (D. Collin) 1878, Seite III bis XL (Vorwort).
102 □ Die Deutsche Reichs-Glocke – Untertitel: Organ für Volkswirthschaft, Politik und sociales Leben – erschien vom 2. 7. bis 17. 12. 1876 in Berlin (Nr. 27 bis 51). Sie war die Fortsetzung der 1874 gegründeten Deutschen Eisenbahn-Zeitung und wurde von Heinrich Joachim Gehlsen herausgegeben. Ihr Motto lautete: »Tod den Gründern und Reptilien!« Das Blatt enthielt verleumderische Attacken gegen Bismarck, der daraufhin gegen seinen Herausgeber prozessierte. Von 1883 bis 1907 erschien Die Reichs-Glocke in der Schweiz.
In bezug auf die genannten Presse-Intrigen nahmen die Berliner Witzblätter eindeutig für Bismarck Partei. Vgl. zum Beispiel Kladderadatsch, Nr. 13 vom 19. 3. 1876 und Nr. 8 vom 18. 2. 1877, ferner Berliner Wespen, Nr. 13 und 52 vom 31. 3. und 29. 12. 1876, Nr. 1 bis 3, 8, 14 bis 16 vom 5. bis 19. 1., 23. 2. und 6. bis 20. 4. 1877, endlich Ulk, Nr. 10 vom 9. 3. 1876 und Nr. 8 vom 22. 2. 1877.
Bismarcks Klage: ». . . ich erinnere mich aber nicht, in jener Zeit irgendeinen nationalliberalen Versuch, mir zur Hilfe zu kommen, weder in der Presse noch sonst im öffentlichen Leben, wahrgenommen zu haben«, ist daher als spätere Korrektur der Wirklichkeit aufzufassen. Vgl. Gedanken und Erinnerungen (Anm. 41), Seite 391.
103 □ Vgl. hierzu die sogenannten Frictions-Artikel – insgesamt sieben –, die Moritz Busch von April bis Juni 1877 anonym in den Grenzboten veröffentlicht hat. Sie sind wiederabgedruckt in: Moritz Busch: Tagebuchblätter. Bd. 2. Leipzig: Fr. Wilh. Grunow 1899, Seite 413 bis 447, wobei der Autor auch auf die Hintergründe eingeht.
Siehe auch Hans Blum: Persönliche Erinnerungen an den Fürsten Bismarck. 3. Aufl. München: Albert Langen 1900, Seite 127 bis 139, und [Hermann Robolsky]: Bismarck nach dem Kriege. Ein Charakter- und Zeitbild. Leipzig: Rengersche Buchhandlung 1883, Seite 181 bis 232.
104 □ Zit. nach Ulk, Nr. 15 vom 12. 4. 1877. Siehe auch Berliner Wespen, Nr. 14 und 15 vom 6. und 13. 4., sowie Berliner Montags-Zeitung, Nr. 15 und 16 vom 9. und 16. 4. 1877.
105 □ Vgl. hierzu Bismarck: Gedanken und Erinnerungen (Anm. 41), Seite 410, sowie folgende Karikaturen: »Prometheus in der Werkstatt« (Berliner Wespen, Nr. 1 vom 4. 1. 1878) und »In der Krisis« (Kladderadatsch, Nr. 2 vom 13. 1. 1878).
Der Führer des gemäßigten Flügels der Nationalliberalen sollte nicht nur ein Ministerium übernehmen, sondern auch als Bismarcks Stellvertreter in Preußen und im Reich fungieren. Vgl. zu diesen Verhandlungen und zu ihrem Scheitern wegen bewußt überzogener Forderungen des Parteiführers L. Gall: Bismarck (Anm. 7), Seite 554 bis 558.
Vgl. hierzu ausführlich Rudolf von Bennigsen. Ein deutscher liberaler Politiker. Nach seinen Briefen und hinterlassenen Papieren von Hermann Oncken. Bd. 2. Stuttgart/Leipzig: Deutsche Verlags-Anstalt 1910, Seite 297 bis 360.
Allgemein sei auf folgende Publikation verwiesen: Michael Stürmer: Regierung und Reichstag im Bismarckstaat 1871–1880. Düsseldorf: Droste 1974.
106 □ Kladderadatsch, Nr. 6 vom 10. 2. 1878.
Vgl. auch Berliner Wespen, Nr. 6 vom 8. 2.: »Mög' auch der Welt Dein Tod den Frieden geben!« einschließlich der Karikatur »An der Himmelspforte«, ferner die Karikatur des Ulks »Himmel und Erde«. Hier äußert sich der zuvor oft als fluchend (z. B. Kladderadatsch, Nr. 1 vom 5. 1. 1873, und Ulk, Nr. 14 vom 5. 4. 1877) dargestellte Papst Pius IX. wie folgt: »Nachdem ich des ewigen Friedens hier oben theilhaftig geworden bin, will mir der ewige Kampf dort unten gar nicht mehr gefallen.« (Nr. 7 vom 14. 2. 1878).
107 □ Die Suche nach einem »Modus vivendi«, d. h. nach einem gangbaren Weg war bereits Anfang 1875 von dem Zentrumsabgeordneten Peter Reichensperger aufgenommen worden. 1878 und in den Jahren danach wurde der Begriff ein Schlagwort der Zeit.
Vgl. zu einer offenbar weit verbreiteten Stimmung die Ausgabe des Kladderadatsch (Nr. 56) vom 9. 12. 1877:

»Culturkampf! Dieses Wort allein
Erregt ein unwillkürlich Gähnen.
Man sieht im grauen Dämmerschein
Sich endlos die Debatten dehnen . . .«

108 □ Vgl. hierzu L. Gall: Bismarck (Anm. 7), Seite 558.

109 □ Am 27. 2. beziehungsweise 25. und 27. 3. 1878 verlangten Camphausen, Achenbach und von Eulenburg ihren Abschied. Der Rücktritt der für liberal geltenden Minister erregte in der satirischen Presse großes Aufsehen. Vgl. u. a. Kladderadatsch, Nr. 11 bis 13 vom 10. bis 24. 3., insbesondere das Leitgedicht »Das kranke Ministerium« (Nr. 13); Berliner Wespen, Nr. 13 vom 29. 3. 1878 (Karikatur: »Das jüngste Gericht«); Ulk, Nr. 12 und 13 vom 21. und 28. 3. 1878.

110 □ Die Zitate stammen aus Kladderadatsch, Nr. 22 vom 19. 5. (Leitgedicht), und Berliner Wespen, Nr. 20 vom 17. 5. 1878 (»Epilog«).
Vgl. auch Berliner Montags-Zeitung, Nr. 20 vom 20. 5. 1878:

»Doch hat sein Blei, vom Herrscherhaupt gewandt,
Vielleicht, weh uns! ein ander Ziel gefunden –
Ein unsichtbares?! Seine Mörderhand
Schlug sie der wahren Freiheit tiefe Wunden?«

111 □ Vgl. zur Abstimmung der Liberalen Oskar Klein-Hattingen: Geschichte des deutschen Liberalismus. Bd. 2. Berlin-Schöneberg: Fortschritt (Buchverlag der »Hilfe«) 1912, Seite 288. Von der nationalliberalen Fraktion hatte als einziger Heinrich von Treitschke für die Regierungsvorlage gestimmt. Kurz darauf erschien sein Artikel »Der Socialismus und der Meuchelmord« in den Preußischen Jahrbüchern (Bd. 41, H. 6, 1878, Seite 637 bis 647).
Das Zitat aus der Berliner Montags-Zeitung findet sich in Nr. 21 vom 27. 5. 1878.

112 □ Kladderadatsch, Nr. 23/24 vom 26. 5. 1878. Am 26. 7. 1878 bediente sich Gustav Heil in den Berliner Wespen (Nr. 30) desselben Motivs.
Vgl. zu den Zitaten aus der Berliner Montags-Zeitung, Nr. 21 vom 27. 5. 1878 (»Ausnahmsgesetzliches« und »Reactions-Biedermeiers Gesetzes-Freude und -Leid«).
Vgl. ferner die beiden Karikaturen im Kladderadatsch, Nr. 25 vom 2. 6. 1878: »Der letzte Gang« und »Wer den Schaden hat, braucht für den Spott nicht zu sorgen«, sowie Berliner Wespen, Nr. 21 und 22 vom 24. und 31. 5. 1878 (Texte und Karikaturen).

113 □ Vgl. hierzu Teil I Kapitel 6 dieses Buchs.

114 □ Eduard Lasker und andere Zeitgenossen waren der Meinung, Bismarck hätte auf das Eintreten eines derartigen »verblüffenden« Ereignisses förmlich gewartet. Siehe L. Gall: Bismarck (Anm. 7), Seite 564.
Nobiling, bei dem sich keine sozialdemokratische Urheberschaft feststellen ließ, fügte sich selbst eine Schußwunde zu. Er starb am 10. 9. 1878 an einer Lungenlähmung.

115 □ Nr. 26 vom 9. 6. 1878 (1. Beiblatt). Siehe auch das Leitgedicht, ferner das Gedicht »Zum Feste« (2. Beiblatt).
Vgl. die in Nr. 27 und 28 vom 16. und 23. 6. 1878 erschienenen Karikaturen »Aeusseres und Inneres« und »Varziner Kunstgärtnerei«.
Vgl. ferner Ulk, Nr. 23 vom 6. 6., Berliner Wespen, Nr. 23 vom 7. 6., und Berliner Montags-Zeitung, Nr. 23 vom 16. 6. 1878. Der Ulk betonte jedoch ausdrücklich, daß der »Frevler« kein Mitglied der »Verbrecherzunft« gewesen sei.
Vom »äußeren Hervortreten eines finsteren Geistes« sprach auch die konservative Kreuz-Zeitung, Nr. 130 vom 6. 6. 1878. Dieser habe in der »Verspottung alles Heiligen« und in den »bedenklichen Freiheits-Gesetzen« seinen Ursprung. Die katholische Germania druckte diese Auslassungen sofort nach (Nr. 128 vom 6. 6. 1878).

116 □ Vgl. L. Gall: Bismarck (Anm. 7), Seite 566.

117 □ Zit. nach Bismarck: Gedanken und Erinnerungen (41), Seite 413. Bismarck hat diese Redewendung auch in der Norddeutschen Allgemeinen Zeitung, Nr. 531 vom 14. 11. 1881 (»Politischer Tagesbericht«), sowie laut einer Tagebucheintragung Ludwig Bambergers (Bismarcks großes Spiel [Anm. 80], Seite 338) zurückgewiesen.
Sie ist belegt bei August Bebel: Aus meinem Leben, 5. Aufl. Berlin (DDR): Dietz 1978, Seite 494.

118 □ Zit. nach Kladderadatsch, Nr. 29/30 vom 30. 6. 1878.
Vgl. hierzu auch die in den Berliner Wespen (Nr. 29 und 31) vom 19. 7. und 2. 8. 1878 erschienenen Karikaturen.
Daß die Sozialdemokratie eine Folgeerscheinung der liberalen Gesetzgebung sei, hatte die Kreuz-Zeitung seit dem Commune-Aufstand von 1871 immer wieder behauptet.
Siehe auch die am 18. Juli im Ulk (Nr. 29) erschienene Karikatur.

119 □ Die Broschüre von Glagau erschien im Verlag von F. Luckhardt, der sich bald darauf auf dem Gebiet des antisemitischen Schrifttums spezialisierte.
Das Programm der Christlich-socialen Arbeiterpartei, die sich ein Jahr später in Christlich-sociale Partei umbenannt hat und ihre Kandidaten gemeinsam mit den Deutschkonservativen aufstellte, ist abgedruckt in: W. Mommsen (Hrsg.): Deutsche Parteiprogramme (Anm. 92), Seite 71 bis 73.
Zum Ulk-Zitat: Nr. 42 vom 17. 10. 1878.
Die meisten satirischen Seitenhiebe auf die Stoe[ö]cker-Bewegung finden sich im Ulk: Nr. 2, 10, 12, 21, 22, 25, 26, 42, 46, 47 vom 11. 1., 7. und 21. 3.,

23. und 30. 5., 20. und 27. 6., 26. 9., 17. 10., 14. und 21. 11. 1878. Siehe ebenfalls Kladderadatsch, Nr. 29/30, 31, 36, 37/38, 40 vom 30. 6., 7. 7., 11. und 18. 8. sowie 1. 9. 1878, ferner Berliner Wespen, Nr. 6 und 36 vom 8. 2. und 6. 9. 1878.
Vgl. zum Auftreten Stoe[ö]ckers Teil I Kapitel 5 (Anm. 107) dieses Buchs.
120 □ Kladderadatsch, Nr. 33 und 34 vom 21. und 28. Juli 1878 (Leitgedichte); Karikatur: »Immer heran, wer eine Stimme hat!«
121 □ Nr. 30 vom 29. 7. 1878 (»Aufgebot!«; »Wahl-Urnen-Fahrplan für die Berliner Fortschrittspartei«).
122 □ Die Deutschkonservativen besaßen nunmehr 59, die Freikonservativen 57 Mandate. Somit konnten sie bei den parlamentarischen Abstimmungen den Ausschlag geben. Auf das Zentrum entfielen 94 Sitze, auf die Sozialdemokraten, nicht zuletzt dank schwarz-roter Stichwahlbündnisse, immerhin 9.
Interessanterweise verloren die Nationalliberalen im alten Preußen besonders viele Stimmen.
123 □ Kladderadatsch, Nr. 39 vom 25. 8. 1878 (Karikatur); Ulk, Nr. 39 vom 26. 9. 1878 (Karikatur).
124 □ Vgl. z. B. Kladderadatsch, Nr. 39 bis 42, 44/45 bis 49 vom 25. 8., 1. bis 15., 29. 9. sowie 6. bis 27. 10. 1878; Berliner Wespen, Nr. 37 bis 39, 41 bis 43 vom 13. bis 27. 9. und 11. bis 25. 10.; Ulk, Nr. 35, 37 bis 42, 44 vom 29. 8., 12. 9. bis 17. 10. und 31. 10. 1878. Auf den Kladderadatsch entfielen 11, auf die Berliner Wespen 12 und auf den Ulk 14 Karikaturen.
125 □ Am 17. 9. und 9. 10. 1878 griff Bismarck in zwei langen Reden in die Diskussion um das Sozialistengesetz ein. Höhepunkte waren die Schilderung seines Verhältnisses zu Lassalle, seine Einschätzung der Pariser Commune sowie die Feststellung, er werde »eine jede Bestrebung fördern . . ., welche positiv auf Verbesserung der Lage der Arbeiter gerichtet ist«.
Vgl. Die politischen Reden des Fürsten Bismarck. Historisch-kritische Gesammtausgabe. Hrsg. von Horst Kohl. Bd. 7. Stuttgart: Cotta 1893, Seite 248 bis 304. Das Zitat auf Seite 269; der Gesetzestext auf Seite 305 bis 312.
126 □ Berliner Wespen, Nr. 34 und 39 vom 23. 8. und 27. 9. 1878.
127 □ Vgl. hierzu nur folgende Karikaturen: Ulk, Nr. 21 vom 23. 5. 1878, Berliner Wespen, Nr. 5 und 7 vom 4. 2. und 18. 2. 1876, Nr. 24, 29, 42 und 43 vom 14. 6., 19. 7., 18. 10. und 25. 10. 1878.
Zahlreiche Zitate aus dem Kladderadatsch finden sich bei H. Barthel: Der Kladderadatsch im Kampf um die Sozial- und Wirtschaftsordnung . . . (Anm. 66), Seite 652 bis 737.
Vgl. allgemein zur Haltung der Witzblätter Friedrich Wendel: Der Sozialismus in der Karikatur. Von Marx bis MacDonald. Ein Stück Kulturgeschichte. Berlin: J. H. W. Dietz Nachfolger 1924.
128 □ Ulk, Nr. 42 vom 17. 10. 1878. *Sans phrase* könnte hier übersetzt werden mit ohne Widerrede.
129 □ Später hat Lasker mit dem fortschrittlichen Berliner Fabrikanten (Maschinenbau) Ludwig Loewe Sammlungen für ausgewiesene Sozialdemokraten veranstaltet.
Vgl. zum Sozialistengesetz Horst Bartel/Wolfgang Schröder/Gustav Seeber: Das Sozialistengesetz 1878–1890. Illustrierte Geschichte des Kampfes der Arbeiterklasse gegen das Ausnahmegesetz. Berlin (DDR): Dietz 1980, Karl-Ludwig Günsche/Klaus Lantermann: Verbieten–Aussperren–Diffamieren. Hundert Jahre Sozialistengesetz und verwandte Praktiken. Köln/Frankfurt a. M.: Europäische Verlagsanstalt 1978, endlich Horst Karasek: Belagerungszustand! Reformisten und Radikale unter dem Sozialistengesetz 1878–1890. Berlin: Klaus Wagenbach 1978.
130 □ Vgl. Dieter Fricke: Bismarcks Prätorianer. Die Berliner politische Polizei im Kampf gegen die deutsche Arbeiterbewegung (1871–1898). Berlin: Rütten & Loening 1962.
131 □ Zit. nach Kladderadatsch, Nr. 56 vom 8. 12. 1878 (»Willkommen!«; »Dura lex«).
S. Berliner Wespen, Nr. 49 vom 6. 12. 1878 (Karikatur).
Vgl. zum Kleinen Belagerungszustand ebenfalls Ulk, Nr. 50 vom 12. 12. 1878 (Bilderbogen), und Berliner Wespen, Nr. 49 (»Eine Decembernacht Muckenich's«; Karikatur) vom 6. 12. 1878.
Indirekt wird in allen drei illustrierten Politwitzblättern die Schweiz, wo Bismarck bereits seine Spitzel hatte, aufgefordert, den Ausgewiesenen Obdach und Asyl zu gewähren.
Vgl. Kladderadatsch, Nr. 57 vom 15. 12., Berliner Wespen, Nr. 48 vom 29. 11., und Ulk, Nr. 51 vom 19. 12. 1878. Auf der Karikatur des Ulks teilt »Frau Helvetia« mit: »Ich bin mit der Avant-Garde fertig geworden und fürchte mich auch vor dem Gros nicht.«
132 □ Zahlreiche Belege über die Haltung des Kladderadatsch in der Frauenemanzipationsfrage finden sich bei H. Barthel: Der Kladderadatsch im Kampf um die Sozial- und Wirtschaftsordnung . . . (Anm. 66), Seite 437 f.
Besonders aktiv wurde die Frauenfrage im Ulk verfolgt. Am 12. Mai 1876 verspottete er die Debatte im englischen Parlament über die politische Gleichberechtigung der Frauen, am 22. Juni 1876 mokierte er sich über das »Frauenstimmrecht in Chili«, am 28. September 1876 berichtete er aus »Emancipacien« (= Philadelphia) (Nr. 19, 25 und 39).
Am 22. März 1877 karikierte das Blatt ein »Kapitel von der Frauenbeschäftigung« (Nr. 12), am 14. Fe-

bruar 1878 philosophierte der neunmalkluge Nunne darüber, wie er seine »jeehrte Jemahlin« aus »ne sozial-demokratische Frauenversammlung« herausholen würde: »Ick steckte blos den Kopp rin in'n Saal, wo sie mehrfach beisammen is und riefe, Juste, rief ick, nebenan in die Kirche is Trauung. Eben fährt die Braut vor. – Nanu können Sie sich d'ruf verlassen, wenn die Weiber das hören, dann können sie in die wichtigste Debatte sind, nich eene bliebe da im Saal.« (Ulk, Nr. 7).
Im selben Jahr (1878) erschien August Bebels Buch Die Frau in Vergangenheit, Gegenwart und Zukunft, das bald darauf den Titel Die Frau und der Sozialismus erhielt. Es wurde 58mal in deutscher Sprache aufgelegt, davon allein 50mal zwischen 1878 und 1909 (auch Billigausgaben) und überdies in viele Sprachen übersetzt.
Vgl. hierzu allgemein Elke Frederiksen (Hrsg.): Die Frauenfrage in Deutschland 1865–1915. Texte und Dokumente. Stuttgart: Philipp Reclam jun. 1981.
133 ☐ Ulk, Nr. 4 vom 23. 1., und Kladderadatsch, Nr. 8/9 vom 23. 2. 1879 (Leitgedicht). Am 7. 3. 1879 war die Vorlage des Reichskanzlers betr. Ausdehnung der Disziplinargewalt des Reichstags gegenüber seinen Mitgliedern mit großer Mehrheit abgelehnt worden.
134 ☐ Vgl. hierzu H. Blum: Das Deutsche Reich zur Zeit Bismarcks . . . (Anm. 25), Seite 310 bis 317, sowie L. Gall: Bismarck (Anm. 7), Seite 574 f. Die Denkschrift war vom 15. 12. 1878 datiert.
135 ☐ H. Blum (Anm. 25; Seite 317) nennt den Pressekampf »einen der häßlichsten, die Deutschland erlebt hat«. Ferner wurde durch Reden und Volksversammlungen eine äußerst gereizte Stimmung hervorgerufen.
Zu den Bismarck-Federn, die des Kanzlers wirtschaftspolitische Gedanken in die Öffentlichkeit brachten, gehörte auch Moritz Busch. Vgl. Moritz Busch: Tagebuchblätter. Bd. 2. Leipzig: Grunow 1899, Seite 550 f.
136 ☐ Kladderadatsch, Nr. 5 vom 2. 2. 1879. Das Gedicht trug die Überschrift »Zollplage. Stoßseufzer eines Unschlüssigen«.
Mit der »Tante« ist die Vossische Zeitung gemeint, mit der Nationalen die National-Zeitung. Die freikonservative Berliner Tageszeitung Die Post brachte in den siebziger und achtziger Jahren wiederholt offiziöse Artikel Bismarcks. Der Ulk war die Beilage des hier erwähnten Berliner Tageblattes.
Vgl. hierzu die am 30. 3. 1879 im Kladderadatsch (Nr. 14/15) erschienene Karikatur »Arena für Zeitungskampf«.
137 ☐ Berliner Montags-Zeitung, Nr. 9; Ulk, Nr. 10.
Vgl. auch Berliner Wespen, Nr. 17 vom 25. 4., und Ulk, Nr. 20 vom 15. 5. 1879.
138 ☐ Kladderadatsch, Nr. 5 vom 2. 2.; Ulk, Nr. 5 vom 30. 1., und Berliner Wespen, Nr. 14 vom 4. 4. 1879.
Vgl. auch Kladderadatsch, Nr. 58 vom 22. 12. 1878, Nr. 2 und 3 vom 12. und 19. 1., Nr. 5 (zwei Karikaturen), 7, 8/9 vom 16. und 23. 2., 10, 11, 13 und 14/15 (zwei Karikaturen) vom 2., 9., 23. und 30. 3., Nr. 16, 17, 18 (zwei Karikaturen), 19 vom 6. bis 27. 4. 1879, ferner Ulk, Nr. 52 vom 26. 12. 1878, Nr. 1, 2, 5 vom 1. [!], 9., 30. 1., Nr. 8, 12, 13 vom 20. 2., 20. und 27. 3., Nr. 15 (zwei Karikaturen) und 17 vom 10. und 24. 4. 1879, endlich Berliner Wespen, Nr. 52 vom 27. 12. 1878, Nr. 1, 2 vom 3. und 10. 1., Nr. 8, 9 vom 21. und 28. 2., Nr. 10, 12, 13 vom 7., 21. und 28. 3., Nr. 14, 15 (zwei Karikaturen), 16 und 17 vom 4. bis 25. 4. 1879.
Bereits 1878 waren in allen Witzblättern Karikaturen zu diesem Thema erschienen.
139 ☐ Vgl. hierzu Franz Schneider: Die politische Karikatur. München: C. H. Beck 1988, Seite 62.
Die Wiederholung (Repetition) ist das beliebteste Verfahren in der klassischen Komödie und wird hier von den Zeichnern übernommen.
Vgl. hierzu Henri Bergson: Das Lachen. Ein Essay über die Bedeutung des Komischen. Zürich: Verlag der Arche 1972, Seite 84 f.
140 ☐ Als weitere Beispiele seien genannt: Berliner Wespen, Nr. 15 und 16 vom 11. und 18. 4., Nr. 22 vom 30. 5., Nr. 23 vom 6. 6., Nr. 28 und 30 vom 11. und 25. 7., 35 vom 29. 8., Nr. 50 und 51 vom 12. und 19. 12. 1879.
Siehe auch Kladderadatsch, Nr. 17 vom 13. 4., Nr. 33 und 34 vom 20. und 27. 7. 1879.
Vgl. Ulk, Nr. 15 vom 10. 4., Nr. 20 vom 15. 5., Nr. 23 vom 5. 6. und Nr. 25 vom 7. 6. 1879
141 ☐ Am 2., 8., 21., 24. und 27. 5., 19. 6. und 9. 7. 1879.
Vgl. Horst Kohl (Hrsg.): Die politischen Reden des Fürsten Bismarck. Historisch-kritische Gesammtausgabe. Bd. 8. Stuttgart: Cotta 1893, Seite 11 bis 155.
Hinweise auf die Presse und die öffentliche Meinung finden sich auf Seite 32 f., 37, 81, 115, 118 f., 127 f., 137 f., 143, 145, 151.
142 ☐ Kladderadatsch, Nr. 24 vom 25. 5. 1879 (»Die Geschäftsfreunde«).
August Bebel schrieb in seinen Erinnerungen Aus meinem Leben (Anm. 117; Seite 578): »Das Foyer des Reichstags glich damals einer Schacherbude. Die Vertreter der verschiedensten Industriezweige und Agrarier bevölkerten zu Hunderten das Foyer und die Fraktionszimmer des Reichstags . . .«
143 ☐ Einzelheiten bei H. Böhme: Deutschlands Weg zur Großmacht (Anm. 63), Seite 561 bis 564.
144 ☐ Zit. nach H. Kohl (Hrsg.): Die politischen Reden . . . (Anm. 141), Seite 149 (Rede vom 9. 7. 1879).

Die nach dem Vorsitzenden der Zentrumsfraktion Georg Freiherr von und zu Franckenstein genannte Franckensteinsche Klausel sah vor, daß die Einnahmen aus den Zöllen und der Tabaksteuer, die den Betrag von 130 Millionen Mark im Jahr überstiegen, den Einzelstaaten nach Maßgabe ihrer Bevölkerung zustehen würden. Bismarck mußte also wieder auf die Matrikularbeiträge zurückgreifen, die er eigentlich hatte abschaffen wollen.
Die namentliche Abstimmung über diesen Kompromiß ergab am 12. 7. 1879 217 gegen 117 Stimmen.
145 □ Kladderadatsch, Nr. 24 vom 25. 5. 1879 (»Offenes Sendschreiben eines Reichstagsabgeordneten an seine Gattin«).
Max von Forckenbeck hatte sich am 17. Mai auf einem Bankett des eiligst einberufenen Städtetages gegen die Einführung von Zöllen auf Grundnahrungsmittel ausgesprochen. Er legte sein Amt als Reichstagspräsident nieder, weil seine Ansichten nicht mehr mit der Mehrheit der Abgeordneten übereinstimmten.
Sein Nachfolger wurde der Deutschkonservative Otto Theodor von Seydewitz; der neue Vizepräsident war der Vorsitzende der Zentrumsfraktion, der Bayer Georg Freiherr von und zu Franckenstein.
Vgl. die im Kladderadatsch erschienene Karikatur »Alte Fabel, modern illustrirt« sowie Ulk, Nr. 22 vom 29. 5. 1879. Die Zeichnung »Eine Glocke für die andere« war mit folgendem Begleittext versehen: »Forckenbeck wird nicht mehr mit der Klingel vorsitzen, sondern die Sturmglocke läutend vorgehen gegen die Gefahr der Reaktionsfluth.«
Zum Leitgedicht und zur Illustration Kladderadatsch, Nr. 24 vom 25. 5. 1879.
146 □ Kladderadatsch, Nr. 24 vom 25. 5. 1879; Berliner Wespen, Nr. 21, Ulk, Nr. 22 vom 23. u. 29. 5., Kladderadatsch, Nr. 25 vom 1. 6. 1879.
147 □ Berliner Wespen, Nr. 27, 29 und 32 vom 4. und 18. 7. sowie 8. 8. (Karikaturen), Kladderadatsch, Nr. 31 vom 6. 7. 1879 (»Sieges-Parabase«), Ulk, Nr. 28 vom 10. 7. 1879.
148 □ Zit. nach H. Blum: Das Deutsche Reich . . . (Anm. 25), Seite 341. Siehe ferner L. Gall: Bismarck (Anm. 7), Seite 585 bis 591.
149 □ Die erste Strophe des Parzenlieds lautet:
»Es fürchte die Götter
Das Menschengeschlecht!
Sie halten die Herrschaft
In ewigen Händen,
Und können sie brauchen,
Wie's ihnen gefällt.«
150 □ Vgl. E. R. Huber (Hrsg.): Dokumente . . . (Anm. 8), Seite 535.
Titel einer am 18. 7. 1879 in den Berliner Wespen (Nr. 29) erschienenen Karikatur.
151 □ Das Zitat stammt aus Berliner Wespen, Nr. 39 vom 26. 9. 1879.
Vgl. zu Lasker als Bismarck-Stütze auch die am 16. Februar 1868 im Kladderadatsch (Nr. 7/8) erschienene Karikatur.
Nach mehreren scharfen Auseinandersetzungen kam es dann am 8. Mai 1879 im Reichstag zum Eklat. Auf die kurz zuvor erhobenen Vorwürfe Laskers, Bismarck betreibe eine Finanzpolitik der Besitzenden, rief der Kanzler in Anlehnung Matth. 6,26 aus: »Ja, ich kann dem Herrn Abg. Lasker eben so gut sagen, er treibt die Finanzpolitik eines Besitzlosen; er gehört zu denjenigen Herren, die ja bei der Herstellung unserer Gesetze in allen Stadien der Gesetzmachung die Majorität bilden, von denen die Schrift sagt: sie säen nicht, sie ernten nicht, sie weben nicht, sie spinnen nicht, und doch sind sie gekleidet . . .«. Zit. nach H. Kohl (Hrsg.): Die politischen Reden . . . (Anm. 141), Seite 36.
152 □ Vgl. zu diesem Aspekt Severin Heinisch: Die Karikatur. Über das Irrationale im Zeitalter der Vernunft. Wien/Köln/Graz: Böhlau 1988, Seite 106.
153 □ Kladderadatsch, Nr. 47 vom 12. 10. 1879, »Die große Niederlage«; »An einen alten Bekannten«.
Vgl. die Karikaturen der Berliner Wespen, Nr. 41, 42 und 49 vom 10. und 17. 10. sowie 5. 12. 1879.
154 □ Der Begriff »Zweite Reichsgründung« hat sich durch die Historiker Helmut Böhme, Hans Rosenberg und Hans-Ulrich Wehler eingebürgert. In der zeitgenössischen Presse sprach man von einem »reformierten« Deutschland bzw. von einer »Neuen« oder »Allerneuesten« Ära.
Vgl. z. B. Berliner Wespen, Nr. 45 vom 7. 11. 1879: »Neue-Aera-Plaudereien. Lithographirte Gratis-Feuilletons für reactionäre Zeitungen«.
Bei Arthur Schopenhauer heißt es: »Der Wechsel allein ist das Beständige« (Parerga und Paralipomena, 1851). Zum Kladderadatsch-Zitat, Nr. 57 vom 11. 12. 1881 (Leitgedicht).
155 □ Die Zitate sind folgenden Karikaturen entnommen: Ulk, Nr. 10 vom 10. 3. 1881, Berliner Wespen, Nr. 8 vom 25. 2. 1881, und Kladderadatsch, Nr. 11 vom 6. 3. 1881. Vgl. auch noch die Karikaturen in den Berliner Wespen, Nr. 9 vom 4. 3. 1881, und Kladderadatsch, Nr. 12 vom 13. 3. 1881.
Siehe ferner Berliner Wespen, Nr. 12, 13 und 15 vom 23. und 30. 3. sowie 13. 4. 1883 (Karikaturen), und Kladderadatsch (Nr. 17 vom 8. 4. 1883):
»Bei Vollmond ward schon oft Minister,
Von dem's bei Neumond hieß: wo ist er?«
156 □ Zu den Zitaten: Ulk, Nr. 39 vom 23. 9. 1880 (Karikatur), Nr. 26 vom 30. 6. 1881, Berliner Wespen, Nr. 37 vom 10. 9. 1880 (Karikatur), und Kladderadatsch, Nr. 14/15 vom 25. 3. 1883 (Karikatur).
Vgl. zu Bennigsen, auf den Bismarck immer wieder

zurückgekommen war, Bismarck-Erinnerungen des Staatsministers Freiherrn Lucius von Ballhausen. 1.–3. Aufl. Stuttgart/Berlin: J. G. Cotta'sche Buchhandl. Nachfolger 1920, Seite 233, 279 und 304.
Vgl. zu dem Ministerkarrussel die Bemerkung Bismarcks in Gedanken und Erinnerungen (Anm. 41; Seite 372): »Die Erinnerungen an die Zeiten der Anwerbung neuer Kollegen gehörten zu den unerquicklichsten meiner amtlichen Laufbahn.«
157 □ Zit. nach Berliner Wespen, Nr. 11 vom 12. 3. 1886.
Vgl. zur Rolle des Zentrums aus der Sicht der Berliner Wespen ebenfalls Nr. 17 vom 26. 4. 1882, Nr. 16 vom 20. 4. und Nr. 18 vom 4. 5. 1883.
Ganz allgemein wurde das Verhältnis Bismarck–Parteien in der satirischen Presse häufig thematisiert. Vgl. zu diesem Fragenkomplex Gerhard A. Ritter (Hrsg.): Deutsche Parteien vor 1918. Köln: Kiepenheuer & Witsch 1973.
158 □ Aus der Fülle der Windthorst-Karikaturen seien folgende Beispiele ausgewählt: Kladderadatsch, Nr. 2, 4 und 19 vom 11. und 25. 1. sowie 26. 4. 1885, Berliner Wespen, Nr. 16, 22 und 34 vom 27. 4., 8. 6. und 31. 8. 1881, Nr. 4, 13 und 30 vom 25. 1., 29. 3. und 28. 7. 1882, Nr. 18, 24 und 31 vom 4. 5., 15. 6. und 3. 8. 1883, Nr. 3 vom 18. 1. 1884, sowie Ulk, Nr. 15 und 20 vom 10. 4. und 15. 5. 1884, ferner Nr. 10 vom 5. 3. 1885.
159 □ Das Zitat stammt aus der Gedenk-Ausgabe (Nr. 12 vom 9. 3. 1888).
160 □ Zit. nach Ulk, Nr. 12 vom 22. 3. 1888, Leitgedicht »Friedrichs Kaiser-Wort«. Ob sich bei einer längeren Regierungszeit die Hoffnungen der Liberalen erfüllt hätten, muß im Bereich der Spekulationen bleiben.
Der Text, in dem die Staats- und Weltauffassung Friedrichs III. zum Ausdruck kam, ist abgedruckt in H. Blum: Das deutsche Reich zur Zeit Bismarcks (Anm. 25), Seite 551 f.
161 □ Vgl. die im Kladderadatsch (Nr. 29/30) am 24. 6. 1888 erschienene Karikatur. Robert von Puttkamer, ein entfernter Vorfahre des 1987 verstorbenen SPD-Journalisten Jesco von Puttkamer, hatte nach dem Rücktritt Falks (Sommer 1879) das Kultusministerium und dann, von Anfang März 1881 bis zu seiner Entlassung, das preußische Innenministerium übernommen.
Vgl. zu diesem konservativen Minister Horst Bartel/Wolfgang Schröder/Gustav Seeber: Das Sozialistengesetz 1878–1890. Illustrierte Geschichte des Kampfes der Arbeiterklasse gegen das Ausnahmegesetz. Berlin (DDR): Dietz 1980, *passim.*
162 □ Vgl. zur Entlassung Bismarcks (18. 3. 1890), auf die in Teil II Kapitel 6 nochmals eingegangen wird, u. a. W. Bußmann: Das Zeitalter Bismarcks (Anm. 11), Seite 235 bis 245, L. Gall: Bismarck (Anm. 7), Seite 684 bis 708, und Bismarck: Gedanken und Erinnerungen (Anm. 41), Seite 503 bis 580 (einschließlich Vorgeschichte).
163 □ Zit. nach Kladderadatsch, Nr. 51 vom 8. 11. 1885 (»Nach den Wahlen«). Siehe auch die Beiträge in Nr. 3 vom 16. 1. 1887 und Nr. 32 vom 8. 7. 1888.
Der Zentrumsabgeordnete Julius Bachem aus Köln, ein bekannter und militanter Verleger, hatte am 9. Dezember 1882 die Befürchtung ausgesprochen, Berlin könne sich »zum Wasserkopf der Monarchie« ausbilden. Der Ausspruch wurde sofort von der Presse aufgegriffen, z. B. von den Berliner Wespen (Nr. 50 vom 15. 12. 1882; Karikatur).
164 □ Zit. nach H. Kohl (Hrsg.): Die politischen Reden . . . (Anm. 141), Seite 374 (4. März 1881).
165 □ Ebenda, S. 375 und 387 f.
Der Ausdruck findet sich in Berliner Ostend-Zeitung, Nr. 137 vom 23. 11. 1880.
Am 10. 3. 1881 wurde die Berliner Ostend-Zeitung als Flugblatt in 100 000 Exemplaren verteilt. Sie brachte den stenographierten Wortlaut der Bismarckrede und schloß einen resümierenden Artikel mit den Worten: »Hoch Bismarck, weg mit dem fortschrittlichen Judenpack!« Zit. nach Germania, Nr. 56 vom 10. 3. 1881.
Vgl. zu dieser sowohl im Abonnement als auch im Straßenverkauf für 5 Pfennig erhältlichen antisemitischen Zeitung Teil I, Kap. 5 dieses Buchs, Anm. 111.
166 □ Kladderadatsch, Nr. 21 vom 8. 5. 1881 (Leitgedicht). Siehe auch Berliner Wespen, Nr. 20 vom 25. 5. 1881 (»Reichstäglers Wanderlust«), und Ulk, Nr. 18 vom 5. 5. 1881 (»Adieu Berlin – Ab nach Kassel!«).
Vgl. ferner die in den Berliner Wespen, Nr. 26, 29 und 30 vom 6. und 27. 7. sowie 3. 8. 1881 erschienenen Karikaturen.
167 □ Vgl. zu Bismarcks Furcht vor dem Linksliberalismus und vor einem Übergang zu einem parlamentarischen System nach englischem Muster unter dem künftigen Kaiser Friedrich III. W. Bußmann: Das Zeitalter Bismarcks (Anm. 11), Seite 222 f.
Siehe zur Sprengung der Nationalliberalen Partei – Eduard Lasker war allerdings schon am 16. März ausgetreten – Kladderadatsch, Nr. 35, 40 und 42 vom 1., 8., 29. 8. und 12. 9. 1880, sowie Ulk, Nr. 36 und 39 vom 2. und 23. 9. 1880.
168 □ Zit. nach Dietz Bering: Der Name als Stigma. Antisemitismus im deutschen Alltag 1812–1933. Stuttgart: Klett-Cotta 1987, Seite 125.
In der Wahrheit wurde im übrigen der Name Itzig als Synonym für Jude verwendet. Vgl. z. B. »Itzig's Lebenslauf« und »von Itzigs im Ahnensaal« (Nr. 5 und 25 vom 29. 1. und 18. 6. 1881).
Das Zerrbild der Wahrheit (Nr. 17 vom 23. 4. 1881) erinnert an eine Karikatur des Ulks (Nr. 46) vom

14. 11. 1878 (»Bismarck und ›uns're Leut‹«). Der Karikaturist bezieht sich auf folgende Bismarck-Worte aus der Zeit des Deutsch-Französischen Kriegs: »Übrigens ist es wohl umgekehrt besser – wenn man einen christlichen Hengst von deutscher Zucht mit einer jüdischen Stute zusammenbringt. Das Geld muß wieder in Umlauf kommen, und es giebt auch keine üble Rasse. Ich weiß nicht, was ich meinen Söhnen einmal raten werde.«
Zit. nach M. Busch, Tagebuchblätter (Anm. 103), Seite 33. Die Aufzeichnungen des Publizisten Moritz Busch, der 1870/71 zu Bismarcks Gefolge in Versailles gehört hatte, waren zunächst unter dem Titel Graf Bismarck und seine Leute während des Krieges mit Frankreich erschienen (1878) und hatten in der Presse großes Aufsehen erregt.
169 ☐ Die Zitate stammen aus Ulk, Nr. 43 vom 23. 10. 1879, und Berliner Wespen, Nr. 49 vom 5. 12. 1879 und 33 vom 24. 8. 1881.
Während der »Judendebatte« im preußischen Abgeordnetenhaus hatte der Zentrumsabgeordnete Bachem den Kladderadatsch mehrmals beschimpft. Vgl. hierzu Kladderadatsch, Nr. 55 vom 28. 11. 1880. Vgl. zum Berliner Antisemitismusstreit auch Teil I Kapitel 5 dieses Buchs sowie die Anthologie Juden in Berlin 1671–1945. Ein Lesebuch. Mit Beiträgen von Annegret Ehmann, Rachel Livné-Freudenthal, Monika Richarz, Julius H. Schoeps, Raymond Wolff. Berlin: Nicolai 1988, Seite 135 bis 144.
Vgl. zu Stöcker (auch Stoecker) Peter G. J. Pulzer: Die Entstehung des politischen Antisemitismus in Deutschland und Österreich 1867 bis 1914. Gütersloh: Sigbert Mohn Verlag 1966, Seite 77 bis 107, ferner, allgemein, Helmut Berding: Moderner Antisemitismus in Deutschland. Frankfurt/Main: Suhrkamp 1988, Seite 86 bis 151.
170 ☐ Nr. 59/60.
Die Stoe[ö]cker-Bezeichnungen stammen aus der Berliner Montags-Zeitung, Nr. 38 und 41 vom 19. 9. und 10. 10. 1881, sowie aus den Berliner Wespen, Nr. 49 vom 3. 12. 1880 (Karikatur) und Nr. 41 vom 9. 10. 1885.
171 ☐ Vgl. A. Lange: Berlin zur Zeit Bebels und Bismarcks (Anm. 68), Seite 584 f.
172 ☐ Die Bezeichnung »Daitsche Fortschrittspartei« besagt, daß diese Partei aus der Sicht der Wahrheit im wesentlichen aus »Juden und Judengenossen« bestand. Die Wahrheit knüpft somit an die Polemik des Kleinen Reactionärs aus den sechziger Jahren an.
Das »Conservative« oder »antifortschrittliche« Wahl-Comité umfaßte die Freikonservativen, die Deutschkonservativen, denen sich die Christlichsoziale Partei als selbständige Gruppe angeschlossen hatte, sowie weitere antisemitische Gruppierungen.
Alle sechs Kandidaten des C.C.C. sind im Kladderadatsch (Nr. 51 vom 6. 11. 1881) mit photographischer Genauigkeit abgebildet.
Zum Ulk-Zitat: Nr. 43 vom 27. 10. 1881 (»Zur Urne!«).
Max von Schenkendorf (1783 bis 1817) sagt in der drittletzten Strophe des Gedichtes »Schill. Eine Geisterstimme« (1809): »Für die Freiheit eine Gasse!« Theodor Körner und Georg Herwegh verwenden diese Worte ihrerseits, der erste in seinem Aufruf von 1813 »Frisch auf, mein Volk!«, der zweite als Überschrift und Kehrreime eines 1841 entstandenen Gedichts.
Vgl. auch Berliner Montags-Zeitung, Nr. 34 vom 22. 8. 1881 (»Eine Fanfare zum Wahlkampf«) sowie Nr. 43 vom 24. 10. 1881.
Vgl. zur Haltung der Fortschrittspartei Eugen Richter: Im alten Reichstag. Erinnerungen. 1. Bd. Berlin: Verlag »Fortschritt, Aktiengesellschaft« 1894, Seite 177 bis 183.
173 ☐ Nr. 19. Vgl. auch Ulk, Nr. 17 vom 25. 4. 1889 (Karikatur), und Lustige Blätter, Nr. 45 vom 7. 11. 1889 (Karikatur).
Vgl. zu den Auseinandersetzungen H. Blum: Das Deutsche Reich zur Zeit Bismarcks (Anm. 25), Seite 578 bis 581.
174 ☐ Vgl. E. R. Huber (Hrsg.): Dokumente . . . (Anm. 8), Seite 535.
Vgl. zu diesen Protestwahlen u. a. L. Gall: Bismarck (Anm. 7), Seite 606 bis 613. Kladderadatsch-Zitat: Nr. 41 vom 5. 9. 1880 (Karikatur).
175 ☐ Nr. 55 vom 27. 11. 1881 (Leitgedicht).
Vgl. auch Kladderadatsch Nr. 52 vom 13. 11. 1881 (Leitgedicht):
»Am 17. November – weh! –
Da treten ›des Reiches Feinde‹
Zusammen wieder, es tagt in Berlin
Die Hochverräthergemeinde.«
176 ☐ Berliner Montags-Zeitung, Nr. 43 vom 23. 10. 1882. Siehe auch Berliner Wespen, Nr. 38 bis 45 vom 22. 9. bis 10. 11. 1882.
177 ☐ Zitate aus Kladderadatsch, Nr. 52 vom 12. 11. 1882 (Leitgedicht) und Nr. 12 vom 16. 3. 1884 (Leitgedicht).
Zum Programm W. Mommsen (Hrsg.): Deutsche Parteiprogramme (Anm. 92), Seite 156 bis 158.
178 ☐ Ebenda, Seite 159 f.
Das Zusammengehen der Nationalliberalen mit den Konservativen und der Landwirtschaft, das bis in den ersten Weltkrieg hinein die parteipolitische Lage charakterisierte, nahm damals seinen Anfang.
179 ☐ Berliner Wespen, Nr. 23 vom 6. 6. 1884 (Karikatur).
Ulk, Nr. 18 vom 1. 5. 1884 (Karikatur). Vgl. auch Ulk, Nr. 36 vom 4. 9. 1884.
Vgl. zur kritischen Haltung der Berliner Wespen außerdem folgende Karikaturen: Nr. 27 vom 4. 7. 1884,

Nr. 40, 41, 43, 44, 45 vom 2., 9., 23., 30. 10. und 6. 11. 1885, ferner Nr. 13, 18 und 46 vom 26. 3., 30. 4. und 12. 11. 1886 (Textbeiträge). In der letztgenannten Ausgabe hieß es unter der Überschrift »Nationalliberalia«: »Die nationalliberale Partei besteht aus Nullen . . .«

180 □ Zu den Zitaten: Berliner Wespen, Nr. 34 vom 22. 8. 1884, Kladderadatsch, Nr. 50, 52 und 53/54 vom 2., 16. und 23. 11. 1884 (auch Karikaturen).

181 □ Vgl. hierzu Hans J. Reichhardt: Wahlen in Berlin 1809 bis 1967. Ein Rückblick auf hundertsechzig Jahre Berliner Kommunalpolitik. Schriftenreihe Berliner Forum. Hrsg. vom Presse- und Informationsamt des Landes Berlin, 1970, Seite 23 bis 28.
Siehe hierzu auch die am 5., 19. 10. und 2. 11. 1883 in den Berliner Wespen erschienenen Karikaturen (Nr. 40, 42 und 44) sowie die Karikatur des Kladderadatsch, Nr. 49 vom 28. 10. 1883.

182 □ Kladderadatsch, Nr. 14/15 vom 29. 3. 1885 (Leitgedicht). Siehe auch Berliner Wespen, Nr. 13 vom 27. 3. 1885 (Karikatur) und Ulk (Nr. 13) vom 26. 3. 1885.

183 □ Nur eines der zahlreichen Beispiele sei hier genannt. Am 21. Oktober 1888, anläßlich der Wahlen zum preußischen Abgeordnetenhaus, sieht man auf einer Karikatur (Kladderadatsch, Nr. 48), wie Eugen Richter, Ludwig Windthorst und andere Bismarckgegner dem Kanzler ohne Oberleib die riesigen Kanonenstiefel lecken!
Vgl. hierzu eine Kritik aus dem sozialistischen Witzblatt Süddeutscher Postillon (München): »So ging der Humor des ›Kladderadatsch‹ im Sumpfe des Nationalliberalismus langsam zu Grunde, trotz der reichen finanziellen Mittel, die jenem Blatte zu Gebote standen . . .« (Nr. 1, 1887, Rubrik Geflügelte Worte).

184 □ Lustige Blätter, Nr. 10, »Deutsche Streiche«. In Uhlands Ballade (1814) heißt es:
»Zur Rechten sieht man wie zur Linken
Einen halben Türken heruntersinken.«
Bei den Februarwahlen 1890 verloren die Konservativen 7 Sitze, die Mandate der eigentlichen Kartellstützen wurden halbiert. Die Reichspartei erhielt statt 41 nur 20, die Nationalliberale Partei statt 99 nur 42.
Vgl. zu den Wahlen 1887, auf die in Teil II Kapitel 6 nochmals eingegangen wird, sowie zu den Wahlen 1890 u. a. L. Gall: Bismarck (Anm. 7), Seite 673 bis 678 und 694 bis 701.

185 □ Siehe zu den Zahlen G. A. Ritter: Wahlgeschichtliches Arbeitsbuch (Anm. 8), Seite 40. 1887 und 1890 waren auch erstmals Antisemiten als Splittergruppen (1890: 5) aufgetreten.
Das ungünstige Verhältnis sozialdemokratische Stimmen: Mandate erklärt sich aus der Einteilung der Wahlkreise.
Das Zitat stammt aus den Lustigen Blättern, Nr. 7 vom 13. 2. 1890.

186 □ Vgl. zu diesem wichtigen Exilorgan Dieter Fricke: Die deutsche Arbeiterbewegung 1869 bis 1914. Berlin (DDR): Dietz Verlag 1976 (Lizenzausgabe: Berlin: das europäische Buch), Seite 390 bis 397.
Siehe zu den Wahlen vom 20. Februar 1890 auch die im Wahren Jacob (Nr. 94) erschienene Karikatur mit folgender Bildlegende:
»Mit vollen Segeln ging es los auf's Ziel
Und rauschend durch die Wogen schnitt der Kiel.
Die Führung hat der Sozialisten Boot,
Weit hinten ist's Kartell in großer Noth.«

187 □ Nr. 9/10 vom 2. 3. 1890 (Leitgedicht und Karikatur).
Vgl. zu den Wahlergebnissen auch Kladderadatsch, Nr. 11 und 12 vom 9. und 16. 3. 1890, ferner Lustige Blätter, Nr. 10 vom 6. 3. 1890 (Karikatur), und Ulk, Nr. 9 vom 28. 2. 1890.
In dieser Ausgabe veröffentlichte Richard Schmidt-Cabanis unter der Überschrift »Den Wahl-Beklemmten« ein Gedicht, das – von einigen geringfügigen Änderungen abgesehen – anläßlich des zweiten Attentats auf Wilhelm I. am 16. 6. 1878 in der Berliner Montags-Zeitung (Nr. 23) erschienen war. Die Kernaussage lautete:
»Laßt auf die alterprobte Kraft
Des freien Bürgerthums das Reich sich stützen:
Sie einzig ist's, die Hilfe schafft,
Wenn Ihr sie wißt mit weisem Sinn zu nützen!«

188 □ Vgl. zur Sozialdemokratie vor allem folgende Beiträge: Berliner Wespen, Nr. 3 und 17 vom 16. 1. und 23. 4. 1880, Nr. 4 und 26 vom 28. 1. und 6. 7. 1881, Nr. 5 vom 1. 2. 1882, Nr. 6, 13, 17, 19, 20, 45, 47, 50 und 52 vom 8. 2., 28. 3., 25. 4., 9. und 16. 5., 7. und 21. 11., 12. und 26. 12. 1884, Nr. 9 und 50 vom 27. 2. und 11. 12. 1885; Kladderadatsch, Nr. 28 und 55 vom 18. 6. und 3. 12. 1882, Nr. 1 vom 7. 1. 1883, Nr. 7/8, 10, 16, 17, 19, 22/23, 51, 52 und 53/54 vom 17. 2., 2. 3., 6., 13. und 27. 4., 18. 5., 9., 16. und 23. 11. 1884, Nr. 12 vom 15. 3. 1885, Nr. 26 und 27 vom 6. und 13. 6. 1886, Nr. 4 und 27 vom 23. 1. und 12. 6. 1887, Nr. 5, 10, 43, 56 vom 29. 1., 26. 2., 23. 9. und 9. 12. 1888, Nr. 13, 16, 31, 43, 47 und 49 vom 24. 3., 7. 4., 7. 7., 22. 9., 13. und 27. 10. 1889; Ulk, Nr. 14 vom 7. 4. 1881, Nr. 13, 14, 19, 45 vom 27. 3., 3. 4., 8. 5., 6. 11. 1884, Nr. 11 und 14 vom 18. 3. und 8. 4. 1886, Nr. 4, 6, 8 vom 26. 1., 9. und 23. 2. 1888.
Siehe endlich zur Nutzlosigkeit der Verfolgungsmaßnahmen Lustige Blätter, Nr. 16 vom 14. 11. 1889 und Nr. 10 vom 6. 3. 1890.

189 □ Vgl. zu den Debatten anläßlich der Verlänge-

rungsvorlagen H. Bartel/W. Schröder/G. Seeber: Das Sozialistengesetz . . . (Anm. 161), Seite 80 f., 168 bis 170, 222 f., 256 bis 258 und 298 f.
Anläßlich des zehnjährigen Jubiläums wurde in Berlin eine riesige rote Fahne mit der Inschrift »Schandgesetz 1878–1888« gehißt.
Am 30. September 1890, Punkt 00 Uhr, feierten die Sozialdemokraten »mit Trompetentusch, mit dem Entrollen der roten Fahne . . ., mit . . . Beifallsstürmen und dem Gesang von sozialistischen Arbeiterliedern . . . die Stunde ihres großen Sieges . . .« (Ebenda, S. 328).

190 ☐ Der Verein zur Vertretung der Interessen der Arbeiterinnen wurde im Januar/Februar 1885 in Berlin gegründet, jedoch bereits 1886 wieder verboten. Er wurde von Emma Ihrer geleitet; Ehrenpräsidentin war die zur Sozialdemokratie übergetretene Gräfin Gertrud Guilleaume- (auch Guillaume)-Schack, die von 1884 bis 1886 in Offenburg die Frauenzeitung Die Staatsbürgerin herausgegeben hatte.
Vgl. allgemein Werner Thönnessen: Frauenemanzipation. Politik und Literatur der deutschen Sozialdemokratie zur Frauenbewegung 1863–1933. Frankfurt: Europäische Verlagsanstalt [2]1976.

191 ☐ »Das Lied von der Glocke«, das im ganzen 19. Jahrhundert große Nachwirkungen zeigte, preist das bürgerliche Leben, in dem Kultur und Natur sich harmonisch miteinander verbinden. Es erschien in Schillers Musenalmanach für das Jahr 1800 und enthält folgenden viel zitierten Vers: »Da werden Weiber zu Hyänen«.
Vgl. zu der äußerst spöttischen Behandlung der Frauenfrage ferner Berliner Wespen, Nr. 5, 6, 13, 16, 23, 41 und 45 vom 30. 1., 6. 2., 27. 3., 17. 4., 5. 6., 9. 10. und 6. 11. 1885, sowie Ulk, Nr. 7, 14 und 40 vom 12. 2., 2. 4. und 1. 10. 1885. Aus dem Kladderadatsch seien folgende Karikaturen angeführt: Nr. 51 vom 8. 11. 1885, Nr. 56 vom 9. 12. 1888 und Nr. 43 vom 22. 9. 1889.

192 ☐ Vgl. hierzu die in den Berliner Wespen, Nr. 9 und 46 vom 1. 3. und 15. 11. 1878, sowie in Nr. 22 vom 28. 5. 1880 erschienenen Karikaturen. Unter Anspielung auf Friedrich den Großen setzten die Berliner Wespen auf einen für Preußen günstigen Ausgleich in der Art des Hubertusburger Friedens zwischen Preußen, Österreich und Sachsen (1763).

193 ☐ Siehe Berliner Wespen, Nr. 33 vom 16. 8. 1878, Nr. 2 und 17 vom 9. 1. und 23. 4. 1880; Kladderadatsch, Nr. 42 vom 11. 9. 1881; Ulk, Nr. 46 vom 14. 11. 1878; ferner Berliner Wespen, Nr. 33 vom 24. 8. 1881 und Nr. 8 vom 22. 2. 1882.
Andere Karikaturen zeigten die Maigesetze als Rucksack, Umhängetasche, römisches Schild oder Suppenschüssel.

194 ☐ Kladderadatsch, Nr. 14/15 vom 30. 3. 1884 (»Illustrirte Rückblicke«). Siehe auch Ulk, Nr. 10 vom 11. 3. 1886.
Vgl. hierzu im einzelnen E. Schmidt-Volkmar: Der Kulturkampf in Deutschland (Anm. 21), Seite 295 f.

195 ☐ Die »Friedensgesetze« waren entgegen allen sonstigen Gepflogenheiten zuerst im preußischen Herrenhaus eingebracht worden.
Eine knappe, übersichtliche Zusammenfassung bei W. Bußmann: Das Zeitalter Bismarcks (Anm. 11), Seite 218 f.

196 ☐ Vgl. zum Beispiel Berliner Wespen, Nr. 38 vom 28. 9. 1881.

197 ☐ Siehe E. Schmidt-Volkmar: Der Kulturkampf in Deutschland (Anm. 21), Seite 356 f.

198 ☐ Nr. 45 vom 6. 11. 1880 (Leitgedicht). Vgl. auch Die Wahrheit, Nr. 24 vom 12. 6. 1880, Beitrag »Juden und Kulturkampf«, wo das Klischee der Verquickung von Kulturkampf und Börsenschwindel wiederaufgenommen wird. Das dreizehn Strophen lange Gedicht endet:
»Edle Juden, biedre Judenknechte,
Schützet des Kulturkampfs heil'ge Rechte!«

199 ☐ Berliner Wespen, Nr. 17, Ulk, Nr. 23 vom 3. 6. 1880 (Karikatur).
Das erste Milderungsgesetz wurde am 14. Juli 1880 mit 206 : 202 Stimmen angenommen.

200 ☐ Berliner Wespen, Nr. 29 vom 17. 7. 1885 und Nr. 2 vom 8. 1. 1886. Auch der Kladderadatsch sprach vom »Culturfrieden«, z. B. in Nr. 38/39, 56 und 58 vom 21. 8., 4. und 18. 12. 1881.

201 ☐ Kladderadatsch, Nr. 4 vom 22. 1. 1882.
Vgl. zu dem »flügellahm geflügelten Wort« Canossa (Kladderadatsch, Nr. 57 vom 14. 12. 1879) auch einzelne Beiträge in den Ausgaben vom 10. und 17. 4. sowie 21. 8. 1881. Siehe ferner Kladderadatsch, Nr. 3, 11, 13, 17 und 21 vom 15. 1., 5. und 19. 3., 9. 4. und 7. 5. 1882, sowie Berliner Montags-Zeitung, Nr. 42 vom 17. 10. 1881, und Ulk, Nr. 14 vom 6. 4. 1882.
Am erfindungsreichsten waren allerdings die Berliner Wespen, die in zahlreichen Karikaturen auf Canossa, die Canossaburg, die Canossasäule etc. angespielt haben: Nr. 46 vom 15. 11. 1878, Nr. 27 vom 4. 7. 1879, Nr. 23, 27 und 28 vom 4. 6., 2. und 9. 7. 1880, Nr. 33 und 36 vom 24. 8. und 14. 9. 1881, Nr. 4 vom 25. 1. 1882, Nr. 25, 28, 45 und 52 vom 22. 6., 13. 7., 9. 11. und 28. 12. 1883, Nr. 9, 16 und 27 vom 26. 2., 16. 4. und 2. 7. 1886.

202 ☐ So E. Schmidt-Volkmar: Der Kulturkampf in Deutschland (Anm. 21), Seite 361.

203 ☐ Ebenda, Seite 362.

204 ☐ Kladderadatsch, Nr. 35 vom 3. 8. 1879.

205 ☐ Vgl. zum Beispiel Berliner Wespen, Nr. 17 vom 26. 4. 1878 (Karikatur).

206 ☐ Vgl. zum Beispiel Berliner Wespen, Nr. 33 vom 16. 8. 1878, Nr. 34 vom 22. 8. 1879, Nr. 23 vom

4. 6. 1880 und Nr. 29 vom 17. 7. 1885. Siehe auch Ulk, Nr. 36 und 38 vom 8. und 22. 9. 1881, Nr. 6 vom 9. 2. 1882 und Nr. 3 vom 21. 1. 1886.
207 ☐ Vgl. hierzu die Leitgedichte des Kladderadatsch (Nr. 11 und 31) vom 4. 3. und 1. 7. 1883 sowie die in Nr. 26 vom 6. 6. 1880 erschienene Karikatur.
208 ☐ Kladderadatsch, Nr. 49 vom 24. 10. 1880 (Karikatur).
209 ☐ Kladderadatsch, Nr. 10 vom 1. 3. 1885.
Vgl. zu diesem Thema auch folgende Karikaturen: Kladderadatsch, Nr. 5, 12 und 42 vom 1. 2., 15. 3. und 13. 9. 1885, Nr. 16 vom 4. 4. 1886; Ulk, Nr. 44 vom 28. 10. 1880, sowie Berliner Wespen, Nr. 51 vom 17. 12. 1880, Nr. 25 vom 22. 6. 1883, Nr. 12, 16 und 50 vom 20. 3., 17. 4. und 11. 12. 1885, Nr. 2, 4, 33 vom 8. und 22. 1. sowie 13. 8. 1886.
Vgl. zu Bismarcks Briefen und Reden E. Schmidt-Volkmar: Der Kulturkampf in Deutschland (Anm. 21), Seite 264 f.
210 ☐ Vgl. hierzu Staatsarchiv Potsdam (Orangerie): Pr. Br. Rep. 30 Berlin C Polizei Präsidium, Tit. 95, Sect. 4, Zeitschriften, Nr. 14813, fol. 143 bis 145.
211 ☐ Kladderadatsch, Nr. 24 vom 23. 5. 1886 (Leitgedicht).
Vgl. hierzu u. a. folgende Karikaturen: Kladderadatsch, Nr. 16 vom 6. 4. 1884, Nr. 19 und 21 vom 26. 4. und 10. 5. 1885, Nr. 25 vom 30. 5. 1886; Berliner Wespen, Nr. 20 vom 15. 5. 1885, Nr. 22 vom 28. 5. 1886; Ulk, Nr. 18 und 45 vom 5. 5. und 10. 11. 1881, Nr. 16 und 44 vom 20. 4. und 2. 11. 1882, Nr. 20 vom 17. 5. 1883, Nr. 51 und 52 vom 23. und 30. 12. 1886.
212 ☐ Zit. nach Nr. 20 vom 29. 4. 1888 (Leitgedicht).
213 ☐ Zit. nach Zentrums-Album des Kladderadatsch 1870–1910. Berlin: A. Hofmann & Comp. 1912 (Vorwort).
214 ☐ Vgl. Anm. 78 Teil I, Kapitel 4 dieses Buchs.
215 ☐ Zit. nach Die politischen Reden des Fürsten Bismarck. Historisch-kritische Gesammtausgabe. Hrsg. von Horst Kohl. Bd. 2. Stuttgart: J. G. Cotta 1892, Seite 317.
216 ☐ Vgl. Anm. 125. Vgl. hierzu ebenfalls U. E. Koch: Berliner Presse . . . (Anm. 19), Seite 269 bis 300.
217 ☐ Vgl. hierzu Michael Stürmer (Hrsg.): Bismarck und die preußisch-deutsche Politik 1871–1890. München: dtv [2]1973, Seite 132 bis 135.
218 ☐ Aufzeichnung Mitte Dezember 1880. Zit. nach W. Bußmann: Das Zeitalter Bismarcks (Anm. 11), Seite 211.
219 ☐ Wilhelm Liebknecht sprach bei der ersten Beratung des Unfallgesetzes (1. April 1881) von »dem Nachtwächterstaat, dem Büttelstaat, der als Zuchtmeister über den unterthänigen Menschen steht«.
Zit. nach H. Blum, Das Deutsche Reich . . . (Anm. 25), Seite 409.
220 ☐ Zit. nach Gerhard A. Ritter (Hrsg.): Das Deutsche Kaiserreich 1871–1914. Ein historisches Lesebuch. Göttingen: Vandenhoeck & Ruprecht [3]1977, Seite 245. Die Kaiserliche Botschaft wurde in 60 000 Exemplaren gedruckt und in allen Gemeinden der Monarchie amtlich angeschlagen.
Bereits am 15. Februar 1881 hatte Kaiser Wilhelm I. in der Thronrede zur Eröffnung des Reichstags die auch in der Presse diskutierte Sozialversicherungsgesetzgebung angekündigt.
221 ☐ Für Bismarck handelte es sich bei den von Ludwig Bamberger als »revolutionär« bezeichneten Reformen um »praktisches Christenthum . . ., wobei wir die Leute nicht mit Reden und Redensarten bezahlen, sondern wo wir ihnen wirklich Etwas gewähren wollen . . .« (2. April 1881).
Zit. nach Die politischen Reden des Fürsten Bismarck. Historisch-kritische Gesammtausgabe. Hrsg. von Horst Kohl. Bd. 9. Stuttgart: J. G. Cotta 1894, Seite 23. Auf die staatserhaltende Komponente wurde bereits hingewiesen.
222 ☐ Adolf Wagner (1838 bis 1917) war seit 1870 Professor der Nationalökonomie in Berlin. Er unterschied sich von Gustav Schmoller, Lujo Brentano und anderen bürgerlichen Sozialreformern durch eine stärkere staatssozialistische Einstellung (weitgehende Verstaatlichung des Eigentums). Von den liberalen Publizisten als »Kathedersozialisten« verspottet, gründeten diese 1872 den heute noch bestehenden Verein für Sozialpolitik.
1878 gründete Wagner mit Stoe[ö]cker die Christlich-sociale Arbeiterpartei; er war ebenfalls Mitarbeiter an dessen »Wochenschrift für Socialreform«, Der Staats Socialist, die vom 20. Dezember 1877 bis Anfang 1882 erschienen war. Ihr Motto lautete: »Die sociale Frage existirt, aber sie kann nur gelöst werden durch den starken, monarchischen Staat im Bunde mit den religiösen und sittlichen Factoren des Volkslebens.«
223 ☐ Vgl. hierzu auch das am 26. 11. 1881 (Nr. 48) erschienene Leitgedicht »Zur Thronrede«:
»Ob Andre köderten und kirrten,
Er stehet fest auf seinem Plan,
Und den Verführten und Verirrten
Wird allzeit freundlich aufgethan.
Schon jauchztet ihr, er würde weichen,
Da ihr euch übermächtig dünkt,
Doch nicht erlag er euren Streichen,
Auf's Neue steht er da verjüngt.«
Vgl. auch weitere repräsentative Karikaturen der Wahrheit, auf denen Bismarck als riesenhafter Recke erscheint und die Liberalen als »wüster

Hauf« in ständiger Wiederholung verunglimpft werden.

224 ☐ Der preußische Finanzminister Arthur Hobrecht hatte Bismarcks Zukunftsprogramm am 3. 5. 1879 im Zusammenhang mit der Zolltarifvorlage als »Zukunftsmusik« bezeichnet. Der Ausdruck Zukunftsmusik wurde 1854 erstmals verwendet; er bezog sich im folgenden häufig ironisch auf Richard Wagner, der 1850 die Schrift Das Kunstwerk der Zukunft veröffentlicht hatte.

225 ☐ Ulk, Nr. 18 vom 29. 4. 1880.
Als die Frühjahrssession des Reichstags am 10. Mai 1880 geschlossen wurde, waren die Steuervorlagen des Kanzlers – die Brau-, Stempel- und Wehrsteuer – unerledigt geblieben.

226 ☐ Kladderadatsch, Nr. 14/15.
Bereits am 23. 1. 1881 hatte der Karikaturist des Blattes, Wilhelm Scholz, unter der Überschrift »Faust (= Bismarck), Wagner (= Finanzminister Karl Hermann Bitter) und der Homunculus« einen »Mustersteuerzahler« ersonnen, der »für sich keine Bedürfnisse hat und dem Staat ein Erkleckliches abwirft« (Nr. 4).
Die Kritik an der Einführung neuer beziehungsweise der Erhöhung bereits bestehender indirekter Steuern zieht sich leitmotivartig durch jene Jahrgänge der untersuchten Witzblätter, wobei besonders auf die Äußerungen der stehenden Figuren zu achten ist (Nunne, »Reichs-Steuerzahler« Muckenich, Paula Erbswurst, Schulze und Müller . . .).
Bismarcks als Kompensation gedachte Abschaffung der untersten Steuerklassen für den »armen Mann« verspottete der Kladderadatsch (Nr. 10) am 27. 2. 1881 in einer Karikatur wie folgt:
»Es ist doch schön von der Regierung!
Wo man's merkt, da gibt sie, aber wenig;
Und wo man's nicht merkt, da nimmt sie, aber gehörig!«
Vgl. auch Berliner Wespen, Nr. 45 vom 5. 11. 1880: »Milde Gabe«: »Steuerzahler Tantalus«, sowie Nr. 6 vom 11. 2. 1881: »Das trojanische Pferd«.

227 ☐ Zit. nach W. Bußmann, Das Zeitalter Bismarcks (Anm. 11), Seite 221.

228 ☐ Kladderadatsch, Nr. 47 vom 9. 10. 1881, Berliner Wespen, Nr. 7 und 35 vom 18. 2. und 7. 9. 1881, Kladderadatsch, Nr. 17 vom 9. 4. 1882, Ulk, Nr. 36 vom 2. 9. 1880. Mehr noch als für den Kladderadatsch und den Ulk bildete das Tabakmonopol für den Karikaturisten der Berliner Wespen ein Hauptmotiv (rund zwanzig Illustrationen).

229 ☐ Berliner Wespen, Nr. 49 vom 14. 12. 1881.
Die Rubrik erschien erstmals am 28. 9. 1881. Weitere Sorten waren Hannibal, Victoria oder Die Wacht am Rhein.

230 ☐ Ludwig Bamberger sagte am 12. 6. 1882 im Reichstag, er sei kein fanatischer Gegner des Tabakmonopols, »nur die ›Achtung vor dem Willen der Nation‹, die gegen das Wort und den Begriff ›Monopol‹ eine unüberwindliche Abneigung habe, lasse ihn unter den gegenwärtigen Umständen das Monopol verwerfen.« Zit. nach Die politischen Reden des Fürsten Bismarck (Anm. 221), Seite 370 f.
Adolf Wagner, ein vertrauter Anhänger Bismarcks, hatte 1881 in seinen Wahlreden verkündet, »daß Fürst Bismarck die Erträge des von ihm für das Gebiet des Deutschen Reiches beabsichtigten Tabakmonopols (nach Abzug der Summe, welche das Reich schon jetzt aus dem Tabak erzielt) dazu verwenden wolle, das Unfallversicherungsgesetz und die Altersversicherung für die Arbeiter durchzuführen und damit ein ›Patrimonium (Erbgut) für die Enterbten‹ zu schaffen«.
Zit. nach H. Blum: Das Deutsche Reich zur Zeit Bismarcks (Anm. 25), Seite 412.
Am 14. 6. 1882 wurde die Vorlage mit 277 gegen 43 Stimmen abgelehnt.

231 ☐ Vgl. zur Bismarckschen Sozialgesetzgebung, deren anfängliche geringfügige Leistungen später zügig ausgebaut wurden, F.-W. Henning: Die Industrialisierung in Deutschland . . . (Anm. 63), Seite 268 bis 270. Siehe auch Hans-Ulrich Wehler: Bismarck und der Imperialismus. Köln: Kiepenheuer & Witsch [3]1972, Seite 459 bis 464.

232 ☐ Zit. nach H. Blum: Das Deutsche Reich zur Zeit Bismarcks (Anm. 25), Seite 405. Dieses Urteil wurde von dem italienischen Professor und Senator Luigi Luzzatti, dem späteren Finanzminister, auf dem Internationalen Kongreß der Volkswirte gefällt (Paris, 1889).

233 ☐ Vgl. hierzu die satirischen Zeitbilder aus dem Wahren Jacob, Nr. 1 und 8/1884. Allerdings gab es innerhalb der sozialdemokratischen Reichstagsfraktion auch zustimmende Äußerungen, zum Beispiel seitens des ehemaligen Lassalleaners Wilhelm Hasenclever.
Alles in allem verstanden die Sozialdemokraten unter einer arbeiterfreundlichen Politik jedoch etwas völlig anderes als Bismarck, nämlich einen wirksamen Arbeiterschutz und eine arbeiterfreundliche Steuerpolitik.
Vgl. ganz allgemein neuerdings Detlef Lehnert: Sozialdemokratie zwischen Protestbewegung und Regierungspartei 1848–1983. Frankfurt: Suhrkamp 1983.

234 ☐ Vgl. hierzu O. Klein-Hattingen: Geschichte des deutschen Liberalismus (Anm. 111), Seite 341 bis 370. Der Autor schreibt (Seite 367): Er [Bismarck] handelte nach der Staatsräson: Die unzufriedene Arbeiterklasse muß an die ›Staatskrippe‹ gebracht werden; einerseits, um sie dauernd vom Liberalismus fernzuhalten, und anderseits, um sie zu entrevolutionieren, und der monarchischen Staats-

gewalt zu verbünden, sie zur Gängel- und Schutztruppe des Königtums, zum Mitläufer der Konservativen zu machen.«

235 □ Berliner Wespen, Nr. 41 vom 8. 10. 1880 sowie Nr. 22 und 23 vom 8. 6. und 15. 6. 1881. Auf einer anderen Karikatur (Nr. 14 vom 13. 4. 1881) verspricht Bismarck als »Märchentante« der andächtig lauschenden »Germania« die legendären »goldnen Berge«: »Dann wird der arme Mann reich werden und glücklich sein und gar keine Sorge mehr haben, und wenn er bis dahin nicht gestorben ist, dann erlebt er es vielleicht auch.«
Vgl. zu diesem Fragenkomplex auch H. Barthel: Der Kladderadatsch im Kampf um die Sozial- und Wirtschaftsordnung des Bismarckschen Reiches (Anm. 66), Seite 600 bis 650.
Zum Ulk u. a. folgende Nummern: 14, 16, 17, 23 und 27 vom 7., 21. und 28. 4. sowie 9. 6. und 7. 7. 1881, Nr. 5, 20, 21 und 26. vom 31. 1., 15. und 22. 5., 26. 6. 1884, Nr. 33 vom 19. 8. 1886, Nr. 51 vom 20. 12. 1888, Nr. 26 und 45 vom 27. 6. und 7. 11. 1889.
Siehe ebenfalls Berliner Montags-Zeitung, Nr. 23 vom 6. 6. 1881 (»Das Lied vom Staatspensionär«) und Nr. 35 vom 29. 8. 1881 (»Tabaksmonopolackisches Alters-Versicherung-Jubellied«).

236 □ Zit. nach Der Sozialdemokrat, Nr. 21 vom 25. 5. 1889.
Vgl. zu diesem auch für die Sozialdemokratie überraschend ausgebrochenen Streik H. Bartel/W. Schröder/G. Seeber: Das Sozialistengesetz (Anm. 129), Seite 272 bis 278.
Der Bergarbeiterstreik war der Höhepunkt einer allgemeinen Streikwelle. Von Anfang 1889 bis April 1890 wurden im Deutschen Reich nicht weniger als 1131 Arbeitsniederlegungen registriert, an denen fast 400 000 Personen beteiligt waren.

237 □ Ulk, Nr. 7 vom 14. 2. 1890.
Zu Wilhelm II. ganz ähnlich Lustige Blätter, Nr. 8 vom 20. 2. 1890 (Illustration Titelblatt):
»Tief zu der Erde arbeitsvollem Sohne
Dringt hell ein Strahl aus goldner Kaiserkrone,
Und des Erbarmens milde Sonne spricht:
›Sieh endlich nun den Weg durch Nacht zum Licht!‹«
Vgl. hierzu den unter der Überschrift »Utopien. Zur Verbesserung der Lage der Arbeiter« erschienenen Kommentar des Kladderadatsch (Nr. 7 vom 16. 2. 1890), der mit den Worten begann: »In Folge des Kaiserlichen Erlasses hat sich aller Klassen der Gesellschaft ein fieberhaftes Bestreben bemächtigt, für die Arbeiter, die Enterbten, thätig einzugreifen . . . Die Arbeiter verpflichten sich, vorläufig noch einige Stunden des Tages weiter zu arbeiten, damit sie nicht in Folge der veränderten Lebensweise zu fett werden, Schaden an ihrer Gesundheit leiden und auf schlechte Gedanken kommen . . .«

238 □ Vgl. die Festrede des damaligen Bundesministers für Arbeit und Sozialordnung, Herbert Ehrenberg, im Berliner Reichstag (17. 11. 1981), abgedruckt in: Bulletin, Nr. 111 vom 24. 11. 1981, Seite 955 bis 960, hrsg. vom Presse- und Informationsamt der Bundesregierung.
Es sei hier u. a. daran erinnert, daß die traditionsreichen Allgemeinen Ortskrankenkassen (AOK) auf das Krankenversicherungsgesetz von 1884 zurückgehen.

Anmerkungen zu Teil II, Kapitel 6 (S. 605 – S. 670)

1 □ Zit. nach Kladderadatsch, Nr. 58 vom 21. 12. 1879 (»Den unbekannten Helden«).

2 □ Ein im 19. Jahrhundert häufig verwendeter Ausdruck für die fünf europäischen Großmächte und ihre wechselseitigen Beziehungen.

3 □ Vgl. zu Bismarcks Ausführungen im Reichstag (9. 2. 1876) Horst Kohl (Hrsg.): Die politischen Reden des Fürsten Bismarck. Historisch-kritische Gesammtausgabe. Bd. 6. Stuttgart: Cotta 1893, Seite 341.

4 □ Iwan IV. Wassiljewitsch (1530 bis 1584) verdankt seinen Beinamen Iwan der Schreckliche seiner gewalttätigen, repressiven Innenpolitik, insbesondere ab 1565. Die Außenpolitik Iwans IV., der sich als erster russischer Herrscher zum Zaren krönen ließ (1547), ist geprägt durch erfolgreiche Eroberungen (Einverleibung von Kasan und Astrachan) einerseits, und einen verlustreichen Krieg gegen Polen-Litauen und Schweden andererseits. Den Zeitgenossen war diese Gestalt wieder vertraut durch die 1866 erschienene dramatische Trilogie des russischen Schriftstellers Alexei Konstantinowitsch Graf Tolstoi (1817 bis 1875): Der Tod Iwans des Schrecklichen.
Die allegorische Figur des Engländers, John Bull, stammt aus John Arbuthnots Satire History of John Bull (1712). Allgemein durchgesetzt hat sich dieser Spitzname wahrscheinlich erst dank George Colmans Schauspiel John Bull (1805), das 1825 auch in deutscher Übersetzung aufgeführt wurde.
Die Darstellung Englands als zähnefletschendes altes Weib, d. h. als »perfides Albion« (ein Schlagwort seit der Französischen Revolution), wie sie in der französischen Karikatur des 19. Jahrhunderts vorherrscht, findet sich in den Berliner Witzblättern so gut wie nicht.

5 □ Die Zitate stammen aus Berliner Wespen, Nr. 17 vom 26. 4. 1882 (»Die Auswanderer«), und Kladderadatsch, Nr. 58 vom 21. 12. 1879.
Seit 1872 finden sich im Kladderadatsch (z. B. Nr. 22/23 vom 19. 5.) sporadisch Hinweise auf die Auswanderer. Am 25. 4. 1880 veröffentlichte das Blatt (Nr. 19) sogar ein »Auswanderer-Lied«, dem folgende Verse entnommen sind:

»Und von Hof und Haus und Herden
Scheidet hoffend unsere Schaar;
Schlimmer kann's uns doch kaum werden,
Als es in der Heimat war!«
Vgl. auch Kladderadatsch, Nr. 23/24 und 40 vom 23. 5. und 29. 8. 1880, sowie Nr. 19 vom 24. 4. 1881 (»Die Auswanderer«).
Zwischen 1866 und 1895 wanderten 2,9 Millionen Deutsche nach Übersee aus, davon 2,6 Millionen in die Vereinigten Staaten. Ihren Höhepunkt erreichte die Auswanderungswelle in den Jahren 1881 bis 1885.
Vgl. hierzu Karl Erich Born: Wirtschafts- und Sozialgeschichte des Deutschen Kaiserreichs (1867/71–1914). Stuttgart: Franz Steiner 1985, Seite 13.
Siehe auch Hans-Ulrich Wehler: Bismarck und der Imperialismus. 3. Auflage. Köln: Kiepenheuer & Witsch 1972, Seite 155 bis 157.

6 □ Die sprichwörtliche Bezeichnung des Nordamerikaners, Brother Jonathan, geht auf George Washington (1732 bis 1799) zurück (1755); Uncle Sam wurde ein gewisser Samuel Wilson (1766 bis 1854) genannt, der sich gegen Ende des 18. Jahrhunderts am Hudson niedergelassen hatte.
Vgl. hierzu Geflügelte Worte. Der Zitatenschatz des deutschen Volkes gesammelt und erläutert von Georg Büchmann, fortgesetzt von Walter Roberttornow, Konrad Weidling, Eduard Ippel, Bogdan Krieger, Gunther Haupt, Werner Rust, Alfred Grunow. 36. Aufl., bearbeitet von Winfried Hofmann. Frankfurt am Main/Berlin: Ullstein 1986, S. 340 f.
Vgl. beispielsweise folgende Karikaturen: Berliner Wespen, Nr. 30 vom 23. 7. 1880, Kladderadatsch, Nr. 27 vom 15. 6. 1884 und Nr. 3 vom 18. 1. 1885, Ulk, Nr. 20 vom 20. 5. 1886.
Themen für die satirische USA-Berichterstattung waren u. a. Wahl- und Zollkämpfe sowie die von Europa nach Amerika übergreifende »Anarchie«.

7 □ In der Zweiten Adresse des Generalrats über den Deutsch-Französischen Krieg hatte der korrespondierende Sekretär für Deutschland, Karl Marx, u. a. geschrieben (9. September 1870): »Glauben die Deutschtümler wirklich, daß Freiheit und Frieden Deutschlands gesichert sei, wenn sie Frankreich in die Arme Rußlands hineinzwingen?« Am 5. September hatte es im Manifest des Ausschusses der Sozialdemokratischen Arbeiterpartei geheißen: »Nehmen sie Elsaß und Lothringen, wo [so] wird Frankreich *mit* Rußland Deutschland bekriegen. Es ist überflüssig, die unheilvollen Folgen zu deuten.« Zit. nach Die I. Internationale in Deutschland (1864–1872). Dokumente und Materialien. Berlin (DDR): Dietz Verlag 1964, Seite 537 und 545.

8 □ Vgl. hierzu Gerhard Ritter: Staatskunst und Kriegshandwerk. Das Problem des »Militarismus« in Deutschland. Bd. 1. 3. Auflage. München: R. Oldenbourg 1965 (Kap. VIII, *passim*). Siehe ferner Lothar Gall: Bismarck. Der weiße Revolutionär. Berlin: Propyläen 1980, Seite 503 bis 525 und 592 bis 641; Andreas Hillgruber: Bismarcks Außenpolitik. Freiburg: Rombach 1972, Seite 129 bis 202; Manfred Messerschmidt: Militär und Politik in der Bismarckzeit und im Wilhelminischen Deutschland. Darmstadt: Wissenschaftliche Buchgesellschaft 1975, Seite 32 bis 117.
Vgl. über Bismarcks Einstellung zur Annexionsfrage folgende, in der Historischen Zeitschrift erschienene Untersuchungen: Walter Lipgens: Bismarck, die öffentliche Meinung und die Annexion von Elsaß und Lothringen 1870 (Bd. 199, 1964, Seite 31 bis 112), Lothar Gall: Zur Frage der Annexion von Elsaß und Lothringen 1870 (Bd. 206, 1968, Seite 265 bis 326), Walter Lipgens: Bismarck und die Frage der Annexion 1870. Eine Erwiderung (Bd. 206, 1968, Seite 586 bis 617), und Eberhard Kolb: Bismarck und das Aufkommen der Annexionsforderung 1870 (Bd. 209, 1969, Seite 318 bis 356).
Vgl. zu der erneuten Erörterung der Territorialforderungen im Januar und Februar 1871 Ursula E. Koch: Berliner Presse und europäisches Geschehen 1871. Eine Untersuchung über die Rezeption der großen Ereignisse im ersten Halbjahr 1871 in den politischen Tageszeitungen der deutschen Reichshauptstadt. Berlin: Colloquium 1978, Seite 306 bis 323.

9 □ Zit. nach Reinhard Dietrich/Walther Fekl: Komische Nachbarn. Deutsch-Französische Beziehungen im Spiegel der Karikatur (1945–1987). Drôles de voisins. Les rapports franco-allemands à travers la caricature (1945–1987). Paris: Goethe-Institut 1988, Seite 19.
Zum deutsch-französischen Vergleich ein Jahrhundert zuvor: Ursula E. Koch: Voisins et ennemis. La guerre des caricatures entre Paris et Berlin (1848–1890). München (Selbstverlag) 1990.

10 □ Zit. nach Dieter Tiemann: Urteile und Vorurteile. Deutschlandbilder der Franzosen, Frankreichbilder der Deutschen. In: Das Parlament, Nr. 6–7, 7./14. 2. 1987, Seite 11.

11 □ Die Entscheidung über die künftige Staatsform sollte durch ein Plebiszit oder, wie es später hieß, durch eine Konstituante erfolgen, sobald die »innere Pacifizierung« erreicht sei. Vgl. zu diesem französischen Staatsmann und Historiker (1797 bis 1877) neuerdings Pierre Guiral: Adolphe Thiers. Paris: Arthème Fayard 1986, hier: Seite 369 bis 374.

12 □ Vgl. Rainer Hudemann: Fraktionsbildung im französischen Parlament. Zur Entwicklung des Parteiensystems in der frühen Dritten Republik (1871–1875). München: Artemis 1979, Seite 181.

13 □ Louis Philippe (1773 bis 1850), eine wider-

sprüchliche Gestalt in der europäischen Geschichte, ist auch in die deutsche Literatur eingegangen. Thomas Mann läßt, um nur ein Beispiel zu zitieren, in dem Familienroman Buddenbrooks seinen eigenen Großvater folgende Sätze sprechen: »Mich dünkt, daß wir von der Juli-Monarchie bei Gott eine Menge zu lernen haben [. . .]. Zit. nach Gesammelte Werke, Bd. I. Frankfurt: S. Fischer 1974, Seite 30.

14 ☐ Berliner Wespen, Nr. 18 vom 3. 5. 1872 (Karikatur), und Kladderadatsch, Nr. 1 vom 7. 1. 1872 (Karikatur). In zahlreichen weiteren Karikaturen machte sich das Berliner Witzblatt über »den alten Clown von Chislehurst« lustig, z. B. in Nr. 6, 7, 22/23, 38, 59/60 vom 11. und 18. 2., 19. 5., 25. 8. und 29. 12. 1872. Als Napoleon III. am 9. Januar 1873 starb, legte der Kladderadatsch »um IHN« eine »sechsunddreißigstündige Haus- und Hoftrauer« an. Der Refrain eines am 26. Januar 1873 (Nr. 4) erschienenen Gedichts lautete:

»Ihr Mächtigen, legt Trauer an
Um – Alle, die ER erschlagen!«

Die Berliner Wespen, die sich ebenfalls in mehreren Karikaturen über den Exkaiser mokierten (z. B. Nr. 23, 26, 29, 39, 43 vom 9. und 30. 6., 21. 7., 29. 9. und 27. 10. 1871; ferner Nr. 7 und 22 vom 16. 2. und 31. 5. 1872) kommentierten die Todesnachricht wie folgt (Nr. 2 vom 10. 1. 1873):

»Todt! Einst die Geißel dieser Welt,
Bereit zu blut'gem Krieg und Raub,
Gefürchtet selbst noch im Exil, –
Und heut Verwesung, heute Staub.«

15 ☐ Zit. nach Berliner Wespen, Nr. 41 vom 8. 10. 1875 (»Napoleon IV.«). Über die Versuche der Napoleoniden, »Lulu« als künftigen Herrscher Frankreichs populär zu machen, berichteten die Berliner Wespen in Karikaturen und zahlreichen Textbeiträgen. Der Tod des erst 23jährigen Prinzen, der als Offizier der britischen Armee am 1. Juni 1879 im Kampf gegen die Zulukaffern starb, setzte diesen Hoffnungen ein Ende.

16 ☐ Beide Thronanwärter waren im Juni 1871 nach zweiundzwanzigjährigem englischen Exil in ihre Heimat zurückgekehrt.

17 ☐ Zum Beispiel in der Abfolgekarikatur der Berliner Wespen *»Französische Gesellschafts*retter*spiele«* (Nr. 26 vom 30. 6. 1871) sowie in den Karikaturen »Eine französische Restauration« (Kladderadatsch, Nr. 44/45 vom 28. 9. 1873) und »Die verzauberte Gallia-Rosalinde« (Ulk, Nr. 43 vom 22. 10. 1874).

Vgl. zur extremen Linken um Georges Clemenceau, Léon Gambetta und Victor Hugo R. Hudemann: Fraktionsbildung . . . (Anm. 12), Seite 36 bis 48.

18 ☐ Vgl. Kladderadatsch, Nr. 44/45 vom 24. 9. 1871 (»Illustrirte Rückblicke«), und Berliner Wespen, Nr. 36 vom 8. 9. 1871 (Leitgedicht).

Vgl. auch Kladderadatsch, Nr. 47 vom 8. 10. 1871 (Karikatur), und Berliner Montags-Zeitung, Nr. 37 vom 11. 9. 1871 (»Kleune Bömörkung«: »Uech glaube auch, daß dü Heurath von Thüörs müt dör Röpublük eune Convönüönz-Heurath üst . . .«).

Der von Berlins Satirikern aufgegriffene Vergleich stammt von einem Mitglied der französischen Nationalversammlung.

19 ☐ Vgl. hierzu Le Charivari, Ausgabe vom 13. 7. 1871. Die Karikatur ist abgebildet in: Ursula E. Koch/Pierre-Paul Sagave: Le Charivari. Die Geschichte einer Pariser Tageszeitung im Kampf um die Republik (1832–1882). Ein Dokument zum deutsch-französischen Verhältnis. Köln: informationspresse - c. w. leske verlag 1984, Nr. 192.

20 ☐ Vgl. beispielsweise folgende Karikaturen: Kladderadatsch, Nr. 55 vom 1. 12. 1872, Nr. 12 und 14/15 vom 16. und 30. 3. 1873, sowie Berliner Wespen, Nr. 34 und 44 vom 25. 8. und 3. 11. 1871, Nr. 1, 4, 50 und 52 vom 5. und 25. 1., ferner 13. und 27. 12. 1872.

21 ☐ Vgl. beispielsweise Berliner Wespen, Nr. 15 vom 14. 4. 1876, Kladderadatsch, Nr. 50 vom 2. 11. 1873, Ulk, Nr. 10 vom 29. 5. 1872, Nr. 25, 33 und 49 vom 18. 6., 13. 8. und 3. 12. 1874.

Vgl. hierzu U. E. Koch/P.-P. Sagave: Le Charivari (Anm. 19), Abb. 191, 193 bis 198. Siehe allgemein R. Hudemann: Fraktionsbildung im französischen Parlament (Anm. 12), *passim*.

22 ☐ Zit. nach Ulk, Nr. 25 vom 18. 6. 1874.

23 ☐ Thiers war nach einem Mißtrauensantrag gegen ihn, bei dem er mit 345 gegen 360 Stimmen unterlag, zurückgetreten. An jenem 24. Mai 1873 hatte er seinen Gegnern aus dem monarchistisch-klerikalen Lager entgegengerufen: »Ich habe mich für die Republik entschieden . . ., weil die Monarchie praktisch nicht durchführbar ist.«

Vgl. hierzu die am 30. Mai 1873 auf der Titelseite der Berliner Wespen (Nr. 22) erschienene Karikatur in bezug auf Thiers Rede am 24. Mai: »Es giebt nur einen Thron und drei Prätendenten!«

Vgl. zu seinem Sturz P. Guiral: Adolphe Thiers (Anm. 11), Seite 450 bis 488.

24 ☐ Vgl. hierzu Charles Bloch: Die Dritte französische Republik. Entwicklung und Kampf einer Parlamentarischen Demokratie (1870–1940). Stuttgart: K. F. Koehler 1972, Seite 43 f.

Nach Thiers' Sturz war die Funktion des Staats- und Regierungschefs (président du conseil, d. h. Ministerpräsident) getrennt.

Vgl. zum Programm des ersten Ministeriums der »Moralischen Ordnung«, das sich auf Gott, die Armee und die »ehrlichen Leute« stützte, André Castelot/Alain Decaux: Histoire de la France et des Français au jour le jour. Paris: Librairie académique Perrin 1977, Seite 479 f.

25 □ Zit. nach Kladderadatsch, Nr. 41 vom 7. 9. 1873 (Karikatur). Vgl. auch die Karikaturen in Nr. 27, 29/30, 33 vom 15. und 29. 6. sowie 20. 7. 1873.
26 □ Am 5. August 1873 begrub Louis Philippe, Graf von Paris, anläßlich eines Besuchs bei seinem Vetter in Frohsdorf (in den Witzblättern: Froschdorf) die alte Rivalität zwischen der älteren und jüngeren Linie der Bourbonen und erkannte den kinderlosen Grafen von Chambord als rechtmäßigen König an.
27 □ Vgl. auch die von August bis Oktober in der Berliner Montags-Zeitung, in den Berliner Wespen und im Ulk erschienenen Beiträge.
28 □ Das Zitat aus dem Kladderadatsch stammt aus Nr. 10 vom 2. 3. 1873 (Wochenkalender). Für den Kladderadatsch war der gräfliche Briefschreiber »Prinz Carneval« (Nr. 50 vom 2. 11. 1873), für die Berliner Wespen ein [Esel] (Nr. 45 vom 7. 11. 1873). Vgl. zum »Farben-Kampf« um »eines simplen Fähnleins wegen« (Ulk, Nr. 47 vom 9. 10. 1873, Leitgedicht) u. a. R. Hudemann: Fraktionsbildung . . . (Anm. 12), Seite 185 bis 194. Siehe auch Heinz-Otto Sieburg: Geschichte Frankreichs. 3. Auflage. Stuttgart/Berlin/Köln/Mainz: W. Kohlhammer 1983, Seite 345 f.
29 □ Zit. nach Nr. 54/55 vom 30. 11. 1873.
30 □ Nr. 21 vom 22. 5. 1874. Daß dies nicht ohne Widerstand der Fall war, geht aus der Karikaturenabfolge »Die gebratene Gans« (= die Republik) hervor (Nr. 25 vom 19. 6. 1874).
Ganz allgemein gewinnt der Leser der untersuchten Witzblätter den Eindruck, »Frau Gallia« sei reif für die »Charité« (Name eines bekannten Pariser und Berliner Krankenhauses). Vgl. zum Beispiel Ulk, Nr. 50 vom 30. 10. 1873, und Berliner Montags-Zeitung, Nr. 26 vom 29. 6. 1874.
31 □ Alfons XII. war der Sohn der 1868 gestürzten und vertriebenen spanischen Königin Isabella II., Tochter Ferdinands VII. Die »Karlistenkriege« (1834–39; 1872–76) wurden von den Anhängern des spanischen Thronprätendenten Karl Maria Joseph Isidor de Borbon y Borbon (1788 bis 1855), gewöhnlich Don Carlos genannt, beziehungsweise seiner Nachkommen geführt, die eine weibliche Erbfolge nicht anerkannten.
Zum Zitat: Berliner Wespen, Nr. 27 vom 4. 7. 1873. Vgl. auch Berliner Wespen, Nr. 29 vom 17. 7. 1874 (»Carlisten-Hymnus«). In diesem spanischen Bürgerkrieg nahmen auch der Kladderadatsch und der Ulk eindeutig Partei. Für den Kladderadatsch war Don Carlos »Don Mordbrand« (Nr. 36 und 41 vom 9. 8. und 6. 9. 1874), ein »toller Hund« (Nr. 43 vom 20. 9. 1874) oder ein »Mörderfürst« (Nr. 53 vom 15. 11. 1874). Die »Carlisten« waren infolgedessen »Mörder, Mordgesellen oder feige Schlächter« (Nr. 44/45 vom 27. 9. 1874). Der Ulk bezeichnete Don Carlos als »Banditenkönig« oder als »spanischen Räuberhauptmann« (Nr. 34 und 38 vom 20. 8. und 17. 9. 1874).
32 □ Zit. nach Günther Franz: Staatsverfassungen. Eine Sammlung wichtiger Verfassungen der Vergangenheit und Gegenwart in Urtext und Übersetzung. 2. Auflage. München: R. Oldenbourg 1964, Seite 397.
Obwohl nur mit der Mehrheit einer Stimme gefaßt, entsprach der Beschluß über die republikanische Staatsform bereits dem Willen der Majorität der Bevölkerung.
Vgl. zur Verfassung von 1875 Ch. Bloch: Die Dritte französische Republik (Anm. 24), Seite 45 bis 48.
33 □ Die Zitate stammen aus Theodor Fontane: Politik und Geschichte. München: Nymphenburger Verlagshandlung 1969, S. 547 f., Kladderadatsch, Nr. 9/10 vom 27. 2. 1876 (Schultze und Müller) und Nr. 6 vom 6. 2. 1876 (»Der Papua an den neuen Senator von Frankreich, Herrn Victor Hugo«).
34 □ Zum Zitat: Kladderadatsch, Nr. 25 vom 27. 5. 1877 (Leitgedicht). Eine erste Regierung de Broglie war am 16. Mai 1874 gestürzt worden. Der Herzog war ein Enkel der Schriftstellerin und Deutschlandkennerin (De l'Allemagne, 1810) Germaine de Staël.
35 □ Vgl. zur »Krise des 16. Mai«, eine Folge der Liberalisierungsversuche der Pressegesetzgebung, u. a. H.-O. Sieburg: Geschichte Frankreichs (Anm. 28), Seite 348.
36 □ Kladderadatsch, Nr. 31 vom 1. 7. 1877 (Karikatur).
37 □ Die Zitate stammen aus Berliner Wespen, Nr. 34 und 48 vom 24. 8. und 30. 11. 1877, sowie aus Kladderadatsch, Nr. 28, 29/30, 51, 52, 56 und 59/60 vom 17. und 24. 6., 4. und 11. 11., 9. und 30. 12. 1877.
38 □ Vgl. zum Beispiel Nr. 21, 23, 25, 26 und 28 vom 25. 5., 8., 22. und 29. 6. sowie 13. 7. 1877.
Die Möglichkeit einer Restauration (König- oder Kaiserreich) durch den »vergnügten Trauermarschall von Frankreich« (nach Thiers' Tod am 3. 9. 1877) ließ auch der Ulk in seinen Karikaturen durchblicken (Nr. 39, 43 und 47 vom 27. 9., 25. 10. und 22. 11. 1877). Zitat: Nr. 37 vom 13. 9. 1877.
39 □ Zit. nach [Otto Fürst von] Bismarck: Die gesammelten Werke. Friedrichsruher Ausgabe. Bd. 6b. Berlin: Deutsche Verlags-Gesellschaft m.b.H. 1931, Seite 701.
Vgl. hierzu U. E. Koch: Berliner Presse . . . (Anm. 8), Seite 209 bis 216. Siehe allgemein Heinz-Alfred Pohl: Bismarcks »Einflußnahme« auf die Staatsform in Frankreich 1871–1877. Zum Problem des Stellenwerts von Pressepolitik im Rahmen der auswärtigen Beziehungen. Frankfurt am Main/ Bern/New York 1984.
40 □ Zitat: Berliner Wespen, Nr. 48 vom 27. 11.

1874 (»Muckenich an Arnim«). Anfang Juni 1874 wurde entdeckt, daß 86 diplomatische Dokumente aus der Pariser Botschaft verschwunden waren. Da sich Arnim weigerte, die volle Anzahl der Schriftstücke zurückzugeben, ließ Bismarck, der in ihm überdies einen persönlichen Rivalen sah, ein Kriminalverfahren einleiten.

41 □ Zit. nach Neue Freie Zeitung, Nr. 301 vom 25. 12. 1874. Bereits am 18. 12. 1874 hatte das oppositionelle Berliner Blatt (Nr. 295) berichtet: »Die Erregung, welche die im Prozeß Arnim verlesenen Schriftstücke in Paris und Versailles hervorgerufen haben, wächst noch immer ...« Vgl. hierzu auch Staatsbürger-Zeitung, Nr. 284 vom 11. 10. 1874: »Die Affaire Arnim füllt immer noch so vollständig die Spalten der gesamten Presse Europas, daß die Besprechung internationaler Angelegenheiten dagegen fast gänzlich zurücktritt und sich auch für uns auf ein Minimum beschränkt.«
Einzelheiten über die Bedeutung der Affäre Arnim bei H.-A. Pohl: Bismarcks Einflußnahme ... (Anm. 39), Seite 41 bis 125.
Siehe auch Fritz Stern: Gold und Eisen. Bismarck und sein Bankier Bleichröder. Frankfurt am Main/ Berlin/Wien: Ullstein 1980, Seite 295 bis 303.

42 □ Vgl. das von Fontane inszenierte Gespräch zwischen Baron Osten, seinem Neffen Botho von Rienäcker und dessen Freund, Leutnant von Wedell, im Berliner Feinschmeckerlokal Hiller (Kapitel 7).

43 □ Arnim war in erster Instanz wegen »Gewahrsamsmißbrauch« verurteilt worden. In zweiter Instanz erhielt Arnim wegen »Urkundenunterdrückung im Amte« neun Monate Gefängnis. Um eine Wiederholung der Arnimschen Praxis zu vermeiden, setzte Bismarck 1876 im Reichstag die Annahme eines besonderen Paragraphen im Strafgesetzbuch durch, den § 353a. 1946 wurde dieser »Arnimparagraph« vom Kontrollrat aufgehoben.
Vgl. auch Ulk, Nr. 51 vom 17. 12. 1874 (Leitgedicht), und Berliner Wespen, Nr. 51 vom 18. 12. 1874 (Karikatur »Wer vom Bismarck ißt, muß d'ran glauben!«).

44 □ Zit. nach Kladderadatsch, Nr. 53/54 vom 21. 11. 1875.

45 □ Vgl. die am 14. Mai 1874 im Ulk (Nr. 20) erschienene Karikatur. Siehe ebenfalls Berliner Wespen, Nr. 42 vom 20. 10. 1876 (Karikatur). Siehe zu Bismarcks Darstellung der Dinge: Gedanken und Erinnerungen. München: Goldmann 1981, Seite 393 bis 397 (Kapitel 15: Intrigen).

46 □ Vgl. H.-A. Pohl: Bismarcks »Einflußnahme« auf die Staatsform in Frankreich 1871–1877 (Anm. 39), *passim*.

47 □ Kladderadatsch, Nr. 26 (1871) und 43 (1872). Vgl. hierzu Beate Gödde-Baumann: »In den Augen der Franzosen hatte das Deutsche Reich vom Tage seiner Gründung an die Hegemonie in Kontinentaleuropa inne und nahm jene Vorrangstellung ein, die zuvor Frankreich besessen hatte.« Zit. nach Die deutsche Frage in der französischen Geschichtsschreibung. Beilage zur Wochenzeitung Das Parlament 14/87, Seite 7.

48 □ Vgl. hierzu ausführlich Hans Herzfeld: Deutschland und das geschlagene Frankreich 1871–1873. Friedensschluß–Kriegsentschädigung–Besatzungszeit. Berlin: Deutsche Verlagsgesellschaft für Politik und Geschichte M.B.H. 1924.

49 □ Zu den Zitaten: Kladderadatsch, Nr. 36 vom 11. 8. 1872 (Karikatur) und Nr. 27 vom 16. 6. 1872, Strophe 1. Bereits in früheren Karikaturen und Leitgedichten hatte der weit verbreitete Kladderadatsch an Thiers' erklärter Absicht, den Frieden zu wahren, gezweifelt.
Vgl. beispielsweise folgende Zeitgedichte »Thiers qui pleure« (Nr. 32 vom 9. 7. 1871), »Die frohe Botschaft« (Nr. 42 vom 10. 9. 1871), »Vorösterliches Friedensidyll« (Nr. 14/15 vom 31. 3. 1872), ferner die entsprechenden Karikaturen in Nr. 35, 36, 42 und 57 vom 30. 7., 6. 8., 10. 9. und 10. 12. 1871 sowie in Nr. 17 vom 14. 4. 1872.
Vgl. auch Berliner Montags-Zeitung, Nr. 25 vom 17. 6. 1872 (»La république c'est la paix«) und Nr. 48 vom 27. 11. 1871 (»Die Botschaft«).

50 □ Zu den Zitaten: Berliner Montags-Zeitung, Nr. 48 vom 27. 11. 1871 (»Die Botschaft«), Berliner Wespen, Nr. 52 vom 29. 12. 1871.

51 □ So in einem von Bismarck inspirierten Artikel der Kölnischen Zeitung (Anfang Januar 1872). Vgl. Moritz Busch: Tagebuchblätter. Bd. 2. Leipzig: Fr. Wilh. Grunow 1899, Seite 302.

52 □ Zit. nach Nr. 23/24 vom 21. 8. 1872.

53 □ Der 1854 von Hippolyte de Villemessant gegründete Figaro erschien zunächst wöchentlich. 1866 wurde er eine Tageszeitung. Mitte der siebziger Jahre war Le Figaro das auflagenstärkste Organ der sogenannten großen Presse (35 000 bis 40 000 Exemplare). Die Tendenz war zunächst legitimistisch, dann republikanisch-konservativ.
Vgl. allgemein zur Pariser Presse jener Jahre die ausführlichen Presseübersichten der deutschen Botschaft, abgedruckt bei H.-A. Pohl: Bismarcks »Einflußnahme« auf die Staatsform in Frankreich ... (Anm. 39), Seite 151 bis 163 und 351 bis 377.

54 □ Zum Beispiel Abb. 315 dieses Buchs.

55 □ Ulk, Nr. 40 vom 1. 10. 1874; Berliner Wespen, Nr. 50 vom 15. 12. 1871.

56 □ Berliner Wespen, Nr. 38 vom 20. 9. 1872 (»Europäischer Polizeibericht«). Vgl. zum Elsaß-Mythos Bodo Rollka: Das Preußenbild in der »Kleinen Presse« Frankreichs 1870/71. In: Jahrbuch für die Geschichte Mittel- und Ostdeutschlands. Bd. 31.

Berlin: Colloquium 1982, Seite 129 bis 154, hier Seite 152, sowie Raymond Poidevin/ Jacques Bariéty: Frankreich und Deutschland. Die Geschichte ihrer Beziehungen 1815–1975. München: C. H. Beck 1982, Seite 148 bis 150. Die Erzählungen bekannter französischer Schriftsteller mit Elsaß-Thematik wurden nicht nur mehrfach aufgelegt, sondern auch in der Presse abgedruckt. Sie »bannten« somit den Gegensatz zwischen Frankreich und Deutschland »im stereotypen Bild« (Rollka, Seite 152). Siehe ferner das maßgebliche Werk von Claude Digeon: La crise allemande de la pensée française (1870–1914). Paris: Presses Universitaires de France 1959, *passim*.

57 □ Zit. nach Nr. 17 vom 26. 4. 1872 (»Deutschland von Erneste [!] Feydeau«). Siehe auch Kladderadatsch, Nr. 19 vom 28. 4. 1872.
Eine kurze Zusammenfassung bei C. Digeon: La crise allemande . . . (Anm. 56), Seite 168 f.

58 □ Vgl. hierzu H.-A. Pohl: Bismarcks »Einflußnahme« . . . (Anm. 39), Seite 235 bis 239.

59 □ Kladderadatsch, Nr. 37/38. Vgl. auch Berliner Wespen, Nr. 29 vom 16. 7. 1875 (»Voyage au-dessus de la ville des Milliards«), und Ulk, Nr. 48 vom 30. 11. 1876 (»An Victor Tissot!«). Auch die folgenden »Deutschlandreportagen« Tissots fanden in der politischen Witzpresse Beachtung, zum Beispiel sein 1879 erschienenes Werk Les Mystères de Berlin (Die Geheimnisse von Berlin).
Vgl. Berliner Wespen, Nr. 12 vom 21. 3. 1879 (Feuilleton), und Ulk, Nr. 19 vom 9. 5. 1879 (Karikatur: »Ein Narr«).

60 □ Kladderadatsch, Nr. 44/45 vom 28. 9. 1873 (»Fünf Milliarden«).
Berliner Wespen, Nr. 39 vom 27. 9. 1872 (Leitgedicht). Siehe auch Berliner Wespen, Nr. 2 vom 12. 1. 1872 (»Victor Hugo an Paris«).

61 □ Zitat aus Strophe 2.
Vgl. auch Berliner Wespen, Nr. 39 vom 26. 9. 1873(»Revanchelied. Wörtlich nach Victor Hugo«).

62 □ Ulk, Nr. 44/45 vom 25. 9. 1873 (Karikatur); Kladderadatsch, Nr. 40 vom 31. 8. 1873 (»Zur Enthüllungsfeier der Siegessäule am 2. September 1873«). Zahlreiche weitere Beispiele könnten hier angeführt werden.
Die nach den Entwürfen von Heinrich Strack geschaffene Siegessäule war am 2. September 1873 zur Erinnerung an die Kriege von 1864, 1866 und 1870/71 auf dem damaligen Königsplatz – später Platz der Republik – feierlich übergeben worden.

63 □ Zit. nach Kladderadatsch, Nr. 34 vom 27. 7. 1873 (»Kutschke's Abschied«).

64 □ Kladderadatsch, Nr. 34 vom 27. 7. 1873: »Abschied von Frankreich«:
»Leb' wohl, o Frankreich, lebe wohl,
Nun wir von dannen gehen!
Wir rufen beim letzten Lebewohl:
Auf Nimmerwiedersehen!«
Le Charivari vom 31. 3. 1871 (Karikatur).

65 □ Zitate: Berliner Wespen, Nr. 29 vom 18. 7. 1873 (»Europäischer Polizeibericht«), Nr. 28 vom 10. 7. 1874 und Nr. 34 vom 20. 8. 1875 (Karikatur); Kladderadatsch, Nr. 37 vom 17. 8. 1873 (Karikatur: »Die schwarzen Sirenen«).
Vgl. auch Kladderadatsch, Nr. 43 vom 22. 9. 1872 (Karikatur), sowie Nr. 47 vom 13. 10. 1872 und Nr. 43 vom 19. 9. 1875 (jeweils Leitgedicht). Siehe auch Ulk, Nr. 2 vom 8. 1. 1874 sowie Nr. 34 und 40 vom 26. 8. und 7. 10. 1875 (jeweils Karikatur).
Die meisten Beiträge erschienen in den Berliner Wespen, wobei insbesondere auf folgende Ausgaben verwiesen sei: Nr. 40 vom 4. 10. 1872, 32 vom 8. 8. 1873, 20 vom 15. 5. 1874, 34 und 36 vom 20. 8. und 3. 9. 1875.
Vgl. zur Haltung der französischen Bischöfe, die bei Bismarck große Verärgerung hervorrief, R. Poidevin/ J. Bariéty: Frankreich und Deutschland (Anm. 56), Seite 153 f.

66 □ Zit. nach Berliner Wespen, Nr. 15 vom 14. 4. 1876 (Karikatur).

67 □ Zit. nach [Robert Freiherr Lucius von Ballhausen] Bismarck-Erinnerungen des Staatsministers Freiherrn Lucius von Ballhausen, 1.–3. Auflage. Stuttgart/Berlin: Cotta 1920, Seite 21 f.
Auf den seit 1867 bestehenden »Parlamentarischen Soireen« oder Bierabenden äußerte sich Bismarck oft sehr freimütig. Durch die Presse wurden seine »Statements« einer größeren Öffentlichkeit zugänglich gemacht.

68 □ Zit. nach Bismarck-Erinnerungen . . . (Anm. 67), Seite 27.

69 □ Ulk, Nr. 11 vom 12. 3. 1874, und Berliner Wespen, Nr. 11 vom 13. 3. 1874.

70 □ Zit. nach Meine Botschafterzeit am Berliner Hofe 1872–1877 von Vicomte de Gontaut-Biron. Berlin: Karl Siegismund 1909, Seite 331. In diesem Werk finden sich zahlreiche weitere Belegstellen in bezug auf die Presse.

71 □ Vgl. beispielsweise Gerhard Ritter: Staatskunst und Kriegshandwerk (Anm. 8), Seite 288 f. Siehe auch L. A. Puntila: Bismarcks Frankreichpolitik. Göttingen/Frankfurt/Zürich: Musterschmidt 1971, Seite 238.

72 □ Zit. nach Walter Bußmann: Das Zeitalter Bismarcks. 4. Auflage. Frankfurt/Main: Athenaion 1968, Seite 130.

73 □ Inhaltsanalysen, die das damalige »Zeitgespräch der Gesellschaft« rekonstruieren, wurden bisher nur wenige gemacht, zum Beispiel von Martin Winckler und Peter Steinbach. Hier würde sich eine Zusammenarbeit zwischen Historikern und Kommunikationswissenschaftlern besonders lohnen.

74 ☐ Zit. nach Ulk, Nr. 26 vom 4. 9. 1872.
»Ararat«: erloschener Vulkan im Ararat-Hochland in der Türkei.
75 ☐ Kladderadatsch, Nr. 44/45 vom 29. 9. 1872 (»Illustrirte Rückblicke«). Vgl. die Text- und Bildbeiträge ab Nr. 38 vom 25. 8. 1872.
Siehe auch die entsprechenden Beiträge in den Berliner Wespen.
76 ☐ Zit. nach W. Bußmann: Das Zeitalter Bismarcks (Anm. 72), Seite 130.
77 ☐ Zit. nach Ulk, Nr. 42 vom 11. 9. 1873 (Karikatur), und H. Schulthess (Hrsg.): Europäischer Geschichtskalender. 14. Jg. Nördlingen: C. H. Beck 1874, Seite 26.
78 ☐ Zit. nach R. Poidevin/J. Bariéty: Frankreich und Deutschland (Anm. 56), Seite 138.
79 ☐ Vgl. zum Beispiel Kladderadatsch, Nr. 6 vom 4. 2. 1877 (»Ländlich, sittlich«).
Einen ersten Hinweis auf ein künftiges Bündnis zwischen Frankreich und Rußland findet man bereits im Kladderadatsch, Nr. 17 vom 14. 4. 1872 (Karikatur: »Wer hat Furcht vor dem schwarzen Mann?«).
80 ☐ Ulk, Nr. 44 vom 2. 11. 1876 (Karikatur).
81 ☐ Zit. nach [Hermann Robolsky]: Bismarck und Frankreich nach dem Kriege. Berlin: Richard Eckstein o. J., Seite 57. Das hier von Arnim in seinem Prozeß und auch von Bismarck 1874 gebrauchte Schlagwort vom »kalten Wasserstrahl« zur Beruhigung aufgeregter Gemüter war durch die Presse populär geworden. Am 12. Februar 1874 berichtete der Ulk (Nr. 7) über eine »parlamentarische Soiree beim Reichskanzler« und ließ Bismarck sprechen: »Ich leugne auch gar nicht, daß es meine Absicht gewesen, einmal einen kalten Wasserstrahl nach Frankreich zu senden.«
82 ☐ Norddeutsche Allgemeine Zeitung, Nr. 13 vom 16. 1. 1874 (postdatiert).
83 ☐ Kladderadatsch, Nr. 9 vom 22. 2. 1874 (Leitgedicht).
84 ☐ Zit. nach Hans Blum: Das Deutsche Reich zur Zeit Bismarcks. Politische Geschichte von 1871 bis 1890. Leipzig/Wien: Bibliographisches Institut 1893, Seite 133. Weitere Auszüge aus Moltkes Rede vom 16. Februar 1874 auf Seite 134.
85 ☐ Siehe oben, Anm. 83. Vgl. auch Berliner Wespen, Nr. 8 vom 20. 2. 1874 (»Moltke über den Frieden«).
86 ☐ Berliner Montags-Zeitung, Nr. 8 vom 23. 2. 1874 und Nr. 10.
Ähnliche Aussagen finden sich in jeder Nummer dieser Berliner Zeitung. »Krieg dem Krieg« war die Devise Glaßbrenners seit 1848.
Vgl. Freie Blätter, Nr. 3 vom 20. 5. 1848.
87 ☐ In bezug auf die Bewilligung des »eisernen Militäretats« (1. 12. 1871) zeigte sich die Nationale Partei zum erstenmal gespalten. Eine Gruppe von 44 Abgeordneten um Eduard Lasker stimmte gegen die Vorlage. Vgl. hierzu die aufschlußreichen Karikaturen der Berliner Wespen, Nr. 40, 43 und 49 vom 6. und 27. 10. sowie 8. 12. 1871.
88 ☐ Zit. nach Hermann Oncken (Hrsg.): Rudolf von Bennigsen. Ein deutscher liberaler Politiker. Nach seinen Briefen und hinterlassenen Papieren. Bd. 2. Stuttgart/Leipzig: Deutsche Verlags-Anstalt 1910, Seite 266. Das Zitat stammt aus der Rede, die der Führer der Nationalliberalen am 12. 4. 1874 zur Verteidigung des Kompromisses im Reichstag gehalten hat.
89 ☐ Vgl. H. Oncken (Hrsg.): Rudolf von Bennigsen (Anm. 88), Seite 263 f. Bismarck hatte vom Krankenbett aus mit seinem Rücktritt beziehungsweise mit der Auflösung des Reichstags gedroht. Ähnlich äußerten sich die halbamtliche Provinzial-Correspondenz und die Norddeutsche Allgemeine Zeitung. Vgl. zu den mit Leidenschaft geführten Debatten im Reichstag und in der Öffentlichkeit H. Blum: Das Deutsche Reich . . . (Anm. 84), Seite 134 bis 137. Siehe auch Ludolf Parisius: Deutschlands politische Parteien und das Ministerium Bismarck. Ein Beitrag zur vaterländischen Geschichte mit einem Vorwort über die gegenwärtige Kanzlerkrisis. Berlin: J. Guttentag (D. Collin) 1878, Seite 177 bis 199, und Oskar Klein-Hattingen: Geschichte des deutschen Liberalismus. 2. Bd. Berlin-Schöneberg: Fortschritt (Buchverlag der »Hilfe«) 1912, Seite 146 bis 160.
Siehe neuerdings zu dieser »zentralen innenpolitischen Weichenstellung«, das heißt zur partiellen Preisgabe des Budgetrechts durch die Nationalliberalen Michael Stürmer: Regierung und Reichstag im Bismarckstaat 1871–1880. Düsseldorf: Droste 1974, Seite 118 bis 125, und Dieter Langewiesche: Liberalismus in Deutschland. Frankfurt/Main: Suhrkamp 1988, Seite 169 f.
90 ☐ Kladderadatsch, Nr. 18 vom 19. 4. 1874 (Leitgedicht). Vgl. in derselben Ausgabe weitere Beiträge. Für die Redaktion des Kladderadatsch dürfte die Aussage der Karikatur »Allgemeines über Compromisse« (Nr. 17 vom 12. 4. 1874) zutreffen, derzufolge der »magerste Compromiß« immer noch besser sei als der »fetteste Conflict«.
Vgl. zu diesem ersten großen Konflikt auch folgende Karikaturen in den Berliner Wespen: Nr. 16 und 17 vom 17. und 24. 4. 1874. Der Zeichner des Ulks legte vor allem das Gewicht auf die Rolle Eduard Laskers. Der Führer des linken Flügels der Nationalliberalen erscheint als Bismarcks »Helfer in der Noth« (Nr. 6 vom 5. 2. 1874) beziehungsweise als der hauptsächliche Träger des schließlich erreichten Kompromisses (Nr. 12 und 16 vom 19. 3. und 16. 4. 1874).
91 ☐ Vgl. zur These der negativen Integration: Hans-Ulrich Wehler: Das Deutsche Kaiserreich

1871–1918. 3. Auflage. Göttingen: Vandenhoeck & Ruprecht 1977, Seite 96 bis 100.

92 ☐ Kladderadatsch, Nr. 18 vom 19. 4. 1874 (Karikatur).

93 ☐ Kladderadatsch, Nr. 50 vom 25. 10. 1874 (Karikatur).
Bismarck selbst hatte sich am 16. Januar 1874 in einer Reichstagsrede als »die am besten gehaßte Persönlichkeit in diesem Lande« bezeichnet. Zit. nach Die politischen Reden des Fürsten Bismarck (Anm. 3), Seite 147.

94 ☐ Zit. nach Berliner Montags-Zeitung, Nr. 39 vom 28. 9. 1874 (»Schlimme Situation«). Vgl. auch Berliner Wespen, Nr. 43 vom 23. 10. 1874 (»Frankreichs Heerschaar«), Ulk, Nr. 40 vom 1. 10. 1874 (»Französischen Zeitungen zur gefälligen Bearbeitung anheimgestellt«), und Kladderadatsch, Nr. 51 und 54 vom 1. und 22. 11. 1874 (verschiedene Beiträge).

95 ☐ Zit. nach Die politischen Reden des Fürsten Bismarck (Anm. 3), S. 186.
Vgl. hierzu den interessanten Aufsatz von Martin Winckler: Wilhelms I. Thronrede (29. 10. 1874) und die Herbstkrise des Jahres 1874. In: Jahrbuch der Albertus-Universität zu Königsberg/Preußen, Bd. XVIII, Würzburg 1968, Seite 310 bis 334.
Es sei hier angemerkt, daß in jenem Krisenherbst 1874 der Vorsitzende des Vereins für internationale Friedenspropaganda in Berlin, Eduard Loewenthal, mit den übrigen europäischen Friedensgesellschaften Verhandlungen aufgenommen hat, um eine einheitliche Organisation herbeizuführen.

96 ☐ Zit. nach Acta des Königlichen Polizei-Präsidii zu Berlin, Pr. Br. Rep. 30, Nr. 12158, Staatsarchiv Potsdam (Orangerie), Blatt 104.

97 ☐ Zitate: Kladderadatsch, Nr. 20 vom 2. 5. 1875 (Karikatur), sowie Karl Erich Born: Von der Reichsgründung bis zum Ersten Weltkrieg. 8. Auflage. München: Deutscher Taschenbuch Verlag 1983 (Bd. 16 der Taschenbuchausgabe von Gebhardts Handbuch der deutschen Geschichte), Seite 102.

98 ☐ Ulk, Nr. 3 vom 21. 1. 1875.

99 ☐ Zitate aus Kladderadatsch, Nr. 7 und 10 vom 14. und 28. 2. 1875, Ulk, Nr. 7 vom 18. 2. 1875 (Karikatur).
Die Streitschrift des Erzherzogs Johann Salvator (Wien 1875) trug den Titel: Betrachtungen über die Organisation der österreichischen Artillerie.

100 ☐ Kladderadatsch, Nr. 17 vom 11. 4. 1875 (Karikatur); siehe auch Kladderadatsch, Nr. 16 und 17 vom 4. und 11. 4. 1875 (»Bilder aus Venedig«).

101 ☐ Am 23. 2. 1871 hatte Bismarck die Meinung geäußert, aus Zeitungen, »deren sich die Regierungen ja auch bedienen«, könne man deutlicher als aus Gesandtschaftsberichten ersehen, »was man will«. Zit. nach M. Busch: Tagebuchblätter (Anm. 51), Seite 171.
Vgl. zu den oben nur kurz skizzierten Vorgängen Martin Winckler: Der Ausbruch der »Krieg-in-Sicht«-Krise vom Frühjahr 1875. In: Zeitschrift für Ostforschung. 14. Jg. Marburg/Lahn 1965, Seite 671 bis 713.

102 ☐ Zit. nach L. Gall: Bismarck (Anm. 8), Seite 510.

103 ☐ Die Frage, ob Rößler diesen Artikel auf höhere Weisung hin geschrieben hat, ist nicht eindeutig geklärt. Die Post war vom 9., der Artikel vom 8. April datiert.

104 ☐ Norddeutsche Allgemeine Zeitung, Nr. 84 vom 11. 4. 1874. (»Politischer Tagesbericht«, Berlin 10. April).
Ähnlich besorgt äußerten sich die angesehenen Preußischen Jahrbücher. Vgl. 35. Bd., H. 4 (Seite 452) und H. 6 (Seite 684), Berlin 1875. Es handelt sich jeweils um die »Politische Correspondenz« von Wilhelm Wehrenpfennig (gez. W.). Vgl. auch die Leipziger Wochenschrift Die Grenzboten, 34. Jg., Nr. 14 (2. 4. 1875), Seite 169 bis 181 (»Auf Wache!«).

105 ☐ Kladderadatsch, Nr. 18 vom 18. 4. 1875 (»Der Krieg in Sicht«). Siehe auch die Karikatur »Bange machen gilt nicht!«. Zwei Leser der Post und der Kölnischen Zeitung führen folgenden Dialog:
»– Ich weiß nicht, es riecht so sengerich – – – nach Pulver?
– Nein, nach – Zeitungspapier!«
Vgl. auch Ulk, Nr. 15 vom 15. 4. 1875 (»Kriegsbefürchtungen«).
Im Kladderadatsch und im Ulk finden sich ebenfalls verschiedentlich Hinweise auf die Rolle Belgiens (April, Mai 1875).
Nachdem Die Post in Nr. 86 (14. 4.) französische Pressereaktionen auf den Krieg-in-Sicht-Artikel abgedruckt hatte, brachte sie drei weitere Leitartikel zu diesem Thema (Nr. 87, 93 und 96 vom 15., 23. und 27. 4. 1875).

106 ☐ Vgl. die ausführliche Darstellung des französischen Botschafters Armand Elie de Gontaut-Biron (1817 bis 1890), der besonders die Rolle der Presse bei der Krieg-in-Sicht-Krise herausstellt (s. o. Anm. 70, 2. Kapitel, Seite 423 bis 540).
Nach dem Leitartikel »Der Sturz aus dem Friedenshimmel« (Nr. 107 vom 11. 5. 1875) erschienen in der Volks-Zeitung noch mehrere Beiträge, in denen sich das Blatt mit dem »Friedenskrieg« und den »Preßbedienten« auseinandersetzte.

107 ☐ Zitat aus Nr. 107 vom 11. 5. 1875 (postdatiert). In derselben Ausgabe wurde die alleinige Verantwortung an der Krise der Presse zugeschoben.

108 ☐ Zitate aus Ulk, Nr. 21 vom 27. 5. 1875 (»Nunne«), sowie Berliner Wespen, Nr. 22 vom

28. 5. (Karikatur; in Rußland sofort beschlagnahmt), und Ulk, Nr. 22 vom 3. 6. 1875 (Karikatur). In seinem Leitgedicht »Friedensbild« läßt der Kladderadatsch (Nr. 24 vom 23. 5. 1875) den russischen Staatsmann »mild als Friedensengel« schweben. In den Gedanken und Erinnerungen (Anm. 45) verwendet Bismarck dasselbe Bild (Seite 403). Diese ironische Bezeichnung bezieht sich auf ein bei Bismarck verkürzt wiedergegebenes Rundschreiben Gortschakows an die russischen Missionen, in dem er seinen persönlichen Anteil an dem Krisenmanagement betont.

Das Schlagwort von Bismarcks »cauchemar des coalitions« geht auf einen französischen Journalisten zurück. In seinem großen außenpolitischen Grundsatzprogramm, dem sogenannten Kissinger Diktat, geht Bismarck auf diesen Begriff ein und erläutert: »Diese Art Alp wird für einen deutschen Minister noch lange, und vielleicht immer, ein sehr berechtigter bleiben.« Zit. nach L. Gall: Bismarck (Anm. 8), Seite 517.

109 ☐ Kladderadatsch, Nr. 25 vom 30. 5. 1875 (Karikatur).

Vgl. zum Thema weitere Beiträge der politischen Witzblätter.

110 ☐ Die sogenannte Krieg-in-Sicht-Krise mit ihren Auswirkungen führte von seiten Bismarcks zu einem Abbruch auf Zeit seiner Beziehungen zur Presse. Vgl. z. B. Kladderadatsch, Nr. 28 vom 20. 6. 1875 (Karikatur: »Das kommt davon!«), ferner folgenden satirischen Beitrag »Bismarck ohne Zeitung« (Nr. 59/60 vom 26. 12. 1875): »Der Reichskanzler war noch weiter gegangen, als man nach den herben Andeutungen, die er auf seiner letzten Soirée fallen ließ, befürchten zu müssen sich berechtigt glaubte. Er hatte nicht nur seine Verbindungen mit allen hiesigen und auswärtigen Blättern vollständig gelöst – nein, er hielt überhaupt gar keine Zeitung mehr.«

Vgl. auch Berliner Wespen, Nr. 52 und 53 vom 24. und 31. 12. 1875.

Siehe zu Bismarcks Ausführungen über die Presse im allgemeinen und die »offiziöse« im besonderen Teil I, 5. Kapitel, Anm. 34.

111 ☐ Ulk, Nr. 4 vom 25. 1. 1877 (»Zur Abkühlung«).

112 ☐ Zit. nach Nr. 26 vom 31. 1. 1877 (postdatiert).

113 ☐ Der Bericht ist abgedruckt bei H. Robolsky: Bismarck und Frankreich . . . (Anm. 81), Seite 216 bis 220.

Vgl. zum deutsch-französischen Zeitungskrieg um die Jahreswende 1876/77 H.-A. Pohl: Bismarcks »Einflußnahme« auf die Staatsform in Frankreich 1871–1877 (Anm. 39), Seite 365 bis 377.

114 ☐ Kladderadatsch, Nr. 41 vom 5. 9. 1875 (Karikatur). Vgl. auch Nr. 42 und 43 vom 12. und 19. 9. 1875 (Karikaturen).

115 ☐ Zitate: Ulk, Nr. 33 vom 19. 8. 1875 (Karikatur), Berliner Wespen, Nr. 35 vom 27. 8. 1875 (Karikatur). Der Kladderadatsch (Nr. 40) greift am 29. 8. 1875 in seiner Karikatur »Fort mit ihr aus Europa!« das Motiv der Berliner Wespen auf.

116 ☐ Zitate: Kladderadatsch, Nr. 44/45 vom 26. 9. 1875 (Karikatur); Ulk, Nr. 37.

Die ersten Vermittlungsversuche seitens der europäischen Konsuln waren am 3. September 1875 eingeleitet worden.

117 ☐ Vgl. Kladderadatsch, Nr. 23 vom 21. 5. 1876 sowie die hier zitierten Leitgedichte in Nr. 41 vom 5. 9. 1875, Nr. 6 und 17 vom 6. 2. und 9. 4. 1876.

118 ☐ Zitate aus Kladderadatsch, Nr. 12 bzw. Nr. 2 vom 12. 3. und 9. 1. 1876. Siehe auch Nr. 46 vom 1. 10. 1876 (Leitgedicht).

Während die orientalische Frage für die Redakteure der Berliner Montags-Zeitung, der Berliner Wespen, des Kladderadatsch und des Ulks ein wöchentlich wiederkehrendes Thema bildete, brachten die Berliner Fliegenden Blätter nur vereinzelt Beiträge über die »orientalische Katastrophe« (Nr. 10, 15 und 20 vom 9. 3., 13. 4. und 18. 5. 1876).

119 ☐ Berliner Wespen, Nr. 2 vom 14. 1. 1876, und Berliner Montags-Zeitung, Nr. 2 vom 10. 1. 1876.

120 ☐ Zitate: Kladderadatsch, Nr. 27 vom 11. 6. 1876 (Karikatur), Nr. 1 vom 2. 1. 1876 (Karikatur), Nr. 24 vom 28. 5. 1876 (»Zur Beruhigung«).

Vgl. auch Nr. 21 und 22 vom 7. und 14. 5. (Leitgedichte) sowie Nr. 24, 25/26 und 28 vom 28. 5., 4. und 18. 6. 1876.

Vgl. auch Ulk, Nr. 19 und 20 vom 11. und 18. 5. 1876, und Berliner Wespen, Nr. 19 und 20 vom 12. und 19. 5. 1876.

Gyula [Julius] Graf Andrássy d. Ä. (1823 bis 1890) wurde wegen seiner Teilnahme am ungarischen Unabhängigkeitskrieg 1848/49 zum Tode verurteilt und lebte bis 1857 in der Verbannung. 1867 war er maßgeblich an dem österreichisch-ungarischen Ausgleich beteiligt. Bis 1871 war er ungarischer Ministerpräsident, bis 1879 österreichisch-ungarischer Außenminister.

Alexander Michailowitsch Fürst Gortschakow (1798 bis 1883) war von 1856 bis 1882 russischer Außenminister, seit 1862 mit dem Titel eines Reichskanzlers. Er war nacheinander Lehrer, Mitstreiter und Gegenspieler Bismarcks.

121 ☐ Vgl. Europäischer Geschichtskalender. 17. Jg. 1876. Nördlingen: Druck und Verlag der C. H. Beck'schen Buchhandlung 1877, Seite 15.

122 ☐ Berliner Wespen, Nr. 23 vom 9. Juni 1876 (Karikatur). Die zitierte Strophe stammt aus dem Gedicht »Unheimlich« (Berliner Wespen, Nr. 19 vom 12. 5. 1876).

Am 23. Mai 1876 erklärte der große Ministerrat der Türkei das Memorandum, das einen Waffenstillstand forderte sowie Konzessionen an die Aufständigen, für unannehmbar.

123 □ Berliner Wespen, Nr. 23 vom 9. 6. (»Nichts Neues unter'm Halbmond!«), Kladderadatsch, Nr. 42 vom 10. 9. 1876 (Leitgedicht).
In der satirischen Presse wurde die These des Selbstmordes (4. Juni) von vornherein in Frage gestellt.

124 □ Kladderadatsch, Nr. 34 vom 23. 7. 1876 (»Für Disraeli«); Berliner Wespen, Nr. 33 vom 18. 8. 1876 (»Die Türkei auf der Anklagebank«).

125 □ Berliner Montags-Zeitung, Nr. 2 vom 10. 1. 1876; vgl. auch Nr. 6 vom 7. 2. 1876, Berliner Wespen, Nr. 22 und 44 vom 2. 6. und 3. 11. 1876 (Karikaturen).
Der Kladderadatsch (Nr. 36) erfand am 6. August sogar einen »Zukunftsdiplomaten«: »Wenn einst Jemand Andrassy's scharfen Blick, Gortschakoffs feine Nase und Disraeli's beredten Mund mit Bismarcks kühner Stirn unter einen Hut bringt, wird die Lösung der orientalischen Frage auch nicht mehr lange auf sich warten lassen.«

126 □ Berliner Wespen, Nr. 25 vom 23. 6. 1876 (Karikatur). Anspielung auf Goethes Faust (»Vor dem Tor«, Vers 860–863):
»Nichts Bessers weiß ich mir an Sonn- und Feiertagen
Als ein Gespräch von Krieg und Kriegsgeschrei,
Wenn hinten, weit, in der Türkei,
Die Völker auf einander schlagen.«
Vgl. auch weitere Karikaturen in den Berliner Wespen: Nr. 34, 36, 40, 41, 47 und 48 vom 25. 8., 8. 9., 6. und 13. 10., 24. 11. und 1. 12. 1876. Siehe auch das Leitgedicht des Kladderadatsch (Nr. 41) vom 3. 9. 1876 »An Europa«.

127 □ Das erste Zitat stammt aus: Bismarcks großes Spiel. Die geheimen Tagebücher Ludwig Bambergers. Eingeleitet und herausgegeben von Dr. Ernst Feder. Frankfurt/Main: Societäts-Verlag 1932, Seite 316. Zum zweiten Zitat: H. Kohl (Hrsg.): Die politischen Reden des Fürsten Bismarck (Anm. 3), Seite 461 (Rede vom 5. 12. 1876).
Zur Presse: Irene Fischer-Frauendienst: Bismarcks Pressepolitik. Münster: C. J. Fahle 1963, Seite 79. Siehe neuerdings auch L. Gall: Bismarck (Anm. 8), Seite 514 bis 516, und Johannes Willms: Nationalismus ohne Nation. Deutsche Geschichte von 1789 bis 1914. Düsseldorf: claassen 1983, Seite 479 bis 482.

128 □ Berliner Wespen, Nr. 49 vom 8. 12. 1876 (Karikatur).
Das Gedicht erschien in Schillers Musenalmanach für das Jahr 1797, Seite 17.

129 □ J. Willms: Nationalismus ohne Nation (Anm. 127), Seite 483.

130 □ Zit. nach Iselin Gundermann: Berlin als Kongreßstadt 1878. Berlin: Haude & Spener 1978, Seite 21.

131 □ Kladderadatsch, Nr. 19 vom 22. 4. 1877. Vgl. auch folgende Leitgedichte: Nr. 20, 22 und 28 vom 29. 4., 13. 5. und 17. 6. 1877.
Vgl. auch die Karikaturen in den Berliner Wespen, Nr. 17 und 19 vom 27. 4. und 11. 5. 1877, sowie die Beiträge des Ulks, z. B. in Nr. 18 vom 3. 5. 1877 (1877er Mailied):
»Da hat im Namen der Kultur
Das Morden angefangen.«

132 □ Vgl. Kladderadatsch, Nr. 33 und 35 vom 15. und 29. 7. 1877 (Leitgedichte).

133 □ Kladderadatsch, Nr. 44/45 vom 30. 9. 1877 (»Ein fürstliches Tyrtäus«). Siehe auch Berliner Wespen, Nr. 27 vom 6. 7. 1877 (Karikatur).

134 □ Kladderadatsch, Nr. 5 vom 3. 2. 1878.

135 □ Kladderadatsch, Nr. 36 vom 5. 8. 1877 (»Der gefangene Derwisch«).
Die Einführung der allegorischen Figur des Iv[w]an [Iwanowitsch] geht auf den Ulk zurück (Nr. 47 vom 25. 11. 1875; Karikatur). Siehe auch Ulk, Nr. 17 vom 27. 4. 1876, Nr. 6 und 38 vom 8. 2. und 20. 9. 1877, Nr. 5 und 13 vom 31. 1. und 28. 3. 1878, Nr. 31 vom 31. 7. 1879, Nr. 38 vom 16. 9. 1880 oder Nr. 26 vom 27. 6. 1889.

136 □ Vgl. beispielsweise folgende Karikaturen aus dem Kladderadatsch: Nr. 37/38, 43 und 54 vom 13. 8., 17. 9. und 19. 11. 1876, Nr. 25, 29/30, 36 und 59/60 vom 27. 5., 24. 6., 5. 8. und 31. 12. 1877, Nr. 1 und 13 vom 6. 1. und 24. 3. 1878. Vgl. auch folgende Leitgedichte: Kladderadatsch, Nr. 3 und 43 vom 16. 1. und 17. 9. 1876, Nr. 34 und 53 vom 22. 7. und 18. 11. 1877, Nr. 7 vom 17. 2. 1878.
Aus der Sicht der Berliner Wespen betrieben die englischen Staatslenker »Baumwollkrämerpolitik« (Nr. 2 vom 11. 1. 1878); im Ulk (Nr. 24) erklärte die volkstümliche Gestalt Nunne am 15. 6. 1876: »Mein oller Freund John Bull sieht die Welt von die praktische Seite an und sucht bei Allens was vorjeht was rauszuschlagen.« Siehe auch Ulk, Nr. 49 vom 9. 12. 1875 (»Neuestes englisches Nationallied«).
Vgl. allgemein: Gottfried Niedhart: Geschichte Englands im 19. und 20. Jahrhundert. München: C. H. Beck 1987 (insbesondere Seite 78 bis 136), und Peter Wende: Geschichte Englands. Stuttgart/ Berlin/ Köln/Mainz: W. Kohlhammer 1985, Seite 239 bis 255 und 264 bis 279.

137 □ Kladderadatsch, Nr. 22 vom 13. 5. 1877 (Leitgedicht), Ulk, Nr. 22 vom 31. 5. 1877, und Berliner Montags-Zeitung, Nr. 3 vom 21. 1. 1878.

138 □ Wippchen's sämtliche Berichte vom Kriegsschauplatz erschienen im Juli 1878 bereits in fünfter Auflage.
In der Berliner Montags-Zeitung sorgten die »Tele-

graphischen Depeschen vom Orientalischen Kriegsschauplatz« für den erwünschten Lacheffekt, im Kladderadatsch waren derartige Beiträge über den ganzen Inhalt verstreut.

139 □ Zit. nach L. Gall: Bismarck (Anm. 8), Seite 514.

140 □ In seiner großen außenpolitischen Rede vom 19. 2. 1878 bezeichnete Bismarck die Rolle des Deutschen Reichs bei der Friedensvermittlung als »die eines ehrlichen Maklers, der das Geschäft wirklich zu Stande bringen will«. Zit. nach H. Kohl (Hrsg.): Die politischen Reden des Fürsten Bismarck. Historisch-kritische Gesammtausgabe, Bd. 7. Stuttgart: Cotta 1893, Seite 92.
Der Vergleich wurde alsbald ein Schlagwort: Kladderadatsch, Nr. 8/9 vom 24. 2., Nr. 14/15 vom 31. 3. (Leitgedicht), Nr. 18 vom 21. 4. (Karikatur), Nr. 25 vom 2. 6. 1878 (Leitgedicht). Siehe auch Berliner Wespen, Nr. 16 und 18 vom 19. 4. und 3. 5. 1878, ferner Ulk, Nr. 9 vom 28. 2. 1878.

141 □ Die Zitate stammen aus Kladderadatsch, Nr. 54 vom 25. 11. 1877 (Karikatur) und Nr. 25 vom 2. 6. 1878 (Leitgedicht).

142 □ Zit. nach J. Willms: Nationalismus ohne Nation (Anm. 127), Seite 482.

143 □ Die Zitate aus: Kladderadatsch, Nr. 32 vom 14. 7. (Leitgedicht), Berliner Wespen, Nr. 23 vom 7. 6. 1878 (Karikatur), und Kladderadatsch, Nr. 26 vom 9. 6. 1878 (»Ein Gastmahl«).
Vgl. auch Berliner Montags-Zeitung, Nr. 23, 30 und 38 vom 10. 6., 29. 7. und 23. 9. 1878.
Vgl. zum Verlauf des Kongresses I. Gundermann: Berlin als Kongreßstadt 1878 (Anm. 130), *passim*. Eine ausführliche Beschreibung des Historienbildes »Der Berliner Kongreß«, das vom Berliner Magistrat in Auftrag gegeben worden war, findet sich auf Seite 128 bis 132.
Vgl. hierzu ebenfalls Anton von Werner: Erlebnisse und Eindrücke 1870–1890. Berlin: Ernst Siegfried Mittler 1913, Seite 223 bis 236 und Seite 315 f.

144 □ Vgl. Berliner Wespen, Nr. 30 und 31 vom 26. 7. und 2. 8. 1878; siehe auch Ulk, Nr. 30 vom 25. 7. 1878, und Kladderadatsch, Nr. 34 und 35 vom 28. 7. und 4. 8. 1878 (Karikaturen).

145 □ Zit. nach Kladderadatsch, Nr. 27 vom 16. 6. 1878 (Leitgedicht), und Berliner Wespen, Nr. 25 vom 21. 6. 1878 (Karikatur).

146 □ Beide Zitate aus I. Gundermann: Berlin als Kongreßstadt 1878 (Anm. 130), Seite 122 bzw. 97.

147 □ Norddeutsche Allgemeine Zeitung vom 14. Juli 1878 (postdatiert). Vgl. hierzu I. Gundermann: Berlin als Kongreßstadt 1878 (Anm. 130), Seite 118 bis 120.

148 □ Zit. nach Kladderadatsch, Nr. 33 vom 21. 7. 1878 (Karikatur). Vgl. auch »Vertraute Briefe« und »Der diplomatische Fächer. Ein Zukunftsbild«.
Siehe ferner Ulk, Nr. 29 vom 18. 7. 1878 (»Nunne«), und Berliner Wespen, Nr. 28 vom 12. Juli 1878 (»Friedens-Glosse«).
Vgl. zum Berliner Kongreß auch Peter Wolfframm: Die deutsche Außenpolitik und die großen deutschen Tageszeitungen (1871–1890). (Phil. Diss.). Zeulenroda: Bernhard Sporn 1936, Seite 39 bis 53.
Vgl. schließlich die nur teilweise brauchbare Dissertation von Ingrid Berck: Der außenpolitische Kampf des »Kladderadatsch« im ersten Reichsjahrzehnt 1870/1880 unter besonderer Berücksichtigung der Orientkrisis (Ein Beitrag zur Erforschung des politischen Witzblattes im 19. Jahrhundert). Heidelberg 1945 (Masch.).

149 □ Kladderadatsch, Nr. 37/38 vom 18. 8. 1878. Vgl. auch die Karikaturen folgender Ausgaben: Nr. 44/45, 46, 50 bis 56 vom 29. 9. bis 6. 10. und 3. 11. bis 8. 12. sowie Nr. 58 und 59/60 vom 22. und 29. 12. 1878. Siehe ferner Ulk, Nr. 44 vom 31. 10. 1878 (Karikatur), und Berliner Wespen, Nr. 40 und 46 vom 4. 10. und 15. 11. 1878 (Karikaturen). Ferner sei hier auf Wippchens »Originalberichte« über den »Krieg zwischen England und Afghanistan« hingewiesen (Nr. 39, 41, 45, 48, 51 vom 27. 9., 11. 10., 8. und 29. 11. und 20. 12. 1878; Nr. 2, 38 und 41 vom 10. 1., 19. 9. und 10. 10. 1879).

150 □ Vgl. Kladderadatsch, Nr. 18 vom 19. 4. 1885 (Leitgedicht). Siehe auch Nr. 19 bis 29/30 vom 26. 4. bis 28. 6. 1885. Die handelnden Staatsmänner waren nunmehr der russische Außenminister Nikolai Karlowitsch Giers (1820 bis 1895) und Englands »grand old man« William Ewart Gladstone (1809 bis 1898). Gladstone, welcher nach dem Krimkrieg von der konservativen zur liberalen Partei übergegangen war, hatte viermal den Posten des Ministerpräsidenten inne (1868 bis 1874, 1880 bis 1885, 1886 und 1892 bis 1894). Von Ende Juni 1885 bis Ende Januar 1886, von Juli 1886 bis 1892 und von 1895 bis 1902 war Robert Cecil Marquess of Salisbury Ministerpräsident.
Am 30. 8. 1885 brachte der Kladderadatsch (Nr. 40) aufs neue eine Karikatur unter der Überschrift »Gargantua und Pantagruel«; 1886 wurde die russisch-afghanische Grenze von einer britisch-russischen Kommission festgelegt; 1890/91 und 1893 mußte Afghanistan erneut Gebiete an die Briten abgeben, was ungefähr der heutigen afghanisch-pakistanischen Grenze entsprach.
Vgl. zu dem Grenzkonflikt vom 30. März 1885 auch Wippchens Originalberichte »An der afghanischen Grenze« (Berliner Wespen, Nr. 12 und 17 vom 20. 3. und 24. 4. 1885) sowie die Ausgaben des Ulks (Nr. 16 bis 18 vom 16. bis 30. 4. 1885).

151 □ Kladderadatsch, Nr. 52 vom 17. 11. 1878 (Karikatur). Siehe auch folgende Karikaturen: Nr. 59/60 vom 29. 12. 1878, Nr. 50 vom 2. 11. 1884 und Nr. 6 vom 8. 2. 1885.

152 □ Zit. nach Nr. 7 vom 16. 2. 1879 (Leitgedicht). Vgl. auch Kladderadatsch, Nr. 42 vom 14. 9. 1879 (Leitgedicht), Nr. 2, 19, 22, 29/30 und 34 vom 11. 1., 25. 4., 16. 5., 27. 6. und 25. 7. 1880 (Karikaturen). Siehe ferner Berliner Wespen, Nr. 37 vom 12. 9. 1879 (Karikatur) und Nr. 2 vom 9. 1. 1880 (Karikatur), sowie Ulk, Nr. 2 vom 9. 1. 1879 (»Englischer Kriegsbericht aus Afghanistan«) und Nr. 33 vom 12. 8. 1880 (Karikatur).

153 □ Zit. nach Berliner Wespen, Nr. 14 vom 4. 4. 1879 (Wippchens Bericht über den »Kaffernkrieg«, IV). Siehe auch die übrigen Wippchen-Berichte, die sich bis Juli hinzogen. Siehe ferner folgende Ulk-Beiträge: »Im Kap-Keller« (Karikatur; Nr. 8 vom 20. 2. 1879) und »An England« (Nr. 10 vom 6. 3. 1879). Vgl. u. a. das Gedicht »An England«, das am 16. 2. 1879 im Kladderadatsch (Nr. 7) erschien:
»Wer that so Leides, mächtiger Staat, dir an?
Vernimm, o Menschheit, es und vergiß es nicht:
Es ist ein Volk von nackten Wilden,
Welches genannt wird die Zulukaffern.«
Die Kaffern (von arab. kafir, »Ungläubiger«) gehören zu den Bantuvölkern. 1816 waren die verschiedenen Zulustämme zu einem Königreich vereinigt worden, das nach dem entscheidenden Sieg der Engländer (4. 7. 1879) in mehrere Häuptlingsbereiche unter englischer Kontrolle aufgeteilt wurde.

154 □ Zit. nach Wippchens Bericht »Die Engländer und die Boers« (Berliner Wespen, Nr. 13 vom 6. 4. 1881) und dem Gedicht »Den Transvaal-Bauern« (Berliner Wespen, Nr. 24 vom 13. 6. 1884).
Vgl. hierzu folgende Ausgaben des Kladderadatsch: Nr. 2, 5 und 13 vom 9. und 30. 1. sowie 20. 3. 1881.
Boers (Buren) ist der Name der Bevölkerung holländischen Ursprungs in der Kapkolonie, Oranje River- und Transvaalkolonie, in die sich 1687 eine Anzahl von Hugenotten mischte. Nach mehreren Niederlagen erkannten die Engländer die innere Unabhängigkeit des Freistaats Transvaal (seit 1884 Südafrikanische Republik) am 3. 8. 1881 an. Nach dem Burenkrieg (1899 bis 1902) wurden die Burenrepubliken britische Kolonien.

155 □ Leitgedicht »An Albion« (Kladderadatsch, Nr. 35 vom 30. 7. 1882). Vgl. ebenfalls die Ausgaben ab Nr. 33 bis Jahresende, insbesondere die Leitgedichte »Freu Dich, Aegypten!« und »Englischer Lorbeer« (Nr. 40 und 44/45 vom 27. 8. und 24. 9. 1882). Vgl. auch Nr. 27 vom 15. 6. 1884 (»Aegypten«).

156 □ Vgl. die entsprechenden Nummern bis Jahresende. Die Berliner Montags-Zeitung berichtete über die ägyptischen Verhältnisse in ihrer Rubrik »Telegraphische Depeschen vom Welt-Friedensschauplatz«.
Die Krise war im Februar 1882 akut geworden, als der zum Kriegsminister ernannte Führer der Nationalpartei, Ahmad Urabi [Arabi] Pascha (1839 bis 1911), die Abschaffung der europäischen Finanzkontrolle und die Beseitigung aller europäischen Beamten forderte. Nach heftigen Auseinandersetzungen mit dem Khedive (1867 bis 1914 Titel des Vizekönigs von Ägypten) Muhammad Taufik (Mehmed Tewfik) Pascha (1852 bis 1892; seit 1879 Vizekönig) stellte letzterer sich unter britischen Schutz. Er verlor 1885 im Mahdi-Aufstand – Mahdi, eigentlich Muhammad Ahmad (1844 bis 1885) – den später von den Engländern zurückeroberten Ostsudan.

157 □ Zitate aus Kladderadatsch, Nr. 34 vom 22. 7. 1883 (Karikatur »Die beiden Annexander«), Berliner Wespen, Nr. 15 vom 20. 4. 1881 (Karikatur), Le Charivari vom 21. 10. 1881 (Karikatur), Kladderadatsch, Nr. 25 vom 28. 5. 1882 (Karikatur). Vgl. auch Berliner Wespen, Nr. 14 vom 13. 4. 1881 (Karikatur). Daß der »französisch-tunesische Krieg« für Wippchen wieder einen Anlaß für seine beliebten »Original-Berichte« bot, versteht sich von selbst (Nr. 16, 19, 29, 44 und 51 vom 27. 4., 18. 5., 27. 7., 9. 11. und 28. 12. 1881). Siehe auch Ulk, Nr. 28 vom 14. 7. 1881, und Berliner Montags-Zeitung, Rubrik »Telegraphische Depeschen vom Welt-Friedensschauplatz«.
Durch den Vertrag von Bardo (12. Mai 1881) erkannte der Bey von Tunis das Protektorat Frankreichs an.
Vgl. zu Bismarcks Unterstützung der französischen Kolonialexpanison R. Poidevin/J. Bariéty: Frankreich und Deutschland (Anm. 56), Seite 181 bis 189. Am 7. April 1881 sagte Ministerpräsident Jules Ferry vor der Kammer, daß sich die französische Politik nicht damit begnügen dürfe, die Augen auf die blaue Linie der Vogesen zu richten. Der Republikaner Jules Ferry (1832 bis 1893) wurde im September 1870 Mitglied der Regierung der Nationalen Verteidigung. 1879 und 1883 war er Unterrichtsminister, 1880/81 und 1883/85 Ministerpräsident. Als solcher betrieb er die Ausdehnung des französischen Kolonialreichs, bis er nach einer Niederlage im französisch-chinesischen Krieg gestürzt wurde.

158 □ Der Text bezieht sich auf Berliner Montags-Zeitung, Nr. 25 vom 18. 6. 1883 (»La grande Resignation«), Berliner Wespen, Nr. 49 vom 7. 12. 1883 (Karikatur), Kladderadatsch, Nr. 16 vom 5. 4. 1885 (Leitgedicht), Nr. 41, 49 vom 7. 9. und 26. 10. 1884 (Karikaturen), Nr. 3 vom 18. 1. 1885 (Karikatur). Insbesondere die Bände 1883/84 aller drei Witzblätter enthalten zahlreiche Beiträge zu diesem Thema. Am eifrigsten zeigten sich allerdings die Berliner Wespen, in denen auch Wippchen wieder zur Feder griff (Nr. 35 vom 31. 8. 1883, Nr. 3, 34, 36 vom 18. 1., 22. 8. und 5. 9. 1884, Nr. 15 und 29 vom 10. 4. und 17. 7. 1885).
Vgl. zur französischen Kolonialpolitik und zum »Scheitern einer nationalen und parteipolitischen Integrationsstrategie« Elfi Bendikat: Wahlkämpfe in

Europa 1884 bis 1889. Parteiensysteme und Politikstile in Deutschland, Frankreich und Großbritannien. Phil. Diss. Wiesbaden: Deutscher Universitäts-Verlag 1988, Seite 269 bis 289. Ebenda auch Hinweise auf das deutsch-französische Verhältnis.
Im Frieden von Tientsin (9. 6. 1885) verzichtete China endgültig auf Tongking. 1887 wurde Tongking eine Provinz von Indochina.
159 □ Zit. nach R. Poidevin/J. Bariéty: Frankreich und Deutschland (Anm. 56), Seite 184. Zum Zitat des Kladderadatsch: Nr. 36 vom 10. 8. 1884 (Leitgedicht).
160 □ Siehe R. Poidevin/J. Bariéty: Frankreich und Deutschland (Anm. 56), Seite 184.
161 □ Vgl. zur Berliner Kongokonferenz: Hans Georg Steltzer: Die Deutschen und ihr Kolonialreich. Frankfurt: Societäts-Verlag 1984, Seite 77 bis 85.
Siehe auch den im Anschluß an die Zentenarkonferenz (Berlin, 1985) erschienenen Tagungsband: Stig Förster, Wolfgang J. Mommsen, Ronald Robinson (Hrsg.): Bismarck, Europe, and Africa. The Berlin Africa Conference 1884–1885 and the Onset of Partition. Oxford: Oxford University Press 1988.
162 □ Zit. nach Kladderadatsch, Nr. 59/60 vom 28. 12. 1884. Siehe auch das Leitgedicht »Zum Jahresschluß« sowie die Bemerkung des Barons von Prudelwitz: »Wir jetzt in Wahrheit *la tête* (der Kopf), *l'esprit* (der Geist) *et le coeur* (das Herz) *du monde* (der Welt)!« Entsprechende nationalistische Töne finden sich allerdings nur im Kladderadatsch. In den Berliner Wespen berichtet Wippchen mit seinem üblichen Humor über die »Kongo-Konferenz« (Nr. 45, 47, 49, 52 vom 7. und 21. 11., 5. und 26. 12. 1884). Im Ulk spielten Frankreich und Deutschland gemeinsam gegen England »Kongo-Skat« (Nr. 43 vom 23. 10. 1884); am 27. 11. 1884 erfuhren die Leser Näheres über das »Colonialmenu für das Festessen der Mitglieder der Congo-Konferenz« (Ulk, Nr. 48).
163 □ Zit. nach Kladderadatsch, Nr. 25 vom 1. 6. 1884 (Leitgedicht) und Nr. 40 vom 31. 8. 1884 (Leitgedicht; Refrain).
Vgl. zu Bismarcks Ansicht, Preußen-Deutschland sei definitiv »saturiert«, L. Gall: Bismarck (Anm. 8), Seite 618.
Als Geburtstag der deutschen Kolonialpolitik (freie Handelsstützpunkte oder sogenannte Freundschaftsverträge gab es schon früher) gilt der 24. April 1884. Zur allgemeinen Überraschung übersandte Bismarck an jenem Tag dem deutschen Konsul in Kapstadt ein Telegramm, wonach die 1883 von Adolf Lüderitz (1834 bis 1886) erworbenen Territorien »unter dem Schutz des Reiches« stehen. Der Begriff »Schutz« war hierbei unklar geblieben.
164 □ Vgl. hierzu W. Bußmann: Das Zeitalter Bismarcks (Anm. 72), Seite 146 bis 151, ferner L. Gall: Bismarck (Anm. 8), Seite 619 bis 627. Vgl. allgemein: H. G. Steltzer: Die Deutschen und ihr Kolonialreich (Anm. 161), Seite 7 bis 107.
Bismarck dachte zunächst an die Staatskasse nicht belastende Konzessionen von Chartergesellschaften nach englischem Beispiel, was sich jedoch wegen des Zauderns deutscher Kapitalanleger nicht durchführen ließ.
165 □ Kladderadatsch, Nr. 29/30 vom 27. 6. 1875 (Leitgedicht).
166 □ Kladderadatsch, Nr. 37/38.
Vgl. hierzu die in der Geschichtswissenschaft stark beachtete, aber auch umstrittene These des »Sozialimperialismus«: H.-U. Wehler: Bismarck und der Impereralismus (Anm. 5), Seite 142 bis 155: »Expansionsagitation«.
167 □ Zit. nach Kladderadatsch, Nr. 1 vom 4. 1. 1885 (»Germanias Gruß«) und Nr. 13 vom 22. 3. 1885.
Der Ausdruck Schützenfeststimmung geht auf den freisinnigen Abgeordneten Ludwig Bamberger zurück, ein Gegner der Kolonialpolitik (Reichstagsrede vom 26. 6. 1884).
168 □ Sowohl in der Budgetkommission (23. und 27. 6. 1884) als auch im Reichstag (26. 6. und 1. 12. 1884; 9. und 10. 1. sowie 2., 13., 14. und 16. 3. 1885) nahm Bismarck zur Kolonialpolitik einschließlich der geplanten Dampfersubvention Stellung und setzte sich mit seinen Gegnern auseinander.
Vgl. hierzu Horst Kohl (Hrsg.): Die politischen Reden des Fürsten Bismarck. Historisch-kritische Gesammtausgabe, Bd. 10 und 11. Stuttgart: Cotta 1894, S. 166 bis 219, 273 bis 275, 377 bis 430, bzw. S. 49 bis 65, 72 bis 87, 94 bis 117 und 130 bis 149.
169 □ Zit. nach Ulk, Nr. 26 vom 26. 6. 1884, Berliner Wespen, Nr. 20 vom 15. 5. 1885, Nr. 47 vom 21. 11. 1884, Nr. 52 vom 25. 12. 1885, Ulk, Nr. 43 vom 23. 10. und Nr. 36 vom 4. 9. 1884, Nr. 49 und 51 vom 3. und 17. 12. 1885.
170 □ Ulk, Nr. 35 vom 28. 8. 1884 (»Schreiben der Konfektionsdame Paula Erbswurst an den Fürsten Bismarck«). Vgl. auch das in Nr. 23 vom 4. 6. 1885 abgedruckte Schreiben der beliebten Kunstfigur.
Vgl. auch Hartwig Gebhardt: Kollektive Erlebnisse. Zum Anteil der Illustrierten Zeitschriften im 19. Jahrhundert an der Erfahrung des Fremden. In: Kulturkontakt–Kulturkonflikt. Zur Erfahrung des Fremden. 26. Deutscher Volkskundekongreß in Frankfurt vom 28. September bis 2. Oktober 1987. Hrsg. von Ina-Maria Greverus/Konrad Köstlin/Heinz Schilling. Frankfurt am Main: F.M.-Druck 1988, S. 517–544.
171 □ Vgl. hierzu Berliner Wespen, Nr. 22 vom 29. 5. 1885 (Karikatur »Der preußische Unteroffizier

in Kamerun«), ferner Nr. 10 vom 6. 3. 1885 (»Ueber schwarze Frauen«), Ulk, Nr. 12 vom 19. 3. 1885 (»Kleines südwestafrikanisches Damen-Journal«) und Nr. 52 vom 25. 12. 1884 (»Bei unseren schwarzen Brüdern«), um nur einige Beispiele zu zitieren. Im Kladderadatsch regten die Kolonien den neuen Zeichner Gustav Brandt an (z. B. Nr. 56 vom 5. 12. 1886: »Rennen in den Colonien«); auch für den Schalk waren sie hin und wieder ein Thema.

172 □ Zit. nach Berliner Wespen, Nr. 33 vom 15. 8. 1884 (Karikatur; »Marinesoldat Kutschke«). Vgl. auch Ulk, Nr. 34 bis 38 vom 21. 8. bis 18. 9. 1884 (verschiedene Beiträge) und Nr. 2, 11, 19 vom 8. 1., 12. 3. und 7. 5. 1885. Siehe Kladderadatsch, Nr. 39 vom 24. 8. (»An England«), 41 vom 7. 9. (Karikatur), Nr. 43 bis 50 vom 21. 9. bis 2. 11. 1884.
Vgl. hierzu E. Bendikat: Wahlkämpfe in Europa . . . (Anm. 158), Seite 93 bis 103, ferner H. G. Steltzer: Die Deutschen und ihr Kolonialreich (Anm. 161), u. a. Seite 22 bis 25, 47 bis 54, 56 bis 59, 67 bis 70.

173 □ Vgl. die am 4. 9. 1885 in den Berliner Wespen (Nr. 36) unter der Überschrift »Hiß-panischer Schrecken« erschienene Karikatur. Alle Witzblätter beschäftigten sich in Wort und Bild mit diesem Thema. Einzelheiten u. a. bei H.-U. Wehler: Bismarck und der Imperialismus (Anm. 5), Seite 400 bis 407.

174 □ Zit. nach L. Gall: Bismarck (Anm. 8), Seite 623. Gall sieht in dieser Äußerung »nicht nur nachträgliche Einsicht, sondern durchgehende Überzeugung«. (Ebenda).
Unter Bismarck war ein Kolonialreich mit 2,6 Millionen Quadratkilometern und 7,5 Millionen Einwohnern entstanden. Auch wenn man später erworbene Gebiete hinzurechnet, blieb das deutsche Kolonialreich, gemessen an den Besitzungen der übrigen Kolonialmächte bescheiden. Für den Außenhandel und die Wirtschaft blieb es ohne größere Bedeutung. Als Siedlungskolonie war vor allem Südwestafrika wichtig. Im heutigen Namibia leben zur Zeit ungefähr 18 000 Deutsche und Deutschstämmige, teilweise schon in der sechsten Generation.

175 □ Zit. nach J. Willms: Nationalismus ohne Nation (Anm. 127), Seite 479, und Berliner Wespen, Nr. 41 vom 9. 10. 1885 (Leitgedicht).

176 □ Zit. nach Berliner Wespen, Nr. 6 vom 8. 2. 1882. Fortsetzung des Berichts in Nr. 11 vom 15. 3. 1882. Vgl. auch Kladderadatsch, Nr. 6 und 7 vom 5. und 12. 2. 1882 (Karikaturen).
Über die Ablehnung der Okkupation berichtete ausführlich der Europäische Geschichtskalender für das Jahr 1878 (Seite 20). 1908 löste die förmliche Annexion Bosniens bekanntlich eine europäische Krise aus.

177 □ Zitate aus Berliner Wespen, Nr. 40 vom 1. 10. 1880 (Karikatur) sowie Kladderadatsch, Nr. 46 und 50 vom 3. und 31. 10. 1880 (Leitgedicht bzw. Karikatur).

178 □ Vom 16. 6. bis 1. 7. 1880 trat in Berlin die Konferenz der Großmächte zusammen, um die türkisch-griechische Grenzfrage zu lösen. Am 30. Juni schlugen die Mächte der Pforte die Abtretung von Dulcigno mit einem schmalen Streifen Landes an Montenegro vor. Am 1. Juli wurde Griechenland ganz Thessalien und ein erhebliches Stück von Epirus zugesprochen. Die Pforte lehnte die Beschlüsse ab. Die daraufhin erfolgte Flottendemonstration der Großmächte (September/Anfang Dezember 1880) wurde nicht allein in den Witzblättern, sondern auch im Europäischen Geschichtskalender (S. 26) als lächerlich hingestellt.

179 □ Am 18. September 1885 hatte sich infolge einer revolutionären Anschlußbewegung Ostrumeliens an Bulgarien unter Führung Alexander von Battenbergs (1857 bis 1893) das Großbulgarische Reich gebildet. Im September 1886 mußte der einst (1879) auf Wunsch Alexanders II. vom bulgarischen Parlament gewählte Fürst wegen der Gegnerschaft Alexanders III. abdanken. Die international brisante bulgarische Frage komplizierte sich 1888, als Bismarck den Plan der Gemahlin Kaiser Friedrichs III., den Exfürsten mit ihrer Tochter Viktoria zu vermählen, mit Rücksicht auf den Zaren hintertrieb.
Vgl. hierzu neuerdings Helma Hink: Bismarcks Pressepolitik in der bulgarischen Krise und der Zusammenbruch seiner Regierungspresse (1885–1890). Phil. Diss. Frankfurt am Main/Bern/Las Vegas: Peter Lang 1977.
Die Versuche Alexanders von Battenberg, sich des russischen Einflusses zu entziehen, wurden in den Witzblättern laufend kommentiert. Gleichzeitig wurde das Feindbild des Russen (Bart, rollende Augen, Peitsche etc.) aktiviert. Vgl. – als ein Beispiel unter vielen – Ulk, Nr. 45 vom 11. 11. 1886 (Karikatur: »Wer fürchtet sich vor dem schwarzen Mann?!« – Antwort: »Alle!«).
Dem Haus Battenberg (seit 1917: Mountbatten) gehört, um einen Gegenwartsbezug herzustellen, der englische Prinzgemahl Philipp, Herzog von Edinburgh, an.

180 □ Die heute noch gebräuchliche Bezeichnung »eiserner Kanzler« war in den siebziger Jahren aufgekommen.

181 □ Die genannten Karikaturen erschienen in: Ulk, Nr. 20 vom 13. 5. 1880, Berliner Wespen, Nr. 28 vom 20. 7. 1881 (Atlas), Ulk, Nr. 2 vom 12. 1. 1888 (Perseus), Berliner Wespen, Nr. 17 vom 24. 4. 1885 (Janus), ferner Kladderadatsch, Nr. 7/8 vom 17. 2. 1884, Ulk, Nr. 44 vom 31. 10. 1889, Ulk, Nr. 19 vom 7. 5. 1885, Kladderadatsch, Nr. 49 vom 23. 10. 1887 und Nr. 58 vom 20. 12. 1885, Berliner Wespen, Nr. 1 vom 4. 1. 1884.

Zahlreiche weitere Beispiele ließen sich hier anführen.

182 ☐ Zit. nach L. Gall: Bismarck (Anm. 8), Seite 595 und 597.

Vgl. zu Bismarcks »Entscheidung für Österreich« die Darstellungen in Gedanken und Erinnerungen (Anm. 45), Seite 443 bis 461.

Vgl. zu den Hintergründen den Aufsatz von Martin B. Winckler: Die Aufhebung des Artikels V des Prager Friedens und Bismarcks Weg zum Zweibund. In: Historische Zeitschrift. Bd. 179 (1955), Seite 471 bis 509.

183 ☐ So äußerte sich der preußische Landwirtschaftsminister Robert Lucius am 28. 9. 1879. Zit. nach L. Gall: Bismarck (Anm. 8), Seite 595.

184 ☐ Berliner Wespen, Nr. 39 vom 26. 9. 1879 (»Schutz- und Trutzbündniß«); Ulk, Nr. 40 vom 2. 10. 1879 (»Deutschland und Oesterreich«). Die abgeänderten Verse entstammen dem Drama des Dichters Friedrich Halm (Elegius Franz Joseph Freiherr von Münch-Bellinghausen; 1806 bis 1871) Der Sohn der Wildnis.

185 ☐ Kladderadatsch, Nr. 46 vom 5. 10. 1879 (»Frohe Botschaft«). Die in derselben Ausgabe veröffentlichte Karikatur zeigt, wie der russische Reichskanzler Gortschakow die »zwei Liebenden« (Deutschland und Österreich) belauscht.

Der genaue Text des Vertrags wurde allerdings erst am 3. 2. 1888 veröffentlicht.

186 ☐ Die viel zitierte Metapher geht auf Bismarcks Nachfolger, General Leo von Caprivi (seit 1891 Graf; 1831 bis 1899) zurück. Vgl. u. a. zum Aufbau des Bündnissystems Otto Becker: Bismarcks Bündnispolitik. Berlin: Carl Heymanns Verlag 1923, W. Bußmann: Das Zeitalter Bismarcks (Anm. 72), Seite 139 bis 146 sowie 196 bis 208, A. Hillgruber: Bismarcks Außenpolitik (Anm. 8), Seite 153 bis 198.

187 ☐ Vgl. Kladderadatsch, Nr. 46 vom 3. 10. 1880 (Karikatur: »Kaiserbündniß in Sicht?«).

188 ☐ Der Dreikaiservertrag verpflichtete die Vertragsschließenden zu wohlwollender Neutralität im Falle einer kriegerischen Kollision mit einer vierten Großmacht. Der Text sowie das Zusatzprotokoll (Balkan) sind abgedruckt in: Die Diplomatischen Akten des Auswärtigen Amtes 1871–1914. Ein Wegweiser durch das große Aktenwerk der Deutschen Regierung von Bernhard Schwertfeger. Erster Teil: Die Bismarck-Epoche 1871–1890 (Band I–VI). Berlin: Deutsche Verlagsgesellschaft für Politik und Geschichte M.B.H. 1923, Seite 260 bis 263. Einer der Gründe für die Wiederannäherung Rußlands dürfte in der anschwellenden nihilistischen Bewegung zu sehen sein, über die in Berlins satirischen Wochenblättern laufend berichtet wurde. Nach der Ermordung Alexanders II. (13. März 1881) ließen sie es sich nicht nehmen, eine Verbindung zwischen Ursache (Despotismus) und Wirkung herzustellen. Am 18. März 1881 gaben die Berliner Wespen (Nr. 11) dem Nachfolger Alexander III. folgenden Rat:

»Vor dem Sklaven, wenn er die Kette bricht,
Vor dem freien Menschen erzittere nicht!«

Vgl. auch Ulk, Nr. 11 vom 17. 3. 1881 (»Des Czaren Tod«), und Kladderadatsch, Nr. 13 vom 20. 3. 1881 (Leitgedicht).

Die Anschläge, insbesondere in Rußland und Irland, aber auch in anderen Staaten, führten schließlich dazu, daß sich die »sieben internationalen Polizeinasen« zusammentaten, »damit die Unthaten des Dynamitungeheuers gerochen werden« (Berliner Wespen, Nr. 13 vom 28. 3. 1884; Karikatur).

189 ☐ Ulk, Nr. 17 vom 26. 4. 1883. Vgl. auch die am 19. 4. 1883 (Nr. 16) erschienene Karikatur »Auf dem Triple-Alliance-Ball«. Siehe ebenfalls Berliner Wespen, Nr. 15 (Karikatur: »Die Tripel-Allianz«) und 20 (Karikatur: »Am Whisttisch der Nationen«) vom 13. 4. und 18. 5. 1883, sowie Kladderadatsch, Nr. 18 vom 15. 4. 1883 (»Diplomatische Zwiesprache«).

Insbesondere der Kladderadatsch vermittelte den Lesern die irrige Meinung, nicht nur Frankreich, sondern auch Rußland wären nunmehr isoliert.

Der Text des Dreibundvertrages vom 20. Mai 1882 ist abgedruckt in: Die Diplomatischen Akten des Auswärtigen Amtes . . . (Anm. 188), Seite 266 f. Zur Verlängerung am 20. Februar 1887: Seite 280.

190 ☐ Zit. nach R. Poidevin/J. Bariéty: Frankreich und Deutschland (Anm. 56), Seite 140.

191 ☐ Zitate aus Ulk, Nr. 38 vom 18. 9. 1884.

Die Berliner Wespen bemängelten – wie übrigens bei zahlreichen anderen Gelegenheiten – die ausbleibenden Informationen für die Journalisten. (Nr. 38 bis 40 vom 19. 9. bis 3. 10. 1884.)

192 ☐ Die Zitate stammen aus Ulk, Nr. 14 vom 6. 4. 1882 (Karikatur), Kladderadatsch, Nr. 41 vom 7. 9. 1879 (Leitgedicht), Ulk, Nr. 8 vom 23. 2. 1882, Kladderadatsch, Nr. 7 vom 12. 2. 1882.

Der im Kladderadatsch-Leitgedicht ausdrücklich zitierte General Skobelew (1841 bis 1882) führte seit 1881 die deutschfeindliche panslawistische Kriegspartei. Er hatte am 24. Januar und dann, auf Reisen, am 16. Februar 1882 in Paris zwei in der Witzpresse ausführlich kommentierte Brandreden gegen Deutschland und Österreich gehalten. Von Februar bis April 1882 war er in allen Berliner Witzblättern ein unbestrittener »Medienstar«.

Vgl. allgemein Irene Grüning: Die russische öffentliche Meinung und ihre Stellung zu den Großmächten 1878–1894. Berlin/Königsberg: Ost-Europa-Verlag 1929.

193 ☐ Zitate aus Kladderadatsch, Nr. 55 vom 28. 11. 1886 (Schultze und Müller); Nr. 8/9 vom 22. 2. 1880 (Baron von Strudelwitz), Ulk, Nr. 5 vom 29. 1. 1880 (Nunne).

194 ☐ Zitat aus Ulk, Nr. 41 vom 13. 10. 1881 (Titel-

karikatur). Es handelte sich um die Illustration einer Rede Moltkes in Kiel.
Auf das besondere Interesse der Satiriker stießen Moltkes publik gewordene Betrachtungen über den Krieg in einem Brief an Johann Kaspar Bluntschli, der in Heidelberg Staatsrecht lehrte (11. 12. 1880). Der preußische Generalstabschef verkündete: »Der ewige Friede ist ein Traum, und nicht einmal ein schöner, und der Krieg ein Glied in Gottes Weltordnung. In ihm entfalten sich die edelsten Tugenden des Menschen, Mut und Entsagung, Pflichttreue und Opferwilligkeit mit Einsetzung des Lebens. Ohne den Krieg würde die Welt im Materialismus versumpfen.« Zit. nach Franz Herre: Moltke. Der Mann und sein Jahrhundert. 2. Auflage. Stuttgart: Deutsche Verlags-Anstalt 1984, Seite 348.
Vgl. hierzu die sarkastischen Beiträge im Ulk, Nr. 6 und 10 vom 10. 2. und 10. 3. 1881. Siehe ebenfalls Berliner Wespen, Nr. 6, 9 und 10 vom 11. 2., 4. und 11. 3. 1881, sowie Kladderadatsch, Nr. 8/9 vom 20. 2. 1881 (Karikatur: »Es kommt Alles auf den Standpunct an.«).
195 ☐ Vgl. beispielsweise folgende Karikaturen: Kladderadatsch, Nr. 7 und 8/9 vom 15. und 22. 2. 1880, Berliner Wespen, Nr. 5 vom 30. 1. 1880, Ulk, Nr. 6 vom 5. 2. 1880 und Nr. 47 vom 19. 11. 1885, Berliner Wespen, Nr. 25 vom 20. 6. 1879, und Lustige Blätter, Nr. 39 vom 26. 9. 1889.
196 ☐ Zitate aus Berliner Wespen, Nr. 11 vom 12. 3. 1880, und Ulk, Nr. 5 vom 29. 1. 1880 (»Zündhütchen«). Vgl. zahlreiche weitere Beiträge in den Monaten Januar bis April 1880. Am 16. April genehmigte der Reichstag die Militärnovelle in dritter Lesung mit 186 gegen 128 Stimmen.
Es sei in diesem Zusammenhang bemerkt, daß das konservative Witzblatt Die Wahrheit die Forderungen der Regierung unterstützte und die antimilitaristische Einstellung der Linksliberalen lächerlich machte. Vgl. Nr. 16 und 21 vom 17. 4. und 22. 5. 1880; Nr. 43 vom 22. 10. 1881.
Vgl. zur Haltung der Deutschen Fortschrittspartei, deren Ansichten sich die Witzblätter zu eigen gemacht haben dürften, Eugen Richter: Im alten Reichstag. Erinnerungen. Berlin: Verlag »Fortschritt, Aktiengesellschaft« 1894, Seite 148 bis 153.
197 ☐ Zit. nach Norddeutsche Allgemeine Zeitung, Nr. 14 vom 10. 1. 1887 (Abend-Ausgabe; Politischer Tagesbericht).
Am 11., 12. und 13. 1. 1887 hielt Bismarck nicht weniger als fünf Reden für die Regierungsvorlage. In der ersten bezeichnete er das Deutsche Reich ein weiteres Mal als »gesättigt« und führte aus, daß dieses Frankreich »unter keinen Umständen« angreifen werde. Bei seinen Attacken gegen die Freisinnigen und das Zentrum bezog er immer wieder die Presse mit ein. Vgl. die politischen Reden des Fürsten Bismarck. Historisch-kritische Gesammtausgabe. Hrsg. von Horst Kohl. Bd. 12. Stuttgart: Cotta 1894, Seite 175 bis 277. Ebenda (Seite 173 f.) die Rede Moltkes, der ausgerufen hatte: »Würde die Forderung der Regierung abgelehnt, meine Herren, dann, glaube ich, haben wir den Krieg ganz sicher.«
Vgl. zu jenen entscheidenden Monaten 1886/87 auch L. Gall: Bismarck (Anm. 8), Seite 669 bis 683.
198 ☐ Vgl. hierzu E. Bendikat: Wahlkämpfe in Europa 1884 bis 1889 (Anm. 158), Seite 310 bis 354. Laut Bendikat führte die »Instrumentalisierung der deutsch-französischen Beziehungen in der innenpolitischen Feindbildagitation« zu einer »Konsolidierung des deutsch-französischen Gegensatzes« und zu einer »wachsenden Disposition zum Krieg«.
Vgl. auch die unter Leitung der Autorin entstandene Magisterarbeit von Norbert Jiptner: Bismarck, die Presse und die Reichstagswahl 1887 (München 1990).
Vgl. allgemein zu der »Doppelkrise«, d. h. zu den Spannungen einerseits mit Rußland (u. a. bewirkt durch wirtschaftliche und finanzielle Maßnahmen sowie durch den Bulgarienkonflikt), andererseits mit Frankreich. A. Hillgruber: Bismarcks Außenpolitik (Anm. 8), Seite 175 bis 193, und M. Messerschmidt: Militär und Politik . . . (Anm. 8), Kap. VI *(passim)*.
199 ☐ Ulk, Nr. 6 vom 10. 2. 1887 (Karikatur). Der Post-Artikel ist abgedruckt bei P. Wolfframm: Die deutsche Außenpolitik und die großen deutschen Tageszeitungen . . . (Anm. 148), Seite 74 f. Er war postdatiert (1. Februar).
200 ☐ Vgl. I. Grüning: Die russische öffentliche Meinung . . . (Anm. 192), Seite 142 bis 144.
201 ☐ Zit. nach Die politischen Reden des Fürsten Bismarck (Anm. 197), Seite 467 und 477. In dieser Rede schilderte Bismarck nicht allein die gegenwärtige, sondern auch die vergangene außenpolitische Konstellation.
Das vollständige Zitat lautet: »Wir Deutsche fürchten Gott, aber sonst Nichts in der Welt; und die Gottesfurcht ist es schon, die uns den Frieden lieben und pflegen läßt.«
202 ☐ Kladderadatsch, Nr. 7/8 vom 12. 2. 1888 (Leitgedicht).
Bereits am 8. 1. 1888 hatte der Kladderadatsch (Nr. 2), der zahlreiche Anspielungen auf die russisch-französische Annäherung enthielt, »Germania« folgende Worte in den Mund gelegt:
»Ich gehe meinen Weg gelassen,
Auf meine eigne Kraft gestellt.
Mir ist es gleich, ob sie mich hassen,
Wenn nur die Furcht im Zaum sie hält.«
203 ☐ Zitate aus Berliner Montags-Zeitung, Nr. 2 vom 14. 1. 1884, Nr. 1, 48 und 53 vom 1. 1., 26. 11. und 31. 12. 1883; Berliner Wespen, Nr. 33 vom 14. 8.

1885; Ulk, Nr. 30 vom 24. 7. 1884; Kladderadatsch, Nr. 40 vom 27. 8. 1882 (Karikatur).

204 ☐ Paul Déroulède (1846 bis 1914) hatte als Freiwilliger am Deutsch-Französischen Krieg teilgenommen. Die Patriotenliga forderte die Rückgabe Elsaß-Lothringens an Frankreich und wollte mit Hilfe von Schriften, Liedern, Schieß- und Turnübungen zur patriotischen und militärischen Erziehung beitragen.
Das Zitat aus Ulk, Nr. 37 vom 14. 9. 1882 (»Déroulède's Tageseintheilung«).
Vgl. unter anderen folgende Beiträge: Ulk, Nr. 37 vom 14. 9. 1882, Nr. 30 und 38 vom 29. 7. und 23. 9. 1886, Nr. 28 und 29 vom 14. und 21. 7. 1887.
Siehe Berliner Wespen, Nr. 33 vom 14. 8. 1885, Nr. 14 und 44 vom 2. 4. und 29. 10. 1886, sowie Kladderadatsch, Nr. 51 vom 9. 11. 1884, 44/45 und 57 vom 27. 9. und 13. 12. 1885, Nr. 12 vom 14. 3. 1886, Nr. 14/15, 20, 31, 33 vom 27. 3., 1. 5., 3. und 17. 7. 1887.

205 ☐ Der Rechtsanwalt Jules Grévy (1807 bis 1891) war 1848 republikanischer Abgeordneter, 1871/73 Präsident der Nationalversammlung und 1876 Kammer-Präsident. Grévy wurde zweimal, im Januar 1879 und im Dezember 1885 zum Präsidenten der Republik gewählt. Wegen des einen Skandal auslösenden Prozesses seines Schwiegersohns Daniel Wilson (1840 bis 1919) trat er am 2. Dezember 1887 zurück.
Vgl. zu seiner Wiederwahl die am 10. 1. 1886 im Kladderadatsch (Nr. 2) erschienene Karikatur »Das Friedens-Septennat«. Siehe zu dem Ordensschacher Nr. 52 bis 56 vom 13. 11. bis 4. 12. 1887.

206 ☐ Zitate aus Norddeutsche Allgemeine Zeitung, Nr. 1 vom 2. 1. 1883 (Gambettas Tod), Berliner Wespen, Nr. 1 vom 3. 1. 1879, Kladderadatsch, Nr. 18 vom 17. 4. 1887, Nr. 31 und 41 vom 4. 7. und 5. 9. 1880, Berliner Wespen, Nr. 34 vom 20. 8. 1880, Ulk, Nr. 34 vom 19. 8. 1880 und Nr. 13 vom 31. 3. 1881, Die Wahrheit, Nr. 47 vom 19. 11. 1881.
Gambetta hatte Anfang August 1880, anläßlich einer Flottendemonstration in Cherbourg, »Rache geschnaubt« (Kladderadatsch, Nr. 40 vom 29. 8. 1880), d. h. erklärt, »daß die Franzosen nicht für eine blutbefleckte Idee kämpften, sondern der Ansicht seien, daß die großen Entschädigungen vom Boden des Rechtes ausgehen müßten«. Zit. nach L. A. Puntila: Bismarcks Frankreichpolitik (Anm. 71), Seite 277.
Für Berlins Witzpresse blieb Gambetta, obwohl er sich während seiner Ministerpräsidentschaft nicht von Revanchegedanken leiten ließ, der »fou furieux«. Als er am 31. 12. 1882 im Alter von 43 Jahren starb, meißelte der Karikaturist des Kladderadatsch (Nr. 2 vom 14. 1. 1883) auf seinem Grabstein die Devise »Revanche« ein.
Vgl. auch Ulk, Nr. 2 vom 11. 1. 1883, und Berliner Wespen, Nr. 2 vom 12. 1. 1883 (Karikaturen).
Vgl. Ch. Bloch: Die Dritte Französische Republik (Anm. 24), Seite 64 bis 66.

207 ☐ Zitat aus Kladderadatsch, Nr. 18 vom 17. 4. 1887.
Vgl. zu Georges Boulanger (1837 bis 1891), der 1888 aus der Armee entfernt wurde und 1888/89 in der Kammer eine nationalistische Opposition um sich sammelte, den Staatsstreich jedoch dann doch nicht wagte, Ch. Bloch: Die Dritte Französische Republik (Anm. 24), Seite 83 bis 95.
Vgl. ebenfalls Jacques Néré: Le boulangisme et la presse. Paris: Armand Colin 1964.
In den Berliner Witzblättern wurde Boulanger als »automatischer Hampelmann«, »Papierdrachen« (Kladderadatsch, Nr. 38/39 und 40 vom 21. und 28. 8. 1887) oder als »Kopist« beziehungsweise »Mephisto« (Ulk, Nr. 13 und 49 vom 29. 3. und 6. 12. 1888) dargestellt. Zahlreiche weitere Beispiele ließen sich nennen.

208 ☐ Zitate aus Ulk (Nr. 6 vom 10. 2. 1881), Berliner Wespen (Nr. 7 vom 18. 2. 1881) und Ulk (Nr. 1 vom 4. 1. 1883).
Vgl. u. a. auch Ulk, Nr. 35 vom 30. 8. 1883, Berliner Wespen, Nr. 51 und 52 vom 22. und 29. 12. 1882, Nr. 5, 6, 34 und 35 vom 2. und 9. 2., 24. und 31. 8. 1883, Kladderadatsch, Nr. 57 vom 11. 12. 1881, Nr. 39 bis 46 vom 26. 8. bis 7. 10. 1883, Nr. 56 vom 9. 12. 1883. »Schläuche« für den »kalten Wasserstrahl« waren vor allem die Norddeutsche Allgemeine Zeitung, Die Post und die Kölnische Zeitung.
Vgl. auch die »Ungereimte Chronik« von Ernst Dohm im Deutschen Montags Blatt Nr. 9 vom 1. 3. 1880):
»Wie? Was? Am Montag ›Krieg in Sicht‹, Am Dienstag wieder friedlich, Am Mittwoch – nein, das fass' ich nicht! Das ist ja ungemüthlich!«
Vgl. in diesem Zusammenhang die Feststellung des »offiziösen« Journalisten Hermann Robolsky, der in seinem Werk Bismarck und Frankreich nach dem Kriege (Anm. 81) sich die Frage stellt, ob die deutsche Presse nicht »zuweilen etwas weniger denunziatorisch oder schulmeisterisch auftreten« müsse (Seite 292).
Als Pariser Organe mit antideutscher Tendenz galten in den achtziger Jahren vor allem Le Figaro, Le Gaulois, L'Anti-Prussien, La Revanche und A Berlin!.
Weitere Frankreich-Themen waren der immer wieder aufflackernde Kampf um die Staatsform, Wahlen, Ministerwechsel, die Vertreibung der Jesuiten, das Ehescheidungsgesetz.

209 ☐ Vgl. auch Kladderadatsch, Nr. 33 vom 21. 7. 1889, und Ulk, Nr. 30 vom 25. 7. 1889 (jeweils Karikatur).

Vgl. im Zusammenhang mit den Differenzen Heinrich Otto Meisner: Denkwürdigkeiten des General-Feldmarschalls Alfred Grafen von Waldersee. Bd. 2. Stuttgart/Berlin: Deutsche Verlags-Anstalt 1923, Seite 55 bis 118.
Vgl. zu Bismarcks »später Rußlandpolitik 1879–1890« Hans-Ulrich Wehler: Krisenherde des Kaiserreichs 1871–1918. Göttingen: Vandenhoeck & Ruprecht 1970, Seite 163 bis 180.
Siehe auch Die geheimen Papiere Friedrich von Holsteins. Hrsg. von Norman Rich und M. H. Fisher. Deutsche Ausgabe von Werner Frauendienst. Bd. 2 und 3. Göttingen/Berlin/Frankfurt: Musterschmidt 1957, *passim.*
210 ☐ Ulk, Nr. 12 vom 21. 3. 1890. Das erste Ulk-Zitat stammt aus Nr. 10 vom 7. 3. 1890 (Text zur Karikatur).
Die Karikatur des Punch (»Dropping the pilote«) erschien am 23. März 1890. Sie übersetzt Bismarcks Entlassung in die politische Situation des Lotsen, der von Bord des Staatsschiffes geht und dieses Schiff »steuerlos in den Händen der bekrönten Arroganz« (Wilhelms II.) läßt. Als Helmut Schmidt und Otto Graf von Lambsdorff von ihren Posten zurücktraten, griffen Zeichner unserer Tage auf dieses Motiv zurück. In diesem Fall handelt es sich um eine Doppeltravestie. Vgl. hierzu Franz Schneider: Die politische Karikatur. München: C. H. Beck 1988, Seite 38 bis 42.
211 ☐ Vgl. Das Tagebuch der Baronin Spitzemberg geb. Freiin v. Varnbüler. Aufzeichnungen aus der Hofgesellschaft des Hohenzollernreiches. Ausgewählt und herausgegeben von Rudolf Vierhaus. 3. Auflage. Göttingen: Vandenhoeck & Ruprecht 1963, Seite 276.
212 ☐ Zit. nach Bismarck: Gedanken und Erinnerungen (Anm. 45), Seite 578. Vgl. zur Entlassung, die aus innen- und außenpolitischen, vor allem aber persönlichen Gründen erfolgt war, ebenda, Seite 569 bis 580. Erst 1898, zugleich mit der Nachricht vom Tod Bismarcks (31. Juli), wurde das Abschiedsgesuch zum erstenmal veröffentlicht (Berliner Lokal-Anzeiger). Am 22. März 1930 brachte Die Woche (H. 12) eine Bismarck-Nummer, die ebenfalls das Abschiedsgesuch einem größeren Publikum in Erinnerung ruft.
Vgl. zur Entlassung, seinen Gründen und Folgen (Legendenbildung) L. Gall: Bismarck (Anm. 8), Seite 684 bis 739. Gall sieht Bismarcks »historische Größe und Grenze« darin, daß er auf dem Höhepunkt seines Wirkens weitgehend wider Willen an entscheidender Stelle zum Mitschöpfer der modernen Welt geworden war (Seite 729).
Siehe auch die knappe Darstellung bei Wilhelm Treue: Deutsche Geschichte. Von Metternich bis zur Gegenwart. Augsburg: Weltbild Verlag GmbH (Lizenzausgabe mit Genehmigung des Alfred Kröner Verlages, Stuttgart) 1989, Seite 713 bis 722.
213 ☐ Der Brief an Friedlaender ist abgedruckt in: Fontanes Briefe in zwei Bänden. Ausgewählt und erläutert von Gotthard Erler. Bd. 2. Berlin/Weimar: Aufbau-Verlag 1968, Seite 271 bis 274; Zitat: Seite 273.
Das Treitschke-Zitat stammt aus Hans Blum: Persönliche Erinnerungen an den Fürsten Bismarck. 3. Auflage. München: Albert Langen 1900, Seite 188. Blum war »wie wohl die meisten Deutschen« bei der Nachricht von Bismarcks Entlassung »starr vor Überraschung und Schrecken« (ebenda).
Zwei entgegengesetzte Zeitungsstimmen seien hier noch zitiert. Am 21. März 1890 schrieb die Norddeutsche Allgemeine Zeitung (Nr. 136): »Wenn jene Trübungen sich verlaufen haben, unter deren Eindruck vom Parteigeiste alle Ereignisse bemäkelt zu werden pflegen, dann wird, je länger je mehr, der Dank aller Deutschen dem Manne gehören, der heute mit seinem Rücktritte, die glänzendste Epoche deutscher Geschichte und Vergangenheit abschließend, bekundet, wie er sein Lebenswerk für alle Zeiten gesichert und gegen alle Stürme gefestigt erachtet.«
In der oppositionellen Freisinnigen Zeitung (Nr. 68) von Eugen Richter steht unter demselben Datum zu lesen: »Fürst Bismarck selbst hat keine Schule gemacht. Er hat Staatsmänner aufgebraucht, aber nicht erzogen, weil er unter sich nichts Selbständiges von Bedeutung aufkommen ließ . . . Zum Sturz des bisherigen Regiments hat nicht am wenigsten beigetragen der zunehmende Ekel aller politischen Richtungen vor dem Unwesen der Reptilienpresse.«
214 ☐ Zit. nach Bismarcks großes Spiel. Die geheimen Tagebücher Ludwig Bambergers. Eingeleitet und herausgegeben von Dr. Ernst Feder. Frankfurt/Main: Societäts-Verlag 1922, Seite 446.
215 ☐ Man vergleiche in diesem Zusammenhang die Bismarck-Nummern der Lustigen Blätter Nr. 15/1895, und des Kladderadatsch, Nr. 13 vom 31. 3. 1895.
Zu erwähnen ist auch, daß das für Bismarcks 75. Geburtstag vom Kladderadatsch-Verlag A. Hofmann & Comp. geplante Bismarck-Album noch im Entlassungsjahr sechs Auflagen erlebte.

Quellen- und Literaturverzeichnis

Vorbemerkung:

Angesichts der Vielfalt der angeschnittenen Detailfragen einerseits, der kaum übersehbaren, die untersuchten Problemkreise betreffenden Literatur andererseits, ist auf eine vollständige Erfassung aller einschlägigen Titel verzichtet worden. Nachstehend werden daher lediglich die für die vorliegende Arbeit verwendeten Quellen und Titel aufgeführt.

Bibliographien, allgemeine Nachschlagewerke, Wörterbücher, Handbücher, Serien

□ *Aktenstücke zur neuesten Geschichte Preußens 1863.* Verwarnungen. Berlin: Julius Springer 1863.

□ *Allgemeine Deutsche Biographie.* Hrsg. durch die historische Commission bei der Königl. Akademie der Wissenschaften. Bd. 1–55. Leipzig: Duncker & Humblot 1875–1910 (Bd. 56 = Generalregister 1912).

□ *Anzeiger für die politische Polizei Deutschlands auf die Zeit vom 1. Januar 1848 bis zur Gegenwart.* Ein Handbuch für jeden deutschen Polizeibeamten. [Hrsg. von Polizeirat Hermann Mülle.]. Dresden: Liepsch &Reichardt 1855.

□ Bénézit, E[mmanuel]: *Dictionnaire critique et documentaire des Peintres, Sculpteurs, Dessinateurs et Graveurs de tous les temps et de tous les pays par un groupe d'écrivains spécialistes français et étrangers.* Neuauflage (8 Bde.). Paris: Librairie Gründ 1955–1961.

□ *Berlin-Bibliographie (bis 1960).* In der Senatsbibliothek Berlin bearbeitet von Hans Zopf, Gerd Heinrich u. Waldemar Kuhn. Berlin: Walter de Gruyter & Co. 1965.

□ *Berlin-Bibliographie (1961–1966).* In der Senatsbibliothek Berlin bearbeitet von Ursula Scholz und Rainald Stromeyer. Unter Mitwirkung von Edith Scholz. Berlin: Walter de Gruyter & Co. 1973.

□ *Berlin und die Berliner.* Leute. Dinge. Sitten. Winke. Karlsruhe: J. Bielefelds Verlag 1905.

□ *Berlin und seine Entwickelung.* Gemeinde-Kalender und städtisches Jahrbuch. Hrsg. vom statistischen Bureau der Stadt. 1.–6. Jg. Berlin: J. Guttentag 1868/73.

□ *Berliner Städtisches Jahrbuch für Volkswirthschaft und Statistik.* Hrsg. von H. Schwabe. 1.–17. Jg. Berlin: Leonhard Simion 1874–90.

□ *Bibliothek Weisstein.* Katalog der Bücher des verstorbenen Bibliophilen Gotthilf Weisstein. Hrsg. von Fedor von Zobeltitz. 2 Bde. Berlin 1913.

□ Bode, Ingrid: *Die Autobiographien zur deutschen Literatur, Kunst und Musik 1900–1965.* Bibliographie und Nachweise der persönlichen Begegnungen und Charakteristiken. Stuttgart: Metzler 1966.

□ Boetticher, Friedrich von: *Malerwerke des neunzehnten Jahrhunderts.* 2 Bde. Dresden: 1891–1901.

□ Brümmer, Franz (Hrsg.): *Lexikon der deutschen Dichter und Prosaisten vom Beginn des 19. Jahrhunderts bis zur Gegenwart.* 8 Bde. Leipzig: Philipp Reclam jun. [6]1913.

□ Büchmann, Georg: *Geflügelte Worte.* Der Zitatensatz des deutschen Volkes, fortgesetzt von Walter Robert-tornow, Konrad Weidling, Eduard Ippel, Bogdan Krieger, Gunther Haupt, Werner Rust, Alfred Grunow, bearbeitet von Gunther Haupt und Winfried Hofmann. Berlin: Haude & Spener [32]1972; Frankfurt am Main/Berlin: Ullstein [36]1986.

□ Deutscher Biographischer Index. Hrsg. von Willi Gorzny. Bearb. von Hans-Albrecht Koch, Uta Koch und Angelika Koller. 4 Bde. München/London/New York/Oxford/Paris: K. G. Saur 1986.

□ *Deutsches Biographisches Archiv.* Eine Kumulation aus 254 der wichtigsten biographischen Nachschlagewerke für den deutschen Bereich bis zum Ausgang des neunzehnten Jahrhunderts. Hrsg. von Bernhard Fabian. Bearb. unter Leitung von Willi Gorzny. Microfiche Edition. München/New York/London/Paris: K. G. Saur 1982–1986.

□ Dietzel, Thomas/Hügel, Hans-Otto: *Deutsche literarische Zeitschriften 1880–1945.* Ein Repertorium. 5 Bde. München/New York/London/Paris: K. G. Saur 1988.

□ Dohm, Hedwig: *Emanzipation.* Zürich: Ala Verlag 1977 (Nachdruck der Schrift Emancipation der Frau, 1874); [2]1982.

□ Dovifat, Emil (Hrsg.): *Handbuch der Publizistik.* Unter Mitarbeit führender Fachleute. Berlin: Walter de Gruyter 1969 (Bd. 2 u. 3.), [2]1971 (Bd. 1).

□ Eberlein, Alfred: *Die Presse der Arbeiterklasse und der sozialen Bewegungen.* Von den dreißiger Jahren des 19. Jahrhunderts bis zum Jahre 1967. Bibliographie und Standortverzeichnis der Presse der deutschen, der österreichischen und der schweizerischen Arbeiter-, Gewerkschafts- und Berufsorganisationen. 5 Bde. Frankfurt am Main: Sauer & Auvermann 1968–1970 (Nachdruck von Archivalische Forschungen zur Geschichte der deutschen Arbeiterbewegung. Bd. 6/I–V. Hrsg.: Institut für Geschichte der Deutschen Akademie der Wissenschaften, Berlin).

□ Estermann, Alfred: *Die deutschen Literatur-Zeitschriften 1815–1850.* Bibliographien-Programme-Autoren. 10 Bde. Nendeln: KTO Press 1977–1981.

□ Estermann, Alfred: *Die deutschen Literatur-Zeitschriften 1850–1880.* Bibliographien-Programme. 5 Bde. München/New York/London/Paris: K. G. Saur 1988/89.

□ Faber, Karl-Georg: *Die nationalpolitische Publizistik Deutschlands von 1866 bis 1871.* Eine kritische Bibliographie. 2 Bde. Düsseldorf: Droste 1963.

□ Fricke, Dieter: *Die deutsche Arbeiterbewegung 1869 bis 1914.* Ein Handbuch über ihre Organisation und Tätigkeit im Klassenkampf. Berlin (DDR): Dietz 1976.

□ *Gesamtverzeichnis Deutschsprachiger Zeitschriften und Serien in Bibliotheken der Bundesrepublik Deutschland einschließlich Berlin (West).* Bearbeitet und herausgegeben von der Staatsbibliothek Preußischer Kulturbesitz, Abteilung Gesamtkataloge und Dokumentation. 2 Bde. München: Verlag Dokumentation Saur KG 1978.

□ *Gesellschaft von Berlin.* Hand- und Adreßbuch für die Gesellschaft von Berlin, Charlottenburg und Potsdam 1889/90. 1. Jg. Berlin: Adolph Hein Verlag 1889 u. 1891/92.

□ Gittig, Heinz (Hrsg.): *Berliner Zeitungen.* Katalog der Zeitungsbestände bis 1932. Deutsche Staatsbibliothek. Bibliographische Mitteilungen 30 (Hekt.). Berlin (DDR) [2]1987.

□ Hagelweide, Gert: *Deutsche Zeitungsbestände in Bibliotheken und Archiven.* Hrsg. von der Kommission für Geschichte des Parlamentarismus und der politischen Parteien und dem Verein Deutscher Bibliothekare. Düsseldorf: Droste 1974.

□ Harenberg, Bodo (Hrsg.): *Die Chronik Berlins.* Dortmund: Chronik Verlag 1986.

□ Heide, Walther (Hrsg.): *Handbuch der Zeitungswissenschaft.* Hrsg. von Walther Heide, bearbeitet von Ernst Lehmann. Bd. 2. Leipzig: Verlag Karl W. Hiersemann 1941.

□ Henkel, Martin/Taubert, Rolf: *Die deutsche Presse 1848–1850.* Eine Bibliographie. München/ London/New York/Oxford/Paris: K. G. Saur 1986.

□ Houben, H[einrich] H[ubert]: *Verbotene Literatur von der klassischen Zeit bis zur Gegenwart.* Ein kritisch-historisches Lexikon über verbotene Bücher, Zeitschriften und Theaterstücke, Schriftsteller und Verleger. Bd. 1. Dessau: Karl Rauch 1925 (Reprint Hildesheim 1965).

□ *Internationale Personalbibliographie.* Begr. von Max Arnim u. fortgef. von Franz Hodes. 5 Bde. Leipzig: Karl W. Hiersemann [2]1944 u. [2]1950 sowie Anton Hiersemann 1981–1987.

□ *Jüdisches Lexikon:* Ein enzyklopädisches Handbuch des jüdischen Wissens in vier Bänden. Begr. von Dr. Georg Herlitz und Dr. Bruno Kirschner. Berlin: Jüdischer Verlag o. J. [1929].

□ *Karikaturen und Satire – ein Zeitschriften-Auswahlverzeichnis.* Institut für Zeitungsforschung der Stadt Dortmund (Hekt.; Stand Dezember 1986).

□ Kirchner, Joachim: *Bibliographie der Zeitschriften des deutschen Sprachgebietes bis 1900.* 4 Bde.; Bd. 4 bearb. v. Edith Chorherr. Stuttgart: Anton Hiersemann 1969–1989.

□ Kluge, Friedrich: *Etymologisches Wörterbuch der deutschen Sprache.* Bearbeitet von Walther Mitzka. Berlin: Walter de Gruyter & Co. [1]1963.

□ Kosch, Wilhelm: *Biographisches Staatshandbuch.* Lexikon der Politik, Presse und Publizistik. Fortgef. von Eugen Kuri. 2 Bde. Bern/München: Francke 1963.

□ Kosch, Wilhelm: *Deutsches Literatur-Lexikon.* Biographisches und bibliographisches Handbuch. 4 Bde. Bern: A. Francke [2]1949/58.

□ Kosch, Wilhelm: *Deutsches Literatur-Lexikon.* Biographisch-bibliographisches Handbuch. 12 Bde. Hrsg. von Bruno Berger und Heinz Rupp. Bern/München: A. Francke AG 1966/90 [noch nicht vollständig].

□ *Lexikon der deutschen Geschichte.* Personen. Ereignisse, Institutionen. Von der Zeitwende bis zum Ausgang des 2. Weltkrieges. Unter Mitarbeit von Historikern und Archivaren hrsg. von Gerhard Taddey. Stuttgart: Alfred Kröner 1979.

□ Liebenow, Peter K. (Hrsg.): *Verzeichnis Berliner Zeitungen in Berliner Bibliotheken.* Berlin: Amerika-Gedenkbibliothek [2]1982 (Hekt.).

□ Lipperheide, Franz Freiherr von (Hrsg.): *Spruchwörterbuch.* Berlin: Haude & Spener [8]1976 (Nachdruck der Originalausgabe Berlin 1907).

□ *Meyers Großes Konversations-Lexikon.* Ein Nachschlagewerk des allgemeinen Wissens. 24 Bde. Leipzig/Wien: Bibliographisches Institut [6]1909–1913.

□ *Meyers Konversations-Lexikon.* Eine Encyklopädie des allgemeinen Wissens. Bd. 3. Leipzig: Bibliographisches Institut [3]1874.

□ *Mikrofilmarchiv der deutschsprachigen Presse e. V.* 8. Bestandsverzeichnis. Bearb. von Erika Groß. Redaktion Hans Bohrmann. Dortmund 1989.

□ Mommsen, Wilhelm (Hrsg.): *Deutsche Parteiprogramme.* München: Olzog 1960.

□ *Monogramm-Lexikon.* Internationales Verzeichnis der Monogramme bildender Künstler seit 1850. Berlin: Walter de Gruyter 1964.

□ *Neue Deutsche Biographie.* Hrsg. von der Historischen Kommission bei der Bayerischen Akademie der Wissenschaften. Bd. 1–15. Berlin: Duncker & Humblot 1953–87 [noch nicht vollständig].

□ Oettinger, Eduard Maria (Hrsg.): *Moniteur des Dates.* Biographisch-genealogisch-historisches Welt-Register enthaltend die Personal-Akten der Menschheit d. h. den Heimaths- und Geburts-Schein, den Heirathsakt und Todestag von mehr als 100 000 geschichtlichen Persönlichkeiten aller Zeiten und Nationen von Erschaffung der Welt bis auf den heutigen Tag mit zahlreich eingestreuten Noten aus allen Zweigen der Curiosität. 6 Theile in 1 Bd. Leipzig: Ludwig Denicke 1869 (Bd. 7 = Supplément 1873).

□ Rabbow, Arnold: *dtv-Lexikon politischer Symbole.* München: dtv 1976.

□ Schlawe, Fritz: *Die Briefsammlungen des 19. Jahrhunderts.* Bibliographie der Briefausgaben und Gesamtregister der Briefschreiber und Briefempfänger 1815–1915. Bd. 4 (2 Halbbände). Stuttgart: Metzler 1969.

□ Schneider, M[ax]: *Deutsches Titelbuch.* Ein Hilfsmittel zum Nachweis von Verfassern deutscher Literaturwerke. Berlin: Haude & Spener [2]1927.

□ Schulthess, H. (Hrsg.): *Europäischer Geschichtskalender.* 1.–25. Jg. Nördlingen: C. H. Beck 1861–1885. Neue Folge. Hrsg. von Ernst Delbrück. 1.–6. Jg. (1886–1891).

□ Singer, Hans Wolfgang: *Allgemeiner Bildniskatalog.* 14 Bde. Leipzig: Verlag Karl W. Hiersemann 1930–1936 [Nachdruck: 1967. Stuttgart: Anton Hiersemann/Nendeln, Lichtenstein: Kraus Reprint Ltd.].

□ Singer, Hans Wolfgang: *Neuer Bildniskatalog.* 5 Bde. Leipzig: Verlag Karl W. Hiersemann 1937–1938 (Nachdruck: 1967. Stuttgart: Anton Hiersemann/Nendeln, Lichtenstein: Kraus Reprint Ltd.).

□ Thieme, Ulrich/Becker, Felix (Hrsg.): *Allgemeines Lexikon der bildenden Künstler von der Antike bis zur Gegenwart*, fortgesetzt von Hans Vollmer, 37 Bde. Leipzig: Wilhelm Engelmann 1907–1910 (Bd. 1–4); Seemann 1911–1950 (Bd. 5–37).

□ Treue, Wolfgang: *Deutsche Parteiprogramme 1861–1961.* Göttingen/Berlin/ Frankfurt: Musterschmidt 1961.

□ *Veri, Sigilla (Philipp Stauff's Semi-Kürschner):* Lexikon der Juden, -Genossen und -Gegner aller Zeiten und Zonen, insbesondere Deutschlands, der Lehren, Gebräuche, Kunstgriffe und Statistiken der Juden sowie ihrer Gaunersprache, Trugnahmen, Geheimbünde, usw. Hrsg. von E. Ekkehard. 4 Bde. Erfurt: Bodum-Verlag [2]1929 [unvollständig].

□ *Verzeichnis der Friedlaenderschen Sammlung zur Geschichte der Bewegung von 1848.* Magistrats-Bibliothek zu Berlin. Berlin: Wilhelm Baensch 1897.

□ Vollmer, Hans (Hrsg.): *Allgemeines Lexikon der bildenden Künstler des XX. Jahrhunderts.* 6 Bde. Leipzig: VEB Seemann 1953–1962.

□ Wahrig, Gerhard: *Deutsches Wörterbuch.* Neuausgabe bearb. von Ursula Hermann/ Renate Wahrig-Burfeind/Klaus Rüme und Norbert Raum. München: Mosaik Verlag [3]1986/89.

□ Wentzcke, Paul: *Kritische Bibliographie der Flugschriften zur deutschen Verfassungsfrage 1848–1851.* Hildesheim: Georg Olms 1967 (Nachdruck).

□ Wrede, Richard/Reinfels, Hans von (Hrsg.): *Das geistige Berlin.* Eine Encyklopädie des geistigen Lebens Berlins. 2 Bde. Berlin: Hugo Storm 1897.
□ *Zeitungskatalog der Annoncen-Expedition Rudolf Mosse.* Berlin: Rudolf Mosse 1896–98; 1909–1912; 1922–32.

Ungedruckte Quellen

Staatsarchiv Potsdam (Orangerie):
Akten des Königlichen Polizei-Präsidiums zu Berlin: Pr.Br.Rep. 30 Berlin C Polizei Präsidium [Präsidii]:
– – Tit. 94, Nr. 12128 (Zustand der Presse), Nr. 14410–14412 (Verzeichnis der in Berlin erscheinenden politischen Zeitungen und Zeitschriften (1854–) (1878 bis 1891), Nr. 10076 (Akte Glasbrenner), Nr. 10475 (Akte Albert Hofmann), Nr. 11452 (Akte Paul Lindau), Nr. 11690 (Akte Wilhelm Marr), Nr. 12947 (Akte Julius Stettenheim).
– – Tit. 95, Sect. 2, Preß-Polizei-Sachen, Nr. 14486, 14495 bis 14499, 14521.
– – Tit. 95, Sect. 4, Druckschriften 1847–50; Zeitschriften: Nr. 14813 (Pipifax/ Berliner Wespen/Deutsche Wespen), Nr. 14796–14800 (Allgemeine Gerichtszeitung, seit 1862 Die Tribüne), Nr. 14768 u. 14769 (Kladderadatsch), Nr. 14833 (Ulk), Nr. 14851 (Schalk), Nr. 14812 (Wespen, Hamburg).
– – Tit. 95, Sekt. 5, Nr. 14942, Lit. A, Nr. 62 (Der Verein »Antisemiten-Liga«).

Zentrales Staatsarchiv (Merseburg):
Ministerium des Innern (Teilbestände):
– – Acta betr. die in Berlin unter dem Namen »Kladderadatsch« erscheinende Wochenschrift. Vom 9. Mai 1851 bis 27. Mai 1898. Rep. 77, Art. 54a, Nr. 15.

Geheimes Staatsarchiv Preußischer Kulturbesitz (Berlin)
Ministerium des Innern und der Polizei (Teilbestände):
– – Rep. 84 a, Bd. 3923–31, 3983–85, 4062, 4063, 5938. – – Rep. 90, Bd. 2409.
– – Rep. 90 B, Nr. 373.

Staatsbibliothek Preußischer Kulturbesitz (Berlin)
Nachlaß Franz Brümmer (1836–1923)
Briefe I. u. II.; Suppl. II (Eigenhändige Lebensläufe und Briefe von Dichtern des 19. Jahrhunderts)
Nachlaß Karl Bleibtreu, Busse, Hugo Conwentz, Georg Ebers, Hoffmann von Fallersleben, Gustav Freytag, Lina Fuhr, Holzbock

Berliner Stadt-Bibliothek
– – Glaßbrenner-Nachlaß (Verlagsverträge, Briefe etc.)

Weitere Hinweise auf unveröffentlichte Quellen (Akten, Nachlässe, Einzelautographen) stehen in den Anmerkungen.

Gedruckte Quellen

1. *Berliner humoristisch-satirische Flug- und Witzblätter, ernst-heitere Mischtypen (Erhebungszeitraum)*

Für den Zeitraum 1848/49 wurden folgende Bestände ausgewertet:

Aachen:
Internationales Zeitungsmuseum

Amsterdam:
Internationaal Instituut voor Sociale Geschiedenis

Berlin (West):
Amerika-Gedenk-Bibliothek (Berlin-Abteilung): Mappe 40–45; 58–61 (unsortiert)
Geheimes Staatsarchiv Preußischer Kulturbesitz: Sammlung Stein
Landesarchiv Berlin: Berliner Erinnerungsblätter aus dem Besitz des Prinzen Carl von Preußen (Rep. 240, Acc. 685)
Staatsbibliothek Preußischer Kulturbesitz (Handschriftenabteilung)

Berlin (ehemals DDR):
Deutsche Staatsbibliothek: allgemeine Bestände
Stadtbibliothek: Friedländersche Sammlung (Restbestände)
Ratsbibliothek: Sammlung Klettke (Flugschriften und Maueranschläge aus dem Jahr 1848/49)

Dortmund:
Institut für Zeitungsforschung: Sammlung Karl d'Ester; laufend ergänzte Bestände

München:
Bayerische Staatsbibliothek: allgemeine Bestände
Institut für Kommunikationswissenschaft (Zeitungswissenschaft): Sammlung Karl d'Ester (Teilbestände)
Dr. Heinz Starkulla sen. (Privatsammlung)

An die Laterne (1919)
Asyl für Humor und Satyre (1849)
Berlin. Illustrirte Zeitung (1856/57)
Carnevals-Zeitung (1849)

Chronic von Berlin oder Berlinsche Merkwürdigkeiten (1789)
Deutsche! (Antisemitisches Flugblatt; 1880)
Deutsche antisemitische Geistesheroen (Flugblatt; 1880)
Berliner Charivari (1847/48)
Der Berliner Courier (1827/30)
Berliner Don Quixote (1832/33)
Der Berliner Eulenspiegel (1829/30)
Berliner Eulenspiegel-Courier (1831)
Berliner Feuerspritze (1853/56)
Berliner Figaro (1833, 1838)
Berliner Fliegende Blätter (1875/77)
Berliner Gross[ß]maul (1848)
Berliner Pfennig-Blätter (1844)
Der Berliner Kobold (1848)
Berliner Krakehler (1848/49)
Berliner Montags-Post (1855/64)
Berliner Montags-Zeitung (1861-84)
Berliner Punsch (1866/67)
Berliner Schnellpost für Literatur, Theater und Geselligkeit (1826/29)
Berliner Stecknadeln (1844)
Berliner Wespen (1843)
Berliner Wespen (1868/87)
Bier-Zeitung zur Galileifeier (1864)
»Bohmhammel«-Flugblätter (1848)
»Buddelmey[i]er«-Flugblätter (1848)
Buddelmeyer-Zeitung (1849/52)
Deutsche Wespen (1888/94)
Deutscher Michel (1850)
Deutsches Montags-Blatt (1877/88)
Deutsches Witzblatt (1920)
Die ewige Fackel (1849)
Die ewige Lampe (1848/50)
Die ewige Leuchte (1849)
Fastnachts-Zeitung in der Art des Kladderadatsch (1849)
Faun (1918)
Feuerbrände von L. Börne's Schatten (1848)
Freie Blätter (1848)
Die Gasflamme (Flugblatt; 1848)
Das Heer der Reaktion (Flugblatt; 1848)
Helmerding (1864/65)
Der hinkende Teufel zu Berlin (1827)
Das Humoristische Deutschland (1885/86; 1888)

Humoristische Zeitung (Baruth; 1877/79)
Jedermann sein eigner Fussball (1919)
Juchheirasasa! Die Preußen sind da! (1849)
Der Kaiser von Rußland abgesetzt! (Flugblatt; 1848)
Kauz (1884)
Kickeriki (1848)
Kladderadatsch (1848–1890; Stichproben bis 3. 9. 1944)
Der kleine Landtag und sein Schluss, oder Nante und Brenneke als Abgeordnete (Flugschrift; 1847)
Der kleine Reactionair (1862)
Der kleine Reac[k]tionär (1862/64)
Der Knüppel (1927)
Die Knute (Extrablatt; 1848)
Der Kobold (1848)
Konstitutioneller Katechismus (Serie; 1848)
Kriegs-Kladderadatsch (1866)
Lachen links (1924)
Lose Blätter (1898)
Lustige Blätter (1889/90; Stichproben bis 1944)
Lustiges Echo (1894)
Meine Berliner Peitsche (1795)
Museum des Witzes, der Laune, des Scherzes und der Satyre (1825)
Nante als National-Versammelter (Serie; 1848)
Nante's Landtags-Album (Flugschrift; 1847)
Der neue Berliner Struwwelpeter (1848)
Die neue Laterne (1874)
Neuer Berliner gemüthlicher Krakehler (1854)
Neues Museum des Witzes, der Laune und der Satyre (1822)
Neueste Berliner Fliegende Blätter (1883)
Neujahrs-Pladderadatsch (1857)
Pipifax (1867)
Politische Bier-Zeitung (1848)
Preußen's Deutsch-Demokratie (1849)
Raketen (1846)
Die rothe Laterne (1874)
Der Rückschritt (1848)
Satan. Berliner Charivari (1848)
Der Satyr (1848)
Satyr (1919)
Silen und sein Esel (1781)
Splitter (1889)
Der Spottvogel pfeift auf Alle (1892)

Schalk (1878; 1882; 1886)
Staats-Zeitung der Hölle (1848)
Stenographische Lustfahrt (1867)
Sturmblatt [Düppel] (1864/65)
Sylvester- & Neujahrszeitung in Art des Kladderadatsch (1852/53, 1854; 1859)
Tante Voss mit dem Besen (1848)
Der Teufel in Berlin (1848)
Till Eulenspiegel (1830/31)
[Der] Ulk (1872/90; Stichproben bis 1932)
Der Volks-Tribun (1848)
Der Wahre Jacob (1920; 1930)
Die Wahrheit (1880/82; 1885)
Zeltengedanken ohne Mißverständisse (1848)

2. Zum Vergleich herangezogene auswärtige Witzblätter sowie zur Erforschung von Umfeld und Wirkung punktuell benutzte Tageszeitungen und Zeitschriften:

Berliner Börsen-Courier
Berliner Charivari; kein Witzblatt
Berliner Gerichts-Zeitung
Berliner Ostend-Zeitung
Berliner Volks-Zeitung
Die Bremse (München)
Die Brennessel (München)
Charivari (Leipzig)
Le Charivari (Paris)
Deutsches Tageblatt (Berlin)
Deutsche Jahrbücher für Politik und Literatur (Berlin)
Deutsche Wacht (Berlin)
Deutschlands Entjüdelung (Berlin)
Düsseldorfer Monatshefte
Ernst Heiter (Hamburg)
Fliegende Blätter (München)
Freisinnige Zeitung (Berlin)
Die Gartenlaube (Leipzig)
Die Gegenwart (Berlin)
Germania (Berlin)
Die Grenzboten (Leipzig)
Der Hausfreund (Berlin)
Historisch-politische Blätter für das katholische Deutschland (München)
Illustrirte Zeitung (Leipzig)

Kickeriki! (Wien)
Kreuz-Zeitung (d.i. *Neue Preußische Zeitung;* Berlin)
Der Kulturkämpfer (Berlin)
Mephistopheles (Hamburg)
Münchener Punsch
Das Narrenschiff (München)
National-Zeitung (Berlin)
Neue Freie Zeitung (Berlin)
Neuer Social-Demokrat (Berlin)
Norddeutsche Allgemeine Zeitung (Berlin)
Phosphor (Hamburg/Dresden)
Die Post (Berlin)
Puck (Leipzig)
Die Reichsglocke (Berlin)
Simplicissimus (München)
Der Stürmer (Nürnberg)
Die Tribüne (Berlin)
Vossische Zeitung (d. i. *Königlich privilegirte Berlinische Zeitung von Staats- und gelehrten Sachen;* Berlin)
Die Wage (Berlin)
Der Wahre Jacob (Stuttgart/Berlin)

3. Witzblatt- und Karikaturen-Nachdrucke, Humoristisch-satirische Kalender, Almanache, Broschüren, Anthologien, Sammlungen, Alben, Ausstellungskataloge, Bildbände, sonstige Humoristika

□ Achten, Udo (Hrsg.): *Süddeutscher Postillon.* Berlin/Bonn: J. H. W. Dietz Nachf. 1979.

□ Bartel, Alfred (Hrsg.): *Berliner Humor in Wort und Bild.* Bilder zur heiteren Kulturgeschichte Berlins. Berlin: Gustav Bartel 1943.

□ Becker, Ingeborg (Hrsg.): *Theodor Hosemann.* Illustrator-Graphiker-Maler des Berliner Biedermeier. Wiesbaden: Dr. Ludwig Reichert Verlag 1983.

□ Beckmann, Friedrich: *Der Eckensteher Nante im Verhör.* Komische Szene. Hrsg. von Carl Friedrich Wittmann. Neudruck. Leipzig: Reclam 1924.

□ *Berliner Großmaul.* Humoristisch-satirische Zeitschrift Nr. 1–11 vom 12. August 1848 bis 25. Dezember 1848 (Alles Erschienene). Mit Vorwort und Anmerkungen zum Originaltext von Paul Thiel. Berlin: arani 1986.

□ *Berliner Großmaul.* Nachdruck der Ausgabe Berlin 1848. Hrsg. von Alfred Estermann. Vaduz: Topos-Verlag 1982.

□ *Berliner Krakehler.* Nachdruck der Ausgabe Berlin 1848/1849. Hrsg. von Alfred Estermann. Vaduz: Topos-Verlag 1984.

□ *Berliner Stadtklatsch anno 1858–1866.* Heitere Lebensbilder aus Berlins Gegenwart. Erstmals vollständiger Nachdruck aller Ausgaben 1858–1866 (H. 1–25 = alles Erschienene). Einführung von Heinz Knobloch. Berlin: arani ²1985.

☐ *Der fidele Berliner: Humoristische Vorträge in allen Mund- und Versarten.* Zu Vorträgen in geselligen Kreisen und zur Selbsterheiterung. Berlin: Verlag E. Mecklenburg ²1865.

☐ *Bismarck-Album des Kladderadatsch.* Berlin: A. Hofmann ⁶1890 [³⁰1913].

☐ *Bismarck-Gedichte des Kladderadatsch.* Hrsg. von Horst Kohl. Berlin: A. Hofmann 1894.

☐ *Bismarck in der Karikatur.* Eine Ausstellung des Germanischen Nationalmuseums, Nürnberg und des Geheimen Staatsarchivs, Berlin-Dahlem. Katalog. Hrsg. vom Geheimen Staatsarchiv Preußischer Kulturbesitz (Texte und Redaktion: Dr. Cécile Hensel). Berlin: Druck: Otto v. Holten 1968.

☐ *Bismarck in der Karikatur des Auslands.* Auswahl, Einleitung und Kommentar von Heinrich Dormeier. Berlin: Deutsches Historisches Museum 1990.

☐ *Die schönsten Bismarck-Karikaturen.* Ein Kladderadatsch-Album. Hildesheim/ New York: Olms Presse 1981.

☐ Busch, Wilhelm: *Sämtliche Bildergeschichten.* Hrsg. von Rolf Hochhuth. München/ Wien/ Gütersloh: Bertelsmann o. J. [1961].

☐ *Daumier & Cham.* Album du Siège. Recueil de caricatures publiées pendant le siège de Paris (1870–1871 dans le Charivari). o. O.: Editions Alexandra 1979.

☐ Dietrich, Reinhard/Fekl, Walther: *Komische Nachbarn. Deutsch-Französische Beziehungen im Spiegel der Karikatur (1945–1987).* Droîles de voisins. Les rapports franco-allemands à travers la caricature (1945–1987). Paris: Goethe-Institut 1988.

☐ Eisele, Petra (Hrsg.): *Humor aus zwei Jahrhunderten.* Das Beste aus illustrierten Blättern für Satire, Witz und Humor. Bern/München: Scherz o. J.

☐ Encart, G. d': *Berlin, zwei Jahre nach der Revolution.* Ein Reisebild, geschrieben im Herbste des Jahres 1850. Hamburg: Volksbuchhandlung in St. Pauli 1851.

☐ Estermann, Alfred: *Katalog zur Ausstellung Mehr Licht oder »Die Frankfurter Latern« und andere Beiträge zur Erleuchtung des 19. Jahrhunderts.* Frankfurt am Main: Stadtsparkasse 1985.

☐ *Fliegende Blätter.* Facsimile-Querschnitt durch die Fliegenden Blätter. Eingel. von Erich Pfeiffer-Belli. Hrsg. von Eva Zahn. München/Bern/Wien: Scherz 1966.

☐ *Fliegende Blätter.* Eine Auswahl aus dem ersten Jahrzehnt. Hrsg. von Marianne Bernhard. Die bibliophilen Taschenbücher, Nr. 74. Dortmund: Harenberg Kommunikation 1979.

☐ Fuchs, Eduard: *Die Karikatur der europäischen Völker.* 2. Teil. München: Albert Langen ⁴1921.

☐ Der Gegner: Reprint mit einer Einleitung von Wieland Herzfelde und einem Beitrag zur Geschichte der Zeitschrift von Hans-Jörg Görlich. Berlin: Verlag Das Arsenal 1979.

☐ Glassbrenner[!], Adolf: *Der politisierende Eckensteher.* Hrsg. von Jost Hermand. Stuttgart: Philipp Reclam jun. 1969.

☐ Glaßbrenner, Adolf: *Unterrichtung der Nation.* Ausgewählte Werke und Briefe in drei Bänden. Hrsg. von Horst Denkler, Bernd Balzer, Wilhelm Große, Ingrid Heinrich-Jost. Köln: informationspresse – c. w. leske Verlag 1981.

☐ Glaßbrenner, Adolf: *Welt im Guckkasten.* 2 Bde. Hrsg. von Gert Ueding. Frankfurt am Main/ Berlin/Wien: Ullstein 1985.

□ Glaßbrenner, Adolf: .. *ne scheene Jejend is det hier!* Humoresken, Satiren, komische Szenen. Hrsg. von Kurt Böttcher unter Mitarbeit von Gerda Böttcher. Berlin: arani 1976.

□ Glaßbrenner, Adolf: *Wie war Berlin vergnügt.* Altes gemütliches Berlin. Berlin: arani 1977.

□ Glaßbrenner, Adolf: *Altes gemütliches Berlin.* Berlin: arani 1977.

□ Glaßbrenner, Adolf: *Buntes Berlin.* Vollständiger Nachdruck aller Ausgaben 1838–1853 mit Federzeichnungen von Theodor Hosemann. Berlin: arani 1981.

□ Glaßbrenner, Adolf: *Berlin wie es ist und – trinkt.* 2 Bde. (Nachdruck der Ausgabe Berlin und Leipzig 1832–1850, 30 Hefte). Vorwort von Paul Thiel. Berlin: arani 1987.

□ Grand-Carteret, John: *Bismarck en caricatures.* Paris: Perrin 1890.

□ Heinrich-Jost, Ingrid (Hrsg.): *Kladderadatsch.* Die Geschichte eines Berliner Witzblattes von 1848 bis ins Dritte Reich. Köln: informationspresse – c. w. leske verlag 1982.

□ Hermann, Georg [eigentl. G. H. Borchardt]: *Die deutsche Karikatur im 19. Jahrhundert.* Bielefeld/Leipzig: Velhagen & Klasing 1901.

□ Hochstetter, Gustav (Hrsg.): *Bismarck.* Historische Karikaturen. Berlin: Verlag der »Lustigen Blätter« (Dr. Eysler & Co.) 1915.

□ Hofmann, Werner: *Die Karikatur von Leonardo bis Picasso.* Wien: Verlag Brüder Rosenbaum 1956.

□ Hopf, Albert [Psd. Anastasius Schnüffler]: *Humoristischer Rückblick auf das Jahr 1848.* Berlin: [Selbstverlag] 1848.

□ *Theodor Hosemann. Illustrator-Graphiker-Maler des Berliner Biedermeier.* Ausstellung der Staatsbibliothek Preußischer Kulturbesitz mit Beständen der Sammlung Wilfried Göpel 1. 6.–23. 7. 1983. Wiesbaden: Dr. Ludwig Reichert 1983.

□ *Humoristisch-gemue[ü]thlicher Brennecke-Kalender.* Hrsg. von Albert Hopf. 2. u. 3. Jg. Berlin: Selbstverlag 1853/54.

□ *Humoristisch-satyrischer Volks-Kalender des Kladderadatsch.* (Wechselnde Titel: *Kladderadatsch Kalender; Kladderadatsch Volkskalender; Humoristisch-satirischer Volkskalender).* Jg. 1–38. Berlin: A. Hofmann 1850–1887.

□ Kalisch-D[avid]: *Lustige Werke.* 5 Bde. Berlin: A. Hofmann 1870.

□ Kalisch, David: *Berliner Leierkasten.* Couplets. H. 4 und 5. Berlin: A. Hofmann o. J. [1863].

□ Kalisch, David: *Hunderttausend Taler.* Altberliner Possen 1846–1848. 2 Bde. Neu hrsg. und mit einem Vorwort versehen von Manfred Nöbel. Berlin: Haude & Spener 1988 (Lizenzausgabe).

□ Kalkschmidt, Eugen: *Deutsche Freiheit und deutscher Witz:* Ein Kapitel Revolutions-Satire aus der Zeit von 1830–1850. Hamburg: Hanseatische Verlagsanstalt 1928.

□ *Kladderadatsch.* Vollständiger Nachdruck des 1. Jg. [1848]. Die bibliophilen Taschenbücher, Nr. 3. Dortmund: Harenberg Kommunikation. [4]1982.

□ *Kladderadatsch.* Facsimile-Querschnitt durch den Kladderadatsch. Eingel. von Hans Rothfels. Hrsg. von Liesel Hartenstein. München/Bern/Wien: Scherz 1965.

□ *Kladderadatsch in London.* Humoristische Schilderungen der Industrie-Ausstellung. 6 Hefte. Berlin: A. Hofmann 1851.

□ *Kladderadatsch in Paris.* Humor und Satyre auf der Industrie-Ausstellung. Berlin: A. Hofmann 1855.

□ Klant, Michael (Hrsg.): *Der rote Ballon*. Die Sozialdemokratie in der Karikatur. Hannover: Fackelträger-Verlag 1988.

□ Koch, Ursula E.: *Voisins et ennemis*. La guerre des caricatures entre Paris et Berlin (1848–1890). Ausstellungskatalog für das Goethe-Institut Paris. München: [Selbstverlag] 1990.

□ Koch, Ursula E./Sagave, Pierre Paul: *Le Charivari*. Die Geschichte einer Pariser Tageszeitung im Kampf um die Republik (1832–1882). Ein Dokument zum deutsch-französischen Verhältnis. Köln: informationspresse – c. w. leske verlag 1984.

□ Kohut, Adolph (Hrsg.): *Die Großmeister des Berliner Humors in alter und neuer Zeit*. Eine Sammlung des Heitersten, Witzigsten und Originellsten aus dem Reiche des Humors von Spree-Athen. Berlin: A. Hofmann 1915.

□ *Komischer Volkskalender für 1849*. Hrsg. von Adolf Brennglas. 4 Jg. Berlin: Expedition des komischen Kalenders 1849.

□ *Die Kriegsnummern des Kladderadatsch 1870–1871*. Hrsg. anläßlich des 25. Jahrestags von Sedan. Berlin: A. Hofmann 1895.

□ Langemeyer, Gerhard/Unverfehrt, Gerd/Guratzsch, Herwig/Stölz, Christoph (Hrsg.): *Mittel und Motive der Karikatur in fünf Jahrhunderten*. Bild als Waffe. München: Prestel ²1985.

□ Liman, Paul: *Bismarck in Geschichte, Karikatur und Anekdote*. Stuttgart: Strecker & Schröder 1915.

□ Ludwig, Hans (Hrsg.): *Theodor Hosemann*. Berlin (West): Stapp 1980/Berlin (DDR): Eulenspiegel Verlag 1986.

□ Ludwig, Hans (Hrsg.): *Franz Burchard Dörbeck:* Berlin (West): Stapp 1979/Berlin (DDR): Eulenspiegel Verlag 1986.

□ Manz, Gustav (Hrsg.): *Hundert Jahre Berliner Humor*. Ein heiteres Stück Kulturgeschichte von den Freiheitskriegen bis zum Weltkrieg. Berlin: Verlag der »Lustigen Blätter«, Dr. Eysler 1916.

□ Morré, Harold (Hrsg.): *Das Schwabenalter des Deutschen Parlaments*. Eine heitere Chronik des Deutschen Reichstages. Berlin: Concordia Deutsche Verlags-Anstalt 1909.

□ Moszkowski, Alexander: *Anton Notenquetscher*. Ein satirisches Gedicht in 4 Gesängen. Cassel: Troll 1875.

□ Moszkowski, Alexander: *Die Unsterbliche Kiste*. Die 333 besten Witze der Weltliteratur. Berlin: Dr. Eysler 1922.

□ Moszkowski, Alexander: *Fröhlicher Jammer*. Ein Vortrags-Brevier. Berlin: Dr. Eysler 1922.

□ Otto, Ulrich: *Die historisch-politischen Lieder und Karikaturen des Vormärz und der Revolution von 1848/49*. Köln: Paul-Rugenstein 1982.

□ *Parlaments-Album des Kladderadatsch*. Parlament und Parlamentarier im Spiegel des Humors und der Satire von 1848 bis zur Gegenwart. Hrsg. v. Wolfgang Hofmann. Berlin: A. Hofmann 1928.

□ Reymond, M[oritz]/Manzel, L[udwig] (Hrsg.): *Berliner Pflaster*. Illustrierte Schilderungen aus dem Berliner Leben. Unter Mitwirkung erster Schriftsteller und Künstler. Berlin: W. Pauli's Nachf. (H. Jerosch): ²1893.

□ Rosié, P./Ludwig, H.: *150 Jahre Berliner Humor*. Ein Querschnitt durch anderthalb Jahrhunderte Berlin: Das neue Berlin o. J.

□ Saphir, Moritz Gottlieb: *Conversationslexikon für Geist, Witz und Humor.* Dresden: Schaefer 1852.

□ *Saphir, Moritz Gottlieb: Conditorei des Jokus oder scherzhafte Bonbons, Früchte und Confitüren für spaßliebende Näscher und lustige Leckermäuler:* Eine Auswahl jokoser Aufsätze, Einfälle, Anekdoten und Witzspiele aus dem Berliner Courier und der Berliner Schnellpost. Leipzig: Carl Focke 1828.

□ Saphir, Moritz Gottlieb: *Mieder und Leier. Gedankenblitze aus dem Biedermeier.* Feuilletons, Glossen, Kurzgeschichten, Aphorismen. Zur Erde geleitet, gebündelt und in gute Nachrede gebracht von Manfred Barthel. Olten/Freiburg: Walter-Verlag 1978.

□ *M. G. Saphir's humoristisch-satyrischer Volks-Kalender für 1865.* 17. Jg. Hrsg. von Adolf Brennglas (Glassbrenner). Wien: Herm. Markgraf 1865.

□ *Schultze und Müller auf der Leipziger Messe.* Humoristische Reisebilder. Berlin: A. Hofmann 1856.

□ Sichelschmidt, Gustav: *Franz Burchard Dörbeck:* Die gute alte Zeit. Berlin (West): Rembrandt 1971.

□ *Simplicissimus.* Eine satirische Zeitschrift München 1896–1944. Wiss. Bearb. d. Ausstellung Carla Schulz-Hoffmann. München: Haus der Kunst 1977.

□ Stettenheim, Julius (Hrsg.): *Wippchen's sämtliche Berichte.* 16 Bde. Berlin: A. Hofmann & Comp., später Hermann Paetel 1878–1903.

□ Stettenheim, Julius: *Wippchens Tage- und Nachtbuch.* Allerlei Erlebtes mit etwas Autobiographie des Verfassers. Berlin: Pan-Verlag 1911.

□ Stettenheim, Julius: *Lies und lach!* Wippchens lustige Auslese. Hrsg. und mit einem Nachwort versehen von Julie Leipziger-Stettenheim. Hamburg/Berlin: Hoffmann und Campe 1924.

□ Wallner, Edmund (Hrsg.): *Universum des Witzes und der ungeheuren Heiterkeit für fröhliche Leute und solche, die es werden wollen.* 50 Bde. Erfurt: Bartholomäus 1865–1894.

□ Walther, K. (Hrsg.): *Bismarck in der Karikatur.* 230 französische, englische, russische, italienische, amerikanische, Wiener, deutsche, Schweizer etc. Karikaturen. Stuttgart: Franckh'sche Verlagshandlung o. J.

□ Wendel, Friedrich: *Die Kirche in der Karikatur.* Eine Sammlung antiklerikaler Karikaturen, Volkslieder, Sprichwörter und Anekdoten. Berlin: »Der Freidenker«, Verlagsgesellschaft ²1928.

□ Wendel, Friedrich: *Das neunzehnte Jahrhundert in der Karikatur.* Berlin: J. H. W. Dietz Nachf. 1925.

□ Wendel, Friedrich: *Das Schellengeläut.* Kulturkritische Karikaturen des 19. Jahrhunderts. Berlin: Der Bücherkreis 1927.

□ Wendel, Friedrich: *Der Sozialismus in der Karikatur.* Von Marx bis MacDonald. Ein Stück Kulturgeschichte. Berlin: J. H. W. Dietz Nachf. 1924.

□ Wippchens charmante Scharmützel erträumt von Julius Stettenheim in Erinnerung gebracht von Siegfried Lenz und Egon Schramm. Hamburg: Hoffmann und Campe 1960. (Neuausgabe München 1988).

□ Wirth, Irmgard: *Theodor Hosemann:* Maler und Illustrator im alten Berlin. Berlin (West): Berlin Museum 1967.
□ *Zentrums-Album des Kladderadatsch 1870–1910.* Berlin: A. Hofmann & Comp. 1912.
□ *Das große Zille-Album.* Eingel. von Werner Schumann. Hannover: Fackelträger Verlag Schmidt-Küster GmbH [6]1961.
□ Zobeltitz, Fedor von: *Bismarck in der Karikatur.* In: *Velhagen & Klasings Monatshefte,* XXII. Jg. (1907/1908), H. 8, S. 265–278.

4. Zeitgenössische Dokumente, Briefe, literarische, philosophische und politische Darstellungen (vor 1900), Biographien, Autobiographien sowie Anthologien, Gesammelte Werke, Ausstellungskataloge, Bildbände und Kalenderblätter

□ Abeken, Hedwig: *Heinrich Abeken.* Ein schlichtes Leben in bewegter Zeit, aus Briefen zusammengestellt (von seiner Witwe). Berlin: Mittler [4]1910.
□ Achajus [d. i. Hermann Trescher]: *Der Werth der Berliner politischen Presse.* Berlin: Brachvogel & Ranft 1889.
□ Adler, Hans (Hrsg.): *Literarische Geheimberichte.* Protokolle der Metternich-Agenten. 2 Bde. Köln: informationspresse – c. w. leske verlag 1977 und 1981.
□ Aston, Louise: *Meine Emancipation, Verweisung und Rechtfertigung.* Brüssel: C. G. Vogler 1846.
□ *Die Diplomatischen Akten des Auswärtigen Amtes 1871–1914.* Ein Wegweiser durch das große Aktenwerk der Deutschen Regierung von Bernhard Schwertfeger. Erster Teil: Die Bismarck-Epoche 1871–1890 (Band I–VI). Berlin: Deutsche Verlagsgesellschaft für Politik und Geschichte M.B.H. 1923.
□ Bab, Julius. *Die Berliner Bohème.* Berlin/Leipzig: Hermann Seemann o. J. [1904].
□ Bamberger, Ludwig: *Erinnerungen.* Hrsg. von Paul Nathan. Berlin: Georg Reimer 1899.
□ Bamberger, Ludwig: *Bismarcks großes Spiel.* Die geheimen Tagebücher Ludwig Bambergers. Eingel. und hrsg. von Dr. Ernst Feder. Frankfurt am Main: Societäts-Verlag 1932.
□ Barnay, Ludwig: *Erinnerungen.* Bd. 1. Berlin: Egon Fleischel [2]1902.
□ Bauer, Erwin: *Aus der Mischpoke.* I. Das literarische Berlin (1887–1892). Offenherzige Briefe an den Banquier Itzig Teiteles in Posen von Dr. Isidor Feilchenfeld. Leipzig: Verlag von Reinhold Werther o. J. [1893].
□ Baumgarten, Paul Maria: *Zur Naturgeschichte der Presse.* Eine culturhistorische Skizze. o.O.o.J. [1887].
□ Bebel, August: *Aus meinem Leben.* Berlin (DDR): Dietz [5]1978.
□ Benninghoven, Friedrich/Börsch-Supan, Helmut/Gundermann, Iselin: *Friedrich der Große.* Ausstellung des Geheimen Staatsarchivs Preußischer Kulturbesitz anläßlich des 200. Todestages König Friedrich II. von Preußen. Berlin: Nicolai 1986.
□ Bennigsen, Rudolf von: *Ein deutscher liberaler Politiker.* Nach seinen Briefen und hinterlassenen Papieren von Hermann Oncken. Bd. 2. Stuttgart/Leipzig: Deutsche Verlags-Anstalt 1910.

□ Bergson, Henri: *Das Lachen*. Ein Essay über die Bedeutung des Komischen. Zürich: Verlag der Arche 1972 (Erstveröffentlichung in der *Revue de Paris*, 1899).

□ *Das parlamentarische Berlin*. Sonderausstellung im Reichstagsgebäude aus Anlaß der 750-Jahr-Feier Berlins. Konzeption und Text: Lothar Gall/Dieter Hein; Ausstellungsgestaltung: Claus-Peter Groß, Margret Schmitt. Hrsg.: Deutscher Bundestag, Referat Öffentlichkeitsarbeit. Bonn 1987.

□ *Der richtige Berliner in Wörtern und Redensarten*. Verfaßt von Hans Meyer weiland Professor am Grauen Kloster zu Berlin, fortgeführt von Dr. Siegfried Mauermann und für die zehnte Auflage bearbeitet und ergänzt von Walther Kiaulehn. München/ Berlin: Biederstein 1965.

□ Beta [d. i. Heinrich Bettziech]: *Berlin und Potsdam*. Ihre Vergangenheit, Gegenwart und Zukunft. München: J. Poppel und M. Kurz 1846 (Faksimile-Nachdruck Berlin 1977).

□ Beust, Friedrich Ferdinand von: *Aus Drei Viertel-Jahrhunderten*. Erinnerungen und Aufzeichnungen. Bd. 1. Stuttgart: Cotta 1887.

□ Biedermann, Detlev Freiherr von: *Das Zeitungswesen sonst und jetzt*. Leipzig: Wilhelm Friedrich 1882.

□ Bismarck [Otto Fürst von]: *Gedanken und Erinnerungen*. München: Goldmann 1981.

□ Bismarck, Otto Fürst von: *Die gesammelten Werke*. Friedrichsruher Ausgabe. Bd. 6b, 6c, 9 u. 14. Berlin: Deutsche Verlags-Gesellschaft m.b.H. 1922/1931/1933.

□ *Die politischen Reden des Fürsten Bismarck*. Historisch-kritische Gesammtausgabe. Hrsg. von Horst Kohl. Bd. 1–12. Stuttgart: Cotta 1892–1894.

□ *Bismarck – Preußen, Deutschland und Europa*. Eine Ausstellung des Deutschen Historischen Museums im Martin-Gropius-Bau. Wiss. Ausstellungsleitung Lothar Gall/Projektleitung Marie-Louise Gräfin von Plessen/Ausstellungsgestaltung Boris Podrecca. Berlin: Nicolai 1990.

□ Blos, Wilhelm: *Die Deutsche Revolution*. Geschichte der Deutschen Bewegung von 1848 bis 1849. Hrsg. und eingel. von Hans J. Schütz. Berlin/Bonn: Dietz 1978 (Nachdruck der 1893 erschienenen Auflage).

□ Blos, Wilhelm: *Unsere Preßzustände*. Leipzig: Druck und Verlag der Genossenschaftsbuchdruckerei 1875.

□ Blos, Wilhelm: *Denkwürdigkeiten eines Sozialdemokraten*. 2 Bde. München: Birk 1914.

□ Blümmer, Hugo: *Die ewige Lampe*. Auch eine Jubiläumserinnerung an das »tolle Jahr«. In: *Die Gegenwart*, 28. Jg. (1899), Bd. 55, Nr. 2, S. 20–22.

□ Blum, Hans: *Das Deutsche Reich zur Zeit Bismarcks*. Politische Geschichte von 1871 bis 1890. Leipzig/Wien: Bibliographisches Institut 1893.

□ Blum, Hans: *Persönliche Erinnerungen an den Fürsten Bismarck*. München: Albert Langen [3]1900.

□ Boehlich, Walter (Hrsg.): *Der Berliner Antisemitismusstreit*. Frankfurt am Main: Insel-Verlag 1965.

□ Börne, Ludwig: *Über das Schmollen der Weiber*. Berliner Briefe an Jeanette Wohl und andere Schriften. Hrsg. und kommentiert von Willi Jasper. Konzeption und Redaktion Rolf Schloesser. Köln: Informationspresse – c. w. leske verlag 1987.

□ Born, Stephan: *Erinnerungen eines Achtundvierzigers*. Hrsg. und eingel. von Hans J. Schütz. Berlin/Bonn: J. H. Dietz Nachf. 1978.

□ Brauer, Arthur von: *Im Dienste Bismarcks*. Persönliche Erinnerungen. Bearb. und hrsg. von Helmuth Rogge. Berlin: E. S. Mittler und Sohn 1936.

□ Braun, Karl: *Berlin und die Berliner 1832–1885*. Kulturhistorische Plauderei. In: *Vom Fels zum Meer*. Bd. 1 (1885/86), Sp. 101–132.

□ Brendicke, Hans (Hrsg.): *Berliner Wortschatz zu den Zeiten Kaiser Wilhelms I.* Auf Grund der Sammlungen des Oberpredigers C. Kollatz und des Kapitäns a. D. Paul Adam. In: *Schriften des Vereins für die Geschichte Berlins*. H. 33 (1897), S. 69–196.

□ Brendicke, Hans: *Der Berliner Volksdialekt*. In: *Schriften des Vereins für die Geschichte Berlins*. H. 29 (1892), S. 117–132.

□ Brost, Harald/Demps, Laurenz (Hrsg.): *Berlin wird Weltstadt*. Photographien von F. Albert Schwartz Hof-Photograph. Edition Leipzig 1981.

□ Bucher, Max/Hahl, Werner/Jäger, Georg/Wittmann, Reinhard: *Realismus der Gründerzeit*. Manifeste und Dokumente zur deutschen Literatur 1848–1880. 2 Bde. Stuttgart: J. B. Metzler 1976.

□ Buchholtz, Arend: *Die Berliner Litteratur von 1848*. In: *Zeitschrift für Bücherfreunde*, 2. Jg. (1898/99), Bd. 1, S. 83–88 u. 133–137.

□ Busch, Moritz: *Tagebuchblätter*. 3 Bde. Leipzig: Fr. Wilh. Grunow 1899.

□ Conrad, Horst/Haunfelder, Bernd (Hrsg.): *Preußische Parlamentarier*. Ein Photoalbum 1859–1867. Düsseldorf: Droste 1986.

□ Dahms, Gustav: *Das Litterarische Berlin*. Illustriertes Handbuch der Presse in der Reichshauptstadt. Berlin: Richard Taendler o. J. [1895].

□ Daudet, Alphonse: *Contes du Lundi*. Paris: Le Livre de Poche 1969.

□ Dohm, Hedwig: *Emanzipation*. Zürich: Ala Verlag 1977 (Nachdruck der Schrift *Emancipation der Frau*, 1874).

□ Dronke, Ernst: *Berlin*. 2 Bde. Frankfurt am Main: Literarische Anstalt 1846 (Neudruck: Darmstadt-Neuwied 1974).

□ Dühring, Eugen: *Die Judenfrage als Racen-, Sitten- und Culturfrage*. Mit einer weltgeschichtlichen Antwort. Karlsruhe/Leipzig: Verlag von H. Reuther 1881.

□ Eberty, Felix: *Jugenderinnerungen eines alten Berliners*. Berlin: Verlag für Kulturpolitik ²1925.

□ Ehrenthal, Wilhelm: *Das Kutschkelied auf der Seelenwanderung*. Forschungen über die Quellen des Kutschkeliedes. Leipzig: F. A. Brockhaus ⁵1871.

□ Engel, Fritz: *Der »Ulk«*. Sein Werden und Sein. In: *Zeitschrift für Bücherfreunde* (Bielefeld/Leipzig, 1906/07), 10. Jg., Bd. 2, S. 401–409.

□ Estermann, Alfred/Engel, Walter/Herrchen, Martin: *Katalog der Ausstellung »Ludwig Börne. 1786–1837«*. Frankfurt: Buchhändler-Vereinigung GmbH 1986.

□ Ettlinger, Josef: *Saphir*. In: *Sonntags-Beilage der Vossischen Zeitung* (Nr. 5 vom 3. 2. 1895), Sp. 7–11.

□ Faucher, Julius: *Vergleichende Culturbilder aus den Vier Europäischen Millionenstädten (Berlin-Wien-Paris-London)*. Hannover: Carl Rümpler 1877.

□ Fechner, Hanns: *Mein liebes altes Berlin.* Neue Spreehannsgeschichten. Berlin: Rembrandt-Verlag o. J. [1926].

□ Fechner, Hanns: *Menschen die ich malte.* Berlin: Rembrandt-Verlag o. J. [1927].

□ Feder, Ernst (Hrsg.): *Bismarcks großes Spiel.* Die geheimen Tagebücher Ludwig Bambergers. Frankfurt am Main: Societäts-Verlag 1932.

□ Fenske, Hans (Hrsg.): *Vormärz und Revolution 1840–1849.* Quellen zum politischen Denken der Deutschen im 19. und 20. Jahrhundert. Freiherr vom Stein-Gedächtnisausgabe, Bd. IV. Darmstadt: Wissenschaftliche Buchgesellschaft 1976.

□ Fenske, Hans (Hrsg.): *Der Weg zur Reichsgründung 1850–1870.* Quellen zum politischen Denken der Deutschen im 19. und 20. Jahrhundert. Freiherr vom Stein-Gedächtnisausgabe, Bd. V. Darmstadt: Wissenschaftliche Buchgesellschaft 1977.

□ Fenske, Hans (Hrsg.): *Im Bismarckschen Reich (1871–1890).* Quellen zum politischen Denken der Deutschen im 19. und 20. Jahrhundert. Freiherr vom Stein-Gedächtnisausgabe, Bd. VI. Darmstadt: Wissenschaftliche Buchgesellschaft 1978.

□ Fischer, L. H.: *Aus Berlins Vergangenheit.* Gesammelte Aufsätze zur Kultur- und Litteraturgeschichte Berlins. Berlin: L. Oehmigke 1891.

□ *S. Fischer, Verlag – Von der Gründung bis zur Rückkehr aus dem Exil.* Eine Ausstellung des Deutschen Literaturarchivs im Schiller-Nationalmuseum, Marbach am Neckar. Hrsg. von Friedrich Pfäfflin und Ingrid Kussmaul. Marbach: Deutsche Schillergesellschaft 1985.

□ Fontane, Theodor: *Briefe.* II. Sammlung. Berlin: Fontane 1912.

□ Fontane, Theodor: *Briefe in zwei Bänden.* Ausgewählt und eingeleitet von Gotthart Erler. Berlin/Weimar: Aufbau-Verlag 1968.

□ Fontane, Theodor: *Briefe.* Bd. 1. Hrsg. von Kurt Schreinert. Zu Ende geführt und mit einem Nachwort versehen von Charlotte Jolles. Berlin: Propyläen 1968.

□ Fontane, Theodor: *Briefe.* Bd. 2. Hrsg. von Kurt Schreinert. Zu Ende geführt und mit einem Nachwort versehen von Charlotte Jolles. Berlin: Propyläen 1968.

□ Fontane, Theodor: *Briefe an Julius Rodenberg.* Eine Dokumentation. Hrsg. von Hans-Heinrich Reuter. Berlin/Weimar: Aufbau-Verlag 1969.

□ Fontane, Theodor: *Sämtliche Werke.* Bd. XIX und XXI/1. München: Nymphenburger Verlagshandlung 1969 u. 1963.

□ Fontane, Theodor: *Von Zwanzig bis Dreißig.* Autobiographisches. Berlin: F. Fontane & Co. ^{5}1910.

□ Fontane, Theodor: *Von Dreißig bis Achtzig.* Sein Leben in seinen Briefen. Hrsg. von Hans-Heinrich Reuter. München: Nymphenburger Verlagshandlung o. J. [1970].

□ *Der Briefwechsel zwischen Theodor Fontane und Paul Heyse.* Berlin/Weimar: Aufbau-Verlag 1972.

□ *Theodor Fontane im Freundeskreise.* Lieder und Balladen aus dem Tunnel über der Spree. Berlin/Leipzig: Walter de Gruyter 1934.

□ Fränkel, Ludwig: *Siegmund Haber.* In: *Allgemeine Deutsche Biographie.* Bd. 49. Berlin: Duncker & Humblot ^{2}1971 (Neudruck der Auflage von 1904), S. 695.

□ *Fragen an die deutsche Geschichte.* Ideen, Kräfte, Entscheidungen von 1800 bis zur Gegenwart. Katalog zur Historischen Ausstellung im Reichstagsgebäude in Berlin. Hrsg. vom Deutschen

Bundestag. Wiss. Planung Lothar Gall. Bonn: Dt. Bundestag, Referat für Öffentlichkeit [12]1986/87.

□ Franz, Günther: *Staatsverfassungen*. Eine Sammlung wichtiger Verfassungen der Vergangenheit und Gegenwart in Urtext und Übersetzung. München: R. Oldenbourg [2]1964.

□ *Correspondance entre Frédéric II Roi de Prusse et le Marquis d'Argens, avec les épitres du Roi au Marquis*. Bd. 1. Paris: J. J. Fuchs 1798.

□ Frederiksen, Elke (Hrsg.): *Die Frauenfrage in Deutschland 1865–1915*. Texte und Dokumente. Stuttgart: Philipp Reclam jun. 1981.

□ Freud, Sigmund: *Der Witz und seine Beziehung zum Unbewußten* [1905]. Frankfurt am Main: Fischer 1977.

□ Freytag, Gustav: *Erinnerungen aus meinem Leben*. Leipzig: S. Hirzel 1887.

□ Kaiser Friedrich III: *Das Kriegstagebuch von 1870/71*. Hrsg. von Heinrich Otto Meisner. Berlin: K. F. Koehler 1926.

□ Fürstenberg, Hans: *Carl Fürstenberg*. Die Lebensgeschichte eines deutschen Bankiers. Düsseldorf/Wien: Econ Verlag 1968.

□ Gall, Lothar/Koch, Rainer (Hrsg.): *Der europäische Liberalismus im 19. Jahrhundert*. Texte zu seiner Entwicklung. 4 Bde. Frankfurt am Main/Berlin/Wien: Ullstein 1981.

□ Geiger, Ludwig: *Geschichte der Juden in Berlin 1871*. Vorwort von Herbert Simon. Nachdruck der Ausgabe Berlin 1871/1889. Berlin: arani [2]1989.

□ Genée, Rudolph: *Zeiten und Menschen*. Erlebnisse und Meinungen. Berlin: Ernst Siegfried Mittler und Sohn 1897.

□ *Gesetz-Sammlung für die Königlichen Preußischen Staaten*. Jg. 1819 und 1851. Berlin: Königliches Gesetz-Sammlungs-Amt 1819 und 1851.

□ Glagau, Otto: *Der Börsen- und Gründungs-Schwindel in Berlin*. Leipzig: Paul Frohberg 1876.

□ Glagau, Otto: *Der Börsen- und Gründungs-Schwindel in Deutschland*. Leipzig: Paul Frohberg 1876.

□ Goetzinger, Germaine (Hrsg.): *Für die Selbstverwirklichung der Frau, Louise Aston*, in Selbstzeugnissen und Dokumenten. Frankfurt/Main: Fischer 1983.

□ Gontaut-Biron [Armand Elie] Vicomte de: *Meine Botschafterzeit am Berliner Hofe 1872–1877*. Autorisierte Übersetzung aus dem Französischen von General der Infanterie a. D. von Pfaff. Berlin: Karl Siegismund 1909.

□ Grab, Walter (Hrsg.): *Die Revolution von 1848/49*. Eine Dokumentation. München: Nymphenburger Verlagshandlung 1980.

□ Gubitz, F[riedrich] W[ilhelm]: *Erlebnisse*. Nach Erinnerungen und Aufzeichnungen. Bd. 2. Berlin: Vereins-Buchhandlung 1868.

□ Gutzkow, Karl: *Karl Gutzkows Lebenserinnerungen. Ausgewählte Werke in zwölf Bänden*. Hrsg. von Heinrich Hubert Houben. Bd. X–XII. Leipzig: Max Hesses Verlag 1908.

□ Haase, Friedrich: *Was ich erlebte 1846–1896*. Berlin: Rich. Bong 1897.

□ *Hambacher Fest (1832–1982). Freiheit und Einheit. Deutschland und Europa*. Hrsg. vom Kultusministerium Rheinland-Pfalz. Neustadt an der Weinstraße: D. Meininger 1982.

□ Hauptmann, Gerhart: *Sämtliche Werke*. Hrsg. von Hans-Egon Hass. Bd. IX (Nachgelassene Werke, Fragmente). Frankfurt am Main/Berlin: Ullstein 1969.

□ Heilborn, Ernst: *Die gute Stube. Geselligkeit im 19. Jahrhundert.* Wien/ München/Leipzig: Rikola 1922.

□ Heine, Heinrich: *Letzte Gedichte und Gedanken.* Hamburg: Hoffmann und Campe 1869.

□ Henne am Rhyn, Otto: *Kulturgeschichte des deutschen Volkes.* 2 Bde. Berlin: Grote'sche Verlagsbuchhandlung 1886.

□ Herz, Ludwig: *Spaziergänge im Damals.* Aus dem alten Berlin. Berlin: Otto von Holten 1933.

□ Heyse, Paul: *Jugenderinnerungen und Bekenntnisse.* Berlin: Wilhelm Hertz 1900.

□ Hilaris, E[rnst]: *Die Berliner Presse.* Leipzig: Wolfgang Gerhard 1863.

□ Höfele, Karl Heinrich: *Geist und Gesellschaft der Bismarckzeit (1870–1890).* Göttingen/ Zürich/Berlin/Frankfurt: Musterschmidt 1967.

□ Hofmann, Rudolf (Hrsg.): *Der Kladderadatsch und seine Leute (1848–1898).* Ein Culturbild. Berlin: A. Hofmann & Comp. 1898.

□ *Die geheimen Papiere Friedrich von Holsteins.* Hrsg. von Norman Rich und M. H. Fisher. Deutsche Ausgabe von Werner Frauendienst. 3 Bde. Göttingen/ Berlin/Frankfurt: Musterschmidt 1956/57.

□ Holtei, Karl von: *Vierzig Jahre.* Bd. IV. Berlin: Berliner Lesecabinet 1844.

□ Hopf, Albert: *Meine Ausweisung von Berlin nach Charlottenburg: Ein Beitrag zur Geschichte der politischen Verfolgungen.* Dem Herrn Polizei-Präsidenten v. Hinkeldey hochachtungsvoll gewidmet. Berlin: In Kommission bei Leopold Schlesinger 1851.

□ Huber, Ernst R. (Hrsg.): *Dokumente zur deutschen Verfassungsgeschichte.* 3 Bde. Stuttgart: Kohlhammer [2]1961–1966.

□ *Die I. Internationale in Deutschland (1864–1872).* Dokumente und Materialien. Hrsg. vom Institut für Marxismus-Leninismus beim ZK der SED und Institut für Marxismus-Leninismus beim ZK der KPdSU. Berlin (DDR): Dietz 1964.

□ Jessen, Hans (Hrsg.): *Die deutsche Revolution 1848/49 in Augenzeugenberichten.* München: Deutscher Taschenbuch Verlag 1973.

□ *Juden in Berlin 1671–1945.* Ein Lesebuch. Mit Beiträgen von Annegret Ehmann, Rachel Livné-Freudenthal, Monika Richarz, Julius H. Schoeps, Raymond Wolff. Berlin: Nicolai 1988.

□ Kakies, Dieter (Hrsg.): *Deutsche Verfassungen.* Die grundlegenden Dokumente deutscher Demokratie von der Paulskirche bis zum Grundgesetz. München: Goldmann o. J.

□ Kastan, I[sidor]: *Berlin wie es war.* Berlin: Rudolf Mosse [8]o. J. [1925].

□ Kastan, I[sidor]: *Berliner Erinnerungen.* In: *Jahrbuch für jüdische Geschichte und Literatur.* Bd. 27 (1926), S. 112–147.

□ Kohut, Adolph: *Carl Helmerding.* Ein Lebens- und Künstlerbild. Berlin: C. Georgi 1892.

□ Kossak, Ernst: *Berliner Federzeichnungen.* Bd. III. Berlin: Otto Janke 1861.

□ Kroneberg, Lutz/Schloesser, Rolf: *Weber-Revolte 1844.* Eine Anthologie. Der schlesische Weberaufstand im Spiegel der zeitgenössischen Publizistik und Literatur. Köln: informationspresse – c. w. leske verlag [3]1985.

□ Lamprecht, Helmut (Hrsg.): *Deutschland Deutschland.* Politische Gedichte vom Vormärz bis zur Gegenwart. Bremen: Carl Schünemann 1969.

□ *Der Erste Vereinigte Landtag in Berlin 1847.* Hrsg. unter Aufsicht des Vorstehers des Central-

Bureaus im Ministerium des Innern und des Bureaus des Vereinigten Landtages Königlichen Kanzlei-Raths Eduard Bleich, Erster und Vierter Theil. Berlin: Karl Reimasus 1847.

□ *Lassalle's Reden und Schriften*. Neue Gesammelte Ausgabe. Hrsg. von Ed[uard] Bernstein. Bd. 2. Berlin: Verlag der Expedition des »Vorwärts« 1893.

□ Leixner, Otto von: *1888 bis 1891. Soziale Briefe aus Berlin*. Mit besonderer Berücksichtigung der sozialdemokratischen Strömungen. Berlin: Friedrich Pfeilstücker 1891.

□ *Das Haus Lepsius*. Vom Geistigen Aufstieg Berlins zur Reichshauptstadt. Nach Tagebüchern und Briefen von Bernhard Lepsius. Berlin: Klinkhardt & Biermann 1933.

□ Lessing, Gotthold Ephraim: *Gesammelte Werke in zehn Bänden*. Hrsg. von Paul Rilla. Bd. 9. Berlin (DDR): Aufbau-Verlag 1957.

□ Levy, J.: *Friedrich der Große und die Preßfreiheit*. In: *Sonntagsbeilage der Vossischen Zeitung* (Nr. 45 vom 10. 11. 1895), Sp. 3–5.

□ Lewald, Fanny: *Gefühltes und Gedachtes*. Hrsg. von Ludwig Geiger. Dresden/Leipzig: Heinrich Minden 1900.

□ Lindau, Paul: *Ernst Dohm und der »Kladderadatsch«*. In: *Nord und Süd*. Bd. 11 (1879), S. 104–126.

□ Lindau, Paul: *Nur Erinnerungen*. Bd. 2. Stuttgart/Berlin: Cotta 1917.

□ Lindenberg, Paul: *Berlin als Kleinstadt*. Berlin: Trowitzsch [5]1893.

□ Lindenberg, Paul: *Es lohnte sich, gelebt zu haben*. Erinnerungen. Berlin: Vorhut-Verlag Otto Schlegel 1941.

□ Löffler, Ludwig: *Berlin und die Berliner*. In Wort und Bild. Leipzig: J. J. Weber 1865 (Faksimile-Druck Berlin 1978).

□ Lucius von Ballhausen, Robert Freiherr von: *Bismarck-Erinnerungen*. Stuttgart/ Berlin: J. G. Cotta'sche Buchhandlung Nachfolger [1–3]1920.

□ Lukas, Jos: *Die Presse, ein Stück moderner Versimpelung*. Regensburg/New York/ Cincinnati: Pustet [2]1867.

□ Mann, Thomas: *Gesammelte Werke in dreizehn Bänden*. Bd. I, III u. XI. Frankfurt am Main: Fischer [2]1974.

□ Marx, Karl: *Der achtzehnte Brumaire des Louis Bonaparte*. In: *Karl Marx/Friedrich Engels*. Bd. 4. Hrsg. von Iring Fetscher. Frankfurt: Fischer 1966, Bd. 4, S. 34–121.

□ Marx, Karl/Engels, Friedrich: *Werke*. Bd. 4 Berlin (DDR): Dietz 1959.

□ Marx, Karl/Engels, Friedrich: *Deutsche Geschichte im 19. Jahrhundert*. Hrsg. von Iring Fetscher. Frankfurt: Fischer 1969.

□ Mayer, Gustav (Hrsg.): *Ferdinand Lassalle*. Nachgelassene Briefe und Schriften. Neudruck der Ausgabe von 1924. Osnabrück: Biblio Verlag 1967.

□ Mehring, Franz: *Geschichte der deutschen Sozialdemokratie (1897)*. Teil 2. Berlin (DDR): Dietz 1960.

□ *Menzel* [Adolph von]. München: Bruckmann 1975.

□ Merckel, W[ilhelm] von: *Zwanzig Gedichte*. Berlin: Alexander Duncker 1850.

□ Meyer, Alexander: *Aus guter alter Zeit*. Berliner Bilder und Erinnerungen. Stuttgart/Leipzig: Deutsche Verlags-Anstalt 1909.

□ Moszkowski, Alexander: *Die Lustigen Blätter.* Naturgeschichte des Blattes. In: *Zeitschrift für Bücherfreunde.* 8. Jg. (1904–05), H. 12, März 1905, S. 469–480.

□ Moszkowski, Alexander: *Julius Stettenheim.* Persönliche Erinnerungen. In: *Berliner Tageblatt* (Nr. 559 vom 31. 10. 1916).

□ Moszkowski, Alexander: *Das Panorama meines Lebens.* Berlin: F. Fontane & Co. 1925.

□ Moszkowski, Alexander: *40 Jahre »Lustige Blätter«.* In: *Acht Uhr Abendblatt* (Berlin, vom 22. 9. 1926).

□ Nalli-Rutenberg, Agathe: *Das alte Berlin.* Erinnerungen. Berlin: Continent GmbH o. J. [1912].

□ Nietzsche, Friedrich: *Werke in drei Bänden.* Hrsg. von Karl Schlechta. Bd. 1. München: Carl Hanser [3]1962.

□ N. N.: *Deutsche Humoristen der Gegenwart.* In: *Illustrirte Zeitung* (Leipzig, Nr. 1905 vom 3. 1. 1880), S. 7–11.

□ N. N. [d. i. Josef Edmund Jörg]: *Die norddeutsche Presse.* In: *Historisch-politische Blätter.* Bd. 70 (1872), S. 336–359 u. 446–460.

□ N. N.: *Friedrich der Große als Pamphletist.* In: *Beilage zur Berliner Montags-Zeitung* (Nr. 36 vom 4. 9. 1865).

□ Obermann, Karl (Hrsg.): *Einheit und Freiheit.* Die deutsche Geschichte von 1815 bis 1849 in zeitgenössischen Dokumenten. Berlin (DDR): Dietz 1950.

□ Oettinger, Eduard Maria: *Der confiscirte Eulenspiegel oder das Buch der Hundertundacht-undzwanzig.* Nebst Briefen an und von Friedrich Wilhelm III., König von Preußen. Bd. I und II. Hamburg: Hoffmann und Campe 1833.

□ Olfers, Marie von: *Briefe und Tagebücher 1870–1924.* Hrsg. von Margarete von Olfers. Berlin: E. S. Mittler 1930.

□ Parisius, Ludolf: *Deutschlands politische Parteien und das Ministerium Bismarck.* Ein Beitrag zur vaterländischen Geschichte mit einem Vorwort über die gegenwärtige Kanzlerkrisis. Berlin: J. Guttentag (D. Collin) 1878.

□ Philippi, Felix: *Alt Berlin.* Berlin: Ernst Siegfried Mittler [2]1913.

□ Pietsch, Ludwig: *Wie ich Schriftsteller geworden bin.* Bd. 1. u. 2. Berlin: Fontane [2]1898, [1]1884.

□ Poschinger, Heinrich v.: *Fürst Bismarck und die Diplomaten.* Hamburg: Verlagsanstalt Actien-Gesellschaft 1900.

□ Presber, Rudolf: *Ich gehe durch mein Haus.* Erinnerungen. Stuttgart/Berlin: Deutsche Verlagsanstalt 1935.

□ *Die Preßverordnung vom 1. Juni 1863.* Sitzung des Abgeordnetenhauses vom 19. November 1863. Stenographischer Bericht. Berlin: Schnellpressendruck von W. Moeser 1863.

□ *Aufzeichnungen und Erinnerungen aus dem Leben des Botschafters Joseph Maria von Radowitz.* 2 Bde. Hrsg. von Hajo Holborn. Stuttgart: Deutsche Verlags-Anstalt 1925.

□ Richter, Eugen: *Im alten Reichstag.* Erinnerungen. Berlin: Verlag »Fortschritt, Aktiengesellschaft« 1894.

□ Ring, Max: *Erinnerungen.* Bd. 2. Berlin: Concordia 1898.

□ Ring, Max: *Ein Liebling der Berliner* [Karl Helmerding]. In: *Die Gartenlaube.* 16. Jg. (1868), Nr. 41, S. 644–647.

□ Ring, Max: *David Kalisch. Der Vater des Kladderadatsch und der Begründer der Berliner Posse.* Ein Erinnerungs-Blatt. Berlin: Elwin Staude 1873.
□ Ring, Max: *Berliner Leben.* Kulturstudien und Sittenbilder. Leipzig/Berlin: Bernhard Schlicke 1882.
□ Ring, Max: *Die deutsche Kaiserstadt Berlin und ihre Umgebung.* 2 Bde. Leipzig: Heinrich Schmidt & Carl Günther 1883/84 (Reprint: Leipzig 1986).
□ Ritter, Gerhard A. (unter Mitarbeit von Merith Niehuss): *Wahlgeschichtliches Arbeitsbuch.* Materialien zur Statistik des Kaiserreichs 1871–1918. München: C. H. Beck 1980.
□ Ritter, Gerhard A. (Hrsg.): *Das Deutsche Kaiserreich 1871–1914.* Ein historisches Lesebuch. Göttingen: Vandenhoeck & Ruprecht [3]1977.
□ Robolsky, H[ermann]: *Aus der Berliner Gesellschaft.* Berlin: Walther & Apolant 1886.
□ [Robolsky, Hermann]: *Bismarck nach dem Kriege.* Ein Charakter- und Zeitbild. Leipzig: Rengersche Buchhandlung 1883.
□ [Robolsky, Hermann]: *Bismarck und Frankreich nach dem Kriege.* Berlin: Richard Eckstein o. J.
□ Rodenberg, Julius: *Bilder aus dem Berliner Leben.* 2 Bde. Berlin: Gebrüder Paetel 1891.
□ Rohrlach, Peter P. (Hrsg.): *Bibliographische Kalenderblätter.* 44. Sonderblatt. Adolf Glaßbrenner. Berlin (DDR): Berliner Stadtbibliothek 1976 (Hekt.).
□ Rutari, A[rthur] [d. i. Arthur Levy]: *Ernst Kossak.* Eine Schilderung seines Lebens und seiner Werke. Berlin: R. Eckstein Nachf. 1884.
□ Schlossar, A.: *Moriz (!) Gottlieb Saphir.* In: *Allgemeine Deutsche Biographie.* Bd. XXX (Nachdruck von 1890). Berlin. Duncker und Humblot 1970, S. 364–369.
□ Schmidt-Cabanis, R[ichard]: *Vollständiger humoristischer Führer durch Berlin* (*Der lustige Baedeker*, Bd. V). Stuttgart: Carl Baedeker 1890 (Reprint: Leipzig 1985).
□ Schmidt-Cabanis, Richard: *Lose Tagebuchblätter.* Aus meinen Buchhändler-Wanderjahren. In: *Beiträge zur Kulturgeschichte von Berlin.* Festschrift zur Feier des fünfzigjährigen Bestehens der Korporation der Berliner Buchhändler. Berlin: Verlag der Korporation der Berliner Buchhändler 1898, S. 118–134.
□ Schneider, Louis: *Aus meinem Leben.* 3 Bde. Berlin: Ernst Siegfried Mittler und Sohn 1879/80.
□ Schneider, L[ouis]: *Aus dem leben Kaiser Wilhelms. 1849–1873.* Bd. 2 u. 3. Berlin: Otto Janke 1888.
□ Schnorr von Carolsfeld, Franz: *Eduard Maria Oettinger.* In: *Allgemeine Deutsche Biographie.* Bd. XXIV (Nachdruck von 1887). Berlin: Duncker und Humblot 1970, S. 567 f.
□ Schultze, Jürgen/Winther, Annemarie: *Der Holzschnitt vom 15. Jahrhundert bis zur Gegenwart.* Katalog zur Ausstellung Ausgewählte Meisterwerke zur Geschichte des Hochdrucks aus dem Kupferstichkabinett der Kunsthalle Bremen (1974).
□ Seidel, Heinrich: *Von Perlin nach Berlin.* Aus meinem Leben. Stuttgart/Berlin: Cotta 1903.
□ Seidel, Wolfgang (Hrsg.): *Erinnerungen an Heinrich Seidel.* Stuttgart/Berlin: Cotta [2]1912.
□ Siemann, Wolfram: *Restauration, Liberalismus und nationale Bewegung (1815–1870).* Akten, Urkunden und persönliche Quellen. Darmstadt: Wissenschaftliche Buchgesellschaft 1982.
□ Spemann, Adolf: *Wilhelm Spemann.* Ein Baumeister unter den Verlegern. Stuttgart: Union deutsche Verlagsgesellschaft.

□ Spiero, Heinrich: *Das poetische Berlin.* 2. Teil. München: Georg Müller/Eugen Reutsch 1913.

□ Spiero, Heinrich: *Schicksal und Anteil.* Ein Lebensweg in deutscher Wendezeit. Berlin: Volksverband der Bücherfreunde. Wegweiser-Verlag 1929.

□ *Das Tagebuch der Baronin Spitzemberg,* geb. Freiin v. Varnbüler. Aufzeichnungen aus der Hofgesellschaft des Hohenzollernreiches. Ausgewählt und hrsg. von Rudolf Vierhaus. Göttingen: Vandenhoeck & Ruprecht [3]1963.

□ Springer, Robert: *Berlin.* Die deutsche Kaiserstadt. Berlin: Haude & Spener 1969 (Nachdruck der Originalausgabe Darmstadt 1878).

□ Springer, Robert: *Berlin's Strassen, Kneipen und Clubs im Jahre 1848.* Berlin: Friedrich Gerhard 1850 (Reprint Leipzig 1985).

□ Springer, Robert: *Berliner Prospecte und Physiognomieen.* Ernste und heitere Culturbilder. Berlin: Dr. Langmann & Co. 1870.

□ Springer, Robert: *Berlin wird Weltstadt.* Ernste und heitere Culturbilder. Berlin: Verlag der Hausfreund-Expedition (E. Graetz) o. J. [1868].

□ Sternberg, Alexander von [d. i. Ungern-Sternberg]: *Erinnerungsblätter aus der Biedermeierzeit.* Hrsg. und eingel. von Joachim Kühn. Potsdam/Berlin: Kiepenheuer 1919.

□ Stettenheim, Julius: *Heitere Erinnerungen.* Keine Biographie. Berlin: Fischer 1896.

□ Stöcker, Adolf: *Christlich-Sozial.* Reden und Aufsätze. Berlin: Verlag der Buchhandlung der Berliner Stadtmission [2]1890.

□ *Strafgesetzbuch für die Preußischen Staaten nebst dem Gesetze über die Einführung desselben.* Berlin: Albert Nauck und Comp. [2]1856.

□ Streckfuß, Adolf: *500 Jahre Berliner Geschichte:* Vom Fischerdorf zur Weltstadt, Geschichte und Sage. 2 Bde. Berlin: Albert Goldschmidt [4]1886.

□ Streckfuß, Adolf: *Die März-Revolution in Berlin.* Ein Augenzeuge erzählt. Hrsg. von Horst Denkler in Zusammenarbeit mit Irmgard Denkler. Köln: informationspresse – c. w. leske verlag 1983.

□ [Strousberg, Bethel Henry]: *Dr. Strousberg und sein Wirken von ihm selbst geschildert.* Berlin: J. Guttentag (D. Collin) 1876.

□ Stürmer, Michael (Hrsg.): *Bismarck und die preußisch-deutsche Politik 1871–1890.* München: Deutscher Taschenbuch Verlag (dtv dokumente) [2]1973.

□ *Lieber Stürmer.* Leserbriefe an das NS-Kampfblatt 1924 bis 1945. Eine Dokumentation aus dem Leo-Baeck-Institut, New York. Bearbeiter der deutschen Ausgabe Günther Wagenlehner. Stuttgart: Seewald 1978.

□ Tissot, Victor: *Voyage au Pays des milliards.* Paris: E. Dentu 1875 (Autorisierte deutsche Ausgabe: *Reise in das Milliardenreich.* Bern: Heinrich Körber 1875).

□ Tissot, Victor: *Les Mystères de Berlin* (mit Constant Améro). Paris: Librairie de la Société anonyme de Publications périodiques 1879.

□ Tissot, Victor: *De Paris à Berlin.* Mes vacances en Allemagne. Paris: Librairie Blériot 1887.

□ Trachsel, C. F.: *Glossarium der Berlinischen Wörter und Redensarten.* Berlin: Plahn'sche Buchhandlung 1873.

□ Treitschke, Heinrich von: *Deutsche Geschichte im Neunzehnten Jahrhundert.* Bd. 5. Leipzig: S. Hirzel [5]1908.

□ Treitschke, Heinrich von: *Unsere Aussichten.* In: *Preußische Jahrbücher.* Bd. 44 (1879), S. 559–576.

□ Treitschke, Heinrich von: *Noch einige Bemerkungen zur Judenfrage.* In: *Preußische Jahrbücher.* Bd. 45 (1880), S. 85–95.

□ Treitschke, Heinrich von: *Zehn Jahre Deutscher Kämpfe.* Schriften zur Tagespolitik. Berlin: G. Reimer [2]1879.

□ Trojan, Johannes: *Bismarck – Erinnerungen.* In: *Sonntags-Beilage zur National-Zeitung* (Nr. 22 u. 23 vom 2. u. 9. 6. 1901).

□ Trojan, Johannes: *Erinnerungen.* Berlin: Verlag des Vereins der Bücherfreunde 1912.

□ Trojan, Johannes: *Zwei Monate Festung.* Berlin: Freund u. Jekkel [5]1899.

□ Trojan, Johannes: *Glaßbrenner als Lehrmeister.* In: *Berliner Tageblatt* (Nr. 158 vom 30. 3. 1910).

□ Varnhagen von Ense, Karl August: *Tagebücher.* Bd. V bis VII. Leipzig: Brockhaus 1862.

□ Vasili, Paul [d. i. Juliette Adam]: *La Société de Berlin.* Paris: Nouvelle Revue [4]1884.

□ *Verein Berliner Künstler gegr. 19. Mai 1841.* Festschrift zur Feier seines fünfzigjährigen Bestehens 19. Mai 1891. Berlin: Verlag von Amsler & Ruthardt 1891.

□ *Die Verfassungsurkunde für den Preußischen Staat.* Berlin: Guttentag [7]1911.

□ Volkmann, Ernst: *Um Einheit und Freiheit 1815–1848.* In: *Deutsche Literatur in Entwicklungsreihen.* Reihe Politische Dichtung. Leipzig: Reclam 1936.

□ Voltaire: *Oeuvres complètes.* Bd. XXIII. Paris: Garnier 1879.

□ Wachenhusen, Hans: *Aus Bewegtem Leben.* Erinnerungen aus dreißig Kriegs- und Friedensjahren. Straßburg: Straßburger Druckerei und Verlagsanstalt 1890.

□ Wagener, Hermann: *Erlebtes.* Meine Memoiren aus der Zeit von 1848 bis 1866 und von 1873 bis jetzt. Berlin: R. Pohl 1884.

□ Wagner, Cosima: *Die Tagebücher.* 2 Bde. Ediert und kommentiert von Martin Gregor-Dellin und Dietrich Mack. München/Zürich: Piper 1976.

□ Wagner, Cosima: *Briefe an ihre Tochter Daniela von Bülow.* Stuttgart: Cotta 1933.

□ *Denkwürdigkeiten des General-Feldmarschalls Alfred Grafen von Waldersee.* Hrsg. von Heinrich Otto Meisner. Bd. 1 u. 2. Stuttgart/Berlin: Deutsche Verlags-Anstalt 1922/23.

□ Wallner, Agnes: *Lebenserinnerungen.* Bearb. von Hans Blum. Berlin: Otto Elsner 1900.

□ Wauer, Hugo: *Humoristische Rückblicke auf Berlins »gute alte« Zeit von 1834 bis 1870.* Miterlebtes. Berlin: [Selbstverlag] [5]1910.

□ Weber, Rolf (Hrsg.): *Revolutionsbriefe 1848/49.* Frankfurt: Röderberg 1973.

□ Wehl, Feodor von: *Zeit und Menschen.* Tagebuch-Aufzeichnungen aus den Jahren 1868–84. 2 Bde. Altona: A. C. Reher 1889.

□ Wellmer, Arnold: *Bei Lutter und Wegener.* In: *Sonntags-Beilage der Vossischen Zeitung* (Nr. 18, 22, 23, 30 vom 3. und 31. 5., 7. 6. u. 27. 7. 1885).

□ Wentzcke, Paul: *Im Neuen Reich 1871–1890.* Politische Briefe aus dem Nachlaß liberaler Parteiführer. Osnabrück: Biblio Verlag 1970 (Neudruck der Ausgabe von 1926).

□ Werner, Anton von: *Erlebnisse und Eindrücke 1870–1890.* Berlin: Ernst Siegfried Mittler und Sohn 1913.

□ Wichert, Ernst: *Der Verein Berliner Presse.* In: *Beiträge zur Kulturgeschichte von Berlin.* Festschrift zur Feier des fünfzigjährigen Bestehens der Korporation der Berliner Buchhändler (1. 11. 1898). Berlin: Verlag der Korporation der Berliner Buchhändler 1898, S. 97–110.

□ Wilke, Ad. von: *Alt-Berliner Erinnerungen.* Berlin: Richard Schröder 1930.

□ Wilke, Jürgen (Hrsg.): *Pressefreiheit.* Darmstadt: Wissenschaftliche Buchgesellschaft 1984.

□ Woerl, Leo: *Die Publicistik der Gegenwart.* Würzburg/Wien: Leo Woerl 1881 (d. i. Heft 6: Die Presseverhältnisse im Königreich Preußen).

□ Wolff, Adolf: *Berliner Revolutions-Chronik.* Darstellung der Berliner Bewegungen im Jahre 1848 nach politischen, socialen und literarischen Beziehungen. 3 Bde. Berlin: Gustav Hempel 1851/54 (Reprint Würzburg 1985).

□ Wuttke, Heinrich: *Die deutschen Zeitschriften und die Entstehung der öffentlichen Meinung.* Ein Beitrag zur Geschichte des Zeitungswesens. Leipzig: Joh. Wilh. Krüger ²1875.

□ Zobeltitz, Fedor von: *Ich hab so gern gelebt.* Lebenserinnerungen. Berlin: Ullstein 1934.

□ Zobeltitz, Fedor von: *Johannes Trojan.* In: *Vossische Zeitung* (Nr. 598 vom 23. 11. 1915).

□ Zobeltitz, Fedor von: *Zur Geschichte des Kladderadatsch.* In: *Beiträge zur Kulturgeschichte von Berlin.* Festschrift zur Feier des fünfzigjährigen Bestehens der Korporation der Berliner Buchhändler (1. 11. 1898). Berlin: Verlag der Korporation der Berliner Buchhändler 1898, S. 173–199.

Sekundärliteratur
(ältere, neuere und neueste Darstellungen)

□ Apitzsch, Friedrich: *Die deutsche Tagespresse unter dem Einfluß des Sozialistengesetzes.* Leipzig: Emmanuel Reinicke 1928.

□ Arvon, Herni: *La Taverne Hippel*, rendez-vous de l'intelligentsia berlinoise d'avant 1848. In: *Revue d'Allemagne* (Strasbourg, 1982), Bd. XIV, Nr. 2, S. 245–251.

□ August, Heinz: *Ernst Dohm.* In: *Neue Deutsche Biographie.* Bd. 4. Berlin: Duncker & Humblot 1959, S. 40 f.

□ Austermann, Anton: *Kurt Tucholsky.* Der Journalist und sein Publikum. München/ Zürich: Piper 1985.

□ Bachem, Karl: *Vorgeschichte, Geschichte und Politik der deutschen Zentrumspartei.* Zugl. ein Beitrag zur Geschichte der katholischen Bewegung, sowie zur allgemeinen Geschichte des neueren und neuesten Deutschland 1815–1914. 9 Bde. Aalen: Scienta-Verlag 1967 (Bd. 3. Neudruck der Ausgabe Köln 1927).

□ Bartel, Alfred (Hrsg.): *Berliner Humor in Wort und Bild.* Bilder zur heiteren Kulturgeschichte Berlins. Berlin: Gustav Bartel 1943.

□ Bartel, Horst/Engelberg, Ernst (Hrsg.): *Die großpreußisch-militaristische Reichsgründung 1871.* 2 Bde. Berlin (DDR): Akademie-Verlag 1971.

□ Bartel, Horst/Schröder, Wolfgang/Seeber, Gustav: *Das Sozialistengesetz 1878–1890.* Illustrierte Geschichte des Kampfes der Arbeiterklasse gegen das Ausnahmegesetz. Berlin (DDR): Dietz 1980.

□ Barthel, Harry: *Der Kladderadatsch im Kampf um die Sozial- und Wirtschaftsordnung des Bismarckschen Reiches.* 2 Bde. (Phil. Diss.; Masch.). München 1951.

□ Battenberg, Friedrich: *Das Europäische Zeitalter der Juden.* Zur Entwicklung einer Minderheit in der nichtjüdischen Umwelt Europas. Darmstadt: Wissenschaftliche Buchgesellschaft 1990.

□ Bauer, Arnold: *Rudolf Virchow.* Berlin: Stapp 1982 (Reihe »Preußische Köpfe«).

□ Bauer, Wilhelm: *Die öffentliche Meinung und ihre geschichtlichen Grundlagen.* Ein Versuch. Tübingen: J. C. B. Mohr (Paul Siebeck) 1914.

□ Becker, Josef: *Baden, Bismarck und die Annexion von Elsaß und Lothringen.* In: *Zeitschrift für Geschichte des Oberrheins.* Bd. 115 (1967), S. 167–204.

□ Becker, Otto: *Bismarcks Bündnispolitik.* Berlin: Carl Heymanns Verlag 1923.

□ Behrend, Fritz: *Geschichte des Tunnels über der Spree.* Berlin: Hermann Wendt 1938.

□ Beike, Hans: *Die deutsche Arbeiterbewegung und der Krieg von 1870/71.* Berlin (DDR): Dietz 1957.

□ Bein, Alexander. *Der moderne Antisemitismus und seine Bedeutung für die Judenfrage.* In: *Vierteljahrshefte für Zeitgeschichte,* 6 Jg. (1958), S. 340–360.

□ Bendikat, Elfi: *Wahlkämpfe in Europa 1884 bis 1889.* Parteiensysteme und Politikstile in Deutschland, Frankreich und Großbritannien. (Phil. Diss.). Wiesbaden: Deutscher Universitätsverlag 1988.

□ Berck, Ingrid: *Der außenpolitische Kampf des »Kladderadatsch« im ersten Reichsjahrzehnt 1870/1880 unter besonderer Berücksichtigung der Orientkrisis* (Ein Beitrag zur Erforschung des politischen Witzblattes im 19. Jahrhundert). (Phil. Diss.; Masch.). Heidelberg 1945.

□ Berding, Helmut: *Moderner Antisemitismus in Deutschland.* Frankfurt/Main: Suhrkampf 1988.

□ Bergsträsser, Ludwig: *Geschichte der politischen Parteien in Deutschland.* Bd. 2. München/ Wien: Olzog 1965.

□ Bering, Dietz: *Der Name als Stigma.* Antisemitismus im deutschen Alltag 1812–1933. Stuttgart: Klett-Cotta 1987.

□ Bernstein, Eduard: *Die Geschichte der Berliner Arbeiter-Bewegung.* Ein Kapitel zur Geschichte der deutschen Sozialdemokratie. 3 Teile. Berlin: Verlag Buchhandlung Vorwärts 1907–1910.

□ Bernstein, F.: *Der Antisemitismus als Gruppenerscheinung.* Versuch einer Soziologie des Judenhasses. Berlin: Jüdischer Verlag 1926.

□ Bloch, Charles: *Die Dritte französische Republik.* Entwicklung und Kampf einer Parlamentarischen Demokratie (1870–1940). Stuttgart: K. F. Koehler 1972.

□ Böhme, Helmut: *Deutschlands Weg zur Großmacht.* Studien zum Verhältnis von Wirtschaft und Staat während der Reichsgründungszeit 1848–1881. Köln/Berlin: Kiepenheuer & Witsch 1966.

□ Böhme, Helmut (Hrsg.): *Probleme der Reichsgründungszeit (1848–1879).* Köln/Berlin: Kiepenheuer & Witsch 1968.

□ Bohrmann, Hans/Schneider, Peter: *Zeitschriftenforschung.* Ein wissenschaftlicher Versuch. Berlin: Volker Spiess 1975.

□ Borkenhagen, Erich: *Das Bier im alten Berlin.* Von der Frühzeit bis zur Gegenwart. In: *Der Bär von Berlin.* Jahrbuch des Vereins für die Geschichte Berlins (Berlin, 1968), Bd. 17, S. 77–104.

□ Born, Karl Erich: *Von der Reichsgründung bis zum Ersten Weltkrieg.* München: Deutscher Taschenbuch Verlag ^{8}1983 (Bd. 16 der Taschenbuchausgabe von *Gebhardts Handbuch der deutschen Geschichte).*

□ Born, Karl Erich (Hrsg.): *Moderne deutsche Wirtschaftsgeschichte.* Köln/Berlin: Kiepenheuer & Witsch 1966.

□ Born, Karl Erich: *Wirtschafts- und Sozialgeschichte des Deutschen Kaiserreichs (1867/71–1914).* Stuttgart: Franz Steiner 1985.

□ Breiger, Lothar: *Theodor Hosemann.* Der Maler des Berliner Volkes. München: Delphin 1920.

□ Büsch, Otto/Sheehan, James J. (Hrsg.): *Die Rolle der Nation in der deutschen Geschichte und Gegenwart.* Beiträge zu einer internationalen Konferenz in Berlin (West) vom 16. bis 18. Juni 1983. Berlin: Colloquium 1985.

□ Bußmann, Walter: *Das Zeitalter Bismarcks.* Frankfurt/Main: Athenaion ^{4}1968.

□ Castelot, André/Decaux, Alain: *Histoire de la France et des Français au jour le jour.* Paris: Librairie académique Perrin 1977.

□ Conze, Werner/Groth, Dieter: *Die Arbeiterbewegung in der nationalen Bewegung.* Die deutsche Sozialdemokratie vor, während und nach der Reichsgründung. Stuttgart: Klett 1966.

□ Craig, Gordon A.: *Deutsche Geschichte 1866–1945.* Vom Norddeutschen Bund bis zum Ende des Dritten Reiches. München: C. H. Beck 1983.

□ Dähn, Brunhilde: *Berlin. Hausvogteiplatz.* Über 100 Jahre am Laufsteg der Mode. Göttingen/Zürich/Frankfurt: Musterschmidt 1968.

□ Denkler, Horst: *Politik und Geschäft.* Beobachtungen bei der Durchsicht populärer Flugblattreihen aus der Berliner Revolution 1848/49. In: *Internationales Archiv für Sozialgeschichte der deutschen Literatur* (Tübingen, 1980), Bd. 5, S. 94–122.

□ Digeon, Claude: *La crise allemande de la pensée française (1870–1914).* Paris: Presses Universitaires de France 1959.

□ Dovifat, Emil: *Das publizistische Leben.* In: *Berlin und die Provinz Brandenburg im 19. und 20. Jahrhundert.* Hrsg. von Hans Herzfeld unter Mitwirkung von Gerd Heinrich. Berlin: Walter de Gruyter 1968, S. 753–781.

□ Drahn, Ernst: *Sozialistische Witzblätter in Deutschland.* In: *Zeitungswissenschaft* (Nr. 5 vom 15. 9. 1931), 6. Jg., S. 271–280.

□ Drahn, Ernst: *Die Berliner Presse des Revolutionsjahres 1848.* Eine kulturhistorische Schau der Preußischen Staatsbibliothek auf der »Pressa« (Köln 1928), Sonderdruck aus *Der Buch- und Zeitschriftenhandel*, Nr. 24 u. 27, 1928.

□ Drewitz, Ingeborg: *Berliner Salons.* Berlin: Haude & Spener ^{3}1984 (Reihe Berlinische Reminiszenzen 7).

□ Elkan, Georg: *Die preußische Zeitungssteuer.* Ein Beitrag zur Geschichte der Pressepolitik unter Benutzung von Akten Bismarcks und der preußischen Ministerien. (Phil. Diss.). Jena: Gustav Fischer 1922.

□ Ellermann, Ursula: *Ernst Kossak.* Eine Darstellung seines Lebens und seiner kritischen Arbeit. (Phil. Diss.; Masch.). Münster 1947.

□ Elsner, Eckart: *Juden in Berlin.* In: *Emuna.* Horizonte zur Diskussion über Israel und Judentum (Frankfurt am Main, 1974), 9. Jg., S. 3–16.

□ Engelberg, Ernst: *Bismarck.* Urpreuße und Reichsgründer. Berlin: Akademie-Verlag/Siedler Verlag 1985.

□ Engelberg, Ernst: *Bismarck*. Das Reich in der Mitte Europas. Berlin: Akademie-Verlag/Siedler Verlag 1990.

□ Engelsing, Rolf: *Die Zeitschrift in Nordwestdeutschland 1850–1914*. In: *Archiv für Geschichte des Buchwesens* (Frankfurt am Main, 1966), Bd. VI, Sp. 938–1035.

□ Engelsing, Rolf: *Analphabetentum und Lektüre*. Zur Sozialgeschichte des Lesens in Deutschland zwischen feudaler und industrieller Gesellschaft. Stuttgart: J. B. Metzler 1973.

□ Ester, Karl d': *Die Presse und ihre Leute im Spiegel der Dichtung*. Eine Ernte aus drei Jahrhunderten. Würzburg: Konrad Triltsch 1941.

□ Ester, Karl d': Artikel »Karikatur«. In: Walther Heide (Hrsg.): *Handbuch der Zeitungswissenschaft*. Lieferung 7. Leipzig: Karl W. Hiersemann 1943, Sp. 2223–2233, 2252–2257, 2260–2265, 2280–2388.

□ Fesser, Gerd: *Der Weg nach Königgrätz*. In: *Illustrierte historische Hefte* (Berlin/DDR, 1978), Nr. 13, S. 32–38.

□ *Festschrift zur Feier des fünfzigjährigen Bestehens der Annoncen-Expedition Rudolf Mosse zum 1. 1. 1917*. Berlin 1917.

□ Finger, Willi: *Adolf Glassbrenner*. Ein Vorkämpfer der Demokratie. Berlin (DDR): Kongreß-Verlag 1952.

□ Fischer, Heinz-Dietrich (Hrsg.): *Deutsche Publizisten des 15. bis 20. Jahrhunderts*. Pullach bei München/Berlin: Verlag Dokumentation 1971.

□ Fischer, Heinz-Dietrich (Hrsg.): *Deutsche Presseverleger des 18. bis 20. Jahrhunderts*. Pullach bei München: Verlag Dokumentation 1975.

□ Fischer, Heinz-Dietrich (Hrsg.): *Deutsche Zeitungen des 17. bis 20. Jahrhunderts*. Pullach bei München: Verlag Dokumentation 1972.

□ Fischer, Lothar: *George Grosz*. Reinbek bei Hamburg: Rowohlt 1976 (rororo Bildmonographien).

□ Fischer-Frauendienst, Irene: *Bismarcks Pressepolitik*. (Phil. Diss.). Münster: C. J. Fahle GmbH 1963.

□ Förster, Stig/Mommsen, Wolfgang J./Robinson, Ronald (Hrsg.): *Bismarck, Europe, and Africa*. The Berlin Africa Conference 1884–1885 and the Onset of Partition. Oxford: Oxford University Press 1988.

□ Freyburg, W. Joachim/Wallenberg, Hans (Hrsg.): *Hundert Jahre Ullstein*. 4 Bde. Frankfurt/Berlin: Ullstein 1977.

□ Fricke, Dieter: *Bismarcks Prätorianer*. Die Berliner politische Polizei im Kampf gegen die deutsche Arbeiterbewegung (1871–1898). Berlin: Rütten & Loening 1962.

□ Fricke, Hermann: *Die Ellora und das Rytly*. Zwei Seitentriebe des Tunnel über der Spree. In: *Jahrbuch für brandenburgische Landesgeschichte* (Berlin, 1956), Bd. 7, S. 19–24.

□ Friehe, Gerhard: *Geschichte der »National-Zeitung« 1848 bis 1878*. Leipzig: Emmanuel Reinicke 1933.

□ Friederici, Hans: *Die Tierfabel als operatives Genre*. In: *Weimarer Beiträge*, 11. Jg. (1956), H. 6, S. 930–952.

□ Fulda, Ludwig: *Berlin und das deutsche Geistesleben*. In: *Der Greif*, 1. Jg. (1913), H. 3, S. 185–199.

□ Gaillard, Jean-Michel: *Jules Ferry*. Paris: Fayard 1989.

□ Gall, Lothar: *Bismarck*. Der weiße Revolutionär. Frankfurt am Main/Berlin/Wien: Propyläen 1980 [Ullstein ²1990].

□ Gall, Lothar: *Zur Frage der Annexion von Elsaß und Lothringen 1870*. In: *Historische Zeitschrift*. Bd. 206 (1968), S. 265–326.

□ Gall, Lothar: *Bismarcks Süddeutschlandpolitik 1866–1870*. In: *Europa vor dem Krieg von 1870*. Mächtekonstellation – Konfliktfelder – Kriegsausbruch. Hrsg. von Eberhard Kolb unter Mitarbeit von Elisabeth Müller-Luckner. München: R. Oldenbourg 1987, S. 23–32.

□ Gardes, Jean-Claude: *Der Wahre Jacob (1890–1914)*. (Phil. Diss.; Masch.). Universität Paris VIII 1981.

□ Gardes, Jean-Claude: *La presse satirique allemande de 1945 à nos jours*. In: *Allemagnes d'aujourd'hui* (1984), Nr. 87, S. 88–107.

□ Gardes, Jean-Claude: *L'image de la France dans la presse satirique allemande (1870–1970)*. 4 Bde. (Habilschrift. Masch.). Universität Paris VIII 1991.

□ Gay, Peter: *Probleme der kulturellen Integration der Deutschen 1849 bis 1945*. In: *Die Rolle der Nation in der deutschen Geschichte und Gegenwart*. Beiträge zu einer internationalen Konferenz in Berlin (West) vom 16. bis 18. Juni 1983. Hrsg. von Otto Büsch und James J. Sheehan. Berlin: Colloquium 1985.

□ Gebhardt, Hartwig: *Kollektive Erlebnisse*. Zum Anteil der Illustrierten Zeitschriften im 19. Jahrhundert an der Erfahrung des Fremden. In: *Kulturkontakt-Kulturkonflikt*. Zur Erfahrung des Fremden. 26. Deutscher Volkskundekongreß in Frankfurt vom 28. September bis 2. Oktober 1987. Hrsg. von Ina-Maria Greverus/ Konrad Köstlin/Heinz Schilling. Frankfurt am Main: F.M.-Druck 1988, S. 517–544.

□ Gebhardt, Heinz: *Glaßbrenners Berlinisch*. (Phil. Diss.). Heft 54 der Schriften des Vereins für die Geschichte Berlins. Berlin: Verlag des Vereins für die Geschichte Berlins 1933.

□ Gebhardt, Heinz: *Glaßbrenner und Fontane*. In: *Die Weltbühne*, 71. Jg. (Berlin, DDR), Nr. 38 vom 21. 9. 1976, S. 1215.

□ Gehring, Christian: *Die Entwicklung des politischen Witzblattes in Deutschland*. (Phil. Diss.). Leipzig: Edgar Herfurt 1927.

□ Geiger, Ruth-Esther: *Zeitschriften 1848 in Berlin*. Die Zeitschrift als Medium bürgerlicher Öffentlichkeit und ihr erweiterter Funktionszusammenhang in den Berliner Revolutionsmonaten von 1848. Berlin: Klaus Guhl 1980.

□ Geister, Wolfram: *Druckgraphische Arbeiten von Theodor Hosemann*. Berlin (West): Haus am Lützowplatz 1975.

□ Glaser, Hermann: *Spießer-Ideologie*. Von der Zerstörung des deutschen Geistes im 19. und 20. Jahrhundert und dem Aufstieg des Nationalsozialismus. Frankfurt am Main: Fischer 1986.

□ *[Glaßbrenner, Adolf]*. In: *Mitteilungen des Vereins für die Geschichte Berlins*. Jg. 72 (1976), H. 3 [zum 100. Todestag].

□ Gödde-Baumann, Beate: *Die deutsche Frage in der französischen Geschichtsschreibung*. Beilage zur Wochenzeitung *Das Parlament* 14/87, S. 3–46.

□ Götz, Monika: *Süddeutscher Postillion*. Die Geschichte des Münchner sozialistischen satiri-

schen Blattes und sein Kampf gegen die Feinde der Arbeiter (1882–1910). (Mag. Arb.; Masch.). München 1987.
□ Goldschmidt, Paul: *Berlin in Geschichte und Gegenwart*. Berlin: Julius Springer 1910.
□ Grab, Walter/Schoeps, Julius (Hrsg.): *Juden im Vormärz und in der Revolution von 1848*. Stuttgart/Bonn: Burg Verlag 1983.
□ Grimm, Reinhold/Hermand, Jost (Hrsg.): *Vom Anderen und vom Selbst*. Beiträge zu Fragen der Biographie und Autobiographie. Königstein: Athenäum 1982.
□ Groth, Otto: *Die Zeitung*. Ein System der Zeitungskunde (Journalistik). 4 Bde. Mannheim/Berlin/Leipzig: J. Bensheimer 1928–30.
□ Grüning, Irene: *Die russische öffentliche Meinung und ihre Stellung zu den Großmächten 1878–1894*. Berlin/Königsberg: Ost-Europa-Verlag 1929.
□ Günsche, Karl-Ludwig/Lantermann, Klaus: *Verbieten-Aussperren-Diffamieren*. Hundert Jahre Sozialistengesetz und verwandte Praktiken. Köln/Frankfurt a. M.: Europäische Verlagsanstalt 1978.
□ Guiral, Pierre: *Adolphe Thiers*. Paris: Arthème Fayard 1986.
□ Gundermann, Iselin: *Berlin als Kongreßstadt 1878*. Berlin: Haude & Spener 1978.
□ Haacke, Wilmont: *Julius Rodenberg und die Deutsche Rundschau*. Eine Studie zur Publizistik des deutschen Liberalismus (1870–1918). Heidelberg: Vowinckel 1950 (= Beiträge zur Publizistik 2).
□ Haacke, Wilmont: *Die politische Zeitschrift 1665–1965*. Bd. 1. Stuttgart: K. F. Koehler 1968.
□ Haacke, Wilmont: *Publizistik und Gesellschaft*. Stuttgart: K. F. Koehler 1970.
□ Haase, Amine: *Katholische Presse und die Judenfrage*. Inhaltsanalyse katholischer Periodika am Ende des 19. Jahrhunderts. (Phil. Diss.). (Dortmunder Beiträge zur Zeitungsforschung, Bd. 20). Pullach bei München: Verlag Dokumentation 1975.
□ Habermas, Jürgen: *Strukturwandel der Öffentlichkeit*. Untersuchungen zu einer Kategorie der bürgerlichen Gesellschaft. Neuwied bei Berlin: Hermann Luchterhand [17]1987.
□ Häntzschel, Kurt: *Reichspreßgesetz und die preßrechtlichen Vorschriften des Reichs und der Länder*. Berlin: Carl Heymanns Verlag 1927.
□ Hamann, Richard/Hermand, Jost: *Gründerzeit*. München: Nymphenburger Verlagshandlung [2]1974.
□ Hartwig, Helmut/Riha, Karl: *Politische Ästhetik und Öffentlichkeit*. 1848 im Spaltungsprozeß des historischen Bewußtseins. Steinbach u. Wißmar: Anabas Verlag 1974.
□ Harris, James F.: *A study in the Theory and Practice of German Liberalism*. Eduard Lasker, 1829–1884. Lanham/New York/London: University Press of America 1984.
□ Heinisch, Severin: *Die Karikatur*. Über das Irrationale im Zeitalter der Vernunft. Wien/Köln/Graz: Böhlau 1988.
□ Heinrich-Jost, Ingrid: *Literarische Publizistik Adolf Glaßbrenners (1810–1876)*. Die List beim Schreiben der Wahrheit. (Phil. Diss.). (Dortmunder Beiträge zur Zeitungsforschung, Bd. 31). München/New York/London/Paris: K. G. Saur 1980.
□ Heinrich-Jost, Ingrid: *Adolf Glaßbrenner*. Berlin: Stapp 1981 (Reihe Preußische Köpfe. Literatur).
□ Heinrich-Jost, Ingrid: *Hungrige Pegasusse*. Anfänge des deutschen Kabaretts in Berlin. Berlin: Edition Berlin 750 1984.

□ Henning, Friedrich-Wilhelm: *Die Industrialisierung in Deutschland 1800 bis 1914.* Paderborn/München/Wien/Zürich: Schöningh [5]1979.

□ Herre, Franz: *Moltke.* Der Mann und sein Jahrhundert. Stuttgart: Deutsche Verlags-Anstalt [2]1984.

□ Herre, Franz: *Napoleon III.* Glanz und Elend des Zweiten Kaiserreichs. Gütersloh: C. Bertelsmann 1990.

□ Herzfeld, Hans: *Allgemeine Entwicklung und politische Geschichte.* In: *Berlin und die Provinz Brandenburg im 19. und 20. Jahrhundert.* Hrsg. von Hans Herzfeld unter Mitwirkung von Gerd Heinrich. Berlin: Walter de Gruyter 1968, S. 3–180.

□ Herzfeld, Hans: *Deutschland und das geschlagene Frankreich 1871–1873.* Friedensschluß – Kriegsentschädigung – Besatzungszeit. Berlin: Deutsche Verlagsgesellschaft für Politik und Geschichte 1924.

□ Herzfeld, Hans/Heinrich, Gerd (Hrsg.): *Berlin und die Provinz Brandenburg im 19. und 20. Jahrhundert.* Berlin: Walter de Gruyter 1968.

□ Hillgruber, Andreas: *Bismarcks Außenpolitik.* Freiburg: Rombach 1972.

□ Hilscher, Elke: *Die Bilderbogen im 19. Jahrhundert.* Studien zur Publizistik. Bremer Reihe. Deutsche Presseforschung. Bd. 22. München: Verlag Dokumentation 1977.

□ Hink, Helma: *Bismarcks Pressepolitik in der bulgarischen Krise und der Zusammenbruch seiner Regierungspresse (1885–1890).* (Phil. Diss.). Frankfurt am Main/ Berlin/Las Vegas: Peter Lang 1977.

□ Hoefer, Frank Thomas: *Pressepolitik und Polizeistaat Metternichs.* Die Überwachung von Presse und politischer Öffentlichkeit in Deutschland und den Nachbarstaaten durch das Mainzer Informationsbüro (1833–1848). München/New York/ London/Paris: K. G. Saur 1983.

□ Hömberg, Walter: *Zeitgeist und Ideenschmuggel.* Die Kommunikationsstrategie des Jungen Deutschland. (Phil. Diss. Salzburg 1973). Stuttgart: J. B. Metzler 1975.

□ Hollweck, Ludwig: *Karikaturen.* Von den Fliegenden Blättern zum Simplicissimus 1844 bis 1914. München: Süddeutscher Verlag 1973.

□ H[ouben], H[einrich] H[ubert]: *Hier Zensur – wer dort?* Antworten von gestern auf Fragen von heute. Leipzig: F. A. Brockhaus 1918.

□ Huber, Ernst Rudolf: *Die Bismarcksche Reichsverfassung im Zusammenhang der deutschen Verfassungsgeschichte.* In: Theodor Schieder/Ernst Deuerlein: *Reichsgründung 1870/71.* Tatsachen-Kontroversen-Interpretationen. Stuttgart: Seewald 1970, S. 164–196.

□ Hudemann, Rainer: *Fraktionsbildung im französischen Parlament.* Zur Entwicklung des Parteiensystems in der frühen Dritten Republik (1871–1875). München: Artemis 1979.

□ *Illustrierte Geschichte der deutschen Revolution 1848/49.* Hrsg. von einem Autorenkollektiv (Leiter: Walter Schmidt). Berlin (DDR): Dietz 1973.

□ Jiptner, Norbert: *Bismarck, die Presse und die Reichstagswahl 1887.* (Mag. Arb.; Masch.). München 1990.

□ Jobling, Ann Allen: *A Playful Judgment.* Satire and Society in Wilhelmine Germany. 2 Bde. (PH.D.): Columbia University 1974. Michigan: University Microfilms International 1974.

□ Jürgensmeier, Friedhelm: *Die katholische Kirche im Spiegel der Karikatur der deutschen satirischen Tendenzzeitschriften von 1848 bis 1900.* Trier: Neu 1969.

□ Kahn, Lothar: *Moritz Gottlieb Saphir.* Leo Baeck Institute Yearbook (New York, 1975), Bd. XX, S. 247–257.

□ Kaiser, Dolf: *Graubündner Zuckerbäcker, Cafetiers und Brauer in Berlin vor dem Ersten Weltkrieg.* In: *Mitteilungen des Vereins für die Geschichte Berlins*, 86. Jg. (1990), H. 1, S. 252–259.

□ Karasek, Horst: *Belagerungszustand!* Reformisten und Radikale unter dem Sozialistengesetz 1878–1890. Berlin: Klaus Wagenbach 1978.

□ Kaznelson, Siegmund (Hrsg.): *Juden im deutschen Kulturbereich.* Ein Sammelwerk. Berlin: Jüdischer Verlag [3]1962.

□ Kiaulehn, Walther: *Berlin, Schicksal einer Weltstadt.* München/Berlin: Biederstein 1958 (Unveränderter Nachdruck 1980).

□ Kirchner, Joachim: *Das deutsche Zeitschriftenwesen.* Seine Geschichte und seine Probleme. Bd. 1 und 2. Wiesbaden: Otto Harrassowitz [2]1958/[1]1962.

□ Klein-Hattingen, Oskar: *Geschichte des deutschen Liberalismus.* Bd. 1 u. 2. Berlin-Schöneberg: Fortschritt (Buchverlag der »Hilfe«) 1912.

□ Kleinmann, Hans-Otto: *Zur Diskussion von Genesis und Ausbruch des Krieges.* In: *Europa vor dem Krieg 1870.* Mächtekonstellation – Konfliktfelder – Kriegsausbruch. Hrsg. von Eberhard Kolb unter Mitarbeit von Elisabeth Müller-Luckner. München: R. Oldenbourg 1987, S. 125–149.

□ Koch, Ursula E.: *Berliner Presse und europäisches Geschehen 1871.* Eine Untersuchung über die Rezeption der großen Ereignisse im ersten Halbjahr 1871 in den politischen Tageszeitungen der deutschen Reichshauptstadt. Berlin: Colloquium 1978.

□ Koch, Ursula E.: *Ridendo dicere verum: Julius Stettenheim (1831–1916) – ein Meister des jüdisch-berlinischen Witzes* (Ein Baustein zur Berliner Kulturgeschichte). In: *Revue d'Allemagne* (Strasbourg, 1982), Bd. XIV, Nr. 2, S. 252–266.

□ Koch, Ursula E.: *Prolegomena zu einer Geschichte des Berliner politischen Witzblattes.* In: Wilhelm Treue (Hrsg.): *Geschichte als Aufgabe.* Festschrift für Otto Büsch zu seinem 60. Geburtstag. Berlin: Colloquium 1988, S. 519–566.

□ Körner, Gustav: *Die norddeutsche Publizistik und die Reichsgründung im Jahre 1870.* (Phil. Diss.). Hannover: Göhmannsche Buchdruckerei 1908.

□ Körner, Josef: *Der Witz.* In: *Preußische Jahrbücher.* Bd. 239 (1935), H. 2, S. 128–149.

□ Kolb, Eberhard: *Bismarck und das Aufkommen der Annexionsforderung 1870.* In: *Historische Zeitschrift.* Bd. 209 (1969), S. 318–356.

□ Kolb, Eberhard: *Der Kriegsausbruch 1870.* Politische Entscheidungsprozesse und Verantwortlichkeit in der Julikrise 1870. Göttingen: Vandenhoeck & Ruprecht 1970.

□ Kolb, Eberhard: *Der Pariser Commune-Aufstand und die Beendigung des deutsch-französischen Krieges.* In: *Historische Zeitschrift.* Bd. 215 (1972), S. 265–298.

□ Kolb, Eberhard (Hrsg.): *Europa vor dem Kriege 1870.* Mächtekonstellation – Konfliktfelder – Kriegsausbruch. München: R. Oldenbourg 1987.

□ Koszyk, Kurt: *Das Bild des Demagogen im Berliner tollen Jahr 1848.* Friedrich Wilhelm Helds publizistische Tätigkeit während der Märzrevolution. In: *Publizistik*, 5. Jg. (1960), H. 6, S. 476–490.

□ Koszyk, Kurt: *Deutsche Presse im 19. Jahrhundert.* Geschichte der deutschen Presse. Teil II. Berlin: Colloquium 1966.

☐ Koszyk, Kurt: *Deutsche Karikatur im Vormärz und in der Märzrevolution 1848/49.* In: *Mittel und Motive der Karikatur in fünf Jahrhunderten.* Bild als Waffe. Hrsg. von Gerhard Langemeyer/Gerd Unverfehrt/Herwig Guratzsch/Christoph Stölz. München: Prestel ²1985, S. 415–423.

☐ Krammer, Mario: *Berlin im Wandel der Jahrhunderte.* Eine Kulturgeschichte der deutschen Hauptstadt ergänzt von Paul Fechter. Berlin: Rembrandt-Verlag ³1965.

☐ Krause, Alfried [!]: *Die politische Karikatur im Geschichtsunterricht.* Berlin (DDR): Volk und Wissen 1975.

☐ Krieger, Bogdan: *Berlin im Wandel der Zeiten.* Berlin-Grunewald: Verlagsanstalt Hermann Klemm o. J. [1923].

☐ Kris, Ernst: *Zur Psychologie der Karikatur.* In: *Imago.* Bd. XX (1934), S. 450–466.

☐ Krollpfeiffer, Gerd: *Die Lustigen Blätter im Weltkrieg 1914/18.* Der publizistische Kampf eines deutschen Witzblattes. (Phil. Diss.). Emsdetten: Verlags-Druckerei Heinr. & J. Lechte 1935.

☐ Kruszynski, Gisela: *Die komischen Volkskalender Adolf Glaßbrenners 1846/54.* Untersuchungen zur satirischen Illustration in Deutschland. München/New York/ London/Paris: K. G. Saur 1979.

☐ Kupisch, Karl: *Adolf Stoecker.* Hofprediger und Volkstribun. Ein historisches Porträt. Berlin: Haude & Spener 1970.

☐ Kutzsch, Gerhard: *»Hinter den Fassaden: Das Volk Berlins im 19. Jahrhundert«.* In: *Bär von Berlin.* Bd. XX (1971), S. 7–26.

☐ Landau, J.: *Ein Jahrhundert Berliner Presse.* In: *Unser Berlin.* Ein Jahrbuch von Berliner Art und Arbeit. Hrsg. von Dr. Alfred Weise. Berlin: Reimar Hobbing 1928, S. 74–86.

☐ Landau, Paul: *Gesellschafts-Kultur.* In: *Juden im deutschen Kulturbereich.* Ein Sammelwerk. Hrsg. von Siegmund Kaznelson. Berlin: Jüdischer Verlag ³1962, S. 862–914.

☐ Lange, Annemarie: *Berlin zur Zeit Bebels und Bismarcks.* Zwischen Reichsgründung und Jahrhundertwende. Berlin (DDR): Dietz 1972. (Lizenzausgabe: das europäische buch literaturvertrieb westberlin).

☐ Langewiesche, Dieter: *Liberalismus in Deutschland.* Frankfurt am Main: Suhrkamp 1988.

☐ Lanson, Gustave: *Histoire de la Littérature française.* Paris: Hachette ¹¹1906.

☐ Lasch, Agathe: *Berlinisch.* Eine berlinische Sprachgeschichte. Berlin: Reimar Hobbing o. J. [1928].

☐ Laufs, Adolf: *Eduard Lasker.* Ein Leben für den Rechtsstaat. Göttingen/Zürich: Musterschmidt 1984.

☐ Lazarus, J[ulius]: *Die Berliner Presse.* Beiträge zu einer Geschichte des Berliner Zeitungswesens. In: *Mitteilungen des Vereins für die Geschichte Berlins.* 25. Jg. (1908), S. 176–181, 204–207, 236–240, 250–258 und 280–287.

☐ Lehnert, Detlef: *Sozialdemokratie zwischen Protestbewegung und Regierungspartei 1848–1983.* Frankfurt: Suhrkamp 1983.

☐ Lerg-Kill, Ulla C.: *Berliner Börsen-Courier (1868–1933).* In: Heinz-Dietrich Fischer (Hrsg.): *Deutsche Zeitungen des 17. bis 20. Jahrhunderts.* Pullach bei München: Verlag Dokumentation 1972, S. 283–298.

☐ Levillain, Philippe: *Boulanger fossoyeur de la monarchie.* Paris: Flammarion 1982.

□ Liesenhoff, Carin: *Fontane und das literarische Leben seiner Zeit.* Eine literatursoziologische Studie. Bonn: Bouvier 1976.

□ Lipgens, Walter: *Bismarck, die öffentliche Meinung und die Annexion von Elsaß und Lothringen 1870.* In: *Historische Zeitschrift.* Bd. 199 (1964), S. 31–112.

□ Lipgens, Walter: *Bismarck und die Frage der Annexion 1870.* Eine Erwiderung. In: *Historische Zeitschrift.* Bd. 206 (1968), S. 586–617.

□ Loeber, Irmgard: *Bismarcks Pressepolitik in den Jahren des Verfassungskonfliktes (1862–1866).* (Phil. Diss.). München: Zeitungswissenschaftliche Vereinigung 1935.

□ Loock, Hans-Dietrich (Hrsg.): *Fontane und Berlin.* Berlin: Colloquium 1970.

□ Malbeck, Gerhard: *Der Einfluß des Judentums auf die Berliner Presse von 1800–1879.* Ein Nachweis der Berechtigung des Auftretens Adolf Stoeckers gegen die Verjudung der Berliner Presse. (Phil. Diss.). Dresden: Verlag M. Dittert & Co. 1935.

□ Mayeur, Jean-Marie: *Les débuts de la IIIe République (1871–1898).* Paris: Le Seuil 1973.

□ Meisner, Heinrich Otto: *Der preußische Kronprinz im Verfassungskampf 1863.* Berlin: E. S. Mittler & Sohn 1931.

□ Mendelssohn, Peter de: *Zeitungsstadt Berlin.* Menschen und Mächte in der Geschichte der deutschen Presse. Berlin: Ullstein 1959; Frankfurt/Main/Berlin/ Wien: Ullstein ²1982.

□ Mendelssohn, Peter de: *S. Fischer und sein Verlag.* Frankfurt am Main: Fischer 1970.

□ Mendelssohn, Peter de: *Der Zauberer.* Das Leben des deutschen Schriftstellers Thomas Mann. Teil 1 1875 bis 1918. Frankfurt am Main: Fischer 1975.

□ Menne, Angelika: *Einigkeit und Unité.* Die Legitimation politischer Vorgänge mit lyrischen Mitteln in den deutschen und französischen Kriegsgedichten von 1870–71. (Phil. Diss.; Hekt.). Berlin 1980.

□ Merbach, Paul Alfred: *Der »Zuschauer« der »Kreuz-Zeitung«.* In: *Neue Preußische (Kreuz-)Zeitung* (Nr. 152 vom 1. 4. 1923; Sonntagsblatt).

□ Mervaud, Christiane: *Voltaire et Frédéric II.* Oxford: Voltaire Foundation 1985.

□ Messerschmidt, Manfred: *Militär und Politik in der Bismarckzeit und im Wilhelminischen Deutschland.* Darmstadt: Wissenschaftliche Buchgesellschaft 1975.

□ Meyer, Dora: *Das öffentliche Leben in Berlin im Jahr vor der Märzrevolution.* Schriften des Vereins für die Geschichte Berlins. Heft XLVI. Berlin: Verlag des Vereins für die Geschichte Berlins 1912, S. 86–94.

□ Mick, Günter: *Die Paulskirche.* Streiten für Einigkeit und Recht und Freiheit. Frankfurt: Waldemar Kramer 1988.

□ Mielke, Friedrich/Simson, Jutta von: *Das Berliner Denkmal für Friedrich II., den Großen.* Frankfurt/Berlin/Wien: Propyläen 1975.

□ Mittelstaedt, Annie: *Der Krieg von 1859, Bismarck und die öffentliche Meinung in Deutschland.* Stuttgart: Union Deutsche Verlagsgesellschaft 1904.

□ Moos, Henriette: *Zur Soziologie des Witzblattes.* (Phil. Diss.). München: Max Steinebach 1915.

□ Müller-Jabusch, Maximilian: *So waren die Gründerjahre.* Düsseldorf: Becker & Wrietzner 1957.

□ Mottek, Hans/Becker, Walter/Schröter, Alfred: *Wirtschaftsgeschichte Deutschlands.* Ein Grundriß. Bd. III. Berlin (DDR): VEB Deutscher Verlag der Wissenschaften 1974.

□ Nadler, Josef: *Literaturgeschichte des deutschen Volkes.* Bd. 4. Berlin: Propyläen-Verlag [4]1938.

□ Nahnsen, Otto: *Der Straßenhandel mit Zeitungen und Druckschriften in Berlin.* Essen: Verlag der Wirtschaftlichen Nachrichten aus dem Ruhrbezirk 1922, S. 37–40.

□ Na'aman, Shlomo: *Lassalle.* Hannover: Verlag für Literatur und Zeitgeschehen 1970.

□ Naujoks, Eberhard: *Bismarcks auswärtige Pressepolitik und die Reichsgründung (1865–1871).* Wiesbaden: Franz Steiner 1968.

□ Naujoks, Eberhard: *Die parlamentarische Entstehung des Reichspressegesetzes in der Bismarckzeit (1848/74).* Düsseldorf: Droste 1975.

□ Néré, Jacques: *Le boulangisme et la presse.* Paris: Armand Colin 1964.

□ N. N.: *Der erste Berliner Zeitungskiosk.* In: *Welt der Arbeit* (16. 11. 1956).

□ Niedhart, Gottfried: *Geschichte Englands im 19. und 20. Jahrhundert.* München: C. H. Beck 1987 (insbes. S. 78–136).

□ Nipperdey, Thomas: *Deutsche Geschichte 1800–1866.* Bürgerwelt und starker Staat. München: C. H. Beck [2]1984.

□ Nipperdey, Thomas: *Deutsche Geschichte 1866–1918.* Bd. 1. München: C. H. Beck 1990.

□ Nirrnheim, Otto: *Der Konflikt in Preußen und die Berufung Bismarcks in der öffentlichen Meinung.* Heidelberg: Carl Winter's Universitätsbuchhandlung 1907.

□ Nordegg, L[udwig] von [d. i. Adolf von Wilke]: *Die Berliner Gesellschaft.* Berlin: Continent GmbH [2]1907.

□ Obermann, Karl: *Deutschland von 1815 bis 1849* (Von der Gründung des deutschen Bundes bis zur bürgerlich-demokratischen Revolution). Berlin (DDR): VEB Deutscher Verlag der Wissenschaften [4]1976.

□ Ogger, Günter: *Die Gründerjahre.* Als der Kapitalismus jung und verwegen war. München/Zürich: Droemer Knaur 1982.

□ Ohlsen, Manfred: *Der Eisenbahnkönig Bethel Henry Strousberg: eine preußische Gründerkarriere.* Berlin: Verlag der Nation 1987.

□ Oncken, Hermann (Hrsg.): *Rudolf von Bennigsen.* Ein deutscher liberaler Politiker. Nach seinen Briefen und hinterlassenen Papieren. Bd. 2. Stuttgart/Leipzig: Deutsche Verlags-Anstalt 1910.

□ Osborn, Max: *Der Gelehrte des Kladderadatsch.* Zu Ernst Dohms hundertstem Geburtstag. In: *Vossische Zeitung* (23. 5. 1919).

□ Ostwald, Hans: *Kultur- und Sittengeschichte Berlins.* Berlin: Hermann Klemm [2]1926.

□ Pellissier, Pierre: *Emile de Girardin.* Prince de la Presse. Paris: Denoël 1985.

□ Petersdorff, Hermann von: *König Friedrich Wilhelm der Vierte.* Stuttgart: Cotta 1900.

□ Piltz, Georg: *Geschichte der europäischen Karikatur.* Berlin (DDR): VEB Deutscher Verlag der Wissenschaften 1976.

□ Pohl, Heinz-Alfred: *Bismarcks »Einflußnahme« auf die Staatsform in Frankreich 1871–1877.* Zum Problem des Stellenwerts von Pressepolitik im Rahmen der auswärtigen Beziehungen. Frankfurt am Main/Bern/New York: Peter Lang 1984.

□ Poidevin, Raymond/Bariéty, Jacques: *Frankreich und Deutschland.* Die Geschichte ihrer Beziehungen 1815–1975. München: C. H. Beck 1982.
□ Prochownik, Edda: *Berlinisch – eine Sprache mit Humor.* Berlin: Haude & Spener [2]1968.
□ Pulzer, Peter G. J.: *Die Entstehung des politischen Antisemitismus in Deutschland und Österreich 1867 bis 1914.* Gütersloh: Sigbert Mohn Verlag 1966.
□ Puntila, L[aurio] A[dolf]: *Bismarcks Frankreichpolitik.* Göttingen/Frankfurt/ Zürich: Musterschmidt 1971.
□ Quasthoff, Uta: *Soziales Vorurteil und Kommunikation – Eine sprachwissenschaftliche Analyse des Stereotyps.* Ein interdisziplinärer Versuch im Bereich von Linguistik, Sozialwissenschaft und Psychologie. Königstein: Athenäum 1973.
□ Rachfahl, Felix: *Deutschland, König Friedrich Wilhelm IV. und die Berliner Märzrevolution.* Halle: Max Niemeyer 1901.
□ Radewahn, Wilfried: *Die Pariser Presse und die deutsche Frage unter Berücksichtigung der französischen Pressepolitik im Zeitalter der Bismarckschen Reichsgründung (1866–1870/71).* Frankfurt a. M./Bern/Las Vegas: Peter Lang 1977.
□ Reichhardt, Hans J.: *Wahlen in Berlin 1809 bis 1967.* Ein Rückblick auf hundertsechzig Jahre Berliner Kommunalpolitik. Schriftenreihe Berliner Forum. Hrsg. vom Presse- und Informationsamt des Landes Berlin 1970.
□ Reshef, Ouriel: *Guerre, Mythes et Caricature.* Paris: Presses de la Fondation nationale des Sciences politiques 1984.
□ Reumann, Kurt: *Das antithetische Kampfbild.* Beiträge zur Bestimmung seines Wesens und seiner Wirkung. (Phil. Diss.). Berlin: Ernst-Reuter-Gesellschaft 1966.
□ Reumann, Kurt: *Die Karikatur.* In: Emil Dovifat (Hrsg.): *Handbuch der Publizistik.* Bd. 2. Berlin: Walter de Gruyter 1969, S. 65–85.
□ Reuter, Hans-Heinrich: *Fontane.* 2 Bde. München: Nymphenburger Verlagshandlung 1968.
□ Ribbe, Wolfgang/Schmädeke, Jürgen: *Kleine Berlin-Geschichte.* Hrsg. von der Landeszentrale für politische Bildungsarbeit Berlin (LZ) in Verbindung mit der Historischen Kommission zu Berlin. Berlin: Stapp [2]1988.
□ Ritter, Gerhard: *Die preußischen Konservativen und Bismarcks deutsche Politik 1858 bis 1876.* Heidelberg: Carl Winter's Universitätsbuchhandlung 1913.
□ Ritter, Gerhard: *Staatskunst und Kriegshandwerk.* Das Problem des »Militarismus« in Deutschland. Bd. 1. München: R. Oldenbourg [3]1965.
□ Ritter, Gerhard A. (Hrsg.): *Die deutschen Parteien vor 1918.* Köln: Kiepenheuer & Witsch 1973.
□ Roberts, James S.: *Drink, Temperance and the Working Class in 19th Century Germany.* (PH. D.). University of Iowa 1979.
□ Rodenhauser, Rudolf: *Adolf Glaßbrenner.* Ein Beitrag zur Geschichte des »Jungen Deutschland« und der Berliner Lokaldichtung. Nikolassee: Max Harrwitz 1912.
□ Röhrich, Lutz: *Der Witz.* Figuren, Formen, Funktionen. Stuttgart: Metzler 1977.
□ Rogge, Helmuth: *Fingierte Briefe als Mittel politischer Satire.* München: C. H. Beck 1966.
□ Rohner, Ludwig: *Kalendergeschichte und Kalender.* Wiesbaden: Athenaion 1978.
□ Rohrlach, Peter P.: *Beiträge zur Ahnentafel des Schriftstellers und Berliner Volksdichters Adolf*

Glaßbrenner (Psd. Adolph Brennglas). Unter Verwertung des von Hans Brennert zusammengetragenen Forschungsmaterials. Berlin: Berliner Stadtbibliothek 1970 (Masch.).

□ Rollka, Bodo: *Die Belletristik in der Berliner Presse des 19. Jahrhunderts*. Untersuchung zur Sozialisationsfunktion unterhaltender Beiträge in der Nachrichtenpresse. Berlin: Colloquium 1985.

□ Rollka, Bodo: *Das Preußenbild in der »Kleinen Presse« Frankreichs 1870/71*. In: *Jahrbuch für die Geschichte Mittel- und Ostdeutschlands*. Bd. 31. (1982), S. 129–154.

□ Rosenberg, Hans: *Große Depression und Bismarckzeit*. Wirtschaftsablauf, Gesellschaft und Politik in Mitteleuropa. Berlin: Walter de Gruyter & Co. 1967.

□ Roth, François: *La Guerre de 70*. Paris: Fayard 1990.

□ Rowe, Ernst: *»Stehely & Comp.«*. In: *Preußische Jahrbücher*. Bd. 117 (1904), S. 89–106.

□ Rürup, Reinhard: *Emanzipation und Antisemitismus: Studien zur »Judenfrage« der bürgerlichen Gesellschaft*. Göttingen: Vandenhoeck & Ruprecht 1975.

□ Sagave, Pierre-Paul: *1871. Berlin Paris*. Reichshauptstadt und Hauptstadt der Welt. Berlin: Propyläen 1971.

□ Sagave, Pierre-Paul: *Berlin und Frankreich 1685–1871*. Berlin: Haude & Spener 1980.

□ Saile, Wolfgang: *Hermann Wagener und sein Verhältnis zu Bismarck*. Ein Beitrag zur Geschichte des konservativen Sozialismus. Tübingen: Siebeck 1958 (= Tübinger Studien zur Geschichte und Politik, Nr. 9).

□ Salomon, Ludwig: *Geschichte des deutschen Zeitungswesens von den ersten Anfängen bis zur Wiederaufrichtung des deutschen Reiches*. 3 Bde. Oldenburg/Leipzig: Schulzesche Hof-Buchhandlung 1900/1906.

□ Scharf, Helmut: *Zum Stolze der Nation*: deutsche Denkmäler des 19. Jahrhundert. Dortmund: Harenberg 1983.

□ Scharf, Wilfried: *Rudolf Mosse (1843–1920)*. In: Heinz Dietrich Fischer (Hrsg.): *Deutsche Presseverleger des 18. bis 20. Jahrhunderts*. Pullach bei München: Verlag Dokumentation 1975, S. 204–213.

□ Schenda, Rudolf: *Volk ohne Buch*. Studien zur Sozialgeschichte der populären Lesestoffe 1770–1910. München: Deutscher Taschenbuch Verlag 1977.

□ Schenda, Rudolf: *Die Lesestoffe der Kleinen Leute*. Studien zur populären Literatur im 19. und 20. Jahrhundert. Beck'sche Schwarze Reihe. Bd. CXLVI. München: C. H. Beck 1976.

□ Schieder, Theodor: *Friedrich der Große*. Ein Königtum der Widersprüche. Frankfurt am Main/Berlin/Wien: Propyläen 1983.

□ Schieder, Theodor: *Das deutsche Kaiserreich von 1871 als Nationalstaat*. Köln/Opladen: Westdeutscher Verlag 1961.

□ Schieder, Theodor/Deuerlein, Ernst: *Reichsgründung 1870/71*. Tatsachen-Kontroversen-Interpretationen. Stuttgart: Seewald 1970.

□ Schlenther, Paul: *Stettenheim*. In: *Berliner Tageblatt* (Nr. 558 vom 1. 11. 1911).

□ Schlenther, Paul: *Der Verein Berliner Presse und seine Mitglieder 1862–1912*. Berlin: Georg Bondi 1912.

□ Schley, Gernot: *Die Freie Bühne in Berlin*. Berlin: Haude & Spener 1967.

□ Schmidt, Martin: *Christentum und Kirche im frühen 19. Jahrhundert*. In: *Berlin und die Pro-*

vinz Brandenburg im 19. und 20. Jahrhundert. Hrsg. von Hans Herzfeld unter Mitwirkung von Gerd Heinrich. Berlin: Walter de Gruyter 1968, S. 425–478.

□ Schmidt, Rudolf: *Deutsche Buchhändler. Deutsche Buchdrucker.* Beiträge zu einer Firmengeschichte des deutschen Buchgewerbes. 6 Bde. in 1 Bd. Hildesheim/ New York: Georg Olms 1979.

□ Schmidt, Walter u. a.: *Illustrierte Geschichte der deutschen Revolution 1848/49.* Berlin (DDR): Dietz 1973.

□ Schmidt-Volkmar, Erich: *Der Kulturkampf in Deutschland 1871–1890.* Göttingen/ Berlin/ Frankfurt: Musterschmidt 1962.

□ Schneider, Franz: *Pressefreiheit und politische Öffentlichkeit.* Studien zur politischen Geschichte Deutschlands bis 1848. Neuwied am Rhein/Berlin: Luchterhand 1966.

□ Schneider, Franz: *Die politische Karikatur.* München: C. H. Beck 1988.

□ Schneider, Wolfgang/Gottschalk, Wolfgang (Hrsg.): *Berlin.* Eine Kulturgeschichte in Bildern und Dokumenten. Leipzig/Weimar: Gustav Kiepenheuer Verlag 1980.

□ Schöffler, Herbert: *Kleine Geographie des deutschen Witzes.* Göttingen: Vandenhoeck & Ruprecht [2]1970.

□ Schoeps, Hans-Joachim: *Das andere Preußen.* Konservative Gestalten und Probleme im Zeitalter Friedrich Wilhelms IV. Berlin: Haude & Spener [3]1964.

□ Schultze, Christa: *Zur Entstehungsgeschichte von Theodor Fontanes Aufzeichnungen über Paul und Rudolf Lindau.* In: *Fontane-Blätter.* Hrsg. vom Fontane-Archiv (Potsdam 1977), Bd. 4, H. 1, S. 27–58.

□ Schulz, Klaus: *»Kladderadatsch«.* Ein bürgerliches Witzblatt von der Märzrevolution bis zum Nationalsozialismus 1848–1944. (Phil. Diss.). Bochumer Studien zur Publizistik- und Kommunikationswissenschaft. Bd. 2. Bochum: Studienverlag Dr. N. Brockmeyer 1975.

□ Schwab, Rudolf: *Der deutsche Nationalverein.* Seine Entstehung und sein Wirken. Berlin: Reimer 1902.

□ Schwarz, Gotthart. *Berliner Tageblatt (1872–1939).* In: Heinz-Dietrich Fischer (Hrsg.): *Deutsche Zeitungen des 17. bis 20. Jahrhunderts.* Pullach bei München: Verlag Dokumentation 1972, S. 315–327.

□ Seeber, Gustav (Hrsg.): *Gestalten der Bismarckzeit.* Berlin (DDR): Akademie-Verlag 1978.

□ Sichelschmidt, Gustav: *Die Berliner und ihr Witz.* Versuch einer Analyse. Berlin (West): Rembrandt 1978.

□ Sieburg, Heinz-Otto: *Geschichte Frankreichs.* Stuttgart/Berlin/Köln/Mainz: W. Kohlhammer [3]1983.

□ Siemann, Wolfram: *Gesellschaft im Aufbruch.* Deutschland 1849–1871. Frankfurt am Main: Suhrkamp 1990.

□ Soergel, Albert: *Dichtung und Dichter der Zeit.* Eine Schilderung der deutschen Literatur der letzten Jahrzehnte. Leipzig: R. Voigtländers Verlag [14]1911.

□ *Sozialistische deutsche Karikatur 1848/1978.* Von den Anfängen bis zur Gegenwart. Hrsg. von Harald Olbrich in Zusammenarbeit mit Klaus Haese, Ursula Horn, Lothar Lang, Georg Piltz. Berlin (DDR): Eulenspiegel Verlag 1978.

□ Starkulla, Heinz: *Publizistik und Kommunikation.* In: *Festschrift für Hanns Braun.* Bremen: B. C. Heye & Co. 1963.

□ Starkulla, Heinz: *Beta.* In: *Neue Deutsche Biographie.* Bd. 2. Berlin: Duncker & Humblot 1955, S. 184f.

□ Steiner, Volkmar: *Adolf Glaßbrenners Rentier Buffey*: Zur Typologie des Kleinbürgers im Vormärz. Europäische Hochschulschriften. Reihe I. Deutsche Sprache und Literatur. Bd. DCXXXVIII. Frankfurt/Bern: Peter Lang 1983.

□ Steltzer, Hans Georg: *Die Deutschen und ihr Kolonialreich.* Frankfurt: Societäts-Verlag 1984.

□ Stengers, Jean: *Aux origines de la guerre de 1870: gouvernement et opinion publique.* In: *Revue Belge de Philologie et d'Histoire.* Bd. 34 (Brüssel, 1956), S. 701–747.

□ Stern, Fritz: *Gold und Eisen.* Bismarck und sein Bankier Bleichröder. Frankfurt am Main/Berlin/Wien: Ullstein 1980.

□ Stoltenberg, Gerhard: *Der deutsche Reichstag 1871–1873.* Düsseldorf: Droste 1955.

□ Stürmer, Michael: *Regierung und Reichstag im Bismarckstaat 1871–1880.* Düsseldorf: Droste 1974.

□ Stürmer, Michael: *Das ruhelose Reich. Deutschland 1866–1918.* Berlin: Severin und Siedler 1983.

□ Tennigkeit, Vally: *Een Mensch namens Nante.* Zur Geschichte der Nante Darstellung. In: *Jahrbuch für brandenburgische Landesgeschichte.* Bd. XIX (1968), S. 21–44.

□ Thönnessen, Werner: *Frauenemanzipation.* Politik und Literatur der deutschen Sozialdemokratie zur Frauenbewegung 1863–1933. Frankfurt: Europäische Verlagsanstalt ²1976.

□ Thuret, Marc: *Frédéric-Guillaume IV, Louis Schneider et le Tunnel sur la Spree.* 3 Bde. (Phil. Diss.; Man.). Universität Paris X 1984.

□ Tiemann, Dieter: *Urteile und Vorurteile.* Deutschlandbilder der Franzosen, Frankreichbilder der Deutschen. In: *Das Parlament* (Nr. 6–7, vom 7./14. 2. 1987, S. 11).

□ Tittel, Lutz: *Das Niederwalddenkmal 1871–1883.* Hildesheim: Gerstenberg 1979.

□ Toury, Jacob: *Die politischen Orientierungen der Juden in Deutschland.* Von Jena bis Weimar. Tübingen: J. C. B. Mohr (Paul Siebeck) 1966.

□ Toury, Jacob: *Soziale und politische Geschichte der Juden in Deutschland 1847–1871.* Schriftenreihe des Instituts für Deutsche Geschichte, Universität Tel Aviv. Düsseldorf: Droste 1977.

□ Townsend, Mary Lee: *Language of the forbidden: Popular Humor in »Vormärz« Berlin.* 1819–1848. (PH. D.; Yale University). Michigan (USA): University Microfilms International 1984.

□ Townsend, Mary Lee: *Humor als Hochverrat.* Albert Hopf und die Revolution 1848. Berlin: Edition Hentrich und Haus am Lützowplatz 1988.

□ Treue, Wilhelm: *Gesellschaft, Wirtschaft und Technik Deutschlands im 19. Jahrhundert.* München: Deutscher Taschenbuch Verlag ⁵1981.

□ Treue, Wilhelm (Hrsg.): *Geschichte der französischen Marine.* Herford: Mittler 1982.

□ Treue, Wilhelm: *Wirtschafts- und Technikgeschichte Preußens.* Berlin/New York: Walter de Gruyter 1984.

□ Treue, Wilhelm (Hrsg.): *Drei deutsche Kaiser Wilhelm I. – Friedrich III. – Wilhelm II.* Ihr Leben und ihre Zeit 1858–1918. Freiburg/Würzburg: Plötz 1987.

□ Treue, Wilhelm: *Deutsche Geschichte.* Von Metternich bis zur Gegenwart. Augsburg: Weltbild Verlag GmbH (Lizenzausgabe mit Genehmigung des Alfred Kröner Verlages, Stuttgart) 1989.

□ Treue, Wilhelm (Hrsg.): *Geschichte als Aufgabe.* Festschrift für Otto Büsch zu seinem 60. Geburtstag. Berlin: Colloquium 1988.

□ Valentin, Veit: *Geschichte der deutschen Revolution von 1848–1849.* 2 Bde. Köln/Berlin: Kiepenheuer & Witsch 1977.

□ Varain, Heinz Josef (Hrsg.): *Interessenverbände in Deutschland.* Köln: Kiepenheuer & Witsch 1973.

□ Venohr, Wolfgang: *Der Krieg vor 100 Jahren in Zahlen, Daten, Fakten.* In: *Die Zeit* (Nr. 31 vom 31. 7. 1970).

□ Völkerling, Klaus: *Die politisch-satirischen Zeitschriften »Süddeutscher Postillion« (München) und »Der wahre Jacob« (Stuttgart).* Ihr Beitrag zur Herausbildung der frühen sozialistischen Literatur in Deutschland und zur marxistischen Literaturtheorie. (Phil. Diss.; Masch.). Potsdam 1969.

□ Vogt, Friedrich/Koch, Max: *Geschichte der Deutschen Literatur von den ältesten Zeiten bis zur Gegenwart.* 3 Bde. Leipzig: Bibliographisches Institut ^{4}1924.

□ Volkow, Shulamit: *Kontinuität und Diskontinuität im deutschen Antisemitismus 1878–1945.* In: *Vierteljahrshefte für Zeitgeschichte*, 33. Jg. (1985), S. 219–243.

□ Wagner, Hans: *Kommunikation und Gesellschaft.* 2 Teile. München: Olzog 1978.

□ Wappler, Kurt: *Regierung und Presse in Preußen.* Geschichte der amtlichen preußischen Pressestellen 1848–1862. Leipzig: Universitätsverlag von Robert Noske 1935.

□ Weber, Rolf: *Kleinbürgerliche Demokraten in der Einheitsbewegung 1863–66.* Berlin: Rütten & Loening 1962.

□ Weber-Kellermann, Ingeborg: *Frauenleben im 19. Jahrhundert.* München: C. H. Beck 1983.

□ Wedderkop, H. von: *Das Unbekannte Berlin.* Ein Führer durch Straßen, Zeit und Menschen. Leipzig/Berlin: Theodor Weicher 1936.

□ Wehler, Hans-Ulrich: *Bismarck und der Imperialismus.* Köln: Kiepenheuer & Witsch ^{3}1972.

□ Wehler, Hans-Ulrich: *Das Deutsche Kaiserreich 1871–1918.* Göttingen: Vandenhoeck & Ruprecht ^{3}1977.

□ Wehler, Hans-Ulrich: *Krisenherde des Kaiserreichs 1871–1918.* Studien zur deutschen Sozial- und Verfassungsgeschichte. Göttingen: Vandenhoeck & Ruprecht 1970.

□ Wehler, Hans-Ulrich: *Sozialdemokratie und Nationalstaat.* Nationalitätenfragen in Deutschland 1840–1914. Göttingen: Vandenhoeck & Ruprecht ^{2}1971.

□ Weigel, Sigrid: *Flugschriftenliteratur 1848 in Berlin.* Geschichte und Öffentlichkeit einer volkstümlichen Gattung. Stuttgart: Metzler 1979.

□ Wende, Peter: *Geschichte Englands.* Stuttgart/Berlin/Köln/Mainz: W. Kohlhammer 1985.

□ Wenger, Klaus Rudolf: *Preußen in der öffentlichen Meinung Frankreichs 1815–1870.* Politische Aspekte des französischen Preußenbildes; ein Beitrag zur historischen Analyse nationaler Urteilsklischees. (Phil. Diss.). Göttingen/Frankfurt/Zürich: Musterschmidt 1979.

□ Wetzel, David: *The Crimean War.* A diplomatic history. New York: Columbia University Press 1985.

□ Wetzel, Hans-Wolfgang: *Presseinnenpolitik im Bismarckreich (1874–1890).* Das Problem der Repression oppositioneller Zeitungen. (Phil. Diss.). Bern: Herbert Lang/Frankfurt am Main: Peter Lang 1975.

□ Wilke, Jürgen: *Das »Zeitgedicht«.* Seine Herkunft und frühe Ausbildung. Meisenheim am Glan: Anton Hain 1974.

□ Willms, Johannes: *Nationalismus ohne Nation.* Deutsche Geschichte 1789 bis 1914. Düsseldorf: claassen 1983.

□ Wilpert, Gero von: *Deutsche Literatur in Bildern.* Stuttgart: Kröner 1957.

□ Winckler, Martin: *Der Ausbruch der »Krieg-in-Sicht«-Krise vom Frühjahr 1875.* In: *Zeitschrift für Ostforschung.* 14. Jg. Marburg/Lahn 1965, S. 671–713.

□ Winckler, Martin: *Wilhelms I. Thronrede (29. 10. 1874) und die Herbstkrise des Jahres 1874.* In: *Jahrbuch der Albertus-Universität zu Königsberg/Preußen.* Bd. XVIII (Würzburg, 1968), S. 310–334.

□ Winckler, Martin: *Die Rolle der Presse bei der Vorbereitung des deutsch-französischen Krieges 1870/71.* In: *Presse und Geschichte.* Beiträge zur historischen Kommunikationsforschung. München: Dokumentation 1977, S. 171–194.

□ Winckler, Martin B.: *Die Aufhebung des Artikels V des Prager Friedens und Bismarcks Weg zum Zweibund.* In: *Historische Zeitschrift.* Bd. 179 (1955), S. 471–509.

□ Wolff, Max J[osef]: *Club von Berlin.* Berlin 1926.

□ Wolfframm, Peter: *Die deutsche Außenpolitik und die großen deutschen Tageszeitungen (1871–1890).* (Phil. Diss.). Zeulenroda: Bernhard Sporn 1936.

□ Zielenziger, Kurt: *Juden in der deutschen Wirtschaft.* Berlin: Welt-Verlag 1930.

□ Zijderveld, Anton C.: *Humor und Gesellschaft.* Eine Soziologie des Humors und des Lachens. Graz/Wien/Köln: Styria 1976.

□ Zimmermann, Moshe: *Wilhelm Marr.* The Patriarch of Anti-Semitism. New York/Oxford: Oxford University Press 1986.

□ Zivier, Georg/Kotschenreuther, Hellmut/Ludwig, Volker: *Kabarett mit K.* Fünfzig Jahre große Kleinkunst. Berlin: Berlin Verlag Arno Spitz 1974.

□ Zöllner, Erich: *Geschichte Österreichs.* Von den Anfängen bis zur Gegenwart. München: Oldenbourg ^{7}1984.

□ Zorn, Wolfgang: *Wirtschafts- und sozialgeschichtliche Zusammenhänge der deutschen Reichsgründungszeit (1850–1879).* In: Helmut Böhme (Hrsg.): *Probleme der Reichsgründungszeit 1848–1879.* Köln/Berlin: Kiepenheuer & Witsch 1968, S. 296–316.

Zeittafel

I. Politische Jahresschau 1848-1890

1848

London Marx und Engels veröffentlichen das *Manifest der Kommunistischen Partei* (Mitte Februar).

Paris Beginn der Februar-Revolution *(22. Februar)*. Ausrufung der [Zweiten] Republik *(24. Februar)*. Wiedereinführung der Pressefreiheit.

Frankfurt am Main Bundesbeschluß über die fakultative Einführung der Pressefreiheit *(3. März)*.

Berlin Beginn der Volksversammlungen in den Zelten *(6. März)*.

Wien Revolution und Flucht Metternichs nach England *(13./14. März)*.

Berlin Bekanntgabe des am Tag zuvor von Friedrich Wilhelm IV. unterzeichneten »Gesetzes über die Presse«; Abschaffung der Vorzensur *(18. März)*.

Auslösung der Revolution durch zwei Schüsse auf die vor dem Schloß versammelte Menge, ein »Mißverständnis« *(18. März)*.

Aufruf Friedrich Wilhelms IV. »An meine lieben Berliner« *(19. März)*.

Umbildung des Ministeriums und Einrichtung einer Bürgerwehr *(19. März)*.

Der Palast des nach England geflohenen Prinzen Wilhelm von Preußen wird zum Nationaleigentum erklärt *(19. März)*.

Allgemeine Amnestie und Extrablatt der Freude der *Vossischen Zeitung* *(20. März)*.

Umritt Friedrich Wilhelms IV.; sein Aufruf »An mein Volk« *(21. März)*.

Feierliche Beisetzung der Barrikadenkämpfer im Friedrichshain, königliche »Verheißungen« (freie Wahlen; Verfassung auf »breitester Grundlage«), Gründung des Politischen (später Demokratischen) Clubs *(22. März)*.

Gründung des Constitutionellen Clubs *(27. März)*. Die am 19. März abgezogenen Truppen marschieren wieder ein *(30. März)*.

Erstes bürgerliches Ministerium unter Ludolf Camphausen *(29. März)*.

	Probenummer der *National-Zeitung (1. April).*
	In den folgenden Wochen Entstehung einer neuen volkstümlichen Öffentlichkeit (Versammlungen, Clubs, Vereine, Flugschriften, Zeitungen, Zeitschriften). Einberufung des Vereinigten Landtags *(2. April).*
	Abschaffung der Kaution *(6. April).*
	Politisierung der städtischen Erdarbeiter, insbesondere der »Rehberger«; Brisanz der Sozialen Frage *(April).*
Paris	Eröffnung der Nationalversammlung *(4. Mai).*
Preußen/übrige deutsche Staaten	Wahlen zur preußischen und zur deutschen Nationalversammlung nach allgemeinem gleichen Wahlrecht *(1. Mai).*
Berlin	1. Presseprozeß gegen den revolutionären Studenten und Publizisten Gustav Adolph Schlöffel *(11. Mai).* Gründung des konservativen Preußen-Vereins *(2. Maihälfte)*; erste Anzeichen der Konterrevolution.
Frankfurt am Main	Die deutsche Nationalversammlung tritt zusammen *(18. Mai).*
Berlin	Eröffnung der preußischen Nationalversammlung *(22. Mai).*
	Probenummer der konservativen *Neuen Preußischen [Kreuz-] Zeitung (16. Juni).*
	Sturm der Volksmassen auf das Zeughaus *(17. Juni).*
	Ministerium der Tat unter Rudolf von Auerswald *(25. Juni).*
Paris	Arbeiter-Aufstand (»Junischlacht«), Tausende von Toten *(23.–26. Juni).*
Frankfurt am Main	Erzherzog Johann zum Reichsverweser gewählt *(26. Juni).*
	Beginn der Grundrechts-Debatte in der Nationalversammlung *(3. Juli).*
	Bildung eines vorläufigen Reichsminsteriums durch Erzherzog Johann *(15. Juli).*
Berlin	Einführung einer neuen Schutzmannschaft unter dem Namen Constabler *(24. Juli).*
	General von Wrangel Kommandeur aller Truppen in den Marken *(13. September).*
Frankfurt am Main	Annahme des Waffenstillstands von Malmö im Krieg gegen Dänemark durch die Nationalversammlung *(16. September).*
	Blutige Unruhen durch preußische und österreichische Truppen niedergeworfen *(18. September).*
Berlin	Kabinett des Generals der Infanterie Ernst von Pfuel *(22. September).*

Wien Niederschlagung des seit dem 6. Oktober dauernden Aufstands *(31. Oktober)*.

Berlin Zweiter Kongreß der Deutschen Demokraten *(26.–30. Oktober)*. Tumulte vor der Nationalversammlung *(16. und 31. Oktober)*. Bildung des Ministeriums Graf Brandenburg *(2. November)*. Verlegung der preußischen Nationalversammlung nach Brandenburg, Einmarsch der Truppen Wrangels, Verhängung des Belagerungszustands, Suspendierung demokratischer Presseorgane, Aufrufe zum passiven Widerstand *(9.–13. November)*.

Olmütz Abdankung Kaiser Ferdinands I.; Nachfolger wird sein Neffe als Franz Joseph I. *(2. Dezember)*.

Berlin Auflösung der preußischen Nationalversammlung und Oktroyierung einer Verfassung durch den König *(5. Dezember)*. Aufhebung des Zeitungsstempels *(8. Dezember)*.

Paris Louis Napoleon Bonaparte zum Präsidenten der Republik gewählt *(10. Dezember)*.

Frankfurt am Main Proklamierung der »Grundrechte des deutschen Volkes« *(21. Dezember)*.

1849

Frankfurt am Main Wahl Friedrich Wilhelms IV. zum Deutschen Kaiser, sowie Verkündung der Reichsverfassung (die nie in Kraft getreten ist) *(28. März)*.

Berlin Friedrich Wilhelm IV. lehnt die Kaiserwürde ab *(3. April)*.

Wien Abberufung der österreichischen Abgeordneten aus der Nationalversammlung *(4. April)*.

Dresden Beginn eines mit preußischer Hilfe blutig unterdrückten Aufstands *(4. Mai)*.

Elberfeld Kampfaufruf zum Aufstand zur Verteidigung der Reichsverfassung *(14. Mai)*.

Berlin Abberufung der preußischen Abgeordneten aus der Nationalversammlung *(14. Mai)*.

Paris Neuwahlen zur Nationalversammlung. Die konservative »Ordnungspartei« erringt die absolute Mehrheit *(13. Mai)*.

Frankfurt am Main Die Nationalversammlung (»Rumpfparlament«) geht nach Stuttgart *(30. Mai)*.

Preußen An Stelle des gleichen Wahlrechts tritt das Dreiklassenwahlrecht *(30. Mai)*.

Stuttgart Gewaltsame Auflösung des »Rumpfparlaments« *(18. Juni)*.

Preußen Presseverordnung *(30. Juni)*.

Rastatt Der Mitte Mai ausgebrochene Aufstand in Baden wird durch preußische Truppen niedergeschlagen *(23. Juli)*. Zahlreiche Hinrichtungen.

Ungarn Kapitulation der Freiheitskämpfer vor den von Österreich herbeigerufenen Russen *(27. September)*.

1850

Berlin Aufhebung des im 18. Jahrhundert eingeführten »Intelligenzzwangs«, der das Anzeigenwesen behinderte *(1. Januar)*.

Preußen Wahlen zum Erfurter Parlament *(31. Januar)*.
Friedrich Wilhelm IV. leistet den Eid auf die am 31. Januar in konservativem Sinne »revidierte« Verfassung *(6. Februar)*.
Das preußische Vereinsgesetz beschränkt die staatsbürgerlichen Freiheiten, insbesondere der Frauen *(11. März)*.

Erfurt Das Unionsparlament (Preußen und 20 Kleinstaaten) tagt *(März/April)*.

Paris Die Nationalversammlung beschränkt das allgemeine Wahlrecht *(31. Mai)*.

Berlin Eine Ergänzungs-Verordnung *(5. Juni)* beschränkt die Pressefreiheit: Wiedereinführung der Kaution *(ab 1. Juli)*; Möglichkeit des Postdebitentzugs durch das Berliner Post-Zeitungsamt.

Paris Die Nationalversammlung schränkt die Pressefreiheit ein *(16. Juli)*.

Kassel Generalkonferenz des Zollvereins *(Juli bis Oktober)*.

London Protokoll zwecks Bewahrung der Integrität des dänischen Gesamtstaats *(2. August)*.

Berlin Ministerium Manteuffel *(6. November)*.

Olmütz Preußen muß unter dem Druck Rußlands und Österreichs die Unionspolitik aufgeben (Olmützer Punktation; *29. November*).

Erfurt Der konservative Abgeordnete Otto von Bismarck verteidigt die preußische Regierungspolitik in seiner »Olmütz-Rede« *(3. Dezember)*.

Dresden Ergebnislose Beratungen der deutschen Einzelstaaten über eine Reform des Deutschen Bundes *(3. Dezember bis Mai 1851)*.

1851

London Eröffnung der ersten internationalen Industrieausstellung *(1. Mai)*.

Frankfurt am Main Zum ersten Mal seit dem Ausbruch der Revolution von 1848 tritt der Deutsche Bundestag wieder zusammen und beschließt die Aufhebung der von der Nationalversammlung 1849 verkündeten Grundrechte *(10. Mai)*.

Berlin Preußisches Pressegesetz *(12. Mai)*: weiterhin Fortfall der Vorzensur, aber Beibehaltung der Konzessions- und Kautionspflicht sowie des Verbots des Straßenhandels.
Denkmal Friedrichs des Großen Unter den Linden eingeweiht *(31. Mai)*.

Frankfurt am Main Bismarck wird preußischer Bundestagsabgesandter *(Juli)*.

Paris Blutiger Staatsstreich Louis Napoleon Bonapartes *(2. Dezember)*.
Seine »Diktatur« durch Volksentscheid mit großer Mehrheit legalisiert *(21. Dezember)*.

1852

Wien Zollkonferenz ohne Preußen (Eröffnung am *4. Januar*).

Paris Durch ein Dekret des Prinz-Präsidenten wird die Presse geknebelt *(17. Februar)*.

Berlin Zollkonferenz *(April bis Oktober)*.
Den Schwurgerichten wird die Kompetenz für politische und Presseprozesse entzogen *(3. Mai)*.
Besuch des Zaren Nikolaus I. *(Mai)*; vorübergehende Ausweisung der *Kladderadatsch*-Redakteure David Kalisch und Rudolf Löwenstein.

London Das Londoner Protokoll bestätigt die Unteilbarkeit Dänemarks, gesteht jedoch den Herzogtümern Schleswig und Holstein Sonderrechte zu *(8. Mai)*.
Wiedereinführung des Zeitungsstempels *(2. Juni;* wirksam *ab 1. Juli)* sowie Postzwang für kautions- und stempelsteuerpflichtige Presseorgane *(5. Juni)*.
Disziplinargesetz zur polizeilichen Überwachung der Beamten *(21. Juli)*.

Köln Prozeß gegen die verhafteten Mitglieder des Bundes der Kommunisten *(4. Oktober/12. November)*.

Paris Louis Napoleon Bonaparte erklärt vor der Handelskammer von Bordeaux: »Das Kaiserreich ist der Friede« *(9. Oktober)*.

		Louis Napoleon Bonaparte durch Volksabstimmung mit großer Mehrheit als Napoleon III. zum Kaiser der Franzosen proklamiert *(2. Dezember)*.
		Der *Kladderadatsch* in Frankreich verboten *(bis April 1870)*.
1853	*Preußen/Österreich*	Handelsvertrag *(19. Februar)*.
	Berlin	Erlaß einer neuen konservativ orientierten preußischen Städteordnung *(11. März)*.
	Konstantinopel	Die Türkei erklärt Rußland, nach der Invasion türkischer Gebiete, den Krieg *(4. Oktober)*.
1854	*Paris, London, Konstantinopel*	Bündnis der Türkei mit Frankreich und England *(12. März)*. Kriegserklärung Frankreichs und Englands an Rußland *(27. März)*.
	Preußen/Österreich	Schutz- und Trutzbündnis während des Krimkriegs *(20. April)*.
	Frankfurt am Main	Presserahmengesetz für den Deutschen Bund *(6. Juli)*.
	Berlin	Ernst Litfaß erhält die Konzession zur Errichtung von Anschlagsäulen *(5. Dezember)*.
1855	*Frankfurt am Main*	Auf Preußens Veranlassung erklärt der Deutsche Bund seine Neutralität im Krimkrieg *(8. Februar)*.
	Sankt Petersburg	Zar Nikolaus I., Schwager Friedrich Wilhelms IV., stirbt. Sein Sohn, Alexander II., besteigt den Thron *(2. März)*. Liberalisierung des öffentlichen Lebens.
	Paris	Eröffnung der Weltausstellung *(15. Mai)*.
	Wien	Österreichisches Konkordat *(18. August)*.
	Sebastopol	Nach 11 Monaten Belagerung wird die Stadt von den Franzosen und Engländern besetzt *(10. September)*.
1856	*Paris*	Beginn der Friedensverhandlungen mit Rußland *(25. Februar)*.
	Berlin	Der gefürchtete, seit 1852 amtierende Polizeipräsident von Hinckeldey fällt im Duell *(10. März)*.
	Paris	Preußen wird nachträglich zur Friedenskonferenz zugelassen *(25. März)*.
		Unterzeichnung des Pariser Friedens, der dem Krimkrieg ein Ende setzt *(30. März)*.
	Europa	Erste Anzeichen einer Banken- und Börsenkrise *(Jahreswechsel 1856/57)*.

Berlin	Prinz Wilhelm von Preußen wird Stellvertreter des Königs, infolge der unheilbaren Geisteskrankheit Friedrich Wilhelms IV. *(23. Oktober)*.	**1857**
Paris	Mißglücktes Attentat Orsinis auf Napoleon III., der vom Volk akklamiert wird *(14. Januar)*.	**1858**
Berlin	Hochzeit des Kronprinzen Friedrich Wilhelm mit der englischen Prinzessin Viktoria *(8. Februar)*.	
	Verurteilung des *Kladderadatsch*-Redakteurs Ernst Dohm zu einer viertägigen Gefängnisstrafe *(4. Mai)*.	
China	Landung französischer und englischer Truppen *(20. Mai)*; Verhandlungen mit Peking.	
Berlin	Prinz Wilhelm wird Regent und kann nun die volle Regierungsgewalt ausüben *(7. Oktober)*.	
	Entlassung Manteuffels und Berufung des Ministeriums der »Neuen Ära« *(5. November)*.	
	Wahlgänge zum Landtag, die den Sieg der Liberalen bringen *(November)*.	
Paris	Vertrag zwischen Napoleon III. und König Viktor Emanuel II. von Sardinien, mit dem Ziel »Italien frei bis zur Adria« zu machen (*10. Dezember*).	
Sankt Petersburg	Bismarck wird als preußischer Gesandter von Frankfurt nach Sankt Petersburg versetzt und »kaltgestellt« *(Ende März)*.	**1859**
Wien	Die österreichische Regierung verlangt in einem Ultimatum Piemont-Sardiniens Abrüstung. Österreich marschiert in Piemont ein *(12. April)*.	
Paris	Frankreich greift auf der Seite Piemont-Sardinien in den Krieg ein. Napoleons III. Kriegsziel: »Italien soll sich selbst gehören« *(3. Mai)*.	
Berlin	Preußen macht mobil, doch bleibt neutral *(Anfang Mai)*.	
Nord-Italien	Französischer Sieg bei Magenta *(4. Juni)*.	
	Französischer Sieg bei Solferino *(24. Juni)*.	
Villafranca	Friedenspräliminarien von Napoleon III. und Viktor Emanuel II. unterzeichnet *(11. Juli)*.	
Frankfurt am Main	Gründung des Deutschen Nationalvereins *(16. September)* aufgrund des Eisenacher Programms *(14. August)*.	
Deutscher Bund	Feiern zu Friedrich von Schillers 100. Geburtstag *(10. November)*.	

	Zürich	Friedensvertrag. Österreich tritt die Lombardei an Piemont-Sardinien ab *(11. November)*.
1860	*Berlin*	Auf der parlamentarischen Tagesordnung steht der Gesetzentwurf einer Heeresreform, die drei Jahre Militärdienst vorsieht. Beginn eines langen Konflikts zwischen Krone und Volksvertretung *(10. Februar)*.
	Paris	Napoleon III. verkündet die Vereinigung Nizzas und Savoyens mit Frankreich, unter Vorbehalt einer Volksabstimmung *(1. März)*.
	Italien	Die Staaten Mittelitaliens schließen sich nach einer Volksabstimmung mit Piemont zusammen *(12. März)*.
	Paris	Fast einstimmig haben sich Nizza und Savoyen für den Anschluß an Frankreich entschieden *(15. und 22. April)*.
	Wien	Oktoberdiplom; Österreich auf dem Weg zum Verfassungsstaat *(20. Oktober)*.
1861	*Potsdam*	Friedrich Wilhelm IV. stirbt. Prinzregent Wilhelm wird König *(2. Januar)*.
	Berlin	Gründung der Deutschen Fortschrittspartei (linksliberal) *(9. Juni)*.
	USA	Ausbruch des Sezessionskrieges *(April)*.
		Gründung des hochkonservativen Preußischen Volks-Vereins *(20. September)*.
	Königsberg	Wilhelm I. wird zum »König von Gottes Gnaden« gekrönt *(18. Oktober)*.
	Paris	Napoleon III. entsendet ein Expeditionskorps nach Mexiko »zum Schutz der Interessen Frankreichs« *(31. Oktober)*.
	Berlin	Wahlsieg der Liberalen *(6. Dezember)*.
1862	*Paris*	Bismarck preußischer Gesandter *(Juni bis September)*.
	Berlin	Die Abgeordneten lehnen das Militärbudget ab *(23. September)*.
		Die Konfliktszeit. Bismarck wird vom König an die Spitze der Regierung berufen *(24. September)*.
		Offiziöses Organ wird die *Norddeutsche Allgemeine Zeitung*.
		Bismarcks bis heute unvergessene »Eisen- und Blut«-Rede vor der Budgetkommission *(30. September)*. Da ein Kompromiß

nicht gefunden wird, regiert Bismarck vier Jahre ohne verfassungsmäßiges Budget.

Frankfurt am Main Gründung des Deutschen Reformvereins *(28./29. Oktober)*, der sich gegen ein Ausscheiden Österreichs aus Deutschland ausspricht.

1863

Berlin Das bis heute Bismarck zugeschriebene geflügelte Wort »Macht geht vor Recht« stammt nicht von ihm, sondern ist die Zusammenfassung seiner Rede durch einen Abgeordneten *(27. Januar)*.

Preußen Geheime Konvention mit Rußland gegen die polnische Insurrektion *(8. Februar)*.

Dänemark Die Schleswig-Holsteinische Frage wird wieder akut *(30. März)*.

Leipzig Gründung des Allgemeinen Deutschen Arbeiter-Vereins (ADAV) durch Ferdinand Lassalle, aus dem die Sozialdemokratische Partei Deutschlands hervorgehen wird *(23. Mai)*.

Berlin Durch eine Presseordonnanz *(1. Juni)* will Bismarck die oppositionelle Presse zum Schweigen bringen. Sie wird nach wenigen Monaten außer Kraft gesetzt und für verfassungswidrig erklärt.

Paris Allgemeine Wahlen zum Gesetzgebenden Körper. Niederlage der Regierung. Adolphe Thiers ist unter den Gewählten *(1. Juni)*.

Frankfurt am Main Eröffnung des deutschen Fürstentages ohne die Beteiligung Preußens *(17. August)*.

Berlin Bismarck löst das Abgeordnetenhaus auf *(2. September)*. Bei den Neuwahlen Sieg der liberalen Opposition *(28. Oktober)*.

1864

Berlin Preußen, dem Österreich sich anschließt, richtet ein Ultimatum an Dänemark. Beginn des deutsch-dänischen Kriegs *(16. Januar)*.

Preußen Schließung des oppositionellen Abgeordnetenhauses *(25. Januar)*.

Ein Teil der Presse beginnt für die Annexion der Herzogtümer zu agitieren *(März)*.

Dänemark Die Preußen erstürmen die Düppeler Schanzen *(18. April)*.

London Eröffnung einer internationalen Friedenskonferenz *(25. April)*.

	Mexiko	Erzherzog Maximilian von Habsburg zieht als Kaiser in Mexikos Hauptstadt ein *(12. Juni)*.
	London	Gründung der Internationalen Arbeiter-Assoziation *(28. September)*. Karl Marx Korrespondierender Sekretär des Generalrats für Deutschland.
	Wien	Dänemark verzichtet in einem Friedensvertrag mit Preußen und Österreich auf Schleswig-Holstein *(30. Oktober)*.
	Berlin	Der verantwortliche Redakteur des *Kladderadatsch*, Ernst Dohm, wird zu fünf Wochen Gefängnis verurteilt *(Oktober)*. Insgesamt finden in Berlin 1864 nicht weniger als 175 Prozesse gegen die Presse statt.
	Vatikan	Im Zusammenhang mit der Enzyklika »Quanta cura« erläßt Papst Pius IX. ein lehramtliches Verzeichnis von 80 bereits früher verurteilten »Zeitirrtümern« im Hinblick auf die Säkularisierung des geistigen und politischen Lebens, den sogenannten *Syllabus errorum (8. Dezember)*. Heftige Reaktion des europäischen Liberalismus auf diese Kampfansage der Kurie.
1865	*Washington*	Ermordung Abraham Lincolns *(15. April)*.
	Berlin	Das Abgeordnetenhaus lehnt die Kriegskostenvorlage ab und erklärt die diesbezüglichen Ausgaben für verfassungswidrig *(13. Juni)*.
	Gastein	Preußisch-österreichische Konvention: Schleswig wird von Preußen, Holstein von Österreich regiert *(14. August)*.
	Biarritz	Bismarck trifft mit Napoleon III. zusammen und ist davon überzeugt, daß Frankreich kein Bündnis mit Österreich abschließen wird *(Anfang Oktober)*.
1866	*Paris*	Napoleon III. läßt das französische Expeditionskorps aus Mexiko zurückberufen *(15. Januar)*.
	Holstein	Preußische Truppen rücken in das österreichisch besetzte Holstein ein *(7. Juni)*.
	Frankfurt	Der Bundestag beschließt, auf Antrag Österreichs, das gesamte Bundesheer gegen Preußen zu mobilisieren *(14. Juni)*.
	Berlin	Mit dem Kriegsmanifest gegen Österreich beginnt Preußen den Kampf zunächst durch Besetzung Sachsens *(18. Juni)*.

Florenz Italien erklärt Österreich den Krieg *(20. Juni)*.

Berlin Bei den Neuwahlen zum preußischen Abgeordnetenhaus verliert die Fortschrittspartei über 100 Sitze *(3. Juli)*.

Königgrätz und Sadowa Entscheidender Sieg der Preußen über die Österreicher *(3. Juli)*.

Paris Die französische Presse fordert »Revanche für Sadowa« *(Juli, August)*.

Nikolsburg Waffenstillstand und Friedenspräliminarien zwischen Preußen und Österreich *(26. Juli)*.

Berlin Der »Eisenbahnkönig« Bethel Henry Strousberg gründet die freikonservative Tageszeitung *Die Post (1. August)*. Über Jahre hinweg stellt sie Bismarck »ein Blatt weißes Papier« zur Verfügung, das heißt sie ist »halboffiziös«.

Gründung des Norddeutschen Bundes *(18. August)*.

Paris Napoleon III. verlangt ohne Erfolg Kompensationen (Luxemburg) von Bismarck nach Preußens Vergrößerung um Hannover, Kurhessen, Nassau, Schleswig-Holstein und Frankfurt *(20. August)*.

Prag Preußisch-österreichischer Friedensvertrag *(23. August)*.

Berlin Das neugewählte Abgeordnetenhaus genehmigt nachträglich die verfassungswidrigen Staatsausgaben seit 1862 *(3. September)*.

Der Ausgang des »Bruderkrieges« und seine Folgen führt sowohl zur Spaltung der Konservativen als auch der Deutschen Fortschrittspartei.

Wien Friedensschluß zwischen Italien und Österreich. Österreich tritt Venetien an Napoleon III. ab, der es an Italien weitergibt *(3. Oktober)*.

1867

Berlin Eröffnung der Annoncen-Expedition Rudolf Mosse *(1. Januar)*.

Der am 12. Februar nach allgemeinem und gleichem Wahlrecht gewählte Norddeutsche Reichstag wird durch König Wilhelms I. Thronrede eröffnet *(24. Februar)*. Bismarck Bundeskanzler.

Während der Wahlen zum Norddeutschen Reichstag und zum preußischen Abgeordnetenhaus bildet sich die Freikonservative Partei.

	Paris	Die Weltausstellung wird mit großem Prunk durch Napoleon III. eröffnet (30 000 Aussteller). 11 Millionen Besucher werden erwartet *(1. April)*.
	Berlin	Die Verfassung des Norddeutschen Bundes wird vom Reichstag angenommen (230 gegen 53 Stimmen) *(16. April)*.
	London	Auf der Konferenz zur Luxemburg-Frage beschließen die Großmächte die Neutralisierung des Landes und die Schleifung der Festung Luxemburg *(8.–11. Mai)*.
	Paris	Zar Alexander II., König Wilhelm I. und Bismarck besichtigen die Weltausstellung *(6. Juni)*.
	Wien	Krönung Kaiser Franz Josephs zum König von Ungarn *(8. Juni)*.
	Berlin	Gründungsprogramm der Nationalliberalen Partei *(12. Juni)*.
	Mexiko	Kaiser Maximilian in Queretaro erschossen *(19. Juni)*.
	Norddeutscher Bund	Inkrafttreten der Verfassung *(1. Juli)*.
	Österreich-Ungarn	»Ausgleich« *(Dezember)*. Offizieller Name des Staatsgebildes: »Österreichisch-Ungarische Monarchie«.
1868	*Paris*	Annahme einer Armeereform *(14. Januar)*.
		Die Knebelung der Presse wird durch ein neues Gesetz gelokkert *(9. Februar)*.
	Berlin	Das Vermögen des 1866 entthronten Königs Georg V. von Hannover wird beschlagnahmt (»Welfenfonds«) und dessen Zinsen durch Bismark unter anderem zur Pressebeeinflussung verwendet (»Reptilienfonds«) *(2. März)*.
		König Wilhelm I. eröffnet das »Zollparlament«, in dem zum erstenmal seit 1848 die Abgeordneten Norddeutschlands mit denen der Südstaaten (Bayern, Württemberg, Baden) zusammenkommen, um über gemeinsame Wirtschaftsfragen zu beraten *(27. April)*.
	Wien	Eröffnung des deutschen Bundesschießens. Demonstration für eine deutsch-österreichische Widervereinigung *(26. Juli)*.
	Brüssel	Internationaler Arbeiterkongreß *(6. September)*.
	Spanien	Die Königin verläßt Spanien *(30. September)*; Spanien wird Republik *(3. Oktober)*.
	London	Disraeli gibt seine Entlassung *(2. Dezember)*; das neue Kabinett konstituiert sich unter Gladstone *(9. Dezember)*.

1869

Paris	Die Parlamentswahlen werden von den Regierungskandidaten mit knapper Mehrheit gewonnen (4,3 Millionen gegen 3,4 Millionen für die Opposition) *(24. Mai)*.
Berlin	Zum erstenmal seit der Reformation wird ein katholisches Kloster gegründet *(4. August)*.
Eisenach	Auf einem Arbeiterkongreß wird unter Führung von August Bebel und Wilhelm Liebknecht die Sozialdemokratische Arbeiterpartei gegründet *(7.–9. August)*, deren Mitglieder der Internationalen Arbeiter-Assoziation beitreten.
Fulda	Konferenz der deutschen Bischöfe *(1. September)*.
Lausanne	Versammlung der Internationalen Friedens- und Freiheitsliga *(14. September)*.
Berlin	Die Deutsche Fortschrittspartei bringt einen Abrüstungsantrag im preußischen Abgeordnetenhaus ein *(21. Oktober)*, der jedoch verworfen wird *(5. November)*.
Württemberg	Die Nachwahlen zum Zollparlament fallen entschieden antipreußisch aus *(23. März)*.
Rom	Eröffnung des I. Vatikanischen Konzils *(8. Dezember)* und Opposition gegen das Unfehlbarkeitsdogma *(30. Dezember)*.

1870

Paris	Ein Plebiszit ergibt für Napoleon III. 7,4 Millionen Ja-Stimmen gegen 1,6 Millionen. »Jetzt können wir ohne Furcht der Zukunft ins Auge sehen« rief der Kaiser aus *(8. Mai)*.
	Das vorzeitige Bekanntwerden, daß Prinz Leopold von Hohenzollern-Sigmaringen bereit war, die ihm angebotene spanische Krone anzunehmen, löst in Kammer und Presse heftige Reaktionen aus *(6./8. Juli)*.
	Die von der offiziösen *Norddeutschen Allgemeinen Zeitung* am 13. Juli als Extrablatt verbreitete »Emser Depesche« (tendenziöse Umarbeitung des Telegramms Wilhelms I. aus Bad Ems durch Bismarck) führte wenige Tage später zur Kriegserklärung Frankreichs an Preußen *(19. Juli)*.
Vatikan	Nachdem die oppositionelle Minderheit das Konzil verlassen hat, wird das Unfehlbarkeitsdogma fast einstimmig angenommen *(18. Juli)*.
Norddeutscher Bund	Die Bündnisverträge mit den Süddeutschen Staaten werden wirksam *(22. Juli)*.

	Wissembourg (Weißenburg)	Erste Niederlage der Franzosen *(4. August)*.
	Sedan	Napoleon III. und die von Marschall Mac Mahon geführte Armee kriegsgefangen *(2. September)*.
	Paris	Proklamation der [Dritten] Republik *(4. September)*.
	London	In seiner Zweiten Adresse, verfaßt von Karl Marx, warnt die Internationale Arbeiter-Assoziation vor einer Annexion französischer Provinzen *(9. September)*.
	Paris	Beginn der Belagerung *(19. September)*.
	Italien	Rom wird Hauptstadt. Auflösung des Kirchenstaats *(September)*.
	Paris	Gambetta fliegt im Ballon nach Tours, um von dort den Widerstand in ganz Frankreich zu organisieren *(2. Oktober)*.
	Metz	Marschall Bazaine kapituliert mit 75 000 Mann *(27. Oktober)*.
	Versailles	Waffenstillstandsverhandlungen zwischen Bismarck und Thiers führen wegen der deutschen Gebietsforderungen (Elsaß und ein Teil Lothringens) zu keinem Ergebnis *(1.–4. November)*.
	Berlin	Im preußischen Abgeordnetenhaus konstituiert sich das Zentrum als Fraktion *(8. Dezember)*.
1871	*Paris*	Beginn des Bombardements durch die deutschen Belagerungstruppen (Dauer: 3 Wochen) *(5. Januar)*.
	Versailles	Wilhelm I. zum deutschen Kaiser proklamiert *(18. Januar)*. Bismarck und Außenminister Jules Favre unterzeichnen den Waffenstillstand *(28. Januar)*.
	Bordeaux	Die am 8. Februar gewählte, mehrheitlich konservative Nationalversammlung tritt zusammen *(12. Februar)*. Adolphe Thiers zum »Chef der Exekutive« gewählt *(17. Februar)*.
	Versailles	Bismarck und Thiers unterzeichnen die Friedenspräliminarien (Verlust Elsaß-Lothringens, 5 Milliarden Goldfranken »Kontribution«) *(26. Februar)*.
	Bordeaux	Ratifizierung der Friedensbedingungen durch die Nationalversammlung. Protest der elsaß-lothringischen Abgeordneten *(1. März)*.
	Paris	Ein Teil der Stadt von deutschen Truppen besetzt 8. und 16. Arrondissement *(1.–3. März)*.
	Berlin	Wahlen zum Ersten Deutschen Reichstag *(3. März)*. Siegerin

ist die Nationalliberale Partei; nur ein Sozialdemokrat gewählt (August Bebel).

Paris »Enthauptstadtung« von Paris. Die Nationalversammlung verlegt ihren Sitz nach Versailles *(10. März)*.

Commune-Aufstand. Die Regierung flieht nach Versailles *(18. März)*.

Berlin Im Reichstag erste Frontbildung gegen das Zentrum *(Ende März/Anfang April)*.

Fast einstimmige Annahme der Reichsverfassung durch den Reichstag *(16. April)*.

Frankfurt am Main Der Friede von Frankfurt regelt die hohen Reparationszahlungen Frankreichs *(10. Mai)*.

Berlin Gesetz betreffend die Vereinigung von Elsaß und Lothringen mit dem Deutschen Reich und Bebels Intervention zu Gunsten der Pariser Commune *(25. Mai)*.

Paris Der Aufstand wird niedergeworfen (20 000 Tote) *(22.–28. Mai)*.

Berlin Aufhebung der katholischen Abteilung im preußischen Kultusministerium *(8. Juli)*.

Versailles Die Nationalversammlung verleiht Adolphe Thiers den Titel »Präsident der Republik« *(31. August)*.

Bad Ischl/Salzburg Zusammenkunft des deutschen und des österreichischen Kaisers *(11. August* und *6. September)*; erste Annäherung nach dem »Bruderkrieg« (1866).

Österreich/Ungarn Graf Beust erhält seine Entlassung als Reichskanzler und wird durch Graf Andrassy ersetzt *(13. November)*.

Berlin Reichsgesetz gegen den Mißbrauch der Kanzel zu politischen Zwecken (Kanzelparagraph; *10. Dezember*). Probenummer des *Berliner Tageblattes (Ende Dezember)*; Grundstein zu Rudolf Mosses Zeitungskonzern.

1872

Berlin/Paris Wiederherstellung der diplomatischen Beziehungen *(8. Januar)*.

Berlin Adalbert Falk wird preußischer Kultusminister, mit der Aufgabe, den Kampf gegen die Katholische Kirche zu führen *(22. Januar)*.

Das preußische Abgeordnetenhaus nimmt das Schulaufsichtsgesetz an; Bruch zwischen Bismarck und den Konservativen *(11. März)*.

	Leipzig	Hochverratsprozeß gegen August Bebel, A. Hepner und Wilhelm Liebknecht *(11.–26. März)*. Bebel und Liebknecht werden zu je zwei Jahren Festungshaft verurteilt.
	Straßburg	Feierliche Eröffnung der Universität *(1. Mai)*.
	Deutsches Reich	Inkrafttreten des Jesuiten-Gesetzes, wodurch sämtliche Niederlassungen der Gesellschaft Jesu aufgelöst werden *(4. Juli)*.
	Paris	Zweite Anleihe, die vierzehnmal überzeichnet wird *(15. Juli)*.
	Versailles	Die Nationalversammlung führt die allgemeine Militärpflicht ein *(27. Juli)*.
	Berlin	Die Kaiser von Rußland, Österreich und Deutschland treffen zu außenpolitischen Gesprächen zusammen zwecks Isolierung Frankreichs *(5.–12. September)*.
	Eisenach	Erste Versammlung der »Kathedersozialisten« zwecks Lösung der »Sozialen Frage« *(6./7. Oktober)*.
	Reichsland Elsaß-Lothringen	Schluß der sogenannten Optionsfrist für die Wahl der Nationalität *(1. Oktober)*.
	Preußen	Das Jahr 1872 bildet den Höhepunkt des Gründerbooms (Neu- oder Umgründung von 494 Aktiengesellschaften, davon 167 mit Sitz in Berlin).
1873	*Chislehurst*	Tod Napoleons III. im britischen Exil *(9. Januar)*.
	Berlin	Eduard Lasker deckt im Abgeordnetenhaus bedenkliche Gründerpraktiken auf *(7. Februar)*.
		Der Universitätsprofessor Dr. med. Rudolf Virchow bezeichnet den Konflikt zwischen Staat und Katholischer Kirche in einem Wahlprogramm der Deutschen Fortschrittspartei als »großen Kulturkampf der Menschheit« *(23. März)*.
		Kirchenpolitische Kampfgesetze *(5. April; 11. bis 14. Mai)*.
	Wien	Ausbruch einer Börsenkrisis *(9. Mai)*.
	Versailles	Nach Thiers' Sturz wird Marschall Mac Mahon Präsident der Republik *(24. Mai)*.
	Berlin	Enthüllung der Siegessäule *(2. September)*.
	Frankreich	Nach beschleunigter Zahlung der 5 Milliarden Kriegskontribution räumt Deutschland völlig das französische Staatsgebiet *(16. September)*.
	Europa	Dreikaiserabkommen zwischen Rußland, Österreich-Ungarn und dem Deutschen Reich *(22. Oktober)*.

Berlin Kurssturz an der Börse. Die sogenannte Gründerkrise beginnt *(28. Oktober).*

Paris Ära der »moralischen Ordnung«. Eine von Bismarck bekämpfte Restauration des Königtums scheitert daran, daß der Thronprätendent Graf von Chambord, Enkel Karls X., die Trikolore ablehnt und am Lilienbanner festhält *(Oktober).*

1874

Spanien Bürgerkrieg.

Berlin Die Reichstagswahl ergibt ein Anwachsen der katholischen Zentrumspartei sowie der Liberalen auf Kosten der Konservativen *(10. Januar).*

Bismarck sendet mittels der *Norddeutschen Allgemeinen Zeitung* einen »kalten Wasserstrahl« nach Frankreich *(15. Januar).*

Paris Erste Ausstellung der Impressionisten (Degas, Monet, Renoir, Cézanne u. a.) *(April).*

Berlin Der Reichstag genehmigt nach heftigen Auseinandersetzungen das »Septennat« *(20. April).* Die Präsenzstärke des Heeres für sieben Jahre im voraus festgesetzt.

Der ADAV wird vom Berliner Stadtgericht für vorläufig geschlossen erklärt *(25. Juni).*

Das Reichspressegesetz beseitigt die Kautionspflicht, das Konzessionswesen und den Zeitungsstempel und gewährt eine relative Pressefreiheit *(1. Juli).*

Bad Kissingen Bismarck wird Opfer eines Attentatversuchs *(13. Juli).*

Europa Europäischer Zeitungskrieg *(Herbst).*

Berlin Förmliche Aufhebung der deutschen Botschaft beim Vatikan *(4. Dezember).*

Prozeß gegen den im Frühjahr abberufenen deutschen Botschafter Graf Harry von Arnim-Suckow *(Dezember).*

1875

Madrid König Alfons hält seinen feierlichen Einzug *(14. Januar).*

Berlin Der Reichstag beschließt die Einführung der Zivilehe in Deutschland *(25. Januar).*

Versailles Die Nationalversammlung beschließt mit *einer* Stimme Mehrheit, daß die Republik definitiv zur Staatsform wird *(30. Januar).*

Vatikan Enzyklika des Papstes, welcher die gesamte preußische Kirchengesetzgebung für ungültig erklärt *(5. Februar).*

	Europa	Die durch einen alarmierenden Artikel in der offiziösen Berliner Zeitung *Die Post* (datiert vom *9. April*) ausgelöste »Krieg-in-Sicht-Krise« (*April/Mai*) macht deutlich, daß Bismarcks Bemühungen, Frankreich zu isolieren, Grenzen gezogen sind. Die Nationalversammlung beschließt eine Vermehrung des Offizierskorps *(13. März)*.
	Gotha	Die beiden Arbeiterparteien (ADAV und SAP) vereinigen sich zur »Sozialistischen Arbeiterpartei Deutschlands« *(27. Mai)*.
	Berlin	Kulturkampf: Aufhebung mehrerer Artikel der preußischen Verfassung *(18. Juni)*.
	Bosnien-Herzegowina	Beginn der Orientkrise: Aufstand gegen die türkische Staatsgewalt *(15. Juli)*.
	Berlin	Ausgelöst durch Artikelserien in der *Gartenlaube (Ende 1874)*, der *Germania* und der *Kreuz-Zeitung (Sommer 1875)* wird die »Judenfrage« vor allem in Berlin zum Tagesthema.
	Paris	Die tendenziöse Reportage Victor Tissots *(Reise in das Milliardenreich)* prägt das Deutschlandbild der Franzosen.
1876	*Berlin*	Gründung der Deutschen Reichsbank *(1. Januar)*. Vertrauenskrise zwischen Bismarck und der »offiziösen Presse« *(9. Februar)*.
	Paris	Großer Wahlsieg der Republikaner *(20. Februar)*.
	Berlin	Verbot der Sozialistischen Arbeiterpartei Deutschlands im Geltungsbereich der Länder des preußischen Vereinsgesetzes (1850) durch Beschluß des Berliner Stadtgerichts *(30. März)*.
	Bosnien	Der Aufstand gegen die türkische Oberherrschaft wird von Serbien unterstützt *(22. April)*.
	London	Königin Victoria wird Kaiserin von Indien *(1. Mai)*.
	Bulgarien	Die Türken schlagen einen Aufstand nieder *(25. Mai)*.
	Berlin	Der Präsident des Reichskanzleramts, Rudolf Delbrück, lange Zeit in der Handelspolitik Bismarcks rechte Hand, tritt zurück, als Bismarck sich vom Wirtschaftsliberalismus abzuwenden beginnt *(1. Juni)*. Gründung der bismarckfreundlichen Deutsch-Konservativen Partei *(7. Juni)*.
	Berlin	Professor Franz Reuleaux beurteilt die deutschen Industrieerzeugnisse als »billig und schlecht« *(Ende Juni)*.
	Balkan	Krieg zwischen Serbien und der Türkei *(1. Juli)*.

Berlin Graf Arnim wird zu fünf Jahren Zuchthaus verurteilt *(5. Oktober)*.

Balkan Teilmobilisation Rußlands an der türkischen Grenze (6 Armeekorps) *(13. November)*.

Konstantinopel Botschafterkonferenz zwecks Beilegung der Krise *(Dezember 1876/Januar 1877)*.

1877

Berlin Presse-Kampagne gegen Frankreich *(Januar)*.

Paris Presse-Kampagne gegen Deutschland *(Januar)*.

Berlin Reichstagswahlen: 12 Sozialdemokraten gewählt *(10. Januar)*.
Bismarck droht mit Rücktritt und nimmt zehn Monate Urlaub *(20. März)*.

Berlin Rede Moltkes über die militärische Lage Deutschlands gegenüber Frankreich *(24. April)*.

Sankt Petersburg Rußland erklärt der Türkei den Krieg *(24. April)*.

Paris Präsident Mac Mahon beruft den monarchistischen Herzog von Broglie an die Spitze der Regierung *(16. Mai)*.

Berlin Gründung des Verlags Ullstein *(Juli)*.

Paris Adolphe Thiers stirbt; 20 000 Menschen folgen seinem Sarg *(3. September)*.

Genf Sozialistischer Weltkongreß *(9./15. September)*.

Paris Republikanischer Wahlsieg *(14. Oktober)*.
Der Herzog von Broglie tritt zurück *(23. November)*.

1878

Italien Humbert [Umberto] I. wird König von Italien *(9. Januar)*.

Berlin Hofprediger Stöcker stellt den Sozialdemokraten die neu gegründete antisemitische »Christlich-Soziale [Arbeiter-]Partei« entgegen *(23. Januar)*.

Rom Papst Pius IX. stirbt *(7. Februar)*; Leo XIII. wird sein Nachfolger *(20. Februar)*.

Konstantinopel In nächster Nähe liegen russische Truppen und englische Kriegsschiffe drohend einander gegenüber *(13. Februar)*.

San Stefano Russischer Diktatfrieden, der von England auf keinen Fall anerkannt wird *(3. März)*.

Paris Eröffnung der ersten republikanischen Weltausstellung durch Präsident Mac Mahon *(1. Mai)*.

Berlin Mißglücktes Attentat durch Hödel auf Kaiser Wilhelm I. *(11. Mai)*.
Bismarck bringt im Reichstag den Entwurf eines »Gesetzes zur

		Abwehr sozialdemokratischer Ausschreitungen« ein *(20. Mai)*, der mit großer Mehrheit abgelehnt wird *(24. Mai)*.
		Attentat des Doktor Nobiling auf den Kaiser, der schwer verletzt wird *(2. Juni)*.
		Auflösung des Reichstags *(11. Juni)*. Im Wahlkampf wird die Regierungspresse nicht allein gegen die Sozialdemokraten, sondern auch gegen die Liberalen eingesetzt.
		Kongreß der Großmächte zur Neuregelung der Orientfrage. Bismarck führt den Vorsitz *(13. Juni bis 13. Juli)*.
		Der Berliner Vertrag macht die Bestimmungen des Friedens von San Stefano zum Teil rückgängig und führt zu Verstimmungen zwischen Rußland und dem Deutschen Reich.
		Bei den Reichstagswahlen erleiden die Liberalen beträchtliche, die Sozialdemokraten geringere Verluste. Das Zentrum bleibt gleich. Die Konservativen verzeichnen Gewinne *(30. Juli)*.
		Reichsgesetz gegen »die gemeingefährlichen Bestrebungen der Sozialdemokratie« (Sozialistengesetz) *(19. Oktober)*.
		Über Berlin und Umgebung wird der sogenannte kleine Belagerungszustand verhängt *(28. November)*.
	Afghanistan	Englische Truppen marschieren in Afghanistan ein *(November)*.
1879	*Paris*	Präsident Mac Mahon tritt zurück. Am gleichen Tag wird von den zum »Congrès« versammelten Senatoren und Abgeordneten Jules Grévy als sein Nachfolger gewählt; Léon Gambetta wird Kammerpräsident *(30. Januar)*.
		Rückkehr des nach Versailles verlegten Parlaments.
	Südafrika	Der Prätendent Louis Napoleon (»Lulu«) wird im Krieg der Engländer gegen die Zulus getötet *(1. Juni)*. Entscheidender Sieg der Engländer über die Zulus *(4. Juli)*.
	Berlin	Bismarck läßt durch seine neue Reichstagsmehrheit (Zentrum und Konservative) die bisherige Freihandelspolitik durch eine Schutzzollpolitik ersetzen. Dies führt zu einem vorübergehenden Bruch mit der Nationalliberalen Partei *(12. Juli)*.
		Der Hofprediger Stoe[ö]cker hält Vorträge über die »Judenfrage« *(19. u. 26. September)*.
		Bismarck schließt ein »Schutz- und Trutzbündnis« mit Öster-

reich-Ungarn ab *(7. Oktober)*; Veröffentlichung des Textes am 3. Februar 1888.
Der Historiker Heinrich von Treitschke schreibt in den *Preußischen Jahrbüchern*: »... die Juden sind unser Unglück.« *(November)*.

1880

Berlin Der Reichstag genehmigt in dritter Lesung das Zweite Septennat *(16. April)*.
Das vom preußischen Landtag beschlossene »Milderungsgesetz« ist der erste Versuch, den Kulturkampf zu beenden. In etwa 10 000 katholischen Pfarreien, deren Geistliche abgesetzt worden waren, kann jetzt wieder regelmäßig die Seelsorge ausgeübt werden *(14. Juli)*.

Paris Kulturkampf in Frankreich: Die Niederlassungen des Jesuitenordens werden geschlossen *(29. Juli)*.

Cherbourg Anläßlich einer Flottendemonstration fordert Gambetta – auf rechtlichem Wege – Elsaß-Lothringen zurück *(8. August)*.

Wyden (Schweiz) Kongreß der Deutschen Sozialdemokratie *(20./23. August)*.
Beschluß, im Parteiprogramm festzulegen, daß die Partei verpflichtet ist, »mit allen Mitteln« (nicht wie bisher »mit allen gesetzlichen Mitteln«) ihre Ziele zu verfolgen.

Berlin Der linke Flügel verläßt die Nationalliberale Partei und schließt sich zunächst zur Liberalen Vereinigung (Sezession) zusammen *(30. August)*.

Südafrika Krieg Englands gegen die Boers (Buren).

London Gladstone erneut Premierminister *(16. Oktober)*.

Berlin Der Hofprediger Stöcker, der kürzlich ins preußische Abgeordnetenhaus gewählt wurde, verkündet in seiner ersten Rede seine judenfeindlichen Grundsätze und behauptet: »Hinter mir stehen Millionen« *(20. November)*.
»Judendebatte« im preußischen Abgeordnetenhaus *(20./21. November)*.

Rußland Nihilismus und Panslawismus breiten sich aus.

1881

Sankt Petersburg Zar Alexander II. wird durch ein Dynamitbomben-Attentat der Nihilisten getötet *(13. März)*. Nachfolger wird sein Sohn als Alexander III.

Tunis Französische Truppen dringen in Tunesien ein, mit Bismarcks

		stillschweigender Billigung *(24. April)*. Durch den Bardo-Vertrag zwischen Frankreich und dem Bey wird Tunesien französisches Protektorat *(12. Mai)*.
	Deutsches Reich	Zollanschlußvertrag mit Hamburg *(25. Mai)*.
	Wien	Geheimvertrag zwischen dem Deutschen Reich, Österreich und Rußland (Dreikaiservertrag; *18. Juni*).
	Paris	Verkündung eines sehr liberalen Pressegesetzes; Genehmigungspflicht und Kaution werden abgeschafft. Eine Zensur findet nicht statt *(29. Juli)*.
	Südafrika	Nach mehreren Niederlagen erkennen die Engländer die innere Unabhängigkeit des Freistaats Transvaal an *(3. August)*.
	Berlin	Neuwahlen zum Reichstag. Die Konservativen und das Zentrum halten ihre Position. Verdoppelung der Fortschrittler auf Kosten der Nationalliberalen *(27. Oktober und 14. November)*.
	Paris	Sturz des I. Ministeriums Jules Ferry *(10. November)*; Gambetta versucht vergeblich ein »Großes Ministerium« zu bilden.
	Berlin	Kaiserliche Botschaft zur Reichstagseröffnung; Ankündigung von Gesetzentwürfen zur Einführung eines Sozialversicherungs-Systems *(17. November)*. Im Reichstag erwägt Bismarck eine endgültige Beilegung des Kulturkampfes *(30. November)*. Der »Berliner Antisemitismusstreit« erreicht während des Jahres 1881 seinen Höhepunkt.
1882	*Paris*	Großer Börsenkrach *(19. Januar)*.
		Sturz des Ministeriums Gambetta *(26. Januar)*.
	Berlin	Eröffnung der Stadtbahn *(7. Februar)*. Entstehung von Bahnhofs-Kiosken.
	Paris	Brandrede des russischen Generals Skobeleff gegen Deutschland und Österreich *(16. Februar)*. Er wird von Alexander III. zurückberufen.
	Rußland	Großer Nihilistenprozeß *(21. Februar)*.
	Paris	Gesetz zur Einführung der Schulpflicht; Prinzip der Laizität für den Unterricht im staatlichen Schulwesen *(23. März)*.
	Sankt Petersburg	Entlassung des langjährigen Reichskanzlers Fürst Gortschakow. Nachfolger wird der deutschfreundliche Politiker Giers *(9. April)*.
	Vatikan/Berlin	Wiederaufnahme der diplomatischen Beziehungen zwischen Preußen und der Kurie *(24. April)*.

Paris Gründung der revanchistischen Patriotenliga durch Paul Déroulède *(18. Mai)*.

Berlin Im Kulturkampf Zweites Milderungsgesetz *(31. Mai)*.

Wien Abschluß eines zunächst geheimen militärischen Bündnisses zwischen Deutschland, Österreich-Ungarn und Italien (Dreibund) *(20. Mai)*.

Berlin Der Reichstag verwirft mit großer Mehrheit den von Bismarck eingebrachten Tabakmonopol-Gesetzentwurf *(15. Juni)*.

Kairo Nach längeren Kämpfen besetzen die britischen Truppen ganz Ägypten (bis 1936) *(14. September)*.

Paris Léon Gambetta stirbt an den Folgen einer Verwundung, deren Ursache nie aufgeklärt wurde *(31. Dezember)*.

Deutsches Reich Bis Mitte der achtziger Jahre hohe Auswanderungsquote. Die meisten wählen die USA als neue Heimat.

1883

Berlin Die *Norddeutsche Allgemeine Zeitung* veröffentlicht ein am 22. Dezember 1882 von Wilhelm I. verfaßtes und von Bismarck gegengezeichnetes Schreiben. Inhalt: Beendigung des Kulturkampfes *(27. Januar)*.

London Tod von Karl Marx *(14. März)*.

Kopenhagen Kongreß der deutschen Sozialdemokraten *(29. März/2. April)*.

Paris Die französische Regierung entsendet ein Expeditionskorps nach Indochina. Zweck der Operation: Eroberung von Annam und Tongking *(24. April)*.

Berlin Drittes Milderungsgesetz *(11. Juli)*.

Rüdesheim Einweihung des Nationaldenkmals für 1870/71 auf dem Niederwald (eine 11 Meter hohe Germania aus Bronze) *(28. September)*.

Berlin Der erste Teil des Sozialversicherungs-Systems, das Krankenkassen-Gesetz, tritt in Kraft *(1. Dezember)*.

Vatikan Besuch des Kronprinzen beim Papst *(20. Dezember)*.

Berlin Stadtverordnetenwahlen. Zum erstenmal ziehen fünf Abgeordnete der sozialdemokratischen Partei in das Rote Rathaus ein *(29. Dezember)*.

1884

Berlin Zusammenschluß der Deutschen Fortschrittspartei und der »Liberalen Vereinigung« zur Deutschen Freisinnigen Partei, die unter Eugen Richter in scharfer Opposition zu Bismarck steht *(5. März)*.

	Paris	Die bisher illegal gewesenen Gewerkschaften werden gesetzlich anerkannt *(22. März)*.
	Heidelberg	Als Reaktion auf die Gründung der Deutschen Freisinnigen Partei gibt sich die Nationalliberale Partei ein neues Programm. Die sogenannte Heidelberger Erklärung *(23. März)* leitet das Zusammengehen der Nationalliberalen mit den Konservativen und der Landwirtschaft ein.
	Berlin	Bismarck stellt einen Küstenabschnitt von Südwest-Afrika unter deutschen Schutz; Beginn der Errichtung eines deutschen Kolonialreiches *(24. April)*. Die Reichstagsmehrheit stimmt der Verlängerung des Sozialistengesetzes bis 1886 in dritter Lesung zu *(12. Mai)*. Der Reichstag macht den zweiten Teil des Sozialversicherungs-Systems zum Gesetz: die Unfallversicherung *(21. Juni)*.
	Skiernivice bei Warschau	Zusammenkunft des russischen, österreichischen und deutschen Kaisers mit ihren Leitern der auswärtigen Politik *(15./17. September)*.
	Berlin	Reichstagswahlen ohne Überraschung: das Zentrum behält die Schlüsselstellung zwischen Rechts und Links *(28. Oktober)*. Bismarck eröffnet die Kongo-Konferenz, an der 14 Staaten teilnehmen. Es geht um die Handelsfreiheit in West-Afrika *(15. November)*.
	Paris	Frankreich tritt gegen China in einen Krieg mit dem Ziel, sich ganz Indochina anzueignen *(18. Dezember)*.
1885	*Afghanistan*	Ein schwerer Grenzzwischenfall *(30. März)* läßt einen russisch-englischen Krieg befürchten.
	Paris	Sturz des II. Ministeriums Ferry *(30. März)*.
	Deutsches Reich	Bismarcks 70. Geburtstag wird landesweit gefeiert *(1. April)*.
	Paris	Victor Hugo gestorben *(22. Mai)*; grandioses Staatsbegräbnis *(1. Juni)*.
	London	Sturz des Ministeriums Gladstone *(8. Juni)*.
	Tientsin	Frieden zwischen Frankreich und China *(9. Juni)*.
	London	Bildung des Ministeriums Salisbury *(23. Juni)*.
	Berlin	Aufsehen erregender, antifranzösischer Artikel in der *Norddeutschen Allgemeinen Zeitung (3. August)*. 12 000 Berliner Bauarbeiter im Streik um den 9-Stunden-Tag *(15. Januar bis 1. August)*.
	Südsee	Schiedsrichteramt Papst Leos XIII. *(Oktober)*.

Paris	Kammerwahlen. Gewinne der Konservativen, Verluste der Republikaner *(4. und 18. Oktober)*.
Balkan	Krieg zwischen Bulgarien und Serbien *(14. November bis 22. Dezember)*. Neue Balkankrise.

1886

Paris	General Georges Boulanger wird Kriegsminister *(7. Januar)*.
London	Regierungswechsel *(26. Januar)*.
Berlin	Der Reichstag verlängert bis 1888 das Sozialistengesetz *(30./31. März)*.
Paris	Das Buch *Avant la bataille* erregt im In- und Ausland großes Aufsehen *(Anfang April)*.
Berlin	Erstes Friedensgesetz (Abbau der Maigesetze aus dem Jahr 1873; *21. Mai*).
Paris	Gesetz betreffend die Ausweisung der Mitglieder der ehemaligen Herrscherfamilien (Bourbon, Orléans, Bonaparte) *(23. Juni)*.
	Bei der Truppenparade wird Boulanger akklamiert *(14. Juli)*.
London	Erneuter Kabinettswechsel. Salisbury ersetzt Gladstone *(20. Juli)*.
Berlin	Gründung des Samuel-Fischer-Verlags *(1. August)*.
Großbritannien	Unruhen in Irland *(August)*.
Berlin	Dem Reichstag wird ein neuer Entwurf zur Heeresverstärkung vorgelegt *(25. November)*.
Moskau	Deutschfeindliche Artikel in der Presse *(Herbst)*.

1887

Berlin	Der Reichstag lehnt Bismarcks Vorlage zur Heeresverstärkung ab; er wird aufgelöst *(14. Januar)*.
	In der *Post* (Nr. 31) erscheint Constantin Rößlers alarmierender Artikel »Auf des Messers Schneide« *(1. Februar)*.
	Wahlsieg der hinter Bismarck stehenden Parteien (Kartell: Nationalliberale und Konservative) *(21. Februar)*.
	Bismarcks Heeresverstärkungs-Vorlage (40 000 Mann mehr) vom Reichstag angenommen *(11. März)*.
	Zweites Friedensgesetz zwecks Beendigung des Kulturkampfes *(29. April)*.
Paris	General Boulanger als Kriegsminister entlassen *(31. Mai)*.
Berlin	Bismarck schließt einen geheimen Defensivvertrag mit Rußland ab (Rückversicherungsvertrag) *(18. Juni)*. Nichtsdestoweniger Beginn einer mehrmonatigen Pressefehde.

	London	Fünfzigjähriges Jubiläum der Königin *(21. Juni)*.
	Paris	Boulanger wird in die Provinz versetzt (Clermont) *(8. Juli)*.
		Präsident Juley Grévy muß (wegen des Ordensschachers seines Schwiegersohns) zurücktreten *(2. Dezember)*.
		Sadi Carnot wird Präsident der Republik *(3. Dezember)*.
1888	*Berlin*	Veröffentlichung des deutsch-österreichischen Bündnisvertrags *(3. Februar)*.
		Große außenpolitische Rede Bismarcks im Reichstag *(6. Februar)*.
		Tod Kaiser Wilhelm I. *(9. März)*.
	Paris	General Boulanger wird pensioniert *(17. März)*.
	Berlin	Der preußische Innenminister von Puttkamer wird entlassen *(8. Juni)*.
		Tod Kaiser Friedrich III. *(15. Juni)*.
		Wilhelm II. Kaiser (29 Jahre alt) *(15. Juni)*.
	Paris	Duell zwischen Boulanger und dem Ministerpräsidenten Charles Floquet *(13. Juli)*.
	Hamburg und Bremen:	Beide Stadtgebiete werden dem deutschen Zollgebiet angeschlossen *(15. Oktober)*.
1889	*Paris*	Bei einer Nachwahl wird General Boulanger mit massiver Mehrheit zum Abgeordneten gewählt *(27. Januar)*.
		Boulanger glaubt sich von Verhaftung bedroht und flieht nach Brüssel *(3. April)*.
	Ruhrgebiet	Bergarbeiterstreik (115 000 Streikende) *(3. Mai bis 6. Juni)*.
	Paris	Zur 100sten Jahresfeier der französischen Revolution: Eröffnung der Weltausstellung durch Präsident Sadi Carnot. Ihr Clou: der Eiffelturm *(6. Mai)*.
	Berlin	Kaiser Wilhelm II. empfängt eine Delegation der streikenden Bergleute, trotz Bismarcks Abraten *(14. Mai)*.
		Die Alters- und Invaliditätsversicherung (3. Teil der Sozialversicherung) wird Gesetz *(26. Mai)*.
		Die Rivalität zwischen Bismarck und dem Generalstabschef Graf Waldersee beschäftigt die Öffentlichkeit (Juli).
	Paris	Gründungskongreß der Zweiten Internationale, die zahlreiche sozialistische Parteien zusammenschließt *(14.–20. Juli)*.
	Berlin	In der Thronrede zur Parlamentseröffnung werden Mehrausgaben für Heer und Marine gefordert *(22. Oktober)*.

1890

Berlin Der Reichstag lehnt eine weitere Verlängerung des Sozialistengesetzes ab *(25. Januar)*.
Die Wahlen zum neuen Reichstag ergeben eine Niederlage der bismarckfreundlichen »Kartellparteien« (Nationalliberale und Konservative); die Sozialdemokratie wird wählerstärkste Partei in Berlin und im Reich (fast 1,5 Millionen Stimmen) *(20. Februar)*.
Die auf Wilhelms II. Initiative einberufene internationale Arbeiterschutz-Konferenz wird eröffnet *(15. März)*.
Auf Wilhelms II. Ersuchen reicht Bismarck seine Entlassung ein *(18. März)*. Sie wird alsbald gewährt *(20. März)*.
Bismarck verläßt Berlin *(29. März)*.
Der von Bismarck 1887 mit Rußland abgeschlossene Geheimvertrag (»Rückversicherungsvertrag«) wird nicht erneuert. Der berühmte »Draht nach Petersburg« ist abgerissen. Ein Zeitalter geht zu Ende!

II. Berliner Witzblatt-Chronik (1848–1890)

Nach Verhängung des Belagerungszustands (12. November bis Juli 1849) erschienen der *Berliner Krakehler*, die *Freien Blätter*, *Kladderadatsch* und die *Ewige Lampe* beziehungsweise ihre Ersatztitel in auswärtigen Verlagen.

1848

Zweite Märzhälfte Nr. 4 des Ende 1847 gegründeten *Berliner Charivari*, umbenannt in *Satan. Berliner Charivari* (3 undatierte Nummern)
15. April *Die ewige Lampe* (Nr. 1–12 undatiert; Nr. 50 vom 14. Dezember)
1. Mai *Der Satyr* (1 Nummer)
6. Mai *Freie Blätter* (Nr. 56, undatiert, Ende Dezember)
7. Mai *Kladderadatsch* (bis Nr. 36 vom 3. September 1944)
16. Mai *Feuerbrände von L. Börne's Schatten* (2 Nummern?)
18. Mai *Berliner Krakehler* (Jg. 1, 41 Nummern)
Zweite Maihälfte *Politische Bier-Zeitung* (2 Nummern, undatiert)
1. Juni *Der Rückschritt* (Nr. 9 = erste oder erste öffentlich verbreitete Nummer)
1. Junihälfte *Kickeriki* (1 Nummer, undatiert)
Mitte Juni *Der ewige Lampe, oder Lampe, der Hase* (Nr. 21 = Nr. 1, undatiert)

		Der Teufel in Berlin (hervorgegangen aus *Satan*; 3 Nummern, undatiert)
	18. Juni	*Tante Voss mit dem Besen* (6. und letzte Nummer: 25. Juli)
	Ende Juni/Anfang Juli	*Staats-Zeitung der Hölle* (Nr. 50 = Nr. 1, undatiert)
	(?)	*In Berlin is immer noch der Deibel los*
	Zweite Julihälfte	*Der neue Berliner Struwwelpeter* (1 Nummer, undatiert)
	26. Juli	*Zeltengedanken ohne Mißverständnisse* (1 Nummer)
	12. August	*Berliner Grossmaul* (ab Nr. 5: *Berliner Großmaul*; 11. und letzte Nummer: 25. Dezember)
	5. September	*Der Volks-Tribun* (1 Nummer?)
	September	*Der Berliner Kobold* (1 Nummer, undatiert)
	1. November	*Der Freischärler* (7. und letzte Nummer: 16. Dezember)
	20. Dezember	*Die Knute* (Ersatztitel für die *Ewige Lampe*)
	25. Dezember	*Der Blaue Montag* (Probenummer)
	(?)	*Die spanische Fliege*
1849	*1. Januar*	*Die ewige Leuchte* (Ersatztitel für die *Ewige Lampe*, 1 Nummer)
	Im Januar	*Die ewige Fackel* (Ersatztitel für die *Ewige Lampe*, 1 Nummer)
		Preußen's Deutsch-Demokratie (1 Nummer, undatiert)
	14. Januar	*Carnevals-Zeitung* (Ersatztitel für den *Kladderadatsch*, 1 Nummer)
	23. Januar	Zweite und letzte Nummer des *Berliner Krakehlers* (Jg. 2)
	15. Februar	*Fastnachts-Zeitung in der Art des Kladderadatsch* (1 Nummer)
	2. April	*Buddelmeyer-Zeitung* (bis 15. März 1853)
	14. April	*Asyl für Humor und Satyre mit einer kleinen Hinterthür für Kritik und lyrische Poesie* (4. und letzte Nummer: 5. Mai)
	15. April	*Die ewige Lampe* (Jg. 2, 2 Nummern, 3 Flugblätter, s. u.)
	Anfang Mai	*Neueste Preußische Zeitung* (6 Nummern, undatiert)
	18. Juli	*Juchheirasasa! Die Preußen sind da!* (9. und letzte Nummer: 10. September)
1850	*9. Februar*	*Der deutsche Michel* (Probenummer, mehr nicht erschienen)
	Im Februar	*Die ewige Lampe* (13. und letzte Nummer im Juni)
	(?)	*Berliner Bremsen* (bis 1851)
		Letzter bisher nachgewiesener Jahrgang des 1831 gegründeten *Berliner Figaros*

(?)	*Das Füllhorn* (1 Heft)	**1852**
3. Januar	*Berliner Feuerspritze* (bis September 1856; s. u.)	**1853**
1. Oktober	*Neuer Berliner gemüthlicher Krakehler* (bis Ende Juni 1855)	**1854**
Januar	*Puck. Ernst, Scherz und sinnige Spiele der Jugend* (wechselnder Untertitel; bis Ende 1857 oder 1859?)	**1856**
1. Oktober	*Berlin* (Fortsetzung der *Berliner Feuerspritze*; bis März 1861)	
Januar	*Neujahrs-Pladderadatsch* (1 Nummer, undatiert)	**1857**
(?)	*Illustrirter Welt-Untergangs-Kladderadatsch*	
(?)	*Der Bajazzo* (2 Lieferungen)	**1858**
(?)	*Schalk* (Nr. 1–13; mehr nicht erschienen)	
November	*Berliner Montags-Zeitung* (bis 11. Februar 1884)	**1860**
Juli	*Die heitere Welt* (bis Sommer 1863)	**1862**
September	*Der kleine Reactionair* (Probenummer, mehr nicht erschienen)	
4. Oktober	*Der kleine Reactionär*, ab 3. Oktober 1864: *Der kleine Reaktionär* (bis 17. Dezember 1864; s. u.)	
Januar	*Mathematische Bierzeitung* (Nr. 2: Juni; s. u.)	**1863**
	Stenographische Trinkstube (bis 1866; s. u.)	
18. Februar	*Bier-Zeitung* (1 Nummer)	**1864**
2. April	*Helmerding* (bis September 1865)	
24. Dezember	*Sturmblatt Düppel* (Fortsetzung des *Kleinen Reaktionärs*; s. u.)	
11. Februar	*Sturmblatt* (Fortsetzung des Titels *Sturmblatt Düppel*; s. u.)	**1865**
6. Januar	*Berliner Punsch* (Fortsetzung des *Sturmblatts*; bis 30. März 1867)	**1866**
Juli	*Kriegs-Kladderadatsch* (1 Nummer)	
1. Oktober	*Die Lachtaube* (bis 1870)	

1867	*Januar*	*Stenographische Lustfahrt* (Fortsetzung der *Stenographischen Trinkstube* (bis 1868)
	1. April	*Pipifax* (bis Jahresende)
1868	*5. Januar*	*Berliner Wespen* (vormals *Hamburger Wespen*; bis Nr. 12 vom 22. März 1888, s. u.)
	26. September	*Miau* (bis ?)
	(?)	*Die Berliner Laterne* (bis ?)
1870	*Juli*	*Deutsche Kriegs-Laterne* (eine Nummer?)
	(?)	*Berliner humoristische Blätter* (bis ?)
	(?)	*Berliner Blech* (bis ?)
1871	*1. Oktober*	*Berliner Figaro* (bis November 1875)
	1. Oktober	*Berliner Börsen-Figaro* (bis 1873)
1872	*März*	*Anti-Kladderadatsch und Anti-Wespen* (bis ?)
	3. April	[Der] *Ulk* (bis 1933/34)
1873	*Juli*	*Rumor* (bis November 1875)
	1. Oktober	*Berliner fliegende Blätter* (bis 1874)
1874	*Januar*	*Die rothe Laterne* (3 Nummern; s. u.)
	(?)	*Die neue Laterne* (Fortsetzung der *Rothen Laterne*, 1 Nummer)
		Der Flitzbogen (bis 1875)
1875	*Februar (?)*	*Deutsche Carnevals-Zeitung* (bis 1877)
	März	*Mephisto* (2 Nummern)
	19. September	*Berliner Fliegende Blätter* (bis Ende 1876)
	(?)	*Mumpitz* (bis 1876)
1876	(?)	*Berliner Luft* (bis ?)
	(?)	*Cri Cri* (bis 1877)
1877	*1. Januar*	Eulenspiegel (bis 30. September)
	24. Januar	*Humoristische Zeitung* (bis 1. März 1879)
	März	*Puck* (bis 30. September 1880)
	(?)	*Der Wedepuhl* (bis 24. März 1878)
	6. April	*Das schwarz Blatt* (bis 1902)

Mitte Juni	*Der rothe Aujust* (bis 30. Juni)	
2. Juli	*Deutsches Montags-Blatt* (bis 1888)	
Januar	*Humoristische Wespen* (bis ?)	**1878**
(?)	*Mehr Licht* (bis ?)	**1879**
3. Januar	*Die Wahrheit* (bis Ende März 1886)	**1880**
September	*Die Lesehalle* (bis ?)	
Januar (?)	*Kladderadatsch junior* (bis ?)	**1881**
Juli (?)	*Pique Bube* (bis ?)	
(?)	*Der Kobold* (bis ?)	
(?)	*Berliner Bockbierzeitung* (1 Nr.)	
(?)	*Berliner Bauernfänger* (bis ?)	
(?)	*Schrumm* (bis ?)	**1882**
April	Der in Leipzig gedruckte und verlegte *Schalk* erscheint als illustrierte humoristische Wochenbeilage der *Berliner Neuesten Nachrichten* (bis 31. März 1883)	
(?)	*Börsenlaterne*	
Januar (?)	*Der Dorfbarbier* (Gründungsjahr 1844) übersiedelt nach Berlin (bis 1930?)	**1883**
April	*Neueste Berliner Fliegende Blätter* (bis Juli 1885)	
6. April	*Kauz* (bis ?)	**1884**
1. Oktober	Der *Schalk*-Verlag übersiedelt nach Berlin. 1891 Rückkehr nach Leipzig.	
(?)	*Humoristische Blätter* (bis 1894)	
(?)	*Die Kehraus-Bibliothek* (bis 1886)	
Oktober	*Das Humoristische Deutschland* (1902 verschmolzen mit *Nagel's lustige Welt*)	**1885**
18. April	*Murr* (bis 30. September)	**1886**
(?)	*Bunte Welt* (bis 1887)	

1887	*Januar*	Übersiedlung der am 1. Oktober 1886 in Hamburg gegründeten *Lustigen Blätter* nach Berlin (bis Nr. 37, 1944)
	(?)	Blauer Montag (bis 1888)
1888	*22. März*	Umwandlung der *Berliner Wespen* in *Deutsche Wespen* (bis Nr. 39 vom 29. September 1894)
1889	*1. Oktober*	*Splitter* (bis 1894)
1890	*Februar*	*Die Laterne* (bis ?)
	(?)	*Lustiges Echo* (ab 1898 wiederholte Titeländerungen)

Personenregister

Kursive Seitenzahlen verweisen auf den Anmerkungsteil

Titelregister

(Um Verwechslungen auszuschließen, wird gegebenenfalls die Erscheinungszeit angeführt)

Bildnachweis

Aachen	Internationales Zeitungsmuseum: 42, 106, 113, 132.
Amsterdam	Internationaal Instituut voor Sociale Geschiedenis: 49.
Berlin (West)	Amerika-Gedenkbibliothek: 3, 11, 12, 18, 29, 31, 43, 47, 50, 53, 56, 75, 100, 182, 247, 248.
	Bildarchiv Preußischer Kulturbesitz: 349.
	Geheimes Staatsarchiv Preußischer Kulturbesitz: 277.
	Landesarchiv: 16, 20, 25, 46, 107.
	Staatsbibliothek Preußischer Kulturbesitz: 1, 10, 17, 33, 35, 59–62, 67, 69, 101, 108, 127, 136, 137, 199.
	Kunstbibliothek: 256, 259, 260, 265, 279, 286, 290, 292, 297, 341, 344.
Berlin (ehemals DDR)	Deutsche Staatsbibliothek: 82, 114, 115.
	Berliner Stadtbibliothek: 48, 117, 123, 124, 133, 281, 282, 294, 319, 328.
Beuron	Bibliothek Erzabtei St. Martin: 308–310, 317, 318.
Bonn	Universitätsbibliothek: 6, 8.
Göttingen	Niedersächsische Staats- und Universitätsbibliothek: 2, 4, 5, 15.
Hamburg	Staats- und Universitätsbibliothek: 228–232.
Holzkirchen	Privatsammlung Heinz Starkulla sen.: 34, 81, 139, 152, 163.
London	The British Library: 102.
Mannheim	Universitätsbibliothek: 272, 311, 338.
Merseburg	Zentrales Staatsarchiv: 9.
München	Bayerische Staatsbibliothek: 128–131, 135.
	Deutsches Theatermuseum: 103, 104.
	Institut für Kommunikationswissenschaft (Zeitungswissenschaft): 94–99, 116, 177, 193, 196, 197, 201, 203, 207, 239, 242, 305, 323.
	Privatsammlung Ursula E. Koch: 19, 145, 172.
Paris	Privatsammlung Pierre-Paul Sagave: 157, 164, 165.
Potsdam	Staatsarchiv (Orangerie): 85, 105, 134, 226.

Den nachstehenden Veröffentlichungen wurden folgende Abbildungen entnommen:

Dahms, Gustav: *Das Litterarische Berlin*. Berlin: Richard Taendler o. J. [1895]: 153, 155, 156, 160, 161, Seite 161, 158, 155, 9, 10.

Dohm, Hedwig: *Emanzipation*. Zürich: Ala Verlag 1977: 158, Seite X.

Heartfield, John: *Krieg im Frieden*. Frankfurt/Main: Fischer 1982: 170, Seite 30.

Heinrich-Jost, Ingrid (Hrsg.): *Kladderadatsch*. Köln: informationspresse – c. w. leske verlag 1982: 76, 147, Seite 18 f., 319.

Hofmann, Rudolf (Hrsg.): *Der Kladderadatsch und seine Leute (1848–1898)*. Berlin: A. Hofmann & Comp. 1898: 159, Seite 108.

Kiaulehn, Walther: *Berlin, Schicksal einer Weltstadt*. München/Berlin: Biederstein 1958 (Unveränderter Nachdruck 1980): 13, zwischen Seite 128 und 129.

Krammer, Mario: *Berlin im Wandel der Jahrhunderte*. Berlin: Rembrandt-Verlag [3]1965: 41, zwischen Seite 204 und 205.

Ostwald, Hans: *Kultur- und Sittengeschichte Berlins*. Berlin: Verlagsanstalt Hermann Klemm A.G. o. J.: 162, zwischen Seite 196 und 197.

Ring, Max: *Die deutsche Kaiserstadt Berlin und ihre Umgebung*. Bd. 2. Leipzig: Heinrich Schmidt & Carl Günther 1884: 154, zwischen Seite 12 und 13.

Alle übrigen Bildvorlagen stammen aus dem Institut für Zeitungsforschung der Stadt Dortmund.

Hauptstandorte der benutzten langlebigen satirischen Periodika

Berliner Montags-Zeitung:
The British Library (London): Jg. 1861/84 (Original).
Institut für Zeitungsforschung (Dortmund): Jg. 1861/84 (Mikrofilm).
Deutsche Staatsbibliothek Preußischer Kulturbesitz (ehemals DDR): Jg. 1861/63, 1865/71 (Original).

Berliner Wespen:
Universitätsbibliothek Mannheim: Jg. 1873/84 (Original).
Institut für Zeitungsforschung (Dortmund): Jg. 1871/72, 1874/83, 1886/87 (teils Original, teils Mikrofilm, mit Lücken).
Landesarchiv Berlin: Jg. 1869/81; 1883, 1885 (Original, mit Lücken)
Kunstbibliothek Berlin: Jg. 1870/79 (Original).

Kladderadatsch:
Institut für Zeitungsforschung (Dortmund): ab Jg. 1848 (Original, mit geringfügigen Lücken).
Institut für Kommunikationswissenschaft (München): ab Jg. 1853 (Original).
Mehr oder weniger vollständige Sammlungen finden sich in Berliner sowie zahlreichen in- und ausländischen Bibliotheken.

Lustige Blätter:
Staatsbibliothek Preußischer Kulturbesitz (Berlin): ab Jg. 1889 (Original, mit Lücken).
Institut für Zeitungsforschung (Dortmund): ab Jg. 1889 (Original, mit Lücken).

Der Ulk:
Berliner Stadtbibliothek (ehemals DDR): ab Jg. 1874 (Original).
Institut für Zeitungsforschung (Dortmund): ab Jg. 1872 (teils Original, teils Mikrofilm, mit Lücken).
Institut für Kommunikationswissenschaft (München): ab Jg. 1872 (teils Original, teils Mikrofilm, mit Lücken).

Die Standorte der übrigen satirischen Zeitschriften erscheinen gegebenenfalls in den Anmerkungen.